Christian Morgenstern *Werke und Briefe*

STUTTGARTER AUSGABE

BAND VII

Christian Morgenstern
Werke und Briefe
STUTTGARTER AUSGABE

Unter der Leitung von Reinhardt Habel
herausgegeben von Katharina Breitner,
Maurice Cureau, Helmut Gumtau †,
Martin Kießig † und Ernst Kretschmer

URACHHAUS

Christian Morgenstern
Werke und Briefe
KOMMENTIERTE AUSGABE

BAND VII
Briefwechsel 1878 – 1903

Herausgegeben von

Katharina Breitner

URACHHAUS

ISBN 3-87838-507-2
Erschienen 2005 im Verlag Urachhaus
© 2005 Verlag Freies Geistesleben & Urachhaus GmbH, Stuttgart
Typografie: Hans Peter Willberg, Grafik: Brigitte Willberg, Eppstein
Druck: Offizin Chr. Scheufele, Stuttgart

Inhalt 5

Textteil

Briefwechsel 1878 – 1903
1878 – 1889 (Nr. 1 – 23)	9
1890 (Nr. 24 – 73)	22
1891 (Nr. 74 – 111)	63
1892 (Nr. 112 – 164)	99
1893 (Nr. 165 – 217)	140
1894 (Nr. 218 – 274)	202
1895 (Nr. 275 – 360)	249
1896 (Nr. 361 – 423)	302
1897 (Nr. 424 – 531)	341
1898 (Nr. 532 – 618)	407
1899 (Nr. 619 – 665)	462
1900 (Nr. 666 – 712)	505
1901 (Nr. 713 – 793)	529
1902 (Nr. 794 – 869)	583
1903 (Nr. 870 – 957)	644

Kommentarteil

Zur Textgestalt	703
Abkürzungen	707
Verzeichnis der Tagebücher (T)	709
Verzeichnis der Notizbücher (N)	721
Einleitung	723
Literatur	732
Kommentar zu den Briefen Nr. 1 – 957	737
Wohnorte und Reisen	949
Verzeichnis der Briefwechsel	953
Verzeichnis der Archive und Bibliotheken	961
Kommentiertes Register	963
Register der Werke Christian Morgensterns	1251

Textteil

Briefwechsel
1878 – 1903

1878 – 1889

1. [AN AMÉLIE VON DALL' ARMI IN STARNBERG.]
   NEUHAUSEN, 22.5.1878

Liebe Tante Amalie!
Das Spielbuch hat mich sehr gefreut, und wir haben schon etwas
davon gemacht. Ich danke Dir herzlich dafür und hoffe, daß ich
Deine lieben Eltern, Tante Helene und Dich mit Mama bald in
dem schönen Starnberg besuchen darf.
Herzliche Grüße von Mama und Papa und einen Kuß von
                                    Deinem
                        Neuhausen d. 22. Mai 1878.
                                    Dich liebenden
                                    Christian Morgenstern
                                    zukünftiger Landschafts-
                                                        Maler.

2. VON META MEYER.
    [VERMUTLICH HAMBURG], 27.8.1882

Du kleiner Kold, Du!! [...] Hab Dir auch noch gar nicht gedankt
für das ausgezeichnet gelungene Gedicht [...] Dichte man immerzu. Klimperst Du auch noch? Singst Du wieder Storch, Storch
Steiner [...] Machst Du noch immer so schöne Aufsätze vom
Schuster Stuhmer und von Trunkenbolden? [...] Gehst Du auch
noch immer einen tänzelnden Schritt?

3. VON META MEYER. HAMBURG, 29.3.1883

Du kleiner Kobold Du! – *Kommt erst jetzt dazu, den* so schön
geschriebenen Brief *zu beantworten.* Du scheinst sehr große Fortschritte im Briefe schreiben gemacht zu haben. – *Schickt Brief-*

marken für seine Sammlung oder zum Tauschen. – Hat bei O'Swalds mit Orchesterbegleitung gespielt. 12 Jünglinge kamen mit Pauken und Trompeten, Violinen, Flöten, Cello, Fagott, u. wie die Dinger alle heißen, und trompeteten von rechts und links gegen mich an. *Hat sich danach gut amüsiert.* – Die Osterferien verlebst Du wohl herrlich und in Freuden, und machst Unsinn über Unsinn, ich wette was darauf. – *Bittet um eine Beschreibung seines Landshuter Lebens. Grüße* von Haus zu Haus.

4.   VON CARL ERNST MORGENSTERN.
    STARNBERG, 15. 4. 1883

Dein Katarrh ist vergangen, der meinige noch nicht. – *Demnächst wollen sie* »Das Versprechen hinterm Herd« *aufführen. Hat wenig Zeit. War neulich in Weßling, alles grüßt.* – Kerl ich lege Dir ganz entschieden wiederholt ans Herz: Verstand offen und fleißig sein. *Wenn M nur mit Nachprüfung versetzt werde, müßten sie in den Sommerferien zu Hause bleiben und nur lernen.* – *Soll bald schreiben. Die Mama grüßt. Soll am Donnerstag seiner vor drei Jahren gestorbenen Mutter gedenken.*
N.: *Herr Oberförster. Herr Hartmann. Anna Hartmann.*

5.   VON CARL ERNST MORGENSTERN.
    STARNBERG, 4. 7. 1883

Hat sich gedacht, daß M krank ist, weil er nicht schreibt. Bedauert ihn, meint aber, die Krankheit sei nicht gefährlich. Ich hoffe nicht, daß Du dadurch im Lernen zurückkommst u. wünsche dringend, daß gerade gegen Ende des Schuljahres Du Dir alle erdenkliche Mühe geben möchtest, um ein unbedingtes Vorrücken zu ermöglichen. *Es liege an ihm selbst, sich angenehme Ferien zu verschaffen.* – *Berichtet von seiner Arbeit und vom täglichen Leben.* – M soll den Tölpel baldigst *ablegen und sich die Mahnung zum Fleiß zu Herzen nehmen. Grüße von Deinen getreuen Eltern.* – *Empfiehlt sich Herrn und Frau Direktor und läßt für Ms Pflege danken.* Aber richte es auch aus.

N.: [Emma Schertel. Anton Schertel. Wilhelm Xylander. Emma Xylander]. Meyers. Schabs. Hermann. Dessen Mutter. — [München]. Weßling. Percha.

6. VON CARL ERNST MORGENSTERN.
    STARNBERG, 25.10.1883

M soll aufpassen, daß zu seinem Schnupfen nicht noch Husten dazukommt. Hat selbst Husten und konnte deshalb an mehreren Jagden nicht teilnehmen. Der Mama geht es gut. Besucher sind nun alle fort aus Starnberg, und es ist viel gemütlicher wie im Sommer. Ich wünschte mir eine Lateinschule hieher u. dann wäre ich mit Allem zufrieden. — *Berichtet über seine Arbeit und die Jagden.* — Ich hoffe, daß es mit Deinem Lernen u. Betragen gut gehe u. erinnere Dich stets an alle gegebenen Versprechungen u. an die Ermahnungen meinerseits, u. erwarte demnächst gute Noten. *Sonst gibt es nichts Neues, noch keine Nachricht aus Berlin.*
N.: Eulenburgs. Frau Gräfin. *[Arnold Otto Meyer]. — Seeshaupt. Bernried. Weilheim. Unterbrunn. Hamburg.*

7. VON CARL ERNST MORGENSTERN.
    [STARNBERG, ETWA OKTOBER/NOVEMBER,
    1882 ODER 1883]

War drei Tage auf der Jagd in Seefeld. Alle fragten nach M. Die Natur macht einen traurigen Eindruck. Alles ist entblättert; trübe Regenstimmung. — Will wissen, wie es mit dem Lernen steht. Jedenfalls hat es schon Noten gegeben. Hansbunkenstreiche und Kindereien unterlasse lieber, damit Du mir keine unangenehmen Geschichten anfängst. Ich möchte an Dir Freude erleben u. da sonst so manches schief geht, trage Du dazu bei liebes Kind Deinen Vater zu erfreuen. *Grüße von der Mama. Empfehlungen an Herrn und Frau Direktor.*
N.: Pfarrer von Dreßling.

8. VON CARL ERNST MORGENSTERN.
STARNBERG, 12.11.1883

Lieber Schäning
2 Karten u. einen Brief haben wir von Dir erhalten u. mit Bedauern ersehen, daß Du unwol warst. Ich glaube doch, daß es von verdorbenem Magen herrührte u. bin dafür, daß Du überhaupt zur Kräftigung Deines Wachstums Vormittags nach der Klasse ein Glas Rotwein nebst eine Semmel genießest. Zu dem Zwecke schicke ich eine Kiste mit etlichen Flaschen Bordeaux nebst einem Briefe an Herrn Direktor das Ersuchen enthaltend, Dir diese ärztliche Anordnung zu Teil werden zu lassen. Lasse jetzt das zuviele Obstessen, sowie die Wassertrinkerei, für die ich überhaupt nicht bin. Du siehst es ja an mir, wie man sich des Wassers entwöhnen kann. Ich trinke keinen Tropfen, überhaupt den ganzen Tag nichts bis Abends.
Es war das klügste, daß Du ins Krankenzimmer gegangen u. Dich ordentlich ausheiltest, beobachte indeß Deine Rekonvaleszenz, damit kein Rückfall eintritt. Im Übrigen mein lieber Schäning sei vernünftig u. laß um Gotteswillen keine traurigen oder sentimentalen Gedanken Dich überkommen. Wir müssen die augenblickliche Situation eben hinnehmen wie sie ist u. daß sie für Dich im Vergleich zu der meinigen golden ist, darfst Du glauben. Habe Du nur keine andere Sorge als zu lernen u. finde darin Zerstreuung. Was das andere die Behandlung betrifft, so gebe ich zu daß ein weiches Gemüt davon härter betroffen wird u. bedauere lebhaft solches, indeß wer einmal ein Mann u. als Deutscher, Soldat wird, blicke ruhig drein selbst bei etwaigen Ungerechtigkeiten, sie müssen frühzeitig ertragen gelernt werden. Wenn Du besser Griechisch kannst wird Dir mal ein Sprüchwort vorkommen ὁ μὴ δαρεὶς ἄνθρωπος οὐ παιδεύεται wörtlich zu deutsch »Der nicht geschundene Mensch wird nicht gebildet.« Es liegt darin eine große Wahrheit; denn in der Regel ist aus allen jenen Menschen, welche das Leben recht gehunzt u. gequält hat in der Jugend, später ein tüchtiger Charakter u. etwas Bedeutendes geworden. Ein Beispiel Dein eigener Großvater Morgenstern.
Ich versichere Dich lieber Schäning daß es mir selbst am leidesten thut, wenn ich Dich so bald nicht sehen kann; ich muß mich aber

der zwingenden Gewalt fügen u. warten bis bessere Zeiten kommen u. sie werden kommen. Ich hoffe, daß wir alle vereint in einer Stadt zusammenleben können u. das tröstet mich u. läßt mich in der festen Hoffnung, daß die Zukunft besser wird, die Gegenwart leichter ertragen u. so mußt Du es auch machen u. ein fideler heiterer Kerl sein wie es Herrmann u. Berti gewiß auch sind. Tue recht u. scheue niemand, was Dir bei gewissenhafter Pflichterfüllung ein leichtes sein wird. –
Heute haben wir tiefen Schnee er scheint liegenbleiben zu wollen, u. somit hat der Winter seinen Einzug gehalten. Auch recht. Schreibe recht bald wieder, schütte Dein Herz aus in Deinen Briefen Deinen Eltern; sie sind Deine besten Freunde u. ich werde noch allemal ein Pflaster auf Deine Wunden finden. Also Glück auf u. herzliche Küsse u. Grüße von Deinen Dich liebenden
                Eltern
Starnberg 12. Nov 83.

9. Von Carl Ernst Morgenstern.
  Starnberg, 24. 11. 1883

Freut sich, daß M jetzt Briefe schreibt, welche auch etwas enthalten. So ein bischen Sehnsucht hat doch auch ihren Nutzen und erfahren wir eingehender, wie es Dir geht. *Er soll bis Weihnachten* recht fleißig *lernen*, damit die Noten gut ausfallen u. betreibe eifriger das Latein; es ist das Hauptfach u. macht schlechten Eindruck, wenn Du darin so zurückgehst. *Bei seinem Verstand müsse er es lernen können*. Also denke an mich u. thue mir zu Liebe auch ein tüchtiger Lateiner werden, sowie im Griechischen absolut nicht nachlassen; Du wirst, wenn die übrigen Fächer auch gewissenhaft behandelt werden, dann eine gewisse Selbstbefriedigung empfinden die Dich glücklich macht. – *Rät zu Schonung der Gesundheit* durch Nichterhitzen, nicht gar zu reges Tollen Warmhalten etc. – *Berichtet von sich und der Verwandtschaft, mahnt ihn, der Großmama zu schreiben. – Noch keine Nachricht aus Berlin.*
N.: Der Lateinlehrer. Emma Lindl. Deren neugeborenes Töchterchen. Onkel Louis. Die Großeltern. Onkel Oscar. Onkel Franz. – Ingolstadt. München.

10. VON CARL ERNST MORGENSTERN.
STARNBERG, 20.3.1884

Gibt genaue Reiseanweisungen für den 31.3.; in Schleißheim soll M mit den Eltern zusammentreffen. – Betrachte die kurze Zeit die Du noch dorten bist gerade als bliebst Du immer in Landshut. Studiere recht fleißig und sehe als Gespenst das Examen in Breslau, welches Du leicht verscheuchen kannst, wenn Du mit Fleiß und Aufmerksamkeit arbeitest. – *Legt ihm für das künftige Leben im Elternhaus kindlichen Gehorsam, Fleiß und getreue Pflichterfüllung ans Herz, vor allem die Ermahnungen und Wünsche der Mutter solle er beachten, dann sei er ihrer Liebe sicher.*
N.: [Wilhelm Xylander]. Herr und Frau [Pusl]. – München.

11. AN EMMA SCHERTEL UND CHARLOTTE ZEITLER
[IN MÜNCHEN]. [BRESLAU, APRIL 1884]

Liebe Grossmama und Tante Lotte!

Recht herzlich dank' ich meine Lieben,
Für Eure Wünsche auf Papier
die mir so freundlich habt geschrieben
Ins ferne Breslau alle ihr.
Wie gern möcht' ich Euch mündlich danken
doch fern der Heimat trautem Herd
weil' ich, doch nahe in Gedanken;
So hat Fortuna mir's beschert.

Das Pulverfass von dem ihr fruget
nach welcher Seit' es explodiert:
Nun ja, es hat im grossen Ganzen
Sich ganz passabel aufgeführt.
Die »Prüfung« wurde mir erlassen
Ich fing die IV. Klasse an
da man hier schon in vor'ger Klassen
Francais et Mathematic kann.

12. [Vermutlich von Adalbert von Fischer].
    [Landshut, vor dem 15. und nach dem 17.5.1884]

Erzählt, was sich in Landshut ereignet hat, seit M nach Breslau gezogen ist. Berichtet vor allem von der Schule und dem Internat und vom Ärger mit Mitschülern und Lehrern etc. Überhaupt bezügl. des Streitens ist es noch ärger geworden. *Vor allem Herr Schinagl schikaniert ihn.* Gestern warf er mich zur Thüre hinaus, u. zwar so, daß ich aus allen Seiten blutete. [...] Natürlich mache ich ihm auch ordentlich Frechheiten, denn ich lasse mir nicht alles gefallen, wie Du wissen wirst. [...] Er hat es bereits so weit gebracht durch lauter falsches Verschuften, daß ich wahrscheinlich aus dem Seminar muß. Sigl hat es mir zwar schon immer gesagt, laß Dich nicht ein, denn es wird Dir so gehen wie Christian. *M soll froh sein, daß er nicht mehr hier ist. Ihm fehlt er aber. Unterschrift:* Dein jetzt unglücklicher Freund Fisch.
N.: *Schab. Adolph. Otto. Hermann* [*Hartmann*]. *Frau von Fischer* [?]. *Frau Oberförsterin in Auberg. Deren kleine Tochter. Fräulein Centa. Frau Hartmann. Zapf. Juncker. Sparri. Stadler. Speer. Frank.* [*Carl Ernst M*]. *Die ganze Klasse. Wölfl.* [*Pusl*]. [*Amélie M*]. *– München. Starnberg. Percha.*

13. [Von einem Freund.
    Vermutlich Breslau, zwischen 1884 und 1887]

Deinen Tieren geht es recht gut; der Molch hat sich heute glücklich gehäutet und sieht jetzt wieder sehr schön und glänzend aus.

14. Von Otto Tschörtner[?]. Breslau, 4.8.1886

Berichtet über die Vorfeier von Georg Freys Geburtstag in Gestalt eines Kneipabends. *Frey fuhr danach weg, kam aber am 31.7. wegen der Arbeiten zurück.*
N.: *Fedor. Egon. Scheffel: Lieder. – Schmiedeberg. Kolberg. Misdroy.*

15. VON ULRICH FREY. SANKT GOTTHARD, 20.7.1887

Sendet Grüße. Schreibt nicht in Volapük, weil er seine Unterlagen vergessen hat, will es aber nachholen, wenn er sie erhalten hat.
N.: *Xenophon. – Interlaken. Breslau.*

16. VON CARL ERNST MORGENSTERN.
    [ORT UNBEKANNT, VERMUTLICH VOR DEM 25.8.1887]

Aus Deiner kreuz und quer Karte ersehen wir denn mit Befriedigung, daß Du Dich in die neuen Verhältnisse schickst u. fügst u. erwarten auch den erwünschten Erfolg von dem neuen Opfer, das Dir gebracht wurde. *Ist froh, daß M sich positiv über seine Aufsichtsbehörden geäußert hat. – Malt viel. Anfang September wollen sie nach Reußendorf übersiedeln. –* Dein englisches Diction. ist wol eingeschlafen. Onkel Anton muß sparen; seine Tournee ist ein Reinfall gewesen. Das Lexikon möge also in Frieden ruhen und statt dessen Griechisch, Latein und Mathematik leben.
N.: *Frl. Mimi. Bertram. Moller. Heilmann. [Amélie M]. Onkel Louis. [Emma Schertel]. Frey. Familie Frey. – Der Hemmstein. Das Schlesiertal. Die Kynsburg. Oberweistritz. Die Seilerhöhe. Das Waldenburgergebirge. Kynau. München. Oberschlesien.*

17. VON CARL ERNST MORGENSTERN.
    [ORT UNBEKANNT], 25.8.1887

Beschreibt ausführlich, wie M mit einer weiterzugebenden Bildermappe verfahren soll. – Arbeitet fleißig und heimst Motive ein. – Mahnt M zum Fleiß, und, daß Du nicht mir keine Mehrausgaben verzeichnest, sondern sogar in Deinem Intresse noch Ersparniße machst. – *Erinnert an den Namenstag des Großvaters in Starnberg:* Setze Dich sofort hin u. schreibe ihm einen Glückwunsch hiezu nebst kurzem Bericht Deines jetzigen Lebens, danke ihm für die genossenen Freuden in seinem Hause u. sprich die Hoffnung aus, ihm durch Fleiß etc. Deine Dankbarkeit erweisen zu können. – *Will Nachricht geben, wenn sie nach*

Reußendorf übersiedeln. Sei herzlichst gegrüßt von D. D. liebd.
Eltern.
N.: Arnulf [*Schertel*]. *Der Portier. Beuthner. Irmann. Poppek.*

18. AN AUGUST VON DALL'ARMI [IN STARNBERG].
    BRESLAU, 26.8.1887

Lieber Großpapa!
Zu Deinem lieben Namens-Feste, erlaube ich mir Dir meine
allerherzlichsten Glückwünsche dar zu bringen; der liebe Gott
schenke Dir ein noch recht langes, sorgenfreies Leben das ist es,
was ich Dir von ganzem Herzen wünsche. Zugleich danke ich Dir
lieber Großpapa noch recht innig für die unvergeßlichen, schönen
Tage in Starnberg, die der lieben Mama u. mir durch Dich ermöglicht wurden. Ich will auch um Dir meinen Dank zu beweisen recht fleißig und gehorsam sein, um Euch allen so viel wie
möglich Freude zu machen. Ich werde jetzt, wie ich bestimmt
hoffe, nach Sekunda versetzt. Augenblicklich bin ich wie Du vielleicht schon erfahren hast von den lieben Eltern, ganz allein in
unsrer Wohnung und ich hause dabei ganz gemütlich, nur daß
mir Mama oder Papa oft sehr abgehen. Mittagessen bekomme ich
sehr gut und viel aus einem guten Gasthaus geholt, dann gehe ich
immer Nachmittags in das Haus eines Lehrers, bei dem mich
Papa für die Nachmittage von 2–6 Uhr gewissermaßen in Pension gethan hat, und mache dort meine Arbeiten, dann bade ich
manchmal und komme immer gegen 7 Uhr wieder nach Hause,
wo ich dann Abendbrodt esse. Doch bin ich öfters in der Woche
bei den beiden Hausherrn, Gebrüder Frey mit deren Söhnen ich
sehr befreundet bin zum Abendessen eingeladen. – Geht es Euch
in Starnberg auch gut? Waren diesen Sommer viele Besucher des
See's da und rentirte sich der »Wittelsbach«? – Nach vielen Tagen
sehr zweifelhaften Wetters scheint es jetzt wieder brillant werden
zu wollen. Zugleich mit der schlechten, feuchten Witterung ist
auch das heftige Zahnweh von mir gewichen, das mich greulich
plagte. –
Doch nun lieber Großpapa wünsche ich Dir nochmals das allerbeste zum heutigen Tage. Bitte grüße die liebe Großmama, Schertls

und alle Bekannten in Starnberg u. sei selbst noch herzlich gegrüßt u. geküßt von

Deinem

Breslau 26. VIII. 87.

Dich aufrichtigliebenden Enkel
Christian Morgenstern.

19. AN HERRN ZERVAS-DOMI IN PONTA DELGADA.
BRESLAU, 22.10.1888

Breslau, Deut, Breitestr. 23/1.
1888. balsul telsetelid.

Söl palestimöl!
Spelob, das no zunolös obi, if penob ole e das olabolös gudi gepükön obe. Obinosöv nitedik, vemo nitedik obe, panunön, va vp in nisuls at, kela bali lödol, vo emostepom ya. Epenob ya anikna ali Bodugän ab no egetob gepüki. In gaseds e vpableds lilädon bo nunis dös Flent, Deut, Täl, Löstän e.l. ab dö Budogän lilon n o s i . E nolob, das id in län at vpels sibinoms, kels pakoms ä tidoms leziliko vpi. Bi eilädop ladeti divik ola in lised flentik sembal, ogälob obi ladliküno, fino getön nunis rigalik se län ola. Binob pedanemöl as spodal fa klub flentik e spobob ko söls lemödik. Anu epubom tidabuk nulik vpastenogafa (segun sit Gabelsberger) in Torino, Täl. Binom vemo plagik. – Li-binoms vpals mödik in San Miguel? Onitedos ed ogälos obi ladliküno, o söl ledivik, if ovilol-la penön obe bosi dö vp in läns olik. Begob i, das sepükolös vipi sembal tefü vp, sedam vpableda u votikosa e disopenob as dünan ola divodikün
Morgenstern Christian.

20. [AN UNBEKANNT, ORT UNBEKANNT.
BRESLAU, VERMUTLICH 1888 oder 1889]

Hat Nr. 4 und 5 des Blattes nicht bekommen, Nr. 6 vor einigen Tagen. Bittet, eine Anzeige von ihm zu veröffentlichen; er möchte 2 Jahrgänge der »Deutschen Kolonialzeitung« (Format des Volapük-

blattes aus Paris) gegen Volapükliteratur – vpabledis, vpa glamatis, vpa vödabukis, länas valik – *oder gegen alte Briefmarken eintauschen.*

21. [AN AUGUSTE KERCKHOFFS IN PARIS.
BRESLAU, VERMUTLICH 28.3.1889]

Muß das Amt sulagela *leider ablehnen, und zwar aus Mangel an Prüflingen: von etwa 20 jungen Leuten, die sich auf seine Anregung hin mit Volapük beschäftigt haben, ist nur einer, Ulrich Frey, ein guter Volapükist geworden. Hofft für die Zukunft auf bessere Ergebnisse.*
N.: Neapel.

22. AN FRIEDRICH KAYSSLER IN BRESLAU.
BRESLAU, 11.11.1889

Mein lieber Fritz!
Warum kommst Du denn gar nicht 'mal zu mir und holst mich auf einige Zeit ab, und sei's auch nur auf dem Wege zur Singstunde, die Du so gern vergißt? Ich muß doch fast täglich ausgehen, damit ich zunehme an Weisheit und Brustweite, und so irre ich denn meist planlos in der Stadt umher, schaue immer wieder in die Fenster der paar Buchhandlungen und kehre dann, so tief in Gedanken, daß ich oft die Menschen gar nicht bemerke, in mein Stübchen zurück. Sieh, lieber Freund, diese stete Beschäftigung mit meinen eignen Gedanken ist vom Übel: – sie macht einseitig oder – zum mindesten – sie gewährt mir keine Zerstreuung. – Nun habe ich augenblicklich so gut wie gar keinen Verkehr, kein Mensch besucht mich – ich will Dir aber damit nicht den geringsten Vorwurf machen – und kommt man einmal mit einem alten Schulkameraden zusammen, so spricht derselbe – was wüßte er sonst anderes! – nur von Biertrinken und Schulangelegenheiten, und Du kennst doch meine Abneigung gegen diese geistlosen Themata. Zu Hause ist auch nicht der Ort, wo ich meine Ansichten mit andern messen und vergleichen könnte; denn zu Hause –

das ist eine alte u. überall bestehende Thatsache — hat man eben noch keine vollgültigen Anschauungen; d.h. von uns dreien bin i c h eben das — wenn auch herzlich geliebte — Kind, und Kinder müssen immer hübsch still sein. Ich habe nie bitterer empfunden, daß ich keine Geschwister habe, als jetzt, da ich so allein bin…
[*Schluß fehlt*]

23. AN FRIEDRICH KAYSSLER IN BRESLAU.
     BRESLAU, 16.12.1889

Lieber Fritz,

Da Du leider gestern vergeblich bei mir gewesen, während ich mit Ulrich in der Stadt war, wobei ich auf dem Christmarkt recht lebhaft an meinen »kleinen« Fritz dachte und erwog, ob ich ihm etwas Süßes oder ein Spielzeug mitbringen sollte, so schreibe ich Dir heute wieder einmal, zumal ich vor Mittwoch oder Donnerstag infolge eines Aufsatzes kaum kommen kann.

Außerdem möchte ich Dich bitten, folgendes Marie oder Frau Professor mitzuteilen, daß meine Bemühungen, betreffs Medea* leider vergeblich gewesen sind, oder vielmehr meine Nachfragen, denn von »Mühe« war keine Rede.

Es ist jedoch das Buch ungebunden für 1 M zu haben, während es in elegantem (spr. geschmackvollem) Einband 2,20 M kostet, was mich in blasses Erstaunen versetzte.

Diese Thatsache erfuhr ich in der Buch- und Schreibmaterialien-(spr. Schreibwaren-)handlung von Preiser, Albrechtsstraße. —

Heute abend gehe ich in den »Volksfeind« des lieben und anmutigen Ibsen, dem ich, ein geborner Vertheidiger jeder abwesenden Größe, kürzlich gegen die Angriffe meiner lieben Mutter beistehen mußte, obwohl ich vollständig und mit Freuden einsehe, daß jedes wahrhaft edle und zarte Frauengemüt diesen sonderbaren Dichter nie begreifen, sondern meist nur von ihm abgestoßen werden kann, da solche Fragen, wie er sie behandelt, unsern Frauen fremd sind und sein müssen. Doch das schmälert nicht den Ruhm eines genialen Mannes — das Genie ist stets bewunde-

---

* nämlich d. Buch antiquarisch (spr. alt) zu bekommen

rungswürdig! Du, lieber Freund, lerne zuerst die Kraft empfinden, die in dem herrlichen, unerschöpflichen Born unsrer Deutschen Dichter ruht, o, ein Born, um darein zu versinken auf [*ewig?*]!
[*Lücke*] jener unvergänglichen Werke an – glaube mir, daß eine Stunde der Begeisterung mehr gilt, als ein Jahr gleichmäßig und einförmig dahin ziehenden Lebens. Die Ruhe ist Dein Feind, sie ist mein Feind, ist der aller Menschen – ich meine die Ruhe der unthätigen Behaglichkeit! Ohne Streben kein Erfolg, ohne Feuer kein Brand!
Dies will ich nicht aufhören, Dir zu sagen, denn dies ist die Wahrheit und ich bin Dein Freund.

                                          Dein treuer Christian.

[*Postskriptum abgerissen*]

1890

24. VON FRANZ CARL ZITELMANN.
[VERMUTLICH SORAU, ETWA ANFANG 1890]

Berichtet über die Anforderungen des Gymnasiums in Sorau (gering), die Aufnahmeprüfung, Lehrer, Mitschüler, Unterkunft etc. Summa: Die Aufnahmeprüfung würde Dir keine Schwierigkeiten machen und ebensowenig das Fortkommen. Ich bin auch überzeugt, daß Du mit den nötigen Vorsätzen hier antanzen wirst u. wir zusammen große Geister oder richtiger große Gelehrte werden würden. [...] Der Pensionsalte kümmert sich gar nicht um uns, kommt auch nie, uns zu inkommodieren, wir gehen in die Penne, spazieren, arbeiten, lesen, höchstens poussieren, sind solide und vernünftig u. fühlen uns dabei ganz wohl, zumal sichere Aussichten auf Erfolge da sind.
N.: Hedicke. Lysias: Rede XII. Lutze. Geppert. [Carl Ernst M].

25. VON F. W. EVELETH.
CAMBRIDGE, MASSACHUSETTS, 31.1.1890

Boston ist die einzige Stadt in Amerika, in der Volapük öffentlich gelehrt wird. Nu mutobs labön bosi jenön das Volapük binom velatiko pük valemik; e spelobs dagetön sunüns kadis de läns fäginik, bi mutobs jenön omuls kelosi edunobs.

26. VON FRIEDRICH KAYSSLER.
MITTELSTEINE, 5.4.1890

Schickt auf Ms Wunsch ein Verbrechen von sich, um milde Beurteilung bittend. Es wird Dir nicht so gefallen, wie das erste, aber die Sprache konnte ich nicht so einfach u. kindlich wie damals wählen, weil sie sonst den Charakter der Sache gestört hätte. – *M*

soll Liese Reche und Marie Oberdieck mit Familie grüßen. Hat eine französisch geschriebene Aprilscherzkarte von Oberdiecks bekommen.
N.: *Reches. A.O. Bismarck. Mok. Anne. Fräulein Flemming. – Glatz. Breslau. –* »Deutscher Jugendfreund«.

27. AN FRIEDRICH KAYSSLER [IN MITTELSTEINE].
[BRESLAU], 7.4.1890

Lieber Freund,
Nicht als ob mich erst Dein lieber Brief mit der reizenden Zugabe an Deinen heutigen Geburtstag erinnert hätte, sondern vielmehr aus andern Gründen schreibe ich Dir erst jetzt, indem ich in die große Festposaune, in die ja wohl schon männiglich gestoßen wurde, aus vollem Herzen – wenn auch verspätet – hineinblase, was bedeuten soll, daß selbiges Dir alles Gute wünscht oder, um es weniger trivial auszudrücken, daß ich hoffe, jeder Deiner folgenden Geburtstage möge vom heutigen angefangen ein Markstein auf der Bahn Deines Glückes und einer großen Zukunft sein. Ich scherze nicht! Du hast ganz die Veranlagung zu einem bedeutenden Menschen, ich erwarte nur noch den Zeitpunkt, wo der allmächtige Funke berauschender Jugendleidenschaft, unzähmbaren Wissenstriebes und Thatendranges in Dir eingeschlagen hat – es hat noch gute Wege bis dahin, aber je später, um so stürmischer! [...] Was machst Du denn für reizende Geschichten? Herzlichen Dank dafür und zugleich die Bitte, Deine noch schlummernden Gedanken immer mehr zu verkörpern. Der Gedanke, den Du hier zum Ausdruck brachtest, ist großartig. Du bedauerst, daß Du das Kindliche des Stils hier nicht anbringen konntest. Wozu? Ist die Idee groß, so laß es auch die Worte sein, ja ich versichere Dich, es wirkt die Art der Märchenerzähler auf die Dauer ermüdend, schreibe richtig so weiter wie in dieser Erzählung. Und Märchen? Sind es denn solche, auch im weitesten Sinne des Wortes? Meiner Ansicht nach kaum; es sind tiefe wunderbare Gedanken in gleich seltsamer Gewandung. Nur zeichne Dein nächstes Bild als blasse, krasse Wirklichkeit d.h. nicht als Traum. Denn es ist ja an sich schon ein Traum, der da als Ge-

schichte erzählt wird. – Doch nimm Dirs nicht als Tadel
überhaupt gestatte mir völlig freie Kritik ohne davon gekränkt zu
werden! So will ich Dir gleich eine Probe davon geben. d.h. für die
Zukunft: Werde nicht zu mystisch, hast Du aber einen neuen
originellen Gedanken, so sprich ihn auf alle Fälle aus! [...]

28.   AN FRIEDRICH KAYSSLER [IN BRESLAU].
      [SORAU, ZWISCHEN DEM 15. UND 18.4.1890]

Examen schneidig bestanden, Stadt reizend, Pension wie immer
großartig, Wetter gut, ich selbst vergnügt. *Da er* unendlich vielen
*schreiben muß, bittet er gleich um die Bücher III-V von Tacitus'
»Historien«* (Übersetzung natürl.!). [...] Ich erwarte e. langen
Brief außerdem, da ich durch selbigen erst Lust zum Schreiben
bekommen muß, die ich augenblicklich nicht in hohem Maße
besitze. *Läßt alle Bekannten, Oberdiecks (besonders Marie), Reches usw., grüßen.*

29.   VON FRIEDRICH KAYSSLER. BRESLAU, 19.4.1890

Herzlichen Dank für die Nachricht! Nochmals herzl. Beglück-
wünschung. *Kann leider nur einen Teil von Tacit. III. schicken. –
Bedauert, daß er sich nicht mehr von M verabschieden konnte, aber
unter Männern mache das auch nicht viel.* – Die gestrige Einseg-
nung verlief sehr feierlich. Die Rede von Jacob war sehr schön.
Liese u. ich gingen so zu sagen als Opferlämmer, aber es ging
schon. *Liese hat ihm Briefe von einer Freundin zu lesen gegeben,
darin war von Seelenwanderung, Naturanschauungen, Kunst die
Rede;* es erfüllt einen jedesmal mit Freude, wenn man auch bei
Frauen solches Streben findet. *Der hierdurch und durch Ms Brief
geweckte Gedanke, daß einmal etwas Bedeutendes aus ihm werden
könne, begeistert ihn, aber:* Nein! Ich darf ihn nicht in mir wurzeln
lassen, er ist ein giftiges Kraut, das den Saft in dem kräftig aufstre-
benden Stamme meines Lebens verdirbt. *Er will* ganz realistisch
und prosaisch weiter streben, *um ein Mann mit freien Lebensanschauungen und weitem Gesichtskreis zu werden* – darum mäßige

Dich mit Deinen Zukunftsbildern. Die Ideale kommen zu andrer Zeit als Nebenbeschäftigung, als Erholung, u. dürfen obigen Gang nicht stören.

30. AN FRIEDRICH KAYSSLER [IN BRESLAU].
[SORAU], 29.4.1890

Mein geliebter Fritz! Du darfst es mir [*Weiteres unbekannt*]

31. VON FRIEDRICH KAYSSLER. BRESLAU, 5.5.1890

Glückwünsche zum Geburtstag. Wünscht, daß M ein Mann im wahrsten Sinne *werde, dann fänden seine* Anlagen u. Talente von selbst ihre Verwertung, *und das führe schließlich zum Glück.* – M soll Körner die Meinung sagen, statt an ihm zu leiden. *Mit der Feststellung, die Menschen seien zu dumm, um einen zu verstehen, stimmt er überein, er findet auch nur bei M und Liese Verständnis, nicht bei Marie, die zu allem Ja sage.* Hat neulich einen Kampf gehabt, weil Liese Marie so sehr ablehnt, glaubt jetzt, Liese sei zu streng, sein und Maries *geschwisterliches Verhältnis sei kein Unrecht,* aber darin hat sie unbedingt Recht, Marie durfte mir nicht gleich so entgegenkommen, das war falsch. – *Liese läßt grüßen.* – Mit d. giftigen Kraut meinte ich im vorigen Briefe nicht so den Ehrgeiz, als vielmehr, um deutsch zu reden, die Rosinen, die man, oft von anderen eingepflanzt, im Kopfe hat! Über die schöne Stelle aus Uriel Akosta ist nichts weiter zu sagen. Die Begriffe bedeuten unsere vielbesprochene Erscheinung, die Hülle, das Sein des Spinoza deckt sich mit dem unserer Ansicht. Übrigens habe ich schon oft Bedenken gehabt, ob denn wirklich die Erscheinung, die Hülle nur ganz solche sind u. zu gar nichts taugen sollen. Der Stoff ergänzt sich doch fortwährend selbst wieder u. bleibt doch immer vorhanden, wie soll er denn einst ganz verschwinden. Auch der großartige Fortschritt in der materiellen Kultur ist Beleg dafür, da man ihn doch auch als »nicht rein geistigen Vorteil« auffassen kann. Doch e. Idealmenschheit am Ende scheint mir nicht hehr, nicht ideal genug. Schreibe mir bitte, darüber!

32. VON FRIEDRICH KAYSSLER. BRESLAU, 18.5.1890

Fragt nach Ms Pfingstplänen, um sich darauf einrichten zu können. Berichtet, daß sein freundschaftliches Verhältnis zu Liese Reche wegen seiner gleichzeitigen Freundschaft mit Marie Oberdieck gelöst sei. Grüßt von Marie.
N.: *Paul. Reches. Agu. Isaak. – Breslau. Krummhübel.*

33. VON FRIEDRICH KAYSSLER. BRESLAU, 20.5.1890

Hätte sich der geplanten Tour gern angeschlossen, sieht aber ein, daß es nicht geht.
N.: *H. Körner.*

34. VON FRIEDRICH KAYSSLER. BRESLAU, 21.5.1890

Dankt für den Brief. Es sind seit langer Zeit Worte, über diese Sache, die mir einleuchten können, weil sie klar und fest, aber ohne Erregung u. parteiliche Engherzigkeit gesprochen sind. *Stimmt mit M überein, daß man* Tiefe *bei Reches nicht finden könne, nimmt aber Liese und Alfred davon aus, vor allem Liese.* Sie ist edel; aber wenn die Leidenschaft erregt wird, kommt ein so scharfer Ton in ihre Weise, daß ich beides nicht recht vereinen kann. Von Eifersucht ist hier keine Rede. Zuerst [...] äußerte sie mir gegenüber, daß zwei so verschiedene Freundinnen für meinen Charakter nicht gut wären, u. riet, wir sollten lieber uns wieder von einander entfernen; das war aber alles noch im Guten verhandelt worden, obgleich sie ja schon von jeher M.s Verhalten schroff gegenüberstand. *Sie sieht es als schlechtes Zeichen, daß er seinen Freunden nichts von Marie erzählt hat. Als sie dann erfuhr, daß Marie zu ihm aufs Zimmer zu kommen pflegt,* da war das Feuer fertig, das unsere Bande dann verbrannt, wenigstens versengt hat. Es sei aber keine Eifersucht. – *Verteidigt noch einmal die Familie Reche, jedenfalls* die 3 männlichen Mitglieder. *Bezüglich der Freundschaft zwischen ihnen beiden versichert er, daß M der einzige sei,* dem ich mich rückhaltslos hingeben kann, mein Ver-

trauen ganz entgegenbringen u. mit dem ich über alles reden
kann. – *Für eine Fahrt ins Riesengebirge bekommt er keine Erlaubnis, weil er im Sommer dorthin reisen wird.*
N.: Agu. Isaak. Paul. Kaysslers Onkel. – Rudelstadt.

35. AN FRIEDRICH KAYSSLER [IN BRESLAU].
[Sorau, 22.5.1890]

Lieber Freund,
Trotz der großen Hitze nehm' ich alle Kraft zusammen, die Lust
u. auch d. Schmerz, um Deine lieben, männlichen Zeilen zu
beantworten, da vor Sonntag etwa nach Pfingsten mir keine
Gelegenheit dazu geboten werden dürfte. Du hast vollständig in
allem Recht, inbezug auf Alfred will ich mich ebenfalls belehren lassen, da ich, nie um seine Freundschaft in ernstem Sinne
bemüht, ihn nicht so kenne wie Du. Ich vertraue Dir ganz, und
Du kannst ja auch aus dem Briefe, den ich an Alfred richtete,
ersehen, daß er mir keineswegs unsympathisch ist. Es freut mich
sehr, daß Du so vernünftig denkst u. Dir vornimmst, unbeirrt
dem Rechten zu folgen. Mache M. nicht unglücklich, aber lehre
ihren durch Selbsttäuschung verschleierten Blick wieder klar u.
sicher sehen.
Da ja eigentlich nun vorläufig die Sache genug besprochen ist, so
will ich Dir Kunde geben von dem gestrigen Abend. An diesem
fand nämlich in der Aula unsres Gymnasiums eine mächtige
mus.-dekl. Aufführung statt, zu welcher ich e. Prolog dichtete.
Programm wie Prolog liegt bei. Nachdem ich über den Versen
mich ewig u. ohne jede Lust daran herumgedrückt, den ganzen
Himmelfahrtstag mich darob geärgert hatte, kamen mir endlich
ein paar frische Gedanken, u. ich warf sie aufs Papier. Nun galts
die Sache auswendig zu lernen, wie der Chef wünschte. Ich bekam gewaltig Lampenfieber, sollte ich doch vors Angesicht der
haute volée einer Stadt von 13000 Einwohnern treten. Der große
Moment kam. Vor 2–300 Menschen, die ersten 10 Reihen fast nur
Damen u. darunter schon ein paar bekannte (!), betrat ich elasti-
schen Schrittes das Podium, verneigte mich und begann in olym-
pischer Ruhe »Es blüht der Mai, ...« Nur selten sah ich in die

vorsichtshalber mitgenommene Mappe, die ich die ganze Zeit geöffnet mit beiden Händen weit vor mich hielt; erst beim letzten Verse stockte ich einen Augenblick, kam aber trotzdem gut zu Ende. Lebhafte Bewegung im Saal, und gerührt von mir, setzte ich mich auf meinen Platz, gegenüber dem ganzen Publikum. Meine Stimme war voll u. zitterte nur wenig u. so hatte ich mich – wie mir Oberlehr. Lutze heute sagte – »mächtig eingehoben«. Alle ärgerten sich riesig, daß sie nicht klatschen durften, die Pauker machten nämlich »St!« da es in der Penne niemals usus, war zu klatschen. Bei der 3ten Nummer aber brach d. Beifall dennoch los u. blieb nun bei jedem Stück. Ich wurde reichlich entschädigt durch das allgemeine Bedauern, daß bei meinem Prologe, der glücklicher Weise sehr gefallen hat, nicht applaudiert werden konnte, ein Bedauern, das sich in zahlreichen Komplimenten von allen Seiten (besonders von hübschen Damen) kund gab. (Du mußt mir diese lebhafte Schilderung schon verzeihen, es ist nur die Reaktion gegen den Ärger, den ich vor der Sache hatte.) Ich bin jetzt der Löwe v. Sorau, u. garantiere Dir – wir kennen die Verhältnisse! –, daß hier wochenlang in allen Kafeschlachten nichts andres gedroschen wird, als meine eigene, kleine Persönlichkeit. Zumal meine Pensionsmutter leistet Unglaubliches in dieser Hinsicht, überhaupt ist sie weit entfernt von dem, für was ich sie hielt. Ich lasse mich halt zu sehr von d. äußern Erscheinung bestechen. Aber vor Spionage, Klatscherei und kleinlichem Sinn bin ich nicht sicher, jede Postkarte giebt Stoff zu neuem Gerede. Natürlich alles hinter unserm Rücken. Na, das ist man so. – Ich habe gestern eine recht nette Bekanntschaft weiter gesponnen, da ich Gelegenheit hatte, die beiden 18–23jährigen Töchter des H. Oberlehrer Lutze nach Hause zu begleiten. Ich kannte sie schon von einem genialen Streich her, vermittels dessen wir eines Abends aus unserer Pension ausrückten u. uns denselben, welche mit uns bekannten u. neben ihrem Hause wohnenden Pensionären in ihrem Garten promenirten, unter dem Vorwand vorstellten, wir wollten uns über d. Aufsatz bei jenen Pensionären Auskunft holen. Es ist überhaupt hier mit d. Mädels eine andre Sache, d. Gymnasiasten sind das, was anderswo d. Militärs, kurz, sie vertreten die männl. Jugend der ganzen Stadt. Es wäre mir lieb, wenn ich mit Lutze's manchmal zusammenkäme, es sind durchaus feine u. dabei natürliche Mädchen. So ein Verkehr würde mir wohl thun. – Überhaupt würde mir Verschiedenes wohl thun z.b. auch mich wieder einmal mit der ganzen Sehnsucht eines unglücklichen Freundesherzens Dir an die Brust zu werfen. – Für heute genug. Es ist ewig schade, daß wir uns nicht treffen; doch Körner wäre immer zwischen uns gewesen! So ist's besser. Vielleicht ein ander Mal. – Mein strenges Urteil übrigens über meine Pensionsleute nehme ich doch teilweise zurück, es sind doch recht liebe Leute, besonders die 10- – 13-jährigen Mädchens versöhnen mich stets wieder.

In treuer Liebe
Dein Christian.

Herzl. Gruß an M. u. d. ganze Familie.
Vielleicht hast Du Lust, Prolog u. Programm 'mal an Arndt oder Frey zu zeigen...
Grüße auch Paul, Julius u. ganz speziell meinen lieben Gustav!

36.   AN EMMA SCHERTEL UND CHARLOTTE ZEITLER
[VERMUTLICH IN MÜNCHEN].
[SORAU, NACH DEM 21.5.1890]

Ich muß gestehen, meine Neigung zum Soldatenstande oder vielmehr Soldatenberufe war nie eine tiefe, echte. Mich hält die Poesie, die Kunst, der Drang nach Wahrheit zu sehr in ihrem Bann […] ich kann nun einmal nicht anders, es ist wohl diese heiße Liebe zum Schönen das Erbteil der Künstlergeschlechter, aus denen ich stamme […] So werdet Ihr begreifen, daß ich nach wochenlangen Herzenskämpfen meinen Eltern den Schmerz bereiten mußte, zu erklären, ich könne durchaus nicht die eingeschlagene Bahn weiterverfolgen, ich hätte den festen Entschluß, wenn sie mich wieder zum Gymnasium zurückkehren ließen, dort nachdrücklich zu arbeiten und dann zu studieren.
Ich habe diesen Entschluß noch nicht bereut und hoffe auch für mein ganzes Leben das Richtige getroffen zu haben. Da ich nun in Breslau nicht mehr dieselbe Anstalt besuchen konnte, brachten mir die lieben Eltern das große Opfer und gaben mich hier in Sorau, welches uns sehr empfohlen war, in Pension. Ich bin ganz

gern hier, es ist eine ganz nette kleine Stadt, das Gymnasium ist in jeder Hinsicht angenehmer als in Breslau, und die Pension bei »Professor« (wie es bei uns in Bayern heißt!) Ilgen ist ebenfalls völlig zufriedenstellend. Wir sind drei Freunde zusammen, alle Breslauer und schon von früher her gut bekannt, und bewohnen zwei Stuben [...] Mein Stubenkamerad ist Franz Carl Zitelmann, ein sehr lieber, begabter Mensch. Der Verkehr hierselbst ist auch sehr gemütlich, ich hatte in Breslau nicht einen so kameradschaftlichen, jugendfrischen Kreis. – Die Familie Ilgen ist sehr nett, besonders Frau Ilgen [...] Besonders auf mich ist sie stolz (obwohl ich's gar nicht verdiene), da ich ihr einmal für ihre niedlichen Mädchen ein Puppentaufgedicht machte und sie mit mir als dem Verfasser des beiliegenden Prologs glänzen konnte [...] Nach der allseitigen Anerkennung zu schließen, gefiel mein Gedicht den wackeren Sorauern sehr, – ich hätte hier Gelegenheit, eitel zu werden, wenn ich die Lust dazu hätte.

Mit herzlichstem Gruß und Kuß
   Euer Euch innig liebender Enkel und Neffe
                Christian

37. AN FRIEDRICH KAYSSLER [IN BRESLAU].
   [SORAU, NACH DEM 6.6.1890]

Mein lieber Fritz,
Jedesmal wenn so ein mächtiger Brief von Dir ankommt, freue ich mich zuerst über die liebe, echt fritzische Handschrift und dann über die Thatsache, daß es doch noch Menschen giebt, die wahrhafte inhaltsreiche Briefe zu schreiben wissen. Solche Briefe möchte ich auch von Arndt haben, aber der schreibt nicht einmal alle 4 Seiten voll. Du beklagst Dich, daß ich zu wenig antworte und infolgedessen habe ich heute Deine sämmtlichen Briefe vor mich hingelegt, um von Anfang an keinen Punkt unerwidert zu lassen. Das erste, was mir auffällt, ist folgende Stelle: »Die Rede von Jakob war schön. Liese u. ich gingen sozusagen als Opferlämmer hin.« Lieber Freund – kann man es bei einem freidenkenden Menschen ein Opfer nennen, wenn er einmal in die Kirche gehen muß? Nein. Denn indem er ohne Widerwillen hineingeht, be-

Juni 1890

weist er eben, daß er frei ist in seinen Lebensanschauungen, daß er sich von dem christlichen Glaubenseifer nicht deshalb losgemacht hat, um sich von dem Fanatismus der »Aufgeklärten« gefangen nehmen zu lassen, sondern um – wie der König über den Parteien – über allen Religionen zu stehen. Les extremes se touchent – dies findest Du überall in der Geschichte: Inquisitionen haben nicht nur Pfaffen gemacht sondern auch Antipfaffen. Toleranz ist auf religiösem Gebiete die höchste Tugend. Ich gehe weiter in Deinem Briefe und sehe schon in der Ferne das »giftige Kraut« blühen. Du mußt zwar als Sohn eines Mediziners mehr vom Gift und als Pensionär im Hause eines Naturforschers mehr vom Kraut verstehen als ich, aber trotzdem unterfange ich mich als Sohn eines Künstlers, der nur eine Sache der Schönheit wegen, nicht ihrer Zusammensetzung Halber malt, diese Pflanze nochmals näher zu betrachten. Und ich glaube, ich werde in Hinsicht auf den edlen Ehrgeiz, das edle Streben nach oben mit dem einen Satze genug sagen: Bedenke, daß Du in erster Linie für die Menschheit, für Dein Volk lebst, in zweiter erst für Dich, aber je mehr Du für das Allgemeine gethan haben wirst, desto mehr hast Du für Dich selbst gethan. Freilich steigt man von unten nach oben und die erste Stufe wird immer die Selbstvervollkommnung bleiben, aber die zweite u. höchste Stufe bleibt ebenso dann die Bethätigung dieser innern Größe auf die leidenden Mitmenschen in möglichst hohem Grade. Im Grunde genommen ist Dein Gedanke völlig richtig und mein Einwurf hat nur den Zweck, Dich vor einer Gleichgültigkeit zu warnen, welche schon oft zu Besserem berufene Geister in niederer Sphäre zurückgehalten hat. – Daß Du mit aller Kraft Dir unerschütterliche Willensstärke anerziehst – das ist ja nur der erste große Schritt nach vorwärts! So ist's recht, mein Lieber, fange früh an, ich weiß davon zu sagen u. zu singen, wenn man es versäumt hat. Da nimm Dir einen Napoleon I. zum Vorbild, oder besser noch einen Friedrich d. Gr. oder am besten einen Bismark. Ich danke Dir, daß Du mir im Geiste ein Gleiches rätst – es wird – es muß mir gelingen!!
Du willst gewiß an den »Spruch«: »Lerne in kleinen Dingen Dir wenig gehorchen, So wirst Du lernen in großen gehorsam Dir sein!« angeknüpft wissen. Soll Goethe » n immer« oder » i mmer«

geschrieben haben? Ich lese das letztere. Ich halte aber auch für richtig – das letztere. Doch ich möchte fast mit Faust sprechen: Doch auch, indem ich dieses niederschreibe, schon warnt mich was, daß ich dabei nicht bleibe. Die Frage ist schwer. Höre: Vor allem wollen wir eine Auffassung des Wortes »klein« beseitigen. Soll dasselbe nämlich so viel bedeuten, wie »kleinlich«, so stimme ich dem »wenig« und »nimmer« rückhaltlos bei. Wie weit will man aber das Kleine vom Großen unterscheiden? Diese Trennung ist Sache, liegt im Charakter jedes Einzelnen. Der hält es für unbedeutend einem Mädchen die Ehre zu nehmen, jener für eine der größten Unehrenhaftigkeiten, deren sich ein Mann schuldig machen kann, der hält das Rauchen für gesund, jener nicht, der hält von der Religion nichts, jener alles. Der Gute wird freilich meist das Richtige finden, aber diesen Satz für die Allgemeinheit aufzustellen, ist gefährlich, denn er ist nur für Wenige, u. seine direkte Verkörperung ist das Genie. Genies pflegen sich n i e in Kleinem zu gehorchen, weil sie von ihrer Gewalt, im Großen alles zu können, durchdrungen sind. Du hast in Mirabeau ein glänzendes Beispiel hierfür. Hätte er sich in Kleinem gehorcht und nicht durch Schwelgereien sich bewußt zu Grunde gerichtet, so hätte er das gewollte Große durchführen können u. ständе vielleicht als der größte Franzose des 18ten Jahrhunderts da. Die Strenge gegen sich selbst kann gar nicht eisern genug sein, sie muß sich keineswegs nur auf Handlungen sondern auch auf die Gedanken erstrecken, sie muß sich aber auch wieder in den Grenzen des Menschlichen halten, daß nicht die Selbstbeherrschung in Selbstknechtung, Verknöcherung umschlage. Vor diesem letzteren Extrem will ich Dich sehr warnen, am besten bewahrt uns davor unser warmes, ungestüm schlagendes Herz. So, nun werde klug aus diesen Zeilen, wenn Du es kannst, und wenn Du es nicht kannst, so bedenke, daß ich kein philosophischer Geist bin, wie Dein seliger (Ur)großvater. Da stoße ich im zweiten Briefe von Dir auf die Stelle, welche über »unsere Erscheinung« handelt und – heu me miserum! darunter steht: »Schreibe mir, bitte, darüber!« Verstehe das heu me m. recht, es soll nicht ein Wehschrei sein, daß ich Dir noch weiter schreiben muß (denn ich gedenke ins Unabsehbare hineinzuschreiben!), sondern ein Bedauern, daß ich Dir über obigen Spruch so viel geredet, obwohl

Juni 1890

Du es vielleicht gar nicht wolltest. Also ad novum exercitium! Doch auf diesem Bogen schreibe ich nichts Ernsthaftes mehr, sonst wird's zu einförmig. Du sagst: »D. Stoff ergänzt sich doch fortwährend wieder.« Das ist fein gedacht, denn – wozu wären sonst wohl die großen Bierbrauereien in München? Also habe keine Angst – der Stoff ergänzt sich immer wieder! –
Nun genug von dem Stoff. –
Du sagst merkwürdiger Weise: »Wie soll der Stoff denn einst ganz verschwinden?« Merkwürdiger Weise, denn wohin soll er denn verschwinden? Die Materie ist unsterblich – der Satz kann nicht in Zweifel gezogen werden! Du fährst fort: »soll denn wirklich die Erscheinung, die Hülle zu gar nichts taugen und nur eben Hülle sein?« Womit denkst Du? Mit der Seele? Ich glaube, mit dem Gehirn, und das Gehirn ist eine fleischige Masse u. dieses Fleisch ist ins Leben getretene Materie. Kann man da noch von »Hülle« reden? In dieser Art könnte man die Dampfmaschine die Hülle des Dampfes nennen! Oder noch besser: Das Bogenlicht die Hülle des elektrischen Funkens!! O nein, mein Freund! Nichts ist irriger u. verwerflicher, als die herrlichen Gebilde der ewig schaffenden Natur zu verachten oder zu verkennen, nichts unsinniger, als über dem vermeintlichen Seelenheil seiner erhabenen Menschenwürde zu vergessen! Die menschliche Gestalt ist zunächst der Inbegriff irdischer Schönheit, in ihm gipfelt sich die schöpferische Kraft der Natur! Was sollte die arme »Seele« anfangen, wenn sie nicht so vollendete Formen fände, wie sollte sie in der Schönheit und Liebe sich selbst erkennen, wenn dieser Form nicht klare Augen gegeben wären, nicht empfindende Nerven?
Übrigens, wie findest Du das Bild: Die Seele begiebt sich in die Gestalt – – – –
Ach nein! nein! nein! Fort mit diesem Bilde, es ist lächerlich! Seele und Leib – können es denn 2 verschiedene Dinge sein?
Θεός in Πᾶν! – : Θεός = Πᾶν! – (Spinoza)
Ἐν ἀρχῇ ἦν ὁ λόγος, καὶ ὁ λόγος ἦν πρὸς τὸν θεόν, καὶ θεός ἦν ὁ λόγος ...... Πάντα δι' αὐτοῦ ἐγένετο, καὶ χωρὶς αὐτοῦ ἐγένετο οὐδὲ ἕν, ὃ γέγονεν.
Was ist Logos? Faust übersetzt es mit: Wort, Sinn, Kraft, That. Wie wenn man es einmal mit »Stoff« übersetzen wollte?! Höre, was ich am 6 Juni Abends nach einem einsamen Spaziergange in

mein Taschenbuch schrieb: »Geist u. Stoff (durchdringen sich gegenseitig (d.h.)) sind eins. Unter gewissen Bedingungen tritt der Stoff in lebendige Erscheinung und erhält die Fähigkeit zu denken.« Denke Dir einen Baum, einen hochragenden, belaubten Eichbaum, denke Dir einen Käfer darunter fliegen, denke Dir einen Menschen darunter sitzen. Man spricht dem Eichbaum stets, gewöhnlich auch dem Käfer die (unsterbliche) Seele ab, dem Menschen aber zu. Was ist den Dreien gemein? Sie leben. (Denn indem d. Eichbaum wächst, lebt er doch; u. verfault er einst u. treibt keine Blätter mehr, so kann man sagen: er stirbt.) Wenn nun alle 3 leben, so frägt es sich worin der Grund unsrer schroffen Behauptung zu suchen ist. In der Verschiedenheit der Organe der drei Körper. Der Mensch lebt, weil er geboren ist u. denkt, weil er von der Natur ein Gehirn dazu erhalten hat. Der Käfer lebt, weil er geboren ist, u. fliegt und ernährt sich, weil seine Organe (d. Flügel u. Freßwerkzeuge) dazu eingerichtet sind u. weil in seinem Gehirn (falls er eines hat) ein ihm nicht zum Bewußtsein kommendes Gefühl – der Instinkt – ihn dazu antreibt. Der Eichbaum endlich lebt, weil er aus dem Keim erwachsen – geboren – ist. Er denkt nicht, denn er hat kein Gehirn, er fliegt nicht, denn er hat weder die Flügel dazu noch den Instinkt, aber er lebt, er ist belebt, beseelt – also auch der Eichbaum hat eine »unsterbliche Seele«!

So sind wir zu dem Schlusse gekommen, daß »beseelt sein«, »Seele haben« nichts andres heißt, als »Leben«. Alles Lebende ist also beseelt und da alles Lebende, alle Pflanzen, Tiere, Menschen aus dem Stoff, der Materie besteht, so ist die Materie beseelt, so ist Πᾶν = Θεός und Θεός in Πᾶν!

Man kann mir aber noch einwerfen, meine Definition umfasse nur das Organische nicht das Anorganische. Ich aber behaupte, daß es überhaupt nichts Anorganisches (im höheren Sinne) giebt. Die überwiegend »anorganische« Erdmasse hat Leben in sich, indem sie sich fortwährend in organischen Wesen äußert, andrerseits indem sie als Weltkörper die Eigenschaft der Anziehung besitzt.

So ist nun alles definirt, nur das eine bleibt noch, das Undefinirbare, das Ewiggleiche, das Göttliche: Der Urgrund des Lebens. Hier stehe ich still, ich habe mir vielleicht schon in irgend etwas widersprochen, nicht weiter! Glaube indessen nicht, daß dies ein Evangelium ist, an das ich in jedem Buchstaben glaube, es floß mir in die Feder, so leicht u. glatt, n o c h habe ich es n i c h t g e p r ü f t. Ich vermisse nämlich den ethischen Gehalt, die Moral darin, vielleicht finde ich sie noch. Jedenfalls will ich nicht mit der modernen Jugend mit 19 Jahren meine abgeschlossene Lebensauffassung haben, sondern ich will ringen, solange ich kann, mir das Bewußtsein des Göttlichen, Unvergänglichen zu bewahren – aber das Ringen ist unendlich schwer. Nächstes Mal fahre ich in der Beantwortung fort. Mein herzliebster Freund, wenn ich Dich nur in d. Ferien umarmen kann! Dein Gedanke ist herrlich.

38. AN FRIEDRICH KAYSSLER [IN BRESLAU]. [SORAU, VERMUTLICH ZWISCHEN DEM 3. UND 29.6.1890]

Schickt etwas von sich. Es geht ihm gut. Ist froh, daß Kayssler die Pfingstpartie nicht mitgemacht hat, weil sie da doch nicht miteinander allein gewesen wären. – In der Schule kultiviert er jetzt besonders Horaz. – Bittet, einen Brief an Marie Oberdieck weiterzugeben. Er verdanke ihr viel und wolle sie trotz mancher Fehler lieb behalten.
N.: *Arndt. Koebner.* d. Recheknaben. *Zitel. – Riesengebirge.*

39. AN JOHANN MARTIN SCHLEYER [IN KONSTANZ]. [SORAU, VIELLEICHT JUNI / JULI 1890]

Geehrter Herr,
zu meiner Überraschung erhielt ich vor Kurzem eine Rechnung für das Abbonnement 89/90 zugesandt, obwohl ich nach dem Juni 89 dasselbe keineswegs erneuert habe. Ich habe Breslau seit Herbst 1889 verlassen, entsinne mich aber noch, vorher einige Exemplare ihres Blattes erhalten zu haben. Ich nahm an, die Sendungen würden aufhören, wenn ich d. Abbonnement unerneuert ließe, das scheint nicht d. Fall gewesen zu sein, denn vor wenig Tagen erhielt ich durch meine Familie genannte Rechnung hierhergesendet. Ich weiß, daß es erfolglos ist, über diesen

Punkt mit dem »konstanzer Weltsprachebüro« zu rechten, übersende Ihnen also die genannte Summe. Ein Wort aber sei mir noch gestattet in diesem letzten Briefe, welchen ich an Sie, mein Herr, richten werde.

Ich bin in ihre Sache mit glühender Begeisterung eingetreten, habe mit dem unbesiegbaren Idealismus der Jugend die großartige Weltspracheidee verfochten u. aus tiefster Herzensüberzeugung an den Sieg des Volapük geglaubt. Sie, mein Herr, haben mir diesen meinen Glauben zerstört, haben meine beredten Worte zu Lügen gemacht – Sie haben, irrgeleitet von niedriggesinnten, geistig unbedeutenden Schmeichlern selbst Ihr stolzes Werk zum Wanken gebracht u. vernichtet. Groß als erfinderischer, genialer Geist, haben sie sich klein gezeigt, als es galt auch groß als Mensch zu sein. Sie brachen zusammen unter dem Druck der Verhältnisse, statt ihm mit dem Opfermut des Edlen Trotz zu bieten. Sie mußten vor der Schöpfung Ihrer Weltsprache wissen, daß Ihr Weg ein dorniger, schwerer sein würde. Aber Ihre Klage über die undankbare Welt kannte keine Grenzen. Mein Herr, unschöner als der Undank der Welt, war der unmännliche Jammer, dem Sie sich hingaben, als Sie die Schwere der Aufgabe empfanden, der Sie Ihr Leben gewidmet. Und dennoch – wie leicht wäre eine solche Handlungsweise vergessen worden – hätte nicht Ihre maßlose Herrschsucht das wieder niedergerissen, was Ihr genialer Geist so schön erbaut. Sie glauben unbeschränktes Recht an Ihrer Schöpfung zu haben aber Sie ahnen nicht daß Sie tausende begeisterter Herzen getäuscht haben, daß sie unzahlige Opfer bringen ließen um zuletzt [*Fortsetzung fehlt*]

40. VON FRIEDRICH KAYSSLER. BRESLAU, 29. 6. 1890

Dankt für unendlichen Brief und reizende Gedichte. M könne den Stoff so gut einkleiden, im Gegensatz zu ihm selbst, der sich oft für andere unverständlich ausdrücke. – Schiebt eine Zwischenbitte *ein*: Bitte teile mir möglichst bald (Karte!) mit, 1., den Namen des Verfassers d. »natürl. Gesetzes«. 2., wie ich mir irgend eine Lehre über »Metrik« u.s.w. verschaffen könnte, 3., ob Du mir vielleicht irgend etwas über Bismarck ins Riesenge-

birge mitbringen könntest, am besten »Graf B. u. s. Leute.« –
Kehrt zu den Gedichten zurück. Das erste ist reine Lyrik der
Stimmung; *im zweiten sieht er einen Beweis,* daß Du Dir Deinen
Idealismus in dieser Beziehung so gewahrt hast und nicht veratheistest. [...] »Frage nicht, o Mensch, doch handle!« Das ist
sehr schön gesagt, aber, wenn der Mensch edel ist, dann frägt er
auch und grübelt, wenn er sich mit dem Vorhandenen nicht
begnügt. *Er bilde sich dann ein Ideal, einen Gott, an dem er sich
orientieren könne. Einige Zeilen des Gedichts verkörpern ihm ein
Gefühl, das er beim Beten hat.* [*Fortsetzung fehlt*]
N.: Liese.

41. VON FRIEDRICH KAYSSLER.
     [BRESLAU, VOR DEM 6.7.1890]

Muß wahrhaftig noch einen Zettel *nehmen:* Auf baldiges, fröhliches Wiedersehen mit seinem lieben Chrischan hofft Fritz. – *Erwähnt die Regatta am 6.7. Kündigt ein Photo von sich an.*
N.: Der ältere H. Voigt. Die Rechenknaben.

42. VON FRIEDRICH KAYSSLER. [VERMUTLICH
     BRESLAU, VOR DEN SOMMERFERIEN 1890]

Grüße von Marie, Gustav, Paul, Beblo und mir, der ich mich von
Herzen sehne, recht stürmisch an Deine Brust zu fliegen. *Malt
sich aus, wie es wäre, wenn sie sich in den Ferien auf einem Waldweg träfen. Hat so viel mit M durchzusprechen.*
N.: Onkel R. – Rudelstadt. Krummhübel.

43. AN FRIEDRICH KAYSSLER IN BRESLAU.
     Sorau, 2.7.1890

*Beginnt »in Abwandlung von Schillers Ballade ›Fridolin‹ mit der
Anrede* Lieber Fridolin *und 6 gereimten Verszeilen«. M beantwortet Kayßlers drei Fragen:* »*Volneys* ›La loi naturelle‹, Bücher über

Metrik und über Bismarck.«[...] Aber ich bitte dich flehentlich darum, 2 M aufzubringen u. Dir das einfach großartige Buch Rembrandt als Erzieher auf jeden Fall zu kaufen. [...] Du findest auch sehr viel über Bismarck darin u. überhaupt alles, was [e.] jungen Deutschen interessiert. Daher der Name »Erzieher«. Hast Du nicht so viel, so pumpe Dir, ich werde Dirs dann mal dediciren, sobald ich einige Mittel habe [...]

44. AN FRIEDRICH KAYSSLER [VIELLEICHT IN MITTELSTEINE.] [VERMUTLICH RUDELSTADT, VOR DEM 10.7.1890]

Ich habe gestern eine neue Freundschaft geschlossen mit einem Primaner, den ich hier kennen lernte....
Gestern habe ich ihm das »Du« angeboten. Vorher hatte er mir auf dem Klavier, das er geradezu hinreißend spielt, Lützows wilde Jagd und ein Thema von Rubinstein vorgetragen, so daß ich beim Anhören der göttlichen Klänge im Innersten ergriffen wurde. Ich hätte am liebsten geweint und wäre ihm um den Hals gefallen – doch so hab ich ihm die Hand gedrückt und ihn gebeten, mein Freund zu sein. Beethoven sagt zwar, die Musik müsse dem Manne Funken aus der Seele schlagen – doch bei mir muß ich sagen, daß sie wie ein Funke in meine Seele schlägt und in diesem Augenblick alles auflodern läßt, was Menschenbrust bewegt – und da mir dies Wort aus Fitgers »Hexen«: »Glück ist – nicht geboren werden, Glück ist – sterben« und das ähnliche Hamerlings das »mit geheimem Todesbeben ist alle Lebenswonne stets gemischt« in solchen Momenten die Seele mächtig ergreift und mir im Wirbel der Töne ein sehnsuchtsvolles Schluchzen nach Schönheit und Wahrheit erscheint, als wäre in ihnen das ganze vergebliche ewige Ringen der nach Erlösung dürstenden Menschheit verkörpert, so werde ich stets statt befriedigt, tief und wehmütig ergriffen. Edler und erhabener ist es freilich, wenn Dir die gewaltige Tonschöpfung das Bild menschlicher Kraft und Hoheit ist – möge es Dir immer das letztere sein! Und hier bin ich unvermerkt dazu gelangt, Dir die beiden Pole zu nennen, zwischen denen ich die letzten Wochen lebhaft hin- und hergeschwankt. Der erste ist die

Trostlosigkeit menschlichen Geschickes im Hinblick auf das ewige unermeßliche All einerseits, auf menschliche Schwäche und Kleinheit andrerseits, der zweite ist die Begeisterung, die uns bei allem Hohen, was Menschengeist gedacht und vollbracht, erfaßt. Das Letztere ist unbedingt das Edlere, Würdigere, das Erstere habe ich durchkämpfen müssen und strebe danach mich davon los zu machen. Ich habe mich nämlich auf einem Kirchhof stehend von der Empfindung der Vergänglichkeit so hinreißen lassen, daß mir alles Menschenlos nur wie Spott erschien. 100 Jahre – und: die heutige Menschheit ist zu Staub geworden! Ich dachte mir weiter das All in seiner Unermeßlichkeit und die Erde samt allem, was darauf ist, schrumpfte zusammen. Die Stellung der Einzelnen, der Völker zueinander kam mir lächerlich, wie Kinderspiel vor, ich verlor die Auffassung für unser Volk ... für alles Menschliche. Es war schrecklich. Ich nahm wahr, daß eine derartige Weltanschauung unsern Geist sofort verflacht, und ich bebte davor zurück.

45. AN FRIEDRICH KAYSSLER IN MITTELSTEINE.
RUDELSTADT, 10.7.1890

Rudelstadt, Post Merzdorf, Schlesische Gebirgsbahn, Schlesien, lieber Freund, Dank für Karte, schön, daß Kauf von Rembrandt, Hoffnung: Du amüsiren und schreiben, sodann: Wiedersehen – großartig! Du wirst in Brückenberg (bei Krummhübel) Waldhaus meinen lieben neuen Freund Fritz Haacke finden, gehst hin zu ihm u. stellst Dich vor. Er kennt Dich schon etwas aus meiner Beschreibung. Er ist anfänglich kühl – Du mußt Dich recht lebhaft mit ihm unterhalten, damit Ihr in Schwung kommt. Ihr könnt ja – sit venia verbo – zuerst über mich, als bekannte Größe, reden. Ich wünsche herzlich, daß Ihr Euch kennen lernt. H. ist e. Prachtmensch, etwas verbittert aber sonst tiefdenkend; ein großer Charakter! Aber bringe nicht den R... gleich angeschleppt – der ist ein bischen zu jung für H. Also werdet Freunde u. haut Euch!

Dies wünscht von Herzen   Dein   Chrischan. Bessos-Pascha

46. AN FRIEDRICH KAYSSLER IN KRUMMHÜBEL.
RUDELSTADT, 15. 7. 1890

Fragt, ob er Haacke schon kennengelernt hat. – Fragt, wann er und Kayssler sich treffen können, macht Vorschläge. – Hier ists bei schönen Wetter recht hübsch, doch verkommt man völlig, wenn man aus e. kleinen Stadt in e. kleines Nest kommt – o akademische Freiheit, endlos weiter Gesichtskreis wie sehne ich mich nach Euch! Ewig mit gebundenem Flügel dasitzen – es ist hart und grausam u. alle Gedanken siechen dahin im engen, kleinherzigen Dunstkreis. – *Läßt alle grüßen.*
N.: Lichtenstädt. – Die Falkenberge. Fischbach.

47. VON FRIEDRICH KAYSSLER.
SCHNEEKOPPE, 28. 7. 1890

Dringende Anfrage, wie er sich Marie gegenüber verhalten soll, wenn sie ihn fragt, ob er noch ihr lieber Bruder *sein will.*
N.: Reches. Kopisches [?]. Haacke. [Carl Ernst M]. [Amélie M]. Liese.

48. AN FRIEDRICH KAYSSLER [IN KRUMMHÜBEL].
RUDELSTADT, 28. 7. 1890

*Macht Kayssler Vorwürfe, weil er immerzu über sein Verhältnis zu Marie Oberdieck nachgrüble und beim Gedanken an das Wiedersehen auch noch »*furchtbare Angst*« habe. Von einem höheren Gesichtspunkt aus seien das alles Kleinigkeiten. Verweist auf Schiller:* »Wer stets den Blick auf's Ganze hält gerichtet, dem bleibt der Streit in eigner Brust geschlichtet!« *Kayssler solle sich von der Begeisterung beseelen lassen, sich hohe Ziele setzen, statt sich mit zwecklosen Herzensskrupeln zu quälen. Ursache für sein hochwogendes Gefühlsleben sei Desinteresse an der Außenwelt. Wenn er etwas hätte, was ihn ganz ausfüllte, würde er dies unabänderliche Verhältnis ruhig hinnehmen und* philosophischen Geistes *höchstens eine Vorschule für sein künftiges Leben darin sehen. Er soll sich mit*

Marie aussprechen, aber ruhig und freundlich; natürlich wenn Du à la Resemann die Augen rollst oder Dich mit d. Rücken gegen sie ans Fenster stellst u. auf demselben den Trauermarsch v. Beethoven trommelst, dann ist es kein Wunder, wenn ich wieder e. Brief nach Sorau bekomme. *Oder er soll in eine andere Pension ziehen oder Offizier werden. Die edelste Handlungsweise sei,* Marien zum vollen, schreckenden Bewußtsein ihres Irrtums zu führen und dann sie langsam u. sanft emporzuheben zu klarer, geläuterter Anschauung der Stellung eines edlen Weibes. [...] Sei jugendfrisch und froh, singe Lieder u. laß Deine ganze Jugendkraft sich entfalten, dann schwinden die Schatten von selbst!
N.:[Liese Reche]. Bismarck. Kaysslers Vormund. [Frau Oberdieck].
– Breslau.

49. AN FRIEDRICH KAYSSLER [IN BRESLAU].
[SORAU], 22.8.1890

Preise meine Vernunft, meine Denkklarheit – ich könnte ja ebensogut in höchster Leidenschaft ausrufen: Mein muß sie werden und ob die ganze Welt mir entgegenstünde! Und weißt Du, was das wäre? Wahnsinn. *Statt dessen ist es* nichts als ein Jugendtraum.

50. VON FRIEDRICH KAYSSLER. [VERMUTLICH
BRESLAU, NACH DEN SOMMERFERIEN 1890]

Über Lieses Freundin: Es ist ein so beseligendes Gefühl, mit anderen, fernen, selbst unbekannten Wesen durch e. natürliches, hohes Verständnis verbunden zu sein. *Legt etwas bei, was durch das Lesen ihrer Briefe angeregt ist. – Freut sich auf das Theater im Winter,* mit Begeisterung werde ich es besuchen. – Meine wütende Krummhübeler Leidenschaftlichkeit ist jetzt verflogen, ich nähre sie nur noch in meinen Übungen in der »Schauspielkunst«.
– Bittet M, sich über seine Berufsgedanken für sie beide zu äußern.
– Läßt Haacke grüßen. – Kündigt eine Photographie von sich an, schickt einen Vorgeschmack *schon jetzt. – Liese würde grüßen, wenn sie von dem Brief wüßte. – Dankt für Ms Karten.*

Brief Nr. 53 (Originalgröße)

51. AN FRIEDRICH KAYSSLER IN BRESLAU.
SORAU, 25.8.1890

Hat wegen des Sedanfestes, für das er ein Gedicht lernen muß, und wegen anderer Arbeiten keine Zeit, ausführlich zu schreiben. Lädt Kayssler zum Schülerbergfest am 1.9. ein. – Bittet um Geduld, weil er auf den reizenden langen Brief nebst Beilagen *noch nicht antwortet.* – Ach, Du wirst 'was ganz neues erfahren, mon cher, was noch nie dagewesenes – o es ist entsetzlich, großartig, empörend schön, süß, lieblich, reizend, engelhaft! Nun denke nach! .. So ford'r ich mein Jahrhundert in d. Schranken!
N.: Ulrich Frey. Die Ölmuse.

52. VON FRIEDRICH KAYSSLER. BRESLAU, 4.9.1890

L. Chr. Jetzt, da alle Hindernisse mit Sedan vorbei, hatte ich umgehenden Brief erwartet. Ich begreife Deinen Gleichmut nicht. Verzeihe, Chr., Du kannst Dir die Zeit schon schaffen. Einen solchen Brief zu beantworten, würde ich j e d e Zeit wählen. Ich hoffe, Du wirst den endlichen Rest meines Geduldsfadens verstehen. Gr Gr.   Fritz
Liese sagt dazu:»Schändlich!«

53. AN FRIEDRICH KAYSSLER IN BRESLAU.
SORAU, 5.9.1890

L. Fr. Soeben komme ich aus d. Klasse, in welcher uns unser Chef bis ½ 12 Uhr mit e. Horazode quälte. Ich habe zu heute Nachmittag 2 Uhr noch ca 100 Homerverse zu präpariren. Zu morgen sind 3 lange trigon. Aufgab. auf zu rechnen, ein lat. Exercitium, Repetition des 30jähr. Krieges, Tacitus, Homer. Mein Wort darauf! Also komme ich – wie schon geplant – Sonnabend Nachmittag zur Beantwortung Deines Briefes. Ob ich gerade j e d e Zeit dazu wählen konnte, bestreite ich. Du kennst eben nicht d. Annehmlichkeiten einer Stubengenossenschaft. Du weißt vielleicht auch nicht, daß ich riesig langsam schreibe, daß ich stundenlang dasit-

ze – ich denke beständig dabei, aber ein Gedanke ruft oft viele andre hervor u. die Zeit vergeht. Es ist dies ein alter Fehler von mir u. d. Grund, warum ich nicht **mehr** korresspondire. Ich unterlasse es, Dir meine Zeit vorzurechnen u. bitte mir zu glauben, daß diese beiden letzten Wochen nicht geeignet waren e. ernsten Brief abzufassen. Ich begreife indeß Deine Ungeduld u. verüble sie Dir gar nicht – ich habe sie selbst schon **oft** durchgemacht. Ich glaube, Freundschaft beruht noch auf andern Grundpfeilern als auf den wöchentlich einlaufenden Briefen. Also verzeih, wenn Du diesmal zu lange warten mußtest – es thut mir selbst leid, u. hätte ich gewußt, daß ich so schwere Vorwürfe bekommen würde, so hätte ich Dir wenigstens eine kürzere Antwort geschickt.
In Treue   Dein Chr.   Gr. Gr.
Das »schändlich!« ist mir außerordentlich schmerzlich –

54.   VON FRIEDRICH KAYSSLER. BRESLAU, 8. 9. 1890

Dankt für den lieben Brief, *bezieht sich auf Ms Karte und beteuert, so schwer habe er Ms Schweigen doch nicht genommen, er solle also alles nicht so ernst nehmen. – Spricht über Lieses Verhältnis zu ihrer Freundin, diese Freundschaft sei* ein Ebenbild der unsrigen [...].
So wären wir ja schon vier zusammen, die mit ihren Anschauungen vereinzelt dastehen sollen; glaube mir, so ganz allein sind wir doch nicht, wenn auch nicht Altersgenossen, so doch Mitmenschen haben wir zu Gesinnungsbrüdern, aber es giebt so unendlich wenige. – *Spricht dann über Marie, die er verachte, weil sie* kein *weibliches Ehrgefühl, keinen Stolz* besitze. Thatsache ist, daß sie es über ihren Stolz vermocht hat, mich wieder aufzusuchen u. auszufragen, der ich sie mit geradezu rücksichtsloser Kälte, mit Nichtachtung behandelt, statt mich noch eisiger zu behandeln, mich nicht zu sehen, über mich zu stolpern, ohne mich eines Blickes zu würdigen. – *Er kann es sich gut vorstellen, daß es* »nichts Tragischeres als das Menschenleben« *gebe, aber Liese, der er alle Briefe Ms zeigt, meint, Talente wären nicht erblich und könnten sich deshalb auch nicht im Lauf der Generationen abschwächen.* Sie versteht also nicht recht, wie Du unglücklich sein kannst über einen Mangel an Schaffenskraft, die [*Du*] noch nicht

erprobt, u. nicht erprobt haben kannst, über ein verfehltes Leben, in das Du noch gar nicht eingetreten. *Er selbst kann Ms tragische Sicht durchaus verstehen.* Ja, es giebt Fälle, glaube ich, wo dies erschütternd zur Wahrheit wird, aber bei Dir ist das doch nicht der Fall. Christian, Du redest es Dir fortwährend ein unglücklich zu sein, u. dieser Gedanke macht Dich schwach, melancholisch über Deine Zukunft nachdenken. »Les extrêmes – se touchent«, u. zwar in Deiner Person! Du bist in tiefe Schwermut verfallen, weil Du ein unglücklicher Künstler, ein Künstler ohne Arme, daraus reißest Du Dich gewaltsam u. stürzest Dich in den Strudel der Fröhlichkeit u. Freude! Warum denn diesen krassen Gegensatz? – Kannst Du denn nicht gemäßigt und ruhig über Deine nächsten, über deine ferneren Ziele nachdenken, oder vielmehr nicht über Ziele, sondern über Pläne, u. das Ende der Zukunft überlassen. Ich weiß auch nicht, was aus mir werden wird, ich will nur zunächst in einem Berufe, den ich mit der ganzen Begeisterung meines Innern ausfüllen kann, eine gesicherte Stellung haben, u. von dieser aus will ich dann weiter, höher wirken über die Schranken meines Berufes hinaus, wie weit, das kann ich nicht wissen, nur träumen. Und »Träume sind Schäume«; also darf ich mir von diesen nicht meine klare Besinnung rauben lassen. – Was für einen Beruf ich Dir rate? – Welche andern Kategorieen des Studiums, als die drei, die ich mir ausgewählt: Litteratur, Philosophie, Geschichte? Das ist doch das Feld Deiner Interessen. In diesem Berufe mache es so, wie ich Dir oben meine Pläne auseinandergesetzt, – das ist mein Rat. – *Fragt, ob M in den Michaelisferien nach Breslau komme, und macht Pläne für ihr Zusammensein: Sie wollen sich der Musik und der Schauspielkunst widmen.* Mein Chrischan, vielleicht werden wir noch Schauspieler; mir schwebt der Gedanke stets vor, aber die Stellung, die Stellung muß erst errungen sein. *Diesen Wunsch habe nicht Liese in ihm geweckt, die selbst auf die Schauspielkunst verzichten mußte, sie rate ihm sogar eher ab.* – Nun leb' wohl, mein Chrischan u. finde alles, was ich noch in diesen Brief hineinstecken werde. Bitte setze doch das Datum stets d. Briefen bei. Es ist besser, in Hinsicht auf später!
N.: Berlin.

55. AN FRIEDRICH KAYSSLER [IN BRESLAU].
SORAU, 9.9.1890

[...] Es freut mich sehr, daß Liese (beim Empfang in Breslau) wenigstens Gelegenheit haben wird, unsern lieben Kaiser recht genau zu sehen. Er ist es schon wert, genau angesehen zu werden! *Erwartet für die nächste Zukunft einen Krieg mit Rußland, denn für die Revolution* ist diese Nation noch lange nicht reif. [...] Nach dem nächsten großen Kriege, in welchem Deutschland, Östreich u. Italien mit Rußland u. Frankreich im Kampfe liegen wird, muß sich ein neuer Bund erheben, der Bund der Westmächte, der Träger der Kultur gegen d. Slaventum, die Ohnmacht. Vor allem Deutschland, Frankreich und Italien müssen in enger Herzensfreundschaft zusammengehen. [...] Der Deutsche u. der Franzose passen in Vielem zusammen u. besonders steht in d. Höhe der Intelligenz kein Volk uns so nah, als Frankreich. – Erlaube mir im Anschluß hieran eine Frage. Glaubst Du nicht, Du sei'st für d. Gelehrtenstube nicht geschaffen? Meinst Du nicht, Du stündest besser draußen im Leben, im Getriebe des Staats, in der praktischen Wirklichkeit? Was ist ein Professor anderes, als der Mann der wissenschaftlichen oder poetischen Idee – die Idee in That umzusetzen überläßt er andern. Überlege Dir's, wofür Du Dich geboren glaubst! Hüte Dich nur vor einem falschen Anschauen der Wirklichkeit. Nur, der mitten in's volle Menschenleben hineinschaut u. daraus d. Consequenzen für sich zieht, ist der rechte Mann! So einer war Goethe, ist Bismark. Goethes Feinde waren d. weichlichen Romantiker, Bismarks die Phantasten von 48. Schreibe recht bald wieder. Es ist schon spät.
Gr. Gr. (Du weißt doch, was das heißt)

Dein treuer Chrischan.

56. AN FRIEDRICH KAYSSLER [IN BRESLAU].
SORAU, 11.9.1890

Beifolgenden Brief *hat er gestern abend geschrieben, will jetzt aber den heute von Kayssler erhaltenen auch gleich beantworten.* Du hast tabula rasa gemacht und auf Grund solcher Thatsachen mit vollstem Recht. Ich habe wirklich zu gut gedacht. – *Dankt für die reizenden Aufmerksamkeiten, d.h. Photos von Kayssler.* – Der Apoll von Belvedere ist mir auch sehr recht. Ich habe noch nie seine Schönheit so hoch empfunden, als vor diesem kleinen Bilde; jetzt kann ich es auf einmal verstehen, wie Heine, als er, schon krank, sich in den Louvre schleppte, vor der »schönen Frau von Milo« in die Kniee sank u. bitterlich zu weinen begann. Kennst Du sein Buch der Lieder?... Ach, was wären wir ohne die Griechen! Erst kürzlich schrieb ich in einem Aufsatz »Warum sind d. Hellenen ein weltgeschichtlich bedeutendes Volk?« den Satz, daß wir Deutschen Geistesverwandte der alten Griechen sind, und daß es unsre Aufgabe sei, ihre Erbschaft als großes Kulturvolk anzutreten. Karl wollte diesen Gedanken nicht verstehen, als ich ihn ihm vorlas. Es ist eben nicht mehr modern, so zu denken. – *Meint, der* Behauptung, daß sich Talente nicht forterben, *widerspreche z.B. die Geschichte der Familie Quaglio*, deren Mitglieder seit dem vorigen Jahrhundert e. ununterbrochene Reihe von Künstlern bilden ...; *er wollte aber* damit nur aussprechen, wie weh es mir thut, kein schaffender Künstler zu sein. Und das habe ich allerdings schon erprobt, lieber Freund, ich kenne mich ziemlich genau und weiß, was ich leisten kann u. was nicht. Das wäre nun ganz lobenswert, wenn nicht noch das Dritte hinzukäme: was ich leisten möchte. Doch lassen wir das. Was Du über Deine Neigung zur Schauspielkunst schreibst, verdient bessere Beachtung. Mache Dir vor allem klar, daß junge, ideal angelegte Leute fast durchweg in eine Zeit kommen, wo sie für die Bühne schwärmen. Überlege, ob es auch bei Dir nicht nur jugendliche Schwärmerei ist, ja sogar jugendliche Leidenschaft. Bedenke, daß das Leben eines Schauspielers jener Ruhe, jenes Friedens entbehrt, die Deinem nach innen gekehrten Wesen so nahe stehen. [...] Ich vertraue fest darauf, daß Dein gediegener Sinn das Richtige finden wird, und wenn Du fest glaubst, zum Schauspieler den innersten Beruf zu haben, so folge diesem Drange. Lies Dir übrigens einmal den Prolog zum Wallenstein recht aufmerksam durch. – *Will in den Ferien* wie ein junger Gott *leben und freut sich auf gemeinsame Theater-, Konzert- und Museumsbesuche*. Daß natürlich unsre Wohnung der Tummelplatz unsres wüstesten Tobens sein wird, versteht sich von selbst, zumal ich mich jetzt auf Notenschreiben u. Notenlesen verlegt habe und immer noch die fixe Idee nähre, noch großartig Klavier spielen zu lernen. – Nächstens erzähle ich Dir von dem »Schülerbergfest«, das wir am 1. September hier feierten. Es war einzig schön. – *Ein Geld- und Pfirsichgeschenk von Körners Eltern haben sie – Körner, Zitelmann und er – in eine feudale Pfirsichbowle verwandelt, die sie sich heimlich in ihren* Wasserkaraffen *gemacht haben.* Wir tosteten unaufhörlich auf alles mögliche, auf S. Majestät, unsre Eltern, Freunde, auf die hiesigen Pauker, während die Breslauer Pauker ein Pereat erhielten, auf den Tisch des Hauses, auf die schöne Tugend der Kameradschaftlichkeit u.s.f.. Dazwischen Lieder mit gedämpfter Stimme. Endlich um 11 ½ Uhr gingen wir in famoser Stimmung zur Ruhe. – *Bittet um einen Aufsatz über Lessings »Philotas«.* Aber schnell. Alles grüßt. Alle grüßen! Anbei sehr schöner Aufsatz über Kunst.

N.: [*Carl Ernst M*]. *Phidias. Praxiteles. Liese. Hauche* [?].

57. VON FRIEDRICH KAYSSLER. BRESLAU, 19.9.1890

Fürchtet um seine stilistische Klarheit, denn er ist im Training für die Regatta am Sonntag heute zum Zustand eines toten Hundes herabgeschunden *worden.* – Also herzl. Dank für den Doppelbrief u. insbesondere für das Datum! Der Brief an Agu ist einfach »Pfund«, wie man hier zu Lande neuesterdings sagt. – *Bittet um genaue und sofortige Mitteilung von Ms Ankunftszeit. – Betont die Ähnlichkeit Ms mit Cilli Hart in Berlin.* Du ähnelst ihr nicht nur in Deiner Schreibweise, Deinem ganzen Verkehr mit mir, sondern auch in der Schrift. [...] Das Schicksal kettet uns, das kleine Häuflein, eben sichtlich an einander. [...] – Dein erster Brief, der sich ja nur »en air politique« bewegt, ist wieder mal so echt christianisch, wie man hier übereinstimmend aussagt, er enthält Ansichten, auf die auch kein einziger andrer Sterblicher, wohnte er in einem noch so verborgenen Winkel der Erdkugel, kommen würde; originell im wahrsten Sinne des Wortes! Aber ich will nichts dagegen sagen; denn ich bin kein politish man (richtig?!); *er sei vielmehr* im Großen u. Ganzen doch zur Gelehrtenstube geschaffen. *Diese solle ihm aber nicht zum Gefängnis werden, denn es sei ihm auch* Lebensbedürfnis, *sich vom* Bücherwurmtum *fernzuhalten.* – Was denkst Du übrigens über »Individualismus«? Schließest Du Dich bei Auffassung des Wortes an R. an, wie ich es allzugern gethan, oder meinst Du, es sei in zu engem Sinne genommen, zu optimistisch? – Liese sagt: Individualismus habe jeder, das sei durchaus keine auszeichnende Eigenschaft, könnte also nicht Grundton des deutschen Charakters genannt werden. Das ist ja sehr richtig, aber Rembrandts Auffassung ist so schön, so einleuchtend! *Die Verwandtschaft der Deutschen und der alten Griechen bestehe in der herausragenden künstlerischen Begabung beider Völker.* – Mit dem Schauspieler hast Du ganz recht. [...] Der Wallenstein-Prolog ist wunderschön, hierherpassend. Vielleicht schreibe ich noch morgen darüber. – *Kann Lessings »Philotas« und* e. Aufsatz über d. von Curtius Rufus (Rosel [?]) *schicken, aber nicht, was M wünscht.* Der Aufsatz über die Gemälde-Ausstellung ist schön, vieles außerordentlich treffend. – *Freut sich toll auf die gemeinsamen Unternehmungen in den Ferien.* Wir halten uns gegenseitig Vorlesungen, deren jede immer einen Abend in Anspruch nimmt, so habe ich es beschlossen, hörst Du? – *Wünscht* Gute Nacht *und* morgen auf Wiedersehen.

58. AN FRIEDRICH KAYSSLER IN BRESLAU.
SORAU, 21.9.1890

Sorau, 21.IX.90

Lieber Fritz,

Herzlichen Dank für Deine so lieben, lieben Zeilen, denen man übrigens nicht anmerkt, daß sie in einem Zustande der Ermüdung geschrieben. Ich benutze die seltene Ruhe, die mich umgiebt, die Beantwortung einiger von Dir gestellter Fragen zu versuchen. – Der Begriff »Individualismus« läßt sich am besten definiren, wenn wir von seinem Gegenteil ausgehen. Der Gegensatz des reinen, edlen Individualismus ist der Nivellismus, die Mittelmäßigkeit. Nivelliren wollen z.B. diejenigen, welche von einem sozialdemokratischen Zukunftsstaat träumen, indem sie allen Menschen Gleichheit des Vermögens u. Gleichheit der Rechte geben wollen. Das ist recht schön gedacht, aber ein einziger fähiger Kopf, der dieses Schema nicht anerkennt, wirft das ganze Gebäude über den Haufen. So einer war Napoleon. In dem Moment, wo die Häupter aller Antirepublikaner gefallen zu sein schienen, wo man glaubte, die Völker, die Massen selbst würden die Regierung in die Hand nehmen, trat e r auf u. unterwarf unwiederstehlich Millionen seiner Willkür, dem Gebot eines Einzigen. So wird es immer bleiben, solange es Genies giebt. Und das Genie ist meiner Ansicht nach die höchste Potenz von Individualismus.

Um dies zu belegen, will ich nun den Individualismus auf positive Weise zu erklären suchen. Individualismus ist fast gleichbedeutend mit Originalität, Ursprünglichkeit.

Es ist identisch mit Eigenart, Charaktereigentümlichkeit ja sogar mit Charakter selbst. Ein Mensch nun, der Charakter hat, wird seinen eignen Weg gehen, er wird sich nicht darum kümmern, was der Nachbar für richtig hält, sondern was er selbst nach vielem Nachdenken für richtig erkannt hat. Er unterwirft sich also nicht blindlings den herrschenden Strömungen, sondern behält sich vor, eine ursprüngliche, seiner Eigenart, seiner Natur entsprechende Auffassung von diesem und jenem zu haben. Wenn also z. B. heutzutage die meisten unter das Joch der wissenschaftlichen Lebensanschauung kriechen, so sind sie eben unterjocht, sie sind nicht frei, nicht ursprünglich, sie haben sich der Eigenart, der Individualität ihres Denkens begeben. Und so meint es der Verfasser des R. auch mit der Kunst. Sie soll nicht nach einem bestimmten Schema sein, sondern so, wie es jedem aus der Seele dringt. Wenn er nun sagt der I. sei der Grundton des deutschen Wesens, so hat er insofern recht, als die Tiefe des deutschen Charakters dem Ursprünglichen, dem Natürlichen weit inniger zugethan ist, als dies z. B. bei dem leichtlebigen Franzosen u. Italiäner der Fall ist. In unserm Volke wird es daher stets Männer geben, die unberührt bleiben von den Eintagsdogmen einer zeitgenössischen Literatur, die treu in ihrem Herzen das bewahren, was die Menge Ideale nennt. Also um es nochmals zusammenzufassen: Individualismus ist die Ausbildung der angeborenen, ursprünglichen Charaktereigenschaften und Anlagen. So ist es bei Bismark inbezug auf seine eiserne Hartköpfigkeit, mit welcher er alles durchsetzte, so ist es auch bei unserm Kaiser, der den Mut besitzt, eigne Ideen zu haben u. an ihrer Verwirklichung zu arbeiten. Goethe ist das fast unerreichte Beispiel einer nach allen Seiten harmonisch entwickelten Natur. – Verzeih die Verstümmelung des Briefbogens, ich hatte mich in eine falsche Hypothese verstiegen. – Nun, das Nötige. Ich komme Sonnabend d. 27. Nachmittags 4 Uhr in Breslau an u. habe bis zum 12. Ferien. Ich freue mich unendlich auf Dich. Vorschlag acceptirt. Ich werde Dir Faust 1. vielleicht vorlesen u. a. m. Wenn mich nur die lieben Freys nicht zu sehr okkupiren! (Ich spare mir alles Weitere zur mündlichen Besprechung. Solltest Du so viel Zeit haben, so lies mal Hamlet, bis ich komme, dann mußt Du Wilhelm Meister v. Goethe lesen, zumal da er gerade für Deine Lage paßt. Wir könnten im Winter über diesen großartigen Roman korrespondieren. – Sollte ich Dich nicht vorher sehen, so wisse, daß Du nicht an meine Bresl. Adresse schreiben darfst. Du mußt schreiben An Herrn Ulrich Frey gen. Bessos Pascha. Denn alle Briefe auf d. Nam. Morgenst. gehen nach Starnberg, wo meine Eltern sind. Sei nochmals aufs herzlichste umarmt von

     Deinem Chrischan. Herzl. Gr. a. L.

59. [AN UNBEKANNT, ORT UNBEKANNT].
  [SORAU, SEPTEMBER 1890]

In meinem hiesigen Bekanntenkreise, wo viele sind, die ich lieb und gern habe, stehe ich doch in gewisser Hinsicht einsam da. Ja, ich werde als Original bezeichnet. Vor allem aber fehlt diesen Menschen – und das bricht mir fast das Herz – jene jugendliche himmelstürmende Begeisterung. Es ist alles so trocken vergnügt, so nüchtern, so blasiert, so leidenschaftslos!

60. AN FRIEDRICH KAYSSLER [IN BRESLAU].
  [SORAU], 15. 10. 1890

Mein unendlich geliebter Freund, Soeben, in [*Weiteres unbekannt*]

61. AN FRIEDRICH KAYSSLER [IN BRESLAU].
SORAU, 21./22.10.1890

Sorau 21.X.90.

Mein geliebter Herzensfreund,
Herzlich erfreute mich heut' Dein liebes, ungewöhnlich schmächtiges Briefchen, über dem ich trotzdem fast eine Viertelstunde las, voll innigem Vergnügen, wieder von Dir zu hören. Du meinst, wir seien zu lange zusammen gewesen? Ich will Dir mal sagen, warum wir so wenig wirklich ruhige Stunden zusammen verlebten. Weil ich durch das viele Eingeladensein in ein unstätes Wanderleben hineingeriet, das mir selbst d. heitere Ruhe benahm. Ich fühlte mich gehoben, als ich wieder hier in mein eignes Zimmer trat u. am eigenen Tische aß, als ich wieder ein Gesicht machen durfte, wie es mir gegeben war. Weißt Du, wir sind ja noch junge Leute, wir werden schon einmal den Tag erleben, welcher eine Reihe von wunderbar schönen Wandertagen eröffnet; dann ziehen wir nach dem Süden, auf die Alpen oder auch über die Alpen, oder wir wandern auch nur bis in meine liebe, schöne bayrische Heimat an den still-träumerischen, doch im Tiefsten wild-erregbaren Walchensee, von dem die Sage geht, daß er einst das Bayernland überschwemmen werde; und wir legen uns weltvergessend an die gottdurchatmete Brust der einsamen Natur, tief im Gebirg, wo uns kein Mensch stört in unsern Träumen, in unsrer Liebe. O mein Freund, wenn ich solche Tage einst verleben dürfte! Wenn wir allein dastehen würden auf hohem Bergesgrat, tief unter uns der dunkle, rauschende Wald, über uns den unendlichen Himmel, vor unsern Augen die sinkende, scheidende Sonne in das Dämmer hinabtauchend – und dann zu stammeln: Und aus Millionen mein bist du! – zu beten. – Ach, zu schön, zu schön es wird nicht sollen sein. Nun, vorwärts wieder ins tägliche Leben!

Also eine Thräne im Auge eines gereiften Mannes – sie hat Dich für Deine Worte erwärmt, – sie durfte Dich begeistern! Welche Jugenderinnerung mag in dem an sich weichen Herzen dieses Mannes übermächtig erwacht sein? Stand auch er vielleicht einst, ein leicht erregter, gemütvoller Jüngling, vor seinen Genossen

und sprach herrliche Worte von Herz zu Herzen, vielleicht stürmische Sehnsuchtsworte nach einem deutschen Vaterland, vielleicht feurige Kampfesworte gegen die fremden Unterdrücker? Mein Freund, Du hast schön gethan, nicht zu lächeln über solche Thränen. – Ich weiß, Du hast Deinen Theodor Körner warm ausgeprägt, Du hast eigentlich Ähnlichkeit mit jenem – einzelne Züge. –
Das ist hübsch, daß Du den »zerbrochenen Krug« in Szene setzen willst, ich sage ja, ganz Wilhelm Meister! Du wirst wohl das Bärbele machen, was? Na, all Heil dazu! Grüße übrigens Beblo herzlich. – Eben schlug meine, im allerbesten Wohlsein angelangte, Kukuksuhr – 12mal, drum werde ich für heute wohl bald schließen. – Wir haben jetzt einen neuen Turnlehrer, u. ich habe in ihm einen Menschen gefunden, d. h. einen natürlichen, echtdeutschen, kernigen, mannhaften Charakter. Er hat sich d. Aufgabe gesteckt, seine jungen Leute zu kräftigen, heiteren, natürlichen Menschen heranzuziehen; er will uns Freund sein, weiter nichts. Da er nur 2 Turnstunden uns zu geben hat, so will er um so öfter mit uns hinaus wandern ins Freie, dann sollen wir vergnügt uns zum schäumenden Schoppen hinsetzen, sollen Kneiptafel einrichten, kurz uns freuen, u. übermütig u. jugendlich sein, sollen Lieder singen u. turnen u.a.m. Wo unter tausenden so einer? Der hat das Herz auf dem rechten Fleck, u. ich erlaubte mir, auf seine Bitte, mich in sein Commersbuch einzutragen, zu meinem Namen noch d. schöne Wort zu schreiben, auf ihn so zutreffend,: Deutsch sein heißt Charakter haben. Wir werden noch enge Freunde werden, hoffe ich; möge es ihm gelingen, das »schleichende Gift des Pessimismus – wie er sagte – aus den Herzen der Jugend zu bannen u. den Körper zu stählen samt dem Geiste«.
Du willst von Grosch hören. Ihm und Haacke hab' ich ein kleines Abschiedslied unter Thränen gedichtet – er ist fort. Oft kann ich es kaum fassen, den lieben, schmucken, hochbegabten Burschen verloren zu haben – ach: auch das war nur ein Maientraum. Als die Blätter fielen, da starb auch seine heiße Freundschaft, ich fühlte ihren ersterbenden Hauch als wir vor einer Woche schieden. Er war auf einen Tag hierhergekommen u. erzählte, er sei abgegangen, führe in Cottbus ein fideles Leben u. gehe im No-

vember nach Kassel, seinem Geburtsort, auf Presse um im Januar die Fähnrichprüfung zu machen. Wir, Karl, Thiele, Grosch u. ich, zogen noch einmal hinaus in den »grünen Wald« u. tranken auf bittres Scheiden. Mir wenigstens wars unendlich weh um's Herz. Fritz, Du weißt nicht, wie ich den Menschen geliebt habe – noch liebe. Das war der erste Freund, in dem ich enttäuscht worden bin – – möchte er wenigstens ein ordentlicher Kerl werden! Das konnte [?] ich Dir noch sagen von meinem lieben Grosch. Dies schöne Lied ist aus, aus, aus. –
Genug für heute.
22. Oktober. Heute bin ich in eigenartiger Stimmung. Das ist so eine, siehst Du mein Lieber, von der ich Dir an jenem Abend sagte, sie könnte Großes hervorbringen – doch ach ich bin festgeschmiedet, sie verfliegt, u. wird sie später, wenn ich frei bin in gleicher Stärke wiederkehren? Wir hatten Geschichtsstunde. Ilgen trug in seiner eintönigen Weise über das Zeitalter Ludwigs XIV. vor, aber der Stoff war zu gewaltig, zu elementar, als daß er durch die Form, in welcher er uns dargeboten ward, hätte seine Kraft verlieren können. Er riß mich hin, und während ich die Worte nachschrieb, brannte mein Inneres in Sehnsucht, Schmerz, Begeisterung, Unmut u. Ehrgeiz. Anhören zu müssen, wie arme, ohnmächtige Menschen elend u. verzweifelnd gemacht wurden von wahnwitzigen Fürsten, wie Millionen sich knechten ließen von Macht u. Glanz, die von einem entsittlichten Hofe ausging, hören zu müssen die Aufschreie des Jammers, des Flehens – und so kalt dasitzen zu müssen, ein nutzloses Geschöpf, ein Mensch, der in dieser Welt voll Kampf und Ringen seine schönsten Gefühle im Bücherstaub ersticken muß, der nicht damals gelebt haben konnte, wo er sein Leben hätte opfern können, den Gedrückten beizustehen u. die Tyrannen zu stürzen, u. der jetzt in unsrer Zeit nirgends einen Kampfplatz sieht, wo seiner Jugendleidenschaft, seinem feurigen Herzen die rechten Ziele winken. O Fritz, ich glaube, ich werde nie ein Büchermensch werden, meine unvollkommene Künstlernatur wird stets zum Extravaganten neigen. Ich verwünsche meinen schwachen Kopf, der mich nicht befähigt, inmitten meiner Umgebung unnahbar dazustehen, nur ergeben der strengen Arbeit. Nun genug – Nulla vestigia retrorsum! Das soll die

Christian Morgenstern'sche Devise sein, u. sie soll das Kayssler-
sche »Durch!« nicht hinter sich lassen!
Dein treuer Freund u. Gefangner
Arndt grüßt herzlich. Dt. Karl u. Paul.
Meine l. Eltern kommen Sonntag hier durch!

62. VON FRIEDRICH KAYSSLER. BRESLAU, 29.10.1890

Dankt für den mächtigen Brief; *sein eigener hat kein Gewicht dagegen, er hatte keinen Stoff. Besteht darauf, daß sie zu lange zusam-
mengewesen seien.* Wir haben uns doch vielfach ausgesprochen u.
das wiegt ein ganzes Dezem unserer Wechsel-Briefe auf. – *Die
Deklamation am 18. ist gut verlaufen; Nather hat einige Tage später
die Schüler in ein Lokal eingeladen.* Man empfand doch endlich
einmal nicht die ewige Schranke zwischen Breslauer Schülern u.
Lehrern, wie sie uns sonst so anwidert. – *Kayssler ist überglücklich
in der Hoffnung, Schauspieler werden zu können und die Menschen
mit den Mitteln der Sprache* erbeben zu lassen, *fürchtet aber, M
werde das zu optimistisch finden. Macht eine Andeutung:* bald
wirst Du noch mehr sagen: »Ich sage ja, ganz Wilhelm Meister!«
– So ists recht: »Nulla vestigia retrorsum!« Aber, mein lieber
Freund, am Anfang d. Briefes wäre ich Dir wie e. Donnerwetter
dazwischengefahren, wenn ich Dir über die Schulter gesehen hätte; da schwärmst Du erst so schön u. reißest mich mit fort, daß ich
aufjubele: [»]Ja, so soll u. muß es auch werden. Wie könnte es
denn anders sein« – da lese ich Deinen Schluß: »O daß ich es
erleben dürfte. Ach zu schön! – Es wird nicht sollen sein! – –«
Nein. So trotze doch dem Schicksal oder vielmehr bloß dem Po-
panz, der Dir da drinnen sitzt u. jede frohe Hoffnung unterdrük-
ken will; sage lieber: »Es wird sein, es muß sein. Es ist schön, u.
darum muß ichs erleben![«] – Es sind ja das Kleinigkeiten, aber
gerade solche sind bezeichnend. Also sei nicht so zaghaft, hörst
Du? – *Freut sich über Ms neuen Turnlehrer und korrigiert vorsichtig das Zitat aus »Rembrandt als Erzieher«. Will den Brief morgen
fortsetzen.*
N.: Paul. Volkmann. Goethe: »Torquato Tasso«.

63. VON CARL ERNST MORGENSTERN.
[BRESLAU, VERMUTLICH HERBST 1890]

Ist überrascht, daß die Schule längere Zeit geschlossen ist, lehnt aber Markerln *für Ausflüge ab.* Wenn Dein Streben, nachzuholen u. eifrig zu studieren, Erfolg haben soll so ist auch die absolute Ruhe dazu sehr vorteilhaft u. nötig, außerdem eignet sich Wetter wie Jahreszeit wenig zu Ausflügen. – Gehe in den frischen Wald, den wir letzthin durchstreift, nach getaner Arbeit spazieren u. Du wirst Dich erholen können beim Gepiepe der lustig umherhüpfenden Meisen. – *Der Sohn des Ehepaars Wild in München ist gestorben, M soll den Eltern schreiben:* (tituliere sie »Lieb. Onkel u. Tante«) – *Der Verein Kunststudierender hat seine Antrittskneipe gehalten; die* Radaukapelle *war in Rudelstadt besser.* An Ilgens die herzlichsten Empfehlungen. Auch an Deinen Herrn Chef, wenn Du hingehst, was ich Dir sehr rate.

64. AN FRIEDRICH KAYSSLER [IN BRESLAU].
[SORAU], 19.11.1890

Mein lieber Freund, Du hast mich [*Weiteres unbekannt*]

65. VON FRIEDRICH KAYSSLER. BRESLAU, 20.11.1890

Verteidigt sich gegen den Vorwurf der Kleinlichkeit und betont: so chemikalisch ist das »durch« nicht gemeint. *M soll Theodor Körners Briefe lesen. Verweist besonders auf* »die Adamberger« [...], natürlich wieder mal unser besonderes Interesse. Schauspielerin! – [...] Christian, ich meinte auch nicht, Du wolltest in ihr gerade eine wahre Freundin finden, aber ich vermutete, in dem Sehnen nach e. solchen sei Dir diese aufgestoßen. Du magst mich schelten, ich kann nicht anders reden. Ich bin in dieser Hinsicht strenger. Verliebt sein, wissen, daß es doch nicht lange dauert u. immer noch verliebt sein, so phantasieren (i. guten Sinne!) kann ich nicht! – *Hat* mit Wonne *in Scherers Literaturgeschichte gelesen, nennt daraus Rüdiger und Kleist. Hat* »Ingo« *gelesen. Der Prinz*

von Homburg wird auch einigen Disputationsstoff geben. *Empfiehlt Geibels »Der Tod des Tiberius« zum Vortrag.*
N.: Kayßlers Eltern. Volkmann.

66. AN FRIEDRICH KAYSSLER [IN BRESLAU].
     [SORAU], 22.11.1890

Liebster Freund, Nur einige kurze [*Weiteres unbekannt*]

67. VON FRIEDRICH KAYSSLER. [BRESLAU], 28.11.1890

Fragt nach einem unleserlichen Wort in Ms letztem Brief. Kommt wahrscheinlich etwa 6.1. zu Weises in Pension. Verwendet den Ausdruck sal de sal. (Rat' mal'. Selbsterfunden!) *– Gibt die Geburtstage von Anna und Marie Oberdieck an, äußert sich wieder negativ über Marie. Hat einen Vortrag von Felix Dahn:* »Die vier Elemente Luft, Erde, Wasser, Feuer im altgermanischen Götterglauben« *gehört und berichtet darüber, zitiert Dahns Worte über die wunderschöne Volkssage vom Elben am Wasserquell, dessen Lied so schön sei, daß die letzte Strophe nie gesungen werden durfte, weil sie das gesamte Weltall zum Tanzen verlockt und so die Weltordnung aufgelöst hätte. – Schiebt einige empfundene Gedanken über die Ehre von Mann und Weib und über die Musik ein. – Will morgen in Grillparzers »König Ottokars Glück und Ende«, kündigt eine Rezension darüber an.*
N.: Körner: Briefe. Scherer. Kayßlers Cousine. H[ermann] Müller.

68. VON FRIEDRICH KAYSSLER. BRESLAU, 30.11.1890

Berichtet über Grillparzers »König Ottokars Glück und Ende« anhand dessen, was er in der Schule über die Technik des Dramas gelernt hat. Im Gegensatz zu Scherer, der die Gestalt des Ottokar als unsympathische Figur dargestellt sieht, begeistert er sich für ihn.
N.: Ms Eltern. Volkmann. Schiller.

69. AN FRIEDRICH KAYSSLER [IN BRESLAU].
SORAU, 2.12.1890

Sorau 2. Dezember 1890.

Mein geliebter Fritz,

Herzlichsten Dank für Deine beiden lieben Briefe. Um den Dahn'schen Vortrag beneide ich Dich, ich habe für den Mann, obwohl ich ihn nur verhältnismäßig wenig kenne, eine so warme Zuneigung, so tiefe Verehrung, daß ich die Breslauer nicht begreife, daß sie sich so schwer in ihn finden können. Die Leute kommen in der Mehrzahl über das Mäckeln an seinem Benehmen, seiner Haushaltung, seiner Kleidung u.s.w. nicht hinaus. Am meisten empört mich, wenn Menschen wie Körner geringschätzig über ihn reden und es ihm z.b. in gehässiger Weise verübeln, daß er hier und da mit solcher Wärme seiner lieben bayrischen Heimat u. ihrer gemütvollen Sitten gedenkt. Das kann der elende Partikularismus unsres deutschen Staatenbundes nicht hören. Was habe ich schon für Beschuldigungen u. Schmähungen wider meine geliebte Heimat ertragen müssen, das Herz möchte mir manchmal bluten vor Schmerz und Ingrimm. Die Volkssage von dem Elben am Wasserquell ist hochpoetisch. Herzenseinfalt ist Glück. Jagen nach Erkenntnis ist Leid. Das erfahre auch ich jetzt wieder stärker als je. Ruhelos gärt in mir der Gedanke an die ewigen Rätsel des Daseins. Gefühl und Verstand ringen einen unaufhörlichen Kampf – wann werden sie sich je in schöner Harmonie zu einigen vermögen? Vor kurzem schrieb ich eine längere Abhandlung über das Wesen einer Gottheit. Den Anstoß dazu gab ein Aufsatz eines meiner hiesigen Freunde, Ehrlich, über dasselbe Thema jedoch von biblischem Standpunkte aus. Es sollte eine Disputation werden! Ich begann zu schreiben, durchbrach aber bald die Schranken einer bloßen Erwiderung u. Widerlegung u. legte einen Teil meiner religiösen Ansichten in dieser Abhandlung nieder. Zuerst polemisierte ich gegen die Kirche in ihrer jetzigen Form, bewies dann, wieder meinen Gegner angreifend, die Unsterblichkeit von Stoff u. Kraft, streifte den Materialismus bez. Pantheismus (was doch eigentlich fast dasselbe ist), da kommt mir ein rettender Gedanke, ich rufe aus: Ich nannte die

Dezember 1890 59

Schöpfung Gottheit, weil sie göttlich ist. Nenne ich die Rose Schönheit, weil sie schön ist? Und nun führte ich aus, daß wir die Schönheit nur in ihren stofflichen Verkörperungen wahrnehmen können. An die Form sind unsre Sinne gebunden, weil wir selbst Formen, Körper sind. Gleiches kann nur von Gleichem erkannt werden. Daher unsre Unfähigkeit, uns eine Seele, einen Gott vorzustellen. Wir können also niemals Geistiges erkennen – aber ahnen, empfinden, u. wodurch? Durch d. Offenbarung des Genies, des Künstlers.»Aber nicht nur über d. Künstler hat d. Natur all ihre Segnungen ausgegossen – nein! jeder einzelne, mag er noch so schlicht, so niedrigstehend, so armbegabt sein, er wird zum empfindenden Künstler zur Zeit seines Lebensfrühlings, seiner Liebe.« Der Schluß ist eine Verächtlichmachung des platten Materialismus u. d. Hoffnungsausdruck auf d. Wiederkehr einer innerlichen, selbstlosen Religion in deutsche Herzen. – Du sollst d. Abhandlung während der Ferien lesen u. beurteilen. Ich habe Lust bekommen, mehr auf diesem Gebiet zu schreiben. Ein zweiter Aufsatz führt mich zu dem Schlusse, zu dem schon Fichte gelangt, daß alles Bestehende nur e. Vorstellung unsrer Seele sei. Doch ich muß auch diese ungeheure Hypothese wieder umstoßen. Wenn ich Zeit finde, will ich dies in einer dritten Abhandlung thun u. wieder auf neue Schlüsse zu kommen suchen. – Was ich Dir im vorigen Brief vorschlug, war ein Xenienstreit (τὰ ξένια Gastgeschenke). Doch habe ich eingesehen, daß wir doch dem Leben noch zu fern stehen, um die modernen Zustände mit so epigrammatischer Kürze zu beurteilen u. zu geißeln – verschieben wir also diesen Plan noch. – Rätselraten war stets meine schwache Seite; sal de sal? Welcher Zusammenhang? – Deine empfundenen Gedanken sind sehr wahr, zumal der letztere. Für Deine Rezension des »Ottokar« herzlichsten Dank, ich habe ein klares Bild des Dramas in großen Zügen – ob Deine Auffassung die richtige ist, kann ich indeß erst sagen, wenn ich d. Stück gelesen oder gesehen habe. Jedenfalls ist sie eine begeisterte, schöne, u. es freut mich, daß Du dem Scherer opponirst. Immer die eigne Auffassung, das ist die Hauptsache! – Es interessiert Dich gewiß, zu hören, daß ich zu der am 9. stattfindenden (huhuhu!) Justfeier außer mit dem erwähnten Gedicht noch als Don Manuel, Messinas Fürst auftreten darf, soll, muß, kann, werde. Es ist d. Szene, welche anhebt: Verwundrungsvoll, o Herr, betracht' ich dich... Worte, die Cajetan (Zitelmann) als Vertreter des Chors spricht. Ach hätte ich doch in d. Michaelisferien ein schillersches Drama angehört – ich bin sehr unzufrieden mit meiner Deklamation. Die Auffassung ist ja ganz einfach, der Ausdruck aber ist bei mir mangelhaft, ich werde zu leicht pathetisch, wozu das Schillersche Pathos nicht wenig beiträgt. Die Szene ist ja schön, doch kenne ich welche, die mir besser zusagen würden z. B. »Was sind Hoffnungen, was sind Entwürfe...« (Br. v. Messina) eine unvergleichlich schöne Stelle. – Zu meinem aufrichtigen Schmerze nötigt mich die weit vorgerückte Zeit – es ist gleich 1 Uhr Nachts – zu schließen. Ich hätte Dir gern noch auseinandergesetzt, was für e. Gedanke mir vor Kurzem während eines Gesprächs über die Sozialdemokratie u. ihre Gefahr, auftauchte, ein Gedanke, der mich vielleicht noch viel beschäftigen wird. Mein teurer Freund, ich will Deinen Hang zur Schauspielkunst nicht tadeln, aber bedenke, ob Deine schöne, volle, glühende, reichtumverheißende Lebenskraft nicht mehr schaffen sollte in der wirklichen Welt, als in der, welche die Bretter bedeuten, bedenke, daß gerade unsre Zeit Männer der That braucht, Männer mit ehernem Charakter u. hoher Gesinnung, bedenke, daß unserm Vaterlande Gefahr droht, und bedenke, wo Dich dieselbe finden soll!

Dein treuer Christian.

Herzlichsten Gr. an Liese.

70. VON CARL ERNST MORGENSTERN.
BRESLAU, 7.12.1890

Hat wegen einer vorzubereitenden Ausstellung wenig Zeit. Berichtet vom täglichen Leben. – Die Mama *läßt M für seinen Geburtstagsbrief danken, ebenso Deinen Collegen für ihre Karten. – Hat seine Schüler zu Besuch gehabt. – Ist selbst für des Kaisers Rede noch mehr begeistert als M. Hofft, daß der Kaiser die Beschlüsse der Herrn Schulmänner in seinem Sinn korrigieren werde.* Dir aber und allen jungen Leuten die noch unter dem alten Regime[n]te weiterlernen müssen, möchte es gesagt sein, daß vorläufig genau das zur Zeit noch Verlangte geleistet werden muß; denn sonst ist an ein Bestehen des Examens nicht zu denken. *Sie sollen sich den Kaiser hinsichtlich der Pflichterfüllung zum Vorbild nehmen. – M soll sich bei der Justfeier nicht blamieren, öffentlich reden können führe mehr ins Leben ein* als wie Klavierspielen oder einen Baß singen. *N.: Emma. Die zwei Voigts. Sommé. Ilgens. Ms zwei* Mitgenossen. *– Scheitnig.*

71. VON FRIEDRICH KAYSSLER. BRESLAU, 17.12.1890

*Entschuldigt sein langes Schweigen mit Zeitmangel. Die Schlittschuhbahn sei daran schuld und vor allem die Schule, für die er auch in den Ferien arbeiten will. – Berichtet über ihre geplante Rezitation aus Goethes »Tasso«. – War im »Don Carlos«, berichtet darüber; das Feuer fehlte. – Empfiehlt ihm, im »Scherer« über Wolfram von Eschenbach zu lesen. – Über geplante Weihnachtsgeschenke. Liese soll Karl Stielers »Winteridyll« aus dem Besitz von Kayßlers Mutter bekommen. Will M die Gedichte seiner Mutter zeigen. – Betont seine Übereinstimmung mit Ms Meinung über Felix Dahn. – Meint, daß nicht nur die »*Herzenseinfalt*« Glück bedeute, sondern auch das Streben nach Erkenntnis; das wahre Glück sei das erkennende, wahrhaft bewußte.* [...] – Aber immer, Christian, merke ich, u. Liese sagt es mir jedesmal, daß Du Dich zu sehr zersplitterst, u. zu vielerlei vornimmst, ohne es alles gründlich bewältigen zu können. Du liest unglaublich viel zusammen u. füllst Dich mit einer Menge von Gedanken, die Du unmöglich verarbeiten kannst, u. dann versenkst Du Dich voll Weltschmerzes u. pessimistischer Quälereien recht tief in die Ohnmacht, dies zu können, die doch im Grunde sehr natürlich ist. Das hast Du immer so gethan, indem Du sehr viel u. alles fertig bringen wolltest, u. nie mit dem kleinen anfingest. [...] Halte Deine schöne Jugendkraft zusammen, zersplittere sie nicht, u. Du kannst alles, was Du willst; freilich muß der Wille, oder besser das Wollen erst wachsen u. nicht jetzt schon als ein Riese mit mächtigem Kopfe, aber schwachem Unterkörper u. dünnen Beinen im Weltall umhertau-

meln, alles durchbrechen wollen u. doch nicht fest stehen können.
– *Äußert eigene Gedanken in Anschluß an Ms These, wir könnten
Geistiges nie erkennen, aber ahnen und empfinden: Der Körper sei
selbst das Ahnen des dahinter liegenden Ideals. Ganz ohne den
Körper zu kennen, könne man auch das Ideal nicht erkennen. –
Erklärt »sal de sal«:* Scharfer Witz.
N.: *Nather. Isaak. Paul. Volkmann. Prof. Vogt.* »Graf Essex«. *Agu.
Caesar. Geibel. Zitelmann. Zöbner.*

72. AN FRIEDRICH KAYSSLER [IN BRESLAU].
SORAU, 18.12.1890

Dankt für den Brief. – *Berichtet von einem Ausflug zum Schlitt-
schuhlaufen nach Sagan.* – Dein Pennalsport ist ja sehr lobenswert. Du Glücklicher, Du wirst wohl die ersten Früchte vom
Baum der Schulreform pflücken dürfen. Ich werde wohl noch
nach alter Weise abgeschlachtet. – *Bedauert, daß Kayssler den
»Don Carlos« in einer nur mäßigen Besetzung gesehen hat, er selbst
hat ihn mit Kainz gesehen. Die schönste Stelle sei aber die Szene
zwischen König Philipp und Posa.* – *Geht kurz auf weitere Einzelheiten von Kayßlers Brief ein.*
N.: *Liese. Wallenstein. Prinz Napoleon Ludwig von Talleyrand-
Périgord. Stieler. Kayßlers Mutter.*

73. [VIELLEICHT AN FRIEDRICH KAYSSLER.
ORT UNBEKANNT, ETWA 1890]

[...] Gebranntes Kind! Wie viel[?] [*Lücke*] wirst Du Dir noch auf
den Lebensweg, den schönen, türmen durch die Abneigung vor
den [*Lücke*]. – Aber nicht tändeln, um Gottes willen nicht tändeln mit Menschenleben!

Dein Christian.

1891

74. AN FRIEDRICH KAYSSLER [IN BRESLAU].
SORAU, 25./26.1.1891

Will noch spät am Abend eine Episode berichten. Er hat sich, weil er nicht mit Herzen spielen will, von einem geliebten Mädchen ferngehalten; zu Besuch bei ihrem Bruder fällt ihm ein Gedichtbändchen in die Hände; er wechselt das Lesezeichen vom Gedicht »Getäuschte Hoffnung« zu Hamerlings »Ich darf dich nicht lieben und kann dich nicht hassen«. Will sich aber auch persönlich mit ihr aussprechen, sie soll nicht glauben, daß meine Gefühle keine Dauer hätten. […] – Wir waren ja jetzt in einer Periode, wo – um auf Deinen Lieblingsgedanken einzugehen – unsre Biographen und Briefherausgeber des 20. Jahrhunderts ratlos in ihren Forschungen innehalten werden u. auf die Idee kommen werden, daß wir uns entzweit hätten, sodaß der sonst so rege Briefwechsel in's Stocken kam. Bis sie dann diesen Brief finden u. freudig ausrufen: Sie konzentrierten sich diese Wochen ganz auf ihre Gymnasialstudien. Nun lieber Junge, sieh zu, daß wir uns dann vor unseren Biographen nicht blamieren, daß sie hinzusetzen können: Und mit bestem Erfolg! *Erinnert an den Plan gemeinsamer Universitätsstudien. Auch er selbst sei noch nicht am Ziel, wenn er auch, außer in den* lateinischen Extemporalien, deren geistlose Kniffigkeit mein Gehirn jedesmal zu gefährlichen Wallungen bringt, […] jetzt ein verhältnismäßig befriedigender Schüler *ist. – Er hat die Gedichte* DER FALKENSTEIN, WOLKENVISION *und das Bismarcklied an die* »Deutsche Dichtung« *geschickt. Berichtet über Änderungen an den beiden erstgenannten Gedichten. – Kommt auf den Kaiser zu sprechen. Daß er nicht sehr beliebt sein soll, ist für M ein Zeichen, daß er* ein wahrhaft großer Mann *wird.* Gegen diese elende, feige Mittelmäßigkeit werden wir auch noch zu kämpfen haben. Ich hasse sie aus tiefstem Grunde, wenn ich sie an großen Geistern mäckeln sehe. Und ich werde meine Geißelhiebe nicht sparen u. ob ich mir alles verfeinden sollte. – *Hofft, daß Kayssler*

sich in seiner neuen Wohnung bei Weises wohlfühlt. – Freut sich,
daß Liese jetzt bei Ms Vater malt. – Erzählt von einem neuen Bekannten, einem jungen Brasilianer, dessen Feuer u. Elan *ihn anzieht.* – Die letzte Woche brachte mir eine ganz angenehme Überraschung; ich erhielt nebst mehreren Kameraden eine der sogenannten »Strobschützprämien« von 16 M. Mit 6 M bezahlte ich mehrere Schulden u. a., 10 M gehören idealen Zwecken. Es sind dann schon 4 M nach Berlin abgegangen, wodurch ich mir das erste Vierteljahr der Deutschen Dichtung (Oktob. 90 – Dez. 90) nachbeziehe. Sage mir, ob Du für die übrigen 6 M Verwendung weißt. Kennst Du einen armen Menschen, so wollen wir es ihm schenken. Was? oder was hast Du sonst im Auge? Mache tausend Vorschläge! – *Kayssler soll bald schreiben und ihn ein bißchen trösten,* aber moralisiere um Gotteswillen nicht. [...] Es wird sich schon glücklich lösen.
N.: Thiele Mukl. Die beiden andern. Karl Emil Franzos. – Paris. Porto Alegre.

75.   VON FRIEDRICH KAYSSLER.
       [BRESLAU, ETWA 26.1.1891]

Seine Schulaufsätze sind besser geworden, worüber er sich freut. Auch in den anderen Fächern ist ihm, weil er sich jetzt Mühe gibt, seit Weihnachten fast alles gelungen. – Bei Weises ist es sehr nett. Weise ist Deutschlehrer und kümmert sich sehr um ihn. – Die eine winternächtliche Phantasie gefällt Kayssler, die andere weniger. – Das Stadttheater droht jämmerlich zu verfallen. M soll Nathers Rezension der »Luftfliege« lesen. – Hat die »Deutsche Dichtung« abonniert. Es ist doch so richtig: Du nimmst das Quartal Michael.–Weihn. Ich nehme W.–Ostern? *Schickt* »Thor«, *Deine Schriftstücke,* u. einige Gedanken, die ich im nächsten Briefe zu behandeln bitte. Also Prosa darf es überhaupt für uns nicht mehr geben.
N.: Goethe: »Egmont«. Die Mitbewohner in der neuen Pension. Frau Weise. Simmenauer-Größen.

76. VON FRIEDRICH KAYSSLER.
[BRESLAU, VOR DEM 21. 2. 1891]

Hat in der Schule über Kant gehört, das führt ihn zu der Überlegung, daß die meisten Gedanken schon von anderen gedacht worden seien; und so will er, statt eine neue philosophische Richtung zu schaffen, die Kantsche Philosophie wieder zu Ehren bringen. Ms Gedanken seien ähnlich, aber nicht gleich.
N.: Volkmann.

77. VON FRIEDRICH KAYSSLER. BRESLAU, 31.1.1891

Dankt für den Brief, freut sich, daß M die Gedichte eingeschickt hat. »Gott der Träume« liebt er besonders, Liese findet darin eine Reife, *die ihr gefällt. – Stimmt Ms Meinung über den Kaiser zu. –* Übrigens amüsiert es mich jedesmal, mit welchem Selbstbewußtsein wir immer unsere eigenen ganz sterblich gewöhnlichen Worte gewissenhaft zwischen Gänsefüßchen setzen, als könnten wir uns der Gewißheit gar nicht mehr entschlagen, später diese Korrespondenz der Menschheit zu Gute kommen zu sehen. – Ja ich hasse auch diese so allgemeine Mittelmäßigkeit. Aber wie ist es ohne dieselbe möglich, daß aus der Unfähigkeit Genialität wird, ich meine das ganz allgemein die Stufen der Gesellschaft betrachtend; ein Mittelding muß es doch geben; ach, das ist ganz entsprechend Deinem ureigensten Naturell, der Du alle Mittelwege hassest, selbst die Goldenen. – *Hat Schillers Rede* »Was heißt u. zu welchem Ende stud. man Universalgeschichte« *gelesen und empfiehlt sie M. – Nutzt die* Vergilstunde *am nächsten Tag zur Fortsetzung. Berichtet über die* »Othello«*-Aufführung vorgestern, am Montag, geht über auf seinen Wunsch, Schauspieler zu werden.* Wie viel kann ich schaffen, wenn ich Schauspieler bin! Du hast das bisher weit unterschätzt! – *Berichtet über eine Schüleraufführung der* »Antigone«. *– Hat gestern die* »Deutsche Dichtung« *erhalten, aber noch nichts gelesen. –* »Tasso« *ist verschoben worden. – Redet ihm zu, seinem Vater seine Gedichte zu zeigen.* Du weißt nicht, wie glücklich Du Dich schätzen darfst, einen Vater zu haben, der so frei denkt; er versteht Dich auch, Du mußt Dich nur darum bemühen, ich glaube, Du hast es nur mit Dingen bei ihm versucht, deren Du Dich heute schämen mußt. – *Liese grüßt. N.: . [Solon]. Volkmann. Resemann. Kurth. Rossi. Kriehle. Beblo. Grillparzer:»König Ottokars Glück und Ende«. Dr. Weise. Schönfeld. [Amélie M]. Reches. – W. Ms:* DER FALKENSTEIN, *Bismarcklied.*

78. AN FRIEDRICH KAYSSLER [IN BRESLAU].
SORAU, 21./22. 2. 1891

Sorau 21. II. 91.

Mein lieber Herzensfreund,
Vor mir liegt eine solche Menge von Briefbogen mit einer solchen Fülle lyrischen, epischen, ja teilweise dramatischen, schließlich auch epigrammatischen Inhalts, daß ich kaum Mut finde alles zu beantworten. Mir ist, als hätten wir uns ewig lang nicht mehr geschrieben, aber so oft ich mich auch daran machte, Deine lieben Zeilen zu erwidern, kam mir der drückende Gedanke, daß ich ja noch das Abschiedslied für meine scheidenden Kameraden zu verfertigen hätte. Da, als ich eines Abends im Buch aller Bücher, im deutschen Kommersbuch blättere, fällt mir das Lied »Freude, schöner Götterfunken« – wie so oft schon – wieder ins Auge und ich lese es und lese es bis in die späte Nacht hinein und singe mir die Melodie leise vor und möchte am liebsten jubeln und weinen und dann wieder unsern Schiller umarmen, diesen einzigen, unergründlichen Idealisten. O, in solchen Stunden fühlt man den Geist des Dichters um sich, in sich wehen, da wird man von jener Empfindung ergriffen, die keine Worte hat. Ich glaube, ich fand auch keine an diesem Abend, er hatte mir aber einen gewissen Schwung gegeben, sodaß ich bald darauf in demselben Versmaß das bewußte Lied zu dichten begann, worein ich das zu legen suchte, was ich allen jungen Deutschen von tiefster Seele wünsche: Adel der Gesinnung allerorts und allezeit. Doch sieh, mein liebster Freund, nun bin ich schon wieder bei mir angelangt, bei meiner p. p. Dichtkunst und andern Vorzügen! Ich freue mich aber geradezu, mir dafür selbst einen tüchtigen Klaps auf den Mund geben zu können, indem ich folgende Worte aus der »Kor-

resspondenz« der »Deutschen Dichtung« hierhersetze: Ch. M.
Sorau (Gedichte – nichts druckreif, aber Begabung unzweifelhaft
vorhanden).
Morgen dousche ich mich in hiesiger Badeanstalt – die ich alle 14
Tage besuche –, mit kaltem Wasser, damit der stoffliche Teil meines werten Ichs vor dem geistigen nicht bevor- (oder besser: be-
nach-)zugt werde. Denn eigentlich war's ja eine Erfrischung, die
mir vom trefflichen Emil Franzos über das lange Gesicht gegossen wurde, indem ich schnell die Gehirnaffektion los ward, die
mich zeitweise mit leeren Vorspiegelungen heimgesucht hatte.
Interessant ist übrigens die psychologische Studie, die ich an mir
selber mache. Diese Wandlung die das »unzweifelhaft« in meiner
Auffassung machte, ist den feinen Nüancen einer Farbe ver-
gleichbar, die sich vom hellsten Blaß bis zum freudigsten Feuer
steigern. Du wirst mir nachfühlen, wenn Du Dir das genannte
Wort öfters hersagst. Ach, sind wir Menschen doch naiv in unsrer
grenzenlosen Hoffnung. –
Laß mich jetzt zur Beantwortung Deiner beiden Briefe übergehen und zwar nach dem bewährten Rezept, das Du mir einst
gegeben, nämlich Punkt für Punkt, der Reihe nach. Du meinst,
ich fände die Poesie immer nur in der Poesie. Dem ist nicht so.
Denn es giebt ja keine Poesie an sich, sie liegt vielmehr tief in der
Menschenbrust verborgen. Doch eben weil sie so keusch versteckt
ruht, wird sie vor dem rauhen Außenleben oft zurückschrecken
und der kalte Verstand, der dann allein den Menschen beherrscht,
wird alles prosaisch und glanzlos finden. Sodann aber kommt
auch in Betracht, daß dem einen ein schüchterneres Gemüt, ja:
verschüchterteres Gemüt innewohnt wie dem andern. Dies ist bei
mir der Fall. Aber bin ich in glücklicher Stimmung, dann ist mir
auch alles Poesie. So geht es mir meist Sonnabend von 11–12 in der
Singstunde. Vielleicht etwas gehoben durch den Abschluß der
Woche thue ich nichts lieber, als die Gesichter der kleinen So-
pran- und Altsänger zu studieren. Was für liebe, entzückende Kerle sind da drunter! Da ist ein kleiner Judenjunge, das »Jakoble«,
mit einem so gutmütigen, dabei so wehmütig geschnittenen Ge-
sichtchen, daß man meint, die ganze Tragik dieses unglücklichen
Volkes sei von ihm in unbewußter Vorahnung empfunden. Man
möchte den kleinen Kerl – ja was möchte man? Man muß ihn

gern haben, aber es ist eine wehmütige Liebe. Da ist ein andrer, ein Menschenkind, dem die Natur Gefühl und Verstand in hohem Maße in das nachdenkliche, fast schwermütig schauende Köpfchen gelegt zu haben scheint. Er ist mein spezieller Liebling und ich träume mich oft in seine Zukunft hinein. Er heißt Schubert – vielleicht begegnest Du ihm noch einmal. Ein Dritter, der kleine Thurm, ein reizender frischer, schalkhafter Springinsfeld; und so noch mancher andre. Einen haben wir auch, den geborenen Komiker. Ein Mienenspiel ohne Gleichen. Jede Handlung, jedes Wort eine Grimasse, aber ich möchte sagen eine durchgeistigte. Schmolke sein Name und ca 11 die Zahl seiner Lenze. Aber nun ists genug. Was sind wir Halberwachsenen, die Tenore und Bässe für ungeschlachte Kerle dagegen. – O ja ich kann die Prosa schon poetisch finden, unsern prunklosen Markt, wenn der Mond über die Dächer scheint, die Leyermänner, die Milchwagenhunde – aber ich muß mich in ruhiger Stimmung befinden, mein Herz muß warm und frei schlagen dürfen. – Meine aufrichtige Freude, daß Liese bei meinem lieben Vater malt, habe ich Dir, wie ich glaube, schon ausgesprochen. Es ist wirklich ganz reizend!
– Deinen Vortrag konnte ich mit kritischem Auge nicht durchlesen, da ich noch nicht diese phänomenale Bildungsstufe erklommen, doch beglückwünsche ich Dich zu dem augenscheinlichen Erfolg, den Deine Studien gehabt haben, herzlich. Mich wundert, daß die Kirchenbücher noch nicht verbrannt waren, aus denen Du die Vor- Zu- Bei- und Nachnamen der p. p. Götter herausgeholt. Der Steinhammer »Mjölnir« – laut Kommersbuch übrigens: »Miölner« – ist jedoch kein Geschenk Lokis, sondern Erb- und Eigentum des Herrn Spinna Zöbner. Loki heißt im gewöhnlichen Leben Felix Miodowsky u. hat soeben hier das Examen bestanden, hat den Miölner Zöbners nie gesehen – – es muß also ein Irrtum vorliegen. –
Die Beschreibung der Weisischen Familie befriedigt mich. Ich hoffe Dich gut aufgehoben. – Heute sprach ich zufällig eine junge Dame, die d. letzte Zeit in Breslau gewesen war. Ich fragte sie nach ihren Theaterbesuchen, worauf sie unter anderm erwähnte, jene Preciosa – wird wohl die Luftfliege sein – gehörte doch eigentlich mehr in die »Zelttheater« – »Zeltgarten« (wie Thiele Mukl sogleich verbesserte). Das würde ja stimmen. Doch zu Ern-

sterem. Du willst also die Kantische Philosophie wieder zu Ehren erheben. Schreibe mir bitte darüber Näheres. – Als ich damals Deine Zeilen erhielt, setzte ich mich sogleich hin, um Dir davon Rechenschaft zu geben, weshalb ich die Notwendigkeitslehre nicht verwerfen kann. Ich war aber nicht in d. Stimmung, es zu beenden. Doch werde ich Dir bei Gelegenheit eine derartige Rechtfertigung schicken u. dann sollst Du mich widerlegen. Möge es Dir gelingen! – Der Satz »es giebt nur eine Verwandtschaft: die Wahlverwandtschaft« ist doch etwas gewagt; denn die Verwandtschaft von Kind u. Mutter ist doch eine nicht minder heilige u. unlösbare. Ferner ist zu überlegen, ob Wahlverw. u. Liebe sich decken. Ich glaube kaum, denn von einer Wahl kann bei einer allmächtigen, tiefen Liebe doch nicht d. Rede sein, denn eine Wahl erfordert Überlegung, Erwägung des Verstandes – ist dies auch der Fall, wenn wir urplötzlich von Liebe ergriffen werden?... Allerdings Ausdrücke wie »sie haben sich gefunden« oder »ihr Herz hat gewählt« widerlegen mich. Aber gut, wie willst Du über die natürliche, die Blutsverwandtschaft hinwegkommen? Sonntag 22. Februar. Nachdem ich gestern der späten Stunde und der Müdigkeit halber abbrechen mußte, folgt heute Fortsetzung. Wenn Du ausrufst: »Der Verstand ist nichts, das Gefühl alles« so kann ich dem ebensowenig absolut beistimmen, wie der Umkehrung dieses Satzes. Was hilft Dir alles Gefühl, wenn Dir nicht ein klarer, geweckter Verstand weite Ausblicke eröffnet, wenn Du nicht an seiner Hand in Tiefen gelangst, die Dir sonst ewig verschlossen geblieben wären? Nein, Gefühl und Verstand gehören aufs engste zusammen, wie sie auch von demselben Orte ausgehen. Aber das Gefühl ist das größere von ihnen. Das empfinde ich auch jetzt, da ich durch Dein Wort »Relig. ist d. Sehnen nach d. Geistersonne« veranlaßt Schillers »Freundschaft« aufschlage, weil darin ein ähnlicher Gedanke ausgesprochen ist. Ich werde jetzt wieder mich inniger in diesen herrlichen Geist vertiefen und ihn auf mich wirken lassen; erst wenn man diesen Sturm der Leidenschaft, diese Unendlichkeit der Begeisterung und Liebe gefühlt hat, merkt man die Kleinheit unsrer modernen Literaturbestrebungen. – Du rietest mir damals »Was heißt u. zu welchem Ende ...« zu lesen, ich holte also meinen Schiller, blieb aber vorher an den »philosophischen Briefen« (Briefwechsel zwischen Julius und Raphael) hängen, die mich ungeheuer fesselten und begeisterten. Ich fand vieles von Deinen und meinen Ansichten darin u. strich viele Stellen an. Diese Theosophie ist großartig! Wie sehr muß es jeden Denkenden ins Herz treffen: »Sollten meine Ideeen wohl schöner sein, als die Ideeen des ewigen Schöpfers?« Und so noch viele gewaltige Gedanken in ebenbürtiger Form. Diese Sprache ist einzig. Ein Satz aber hat mich ganz besonders berührt, da ich weiß, ihn oft nicht beachtet zu haben. »Es ist ein gewöhnl. Vorurteil, die Größe des Menschen nach dem Stoffe zu schätzen, womit er sich beschäftigt, nicht nach der Art, wie er ihn bearbeitet. Aber ein höheres Wesen ehrt gewiß das Gepräge der Vollendung auch in der kleinsten Sphäre, wenn es dagegen auf die eitlen Versuche, mit Insektenblicken d. Weltall zu überschauen, mitleidig herabsieht.« Über den von Dir erwähnten Aufsatz ein ander Mal. – Schön, daß Du im Othello warst. Ich will nach 1 Jahr wieder ganz von vorn anfangen, indem ich mir alles nocheinmal ansehe und studiere. Kurth ist ein guter Schauspieler, er hat den richtigen mephistophelischen Zug für diese Partieen. – Daß Du in der Antigone warst freut mich sehr. Ich wünsche Dir, daß Du das Stück in Prima lesen möchtest, es ist wunderbar schön. Ich habe viele Stellen mit tiefer Andacht gelesen und würde fürs Leben gern die Chöre übersetzen. Aber das Versmaß ist zu schwer. Doch – kommt Zeit, kommt Rat. Ostern will ich Dir einige Chorlieder griechisch vorlesen. Überhaupt empfinde ich mit hoher Freude die Segnungen der Prima. Nachdem wir die 2. Philippische Rede von Cicero zur Hälfte gelesen, die in meisterhaftem Stil aber in widerwärtiger Gesinnung geschrieben ist, haben wir jetzt Ciceros philosophische Schrift »de officiis« vor. Unser Chef gab uns eine riesige Einleitung über d. ganze Philosophie des Altertums mit ihren verschiedenen Richtungen u. Vertretern, die ich mit großem Interesse aufnahm, und die Cicerostunden fesseln mich infolgedessen sehr. Im Griechischen lesen wir die Ilias (die mir indessen weniger als die Odyssee gefällt) ferner Protagoras oder die Sophisteneinkehr von Plato, poetisch und gefällig geschrieben u. lehrreich inbezug auf athenische Verhältnisse, auf den Verkehr der Philosophen und ihrer Jünger u. auf die Beweisform und Disputirkunst – die Dialektik – der alten Philosophie. Im Französischen lasen wir das brillante

Molièrsche Lustspiel »l'avare« und im Deutschen, nachdem wir im Sommer Lessing absolviert hatten, die Braut von Messina, deren Schönheit nur leider durch das vielfach alberne, verständnislose Vortragen, sowie infolge des beim deutschen Lehrer – der übrigens oft sehr geistreich u. schön interpretirt – von der Klasse gemachten Skandals arg profaniert wird. Meine Bemühungen, diesem Treiben Einhalt zu thun sind vergeblich, ich habe schon manches versucht und noch mehr erwogen. Aber das unglückliche Moment, daß Prof. Reinthaler ein – periodischer – Trinker ist, ist die Klippe, an der meine Mahnungen zur Vernunft scheitern. Denn die Schüler glauben infolgedessen ihre Skandalmacherei sanktionirt, in der Meinung, sie wären in ihrem guten Recht u. der Mann verdiene es nicht anders. Ich kann mich nicht mehr in diesen Pennälerstandpunkt hineinversetzen, ich sehe den Menschen als meinen Bruder an, der sich von mir nur dadurch unterscheidet, daß er 30 Jahre früher geboren ist als ich. Hat er Fehler, so ist das seine Sache. Aber ihn systematisch zu Grunde zu richten halte ich für eine Grausamkeit, ein Verbrechen das nur in einer inbezug auf Charakterbildung vernachlässigten Jugend wurzeln kann. Du hast keine Ahnung wie dies Schauspiel ist. Wenn gerade bei den schönsten Stellen ein unaufhörliches Singen, Pfeifen, Scharren u. s. w. losgeht, bekommt der leichterregbare, vollblütige Mann geradezu konvulsivische Zuckungen – pfui über solches Plebejertum. Aber ich werde im Sommer alles versuchen dem zu steuern – nous verrons. – Unsre Abiturii sind übrigens alle 8 durchgekommen (auch Brückner) 3 davon sind dispensirt worden. Über den Tag des mündlichen Examens noch Näheres. –

Was Du inbetreff meines lieben Vaters schreibst trifft doch nicht ganz zu. Denn ich habe ihm mein Geschreibsel aus dem einfachen Grund nicht (oder nur das Beste davon) gezeigt, weil ich selbst nicht viel davon halte. Da er aber Freude darüber haben würde, wenn er etwas sähe, so will ich – wie ich ihm auch schon schrieb – ihm Ostern meine ganze Mappe vorlegen und er soll alles lesen u. beurteilen. Im übrigen aber fühle ich mich doch etwas getroffen. Ich bin nämlich zu Hause meist ziemlich schweigsam, fast als ob ich verstimmt wäre. Ich weiß nicht, woher es kommt, aber es ist so. Ich kann auch dagegen nichts thun, denn

es fehlt mir absolut die Gabe der Unterhaltung, der Wiedergabe
von Erlebnissen, von Gehörtem oder Gesehenen. Sie fehlt mir
eben und zwar mir selbst gegenüber, wie andern Menschen gegenüber. Ich bin eine Art Influenzmaschine, die erst lebhaft angeregt werden muß, um erfreulich zu fungieren. – Dann aber ist
mein geliebter Vater Künstler u. lebt in seiner Kunst, während ich
so aus der Art geschlagen bin. Ich glaube, daß er es manchmal
nicht minder schmerzlich empfindet wie ich. Doch mein lieber
Freund, glaube mir, daß ich auf der ganzen Welt nichts mehr u.
unendlicher liebe als meinen einzigen Vater u. daß ich mir über
nichts härtere Vorwürfe mache, als daß sein einziger Sohn nicht
das geworden, was er in glücklicher Kinderzeit wachgerufen hatte
einst zu werden. Sei herzlichst umarmt von Deinem ewig treuen
Freunde
Herzlichste Grüße an Liese.
Empfiehl mich der Familie Weise unbekannter W.

79.   VON FRIEDRICH KAYSSLER. [BRESLAU], 7. 3. 1891

Dahns Vortrag war wunderschön; *in Odin seien Kant, Schiller, Bismarck und Moltke vereinigt. Kayssler war mit Ms Mutter und Liese da, sie sind auch zusammen in* unsere Aufführung *gegangen.*
N.: [*Carl Ernst M*].

80.   AN FRIEDRICH KAYSSLER [IN BRESLAU].
      SORAU, 19. 3. 1891

Mein liebster Freund, Verzeih, daß ich Deinen lieben Briefen, für
die ich Dir aufs herzlichste danke, heute nur mit diesen kurzen
Zeilen erwiedere. Ich will Dir nämlich nur mitteilen, daß ich
nicht Sonnabend sondern erst Dienstag Nachmittag nach Breslau
komme, dafür wieder 3 Tage später abfahre. Richte es doch, bitte,
so ein, daß Du nicht allzulange weg bleibst, ich sehne mich so sehr
nach Dir u. wenn Du wieder 8 Tage in der Grafschaft bist u. die
übrige Zeit bald hier bald dort bei Verwandten u. Bekannten, so
habe ich ja gar nichts von Dir, mein geliebter Freund! Wir wollen

doch endlich mal zusammen in's Theater oder Konzert gehen, ich verspreche Dir, Dich nicht wieder oben hinauf schleppen zu wollen. Wie gönne ich Dir von Herzen die unvergeßlichen Eindrücke die Charl. Wolter auf Dich macht u. wie bin ich unglücklich, daß ich sie nicht sehen kann! – Die kleinen Kerle, an die Du mir Grüße aufgegeben, habe ich zwar noch nicht darüber gesprochen, vielleicht kann ich es aber einmal dem einen oder d. andern verständlich machen, wie er dazu kommt e. solche Auszeichnung zu empfangen. – Das Abiturientenged. bringe ich Dir mit. – In Deinem Pompeius könntest Du übrigens irgend e. Rolle mir auf d. Hals schreiben. Vielleicht könnten wir's nächsten Herbst aufführen! Ich habe noch e. andern Stoff für Dich, einen vaterländischen, den sollst Du später 'mal bearbeiten. Den kannst nur Du bearbeiten! Ruhig! Du erfährst es erst in d. Ferien. – Grüße Liese aufs herzlichste von mir, ihre Worte über meinen Brief haben mich sehr bewegt. – Ich denke jetzt viel über meinen einstigen Beruf nach, er braucht gar nicht ein so hervorragender, ruhmbringender zu sein – denn wenn ich d. Streben nach e. solchen aufgebe, werde ich e. glücklicher u. ganzer Mensch sein. Aber ich möchte e. reiche Wirksamkeit haben, in der ich mit recht vielen Menschenherzen in Berührung käme; ich glaube d. Menschen in Vielem besser zu verstehen, als die andern. Wer die Menschen erst größer aufzufassen gelernt hat, der weiß ihre Tugenden u. Fehler auch tiefer u. richtiger zu beurteilen. Verstehen – vergeben! Herrlich wahres Wort! – – Meine geliebten Eltern, Du – welch eine Welt, voll Liebe für mich! Euch bald umarmen zu dürfen! ———

Dein Chrischan.

Schreibe, bitte, noch unzählige Mal! Was macht eigentlich Paul Willmann. Er schweigt wie d. Grab.
Von morgen Abend ab hoffentlich Oberprimaner!
/Sorau N/L 19.III.91./

81.   VON FRIEDRICH KAYSSLER. BRESLAU, 20.3.1891

Habe nur keine Angst, ich fahre ja gar nicht fort, ich habe es glücklich durchgesetzt. Wir gehen sogleich in den ersten Tagen in den »neuen Herrn« von Wildenbruch, der am Lobetheater jetzt

fortwährend spukt. – Wenn Du Dich beeilst, kannst Du vielleicht auch Frau Charlotte noch sehen! – *Will statt des geplanten »Pompeius« jetzt ein Drama um den* König Juba von Lybien *schreiben.* – *Hat das Ergebnis seiner Versetzung schon erfahren.* – *Paul Willmann ist versetzt und* kommt jedenfalls noch nach Sorau.
N.: Herr Dr. [Weise]. Reches. Nather.

82. VON CARL ERNST MORGENSTERN.
  BRESLAU, 12.4.1891

Berichtet vom täglichen Leben. – *Hat in Ströbel gemietet, beschreibt, wo er und seine Schüler wohnen.* – Mittwoch war Bayernabend, *heute ist* Herren-Abend *bei Irmann. Die allein zu Hause bleibende Mutter liest »Fürst Nicita Serebräni« von Tolstoi, einen Roman aus der Zeit Iwans des Schrecklichen. Carl Ernst M zitiert daraus einen Abschnitt über das Pflichtgefühl und legt M dieses ans Herz.* Wenn Du sagst, Du habest es als Erbteil von mir empfangen, zu reformiren, so möchte ich Dir dies Erbteil doch nur bedingt anzutreten empfehlen. *Er selbst habe damit auch keinen Erfolg gehabt und sich nur geschadet.* Deine Ideen sind im Grunde ganz gute, nur fehlt ihnen die praktische Verwirklichung u. ich glaube, daß wir zwei kaum im Stande sind, die hiefür richtige Lösung zu finden. [...] Zunächst hängt das Examen als Damoclesschwert über Deinem Haupte u. das sei nun Deine Hauptpflicht, diese Brücke zum »Leben« ohne Unfall zu passiren. – *Läßt* Ilgens *und die Clowns grüßen. Freut sich, daß M wieder turnt. Die Mutter und er grüßen* aufs herzlichste.
N.: Henriette. Paul Weimann. Sommé. Probst. Fräulein Preuss. Hanns. Paul Krügel. Bredermann. Schmidt. Spitz.

83. AN FRIEDRICH KAYSSLER [IN BRESLAU].
  SORAU, 1.5.1891

Sorau N/L 1 Mai 1891.
Mein lieber, lieber Fritz,
Soeben zurückgekehrt von einem reizenden Abendspaziergang mit Paulus, fühle ich mich gerade in der richtigen Stimmung

April–Mai 1891 75

mich mit Dir, geliebter Freund, recht lange und gemütlich zu unterhalten. Nebenan spielt Körner Melodieen aus dem Mikado, wofür ich ihm stets sehr dankbar bin, da die hübsche nicht zu schwere Musik, die er mit bescheidenen Mitteln macht, mir meist die angenehmsten Empfindungen weckt. Du wirst vielleicht dabei denken, ich dächte in jenen stillen Stunden recht viel an meine »Reden«, mit denen ich, wie Du sagst, meine Mitwelt erschüttern wollte, aber ich muß Dir bekennen, daß das, was Dein leiser Einwand nicht vermochte, die thatsächlich vorliegenden Verhältnisse bewirkt haben. Ich würde unsre ganze Gemütlichkeit, die sich seit Kurzem in unserm kleinen Kreise so erfreulich entfaltet hat, umstoßen, wollte ich mich über meine lieben Kameraden erheben und mit rücksichtslosen Worten über sie ein Gericht ergehen lassen, zu dem ich am Ende doch keine volle Berechtigung habe. Ich sah die Verhältnisse wieder einmal aus einer idealen Ferne an, die der Wirklichkeit nicht entsprach. – Mein Freund, wie danke ich Dir, daß Du mich wieder zu meinem Vater geleitet hast, daß Du nicht geruht hast, bis ich ihm mein Inneres enthüllte! Vor wenigen Tagen schickte er mir meine Sachen zurück u. schrieb dazu Worte so voll tiefster Liebe, daß ich tief beschämt war, ihn so lange nicht aufgesucht zu haben, und tief erschüttert vor einem solchen Übermaß von unverdienter Liebe und Güte. Ich fühle mich groß u. stolz einen solchen Vater zu besitzen und unendlich klein mit all meinen Idealen, ausgezeichneten Gesinnungen, weisen Lebensregeln seinem tiefen, edlen Herzen gegenüber. O hilf mir, mein Freund, dieses edle Herz lieben, öffne auch Du ihm Dein Inneres und laß Dich von ihm beraten, sprich ihm die tiefsten Gedanken, die Dein Leben beherrschen, aus – er wird Dir ein zweiter Vater sein. Du hast recht, mein geliebter Freund, wunderbar sind die Schicksalsfügungen, die verwandte Geister zusammenweben, daß sie durch ihre gegenseitige Einwirkung ihre Kraft und ihren Adel erhöhen. – Die Begleitworte, die mir mein geliebter Vater schrieb, schicke ich Dir heute, bitte Dich aber herzlich, dieselben an meinem Geburtstage wieder in meinen Händen sein zu lassen, da ich sie an diesem Tage nochmals lesen will als den Hausspruch für das dritte Dezennium meines Lebens. – Vielleicht freut Dich noch eine Nachricht, die meine seit einiger Zeit gefaßte Anschauung der absoluten Notwendig-

keit betrifft. Ein Aufsatz in der »Deutschen Dichtung« über »Wahrheit in der Dichtung« von Schellwien hat mir eine wunderbare Klarheit gegeben. Er sagt, daß allerdings eine harte Notwendigkeit alles Seiende beherrsche, daß aber der Wille ewig mit ihr im Kampfe liege und sein Sieg über jene die freie, ureigene, selbstständige That sei. Und ich glaube den Gedanken richtig präciesiert zu haben, wenn ich sage: Im Reich des Stofflichen – Notwendigkeit, im Reich des Geistes – Freiheit! Aus diesem Sinne muß auch das stolze Wort gesprochen sein »Wenn's etwas giebt, gewalt'ger als d. Schicksal, so ists der Mut, der's unerschüttert trägt.« Jetzt verstehe ich es. So bin ich auch noch in dem alten Jahrzehnt die starre lähmende Anschauung los geworden, die auch Dein gesunder Sinn nie anerkennen mochte. –
Herzlichen Dank für die mitgesandte Widmung Liese's; daß sie Dir gerade Lenau schenkte, freut mich sehr, da ich den schwärmerischen, tiefsinnigen u. doch so unglücklichen Dichter oft in verwandter Stimmung lese. Seine Gedichte sind oft von entzückendem Wohllaut u. ergreifendster Poesie. So die »Schilflieder«, die »Phantasieen«, »Himmelstrauer« die ergreifend schönen Oden »An d. Bahre der Geliebten« u. »Am Grabe Holtys« u.s.w. Ich kann mich, habe ich die Gedichte einmal in die Hand genommen, lange nicht davon wegreißen. – Gestern u. vorgestern lernte ich übrigens »Die Ideale« von unserm Schiller und werde nicht müde an dem herrlichen Inhalt u. der unvergleichlich schönen Sprache mich zu begeistern. »Wie einst mit flehendem Verlangen Pygmalion den Stein umschloß, Bis in des Marmors kalte Wangen Empfindung glühend sich ergoß, So schlang ich mich mit Liebesarmen Um die Natur mit Jugendlust, Bis sie zu atmen, zu erwarmen Begann an mein. Dichterbrust«. Ist das nicht einzig schön!
Lies übrigens einmal laut den »Fischer« von Goethe. Er soll nach dem Urteil eines berühmten Literaturkenners seines Gleichen kaum haben, was die Melodie der Sprache anbetrifft. Ich begreife nicht, wie man, selbst als Ausländer, unsre Sprache rauh u. barbarisch schelten kann. Wir hören augenblicklich auf unsrer kleinen Universität Goethes Leben im Anschluß an »Wahrheit u. Dichtung«, was ich dir übrigens empfehle sobald als möglich zu lesen. Unser Professor Reinthaler spricht manchmal hinreißend, so über den Werther, über die Weimarer Periode u.s.w. Was für ein herrli-

cher unendlicher Geist! An dem darf man nicht mäkeln weder als Dichter noch auch als Mensch – als ob ein edler Mensch ein verwerflicher Dichter oder ein großer Dichter nicht auch ein großer Mensch sein müßte? – Wie gefällt Dir das Aufsatzthema »Licht, Liebe, Leben – Herders Wahlspruch.«? – Um endlich diesen literarischen Teil würdig zu beschließen teile ich Dir officiell mit, daß mir vom Rector Magnificus unsrer Alma Mater sowie seinem Diktator Oberl. Lutze eine Übertragung des Aiax von Sophocles aufgetragen worden ist, wogegen kein Sträuben hilft. Die Chorstellen sind bereits in den Kompositionen vorhanden. Das Übrige sind ca 1000 Verse, Jamben ∪ ⊥ ∪ ⊥ ∪ ⊥ ∪ ⊥ ∪ ⊥ ∪ ⊥ ∪ Anapäste ∪∪ ⊥ ∪∪ ⊥ ∪∪ ⊥ ∪∪ ⊥ u.s.f. 135 Verse liegen bereits bei Lutze, wahrscheinlich vergessen in seiner Brusttasche, denn vorläufig höre ich nichts mehr von ihnen. Ich gehe mit aufrichtiger Begeisterung an d. Sache, denn das Drama hat großartige Stellen u. ist tieftragisch. Für heute genug davon. Denn das Zustandekommen der Aufführung ruht noch im dunklen Zeitenschoße. – Von meinem sonstigen Leben teile ich Dir mit, daß, wie Dir Paulus, der ein lieber, lieber Kerl voll Anhänglichkeit u. Gemütlichkeit ist, bezeugen kann, ich absolut kein Bierphilister bin, sondern mit ganzer Seele bei unsern gemütlichen Zusammenkünften dabei bin. Wir suchen jetzt in hiesiger Umgebung sämtliche Dörfer ab, ziehen Sonnabends in das erwählte »Bierdorf« und freuen uns dort unsres Lebens unter Becher- u. Liederklang u. fidelem Ulk. Die betreffenden Bierdörfer erhalten sodann die Namen der um Leipzig herumliegenden berühmten Studentenausflugspunkte. So haben wir schon ein Gohlis u. ein Probstheida. Wachau, Möckern u. Kannewitz sind noch zu vergeben. – Wie Zitel habe ich mir jetzt auch einen L.F. (d.i. Leibfuchs) angelegt. Er ist ein lieber, hübscher Kerl (namens Peter Massalien), so ziemlich in Allem nach meinem Geschmack, nur eine gewisse Langweiligkeit muß ich ihm noch austreiben. Ich habe ihn nach Weimann Uffo getauft u. ihm als Taufspruch in d. dedizierte Kommersbuch den 8 Vers (8 Zeilen mit kl. Abänderung) von »Freude sch. Götterfunken« geschrieben u. ihm e. gewaltige Rede gehalten. Er ist ein sehr begabter Zeichner, ich bin ganz überrascht. Ich bin jetzt meist im Freien zu finden, streife sehr viel mit Paulus umher, der hier ganz glücklich ist u. mich auf d. Spaziergängen Geschichtszahlen u. Horaz-

Oden überhören muß. Wie gefällt Dir der Horaz? Er ist nächst Homer das einzig Wahre. – Was machst Du Pfingsten? – Im Gymnasium hier ist wieder Scharlach – bei einem Haar wieder 3 Wochen Ferien! Aber das Haar wird wohl halten. – Die Idee mit Deinem Stammbuch ist wunderschön. Mein lieber Vater schrieb mir bereits, was er eingezeichnet habe. Ihm wie meiner lieben Mutter geht es sehr gut in Ströbel, sie wohnen s e h r gemütlich, u. Vorfrühlingsmotive entzückendster Art geben vollauf zu thun. – Grüße Liese bitte aufs herzlichste von mir; sie soll recht fleißig malen! Meine Freunde! –
Unter herzlichster Umarmung u. in Erwartung eines baldigen (pünktlich!) unergründlich großen u. tiefen Briefes
Dein
treuer Chrischan.
(D. Geisterstunde naht, ich werde sie mit Ciceros »de oratore« beschwören den ich noch – präparieren muß)
Paulus u. die Zitels grüßen. Weshalb grüßt Du Karl »auf Befehl«? Ich aber sage Dir »Er ist ein edler, charaktervoller Mensch u. gar nicht zu vergleichen mit Zöbner (den ich übrigens auch als lieben Kameraden schätze.)

84. AN FRIEDRICH KAYSSLER IN BRESLAU.
SORAU, 9. 5. 1891

Sorau. 9. Mai Nachts 91.
Mein innigst geliebter Freund,
Wie sehr mich Dein lieber, lieber Brief mit den schönen Beigaben u. Deine reizende Aufmerksamkeit an meinem Geburtstage beglückt hat, kann ich Dir nur dadurch schildern, daß meine Festfreude erst mit dem Augenblicke begann, wo ich Dein kleines Packet auf meinem Tische liegen sah. Und als ich es nun gar geöffnet, da überkam es mich erst recht weihevoll u. ich dachte ergriffen, daß wohl Wenigen an ihrem 20. Geburtstage ein so warmer, treuer, glühender Freundesgruß beschieden sei. Ja »Glück u. Segen auf meinem Lebensweg u. zur Erfüllung meiner Herzenswünsche« – ich kann es brauchen, besonders das Glück, den Frieden in meinem Innern.

Du wünschst mir, ich solle mich mehr von der reinen, warmen Empfindung als vom grübelnden Verstande leiten lassen, u. ich weiß, wie tief Dir dies aus dem Herzen kommt. Aber ich bin kein so unverfälschter Gefühlsmensch wie Du, ich bin infolge trüber Erfahrungen in das Stadium der Reflexion eingetreten, des Nachdenkens, Sichrechenschaftgebens über die gehabte Empfindung. Ich habe darum noch keineswegs die Fähigkeit verloren, auch ganz unvermittelt, voll u. rein, sozusagen bewußtlos zu fühlen, aber dieser Zustand tritt nur ein, wenn mein Geist durch irgend eine Veranlassung einen höheren Schwung erhalten, wenn Begeisterung, Mitleid, Unwille mich fortgerissen haben. Ein Grübler werde ich übrigens nicht werden, habe keine Angst, geliebter Freund, aber mich des schönen, klaren Menschenverstandes, wenn er in kühnen Hypothesen, in tiefsinnigen Schlüssen oder scharfer Polemik u. Kritik sich entfaltet, mich dessen nicht mehr zu freuen, davon werde ich wohl nie abkommen und will es auch nie u. nimmermehr. Du hast wirklich ein Vorurteil z.B. gegen Lessing, aber was ich an dem Manne hoch ehre, liebe u. der Nachahmung wert halte, das ist sein reformatorischer Trieb, seine furchtlose Verfechtung der Wahrheit, seine Gründlichkeit und sein glänzender Verstand. Das ist ein Quell an dem Goethe u. Schiller sich erquickt haben und der noch ungezählte Deutsche erfrischen u. beleben wird. Wie man an den Lessingschen Fabeln etwas aussetzen kann, ist mir einfach unbegreiflich. Diese Leichtigkeit, mit der sie hingeworfen, ihre Kürze, ihre anmutige, lebendige Einkleidung, ihr bedeutender Inhalt – das findet man bei den schwerfälligen Deutschen so bald nicht wieder. Das ist eben esprit – u. warum denn nicht auch einmal diesen?! Wer freilich einen Lyriker sucht, wird enttäuscht, aber Lessing hat ja mit einer Bescheidenheit, die doch dem hoch anzurechnen ist, der drei solche Dramen geschrieben, selbst versichert, er sei kein »Dichter«. –
Nun aber schleunigst wieder zum Geburtstagstisch zurück. Du hast mir mit dem Buche eine ganz außerordentliche Freude gemacht (– wenn auch, wie ich fürchte, Dir etwas zu viel Auslagen –) denn erstens – Schiller u. zweitens – als Historiker u. Philosoph, das schlägt ja gerade in mein Fach. Man muß das Buch nicht nur mit gespanntester Aufmerksamkeit sondern auch mit

dem Conversationslexicon in der Hand lesen, um eine Menge
erläuternder Randbemerkungen hinzufügen zu können. Der Ueberweg muß ja ein Philosoph von reinstem Wasser gewesen sein.
Ohne Bedürfnisse, bloßes verkörpertes Studium u. lebendig gewordene Dialektik. Das wäre nicht mein Geschmack. Seine Biographie enthält viel rein philosophische Stellen, mit den schaurigsten Fachausdrücken, durch die ich noch nicht ganz hindurchkomme. Aber ich merke, es schärft u. belebt die Denkkraft außerordentlich. – Also aufrichtigsten Dank, für dies schöne Werk,
mein Fritz! – Nicht minder erfreuten mich Deine Gedichte u. das
Märchen, das erste u. letzte Ged. scheue ich mich durch unzureichende Ausdrücke zu profanieren. Sie sind vom reinsten Gefühl
eingegeben u. wollen nur wiederempfunden sein. Das Gedicht
an Heine ist niedlich, aber die Reime mußt Du erst noch mehr in
Deine Gewalt bekommen. (D. Märchen sehr schön, nächstens
mehr darüber) Ich habe stets die Empfindung, daß Deine halb
formlosen Lieder viel ursprünglicher, lyrischer, großartiger sind
als die gereimten. – Versuche Dich einmal etwa in d. Nibelungenstrophe oder im Sonett oder der Danteschen Terzine u. nimm e.
großen Gedanken zum Inhalt. (Nibelungenstrophe:)

»Ja Vaterl. geliebtes umströme dich Glück u. Heil
Was Bestes bringen d. Zeiten, es werde Dir zu teil!
Doch ein's verachte nimmer in Deines Strebens Drang
Was deutschen Namens Ehre gewesen e. Jahrtausend lang!«
 .... Hamerling

Die Form der Sonette kannst Du im Heine studieren. Die Sonette
an seine Mutter –

– »das schöne Herz, das mich so sehr geliebet«…
– »Und ach, was da in Deinem Aug' geschwommen,
das war die süße, langgesuchte Liebe!«

Da kann man nur schweigen u. weinen. – Vergieb, wenn ich
heute schon schließen muß. Doch es ist spät u. d. Brief muß morgen früh fort. So bald wie möglich schreibe ich wieder, denn ich
habe noch viel zu sagen. Stammbuch wird nicht vergessen. Pfingsten bleibe ich hier. Herzlichsten Dank u. Gruß an Liese. Freue
mich auf d. verheißenen Manuskripte. Sende selbst auch näch-

stens mehrere. Paul grüßt herzlichst. – Nun leb wohl mein liebster Fritz, sei aufs innigste umarmt von
Deinem
treuen Chrischan.

85.   VON FRIEDRICH KAYSSLER.
        [BRESLAU, ZWISCHEN DEM 11. UND 16.5.1891]

Mein lieber Chrischan, jetzt hat der bissige Freund gesprochen; nun kommt der liebenswürdigere an die Reihe. *Verteidigt die Formlosigkeit der Reime in seinem Heinegedicht als Absicht,* um Heines Formlosigkeit mehr zu entsprechen. *Das Märchen sei eigentlich eine Fabel; er gesteht aber zu, daß sie einem Märchen ähnlich geworden sei. Gibt seine Schwierigkeiten mit den Reimen zu, meint aber, ein kleines, gereimtes Gedicht sei schon an sich weniger geeignet, Anspruch auf Großartigkeit zu erheben als ein von Natur aus gewichtigeres halbes Prosagedicht. Im Nibelungenlied komme die Großartigkeit vom gewaltigen Stoff.* – *Hat Ernst Possart als Shylock gesehen.* – *Hat mit Agu und Isaak eine Wanderung nach Zobten gemacht (Aufbruch 3 Uhr morgens, Ankunft im Ort 8.30) und später Ms Eltern im Wald bei Ströbel getroffen.* – *Bedauert, daß M Pfingsten nicht nach Ströbel kann. Gibt seine Pfingstadresse, Mittelsteine, Grafschaft Glatz, an.*
N.: *Eine Bayernfamilie aus Breslau. Ein Sohn von Weises. Dessen Bruder. Rittergutspächter Lichtenstädt.* Alle Drei. – Kamenz.

86.   VON FRIEDRICH KAYSSLER.
        MITTELSTEINE, 17.5.1891

Äußert sich begeistert über die Gebirgsnatur *und besonders über* »Werther«, *den er gerade liest. Wünscht M gutes Wetter* [*in Ströbel*]. – *Möchte Liese schreiben und sich ihr mitteilen, aber das ist* ja inkonventionell. *Sehnt sich wieder nach Breslau.*
N.: [*Carl Ernst M*]. [*Amélie M*].

87. AN FRIEDRICH KAYSSLER [IN BRESLAU].
SORAU, 27.5.1891

Dankt für die Briefe. Erklärt eine versäumte Antwort Carl Ernst Ms auf einen Brief Liese Reches mit der vielen Arbeit des Vaters. Entschuldigt sich für sein Nichtschreiben aus Ströbel. Hat dort viel Klavier gespielt, glaubt, in der Technik doch nicht zurückgeblieben zu sein. Auch eine Geige fand ich vor, konnte ihr aber keine Melodieen entlocken. *Erzählt eine kleine Idylle von einem Hasen, der ihn nicht bemerkt hat, und von einem nächtlichen Spaziergang von überwältigender Schönheit, auf dem ihn der Gesang einer Nachtigall entzückt hat. – Tadelt Kayßlers Gewalttour auf den Zobten, er solle seine Gesundheit schonen, auch beim Rudern. –* Daß Werther Dich so hinreißen würde, wußte ich. Du mußt Dich aber auch über seine Vorgeschichte, seine Entstehung, seinen Zweck orientieren – ein Verfahren, das ich Dir überhaupt bei jedem Dichtwerk raten möchte, wenn Du es voll würdigen u. verstehen willst. *Empfiehlt ihm auch »Dichtung und Wahrheit«. N.:[Amélie M]. Die Malschüler Carl Ernst Ms. Die Ölser Jäger. – Rosalienthal.*

88. AN FRIEDRICH KAYSSLER [IN BRESLAU].
SORAU, 12.–14.6.1891

Entschuldigt sein langes Nichtschreiben mit einer langwierigen Augenentzündung, um derentwillen er nicht bei künstlichem Licht arbeiten darf. So, nun bedaure mich! Um Dir mein Bild zu vervollständigen, teile ich Dir noch mit, daß ich e. blauen Zwicker trage, durch welchen man die Welt ziemlich triste finden – kann, aber augenblicklich wirklich nicht – will! *Erzählt von einer zweitägigen Riesengebirgstour, die unser S.C. gemeinsam mit den Lehrern Lutze und Reinthaler unternommen hat, zunächst über* Kohlfurt u. Görlitz nach Friedland. *Das Schloß gehört zum Imposantesten, was er gesehen hat; die Portraits im Innern sind großenteils uninteressant. Zu den Ausnahmen gehört das Bild Wallensteins, dessen Züge er aber leider nicht sympathisch finden kann. Der weitere Weg führt über Kratzau und Zittau nach Oybin.* Hurrah!

Ein solenes warmes Abendessen erwartete uns in schönen Räumlichkeiten und bald wurden die Tafeln zum Commers zusammengeschoben. [...] Reinthaler, dem wir auch ein Hoch ausbrachten erwiderte in einer tiefgefühlten vortrefflich gehaltenen Rede, in der er uns das Bewahren des echten Jugendsinnes, einer nie verbleichenden Jugendpoesie wünschte verbunden mit dem urdeutschen herrlichen Wandertriebe. Er sprach wirklich ergreifend. In erhöhter Stimmung verlief der weitere Abend, doch wurde er nun humoristischer angehaucht. Nach Einigem andern meldete ich mein Einzelhospiz vom lateinischen Aufsatz an, dessen Refrain mit immer wachsender Begeisterung mitgesungen wurde. Ich hatte nimmermehr gedacht mit den anspruchslosen Zeilen e. solchen Sturm zu entfesseln. Aber die Gegenwart der beiden Lehrer, die selbst ganz außer sich waren, erhöhte die Schärfe der ausgesprochenen Wahrheiten. *Am nächsten Tag wird der Oybin bestiegen; die Sitte der Dorfbewohner, ihre Toten auf einem dort oben gelegenen Friedhof zu begraben, findet M hochpoetisch. Mit zwei andern klettert er auf den pfadlosen Hängen des Oybin herum:* Wir wurden nicht müde die gewaltigen, grotesken Felsbildungen anzustaunen, als ständen wir vor erhabenen Problemen, die die einstige Wut der Elemente uns zu lösen aufgegeben. Die geniale Größe u. Schönheit der Natur ergriff uns in hohem Grade, zumal als wir an einen stillen Teich kamen, der zu Füßen des Berges ruhend auf diesen einen herrlichen rings waldumschlossenen Aufblick bot. *Zitiert einige hochpathetische Sätze, zu denen ihn die Fahrt angeregt hat und die er eigentlich seinen Kameraden hatte vortragen wollen. – Geht auf Kayßlers Brief ein. Erinnert sich ebenfalls gern an ihre ersten philosophischen Gespräche. Erkundigt sich, was Kayßler zum ersten Mal den Wunsch geweckt habe, Schauspieler zu werden – die Antoniusrede?* Ich freue mich so sehr darauf, noch ein Jahr mit Dir in Breslau zusammenleben zu können und Dir zugleich aus meinem erweiterten Wirkungs- und Gesellschaftskreis manche Wahrnehmung, manchen Rat vermitteln zu können. Ich denke es mir so schön, wenn ich Dir dann endlich etwas Tieferes und Bedeutungsvolleres, als es die kleinen Verhältnisse meines jetzigen Lebens gestatten, bieten kann, wenn ich Dich mit interessanten Personen u. Zuständen bekannt machen u. schließlich mit Dir selbst an die Schwelle treten darf, vor welcher in ahnungsvollen Nebelschleiern unsre Zukunft ruht. Manchmal mußt Du auch zu mir kommen und mir zuhören, wenn ich in unvollkommenen Tönen heiße Gefühle auszuströmen versuche und die Sprache des Tons, die ureigenste, ergreifendste aller Sprachen wird Dein Freundesherz begeistern. – Und dann, wenn irgend möglich, noch ein Semester in Berlin zusammen! Diese letzte Frist wollen wir noch auskosten – denn dann wird Deine Kunst Dich in ihre würdigeren Arme hinüberreißen und das Leben wird an uns die große Frage richten, ob wir gewillt sind, das zu erfüllen, was wir in idealen Jugendträumen uns als Ziel gesteckt. – *Freut sich, daß Kayssler Herder liest. – Ist begeistert von Byrons »Don Juan«, den er heimlich in den Physikstunden liest; er erwähnt daraus die Schilderung eines Schiffbruchs und eine Naturschilderung. – Kennt Dahns »Odhins Trost« nicht; empfiehlt Friedrich Theodor Vischer und Gottfried Keller.* Ich glaube jeder von ihnen ist mehr wert wie der gute manierierte Dahn, jedenfalls sind sie schlichter, zum Herzen sprechender. *Hat von Keller die »Züricher Novellen«, »Martin Salander« und Gedichte gelesen, zitiert »Stille der Nacht«. Vischers Roman »Auch einer« wird außerordentlich gelobt. Nennt auch Hamerling. – Kündigt für das nächste Mal Gedichte und Zeitungsartikel an. N.: Roller. Schiller. Seni. Thekla. Moreau. Graf Gallas. Eine Führerin. Die Clowns. Zitel. Mukl. Uffo. Der Physiklehrer. Scherr. Dahn: »Was ist Liebe«, »Frigga's Ja«, »Skirnir«. Paul. Liese. Carl Ernst M. – Die Iserberge. Schloß Clam Gallas. Der Gückelsberg. Hohenwald. Töpfer. Die Scharfensteine. – »Deutsche Dichtung«.*

89. VON FRIEDRICH KAYSSLER. BRESLAU, 26.6.1891

Dankt für den langen Brief. Entschuldigt sein Schweigen; er hat einen Vortrag über Friedrich den Großen schreiben müssen, will ihn demnächst schicken, war vom Thema begeistert. – Sorgt sich wegen Ms Augenentzündung. – Äußert seine Freude über Ms und seiner Freunde Riesengebirgsausflug. – M solle nicht so selbstverständlich von Kayßlers Schauspielplänen sprechen, das liege noch in ferner Zukunft, und er müsse noch viel bis dahin lernen. – Wird für Liese wahrscheinlich Hamerling oder »Skirnir« kaufen. – Liest

Juni–Juli 1891

nicht Herder. – Findet es unendlich öde hier, da meine geliebte Liese fort ist; *Briefe können den persönlichen Verkehr nicht ersetzen. – Empfiehlt M, in Freytags Bildern aus der deutschen Vergangenheit über Friedrich den Großen zu lesen, außerdem Carlyles Biographie über ihn. – Nather plant für 1893 eine Aufführung von Goethes »Iphigenie«, bei der Kayssler den Orest spielen soll.*
N.: Häusser:»Geschichte der Reformation«. Byron. Heine. Lessing. Paul. [Goethe]:»Tasso«. Amanda Lindner. Max Grube. Meininger Schauspieler. [Schiller]: »Wallenstein«, »Kabale und Liebe«. [Shakespeare]:»Othello«. Zitel. Coebner. – Ströbel.

90.   Von Friedrich Kayssler. Breslau, 1.7.1891

Dankt Paul für seinen Brief. Erklärt seine Äußerungen über sich und Liese als Stimmungen, die mit dem tiefen Grund ihrer Freundschaft nichts zu tun haben, deshalb sei Ms Bitte im letzten Brief verfehlt.

91.   An Friedrich Kayssler [vermutlich in Mittelsteine]. Breslau, 9.7.1891

… Mein lieber Vater empfing mich mit solch überwältigender Herzlichkeit, daß ich ihm im Herzen tausendmal Abbitte tat wegen meiner Redensarten, die ich Dir gegenüber fallen ließ. Ja, er ist Gefühlsmensch. Du weißt, was ich jetzt empfinde und ich brauche es nicht in Worten zu sagen …
Die Abende in Ströbel verfließen immer reizend. Mein lieber Vater liest Sachen von Wolff vor, und heute nehme ich fünf Tassos mit, da er ihn gern mit verteilten Rollen lesen lassen möchte. Wie werde ich gegen Liese und meinen Vater (Antonio natürlich) abfallen, wenn meine Empfindung, die mir doch sonst nicht abzusprechen ist, in diesen Jamben nur dürftig hervorklingen wird.
Liese wird Dir wohl heute auch geschrieben haben, sie sprach wenigstens davon. Sie arbeitet meist so fleißig und erfolgreich, daß ihr Zeit und Ruhe zum Schreiben fehlt. Aber ich glaube, sie fühlt sich recht glücklich und zufrieden.

92. VON FRIEDRICH KAYSSLER.
MITTELSTEINE, 12.7.1891

Mein Chrischan, Du glaubst ja gar nicht, wie innig ich mich über einen solchen Brief, wie d. letzten freue, das war wieder ein echter, wie Du ihn von Herzen schreibst u. schreiben sollst. Es war unnatürlich, wie Du neulich in Br. zu mir sprachst. Ich wußte doch, wie warm u. innig Dein lieber Vater zu fühlen vermag. – *Bittet, nicht so sicher von Kayßlers Berufswahl zu sprechen. – Sendet Betrachtungen, die er unter dem Einfluß von Goethes »Wahlverwandtschaften« geschrieben hat. M soll den Roman auch lesen. – Schickt Gedichte, die er Liese in die »Gedichte eines Optimisten« schreiben will und die M ihm korrigieren soll. – Freut sich, daß M und Liese sich jetzt näher kennenlernen.*
N.: [Goethe]: »Tasso«. Fritz. Freys. Reches. Schiller: »Die Freundschaft«; »Der Graf von Habsburg«; »Die Künstler«. Tschudi. Weimann. Isaak. Frl. Kayßler, Schulvorsteherin. – Glatz.

93. AN FRIEDRICH KAYSSLER [IN BRESLAU].
SORAU, 3.8.1891

Heute geriet ich nach der Singstunde in einen seltsamen Widerspruch mit mir selbst. Während die kleinen lieben Kerle um mich herum gesungen hatten und ich all die jungen Menschenkinder in jenem Zustand der Natürlichkeit, worein sie das Singen versetzt, mit tiefen Empfindungen betrachtet, ich möchte sagen studiert hatte, während ich so voll Liebe darüber nachgedacht hatte, ob denn garnichts möglich sei, diesen jungen, ahnungslosen Gemütern die Verflachung, die Entweihung fernzuhalten, wie sie ihnen das Leben bringen wird, kurz, sie zu einem kerngesunden Geschlecht voll Kraft und Freude heranzuerziehen – während ich also in derlei Gedanken versunken war, fühlte ich mich kurz darauf fast abgestoßen, als ich nach der Stunde mit meinen Kameraden in meine Klasse ging. Sie waren mir in diesem Augenblick höchst störend und ihr Benehmen, obwohl dasselbe wie stets, stieß mich fast zurück. Ich mußte mich zusammennehmen, nicht schroff zu sein. Was ist aber das? Ist es eine Launenhaftig-

keit? Ich glaube es nicht, denn meine Wünsche für das Glück der
Menschen, meine Liebe zu allen Menschen sind tief und aufrichtig. Auch liebe ich sie nicht nur in der Idee, als solche, die sie
sein sollten, sondern wirklich als solche, die sie mir scheinen, die
sie sind. Ich denke mir, ich habe ein ähnliches Gefühl gehabt wie
einer, der vom Traum erwacht ist – er kann sich auch zuerst in die
Wirklichkeit nicht finden.

94. VON FRIEDRICH KAYSSLER. BRESLAU, 26.8.1891

Dankt für Ms lieben lieben Brief! Du geliebter Menschenfreund,
könnten meine innigen heißen Wünsche Dir e. liebes u. fruchtbares Feld für D. Wirken u. Schaffen in Zukunft sichern. Nein, mein
Freund, die Kanzel ist heutzutage noch nicht der Ort für Dich,
komme in 100 Jahren wieder. *Erinnert an die* Bigotterie *und* Ver-
dummung *in den Kirchen und meint, M solle sich lieber zu einem
Lehrer d. Sitte in d. gebildeten Kreisen machen.* – Sprich nicht so
mutlos in D. Dichtung, das jetzt zu sagen ist Unsinn! Kopf hoch,
mein geliebter Freund! – *Schickt die Tagebuchblätter Carl Ernst
Ms, lobt den Bericht von der Jahresausstellung.* – *Dankt für die
Einladung und hofft, sie annehmen zu können. Grüßt* Paul u. alle.
N.: Liese. Ilgens. – Oberschlesien.

95. VON CARL ERNST MORGENSTERN.
 [ORT UNBEKANNT, VERMUTLICH VOR DEM
 31.8.1891]

Meine sehr verehrten Herrn von's Comité. *Macht Vorschläge zur
Gestaltung eines Waldfestes. Wenn es Bezug zum Sedantag habe,
könnten allegorische Figuren auftreten, vor allem eine Germania
und ein Genius des Friedens, der eine Rede an den Kaiser zu halten
hätte.*

96. VON CARL ERNST MORGENSTERN.
SEESHAUPT, 31.8.1891

Bedauert, daß Ms Idee nicht zur Ausführung kommt. – Teilt ihm mit, daß er aus finanziellen Gründen in den Herbstferien in Sorau bleiben müsse. Auch eine Einladung W.'s nach Oberschlesien *könne er nicht annehmen; er soll stattdessen die Zeit* zu tüchtigem Studium *benutzen.*
N.:[*Amélie M*]. *– München. Breslau. Starnberg.*

97. VON FRIEDRICH KAYSSLER.
[VERMUTLICH BRESLAU, NACH DEM 26.8.1891]

Darf nicht kommen, weil es zu teuer ist. – Hat einen Brief Lieses an Ms Vater nach Seeshaupt weitergesandt. Grüßt alle.
N.:[*Amélie M*].

98. AN FRIEDRICH KAYSSLER IN BRESLAU.
SORAU, 6.9.1891

Es war ein großer Schmerz, *daß Kayssler nicht kommen konnte.* Das ganze Fest verlief zu allgemeiner hoher Zufriedenheit. *Berichtet dann über den Sedantag: Schulfeier mit einer Rede des Primus,* Sage, *in dem M dieselben Ideale, wie sie ihn und Kayssler beseelen, erkannte, Festivitäten gemeinsam mit anderen Schulen, Damengesellschaft, Kinderzug durch illuminierte Straßen.*
N.: Bismarck.

99. VON FRIEDRICH KAYSSLER. BRESLAU, 14.9.1891

M soll, wie er selbst es in Breslau getan hat, auch an seiner Schule anregen, zum hundertsten Geburtstag Theodor Körners am 23.9. einen Kranz für sein Grab zu senden. M soll in Sorau der Wildenbruch *sein und einen* Geistesfunken *spenden.* Rege an und begeistere für unseren lieben Heldendichter.

N.: Die Joachimsthaler. [*Carl Ernst M*]. *Der Gemeindevorsteher in Wöbbelin. – Berlin.*

100. VON FRIEDRICH KAYSSLER. [BRESLAU UND] PATSCHKEY, [WAHRSCHEINLICH 24. – 28.9.1891]

Hat vor dem Kommers etwas Zeit zum Schreiben. Dort soll ein Drama, ein gesunder Stumpfsinn, aufgeführt werden; er nennt Rollen und Darsteller. Ms Lied konnte in Kayßlers Prolog nicht mehr eingefügt werden, weil er dann zu lang geworden wäre, er will es aber als Einzelgesang bringen. – Dankt für Ms Briefe. – Berichtet von der gestrigen Körnerfeier im Stadttheater. – Ms Vater will einen Aufsatz über Körner schicken; er schreibt auch von einem Brief an M über seine Berufswahl. – 27.9., aus Patschkey: Vermutet, Ms Vater werde in Starnberg wenig Gelegenheit haben zu schreiben. Dankt für einen Brief des Vaters, knüpft eigene Überlegungen daran an. Carl Ernst M meint, die Zeit brauche keine Idealisten, sondern ganze Männer, *er dagegen möchte zuerst ausprobieren, was sich mit den Idealen erreichen läßt.* Aber wenn die Pläne nicht wenigstens früh vorsähn, bis an den Himmel zu fliegen, können sie nie zu einer nur irgend möglichen Höhe gelangen! Nicht wahr? – Na, trotzalledem u. jedenfalls: »Glück auf« mein Christian, möchten wir das »Glück« finden, das unser geliebter Vater uns wünschte, unserem Volke zu nützen. – *Berichtet nun vom Wiedersehen mit seiner Tante Toni, in der er* ein ideal denkendes Weib ganz von unserem Typus *gefunden hat. Aber er ist verunsichert, weil sie, ohne ihn zu benachrichtigen, wieder abgereist ist. –* Anbei e. Prolog zu e. Drama, das ich vielleicht noch Deinem l. Vater z. Empfange einbescheren will; es handelt von uns 4 Seelen u. ist natürlich nur für uns 4 u. darum nicht aufführbar. *Legt auch Carl Ernst Ms Bericht über die Münchner Jahresausstellung bei.*
N.: Der größere Anwand. Opitz. Lawise. Weese. Tourné. Oskar Anwand. Beblo. Isaak. Onkel und Tante. *Kayßlers Vater. Sacks. Kayßlers Mutter. Paul. Willmann. Cilli* [*Hart*]. – *Starnberg. Breslau. München. Neurode. Wien. Paris. Glatz. Ströbel. Bayern. Berlin.*

101. [Vermutlich an Friedrich Kayssler in Breslau]. [Sorau], 29.9.1891

29. IX. 91

Du meinst, das Wohl des Volkes hänge von seinen Gesetzen ab? Zum Teil, gewiß. Aber unsre aufgeregte Zeit braucht zu ihrer Heilung noch weit andres als Gesetze. Es bedarf einer großen geistigen und sittlichen Wiedergeburt von innen heraus, die Gesetze mögen später kommen, wenn die Menschen so klug geworden sind, sie recht zu würdigen. Sprichst Du nicht selbst von einem inneren Verfall, während wir nach außen groß dastehen durch unser festgefügtes Staatsgebäude, also durch Gesetze, die Ruhe und Frieden garantieren? Und dieser innere Verfall scheint mir zunächst der wichtigste Punkt, worauf wir heute zu achten haben. Der Gesetzgebung mögen sich Männer zuwenden, die neben einem festen Charakter eine außerordentliche praktische, kritische Begabung besitzen, die andre Aufgabe erfordert nichts als ganze Menschen, aber vielleicht wird diese Forderung schwerer und seltener befriedigt, als die erstere. Diese Aufgabe braucht Herzen voll Selbstlosigkeit und Menschenliebe, sie braucht Herzen voll Glauben an das Gute im Menschen, Herzen voll Bewußtsein einer höheren Bestimmung der Menschenseele und einer ewigen Gottheit, sie braucht Männer, die von Vorurteilen frei sind, die den Zorn der »Gesellschaft«, wenn sie ihn einmal erregt haben, für ein Nichts ansehen und einzig ihrem eignen Gewissen Rechenschaft ablegen, durch das der Gott zum Menschen redet. Und was diese Leute thun sollen? Sie sollen versuchen, das unendliche Weh zu lindern, das die Menschenkinder über sich selbst gebracht haben und bringen, sie soll die Armen, die der Liebe Bedürftigen trösten, beglücken, ihnen mit Allem helfen, was sie selbst besitzen, sie sollen alle, die helfen können, dazu ermahnen und allen, die nicht helfen wollen, das tiefste Herz erschüttern. Sie sollen vor allem im Großen und Kleinen erzieherisch wirken. Im Großen, indem sie den staatlichen Schuleinrichtungen reformatorisch gegenübertreten und eine neue deutsche Schule heraufzuführen suchen, welche »harmonische Bildung des Körpers und des Geistes« nicht nur erstrebt sondern auch zu erzielen imstande ist. Im Kleinen, indem

sie in junge Herzen jene hohen Empfindungen pflanzen, die des
Menschen allein würdig sind, indem sie ihnen nicht totes Wissen, sondern lebendige praktische Lebensweisheit, selbstlose
Nächstenliebe predigen, in ihren Gemütern die Gegensätze auslöschen, die der beschränkte Geist zwischen Hoch und Niedrig,
Arm und Reich errichtet hat. Und wiederum im Großen, indem
sie an der Reformation der Kirche arbeiten, alles Dogma verfolgen und bekämpfen und mit Wort und That dafür eintreten,
daß rein u. unverfälscht die erhabenen Ideeen Christi, des größten aller Menschen, dem Volke gepredigt werden. Und im
Kleinen, indem sie die Gemütsleerheit, die erbärmliche Weltanschauung unserer Tage wo nicht beseitigen, so doch in ihrer
ganzen verächtlichen Kleinheit enthüllen und gleichgestimmte
Seelen aufrichten und zu gleichem Kampf entflammen.
Solche Männer werden heutzutage Idealisten gescholten und das
Wort hat einen lächerlichen fast verächtlichen Beigeschmack bekommen. Aber der objektive Beobachter wird das Lächerliche
und Verächtliche nur aufseiten der großen Menge finden und
darlegen, daß nur derjenige Idealist zu verdammen ist, der die
Welt nicht in den Bereich seiner Träume zieht, der aber ein
mächtiger Hebel der Kultur, der sein Leben daransetzt zu der
Verwirklichung sehr wohl auszuführender, menschenbeglückender Gedanken ein Scherflein beizutragen.
Nach diesen Gesichtspunkten werde ich meinen künftigen Beruf
auswählen und wehe mir, wenn irgendwelche Mächte mich in
Bahnen lenkten, wo ich die Ideeen, von denen ich soeben gesprochen, nicht oder nur verschwindend bethätigen könnte. Ich würde das schönste Pfund, das ich empfangen, ein heißes Herz, einst
zurückgeben müssen, ohne mit ihm gewuchert zu haben.

102. AN FRIEDRICH KAYSSLER [IN BRESLAU].
      SORAU, 7.10.1891

                                       Sorau N/L 1891. Okt. 7.
Geliebter Freund,
Was für einen Begriff wirst Du von Deinem Freunde Chrischan
bekommen, der während 14 in Sorau N/L verlebter freier Tage

keine Zeit zu haben scheint, Deinen Brief zu beantworten und überhaupt e. Lebenszeichen von sich zu geben? »Geduld ist das Öl, das Gott in die Maschinen der schwerarbeitenden Menschheit gegossen hat« sagte vergangenen Sonntag der Missionsprediger, Pastor Kausch, als er über den Gang der Heidenmission sprach. Somit habe ich erstens eine Entschuldigung vorgebracht und uns zweitens in medias res versetzt, indem daß ich Dir erzählen werde, wie und warum ich imstande bin, aus der Predigt des Pastor Kausch zu zitieren. Ich bin nämlich hier seit jüngster Zeit ein reiner Pastorale geworden, wenn man mit diesem Titel ein Menschenkind benennen will, das fast ausschließlich in Pastorenhäusern verkehrt und verhätschelt wird. Doch zur Sache. Vorigen Sonntag also wurde ich vom hiesigen Superintendenten Petri zum »Missionsfest« eingeladen, das um 3 Uhr in der Kirche beginnen sollte. Obwohl ich mich von diesem feierlichen Aktus drücken wollte, ließ ich mich doch durch den bittenden, vorwurfsvollen Blick Fräulein Dora's (Schwester meines lieben Uffo) bewegen, die solang vermiedene Kirche zu besuchen und bereute es nicht, die verhältnismäßig gute Predigt angehört zu haben wenn sie auch stellenweise recht kindlich war und ich mich nie so ungeheuer für die Heidenbekehrung erwärmen konnte oder wenigstens für den Sport, den die Kirche mit dieser »Seelenrettung« treibt. Vorläufig haben wir noch genug im eignen Volke zu retten. Doch kurz, ich war dort und übersah von der Gallerie einer kleinen Nebenorgel die ganze, wirklich schöne u. hoheitsvoll aufragende Kirche. Ein altes, uroriginelles Bäuerlein, das sich auch nach diesem Winkel verirrt hatte, verkörperte in rührender Weise die sancta simplicitas, offenen Munds und die Hände gefaltet der Rede, die oft über seinen Horizont hinausging, lauschend. 2 Stunden fast waren im Fluge für mich vorbei, denn ich ließ mir kaum ein Wort entgehen, und die aus der Umgebung zahlreich versammelten Pastorsfamilien sowie meine Wenigkeit begaben uns in die Superintendentur (entsetzliches Wort!) zum Kaffee. 59 Personen. Ich wurde vielen vorgestellt, oft reizenden Menschen, wie z.B. die Frau des Hauses selbst. Und erst ihre Kinder! Entzückende, frische Wesen. Unter den Pastoren einige Charakterköpfe, ein Tisch voll barmherziger Schwestern, junge Canditaten theol. u.s.f. Im altertümlichen Garten, der an das gleich altertümliche,

Oktober 1891 93

verbaute Gebäude stößt, lernte ich beim Spielen auch die meist
sehr lustigen Pastorentöchter kennen, bis ich schließlich in allzu-
großem Biereifer an e. Baum anrannte und daran fast Übelkeit
bekam. Ich bezwang mich jedoch und vergaß bald alles wieder im Kreise
unsrer fröhlichen »Familie« (als solche haben wir uns nämlich –
wir d. h. die beiden Moorinnen (Moorin I u. M. II.) Schwestern des
Dir auch bekannten (typenhaft) Gerhard Göttling alias Moor,
Frl. Uffa Schwester des Uffo, Frl. Mukelina Schw. des Mukl, die
genannten Brüder u. die Zitelleute – unter Führung der angegeb-
nen Namen konstituirt). Wir saßen bald wieder in der gemütlich-
sten Ecke beisammen und amüsierten uns herrlich bei dem nun
heraufziehenden Abendbrot. Endlich um 8 Uhr gingen wir nach
dem »Jünglingssaal«, wo nach einigen ziemlich langweiligen Vorträgen und Gesang geistlicher Lieder zum Bier das Fest seinen
würdigen Abschluß erreichte. Am Nachhauseweg kam es noch zu
einem klärenden Gedankenaustausch inbezug auf religiöse Dinge zwischen Frl. Dora u. mir und ich hatte die Freude mich verstanden zu sehen. Ich gab ihr schließlich das halbe Versprechen,
ich wolle auch 'mal e. Predigt schreiben aber in meinem Sinne.
Ich setzte mich denselben Abend noch hin und warf alle möglichen Gedanken aufs Papier. Aber ich weiß nicht ob ich meine
Absicht durchführen kann. Denn ich will den Ideeenkreis nicht
zerstören, in dem dieses Mädchen so glücklich und glücklich ma-
chend lebt, oder auch nicht einmal angreifen. Ich wollte überhaupt, ich könnte Dir diese ganze Familie Massalien zeigen – zu
liebe, herzliche Menschen. Heute mußte mir Uffo (alias Peter
Massalien) seinen ganzen Stammbaum diktieren: 8 Geschwister
(2 Br. 6 Schw.) Teils in tüchtigen Stellungen draußen in Norddeutschland, teils verheiratet, alles dieselben hübschen schelmischen »Uffogesichter«, dieselben frischen, gemütvollen Herzen.
Heute Morgen erlebte ich eine grenzenlose Freude, indem ich
ganz im geheimen von Uffo die baldige Verlobung der genannten
Schwester erfuhr. Sie selbst hatte noch vor wenig Monaten zu
Karl einmal geäußert, sie wüßte ganz genau, daß sie sich nie
verheiraten könne, da sie ohne Vermögen sei. Und das that mir so
unendlich leid, denn sie ist so überaus für eine reizende Häuslich-
keit beschaffen. Überhaupt Häuslichkeiten – da habe ich urge-

mütliche kennen gelernt. Soll ich anfangen? Bei Uffo's: Alte ehrwürdige Möbel, originelle Lampen ein einzig dastehender, dunkelbrauner, kopfpolstertragender ...... Sorgenfauteuil in den ich stets zu sinken pflege u.s.f. à la Voss. Nun muß ich aber auch von Göttlings sprechen, mit denen ich grade in jüngster Zeit aufs herzlichste befreundet worden bin. Die Menschen haben mich so gern, sind so natürlich und gut zu mir, daß ich gar nicht sagen kann, wie wohl es mir oft thut. Dazu ist die ältere Tochter ein so klar denkendes und tief empfindendes Wesen, daß die Unterhaltung mit ihr eine äußerst anregende ist. Ich muß sagen, daß ich ihr bereits viel verdanke. Wir haben uns in vielen Ansichten getroffen und ich habe wieder einmal gefunden, daß sich das Bild des Lebens in einem warmen schlichten Frauenherzen viel reiner und würdiger spiegelt, als wir Männer, die wir zu sehr mit den Details beschäftigt sind, es für gewöhnlich auffassen können. Aber eine Empfindung ist es, die die letzten Tage in meiner Brust mächtiger denn je geweckt u. genährt haben, die sie klarer gemacht und gefestigt haben. Es ist die Empfindung der ungeheuren Pflicht der Liebe, die jeder einzelne von uns gegen seine Nächsten und zumeist gegen die für uns arbeitende, leidende Klasse hat. Aber nicht nur der Liebe in Wort und Schrift, sondern in lebendiger That. Es ist mir ein Verständnis gekommen von dem unsagbaren, himmelschreienden Elend, das uns – und zumal in d. Großstadt – in jeder Stunde umgiebt, und ich habe gefühlt, wie nichtswürdig unser aller Verhalten ist, das sich zwischen Verachtung des Volkes, träger Genußsucht und lauem Wohlthun bewegt – ohne auch nur eine Spur wahrhaftiger, kraftvoller Liebe aufzuweisen wie es Bruder zu Bruder haben soll. Ja es ist wahr, was der Verfasser einer diesbezügl. Schrift sagt, nicht durch Gesetze und Waffen sei die sociale Frage zu lösen, sondern durch Liebe, durch die innere Gleichstellung aller Stände. Unsre »Gebildeten« müssen den Dünkel aufgeben, der sie glauben macht, sie seien mehr u. höhere Wesen, als der gemeine Mann. Sie müssen den sittlichen Kern der Sozialdemokratie anerkennen, der in dem Erwachen des Menschenbewußtseins liegt. Ich werde Dir, lieber Freund, eine Schrift zuschicken, worin Du viele göttliche Gedanken finden wirst u. Du wirst ausrufen: »Ich folge auch!« – Ich aber werde mein ganzes Leben dieser Aufgabe widmen und sollten

pekuniäre Rücksichten mich auf das Studium der Nationalökonomie (d. i. »Volkswirtschaftslehre«) verzichten lassen müssen, so giebts wohl noch andre Wege, das Evangelium der thätigen Liebe zu üben u. zu lehren. – Für heute genug; es ist schon spät. Es umarmt Dich, mein lieber, lieber Fritz Dein
treuer Chrischan.
(An Liese d. herzlichsten Grüße!)
Bin ja neugierig auf Deine Tetrapsychie. Vom Prolog nicht sehr begeistert. Was in Dein. vorig. Briefe noch nicht beantwortet ist, wird es d. nächste Mal.
Ich lese viel, dichte nichts. Schreib' bitte recht bald!

103. AN FRIEDRICH KAYSSLER IN BRESLAU.
      SORAU, 9. 11. 1891

Bittet, keine Bierkarten *mehr zu schicken und auch den SC nicht mehr zu erwähnen,* da ein elender Klatsch uns zur Verbindung zu stempeln droht, weshalb wir alles vermeiden müssen, was diesem unserm Abiturium äußerst gefährlichen Verdacht zur Nahrung dienen könnte. *Bittet, das auch Roller, der in Breslau ist, sowie Isaak und Agu mitzuteilen.* – Wenn ich mal wieder zum Schreiben komme, habe ich manches auf d. Herzen, das Du wissen sollst. Ich habe doch mehr Glück im Leben als ich verdiene, und gewinne die Freundschaft u. Liebe so wertvoller, edler Menschen!
N.: Ein Vertrauensmann. Einige Väter. [*Hedicke*]. *Illo.* [*Dessen Vater*]. *Eine* Mädelgesellschaft. *Ms Vater. Liese.*

104. VON FRIEDRICH KAYSSLER. BRESLAU, 11. 11. 1891

Wünscht, daß alles gut abläuft. Konnte Paul aber nicht deswegen benachrichtigen. – *M soll sich keine Zeit rauben für lange Briefe, nur kurz über sein Ergehen berichten,* das übrige erfahre ich v. Deinem lieben Vater. Meine Briefe sollen deshalb natürlich nicht seltener werden, im Gegenteil. – *Hat eine Posse* »Die Hundewette«, *eine Wette zwischen Ms Vater und Isaak betreffend, geschrieben, die bei Reches aufgeführt werden soll. Kayssler wird dabei den*

Prof. Abendstern *spielen. – Berichtet von mehreren Vergnügungen der letzten Zeit. – Um M in seiner* Streberei und Besorgnis etwas zu erheitern, *sendet er die* »Dilogie der Leidenschaft«, *die er in Patschkey geschrieben hat.*
5 *N.: Beblo. Pauls Großmutter.* [*Amélie M*]. *Liese. Irgan. Agu. Shakespeare:* »Komödie der Irrungen«. *Augier:* »Der Schierling«.

105. VON FRIEDRICH KAYSSLER. [BRESLAU, VERMUT-
LICH ZWISCHEN DEM 28.11. UND 2.12.1891]

Dankt M für seine Sendung. Hat eben den Hölderlin gelesen und
10 *bewundert ihn. – Liese hatte einige Bilder ausgestellt und gleich einen Auftrag bekommen. –* Wir stecken tief im Theater-Kram [...]. Ich denke, es wird gut gehen. Ich freue mich ja blos auf Deines lieben Vaters Gesicht, wenn er sein Ebenbild sieht u. den bairischen Dialekt zu hören bekommt. Weißt Du, wir haben ja
15 immer studiert, so oft wir jetzt mit ihm zusammen waren u. haben so die charakteristischen Kunstausdrücke sorgfältig gesammelt u. eingeflochten. Ich habe neulich eine große Freude hiergehabt, es ist hier eine erfreuliche Unternehmung im Werke. Ich mache Dir damit zu Weihnachten eine Freude; bis dahin erhalte
20 Dich die freudige Spannung in reißenden Fahrwasser des Streberflusses. Nur soviel sag ich Dir: »Noch sind die Ideale nicht erstorben, die kraftvoll sich der deutsche Geist erworben.« Ostern trittst Du dann selbst in unsere Mitte. (!!!!!) – *Legt sein Gedicht* »Das Höchste« *bei. Isaak und Beblo danken und grüßen. Beblo*
25 *wird wohl* »nihil a me alienum puto« *wählen, Kayssler selbst denkt an* »Licht – Liebe – Leben«. – *Kaysslers Tante Toni in Wien hat geschrieben und ihr Verhalten erklärt; über Ms* MELDERBAUM *urteilt sie, er verrate Talent. – Freut sich , daß die* S.C.*-Sache gut abgelaufen ist. – Ms Vater und Liese grüßen.* Dein l. Vater ist
30 immer wütend über Deine kurzen Karten, aber natürl. nicht im Ernst. – *Die* »Hundewette« *gestern ist* famos gelungen. Der Friseur hat Deinen Vater famos kopiert.
N.: Eine Dame aus Reichenstein. Ihr Mann. Schiller: »Die Freundschaft«. *Ms Freunde. Paul. Reches. Cicero:* »De officiis«. *Kamenz.*
35 *Scheitnig.*

106.   VON FRIEDRICH KAYSSLER. [BRESLAU, 5.12.1891]

Dankt für Deine lieben, lieben Zeilen. […] Was mag es nur sein, was Du da freudiges auf dem Herzen hast? *Kann sich aber auch so mitfreuen, da Freunde sich ja ohne Worte verstehen. Berichtet über die Aufführung der* »Hundewette«. *Ms Vater hat eine Wiederholung in Ms Beisein angeregt. – Über geplante Weihnachtsgeschenke. – Hat im* »König Lear« »Reif sein ist alles« *gelesen.* Wie einzig u. gewaltig! *Schickt den Prolog zur* »Hundewette« *mit. N.: Schiller:* »Die Freundschaft«. *Die drei Freys. Liese. Isaak.* »Sappho«. *Kaysslers Cousine. – Schloß Reichenstein.*

107.   VON EMMA SCHERTEL. MÜNCHEN, 24.12.1891

Weihnachts- und Neujahrswünsche von Großmama *und* Lotte *auf einem Zahlkartenabschnitt über 10 Mark.*

108.   VON FRIEDRICH KAYSSLER.
        [VERMUTLICH BRESLAU, ETWA 1890 ODER 1891]

Es ist eine lange Zeit vergangen, *seit Kayssler und M sich über die* Welt *und das* Göttliche *ausgetauscht haben. Will diese Gespräche wieder aufnehmen und legt seine Gedanken über das* Wesen der göttlichen Gerechtigkeit *dar, die nicht Lohn und Strafe, sondern* ein Emporziehen zur Vollkommenheit *sei.*

109.   VON FRANZ CARL ZITELMANN.
        [ORT UNBEKANNT, VERMUTLICH ZWISCHEN
        1890 UND 1892]

Du bist der einzige Mensch, dem ich mein Herz ausschütten kann.

110. VON FRIEDRICH KAYSSLER.
[VERMUTLICH BRESLAU, ETWA 1891]

Liese grüßt; sie hätte eine Karte beigelegt, wenn sie von Brief und Paket gewußt hätte.

111. VON FRIEDRICH KAYSSLER.
[VERMUTLICH BRESLAU, ETWA 1891/92]

Kann M noch nicht alle Sachen zurückgeben, da er sie Liese zum Lesen gegeben hat.

1892

112. AN FRIEDRICH KAYSSLER [IN BRESLAU].
[SORAU, CA. 25.1.1892]

Mein geliebter Freund,
ich bin nicht stehen geblieben; ich fühle oft, daß ich in immerwährenden Kämpfen, deren Zeuge Du ja auch zuweilen warst, allmählich innerlich heranreife, daß ich immer mehr einer gewissen Klarheit entgegengehe, die mich befugt, ohne Selbstüberhebung der Täter meiner Taten zu sein.
Du wirst vielleicht aus dem Umstande, daß ich Dir nie über meine neue Freundschaft geschrieben habe, erkennen, daß meine Empfindung für dieses edle Mädchen nicht eine solche ist, daß sie sich in einem rauschenden Strom glühender Epitheta verflüchtigen und vor Deinen Augen schleierlos hinfließen könne, daß sie vielmehr zu der Art von Gefühlen gehört, die man tief im verschwiegenen Herzen trägt als Schatz und Hort, den man am liebsten keinem andern Menschenblick offenbart. Sei ruhig, lieber Freund, das ist keine romantische Schwärmerei weder hier noch dort, kein »Verlieren in Hoffnungen und Seligkeiten«, keine »Verwirrungen der Seele bewirkend«. Das ist Klarheit, Wahrheit, schlichtes gesundes Gefühl, wie es aus dem zahllosen Menschenschwarme den und jenen Begnadeten heraushebt und zu einer Seele führt, die wie er das Gute und Große will.
Wir haben uns gefunden, wir haben beide das gleiche Ziel vor Augen und im Herzen – warum sollten wir nicht gute, treue Freunde sein, die im Geiste zusammengehen, gehoben schon durch das bloße Bewußtsein eines solchen Zusammengehens? Weil wir Weib und Mann sind? Ich rechne nur nach Menschen, nicht nach Geschlechtern, außerdem bin ich kein Freund von Gemeinplätzen, wie etwa dem über Freundschaft und Liebe, denn ich gehe einfach den Weg, den ich vor mir rechtfertigen kann, nicht den, welchen mir irgend eine abgebrauchte Sentenz vorschreibt. Nein, lieber Freund, nochmals, wir beide, meine ge-

liebte Freundin und ich, wir wissen ganz klar, was wir tun und
wollen. Wir schwärmen nicht und schmollen nicht, sondern wir
haben uns von ganzer Seele lieb, weil wir uns verstehen. Und zwar
verstehen nicht in kleinen alltäglichen Dingen, sondern in
ewigen oder wenigstens höheren Dingen. Was uns verbindet, das
ist der gleiche Drang nach Vollendung des Guten, die gleiche
Liebe zu unsern Mitmenschen und endlich die gegenseitige Achtung – die persönliche herzliche Teilnahme des einen am andern.

113. VON FRIEDRICH KAYSSLER. BRESLAU, 29.1.1892

Erkundigt sich, ob M sich denn nicht über unsere Bierkarte *und*
Volkmanns Anerkennung für das latein-Aufsatz-Lied, *das Kayssler vorgetragen hat, gefreut habe, und berichtet dann Einzelheiten von dem gelungenen Ausflug;* ich hatte geglaubt, so ein gemütlicher Kommers mit Paukern sei blos in Sorau möglich. – *Er hat den Auftrag erhalten, zum 22.3.* ein Festgedicht oder Festspiel zu verfassen, *und plant einen Dialog zwischen einem Patrioten und einem* Kosmopolitiker, *wobei der Geist Scharnhorsts aus dem Grab steigen und der* Kosmopolitiker *schließlich bekehrt werden soll.* –
Schreibt ihr nicht nächste Woche (Examen!) Ein herzliches
Glück auf! Mein geliebter Chrischan, dann bist Du ja frei! Glück
auf! Gute Nacht! Es umarmt Dich innig Dein Fritz.
*N.: Isaak. Tröger. Nather. Anwand. Paul. [Carl Ernst M]. Liese. –
Sibyllenort. Hundsfeld.*

114. AN FRIEDRICH KAYSSLER [IN BRESLAU].
SORAU, 1.2.1892

Sorau N/L 1.II.92
Mein geliebter Freund!
Ich schreibe dir heute an einem traurigen Tage und es ist etwas
Ernstes worüber ich zu dir ein Kurzes reden will. Du hast einen
Grund, mir etwas zu zürnen, dass ich dich in letzter Zeit ein
wenig vernachlässigt zu haben scheine, und ich muss sagen, wir
haben, durch Zeit- und andre Umstände beeinflusst, uns schon

lange nicht mehr so von Seele zu Seele ausgesprochen, wie wir
es früher thaten und dabei stets gegenseitig gewannen. Du hast
ja zwar in einem deiner letzten Briefe wieder eine der innersten
Saiten berührt, aber glaub' mir Fritz, du hast mich falsch aufgefasst, und zwar so, als ob ich immer auf demselben Standpunkt
stehen geblieben wäre, wie etwa zu Beginn unsrer Korrespondenz. Und sollte das nicht darin mit begründet sein, dass du über
der dauernden Beschäftigung mit dir, deinen Gaben und den
ihnen entsprechenden Entwürfen, deinen Hoffnungen auf eine
Künstlerlaufbahn, deiner freundschaftlichen Neigung zu Liese
ein wenig an klarem Blick für deine Mitmenschen einbüsst. Ich
werfe dir damit nicht Egoismus vor, nur, um deinen eignen
Wahlspruch anzuführen, eine vereinseitigte Betonung des γνῶθι
σαυτόν. Du selbst hast es ja Weihnachten ausgesprochen: »Ich
stehe gerade am Ende einer Wertherperiode.« Und was war das
Werthertum denn andres, als ein Sichhineinwühlen des Menschen in sich selbst, ein romantisches Zurückfliehen aus der
»kalten« Wirklichkeit in die überheizten Räume grübelnder
Phantasie! Doch ich fürchte, du stehst noch nicht am Ende, du
stehst noch mitten darin.

115. VON CARL ERNST MORGENSTERN.
BRESLAU, 11.2.1892

*Kann über die letzten Stunden der Großmutter nur mitteilen, daß
sie ganz apathisch dagelegen und an Entkräftung sanft entschlummert sei. – Gibt Auskünfte zur Kunstgeschichte, Lebensdaten und ganz kurze Werkangaben. – Hat für M auf das Erbe der
Großmutter verzichtet, muß dies aber noch einmal protokollarisch
tun. Onkel Anton war erregt, daß er nicht der alleinige Erbe ist,
obwohl es sich hierbei nur um die Deckung der Kosten dreht. –
Wünscht M Gottes Beistand in den schwirigen Tagen, auf daß
Alles gut vorübergehe.
N.: Peter. Zitel. Zöbner. Ilgen. Guhl u. Koner. Dannecker. Thorwaldsen:Alexanderzug. Ghiberti. Donatello. Michelangelo:Decke
der Sixtinischen Kapelle; Jüngstes Gericht. Raffael: Madonnenbilder; Vermählung Mariä; Stanzen (Schule von Athen, Disputa, Par-*

naß, Jurisprudenz); Sixtinische Madonna. Tizian: *Venus und Amor; Zinsgroschen*. Leonardo da Vinci: *Abendmahl*. Dürer: *Himmelfahrt Mariä; Selbstbildnis; Portraits; die große Passion; Altarbilder*. Holbein d. J.: *8 Bilder der Passion; Madonna des Bürgermeisters Meier; Sauls und Samuels Begegnung; Totentanz*. Cranach. Rubens: *Kreuzaufrichtung; Kreuzabnahme; Jüngstes Gericht*. Van Dyk. Hals. Rembrandt: *Der Schützenkönig; Nachtwache; Anatomie; Selbstportraits*. Teniers d. J.: *Genrebilder*. Ruisdael. [*Amélie M*]. – Kopenhagen. Comer See. Florenz. Urbino. Mailand. [Rom]. Cadore. Venedig. Dresden. Frankfurt a. M. Augsburg. London. Cronach. Darmstadt. Antwerpen.

116. AN FRIEDRICH KAYSSLER [IN BRESLAU].
[VERMUTLICH SORAU, VOR OSTERN 1892,
WAHRSCHEINLICH VOR DEM 19.2.1892]

Lieber Fritz!
Nur einen Gedankensplitter. Ich denke mehr über dem »D. Geist« nach und plane Größeres als Du ahnst. Bitte, vergrößert Eure Mitarbeiterzahl nicht oder nur mit höchster Vorsicht bis zu meinem Eintritt. Um alles in der Welt keine Verwässerung. Wir haben ja so wie so schon genug in Plus. Ich möchte Ostern die Sache ein bischen in d. Hand nehmen und was recht Ernsthaftes draus machen. Ich habe einen tüchtigen Mitarbeiter im Auge, unsern Primus Sage einen äußerst begabten charaktervollen Menschen, der Theologie studieren wird. Er ist kein Poet, aber ein Charakter u. das ists was wir brauchen. Ferner habe ich meinen alten einzigen bayrisch. Freund Hartmann (ein Prachtkerl!) im Auge, der muß [(]d. h. ich werde mir Mühe geben ihn zu veranlassen) auch mit thun. Sein besondres Lieblingsfach ist Kunstgeschichte, sonst ist er Jurist. Jetzt, ich glaube, in Berlin. Endlich muß mein lieber alter Herr die Rezension oder dergl. übernehmen. –
Vielleicht laßt Ihr die Aprilnummer erst in den 20er Tagen vom Stapel, ich möchte einen großen Artikel einrücken, worin ich eine Art Programm entwickele.
Ich hoffe, wir werden noch Freude erleben!

Also vorläufig keinen Zuwachs, der nicht voll u. ganz stichhaltig ist!
Herzl. Gruß u. Umarmung
                           Dein treuer Chrischan.
Schreib' mal nächstens auf Alles.
Gr. Gr. Gr.
Fisaak soll nicht böse sein, daß ich ihn noch nicht rezensiert habe. –
Herzl. Gr. an ihn. – Spare Dir Deine besten Sachen noch etwas.

Heute hab' ich zu Zitel gesagt, ich möchte 'mal auch eine Zeit lang unter die Schauspieler gehen. Donnerwetter! soll man sein Organ und sein bischen Talent so versauern lassen! Aber nur Ruhe, ich bleibe schon bei der Volkswirtschaftslehre.
Ach wäre erst diese fade Periode hinter mir – dann kommt ein herrlicher Frühling, Fritz, ich freue mich unendlich darauf – »hinauszutreten in das Leben in That u. Wort in Bild u. Schall«, all Euch geliebten Wesen einmal Freude machen zu können.
Ich habe das ewige Sehnen u. Abwarten nun bald satt, geb's Gott, daß mich das Leben packt, da wo ich am tiefsten bin, daß es mir die Sprache leiht –
Jetzt »möchte ich so gut sein u. zum Essen kommen« – das ist nicht das Leben, das ich meine –

117. VON FRIEDRICH KAYSSLER.
      [BRESLAU, VIELLEICHT 19.2.1892]

Dankt nochmals für den lieben unendlichen Brief, *um so mehr, als M jetzt so wenig Zeit hat. – Läßt seine Bedenken hinsichtlich Ms neuer Freundschaft jetzt fallen. – Gibt zu, daß er wohl wieder in die Wertherperiode fallen könne, hat aber den festen Vorsatz, sich eine* klare Ruhe *zu bewahren. – Seine Unsicherheit hinsichtlich des ersehnten Schauspielerberufs ist jetzt vorbei, aber es macht ihm Sorge, daß man Liese die Schuld für diesen seinen Entschluß geben wird. –* Dann der »Herrenkult«. Da hast Du in gewisser Beziehung auch recht, aber nicht überall. Das ist allerdings richtig, ich thue Unrecht, wenn ich sage, es geht jetzt anständig bei uns in Prima her u. damit die Herrn Übelthäter aus früheren

Klassen etwas in besseres Licht stellen will; aber erstens ist es der
Nather allein, der aus der früheren Zeit noch übrig ist, die anderen sind eben alle nur in Prima, u. zweitens habe ich wirklich
immer eine Freude, wenn ich sagen kann: Das und das ist nicht
so schlimm, als man sagt, es ist besser u. man thut ihm Unrecht.
*Tröger nimmt er ausdrücklich aus, bei Nather sieht er ein, daß er
ihn überschätzt hat.* Meister Felix *dagegen verteidigt er:* Warum
soll es mir nicht eine große Freude sein, neben einem allgemein
als mindestens geistreich bekannten Manne zu sitzen u. mich
mit ihm zu unterhalten. [...] Eine unschuldigere u. natürlichere
Freude kenn ich wirklich nicht, als eine solche – Na, jetzt bin
ich aber allmählich so klein geworden, liebster Freund, daß Du
mit meiner Demut zufrieden sein kannst, Du mußt jetzt auch
erlauben, daß ich wieder zu meinem lieben Freunde emporstei-
ge u. einige vertraute Männertöne mit ihm rede. – [*Schluß
fehlt*] – [PS] *Kündigt die Zeitung mit seiner* Kaiserkiste:»Falsche
Ideale«. *an.*
N.:Körner. Goethe.

118.   VON FRIEDRICH KAYSSLER. BRESLAU, 19.2.1892

[*Anfang fehlt*]
Das ist famos, daß Du Dich für unsern »Deutschen Geist« so
interessieren willst. Wir brauchen wirklich Deinen reformatori-
schen Umkrämpelungsgeist u. frische Kraft, die vorurteilsfrei u.
mit gesundem Blick von außen kommt u. thatkräftig eingreift.
Ich sehne mich wirklich nicht blos als Freund nach Dir, sondern
auch in Bezug auf einen regeren geistigen Verkehr. Wir leben ja
jetzt eigentlich geistig ziemlich angeregt, aber der Blick aufs Ganze, die Beschäftigung mit dem Großen u. Bedeutenden fehlt doch,
es bleibt doch einseitig. Und das ist es, was Du mir wieder bringen
wirst, mein geliebter Chrischan. Das ist ja gerade auch Dein Fehler in mancher Beziehung, daß Du das Nächste über dem Fernlie-
genden vergißt, aber zugleich bewahrst Du Dir immer das Bewußtsein für das Allgemeine so schön u. lebendig, was mir so oft
über persönlichen Dingen verloren geht.
Hat einen Gedanken mit der Überschrift »Genialischer Grund-

satz« *in sein Buch geschrieben:* »Durch alles für alles«, *aus dem sich ein unendlich tiefer Sinn herausfinden lasse. – Schlägt eine planmäßige Lektüre vor, bei der beide für sich dasselbe lesen und nachher darüber diskutieren. –* Vorerst aber immer wieder »Glück auf! Glück auf! zum fröhlichen Jagen nach der goldenen Freiheit für Dich.
N.: Kaysslers Tante Toni. Cilli [*Hart*]. *– Wien. Berlin.*

119. AN FRIEDRICH KAYSSLER IN BRESLAU.
      SORAU, 13.3.1892

Liebe Teceasten. [*Vermutlich schließt direkt an:*] Vielen Dank für die Karte aus Strachwitz, dessen Gedichte (Moritz von) ich Euch übrigens aufs wärmste empfehle [...] Was das Abonnement betrifft, so bin ich eigentlich dagegen. Da hört die Gemütlichkeit auf, die Abonnenten erhalten das Recht zu schimpfen, zu fordern, zu mäkeln und zu kriteln. Wenden wir uns lieber an unsere alten Herren resp. Vormünder und lassen uns e. gewissen Fonds vorschießen, zu dem wir dann noch monatl. kleine, festgesetzte Zuzahlungen machen [...] Lassen wir doch bei dieser ideal angehauchten Sache den Mammon aus d. Spiele u. rechnen wir's uns zur Ehre an, uns geistesverwandten Menschen etwas Vernünftiges vorlegen zu können, ohne daß sie dafür bezahlen müssen [...] Herzl. Dank für die Scharnhorstiade! Viele gute, kräftige Stellen, doch im ganzen zu lang und zu wenig dramatisch. Wie ging's denn? [...]

120. VON FRIEDRICH KAYSSLER. BRESLAU, 27.3.1892

Entschuldigt sein Nichtschreiben mit Arbeit für die Schule und dem Verfassen eines Bierdramas für die »Corona«, *gemeinsam mit Anwand. Das Festspiel ist gut gelungen und soll ihm für Gechichte angerechnet werden. Freut sich über die Anerkennung Kalkoffs.* Ich fürchte nicht, daß Du das wieder Herrenkult nennst, denn das ist etwas anderes; *der Mann sei seiner Bildung nach sehr hoch zu achten. – Berichtet Einzelheiten vom Abitur in Breslau und*

wünscht den Sorauer Abiturienten viel Glück. – Kündigt März-
nummer *an.*
*N.: Isaak. Scharnhorst. Beinling. Weese. Tardy. Frey. Paul. Zitel.
Zoebner. Mukl. Sage. Agu.*

121.   AN FRIEDRICH KAYSSLER [IN BRESLAU].
       [Sorau], 31. 3. 1892

Hurrah! Alter Junge. Wüstes Durch [*Weiteres unbekannt*]

122.   VON FRIEDRICH KAYSSLER. BRESLAU, 31.3.1892

Was ich Dir alles heute zu sagen habe u. was ich Dir für die
Zukunft wünsche, das fühlst Du selbst. Sei willkommen in der
goldenen Freiheit! Ich umarme Dich innigst in Gedanken! *Freut
sich schon auf das kommende gemeinsame Jahr in Breslau und die
damit verbundene geistige Anregung.* Doch heute wollen wir alle
blos lustig sein in dem schönen Augenblick. Wir haben bei Deinen Eltern heut ein Glas auf Deine Zukunft geleert, Ihr werdet
wohl davon mehrere abthun. Zitel ist doch auch durch. Ich wünsche ihm und allen herzlich Glück. – *M soll schreiben, wann er
kommt; es wäre* famos, *wenn er am 9.4. ihr* Bierdrama *noch sehen
könnte.*

123.   VON CARL ERNST MORGENSTERN.
       [VERMUTLICH BRESLAU, ZWISCHEN ENDE 1891
       UND FRÜHJAHR 1892]

Dahn erkundigte sich angelegentlich nach Dir und möchte Dir
gerne mit Rat und Tat beistehen, wenn Du die akademische
Laufbahn beginnst. Für den Schutz und die Freundschaft eines
solchen Mannes darfst Du danken.

124. [AN EINEN LEHRER IN BRESLAU ODER SORAU.
BRESLAU ODER SORAU, VERMUTLICH ZWISCHEN
HERBST 1889 UND FRÜHJAHR 1892]

*Lehnt die Aufforderung, ein Festgedicht zu verfassen, ab, da er kein
Talent dazu habe und ihm auch* die Gelegenheit einer persönlichen Rücksprache *nicht gegeben sei. Empfiehlt seinen Freund Paul
Willmann.*
N.: Die Familie des Lehrers.

125. AN HERMANN SUDERMANN [VERMUTLICH IN
BERLIN]. BRESLAU, 13.4.1892

Breslau 13. April 1892.
Sehr verehrter Herr!
Vergeben Sie es einem jungen Manne von zwanzig Jahren, den
sein Gefühl übermannt, unter dem Eindrucke von »Sodoms
Ende« einige kurze Worte an Sie zu richten. Ihre Ideale sind die
aller Ernst- und Tiefgesinnten unsrer Tage: Unser Volk zu bessern, zu läutern, die Verworfenheit und Selbstsucht zu entlarven
und zu strafen, den Schwankenden, Schwachen den drohenden
Abgrund zu zeigen –.
Aber was geben Sie den Edlen, den vom Tageslärm Ermüdeten,
denen, die sich nach Poesie, nach Weltvergessen, nach Frieden
sehnen?
Sie verdüstern, Sie vernichten, Sie schrecken ab, aber es ist keine
versöhnende Liebe darin!
Der künstlerische Wert Ihres Dramas mag ein hoher sein – darüber zu urteilen maße ich mir noch nicht an – aber: »Reinheit!
Reinheit!« das habe auch ich gestöhnt, als ich tieferregt das Theater verließ. Und welche tiefe, wunderbare Poesie stände Ihnen zu
Gebote, wenn Sie dieselbe fessellos aus Ihrer Seele strömen ließen! Überall bricht diese warm von Herz zu Herz schlagende
Lebensglut hindurch – o geben Sie ihr Raum!
Heute, in dieser armen, wirrevollen Zeit! Seien Sie der Prophet,
der nicht nur bis in's Mark zu erschüttern, zu verdüstern vermag,
der auch zu erlösen, zu beseligen, zu trösten vermag.

Zeigen Sie unserm geliebten Volke auch einmal den Frieden, die
makellose, gottentstammende und auf Erden – wie ich bezeugen
kann – reich vorhandene Schönheit – »Reinheit! Reinheit!«
Vergeben Sie mir, wenn meine, eines jungen Mannes, Rede Ihnen
allzu kühn, zu unbesonnen scheinen mag – es ist die Sprache des
Gefühls. Doch ich weiß, Sie werden sie verstehen, denn Sie sind
ein Dichter.

         Hochachtungsvoll ergeben
         Christian Morgenstern.

126. AN HEINRICH LUTZE [IN SORAU].
   [BRESLAU, 15. 4. 1892]

Hochverehrter Herr Oberlehrer
Vergeben Sie wenn ich mir d. Freiheit nehme Ihnen h. H. O.
nochmals für Ihre liebevolle Anteilnahme u. wahrhaft freundschaftliche Sorgfalt die Sie mir 2 Jahre hindurch unwandelbar
bewahrt haben, meinen herzlichsten, wärmsten Dank auszusprechen und zugleich die Bitte mir auch ferner jene mir so sehr
wertvolle Gesinnung erhalten zu wollen. Ich werde stets an Sie h.
H. O. als an den zurückdenken, dem ich auf d. Sorauer Gymn. den
größten Anteil an meiner Charakterbildung schulde als an den,
der mir das Ideal der Mannheit u. Thatkraft am lebendigsten
verkörpert hat. Indem ich Sie bitte meine von Herzen kommenden Worte nicht falsch auffassen zu wollen verbleibe ich
        in treuer Ergebenheit
          Ihr
         dankbarer Chr. M.

127. AN PAUL ILGEN [IN SORAU].
   [VERMUTLICH BRESLAU, FRÜHJAHR 1892]

Dankt für die Fürsorge, die er in Ilgens Haus erfahren hat und
verspricht, Ilgens Ratschläge zu beherzigen.
N.: Frau Ilgen.

128. [Vermutlich an Paul Reinthaler in Sorau].
      [Vermutlich Breslau, 1892]

Benutzt zugleich diese Gelegenheit, Ihnen [...] nochmals meinen
aufrichtigsten, wärmsten Dank für die vielen erhebenden Momente auszusprechen, die mir Ihr oft begeisterter Vortrag – u.
zwar gerade in d. Religionsstunden – bereitet hat *und sieht es als
Ironie des Schicksals an*, daß gerade derjenige, der Ihre Gefühlsausbrüche am unmittelbarsten verstanden u. nachempfunden
hat, Ihnen im entscheidenden Moment die meiste Verlegenheit
bereiten mußte.

129. An Marie Goettling [in Sorau].
      Breslau, 16.4.1892

                                          Breslau 16. April 92.
Geliebte Freundin!
Ob Du wohl Deinen so lieben vorfeiertäglichen Brief »in der
stillen Hoffnung« geschrieben hast, daß ich dann auch diesen
Sonntag auf einen Augenblick zu Dir kommen soll? Gleichviel;
weil ein so hoher Festtag ist, will ich mich mit einer kurzen Plauderei einstellen.
Gleich zuerst: Die plötzliche Verlegung des Geburtstages Deines
lieben Vaters finde ich eben so seltsam wie unwahrscheinlich. Ich
bestehe auf meinem Schein, der eine Abschrift aus Fr. Karls großem Stammbuch ist und lasse mich nicht so leicht korrigieren.
Seht nur noch einmal recht gründlich nach – errare humanum
est. Ich nehme an, daß Du dies übersetzen kannst, da Du ja in
Deinem Briefe erstaunliche Latein-Kenntnisse entwickelst.
(»Quod non!« z.B.) Ich besitze leider keine Lexika mehr, zum
Glück fiel mir's von selber ein.
Gerhards Lebensweise ist sehr interessant, für den Lyriker Anwand wäre sie nicht minder passend. Immer hübsch feilen. Aber
daß Du mich an meiner wundesten Stelle berührst, indem Du
verlangst, ich solle ein Gruppenbild von Gerhard, Zitel und mir
entwerfen – ist das recht? Nein Du denkst – und nicht mit Unrecht – glückliche Muli haben keine wunden Stellen. – Daß übri-

gens der Wollfaden eine solche Waffe in meiner Hand ist, amüsiert mich ungeheuer. Da kann noch Großes damit vollbracht werden. –
Denke Dir, vorgestern habe ich an Hermann Sudermann geschrieben. Unter dem Eindrucke von »Sodoms Ende«, das ich den Abend vorher auf der Lobe-Bühne gesehen. Kein Mensch weiß davon, wozu auch. Bitte, schicke das Konzept gelegentlich mal wieder. –
Was meine Gesundheit anbetrifft, so merke ich wenig von ihrem Vorhanden- oder Nichtvorhandensein, was das beste Zeichen ist. Vor Nervenfieber brauchst Du keine Angst zu haben, ich bin nur nervös, wenn ich mich langweile. – Gestern schrieb ich an Lutze einen sehr von Herzen gehenden Brief und an den Chef der Formalität halber einen höflich-kalten-glatten. – Von Reisen keine Rede. Trostlos! Und ich lechze so nach schöner, sonniger Natur. Die Cousine wüßte gewiß gleich ein Sprüchwort, etwa: »Was nicht ist, kann werden!« Klapp! (Mit den Augendeckeln nämlich.) – Nun bitte ich Dich noch zum Schluß, Deinen lieben, guten Vater statt meiner recht herzlich zu umarmen u. ihm zu sagen, wie unendlich ich mich über seine Liebe u. Freundschaft freue und wie innig ich ihm danke. –
Martha bitte herzlich zu grüßen, (aber so, daß Herr P. B.'s' nicht übel nimmt.) Prinz kennt also die Tanten Karls des Gr. nicht? Das ist stark. – Also von Herzen nochmals: Glückliches Fest! Es umarmt und grüßt Dich in treuer Freundschaft

       Dein

       Christian.

(Ich gebe Dir die Freiheit)*, alle lieben Bekannten zu grüßen. Du brauchst ja nicht zu sagen, daß ich an Dich geschrieben.

* Falscher Ausdruck! Verzeih, mir fällt niemand [ein] – Zitelm. schrieb mir e. reizenden Brief. Er ist e. goldechter, lieber, treuer Kerl!

130. AN MARIE GOETTLING [IN SORAU].
BRESLAU, 23.4.1892

Dankt für ihren Brief. – Ist entsetzt, daß Frl. Gr. B. *ihr die »Kreutzersonate« empfohlen hat. Hält die Erzählung für krankhaft und ungesund; es genüge, wenn Männer sich mit dergleichen befaßten.* Der Beruf des Mannes ist, durch dick und dünn zu gehen, furchtlos auch den größten Schmutz u. Staub zu durchschreiten – aber wozu soll es das Weib? Sie ist ja gerade dasjenige auf Erden, wohin der Mann flüchtet, wenn er nach Reinheit dürstet, wenn er nach unverfälschtem, ungetrübtem Menschentum sich sehnt. *Erkennt allerdings an, daß* das Buch auch sein Gutes und Ernstgemeintes *hat.* Du hast so durchaus Recht, wenn Du Dir durch all die Propheten hüben u. drüben den Blick nicht verwirren läßt – wir schreiten langsam aber sicher vorwärts, das Paradies liegt nicht hinter sondern v o r uns, das ist meine feste Überzeugung.

.... Doch im Übrigen bewahre
Nur Geduld u. sei ergeben:
Viele Millionen Jahre
Hat die Menschheit noch zu leben.

schrieb ich einmal in e. Gedicht an Sage. Doch lassen wir das Thema fallen; vielleicht findest Du es einmal im »Deutsch. Geist« wieder. Da wirst Du überhaupt schauen! Wir schaffen uns jetzt einen famosen Apparat an und hoffentlich beginnt mit ihm eine neue Aera. Ich wurde gebeten die Redaktion zu übernehmen und habe schon meine Leit- und Zeitartikel in petto. Als Motto will ich unsrer Zeitschrift das Wort Cromwells an die Stirn setzen: »Der kommt am weitesten, der nicht weiss, wohin er geht.« Ich habe es früher nicht recht verstanden, aber heute verstehe ich es. Es ist auch das Motto meines eignen Lebens. Ein frohes, inneres Vertrauen beseelt mich, daß ich meinen Platz finden werde. Was mit der ausgeübten Poesie werden wird, davon habe ich noch keine Ahnung. Hierin bin ich so sehr von der Inspiration abhängig, daß ich geduldig warten muß, ob ich begnadet werde oder nicht. – *Berichtet von Theaterbesuchen; will häufiger in Lustspiele gehen,* da vergißt man wenigstens eine Zeit lang den strengen Ernst. *Unternimmt überhaupt viel, geht besonders gern dorthin, wo er* das Volksleben

betrachten *kann*. Aber ich weiß nicht; wenn sich die andern amüsieren, ich sehe meist nur das Tragische, Traurige dabei. –
N.: [*Sudermann*]: »*Sodoms Ende*«. [*Beethoven*]: »*Fidelio*«. *Moser*: »*Der sechste Sinn*«. [*Blum und Toché*]: »*Madame Mongodin*«. *Ein Berliner Gast*. *Fritz K*. *Fritz Reche*. Deine Lieben.

131. AN MARIE GOETTLING [IN SORAU].
BRESLAU, 30. 4. 1892

Br. 30. IV. 92.
Meine geliebte Freundin!

Mit herzlichstem Danke sende ich Deinem lieben Vater den »Kingsley« zurück. Ich habe selten ein Buch mit solchen Gefühlen gelesen und habe mich selten so sehr für einen Menschen begeistert. Das ist allerdings »Leben« im höchsten Sinne. –
Mein Leben hat sich jetzt im Allgemeinen um meine Collegs krystallisiert, besonders die beiden nationalökonomischen, die mich in hohem Grade fesseln. Diese Lehre ist wie ein Schlüssel, der das ganze umgebende Leben unsern Augen erschließt, der aber andrerseits auch – richtig gehandhabt – imstande ist immer neue Gebiete zu erschließen. Prof. Dr. Elster, ein noch ziemlich junger Mann von sehr sympathischem Wesen u. Äußern trägt uns diese beiden Themata vor

1) **Volkswirtschaftslehre** (d. Lehre von den Gewerben. D. Gewerbe der Stoffgewinnung[1], der Stoffveredlung[2], der Güterverteilung[3]

1) Urproduktion, Forst-, Bergbau, Landwirtschaft
2) Handwerk u. Fabrikation
3) Transportwege u. -Mittel, d. Handel

Bei allen Gewerben Lage der Arbeiter wie sie früher war u. heute ist. D. Aufgaben des Staates u. s. w.

2) **Allgemeine Staatslehre**
1) Entstehung, Wesen u. Untergang des Staates
2) Von d. physisch. u. natürl. Grundlag. des St.
3) Die sozialen Elemente des St.
4) Die Staatsformen
5) Verfassungspolitik

(D. erste Colleg ist 5-, d. zweite 4-stündig pro Woche)

April 1892 113

Ferner höre ich noch »Römische Rechtsgeschichte« v. Prof. Schott, auch nicht uninteressant, doch dadurch etwas erschwert, daß Schott so schnell spricht, daß man kaum die Worte versteht. »Deutsche Rechtsgeschichte« bei Dahn, verspricht, interessant zu bleiben. Dahn empfing mich übrigens mit großer Herzlichkeit, morgen Vormittag hoffe ich ihn im Schach matt zu machen. Er ist unzweifelhaft trotz gewisser Fehler ein sehr lieber gutmeinender Mensch.
Die Collegiengelder haben ca die Höhe von 130 M erreicht, ein Umstand, der Berlin wohl in die Ferne rückt. Aber nicht Sorau! Das ist schon festgenagelt. Denn das Praktische mit dem Schönen verbindend erklärte ich, ich würde mir meinen so wie so notwendigen schwarzen Anzug bei Kriebel anfertigen lassen. Quod yes! Wenn mir jetzt nicht der schöne Satz »Das Beste kommt stets zuletzt« einfiele, so würde ich mich aus der Verlegenheit nicht retten können, bisher so eifrig nur von mir geredet zu haben. Das Beste seid Ihr natürlich, also zu Euch! Vielen Dank für Gerhards Brief, aus dem ja allerdings die hohe Inanspruchnahme des armen Kerls schlagend hervorgeht. Nun die Feilzeit geht auch vorüber u. wenn er erst Elektrotechniker ist, beneide ich ihm jede Stunde seines Daseins. Es ist ja ein zu großartiges Gebiet für e. strebsamen, begabten Menschen. – Daß Donath zu Euch kommt freut mich, denn er ist ein einfacher, verständiger Mensch in dem vielleicht sehr vernünftige Gedanken schlummern. Er ist etwas nervös u. verschlossen. – Jetzt wird wohl bald die Zehe'sche Hochzeit sein; grüße doch vielleicht die kleine à Kempis. –
Euer »Zigeunerlager« muß ja amüsant sein. Du: mitten in d. malerischen Gruppe Brot schneidend. – Das ist recht, Du darfst nicht traurig werden, meine liebe, starke Schwester! ... »Der ist nie einsam, nie allein!«
Es grüßt und umarmt Dich herzlich
                                    Dein treuer Chr.
Grüße alle herzlich, vor Allem Deinen lieben Vater.
Grüße bitte den BAC u. entschuldige mich, daß ich nicht geantwortet. Ich möchte es gern in derselben Form thun, aber jetzt kann ich nicht 2 Worte reimen. Also seid nicht böse!

132. AN MARIE GOETTLING [IN SORAU].
BRESLAU, 7.5.1892

Dankt für Geburtstagsbrief und -geschenk, eine von Marie Goettling verfertigte Skizze, mit der sie ihn unbeschreiblich erfreut hat und die er später einmal an die Wand hängen will. Auch Ms Vater und Kayssler gefällt das Bildchen sehr gut. Erzählt von weiteren Geburtstagsgeschenken und -briefen der Freunde. Er beneidet Zitelmann um seinen Italienaufenthalt. – Glaube mir, meine Liebe, vorläufig wenigstens sind mir die Collegs eine wirkliche Anregung. Vielleicht würde ich sie weniger besuchen wenn volles glühendes Leben, wenn eine herrliche Natur oder doch wenigstens ein lieblicher Lenz mich umgäbe. Für Verstand und Gefühl ist ja reichlich gesorgt, aber der stolze Schwung der Phantasie – der kann hier nicht gedeihen.

N.: Roller. Sage. Petőfi: Gedichte. Geppert. Dessen Vater. Andersen: »Der Improvisator«; Märchen.

133. AN MARIE GOETTLING [IN SORAU].
[VERMUTLICH BRESLAU, ANFANG MAI 1892]

Dank für die geistige Heimstätte, die Ihr mir, dem in vielem Vereinsamten, dem nach Verständnis und Trost Verlangenden, so liebreich geboten, Dank vor allem für den Segen, den Dein tiefes Gemüt in mein Herz ausgeströmt hat. – Wenn Gott mein Flehen nach Vertiefung und seelischer Läuterung erhört, dann werde ich vielleicht einen Teil meiner Schuld gegen Euch abtragen können, indem ich mich mit meinem ganzen Sein dem Guten und Wahren weihe.

134. VON FRIEDRICH KAYSSLER.
[BRESLAU, 9.5.1892 ODER SPÄTER]

Ein Gedicht »Gedanke und Tat«, mit der Widmung: Meinem lieben Christian / Fritz *und der Nachschrift:* Hoffentl. nicht wieder gestohlen. Herzl. Gruß. Komme morgen ca 6 ½ Uhr.

135. AN MARIE GOETTLING [IN SORAU].
BRESLAU, 25.5.1892

*Wünscht ihr, sie möge sich den alten Frieden und die alte Klarheit
immer bewahren; dann werde sie auch das Leben immer schöner
finden, da die äußere Welt nur ein Spiegel der inneren sei.* Aber wer
im Herzen keine Ruhe hat, dem ist auch die Welt ein wirres, unruhiges Getriebe. So geht es mir. Ach wüßtest Du, wie das ist, wenn
man innerlich quillt und gärt, wenn man ein Meer von Poesie auf
sich eindringen fühlt und zugleich zu schwach ist, davon zu singen
u. zu sagen – – das ist die alte Künstlerohnmacht. – *Kann, weil er
zum Dahnabend muß, jetzt nicht mehr schreiben.* – Ich bin sehr
gespannt, wie d. Hochzeit verlaufen ist. Jedenfalls ausgezeichnet.
Ich war unfähig, etwas zu reimen, Ihr dürft's mir nicht übel nehmen! Hoffentlich kamen die Blumen rechtzeitig an.
N. Pauline.

136. AN MARIE GOETTLING [IN SORAU].
[BRESLAU, ZWISCHEN DEM 26.5. UND 4.6.1892]

Entschuldigt sich, daß statt eines Briefes wieder nur ein Kärtchen
kommt. – Morgen werde ich einem hervorragenden Volapük-Onkel meinen Besuch machen u. auch dieses Banner wieder erheben. Der »D.G.« ist endlich fertig u. wird nächstens die Ehre
haben... *Berichtet von seiner und Kayßlers Lektüre; er versucht,
Kingsleys »Hypatia« englisch zu lesen. – Himmelfahrt waren sie in
Sibyllenort, er hat dort »Faust« gelesen.*
*N.: Jacob. Elster. Adam Smith. Drews. Darwin: »Reise eines Naturforschers um die Erde«. Häusser: »Geschichte der Reformation«.
Dahn.* [*Pfarrer Goettling*].

137. AN MARIE GOETTLING [IN SORAU].
BRESLAU, 4.6.1892

*Dankt für ihre Briefe. Ausgehend vom niederplätschernden Regen
berichtet er, daß die Natur für ihn früher einen gewissen* geheim-

nisvollen Reiz *gehabt habe, der aber jetzt oft verlorengegangen sei, und einer ferner und ferner verschwindenden Kindheit sieht man vereinsamt nach. Auch eine Pfingststimmung kommt nicht auf – der heilige Geist verirrt sich nicht nach Breslau und er weiß warum.* Er verirrt sich auch nicht in unser Haus, das kein Haus des Glückes und des Friedens ist. – *Vor den Büchern hat er* einige Tage solchen Widerwillen gehabt, daß ich jede Wertschätzung für sie auf die erwähnte Zeit verlor; meine Mittel sind so gering, daß ich jedesmal herzlich lachen möchte, wenn ich mir denke, ich sei ein Student im 1. Semester »mit allen Ansprüchen auf das ›schöne‹ Leben und die ›goldne‹ Freiheit u. dergl.« wie mir so häufig von allen möglichen mich wohlgefällig betrachtenden Leuten gesagt wird. – *Auch mit dem Geldverdienen durch Stundengeben oder mit kleinen Schreibereien für eine Zeitung ist es nichts.* – *Freut sich, daß die Hochzeit so reizend verlaufen ist. Kayssler und er lesen gemeinsam Häussers »Geschichte der Reformation«.* – *Demnächst will er Professor Sombart aufsuchen, den er sehr verehrt und der seine letzte Hoffnung ist.* Möchte er sich meiner annehmen und den ungestümen Herzschlag verstehen, der mich nach Leben und Wirken, aber auch nach Lernen und Empfangen treibt. Am liebsten möchte ich allerdings auch diese Universitätscarriere einschlagen, wenn sie nicht so teuer und langwierig wäre. Aber ich denke mich manchmal in die Lage z. B. Prof. Elsters. Wie würde ich da an manchen Stellen reden, welche Ausblicke würde ich meinen Zuhörern eröffnen, wie würde ich sie mit fortreißen, die Welt nur immer vom großen Standpunkt zu betrachten! Ich denke es mir zu schön, aber es ist wohl viel Selbstüberhebung dabei. – – *Berichtet von den Dahn-Abenden. Der »Meister« gibt eine Unmenge von Examensspäßen und Anekdoten zu besten, die Besucher sitzen gefällig lächelnd um ihn herum, es gibt auch Bier und Würstchen, aber über Literatur, Kunst Wissenschaft oder dergl. wird nicht gesprochen. Er vermißt aber einen wirklichen Verkehr und würde sogar jetzt ein Gesellschaftsspiel akzeptieren.* In eine Verbindung hingegen einzutreten lehne ich einfürallemal ab. Sich dann mit albernen Tröpfen stundenlang amüsieren zu müssen, stumpfsinnig Bier zu trinken und sich von seinem sog. Leibburschen wie ein unreifer Junge behandeln lassen – danke. Ich vermisse wohl oft jenes ungebundne, schöne, gemütliche Studentenleben, wie man es sich in jüngren Jahren mit allem Zauber der Phantasie erträumte, aber das existiert entweder nicht mehr oder ich weiß nicht, wo es im sonstigen Deutschland noch gefunden wird. Vielleicht in kleinen Städten. Hier ist die blasse, hohle Renommage der große Grundton – *Fragt, wie ihr der »Deutsche Geist« gefällt. Bittet sie,* meine Zeilen nicht weiter schwer zu nehmen; Du weißt ja, ich bin ein unerträglicher Stimmungsmensch. *N.: [Carl Ernst M]. Ein Freund Carl Ernst Ms. Das junge Paar. S.chen. Moor. Geppert. Gerhard [Goettling]. – Guben.*

138. AN MARIE GOETTLING [IN SORAU].
BRESLAU, 11.6.1892

Dankt für ihren Brief. Möchte sich jetzt Karten in Uhrform machen lassen. Du wirst jedenfalls daraus schließen, daß ich überhaupt neuen Ideeen wieder zugänglich zu sein scheine und Du hast Recht. Ich beginne wieder der Meinung zuzuneigen, daß es doch vielleicht noch Poesie im Leben geben könne. *Pfingsten war er in der Kirche, um Pastor Matz predigen zu hören, war aber, auch weil er zu spät kam,* nicht in dem erwarteten Maße befriedigt. Dieses salbungsvolle Pathos ist mir unangenehm, es hat mich schon öfters aus Kirchen vertrieben. *Am Nachmittag ging er durch die Arbeiterviertel zu den Waschteichen, wo ihm der Gedanke kam,* es könnten dort umfriedete Badeplätze für Arbeiterkinder geschaffen werden, *er ging weiter und hörte das Lied:* »Es liegt eine Krone im grünen Rhein« *singen, das er in Sorau* so oft in liebem Freundeskreise gesungen. *Dies erinnert ihn an Franz Carl Zitelmann, den er oft zu oberflächlich beurteilt habe.* Er ist eine – wenn es darauf ankommt – tiefe und edle Seele. – *Er bedauert Kayssler, weil er kein eigentliches Zuhause besitzt.* Ich bin sein einziger, eigentlicher Freund – aber wie wenig kann ich ihm oft sein. – *Hat Sombart einen Besuch gemacht.* Er war sehr herzlich und sprach mit mir über alles mögliche ins Fach Schlagende, er ist jedenfalls ein ausgezeichneter Mensch. Jedenfalls muß ich großen Fleiß entwickeln, will ich neben dem juristischen Studium noch die Nationalökonomie weiter treiben. – *Hat eine* chromolithographische Fabrik *besichtigt, was sehr interessant war.* Ich halte den

praktischen Weg des Schauens mit eigenen Augen für den einzig
richtigen. *»Hypatia« englisch zu lesen ist* natürlich viel zu schwer
*für ihn; seine Mutter liest das Buch. Er läßt Pfarrer Goettling für
seinen Brief danken,* es macht mir die größte Freude, wenn er den
D.G. lesen will. – *Liest Andersen.* – Ich freue mich auch unglaublich auf Euch. Aber vor d. 20sten wird es nicht möglich sein.
*N.: Geppert. [Paul] Körner. [Carl Ernst M]. Robertson. Grafschaft
[Glatz].*

139. AN MARIE GOETTLING [IN SORAU].
BRESLAU, 2.7.1892

Meine geliebte Schwester!
Zunächst meinen herzlichsten Dank für Deine lieben Zeilen.
Daß ich Deinem guten Bruder so lang nicht geschrieben, ist wohl
sehr strafbar, aber wenn ich auch nicht, wie W. sagt »26 Briefe
täglich« verfasse, so wächst doch meine Korrespondenz – eine
große Freude und Anregung für mich – immer mehr. Ja, wenn
man imstande wäre bloßes Denken zu fixieren, dann würdet Ihr
wohl alle mehr und inhaltsreichere Briefe erhalten, denn – wie
man es von den Liedern sagt – meine besten Briefe sind die ungeschriebenen, die ich auf meinen einsamen Gängen in Gedanken
bald an Dich bald an andre schreibe. Da würdest Du manchmal
Scherz und Satire, Ernst und poetische Auffassung finden, die Du
– wie ich wohl empfinde – in meinen Zeilen oft vermissen wirst,
wie man es auch in meinen Reden nicht selten zu vermissen
Grund hat. Aus diesem Grunde verlebe ich meine glücklichsten
Stunden auf den Wanderungen, die ich allein und ungestört
durch die Stadt, über die Promenaden, die Oder entlang mache.
Da trinke ich Schönheit der Farben und Formen und verstehe den
ewig lebendigen Geist, der mir aus allem Leben um mich her, der
mir aus dem Blick des Kindes, der Anmut der Jungfrau, dem
Ernst des Mannes entgegenweht und sinne dem großen Rätsel
nach »wie allen Menschen geholfen werde und sie zur Erkenntnis
der Wahrheit kommen könnten.« Aber sie kommen nicht dazu
oder wenigstens erst dann, wenn noch viele Herzen vorher gebrochen sind. –

Wie oft fühle ich bei diesen Problemen, wie meine Begabung aussetzt und wie es leichter ist tausend Hypothesen aufzustellen, als eine einzige zu realisieren. Zu meiner Freude habe ich jetzt öfter Gelegenheit ausgedehnte Fabrikbetriebe kennen zu lernen. So war ich heute Vormittag mit Prof. Sombart u. mehreren Studenten in einer kolossalen Baumwollspinnerei, nächsten Mittwoch wollen wir eine große Schuhfabrik besichtigen. Hochinteressant war auch der Besuch der Alters- und Invaliditätsversicherungsanstalt vor einigen Tagen. Da bekommt man Respekt vor dem menschlichen Geiste. – Diakonus Jacob schrieb mir gestern sehr liebenswürdig, ich möchte sein langes Schweigen entschuldigen, aber er habe in jüngster Zeit nur mit »alleinstehenden alten Weiblein« zu thun gehabt. Jetzt verreise er auf 3 Wochen, nach seiner Rückkehr aber würde er mich auffordern, mit ihm »einen Gang durch die Hütten der Armut« anzutreten. Einen solchen unternahm ich erst kürzlich an Kingsleys Hand, als ich seinen wundervollen »Alton Locke« las. Ein großartiges, einziges Buch.

»Demokratische Kunst ist die Offenbarung der Poesie, die in gewöhnlichen Dingen steckt« – ich glaube diese Richtung dürfte auch mir nicht wenig zusagen. Ich habe eine ganze Anzahl von Skizzen oder wenigstens deren Titel im Kopf – wenn sie nur heraus wollten und sich verdichten möchten. Ich würde sie dann etwa unter dem Titel »Aus dem Tagebuch des Menschen« im D. G. erscheinen lassen. Oder kannst Du mir eine andre Überschrift vorschlagen? Der Inhalt wird sich wohl zumeist um das »Reinmenschliche« bewegen, weniger Handlungen schürzend, als psychologische Vorgänge skizzierend. Doch wer weiß, ob überhaupt etwas daraus wird. Eine solidere Idee habe ich jedoch auch schon in Vorbereitung. Ich will nämlich das, was Sombart über den Sozialismus gesagt hat, nach meinen Notizen ausarbeiten und in den D. G. einrücken, da ich glaube, daß selten jemand in solcher Kürze und Klarheit ein Bild von der sog. »sozialen Frage« entworfen hat, wie er, daran denke ich dann einige Originalartikel anzuschließen, die Vorschläge enthalten sollen, wie wir uns diesen Fragen gegenüber verhalten können. Möchte die schöne Gebirgsnatur und der Aufenthalt in Eurem lieben Kreise mich richtig dazu inspirieren. Auf den Sorauer Aufenthalt freue ich mich überhaupt von ganzem Herzen – er und das dritte Semester in München (hoffentlich) mit F. Kayßler zusammen sind die beiden Lichtpunkte, die mich oft trösten müssen. F. K. kommt übrigens wahrscheinlich in den Herbstferien auf ein paar Tage nach S., sodaß wir dann zusammen heimfahren würden. Aber er wohnt keinesfalls bei Euch. Ich sage das, meine geliebte Freundin, weil ich Eure schrankenlose Gastfreundschaft kenne und mir selber schon Gedanken darüber gemacht habe, daß ich sie so lange in Anspruch nehmen soll. – Um jedoch wieder auf den D. G. zurückzukommen, so danke ich Dir herzlich für die mitgeteilten Interessenten, denen ich bereits sämtlich die letzte Nummer nebst begleitenden Zeilen geschickt habe. Wir haben nun doch die Auflage von 40 Exemplaren fast ausgegeben, sodaß ich die jetzt folgende in einer Stärke von 50–60 herstellen lasse. W. s Gedichte kann ich beim besten Willen nicht aufnehmen, sie würden das Ganze wieder auf niedrigeres Niveau herabdrücken. Hoffentlich liefert er mit der Zeit Besseres. Vorläufig beschwichtige ich ihn damit, daß die jetzt erscheinende Nummer bereits genug Seitenzahl besitzt. – Für Gerh. freue ich mich sehr, daß er im Hause so anregenden Verkehr hat. Das photographische Fieber – welchen jungen Bastler hat es noch nicht ergriffen! Ich rate ihm ganz und gar von diesem Vorhaben ab, da es mit unzähligen Mühseligkeiten verknüpft ist u. nicht im Verhältnis zu den Ausgaben steht, die besonders dann die Fertigstellung der aufgenommenen Bilder erfordert. Ich weiß das von dem Apparat meines Vaters. Da kauft er sich schlauer einen Momentapparat, den er hier in Breslau von 6 M an bekommt. Aber trotzdem – kann man nicht gegen 100 M oder mehr aufwenden – bleibt die ganze Sache nur Spielerei. Doch fordere ich womöglich mit diesen Worten den allerhöchsten Zorn meines lieben Moor heraus, dem ich übrigens (nun ist er dreifach bei Euch vertreten) auch den (ewigen) D. G. gesendet habe. Bald wirst Du sagen: wo man hinblickt –: »D. G.« in den Kaffeekränzchen, bei sämtlichen Bekannten. Nächstens werde ich ihn in »Probstheida, Vallis, Kospuden, Gohlis u.s.w. (!)« auslegen lassen. Hast Du nun schon mithülfe Daniels diese unvergeßlichen Orte gefunden? Was macht Sophiechen? Liest auch fleißig im Daniel? Wo nicht, kannst Du sie ja die II. Rhapsodie spielen lassen. Meine neuste Musikpassion ist jetzt ein Harmonium – die

nächsten 90 M werden zum Ankauf eines solchen verwendet. –
Harmonisch wird auch der heutige Tag endigen. Die Mitarbeiterschaft des »   « vereinigt sich nämlich nebst einigen Freunden des »   « zu einem gemütlichen, kleinen Kommerse. Da
werde ich auch Deiner und Eurer aller, Ihr Lieben, gedenken!
Grüße bitte alle aufs herzlichste, besonders Deinen lieben, guten
Vater u. Sophiechen (die ich (ich weiß nicht warum, immer Cousinchen nennen möchte)) und sei selbst aufs innigste gegrüßt
                               von Deinem
                                          treuen Chr.
Frl. Grete B.s Grüße bitte herzlich zu erwidern.

140.   VON JOHN HENRY MACKAY.
       SAARBRÜCKEN, 20. 7. 1892

Sehr geehrter Herr,
indem ich Ihnen in der Anlage Bericht und Abrechnung über die
von mir veranstaltete Sammlung zur Errichtung einer Gedenktafel und eines Grabsteines für Max Stirner überreiche spreche ich
Ihnen meinen besten Dank für Ihr Interesse und Ihre Mithülfe
an meiner Arbeit aus
                    und bin
                        in ausgezeichneter Hochachtung
                                    Ihr
                                 ergebener
                             John Henry Mackay.
z. Zt. Saarbrücken,
Herrengartenstraße 4.
20. Juli 1892.

141.   AN MARIE GOETTLING [VERMUTLICH IN
       LIEBESITZ]. BRESLAU, 21.– 23. 7. 1892

                                   21–23 Juli 92. Breslau.
Meine geliebte Freundin!
Die letzten beiden Wochen bildeten, glaube ich, die erste längere

Pause, die in unserm Briefwechsel entstanden ist, aber ich denke, das ausschlaggebende Moment in unsrer Freundschaft ist – wie schon immer – nicht das wieviel sondern das wie. Nachdem ich mit diesem an sich unbestreitbaren Satze mein Gewissen einigermaßen beruhigt habe, darf ich noch hinzusetzen, daß es nicht meine sondern des Himmels Schuld ist, indem ich immer wartete, daß er mich bessern würde, was aber – scheint es – nicht geschah.

Deine Adressen sind mir zwar sämtlich etwas unklar, ich hoffe aber zuversichtlich, daß Dich diese Zeilen unter den an ihren Früchten wohlbekannten Apfelbäumen von Liebesitz treffen werden. Ich freue mich sehr darauf, was Du über Dresden schreiben wirst, hoffentlich hast Du dort recht schöne Tage verlebt. Ich selbst war vorige Woche ganz in Deiner Nähe, nämlich in d. Waldenburger Gegend. (Du hast doch den Daniel nicht bei Dir –?) Professor Sombart unternahm eine nationalökonomische Exkursion, an der sich außer mir noch 8 junge Juristen beteiligten. Freitag früh 5 Uhr 30 fuhren wir nach Sorgau, wo uns der Gutsinspektor der Fürstl. Pleßschen Güter mit 2 offenen Omnibussen empfing und zunächst in sein Haus fuhr, wo wir ein solennes Frühstück einnahmen, dann durch den ganzen 2400 Morgen großen landwirtschaftl. Betrieb. Nach einem kleinen Abstecher nach der alten Burg Fürstenstein, einem der schönsten Punkte Schlesiens, fuhren wir nach Bad-Salzbrunn, wo wir die 60 Stück zählende Eselsherde und die Molkerei sowie das Kurhaus besichtigten. Eine halbe Stunde später fuhren wir in dem mitten in den Vorbergen reizend gelegenen Städtchen Waldenburg ein, dem Hauptgewinnungsplatz der niederschles. Steinkohle. Ohne Aufenthalt begaben wir uns nun nach der »Tiefbau-Grube«, wo uns der Bergwerksinspektor in liebenswürdigster Weise zunächst alle Einrichtungen »ober Tage« erklärte, worauf wir uns alle in eine plump-malerische Bergmannstracht werfen und Öllämpchen in die Hand nehmen mußten, um in den 126 m tiefen Schacht einzufahren und auch d. Bergwerk »unter Tage« kennen zu lernen. Dort nach 1 Minute pfeilgeschwinden Hinabschießens angelangt, krochen wir nun 3 Stunden ca umher zum teil durch Stollen die keine 1 ½ m Höhe hatten in Öl- und Pulverdampf gehüllt, auf

Juli 1892

Brettern über Sümpfe balancierend, dabei voll Wißbegier und häufig in Gefahr von einem des Wegs rollenden »Hund« (klein. Kohlenwagen auf Schienen) überfahren zu werden. Endlich um 5 Uhr kamen wir auf dem Fahrstuhl wieder nach oben und begrüßten freudig das schöne Tageslicht. Der Bergwerksinspektor lud uns nun zu einem opulenten Abendbrod ein, dem ebensowie wie dem edlen Bierstoff kräftig zugesprochen wurde. Dann noch eine kurze Bahnfahrt und wir waren in Wüstegiersdorf im Hotel zur Sonne wo wir bald einer nach dem andern in unsern Stuben verschwanden. Am nächsten Morgen führte uns Dr. Kaufmann, ein Großindustrieller ersten Ranges, – sein Bezirk umfaßt ca 2000 Arbeiter – durch die weitausgedehnten Gebäude seiner »mechanischen Weberei«. Da kann man denn nur staunen und sich im Tiefsten erfüllen lassen von dem gewaltigen Gefühl stolzen Menschbewußtseins; und von dem Distichon »Daß wir Menschen nur sind, der Gedanke beuge das Haupt dir« habe ich nie den zweiten Teil »Doch daß Menschen wir sind, richt' es dir freudig empor« so überwältigend empfunden wie in solchen Stunden. Ja wir leben in einer Zeit, größer und gewaltiger als je eine gewesen, mit Stolz und Freude kann man das Wort des alten Hutten wieder rufen: »Es ist eine Freude zu leben, denn die Geister sind wach!« Sah ich aber in diesen Räumen die Kraft menschlichen Denkens, so sah ich an einer andren Stätte die Kraft des menschlichen Herzens. Es war in der Handfertigkeitsschule für die Jungens der Arbeiter. Ich konnte meine Ergriffenheit kaum bemeistern, als ich den Saal durchschritt. Und es war doch nichts als eine Anzahl junger, sauberer, heiterer Menschenkinder, die fröhlich an ihren Hobelbänken, Laubsägeapparaten u. dergl. arbeiteten.
Und doch war es unendlich viel mehr. Es war Liebe in ihrer reinsten Form, es war Glück, was da von Mensch zu Mensch erwiesen wurde. Du hättest die netten kleinen Kerle sehen sollen! Zuerst Knirpse von 6,7 Jahren oder weniger mit Korbflechtereien beschäftigt, dann etwas ältere an Hobel- u. Drehbänken der verschiedensten Art, andere, die Schnitzereien u. Blechwaren verfertigen – und alle mit Frohsinn oder jenem wichtigen Ernst der Kindheit, der für den älteren Betrachter etwas so Rührendes hat. Diese segensvolle Einrichtung beschäftigt gegen 100 Arbeiterkin-

der den ganzen Nachmittag mehrere Male in der Woche. O wenn erst e. solche Volkserziehung die Regel ist, dann werden andere Generationen erstehen. Unweit davon war der sog. Kindergarten, wo die kleinen Mädchen Spiel u. Beschäftigung finden. Mit kleinen Besen u. Schaufeln müssen sie selbst alles rein halten, in einer niedlichen Miniaturwaschküche ihre Sachen selbst waschen u. dergl. es ist einfach entzückend. O es giebt doch nichts Schöneres als Kinder u. Kindheit. Den prächtigen alten Amtsvorsteher Kranz, der dies und außerdem noch verschiedene Kranken- Armen- Waisenhäuser das Mädchenversorgungsheim etc. mit Feuereifer leitet, hätte ich umarmen können. Die speziellen Arbeiterhäuser, deren Dr. Kaufmann, ein durch und durch edler nobler Charakter viele gebaut hat besichtigten wir auch. Jedes Haus ist 2 stöckig u. enthält 12 Wohnungen à 2 – 3 Stuben. Die Leute sind zufrieden u. glücklich darin halten sich Blumen vor dem Fenster u. haben zudem noch ein kleines Stück Land zum Bebauen. Wir traten in verschiedene Wohnungen – überall ein netter, freundlicher Eindruck. Und die Menschen darin – die sind für mich immer das Schönste, diese tausend Variationen des einen Begriffes »Mensch« dieses tausendfache eigenartige Leben, das jede Erscheinung wieder anders u. gleich unergründlich offenbart. Am Abend fuhren wir von W. Giersdorf durch ein herrliches Thal nach dem idyllisch gelegenen Gasthof von Reimsbach, von wo aus ich Deinem lieben Vater eine Karte schickte. Die ganze Natur war in jene milde verklärte Abendstimmung getaucht, die ich so über alles liebe.

Abends, nach Rückkehr nach W. Giersdorf fand ein sehr fideler Commers statt. Nächsten Morgen fuhren wir nach Wüstewaltersdorf zu Geheimrat Websky, der ebenso wie Kaufmann das ganze Thal dort mit seinen Webereien etc. beherrscht. W. ein äußerst wohlwollender älterer Herr führte uns durch das ganze Dorf, das auf jedem Schritt von seinen segensreichen Einrichtungen zeugt. Um 12 Uhr ward wieder angespannt u. nun ging es durch's Schlesier- und Oberweistritzthal nach Schweidnitz, dessen gewerbl. u. landwirtschaftl. Ausstellung wir noch 2 Stunden besichtigten. Gegen 10 Uhr Ankunft in Br.

Sombart war reizend während der ganzen Partie, ich bin ihm endlich näher gekommen u. habe mich viel mit ihm unterhalten. Auch

Juli 1892 125

er erhält jetzt den D.G., zumal er ja indirekter Mitarbeiter desselben geworden ist. (Cf. letzte Nummer). – Um auf Deinen lieben Brief zu kommen, so bin ich Dir, meine geliebte Schwester, zu ganz besonderem Dank für den hübschen, mir ungemein zusagenden Titel meiner noch ungeschriebenen Skizzen verpflichtet. Du hast mich vollständig verstanden, herzlichsten Dank dafür. Aber wer weiß, ob ich je zu einem rechten poetischen Schaffen gelange – ich denke mir unter e. jungen Dichter etwas andres als wie das, was ich repräsentire. Es ist auch hier kein rechter Sonnenschein. – Goebel kommt im Winter hierher, ich freue mich sehr auf ihn. Er schreibt mir öfters und sehr herzlich aus meinem l. München. – Wie gefällt Dir denn die neue Ausstattung des D.G. Ist sie nicht ein Fortschritt? Auch möchte ich Deine Ansicht über d. Titelvignette hören. Manchen gefällt die vorige besser. – So nun laß mich für heute schließen. Erhole u. kräftige Dich recht, meine innig geliebte Freundin und grüße Jardes (die sind ja wohl in L.) sowie all Deine übrigen Lieben aufs herzlichste von mir.

   Dich selbst grüßt in alter herzlicher Treue
      Dein Chrischan, der
sich unendlich auf Dich und Euer liebes stilles friedsames Heim freut.
Von ca 7. Aug. an »Wolfshau bei Krummhübel postlagernd. Riesengebirge.«

142. AN FRIEDRICH KAYSSLER [VERMUTLICH IN
   KRUMMHÜBEL]. BRESLAU, 30.7.1892

              Breslau 30. Juli 92.
Geliebter Freund!
Das Beste, womit ich die Klagen deines Herzens erwidern kann ist, dass ich Dir meines ausschütte. Aber was ist da auszuschütten? Das alte Lied, zu dem ich jüngst einen vortrefflichen Titel las, den ich auf meinem Grabstein zu sehen wünschte – »Er kam, er sah, er wollte.« Lies selber die Blätter durch, die ich Dir sende, Du kannst keinen schöneren Beleg für dieses Epitaph finden. Was ist Deine Leidenschaft – eine Wunde, die Zeit und Verhältnisse bald bis zur Unsichtbarkeit vernarbt haben werden. Und was ist mein

Leiden – eine langsame Verblutung, die, wenn sie Gott nicht
heilt, vielleicht unheilbar ist. Ich stelle Anforderungen an mich,
nicht zu hohe, aber solche, die meinem Verstand und meinem
Charakter Aufgaben stellen. Warum kann ich sie nicht erfüllen?
Warum bringe ich meine Tage zu »wie ein Geschwätz«? Ich bäume mich über mich selber auf, ich sehe mit stolzer Verachtung
auf mich selbst herab, als hätte ich mit dieser Erscheinungsform,
in die ich gefasst bin, nichts gemein. Mir ist wie dem Wagen-
kämpfer, der, da er merkt, dass er unedle Rosse vor dem Wagen
hat, ärgerlich die Zügel wegwirft und seinem Herrn achselzuk-
kend versichert, er dünke sich zu vornehm, mit Schindmähren
sich abzuplagen.

Und dazu noch in diesen elenden Verhältnissen. Keinen erfahre-
nen Mann, an den man sich halten und wenden kann. Immer nur
Bücher und wieder Bücher. [...]

Ich lese jetzt Herder »Briefe zur Beförderung der Humanität« mit
hohem Genuss, sie bergen eine Fülle von Anregung und Weisheit.
So, geliebter, teurer Freund, nun lass mich schliessen, einerseits
den Brief und andrerseits Dich, Dich nämlich in meine Arme.
Halte nun auch mir keine Predigten weiter über meine Klagen
und lass Dir von Deinem Bergstrom schönere Märchen erzählen
wie die meinen und das meine. Leb wohl!

           Dein treuer Chrischan.

Im Uebrigen die obligaten Grüsse.

143. Von Friedrich Kayssler.
    Krummhübel, 2.8.1892

Dankt für den Brief und bittet quam celerrime *um Nachricht über
Ms Ergehen. Kommt am 6. zurück.*

144. An Friedrich Kayssler in Breslau.
    Wolfshau, 19.8.1892

*Schreibt von der Bekanntschaft mit zwei hübschen Pastorentöch-
tern, Martha und Frieda Krüger, die leider schon zwei Tage, nach-*

dem er sie angesprochen hat, wieder abreisen mußten. Er beschreibt die ältere als nach außen zuweilen kühl u. vornehm, bei näherem Erschließen weich gemütvoll, von allem Schönen begeistert. Das Schönste aber an ihr [...] ist die überwältigende Liebenswürdigkeit, die dann und wann aus ihren Zügen vornehmlich den »seelenvollen« [...] graublauen Augen spricht – nein leuchtet, flutet, wie ein Sonnenstrahl der den Nebel zerreißt und ein Stückchen Erde verklärt, aber noch viel schöner, weil eben menschlich. *Auch die Jüngere hat diesen* undefinierbar schönen Ausdruck.
N.: Exner. Pastor Krüger. Dessen Frau. Eine weitere Tochter. Wahrscheinlich ein Sohn. – Krummhübel. Noßdorf.

145. AN FRIEDRICH KAYSSLER [VERMUTLICH IN BRESLAU]. [VERMUTLICH WOLFSHAU, 19.8.1892]

Kommt zum 2ten Teile meines Schreibebriefes – wie der Schlesier so schön sagt, *zur Kritik, zunächst von einigen Gedichten:* »*Mutter und Kind*.« »*Frage an die Berge*«; *über beide fällt er ein vernichtendes Urteil.* Nicht weniger abfällig muss ich als unparteiischer Kritiker u. Freund über III urteilen. Zuerst wieder dein alter Fehler ermüdender Wiederholung. Verhülle, hülle, h[ü]lle, birg, verhülle – man meint die Leute müssten zu Wickelkindern gemacht werden. Und dann: brause, rüttle, wühle, wühle, wecke; da fällt mir dein Wecker ein, der schon längst bei mir abgeliefert ist. Diese beständigen Tautologieen sind ebenso unschön wie zwecklos. Das rechte Wort am rechten Platz, aber um Gotteswillen kein Wortschwall. Darüber müssen wir Deutschen hinaus sein. [...] Du bist eben im Irrtum, wenn du meinst, das Wesen der Poesie bestehe n u r im Gefühl. Gott hätte gewiß keinen Menschen schaffen können (dies angenommen) wenn er nicht die Summe aller Erkenntnis u. aller Liebe wäre. *Auch* »*Licht – Leben – Liebe*« *ist* dunkel, *fast unverständlich.* Ich würde es dir nicht zur Veröffentlichung raten. Die beiden folgenden Gedichte von Oskar Anwand [...] geben seinen früheren nichts nach. Dieselbe Gefühlsduselei in Idee u. Sprache. [...] Und zudem noch diese faden abgeklapperten Reime. Das nächste Gedicht, das wieder von dir ist, »Der treue Gefährte« spricht durch seinen liedmässigen herz-

lichen Ton an u. hat die rechte Länge dafür. *Der »Aerolith« ist* das
verhältnismässig Kaysslerischste von Allem. Ein grosser Gedanke
schwungvoll wiedergegeben. *Kayssler solle aber* fortwährend die
unsterblichen Goetheschen Gedichte wie Prometheus, Gesang
der Götter üb. d. Wassern u. die andern in dies. Rhythmen *lesen.*
Das sind auch freie Rhythmen – an ihrem Wohllaut u. ihrer
ideeenschweren Kürze begeistre u. bilde dich. *Schlägt ihm auch
Versuche im reimlosen fünffüßigen Jambus vor und verweist auf
»Wallenstein«.*
N.: Heine. Tolstoi.

146. AN MARIE GOETTLING [VERMUTLICH IN SORAU].
WOLFSHAU, 26. 8. 1892

Meine geliebte teure Schwester!
»Weichheit ist gut an ihrem Ort
Aber sie ist kein Losungswort!« sagt Friedrich Theodor Vischer und rufe ich Dir, meine geliebte Freundin, zu, die Du mich
durch Deine plötzliche Erkrankung recht in Schrecken versetzt
hast. Aber sei nur ruhig, Pflege und Ruhe werden Dich wieder
ganz gesund machen und Deinem Körper die Frische zurückgeben, die die Vorbedingung der seelischen ist. Freilich wirst Du
daraus entnehmen müssen, daß auch das zarteste weibliche Wesen aus Seele, aus Willenskraft allein nicht bestehen kann, daß
vielmehr der vielgeschmähten Erscheinungsform, in der wir nun
einmal durchs Leben wandeln müssen, auch ihr voller Anteil an
Achtung und Aufmerksamkeit gezollt werden muß. Aber der
Mangel an letzterer Einsicht ist einer der schwerwiegendsten Ge-
brechen unsrer Zeit; denn, wohin ich blicke, sehe ich dasselbe und
möchte, hätte ich noch Zeit und Fähigkeiten, nichts lieber werden als Arzt. Doch Du hast jetzt gewiß von solchen so viel zu
»leiden« gehabt, daß ich Dir lieber ein bischen von meinem Aufenthalt im Gebirge erzählen will, der uns die wochenlange Son-
nenglut wenn auch nicht erträglich so doch erträglicher als in
Breslau gemacht hat.
Wir wohnen hier ganz tief (oder eigentlich hoch) in einem Ber-
geswinkel, an ihrem Fuße, vor uns den kahlen Gipfel der Schnee-

koppe. Ein kleines hölzernes Bauernhaus beherbergt uns in 2 Zimmern, deren eines, worin ich schlafe, allerdings kaum mehr diesen Namen verdient. Mein lieber Vater malt tagaus tagein auch bei der größten Hitze und hat mehrere sehr hübsche bildmäßige Studien vollendet. Die Natur sagt ihm sehr zu und nicht minder die Einsamkeit, in der man hier in Wolfshau, fern von allem Trubel sonstiger Sommerfrischen, lebt. Mir freilich wäre ein solcher manchmal lieber, da mein Studium doch immer noch mehr der Mensch als die Natur ist. Daher bin ich auch, besonders im Anfange, sehr oft in dem benachbarten Krumhübel gewesen, wo ich denn auch eine reizende Bekanntschaft gemacht habe. Ich lernte nämlich dort einen Pastor Krüger aus Noßdorf (bei Forst) mit seinen zwei außerordentlich hübschen Töchtern kennen, in deren Gesellschaft ich einige (leider nicht mehr) sehr angenehme Stunden verlebte. Zu meinem größten Bedauern fuhren jedoch die Damen schon den zweiten Tag, nachdem ich sie kennen gelernt, nach Hause, sodaß das Ganze nur eine kurze liebliche Episode war, ein richtiges kleines Märchen von der Straße des Lebens.

Mit meinen eigenen Märchen bin ich übrigens nicht weit vorwärts gekommen. Die Natur hier hat trotz ihrer (oder vielleicht gerade infolge ihrer) Größe, wennschon das Riesengebirge den imposanten Charakter eines Hochgebirges nirgends für mich hat, in mir keine außergewöhnlichen Gedanken geweckt und scheint – was nun gar den Reimsinn anbelangt – ihn fast ganz ertötet zu haben. Ich habe dafür Mehreres gelesen, so besonders das wissenschaftliche System des auf Karl Marx sich gründenden modernen Sozialismus, das trotz seiner Einseitigkeit ein philosophisches Gebäude von großartiger Bedeutung ist, das kein denkender Mensch in seiner Ganzheit zu verwerfen wagen kann. – Über unsern »D. G.« kann ich Dir mitteilen, daß er einer Krisis entgegensieht. Anwand bin ich von vornherein ein Dorn im Auge und er wird wahrscheinlich ausscheiden. Fritz Reche erklärt, er könne nicht mehr mit, denn ich stellte die soziale Frage, als Student der Volkswirtschaft, in den Vordergrund. Kannst Du das auch entdecken? Kurz und gut, ich stehe vor der Alternative, meine persönliche Mitwirkung zurückzuziehen oder aus den Reihen meiner studentischen Bekannten neue Mitarbeiter heranzuzie-

hen. In jedem Falle habe ich durch meinen unglücklichen Versuch, die Sache auf ein höheres Niveau zu heben, den armen Jungens die Freude daran verdorben, was mir bei Fr. Reche sehr leid thut. Nun, abwarten. –
Während unsres Aufenthalts haben wir 2 größere Partieen gemacht, die eine nach den Grenzbauden, die andre nach der Koppe u. der Heinrichsbaude, von wo aus ich für Dich, geliebte Freundin, beifolgende Photographie mitnahm. Eine letzte Partiee soll noch nach dem kleinen Teich gehen, wo mein l. Vater noch etwas photographieren will. Am 2. Septemb. ungefähr rücken wir wieder in Breslau ein. Natürlich werde ich nach dem Vorgefallenen Eure liebe Gastfreundschaft keinesfalls in so ausgedehntem Maße in Anspruch nehmen, da Du vor Allem Ruhe brauchst u. Dich nicht durch Kochen u. Wirtschaften zum 2ten Mal verderben sollst. Da komme ich lieber Weihnachten auf 8 Tage, wenn Du wieder ganz hergestellt bist. – Ich freue mich sehr auf Nachrichten von Euch, wennschon ich Dich bitte, mir lieber keinen langen Brief zu schreiben, Du weißt schon warum. Bedenke was ich zu Anfang gesagt, u. nimm Dir vor Allem das, was die Frauen am schwersten können, Logik und Konsequenz vor.
Grüße Deinen lieben guten Vater aufs herzlichste von mir und sei selbst mit treuer Liebe gegrüßt

von Deinem Chrischan.

Wolfshau 26. VIII. 92.
Von meinen Eltern an Euch herzliche Grüße.
Herzl. Gruß auch an Sophiechen.

147. AN FRIEDRICH KAYSSLER [IN BRESLAU].
[WOLFSHAU ODER BRESLAU], 3. 9. 1892

Liebster Freund! Mit scheußlich [*Weiteres unbekannt*]

148. AN FRIEDRICH KAYSSLER [IN BRESLAU].
[BRESLAU], 14. 9. 1892

Lieber Freund! Eben kommt mir [*Weiteres unbekannt*]

149. AN MARIE GOETTLING [IN SORAU].
BRESLAU, 14.9.1892

... Mein Leben hier bietet keine nennenswerten Abwechslungen. Das Große, was mir in der Außenwelt abgeht, suche ich wieder in meinen lieben treuen Büchern. Habe ich mich in den Ferien mit der sozialen Bewegung beschäftigt, so treibe ich jetzt eifrig Philosophie, aber keine Pseudophilosophie, sondern die klare unvergängliche Weisheit Kants. Es ist harte Arbeit, in sein Verständnis einzudringen und sich die in schwerer Sprache nach Ausdruck suchenden schweren Begriffe zu eigen zu machen, aber der Lohn ist um so größer. Ich möchte überhaupt zehn Köpfe besitzen. Oft verzehrt mich ein brennender Durst nach Wissen, als müßte ich mir alles erschließen und meinen Blick ins Unendliche erweitern. Und dann bleibt es und muß es doch immer bleiben bei dem jammervollen Stückwerk! –

150. AN FRIEDRICH KAYSSLER [IN BRESLAU].
SORAU, 3.10.1892

Man hat mich oft wegen meines blinden Glaubens an das Gute im Menschen verspottet; solang ich einen solchen Freund mein eigen nenne wie Dich, will ich diesen Glauben nicht fallen lassen – und wenn ich von allen andern betrogen werden sollte!

151. AN MARIE GOETTLING [IN SORAU].
[BRESLAU, VERMUTLICH NACH DEM 12.10.1892]

Freut sich auf den Besuch von Maries Vater; sein eigener Vater wiederum wird Goettlings wahrscheinlich Freitag *besuchen, Marie soll ihm ihre Bildermappen zeigen. – Sie soll sich auch schonen.* Deine Gesundheit, mit der Dein und unser Aller Glück verbunden ist, ist doch wahrhaftig mehr wert als ein paar Moneten mehr oder weniger. – *Hat zwei schöne Tage in Neumittelwalde bei dem jungen Paar verlebt, fühlt sich aber doch nur* bei Euch, *wo er kurz vorher war,* richtig zu Hause. – Die Sachen an Bauer liegen fast

fertig da, machen mir aber keinen gerade hervorragenden Eindruck. Unfertig, jugendlich, teilweise ja »ganz gut«. – *Von Kluge hat er zwei Briefe bekommen; M ist glücklich, ihm mit seinen Büchern wenigstens etwas helfen zu können.*
N.: *Sascha. Ilgens. Zitel.* – W. Ms: [*Das Gedicht* EINER JUNGEN FREUNDIN INS STAMMBUCH].

152.   AN LUDWIG BAUER [IN AUGSBURG].
       [BRESLAU, VERMUTLICH ENDE OKTOBER/ANFANG
       NOVEMBER 1892, evtl. 26.10.]

Die Anordnung seiner Gedichte ist willkürlich. – Freut sich, daß [Bauer] mit Ms Großvater Schertel persönlich in nähere Berührung gekommen ist. Berichtet kurz über seine Mutter und seinen Onkel, Anton Schertel, stellt sich dann selbst vor, sein Studium und seine philosophischen und literarischen Interessen. Seine Gedichte drücken keine feste Weltanschauung aus, sondern sind als Entwicklungsphasen zu verstehen. Größere Prosaarbeiten hat er noch nicht verfaßt.
N.: *Marie Goettling.*

153.   [VERMUTLICH AN LUDWIG BAUER IN AUGSBURG].
       BRESLAU, 26.10.1892.

Wünscht, der Adressat möchte in seinen Blättern wenigstens e. ernstes Wollen u. e. dem Guten zuneigende Gesinnung erkennen.

154.   VON FRIEDRICH KAYSSLER.
       [BRESLAU], 28.10.1892

Ein Gedicht »Tantalus« *mit kommentierender Nachschrift. Im Gedicht sieht er das verlorene geliebteste Bild meines Lebens um sich schweben, folgt ihm, fällt und liegt aufzustehen / zu müde. Erklärt dann in der Nachschrift, daß die Erkenntnis eines Mangels an dem geliebten Wesen zwar die Neigung des hingegebenen, empfangenden Knaben auslösche, nicht aber das Begehren des Jünglings. M habe die Neigung zu knabenhaft beurteilt.* Je männlicher sich mein Stolz aufbäumt, desto heißer wird auch das Begehren.

155. AN FRIEDRICH KAYSSLER [IN BRESLAU].
BRESLAU, 29.10.1892

Antwortet, ebenfalls in Versen, auf Kaysslers »Tantalus« und tadelt ihn heftig wegen seiner Schwäche.

156. VON FRIEDRICH KAYSSLER. [BRESLAU], 2.11.1892

Ein Gedicht, als Sühne für den »Tantalus« ein »Quantalus«. *Drückt im wesentlichen die neuerwachte Kraft bei der Erinnerung an die Nibelungen aus.*

157. VON MAXIMILIAN HARDEN. BERLIN, 10.11.1892

Berlin W. 9., den 10. November 1892
Sehr geehrter Herr,
mit höfl. Dank muß ich leider das mir gütigst übersandte, schöne und tief empfundene Gedicht zurückgeben, weil es mir wirklich an Raum fehlt.
Mit der Bitte, meinem Bemühen Ihre fördernde Theilnahme zu bewahren
in ausgezeichneter Hochachtung
Harden

158. VON GOTTHARD SAGE. BERLIN, 25./26.11.1892

Bedauert, auf schriftlichen Verkehr angewiesen zu sein, denn es gebe Dinge, die er nur mit M besprechen wolle, weil er einerseits bei M genügend Verständnis und Teilnahme voraussetzt, andererseits weiß, daß er denselben »Kampf um die Weltanschauung« *auch durchlebt hat und ihm deshalb raten kann. Vielleicht sei es aber*

auch gut, daß M jetzt nicht da sei, denn schließlich ist man bei solchen Fragen doch allein auf sich selber angewiesen. – *Berichtet nun von seinem Berliner Leben. Die Vorlesungen sind großenteils anregend, besonders die bei Treitschke, aber auch die über das erste Buch Mose und die über die drei ersten Evangelien, weniger die über Kirchengeschichte. Es bleibt aber auch Zeit für andere Dinge. Er liest regelmäßig verschiedene Zeitungen, auch sozialistische, um verschiedene Meinungen kennenzulernen. Mindestens so sehr wie die Theologie interessiert ihn eine Art* sociale Philosophie, *die er als die theoretische Seite der Nationalökonomie definiert.* – *Berichtet von Theater- und Museumsbesuchen und von weiterer Lektüre. In einer politischen Versammlung war er noch nicht, dagegen hat er einige Studentenversammlungen besucht.* Du wirst ja gehört haben, was für Dinge sich jetzt an der Berliner Universität abspielen. Meistens geht es in diesen Versammlungen fürchterlich zu, Juden und Judenfeinde platzen aufeinander wie Bomben. Da wird einem die Juden h e t z e gründlich verleidet. In der letzten trat am Schluß ein Student auf, der Jude und – energischer Socialdemokrat war. Der Mann wußte wenigstens was er wollte, während sich die andern, genau genommen, doch um Kaisers Bart zankten. Mir wenigstens erscheint die Judenfrage gegenüber der socialen wie ein Nichts. – *M soll auch recht ausführlich schreiben.*
N.: Jahn. Rückert. Luther. Melanchthon. Schiller. Goethe. Blücher. Gneisenau. Shakespeare: »König Richard III«. L[udwig] Barnay. Der »betende Knabe«. Die Pergamonica. Kaulbach: Wandgemälde »Zerstörung Jerusalems«; »Hunnenschlacht«. François: »Die letzte Reckenburgerin«. Eine Wagnerbiographie. Puschkin. Bodenstedt. Petőfi. Massalien[?]. [Gerhard] Goettling.

159.   AN MARIE GOETTLING [IN SORAU].
       [BRESLAU, VERMUTLICH ZWISCHEN DEM 10. 11.
       UND 3. 12. 1892]

Meine geliebte, teure Schwester!
Nun sollst Du nicht länger mehr warten auf Nachricht von mir und auf meinen innigsten Dank für Deine lieben Zeilen und die entzückenden Photographieen, die ich gar nicht genug betrach-

ten kann und für die ich unserm guten Moor nicht genug zu danken weiß. Es freut mich, daß Du so wohlauf bist und Dein lieber Vater so befriedigt heimgekehrt ist. Es war doch ein reizendes Zusammentreffen. Es ist manches seitdem mit mir vorgegangen –

> Und als ich kam nach Hause –
> Was ist das in aller Welt!
> Da war in meiner Klause
> Ein jedes Fenster erhellt!
>
> Und als ich trat in's Zimmer,
> Da war's nicht mehr ein Traum:
> Da brannte in gold'nem Schimmer
> Der schönste Weihnachtsbaum!

Oder, um ohne Bilder zu sprechen, es ist wieder einmal – aber mit verstärkter Gewalt – jene Stimmung über mich gekommen, die mich zuweilen spielend schaffen läßt und einen bunten Reigen von Liedern aus mir hervorzaubert. Ach, sie haben ja alle keinen bedeutenden Wert, aber die Art, wie sie entstanden, erfüllt mich mit ahnungsfroher Hoffnung – zugleich aber mit Bangen. Denn ich kann es nicht glauben, daß diese wunderbare Leichtigkeit, wie ich sie noch nie beobachtet, von Dauer sein wird. Mein Leben ist der Woge gleich – wie lange noch und ein langes trostloses Wellenthal wird dieser Erhebung folgen! –
Seit ca 14 Tagen thue ich – mit Ausnahme meiner officiellen Beschäftigung – kaum etwas anderes als – dichten. Ein Geist der Kampflust erfüllt mich und ich werfe der ganzen Modelitteratur den Fehdehandschuh hin. Will die ewige Gnade mich wirklich zu einem Dichter heranreifen lassen – nun, so gilt mein erstes Lied jenen falschen Geistesgötzen, die das Gemüt unseres Volkes vergiften und mein zweites der Wiedererweckung deutscher Innerlichkeit und Tiefe. Ja, Gott sei dank! sie lebt noch, die alte germanische Art, das Sinnen und das Träumen mit stürmischer Kraft gepaart!
Man wird mir wohl Tendenz- u. Zeitpoesie zum Vorwurf machen, aber ich kenne nur eine Tendenz, die ist: die Wahrheit zu sagen und damit meinem Volk zu helfen. Ich bin nicht dazu geschaffen, mich in die Vorzeit zu flüchten, während rings um mich

die Welt klagt und blutet. Dieses Gefühl des unmittelbaren Wirken-Sollens wird mich nie verlassen u. stets Kern und Stern meiner Poesie bleiben.

Aber was rede ich? Schreibe ich doch diesen Brief auf einer Unterlage, die aus einem Absageschreiben und einem zurückgesandten Gedicht besteht. Aber es ist wohl noch zu jugendlich gesagt – nicht gedacht. Denn dieses Thema möchte ich an alle Kirchenthüren im deutschen Lande anschlagen. Trotz Harden!

Du hast, geliebte Freundin, Grund zu lächeln über meine Erregung. Und doch wage ich sie sonst Niemandem so auszusprechen, aus Furcht, den feinen Hauch, der über solchen Herzensgeheimnissen liegt, zu verscheuchen. Du aber, die Du mich eher gekannt hast, als ich mich selbst, wirst sie nicht schelten. –

Bauer hat mir noch nichts erwidert. Merkwürdig daß die alten Geschichten erst aus dem Hause sein mußten, eh' mich die neue Begeisterung faßte. Vielleicht hätte ihm manches der neuen Aera besser gefallen. – Inzwischen scheint Rauert meinen denkwürdigen Artikel gedruckt zu haben, wie ich nach einer Bierkarte von M. und Sp. vermute. R. ist ein komischer Herr, er hätte doch ein Wort schreiben können. – Daß Moorin II. mir zu Neujahr die Disteln zurückschicken will, freut mich; ich werde dafür Moor eine »Freßkiste« schicken (sobald ich mein erstes Honorar bezogen); denn ich habe Deine Anspielung wohl verstanden. Für die kleinen Skizzen herzlichen Dank. Anbei zurück. –

Denk' mal ich werde mich für die Tanzstunde einladen lassen. Außerdem gehe ich viel in Theater u. Ähnliches. Doch davon mehr im H. S. Die Stelle aus der mod. Broschüre ist natürlich aus einem Brief von Zitel. (!) – Ich sah ihn noch einmal; möge er als der Alte wiederkommen. –

Dich selbst bitte ich, Onkel Moor, alle lieben Freunde u. Freundinnen Deiner- u. meinerseits (man kann es doppelt deuten) herzlichst zu grüßen. Natürlich auch die Auswärtigen. Meine l. Eltern erwidern Eure Grüße herzlich.

Dich selbst grüßt u. umarmt voll inniger Liebe und Treue

Dein leiw Chrischan.

160. AN ADOLF GELBER [IN WIEN].
[BRESLAU, VERMUTLICH NOVEMBER 1892]

Schickt ein Gedicht als unscheinbares Dankeszeichen, *daß auch Gelber* den krankhaften Geisteszustand unserer Zeit in dem Mangel an Gemüt begründet *glaube.*
N.:»Die Zukunft«.

161. AN MARIE GOETTLING [IN SORAU].
BRESLAU, 3.12.1892

Hat endlich wieder Zeit zu anderem als zum Versemachen oder -abschreiben, dankt für ihren Brief. Die zweite Serie meiner Gedichte liegt ziemlich abgeschlossen vor mir und wird sich in Kurzem auf die Wanderschaft nach einem Verleger begeben. *Sieht ein, daß Harden das* große Gedicht *mit Recht zurückgeschickt hat.* – Wie innig freute ich mich, als endlich beiliegender Brief von Bauer kam, den man sich nicht liebevoller und aufmunternder denken könnte. Gott gebe mir, nur einige der schönen Hoffnungen zu erfüllen, die Ihr auf mich setzt, und Euch edlen treuen Freunden allen Eure Liebe und Mühe zu vergelten. Das Eine wenigstens will ich stets hochhalten: meiner Überzeugung nie untreu zu werden und sie stolz gegen eine Welt zu verfechten. Ich sinke in keine Sophaecke, solang ich nur schaffen kann – da sei getrost. Bezüglich des »objektiven Hintergrundes« hast Du – wie immer – recht. Derselbe wird und soll (wie ich energisch wünsche) jetzt in den Vordergrund treten, da der Verse vorläufig genug gewechselt sind, wenn ich nicht verdorbenen Magen bekommen soll. – *Von der Tanzstunde ist er* nicht sehr erbaut; *die* Tändeleien *sind ihm zuwider;* mein Verlangen geht tiefer [...] So etwas Frisches, Fröhliches ... thäte mir gut. – *Dankt für die* Stöcker-Rede *und die* B.sche Poesie. *Über Theater will er* im nächsten H.S. *schreiben. Sage hat geschrieben und sein Herz ausgeschüttet. Ms Vater erkundigt sich oft nach Marie und läßt* »seine liebe kleine Collegin herzlich grüßen«. *Der Vater hat in einem Vortrag über die Geschichte des Breslauer Künstlervereins den* teilnahmslosen Breslauern von heute gründlich die Wahrheit *gesagt.* Das war eine wahre Freude für mich, denn, wenn etwas, so habe ich diesen streitbaren Zug von meinem geliebten Vater geerbt. Morgen habe ich wieder Schachclub bei Dahn, der mich stets mit ungemeiner Freundschaftlichkeit behandelt u. jetzt auch meine neusten Sachen durchlesen will. – *Kayssler grüßt.* – *Mit Kluge ist er* nach wie vor in reger Verbindung. – *Grüße an* Onkel Moor. [...] Bitte niemanden nicht zu grüßen – [...] Dem Herrn A. Gelber aus Wien hatte ich auf e. Artikel von ihm in d. Zukunft hin e. Gedicht »Deutsche Tiefe« gewidmet.

N.: Frau von Sydow. Gerhard [*Goettling*]. *Zitel.* – *Berlin.*

162.   VON FRIEDRICH KAYSSLER.
   [ORT UNBEKANNT], WEIHNACHTEN 1892

S./l. Bessos – Dulos.

Janus, Janus, Gott des Lebens!
Nie nah' Bessos Dir vergebens!
Macht er fröhliche Gedichte,
Zeig' ein freundliches Gesichte,
Macht er traur'ge, zum Ersatze
Weise ihm die Trauerfratze!

     Weihnachten 1892.

163.   [AN UNBEKANNT, ORT UNBEKANNT.
   VERMUTLICH BRESLAU, DEZEMBER 1892]

Du frägst mich: »der Dir den Kindesglauben nahm, hat er Dir etwas Besseres dafür geboten?« Besseres? Manchmal will es mir scheinen, als gäbe es keine bessere Heimat für das Menschenherz als den Glauben an den persönlichen Gott und jene gemütvollen Lehren der christlichen Kirche, die auch meine Kindheit verschönt und beschützt haben. Aber nur der darf in jener Heimat auch als Erwachsener wohnen, der die feste Überzeugung, den reinen Glauben an dies alles sich bewahrt hat – wer ihn nicht mehr besitzt, darf ihn auch nicht heucheln, er muß die Konsequenzen seines Denkens ziehen und sich eine andre Heimat suchen. So ist es mir ergangen. Ich kam mit etwa 18 Jahren in jene Periode des Zweifels, wie sie denkenden Menschen selten erspart bleibt, und griff begierig nach allem, was mir »Aufklärung« zu verheißen schien. Ich versuchte mich an Schriften von Philosophen und solchen, die dafür gehalten sein wollen, und fühlte mich aufs lebhafteste angezogen. Denn nichts hat für junge unerfahrene Gemüter mehr Reiz, als wenn sie eine scheinbar unerschütterliche Tradition von einer geistreichen, überlegen scheinenden Kritik angegriffen sehen – es ist als ob der Zerstörungstrieb, wie wir ihn an Kindern wahrnehmen, hier noch einmal und diesmal in geistigem Gewande auftrete. Damals war mein höchster Wunsch, Philosophie studieren zu dürfen. Aber hauptsächlich dem gesunden Idealismus meines lieben Freundes, den Du ja auch schon aus seinen Gedichten kennst, habe ich die Einsicht zu danken, daß der Verstand nie imstande ist, das Wesen der Gottheit auszudenken, daß uns Menschen wirklich nichts andres übrigbleibt, als unserm natürlichen Gefühl zu vertrauen, das uns überall auf eine ewige Liebe, eine ewige Schönheit, auf eine ewige Bestimmung der Menschenseele hinweist.

So ist denn meine Religion, wenn Du sie näher bezeichnet haben willst, etwa die Religion des reinen Gefühls – nenn's Glück, Liebe, Gott – Gefühl ist alles, ich habe keinen Namen dafür, Name ist Schall und Rauch, umnebelnd Himmelsglut. Vielleicht wird sich das, was jetzt noch Unklares in dieser Anschauung liegt, mehr klären und kristallisieren – abgeschlossen kann ich sie noch nicht nennen, erst das Leben selbst kann uns in dieser Hinsicht die letzte Weihe geben.

164.   AN FRIEDRICH KAYSSLER [ORT UNBEKANNT].
       [ETWA 1892/93]

Armer lieber Fritz, ich fühle längst mit Dir [*Weiteres unbekannt*]

1893

165. AN MAXIMILIAN HARDEN IN BERLIN.
BRESLAU, 3.1.189[3]

Breslau 3.1.92.
Hochgeehrter Herr!
Verzeihen Sie, wenn ich Sie schon wieder belästige. Aber erstens habe ich Ihnen für Ihre liebenswürdigen Zeilen zu danken, zumal da ich, durch sie nachdenklich gemacht, noch Vieles an dem Gedicht zu bessern fand, zum andern wollte ich mir gestatten, Ihnen einige kleinere Sachen zur Verfügung zu stellen, von denen ich Sie aber nur dann Gebrauch zu machen bitte, wenn Sie wirklich Neigung und Raum dazu haben.
Sollte ich einmal das eine oder das andere in der Zukunft lesen, so würde es mich freuen, wie es mich andrerseits nicht verstimmen würde, sie nicht gedruckt und nur von Ihnen beurteilt zu sehen.
Ihr Unternehmen, hochgeehrter Herr, ist mir – obschon Ihnen ja natürlicherweise wenig daran liegen kann, dies gerade von mir zu erfahren – eine wahre Herzensfreude. Aus dieser Empfindung sind auch die anspruchslosen Verse geflossen, die ich mir in aller Hochachtung erlaube, Ihnen, sehr geehrter Herr, zuzueignen.
Möchte ich einst ein Bundesgenosse in der Wahrheit und Liebe Ihnen werden, dem Sie gern die Hand reichen.

In ausgezeichneter Hochachtung
Ergebenst
Christian Morgenstern
stud. iur. et cam.
Breitestr., Breslau.

166. VON MAXIMILIAN HARDEN. BERLIN, 4.1.1893

Berlin W. 9. Koethenerstr. 27
4.1.93.
Sehr verehrter Herr,
nehmen Sie einstweilen nur aufrichtigen, herzlichen Dank für

die große und überraschende Freude, die Sie mir bereitet haben.
Ich hoffe bestimmt, von Ihren Gaben Einiges bringen zu können.
Entschuldigen Sie gütigst die Kürze eines Uebermüdeten.
Herzlich ergeben grüßt
Harden

167. VON FRIEDRICH KAYSSLER. BRESLAU, 9.2.1893

Es sollte ihn nicht wundern, wenn die Menschheit ihm doch eines Tages folge; dann habe der schwer verstehende Freund ihn doch verstanden.

168. AN FRIEDRICH KAYSSLER [VERMUTLICH IN BRESLAU]. MÜNCHEN, 7.3.1893 [?]

Inhalt unbekannt.

169. VON CARL ERNST MORGENSTERN. [ORT UNBEKANNT], 31.3.1893

Gibt M gute Ratschläge mit nach München. – Verlass die Mutter nie u. mache gut an ihr was ich gefehlt!
N.: Shakespeare: »Hamlet«.

170. AN FRIEDRICH BEBLO [IN BRESLAU]. MÜNCHEN, 12.4.1893

München 12. April 93
Liebster Freund!
Für Deine lieben Zeilen – die ersten aus der Ferne – herzlichsten Dank! Ich sitze nun glücklich in der 3. Wohnung und habe allerdings ein recht niedliches Stübchen im 4. Stock gefunden (Gabelsbergerstr. 9/III). Es ist äusserst rauh und trotz Sonnenscheins unfreundlich in München. Morgen früh werde ich Zitel im neu-

beschafften Claque empfangen. Dass Sorau auf Dein liebes Schwesterchen guten Eindruck ausgeübt, freut mich herzlich; es würde mich unglücklich machen, wenn das Gegenteil der Fall wäre. Mir gefällt München recht gut; doch meine Verstimmtheit ist mit mir gegangen. Grüsse Deine liebe verehrte Mutter aufs herzlichste von mir, ebenso M., wenn Du einmal an sie schreibst und sei selbst aufs innigste gegrüsst und umarmt von Deinem treuen Christian.

171. VON CARL ERNST MORGENSTERN.
       [BRESLAU], 12.4.1893

Ist froh, daß M in München gut untergekommen ist. – Hat die Scheidung eingeleitet. M soll Amélie M, wenn nötig, unterstützen. Die Verantwortlichkeit nehme ich ja allein auf mich. Ich sehe einer trüben Zukunft entgegen. Wenn es meine Gesundheit nur aushält. *Es wird viel geklatscht, aber er macht sich nichts daraus. Sucht eine neue Wohnung. – M soll bald schreiben.*
N.: *Ein Geheimrat. Schobelt. Kayssler. Anna. Bub. – Prag. Berlin.*

172. VON MAXIMILIAN HARDEN. BERLIN, 15.4.1893

Sehr geehrter Herr,
nehmen Sie recht herzlichen Dank und bewahren Sie Ihre freundliche Gesinnung
                        Ihrem ergebenen, herzl. grüßenden
                                                    Harden

173. VON CARL ERNST MORGENSTERN.
       [BRESLAU], 21.4.1893

Bittet M, Amélie M dazu zu bringen, daß sie der Scheidung zustimmt und einen Rechtsanwalt (Dr. Wehlau) beauftragt, sie zu vertreten. Thut sie das nicht sondern verhaelt sich vollkommen passiv, so zieht sie die Sache der Art hinaus, dass sie zum minde-

sten mich auf dem Gewissen hat. Denn ich bin der Art herunten, daß wenn nicht bald der Abschluß erfolgt, ich ihn überhaupt nicht mehr erlebe. Vielleicht hat Dich der Brief des Dr. Riesenfeld darüber belehrt. Es ist sehr gut, wenn Du davon Mam. in Kenntniß setzt. Ich beschwöre Dich und Mam. mich mit Zuschriften über diese Sache zu verschonen u. ich beschwöre Mam. ruhig zu werden u. ein ander thätiges Leben zu beginnen, wie ich auch. *Führt weitere Einzelheiten bezüglich des notwendigen Vorgehens an. – Berichtet von seinem todkranken Freund Schobelt und der Kunstakademie. – Hofft, M werde ihm bald beruhigende Nachrichten senden.*
N.: *Eine Diakonissin. Giustina [Schobelt]. Kühn. Dulos. Uffo.*

174. AN FRIEDRICH BEBLO [IN BRESLAU].
MÜNCHEN, [VERMUTLICH 29.4. UND] 1.5.1893

München 1. Mai 93.
Mein lieber, teurer Freund!
Zufällig entdecke ich eine Nachmittagsstunde, wo ich zu nichts verpflichtet bin und würde mir Vorwürfe machen, wenn ich sie zu etwas anderem benützte, als Dich, lieber Freund, wegen meines langen, auf den Verhältnissen beruhenden Stillschweigens um Vergebung zu bitten und es zugleich auf eine Weile zu unterbrechen. Vorerst herzlichsten Dank für Deine Sendung sowie die zahlreichen sporadischen Lebenszeichen, die mich zu meiner Freude von Zeit zu Zeit erreichten. Wie innig bedaure ich, daß ich Dich nicht ganz hier habe und mich von jetzt ab meist nur auf so unvollkommene Weise mit Dir unterhalten kann. Von meiner Wohnungsgeschichte wirst Du wohl gehört haben; wenn nicht, so gräme Dich nicht; denn ein verhältnismäßig ganz »ideales Dachstübchen« (wie Du schriebst) habe ich schließlich doch gefunden und fühle mich in ihm ganz wohl, zumal da es ungestört u. luftig ist. Ich schaue durch mein Fenster über ein wechselvolles Hinterhäuser-Dächermeer, das ein grüner Baumgarten freundlich unterbricht, auf das stattliche Palais Luitpold, über das noch die grüne Kuppel und der rechte Turm der Theatinerkirche hervorlugen. Rechts von dem Palais breitet sich in weiterer Entfernung

die gewaltige Frauenkirche ihrer ganzen Längsseite nach vor meinem Blicke aus. Auf der andern Seite meiner Straße dehnt sich etwa drei Minuten lang die Türkenkaserne, aus der häufig mit klingendem Spiel Truppenteile ausmarschieren und wieder in sie zurückkehren. Die Sonne besucht mich nur vormittags, aber die Sterne die ganze Nacht.

Früh, einhalb sieben ca stehe ich auf, koche meinen Cacao und habe dann mit Franz Karl das 1. Colleg von ½ 8 – 9 Pandekten. Dann eine »hohle« Stunde, von 10 – 11 W. H. v. Riehl (auch Musikschriftsteller etc.) Kulturgesch. des 18. u. 19. Jdts., 11 – ½ 1 v. Amira, deutsches Privatrecht. Hoffentlich verleidet mir die Hitze nicht den regelmäßigen Besuch; er wäre mir sehr nützlich. Darauf essen wir drei zusammen Mittagbrod im »Jägergarten« einem ganz gemütlichen einfacheren Lokal in unserer Nähe, dessen Fenster übrigens der bekannte Diefenbach sehr künstlerisch bemalt hat. Nach dem Essen wird entweder Billard gespielt oder ins Café, deren es Dutzende giebt, gegangen und Zeitungen gelesen. Der Nachmittag ist dann meist auf irgendwelche Weise besetzt, bei mir hauptsächlich durch Verwandtenaufsuchen, Spaziergänge mit meiner Mutter, die augenblicklich hier in M. ist etc. Allmählich werden nun auch die -theken in ihr Recht treten, von denen ich nur erst die Glyptothek flüchtig durcheilte. Abends essen wir in der Regel gemeinschaftlich auswärts, mit oder ohne Musik; zuweilen auch nach einem geistigen Genuß wie Schauspiel oder Oper. So wollen wir heute Romeo u. Julia ansehen, ich fürchte aber, keinen vernünftigen Platz zu bekommen. Deswegen entschuldige, wenn ich heute abbreche, da die Uhren eben 6 mal schlagen. Also auf Wiedersehen post festum.

Zwischen ¾ 10 und 10 zwei Tage darauf nehme ich den Faden auf kurze Minuten wieder auf, nachdem d. Theaterbesuch ins Wasser gefallen ist und ich den gestrigen Tag teils im Nationalmuseum, teils mit meinen lieben Verwandten, Bergrat Ostlers, in dem Cercle-Salon der Baronin v. Herder verbracht habe. –

Abends. Eben habe ich wieder etwas die Poeterei versucht u. unter andern meinen Ingrimm über die geschwätzigen Uhren geäußert, die mir mit widerwärtiger Genauigkeit jede Viertelstunde vorrechnen.

O wär ich König: ich ließe sogleich
Die Uhren im Lande schweigen,
Es dürfte in meines Schlosses Bereich
Keine Glocke die Stunde mehr zeigen.

Es dürfte nicht jede Kirchturmsuhr
Mit ihrer Weisheit prunken,
Wann wieder mir sterblichen Kreatur
Eine Spanne auf ewig versunken....

Ihr seligen Zeiten, da man noch
Hinträumte von heut' auf morgen
Da man noch nicht im schnürenden Joch
Der Kultur sein Leben geborgen! –

Übrigens will ich Dir einen Trost mit der Mitteilung zu geben versuchen, daß infolge der höchst unangenehmen teils heißen, staubigen teils kaltwindigen Witterung, die in unberechenbarer Folge abwechselt, sich bei mir nun schon seit 4 Wochen Halsweh, Husten und Schnupfen in reichem Programmwechsel eingefunden haben, ohne daß ich bei dem Junggesellenleben, das ich führe, vorläufig auf Besserung hoffen darf. Ich würde Dir nach meiner bisherigen Erfahrungen dieses Klima absolut nicht anraten, wenigstens nicht, wenn Du nebenbei noch ein fröhlicher Student sein willst, der sich nicht immer peinlich in Acht nehmen kann.

Fritzing erwarte ich mit tötlicher Bestimmtheit in diesen allernächsten Tagen u. bin in ungeheurer Spannung, von Dir über s. Spiel und s. Erfolg und von ihm selbst über s. Empfindungen dabei zu hören. –

Daß Dein liebes Schwesterchen sich in Sorau gut eingewöhnt hat, hoffe ich nach einzelnen Andeutungen hierüber von ganzem Herzen u. bitte mir auch ganz besonders darüber recht ausführliche Gewißheit zu geben. Zugleich bitte ich Euch, auch Deine herzlich verehrte, liebe Frau Mutter, recht sehr um Eure Typen, und werde mich sobald wie thunlich revanchieren. – Was macht Kluge? Aufrichtigsten Dank für Deine Bemühungen um ihn, den ich tausendmal zu grüßen bitte u. mir zu verzeihen, wenn ich ihm voraussichtlich trotz besten Willens von hier nicht mehr so häufig schreiben kann »wie einst«. Die Besuche infolge Dahn'scher

Empfehl. nehmen mir unglaublich Zeit weg u. waren bis jetzt bis
auf einen Mann, Prof. Lotz, erfolglos, indem ich in schrecklich-
ster Hitze u. höchster Gala (im Claque müßtest Du mich sehen!)
die unmöglichsten Straßen auf- u. abrenne, um stets zu erfahren,
5 daß entweder d. Wohnung gewechselt, die Herrschaft »eben« fort
oder ganz verreist sei. Ich bin in heller Wut über dies unerhörte
Pech u. pausiere jetzt ganz einfach eine Weile. – In Starnberg war
ich einmal, sonst häufig in den herrlichen Isar-Anlagen, in dessen
entferntere Teile ich nächsten Samstag mit den 3 Freunden e.
10 kleine Partie plane, wo wir dann (wie bei mir stets) Deiner, liebster Freund, u. der lieben Deinen treulich gedenken werden. Wie
gehst Du mir ab, mit Deiner Musik, Du lieber Kerl! Der Zöbner
hat sich nun in s. Sparsamkeit kein Klavier gemietet u. ich
schmachte manchmal nach ein bischen Hausmusik. Mit Stun-
15 dennehmen ist natürlich nichts, das wäre viel zu teuer, da man
doch s. Wechsel auch so aufbraucht. – Nun lebe wohl für heute,
mein guter, alter Belbo, schreib' mir e. recht langen Brief, grüße
Deine l. Mutter und die liebe Magda recht herzlich u. sei selbst
umarmt von Deinem

20 treuen Christian Morgenstern
All den Freunden auch viele Grüße! Franz Karl u. Zöbner grüßen
hrzlst.

175. VON FRIEDRICH KAYSSLER. [BRESLAU, 3.5.1893]

Aus dem Briefe, den Beblo heute früh von Dir empfangen, ersehe
25 ich, daß Du doch nicht ohne Interesse an unserem Schauspiel
geblieben bist; ich dachte Dich vom Paukerhasse allzusehr befan-
gen; [...]. – *M soll einmal von seiner Mutter schreiben. – Erzählt
dann ausführlich von der »Iphigenie«-Aufführung; morgen ist eine
zweite. Auf seine Rezension kann er stolz sein. Er hat* herzliche
30 Freude an dem Spiel. – *Kann an Ms Geburtstag noch nicht in
München sein, sondern erst am 10., zählt auf, was er noch vorhat.* Sei
mir nicht böse, wir sind hier alle noch so festlich u. froh gestimmt
zusammen u. wollen die paar Tage noch genießen! – *Berichtet,
daß Prof. Schobelt vorgestern nacht gestorben sei.*
35 *N.: Hantelmann. Iphigenienouvertüre. Oskar A[nwand]. Isaak.*

Singer. [Carl Ernst M]. Belbos. Nather. Justina [Schobelt]. Deren künftige Schwiegereltern. Massimow. Fiedler. Zitel. Coebner. – Sorau. Kohlfurt.

176. VON FRIEDRICH KAYSSLER. BRESLAU, 5.5.1893

Nimm meine innigsten Wünsche für Deine Zukunft! Definiren kann u. will ich sie dir nicht, Du weißt ja, wie ichs meine, mein herzlieber Chrischan, daß ich mit einem ausgesprochenen Wunsche alles umfasse, woran Dein Inneres hängt, seis Geist oder Seele! Eins will ich nur besonders sagen, was Du immer zu gering achtest; erhole Dich in diesem Sommer, sitze nicht zu viel u. wärme Dich zur gesunden Frische an sonnigen Herzen u. Sommertagen. – *Schickt ein Photo von sich und Anwand als Orest und Pylades, eine Rezension sowie Blätter von einem Lorbeerzweig, den er, vielleicht von Frau Stadtrat Jaenicke (die bei den Vorbereitungen geholfen hat), erhalten hat. – Macht auf Orests Monolog im 3. Akt aufmerksam.* »Zeigt mir den Vater etc. – »sieh' Deinen Sohn! – Seht euren Sohn!« bei dieser Stelle habe ich die Seele am meisten dabei, weil ich dabei an meine lieben Eltern denke. *Nather hat dazu gesagt, diese Stelle habe ihn mächtig gepackt, und er wünschte, Kaysslers Vater hätte sie hören können.* Wenn ein Mensch so meine heiligsten Empfindungen herauszuhören imstande ist, kann er in meinen Augen nicht unfähig u. verachtenswert sein, er mag sonst launenhaft und deshalb in seinem Berufe ungerecht sein, in den er außerdem nicht hineinpaßt. – – [...] Das ist meine Ansicht; Du siehst eben den Pauker, wenn er von Magdalene kommt, überhaupt nicht als Menschen an, darin bist Du engherzig. Ich passe mich keinem Menschen an, ich halte es nur für taktlos, einen Menschen vor den Kopf zu stoßen, der sich mir, wenn auch durch Launen hindurch, stets liebenswürdig erwiesen hat, und sich von Zeit zu Zeit in offener und herzlicher Weise der Zeiten erinnert, wo er mit meinen Eltern und mir elfjährigen Jungen eine wundervolle Partie im Alt[v]atergebirge machte. Da kann einer nicht lügen. Verzeih, Christian, diese Abschweifungen, ich mußte Dir das wieder mal sagen. Jetzt wieder zum alten Geburtstagston. Eine andere kleine Überraschung habe ich tapri-

gerweise in den Koffer gepackt, der schon unterwegs ist, Du bekommst also noch was in M. –
N.: [Hantelmann]. [Zitelmann]. [Körner]. [Amélie M]. [Goettlings]. – Sorau.

177. AN MARIE GOETTLING [IN SORAU].
MÜNCHEN, [VERMUTLICH 27. – 29.5.1893]

Ende Mai 93. München.
29.
Liebe, teure Freundin!

Ich muß heute schon auf die ungewöhnliche Idee verfallen, blaues Briefpapier zu nehmen, um Deine Aufmerksamkeit von dem Umstande abzulenken, daß dieser Brief so spät erst kommt. Auf diesem blauen Briefpapier also spreche ich Dir zuerst meinen herzlichsten Dank für das niedliche kleine Blatt aus, das Du so liebevoll der kleinen Sammlung wieder hinzufügtest, desgleichen für den lieben ausführlichen Brief. Um zunächst auf diesen einzugehen teile ich Dir betreffs Bauers mit, daß derselbe meines Wissens nichts Genaueres über s. Kreischa-Reise gesagt hat. Ich kann es allerdings auch überhört oder vergessen haben. Wollt Ihr denn im Sommer nicht nach unserem Süden fliegen? Ich denke doch.

Mit dem Schillerpreis ist es für dieses Jahr Öl. Es hat auch sein Gutes. Denn vieles von den eingesandten (bez. dazu bestimmten) Gedichten ziehe ich gern u. willig in die verdiente Dunkelheit zurück und ich will mit reiferen Sachen ehrenderes Lob mir erringen.

Größere Sachen habe ich zu meinem Bedauern augenblicklich nicht vor, ich werde es wohl nicht über den einfachen Lyriker hinausbringen aber in schlichten Liedern werde ich, wie ich glaube, vielleicht noch manchen guten Wurf thun. Was mein Gouverneur macht? Er ist nach wie vor klug und verständig, allzuverständig vielleicht. Man muß leichtsinnig sein, um glücklich sein zu können.

Liebe Freundin, ich kann Dir erst in späterer Zeit erzählen, was ich in den Wochen meines Hierseins neben manchem Freundlichen auch Tieftrauriges erlebt, aber ich kann Dir sagen, daß je tiefer ich in die Irrgänge des Lebens hineinschaue, je mehr ich unter tausend schimmernden Hüllen versteckt allüberall den großen Schmerz Mensch zu sein wiederfinde, desto weniger ich den Wunsch nach einem »Fortsetzung folgt« verspüre, es sei denn, daß mir ein höheres Dasein gewährleistet würde.

Halte mich nicht für undankbar gegen das Schöne des Lebens, auch nicht für kraft- oder mutlos – nur für das, was ich stets war: ernst und ehrlich.

Gerade die Schönheit der Welt ist mir in den verflossenen Tagen oft überwältigend entgegengetreten, als ich mit meinen lieben Freunden das bayrische Gebirge durchwanderte. Es ist etwas Großartiges in diesen hochragenden Bergen, in diesen teils freundlichen teils düstren Wäldern und den stillen, tiefen Seeen an ihrem Fuße, eine stolze Abgeschlossenheit und Verachtung gegen die Welt der Kultur, die da draußen ihr prahlendes Gepränge entfaltet.

Und doch habe ich in diesen im Allgemeinen mehr lieblichen als grandiosen Landschaften noch nicht ganz das gefunden, wonach ich mich sehne, das was mich bezwingen und übermannen soll. Drum will ich noch tiefer in die Berge steigen, bis ich es endlich finde.

Der Eibsee gefiel mir besonders gut, obschon er nicht entfernt jenen einsam-düsteren Charakter hat (wenigstens für mich nicht), wie man stets hört und liest. Aber ein herrliches Gefühl war's doch, als wir abends in unseren kleinen Booten auf dem See einen Sturm erlebten, während über die dunklen Waldmassen der Wetterstein mit der Zugspitze von weichem Mondglanz umwebt sich erhob. Ich nahm mir von diesem See ein größeres Bild mit, das in meinem Stübchen vor mir hängend, mich stets an die weihevollen Stunden dieses Abends erinnern wird. Daß wir vier unter uns äußerst vergnügt waren und nach mancher unschuldigen Fehde immer wieder in die Bahn der Übereinstimmung und Jugendfreude einlenkten, kannst Du Dir denken. Zöbner war ein sehr verdienstvoller Reisemarschall, Fritz, der absolut keinen Ortssinn besitzt, ließ sich jeden Berg wiederum als den (gleich anfangs bestiegenen) Herzogstand aufbinden und erfreute uns überhaupt durch sein naives Naturburschentum, nicht am wenigsten im Essen und Trinken, wo er wirklich Herzerfreuendes leistet. Hier in M. leben wir nun wieder recht gemütlich zusammen, verabreden täglich unter großen Schwierigkeiten Mittag- und Abendlokal, gehen auch manchmal in Concerte und Theater. Die M. Hofbühne hat nur meinen sehr eingeschränkten Beifall. Außer Possart u. wenigen anderen finde ich die Schauspieler recht mäßig (wenigstens im Verhältnis zu dem großen Ruf) die Oper scheint etwas besser zu sein, doch ist mir »der Bajazzo« v. Leoncavallo, für den ich schwärme und den ich in Bresl. u. Dresden vorzüglich habe geben hören, hier ganz verdorben worden. Übrigens, Dresden hat mir gut gefallen. Von der Sixtinischen Madonna bin ich gar nicht mehr fort gegangen (sie erinnert mich übrigens etwas an Sascha – was meinst Du dazu?) ebensowenig vom Standbild Webers vor dem Zwinger, wie auch dieser und die andern Baulichkeiten und Denkmäler dieses Stadtteils meine aufrichtigste Bewunderung weckten. Wäre nicht meine l. Mutter mit mir gewesen, ich hätte vielleicht Mehden aufgesucht. Hier besuche ich von Zeit zu Zeit die Kunstsammlungen, die sehr schöne Gemälde enthalten; die 4 Kindergruppen von Murillo sind meine ganze Liebe. Zu dem Großartigsten gehört auch der »betlehemitische Kindermord« v. Rubens. Von meinen Collegien ist das anregendste und wundervollste W. H. v. Riehls Kulturgeschichte des 18. u. 19. Jhdts. R. ist selbst Dichter und Kulturhistoriker und an Geist und Gemüt eine gleich seltene Erscheinung. Mit meinen Besuchen bei den großen Herrn bin ich noch immer im Rückstande. Man stellt sich den Wert solcher Empfehlungen aus der Ferne ganz anders vor – sie haben auch ihre Schattenseiten u. kosten maßlos Zeit, wenn man sie nie an den Mann bringt.

Eben, da ich mir eine Cigarrette mache und dabei nach einer Schachtel für den Tabak fahnde, fällt mein Blick auf die runde, kleine, worin Du mir das Jesuitenköpfchen mit den verunglückten Marken schicktest, und, dem Gedankengange, den Du bei Sendung dieser papierenen Brieftauben hattest, folgend, ergreift mich eigentlich ein bischen Reue und Scham, daß ich Euch so selten schreibe. Aber glaube mir, liebste Freundin, ich stecke in einer derartigen Hochflut von Antwortbriefen, daß ich kaum einmal zu eigner Arbeit besonders nicht zu einer dauernden Lektüre komme. Also zürne mir nicht und entschuldige mich mit meiner

Schwerfälligkeit im Korrespondieren, mit der ich leider nur zu thatsächlich behaftet bin.

[*Nachträglich eingefügt:* 28 v] Gestern war ich bei Max v. Haushofer, Prof. der Jurisprudenz und Dichter und Schriftsteller (Geschichten aus dem bayrischen Hochland, Arbeitergestalten aus unsern Bergen etc.). Er empfing mich sehr herzlich und freundschaftlich, unterhielt sich lange mit mir und versprach mir, wenn ich den Winter noch bliebe, mich in sehr anregende literar. Kreise einführen zu wollen. Jetzt im Sommer ruht eben alles Gesellschaftliche. Auch ist hier nicht mehr die glanzvolle Periode der Münchener Dichterschule von einst, wo ein Geibel, Dahn, Ebers, Schack, Heyse etc. in ihrem Klub »Die Krokodile« mit jugendlichem Feuer um die Palme der Dichtung stritten. O wie wenig Sonne, wie wenig jener glühenden Schönheit birgt unsere zerrissene Zeit, wonach meine innerste Seele dürstet.

Unsere Zeit kann im Allgemeinen nur zwei Typen hervorbringen bez. die Menschen nur in zwei Kategorieen heranwachsen lassen. Entweder sie macht sie weichlich, weibisch, zaghaft und gedankenscheu oder ernst, herb und resigniert. Sei überzeugt, meine Liebe, daß ich stets die aufdringliche Faust der Zeit, die das Ewige gern auf kurze Frist umklammern und entwerten möchte, zurückstoßen u. immer wieder danach ringen werde in den höchsten Fragen über den Jahrhunderten zu stehen.

Aber kein Mensch kann sich ganz ihrem Einfluß entziehen.

Doch nun leb' wohl für heute, meine geliebte Freundin, hab' nochmals herzl. Dank für die ausführlichen Nachrichten über M. und grüße sie wie den lieben guten Onkel Moor, dem ich innig für seine freundliche Karte danke, und alle Deine Lieben nah und fern vielmals, und sei selbst von Herzen gegrüßt und geküßt von

Deinem
treuen Christian.

Fritz und die Zitelleute grüßen natürlich herzlichst.

178. AN FELIX DAHN [IN BRESLAU].
[MÜNCHEN, 1.6.1893]

Mein hochverehrter Meister! *Nimmt die Erlaubnis, Dahn schreiben zu dürfen, wahr, drückt ihm* Gefühle des Dankes und der Verehrung *aus. – Äußert sich anläßlich der Fronleichnamsprozession verärgert über* diese Maskerade heuchlerischen Pfaffentums. *– Ist von Prof. Haushofer freundlich aufgenommen worden, hat die übrigen Familien, an die Dahn ihn empfohlen hatte, jedoch größtenteils nicht angetroffen. – Berichtet über sein Studium, zeigt sich besorgt, daß ihn die künstlerische Atmosphäre Münchens zu stark von der Wissenschaft ablenken könnte.*
N.:[Konstanze Bomhard].Max von Seydel.Jensen.Rossbach.Lotz. Herr und Frau Prof. Possart. Kayssler. Ebers. Brauer. Hellmann. v. Amira. v. Riehl. v. Brentano. v. Carriere.

179. AN CLARA OSTLER [ORT UNBEKANNT].
MÜNCHEN, 5.6.1893

Mein liebes, teures Clärchen!
Soeben komme ich von einem reizend gemütlichen Abend nach Hause, den ich bei Deinen lieben Eltern verlebte und wo ich nur Eines – aber dies recht sehr – vermißte: Dich, mein liebes süßes Cousinchen ...
In letzter Zeit habe ich nicht viel zustande gebracht, dafür aber keimen mehrere Pläne in mir, besonders durch die Bergtour angeregt. Ich will mich vielleicht im Sommer in Tirol an »Bergphantasien« versuchen, wo ich einmal, abweichend von meiner Gewohnheit, nur Erlebtes, Geschautes, Empfundenes wiederzugeben, mich ganz einem phantastischen Zuge in mir überlassen will, den ich schon manchmal in mir habe aufblitzen fühlen, und der sich schon einmal in dem Märchen »Der Bergstrom« andeutend geäußert hat.
Die Berge haben Dich zuerst deprimiert? Ich verstehe es, aber wir Menschen bleiben trotzdem die größeren. Denn was wären die Berge, wenn sie einmal ins Weltall hineinragten, wenn sie in keinem Menschenauge sich spiegelten, wenn nicht ein lebendig

Herz sie als groß, schön und erhaben empfände, wo wäre der Täler Reiz und Lieblichkeit, wenn ihr Anblick nicht in einer fühlenden Brust das Urteil weckte: sie sind reizvoll und lieblich, d.h. in meiner Anschauung.

Das Menschenherz ist ein Saitenspiel, in den Wind gehängt, ein Brennspiegel, unter die Sonnenstrahlen gehalten; nimm Harfe und Glas fort, so existiert kein Klang und keine Glut mehr und was wir die »Welt« nennen mit ihrer Schönheit und Mannigfaltigkeit hört auf zu sein. Was bleibt, ist ewige, eigenschaftlose Substanz. Darum sind wir größer wie die Berge, wie die Natur – wir geben dieser Welt erst Inhalt und Bedeutung, wir prägen und werten sie erst zu dem, was sie ist.

Und je reiner und eigenartiger ein Saitenspiel gestimmt ist, desto wunderbarer wird es tönen. Es ist derselbe Wind, der meilenweit über die Heide braust, aber es sind tausend verschiedene Akkorde, die er hervorruft, jubelnde, klagende, Harmonien und Dissonanzen.

Dazu kommt allerdings noch, daß durch Regen und Kälte einzelne Saiten springen oder doch verstimmt werden können – und das ist, bildlich gesprochen, der Einfluß der äußeren Verhältnisse auf uns, das milieu, in dem wir leben.

180. AN CLARA OSTLER [ORT UNBEKANNT].
      MÜNCHEN, 5.6.1893

Mit meinen Besuchen habe ich fortgesetzt das gleiche Pech. Possart mußten wir drei Mal aufsuchen. Er war ziemlich kurz und sprach meinem Freunde (Fritz Kayssler) wegen seines markanten Gesichts die Liebhaber- und Heldenrollen ab, welches Urteil mir geradezu lächerlich vorkommt...

181. VON MARIE GOETTLING. SORAU, 18.6.1893

Stellt fest, ein »blauer« Brief *bedeute* im Allgemeinen nichts Gutes, *der Ms sei* auch nicht hervorragend *gewesen*, was die Stimmung oder Verstimmung betrifft. *Auch* K. *schreibt* trübepimpelig.

Es müsse wol wieder der Zeitgeist daran schuld sein. – *Hat Sudermanns »Sterbelied« gelesen, meint, wenn er es ernst meine, werde er sich umbringen oder jedenfalls nicht heiraten, woran sie aber nicht glaubt und sich deshalb* zu seiner Nachfolge im Geiste *nicht verpflichtet fühlt.* Meinen Mädels gefällt das Leben durchschnittlich auch noch [...]. Guck, Du alter Junge, es ist halt wieder einmal ein Zaun zwischen uns beiden, und wenn ich Dir darüber hinweg die Hand schüttle und sage: Glaub's, h i e r geht es sich besser!, – so machst Du Dein altes zweifelndes Primanergesicht und troddelst über selbst in den Weg geworfene Steine mühsam, und – – etwas hochmütig weiter. Ihr meint: demütig und vertrauensvoll sein, sei Weiberart. Ach was ist dann Euer Weltschmerz? [...] Eigenes und fremdes Leid will b e k ä m p ft, nicht, wenn auch noch so ehrlich, beklagt sein. – So nun hast Du Deinen Text, schreib' keinen solchen sündhaften Brief, wenn Dich nicht nach Antwort darauf gelüstet. – *Er werde im Juli noch* Onkel Moor *und Bauer zu sehen bekommen; sie erkundigt sich, ob die beiden zu den Weichlichen,* oder zu den Herben *gehören. Berichtet über Urlaubspläne – sie warten noch auf Reisezuschuß vom Minister – und fragt M nach den seinen.* Und Du bleibst den Winter über auch noch in M? – *Berichtet über ihre Mädchen. Magdas Bruder hat ihr sehr gefallen. – Die kleine Enkelin von* Onkel Crusius, *Hildegard, ist gestorben. –* Deine Silhouette fanden Alle recht gut, vielen Dank dafür, auch für die vielen Bilderchen, die du bei K.s Besuch damals schicktest, – ich vergaß das immer beim Schreiben. – *Bittet zum Schluß:* Nicht wahr, nicht so bald wieder auf Blaupapier? Jung, gesund und so reich veranlagt, es wäre nicht recht!! *Grüßt von* Allen. – *Als Postskriptum erzählt sie, wie* die kleine Käthe T. *sich in den Himmel phantasierte. Glücklich angelangt,* nahm auch sie der Zeitgeist in die Klauen und gab ihr ein neues großes Bedenken ein: »Wie komme ich aber wieder herunter, wenn es mir oben nicht gefällt?«

N.: Migro. Weiss. Gerhard [*Goettling*]. *Mucklima.* M. u. M. *Magda* [*Beblo*]. [*Frau Beblo*]. *Mar. Sascha. Deren Eltern.* – *Kiefersfelde. Breslau. Posen. Reichenhall.*

182. Von Carl Ernst Morgenstern.
Breslau, 19.6.1893

Mein lieber Sohn
Wenn sich in meiner Brust bloße Abneigung zu Haß steigert u. mir nur die Erinnerung ein Gefühl schärfster Bitterkeit erweckt, so trägt die Art u. Weise, wie von der andern Seite die ganze Angelegenheit aufgefaßt zu werden scheint wesentlich dazu bei. Es ist zum Verzweifeln wenn man sich auf andere Menschen verlassen muß. Ich, der die geborene Pünktlichkeit u. Gewissenhaftigkeit bin selbst in der kleinsten Kleinigkeit, kann durch solche Saumseligkeit zu heller Wut gebracht werden. Was hilft mir da alle Liebe, alle Freundschaft, wenn man so im Stich gelassen wird, wie es mit der Beihülfe Peintners respektive mit Deinem Berichte darüber nun geschehen ist. Wenn sowol Du als Peintner auch nur die leiseste Ahnung hättet, was ich leide, so müßte ich längst erfahren haben, ob die Unterredung stattgehabt u. was für ein Resultat sie ergeben. Du bist krank gewesen. Dadurch warst Du verhindert zu Peintner zu gehen, letzteren aber hättest Du durch einen Deiner Freunde bitten lassen können, in der Mittagspause einen Moment Dich zu besuchen u. er wäre sicher gekommen. Du hättest mir dann längst ausführlich berichten können. So aber irre ich umher, voll Unruhe, voll Ungewißheit, unfähig etwas zu arbeiten, bis diese verfluchte Geschichte erledigt ist. Seit Schobelt todt habe ich keine Seele, der ich mich anvertrauen kann; denn Riesenfeld ist doch kein Freund in dem Sinne des Wortes u. kann ich ihm nicht so sprechen, wie ichs Schobelt gegenüber getan. Du hast eben wie Peintner keinen Begriff, in welchem aufgeregten Zustande ich bin. Gerade der Grund, warum ich den Sommer abwartete, das unaufsehliche Abwickeln des ganzen Prozesses im Interesse beider Parteien gelegen, wird nun so frivol von der Gegenpartei ignorirt. Morgen den 20. Juni war Termin anberaumt. Ich mußte etliche Male zu meinem Rechtsanwalt, jedes mal ein saurer Gang u. erfuhr heute, der gegnerische Rechtsanwalt beantrage morgen Vertagung, weil er noch keine Klare Erklärung abgeben könne, seine Mandatarin sei noch zu keinem Entschluß gelangt, er stehe noch in Correspondenz etc. Ich verstehe das einfach nicht. Ich habe das Gefühl, wenn schon,

denn aber rasch. Ich kann weder eine Hoffnung, noch eine Beruhigung oder eine Genugtuung darin finden, die Sache recht lange hinzuziehen, nur um andern Leuten die Freude eines feudalen Stadtklatsches zu verschaffen. Durch die Versäumung dieses Termines ist erreicht, was ich vermieden wissen wollte, das hinausziehen über den Umzug, u. damit ist nun dem Geklatsche Tür u. Tor geöffnet. Was daraus entsteht, welche Folgen das für mich, für Dich nicht minder, wie für die Gegenpartei hat, wollen wir abwarten. Ich gehe meinen Weg mit eiserner Consequenz geradeaus fort zu dem Ziele das ich mir gesteckt. Ich bin aber unnachsichtig gegen jeden der es wagt, sich mir in den Weg zu stellen. Du kannst Dich dann dort bedanken für die Rücksicht, die auf Deine Existenz genommen worden ist.

Wir wollen hoffen, daß das Gericht noch vor dem 15. Juli den Gerichtsferien einen weiteren Termin anberaumt. Es wird Deine Sache sein mit Peintner zu verhandeln u. ihn zu bitten, er möge unter allen Umständen – aber auch ungesäumt, denn die Zeit draengt – dahin wirken, daß es in diesem Termine zu einem Urteile kommt, d.h. daß dem Rechtsanwalt der Gegenpartei kurz u. bündige Erklärungen gegeben werden, welche nicht erst eine Beweiserhebung oder sonstige Verzögerungen im Gefolge haben. Ich bin von vornherein bereit, alle Schuld auf mich zu nehmen. Also darnach, sollte man glauben, könnte der andere Teil doch auch culant handeln. Ich bin geradezu empört über die Nichteinhaltung des ersten Termins, ich sehe dahinter weder Liebe noch Hoffnung, sondern Verstecktheit u. Bosheit oder Dummheit. Ich schreibe an Dich nicht bloß weil Du mein Sohn bist, sondern weil in gewissem Sinne Deine Zukunft sehr schlimm u. wider Erwarten alterirt werden könnte, wenn die Gegenpartei mich hier unmöglich macht. Als einfacher Landschafter kann ich weder Alimente zalen, noch Söhne auf Universitaeten schicken. Also Vorsicht! u. nicht indolente Gleichgültigkeit, die Sache ist verflucht ernst. Ich habe nur einen Schmerz, daß ich andere Menschen jetzt brauche. Mein Walspruch »selbst ist der Mann« hat mir immer einzig u. allein im Leben durchgeholfen. Leb wol für heute lieber Sohn u. verstehe mich!! Es umarmt Dich Dein getreuer Vater.

183. AN MARIE GOETTLING IN SORAU.
MÜNCHEN, 27.6.1893

München 27. Juni 93.
Geliebte Freundin!
Warum hast Du mir das »Sterbelied« nicht mitgeschickt, welches
so passend für meinen jetzigen Zustand wäre? Derselbe ist nämlich schon seit mehr wie 14 Tagen ein mir durchaus unsympathischer, indem ich nämlich – erschrick nicht – einer nicht ganz
ungefährlichen Sache halber – sitzen muß.
Wie unglaublich ich mich darüber ärgere, daß mir auf solche Weise der Rest des schönen Semesters verhunzt wird – denn es kann
unter Umständen noch eine ganze Weile dauern (heute findet wieder eine Untersuchung statt) kannst Du Dir lebhaft denken. In
solcher Lage lernt man erst den Wert der Freiheit kennen!
Ich sitze also seit bald 14 Tagen auf meinem Zimmer fest, von
Bronchialkatarrh, Husten, Fieber und Rheuma – nicht, wie Du
nach der ersten Seite vielleicht vermutet hast, von der Polizei – in
strenger Haft gehalten.
Diese lieblichen Übel entfalten nun in mir geschäftiges Wirken
und kümmern sich wenig um meinen Zorn, sowie sie auch den
Medikamenten wie Emser, Milch, Kefyr, Chreosotpillen, Brusttropfen, Inhalieren etc. vorläufig noch im Großen u. Ganzen trotzig gegenüberstehen. Das Ganze ist die Folge einer Erkältung, die
ich schwer hätte vermeiden können, sodann aber der Schlußstein
langen Nicht-ganz-wohl-Befindens schon seit Wochen.
Das Klima ist, wie so vielen, auch mir absolut unzuträglich, weshalb ich auch den Winter nicht mehr zurückkehren darf und also
wohl in Breslau studieren werde. Im Juli, wenn ich im Allgemeinen wieder gesund sein werde, wie ich hoffe, muß ich dann gleich
ordentlich Bergluft streben – wo: das wird erst beraten. Doch nun
zu etwas anderem.
Du hast auch ein merkwürdiges Pech, daß Du von Sudermann
immer gerade das Traurigste in die Hand zu bekommen scheinst.
Ich lese gerade jetzt zufällig mehrere seiner Romane und kann
nur sagen, daß ich sie wahrhaft dichterisch finde. Man muß dem
Mann seine Mucken lassen. Er ist ein melancholischer Charakter.
Jetzt ist er, der schöne, kräftig-große Mann vor lauter Überarbei-

tung (denn er soll fabelhaft arbeiten) menschenscheu und nervös geworden. Warum soll er da nicht auch einmal ein Sterbelied machen? Er ist übrigens äußerst glücklich verheiratet mit einer jungen hübschen und liebenswürdigen Frau, welche ein Halbjahr an seiner Seite, meist auf Reisen, verbringt, das andre Halbjahr ihren Gatten ganz seiner Muse überläßt, selbst zu ihren Eltern in Leipzig zurückkehrend.

Da wir gerade bei Literatur sind – hast du Die Weber (De Waber) von Gerhart Hauptmann schon gelesen. Wenn nicht, so möchte ich Dir sehr dazu raten, wenn Du die manchmal etwas derbe Sprache der Weber nicht scheust. Ich halte dieses Drama für das genialste, unvergänglichste der ganzen modernen Schule in künstlerischer Hinsicht wie hinsichtlich seiner packenden, erschütternden Tragik. Es ist kein Tendenzstück, wie so viele behaupten, es spielt ja in den 48er Jahren, und, wo einem eben pure wenn auch unliebsame Wahrheit entgegenstarrt, da hört das Wort Tendenz auf Geltung zu haben. Wenn man die bisherige Entwicklung Hauptmanns verfolgt hat, so ist man berechtigt von ihm das Größte zu erwarten. –

Daß ich Deinen lieben Vater und B. hier nicht begrüßen kann, schmerzt mich natürlich ungemein. Und nun erst, wenn Du dabei wärst, was ich sehr hoffe! Ach, ich bin wütend auf mich wie nie. Wozu B. u. Onkel Moor gehören? Zu den Herben natürlich. Ich weiß nicht mehr genau wie ich diese charakterisierte, aber der Grundzug war wohl, daß ihnen das Leben keine Illusionen mehr vormachen kann, weil sie ihm zu tief ins Auge geschaut haben. Was aber bei beiden die Herbheit mildert ist – bei Deinem lieben Vater – das feste, schöne Gottvertrauen und – bei Schulrat Bauer die milde vergebende Weltanschauung des Humors. Solch eine Weltanschauung ist aber nicht das Werk eines Tages und drum darfst Du mir nicht zürnen, wenn dies auch bei mir nicht der Fall ist. Ich kann nicht einfach über den Zaun springen »weil es sich drüben besser geht«. Ich glaub' Dir's von Herzen gern, aber ich bin kein Anhänger des Grundsatzes »ubi bene ibi patria«. Fließen die Wege einmal zusammen und endet also der Zaun, so soll's mich am tiefsten freuen. Aber immer hin- und herklettern kann ich nicht. Eine der höchsten Tugenden ist vernünftige (nicht starre) Konsequenz. Du bist konsequent, fordere von mir nicht das

Gegenteil. Und dann – »was unser Weltschmerz ist?« Es ist der Schmerz über eine einerseits unsäglich elende, beklagenswerte, leidvolle und andrerseits ganz erbärmliche, schlechte, selbstsüchtige Welt, wie sie augenblicklich vorliegt.
Ob man diese Welt nun liebevoll, oder verständig betrachtet, ob man persönlich alles zu verzeihen u. zu erklären sich bestrebt – die Thatsachen bleiben und je mehr man im Leben diese Thatsachen sieht, desto mehr wird und muß man von Schmerz ergriffen werden.
Daß es einmal besser wird, will ich ernstlich hoffen, jederzeit meines Lebens aber mich durch fröhliche Zukunftshoffnungen über die Gegenwart hinwegtäuschen lassen kann ich nicht.
Ich will gar nicht leugnen, daß es noch viel Schönes, viel edle Menschen noch auf der Welt giebt, aber sie sind nur wie ein aufleuchtendes Lächeln um den vergrämten Mund eines unendlich leidvollen Antlitzes.
Drum, wenn unsere modernen Schriftsteller das Leben schildern wollen, geben sie meist so traurige Bilder. Sie stehen unter dem Bann dieses Antlitzes. Aber es wird ja alles besser werden; aus Blut und Leichen wird eine gereinigte Kultur erstehen, die für alle sein wird, die ihrer wert sein werden. Und es werden gesündere, edlere und glücklichere Menschen geboren und der Himmel wird wieder blauer und die Sonne wieder leuchtender werden.
Von dem Angesicht der Menschheit wird die dumpfe Trauer weichen und sich lösen in ein stilles Freuen und nur ein wehmütiger Zug um den Mund wird noch an einst erinnern, als wollte er sagen: Was habe ich gelitten und geduldet!
Vielleicht geht es auch langsamer, wer weiß es. Also geliebtes Schwesterherz, laß Dir nicht gar zu bange werden, wenn mich wie jeden denkenden jungen Mann unserer Zeit mein Weg eine Weile durch den Pessimismus führt, vor dem Du übrigens kein so großes Grauen zu haben brauchst, da ja auch der Grundcharakter der christlichen Religion, welche uns doch diese Welt als e. Welt voll Leiden und Sünden hinstellt, ein durchaus pessimistischer ist.
Du kannst deshalb ganz getrost sein, daß ich wie immer derselbe bleibe, auch in meinen Idealen u. Bestrebungen. – –
Denk' mal, es ist sehr leicht möglich, daß ich in 3, 4 Wochen schon wieder in Schlesien bin. Mein Vater, der bei Salzbrunn

mit s. Schülern Studienaufenthalt nimmt, will mich durchaus
bei sich haben und ich soll mich dort völlig auskuriren. Am
Ende kann ich da im Herbst 'mal zu Euch 'rüber fahren. Das
wäre reizend! Natürlich nur, wenn's Euch gelegen käme. Der
alte liebe Pastor Cr. hat mir recht leid gethan, grüße ihn bitte,
herzlich von mir. – Ob Franke mir böse ist? Ich bringe kein
Libretto für ihn fertig, es thut mir aufrichtig leid. Will er 'mal
ein paar Lieder? Auch ihm viele Grüße. Den beiden »durchschnittlich lebensfrohen« Mädchen bitte ich Dich, zu sagen, ich
würde ihnen diesen schlimmen Rat, den sie Dir gaben, nie
vergessen. Ich hätte nun auch an sie den Glauben verloren. Im
Übrigen grüße sie herzlich, besonders Magda.
So, nun Schluß für diesmal.
Übrigens wie kommst Du in Deiner Schlußphantasie gerade auf
Käthe Tischer? Dies Bild beunruhigt mich. Mag sie ruhig oben
bleiben u. mit dem Zeitgeist Krokett spielen, ich sehne mich
nicht, daß sie herunter kommt.
Wenn Du mir 'mal schreiben möchtest, besonders wegen der Rei-
se, wäre ich Dir sehr dankbar. Ich muß doch noch ca 8 Tage das
Zimmer hüten.
Die herzlichsten Grüße an Euch Alle, bes. d. lieben Onkel Moor.
Dich selbst grüßt u. umarmt aufs herzlichste, innigste
                                    Dein treuer Chrischan.
(Vergiß Gretl B. nicht)
Daß Du übrigens die Reise mitmachst! Sonst komme ich nie
wieder nach Sorau! Ihr könnt ja den Teppich versetzen.
Dass Ihr meine Silhouette gut fandet beweist schlagend, dass Ihr
gänzlich vergessen habt, wie ich aussehe. Na ja.

184. VIELLEICHT AN FELIX DAHN [IN BRESLAU].
      MÜNCHEN, 4. 7. 1893

Mein hochverehrter väterlicher Freund! *Dankt für die* lieben warmen Zeilen und die meist so ehrenvolle Kritik, die Sie an meinen
Versen und der Studie geübt haben! *Dies war ihm um so ermun-
ternder, als er wegen seiner relativen Unproduktivität in den letzten
Monaten schon mutlos geworden war. Vor allem die Ablehnung*

zweier Gedichte durch den »Zuschauer« hat ihn verletzt und an sich irre gemacht. Erbittet deshalb die Auskunft, ob der Adressat dem Urteil des Redakteurs zustimme oder nicht. – Fährt wahrscheinlich schon am 11.7. nach Nieder-Adelsbach zu seinem Vater. – Bittet, ihm auch in der Ferne *die Freundschaft zu bewahren, ebenso das* schöne Recht, *manchmal um Rat fragen zu dürfen. – Grüßt die* liebe Familie. [...] Ps. Herr Dr. E. Müller schreibt: »Zu unserm Bedauern sind die etc. Gedichte für unser Blatt nicht geeignet, da sie nicht kräftig u. eigenartig genug sind. Wir senden dieselben daher mit verbindlichem . . . .
N.: *Bad Salzbrunn. Kiefersfelde.*

185.   VON CARL ERNST MORGENSTERN.
       NIEDER-ADELSBACH, 15.7.1893

Zeigt sich besorgt wegen Ms Krankheit, meint aber, wenn M alles genau befolge, werde er mit Sicherheit im Herbste die Sache vollständig los sein. *Hat einen Brief von Clärchen an M nachgesandt. Grüßt auch von* Frl. Liese.
N.: *München.*

186.   AN FRIEDRICH KAYSSLER [IN MÜNCHEN].
       REINERZ, 17.7.1893

Es ist so kalt, daß die Finger zu steif und starr zum Schreiben *sind*. Seit gestern gießt es als ob der Pfarrer Kneipp Herrgott wäre und seine Menschenblumen einer Radikalkur unterziehen wollte. Na bei mir Oppositionsmenschen erreicht er blos, daß ich Schnupfen kriege. – *Gibt genaue Anweisungen, wie sich Kayssler bei Ostlers verhalten soll. Er soll Clara nach Kräften aufheitern.* Sie hat sich den Abschied so zu Herzen genommen, daß ich recht besorgt um sie bin. – *Hofft, den Brief an sie bald fortsetzen zu können, damit Kayssler ihn ihr bei seinem Besuch am 22. geben kann, andernfalls beim nächsten Besuch oder gemäß der Verabredung. Kayssler soll auch bei Ostlers viel von M und Bad Reinerz erzählen, damit, wenn Clara genau Bescheid weiß, niemand an einen geheimen Briefwechsel zwischen ihr und M denkt.*

N.:[*Goethe:»Faust«*].*Kayssiers* Gräfin.*Zitel.Zöbner.*[*Amélie M*].
Sitterers.

187. AN CLARA OSTLER [VERMUTLICH IN MÜNCHEN].
[REINERZ], 17.7.1893

Nicht in ihnen – nur in der Klarheit, in der lebendigen Kraft, im edlen Wollen und Ringen, im steten Kampf mit sich selbst, ist Schönheit, Segen und Glück [...] Du sollst Deine Jugend genießen, sollst nicht über betrübten Träumen die reiche strahlende Wirklichkeit entfliehen lassen, sondern frohsinnig und nachdenklich zugleich in diese seltsame, wunderdurchwobene Welt schauen, glücklich werden und glücklich machen.

188. AN CLARA OSTLER [VERMUTLICH IN MÜNCHEN].
[REINERZ], 17. – 21.7.1893

Gegen Abend. Eben komme ich vom Kefyr-Trinken zurück. Es ist ein wahrhaft herzerfreuender Abend geworden und die Gegend liegt in entzückender Schönheit da. Ach, wenn ich sie Dir selbst zeigen könnte! Du mußt Dir ein liebliches Waldtal denken, links und rechts meist mit Fichtenwäldern bedeckte Höhen, der Grund von einem frischen kleinen Bach, dem Weistritzwasser, durchstürmt. Im Anfang der Talmulde breite sonnige Wiesen und Kornfelder. Dazwischen Villen und Häuser im Dorfstil.»Meine« Villa ist so ziemlich das letzte vornehmere Gebäude, ein gesundes, sauber gehaltenes und schmuck aussehendes Haus mit zierlichem Giebel, Balkons und einer kleinen offenen Veranda.

Die Aussicht könnte man sich nicht idyllischer denken. Vor dem Haus eine grüne Wiese, dann der traulich rauschende Bach, dicht von Bäumen aller Art umsäumt, dahinter ein mit Wiesen, Feldern und zerstreutem Buschwerk bedeckter Hügel ansteigend, dessen Höhe ein herrlicher tiefdunkler Fichtenwald kränzt. Darüber der Blick ins unendliche All.

Wie oft schon habe ich mich in diese Unendlichkeit hineinzusenken versucht, aber es gelang mir fast nie, und dann nur für Sekunden. Man kann es nur, wenn man die Kraft hat, alles um sich und

Juli 1893

in sich zu vergessen und gleichsam den Geist losgelöst in die ewigen Weiten zu schicken. Oh, wer sich jederzeit in einem Moment so über die Dinge um sich erheben könnte! Denn was uns drückt und quält, was uns ruhelos von Stimmung zu Stimmung jagt, es ist zumeist das Kleinliche, Nebensächliche des Alltagslebens, in das wir uns häufig viel zu eng verstricken lassen. Gehen doch die Menschen unserer Zeit nicht wie souveräne Herrscher durch ihr Reich, die Welt, sondern wie Sklaven, unter unzählige Joche gebückt, die sie sich selbst oder die ihnen die Verhältnisse schaffen. So wird durch eigene Schuld und Druck von außen die herrliche Menschengestalt zusammengeschnürt mit dem Strick des Vorurteils, der Indifferenz, der Selbstgefälligkeit, der Unwissenheit, und andrerseits des Kampfes ums tägliche Brot, bis die Brust kurzatmig wird und trüb das Auge, daß ihr die Wälder vergeblich duften und ihr umsonst Sonne und Sterne strahlen. Denn der große, tiefe Schmerz schnürt nicht ein – er weitet. Er tut dies wenigstens, wenn wir das Unglück nicht als rohen Schicksalsschlag auffassen, sondern wie alles nur als ein Glied in der Kette, nur als einen Faden oder ein Muster in dem Gewebe der ewigen Notwendigkeit, als etwas, das kommen mußte und niemals hätte anders kommen können. Vor dieser Auffassung, die bei tieferem Nachdenken zur festen Überzeugung führt, muß alle Furcht und alle Verzweiflung weichen. In ihr gewinnen achtlos vergessene Worte der Bibel auch für den außerhalb des Kirchendogmas neue wunderbare Plastik.»Es fällt kein Sperling vom Dache ohne den Willen Gottes« und »wisse, es sind aber Deine Haare auf Deinem Haupte alle gezählt«. Es fielen mir gerade diese zwei Sprüche jüngst ein und ich werde diesen Gedanken noch weiter verfolgen. Und liegt nicht mehr Trost und Schönheit in dem Glauben, daß alles sich gesetzmäßig, folgerichtig, naturnotwendig entwickelt, als wenn ich mir denke, daß einem blindwütigen Zufall mein Leben und das meiner Mitmenschen preisgegeben wäre. Nein: »Zufall« ist nur ein bequem-kurzer sprachlicher Ausdruck für: »uns nicht sofort (oder unsern beschränkten Sinnen überhaupt nicht) erklärliches Ereignis«. – Müssen wir uns da nicht töricht und schwach schelten, wenn wir uns in trostloser Verzweiflung gegen Geschehenes auflehnen? Der wahrhaft Fromme nimmt alles Üble als Gottes Schickung in Demut hin, in seinem natürlichen Gefühl trifft er das Richtige, dasselbe, wozu man – wie wir sahen – auf dem Wege des Nachdenkens gelangt.

Doch wohin habe ich mich verirrt: Von Aussicht zu Aussicht. Und wer weiß ob Dir die letztere so gefällt wie die erstere.

Da ich aber nun einmal angefangen habe, Dir Gedanken zu machen, so muß ich Dir auch die Fortsetzung zu Obigem versprechen. Denn sonst möchtest Du denken, es sei – wenn es mit diesem seine Richtigkeit habe – das Bequemste, die Hände in den Schoß zu legen und zu sagen: ich kann ja doch nicht ändern, was kommt – ich mag tun, was ich will, es ist ja alles schon bestimmt. Das ist grund- und kernfalsch und ich hätte Dir nie diesen Aussichtspunkt verraten, wenn ich nicht ein Fernglas bei mir hätte, um Dir zu dem Vordergrund auch einen Hintergrund zu zeigen, oder ihn wenigstens deutlich ahnen zu lassen. Denke übrigens nicht, daß ich der Erfinder dieses Fernglases sei. Die Gläser haben eigenartige Meister geschliffen und meine Arbeit besteht bloß im Schrauben, im Stellen der Linsen, daß Dein und mein Auge das Entfernte möglichst klar erkennen.

21. Juli

Und dann denke ja nicht, daß ich selbst dies schöne Fernglas stets am Auge hätte – ich möchte wohl, aber ich verfalle stets wieder in das, was ich tadle und bekämpfe.

Sehr gefesselt fühle ich mich hier von den ziemlich zahlreichen polnischen Juden mit ihren hohen Schaftstiefeln, langen Kaftans, hohen Mützen und den langen vollen Bärten. Ihre meist hochgewachsenen, doch meist etwas gebückten Gestalten erinnern mich stets an die alttestamentarischen Patriarchen; ich gäbe was drum, wenn ich einen kennen lernen und ihn über seine Anschauungen etc. hören könnte.

Nicht zum Grübeln will ich Dich auffordern, denn das ist krankhaft, sondern zum beiläufigen Denken über dies und jenes, zu immer festerem Glauben und Vertrauen daran, daß eine ewige Harmonie besteht, in der sich die etwaigen Disharmonien unseres kurzen Einzeldaseins auflösen werden. Daß »dem, der immer strebend sich bemüht« auch die Verheißung gilt: »den werden wir erlösen«.

Jean Paul sagt so richtig: »Nur der ist glücklich, der versteht, zwischen Erde und Himmel, zwischen dem Leben und Schaffen

auf der trauten Scholle und hohem forschenden Gedankenflug zu den Sternen richtig abzuwechseln.«
Zum Lesen bin ich noch wenig gekommen, doch habe ich einen berühmten Roman von einem der besten englischen Humoristen begonnen – und bin ganz außer mir über das überaus herrliche, großartige Buch. Echt englisch breit, aber neben den barocksten, geistreichsten Einfällen ein Humor und eine feine, feine Ironie, die mir köstlicher duftet wie die Blume feinsten Rheinweins. Man sieht so und so oft des Dichters Antlitz aus den Blättern hervorgucken, ein malitiös-verbindliches Lächeln um die eigen zuckenden Lippen, dabei ein grundgutmütiges, liebes Gesicht mit wetterleuchtenden Augen und hoher tiefgefurchter Stirne, so einer, der auf die Menschlein lächelnd und zärtlich herabblickt und auf sich selbst dazu und ausruft: »Kinder, ist das eine schnurrige Welt! Und eine törichte, verblendete Welt! und eine schöne, herrliche Welt!«»Kinder, werdet doch vernünftiger! Nein, da tappen sie mitten in die Pfütze, und nun das Geschrei und die Hilflosigkeit, Madame, es ist ja zum Totlachen. Und Madame sind sonst so klug!« Und dann grollt und poltert er wieder über diesen und jenen faulen Fleck. Kurz, ein Prachtkerl. Den Namen erfährst Du später. Auch sonstige Werke dann, wie ich versprochen. Sag mal, hast Du eigentlich viel Sinn für Humor? Im allgemeinen ist er bei Frauen so selten wie der Ortssinn. Leider, leider. –
Daß Dir, was mein Arzt orakelt hat, Sorge macht, ist gar nicht nach meinem Sinn. Ich frage immer wieder: warum solche Sorgen? Ich bin ja gar nicht krank. Und außerdem liegt mein Todestermin doch gar nicht in diesem Jahrhundert. Ich habe es Dir doch fest versichert. Ich halte den landläufigen Aberglauben für Beschränktheit; aber ich habe es mir nun einmal in den Kopf gesetzt, daß mir vorläufig nichts zustößt. – – –

189. AN FRIEDRICH BEBLO IN SASSNITZ.
REINERZ, 22.7.1893

Bad Reinerz gefällt ihm und bekommt ihm gut. Berichtet über das Kurleben. Grüßt Beblos Mutter und Schwester. Dankt für Beblos Karte.

190. An Amélie Morgenstern [in Starnberg, München oder auf Reisen]. Reinerz, 26. 7. 1893

Bad Reinerz, Landhaus 26. Juli 93.
Meine liebe Mutter!
Heute ist gerade der zehnte Tag meiner Kur in Reinerz aber trotzdem bin ich noch so wenig zum Briefschreiben oder gar zu irgend einer Arbeit gekommen, daß ich eingestehen muß, daß ich als Universitätsstudent weit unbeschränkter in meiner Zeit war als jetzt als Kurgast. Früh morgens um ½ 7 Uhr muß ich schon aus dem Bett, um im Kurgarten drei Gläser »laue Quelle« mit warmer Ziegenmolke im Abstand von 20 Minuten zu trinken, ein Getränk von geradezu verächtlichem und unbeschreiblichem Geschmack. Gegen 9 Uhr komme ich meist zurück – ich wohne ca 6 Min. außerhalb des eigentlichen Bades – trinke Kaffee und unterhalte mich ein wenig mit Hausbewohnern – es sind etwa 20 Parteien – um ½ 11 frühstücke ich, um 12 gehe ich ins »Daheim« Mittag essen, was der wunde Punkt des ganzen Tages ist, da mir, zumal Du mich, liebe Mama, in den letzten Wochen darin sehr verwöhnt hast, das Gasthausessen von Tag zu Tag mehr zuwider wird. Es gäbe ja noch den Ausweg, table d'hôte zu speisen, aber abgesehen von dem Kostenpunkt, habe ich es nach einmaligem Versuch wieder aufgegeben, da ich vor Langeweile und Ärger – es dauerte fast 1 ½ Stunden – ganz krank wurde.

Nach Tisch muß ich schlafen, gegen 3 kommt der Kaffee und in den folgenden Stunden begebe ich mich wieder in den Kurpark, um dort bei mäßiger Musik meinen Kefyr zu trinken. Nach 7 oder 8, je nach der Witterung, die im Allgemeinen hier frisch ist, soll ich auf meine Stube und dann ziemlich zeitig zu Bett. Dieses muß ich zu meinem Bedauern nun auch vormittags 1 Stunde frequentieren d. h. nur an den Tagen, wo ich früh ein Mineralbad nehme.
Trotz dieser ganzen Pflege jedoch u. größter Schonung will das Exsudat nicht weichen, was vielleicht schon der Fall wäre, wenn Dr. Bursian, der mich doch sonst so verständig behandelt, nicht in diesem Punkte mich unbegreiflich oberflächlich informiert und mir nicht gestattet hätte, nach Belieben zu gehen, auch zu steigen (was mir jetzt untersagt ist), kurz, wenn er mich mehr auf die Sache aufmerksam gemacht hätte. Wird eine Rippenfellentzün-

dung chronisch, so bildet sie eine ständige Gefahr für die Lunge, und dafür danke ich.
Mit der Wohnung habe ich es hier recht gut getroffen. Herr Scheffels, den ich zufällig in Glatz traf, empfahl mir sie. Es sind 2 Häuser, ein älteres und ein ziemlich neues, das eine mehr im Bauernhausstil, das andere villenartig, zusammengefaßt unter dem Namen »Landhaus«. Es liegt, wie gesagt, e. Strecke hinter dem Kurplatz, tiefer in dem reizenden Waldthal, das von mäßigen dichtbestandenen Höhenzügen gebildet und von dem Weistritzwasser durchflossen wird. Die Gegend ist sehr lieblich u. anmutig, natürlich nicht so großartig wie im bayrischen Hochland, aber durch eine Menge kleiner landschaftlich reizvoller Partieen ausgezeichnet.

Zu Lektüre und dergl. bin ich im Gegensatz zu den letzten Wochen recht wenig gekommen, meine einzige Erholung – aber dies auch im wahrsten Sinne – bildete der humoristische Roman des großen engl. Humoristen Laurence Sterne »Leben u. Meinungen des Herrn Tristram Shandy«, was ich Dir sehr zu lesen empfehle, da es, wenn Du über die echtenglische Breite hinwegkommst, unendlich viel Köstliches und Originelles enthält. Es geht mir mit diesem Werke ähnlich wie seinerzeit mit Odhins Trost von Dahn. Meine Phantasie erhält e. kräftigen Stoß in der betreff. Richtung u. wird angeregt Ähnliches hervorzubringen. Doch ich gelange zu der Einsicht, daß man e. großes humorist. Werk erst auf der Höhe seines Lebens schreiben kann, da eine ganz unglaubliche Vielseitigkeit, u. ausgedehnte Bildung u. eine Fülle von Erfahrungen u. Beobachtungen dazu erforderlich ist, weit mehr als beim gewöhnlichen Roman. Denn in diesem ist die Handlung, in jenem die Stimmung, die Art zu sprechen, der geistreiche Gedankeninhalt, die Originalität das Hauptmoment. –

Wie hat sich denn Franz, der vielbesprochene, angelassen? Dir und Deiner lieben Schwester geht es hoffentlich gut. Bist Du schön öfters in der Ausstellung gewesen? Und was ist Deine Meinung darüber? In der Hoffnung, recht bald von Dir, liebe Mutter, einen Brief zu bekommen u. indem ich Dir meinen herzlichsten, innigsten Dank für die treue Sorge, die Du mir während meines Krankseins erwiesen, nochmals ausspreche bin ich mit herzlichem Gruß u. Kuß
                    Dein dankbarer Christian.

191. VON FRIEDRICH KAYSSLER.
[VERMUTLICH MÜNCHEN, JULI 1893]

Bittet M, Kaysslers Tante Mehner, die auch in Reinerz ist, anzusprechen und ihr von München zu erzählen.
5 *N.: Eine verheiratete Cousine Kaysslers. Ein Vetter Kaysslers. − Goerbersdorf.*

192. VON FRIEDRICH KAYSSLER. MÜNCHEN, 11.8.1893

Entschuldigt sich wegen seines blödsinnigen *Briefs, den er aus einer öden Laune heraus geschrieben habe. − Hat von Ostlers keine wei-*
10 *tere Einladung erhalten, weil er ursprünglich am 4. hatte abreisen wollen. Konnte auch Clara nicht treffen und deshalb auch nichts von M ausrichten. Fragt, ob er wohl, da er nun doch in München bleibe, noch einmal eine Antrittsvisite machen könne. − Begründet und verteidigt seinen Entschluß, in München zu bleiben. − Berichtet von*
15 *seinem Besuch bei Schneider. − Möchte Genaueres über Ms Gesundheitszustand erfahren, das ist ihm wichtiger als die* interessantesten *Briefe. − Bittet M, Ostlers mitzuteilen, daß er in München bleibt, da er auf Verkehr in dem Hause hofft. − Berichtet von Museums- und Ausstellungsbesuchen, die er z.T. gemeinsam mit Isaak*
20 *unternommen hat. Neben einem schlafenden Faun (Glyptothek) und Bildern des Malers Schindler (Glaspalast) hat ihn vor allem Franz von Stucks Bild »Die Sünde« in der Sezession beeindruckt, das er noch einmal ansehen will. − Bittet nochmals um Nachricht über Ms Gesundheit.*
25 *N.: Kaysslers Vormund. Kaysslers Gegenvormund. Coebners. Dr. Schech. Sitterers. Kaysslers Wirtin. Riesenfeld. Der Reinerzer Arzt. [Carl Ernst M]. Lina. Der Mann von Kaysslers Wirtin. Der Vater von Isaak. Weese. Volkmann. Seine Frau. Zitel. Oskar Anwand. Belbo. [Amélie M]. [Eine Tante Ms].*

193. AN FRIEDRICH KAYSSLER [IN MÜNCHEN].
NIEDER-ADELSBACH, 19.8.1893

19. Abends 93. August.
Nieder-Adelsbach bei Salzbrunn.
Geliebter Freund!
Schon spät bei Kerzenlicht. Eben mit m. l. Vater mich über
Münch. unterhalten, dabei an Dich lebhaft erinnert. Lieber
Kerl! Will Dir gar kein. weiteren Brief heute schreiben nur ganz
flüchtig, sonst verderbe ich mir d. Augen. Herzl. Dank natürl.
für sehr lieben Brief u. Beilage. Mein Befinden sehr gebessert.
R.f. entzündung noch nicht völlig geheilt, aber weit gemildert.
Gefahr weg, doch Schonung, besonders nicht zu weit u. schnell
gehen. Ich bin vorsichtig, denn es hängt ja mein Leben daran,
also sei beruhigt. Mein Leben erscheint mir zur Abwechslung
einmal wieder wertvoller, wie früher. Ich scheine nämlich wirklich ein Dichter zu sein. Ich habe Dir oft von meinen Perioden
erzählt. Nun, die jetzige Periode, seit Anfang Reinerz, hat mir e.
Stil und eine Leichtflüssigkeit der Phantasie u. Kombination
geboren, über die ich selbst erstaunt bin. Sobald ich ein Thema
habe gelingt mir die Ausführung mit spielender Schnelligkeit.
Aber wie lange wird es währen! Ich schreibe eine Anzahl humoristisch-satirischer Aufsätze, die ich, wenn sie die Zahl 13 erreicht haben unter dem Titel »Pillen« in Verlag zu bringen
versuchen will.
[*Nachträglich hinzugefügt:* Z. Teil ganz krauses Zeug, tolle Phantasiegeburten. Einige Titel »Fronleichnam« »Feigenblätter«
(Glyptothek) »Verismus«, »Aus Michelshübel« »Crinoline« »3
Gedichte« »Mein philosoph. System« »Zum Kapitel der Erfindungen« »Graf v. Aix« »Mein Freund Wutfleck« (diese z. Teil
noch unfertig.)]
Doch gebe ich mich keinen Illusionen darüber hin, daß den Sachen noch Vieles abgeht, obschon sich mir selber darin e. Gestaltungskraft verrät, die mich stolz u. selig machen könnte, wenn ich
kein so arger Skeptiker an mir selbst wäre. Immer mehr frappiert
mich an meiner Art zu schreiben, der knappe schlagende Dialog –
von jeher eine Liebe von mir – der allenfalls auf dramatische
Begabung hinwiese, doch damit wollen wir noch warten. O wie

gern möchte ich allem Schönen u. Hohen Worte leihen u. die
Menschen damit erfreuen; denn ich fühle wohl, daß ich auf andre
Weise ihnen nie sonderlich viel nützen werde. –
Was ich Dir zu lesen empfehle u. was mich unglaublich angeregt
hat ist Lorence Sterne »Tristram Shandys Leben u. Meinungen«
(Reklam 1441–45). –
Badeerlebnisse verschiedentlich u. z. Teil sehr interessant. Besonders e. junges Mädchen aus Breslau gesehen – bildschön, ein Königskind; will mir nicht aus dem Kopf. O ich unglückliche Künstlernatur! Wie oft werde ich noch nicht umhin können, die Schönheit immer wieder schön zu finden u. sie anzubeten. Denke Dir,
welch stolzen Namen – Cornelia. Sie ist eben e. Königskind, ich
weiß keine andre Bezeichnung für sie. Habe ihr auch anonym am
Tage m. r Abreise e. kostbares Rosenbouquet geschickt mit der
stolzen Widmung: »Einem Königeskinde ein Sänger der Zukunft.« Aber Todesschweigen darüber!! In vollstem Ernst! Kein
Mensch weiß 'was davon. Ich habe keine Ahnung, ob sie e.
Ahnung hat, nur das weiß ich, daß sie es gnädig aufgenommen. –
Na genug, meine Augen brennen, leb wohl lieber alter Junge,
bleib' brav u. sei herzlich umarmt von Deinem treuen Chrischan.
Briefsache beigelegt: Ich kann direkt schreiben. Nächstens
schreib ich Ostlers von Dir. Bin zu sehr Egoist jetzt in litteris.
Herzl Grüße an Linning.

194. AN FRIEDRICH BEBLO IN BRESLAU.
NIEDER-ADELSBACH, 21. 8. 1893

Beglückwünscht ihn, daß er das Schriftliche *erfolgreich hinter sich gebracht hat und bedauert, daß sie den Winter nicht zusammen sein können. – Bad Reinerz hat ihm gutgetan. Ist seit 14. 8. hier, geht im September nach Breslau und will einige Tage nach Sorau zu Goettlings.*
N.: *Isaak.* [*Magda Beblo*]. [*Frau Beblo*]. *Die* Opposition. *Saßnitz*.

195. AN ELISABETH RECHE [IN NIEDER-ADELSBACH].
NIEDER-ADELSBACH, 22.8.1893

Legt nach einem Wortwechsel mit ihr seinen Standpunkt schriftlich dar. Mein Standpunkt ist durchaus der eines Werdenden. Ich bin entfernt davon, mich für fertig zu halten, aber ich weiß auch, daß ich mit Thränen und Schweiß seit langen Jahren emporklimme, daß ich rastlos strebe und ringe, ein möglichst edler, uneigennütziger, hülfreicher Mensch zu werden. *Da die meisten hierzu allenfalls Ansätze machen und ihr Ziel bald aufgeben, fühlt er sich berechtigt, sich ihnen geistig überlegen zu fühlen.* Es ist der heiße Trieb in mir, den Schein zu entlarven, die Nuß in ihrer Hohlheit aufzuzeigen und das Gift auszubrennen, wo ich es finde. [...] Gerade weil ich die Menschen liebe, sage ich ihnen die Wahrheit; mein Spott ist nur die verkappte Bitte: Warum denn so blind, so unvernünftig, so unehrlich – du könntest ja so gut über der Verspottung stehen, wenn du nur wolltest! – Und die bittere Satire ist nur eine Versicherung an die Gemeinheit, daß sie als solche durchschaut und verachtet ist.

196. AN CARL ERNST MORGENSTERN [IN NIEDER-ADELSBACH]. [NIEDER-ADELSBACH], 24.8.1893

Fiktiver Dialog, höchstwahrscheinlich mit Elisabeth Reche, bei dem es um den Nachweis geht, daß der Mensch kein warmes Herz haben dürfe, weil das Danach-Leben heutzutage nicht möglich sei.

197. VON CARL ERNST MORGENSTERN.
[NIEDER-ADELSBACH], 24.8.1893

Bezieht sich auf Ms Dialog und betont, daß man bei Frauen keine Logik suchen dürfe, gerade die Person, an die Du apostrophierst, ist absolut unfähig objektiv über eine Sache zu sprechen. [...] Der Mensch hat – sehr oft – seine Zunge, um seine Gedanken zu verbergen u. diese Weisheit – keineswegs Falschheit – ist dem

Weibe gegenüber, – wenn es sich nicht um Liebe u. Treue handelt, stets zu beobachten [...]. – Ms Lebensauffassung sei zwar in gewissen Grenzen zu billigen, aber er betont, daß M finanziell nicht in der Lage sein werde, seine Ideale zu verwirklichen. Es sei seine
5 Pflicht, sich jetzt über einen zukünftigen Beruf klarzuwerden. Erst wenn er eine feste Stellung habe, könne er dichten und schreiben nach Herzenslust.
N.: Kotsch. Heilmann. Baumgartner. Dahn.

198. AN CLARA OSTLER [VERMUTLICH IN MÜNCHEN
10   ODER BAD TÖLZ]. BRESLAU, 11. 9. 1893

Mein teures liebes Cousinchen!
... Sieh, das läßt mich so schwer ans Jus herangehen: Ich fühle zuweilen die Kraft in mir, Tausende einst fortzureißen und erfreuen zu können, – es ist vielleicht nur Illusion, – aber ich fühle
15 sie nicht dazu, dem Inhalt der dicken Bände in meinem Kopf ein festes Heim versprechen zu können. Ja, wenn ich jetzt noch umsatteln könnte; wenn ich wüßte, daß ich noch ein langes Leben vor mir hätte, ich wagte vielleicht noch den Sprung und würde Philologe oder Historiker. Aber das ist es eben: Ich habe
20 noch nie in meinem Leben mich zu dem Glauben aufschwingen können, daß ich sonderlich alt werden würde, und ohne, daß mich diese Meinung irgendwie direkt beunruhigt, übt sie doch indirekt Einfluß auf mein Denken und Trachten, indem mir beständig die Mahnung vorschwebt: Bringe, was du der Welt
25 etwa zu sagen hast, möglichst schnell unter Dach und Fach, ehe es zu spät ist.
Aber, wie gesagt, ich werde schon um der Selbstachtung willen von diesem Semester ab meinem künftigen Berufe, dem mein Herz nie abgeneigt war, auch meinen Kopf mehr wie bisher zur
30 Verfügung stellen.
Es wird mir dies schon dadurch erleichtert, daß ich mich den Winter sehr werde schonen müssen, so daß ich wahrscheinlich zum abendlichen Ausgehen, sowie auch zur Eisbahn (was mich sehr schmerzt) weniger kommen werde, als früher.
35 Die Wochen in Reinerz verflossen mir aufs angenehmste und

September 1893 173

eindruckvollste. Im Hause fand ich lieben und teilweise auch für mich sorgenden Verkehr.

Am 15. August reiste ich durch das äußerst anmutige Glatzer Hügelland nach Salzbrunn, wo mich mein lieber Vater bewegten Herzens empfing und nach Nieder-Adelsbach brachte. Dort wäre ich nun sicher ganz geheilt worden, hätte nicht die diesjährige Witterung so heftige Stürme und Kälte im Gefolge gehabt, daß meine Lunge ihr Angegriffensein mir nochmals fühlbar machte. Am 1. September kehrten wir hierher zurück und ich fühle mich bereits wieder viel wohler. Am 25. nun ungefähr werden wir in die neue Wohnung umziehen und ich will zu Beginn des Umzugs nach Sorau in mein liebes poetisches Pastorhaus flüchten, jenes zweite wundersame Heim, das mich mein gütiger Stern auf meinem Lebenswege finden ließ, in dem ich so unaussprechliche Anregungen empfing. Könnte ich Dich doch mit diesen herrlichen Menschen bekannt machen. –

Noch etwas muß ich aus der Adelsbacher Zeit nachtragen: Denke Dir, ich habe angefangen mich im Malen zu versuchen und der Eibsee im Sturm bei Mondbeleuchtung (wie ich Pfingsten auf ihm fuhr) ist mir immerhin in der Stimmung so gelungen, daß ich bedaure, nicht vor vier Jahren schon angefangen zu haben, da ich sonst vielleicht doch noch Künstler – das einzige, wozu ich taugte – geworden wäre. Bei »Künstler« fällt mir mein lieber Freund Fritz Kayssler ein, der jetzt in Kochel weilt und den Winter in München bleibt. Du und Deine lieben Eltern würden ein gutes Werk tun und ihm und mir eine herzliche Freude machen, wenn er hie und da (natürlich nicht zu oft) zu Euch kommen dürfte – er steht gar so einsam und verlassen da. Eltern hat er keine mehr, seine Verwandten ersetzen ihm diese wohl auch nicht ganz. Und er ist ein so grundguter treuer Mensch und eine echte Künstlerseele. – –

Daß Du den Berliner Dialekt auch in einer so tragischen Situation komisch findest, passiert Dir nur, weil Du Münchnerin bist. Ich versichere Dich, hier, wo man ihn so gewohnt ist, wirkt er ganz richtig. Du wirst im Herrgottschnitzer z.B. gewiß nicht lachen, weil dies eben Deine heimische Mundart ist. Denn Dialekt an sich ist doch nicht störend und lächerlich, ist vielmehr doch oft weit gemütvoller, anheimelnder und zugleich ausdrucksvoller als unsere abgeschliffene, konventionelle Schriftsprache.

199. AN MARIE GOETTLING [IN SORAU].
BRESLAU, 14.9.1893

Breslau 14. Sept. 93.
Liebes Schwesterchen!
Herzlichsten Dank für Deine lieben Zeilen vom 29. August.
Also wenn es Euch recht ist komme ich Montag den 25. Sept.
'mal zu Euch hinübergefahren, Ihr Lieben. Erkennungszeichen:
Der Koffer aus dem vorigen Jahrhundert. Doch muß ich Euch,
obwohl im Allgemeinen gesund und munter, leider wiederum
versichern, daß mir der Arzt, der die Pleuritis zwar in Reinerz
geheilt, einen leichten Lungenspitzenkatarrh aber für noch zurückgeblieben erachtet, äußerste Vorsicht geboten hat, wenn ich
nicht den ganzen Winter mir verderben will. Eine Hauptsache
ist wenn ich weiter dem Grundsatz »Leben u. leben lassen«
huldigen will, für's erste dem Satze »Rauchen u. rauchen lassen«
nicht zu huldigen. Sonst muß ich mich nur noch vor Erhitzung,
Zug, kalter Nachtluft, Blitzschlag, Hagel, Erdbeben, Belagerungsnöten, Kellerluft, Bädern im Bismarckspringbrunnen, Besuchen beim Chef, Komplimentiren bei Tischlers, Migra-Umarmungen, Schnur[?]bart-Beleidigungen, Gedichte-Hersagen auf
dem Marktplatz, großem Geldaufwand, Mangel an Tinte und
dergleichen ernstlich hüten.

Nun noch ein Wort zu Deiner Beruh[i]gung, meine liebe, teure
Marie. Ich glaube Du äußertest eine leise Besorgnis, ich könnte
bei Euch dort zu sehr im Allgemeinen aufgehen – aber Du weißt
ja nicht, meine Liebe, wie sehr ich mich gerade nach Dir und
Deinem lieben Vater sehne und wie glücklich ich sein werde,
wenn ich recht viele Stunden Euch beide oder einen von Euch
ganz allein haben kann. Denn ich habe doch alles Mögliche, worüber ich mich einmal so recht aussprechen möchte – und ich muß
gestehen, so ein treues schwesterliches Herz ist oft das einzige vor
dem ich es aussprechen möchte. – –
Doch nun genug für heute. Wenn Euch alles so paßt, bringt eine
Karte noch genau Zeit u. Ort (!) der Ankunft.
Mit allerherzlichsten Grüßen umarmt Euch
                    Euer treuer Chrischan.

Herzl. Grüße den beiden Mädchen. – Hrzlste Grüsse v. m. l. Vater. Unter Umständen kann übrigens eine Stube bei Euch berühmt (!) werden; die nämlich, in der ich hoffentlich mein erstes dramatisches Stück – ein Lustspiel – vollenden werde. Es kann auch so nicht weiter gehen. 22 Jahre! und noch nichts für die Unsterblichkeit gethan!

200. VON FRIEDRICH KAYSSLER.
MÜNCHEN, 18.10.1893 [UND SPÄTER]

Mein geliebter Chrischan, Du bist noch der alte Bessos u. ich bin der alte Dulos, u. doch – wo bleiben die alten Briefe von 26 und mehr Pfunden? – Ich will Dirs sagen – die kommen jetzt wieder; nicht wahr, Du geliebter Freund, mit Pfunden an Inhalt, Meinungsaustausch, Plänen, Kritik u. Antikritik, Philosophie Deinerseits nicht ausgeschlossen? – Du läßt nichts von Deinen Reinerz-Adelsbacher Produkten verlauten – ich möchte so herzlich gern was sehen, wenn Du ein Manuskript entbehren kannst. – *Von seinem hiesigen Interessenleben kann er Gutes berichten; er beginnt jetzt den bewegenden Atem der Moderne zu schlürfen.* [...] Ich glaube und hoffe, das Feuer, die unwiderstehliche Flamme, von der Du mir vor Jahren gesprochen, schlägt jetzt auf. Die große Bewegung in der Kunst erscheint mir jetzt heilig, wie nie zuvor. Ich fühle, jetzt erst beginne ich, in den Dichtern unserer Zeit etwas Großes suchen zu können, ohne sie immer mit den alten Heroen zu vergleichen u. so vergleichend zu urteilen. Die Herrschaft der Klassiker erscheint mir wie eine Theokratie, die man, weil man die Verehrung für diese Staatsform mit der Muttermilch eingesogen, verlernt hat, menschlich zu betrachten. Man hat uns gelernt, sie unbedingt als etwas Gegebenes zu verehren u. nichts neben ihr gelten zu lassen, was ihren Prinzipien im Geringsten entgegen wäre. Die Revolution wäscht einem schließlich den Kopf u. man sieht ernüchtert ein, was herrlich gut u. groß an ihr gewesen, was von ihr in die Gegenwart paßt u. als geniale Schöpfung stets gelten wird, u. was veraltet, unhaltbar daran geworden. *Er verkehrt jetzt viel mit Werckmeister.* Er ist ein Moderner vom Kopf bis zur Zehe; ich glaube, gerade das Krasse an ihm führte mich unbewußt den modernen Principien näher, sodaß ich sie wahrhaft schätzen lernte. *Er sieht zwar dessen Fehler, aber gewinnt vor allem durch die vielfache Anregung, die er durch ihn bekommt.* Ich lerne interessante Menschen durch ihn kennen, so neulich Ernst v. Wolzogen; ich saß lange mit ihm allein im Kaiserhof; ein fabelhaft grader natürlicher Mensch. Man überwindet sofort die gewöhnliche Scheu vor der »öffentlichen Persönlichkeit« u. spricht, wie einem der Schnabel gewachsen ist. *Kayssler soll ihm vorsprechen,* er will mich für seine freie Bühne kapern, die er hier zu gründen im Begriff ist. [...] »Jugend« u. »Weber« Hauptideeen. – Nein, Mensch, wenn Du an der »Jugend« etwas auszusetzen hast, bin ich böse, sowas rührend natürliches, einfaches ist doch schön. Darin spricht sich ja gerade das Gesunde in der Moderne aus. – *Für seinen Hals ist er hoffnungsvoll; Prof. Schech konstatirte Rachenkatarrh.* Kehlkopf gesund. Ich werde scheußlich ausgebrannt u. soll bald wieder im stande sein, ungehindert memoriren zu können. – Hurrah! Mein Wunsch ist, Weihnachten bei Euch Freunden zu sitzen, Weber vorzulesen, Matinéegedichte u. von mir 2 Sachen, die beiliegen, O wär'sch! Wär'sch! [...] Ich sag Dir, ich bin halb närrisch geworden, als mir Schech diese gute Diagnose stellte. – bald wieder frei sprechen zu können! Arbeiten werd' ich, Rollen lernen, unheimlich! Wenn ich nur so bald das Geld für Schneider-Stunden bekäme. Das muß alles durchgesetzt werden. *Teilt M über seine dramatischen Entwürfe nichts mit,* Du würdest [*Lücke*] Du armer Kerl, daß Du abends kein Theater haben kannst. Warte, ich spiele Dir vor, was Du willst; bitte freundliche Wünsche zu äußern, vor allem aber für meinen Weihnachtsbesuch zu plaidieren. [*Lücke*] [*Dahn hat ihm einen*] so liebenswürdigen Brief *als Antwort auf seinen Dank für »Odhins Trost« geschrieben.* Zu Possart gehe ich, wenn ich gesund bin u. erzähle ihm alles mit Resultat. Das einzig Richtige. [...] Gestern ausgezeichnete Vorlesung von Schneider: letzter Akt: Weber – famos; er selbst Schlesier das packte: »Suste nischt ak heem.« von Holtei – »Der Henker«, Novelle in Versen von Heyse, – Lotti, Novelette (etwa) von Bernstein etc. – Ferner tadelloses Gastspiel von Mitterwurzer am Gärtnertheater. »Der Andere« von Lindau. Total blödsinniges Stück, aber M. ausgezeichnet. *Nennt ferner »Der Silberkönig« und »l'avare«. Fragt nach Hof-*

mann. War er nicht Hamlet? Neulich war ich bei Ostlers, traf nur Frau Bergrat. Deine Cousine kommt Sonntag aus Tölz. – *Erwähnt noch den Tod seiner Cousine Lichtenstädt, bedauert die* armen 3 kleinen Kinder *und auch die* kranke Tante Mehner. – [...] Bald ganz gesund wünscht Dich innigst Dein alter treuer Dulos. Fr. Dr. Beblo u. Magda herzlichste Grüße! Belbo ist glücklich in B. angekommen. Deinem lieben Vater herzlichste Grüße.
Ende des Romans.
Hast Du die »Romanwelt« schon abonnirt? *Empfiehlt auch* »Ein pietätloser Mensch« von Jul. Schaumberger *und* Niels Lyhne von Jacobsen. – *Berichtet, was er von seinen Sachen an Zeitschriften –* »Über Land und Meer«, »Der Zuschauer«, »Ulk« – *gesandt hat und erläutert sein* »Solve miraculum«; *es solle ein* anderer Ausdruck für das Unerforschliche, Rätselhafte jenseits des Lebens sein. – *Hat Hauptmanns* »Einsame Menschen« *gelesen; es* befriedigt nicht, das ist e. Mangel, aber es liegt ein großes Problem drin, das ist der Vorzug. Und gerade dieses Problem macht, daß man nicht befriedigt wird. [...] Na nu addio! Wir hatten aber zu lange nicht miteinander geplaudert.
N.: Freudenthal. Ebers. Weese. Rädisch. Bierbaum: »*Die Herberge*«.

201. AN FRIEDRICH KAYSSLER [IN MÜNCHEN].
BRESLAU, 21.10.1893

Breslau, Paulstr. 4. 21. X. 93.
Lieber alter Freund!
»Heute ist Feiertag« d. h. für alle, welche e. Brief von mir erhalten wollen. Ich habe schon mehrere erledigt, jetzt kommst Du ans Messer.
Zunächst laß Dir die Thatsache ins Ohr träufeln, daß ich bis auf Weiteres d. h. wie Harden sagt »vom Herbst durch den Winter in den sprossenden Frühling hinein« kalt oder eigentlich warm, gestellt bin, indem ich die heimische Ofenbank schmücke und pulmo, pulmonis pulmoni, pulmonem, o — pulmo dabei dekliniere – ein erhebender Anblick.
In dieser situation (spr. situéschen) kam mir natürlich ein Korb

wie der Deine sehr gelegen, und ich stelle Deinem guten Herzen anheim, mir noch manche so geheimnisvoll-unerschöpfliche Körbe, Packete Säcke, Taschen oder wie man es nennen will, zuzustellen. Daß Du jetzt im Oktober eine Art Spätfrühling erlebst, erfüllt mich mit Freude; denn Du schienst sehr lange zugefroren gewesen zu sein, bis nun endlich Werkmeister mit der Hacke der Moderne ein Loch in Deine Kruste gehauen hat. Aus dem Loch scheinen denn nun auch zahlreiche Gefühls- u. Gedankenfischlein aufzu»japsen«, wie ich sagen würde, wenn ich Du wäre. Man wird in der Küche der Reflexion und Kritik sehen, ob und inwieweit diese Fischlein eßbar sein werden oder nicht. – Als Rückschritt muß ich allerdings bezeichnen, daß Du Dir vom Sorauer oder gar M.äer Chef den Rachen ausbrennen läßt, wenn ich auch der letzte wäre, den schließlichen Erfolg zu unterschätzen.

Sehr leid thut es mir auch, daß Du scheinbar nichts mehr an der Alma Mater hören willst, keine Nationalökonomie, Geschichte, Literatur und – ach! Philosophie. Eine Bildungsstufe, die wenig über die des Proletariers hinausragt.

Du weinst? Ja, weine, edler Jüngling, gehe vor's Thor und weine zwischen Weiher und Kirchhof.

Ein Esel über mir stampft unaufhörlich über meiner Stube den Boden, sodaß ich unfähig bin frei weiter zu schreiben. Ich hole daher Deinen Brief hervor, um an der Hand Deiner Mitteilungen u. Fragen fortzufahren.

Du fragst nach meinen Reinerz-Adelsbacher Produkten, aber sie sind im Vergleich zu der langen Zeit, doch kaum der Rede wert. Ich will versuchen die »Feigenblätter« u. das »Interview« (bei e. Floh) im Feuilleton der Neuesten unterzubringen, habe aber nicht viel Hoffnung, obschon das »Interview« unzweifelhaft mehr wie einmal gedruckt werden wird.

Ich leide immer noch an zu schwerfälliger breiter Schreibweise – alle gemütliche Ruhe ist ja in diesem hastigen Zeitalter verpönt. Wenn ich nur wüßte, wer mir die Sachen abschriebe – das ist immer mein größter Hemmschuh.

Auch Gedichte sind wieder einige kleinere entstanden, teils erotischer teils reflektierender Natur. Die formlosen Sachen sind zumteil zu formlos. Auch ein Vorspiel zu einem Lustspiel-Einakter habe ich hingeworfen. Vielleicht nehme ich 'mal später den Ge-

Oktober 1893   179

danken wieder auf. Ich schicke dir einen ganzen Pack, bitte aber um baldigste Rücksendung.
Ein humoristisches Werkchen habe ich für den Winter vor; wenn e. glücklicher Geist über mich käme, könnte viel draus werden. Sed dubito.
Es ist merkwürdig, daß ich in diesen traurigen Zeiten gerade auf humorist. Gebiet mich tummele. Unsere Familienangelegenheit die daraus entspringende Stimmung meines lieben Vaters, meine Krankheit, die augenblickliche Berufslosigkeit und Einsamkeit etc. sind wahrhaftig nichts Scherzhaftes. Der Proceß ist also noch in der Schwebe u. macht m. Vater ganz arbeitsunfähig. Ich begreife diese Menschen da unten nicht. Bei gänzlicher Aussichtslosigkeit auf Versöhnung e. Sache so lange hinzuschleppen, ist frivol und zudem völlig nutzlos. Wie wird das noch enden! Ein aufreibender, lähmender Zustand. –
Ich beneide Dich um Deine Freiheit – Du ahnst gar nicht welch ein Glück es ist, ohne innere Conflikte, wie sie mir mehr und mehr beschieden werden, zu leben. –
Deine Freude an der modernen Kunst u. Literatur fühle ich Dir nach, wenn sich auch mein Blick für ihre Mängel und Halbheiten immer mehr zu schärfen scheint. Es ist eben doch Décadence, Ziellosigkeit, Formlosigkeit, Demokratisierung, Versandung. Jene erhabene, objektive Ruhe und Vornehmheit, jene maßvolle und reiche Schönheit, vor Allem aber jene konzentrierte Gedankenfülle – all das, was wir unter dem Namen Klassik verehren, ist unwiederbringlich dahin.
Wir gehen im Subjektivismus unter. [*Fortsetzung fehlt*]

202.   AN FRIEDRICH KAYSSLER [IN MÜNCHEN].
       BRESLAU, [VERMUTLICH OKTOBER] 1893

Nimm die Summe aller Dramen unserer Jungdeutschen ... Was die Moderne an Inhalt entbehrt, das ersetzt sie durch Radau. Sie will verblüffen, erschrecken, sogar anekeln – nur um neu, »originell«, auffallend zu sein. Aber Originalität ist eine seltene Ware; die Dutzendlichter von heute sind krankhaft aber nicht originell, sie flackern, aber sie leuchten nicht.

Also, liebes Freundesherz, lass Dich – so viel Interessantes und Lebenskräftiges die Moderne auch enthält (das verkenne ich wahrlich nicht) – nicht zu sehr von ihr blenden, und studiere zu Deinen eigenen Versuchen mehr den grossen ureinzigen Shakespeare als den tastenden Anfänger H.

203. AN MARIE GOETTLING [IN SORAU].
BRESLAU, 21.10.1893

Breslau 21. Okt. 93.
Mein geliebtes Mariechen!
Dein gestriger Brief hat mich herzlich gefreut. Du hast Recht, machen wir einen Strich unter das Ganze. Hier ist der Strich: »――――――«.
All die Nachrichten haben mich sehr interessiert und zum Teil Gefühle à la Mr. Skimpole in mir erweckt. Z.B. Marc Twain, welcher mir den Trost giebt, daß auch andre Menschen vor dem Examen sich schinden müssen; Moors Zahnschmerzen, welche mir zum Bewußtsein bringen, daß ich keine mehr habe etc. etc. Auch mir thut es sehr leid Frl. A. Medem nicht kennen gelernt zu haben, ihr Name frei aus dem Volapük übersetzt dürfte »Hausapotheke« (med = Mittel, -em (e. Sammelbegriff ausdrückend)) lauten, was ja wohl bezüglich der Heilkraft, die sie nach Deiner Schilderung ausübt, ganz zutreffend ist.

Du frägst nach meiner Zimmerkur. Nun sie ist vorläufig und, wie ich fürchte, auch den Winter hindurch eine vollständige Haft. Vorläufig, weil ich mir kürzlich hier einen tüchtigen Schnupfen holte und die Witterung jetzt sehr kalt ist; für die Zukunft, weil ich von Riesenfeld, der morgen zu mir kommt, keinen anderen Spruch erwarte.

Es giebt Dinge, die angenehmer sind als dies, zumal wenn es genußfähige unwiederbringliche Jugend ist, welche hier eine Weile kalt gestellt wird.

Indes bin ich entfernt davon, zu klagen; denn es giebt ebensoviele Dinge, die unangenehmer sind, als mein Zustand.

Ein viel größerer Kummer entsteht mir daraus, daß meine juristischen Studien, die ich diesen Winter mit Zitel zusammen energisch betreiben wollte, dabei in die Brüche gehen. Zwar habe ich

mir ein tägliches Pensum aus den Pandekten festgesetzt – aber Vorlesung kann ich doch keine hören.
Zitels Anwesenheit ist mir ein großer Trost. Er ist ein ganzer Kerl. Auch andre anregende Bekannte sind hier. Ich denke mir allwöchentlich einen kleinen rauchlosen Abend einzurichten, wo ich einige bei mir sehe.
Zu Kluge bin ich leider noch nicht gekommen, ich werde ihm Deine lieben Aufmerksamkeiten indes nächstens zukommen lassen.
Fritz K. schrieb mir gestern auf mehreren Bogen Reichsadlerformat wieder einmal einen seiner alten herzausschüttenden Briefe und fügte auch 2 Gedichte bei, die ich ihm aber leider sehr scharf kritisieren muß. Ich wiederhole Dir »Die deutsche Lyrik geht unaufhaltsam ihrer Auflösung entgegen – Schlendrian in Stoff und Form bricht erschreckend herein, der Alltag mit seiner ganzen Banalität entfaltet sich breit und triumphierend im Reich der Poesie.

> Kein Zaub'rer mehr mit gold'nem Stabe
> Dornröschen neu erwachen läßt:
> Die deutsche Lyrik geht zu Grabe –
> Und Scham und Trauer sind der Rest.«

Fritz scheint geistig wieder etwas aufzuthauen, er ist ganz Sturm und Drang, hofft mit Arztes Hülfe bald wieder loslegen zu können – das freut mich sehr für ihn.
Heute erhielt ich zu meiner Überraschung wieder einen Brief von Frl. Martha Krüger. Das arme Kind ist auch zu einsam da draußen in dem öden Nossdorf. Siehst Du, das ist so ein Fall der mich am Anfang der »Studie« ausrufen ließ: Wie oft schon hatte er .... den Wunsch gefühlt, sich in zehn Ehemänner zugleich verwandeln zu können etc.. – Wie viel Freude könnte ich verbreiten, wenn ich z. B. dort als freiender Oberlehrer ankäme, zugleich als Arzt Mukls Schwager und als Buchhändler Bierskats Schwiegersohn würde! U. a. m.
Du frägst was t. i. Gr. C. (nicht N!) macht. Sie ist schön und stolz und wahrscheinlich sehr fleißig und hoffentlich sehr gut und edel. Ich habe sie erst einmal gesehen und gegrüßt, worauf sie gemessen dankte.
Vielleicht kann ich sie im Frühling zum zweiten Mal grüßen.

In Bleakhous bin ich bis etwas über die Wiedersehensszene zwischen Lady D. u. Esther gelangt. Diese E. ist mit unnachahmbarem Liebreiz und Duft geschildert; es ist, als hätte der Dichter in diese Gestalt seine tiefste strömendste Liebe gelegt. Der Roman ist überhaupt grandios. – Die letzten zwei Tage habe ich drei meiner Artikel ins Reine geschrieben (»schaudervoll, schaudervoll, höchst schaudervoll!«) Die »Feigenblätter«, ein »Interview« (bei einem Floh) und »Die zehn Gebote des Verismus«. Ich will sie in d. Feuilleton der »Münchener Neuesten Nachrichten« zu bringen suchen.

Doch nun lebt wohl, Du, mein Durtchen Drachen Spinnweb Malmütterchen Mehlmütterchen, und Du lieber Onkel Moor-Jarndyce.

Mit einem Retoursack voll Grüße

Euer

Chrischan.

Wäsche mit best. Dank erhalten. Zu Beblos leider verhindert zu gehen.

204. AN CLARA OSTLER [IN MÜNCHEN].
BRESLAU, 30.10.1893

... Ich bin nämlich für die ganze Zeit der Wintermonate zu strengster Zimmerhaft verurteilt – gleichviel ob Sturm ob Sonnenschein: eine Kur, welche man trostreich »Italien zu Hause« nennt. Ich hätte nicht geglaubt, daß Italien so langweilig und zugleich so interessant ist. Welch eine vornehme Gesellschaft umgibt mich hier! Die besten und schönsten Geister deutscher Nation und mancher fremden drängen sich um mich und wollen mich ihrer Weisheit voll machen. Dort sitzt der Geheime Rat Goethe mit seinen großen stahlgrauen Augen, Schiller rennt lockenschüttelnd auf und ab, Dickens liest mir sein herrliches Bleakhouse vor, Herder lächelt mir voll Menschenfreundlichkeit zu, indes Heine sein mehr oder minder interessantes Geistesfeuerwerk abbrennt, Nietzsche wütend die Fenster aufreißt und Schopenhauer mir triumphierend zuflüstert: Welch jämmerliches Leben Du da führst! Alles ist eitel.

Das ist alles sehr interessant, manchmal bekommt man sogar Kopfweh davon. Man möchte Luft, Landschaft, Sonnenschein, naive Menschenkinder, Gesang und Lachen und zwitschernde Vögel. Aber das gibt es alles nicht in »Italien«. Und das ist oft sehr schmerzlich und langweilig. Allein man gewöhnt sich an alles. –
In Sorau war es reizend. Weißt Du, das sind Menschen, dieser alte Pastor Goettling und seine Tochter, bis auf den Grund der Seele ehrlich und gut und treu. Da ist kein niedriger und auch kein krankhafter Zug darin. Der Hauch der Gesundheit und der Harmonie durchweht das freundliche Haus. Und wie nennt sich im Grunde der Geist dieses Hauses? Unerschütterliches Gottvertrauen. Der »aufgeklärte Kulturmensch« wird irre an seinem Denken und philosophischen Aposteln dieser einfachen schlichten Tatsache gegenüber. Du mußt nicht denken, daß ich irgend wie von dieser Seite absichtlich beeinflußt würde. Sie wissen, daß ich kein Christ mehr in ihrem Sinne bin und achten meine Gefühle, wie sie auch sein mögen, da sie mir vertrauen, daß dieselben nicht der Leichtfertigkeit sondern der innersten Überzeugung entspringen. Aber das, was ich mit meinen Augen sehe, das Wesen dieser Menschen, das klar vor mir liegt – das macht mich immer aufs neue nachdenklich. Dieses tiefe Streben, gut und edel zu sein, der innere Friede, der dieses Ringen krönt, diese Sehnsucht nach Erlösung, nach Vervollkommnung, diese um eines unsichtbaren Herzens Liebe werbende Liebe – sind es Empfindungen, die man einfach als sentimental, als kindisch, als unberechtigt, als überspannt, als einfältig oder gar als sklavisch verurteilen darf?
Das gibt viel, viel zu denken und ich möchte nicht zu denken aufhören, bis ich mir darüber nicht klar geworden. –
Was ich sonst in meiner Gefangenschaft treibe? Nun, außer dem »Tichten und Trachten, das böse von Jugend auf« war, will ich mich diesen Winter zu einem perfekten English- und Frenchman ausbilden, d.h. nur sprachlich. Da ich nun auch dieses Semester für mein Studium, Jus genannt, verliere, indem ich keine Collegs besuchen kann, so gehe ich mit dem Entschlusse um, dieser unseligen Halbheit energisch und ehrlich ein Ende zu machen und mich meinem wirklichen und einzigen Lebensberufe, dem Schriftstellerberufe mit ungeteilter Kraft zuzuwenden.

Ich bin einmal kein Jurist, wozu also beständig sich und anderen etwas vorlügen. Die Feder ist meine Waffe und das weite Gebiet der Gedanken meine Domaine; – ich will frei bleiben und ehrlich, ich will einen Beruf, in dem ich auch einmal Dichter sein darf, wenn der Geist über mich kommt. Ich habe nur auf dieses eine Los zu setzen, alle anderen sind Nieten, aber dieses könnte ein Treffer sein. Vogue la galère!
Ich gebe mich keinen Illusionen hin, aber ich blicke froher und hoffender in die Zukunft, welche zum mindesten eine Zukunft der Tat und nicht des langweiligen Wartens auf den Tod der Vordermänner sowie hier des drückenden Sich-Ernähren-Lassens und Abhängigkeitsgefühls sein wird.
Aber bis auf weiteres bin ich stud. iur. et cam. wie zuvor und gedenke auch noch einige Semester weiterzustudieren, freilich nur Philosophie, Literatur, Geschichte und Nationalökonomie. Dann, hoffe ich, darfst Du eines Tages adressieren
»Herrn Dr. Chr. M.«

205. AN EINE TANTE [ORT UNBEKANNT].
BRESLAU, 2.11.1893

Sendet Glückwünsche zum heutigen Namenstag. – Wünscht ihr, daß sie im Kreise der lieben Lindls einen gemütlichen Winter verleben möge. – Berichtet von sich, dem Verlauf der Krankheit, der Notwendigkeit, das Zimmer zu hüten, den Auswirkungen auf sein Studium, seinen Hoffnungen und Befürchtungen für die Zukunft etc. Am liebsten würde ich versuchen mit der Feder mir eine Zukunft zu erkämpfen, aber wie schwer ist es, ohne große Connexionen, in die Journalistik oder verwandte Gebiete einzudringen. [...] Der letzte Sommer war einschneidend in meine literarische Entwicklung. Ein humoristischer Roman von Lorenz Sterne drängte mich mächtig in diese in höchstem Sinne humoristische Richtung – wenn irgend eine, so ist diese, neben der Lyrik, die meinige. – *Fühlt sich behütet durch ein Bild seiner Mutter* als Braut, *das über seinem Schreibtisch hängt.*
N.: Goettlings. [*Dr. Riesenfeld*]. [*Carl Ernst M*]. – Sorau. Bergen. Brück. Reinerz.

206. VON FRIEDRICH KAYSSLER. [MÜNCHEN,
VERMUTLICH ANFANG NOVEMBER 1893]

Deine Mitteilung, daß Du bis auf weiteres die Ofenbank schmücktest, nahm ich noch gar nicht so wörtlich, indem ich an schlechtes Wetter u. an die Theater- u. Kneipensperre – des Abends – dachte. *Da er jetzt erfahren hat, daß M überhaupt nicht ausgehen darf, ist er sehr besorgt darüber, aber auch beruhigt, daß M die Sache mit Humor zu nehmen scheint,* ich hoffe nicht, daß Du Dich in Deinen Briefen zu Witzen zwingst, um Dich u. mich zu täuschen.– *Möchte Näheres darüber erfahren, ob M wirklich sein Studium aufgeben muß. – Geht auf Ms lieben Brief ein.* Lieb war er ja eigentlich nicht, – was man so sagt, denn acht Tage Kneipgüsse mit nächtlicher Kurpromenade im Taugrase sind Balsam gegen Deine Kritik. *Deshalb hat er auch mit seiner Antwort erst einmal acht Tage gewartet, dann hat ihn die Ankunft Oskar Anwands weiter vom Schreiben abgehalten. Jetzt gibt er einige Kritikpunkte Ms zu und versucht seine Fehler zu begründen. – Will jetzt öfter Briefe schicken, um M zu erheitern, aber keine Gedichte mehr, wenn sie M doch nicht erfreuen. – Richtet Grüße von Clara Ostler aus. Er war dort neulich eingeladen und hat sich mit ihr gut unterhalten. – Der Brief hat wiederum liegen müssen, da Kayssler das für Beblo zum Geburtstag gekaufte Gedichtbändchen »Erlebte Gedichte« von Otto Julius Bierbaum zuerst selbst lesen wollte. – Dankt für Ms Gedichte* (Zarathustralied; *das vom* Monde u. dem Wesen der Dinge; »Dein Sang ist wahr«; *ein* Waldgesang; *zwei erotische Gedichte; Die* Rülpse; *Das* Elfriederle; *Die* Zahnpatientin). – *Versichert, daß er doch noch studiere, Psychologie und Philosophie, zählt Vorlesungen auf. – Lernt mit Oskar Anwand fechten. – Berichtet kurz von der geplanten Aufführung von Halbes »Jugend«. – War in »Heimat« von Sudermann. – Fragt nach den Breslauer Freunden. – Wünscht nochmals alles Gute für die Gesundheit. –* Schreibe mal Näheres über die Medizinische Venus! War Dein Wunsch erfüllt? Hast Du schon eingesandt! Addio! Umarmung! alter treuer Dulos. –
N.: *Meister Felix. Isaak. Stumpf. Riehl. Shakespeare. Muncker. Güttler. Carriere. Der junge Riehl. Dürer. Uhde. Raedisch. Conrad. Lanius. Heese. Arndt. Die Opposition. Schauer. Zitl.* [*Carl Ernst M*]. *– »Fliegende Blätter«. »Die Gesellschaft«.*

207. AN FRIEDRICH BEBLO [VIELLEICHT IN ODER BEI
BERLIN]. [BRESLAU, VERMUTLICH 10.11.1893]

Lieber Martin!
Da mir eben Deine liebe Mutter bei Gelegenheit eines überaus
freundlich unternommenen Besuches mitgeteilt hat, dass Du eigentlich Martin getauft und nur auf Fürsprache Schillers Friedrich genannt worden bist, so ergreife ich die Feder beim Zipfel,
um Dir die Glückwünsche, welche ich infolge Deiner vor Jahren
erfolgten Geburt heut auf der Zunge habe, hervorzusprudeln.
Eigentlich müßte ich nicht Dir, sondern mir und der übrigen
Menschheit gratulieren, dass Du heute vor einigen Jahren unter
mich und sie getreten bist. [...]
Zum heutigen Feste möchte ich Dir sehr gern Folgendes schenken: Tristram Shandy's Leben und Meinungen von Sterne. Hebbels Tagebücher und Briefwechsel, einen Löschpapierautomaten,
ein Quartett-Tischlied, eine Büchse Hummer, eine Zigarre für
Moor, eine unbeschriebene Bierkarte, eine Flocke vom ersten
Schnee von heute, eine Type von mir, meine Jura und meine
Cameralia, eine Postanweisung auf eine Heubowle, Schnurrbartwichse und einen Theaterplatz. Ich täte es von Herzen gern, aber
ich verfüge seit Äonen nur noch über 2 Fünf- und 1 Zehnpfennigstück sowie eine niederländische 2 ½-Centmarke, welche ich Dir
hiermit als Andenken (ὀλίγη τε φίλη τε) übersende. Im übrigen
quant à moi würde ich besser Zimmer heißen als Morgenstern, da
ich letzteren nie sehe und ersteres mein beständiger 5 monatlicher
gesundmachender Aufenthalt ist. Womit ich schliesse.

208. AN MARIE GOETTLING [IN SORAU].
BRESLAU, 11.11.1893

Breslau, Paulstr. 4/$_{II.}$ 11.XI.93.
Meine liebste Marie!
Briefe sind Stimmungskinder, und Stimmungen waren von jeher
meine force. Was werde ich Dir also heute auf Dein liebes schwesterliches Herz abladen? Ich denke, zuerst den herzlichsten Dank
für Brief und Robertson, über welch letzten ich Dir Näheres

schreiben werde, wenn es mir möglich war, mehr, als bis jetzt, in ihm zu lesen. Ich bin nämlich im Augenblick durch die große Güte befreundeter Personen derart mit Büchern überhäuft, daß mir manchmal angst wird.
Ich werde wirklich in Manchem geradezu verhätschelt. Außer einer Anzahl Freunde, die mich ziemlich regelmäßig besucht, hat mir in den letzten Wochen Professor Max Koch (Literatur), Felix Dahn und Frau Dr. Beblo persönlich die Ehre erwiesen, mich in meiner Gefangenschaft aufzusuchen. Dahn verehrte mir seine »Finnin«, Koch seine neueste kurzgefaßte Literaturgeschichte und Frau Dr. Beblo ein reizendes Bouquet. Mehr kann man sich wirklich nicht wünschen.
Wie viele liebe Freunde habe ich doch – ohne doch eigentlich zu wissen, wie ich zu so viel Teilnahme gekommen bin. – Und doch sehe ich mit Sorgen in die Zukunft. Denn eine Fortsetzung des Studiums ist den Verhältnissen gemäß, wie sie sich allmählich entwickeln, ausgeschlossen. Vom Jus mich loszulösen ist mir kein Schmerz, da ich mit ihm nie verwachsen war. Fahre es in Frieden dahin. Aber auch nicht mehr – etwa zur Philologie – umsatteln zu können, sondern nach Wiederkunft völliger Gesundheit einen rein praktischen Beruf, der bald ein gewisses Einkommen in Aussicht stellt, ergreifen zu müssen ist schon einschneidender. Das gesellschaftliche Moment dabei ist mir ziemlich gleichgültig, wenn der betreff. Beruf es mir nur nicht unmöglich macht, den Künstler in mir immer mehr auszubilden, den ich mit unabweisbarer Kraft mehr und mehr in mir erwachen fühle.
Ob ich als Assessor oder als Comptoirist meine Werke schreibe, verschlägt mir wenig – die Werke, das ist die Hauptsache. Und ob – wenn meine Begabung versagen sollte – meine Person Regierungsrat oder Lehrling gescholten würde, wäre mir in diesem Falle völlig Eines. Denn dann würde ich mich als tote Null fühlen, dann, aber auch nur dann, würde ich wirklich elend sein. Indes wir wollen dies nicht hoffen, da der Baum nicht schießt um auf halber Höhe im Wachstum inne zu halten.
Außer vieler Lektüre, etwas englischer und französischer auch, und der Wiederaufnahme der Stenographie, beschäftigt mich zurzeit ein großer Entwurf, der sich zu einem humoristischen Roman auswachsen soll. Das Grundthema ist wiederum die

Zeichnung eines originellen Kopfes, aber nicht wie in der Studie eines umhertappenden, sondern eines in sich werdenden, selbständig über dem Treiben der Menge stehenden Charakters. Es drängt mich einen großen gesunden Menschen zu schaffen einen ganzen Aristokraten mit suchender Seele und blitzenden Gedanken. Aber wie oft muß ich wie Faust rufen: Hier stock' ich schon! wer hilft mir weiter fort? Als mir vorgestern der Faden der Handlung (die ist überhaupt m. schwache Seite) ausging rang ich geradezu mit mir selber, versuchte auf- u. abrennend durch Aufstellung einer Theorie des Romans weiterzukommen – aber trotz allem Fuchteln u. Stimmenaufwand umsonst. Am Abend kam mir plötzlich eine erlösende Idee, sodaß ich ganz glücklich wurde.

Aber immer wieder fühle ich, was ich Dir schon sagte. Man kann eigentlich einen humorist. Roman, wie ich ihn vorhabe, erst auf d. Höhe seines Lebens schreiben, erst in d. Reife seiner Erfahrungen u. Ansichten. Aber wer bürgt mir, daß ich dieses Alter erreiche. –

Um wieder a. m. Beruf zu kommen so riet mir Dahn von d. Journalistik (als fabelhaft anstrengend u. entwürdigend) heftig ab u. schlug vor, ich sollte sehen in e. Verlagsbuchhandlung zu kommen. Das wäre mir noch d. Sympathischste, zumal ich dann hoffentl. nach Berlin, Leipzig od. Hamburg käme. Und überhaupt – ich dürste nach Leben, nach Selbstständigkeit, nach Eindrücken – ja sogar nach Kämpfen u. Entbehrungen, wenn sie mich nur vorwärts bringen! – Frau Dr. Beblo war unendlich lieb u. teilnahmsvoll und freute sich – wie alle – sehr über m. Aussehen. Die konsequente Kur scheint mir also doch gut zu thun. Ich spüre auch nichts (oder nur sehr selten eine Ahnung) mehr, verdicke mich infolge zahlreicher Nahrungsstoffe u. lasse m. Gesicht von e. stattlichen Vollbart umrahmen. – Allwöchentlich kommt Zitel, Zöbner u. 2 andre Freunde e. Abend zu mir, an dem es äußerst angeregt u. heiter hergeht. D. Vereinigung hört auf d. Namen Sic! (so! hört!). Augenblicklich lese ich Hebbels Tagebücher u. Briefwechsel, tiefsinnige, bedeutsame Äußerungen e.s ungewöhnlichen Geistes. Was hat der Mann durchgemacht! – Bei Euch ist doch hoffentlich Alles wohl? Zuwachs an Schülerinnen? Was machten Boelickes? Floh u. Feigenblatt zurück. Fe.: Papierkorb.

Fl. wird sich rächen! Kann ich schon d. v. Onkel Moor erwähnte Kritik erhalten (zum Schreiben näml.) Zitel: Breitestr. 14./III Grüßt G. Nun Schluß. Herzlichsten Gruß u. Kuß Dir u. Onkel Moor

Dein Chr. M.

An Marc Twain viele Grüße dto an Gretlcetera.

209. VON ALOIS PHILIPP KLUGE.
BRESLAU-SCHWEIDNITZ, 9. UND 14. 11. 1893

Einziger Trost meiner Seele! Du bist mir wahrlich Deinem Namen sinnesgetreu, ein Morgenstern in der Nacht der Leiden und Armseligkeiten, wo ich nur von Irrlichtern falschgeleitet wurde, und nur wenn ich zu Dir hinaufschaue, (denn ach mein Körper sowohl, als auch mein Geist ist kleiner, als Deine Gestalt, das Muster eines Helden oder eines Gottes, oder beider zugleich), nur wenn ich auf Dich meinen irrenden Blick richte, dann kehrt die fast ganz verlorene Hoffnung wieder, noch den Aufgang der Sonne in meinem Herzen zu erleben. – *Ermutigt M, den Weg, den er sich vorgesetzt hat, zu gehen,* und laß Dich nicht graulen, was Du etwa schon gewesen bist oder noch werden wirst. – *Zweifel müßten widerlegt, nicht, wie es in Staat und Kirche gemacht werde, niedergeschrien werden.* Ich glaube wohl, daß Du Dich vor Deinen Gedanken erst gefürchtet, als Du gesehen, daß Nietsche auch mal so dachte. *Er hält aber nichts von Nietzsche.* Nietsche's Ende ist unphilosphisch, denn er ist eher tot, als gestorben, und was schriebst Du in ein Heft der »Zukunft« Randschriften zu einem Artikel c/a ethische Cultur. Das kann nur einem Menschen passieren, der zu viel Verstand, aber zu wenig Gemüth besitzt! Und Du hast Recht. Um Dich ist mir nicht bange, Du hast ein edles, großes Gemüth, Du benutzt Deine Augen nicht bloß, damit Du Dich nicht verläufst, sondern es strömt Dir vom Herzen zum Auge und vom Auge zum Herzen, wie es bei mir der Fall war: Du kamst, Dein Auge sah, Dein Herz siegte! – *Schickt Ms Gedichte zurück und äußert sich positiv über sie.* Aber ich ziehe doch allem Deine humoristisch-satyrischen Essay's vor: Das »Interwiew« war eine sehr gelungene Parodie auf das übliche Interwiewen,

welches eine förmliche Krankheit geworden ist und zugleich auf
das Volapük. Sehr gut sind die Auslassungen über Staatswesen in
den Flohreden angebracht. Bei den »Feigenblättern« habe ich
Dir schon einmal geschrieben, daß zu bedauern ist, daß der längere Schluß weggelassen werden mußte. *Führt aus, daß die unsittlichsten Zeiten diejenigen seien, die am meisten verbergen, daß dadurch die Unsittlichkeit, die vermieden werden solle, erst erzeugt werde. – Will M immer nachfolgen und, wenn M ein zweiter Erlöser der Menschheit werde, ihm nie untreu werden. – Kommt auf seine mißliche berufliche und finanzielle Lage zu sprechen, denn mit seinen* Adressenlieferungen *hat er bisher keinen Erfolg gehabt.*

Hat *(am 14.)* den Brief vom 9. *noch nicht abgeschickt, entschuldigt das mit einer Erkrankung seiner Eltern. Ergänzend zum letzten Brief meint er, es kämen doch auch immer wieder Hoffnungsstrahlen. Er will jetzt zusätzlich die Vertretung einer Schreibmaschine übernehmen.*

N.: *Schiller. Sokrates. Infanteriegeneral von Ziethen. Christus. Solon. Leibniz. Heine. Goethe. Dahn. Nordenskiöld: Reise des Freiherrn A. E. von Nordenskiöld. Johannes. Grübler. Julius Henel. Schenk*[?]. *H. von Korn. Cromwell. – Ottwitz. – W.* Ms: Die Heimkehr; Die Sorgen; An Fr…; Aus inneren Kämpfen; Russentaumel.

210. An Felix Dahn [in Breslau].
[Breslau], 17. 11. 1893

M. h. v. Meister.
Es drängt mich, m. h. M., Ihnen schriftl. noch einmal, m. h. H.[?], für d. liebreiche u. ehrenvolle Anerbieten zu danken, das Ihre opferfreudige Freundschaft mir gemacht hat. Doch werden Sie verstehen, daß ich es nicht annehmen kann, da ich einer zu ungewissen Zukunft entgegengehen würde u. es mir vor Allem daran liegen muß, schon in kürzester Zeit mir etwas – wenn auch wenig – selbst zu verdienen.
Keine äußere Stellung soll mich jedoch unglücklich machen können wenn d. bescheidene dicht. Gabe in mir – wie ich zuweilen zu

vertrauen wage – immer mehr sich ausreifen u. zur Gestaltung
meiner Gedanken u. Erfahrungen drängen wird.
D. Wort Fr. Hebbels Zu mir hat Welt u. Leben nur durch die
Kunst ein Organ spricht e. ähnliches Gefühl aus, wie es mich
beseelt.
Möchte ich Ihnen u. all den vielen [edl]en Menschen, deren Liebe
zu mir gerade jetzt, da ich leidend bin, so reich sich offenbart,
einst beweisen können, daß Sie ihre Teilnahme an keinen Unwer-
ten verschwendet haben.
Mit d. best. Empfehl. an Ihre hochv. Frau Gemahlin bin ich
 In tiefster Verehrung
  Ihr aufrichtig ergebener
   Chr. M.
   17. XI. 93.

211. AN FRIEDRICH KAYSSLER IN MÜNCHEN.
BRESLAU, 18. 11. 1893

18. Nov. Abends 1893. Breslau.
Mein geliebter Freund!
Wenn mein l. Vater u. ich nicht die leise Vermutung gehegt hätten, Du kämest in diesen Tagen hierher, so würde ich Dir schon
eher, meine herzliche Teilnahme an dem traurigen Fall, der Dich
betroffen, ausgesprochen haben. Es thut mir jetzt doppelt leid,
Deine liebe Tante damals in Reinerz nicht aufgesucht zu haben,
um so mehr, da es aus einem kleinlichen Grunde geschah, dessen
Auseinandersetzung Du mir ersparen wirst, und den ich Dich
stillschweigend mir zu verzeihen bitte. Schon in Adelsbach, als
ich erfuhr, daß die Verblichene schon so lange und schwer leide,
fiel mir meine Reinerzer Unterlassungssünde drückend auf's
Herz.
Bitte, sprich gelegentlich auch Deiner verehrten Cousine mein
aufrichtigstes Beileid aus – ich kenne sie doch wohl zu wenig, um
ihr persönlich schreiben zu können. Was wird die arme Verlasse-
ne nun beginnen?
Dein letzter Brief brachte mir wieder – wie jedes teilnehmende
Zeichen der Außenwelt – viele Freude. Es kann mir übrigens stets
nur äussert willkommen sein, wenn Du mir Sachen von Dir

schickst, eben so wie ich Dich dringend um rückhaltloseste Kritik der meinigen bitte, auch wenn ich nichts dazuschreibe. Am meisten freue ich mich auf die Kritik Deines ersten Dramas. Ich hoffe bestimmt, daß ich da eben so von Herzen werde loben können, wie ich die letzten Gedichte tadelte. Aber laß Dir Zeit, ich bin nicht so ungeduldig wie das moderne Publikum, das seine Anforderung an schnelle Produktion auch auf die Welt der Kunst überträgt. Ich selber, der ich Dir doch zwei Jahre voraus bin (zeitlich), glaube nicht, – wenn überhaupt –, vor 2–3 weiteren Jahren mit einem wirklich lesenswerten Werke hervortreten zu können. Die ersten 14 Tage des November habe ich versucht einen »humorist. Roman« zu beginnen u. bin zu etwa 40–50 durchschnittlichen Buchseiten gelangt – um schließlich die Feder aus der Hand zu legen, in der Erkenntnis daß ein auf äußerliche Ortsveränderungen aufgereihtes Zwiegespräch zwischen einem geistreichen jungen Künstler u. mir noch keinen Roman ausmacht. Manches, besonders die phantastische Einleitung mag ganz witzig, vielleicht hier u. da sogar originell sein – aber es ist eben keine Handlung darin. Die Geschichte von den Ovicephalen würde Dich vielleicht auch lachen machen. – Doch gebe ich die Idee dieses Romans keineswegs auf. Sein Titel würde lauten »Konrad Feiersänger's Tichten und Trachten«. Den Namen hörte ich im September in Sorau u. notierte mir ihn sogleich, als an sich schon zu einer Erzählung herausfordernd. Von jüngsten Gedichten scheint mir nur eines wirklich gelungen. Dies aber trotz seiner Kleinheit in Form u. Stoff freut mich, so oft ich's lese [*eingefügt:* * N.1.]. – Sonst geht's mir manchmal geistig recht schlecht. Ein an das Sopha geschmiedeter Prometheus fühle ich mich dann u. wann tief elend, wenn ich merke daß mein einziger treuer Gesellschafter, ich selber, schal und dumm wird, sei es daß die weichliche Zimmerluft, das durch das beständige Sitzen verdickte Blut oder das viele Lesen meinen nur in der Bewegung fröhlichen Geist matt u. unfruchtbar macht. Doch hat dieser Zustand ja auch »sehr viel für sich«. Er hätte unendlich viel für sich, wenn ich produktiv wäre. Aber Du kennst ja diese Laune meines tyrannischen Gehirns, die mich zur Raserei bringt, wenn ich dran denke, welche nach ihrem Belieben meine Gedanken fließen oder stokken läßt. –

Ich muß lachen, wenn ich an den guten Kluge denke, der mich in s. letzt. Briefe beräuchert, als ob er in mir einen Sohn des Jupiter Ammon sähe. Der arme Kerl ist von e. r Überschwänglichkeit in s. Urteilen, daß es mich geradezu unangenehm berührt. Ich habe ihm freundlich aber bestimmt solche verrückte Elogen e. für allemal verwiesen. Ich hoffe nicht, daß er Absichten damit verbunden hat, das wäre eine furchtbare Enttäuschung. Doch es ist Unsinn. – Außer Franz Carls liebem u. rührendherzlichem Zuspruch, habe ich noch eine große Freude, indem sich allsonnabendlich der Verein »Sic!« bei mir abends versammelt, bestehend aus Carl, Zöbner, Münster u. Stahl. Ernste Debatten und urfideler Humbug machen bunte Reihe; es wird gesungen, musiciert vorgelesen und kritisiert u. viel Ulk getrieben. Ein Selt'nes, was mich ungemein freut: Ernst u. Stimmung bei ernsten Fragen; vollständige Heiterkeit im Andersfall.
Doch endlich etwas Besseres, als diese ewige, deutsche Biertümpelei. Münsters Umgang ist mir sehr angenehm u. wertvoll. Er ist weit belesener u. scharfsinniger wie ich, dafür glaube ich höhere Gesichtspunkte zu haben. Sein Besuch – er kommt öfters – ist mir stets e. wahre Erfrischung u. wir disputiren stundenlang, meist über philosophische Themen oder ästhetische Theorieen. Im Letzten ist er mir sehr über, im Ersten ist er mir zu sehr das Echo Nietzsche's und Stirners, während ich mehr zu Schopenhauer hinneige, im Übrigen mich aber an keinen magister irgendwie binde. M. ist auch sonst ein sehr lieber Mensch u. ich hoffe, wir werden uns immer enger befreunden. – Meine Lektüre ist mir für den Winter als eine ersten Ranges gesichert indem Prof. Koch, der mir s. kleine Literaturgeschichte (Samml. Göschen) dedizierte, mir bei e. persönl. Besuch, aufs freundlichste s. ganze Bibliothek zur Verfügung stellte. Der gute liebe Dahn war schon zweimal hier, er hat eine rührende Liebe zu mir. Auch Frau Dr. Beblo war da u. erfreute mich auf's höchste. Die erste Kochsche Sendung bestand in Fr. Hebbels Tagebüchern u. Briefwechsel, u. Otto Ludwig's (Erbförster!) Shakespeare-Studien. An den Hebbelschen Sachen lese ich schon etwa 10 Tage, es sind umfangreiche u. – besonders was die Tageb. betrifft – oft schwierig verständliche Werke. Ein tiefer tiefgründiger Geist wird uns aus diesen Blättern offenbar – ich weiß ihn nicht besser zu charakterisieren, als in-

dem ich ihn »deutsch« nenne. Welches andre Volk hätte solche Gedanken u. solche Lust am Denken u. solche Urkraft der Empfindung! Und über diesen Mann sprach man vor Kurzem noch (bevor diese Aufzeichn. erschienen) halb mitleidig halb verdammend – warum? weil er ein Titan war u. statt mit Gummibällen mit Felsblöcken spielte. Wenn du irgend dramatisches Interesse hast, so schaffe Dir seine Werke an (Hoffm. u. Campe Fr. H. sämtl. W. i. 12 B. à 1 M). Seine Maria Magdalena habe ich ein halbdutzend Mal gelesen – es ist ein unsterbliches Werk. – Könnt' ich Dir diese Tagebücher u. Briefe borgen! Erstere habe ich excerpiert, aber man müßte eigentlich die Hälfte ausschreiben. Ein Aphorismus am andern, oft Dutzende von Seiten. Einer paßt so auch recht auf uns beide: »Zu mir hat Welt u. Leben nur durch die Kunst ein Organ«.

Hierbei komme ich auf mich.

Mit dem Jus ist es aus. Äußerlich u. innerlich. Äußerlich, weil der Proceß u. seine Folgen meinem l. Vater die Mittel nimmt, mein Studium u. gar die Referendariats- u. Assessorzeit weiter zu bestreiten. Daraus folgt, daß das Universitätsstudium überhaupt ein Ende hat. Hätt' ich nur von Anfang an Philosophie u. Literatur belegt u. studiert – aber das kommt davon, wenn man sich zu e. Lüge bestimmen läßt. Jetzt hab' ich nichts als 3 im Zwiespalt zwischen Privatlektüre u. Jus verbrachte Semester. Was nun? Zur Presse? Das wird, wenn man näher zufrägt, als d. Tod jeder Individualität bezeichnet, als aufreibend u. freudlos im höchsten Grade. Dahn ist mit Händen u. Füßen dagegen, auch meint er, meine Gesundheit – diese liebe Zierpuppe – würde es nie aushalten. Auch ist, wenn man nicht etwa beim Sorauer Wochenblatt s. Leben beschließen will, der Dr. mehr wie wünschenswert. Den kann ich aber erst in 3 Semestern machen. Dahn schlug Buchhändler vor.

Das wäre noch in Betracht zu ziehen. Natürl. i. e. großen Verlagsfirma in Leipzig oder Berlin. [( )]»Morgens im Comptoir mit Akten, abends auf dem Helikon«.) Nun ich hätte da wenigstens e. Verleger i. nächster Nähe. Aber wird majesté ma santé die Nachtarbeit ertragen; denn, wann soll ich sonst schreiben? Nun Sonntags, Sonntags! Ach so, freilich. –

Dann dachte ich schon daran, ob ich nicht irgendwo im Süden

mich der Menschheit so nützlich machen könnte, daß sie mir
dafür den heilgen Leib erhielte – in Südtirol oder Italien. Eine
Portierstelle in Apulien oder ein Gondoliere in Venezia. Ich werde
witzig, dank meinem kindlichen Gemüte, das in seinem Glauben
u. Vertrauen auf die Zukunft unendlich rührend ist. Am Ende
springe ich nocheinmal zu Dir auf den Karren u. mache Dich
bühnentot.
Doch Schluß nun davon. Du nimmst es sonst zu ernst. Was steht
hinten auf Deinem Kalender? – Wirklich ernst wird es aber
dann, wenn – was sich dieser Tage entscheiden muß – m. Mutter
nicht endlich einwilligen sollte. Dann allerdings stehen unberechenbare
Dinge bevor. D. Studium fällt freilich auch jetzt schon –
aber dann – ich mag gar nicht dran denken, was ich dann noch
etwa erleben könnte. — Wie freue ich mich auf Dich
zu Weihenacht. Unsre W. wird wohl diesmal ungefeiert bleiben.
M. Vater war vorgestern a. d. Bahnhof, er dachte, Du kämest
vielleicht. Viele herzl. Grüße von ihm. – M. Zustand übrig. ist
sehr zufriedenstellend. – Zitel grüßt Dich oder so etw. Ähnl. – Du
mußt ihm zuerst schreiben, er hat so seine Eigenheiten. – Herzl.
Grüße an Plus. Schreib' recht bald u. viel, schick auch was »Gemachtes«
mit – Deinem treuen Chrischan M.
Besonders von N. II. bitte recht gründliche Kritik. Beides bitte
retour. Zuschauer nicht mehr schicken, habe schon d. Nummer.

212. VON FRIEDRICH KAYSSLER. MÜNCHEN, 24.11.1893

Schickt auf Ms Wunsch einiges von sich (u.a. »Cafélectüre«, ein
Märchen, »Winterabendgedanken«). – Er wäre gern zu seiner
Cousine nach Breslau gekommen, aber sie wird bald zu ihrem Bruder
nach Ensdorf übersiedeln, und Kayssler soll wahrscheinlich
über Weihnachten dorthin fahren. – Freut sich, daß M so lieben
Verkehr u. Besuch *hat und bedauert, daß er nicht bei ihm sein kann.*
– Dankt für die zwei Idyllen; das Schweinchen ist süß, er könnte es
küssen. Das andere Gedicht ist auch reizend, *reicht aber an das*
Schweinchen nicht heran. – Schickt die erste Nummer der »Romanwelt«;
bei Gefallen will er auch die anderen jede Woche schicken.
Fragt, was es eigentlich mit der Milo-Venus für eine Bewandtnis

hatte.[…] Du schreibst immer Brandkarten, als könnte man dazu
beitragen, den Mars besuchbar zu machen – u. nachher schweigst
Du Dich aus. Hat Dir denn meine Mitteilung was genützt? – *Will,
obwohl er selbst kein Geld hat, doch für Ms Cousine ein schönes
Rosensträußchen zum Geburtstag besorgen und in Ms Auftrag
überreichen.* – Du schreibst: mit dem Jus ist es aus, äußerlich und
innerlich. Das hebt sich ja doch beides auf; wenn es in Deinem
Inneren aus damit ist, hat das andere ja nichts zu sagen. Journalist
glaube ich allerdings auch, ist als Beruf für Dich nichts. Du ge-
rätst in einen heillosen Zwiespalt von Überzeugung u. Reclame
selbst im besten Falle, u. mehr Zwiespalt kannst Du jetzt nicht
mehr brauchen. Dahn ist gegen »Presse« wegen der Gesundheit.
Ist denn das beim Buchhändler anders? Da heißts doch auch den
ganzen Tag im Comptoir sitzen, wohl auch im Winter Ausgänge,
Besorgungen, Besuche in Bibliotheken etc. ohne Rücksicht auf
Gesundheit. Und, wie Du selbst sagst, die Nächte, wo Du erst für
Dich arbeiten würdest, würden Dich vollkommen zerrütten; das
hielte ja kein Kolossalmensch aus.[…] Giebt es nicht im Verlags-
handel großen Stils Stellen als Rezensenten od. ä., wo Du nicht an
bestimmte Comptoirstunden gebunden wärest. *M werde das wohl
durch Koch und Dahn erfahren; er selbst will sich bei Schüler, dem
Inhaber der großen Kunst- u. Verlagshandlung, erkundigen. Redet
ihm sehr zu, doch nicht so streng gegen sich zu sein und auch kleinere Sachen einzuschicken,* dadurch kannst Du Dir möglicherweise
einen Weg bahnen, um dann mit größerem hervorzutreten. *Soll
an Bierbaum schreiben, der demnächst die »Freie Bühne« redigieren wird, an die »Gesellschaft« etwas schicken.* Ich verstehe ja Deine Zurückhaltung vollkommen, aber ich billige sie nicht. Versuch
doch mal, Du hast doch größere Sachen auch – die humorist.
Studie kannst Du getrost mal einsenden. Schreibe mir nur ein
lakonisches Ja darauf u. ich verschaffe Dir sämtliche Adressen;
Schüler kennt die Schriftsteller hier alle; bist Du einmal in einer
Zeitschrift nur etwas eingeführt, hast Du auch eine bleibende
Stelle u. wirst, durch solche Zeitschriften gerade, in der hiesigen
doch gewiß einflußreichen Künstlerwelt bekannt. Dann setzt Du
dich in diesem Winter hin u. schaffst was Größeres; ja, Du kannst
es, laß Dich durch den letzten Romandébacle doch nicht auf »2–
3 Jahre« zurück schrecken. Möglichst viel Bildung in ein Werk

November 1893

hineinzupfropfen, darauf kommts doch nicht an, die gesunde Empfindung für Leben u. künstlerische Wiedergabe ist es doch, die hast Du doch; wenn jeder so lange warten wollte wie Du, dann gäbs überhaupt keine »Erstlingswerke«, sondern bloß fertige Sachen von reifen Männern; der Schriftsteller bildet sich doch an seinen eigenen Werken zum allergrößten Teile heran, er lernt von der Art u. Weise der Aufnahme, die sie finden, was noch fehlt, u. läßt sich dadurch auch eher belehren, als in reiferen Jahren. Tritt er erst spät mit seinem ersten Werke hervor, so läßt er sich nichts mehr sagen u. verzweifelt entweder bei einem Mißerfolge oder pocht eigensinnig auf seine reife festgewordne Mannesauffassung, – weil er eben zu lange Autodidakt gewesen ist. Geliebter Chrischan, glaube mir doch einmal, – sage ja u. bitte mich um Adressen an die Du Deine Vorläufer schicken willst, oder steckt Dir der kalte Guß, den Du als Primaner von Franzos erhalten, noch immer in den Knochen? Ferner, hast Du irgend welche besonderen Wünsche als da sind: Notizen über erschienene Bücher, moderne Kataloge, Stoffliteratur für besondere Themata, Zeitschriften etc. etc. kurz Bedürfnisse vom Buchhändler, die Dir in Breslau nicht befriedigt werden, so schreibe nur an mich; ich stehe mit H. Schüler ausgezeichnet u. kann Dir dort alles mögliche verschaffen. – Teile mir bald mit, wenn sich mit dem Prozeß etwas entscheidet, ich bitte Dich, Du kannst Dir denken, daß ich das wissen möchte. — — — —

Euer »Sic!« ist famos; das gönne ich Dir, auch den Münster. Grüße sie alle! – *Schließt* vermischte Nachrichten *an: Er hat sich* Schopenhauer gepumpt *und Hauptmanns »Vor Sonnenaufgang« und »Friedensfest« gelesen, die mit den späteren Werken* an klarer Charakteristik u. genialer Gangformung *nicht zu vergleichen seien, ist gespannt auf »Hannele«, das* wunderbar herzlich *sein soll.* – Die »Jugend« geht noch vor Weihnachten in Scene. Ich studire fleißig Hanschen, Werckmeister den Kaplan v. Schigorski; wenn nur mein Annchen gut wird. – *Erwähnt eigene dichterische Pläne.* – *Schreibt über Stuck.* Mir ist immer beim Anblick seiner Bilder, als ahnte ich etwas von dem »Dinge an sich«. [...] Wenn ich z.B. Stucks »Mörder« ansehe, habe ich dieselbe Empfindung, wie als Kind, wenn ich das Wort »Mörder« hörte. Und so ist es bei fast allen Sachen. *Die Manier*, etwa eckige assyrische Gesichter u.

Bewegung zu malen, *hält er jedoch für einen Fehler.* – Addio!
Innigste Grüße Dir, gel. Frd. u. Deinem l. Vater. Innigste Wünsche für die Zukunft! Schreib bald auf alle Fragen! – – *Läßt auch alle Freunde:* Isaak, Zitl, Schauer, Arndt, Coeb[n]er etc. »Opposition« et »Sic« *grüßen.*
N.: Kaysslers Vormund. Der Mehnersche Haushalt. Reches. Oskar A[nwand]. Sudermann: »Es war«. [Freytag]: »Soll und Haben«. [Spielhagen]: »Problematische Naturen«. Pierre Loti: »Mein Bruder Ives«. Roller. [Michael Georg] Conrad. [Marie] Conrad-Ramlo. Raedisch. Frau Beblo. Magda [Beblo]. Beblo. Bierbaum: »Erlebte Gedichte«. – *Saarbrücken. Berlin.*

213. AN AMÉLIE MORGENSTERN [IN MÜNCHEN ODER STARNBERG]. BRESLAU, 25.11.1893

Er schreibt von seinem tiefen Schmerz, Dich in einer Lage und Stellungnahme zu sehen oder sehen zu sollen, die Deiner unsterblichen Seele, die es nicht nötig hat, so ängstlich an ein erbärmliches Erdendasein sich zu klammern, als ob ihr nicht eine Ewigkeit des Lebens und Werdens offen stünde, so ganz und gar unwürdig wäre.

214. AN MARIE GOETTLING IN SORAU. BRESLAU, 2.12.1893

2.XII.93. Breslau
Liebe M.! Diese Woche war ich ganz allein; mein Vater ist nämlich (ca – morgen noch) in München weg. der bekannt. Angelegenheit. Nächste Woche teile ich Dir dann Näheres – hoffentlich endlich Gutes – mit. – Ihr seid wohl schon ganz eingeschneit? Arbeite Dich nur nicht zu müde wie ich vorige Woche schon schrieb. Meine Gefangenschaft fließt zwisch. guten u. bösen Stunden dahin, man wird manchmal ganz matsch u. meine Phanta, mein Letztes, hat es bei mir nicht mehr ausgehalten u. hat mich vollständig u. erbarmungslos verlassen. Ich suche meinen Schmerz darüber in Engl. u. Französ. u. Lektüre zu betäuben.

Habe mir nun e. engl. Conversations-Gramm. in Heften abbonnirt, e. originelles u. wie ich glaube sehr förderndes Buch. Französ. lese ich z.B. e. Biographie von A. Wiertz (ber. belg. Künstl.) u. Un heros de notre temps v. Lermontoff (traduit par Marmier). Ich las gestern abend über 50 Seiten, ich habe also doch noch nicht so viel vergessen. Zu Onkel M.s Trost kann ich mitteilen, daß ich Sch. er (den schlimmen) vorläufig beiseite liegen habe, da ich mit F. Nietzsche mich augenblicklich beschäftige. An Büchern fehlt mir's wahrlich nicht, deshalb bin ich jedesmal froh, wenn mich m. Freunde besuchen. Übrigens habe ich wieder e. neuen in Fr. Münster gewonnen, e. m hochbegabten u. belesenen sowie innerlich hochstehenden Menschen. – Von Muklina freud. überrascht durch Brief. Herzl. Dank u. nächst. Antwort. Kommst Du Weihnachten? Ich würde mich so sehr freuen! Herzlste Grüße Euch allen! Dein Chr.

215. VON FRITZ MÜNSTER. BRESLAU, 3.12.1893

Breslau, 3. XII. 93.
Lieber Christian!
Der Vorhang über dem II Aufzug geht auf, sei so freundlich u. thue ihm, wie dem ersten. Nachmittag werde ich Dich wieder umstoßen und Dir auch gleichzeitig in Betreff Deines Romans noch verschiedenes sagen. Besonders über die Meteorgeschichte. Na – mündlich das weitere und viele Grüße Dein
      Freund
        Fritz Münster

216. VON FRIEDRICH KAYSSLER.
  [MÜNCHEN], 19.12.1893

Reist morgen früh nach Ensdorf und weiß vor Briefen, Packen etc. nicht woaus woein, will aber von dort aus noch schreiben. Wünscht M zu Weihnachten alles [...], was Du brauchst, – baldige Gesundheit, zufriedenstellenden Beruf – kurz alles alles Gute. Läßt Ms Vater grüßen. – Schneider hat ihm geraten, noch einige Monate zu warten. – Schickt als Ulk [...] *die* Grille, *damit Du sie nicht erst zu fangen brauchst. Nimm sie u. schlag sie tot!* – Sie hatten einen größeren Erfolg, als M denke. *N.: Kaysslers Vormund.*

217. VON RICHARD GOETTLING. SORAU, 24.12.1893

Dankt für Ms Weihnachtsbrief, glaubt, sein eigener Brief werde M auch ein bißchen Freude machen. Fügt das Bibelwort »Freuet euch in dem Herrn allewege« an, will zwar keine Predigt halten, aber doch auf die Kraft hinweisen, die ihm solche Worte im Leben gegeben haben. Fügt weitere Bibelworte und Kirchenlieder an, stellt fest, nun sei es doch eine Predigt geworden, die M aber als Ausdruck seiner innigen Herzensfreude und Feststimmung nehmen soll; er möchte sich freuen und Freude schenken, soviel wie möglich, denn es sei bei einem Alter von 61 Jahren womöglich sein letztes Weihnachtsfest. – Über die letzten Nachrichten der Freunde, Dein Befinden betreffend, haben wir uns innig gefreut und bitten Gott, er wolle Deines lieben Leibarztes Bemühungen auch weiter segnen, Deine eignen Mittheilungen, welche hin und wieder – nimm's mir nicht übel – nach Galgenhumor schmecken, – lassen uns nach dieser Richtung im Unklaren. Tröstlicherweise hat Dein ipse fecit vom 22.d.M. Abend 7 Uhr nunmehr uns die Gewissheit gegeben, dass der Stolz Deines sterblichen Theiles unter der Schonung der Zimmerluft zur, prächtigen einem Hegemeister Schrebler Ehre machenden Schonung herangewachsen ist. Du hast gewiss durch Barterzeugungsmittel nachgeholfen!? *Wenn er es eher gewußt hätte, hätte er ihm Pomade für den Bart geschenkt. – Spricht von Ms beruflicher Zukunft, glaubt nicht, daß M in der heutigen Zeit als Goldschmied bzw. von der Basis dieses Berufs aus ein besonderer Aufschwung glücken werde. – Bietet an, daß eine Bekannte sich dafür verwenden könne, M eine seinen Gaben und Studien entsprechende Stellung in der Clasingschen Buchhandlung in Bielefeld zu erwirken. M solle als Probe seiner Leistungen das »schwarze Heft« schicken. Betont, daß dieser Vorschlag eine reine Mitteilung, keinesfalls ein Beeinflussungsversuch sei. – Von ihrem Weihnachtsfest werden Marie und Gerhard bei ihrem Be-*

such in Breslau berichten. Halte bis dahin die Ohren steif, den Bart sorgfältig, den Kopf oben, das Herz warm, den Muth frisch und die Liebe blank denn: »alte Liebe rostet nicht!« womit ich, Deinem Herrn Vater mich bestens empfehlend, bin und bleibe Dein allzeit fröhlicher manchmal – Gott seis geklagt, sagt Marie – kribbeliger alter Onkel Moor-Göttling.

N.: Ein gestorbener Sohn von Goettlings. König David. Jesaja. Der Apostel Paulus. Paul Gerhardt. Zitel. Martha [Goettling]. Demetrios, der Goldschmied von Ephesos. Eligius. Dagobert. Chlodwig. Tholuck. E. Zeidler. Perthes. Ms Cousine. Herr Clasing. Elisabeth Schröter. Frau Justizamtmann Schröter. – Halle. Detmold.

1894

218. [AN UNBEKANNT, ORT UNBEKANNT].
BRESLAU, 2.1.1894

Zählt auf, womit er sich beschäftigt: Kant, Schopenhauer und seit
einiger Zeit vor Allem Friedrich [Nietzsc]he.

219. VON MARIE GOETTLING.
[VERMUTLICH SORAU, JANUAR 1894]

[*Nach einer Diskussion über Nietzsche*] Ich trage von Anbeginn
ein Bild von Dir in der Seele, das Bild eines segenwirkenden großen Menschen, der Frieden mit seinem Gott gemacht hat, und ich
kann noch nicht davon scheiden.

220. VON FRIEDRICH KAYSSLER.
MÜNCHEN, 19. UND 23.1.1894

*Entschuldigt sein Nichtschreiben. Hat sich in Ensdorf bei der Fa-
milie seines Vetters* unendlich wohl gefühlt. *Beschreibt die dortige
Kohleindustrie, die ihm als* Schauspiel menschlichen Könnens
[...] tief imponirt hat. *Die Cousine aus Breslau fühlt sich dort auch
wohl. Er hat mit der jungen Frau des Vetters Freundschaft geschlossen, erwähnt auch das* herzige halbjährige Töchterchen. *– Berichtet
von München:* »Jugend« wird nicht wiederholt, ein Einakterabend
ist geplant (Maurice Maeterlinck: »L'intruse« (»Der ungebetene
Gast«); Georg Hirschfeld: »Zu Hause«; evtl. Otto Erich Hartleben:
»Lore«). *Hat Hartleben kennengelernt:* Herrlich komisches »Bier-
huhn«. *– Dankt für den Hebbel, findet* herrliche Gedanken darin,
manches allerdings auch nicht verständlich *– ein Trost für Kayssler.*
– Anbei kommen der Floh u. die Feigenblätter zurückgeflogen. *–*
Der Floh gefällt mir viel besser als die Feigenblätter. Ein furcht-

bar ulkiges Ding; wenn auch nicht ernst, hat es doch in meinen
Augen viel mehr Gedanken als das andere. In den Feigenblättern
verkehrst Du doch einfach einen Fluch auf die Blechfetzen in
Ironie. Ich würde die Ironie mehr zur Satire herausputzen; [...]
Ironie ist nur ein Schleier, Satire aber ein ganzer Anzug für die
Wahrheit, in dem sie den Leser völlig über ihre Persönlichkeit
täuscht, wenn er sich [...] nicht die Mühe nimmt, selber aufzu-
knöpfen. Die Träumerei von Apollo mit Bügelfalte etc. finde ich
wirklich etwas forcirt. – Dagegen, wie gesagt, »Diagonal-, Sieg-
fried- od. Lindenblattsystem« besonders, aus dem Flohinterview
einfach famos. – Wie Oskar mir erzählt, dichtest Du wie wahnsinnig u. spottest über noch ungeborne Ensdorfer Gedichte! [...] Du
sollst mit Deinem Bart wie ein Christus aussehen! Gratular! Sonst
aber vernünftig menschlich u. wohl, ein altgewohnter Bessos! –
Du verzeihst diese Abschweifung, aber das interessiert mich nämlich, wie Du aussiehst, nämlich. Begreifst Du das? – Nee. – – –
*Zur Frage von Ms Beruf meint er, besser als Buchhändler sei eine
Kritikerstellung, die freies Arbeiten zu Hause erlaube. Ähnlich wie*
ein junger Dr. Deines Namens, pseudonym »Ballonmütze«, *der
sich als Mitarbeiter Conrads bekannt gemacht habe, könne M es
auch versuchen; das Wichtigste sei eine geschäftliche und fachliche
Verbindung mit einem Schriftsteller und Einführung in die literarischen Verhältnisse.* Oskar sagte mir, [...] Du sprächst von einer
Kritikerstellung in Italien. Sag mal, hat denn der Dahn oder sonst
eine dortige Größe keine künstlerische Bekanntschaft in Italien?
– Ich will mal Wolzogen fragen; der ist ja auch viel gereist.–
*Erkundigt sich, ob der Scheidungsprozeß nun abgeschlossen sei. –
Fragt, ob M nicht doch den Doktor in Nationalökonomie machen
könne, redet ihm zu.* Bitte herzlich, weise es nicht als Unsinn
zurück, überleg Dirs mal genau; schreib mir darüber. – *Über seine
eigenen Pläne (Militärdienst) will er in einem Brief an Ms Vater
schreiben. – Hat sich in Ensdorf mit Agu, der jetzt in Koblenz ist,
getroffen. – Ergänzt am 23.1., M könne sich auch an größere
Zeitungen wenden und versuchen, dort Korrespondent zu werden.
Dann könne er nach Italien gehen und von dort Berichte schreiben.
Führt einen Mann an, der damit gut verdient hat.* Also wähle u.
erkundige Dich, frage allüberall an u. laß Dich nicht gleich ab-
schrecken. Aber blos versuchen! Alles versuchen!– *Berichtet von*

verschiedenen gesellschaftlichen Aktivitäten. – Was ich Dir alles für d. kommende Jahr wünsche, das weißt Du wohl, alter Kerl! Gieb mir'n Kuß, da weißt Du alles!
N.: Werckmeister. Hebbel: Gedichte »Ich und du« und »Ein Bild aus Reichenau«. Plus. Dr. v. Falck. Schüler. Dr. Bernstein. Ostlers. Eine junge Dame aus Meiningen. Die Dame mit dem Naturlaut. – Berlin. Rom. Neapel.

221. AN MARIE GOETTLING [IN SORAU].
BRESLAU, 24.1.1894

Schickt ihr zum Geburtstag eine Stielerbiographie. – *Freut sich, daß sie in Breslau* [*im Zoo*] *das Nilpferd noch gesehen hat*: es sitzt nun neben mir in Deinem Herzen, nicht wahr? Wo eigentlich das »Schweinchen« sitzen sollte. – *Sein Gesundheitszustand ist* mit einer kleinen Neigung zum Besseren, ziemlich unverändert. Ich beginne immer geringer von den Ärzten zu denken: Experimentierer sind sie, wenig mehr. – *Dankt für die Bemühungen bei Velhagen und Klasing.* – Ich selbst, bei meiner Unproduktivität diesen Winter hindurch (mit unbedeutenden Unterbrechungen) komme mir notdürftig als Mensch vor, als eine Attrappe ohne Inhalt. Ein solcher Zustand von Ebbe und Flut in ein und demselben Menschen ist eine physiologische Merkwürdigkeit ohnegleichen und ich hätte Lust, Mediziner zu werden, um mich selbst zu studieren. – *Bauer hat noch nicht geantwortet.* – *Hat Shakespeares »Heinrich IV.« gelesen.* – *Berichtet von seinem Freund Kluge. Dessen Vater kann ihn wegen eines Unfalls nicht mehr unterstützen, so daß die von Kluge begonnene Einrichtung eines Adressenbüros, nach M ein aussichtsreiches Unternehmen, in Gefahr gerät. Bittet, ein Drittel der Summe, die M zur Verfügung gestellt werden sollte, Kluge hierfür,* natürlich nur leihweise, *zu überlassen. Bei Kluges Strebsamkeit werde er es sicher bald zurückzahlen können; das Risiko sei aber, daß er vorher sterben könnte.* – *Grüßt Alle.*
N.: [*Amélie M*]. [*Clara Ostler*]. *Riesenfeld. Pantenia. Fräulein Schröter. Clasings. Kayssler. Paul Weimann. Körner. Zitelmann. Onkel Moor. Paul Körners Vater.* – *München.*

222. AN FRIEDRICH KAYSSLER [IN MÜNCHEN].
BRESLAU, ENDE JANUAR 1894

… In diesen Tagen ist sehr viel vorgefallen – vor allem nämlich die endgültige, den einmal gewordenen Verhältnissen gemäß glücklichste Entscheidung des schwebenden Prozesses. Ich hatte nicht mehr daran zu glauben gewagt. Wir sind natürlich – so traurig an sich die Sache auch ist – sehr erleichtert und schauen nun wieder hoffnungsfroher in alle Zukunft. Möge auch die arme Frau glücklicher werden, als sie es unter den vergangenen Umständen je hätte werden können – sie könnte es wahrlich, wenn sie den Willen dazu hätte und nicht im Augenblicke erstickte. –
… Meine poetische Begabung ist nicht derart, daß ich sie wie einen Ochsen einspannen kann. Sie wirft mir hie und da wie ein schönes Kind Blumen und Früchte zu, deshalb kann ich sie aber noch lange nicht zwingen, sich als Blumen- oder Obstverkäuferin an die Straßenecke zu setzen und mich durch ihr Geschäft zu ernähren. Dazu ist sie zu schwach und zart und – vornehm. Sie läßt sich nicht peitschen.
Ja, wenn sie in glücklicher Stunde mit Blütenregen mich überschüttet – dann will ich gern und freudig auch davon abgeben, solange es reicht. Aber Du kennst sie ja! Der Vorrat ist aus und meine Muse ist überall, nur nicht bei mir. Soll ich dann mit nackten Händen vor irgend einem Zeitungsverleger stehen, mit dem ich kontraktlich regelmäßige Lieferungen ausgemacht habe? Ich kenne mich jetzt genau; ich lasse mich nicht mehr von mir täuschen. In Zeiten der Anregung kann ich viel, in Zeiten der Ebbe kann ich nichts, kaum einen Privatbrief schreiben, kaum eine Bierkarte. Das ist blutiger Ernst und damit muß ich mich abfinden, soll ich mich nicht selber in den Tod jagen. Denn in solchen dürren Perioden bin ich mir nichts wert und gehe an einem Abgrund hin.
Nat. Doctor! Ich müßte dazu noch drei bis vier Semester studieren. Wenn schon, würde ich den Dr. phil. machen in Literatur oder Philosophie. Aber es geht nun einmal pekuniär nicht. Vielleicht kann ich irgend wie und wo nebenbei darauf hinarbeiten, anders nicht. Außerdem bin ich so wenig wie Du ein wissenschaftlicher Kopf – wir sind eben beide Künstlernaturen. Nur in

der Poesie bringe ichs zuweilen zu wirklicher Gründlichkeit,
weil ich da eben aus den Gründen schöpfe. Was ich lerne und lese,
bleibt mir zum wenigsten in seiner ursprünglichen Form im Gedächtnis – es setzt sich vielmehr alles in mir um, wird Fleisch und
Bein, verliert aber eben seine Gestalt. Steigt die Lebensflut nun in
mir, so tritt die Summe jener Erfahrungen, Eindrücke, Gedanken,
Probleme etc. in meinen Dichtungen hinaus. Daher steht hinter
jedem meiner poetischen Produkte meine volle Persönlichkeit. –
Wie gefällt Dir nachstehendes Gedicht? [*Es folgt das Gedicht, s. u.
Nr. 223*]

223. AN FRIEDRICH KAYSSLER [IN MÜNCHEN].
[BRESLAU, 30.1.1894]

N. Gall. wäre gar nicht ohne u. die Hauptsache wäre, erst einmal
irgendwo fest zu stehen u. für's Erste versorgt zu sein. Von e. m
solchen ποῦ στῶ aus kann ich dann etwaige Produktionen weit
besser in d. Literatur lancieren. Er ist also keineswegs ein Valet an
diese. Berliner Briefe würden mir z. B. (besonders im Winter)
wohl nicht schwer fallen, Theaterberichte etc. –
Zurzeit ist mir [?] e. Anfrage von Stuttgart durch Herrn Proebst
(Papas Vetter in M.) gekommen u. ich habe e. Plauderei über
Hebbel hingeschickt. Verbindungen anzuknüpfen will ich über-
haupt keineswegs versäumen. Meine Sachen haben Moors an
Pantenius in Halle geschickt. Marie war doch hier! Doch Ende,
Ende!
Grüße alle guten Freunde Nachbarn u. desgl. herzlichst, ergötze
Dich an diesem halb Fast- und halb Nachtsbrief u. sei umhebbelt
von Deinem
treuen Chrischan.
Alter Herr grüßt tausendmal, dankt etc.
Ps. Wie gefällt Dir nachstehendes Gedicht?

> Ich schritt zur Nachtzeit durch's Gemach
> Und sah im Spiegel mein Gesicht,
> Doch meine stolze Seele sprach:
> Das bin ich nicht! Das bin ich nicht!

Ich sann mir in die Augen tief
Und hob empor das Kerzenlicht,
Doch meine Seele sprach und rief:
Das bin ich nicht! Das bin ich nicht!

War's daß der Arm des Amts vergaß?
War's daß der Docht vergaß des Lichts?
Je mehr ich sah in's dunkle Glas,
Je mehr zerfloß mein Bild in Nichts.

Ich aber sank in mich und sann,
Bis klarem Ernst mein Schauder wich:
Was hier im Spiegelgrund zerrann
War nur mein Bild! war nicht mein Ich!

224. VON RICHARD GOETTLING. SORAU, 12.2.1894

Schickt 300 Mark für Kluge, wünscht Gottes Segen für das Unternehmen, das von Sorauer Freunden nicht so aussichtsreich beurteilt wird. Allerdings komme es auf die Geschäftslage am Ort an, und wenn Kluge in Breslau ohne Konkurrenz sei, wolle er für das Schlesische Universalhandbuch das Beste hoffen. – Fragt, wann M ihnen wieder schreiben werde. Dein alter Moor.
N.: Marie [Goettling]. Grüttner. Die 9 Sorauer Abiturienten.

225. AN FRIEDRICH KAYSSLER [IN MÜNCHEN].
[BRESLAU], FEBRUAR 1894

Unterzeichnet als ein auf alles Pfeifender, nur sich Ausreifender, froh-einsam Schweifender, nach Höchstem Greifender [...]

226. [AN UNBEKANNT, ORT UNBEKANNT.
VERMUTLICH BRESLAU, ETWA FEBRUAR 1894]

Nun darf ich auch ohne Rückhalt hoffen [...] daß unser Haus
wieder ein echtes, sonniges Künstlerheim wird.

227. AN FRIEDRICH BEBLO [ORT UNBEKANNT].
[BRESLAU] 7. 3. 1894

Dankt für die Glückwünsche, hofft, daß in unser Haus nun wieder
mehr Glück einziehen und vor Allem mein lieber Vater wieder
heiter und schaffensfreudig werden wird. *Für sich selbst hofft er,
nach Berlin an die Nationalgalerie kommen zu können. Am 11. fährt
sein Vater deswegen nach Berlin. – Dankt Beblo und seiner Mutter
für ihr edles Benehmen gegenüber Kluge.* Kl. hat sich schon riesig
ins Zeug geworfen u. hofft bald auf Erfolge; dabei verfährt er
sparsam und überlegt. – *Möchte sich die Bierbaumgedichte ausleihen.*
N.: *Gyges. Kluges Eltern und Schwester. Moor. Dulos. Reches.*

228. [VERMUTLICH AN GOETTLINGS IN SORAU].
BRESLAU [VIELLEICHT 21. 3. 1894]

[*Gedicht in Hexametern*] *Beschreibt den Erhalt der Karte, liest sie,*
Schüttelte freundlich das Haupt, das stets noch der Locken entbehret, / Drehte behaglich den Bart, der zur Rechten u. Linken
herabwogt. / Dann aber rief ich:»So, so! Sie wollen das Bierdrama haben!« *Beschreibt umständlich, wie er sich anzieht, beschließt
dann, das Bierdrama zu schicken,* Dass der verhätschelte Maska
mit deinen Gedanken sich aufputz'. – *Es folgt eine Anrede an die
Muse, sie solle statt seiner durch das Pfarrhaus wandern (wobei
manche dortige Einzelheiten wie z. B. der* Teppich *genannt werden)
und Grüße bestellen: an* Onkel Moor, *an* Maror, *an* den jüngeren
Moor *sowie an den* Gast (er soll sich recht artig benehmen [...]
und ja nie vergessen / Was ihm Verwandte und Vormund gelehrt,
dass sich schickt und sich nicht schickt). *Außerdem sollen alle*

Bekannten und Freunde dort gegrüßt werden. Also geschrieben am Wiegenfest Bachs zu Breslau vom Bessos.
N.: Das Dienstmädchen. Kriebel. Mukl.

229. AN MARIE GOETTLING [IN SORAU].
BRESLAU, 22.3.1894

Liebe Marie!
Auf Deinen lieben Brief kann ich mit der freudigen Mitteilung antworten, daß ich in Berlin etwas gefunden habe.
Der Sachverhalt ist folgender: Geheimrat Jordan beschäftigt mich diätarisch mit Schreibereien etc. für die National-Gallerie, bis ich nach einigen Semestern kunsthistorischen und archäologischen Studiums den bezüglichen »Doctor« gebaut habe. Dann will er mir eine Stellung als Assistent oder dergl. an einer Gallerie – u. hab' ich Glück: an der N. Gallerie vielleicht selbst – verschaffen. Um aber dies Studium zu ermöglichen muß ich – was mir ungemein heilsam ist – zu dem sehr mäßigen Zuschuß meines Vaters das Übrige mir selbst verdienen. Darin liegt unzweifelhaft auch – wenigstens eine gewisse Musik, wenn es vielleicht auch nicht gerade immer »herrlich« sein wird. Heinrich Hart, dem ich gerade die rel. besten meiner Sachen geschickt habe, will mich mit offenen Armen empfangen, in die Schriftstellerkreise einführen und mir mit Rat und That zu literarischem Nebenverdienst verhelfen. Endlich denke ich mir eine einträgliche Stunde (Deutsch, Französ.) zu verschaffen, wozu mir eventuell der Gymnasiallehrer Schullze, den ich in Reinerz kennen lernte, behülflich sein kann. Wie dem auch sei, es kommt endlich mal ein frischer Luftzug in meine äußere Existenz und ich will mich schon über Wasser halten. Das Klima in Berlin ist bereits jetzt weit wärmer und überhaupt für Lungen günstiger wie hier. Gestern ging ich zum ersten Male aus und es bekam mir gut. Riesenfeld findet mich völlig frei. Ich denke ca 10. April zu reisen. Wenn irgend möglich überschlage ich einen Zug bei Euch. Moor schon da? Der Einfall nach Dresden flüchten zu wollen! Sicher nur »Bier«-Idee. Verzeihe schnellen Stil und Schrift – es ist jetzt »entsetz-

liche« Arbeit und Eile. Herzlichste Grüße an Euch Alle, Ihr
Lieben, von Eurem Chrischan.
Wichtig! Bitte stand e. Artikel über Hebbel von mir im Wochenblatt?
(Viele Grüße an Alle, zumal Mukl)

230. VON CARL ERNST MORGENSTERN.
BRESLAU, 11.4.1894

Lieber Christian
Aus Deiner Karte ersehe ich bloß, daß Du eine Wohnung gefunden hast. Die Artilleriestrasse ist ja eine der von mir bezeichneten Straßen, von der aus Du durch die Oranienburger, Praesidentenstrasse über die Friedrichsbrücke in etwa 15–20 Minuten die Universität, oder Nat. Galerie erreichst. Der Preis ist der übliche, den ich auch erfrug. Ich sah in der anstoßenden Johannisstr. Buden, welche incl. Frühstück 25 kosteten, wobei aber die Bedienung extra war. Luft u. Licht hat die Art. straße. Doch von was Anderem!
Daß J. dich sehr lieb aufnehmen würde, wußte ich; aber was er eigentlich mit Dir verhandelt hat, das läßt die Karte nicht erraten; denn schleierhaft ist mir der Worte Sinn: muss erst fest wohnen, dann weiteres! Was das »fest wohnen« mit J.'s Mitteilungen oder Vorhaben mit Dir zu tun hat, versteht ein Breslauer nicht; ebenso bitte ich das zu berücksichtigen, daß man soweit von dem Centralpunkt der Bildungsnerven hier entfernt ist, daß man einen Satz wie folgenden, nicht versteht:
»Soll viel belegen: Stunden-lassen* einzige Rettung.«
Soll »lassen« = »geben« sein? dann verstehe ich den Satz u. ich möchte das daraufffolgende »schon ganz Berliner« fast damit in

* Der Spiritist Heilmann hat den Begriff sofort richtig erfaßt u. nun verstehe ich! Ich würde indeß lieber weniger belegen, mit J. nochmals sprechen u. nichts hinausschieben, was zu jeder Zeit gleich schwer fällt. Es ist dies ein Grundsatz mit dem Du niemals aufs trockene kommst. Nun ist erst recht Stunden geben die einzige Rettung.

Zusammenhang bringen, als sei »lassen« der Berliner Ausdruck für »geben«.
Ich möchte nur Dich bitten, J. sofort ganz entschieden über Deine finanziellen Verhältnisse reinsten Wein einzuschenken. Ich habe es ja sein Zeit getan; aber er hat ja soviel im Kopfe, daß er darauf wol vergessen haben dürfte. Umstehende Fragen möchte ich so bald wie möglich beantwortet haben.
1. Hat J. u. was für eine Beschäftigung Dir zugesagt? Zeitweilig? Erst später? oder per bald?
2. Wie hat Klee dich aufgenommen?
3. Ist Herr Prof. Dr. Lionel von Donop schon zurück?
4. Wann geht J. in Urlaub?
5. Wie haben Schulzes sich zu Dir gestellt?
6. Kann od. wird H. Schulze Dir Stunden verschaffen können?
7. Wie geht es mit Deiner Gesundheit?
Daß ich mich für diese Dinge interessire, wirst Du begreiflich finden. Nimm Dir also den ersten Abend auf Deiner neuen Bude Zeit u. schreibe einen sehr ausführlichen langen Brief.
8. Was sollst Du Alles belegen?
Ich würde darin doch sehr mit Maß vorgehen; J. denkt dabei eben nicht an den Kostenpunkt.
9. Wo wirst Du essen, quanti costi?
Vor Allem verdirb Dich nicht, daß nicht Gesundheitsstörungen Deinen Lebensweg wieder kreuzen. Benütze noch einen der warmen schönen Tage, ehe rauhe Mailüfterle eintreten, zu Harts zu fahren: Ahornallee N. 52 Friedrichshagen. Bestelle dort von Liese u. mir die herzl. Grüße. – Hier geht die Zeit bis z. 24. sehr langsam fort. Die Wohnung wird von morgen ab eingerichtet. Louise ist eine treffliche Köchin, so daß mein Liesel nur in die Küche ab u. zu hineinriechen braucht. Gott sei Dank! Sonntags machten wir eine entsetzliche Dampferfahrt nach Masselwitz, von welcher wir Gott danken mit dem Leben davon gekommen zu sein. Vorgestern Abend tobte der alte R. mal wieder wie ein Tollhäusler. Es war jetzt glücklich ein Zustand geschaffen, von dem ich hoffte, daß er bis zur Hochzeit dauern werde; allein die versteckte Rohheit bricht durch die Tünche immer durch. 3 Kreuze über Haus N 24, wenn der 24.te vorbei ist. Mein ärmster Schaz hat entsetzlich darunter zu leiden. Dulos erscheint nun in zweierlei Tuch; er sieht

aus wie jeder andere, u. fachmeistert natürlich jetzt nur vom Militär.

Ich hoffe, daß also Dein »demnächstiger« Brief in ausführlichster Weise mich über das Gewünschte unterrichtet.

Liesel u. ich grüßen Dich aufs herzlichste u. wünschen, daß Du Dich recht gut in jeder Beziehung einrichtest.

Stets Dein getreuer Vater.

Breslau d. 11. April 1894.
Paulstraße 4/II

Nach Guttmanns Adresse will ich mich erkundigen.

231. VON HEINRICH HART.
FRIEDRICHSHAGEN, 13.4.1894

Friedrichshagen, Ahornallee 52.
Verehrter Herr Morgenstern.

Für Sonntag sind meine Frau und ich nach Berlin eingeladen und wir haben die Einladung bereits bestimmt angenommen. An jedem anderen Tage d. h. von Donnerstag nächster Woche ab werden Sie uns willkommen sein. Ihre Karte erhielt ich, als ich eben im Begriff war, Ihrem Herrn Vater in betr. Ihrer Gedichte – die zu meiner Freude ein nicht gewöhnliches Talent verrathen und nach einer Richtung hin sogar das Allerbedeutendste verheißen, – zu schreiben. Jetzt aber werde ich Ihnen selbst lieber das Nähere sagen und Ihrem H. V. nur eine kurze Mittheilung machen. Die Prosaarbeit gebe ich zunächst, Ihre Zustimmung vorausgesetzt, der »Tägl. Rundschau«; ich hoffe, daß sie Verwendung dafür hat.

Hochachtungsvoll grüßend Ihr Heinrich Hart.

232. AN CLARA OSTLER [IN MÜNCHEN].
BERLIN, 18.4.1894

Aus meinem neuen Wohnort sende ich Dir und Deinen lieben Eltern die herzlichsten Grüße. Hoffentlich geht es Euch allen so gut wie mir, der ich mich bereits ganz eingewöhnt und wohnlich eingerichtet habe. In der Nationalgalerie bin ich täglich einige

Stunden tätig, um einen wichtigen Katalog sämtlicher Porträts anzufertigen. Vormittags höre ich einige kunstgeschichtliche Collegs...

233. VON FRIEDRICH KAYSSLER.
[BRESLAU, VERMUTLICH VOR DEM 5.5.1894.]

Mein lieber Freund,
Viel Dank für Deine diversen Karten; aus dem Brief an Deinen Vater hörte ich mit Freuden, daß Du bisher mit allem Neuen zufrieden bist. Schreib mir mal näher, was Dir Berlin a primo adventu für einen Eindruck gemacht hat; so groß, wie Du ihn Jahre lang gedacht hattest? – Erst mal von ganzem Herzen alles Glück für Deine Zukunft, mein geliebter alter Junge; daß ich Dir das gerade an Deinem Geburtstage besonders sage, ist ja der reine Blödsinn, wie Hanschen sagt, aber ich kann als Dein sogenannter Intimus nicht ganz schweigen, wenn die andern Wölfe (Deine nächsten Lieben ausgenommen) ihre Wünsche heulen. – Danke Dir, daß Dir die Jugend so zu Herzen geht!»Das konnt' ich mir ja auch nicht denken, daß Du gar kein Verständnis dafür haben solltest.« – Den Caesar Flaischlen grüß mir herzlich: er soll herkommen u. Rosen tragen. Über Mackays Bekanntschaft kannst Du lachen; das soll ein toller Kerl sein, wie Hirschfeld begeistert versicherte. Wenn Du übrigens Brahm u. Rittner sehen willst, geh Café Ronacher nach Tisch, wo sie täglich sitzen. Wie war Rittner als Hanschen; wie der Kaplan u. Amandus? Schreib mal darüber! Letze mich Verschmachtenden! Ich verstumpfe gräßlich. Heute eben zum 2. Mal Madame Sans-Gêne,: eine graziöse Sauerei! –
Wie ist überhaupt das Deutsche Theater? – Was thust Du in der Galerie? Wohl zunächst in Mappen etc. Material für Deine Arbeit sammeln? Was belegst Du in Kunstgeschichte? Verlange nicht, daß ich Dir was erzähle, ich erlebe nichts; vernünftig ist blos das Mittagessen mit Zitl u. Rummler, der ein sehr netter Kerl, originell, musikalisch begabt, – manche Abende mit diesen, Münster Stahl, Opposition. – Dein l. Vater u. Liese packen jetzt auf Mord – ich verfehlte sie heute, war nämlich das erste Mal in ihrem

reizend gemütlichen Heim; die Hochzeit war wider Erwarten
sehr ruhig u. gemütlich; jammerschade, daß Du nicht dabei, obwohl sichs nur in der Idee gelohnt hätte. – Sonst lebe ich Tag u.
Nacht – im Träumen sogar – mit Unterofficiren beim langsamen
Schritt u. Gewehrstrecken; interessanter ist Schießen u. Felddienstübungen. Ein famoser Kamerad, Dr. med. Löwenthal,
Mann von unsern Interessen.
Addio, mein geliebter Kerl, bleib gesund u. laß Dich herzlichst
küssen von Deinem

                    Fritz.

Falls ichs morgen bekomme, erhältst Du anbei Niels Lyhne dedicirt, sonst später.
Herzlichste[n] Gruß an Belbo!
Beste Grüße an Brahm!

234. AN FRIEDRICH KAYSSLER [IN BRESLAU].
[BERLIN, VERMUTLICH 5.5.1894]

Dankt für N. Lyne in spe *und* Brief. *Bittet, die beiliegende Karte an
Schüler weiterzuleiten.* – Zurzeit wieder mal 'n bischen poeta –
wann endlich laureatus? Gestern wieder Schriftst. Club Makay,
Flaischl. Hart, Lange, Pastor, Latt, Hegeler, Remer, Linke, Otto
Erich (köstlicher Mensch) Scheerbart etc. Nächstens zu Bierbaum, der nächstes Jahr »Pan« gründet. [...] Nur Produktion
keine Kritik. Klinger, Uhde, Böklin – Bierb., Hartl. – – — moi
(woll'n mer hoffen) Brahm kenne ich nicht. Du Biertümpel.
Grüßt Alle.

235. AN MARIE GOETTLING [IN SORAU].
BERLIN, 10.5.1894

                 Berlin 10. Mai 94.
Liebe Marie!
Verzeih, daß ich solch kleinen Bogen nehme – ich bin jedoch jetzt
so viel mit Aufsätze oder Gedichte schreiben oder abschreiben
beschäftigt, daß ich meine Freunde bezüglich langer Episteln auf

spätere Zeiten vertrösten muß. Zunächst meinen herzlichsten Dank für die reizende Aufmerksamkeit zum 6. Mai. Das Bildchen ist sehr niedlich – ja, so wird der redlichste ernstgemeinteste Widerstand in's Lächerliche gemalt und mir bleibt nur ein beständiger stummer Protest übrig.
Was die Sorauer Pfingsten anbetrifft, diese an sich ja wunderhübsch ausgeheckte Idee, so muß ich Euch leider wiederholen, was ich schon vor ein paar Wochen, vorausblickend, aussprach, daß ich nämlich jetzt im Anfange meiner neuen Thätigkeit durchaus und beim besten Willen nicht abkommen kann, nicht auf einen geschweige denn auf mehrere Tage. Ich habe noch keinen Pfennig für meine literarischen Geschichten eingenommen und muß, da Hart nicht viel von sich hören läßt, in diesen Tagen einige Kritiken aufs Geratewohl schreiben und womöglich persönlich an den Mann zu bringen suchen. Es wäre geradezu unverantwortlich von mir, wenn ich überhaupt in diesen ersten Monaten, wo alles auf Sehen und Wiedergeben, auf Wagen und Arbeiten ankommt, an das gemütliche dolce far niente denken wollte, welches mir stets in Euern freundlichen Mauern winkt. Ich meine natürlich »daran denken«, in der Absicht es aufzusuchen. Von irgendwelcher Erholungsbedürftigkeit kann auch – und sind wir froh darüber – nicht die Rede sein, denn dieser ganze Berliner Frühling ist ja eine einzige Erholung und Tiergarten und Vororte ja vor der Thür.
Also seid mir, Ihr Lieben, die Ihr es ja so gut mit mir meint, nicht böse, wenn ich diesen Sommer wahrscheinlich außerstande bin und sein werde, ein längeres Zusammensein zu ermöglichen.
»Der Mann muß hinaus ins feindliche Leben ...«
Daß ich Belbo recht gern begleiten möchte, ist ja klar; aber entoder weder.
Mit der Rundschau wird sich's zerschlagen. Lange ist ein ganz reaktionärer Querkopf, dem ich mich unmöglich verknechten kann. Sonst schon eine ganze Menge Schriftsteller kennen gelernt – viel Studienmaterial. Für heute Schluß. Also recht recht vergnügte Pfingsten! Nochmals vielen Dank u. tausend Grüße an Euch und alle lieben kommenden Gäste von Eurem
Christian M∗.

236. AN CLARA OSTLER [IN MÜNCHEN].
BERLIN, 20.5.1894

... Es geht mir hier außerordentlich gut, wie überhaupt stets, wenn ich schaffen kann. Und ich muß Berlin – alles in allem – die Palme zuerkennen. Dann kommt allerdings sofort München. Was hier so reizend ist, daß Großstadt in größtem Stil und köstlichste Natur so dicht beieinander sind, und ich schwärme auch so viel wie möglich in die entzückenden Vororte aus, die man mit der idealen Stadtbahn für zehn Pfennige meistens erreichen kann. Solch ein Frühling! Da könnten wir auch idyllisch wandern.
Alle Freitage habe ich hier sehr interessanten Verkehr im Schriftsteller-Klub: Heinrich und Julius Hart, Friedrich Lange, John Henry Mackay, Hanns von Gumppenberg, Paul Scheerbart, Hegeler, Cäsar Flaischlen, Evers, Bruno Wille, Willy Pastor, O. E. Hartleben, der Maler Hendrich etc. etc.
Meine Gedichte von dazumal sind schon meist ad acta gelegt. Hoffentlich kann ich Dir bald etwas in einer Zeitschrift Gedrucktes zusenden.

237. VON HEINRICH HART.
FRIEDRICHSHAGEN, 26.5.1894

L. H. M.
Dr. Bie, der Redakteur der Neuen Deutschen Rundschau (Freien Bühne) schreibt mir: »Herr Chr. Morgenstern hat wirklich eine ermunternswerte Begabung. Ich behalte die Sachen (also Gedichte u. Prosa) da zur gelegentlichen Verwendung.« Adresse Dr. Bie's – Charlottenburg, Berliner Str. 48a.
Die Empfehlungen sende ich p. Couvert.
Die Nachricht von Ihrer Erkältung hat uns etwas ängstlich um Sie gemacht, schonen Sie sich, pflegen Sie sich und wenn Sie Beistand brauchen, zählen Sie auf uns. Gestern Abend konnt' ich leider nicht in den Club kommen.

       Mit freundlichen Grüßen
Friedrichshagen, Ahornallee 52.   Ihr Heinrich Hart.

238. AN OSCAR BIE [IN CHARLOTTENBURG].
BERLIN, 2.6.1894

Sehr verehrter Herr!
Vergeben Sie mir, dass ich Sie mit der Correctur des Aufsatzes so lange warten liess. Da meine Lungenspitzen mir leider wieder zu schaffen machten, kam ich erst gestern und heute dazu die Skizze zu ändern. Sie ist freilich auch jetzt wohl noch nicht so aus einem Guss, wie wir Beide es wünschen möchten, aber dann hätte ich den Anfangsplan überhaupt fallen lassen und einfach schlecht und recht eine Satire auf Auswüchse moderner Dichtung schreiben müssen, während so die Pathos- und die Süssholzpoeten auch ein Kleines ausgewischt bekommen, wennschon ja das Ganze durchaus in fröhliche – und nicht bittere – Laune getaucht ist. –

Erlauben Sie mir an dieser Stelle Ihnen, sehr verehrter Herr, meinen herzlichsten Dank für die freundliche Anerkennung auszusprechen, die Sie meinen Skizzen und noch mehr meinen Gedichten entgegengebracht haben. Es thut so ungemein wohl, einmal einer feinen Empfindung zu begegnen, die den – wenn auch noch versteckten Künstler nicht als Tagelöhner sondern als Künstler wertet.

Mit der Volkszeitung sowie mit Herrn Pastor – vielmehr Dr. Friedrich Lange habe ich durchaus Misserfolge, was mich bestimmt, künftig mich keinen Krebsen mehr von dieser Seite auszusetzen.

Ich erlaube mir, Ihnen zwei kleine Skizzen, die Dr.L. mir zurückgesandt, beizulegen, eine Phantasie »Lied der Nacht« (bei welcher es mein Ehrgeiz sein soll aus dem »Lied der Nacht« (– Ruhet sanft …) ein kleines Kabinetstück zu machen) und ein – beinahe – erlebtes Pfingstsonntagereignis, dessen Reiz eben in seiner Anspruchslosigkeit, in seiner Kindlichkeit beruht oder wenigstens beruhen soll.

Wenn Sie die grosse Güte haben würden mir die letzterwähnten beiden Sachen vielleicht im Lauf einiger Tage retournieren zu wollen, würden Sie mich sehr verbinden, da ich sie doch am Ende irgendwo in die Oeffentlichkeit bringe. Sechs weitere liegen noch da und sechs mal sechs warten nur, bis man sie ruft.

Verzeihen Sie, dass ich Ihre Zeit so lange in Anspruch genommen und Seien Sie herzlich gegrüsst.

mit vorzüglicher Hochachtung
Berlin 2. Juni 94. Ergebenst
Christian Otto Morgenstern.
cand. phil.
Artilleriestr. 31.II. Berlin N.
PS. Um Herrn Dr. Lange nicht abzuschrecken hatte ich zuerst statt des weit charakterist. eren Fledermaus – »schwarz. Falter« gesetzt!

239. VON FRIEDRICH KAYSSLER. BRESLAU, 9.6.1894

Schickt jetzt »Niels Lyhne«. Auch die Novellen Jacobsens (genannt: »Frau Fönß«; »Hier sollten Rosen stehen«) gefallen ihm sehr. Er lebt jetzt geistig etwas auf, hat Bjørnsons Dramen (genannt: [»Über die Kraft«]; »Das neue System«; »Leonarda«; »Ein Fallissement«) gelesen. M soll etwas von sich schicken und von seinem körperlichen und sonstigen Ergehen berichten. Ich kann mir ja denken, daß Du wenig Zeit hast, aber ein paar Zeilen; mach Dich doch mal von der falschen Ansicht frei, immer Produkte ersten Ranges in Deinen Briefen liefern zu müssen; ich will blos schlichte kurze Notizen. – *Von ihm selbst ist nichts zu berichten.* – Ich habe mir allmälich so zusammengehorcht, daß Du Sachen eingeschickt hast, wovon einiges bereits angenommen. Bitte schreib doch mal davon. – *Plus studiert nicht mehr Jura, sondern Literaturgeschichte.* Ist das nicht famos?
N.: [Carl Ernst M]. [Elisabeth M]. Schüler. Belbo.

240. AN FRIEDRICH KAYSSLER [IN BRESLAU].
BERLIN, 10.6.1894

(Berlin (10. Juni 94)
Mein lieber Herzensfritz! Wie innig hast Du mich heute morgen durch d. reizende Büchlein erfreut, dessen Duft mir schon von seiner Schönheit erzählt, eh' ich es noch selbst kennen gelernt. Ich

Juni 1894 219

habe so einen animus, als sollte es zu denjenigen Büchern gehören, die mich tief befruchten werden. Ich kann vor den Ferien keine grösseren Briefe schreiben. Ca 10 warten auf Antwort u. ich habe alle Hände voll zu thun, zu producieren, abzuschreiben u. wegzuschicken. Die freie Bühne hat 2 humor.-satir. Skizz., eine ernste »Phantasie«, die glaub'ich zu mein. Besten gehört, angenommen; wird eine kleine Collection Gedichte (Bergsee, Nixen etc.) in d. nächsten Monden bringen u. hat in d. Juninummer schon e. kleines Frühlingslied gebracht (Leid. mit Druckfehlern). Makay, mit dem ich mich meist reizend (Freitags) unterhalte, beglückwünschte mich vorgestern zu d. selt'nen Ehre i. d. Fr. Bühne als noch Unbekannter mit Versen debütiren zu dürfen. – Vorgestern den »Randleisten«-Fidus kennen gelernt. Entzückender Mensch! – »Zuschauer« hat mich aufgefordert Kritiken für ihn zu schreiben. Habe geschickt u. warte, gläubig. – Plus – famos! – Diese Woche besuche Apostata. Alles kenn. lernen. Lebe in dulci jubilo in d. Tag hinein, Geld muss einfach her. Kürzl. kleines Stipendium 60 M. Quartaliter. Gesundheit erträglich. Suche Winter doch wegzukommen. Hier in B. nichts unmöglich. Tausend Grüsse an Alle. Erzähle das mit d. Fr. Bühne den Freunden. Sollen abbonieren! Du auch.
E. Hutschenreiter hier.
Clärchen: Freiberg, Sachsen.
Schüler hat nicht geantwortet.

241. AN MARIE GOETTLING [IN SORAU].
      BERLIN, 2. oder 14.6.1894

[...] Und es kommt jetzt manchmal ein hochgeladener Wagen in meine Scheuer ein, der dann nach u. nach abgeladen u. nach Stroh u. Kornreichtum sondiert sein will. Die Botokudenbriefe z. B. waren Stroh – – – – denn ich habe es wieder tausendmal u. tiefergriffen empfunden, daß ich wahrhaft ein Dichter bin u. daß es mir doch einmal glücken wird ein flammender Priester der Schönheit zu werden. Weißt Du, mein Großvater steht wieder in mir auf mit seiner Liebe zu Mondscheinnächten u. phantastisch gewaltigen Lüften, zu weiten Ebenen u. zur weitesten Ebene: dem Meere. Ich bin Maler bis in den letzten Blutstropfen hinein –

u. das will nun heraus ins Reich des Wortes, des Klanges – eine
seltsame Metamorphose. Doch verzeih: ich spreche zu viel von
dem, was man besser verschweigt. Das zeugende Leben will nicht
gern entschleiert werden. –
– – – bin am Zuschauer als Kritiker engagiert u. debütiere in
der freien Bühne (Juni – Sept. ca) mit Prosa u. Versen – – – So nun
muß ich gleich nach Friedrichshagen zu Harts dampfen.

242. VON OSCAR BIE. CHARLOTTENBURG, 27.6.1894

L. H. M. Ich glaube wir werden uns sehr gut aufs Feuilleton
einrichten. Ich werde mit dem Verleger wegen monatl. Engagement sprechen. Gebe Ihnen Nachricht. Dann könnten wir jeden
Monat ein größ. Feuilleton machen, wegen der Gedichte in nächster Woche, nach Red. schluß
Ihr herzl. grüß[en]der
Dr.[?] O. Bie

243. VON FRIEDRICH KAYSSLER.
BRESLAU, [3.–] 5.7.1894

Fühlt sich ganz und gar unglücklich wegen der Leere und Hohlheit *seines jetzigen Daseins.* Keine Art von irgend welchem geistigen Verkehr, keine neuen Bekanntschaften – die alten sind auch
nicht mehr die alten, – Du weißt, auch die Poesie bei B....os ist
vorbei – blos Dutzendmenschen, Automaten zu Hunderten um
mich oder solche, die in derselben Lage, wie ich. *Wenn er mit
Zitelmann zusammenkommt, ist meist Lina dabei, so daß auch kein
richtiger Austausch möglich ist. Bittet M dringend, ihm von seinem
inneren Leben zu berichten; es überkommt ihn manchmal* ein so
tiefinnerlicher Groll, *weil M sich ausschweigt über sein doch so
angeregtes Leben in Berlin. Sieht ein, daß M in Kayßlers Briefen
keinerlei Anregung finden kann, fürchtet, zu weit hinter ihm zurückzubleiben,* wenn Du nicht zu Zeiten stehen bleibst u. mich
über den Weg aufklärst. *Hofft aber, in Zukunft seine* geistigen
Schulden *abzahlen zu können. Ob M darüber nun lache oder wü-*

tend sei, er mußte sich einmal aussprechen. – Hat aus einem Brief von Ms Vater erfahren, daß M wegen seines immer noch andauernden Hustens im Sommer vielleicht wieder nach Reinerz gehe. Er möchte ihn nun mahnen, auf jeden Fall einen Winteraufenthalt im Süden im Auge zu behalten und evtl. die Sommerreise dafür zu streichen; wenn Du Dich jetzt in Reinerz z.B. leidlich erholst, heißt es dann: Du bist jetzt stark genug den Winter zu vertragen; Du bleibst dann hier und holst Dir wieder was, kannst wieder von vorn anfangen.
N.: Oskar A[nwand]. – München.

244. AN FRIEDRICH KAYSSLER IN BRESLAU.
      BERLIN, 6.7.1894

Kürzlich war ich Dir zu Ehren im Deutschen Theater, wo Romeo und Julia in Szene ging. Kainz gefiel mir nur mäßig, vielleicht hatte er einen schlechten Abend. Er hat so etwas Süßliches und seine forciert hohen Töne und Seufzer imponierten den jungen Mädchen gewiß mehr wie mir. Die Teresina Geßner war einfach grausam in ihrem Geheul, von Anfang an schloßhundartig ohne Möglichkeit weiterer Steigerung. Ich liebe überhaupt das Geschrei und den übermäßigen Affekt auf der Bühne nicht. Ihr müßtet bei diesen alten Stücken mit ihrem Pathos neue Ausdrucksweisen finden. Die Leidenschaft einmal leise, unterdrückt reden lassen, den Inhalt schnell anstatt laut oder dergleichen. Sonst werden die alten Sachen immer eindruckloser. – Sonst sah ich noch im Berliner Theater die »Journalisten«! Ein liebes naives Stück, vielfach beinahe bezaubernd; – aber, aus den Augen aus dem Sinn. Es drückt sich nicht in unsre Seele ein, Barnay spielte wie ein raffinierter Weltmann – ich glaube, er kennt sein Publikum sehr genau. In ein paar anderen Theatern war ich auch noch, aber, denk mal Hedda, ich mach mir zur Zeit merkwürdig wenig daraus. – Ich scheine doch das Drama ganz links liegen lassen zu sollen. Meine jetzige Produktion bewegt sich im Rahmen der humoristischen oder satirischen Skizze, der Naturphantasie (das wird mein eigenstes Reich!) des kritischen und (künstlerisch-) feuilletonistischen Aufsatzes, welch letzteres mir ebenfalls viele

Freude macht. Ich beabsichtige, eine Anzahl Kritiken nach und nach zu schreiben, mit denen ich mich sehen lassen kann, nicht zum mindesten, weil sie auch etwas Positives bieten. Daß der »Zuschauer« sie mir elend honoriert, ist mir vorläufig Nebensache, so weh es tut. Sie kommen doch wenigstens in Druck und werden von dem und jenem gelesen ... –
Den Winter will ich ganz sicher im Süden verleben. Das Los deutscher Dichter steht in zu naiver Klarheit vor mir, als daß ich so dumm sein sollte, es aus falschem Zartgefühl zum xten Male zu wiederholen. Ich werde doch nicht alt, aber bis gut in die dreißiger Jahre hinein will ich mich denn doch frisch und gesund erhalten und drauf los schaffen, daß man mich nicht vergessen soll. Mein oberster Lebensgrundsatz liegt in den Worten: »Höchste Gesundheit.« Denn wer durch und durch gesund ist, in jeglicher Hinsicht, der ist auch glücklich, edel, leistungsfähig – kurz, er ist ein Mensch, der gern sterben kann, weil er gelebt hat. Also: 30 M. bekomme ich von Hause, 20 M. blecht mir eventuell der »Zuschauer« monatlich, 20 bis 30 M. die »Freie Bühne«. Macht ca. 75 M., dazu 20 M. Stipendiumsrate: mit etwaig sonstigem Absatz 100 M. Mit 150 M. glaube ich in der Nähe von Meran etwa bequem leben zu können. Reise und Ausrüstung taxiere ich auf ca. 150 M. Macht für 5 Monate ein Defizit von 250 + 150 = 400 M. Und wegen 400 M. soll ich mich schwindsüchtig werden lassen? Professor Senator hier, den ich vor 5 Wochen ca. aufsuchte, Spezialist, sagte mir: das Einzige ist eine große Kur im Winter. Professor Gerhard empfahl mir vorläufig eine sommerliche Gebirgskur. Jedenfalls ist aber meine Lunge noch krank und mein Husten ist chronisch, wenn ich auch sonst in den warmen Tagen mich durchaus munter fühle. – Endlich weiß ich, daß sich ein solcher herrlicher Naturaufenthalt ungemein rentieren wird geistig. Beblo, Moors u. a. borgen mir mit beiden Händen, was und wielange ich will, und ich bin überzeugt, schon in Bälde zurückzahlen zu können. Nächstes Jahr hole ich mir hoffentlich bestimmt den Augsburger Schillerpreis.

Mit Deinem Jacobsen hast Du mir eine der größten Freuden gemacht, die ich erlebt habe. Die Novellen besonders sind einfach unsterblich und Lyhne, Stück für Stück genossen, ganz einzig fein. Das ist Poesie, Herrgott, das ist Poesie! Und es berührt mich

Juli–August 1894 223

so nah, denn ich bin ja auch so ein Naturschwärmer und -interpret. Die Natur wird immer mehr meine Religion, mein Alles und Höchstes... Der Tiergarten hier ist unsagbar schön, der liebste Fleck Berlins ist mir aber das Kastanienwäldchen bei der Universität...
... Im August geh ich vielleicht in den Harz, die Kosten sind dieselben wie hier. Es fragt sich nur, ob ich im August überhaupt leben kann!

245. VON HEINRICH HART.
FRIEDRICHSHAGEN, 30.7.1894

Lieber Herr Morgenstern.
Vergebens haben wir Sie gestern 2 Uhr, 4 Uhr, 6 Uhr erwartet. Hoffentlich hat Sie kein seelisch oder leiblich Ungemach uns ferngehalten und hoffentlich sehen wir Sie noch vor Ihrer Abreise. Wie geht's? Wie schafft's?
        Mit freundlichen Grüßen
                Ihr Heinrich Hart.

246. VON FRIEDRICH KAYSSLER. BRESLAU, 12.8.1894

Entschuldigt sein Schweigen mit namenloser Apathie, *hervorgerufen durch den unaufhörlichen* Gamaschendienst *der letzten Zeit. Fragt, ob M nun also in den Harz statt ins Altvatergebirge gehe. Wundert sich, daß M im Winter an die See will,* kräftigend ists ja sicherlich in höchstem Grade, aber ists nicht zu rauh, ja geradezu das Gegenteil von Meran?! Wie hängt denn das zusammen? *Hat Lining besucht, sie hat sich sehr über Ms Brief gefreut. Zitelmann ist jetzt auf Rügen.* Es ist doch trotz alledem traurig für die beiden. *– Bedauert, daß M nicht durch Breslau kommt. Muß am 19. für 14 Tage ins Manöver. – Anwand, Beblo und Isaak sind da.* Ersterer geht für den Winter wieder nach M.; nach Rom will er jetzt nach der Umsattelei erst später, weil er litterarisch erst mehr lernen will. *Beblos fahren nach Tirol, Isaak bleibt im Wintersemester in Breslau, will später zum Physikum aber wieder fort. – Hat Post von*

Liese und Ms Vater und von M endlich etwas Gedrucktes: Das Gedicht FRÜHLING *und den Aufsatz* ZWEI WELTEN, *lobt beides sehr. – M soll sich wegen des Schillerpreises nicht mehr an Bauer wenden, das sei eine* Paukerseele *wie die andern.*
5 *N.: Ein altes Fräulein. [Zitelmanns Familie]. Busse: Gedichte. Marie Goettling. Ostlers. – Stabelwitz. Niklasdorf bei Grottkau/ Strehlen. Wien. Fischbach.*

247.   AN EUGENIE LEROI [VERMUTLICH IN GRUND
       ODER EMS. VERMUTLICH GRUND], 22.8.1894

10   22.A.94.
Meine einzige Gena!
Ewiges All in der heiligen Keusche der Nacht um mich und all mein Denken bei Dir, Gena. Keine Reime noch schöne Worte und nur das Eine Allerschönste in meinem Gemüt, das sich
15 nicht sprechen lässt aber das Du fühlen musst, wenn ich Dich anschaue und in Deine Tiefen sinke wie ich noch nie in ein Weib versunken – in Deine schwermuttiefen, kalten heissen sehnenden Abgründe. Vielen Seelen schon ging ich vorbei, aber bei jeder sah ich das Ende – nur bei Dir sehe ich wie über ein
20 Meer hin ohne Ende.
Oh Gena, Deine Schmerzen und Freuden reissen an meinem Herzen, sie thun mir weh und wohl wie die meinen, weher noch, da ich nicht Du bin, da ich nicht für Dich mit dem kämpfen kann, was ich mir [?] selbst aus Trümmern als eherne [...]
25 Aber siehst Du nach einem Freund Dich um, der nicht nur nimmt, der aus strömendem Herzen Dir geben kann – so gieb mir Deine beiden lieben Hände, so hab' ein schrankenloses Vertrauen zu dem stillen Einsamen, der dich über alle Maassen liebt [...] Du sollst nicht so resigniert und verloren heiter durchs Leben gehen.
30 Du sollst eine Saite wissen, die jeden Ton Deines Daseins mitschwingt, ein Herz, an dem Du immer wieder tief-froh und glücklich werden kannst.
Du hast Heimweh – lass mich Deine Heimat sein [...] Du kannst mein Genius sein! Höher noch werde ich fliegen, weiss ich, dass es
35 auch Dein Stolz, lohnt mich Dein heisses Mitempfinden [...]

In Freiheit schlage, schönes, stürmisches Herz – was ich Dir sage,
dass ich Dich liebe, soll Dich nicht binden – nur erfreuen wärmen
nähren trösten [...]
Was wirst Du thun? Lächeln oder weinen oder herbe zurückzucken [...] Nichts hasse ich mehr wie aufdringliche Liebe, unvornehme täppische Freundschaft [...]

248. AN FRIEDRICH KAYSSLER [IN BRESLAU].
GRUND, 31.8.1894

Mein liebes altes Herz!
Da sitze ich nun mit 5 Wurst- und Harzer-Käse-Schnitten im
Magen bei einer prächtig milden Cigarre und schreibe an meinen
lieben Fritzing, obschon ich's an andre gleichfalls liebe Menschen
eigentlich nötiger hätte. Obschon ich auch besser an dem »Epos«
weiterdichtete, das bis jetzt pure Lyrik ist. Ach alter Freund! Du
schriebst und klagtest früher immer: Geh mir nicht so weit voraus, ich möchte Dir doch nachkommen. Aber wünsch' Dir das
nicht mehr, denn wenn Du mir jetzt auf meinem Herzenspfade
nachkommen wolltest, müsstest Du durch rotes Blut waten. Von
nun ab steht in meinen Gedankenhainen ein schwarzverhang'ner
Altar, eine weinende Psyche – doch wozu die Malerei. Wem die
Seele müd' ist, dem sind auch die Hände schlaff. Ich will nicht
malen. Und doch werfen sich halb unbewusst meine Empfindungen Kleider um. Sie sind eitel. Ich bin kein tiefer Mensch. Kein
flacher aber auch kein tiefer Mensch. Sonst wär' ich nicht so ela-
stisch, sonst hätt' ich mehr Fähigkeit zugrunde zu gehen. Sonst
hätt' ich erst gar nicht zu sprechen angefangen und das Rad meiner Worte geschlagen. Nietzsche hat recht: »Die Dichter lügen zu
viel.« Worte sind schon Lügen, sind kokette Spiegelbilder von
Gefühlen, die nicht tief genug sind, den Schleier vor dem Antlitz
zu behalten aber doch wissen, dass die Leute sie »tief« nennen.
Quält Dich das? Aber warum nicht einmal Anatomie statt Euphe-
mie. Siehst Du, das war schön gesagt, und nun will ich Dir auch
verraten, dass ich gerade Deine liebe schöne Cigarrenspitze hervorgeholt habe um daraus weiter zu rauchen.
Die Details zu der Vorgeschichte obiger Zeilen erzähle ich Dir

'mal vielleicht auf Deinem Sopha. Habe ich Dich neugierig gemacht, verzeih mir. Ich hatte keine Absicht, ich schrieb einfach..
ehre meine Wunde. Nun aber genug und übergenug. Dass nicht eine kunstgeschichtliche Frage, ein zurückgeschicktes Gedicht oder mein leerer Geldbeutel das Thema ist sondern – ein Weib wirst Du längst begriffen haben. ⸻
Aber bete zu Deinen Göttern, wenn Du welche hast ein Di bene (meliusve saltem) vertant. –
Ach hätte ich Dich jetzt hier! Ich bin sehr allein und geladen mit manchem guten Gedanken. Weisst Du mein grösstes dichterisches Manko ist: Mangel an Kompositionstalent. Gedanken und Stimmungen sind mein Element – aber es gehörte noch etwas von der Art des Blumen-Cohn dazu, Arrangement-Talent, Formgabe im Grossen.
Um so peinlicher ist mir das, als ich nach neuen Formen ringe und wohl das Zutrauen zu mir hätte nicht in's Geschmacklose sondern – wenn schon – durchweg in's Originelle zu verfallen.
Denk' Dir nur: ich habe hier in Grund mit Vortrag einer Anzahl meiner Gedichte debütirt und an Erfahrung nicht dabei verloren.
Da waren nämlich seit meiner Ankunft 3 sog. Dilettanten-Abende, wobei jedoch auch einige Künstler mitwirkten, zu denen – ich mich auch rechne.
Da sang zunächst ein Neffe des grossen Kaulbach, Joseph K., prächtige Baritonlieder, ein Fräulein Eugenie Leroi aus Ems Volks- und andre Lieder mit wunderbarer Schönheit und aus Hannover gaben 2 Schauspieler, alte Kurgäste, der 74jährige Komiker Julius Behrend und der erste Held ... etc. Holthaus, humoristische und ernste Sachen zum Besten. Da trat denn auch Christian Morgenstern vor das liebe, gute Badepublikum, liess die Nixen im Grunde singen, den Bergsee tosen und anderes, was Du noch nicht kennst und heimste dafür Klatsch, Klatsch, Klatsch und Prost und »wirklich sehr schön« ein und auch ein paar Blicke, die ihn für den ganzen Summs entschädigten.
Eins weiss ich jetzt wenigstens: Vortragen kann ich mühelos auch im grössten Sal und packen auch. Freilich vieles vom Meinigen werd' ich nie an solche Leute bringen, dazu bin ich viel zu ernst, zu scharf oder – nicht zu meinem Lob sondern zu deren Schande! – zu geistreich.

Ich werde überhaupt nie populär werden, selbst wenn mir Grosses gelingen sollte. Aber man muss den populus kennen, und wird den Mangel breitester Anerkennung zu seinen leichtesten Enttäuschungen zählen.

Dass Dir mein Frühling gefällt, freut mich. Der Tiergarten hat ihn mir auf eine Visitenkarte diktiert. Der ist überhaupt mein liebster Geburtshelfer. Das Feuilleton ist geschickte Suada, weiter nichts. Wenn ich aus dummer Eitelkeit mir vielleicht auf geschickte Wendungen etwas einbilde – ich verachte doch diese Art Schreiberei, denn ihr innerster Charakter ist Unwahrheit, Koketterie mit dem Leser, zum Orakel aufgeputzte Subjektivität.

Alle Zeitungsschreiberei, auch diese feinere, ist Sünde wider den heiligen Geist.

Übrigens – findest Du nicht auch? die Freie Bühne geht zurück. Die Bülow-Briefe, die Hartlebensche »Sittliche Forderung«, das Ragout von Holländer, das Essay (?) über Katharina II. – alles trauriges Zeug. Wo blieb die zum mindesten interessante Drauflosgängerei des jungen Deutschland! –

Was ich im September machen werde, davon weiss noch niemand. Inclusive mich selbst. 15 M (!) sind ausserdem ein schlechter Passepartout für die Zukunft. Diese ewige Geldquälerei ennuyirt mich. Ich passe wahrhaftig nicht in diese ewigen Krämerverhältnisse. – Ja mit Linning ist das eine triste Sache. Wenn nur Karl fest bleibt und das Mädel einen Funken Verstand hat! Das wäre für mich die Hölle, wenn jemand sich so an mich klammerte. Freundchen, zieh Dir Deine Lehren draus. – In Halberstadt, wohin ich vielleicht noch ein paar Tage gehe, habe ich in Dr. Rüter – ich kann wohl sagen: einen neuen Freund gewonnen. Ein herrlicher Mensch, so recht einer von dem kleinen Parterre von Königen, vor denen man allein sein Leben lang sein Bestes geben möchte. Auch ihm hab' ich noch nicht geschrieben – Du bist der zweite, an den ich überhaupt von hier aus schreibe. Hoch oben auf der »Luchsklippe«, die weit in mächtige Thäler hinausschaut, schliesse ich diesen Brief. Wie Thränen liegt es hinter meinen Augen, aber eine gute Hoffnung winkt abwehrend mit dem Finger. Leb wohl Fritzing. Und wenn ich Dir nach einiger Zeit wieder schreibe, dann bin ich entweder ganz froh oder ganz trüb.

Dein treuer Chr.

Im Zuschauer 15. Juni – 15. August 6 Kritiken von mir. Ich hätte nicht ungern, wenn Du sie läsest. Habe kürzlich nicht weniger wie 12 Gedichte und 2 Prosa-Phantasieen in den Z. geschickt. Hoffe, dass alles kommt. Verbreite, bitte den Z. nach Kräften. –
Bauer ist doch ein höchst geistreicher Mann, ich kenn' ihn doch persönlich. Aber er ist halt ein Alter und wir sind die Jungen.
Grund 31. Aug. abends. 94.

249. AN MARIE GOETTLING IN SORAU.
      GRUND, 2. 9. 1894

Liebe Moors! *Entschuldigt seine Schreibfaulheit. Will noch eine Tour auf den Brocken machen, im Winter vielleicht nach Norderney. Hat vor dem Badepublikum rezitiert.*
N.: Mukl. – Berlin. Charlottenburg. Forst.

250. VON CARL ERNST MORGENSTERN.
      FRIEDRICHSTHAL, 3. 9. 1894

Lieber Christian
daß Deine Mitteilungen über Deine Gesundheitsverhältnisse mir keine Sorge machen sollen, hast Du leicht sagen. Quousque tandem! Wenn die Sache nicht besser wird, u. dazu ja der verfluchte Überfluß an Geldmangel. Wenn ich nicht der größte Optimist wäre, hätte ich im Leben schon oft verzweifeln müssen. Ich denke mir halt, Du bist von Haus aus auch ein sehr ängstlicher Mensch. Wenn es nicht absolut notwendig, so doktere ja nicht soviel. Was Deine Winterpläne betrifft, so läßt sich allerdings weder ja noch nein dazu sagen. Die 30 M. sind Dir sicher; aber es ist mir auf absehbare Zeit unmöglich auch nur eine M. mehr zu schicken. Also bleib vor Allem auf den Beinen. Vielleicht erübrigt sich doch ein Winteraufenthalt auswärts, daß Du Deine Berliner Stellung u. Dein Studium nicht aufzugeben brauchst.
Ich hoffe, daß der Arzt Dich soweit gebessert finden wird.
Den beiliegenden Betrag hat meine geliebte Liese von ihrem Nadelgeld mir vorgestreckt, da ich absolut blank bin bis auf die

genau ausgerechneten Kosten des hiesigen Aufenthaltes, von dem
ich mir in künstlerischer Beziehung im Winter pekuniäre Erfolge
verspreche. Es sind entzückende Motife da, prachtvolle Buchen u.
Waldschläge. Ich will mich heute kurz fassen, damit der Betrag so
schnell wie möglich in Deine Hände kommt u. Dich noch in
Grund trifft.
Also vor Allem recht gute Besserung fasse keinen unüberlegten
Entschluß u. sei von uns herzlichst gegrüßt.   Dein get. Vater

        Friedrichsthal   b /
        Villa Kraus   / Spindelmühl
                             via Hohenelbe
              Böhmen
      d. 3. Sept. 94.

251. AN R. A. GOETTLING IN SORAU.
BERLIN, 8. 9. 1894

                        Berlin N., Post, 1894.
Eben Sache erhalten. Einfach grossartig! Beinahe tragisch schön.
Besonders die 5 Pf. Fünfzigtausend Dank! Hatte nur noch 4 Pf...
Wohne in Stube neben der Beblo's, Charlottenburg Krumme
Strasse 77/1 bei Kickhäfer. Heute nacht schon 4 (!) kleine
W...zenkickkäfer erschlagen. Sonst jedoch noch niemand.
S'is guth! Befinden gut.
                       Herzlichste Grüsse
                              Bēssos.

252. AN KARL EMIL FRANZOS [IN BERLIN].
BERLIN, 10. 9. 1894

                        Berlin 10. September 94.
Sehr geehrter Herr!
Zugleich mit bestem Danke für Ihre liebenswürdigen Zeilen vom
Juli h. a. verbinde ich die Bitte um Entschuldigung, dass ich Ihnen
unnötige Mühe gemacht habe.
Dass Sie meine »Sommernacht« statt wie angedeutet im kom-

menden Jahre schon jetzt brachten, hat mich sehr erfreut und ich
erlaube mir daher, Ihnen ein anderes Gedicht einzusenden, von
dem ich hoffe, dass Sie es dem ersten folgen lassen werden. Dürfte
ich Sie bitten, mir einige Exemplare der in Frage stehenden
Nummer der »Deutschen Dichtung« gütigst zustellen lassen zu
wollen?
Mit ganz vorzüglicher Hochachtung und ergebenstem Grusse bin
ich
Ihr
Christian Morgenstern
Berlin. Artilleriestrasse 31. II.

253. [VERMUTLICH AN OTTO VON LEIXNER IN GROSS
LICHTERFELDE]. BERLIN, 11.9.1894

*Bietet wieder ein Gedicht für die »Deutsche Romanzeitung« an.
Dankt für den liebenswürdigen Brief an Ms Vater mit den Auskünften über die schriftstellerische Laufbahn. Ist nach Berlin übergesiedelt, studiert Kunstgeschichte und sucht durch dichterische
Produktion Boden zu gewinnen; würde gern im kommenden Winter seine persönliche Bekanntschaft machen.
N.: Breslau.*

254. VON OSCAR BIE. CHARLOTTENBURG, 18.9.1894

Lieber Herr Morgenstern.
Ich habe Ihnen mancherlei zu erzählen, von Avenarius und sonst,
auch möchte ich über Beitrag für unsere Oktobernummer sprechen – wollen Sie heut gegen 5 Uhr mal zu mir heraufkommen.
Herzlichst
Ihr
O Bie.

255. AN FRIEDRICH KAYSSLER [IN BRESLAU].
[BERLIN, VERMUTLICH 30.9.1894]

Du bist u. bleibst doch der .... Kerl von Allen! u. weisst immer Deine Briefe zu e. Art kleinen Ereignisses zu gestalten. Feiner Sonntagsmorgen. Sonne lacht, ich auch. Doch in dem Punkte Deiner Gutherzigkeit nicht. Gewiss, wozu s. w. Freunde. – Edel? ego? da lach ich doch. Bleibe viel zu gern à Berlin u. fühle mich ausserdem auf Wort (!) u. meinetwegen auch »unberufen« vollständig gesund. Sollte der Winter mir Beschwerden machen, so verspreche ich Dir, dann noch fortzugehen. Es ist niemals zu spät, wenn ich meinen Zustand stets überwache. Geldpunkt allerdings schwieriger als Du u. ich denken. Doch dann ist mir alles egal, u. dass ich nicht aus kleinlicher Lebensliebe so bin, weisst Du. Mir liegt nur das a. Herzen, was jeder Dicht. als seine Mission betrachtet. Nur d. Schwächling lässt sich untersinken. Von zuhause erwarte ich überhaupt wenig Verständnis mehr. Dort ist d. Hauptinteresse, mich möglichst bald materiell ganz loszuwerden. Ich bin als der einzige Enkel eines reichen Grossvaters und als der einzige Sohn eines hoch besoldeten Beamten als armer Teufel auf die Strasse gesetzt worden u. nach drei verpfuschten durchgewürgten Semestern überhaupt der Möglichkeit eines Studiums beraubt worden – denn wo man sich so verzetteln muss, wie ich hier, kann aus dem kunsthistor. Fach nicht viel werden. Ich kann einmal nicht mehreren Herren dienen, ich bin zu unfähig dazu. Aber wäre ich nur auf 2 – 3 Jahre gesichert, dann wär ja alles gut. Nur dies aus der Entwicklung heraus arbeiten u. geben sollen, das kränkt mich so sehr. Ich bin noch lange nicht reif u. man verlangt schon Früchte von mir. Und dann diese Gnadengabe von Jordan. Glaubst Du es ist angenehm, so als Schmarotzer an d. N. Galerie zu hängen. Mit 100 M wären die Zettel reichlich bezahlt gewesen. So waren's 300 M u. Jord. hat sich ebenso als edler Mensch gezeigt, wie er mir sagen musste, dass es nicht meinem Verdienste sondern dem Sohne seines Freundes galt. Doch in welche Bitterkeiten verliere ich mich, ich denke ja sonst so blutwenig an all dies. Es ist nur der Gentleman, der Sprosse aus altem Künstlergeschlecht, der manchmal in mir erwacht, unwillig über dies unsichere Lotterleben, in dem alles Streben nach harmonischer

Bildung flöten geht. Siehst Du, ich kann auch 'mal wütend werden u. das darf Dich nicht Wunder nehmen, wenn ich mit 60 m in den Oktober gehe und 50 m Schulden habe. Wie sehr Du natürlich über all das Mund halten wirst, brauche ich Dir nicht erst zu
5 sagen! Ich will's nicht haben, dass irgend jemand Fremdes (z.B. Beblos, so sehr ich sie schätze) scheinbaren Grund bekommen sollte von meinem Vater vorwurfsvoll zu sprechen. Das geht keinen 'was an u. wenn ich mich Dir gegenüber, als meinem besten Freunde, e. Augenblick gehen lasse, so kannst Du's auch sofort
10 wieder vergessen. Wenn ich Dir so 'was schreibe, »was geht's Dich an!« Das mit Brahm lass um Brams willen – es war Wahnsinn von mir. Ich lernte ihn nach den Webern samt Rittner, Müller, Prof. Erich Schmidt u.a. kennen!
Weber zwiefach. Eindruck: Grosses Kunstwerk. Verfluchter
15 Demos.
Hirschfeld reizender Mensch. »Bei Beiden«, wunderbare Kunst! Ma mechts ni glauben.
Ich glaube mit der puren »Wahrheit« i.d. Kunst ist's doch Essig. Oppos. Bild herrlich! Gratias!
20 Zuschauer ist gar nicht so schlecht! Letzte N: Falke, Busse, Hauptm. O. Ernst, Hoffmann.

256. AN EUGENIE LEROI [VERMUTLICH IN EMS].
      [VERMUTLICH BERLIN, ETWA ENDE SEPTEMBER /
      ANFANG OKTOBER 1894]

25 Ich war ein Falter, der, vom Lichtschein berauscht, nicht ruhte, bis er sich den Kopf gestoßen hatte [...] Wie ein Traum liegt alles nun hinter mir, und kaum weiß ich, ob ich noch das Recht habe, zu den Gestalten dieses Traumes zu reden [...] Sie haben recht, man soll sich nicht in seine Gefühle hineinverlieren und viel-
30 leicht auch: verirren. Man soll immer noch höhere Regionen kennen, in die man sich vor seiner Traurigkeit flüchten und retten kann [...]

257. AN EUGENIE LEROI [VERMUTLICH IN EMS].
[VERMUTLICH BERLIN, HERBST 1894]

Berichtet von seiner Arbeit. Ermutigt sie, ihre Laufbahn als Sängerin in Berlin zu beginnen. Berlin ist die Zentrale für alles Aufstrebende, Triebkräftige, Eigenartige [...]

258. VON FRITZ MÜNSTER. [VERMUTLICH BRESLAU, ETWA SEPTEMBER/OKTOBER 1894]

Ich freue mich, Dir viele Probleme vorlegen zu können. Ich freue mich auf mein Studium, auf Berlin selbst, auf alles, auf Dich –.

259. VON FRANZ CARL ZITELMANN.
[VON EINEM GEBIRGSAUSFLUG, EINIGE JAHRE NACH DER SCHULZEIT]

Nur schade, daß Du nicht den Reiz der Landschaft durch Deine liebenswürdige Erscheinung vergeistigst. *Nennt ihn* einziger wesentlicher Mensch.

260. VON FRANZ CARL ZITELMANN.
GURADZE, KOTLISCHOWITZ, 3.10.1894

Ms Idee gefällt ihm. Beklagt seinen eigenen Hang zum Zersetzen und Zerfetzen jeder Stimmung, Regung, Handlung und meiner eignen ganzen Welt. Vermutet, M habe eine ähnliche Phase vor zwei Jahren durchgemacht. Wäre gern bei ihm, um von ihm zu hören, daß ich nicht der grenzenlose Esel bin, für den ich mich halte. *Weiß aber gleichzeitig, daß das Mittel gegen diese Stimmungen die Arbeit für sein Studium ist, hat trotzdem Angst vor dem Anfangen. – Spricht dann über Fritz Münster, der nach Berlin kommen wird und den er in Maßen anerkennt.*
N.: Schopenhauer. Sokrates.

261. AN CLARA OSTLER [IN MÜNCHEN].
BERLIN, 8.10.1894.

... Nach den Augustwochen im Harz, die mich fabelhaft erfrischt haben, wohnte ich den September in Charlottenburg, hauptsächlich mit Arbeit an einer größeren Dichtung beschäftigt, deren Grund schon in »Grund« im Harz gelegt war und welche ich Dir hoffentlich in nicht allzuferner Zeit als meine literarische Erstlingstat oder auch -untat werde überreichen können. –

Von dem Berliner Winter verspreche ich mir viel, denn ich habe mehr vor wie jemals und fühle mich kräftig zu fröhlichem Schaffen. Auch sind ein paar liebe Freunde hier, so daß keine Vereinsamung droht. Mein auswärtiger Winteraufenthalt scheint sich, dem Harz sei Dank, ganz erledigen zu wollen.

Ich wohne jetzt urgemütlich in einem Dachstübchen mitten in Berlin, ganz nahe dem Schloß und den Galerien. Dabei zahle ich einen Spottpreis und habe alles, was mein Herz begehren kann, denke! –: einen prachtvollen Schreibtisch, Papierkorb, Sofa und ähnliche schöne Dinge mehr. In Zeitschriften habe ich immer mehr Aufnahme gefunden. Freie Bühne, Zuschauer, Magazin für Literatur, Penaten, Deutsche Dichtung, Bremer literarische Blätter, Frankfurter Zeitung, Romanzeitung, Fliegende Blätter – das sind so ungefähr die Stätten meiner ersten Eroberungen. Ich hätte Dir längst etwas geschickt, aber erstens erhalte ich (von Honorar ganz zu schweigen) meist nur eine Belegnummer und dann sind es wirklich im allgemeinen noch unbedeutende Sachen, zum Teil ältere Gedichte, die ich abwerfen wollte. Doch sende ich Dir nächstens die Satiren aus der Frankfurter Zeitung. Warte nur balde – kommt mein großer Frühling und da will ich auch Dir Blütenschauer in die Schürze schütten.

... lange kann es übrigens nicht mehr dauern, daß mich Gott Mammon so hoch erhebt, daß ich mich photographieren lassen kann. Vorläufig ists ja noch aussichtslos, aber ich bin ein Glückskind und werde es auch noch zu dem Taler bringen, wofür man hier sich zwölf Konterfeis bestellen kann. – –

262. AN MARIE GOETTLING [IN SORAU].
BERLIN, 13.10.1894.

13. Oktober 1894. Berlin C, Klosterstr. 25 IV.

Mein liebes Mariechen,

Ja, der böse Bessos macht jetzt oft recht lange Kunstpausen und mag bei leichtgläubigen Freunden den Anschein erwecken, als sei er etwas vergesslich. Bei Euch nicht. Du weisst, dass Briefschreiben mir oft schrecklicher vorkommt, als irgend etwas; ich kann nichts dafür.

Du wolltest gern die Weber haben? Mit Freuden schicke ich sie Dir, sie kommen, gelesen, viel mehr zur Geltung als aufgeführt. Die Hauptmannschen Stücke sind überhaupt viel zu fein, zu minutiös gearbeitet für die Bühne.

Wie geht's Euch denn? Von Dir hörte ich mit Besorgnis, Du hättest Dich in Dresden zu sehr angestrengt. Das war nicht recht, Du kleines unfolgsames Mariechen, der ich einst so fanatische Gesundheitspredigten gehalten habe! Und Onkel Moor soll sich entlockt haben? Das ist so »entsetzlich«, dass ich nichts sagen kann als: Möchten sie bereits wieder gewachsen sein.

Mir gehts unberufen gut, und ich lebe in meinem Dachstübchen einen sehr angeregten freudvollen Winter. Ich habe hier wirklich Glück in Berlin innerlich und äusserlich. An der Neuen Deutschen Rundschau bin ich nun ständiger Mitarbeiter geworden, indem ich grosse Vierteljahrsrevuen über die zeitgenössische Lyrik dort zu schreiben aufgefordert bin. Februar ca wird die erste erscheinen. Es ist dies eine verantwortliche und schöne Sache.

In eigener Angelegenheit arbeite ich neben beständiger lyrischen Nebenarbeit (meist humoristischer Art) an meiner grossen Dichtung weiter, die – wenn ich bis dahin fertig – womöglich im Frühling 1895 erscheinen soll und von der ich hoffe, dass sie einen Freundeskreis finden wird, zumal unter Menschen, welche sich die Natur ordentlich angesehen haben.

Aber ich denke an dieses kleine Werk schon fast wie an eine überwundene Sache. Kommenden Sommer will ich endlich das Meer sehen, und mir ist, als müssten mir dort beispiellose Dinge einfallen, Sachen wie sie noch nie gesagt worden sind – ach wie ist das Leben schön, wenn man fühlt, dass man immer noch höher steigen wird. –

Ausser dem Freitag-Schriftsteller-Club habe ich nur wenig Verkehr hier und meide auch möglichst jede überflüssige Anknüpfung. Dahn schrieb mir Grüsse an Jul. Wolff, Lohmeyer etc.; nächstens werde ich mir 'mal Mut fassen. – Mit der Sorauer Tournée wollen wir's sein lassen. Gerhard's Mitteilungen zeigten mir, dass man sich vorläufig nur ärgern würde. Was schrieb oder sagte denn eigentlich L. Bauer seinerzeit über die »Freie Bühne«? Ich möchte es wissen, um einen Gesichtspunkt zu haben, nach dem ich ihm Anfang 95 eine Auswahl von Gedichten schicken kann, um vielleicht doch noch 'mal den Schillerpreis zu erangeln. Er wäre gerade für die Seereise brauchbar. –

Da mir Onkel Moor übrigens so gütig sagen liess, mit meiner Schuld eile es nicht so sehr, warte ich – ich muss es leider – auf die Remuneration von Jordan, die ich im December – wie ich heute erfuhr – ausgezahlt erhalte. Seid mir nicht böse, bitte! Diese Postnumerandozahlung der N-Galerie zwingt mich selbst, bis dahin auf Pump zu leben. – C'est la guerre. Bald wird's besser werden. Schreibe bald 'mal wieder liebstes Mariechen u. sei herzlichst samt Onkel Moor, dem lieben, gegrüsst von Deinem treuen Chrischan.

Grüsse an Alle! Verzeih die schauderhafte Feder, sie entstellt jeden Zug von mir.

263.   VON CLARA OSTLER. MÜNCHEN, 13. – 15. 10. 1894

München, den 13. Okt. 94.

Mein guter Christl!

Langsam, langsam habe ich mich daran gewöhnt Deine Briefe für besondere und seltene Glücksfälle zu halten und in diesem Sinne wartete ich geduldig – nein ich will ehrlich sein Christl – ich wartete mit einem gewissen Trotz, ob ich überhaupt in diesem Leben noch etwas von Dir erfahre, oder ob Du mich jetzt also wirklich vergessen hast. Denke, so schlecht war ich, daß ich mich nicht um eine Welt entschlossen hätte Dir in der Zwischenzeit einmal eine Karte zu schreiben. – Jetzt habe ich Dirs aber schon viel vielmal in der Stille abgebeten und Deinen so lieben Brief 3 Tage und drei Nächte nicht mehr von mir gelassen und dabei all die lieben heitern Gedanken in Kopf und Herz getragen. Ja Christl, Du bist ein Glückskind, denn Du hast die Kraft Dich mutig durchs Leben zu schlagen und trägst mit Größe und liebenswürdiger Genügsamkeit, was andre vielleicht verbittern und kleinmütig machen würde. Du benützt Dein Talent, um im edelsten und besten Sinne zu wirken, wo ein andrer es vielleicht ausnützte, um Samen zu immer neuer Unzufriedenheit zu streuen. Aus den 4 Seiten spricht so ganz der Christl, den ich so unendlich hoch schätze und so lieb gewonnen habe. Ich freue mich von Herzen und innig, daß es Dir so gut geht, aber Italien – das schöne Projekt – solltest Du doch nicht fallen lassen, wenn Du wartest bis Dich Deine Gesundheit zum »Auskneifen« zwingt, dann ist schon wieder viel verursacht, was Du vielleicht lange, lange nicht mehr gut machen kannst. Überlege es Dir doch noch einmal ernstlich Christl, ja? Bei uns hat sich inzwischen so manches ereignet, der Sept. war ein schauderhafter Monat, den ich sobald nicht vergessen werde. Zuerst erkrankte Maman aufs neue, und mußte wieder in die Nervenheilanstalt, das waren schreckliche Eindrücke, dann lag alles auf mir im Haushalt, das war eine ziemlich harte Schule, ein Magdwechsel stand bevor, ebenso der Besuch von Onkel Oskar mit der Kleinen, dann bekam Margot Halsentzündung und war nachts sehr unruhig, beinah gleichzeitig hatte Papa Influenza, dann mußte Lotte neu equipiert werden, alles verpackt u. ins Kloster geschickt werden, dazu Schneiderei im Haus und – nota bene rückte der Termin immer näher, wo ich das Klavierexamen machen wollte. Das hatte ich mir nun einmal in den Kopf gesetzt und führte es trotz Widerspruchs von allen Seiten durch. Jetzt ist alles überstanden, alles. Heute kommt Maman wieder zurück, vollständig heil, und so ist die ärgste Sorge von uns genommen. Und vorgestern erhielt ich mein Zeugnis von Augsburg, in dem die hochlöbliche Regierung von Schwaben und Neuburg allergnädigst geruht die schwergeprüfte Lehrerin Frl. Clara Ostler mit der Note 1 zu beglücken. Während die andern alle jahrelang speziell auf die Prüfung gedrillt waren, baute ich allein auf meine allgemein musikalische Bildung, es ist rein wunderbar wie ich so durchkam bei der strengen Censur und dem Schablonenwesen. Es war aber auch furchtbar anstrengend u. erforderte die Anspannung aller meiner Kräfte. Denke drei Tage lang durch 6 Fächer geprüft zu werden, wenn ich genauer orientiert gewesen wäre, hätte man mich nicht mit 6 Pferden nach Augsburg gebracht. Nun es aber überstanden freue ich mich doch sehr, es durchgesetzt zu haben. Der eine der Prüfungskomissäre hat mich riesig belobt über mein Spiel, aber, ich weiß nicht – mir selbst gefällt es nicht mehr. es mag vielleicht andre momentan mitreißen, aber ich finde für mich keine Erholung oder Beruhigung mehr im Spiel, sondern es ist nur ein Aufwühlen sämmtlicher, sonst durch strenge Selbstbeherrschung niedergezwungener Gefühle; deshalb spiele ich auch vor andern meistens nur leichte Salonmusik. – Nun außer der Anstrengung und Aufregung hatte ich in Augsburg auch noch Erlebnisse so mannigfaltiger und amüsanter Art, daß ich immer ulke und sage, ich werde sie nächstens unter dem Titel: Das Klavierexamen der höheren Töchter, eine komische Episode aus dem Leben der C. O. herausgeben. Ich empfehle Dir dies Thema als reiches Feld für Witz, Humor u. Bosheit. Am 4.ten Tage bekam ich endlich auch etwas Interesse für Augsburg selbst, das mir durch alte Bauten, kunstvolle Brunnen u. Denkmäler in der Erinnerung geblieben ist. Bei Amtsrichter v. Crebert, einem jungen Paar mit einem 4 Wochen alten Baby war ich sehr gut aufgehoben, aber froh bin ich doch, daß alles hinter mir liegt, glaubst Du's Christl? – Denke nur Christl, ich habe einen effort surhumain machen müssen, um mich des sog. E. H. zu erwehren, dessen interessante Bekanntschaft Du ja auch gemacht hast. Er hat mich nämlich mit echt österreichischer Zutraulichkeit vom ersten Tage an, in alle seine Leiden eingeweiht und ich fühlte mich wie seine Großtante, wenn ich ihm gute Ratschläge erteilte, die er bereitwilligst nachbetete, aber konsequent nicht befolgte. Seine grenzenlose Gutmütigkeit versöhnte mich aber immer wieder, bis ich nach und nach merkte, daß auch diese nur Schwäche und Mangel an wahrem Stolz ist. Als er mich nun, außer mit seinem schmachtlappigen Wesen auch noch in der naivsten Taktlosigkeit mit einer Unzahl Zettelchen, Packträgern und Rosenbouquets grenzenlos ermüdete und alle, alle Winke mißzuverstehen schien, da riß mir endlich die lang erprobte Geduld und ich schickte ihm den effort surhumain in Gestalt eines Briefes, der in der liebenswürdigsten Form an Deutlichkeit nichts zu wünschen übrig ließ. Es ist doch traurig von wie vielen, vielen

»Männern« der herrliche Begriff »Mann« profaniert wird. Tanzen werde ich heuer nur mehr sehr mäßig betreiben, es macht mir wirklich keine so große Freude mehr, mich von dem gros der Herrn halbtot tanzen zu lassen und für dieses zweifelhafte Vergnügen eine erfrischende Nachtruhe mit schönen Träumen zu opfern. Wenn Du mir jetzt öfter schreiben willst, sollst Du auch gerne öfter zu lesen bekommen, mein kleiner, schlimmer Christl, Agraphie und sonstige lateinische Schlechtigkeiten lasse ich in Zukunft nicht mehr gelten. Daß ich immer schon traurig war gar nichts von den Sachen, die Du herausgibst lesen zu können, wirst Du Dir wohl denken, aber Du bräuchtest mir ja blos die Hefte, in denen sie erscheinen näher zu bezeichnen, dann wüßte ich sie mir schon zu verschaffen. Nicht wahr, mein Christl, Du sagst es niemand, daß Maman wieder krank war, außer den intimsten Freunden weiß es niemand. Es ist zu traurig, daß es sich immer wiederholt. Etwas muß ich Dir noch erzählen: Mein »geistlicher Freund« wie ich immer geneckt werde, Heimasy, den ich auf Villa Herder kennen gelernt, besuchte mich vor kurzem wieder. Das ist auch einer von den wenigen seltenen Charakteren, die mir mein guter Stern finden ließ. Tief, geistvoll und tolerant in jeder Beziehung. Er weiß, daß ich nicht streng kirchlich bin und er machte nicht den geringsten Versuch mich in diesem Sinne zu bekehren vielmehr sagte er, daß er mich nicht beeinflußen wolle, ich sei auf dem ganz rechten Wege. Ich war momentan wirklich frappiert über diese Toleranz. Nachmittags musizierten wir u. er sang mit einer Harmlosigkeit, einer Ungeniertheit die glühendsten Lieder, was einen zu komischen Contrast zu seinem schwarzen Rock bildete. – So sollten alle Priester sein, dann hätten sie eine andre Stellung in der Welt. – Ich habe drei Tage an diesem Briefe geschrieben, da ich stets nur ein stilles Morgenstündchen dazu benützen kann, denn ich bilde mich jetzt zur »perfekten Köchin« aus u. suche mich für die bescheidenen Freuden dieser Kunst zu begeistern, da ich denn doch immer etwas haben muß, das mich vollständig ausfüllt. Jetzt habe ich Dir wohl genug vorgeplauscht u. Du bist mit mir zufrieden Liebes?
Tausend innige Grüße wie immer Deine Clärchen.

264. VON FRIEDRICH KAYSSLER. [VERMUTLICH
BRESLAU, OKTOBER ODER NOVEMBER 1894]

Weiß Klärchens *Geburtstag auch nicht, stellt Vermutungen darüber an;* war ich nicht mal an einem 23. oder 24. mit einem Bouquet dort [...]? *Dankt für* die inhaltsreiche Postkarte älteren Datums! Das mit der essigsauren Wahrheit in der Kunst ist mir auch schon in letzter Zeit momentweise aufgefallen, *denn er arbeitet an einem Drama. Erwähnt den Namenstag von Ms Vater. – M soll unter seinen Bekannten Schafe und Böcke trennen und die Böcke behalten. – Liest jetzt ausschließlich nordische Autoren. N.: Coebner. Belbo. Andersen. Jacobsen: »Frau Marie Grubbe«.*

265. AN KARL EMIL FRANZOS [IN BERLIN].
BERLIN, 16.10.1894

Dankt für den Abdruck des »Eibsees« *in der* »Deutschen Dichtung« *und legt wieder zwei Gedichte bei.*

266. VON KARL EMIL FRANZOS. BERLIN, 2.11.1894

B. d. 2/ XI 94
Sehr geehrter Herr!
Die Verlagshandlung der »D. D.« hat mir die beiden Karten, die Sie ihr bezüglich des Beleg-Ex. Ihres Gedichtes »Sturm auf dem Eibsee« haben zugehen lassen, übersandt. Über die Tonart der zweiten Karte will ich kein Wort verlieren und bemerke nur: Daß die »D. D.« den Autoren Beleghefte zukommen lässt, wissen Sie bereits aus Erfahrung, denn es ist Ihnen ein solches von Band XVI, Heft 11 zugekommen; wie Sie also dazu kommen, das Gegentheil zu vermuthen, verstehe ich nicht. Allerdings kann ich die bezügl. Listen nicht nach jedem Hefte aufstellen (es muß dies durch mich geschehen, weil die Adressen nur mir bekannt sind); es geschieht dies der Zeitersparniss wegen nur 2 mal im Quartal. Ich habe dies in den 12 Jahren, wo ich Zeitschriften herausgebe, so gehalten und glaube nicht, daß der Modus ungewöhnlich oder rücksichts-

los ist; wenigstens ist mir bisher keine Reclamation zugekommen.
Ich lasse Ihnen nun das Heft direct[?] zugehen; da ich aber ohnehin Arbeit genug habe und für besondere Karten und Sendungen, wie diese die Zeit nicht erübrigen kann, so bitte ich mir Einsendungen für die Zukunft nur dann zu machen, wenn Sie sich dem üblichen Modus[?] anbequemen können. Hochachtend

Franzos

267. AN OSCAR BIE [IN CHARLOTTENBURG].
BERLIN, 8.11.1894

Berlin C. 8. XI. 94.

Lieber Herr Bie,

Zunächst eine kleine Blüten(?)Lese von Sachen, die wir uns doch kommen lassen müssen.
1) Gumpenberg. Alles u. Nichts. Baumert u. Ronge, Gross. hain u. Leipz.
2) C. Telmann. A. d. Fremde Gedichte
3) Faust u. Prometheus H. Hango, Wien Hartleben. ⎫
4) Fitger, Requiem aeternam dona ei. Gedichte. ⎬ Magazin
5) Jean Meslier, e. Dichtung. ⎭
6) Ideale u. Skepticismen M. Jahn Leipz. W. Friedrich. (Vielleicht nach Probe 'was dran.)
7) Busse Gedichte 2. vermehrte u. verb. Aufl. Baumert u. Ronge
8) Cotta Musenalmanach 1894. 6 M. J. G. Cotta Nachfolger
9) Zipperer Oberbayr. Dial. dicht. Bamberg C. C. Buchner Verlag.
10) Weigand d. Vater (Buchdrama?)
11) J. Stern Morgenrot Soc. dem. Fest u. Zeitlieder. Anhang Festspiele u. Prologe St. (?) Calwerstr. M. Helzle. (Als Charakteristikum vielleicht interessant)

Das habe ich vorläufig gefunden. Weitere Recherchen werden mehr ergeben.

Ich gehe mit wahrhaftiger Freude an eine so schöne und nicht leichte Aufgabe wie die vorliegende.

Ich denke, wir setzen ungefähr Februar fest. Um die Weihnachtszeit, wo ich voraussichtlich 14 ruhige Tage in Breslau haben werde, will ich den Grundplan des Ganzen entwerfen. –

Zurzeit arbeite ich so nebenbei an einer Neubearbeitung Horazi-

scher Oden in humoristisch modernisiertem Sinne, ein kleines
Unternehmen, das ich mit einem Freunde zusammen begonnen
habe und zu dem ein dritter geschmackvolle Federzeichnungen
liefern wird.
Ich habe bis dato 8 Oden fertig (im Ganzen werden es kaum mehr
wie 20) daliegen und glaube, ohne mir zu schmeicheln, dass die
lustigen Lieder (im Originalversmaass übersetzt d.h. natürlich
selten wörtlich sondern dem Charakter des Ganzen nach) überall,
wo gemütliche Männer mit Gymnasialvergangenheit sich finden,
durchschlagenden Lacherfolg haben müssen.
Das Ganze müsste natürlich recht gefällig ausgestattet werden
und höchstens 1 M kosten.
Was meinen Sie, ob Herr Fischer dazu zu gewinnen wäre?
Ein Berliner Verlag wäre umso erwünschter, als sehr oft auf Berliner Verhältnisse angespielt wird.
    Z.B. (Vides ut alta stet nive candidum
        Sorakte ...)

Du siehst wie weiss im glänzenden Schneegewand
Der Kreuzberg steht und wie der Viktoriapark
    Tief eingeschneit, und Spree und Panke
        Mäntel von Eis auf den Leib gezogen.

Drum heize, Freundchen, spare die Kohlen nicht,
Und lass uns im behaglichen Stübchen dann
    Aus schönem alten Rum – was meinst du? –
        Einen urkräftigen Steifen brauen.
                      Etc. etc.
Wird Ihnen dabei nicht behaglich zumute? –
Die Geschichte macht mir selbst einen Riesenspass, helfen Sie
mir, dass auch andere sich dran freuen mögen.
Kürzlich hörte ich, Bierbaum plane wieder einen Musenalmanach. Ich habe infolgedessen mehrere Gedichte aus meinem lyr.
Epos zusammengeschrieben und werde ihm diese unter dem Titel »Aus einer hum.-phant. Dichtung ›In Phanta's Schloss‹« dieser Tage senden. Ausserdem will ich noch den Bergsee u. das
Nixenlied beilegen. Sie haben doch nichts dagegen? Der Alman.
erscheint doch wahrscheinlich erst im März ca, und bis dahin

haben Sie doch vielleicht schon e. Plätzchen in der N. F. R. für meine Lyrik gefunden.
Auch von Wolzogen soll e. Almanach herausgegeben werden. Wissen Sie etwas darüber?
Haben Sie meine Frankfurter Legenden schon gelesen Es hat noch lange Zeit, nur heben Sie's bitte auf, da ich nur dies Exemplar habe.
Erfrieren Sie nicht in Ihrem fernen Charlottenburg und Seien Sie herzlichst gegrüsst von
Ihrem
Christian Morgenstern.

Wenn Sie meinen, Bierbaum nähme noch bis in den December Beiträge zum Almanach an, so lasse ich den Auszug, falls er Sie interessiert via Charl.burg gehen. Aber ich fürchte, es ist höchste Eisenbahn.
Empfehlen Sie mich bitte gelegentl. Herrn Fischer.

268. VON MAXIMILIAN HARDEN. BERLIN, 11.11.1894

Bedauert, daß M ihn nicht angetroffen hat, und bittet für ein anderes Mal um eine kurze Anmeldung.

269. VON OTTO JULIUS BIERBAUM. TEGEL, 13.11.1894

Tegel bei Berlin, 13 | XI | 94 |
Sehr geehrter Herr!
Von Ihren mir zugesandten Gedichten würden sich für den M.M.A. diejenigen eignen, die Ihrer Dichtung »In Phantas Schloß« angehören, ohne daß ich Ihnen jetzt schon sagen könnte, daß ich deren alle bringen würde. Ich hätte mancherlei wol auszusetzen, so vornehmlich einen bemerkbaren Mangel an fester Geschlossenheit und zuweilen einen Mangel an Fluß in der freien Rhythmik, aber das besagt nur wenig, wo ich, wie hier, dichterisches Leben mit Freude spüre, wo sich soviel Bildkraft mit eigener Gedankenart vereinigt.

Wollen Sie mir die Gedichte also für den M. M. A. überlassen, so will ich sie in die engere Wahl stellen, d. h. aufbewahren, bis ich aus dem Besten mir gesandten das wähle, was im M. M. A. erscheint. Kann ich dann nicht alles bringen, so bringe ich doch sicherlich soviel, um ein Bild von Ihnen zu geben.

Ich mache Sie aber aufmerksam, daß der M. M. A. diesmal erst im Frühjahr erscheint, wobei es mir trotzdem lieber ist, wenn die im M. M. A. veröffentlichten Dichtungen vorher noch nicht gedruckt waren. Vielleicht könnten Sie auch noch andre Einsendungen gelegentlich machen.

Mit dem Gruße der Hochachtung
Otto Julius Bierbaum

270.   AN CLARA OSTLER [IN MÜNCHEN].
       BERLIN, 23.11.1894

Berichtet von seinem Berliner Leben, Treffen mit alten Freunden und Bekannten, Dichtern und Künstlern, Theaterbesuchen etc. Mit einem Franzosen treiben sie fürchterliche Konversation. – *Von seinen Kritiken will er ihr Listen schicken, einen »Zuschauer« fügt er bei.* Das s. Märchen stammt noch vom Sommer, es ist ziemlich mässig. Anfang 95 werde ich Dir eine grosse Monatsschrift zusenden, für die ich Vierteljahrsrevuen über Lyrik schreiben soll. – *Die alten Gedichte von ihm soll sie nicht weiterzeigen.* Das sind ja alles längst ad acta gelegte Sachen, wovon nie etwas in meine eventuellen Werke kommen darf. – *Wünscht ihr recht viel Herzensfreude an ihrem Geburtstag und grüßt ihre Eltern.* – Ps. Die gute alte Tante Lotte ist sehr krank – Weisst Du etwas über sie?

271.   VON MARIE GOETTLING. SORAU, 28.11.1894

... Die Festspielzeit hat ganz Sorau wohlgetan, der Leiter des Ganzen, Dr. Bassermann, war eine Persönlichkeit, die sich weder von Geldsäcken imponieren, noch von Spießbürgerei chokieren oder gar vom Echtweiblichen poussieren ließ, und so erhielten wir einen vollendeten Genuß. – Mag nun der Geschichte nach Held Gustav weniger ideal gesinnt gewesen sein, trotzdem ihm die Geschichte vielleicht das zu wenig antut, was die Geistlichkeit ihm zu viel gibt – jedenfalls hatte sich Bassermann einen echt königlichen Mann geschaffen in Maske und Spiel, dazu von einer Stimme unterstützt, die wie Musik gefangen nahm. Mich nicht zuletzt, wirst Du glauben. – Das Spiel findet jetzt in Stettin statt, dann in Mannheim, wo Dr. Bassermann bis zum Tode Devrients Oberregisseur des dortigen Theaters war.

Und nun zu den »Webern«. Wir haben sie beide mit großem Interesse gelesen, sind aber Deiner Ansicht, daß sie sich trotz aller dramatischen Wucht für die Bühne nicht eignen, wenn auch noch eher als das Hannele. Als Zeitbild gelesen aber sind sie von tief erschütternder Wahrheit. Vater erzählte mir im Anschluß daran, daß ein Pastor aus dem Eulengebirge damals bis zum König ging, um seine wegen Kartoffeldiebstahls verurteilten armen Gemeindekinder loszubitten. –

Kittelhaus wars nicht, – die erbärmlichste Figur des ganzen Stükkes, dreißig Jahr Seelsorger mit falscher Brillennummer! Der letzte Akt spielt für mich in Plokes winzigem Häuschen, – das freilich vor Sauberkeit blitzt, – aber Vater Ploke sagte mir auch, als er mir vorwebte (eine nervenerschütternde Arbeit): drei Mark pro Woche für täglich zwölfstündige Arbeit. – Daß die Handweberei verdrängt wird, ist wohl nicht zu bedauern, kein Arzt wird das tun, auch wenn besser bezahlt wird. Bei dem Lesen der Szene bei Baumerts drängt sich unwillkürlich einer Hausfrauenseele die Frage auf: Warum dienen die Mädchen nicht lieber? – Das führt zur Kehrseite des Ganzen. So wenig das Elend von Hauptmann übertrieben ist (und wenn auch nicht mehr bei den Webern, so findet es sich nun gleichgroß in anderen Branchen, siehe Berlins Mantelnäherinnen laut Gerichtssaal) – so einseitig verfährt er in betreff des moralischen Siechtums. Mitten unter Fabrikleuten, die besser verdienen, ausreichend, wenn sie arbeiten wollen, und nicht mit Kittelhaussinn aufgewachsen, kennen wir Moors Gestalten, die die »Weber« nicht vorführen. Die Lust zur Sünde und zum Schmutz, das Hängen am alten Schlendrian bleiben unvermindert in Kraft auch bei ausreichendem Verdienst. – Wenn Gerhart Hauptmann nicht nur zu Dichtern, die sein Können zu schät-

zen wissen, sprechen will, sondern zum Herzen der Menschheit,
so muß er aus Gerechtigkeit seinen Webern ein zweites Werk zur
Seite setzen, das zeigt, wie viel hilfsbereite Herzen und Hände
gegenüber unmöglichen Anforderungen und undankbaren
Nichtwollens erkalten und erlahmen, – sonst ist es nicht recht von
ihm, einen Sturm heraufzubeschwören, den er nicht wird dämpfen können. Vater Hilses werden im Deutschen Theater nicht
sitzen, aber von weniger Berechtigten wird die Nutzanwendung
gemacht werden. Unser bedeutendster Dichter ist Hauptmann
unbestritten, der letzte Akt ist wunderbar schön. –
Was ich alles hier niederschrieb, wirst Du wohl mit der verschiedensten Mimik genehmigen, – aber dachtest Du, ich würde einmal den Mund halten? Dachtest Du ja gar nicht. –

272. AN FRIEDRICH KAYSSLER [IN BRESLAU].
BERLIN, 5.12.1894

Sollte eigentlich in dem Guttmannschen Cercle »Zur fröhlichen
Quelle« sein, *mußte aber wegen seines Hustens zu Hause bleiben.
Mit Guttmann steht er in freundschaftlichem Verkehr, er ist ein
gentleman und ein lieber vielseitiger Mensch vom Scheitel bis zur
Sohle. – Spielt an auf Kayßlers kommende Volljährigkeit und
Freiheit in der Berufswahl. – Berichtet von Theaterbesuchen, hat
Kainz als Hamlet gesehen und Sorma als Nora, Rittner als Dr.
Rank. In »Nora« hat ihn das Publikum zur Verzweiflung gebracht;
er wollte danach nie mehr ins Theater gehen und nie etwas für das
Theater schreiben.* Oh wär' ich Ludwig II., dieser so wohl begreifliche einsame Geniesser. Welch ein andrer Geist, als ein anderer
II., der sich mit seinen Dilettantereien vor all u. jedem Pöbel
blossstellt. – *Ist viel mit Hirschfeld zusammen, mit dem er die Psychologievorlesung bei Max Dessoir besucht. Diese Vorlesung ist das
Wunderbarste und für mich Herrlichste, was ich je gehört habe.
Bedauert, daß Kayßler der Sinn für Philosophie fehlt. Will sein
erstes Buch einem Philosophen widmen. –* Hirschfeld, wohl der
liebenswürdigste aller meiner Bekannten, hat kürzlich seine gesammelten Novellen bei Fischer ediert sub nomine »Dämon
Kleist«. Ich gedenke sie für den Zuschauer zu besprechen. D.

Kleist kenne ich noch nicht, doch halte ich H. für eine ausserordentliche Begabung. [...] Von Dr. Bie, meinem treuen literarischen Freunde, erhielt ich heut ein Riesenpaquet mit Lyrik, Buchdrama und allgemeinen Schriften über Weib, Philosophie, Kunst, Bibel und andern mehr-oder-minder-Kohl. (Pudor ist 3 mal mit Gedichten u. Liedern (komponierten) vertreten, und 2 franz. Bände sind dabei, wovon ich den einen »Chez les Allemands« eine oberflächliche, häufig unverschämte Journalistenarbeit, heute schon zum 3. Teil gelesen. – Gestern abend war ich in der Philharmonie, dem grössten und schönsten Concertsal Berlins. Das Andante der C Moll Symphonie Beethovens – kennst Du es vielleicht? Das möchte ich in meiner Sterbestunde gespielt haben. Auch noch vorher. Ich suche mit aller Macht in das Verständnis dieses grossen gesunden Genius einzudringen und hoffe, wenn ich 'mal materiell in der Lage sein sollte, musikalisch mein Ohr zu verfeinern, mit Mozart u. Beethoven noch sehr glücklich zu werden. Wagner widerstrebt mir immer mehr. Er ist keiner der αει μακαρες θεοι, er hat keinen Humor, keine klassische Stimmung. Er vergiftet und berauscht. *Zitiert dann Nietzsches Urteil über den »Parsifal«.* Auch sonst giebts noch viel hier zu sehen, bei Schulte 8 Böklins, bei Ruthardt den Max Klinger (dem möcht ich mein 2.tes Buch widmen) und nächstens werd ich wohl den alten Menzel kennen lernen, da er in die N. Gallerie kommen will um Studien zu ordnen. – *Erkundigt sich nach seinem Zuhause, da er fünf Wochen nichts von dort gehört hat. Vermutet, er würde dort Weihnachten nicht gern gesehen sein, will nicht heimfahren, wenn er nicht ausdrücklich gebeten wird.* Alles hat seine Zeit, auch die Gutmütigkeit, mit der ich diese fortwährende Nichtbeachtung u. Gleichgültigkeit einstecke. Ich werde meinen Weg allein machen. Aber ich werde mich auch später dann reservieren, wenn ich rentabel und namhaft geworden bin. Ah ces femmes, ces femmes! – – *Berichtet über die Angelegenheit mit Fritz Münster. Dieser hatte seiner Freundin über das Verhältnis zwischen Zitelmann und Lina erzählt; Zitelmann war über diesen Vertrauensbruch empört und hatte von M verlangt, er solle Münster sofort die Treppe hinunter schmeissen. M will aber einen Menschen, den er gern gehabt hat, nicht so plötzlich fallenlassen, hat Münster aber seitdem doch mit kritischeren Augen betrachtet und nun seine Sympathie für ihn verloren. Direkt mit ihm brechen möchte er nicht, weil er fürchtet, ihn sich zum* Totfeind *zu machen; denn M hatte in einer* Fastnachtslaune *ein lateinisches Gedicht auf Bismarck von Felix Dahn parodiert und fürchtet, dieses könnte gegen ihn verwendet werden.* Es ist dieser schlechte Witz die einzige Tat in meinem Leben, (nach aussen hin) welche ich nie aufhören werde zu bereuen. Denn ich liebe D. wirklich und weiss wenig ältere Männer, die mich so lieben, wie er. Der Kitzel, etwas Witziges nicht unterdrücken zu können, e. augenblicklicher Unmut gegen solche verfehlte und grossrednerisch klingende Verse, haben mir da einen üblen Streich gespielt. – *Bierbaum hat Gedichte von M angenommmen. Die Lyrikbesprechungen sollen im Februar oder März erscheinen; wenn Kayssler einen neuen und guten Lyriker entdeckt, soll er M darauf hinweisen.*

N.: St[ahl?]. Isaak. Die Opponenten. Ein Leutnant. – »Schlesische Zeitung«. »Kladderadatsch«. *Eine Breslauer Zeitung.*

273. VON OSCAR BIE. CHARLOTTENBURG, 14.12.1894

Lieber Herr Morgenstern
Ich bitte Sie morgen Sonnabend im Lauf des Nachmittags bis 6 Uhr zu mir zu kommen. Ich kann Ihnen jetzt Definitives wegen Ihrer Mitarbeit an meiner Kunstwartbeilage etc mitteilen; die Bestellformulare für Bücher können Sie auch gleich mitnehmen u. alles sonstige besprechen. Ich hoffe Ihnen erfreuliche Mitteilungen zu machen. Herzlichen Gruß

Ihr
OBie

274. VON OSCAR BIE. CHARLOTTENBURG, 20.12.1894

Da der Verleger Callwey drängt und der Text eigentlich schon dort sein sollte, möchte M sich sofort Eintritt in die Kunstsalons verschaffen und bis spätestens 22. früh einen Beitrag verfassen, 1 Druckseite genügt zur Not.
N.: Avenarius. Schulte. Gurlitt.

1895

275. VON GEORG HIRSCHFELD. BERLIN, 10.1.1895

Hat von Brahm zwei Karten für das Requiem von Berlioz; da sein Bruder unwohl ist, lädt er M ein mitzukommen und bittet um Nachricht. Danach könnten sie noch in die Freitagsgesellschaft *gehen.*

276. VON OTTO JULIUS BIERBAUM. TEGEL, 11.1.1895

Tegel bei Berlin
11.I.95.

Sehr geehrter Herr!
Sie müssen mich für einen recht unliebenswürdigen Gesellen halten, daß ich noch immer nicht Ihre Gedichte alle gelesen habe. Denn ich muß sie Ihnen auch jetzt erst halb gelesen zurückreichen. Seien Sie aber versichert, daß nich Übelwollen oder Gleichgültigkeit gegen jüngere Talente (ich bin ja auch kein Greis) die Schuld daran hat. Ich habe vielmehr thatsächlich nicht die Zeit dazu, weshalb ich denn auch die Herausgabe des M.M.A. auf den Herbst (Sept.) verschoben habe. Hören Sie mein Tagewerk: ½ 8 Uhr steh ich auf, ½ 9 Uhr mach' ich mich auf den Weg nach Berlin, wo ich im Bureau des Pan um 11 Uhr anlange. Dort bleibe ich bis 4 Uhr, wandre dann heim, wo ich um 6 oder ½ 7 Uhr ankomme. [*Unleserliches Wort*]: Mittagessen, Briefe erledigen und von 8 Uhr an Arbeit an meinem Roman, den ich im März dem Verlage abliefern muß. Sie werden einsehen, daß da nicht Zeit zum aufmerksamen Lesen von Gedichten übrig bleibt, die es verdienen, aufmerksam gelesen zu werden.
Also: Sie verzeihen mir! Nicht wahr?

Bestens
Ihr
Otto Julius Bierbaum

277.   AN ADOLPH GOLDSCHMIDT [IN ODER BEI BERLIN].
       [BERLIN, AM ODER NACH DEM 23.1.1895]

Schickt das Gedicht IM TIERGARTEN *als* Alibi *für sein Fehlen in der Vorlesung am 23.1.*

278.   AN MARIE GOETTLING [IN SORAU].
       BERLIN, 24.1.1895

Berlin 24.1.95.

Liebes Mariechen,
Herzlichste Glückwünsche zu Deinem Geburtstage und recht viel schöne Reisen und ähnliche Freuden im neuen Jahr! Nimm die gemüthvollen Skizzen des Petri Kettenfeier freundlich hin, sie werden Dir, glaub' ich, lieb und wert werden. Zugleich habe ich das Gedicht beigefügt, das Du so gern hast, und das ich selbst für eines der reifsten meiner damaligen Periode halte. Es teilt mit allen meinen Produktionen den Vorzug, in dem Zeitpunkt, wo es entstand, wahr und echt empfunden zu sein. Ich schicke Dir das Blatt, das Bauer, wie Du an den Notizen siehst, in Händen hatte, da Du weisst, dass ich unter »furchtbaren« Qualen nur Sachen von mir abschreibe, zumal wenn ich ihnen nicht mehr beistimmen kann.

Die Sehnsucht nach dem Frieden, nach dem Ende des »grossen Ringens« ist etwas Tiefmenschliches – aber eben diese Sehnsucht ist zugleich die Grundbedingung alles Lebens. Würde diese Sehnsucht je vollständig erfüllt werden, so wäre das Leben damit ein Zustand ohne Leid und daher auch ohne Freude geworden, ein pflanzenähnliches Hinvegetieren, ein Leben, das nur mehr ein Da-Sein wäre.

Denn alles Leben beruht eben in seinem innersten Grunde auf Gegensatz, Kampf, Not, auf den grossen Impulsen der Leidenschaften, auf Liebe und Hass.

Und wenn Du mich frägst, was ich an die Stelle jener Gedanken heute zu setzen habe, so kann ich antworten: die bewusste Freude am Leben, so wie es ist, das unendliche Glück und den Stolz, Mensch zu sein, das Ringen nach dem Frieden, der Harmonie mit

mir selbst, die tapfere Resignation auf alles, was nun einmal nicht sein kann. – –
Nun bin ich wider Willen so lang darin geworden, statt Dir ein bischen von meinem reichen Berliner Leben zu erzählen. Es ist wirklich reich an Genüssen, um die es sich allein zu leben verlohnt. Die Berliozsche Totenmesse und Beethoven von Eugen d'Albert – das waren 2 Ereignisse! – Meine Sache über Diakonie ist in der Januar Nummer der »Neuen Deutschen Rundschau« (S. Fischer, Hofbuchhandl. Berl. W. Steglitzerstr.). Februar wahrscheinlich etwas über Lyrik. Ferner ist immer die 2. Hälfte der Berl. örtl. Beilage des »Kunstwart« (Verlag: München G. D. W. Callwey) von mir. –
Ich arbeite bereits wieder an einer neuen Dichtung, die bis Ostern fertig sein soll. Hirschfeld las kürzlich Bie und mir ein neues Werk vor. Gegen den bin ich wahrhaftig ein Waisenknabe. Protestiere nur, ich weiss was ich weiss. – Und nun leb wohl, sei recht vergnügt heute und grüsse O. Moor ebenso herzlich wie Dich selber von Deinem
Chr.
Für Dein heitres Briefchen herzlichsten Dank! Allen beste Grüsse!

279. VON PAUL SCHEERBART. SCHÖNEBERG, 25.1.1895

Bedauert, daß er M nichts mehr nützen kann, weil er sich von der Redaktion der »Wochenberichte« *zurückgezogen hat. Will aber bald von einer andern Sache schreiben.*

280. VIELLEICHT AN MAX JORDAN IN BERLIN.
[BERLIN, NACH DEM 2.2.1895]

Nachdem am 2ten Februar 1895 Herr Professor von Donop einer langen Reihe von Vorstellungen und Beschuldigungen kränkendster Art eine Scene hinzugefügt hat, deren Heftigkeit gegenüber meine Ehrerbietung kaum mehr Stand zu halten vermochte, sehe ich mich genötigt, über meine Arbeit in der Königl. Nationalgalerie Rechenschaft zu geben und an der Hand von Thatsachen dar-

zulegen, dass, wenn mich der Vorwurf einer gewissen Langsamkeit und Ungeschicklichkeit mit Recht treffen mag, der Vorwurf der bewussten Nachlässigkeit, ja Pflichtvergessenheit ebensowenig zutrifft wie der, ich sei ausserstande, die gestellte Aufgabe in einigermassen befriedigendem Sinne zu lösen. *Beschreibt dann ausführlich die ihm vom Assistenten Dr. Graul gestellte Aufgabe, einen Katalog aller Porträtdarstellungen anzufertigen. Von Donop hingegen hat einen Teil davon für überflüssig gehalten und andere Direktiven gegeben, nämlich zunächst die persönlichen Daten der von Franz Krüger dargestellten Persönlichkeiten herauszufinden. Berichtet, anhand welcher Nachschlagewerke etc. er das versucht und was er damit herausgefunden hat: nicht so viel wie erwartet, aber* Vorname und Stand fast durchweg. [*Bricht ab*]
N.: Stauffer-Bern. Menzel. Mitarbeiter der Königlichen Bibliothek. Körner: Künstlerlexikon. Meyers Kleines Konversationslexikon. »Allgemeine deutsche Biographie«. Weitere nicht genau bezeichnete Nachschlagewerke.

281. AN EUGENIE LEROI [VERMUTLICH IN BERLIN].
BERLIN, 25. 2. 1895

Meine liebe herrliche Gena!
Nicht wahr, ich kann Sie anreden, wie ich will – wie bald, und es ist wieder die briefliche die einzige Anrede, die ich an Sie richten kann. Also, Teuerste, ich wollte Ihnen eigentlich nur die »Marie Grubbe« schicken, aber so ganz schweigsam kann ich das denn doch nicht, nach einem Abend wie dem gestrigen. Sie haben mir für Niels Lyhne gedankt, und ich danke Ihnen noch für viel, viel mehr – ja, wofür? Wenn man so sagen kann: Für Sie selbst.

Ein »Königskind« leidet tiefer und einsamer wie andere Menschenkinder – dafür ist es auch tiefer wie diese entzückt von jedem Sonnenstrahl und jeder Erdenschönheit. Sehen Sie, das ist die Religion der Königskinder: Stolz und milde den Träumen entsagen, von denen kein Menschenmund sagen kann, ob es mehr als Träume sind; die ganze Inbrunst, die wir bisher in den Gedanken Gott gelegt, mit der wir aus dem Nichts ein gleich uns Lebendiges schaffen wollten, wieder in unser Herz zurückzunehmen und den unbewahrbaren Strom unserer Liebe nun wieder hinausfluten zu lassen auf alles Lebendige und scheinbar Tote, was uns umgiebt, dass die Welt, unser Königreich wieder unser eigen werde, durchgeistigt und gleichsam wiedergeboren und neu erschaffen aus der Seele jedes Einzelnen. Wir sind es ja, in denen alles Leben erst Wert und Sprache gewinnt: in unserer Seele findet der stumme Mund des Alls von seinem Schweigen Erlösung. In unserem Gefühl wird die Rose erst schön. All das Wunderbare, was in einer Rose für uns liegt, ist ja Menschenwerk, Interpretation, Weihe, Verklärung einer an sich bedeutungslosen stofflichen Form durch unsere Sinne. Und so muss man sich seines Menschseins immer bewusst bleiben, wenn die grosse Kraft und Wärme aus unserem Herzen nicht weichen soll: als eines erhabenen Denkertums, als einer auslegenden Priesterwürde, als eines adelnden Königtums im Reich aller Dinge und Gedanken. Unser tiefstes Leid muss zuletzt unser tiefster Stolz werden, dass wir im Grunde fürder nicht mehr sagen: wir müssen, sondern: wir dürfen leiden. – Wir sind heute zu sehr an das Alltagsleben verloren, an die Gesellschaft, an den »Geist der Zeit«, wir geniessen nicht vornehm und langsam genug, wie Bettler, nicht wie Herren; wir haben die Menschen, die Könige in uns verloren. Lernen wir wieder das grosse Auslachen des Augenblicks, wachsen wir über die Nebelathmosphäre unserer dumpfen Kultur empor in freies, sonniges Himmelsblau, wir wenigstens, die wir Zeug zum Wachsen und Lust an der Sonne haben! Nicht wahr, Gena, Freundin, tiefes ringendes Herz, Sie schauen von nun ab immer lichtwärts und klarheit-durstig und vergessen nie ganz die unbeholfenen aber heissen Worte Ihres

                        Sie innig liebenden Freundes Chr.

282. AN EUGENIE LEROI [VERMUTLICH IN BERLIN].
BERLIN, 27.2.1895

Teuerste Freundin!
Hier haben Sie mein erstes grösseres Werk und es ist sein schönster Augenblick, wo es Ihre Augen zum ersten Mal lesen. Es ist

noch ein Erstlingswerk mit vielen Schwächen, aber ich schäme mich trotzdem seiner nicht.

Ich begann es mit dem »Prolog« wenige Tage nach Ihrer Abreise aus Grund. Die symbolische Stadt mit den »dürren Binsendächern« ist keine andere wie Grund selbst, und es hiess auch zuerst »roten Ziegeldächern«. Die Worte des Prologs kamen mir unwillkürlich auf den Höhen, welche nach der »grünen Tanne« sich hinziehen.

Der Grundgedanke der Auffahrt über die stürzenden Wasserfälle kam mir am »stillen See«. Bald darauf schossen mir eine Fülle von Ideen zu, weit, weit mehr als Sie hier ausgeführt sehen. Einige schon vollendete Gedichte habe ich in das Ganze nicht aufgenommen, weil sie mir nicht gut genug schienen und eines, was ich noch in Grund schrieb, deshalb nicht, weil es wegen seines Ernstes und seiner Schwermut schlecht in den Cyclus »humor.-phantast. Lieder« passen würde.

Eine Anzahl weiterer Stücke kamen im September in Charlottenburg und der Rest diesen Winter in Berlin zustande. Den Schluss habe ich zweimal umgeworfen und jedesmal gänzlich verändert, bis er mir auf den dritten Wurf als ein natürlicher, harmonischer Ausklang gefunden zu sein schien.

Das sind ungefähr die Daten, die ich Ihnen geben wollte. In einem der Mondbilder ist der Anfang eines berühmten Verses der Ilias Homers »Kommen wird einst der Tag, wo das heilige Ili[on] hinstürzt ......« und ist von mir als düstere Prophezeiung des vorher berechneten Zusammenstosses zwischen Erde und Mond an der betreffenden Stelle gemeint.

Es würde mich unaussprechlich freuen, wenn Sie mir nach der Lektüre etwas von Ihren Eindrücken schreiben wollten! Leben Sie wohl, liebe Freundin! Tausend Grüsse!

            Ihr Christian Morgenstern.

Berlin 27. II. 95.
Ps [*fehlt*]

Februar–März 1895   255

283. VON BRUNO WILLE.
FRIEDRICHSHAGEN, 28.2.1895

Sehr geehrter Herr,
beifolgend 1 Programm mit knapper Angabe unserer Ziele u. Mittel. Das Verzeichnis der Vorstellungen vermag ich aus dem Kopfe nicht korrekt anzugeben. Die Vereins-Schrift aber ist nur fragmentarisch in meinem Besitz. Wenn Sie sie anschaffen wollen, wenden Sie sich schriftlich unter Einsendung des Betrages u. Portos (pro Jahrgang 50 Pfg, Porto 10 Pfg) an Herrn Falk, Berlin, Annenstr. 38 Kellerladen. Ich rate Ihnen jedenfalls die beiden Jahrgänge der »Kunst dem Volke« sowie die letzten 6 Hefte dieses Jahrganges zu nehmen. Über meine Thätigkeit in der (alten) Freien Volksbühne unterrichtet die auch bei Herrn Falk vorrätige Vereinsschrift »Freie Volksbühne«. Sollten Sie nicht in der Lage sein, die Schriften bezahlen zu können (Pardon, es wäre ja denkbar), so wird sie Herr Falk, wenn Sie ihm diese Karte schicken, Ihnen gratis, wenn auch unfrankirt, schikken. – Über die Spaltung der Freien Volksbühne u. Entstehung der Neuen fr. V. schrieb ich vor 2 ½ Jahren (ich glaube Oktober 1892) Artikel für den »Kunstwart« u. die »Zukunft« Alle wichtigen Daten enthält die »Kunst dem Volke«. Zukunftspläne habe ich besonders über billige Vermittelung von Reproduktionen bildender Kunst.
                                                Ergeben   Bruno Wille.
Die Schrift »Versuchsbühne« erscheint diesen Sonntag 11 – 3 im Central-Theater.

284.   VON FRIEDRICH KAYSSLER. BRESLAU, 3.3.1895

Findet ihr gegenseitiges Ignorieren auch sträflich, wenn auch von keinem von beiden böse gemeint. Er selbst schiebt alles auf bis zur Zeit nach dem Militärdienst und bis zur Volljährigkeit. – Macht eine Andeutung über die Existenz einer Freundin. – Ich danke Dir, mein lieber Kerl, für die Zumutung der 200 M. Das ist doch wenigstens mal ein Männerton, seit langem das Vernünftigste, was Du mir geschrieben. [...] Auf Deine Kritiken u. eingeschobe-

nen subjektiven Interjektionen kann ich blos das Siegel eines
freudigen »Sic!« drücken.
Dankt für den »Kunstwart«.
N.: Kayßlers Wirtin. Klärchen. Belbo. Isaak.

285. VON HEINRICH HART.
CHARLOTTENBURG, 8. 3. 1895

Einladung für Sonntag abend. Ganz kleiner Kreis.

286. AN EUGENIE LEROI [VERMUTLICH IN BERLIN].
BERLIN, 20. 3. 1895

Weil er keine Nachricht erhalten hat, muß der Ordens-Ausflug
nach der Oper *verschoben werden; vielleicht könnten sie Agathander dort* noch nächste Woche bewundern. – *Will ihr Lektüre vorschlagen:* »Dichter und Schneider« von Charles Kingsley, Raabe,
Keller, Hebbel (nicht Hebel). [...] Später kommen dann meine
eigenen Sachen, die Ihnen hoffentlich ebensoviel Freude machen
werden, wie der getupfte Mond und die zerrissenen Manuskripte
der Götter. Sie glauben vielleicht gar nicht, wieviel Sie selbst,
dazu beitragen können, ob ich ein launiger Phantast mit Tausend
neckischen Einfällen die Welt überschütte oder ob ich Lieder von
einer Schwermut und ironischen Selbstzermarterung hinwerfe,
die besser unaufgezeichnet bleiben sollten. – *Meint, sie beide seien
noch Kinder, er besonders; erst in einigen Jahren werde er sie erreicht haben,* und dann werde ich Sie verloren haben. – Denken
Sie, Georg Hirschfeld schrieb mir heute über »Phanta«. Er sagt,
zuerst habe er etwas widerstrebt, dann habe ich ihn allmählich in
mich »hineingezwungen«. Er hebt besonders »Sonnenaufgang«,
»Hohelied«, »Kosmogonie«, »Mondbilder«, »Versuchung« und
»Epilog« hervor.

287. [VERMUTLICH AN MARIE GOETTLING IN SORAU].
[BERLIN], 23.3.1895

[...] was habe ich in diesen Wochen jetzt durchgemacht. Und das Furchtbare ist: Nicht das Leiden, sondern oft gerade das Nicht-Leidenkönnen, das, was Du vielleicht Sicherheit, Ruhe nennst und ist − Flachheit. Siehst Du, wenn ich nicht so flach wäre, dann lebte ich längst nicht mehr weiter [...] Als Junge hab ich eine Zeitlang immer gebetet: Herrgott mach mich tiefer, tiefer! und ich könnt' es heute noch, jede Sekunde, wenn ich wollte. Es ist das Motiv meines Lebens und ich werde daran zerbrechen. Ich genüge mir nicht, physisch u. psychisch nicht, und wenn ich mir genügte, dann würd' mich ein klarer Moment erst recht vernichten [...]

288. AN FRIEDRICH KAYSSLER IN BRESLAU.
FRIEDRICHSRUH, 1.4.1895

Friedr.ruh 1.IIII.95.
Liebster Junge,   Einzig schöner Tag! Ecce homo!
Prost tausendmal, bin noch ganz weg.   Dein Chr. M∗
[*Fremde Handschrift:*] Gruß Schauer [?].

289. AN FRIEDRICH KAYSSLER IN BRESLAU.
BERLIN, 6.4.1895

Mein geliebter Junge,
Nicht viel Worte mehr vor Deiner Herkunft!
Nur Segen auf Dich und Deine Zukunft!
Bleib vor Allem gesund und beiss Dich und reiss' Dich durch alle Enttäuschungen hindurch. Die schwerste − über Dich selbst möge Dir stets erspart bleiben.
Bleib mir immer gut, auch in der nächsten Nähe, und wenn Du mich am wenigsten verstehst, dann erst recht.
Leb wohl! Hoffentlich findest Du mich noch lebend, denn ich bin zu Tode erkältet.

Bitte schreibe bald u. genau über Ankunft etc.

>Herzlichst Dich
>grüssend u. umarmend
>Dein
>Chrischan.

Geschenke (!) folgen später.

290. VON RICHARD TAENDLER. BERLIN, 23.4.1895

>Berlin W. 10, den 23.4.1895.

Herrn Christian Morgenstern
>An d. Fischerbrücke 10 II

Ich bekenne mich dankend zum Empfange Ihres w. Schreibens, sowie Barsendung d. M 75. –

Unsere Interessen sind ja nun solidarisch u. ich werde sicher für eine würdige Ausstattung sorgen.

Einige Proben für den Umschlag lasse ich Ihnen demnächst zugehen.

Indem ich Ihnen umseitig unsere Abmachungen nochmals kurz scizzire begrüße ich Sie

>hochachtungsvoll!
>Richard Taendler.

Herrn Christian Morgenstern Hier
1) Ich übernehme die Herstellung u. den Verlag Ihrer Gedichtsammlung »In Phantas Schloß.«
2) Die Ausstattung erfolgt in besprochener Weise nach der Ihnen übermittelten Schrift- u. Papierprobe.
3) Der Umfang des Bändchens darf 6 Bogen nicht übersteigen.
4) Das Buch trägt meine Firma als Verleger, ohne den Zusatz »Commißionsverlag«.
5) Der Vertrieb des Buches, sowie die Versendung von Recensionsexemplaren etc. etc. bleibt meinem Ermessen überlassen.
6) Sie zahlen mir für die Herstellung des Buches den Betrag von M 300,- – Dreihundert Mark – beim Erscheinen des Buches, u. bleiben Eigenthümer der sämtl. Exemplare.

7) Alle Vertriebskosten trage ich, so daß Ihnen weitere Kosten als obige 300 Mark durchaus nicht entstehen.
8) Von dem Erlös für verkaufte Exemplare fließen 70% Ihnen, 30% mir zu.
9) Die Abrechnung erfolgt monatl. nach Ausweis meiner Geschäftsbücher.
10) Gewissenhafteste Wahrnehmung Ihrer Interessen in jeder Beziehung sichere ich Ihnen zu.

            Richard Taendler.

291. VON CARL ERNST MORGENSTERN.
SCHREIBERHAU, 6. 5. 1895

L. Chr.
Ich habe vor einigen Tagen einen Brief an Dich geschrieben, von welchem ich nicht weiß, ob ihn nicht ein tückischer Zufall in Deine Hände gespielt hat. Es sollte nemlich nicht sein u. hast Du ihn nicht erhalten, um so besser. Wenn ja, so diene Dir zur Nachricht, daß ich denselben ohne Wissen meiner geliebten Liese geschrieben u. diese Heimlichkeit bitter bereut habe. Ich konnte, da ich sonst Geheimnisse nie vor ihr hatte, auch dieses nicht länger bewahren u. habe sie mit dem Inhalt des Briefes bekannt gemacht, weil ich ihr gegenüber nichts auf dem Herzen behalten kann, was ich wol früher in meiner unglücklichen Ehe leicht tun konnte. Den Brief hatte ich verlegt u. nur durch Zufall konnte er in Deine Hände geraten sein. Sollte also dies der Fall, so bemerke ich, daß die Stelle »ich will meine Ruhe haben in Schreiberhau und keine Briefe von Dir empfangen« aus eigenster Initiative entsprungen ist u. mit einen etwa zu deutenden Einfluß Lieses absolut in keinen Zusammenhange steht. Sie regte mich im Gegenteil manchmal an, Dir über manches zu schreiben, ich selbst aber lehnte es ab.
Was das Militärjahr betrifft, so wünschen wir, seiner Zeit darüber unterrichtet zu werden. Es ist aber aufs äusserste geboten, daß Du mit aller Macht trachtest frei zu werden, da ich nicht wüßte, woher das Geld nehmen. Ich hielte es fürs Beste, wie ich Dir seinerzeit mündlich schon sagte, darüber mal mit Feldprobst D. Richter zu sprechen. Ich möchte aber nicht daß Du ihm sagst ich

sei in Schreiberhau, wo er eine Villa hat, da ich keinerlei Besuche
oder Anknüpfungen zu machen wünsche.
Ich glaube Du bist nun informirt u. grüßen wir Dich bestens
Schreiberhau d 6. Mai 1895 D. V.

292. VON CARL ERNST MORGENSTERN.
SCHREIBERHAU, 6. 5. 1895

*M soll ihm den Inhalt seines (ersten) Briefs an M mitteilen, da er
ihn nicht mehr genau weiß.* Ich mag nicht mehr leben mit solchen
Geheimnissen vor meiner Liese. Schreibe mir darum bald und sei
gegrüßt von D.V.

293. AN CARL ERNST MORGENSTERN [IN SCHREIBER-
HAU]. BERLIN [VERMUTLICH 7. 5.]1895

L.V. Für d. frdl. Wünsche best. Dank. – D. ganze Briefangele-
genheit verstehe ich nicht u. habe überhaupt längst d. Versuch
aufgegeb., inbezug auf unsere familiäre Sachlage etwas zu verstehen od. zu deuten. Ich sehe nur das Eine, dass meine Existenz
als unangenehm empfunden wird u. ziehe mich deshalb mit
Schmerz aber bestimmt zurück.
Hoffentl. gelingt es mir auch i. Lauf der Zeit, materiell nicht
mehr zur Last fallen zu müssen.
Seid glücklich! Dies wünscht aus aufrichtigem Herzen
Dein Sohn Chr.
B. A.d.F. 10' II.
7. IIII. 95.

294. VON CARL ERNST MORGENSTERN.
SCHREIBERHAU, 9. 5. 1895

L. Chr.   Ich sehe mich gezwungen, noch einmal heimlich
zur Feder zu greifen; aber nach dem nun Vorangegangenen muß
ich Dir noch endgültig versichern, daß der bewußte Brief den

einzigen Zweck hatte, auszudrücken, daß ich einen weiteren Verkehr mit Dir nicht mehr wünsche, u. daß ich dies damals in einer Weise zum Ausdruck brachte, die meinen wahren Empfindungen nicht entsprochen hat, u. eine unglückliche Stimmung verriet, welche mit meinem wahren überaus großen Glücke in gar keinem Zusammenhang gestanden hat.

Ich habe durch diesen Brief einen schlimmen Tausch gemacht; denn zu sehen, in welch namenlos unglückliche Stimmung meine geliebte Liese durch diesen Brief u. durch mein Zugeständniß desselben gekommen ist, geht fast über meine Kräfte. Ich selbst bin unglücklich darüber im höchsten Maße, da es doch meine einzige Aufgabe ist, meinem geliebten Weibe unser Glück ungetrübt zu erhalten. Meine Liese bildet den einzigen Mittelpunkt meines Lebens, seit ich sie besitze u. alles von ihr fern zu halten, was sie betrüben könnte, ist meine heiligste Pflicht. Ich habe nie in meinem Leben etwas so sehr bereut, als diesen Vertrauensbruch; denn ohne die aufrichtige Liebe meiner geliebten Liese kann ich überhaupt nicht leben: in ihr einzig u. allein will ich leben u. sterben.

D. V.

295. AN FELIX DAHN [IN BRESLAU].
[BERLIN], 11.5.1895

Widmungsgedicht AN FELIX DAHN *als Beilage zu* IN PHANTAS SCHLOSS.

296. AN MARIE GOETTLING [IN SORAU].
BERLIN, 12.5.1895

12.V.95. Berlin.

Meine liebe Marie,

Was kann ich an einem schönen Sonntagsmorgen Würdigeres thun, als Dir Dank sagen für Deinen Brief, der mir die schönste Geburtstagsfreude war?

Lass Dir einen langen Kuss geben liebes, treues Herz und trag mich auch ferner mit Geduld!

Hier hast Du also mein erstes Buch. Ich begann es um die Wende August-September 1894 in Grund im W. Harz, und Grund ist das winklige Städtchen, in dem ich, von den Höhen darauf herabblickend, in der Stimmung des Moments »ein Stück Vergangenheit« symbolisierte. Das Alte, was ich nicht mehr sagen will, ist jene Lyrik, welche sich heute langsam überlebt hat, weil in ihr schon alles klassisch gesagt ist: das Liebeslied in der bekannten Heineschen etc. Form ... (Ich bin nicht gegen das »Liebeslied« – es muss nur auch s o gesungen werden, dass es wieder als selbständiger Gefühlsausbruch und nicht nur als die tausendste Wiederholung eines Schemas auftritt) (ich hatte nämlich damals gerade viel derartiges verbrochen) ... das Schmachten und Sich-nicht-Losreissenkönnen aus Ideeenlabyrinthen, an deren Pforte ich doch schon lange stand, kurz das Halbe in mir – das wollte ich energisch zurückweisen –: darum die Zerstörung des Gewesenen und die erlösende Flucht zu mir selbst, in die Einsamkeit, in die Natur.

Du wirst alles verstehen, ich meine, das, was das Ganze durchpulst, wird Dir bald nahe kommen und das Fremde, was Du einmal in meinen Sachen gefühlt hast, wird sich Dir bald auflösen.

Nur zu einem der Gedichte möchte ich Dir ein Kurzes sagen. Es ist die Versuchung. In ihr will ich nichts weiter ausdrücken als: Gott, Jehovah, persönlich gedacht, wie ihn die alten Israeliten dachten, als Kolossal-Mensch gewissermassen, ist für mich das Gleiche wie irgend eine Göttergestalt aus irgend einer antiken Mythologie.

Dieser Gott ist mein Kind nicht mein Vater. Die Gottesidee in ihrem höchsten vergeistigsten Sinne ist dabei von mir völlig unberührt geblieben und offen gelassen. Ihr gegenüber beschränke ich mich auf Schweigen. –

Es ist noch viel Jugendgedanken-Ballast in dem Werkchen und es ist erst eine erste Stufe hinauf in die goldene Sonnenwelt des Humors. Humoristisch es zu nennen war mehr die Grille meines Verlegers als meine Absicht. Nun mag es aber stehen bleiben –: das Ganze ist doch von einem unleugbaren Humor getragen.

Humor im schöneren noch und wärmeren Sinne zu geben, ist mir hoffentlich noch vorbehalten. Was Du immer sagtest: Ein grosses

Glück muss einmal über mich kommen, – dann werde ich auch eitel Sonne sein! –
Noch eine Erklärung. Das Mondbild »gross über schweigenden ...« schliesst mit »ἔσσεται ημαρ« (ĕssĕtai hĕmăr). Das ist ein prophetisches Wort aus der Ilias ...:»Kommen wird einst der Tag (, da das heilige Ilion hinstürzt«). –
Ich schicke das Buch in Sorau nur Euch und Franke (wenn ich im Augenblick nichts vergessen habe). Du kannst versichert sein, dass ich es jedem meiner lieben Bekannten u. Freunde mit grösster Freude schenken möchte, als Zeichen meines steten Gedenkens – aber ich kann es nicht, weil mir der Verleger nicht mehr wie 30–40 Freiexemplare giebt womit ich auf's Knappste meine dringendsten Wünsche befriedigen kann. Ich hab eben eine unverdiente Menge – befreundeter Menschen. Dazu kommen noch die ehrwürdige Mutter dessen, dem d. Buch gewidmet, Künstler wie M. Klinger u. Richard Strauss, Literaturprofessoren etc. etc. – Ich lasse vielleicht einige Exemplare an Klinkmüller (nicht Zeidler, den Kerl mag ich nicht) schicken, wer jedoch Dich fragen sollte, dem sag' bitte, er möcht' es doch direkt vom Verleger sich kommen lassen. Wird ja doch nicht viel los sein. Und ich weiss auch nicht, ob die Sorauer mich nicht eher für ein verirrtes Schaf als einen angehenden Poeten halten werden.
Nun leb' wohl Mariechen, verdau' mich gut, und sei nochmals herzlich geküsst von

Deinem
Christian.

297. AN GEORG HIRSCHFELD [IN BERLIN].
[BERLIN], 14.5.1895

Mein lieber teurer Georg,
Die Dreckseelen, die über Dich einzigen Kerl sich ausgegeifert haben, haben mich ganz krank gemacht. Ich kann mich immer noch nicht fassen und stehe wieder einmal vor einem Ekel vor der Welt, dieser Grossstadtwelt, der mir den Atem benimmt. Aber nimm Dir's nicht zu Herzen, lieber Kerl, denk' an Böcklin, Klinger, Hauptmann und jeden andern Charakterkopf, den die Menschen bei seinem Auftreten besudelt haben ...

Lieber Junge, Du lachst vielleicht schon über den ganzen Chorus
– aber verzeih ich musste mich hier erleichtern, ich wär' ja fast
umgekommen heut Nachmittag.
Leb wohl Bruderherz, grüss die Deinen!
14.V.95. Dein Christian.

298. AN MAX KLINGER [AUF REISEN].
BERLIN, 15.5.1895

Aufs Tiefste verehrter Meister,
Vergeben Sie einem Unbekannten, wenn er Ihnen aus einem innersten Gefühl heraus, dass er es thuen muss, sein erstes Buch zuzusenden wagt.
Mit ehrerbietigstem Gruss
Chr. M.
B.C. A.d.F. 10.II. 15.Mai 95.

299. AN MAX KOCH [IN BRESLAU]. BERLIN, 15.5.1895

[*Begleitschreiben zu* IN PHANTAS SCHLOSS] *Hofft, das Buch möge Koch gefallen.* Ich habe Not genug gehabt, gegen Geld und gute Worte einen Verleger hier zu finden – denn Lyrik wird wie ein pestkrankes Weib unbesehen überall abgewiesen. *Würde sich über eine Rezension oder wenigstens ein persönliches Urteil freuen. N.:[Frau Koch].* – »*Schlesische Zeitung*«.

300. AN RICHARD STRAUSS [IN MÜNCHEN].
BERLIN, 15.5.1895

Berlin, an der Fischerbrücke 10.II.
Hochgeehrter Meister,
Ihrer freundlichen Aufforderung gemäss, welche Sie, an dem Herrenabend bei Fischers, an mich richteten, erlaube ich mir, Ihnen meine Dichtung ergebenst zu übersenden.

Mit ehrerbietigstem Gruss und der schönen Hoffnung, dass eines
oder das andere meiner Gedichte Ihre Teilnahme erwecken
möchten, bin ich
>
> Ihr
> Christian Morgenstern.

15.5.1895.

301. AN MAX JORDAN [IN BERLIN].
[BERLIN, VERMUTLICH MAI 1895]

Überreicht ehrerb.st *seine* 1. gröss. Dicht.; *wenn auch* Manches
noch nicht ausgereift *sei, so sei es ihm doch* heilig ernst *mit seiner
Poesie. Er dankt Jordan, daß er die Gedichte in Ruhe hat schreiben
können. Hätte ihm das Buch gern persönlich überreicht, vermutet
aber, daß eine Verstimmung gegen ihn vorliege.* Ich glaub. zu wiss.,
wer sie verurs. hat. [...] Wenn ich mir eingesteh. muss, dass ich
nicht so viel fertig gebr. hab., wie mögl. gewes. wäre, so kann ich
nicht anders, als noch hinzufügen, dass mich d. Schuld daran nur
zur Hälfte trifft.

302. AN FRANZISKA NIETZSCHE [IN NAUMBURG].
[BERLIN, VOR DEM 16.5.1895]

Hochverehrte gnädige Frau!
Der Augenblick, da ich diese Zeilen schreibe, ist einer der feier-
lichsten und bewegtesten meines Lebens.
Ich, ein junger Mensch von vierundzwanzig Jahren, wage es, meine erste Dichtung in die Hände der Mutter, der ehrwürdigen
Mutter, zu legen, die der Welt einen so grossen Sohn geschenkt
hat und mir im Besonderen einen Befreier, ein Vorbild, einen
Auferwecker zu den höchsten Kämpfen des Lebens.
Jener Geist sieghafter, stolzer Lebensverklärung, jenes Königsge-
fühl über allen Dingen, von dem der geliebte Einsame so oft
gesprochen hat, weht, glaube ich, auch durch die vor Ihnen liegenden Gedichte, welche ich deshalb humoristisch im verfeinert-
sten Sinne ihrer Mehrzahl nach mir zu nennen erlaubte.

Mein Buch ist dem Geiste Ihres edlen, unglücklichen Sohnes in tiefer Dankbarkeit und Liebe gewidmet.
Ich küsse tiefergriffen, ehrwürdige Frau, Ihre Hände und bin
in Verehrung und Dankbarkeit
Ihr
Christian Morgenstern.
Berlin C. Mai 1895.

303. VON FRANZISKA NIETZSCHE.
NAUMBURG, 16.5.1895

Sehr geehrter Herr.
Mit verbindlichstem Dank, bestätigt den Empfang Ihrer liebenswürdigen Zeilen u. Ihrer sinnigen Gedichte
Ihre
Franziska Nietzsche
geb. Oehler
Naumburg a/S.
16/5 95.

304. VON FRANZ SERVAES.
DEUTSCH-WILMERSDORF, 17.5.1895

Mein werter Herr Morgenstern,
nur soviel zum Dank für Ihre liebenswerte Gabe: Als ich das Büchlein erhielt, las ich gerade Nietzsche. Und ich legte den Nietzsche aus der Hand, und blätterte in ihren Gedichten, – und blätterte solang, bis ich sie wohl sämtlich gelesen hatte.
Nach dieser Lektüre ist mir zu Mut, dass ich Sie kennen lernen muss. Wollen Sie Sich einmal zu uns hinauswagen nach Wilmersdorf, Wilhelmsaue 113? Sie kommen am Nachmittag und bleiben zum Abend, benutzen am besten wohl die Pferdebahn, ab Bhf. Zool. Garten, via Uhlandstr.
Mit freundlichem Gruss   Ihr ergebener
Franz Servaes
D.W. 17.V.95.

305. VON MARIE GOETTLING. SORAU, 22.5.1895

Sorau, d. 22.5.95
Chrischan, der Brief wird lang – Du wirst ihn in Absätzen lesen müssen, – aber das Herz ist mir voll.
Zuerst herzlichsten Dank für das Bessos-Freundschaftsstück, Phanta zu veranlassen uns selbst ihr Wolkengefährt zur Verfügung zu stellen, – Moors hatten höchstens eine Einladung erwartet, L. Petri meldete, daß Dein Buch verlegt würde, wußte aber nicht wann und wo. Nebenbei zeigt Ihrer Maj. Willfährigkeit, wer da oben Herr ist. Das bürgt für Beisammenbleiben trotz mancher Launenhaftigkeit.
Und nun zum Dichter Christian M∗!
Guck, ich hab' dem Thränenzwiebelsymbol auch abgeschworen, aber nicht der Art Thränen. Als ich Deinen Erstling las, trat mir doch ein Schleier vor die Worte: »Du flohest aus Finsternissen, mühsamen Mutes ...« – Wie sie Rezensenten oder Sorauer Dämmergiebel anklingen –, was scheert's mich, – ich weiß, daß sie wahr sind und mein Herz ist still und weit von Dank. – Die Dichtung ist Dein erster jubelnder Erlösungsschrei. Du hast für Dein Selbst, für Dein Empfinden überall Bilder und ureigensten Ausdruck gefunden und die Sprache ist fast durchweg eine große und schöne. – Obenan steht für mich (Natürlich!) das Hohelied, dies Lied mit wirklicher Melodie, – gleich daneben aber unzweifelhaft die Kosmogonie, soviel Grauen sich auch in den Genuß mischt. Dann liebe ich: Sonnenuntergang, Homo imperator, Im Tann (sehr.) zertrümmerte Spiegel, Landregen, Abenddämmerung und andere. Über den Nachtwandler mußten auch Moors unbändig lachen. Auch der Aufbau des Ganzen mutet echt poetisch an, nur an den gesuchten Namen Phanta stoße ich mich, – ich sagte es schon Weihnachten, rechne da mit meiner Nüchternheit, – und das »gelbe Bumerang« könnte ich entbehren. – Nicht dichterisch vornehm finde ich die Versuchung. – Auch der allein religionsgeschichtliche Jehovah verträgt nicht eine Classification mit Zeus etc. oder unwürdige Behandlung. Willkür ist Recht der Phantasie, aber nicht Flug mit Hoheit abstreifenden Schwingen. Doch mit dieser letzten Kritik streife ich Deinen lieben Brief, in welchem der Mensch auf Antwort wartet. Du sagst: »mir würde

bald Alles nahe kommen, was das Ganze durchpulst.« Habe ich
Dich recht verstanden: Der Triumphschrei ist ein doppelter? Der
Dichter jauchzt: Frei! und der Mensch, Du,: heimgefunden?
Wer sich zum Kampf entschlossen, rechnet auf Wunden und hat
sein Leben schon drangegeben, und so, frei vom eigenen Ich,
kann ich ehrlich und tapfer das nächste Wort sagen, bringe mir
die neue Erkältung Deines Herzens gegen mich was sie wolle: Mit
dem Menschen kann ich nicht mitjubeln. Das Heimgefunden
verhallt für mich in Phantas Mauern, die Wirklichkeit erstickt es.
– – Weil ich so unsagbar glücklich bin, weil ich es nicht allein sein
will, laß mich weitersprechen!
Nach dem Schopenhauer-Pessimismus mußte ein Traumleben
der Selbstvergötterung kommen, ich weiß es jetzt, nachdem die
Wandlung mich nicht mehr schrecken kann. Dort muß Nietzsche
als der blendendste Geist König sein. Nun gilt's, sein Vasall zu
werden, oder sich, wie von altersher gegen Gut und Böse zu wehren, d. h. eins oder das andere zu sein. Daß Dein zartes Gewissen,
Dein gesunder Menschenverstand, dauernd an ein Aufhören dieses Kampfes hier unten im Leben glauben oder entgegengesetzt
an ein Fortbestehen desselben in Ewigkeit, an eine Hinwegnah-
me des Todes in Nietzsche's Sinne festhalten kann, – d. h. wieder,
ohne hier oder dort einer höheren Gottheit sich unterordnen zu
wollen, – Christian, ich kann es nicht glauben. – Wol habe ich das
Gefühl, Du stehst unter denen, die ehrlich und ernst Nebelschlei-
er von der Menschheit Sonne ziehen wollen, und wie es Euch
gelingt, zeigt das Erwachen allerorten, – aber ich weiß es und
ahne es nicht nur, mit allen Fibern meines Herzens, es wird die
alte Sonne, – mein Gott sein. Ach, Ihr offenbart Ihn ja schon viel
mehr, als Ihr denkt. – Jetzt erwartest Du noch eine andere Sonne,
aber immerhin, – mich quälen keine Deiner suchenden Wege
mehr – ich altes Ding lerne nun auch endlich: werden lassen!
Und das Vertrauen zu Gott, daß er Dich durch die Gebete Deiner
Mutter vorm Verzweifeln am Finden bewahrt, das Vertrauen zu
Dir, daß Du aus allen Reichen zurückkehrst, die Dir nicht Heimat
sein können, – hält nichts mehr darnieder. – Legst Du nun mitleidig lächelnd meinen Brief beiseite? Das Mitleid thut weh! Der
steif abwehrende Arm ist gewiß auch schon wieder da, und das
schonen wollende Schweigen? – Sei gerecht und nimm mir nicht,

weil ich auf dem Wege weiter gehe, an dem Du mich einst, wenn auch fast im Halbschlaf, gefunden, – das geliebte Wort Deines diesmaligen Briefes fort, das vom Weitertragen in Geduld! Laß es auch mich froh und stark über eine Zeit hinwegtragen, deren Ende uns Beiden noch verborgen liegt.
Onkel Moor endete am Abend, nachdem er in Phantas Reich gewesen, fast zwei Stunden im Dämmer des Klaviers, wir waren viele, die ihm zuhörten. Als er endete, war das Zimmer bunt von Gedanken und ich – hatte an Dich geschrieben, – Du kennst uns Beide –: Worte zu seinen Melodieen. – Ob er noch selbst schreiben wird, weiß ich nicht, er ist wieder einmal im beständigen Traben, – aber Du bist ebenso beständig in seinen treuem, freundlichem Herzen. Das Deinige habest Du ihm jetzt zum ersten Mal aufgethan, meinte er.
Die Federn sind schon in Deinen Händen, und wahrscheinlich »entsetzlich« falsche! Bei den Pittiusen gab's aber keine anderen. Schicke doch Pfingsten mit Muckel eine Deiner »Abgeschriebenen« mit, oder willst Du nicht lieber Gänsekiele, höchst fein geschnittene?
Nun aber Schluß. Sei herzlichst gegrüßt und sarge, wenn's nicht anders möglich Deine alten Moors ein bischen ein, – Sorau gewöhnt an Luftmangel, ich glaube wir dauern eine Weile! Eins können wir halt nur nicht, weder heut, noch später: Dich belügen, oder Dich verlassen. – (Nein, – ich sehe sehr vergnügt aus.) – Wen Du von Freunden siehst, den grüße, bitte, Belbo wird gestern viel nach Breslau gedacht haben. Nochmals Adieu.

In alter Treue
Deine
Marie.

306. Von Richard Strauss. München, 22.5.1895

Sehr verehrter Herr Morgenstern!
Mit meinem herzlichsten Dank spreche ich Ihnen meine aufrichtige Bewunderung für schönes Werk aus, das in seinem Reichtum an wirklich poetischen Ideen u. Ihrer eigenartigen, oft meisterhaften Fassung mich, wie meine Frau entzückt hat. Leider fürchte ich, Ihnen die Composition eines oder des andern Ihrer Gedich-

te nicht versprechen zu können, so schön sie sind, zum Componirtwerden eignen sie sich nicht – vielleicht versuche ich's doch einmal mit dem wunderschönen »Sonnenaufgang«, ich glaube aber nicht, daß es mir gelingen wird.

Trotz alledem hoffe ich, daß Sie es nicht bereuen werden, mir die Bekanntschaft mit einem wirklich berufenen, echten Dichter so freundlich vermittelt zu haben: herzlichen Dank nochmals von

Ihrem aufrichtig ergebenen
Richard Strauss.

München, am Geburtstage
Richard Wagners.

307. VON PHILIPP SCHARWENKA.
CHARLOTTENBURG, 27.5.1895

Charlottenburg, 27/5 95.

Hochgeehrter Herr,
Mit vielem Dank beehre ich mich, Ihnen heute den Entwurf zu Ihrer »modernen Totenmesse« zurückzusenden, welcher eine großartige u. ergreifende Dichtung verheißt, die sich vorzüglich zur musikalischen Behandlung eignet.

Ich möchte indeß, ehe Sie an die Ausführung des Entwurfes gehen, mit Ihnen erst noch eine Unterredung haben u. bitte um gefl. Mittheilung einer Zeit, zu welcher wir uns treffen könnten. Inzwischen mit ergebenstem Gruß Ihr

Philipp Scharwenka

308. VON OTTO BRAHM, MAX HALBE, GEORG HIRSCHFELD, LUDWIG LANDSHOFF. MÜNCHEN, 6.6.1895

Grüße aus dem Münchner Ratskeller und Dank für IN PHANTAS SCHLOSS. *Halbe findet die Gedichte* merkwürdig u. originell.

309. VON MAX HALBE. MÜNCHEN, 7.6.1895

Hofft, daß Hirschfelds Bierkarte *angekommen ist und wiederholt den Dank für die* interessanten Gedichte.

310. AN MAX HALBE [IN MÜNCHEN].
BERLIN, 12.6.1895

Dankt für die liebenswürdigen Zeilen aus dem Ratskeller und vom folgenden Tage – *das zweite Zeichen der Anerkennung aus seiner Vaterstadt München – und wünscht, die Münchner Dichterkolonie möge ihn,* den fernen Vorposten, *nicht ganz vergessen.*

311. AN RICHARD STRAUSS [IN MÜNCHEN].
BERLIN, 12.6.1895

Hochverehrter Meister,
Ihr lieber, schöner Brief hat mich sehr stolz gemacht! Nehmen Sie innigen Dank dafür!
Dass meine Gedichte im Allgemeinen nicht komponierbar sind, dachte ich von vornherein: – Vielleicht, weil sie noch nicht einfach genug im guten Sinne sind; weil noch zu viel mythologischer Ballast daran hängt.
Der Gedanke, dass Sie, hochverehrter Meister, je daran denken könnten, den »Sonnenaufgang« in Musik zu setzen, hat für mich geradezu etwas Berauschendes. Wie gern würde ich selbst, wie viel lieber – in Tönen sprechen als in stummen resonanzlosen Buchstabenreihen.
Mir fallen dabei ein paar Verse ein, die ich früher einmal gemacht habe –

> Was stumm im Mutterschooss der Seele
> An göttlichen Gefühlen reift –
> Es hat, entflieht das Wort der Kehle,
> Die höchste Schönheit abgestreift.
>
> Drum nenn' ich dich die Kunst der Künste,
> Musik, die du den Schleier wahrst,
> Und unsrer Seele tiefste Brünste
> in Töneschauern offenbarst. –

Hoffentlich kommt mir diesen Sommer von der Nordsee mein zweites und ein grösseres Werk als das erste. Dann wird mir wieder ein freudiger Augenblick sein, wo ich es Ihnen in die Hand legen darf.

Mit ehrerbietigstem Grusse bin ich
Berlin C.A.d.Fischerbrücke 10   Ihr
12.VI.95.   Christian Morgenstern.

312.   Von Theodor Fontane. Berlin, 12.6.1895

Berlin 12.Juni 95.
Potsdamerstr. 104 c.

Hochgeehrter Herr.

Ihre Güte hat Ihr »In Phanta's Schloß« an mich gelangen lassen, Dichtungen, auf deren Lektüre ich mich freue.
Mit dem Wunsche, daß Sie bei Kritik und Publikum der freundlichsten Aufnahme begegnen mögen, in vorzüglicher
Ergebenheit,
Th. Fontane.

313.   [An Unbekannt, Ort unbekannt].
[Berlin, nach dem 12.6.1895]

Phanta hat mir bisher fast nur (brieflich) Zustimmung reizender Art eingebracht: Franke, Halbe, Fontane, Richard Strauß (München), Nietzsches Mutter etc. etc.

314.   Von Cäsar Flaischlen. Berlin, 14.6.1895

Sein letztes – und erstes – lyrisches Werk, »Nachtschatten« erschien schon 1884, ist also für eine Besprechung zu alt. – M habe etwas in Flaischlens Brief falsch verstanden.

315.   Von Franz Evers. Venedig, 20.6.1895

Nennt die im Herbst erscheinenden Gedichtbücher »Deutsche Lieder«, »Königslieder«, 2. Auflage und »Gedichte«, erwähnt die erste

Auflage der »Königslieder« und die anderen älteren Sachen. *Fragt, wofür M schreibe.*
N.: Goslar.

316. AN FRANZ SERVAES [IN DEUTSCH-WILMERSDORF].
    BERLIN, 25.6.1895

Sehr verehrter Herr,
Wie geht es Ihnen und Ihrer verehrten Frau Gemahlin? Einen Sonntag um den andern habe ich mir vorgenommen Sie in Ihrem reizenden Heim wieder einmal aufzusuchen – aber unpraktisch, wie ich bin, wachsen mir meine Pläne und Entwürfe über den Kopf und rauben mir meist die Naivetät, mir selbst Zeit zu etwas zu nehmen.
Also nicht wahr, Sie sind mir nicht böse!
Dr. Bie fragte mich kürzlich, für welchen Monat Sie wohl die Güte haben würden, über meine »Phanta« in die Neue D. Rundschau zu schreiben. Wenn ich mir einen bescheidenen Vorschlag gestatten darf, so glaube ich, dass Ihre freundliche Besprechung – falls Sie noch Lust dazu haben – im September etwa ein weit grösseres Publikum haben würde als in den literarisch toten Monaten Juli, August.
Darf ich Ihre Meinung darüber wissen?
Bisher bin ich fast nur »verrissen« worden; die Kreuz(ver)zeitung besonders ist einfach zum Totlachen. Umsomehr schriftliche Zustimmungen haben mich erfreut, von Halbe, Fontane, Weigand, Strauss, Flaischlen u.a.
Haben Sie – NB – schon die neu publicierte Photographie Friedrich Nietzsches bei Lazarus gesehen? Sie ist offenbar aus der Baseler und zugleich aus seiner (physisch) besten Zeit. Auf Frau Förster-N.s Buch und das A. Tilles bin ich sehr gespannt.
Doch nun will ich Ihre Zeit nicht länger in Anspruch nehmen.
Mit besten Grüssen an Sie und Ihre verehrte Frau Gemahlin und Schwester

                            Ihr sehr ergebener
                            Christian Morgenstern.
Berlin C. An d. Fischerbrücke 10$_{II}$.
    25.VI.95.

317. VON FRIEDRICH KAYSSLER. NORDERNEY, 4.7.1895

Das Meer ist natürlich wunderschön; unsagbar schön. *Der erste Eindruck war zwar nicht so überwältigend, wie er erwartet hatte; er entdeckt aber täglich neue Schönheiten.* Hinzu kommt, daß das Meer, jedenfalls bei einiger Bewegung, von Minute zu Minute Farbe u. Stimmung wechselt; man kennt es niemals vollständig – *das erschwert, wie bei wechselvollen Menschen, ein schnelles Urteil. Wenn überhaupt eine Kunst, so kann die Musik dieser Natur beikommen, eher als die Poesie, denn* diese muß das Meer meiner Ansicht nach irgendwie verkörpern, muß es bevölkern, göttlich, riesenhaft idealisch, oder gigantisch komisch, totschlaglaunig, wie Heine sagt, je nach Bedarf. Das große Lied in Worten nachsingen, man muß sagen: nachsingen, das läßt sich schwer denken. Trotzdem wären musikalische Titelakkorde, wie Allegro, Andante, Finale das einzig Richtige. *Beschreibt Einzeleindrücke. Ein anscheinend in den Sand eingegrabener Korb, der nur einen Haufen Sand enthält, weckt in ihm die Vorstellung von Meerkatzen, die darüber lachen,* daß die Menschen des Meeres Schätze in einem Korbe auffangen wollten. *Da müsse schon ein wirklicher Dichter kommen, aber* »solche Dichter giebts gar nicht«. [...] Giebts wirklich keinen? Man reiche mir den Dichter! Na, Bessos!? Male Dir das Märchen weiter aus, wird Dir ja als geborener Phantasmagorilla nicht schwer werden. – *Schimpft darüber, daß M bei seiner Anschwellung neulich entgegen Julius H.s Rat nicht zum Arzt gegangen ist.* Ich könnte vor Wut heulen über so eine kindische Verranntheit! Was Du verdienst, das weißt Du! Nu schimpf zu, soviel Du willst, ich halte Dich zwar für fähig, die Nordsee zu besiegen – Du mußt hierher im August – aber in dieser Beziehung bleibst Du ein Wickelkind für alle Ewigkeit in meinen Augen. So, jetzt leb recht wohl! Du weißt, das Meer stimmt totschlaglaunig. *N.: Belbo. Schäfer. Wernicke. Ernsts*[?]. *Wisser. Coebner.*

318. VON OSCAR BIE. BERLIN, 9.7.1895

Schlägt M vor, »Trübner« *bis zum nächsten* »Kunstwart« *zu lassen und noch ein Pendant, etwa über Raffaeli, hinzuzufügen. N.: Fischer. Bies Schwiegermutter.*

319. VON OTTO JULIUS BIERBAUM. Berlin, 10.7.1895

10. Juli 95
Werter Herr,   Mit dem M.M.A. hats jetzt gute Wege, aber wenn
Sie mal was für PAN einsenden werden, so soll es willkommen
sein, und ich würde mich freuen, wenn wirs bringen könnten.
            Ihr
        ergebenster
         Bierbaum

320. [VERMUTLICH VON ALFRED GUTTMANN].
KIEL, 15.7.1895

Abschrift einer Kritik von IN PHANTAS SCHLOSS *von J. Schwarz,
Frankfurter Zeitung, 18.6.1895.*

321. AN GEORG HIRSCHFELD [ORT UNBEKANNT].
BERLIN, 16.7.1895

Über Hirschfelds und seine eigenen Arbeiten, vor allem die SYM-
PHONIE *sowie über den Artikel über Lyrik für Schlenther.* [...] Ich
besprach zunächst Bierbaum, Mackay, Henkell, Falke, Busse,
Hartleben, Dörmann, Dehmel [...] Bei Dehmel allein
stockte ich [...] Sind die Krämpfe seiner Sinnlichkeit echt oder
lügt er sich selbst in eine schwüle mystische Erotik hinein? [...]
Ich fühle nur Eines instinktiv. Hier ist viel Krankheit, Krank-
haftigkeit. Man reiche mir Beethoven. Man frage Böcklin und
Max Klinger, man wasche sich die Stirn mit Adolph Menzel. Und
Goethe! auf den sich so ein Hartleben mit seinem erbärmlichen Sinnenbehagen beruft und es wagt, im Goethebrevier ihn
zum Heiligen verständnisvoll sich anzwinkernder Lebemänner
zu machen. Und Nietzsche! der so klar sieht, dass, je weibischer
der Mann, desto männischer und entarteter das Weib wird [...]
Außerdem ein Vierzeiler PFINGSTVERS.

322. VON OSCAR BIE.
[VERMUTLICH CHARLOTTENBURG, JULI 1895]

Gibt M Hinweise, Adressen etc. für seine Urlaubsvertretung bis zum 15.8.
N.: Fischer. [*Ein unleserlicher Name*]. Bjørnson. Conrad. Moritz Bie. Fontane & Co.

323. AN FRIEDRICH KAYSSLER [VERMUTLICH NORDERNEY]. BERLIN, 20.7.1895

Zur Zeit führe ich die Geschäfte des Dr. Bie (er ist in Norwegen) und der Neuen Deutschen Rundschau. Bis 15. – Täglich viele Briefe. Ganz mein Fall.
Bin jetzt öfter bei Landshoffs. Die Jungen, Lutz und Else, sind famose Kerle, Grete Lesser hat einen eigenen Reiz für mich: in dem Mädel steckt 'was. Dem alten Herrn werd' ich nie näher kommen, oder nur momentweise. Er ist imgrunde zu bitterernst, hat nicht Grazie und Biegsamkeit in der Seele. Er kann nicht über die Kempner lachen. Er wünscht ihr die Knute. Von Reuter schwärmen sie alle. Ich muss ihn mir 'mal wieder genau vornehmen – er muss doch den deutschen Philister, sagen wir den Philister im Deutschen fabelhaft gekannt und seinen Geschmack zu treffen gewusst haben. D. h. selbst ein gutes Stück davon gewesen sein. Aber ich will ihm nicht unrecht thun u. urteilen, bevor ich ihn nicht wieder vorgenommen habe. – Ich lese gerade so zwischendurch Swifts »Märchen von der Tonne« eine Satire auf die englischen Kirchen im 17. Jdt. Unsterblich, ganz unsterblich! Was gehen mich die englischen Kirchen an? Aber sie sind wert, gewesen zu sein, weil an ihnen ein so eminenter Geist Gelegenheit hatte den Reichtum seines Witzes zu verschwenden. Swift wird man zu allen Zeiten und überall lesen können, Reuter nur in Deutschland – und da immer?
Ich werde Dir mal Claude Tilliers »Onkel Benjamin« schenken. Verliere Dich nur nicht zu sehr an die Slaven und Skandinavier – »Stimmung ist nicht alles«, hab' ich erst jüngst an Georg geschrieben. Lies und schenke auch mal Keller, Meyer, Storm, Vischer, Fontane – die sind alle noch grösser wie Jakobsen. S'ist ja eigent-

lich nur zum Teil wahr – ich revociere auch ¾ sofort – aber ich meine man blos. Cum grano salis. – Dein Leipziger Stimmungsbild ist reizend. Ich würde den allegorischen Schluss weglassen und einzelne Sätze kürzen. Die Einschiebungen des märchenstilistischen » – denn es ..... –« liegen Dir noch von Baumbach-Nather her im Blut. Das verstehende Mädchen ist entzückend – ich möchte sagen: Schenk' mir's! .... –
Sollst auch 'was haben. Bleib gesund und froh. Grüss Julius herzlichst! Den Winter über sage ich übrigens nicht mehr Sie zu ihm. – Die Galgenvögel Veitstanz und Stummesaas – so 'was Gemeines hab' ich noch nie gesehn. Die Kerle haben sich vollständig zum Teufel geschoren, der ihr Vater ist. Wernike feiert Hochzeit seiner 12 Brüder in Wernigerode. Berlin hat nur noch wenige Einwohner ausser mir. Kürzlich mit Herrn Hirschfeld Variété-Garten. Zuhause bei H.s schöne Stunde mit Mutter H. Mit Landshoffs auf neuem See rudernd. Flaischlen lässt den öden Kunden grüssen. Schreib' doch mal nach Ems, Villa Schönbrunn. Alle 3 dort.

     Herzlich umarmt Dich Dein Chrischan.

324. Von Julius Hart.
   Friedrichshagen, 25.7.1895

Seine letzte Gedichtsammlung »Homo sum« ist seit zwei Jahren vergriffen; eine Gesamtausgabe seiner Gedichte soll im Herbst erscheinen. – Uebrigens noch herzlichsten Dank für Ihr Buch. Ich habe es mit aufrichtigem Respekt gelesen. Das ist eine sehr geistreiche und glänzende Poesie, blendend durch ihren Farben- und originellen Bilderreichtum. *Wenn er mit seiner Literaturgeschichte fertig ist, will er das Buch als eines der ersten besprechen.*

325. An Julius Hart [in Friedrichshagen].
   Berlin, 25.7.1895

           Berlin 25.VII.95.
Lieber Herr Hart,
Herzlichsten Dank für Ihre lieben warmen Zeilen, die mich

umsomehr freuten, als ich mich von Ihnen und Heinrich schon etwas vergessen glaubte.

»Phanta's Schloss« ist ja erst ein Anfang – mein Zweites, die ›Symphonie‹, hoff' ich, soll das Erste fast vergessen machen. Aber dass Sie für das kleine Buch so liebenswürdige Anerkennung haben, ist schön!

Der Herbst wird ja segenschwer sein – : Ihre Gesamtausgabe, Liliencrons dto, Flaischlens Verse vielleicht, u. noch Mehreres.

Leben Sie wohl, grüssen Sie, bitte, vielmals Ihre verehrte Frau –
Ihr Christian Morgenstern

326. VON OTTO JULIUS BIERBAUM. BERLIN, 26.7.1895

Berlin, 26. Juli 1895.
Sehr geehrter Herr,
Ich habe mit vielem Vergnügen Ihre Gedichte gelesen und werde die zwei grösseren zum Abdruck im PAN vorschlagen und aufs wärmste empfehlen. Es würde mir eine aufrichtige Freude sein, wenn es mir gelänge den Abdruck wenigstens von einem der beiden durchzusetzen.

In hochachtungsvoller Begrüssung
DER VORSTAND DER GENOSSENSCHAFT
PAN
Bierbaum

327. VON MARIE GERDES. EMS, 28.7.1895

Wird am Donnerstag in Berlin sein, muß für das Konzert am 4.10. tüchtig arbeiten. *Dankt M für den geleisteten* Freundesdienst *und hofft, ihm die 500 Mark bald zurückzahlen zu können*, aber nicht wahr, zu ängstigen brauche ich mich nicht, auch wenn es nicht so schnell geht?
N.: Reibensteins. – Rüdesheim. Frankfurt. Berlin.

328.   VON WILHELM SCHUBERT. MAGDEBURG, 5.8.1895

Hat, weil er längere Zeit Besuch bei sich hatte, erst jetzt Zeit, Ms
herzlich lieben Brief zu beantworten, insbesondere auch um
den Gefühlen Luft zu machen, mit denen Ihr »in Phanta's
Schloß« meine Seele erfüllt hat. *Meint, dergleichen sei* auf
Gottes weiter Erde *noch nicht so gesagt worden* – nur Auserlese-
ne *würden ihn ganz verstehen.* Ihr Werk ist nur Etwas für
Dichter-Sonntagskinder. Ich, Einer aus Greis-Deutschland, ich
habe Sie verstanden – mit dem Hirn und mit dem Herzens-
pulse, ich habe mich beim Immer-wieder-Lesen ganz als Sie
gefühlt: meine zwischen Ihnen und mir verfluthende Ver-
ständnisinnigkeit ist Etwas, dessen ich mich vor Ihnen rühme,
mögen Sie das auch für eitel halten. *Man müsse sich in die Gedichte hineinlesen, dann aber seien sie* Hünengräber, über denen
ein Zwerggeschlecht stolpert. [...] Sie sehn es als eine Häutung
an? O, bleiben Sie in dieser Haut!: es ist undenkbar, daß Sie in
irgend einer andern auch nur von ferne der wieder wären, der
Sie in dieser sind: [...] alles Andersartige von Ihnen wär ein
Minus. *M sei, wie er selbst, Pessimist,* zu meiner hohen Freude
habe ich Sie als meinen Herzenscollegen erkannt. *M erhebe sich*
auf Phantas Schwingen *über die schlechte Welt und betrachte
den Menschen von oben; er selbst bleibe auf derselben Ebene,
stelle sich aber* abseits von ihm in düstern Naturschatten, in
Gräbernähe und betrachte ihn von dort aus. *Schließt mit* war-
mem Geistes-Händedruck.

329.   VON OSCAR BIE. DØREN, 5.8.1895

L.M. Also es ist hier so riesig schön, daß ich garnicht mehr
weiß, wie es zu Hause aussieht. Aber da das Zuhause in Ihren
Händen ruht, bin ich beruhigt. Wir sind hier am hintersten
Ende des Nordfjord, kommen Freitag nach Molde, Sonnabend
Sonntag nach Drontheim, Montag nach Christiania (Victo-
riahôtel), wo wir Mittwoch mit dem Schiff nach Stettin abse-
geln; am 16. bin ich in Berlin. Es wäre wunderbar, wenn Sie am
16. noch dort wären u. gegen Abend bei mir vorsprächen. Sonst

wie verabredet geben Sie am 15. alles ab. Ich schreibe Ihnen
noch mal.
Herzl. Gruß Ihr OBie
Einen Brief v. Ihnen habe also noch nicht gesehen, erst eventuell
in Molde. Die Verbindung ist zu schwach [?]

330. VON MAX OSBORN. BERLIN, 7.8.1895

Schickt einen kleinen Beleg, *dem wohl noch andere folgen werden.*
Denn Ihr Bändchen ist wirklich eine Freude, bis auf die Kleinigkeit, die ich mir auszusetzen erlaubt habe. Das schadet indessen
nichts. [*Danach ein aufgeklebter Zeitungsausschnitt mit Osborns
Rezension:*] [...] Es ist ein pantheistischer Humorist, möchte man
sagen, der sich uns hier vorstellt; mit seinen starken Jünglingsar-
men faßt er die ganze Welt und tanzt mit ihr einen wunderlichen
Rundtanz, in dessen betäubendem Wirbelrausch wir mitspringen
müssen, ob wir mögen wollen oder nicht. Ein so echter Dichter
wie Christian Morgenstern hätte es übrigens nicht nöthig, hie
und da so unselbständig in den Bahnen eines andern zu wandeln.
Albert Giraud's feine »Pierrot lunaire«-Gedichte, die Hartleben
übersetzt hat, hat er mit allzu großer Aufmerksamkeit gelesen.
Indessen das schadet nichts! Viel Gutes sicherlich wird uns noch
von diesem jungen Phantasten kommen.

331. AN MAX OSBORN [IN BERLIN]. BERLIN, 8.8.1895

Lieber Herr Doktor!
Herzlichsten Dank für Ihre schönen, anerkennenden Zeilen!
In Hinsicht des Pierrot Lunaire kann ich Ihnen übrigens ein
Geständnis machen, das Sie vielleicht verwundern, doch sicher
auch erfreuen wird. Ich gebe Ihnen mein Wort, daß ich den Pierrot Lunaire erst – und zwar ganz zufällig, da ich ihn bei einer mir
bekannten Dame liegen sah – kennen lernte, als alle Gedichte
von »Phanta's Schloß« bereits fertig vorlagen mit Ausnahme der
drei letzten »Erster Schnee«, »Abfahrt« und »Epilog«, welche Sie
offenbar unmöglich gemeint haben konnten, als Sie von Beeinflussung sprachen.

Ich gestehe Ihnen – und Sie werden mein Gefühl ganz begreiflich finden –, daß ich »wütend« war, als ich im Pierrot Lunaire Sachen fand, die frappant an meine »Mondlieder« anklangen, und daß ich jenes Buch verwünschte, da ich voraussah, daß man mir Nachempfindung dieser Gedichte vorwerfen würde.
Es bleibt, trotzdem man solche Fälle vielfach kennt, etwas Eigentümliches darin, wie zwei Menschen verschiedener Nation im selben Zeitalter zu einer ähnlichen Naturwiedergabe gelangen konnten, ohne voneinander zu wissen, aber ich gebe Ihnen die heilige Versicherung, daß es sich so verhält. Es ist eine andere Möglichkeit, nach einer Erklärung zu raten. Heines Nordseebilder gehören zu den lebhaftesten Eindrücken, die ich in jüngeren Jahren hatte. Giraud und ich klingen vielleicht an Heine an. Doch habe ich bei Niederschrift meines Buches nie an Heine gedacht oder gar in ihm gelesen, ja – horribile dictu – ich besitze ihn nicht einmal.
Wenn es Sie nicht langweilt, möchte ich Ihnen noch folgendes erzählen. Es war im Sommer 1893, als ich von München aus einige Gedichte dem »Zuschauer« sandte, deren eines gegen die Form- und Zuchtlosigkeit moderner Modernster eiferte. Ich war damals noch ganz auf die Kunst von ehedem geeicht, und verspottete aus fröhlichem Unverständnis heraus alles, was mir gegen den Strich ging. Der »Zuschauer« gab mir meine Carmina zurück und versetzte mich dadurch in große Entrüstung, so daß ich mich hinsetzte, eine Phantasie (wohl meine erste) in freien Rhythmen hinzuwerfen, in welcher ich parodistisch alle Neutöner übertrumpfen wollte. Es fing an –
    Himmel, Erde und Meer
      spielen Hasard
und behandelte einen Kartenwurf dieser drei Spieler, den ich von einem Strandfelsen aus beobachtete. Der Himmel reißt einen Eichbaum aus – Eichel-As; das Meer wirft ein totes Mädchen ans Ufer – Coeur-As; die Erde wirft Staub und Geröll über alles – Trumpf-As. Das Gedicht wurde damals nicht recht fertig und blieb liegen, bis ich es im Winter 1893/94 einem Freundeskreis zulieb, der mich in meiner Krankheit häufig besuchte, wieder vornahm und vollendete. Meine Freunde fanden viel mehr daran als ich selbst, und ihr Beifall machte mich zuerst darauf aufmerk-

sam, daß eine solche Art vergewaltigender Naturbetrachtung nicht ohne Reiz und Originalität sei. Ich machte bald darauf noch einige Mondgeschichten ähnlichen Genres. Vieles aus »Phanta« ist nur eine weitere Etappe auf diesem Gebiet, aber sie wäre wohl nicht möglich gewesen, wenn nicht das Malerblut, das ich von Vater, Mutter und beiden Großvätern in den Adern habe, in mir gedrängt und Ausweg gesucht hätte.

Es ist schön, daß Sie noch etwas von mir erwarten. Sie sollen nicht getäuscht werden!

Nun aber genug für heute. Messen Sie der angenehm abdämmernden Abendstunde die Schuld zu, daß ich Ihre Zeit so lange in Anspruch genommen, und seien Sie herzlich gegrüßt von

Ihrem
Christian Morgenstern

332. Von Max Osborn. Berlin, 10. 8. 1895

Berlin, 10. 8. 95.
Lieber Herr Morgenstern!
Herzlichsten Dank für Ihren Brief! Ich will es Ihnen wahrhaftig gern glauben, daß die Mondgedichte entstanden sind, bevor Sie den Pierrot in die Hand bekamen. Sie sagen aber selbst, daß Sie ärgerlich waren, als Sie jene Anklänge entdeckten, und Sie müssen darum einem Kritikus nicht gram sein, den die Sache verblüffte und der sie notieren zu müssen glaubte. Die Ähnlichkeiten sind in der That so, daß sie jedem auffallen müssen, auch einem, der nicht so wie wir in der litterarhistorischen Schulung auf die Motivenjagd gehetzt wird, so daß er nicht überall Anklänge und Zusammenhänge und Entlehnungen wittert. Vielleicht hätte es sich empfohlen – das muß ich offen sagen –, wenn Sie noch vor dem Druck die Sache merkten, Eines oder das Andere herauszunehmen – indessen, ich kann Ihnen nur wiederholen und nochmals beteuern: es schadet wirklich nichts!

Ob da der alte Heine bei Ihnen beiden Pathe gestanden hat, scheint mir nicht so wahrscheinlich. Ein pantheistischer Zug, der sich überhaupt in der modernen Phantasiedichtung geltend macht, scheint es mir eher zu sein, der hier einen Niederschlag gefunden

hat und sich mit einer humoristisch-melancholischen Ironie, einem Erbstück der verstorbenen Romantik, vermischte.
Für Ihre Mitteilungen über die Hazardspiel-Phantasie danke ich Ihnen bestens; ich werde sie mir für eine künftige Geschichte der modernen Litteratur aufbewahren. Das Spielmotiv selbst ist ja nicht neu. Oft tönt es im Volkslied an, und der Tod ist dann meist der, der Trumpf-Aß ausspielt und die ganze Partie gewinnt – Carl Busse hat es auch einmal benutzt. Aber Ihre Einkleidung ist viel packender und origineller. –
Noch einmal: es thut mir leid, vielleicht der erste zu sein, der Ihnen den erwarteten Ärger zugefügt hat; aber ich fühle mich schuldlos! Was ich sonst gesagt habe, habe ich gern gesagt; denn es ist meine Herzensüberzeugung! Viel Glück weiter! –
Hoffentlich sehen wir uns bald einmal! Mit den besten Grüßen
Ihr
Max Osborn.

333. AN OSCAR BIE [IN CHARLOTTENBURG].
[BERLIN], 14.8.1895

Lieber Herr Bie,
Wäre irgend etwas Wesentliches vorgefallen – ich hätte Sie noch erwartet. So gab ich meinem ermüdeten und stadtüberdrüssigen Körper nach und reise quam celerrime. Meine Adresse bleibt bis auf Weiteres Fischerbrücke 10 und ich behalte sie bis Oktober. Ein Freund, der genau um meine Aufenthalte weiss, wohnt bis dahin in m.r Bude und macht seine Referendararbeit. Er wird auch alles an Ihre Adresse dirigieren, was etwa aus Versehen noch an Sie hierher gelangen sollte. –
Meine Auslagen waren sehr gering, ich werde Ihnen den Rest von den erhaltenen paar Mark nach meiner Rückkehr genau verrechnen.
Was Erwiderung erforderte, habe ich erwidert und habe Ihre Rückkehr in Bälde in Aussicht gestellt. Dauthendey habe ich nicht geantwortet. Beigefügter Zettel orientiert Sie über die Korrespondenz.
Das Geld schicke ich per Post an Ihren Herrn Vater es sind 100 M Börsencourir und 50 M Callwey.

Sonst ist wohl nichts zu vermelden. Meine Adresse teile ich Ihnen
baldmöglich mit. Über die neue Lyrik schreibe ich im Herbst in
die N. Rundschau. – Nächstens wird Ihnen ein Herr W. Rath ein
Capriccio schicken. Ich lernte den Autor kürzlich kennen. Vielleicht passt es für uns. –
Ach ja, wegen Servaes noch!
Ich lasse Ihnen vollständig freie Hand in dieser Angelegenheit. Ich habe, seit Servaes sich so auffallend kühl gegen
mich benommen, ja mich geradezu verletzt hat, indem er sein
damaliges Benehmen durch keinerlei Aufforderung bisher in
ein anderes Licht gesetzt hat – ich habe seitdem kein Interesse
mehr an ihm und werde ihm gelegentlich einmal gehörig heimleuchten. –
Hirschfeld bleibt bis Sonntag, kommt wenn möglich zu Ihnen
hinaus.
Nun addio! Verehrtester! Und frohes Arbeiten nach den schönen
Norge-Tagen!

Ihr
getreuer
Christian Morgenstern.

August. 14. Abends. 95.
Was morgen kommen sollte, wird Ihnen also verabredetermaassen zugestellt.

334. AN FRIEDRICH KAYSSLER IN BERLIN.
KAMPEN, 21./22. 8. 1895

21. Aug. 95.

Mein teurer Fritz,
In aller Ruhe kann ich Dir nun endlich schreiben, dass ich glücklich bin hier zu sein und von Tag zu Tag dies mehr empfinde. Es
ist der schönste Fleck Erde, den ich finden konnte, – aber es war
nötig, dass ich ihn fand, sonst wäre ich bei einem Haar umgekehrt
und hätte mich in die Holsteinische Schweiz geflüchtet.
Helgoland will ich ausnehmen: es ist herrlich; aber der Badetrubel war gar ernüchternd. Amrum, obschon nicht ohne Eigenart,
war eine Enttäuschung, Wyk auf Föhr könnte ebensogut an ir-

gend einem grossen Binnensee liegen, Westerland endlich ist ein Skandalbad ersten Ranges. Der ganze Strand ein Lager bunter Fähnchen und Berliner Tafelinschriften; ekelhaft bis zum Übelwerden. Nachdem ich in Westerland übernachtet, streifte ich nordwärts nach Wenningstedt auf Kundschaft, doch fand ich auch dort keine Zimmer mit grosser Aussicht. Darauf strebte ich dem Leuchtturm zu, ward von dort endlich nach Kurhaus Kampen gewiesen und wusste auf den ersten Blick: – hier oder nirgends. Ich schrieb Dir schon, dass mein Fenster mir den Blick auf ein wunderbares Panorama gestattet. Links die bewegte offene See, deren starkes Rauschen auch jetzt – 10 Uhr nachts – lebhaft herüberdringt, gradeaus die einsamen gänzlich unbewohnten Sandgebirge der Dünen, in weiss-gelb und graugrün gestuft, bis zum Nordrand der Insel, der zwei Leuchttürme trägt; rechts das sanftere Blau des Wattenmeeres, dessen Festlandküste nur mit dem Fernrohr erkennbar. Unser grosses Hotel beherbergt infolge eines für mich höchst glücklichen Umstandes – Kampen erhält erst in nächster Zeit Bade-Concession – ausser mir nur noch 5 Gäste, sodass eine wahrhaft idyllische Ruhe herrscht. Verpflegung, Pension ist vortrefflich, wenn auch ziemlich teuer (45 M pro Woche) Doch habe ich es nirgends billiger gefunden. Das Meer selbst, das ich bisher nur bei herrlichstem Wetter gesehen, übt mächtigen Reiz auf mich. Zuerst allerdings sehnte ich mich nach Wald und Bergen und schmollte und zürnte Euch allen, die Ihr so begeistert geschildert hattet. Ich verstehe Dich jetzt, Fritz, dass Du nicht so nach meinem Wunsche mir vorschwärmen wolltest, Du hast für mich viel mehr Recht als Julius, der schon den ersten Eindruck als masslos überwältigend hinstellt. Was ist da zuerst so Wunderbares: dass man plötzlich keine Grenze mehr sieht? Mein Gott, was ist da dabei, – die See hat ihre Ufer wie jeder Binnensee, auch wenn ich sie nicht erblicke. Da ist noch keine Unendlichkeit.
Freilich: Grösse ist da –: Aber die geht mir erst jetzt allmählich auf. Unsere lieben Freunde H. sind gefährlich in ihrer kategorischen Bewunderung. Die alte Sache. –
An mein Werk denke ich viel, aber mit gemischten Empfindungen. Vorläufig halte ich es noch nicht für möglich, alles auf dem Meere aufzurichten.

Ich möchte bis Ende November hierbleiben. Jetzt ist in Allem noch zu wenig Energie, zu wenig Mannichfaltigkeit. Die Sonnenuntergänge sind mässig, von der »beständig wechselnden Farbe des Meeres« habe ich hier wenigstens noch nicht viel bemerkt.*
Es ist stets wunderbar blau, in einigen Nuancen – c'est tout.
Musik entbehre ich nicht, sie würde mich sogar stören.
Den ganzen Tag liege ich am Strande oder auf der Düne, atme, schaue und lese dazwischen einen der grössten Romane, die es giebt: Dostojewskijs »Raskolnikow«. Ein kolossales Werk!
Notabene: Schicke mir bitte Heines Nordsee-Cyclus. Welche Eselei von mir, Heine zu fürchten. Ich muss diese Lieder lesen, jetzt im Angesichte des Meeres – es wäre ja ein Verbrechen, sie hier zu übergehen. Ich muss es, ich habe innigstes Bedürfnis dazu. –
Lieber, lieber Freund – wie ich Dir danke, kann ich nicht in Worte kleiden. Ich umarme Dich im Geiste für Deine unvergleichliche Freundschaft, mein lieber, treuer Kamerad! –
[*]22.VIII. Heute sah ich allerdings wunderbare Farben, ich widerrufe also hierin.
Leb wohl, geliebter Junge! Grüss herzlich alle Freunde.

　　　　　　　　　　　　　　　　　　　　Dein Christian.
Schreib mir bald, und von Dir! Was macht die Kunst? Bist Du glücklich? –

335.　AN FRIEDRICH KAYSSLER [IN BERLIN].
　　　KAMPEN, 2.9.1895

　　　　　　　　　　　Insel Sylt, Kurhaus Kampen, 2.IX.95.
Liebes Fritzing,
Tausend Dank für Deine Sendung, deren verschwenderische Zugabe mein Gesicht 5 Minuten lang zu einem hocherfreuten Grinsen verzerrte. Du Weltkobold! Du bist halt ein zu lieber Kerl, mit und ohne Cigarretten!!!
Anbei eine Quittung, auf die ich Dich bitte Ecke Behren- und Wilhelmstrasse (rechts, wenn Du von der Fr. Str. aus kommst) (Eingang Behrenstr.) die 100 m zu holen und mir – besser ist besser – umgehend hierher zu schicken. Ich bleibe noch bis über Ende der Woche (9. oder 10.) hier, dann noch 2 Tage nach Helgo-

September 1895 287

land, von wo ich womöglich 2 Segelpartieen machen möchte, mit einem Amtsrichter zusammen, der hier seit 5 Tagen mein einziger Lebensgefährte ist. Ich liege fast den ganzen Tag am Meer. Heine habe ich mit Thränen in den Augen gelesen. Sein Θάλαττα Θάλαττα ist das Schönste was es giebt. Diese Rückerinnerung, wie die Hellenen nach endlosem Wandern und Kämpfen endlich das geliebte Meer erblicken, das sie von ihrer Heimat her grüsst – so etwas giebt es nur einmal.
Griechenland! Wann wird Dein unsagbarer Sonnenzauber je schwinden, wann wirst Du uns nicht mehr der Zuflucht-Gedanke sein aus einer Zeit und Kultur heraus, die so schmutzig und klein, so hässlich und elend ist!
Ich selbst komme mir oft höchst verworfen vor. Und ich verfluche vor Allem meine Erziehung, die mich wie ein Unkraut hat aufwachsen lassen, die meinen Willen nie zu stählen suchte, dass er mir jetzt der Stab sein könnte, auf den gestützt ich mich aus den unwürdigen Verhältnissen herausschwingen würde. So oft ich in mich zurückkehre, empfinde ich dies Literatentum mit seinen altklugen Salbadereien als eine Schmach, unter der ich mich winde. Ich, der ich, mit Ausnahme meiner Kunstgüsse, mein ganzes Leben lang in »heiligem Schweigen« verharren möchte, nur lernend, nur innerlich redend – ich soll zu den Journalisten hinabsteigen und mein bischen Geist tagaus tagein zu Markte tragen? Oh diese wahnsinnige Natur, die statt einen Maler einen Dichter aus mir machte! Aber was errege ich mich. Zur Berufsarbeit bin ich – eben durch meine schlappe geistlose Erziehung, die dem schlappen, geistesfaulen Element in mir seinerzeit sehr angenehm war und es noch höher ausbildete – vollständig verdorben. Auf meine Kunst kann ich kein Haus bauen – also friss oder stirb.
– Ich lese jetzt wieder viel Nietzsche. Er ist meine ewige Rettung. Solange ich [*Lücke*]
Ich werde diesen Winter sehr zurückgezogen leben, hoffentlich finde ich einen stillen Winkel in Berlin. Meine »Symphonie« liegt schwer auf mir – ich kann zur Zeit nichts Dichterisches produzieren; – sie wird entweder groß oder gar nicht. Über hundert Stoffe liegen dazu vor ...
Von hier ganz speziell bringe ich Themata zu einem kleinen Meer-Zyklus mit, meist humoristisch. Ich habe schon herrliche

Tage verlebt. Etwas nur geht mir unsäglich ab: Musik und Anmut,
Würde und Heiterkeit einer unberührten weiblichen Seele. –

336. [Vermutlich an Paul Schlenther in Berlin].
Kampen, 5.9.1895

[...] Sie können sich denken, dass ich hier »fern von Madrid«
Musse habe, des Öfteren zu meinem Aufsatz zurückzuschweifen,
der mir begreiflicherweise sehr am Herzen liegt. Ich habe mir
hier die Bogen [...] durchgelesen und muss Ihrem Urteil
darüber Recht geben, – so sehr, dass ich gern das Ganze noch
einmal überarbeiten möchte, da ich doch nun einmal sehr ehrgeizig in dieser Sache bin und gerade als Selbst-Lyriker doppelt
auf der Hut sein muss [...] Was mich offengestanden bei der
Abfassung des Artikels gestört hat, war eine gewisse Unsicherheit über die Auswahl, die ich aus der Fülle der Lyriker treffen
sollte. Bemüht, nur die Bedeutendsten oder auch nur Aktuellsten unter ihnen zu skizzieren, gab ich eine Reihe einzelner
Porträts, während ich im Hinblick auf den ganzen Stoff vielleicht ebensoviele Gruppen hätte schildern können, um zuletzt
dann diese Gruppen unter gemeinsamen Gesichtspunkten in ein
grosses Bild zusammen zu fassen. So könnte man äusserlich
gruppieren als Münchener, Schweizer, Berliner oder dergl. oder
innerlich als politische und sociale Tendenzler, als Humoristen,
Symbolisten etc. [...]

337. [Vermutlich an die Redaktion der Zeitschrift »Das Magazin für Litteratur« in
Berlin]. [Berlin, vor dem 1.10.1895]

Bietet das Epigramm Vor den Entwürfen zum Bismarckdenkmal *für das* »Magazin« *an. Nennt seine neue Adresse ab 1.10.*

338. An Cäsar Flaischlen [in Berlin].
Berlin, 2.10.1895

Lieber Herr Doctor,
Zu Ihrer Erwählung zum literarischen Leiter des ›Pan‹ erlaube ich mir Ihnen herzlich Glück zu wünschen, wenn anders Sie sich glücklich fühlen ein so eigenartiges Unternehmen durch all seine zahlreichen Schwierigkeiten hindurchzusteuern. Gut Heil! auf eine gesegnete Fahrt!
Ich habe, wie Sie vielleicht schon gesehen haben, zwei Gedichte im Feuer, die ich nicht gern verloren sehen möchte und die seinerzeit Herr O. J. Bierbaum in einem sehr liebenswürdigen Schreiben provisorisch annahm und dem engeren Comité zur endgültigen Acceptierung vorzulegen versprach. Besonders an dem einen der ›Sonnenaufgänge‹ »Meister der Baukunst wo sind deine neuen Gedanken . . . .« liegt mir viel. Ich empfehle die beiden Waisenkinder Ihrem gütigen Wohlwollen.
Im Übrigen bin ich – muss ich nun sein – nun Reflektant auf alle literarischen Eventualitäten und bitte Sie herzlich, aber ohne Ihre Zeit und Teilnahme allzusehr beanspruchen zu wollen, meiner zu gedenken, wenn Sie von irgend einer Vakanz hören sollten, die ich etwa auszufüllen befähigt wäre. Meine Stellung an der Nationalgalerie ist nämlich mit dem bevorstehenden Rücktritt Geheimrat Jordans erloschen, und ich stehe dann wieder in Schwulibus wie bei meiner Ankunft in Berlin vor 1½ Jahren. –
Hoffentlich sehe ich Sie bald einmal wieder, im Freitag-Club.
    Mit freundlichen Grüssen
        Ihr
           sehr ergebener Christian Morgenstern.
Berlin C. Grünstr. 3. IV. 2. X. 95.

339. Von Cäsar Flaischlen. Berlin, 4.10.1895

              W. Kurfürstenstrasse 44
                  4. Okt. 95.
Lieber Herr Morgenstern!
Schönen Dank für Ihr Glückauf!

Ihre zwei Gedichte habe ich schon in Händen gehabt u. Sie können ruhig sein: verloren geht nichts davon. Aber ich glaube, daß Sie Sachen haben, die mir vielleicht noch geeigneter für den Pan erscheinen [?], als gerade diese zwei Stücke. Bitte schicken Sie mir doch einmal etwas zur Auswahl her – oder bringen Sie's – so Vormittags bis gegen 10 Uhr bin ich fast immer zu Haus.
Wenn ich was höre, will ich sehr gern an Sie denken. Gewiß!
                    Mit bestem Gruße
                        Ihr Dr Cäsar Flaischlen.

340.   VON BRUNO WILLE.
        FRIEDRICHSHAGEN, 12.10.1895

                                Friedrichshagen, 12.10.95.
Sehr geehrter Herr,
leider habe ich nur noch von der Volksausgabe ein Exemplar zum Versenden. Die Volksausgabe erschien zuerst u. ist noch nicht ganz vergriffen; Auflage 2000. Das 3. Tausend, auf besserm Papier ist bei S. Fischer, Berlin W., erschienen. Die Gedichte wurden vom Vorstand der sozialdem. Partei insofern boikottirt, als ihr Vertrieb durch die Parteibuchhandlung vom Parteivorstand inhibirt wurde, sobald ich als Ketzer auftrat. – Mein neues Gedichtbuch »Einsiedelkunst, Lieder aus der Kiefernhaide« (individualistische Naturpoesie) erscheint bald.
Freundl. Gruss!   Ergeben
                        Ihr   Dr. Bruno Wille

341.   AN DAS HAUS GOETTLING IN SORAU.
        BERLIN, 13.10.1895

Das Gedicht VOM KOPF BIS ZU DEN FÜSSEN: *Er dankt für ihre Grüße, würde gern kommen,* Allein ich bin ein »Journalist« / Und muss dem Tage frohnden. *Seine Gedanken gehen zu ihnen und Onkel Moors lebend'gen Melodien. – Danach:* Herzlichste Grüsse Euch Allen.

342. VON BRUNO WILLE.
FRIEDRICHSHAGEN, 17.10.1895

Friedrichshagen, 17.10.95.
Kastanien-Allee 21 I.
Lieber Herr Morgenstern, herzlichen Dank! Erst wenig konnte ich lesen; aber z.B. aus der »Weide am Bache« weht mir ein aparter Hauch von Phantasie, Naturgefühl und neuem Formgefühl entgegen, den ich zu schätzen weiss. Vielleicht besuchen Sie mich mal, um zu sehen, dass ich mit meinen neuen Anschauungen (schon wieder mal) und Gedichten der letzten 2 Jahre Ihnen noch näher stehe als etwa im »Einsiedler«.
Freundl. Gruss! Auch ein Phantafreund.

343. VON HEINRICH HART und J.A. BERLIN, 2.11.1895
BZW. CHARLOTTENBURG, 5.11.1895

Vervielfältigte Einladung zu einem gemütlichen Kneipabend (ohne Damen) *im Restaurant Fischerhütte in Friedrichshagen am 5. November. Von Heinrich Hart die Bitte hinzugesetzt, auch* Hrn. Hirschfeld *mitzubringen.*
N.: Bruno Wille. Hans Schliepmann.

344. AN MARIE GOETTLING [IN SORAU].
BERLIN, 5.11.1895

Liebes Mariechen,
Heute nur kurz, – aber beruhigend! Betreffs Deiner lieben Sorge um mich, und der Deines lieben Vaters. Mir fehlt nichts weiter. Ich stehe einfach in den Mensch- und Künstlerkrisen, die keinem Werdenden erspart bleiben, und diese Krisen sind immer bei jedem Ernsten Krisen auf Tod und Leben. Mag sein, dass man nie darüber hinauskommt. Dann schwankt man eben immer zwischen Sein und Nichtsein. Glaube nicht, liebe Marie! dass es Mangel an Vertrauen ist, was mich abhält ins Detail zu gehen. Nein. Es ist mir nur geradezu unmöglich jetzt über mich selbst zu schrei-

ben. Ich habe selbst meine Tagebuchblätter ärgerlich zugeklappt.
Was ich brauche, ist grosse Sonne. Sei es nun – eine grosse Liebe
sei es grosse Natur, grosse neue Verhältnisse. Dann wird mit einem Mal die »Symphonie« dastehen und andres dazu. So wird's ja
auch, aber langsamer.
Hier in Berlin stört mich vieles in puncto Kunst. Kürzlich hat ein
Kritiker die Unverschämtheit gehabt mich einen »edlen Barden
von Spree-Athen« zu nennen. Der höchste Ulk, der mir seit meiner Wiege passiert ist!
Im Ernst aber: Meine Kunst ist still und wird immer mehr ganz
für sich wandeln. Der Lärm hier drückt mich oft und die feinen
grossstädtischen Nerven lassen mir meine Nerven als grob und
stumpf erscheinen, weil sie weniger auf Feinheit als auf Grösse
reagieren. Siehst Du, das sind lauter Brocken aus meinen Gedankengängen – da ist nichts weiter zu machen, als ruhig sich selber
treu zu bleiben. –
So. Nächstens schreib ich mal ausführlicher und unpersönlicher.
Habt innigen Dank für Eure Treue und Güte! –
Herzlichste Grüsse Euch Beiden Lieben
von Eurem
Chrischan.
Berlin Grünstr. 3. IV.
5. XI. 95.
(Zur Zeit Leidenswoche: Täglich Zahnarzt! entsetzlich!)

345.   VON JOHN HENRY MACKAY. [BERLIN], 15.11.1895

M kann das Buch solange behalten, wie er will.

346.   AN FRIEDRICH KAYSSLER [IN BERLIN].
BERLIN, 15.11.1895

Ich bin wütend auf Dich.
Du hast keine Ehrfurcht vor Dir, vor mir und vor der Freundschaft. Alberner Mensch mit Sonnenschein im Herzen und faden
Reden auf der Zunge. Wozu überhaupt das ganze Gerede nach

1 Uhr nachts. Wir haben uns zu der Zeit noch nie Gescheutes gesagt. Sei siegreich zu Dir und ungerecht gegen die andre Welt – aber red' nicht so dumm. Bin ich ein so roher plumper Mensch? Hab ich nicht alles mit Dir mitgelebt? Hab ich's nicht empfunden, wie Dir ein grosser Mensch mehr aufgegangen ist. Ist das etwa eine Schand und brauchst Du mir rohe »Anspielungen« vorzuwerfen statt, dass Du mir stumm die Hand drückst, ohne jedes fade Wort, unaussprechlich selbstverständlich der Freund dem Freund? Du solltest Dich schämen! – Schluss Punktum 2 Uhr nachts.

347. AN CLARA OSTLER [IN MÜNCHEN].
      BERLIN, 23.11.1895

Mir geht es jetzt gesundheitlich ganz gut: die Nordsee hat mir außerordentlich wohlgetan, ich kam ganz gebräunt zurück. Aber ich gehe nicht wieder allein auf Reisen. Ich hatte menschlicherseits fast gar keine Anregung. Das Meer freilich konnte für die Menschen entschädigen, aber trotzdem: es wirkt in mir nach, daß meine Mutter das »Gebirg« so über alles lieb gehabt hat. Ich habe doch die Landschaft dort schwer vermißt. Ich fand nach einigem Suchen den schönsten Fleck der ganzen östlichen Nordsee, nämlich das Kurhaus Kampen auf der Insel Sylt. Denke Dir, von meinen Fenstern aus sah ich über den ganzen nördlichen Teil der Insel, über endlose groteske Dünengebirge, an deren Westrand die offene See Tag und Nacht brausend heranbrandete, und an deren Ostrand das sogenannte Wattenmeer – der Meeresstrich zwischen Insel und Kontinent – in blauer Ruhe lag. Es ist etwas Ungeheures um jene stolze immerwährende Brandung und ich war zuletzt an den Strand und sein eigenartiges Leben so gewöhnt, daß es mir wehe tat, wenn ich einen Tag nicht hinuntersteigen konnte. Und dann nachts dieses beständige Zischen und Donnern aus der Ferne – es war eine aufregende Musik.
Wie mag es erst jetzt da dröhnen...
Am ersten Oktober zog ich wieder mal um und bewohne jetzt zwei sehr niedliche Stübchen im vierten Stock, die mich ein Zu-

fall als ungewöhnlich billiges Quartier finden ließ. – Durch Jordans Rücktritt von der Nationalgalerie ist auch meine Stellung vom ersten Januar ab erledigt. Aber ich hoffe, mein Glück, das ich in solchen äußeren Dingen oft gehabt, wird mich nicht verlassen. Vielleicht wird mir für die Vossische Zeitung ein Teil der Theaterkritik übertragen, da der maßgebende Mann, Dr. Paul Schlenther, mir sehr gewogen ist und gerade jetzt einen längeren Aufsatz von mir über Neueste Deutsche Literatur zu bringen beginnt. Durch seine Vermittlung bin ich auch aufgefordert worden, demnächst in der Neuen Freien Literarischen Gesellschaft einen öffentlichen, abendfüllenden Vortrag zu halten, was ich, mich selbst zwingend, angenommen habe. Ich will darüber sprechen, wie sich die modernen Lyriker zur Natur stellen, wie sie die Natur auffassen und wiedergeben, und zum Schluß anführen, wie eine pantheistische Lyrik den großen Zusammenhang zwischen Mensch und Universum, der mit dem Sinken der Religion zerrissen worden ist, wieder herzustellen imstande wäre.

348. VON CLARA OSTLER. MÜNCHEN, 28.11.1895

Berichtet von ihrer Verlobung mit Oskar Anwand. Ist überglücklich.
Oskar weiß, was Du mir gewesen bist und er begreift mich, weil er Dich kennt, [...]. *Die Väter haben zwar noch einige Bedenken, aber* man kann das den Alten nicht übel nehmen, *auch sie selbst war zunächst* zaghaft *wegen des geringen Altersunterschieds (zwei Jahre) und weil Oskar noch seinen Doktor machen muß. M soll Kayssler die Verlobung mitteilen, weil sie erst zur Hochzeit Karten verschicken wollen.* Christl, ich betrachte Oskar so halb u. halb als Dein Vermächtnis, bist Du es zufrieden.
N.: Lolli. Georg Hirschfeld: »Die Mütter«. – Breslau.

349. AN EUGENIE LEROI [VERMUTLICH IN EMS].
BERLIN, 11.12.1895

... Für die »Freie Bühne« habe ich einen Zyklus von vier Gedichten »Michelangelo« vor, wovon zwei bereits vorliegen. Sie kennen gewiß die Figuren vom Grabdenkmal des Lorenzo di Medici, der Morgen und der Abend. Vor diesen, sowie vor einem gefesselten »Sklaven« (Original im Louvre) und einer Maria, Jesum säugend, habe ich kürzlich einmal wunderbare Stimmungen gehabt, die da niedergelegt werden sollen.

Kürzlich sah ich den »Misanthrop« mit Kainz. Denken Sie sich –: nach der Vorstellung renne ich hinaus, um nur jetzt mit keinem Menschen reden zu müssen, tieferregt und selber ganz Misanthrop, und suche eben das Foyer auf, wo ich niemand »Literarischen« vermute. Da tritt mir, liebenswürdig lächelnd, das kleine Nippes-Ehepaar X. entgegen: – »Aber es war doch reizend gespielt! Ach und Kainz!«... Es war so bitter ernst gewesen und diese Braven ahnten nicht, daß auch sie es waren, von denen dieser Misanthrop sich weg in die Einsamkeit gesehnt hatte. Aber was rede ich?

Vor mir liegt eine Einladung zu den Fischer'schen Empfangsabenden dieses Winters – – und ich werde natürlich hingehen. Komödie, dieses ganze Dasein! Aber gut! sei es Komödie! Wenn wir es nur wissen...

Glauben Sie wirklich, daß es eine große Entbehrung ist, daß Sie in Ems »die Welt« nicht haben? Aber in der Großstadt hat man gut reden. Wir sind Menschen der Extreme...

350. VON GEORG HIRSCHFELD. BERLIN, 14.12.1895

Lädt M für übermorgen, Montag, zu einem kleinen »Herrenabend« *ein;* außer Dir werden – hoffe ich – Brahm, Mackaỳ, Rittner, Bie, mein polnischer Freund Frisch [*ein* Verehrer Mackaỳ's] und mein Bruder vorhanden sein. Komm bitte!
N.: Dulos.

351. AN GEORG HIRSCHFELD [IN BERLIN].
BERLIN, 20.12.1895

Eine »humoristisch eingekleidete Bitte um ein Darlehen«.

352. AN MARIE GOETTLING [IN SORAU].
BERLIN, 20.12.1895

Berlin 20. XII. 95.

Mein liebes Mariechen,

Dass nur endlich Weihnachtsabend da ist, damit Du kleine Fleissige endlich verschnaufen kannst! Aber ich versteh Dich, ich bin auch erst heute mit der Sache in der Vossischen fertig geworden, und habe am Ende – ungleich Dir – noch das unangenehme Bewusstsein, mir's nicht zu Dank gemacht zu haben. Es lebe die Kunst! Und es verderbe dieses Zeitungsgeschreibsel, bei dem einem das Beste entweder gar nicht oder erst hinterher einfällt.

Vielleicht mach ich Dir mehr Freude mit einer Lyrik selbst als mit den Besprechungen über Lyrik. Und so nimm denn bitte die der Johanna Ambrosius, von der ich weiss, dass sie Dich innig ansprechen wird. Die Kunst dieses Buches ist Nebensache, aber das warme echte Leben ergreift in seiner Schlichtheit und Natürlichkeit. –

Ich werd an Euch denken, wenn Ihr Weihenacht feiert. Voriges Jahr – die Neujahrsglocken – die werd ich nie vergessen, wie sie mit ihrem vollen grossen Getön durch die stille Nacht ins Haus hereinklangen –. eine heilige, ewige Sprache. Vielleicht findest Du sie in der »Symphonie« wieder. Die S.! werd ich nun endlich mehr zu ihr kommen? Oder mich wieder an Zeug verzetteln müssen, das dutzende hier ebensogut und besser schreiben können?

Notabene. Gerhard –, der übrigens vortrefflich aussieht, – zeigte mir einen Brief unserer verehrten Frau Beblo, worin ich auch vorkomme. Das Gedicht war erstens: so unbedeutend, dass es keiner Rede wert ist, zweitens: so verstümmelt (von der Red. der Flieg.), dass ich einen furchtbaren Protest losliess, drittens: so harmlos in seiner Verzweiflung über Kindergeschrei, Droschken, Drehorgeln etc. dass man unmöglich solche Bitterkeit oder dergl. herauslesen kann. Und wenn auch – warum denn nicht auch einmal bitter? »Zwischen Lachen und Weinen fliegt die Schaukel des Lebens ....« Wie werdet Ihr dann erst den 1. Teil der »S.« auffassen, der ein einziges Lied des Schmerzes ist? Doch Unsinn!, den werdet Ihr eben richtig verstehen, weil er dort am Platze ist, während Euch ein solcher Stossseufzer in den Flieg. vielleicht nicht mit Unrecht de-

placiert erschien. Freilich sind wir schönheitsdurstig. Aber ist im
Schmerz keine Schönheit? – – – . Morgen früh fahre ich mit G.
Hirschfeld nach Dresden, wo uns dessen Verleger auf 2 Tage eingeladen hat. Ich hoffe »Geschäfts«verbindungen anknüpfen zu kön-
nen. Daher der Leichtsinn. Gern würde ich über Sorau kommen,
aber ich bin an Retourbillet und H. gebunden, der bereits ein halbes
Rundreisebillet (noch von früher her) hat und es aufbrauchen will.
Dass Ihr alle nach Br. fahrt ist reizend. Grüsst Belbos viele Mal! In
Dresden suche ich vielleicht A. Medem auf, doch wird wahrscheinlich die Zeit nicht langen. Nous verrons. Dass Cousine Cläre sich
mit meinem Freund Oskar Anwand aus Breslau verlobt hat, weisst
Du wohl noch nicht? – Nun Schluss für heute. Also recht schönen,
tiefen Abend! Gieb Onkel Moor einen Schmatz auf das linke Ohr-
läppchen von mir und sei selbst auf das rechte geküsst u. ganz und
gar gegrüsst von Deinem und Eurem – auch Moor juniors –
Chrischan.
Grüsse Alle!

353.   AN PHILIPP DEPPE [BRAUTLECHT] IN WYK.
       BERLIN, [Dezember 1895]

Mein lieber kleiner Philipp Deppe,
Erinnerst Du Dich noch an den jungen schlanken Herrn, den Du
am 18. August 1895 gegen Abend aussen auf dem Landungs-
Stege trafst, als Du bei der Ebbe Krabben suchen wolltest und
keine fandest?
Du erzähltest mir damals von einem Bruder, der ebenso wie ich
Chrischan hiesse, und von Deiner Schule, Deinen Reisen, Deinem Onkel, von Papa und Mama und von Deinen Ersparnissen.
Auch dass Du nächstens Geburtstag hättest, kriegte ich aus Dir
heraus, und nun fragte ich Dich, ob Du nicht irgend einen kleinen Wunsch hättest.
Und da sagtest Du endlich, Du möchtest wohl ganz gern einmal
solch ein kleines Schiff haben mit einem Anker, und das man
selbst so ein bischen auftakeln könnte.
»Nun!« hast Du Dir im Sommer wohl gedacht, als ich nichts
mehr von mir hören liess, »der Chrischan da, den ich auf der

Brücke kennen lernte, hat mich kleinen Philipp offenbar ganz vergessen.«

Das war aber nicht so. Ich dachte sogar sehr oft an Dich. Auf Sylt aber, wo ich im Kurhaus Kampen drei Wochen verbrachte, ging mir leider das Geld aus, was Dir wahrscheinlich auch manchmal im Leben passieren wird, obwohl ich es Dir nicht wünsche. Und so nahm ich mir vor, Dir Weihnachten aus Berlin ein kleines Schiff zu schicken. Du musst nun als Inselbewohner, der so viele schöne Boote immer vor Augen hat, an das kleine beigepackte Ding keine hohen Anforderungen stellen. Denn die Berliner sind schlechte Schiffsbauer und ich bin aus mehreren Spielwarenhandlungen ärgerlich wieder hinausgegangen, weil sie entweder nur Schiffe aus lakirtem Blech hatten, was ganz unseemännisch aussieht, oder aber Schiffe mit einem Mast- und Segelwerk darauf, das so wenig der Wirklichkeit entspricht, dass man die Berliner Landratten, die das gemacht haben, nur gründlich auslachen kann.

Das Segelboot, das ich nun endlich fand, sieht wenigstens einigermaassen anständig aus, und der Verkäufer hat mir versichert, es hätte einen Bleikiel und schwämme ganz schön. Das muss ich nun Dir zum Ausprobieren überlassen. Sollte es nicht so seetüchtig sein, wie ich hoffe, so schreib' mir's ja, damit ich mit dem Verkäufer ein Hühnchen pflücken kann. Ich hätte Dir ja gern noch ein grösseres und schöneres Schiff geschickt, aber es geht eben nicht immer so, wie man gern möchte, und ich wollte Dir hauptsächlich damit zeigen, dass ich Dich kleinen Kerl nicht vergessen habe und nichts lieber hätte, als wenn ich sehen könnte, ob Du Dich etwa darüber freust.

Ihr mögt jetzt wohl viele gefährliche Stürme auf der Insel haben, ich las erst kürzlich eine Nachricht von Eurer Insel. Das wäre schön, wenn ich jetzt mal ein paar Tage an der Nordsee sein könnte, im Sommer ist sie ja meistens so sehr ruhig.

Nun, vielleicht komme ich mal wieder, und werde Dich dann gewiss besuchen. Sei recht vergnügt am Weihnachtsabend und bleibe ein strammer deutscher Junge! Grüss Deine lieben Eltern unbekannterweise vielmals von mir und schreib mir mal, wenn Du Zeit und Lust hast!

Mit Gruss und Handschlag   Dein Chrischan Morgenstern.
Berlin C. Grünstr. 3/IV.

354. VON CÄSAR FLAISCHLEN.
BERLIN, [VERMUTLICH 26.12.1895]

Lieber Herr Morgenstern
Schönen Dank für Ihren Gruß. Die Vossischen Aufsätze waren sehr gut u. schön u. haben mich sehr gefreut. Nur Henckell war ein bischen zu kurz. Wenn Sie wieder mal derart was haben, denken Sie dabei doch an den Pan!
Ihr Dr. C. Fl.

355. VON JOHANNES TROJAN. BERLIN, 28.12.1895

Findet erst jetzt Zeit, auf Ms Anfrage vom 1. November zu antworten – vieles *aus* IN PHANTAS SCHLOSS *hat ihm großes Vergnügen bereitet, aber er hat mit Dichtern, die er persönlich gern mag, hinsichtlich einer Mitarbeit am »Kladderadatsch« schlechte Erfahrungen gemacht.* Wir müssen »actuell« sein, wie der schöne Ausdruck lautet, und das paßte ihnen nicht; wir müssen vorzugsweise Politisches bringen, und das erschien ihnen erst recht greulich. Es ist eine Art Zwangs- oder Knechtsarbeit, die bei uns verlangt wird, und die sagt einem, der an freie Thätigkeit gewöhnt ist, sehr wenig zu. Wir können die Muse nicht abwarten, sondern müßen sie am Zopf herbeiziehen. *Kann ihm also keine Aussicht auf eine feste Anstellung machen, wird sich aber freuen, wenn M ab und zu etwas Passendes schickt.* Ich muß aber dazu bemerken: Lange Gedichte sind bei uns am schwersten zu placiren. Ich habe große Angst vor solchen. Am meisten willkommen sind uns knapp gehaltene schlagende Sachen in Versen oder (noch lieber) in Prosa, deren wir schon aus technischen Gründen eine große Anzahl nöthig haben. *Die Horazparodien sind eher für ein* unpolitisches Witzblatt geeignet.

356. AN LUDWIG LANDSHOFF IN BERLIN.
BERLIN, 28.12.1895

Stimmt mit großer Freude zu und lädt ihn für Montag zur Fresskisten-Beschau *ein.*

357. [AN EINE MÜTTERLICHE FREUNDIN, ORT UNBE-
KANNT. VIELLEICHT BERLIN, 1895 ODER SPÄTER]

Sein Erstlingswerk *hat ihn nur von der lyrischen Seite gezeigt, aber er neigt auch zu Satire und Skepsis und will dies in Zukunft stärker hervortreten lassen.* Werden Sie deshalb geringer von mir denken, weil ich, ein Kind meiner Zeit, ein Kind der Erde und nicht des Himmels sein will? *Sich selbst treu zu sein sei die Hauptsache.* Ich will den Sonnenschein meines Lebens in meine Kunst hinüberretten – und so in empfänglichen Herzen die Liebe zum Leben steigern – ich glaube das ist auch eine Art religiöse Handlungsweise. Ich will dies wenigstens als meine Religions-Übung betrachten. *Versichert, daß er ihre mütterliche Freundschaft nicht mißverstehe.*
W. Ms: HOMO IMPERATOR; KOSMOGONIE; DER NACHTWANDLER; DAS KREUZ; DIE VERSUCHUNG.

358. VON FRIEDRICH BEBLO [ORT UNBEKANNT,
VERMUTLICH 1895]

Ordensbild
Schäfer*.   Fritz K.   Christian.   Frl. Sylvan.   Julius Hirschfeld
Gena Leroi   Marie Gerdes   Beblo
Reibenstein

* Schäfer berühmt durch sein »Schweigen im Walde« frei nach Böcklin.
Herzlichen Gruß!
F. Beblo

359. AN GEORG HIRSCHFELD [ORT UNBEKANNT].
[VERMUTLICH BERLIN, VIELLEICHT ETWA 1895]

Unterschreibt mit Christian, z. Zt. enfant Schlentherrible.

360. An Otto Erich Hartleben [in Berlin].
[Vermutlich Berlin, 1895]

Herr Otto ERCH Hartleben

WER IRGEND IN PROSA ⟨AUT⟩ UND LIEDERN
DES Γalgens ERWÄHNUNG thut
WIRD UNTER DEN EKRenmit-
gliedern EINBESCHRieben mit Blut

Empfangen Sie hiernach
den Ehrenstrick, passend
zum ... Ringe von links

DER GALGENBERG
Schuhu. Verreckerle. Rabenaas.
Gurgeljochem. Stummer Hannes. Veitstanz.

cf. MEINE VERSE S. 130. Rückkehr zur Natur Zeile 4.

(Strick)

1896

361. AN LUDWIG LANDSHOFF [IN BERLIN].
      [BERLIN, VERMUTLICH 1.1.1896]

Beklagt das Mißverständnis, daß Landshoff einerseits zu Mittwoch so gut wie zugesagt *und M deshalb* alle möglichen Leute *in die* Künstlerklause *eingeladen habe, er heute, Mittwoch, aber von Landshoffs Schwester eine Einladung* zu sich und Dir *für den Abend erhalten habe. Er kann also leider nicht kommen*, vielleicht sehn wir uns noch an einem der nächsten Tage [...]. Mich können solche Sachen ganz verrückt machen, umsomehr wenn den ganzen Tag [...] fremde Leute die »Wohnung ansehen«, man auf d. Post nicht an die Schalter herankommen kann, kurz alles verdreht geht. [...] Prost Neujahr.
N.: Fischers.

362. AN EUGENIE LEROI [VERMUTLICH IN EMS].
      BERLIN, 5.1.1896

> Nun laßt die Glocken im Jubelsturm
> durchs Land erschallen von Turm zu Turm!
> Des Flammenstoßes Geleucht facht an!
> Ein Mensch hat Großes an uns getan –
> Ehre sei seiner Kraft!

Gestern ist der »Florian Geyer« gewesen. Eine Tat der Kraft mehr ist in deutschen Landen geschehen. Und die misera plebs hat, wie immer, dazu gepfiffen.

Ich kann Ihnen jetzt nichts darüber schreiben, ich spüre, wie alles trivial wird, wenn ich es für die Feder formen, in zusammenhängende Sätze bringen soll. Aber ich zittre noch immer unter dem gestrigen Eindruck nach, dem doppelten einer gewaltigen Dichtung und des unbändigen Hasses gegen die kompakte

Januar 1896 303

Majorität der Dummheit, der Heuchelei, der Gemeinheit, wie sie jeder große Haufe in fürchterlicher Widrigkeit darstellt. Nun, sie haben wieder einmal die Wahrheit nicht schauen mögen, sie haben bei offener Szene einen fünfminutenlangen Skandal heraufbeschworen.
Das Stück spielt zur Zeit der Bauernkriege 1525. Die Bauern, aufs tiefste unterdrückt und geknechtet, aber eine Rotte, der auf die Dauer nicht zu helfen ist, weil sie sich nicht helfen lassen wollen. Tausend Köpfe und kein Herr! Der schwarze Geyer, ein Ritter Huttenscher Art, will sie führen. Aber Verrat und Zwietracht – die uralte deutsche Erbsünde – bringen ihn zum Fall. Die zuchtlosen und versprengten Bauern werden überall geschlagen, und Geyer, Tod im Herzen, wird geächtet. Er kommt auf seines Schwagers Wilhelm von Krumbach Schloß. Der, gerade mit andern siegreichen Rittern bei einem wüsten Gelage, verbirgt ihn widerstrebend. Aber die Frau des Krumbach verrät aus Angst für ihren Mann den Geyer. Im Kampf gegen den Einzelnen trifft ihn der Pfeil eines Landsknechts. Er fällt, und während sie ihm raubtierhaft die Rüstung vom Leibe reißen und unter sich teilen, sinkt der Vorhang.
In diesen Schloß-Saal werden nun, bevor der Geyer zum letzten Mal auftritt, gefangene Bauern mit Stricken aneinander gebunden heraufgeschleppt zum Ergötzen der tierisch betrunkenen Ritter. Die fuchteln mit ihren Reitpeitschen um die zerlumpten Gestalten und haben ihren grausamen Spott.
Eine Szene zugleich von wildester, wüstester Großartigkeit wie von zehrendster Tragik. Voll so bitterer grauenvoll-ewiger Wahrheit – ein Bild zugleich jener verrohten, entsetzlichen Zeit und ein Menetekel für alle Zeiten. Und bei dieser Szene brachs im Parkett und ersten Rang los. Pfui-Rufe und Pfeifen auf Schlüsseln etc. kämpften mit daraufhin erwachenden Ruhe- und Bravorufen. Hier und dort erhoben sich zartfühlende Damen oder beleidigte »Kapitalisten«. Endlich konnte es weitergehen und nach dem erschütternden Schluß rief ein nicht zu störender Beifall Hauptmann fünfmal vor.
Mag man gegen das Stück einwenden was man will – die Kraft »sie sollen lassen stahn«. Hier ist kein Appell an das Mitleid guter Menschen mehr, hier ist der Appell an die Kraft: Hilf oder stirb.

Hilf u n d stirb! Der alte furor teutonicus, der sich blind für seine
Sterne opfert – hier ist er, er ist Florian Geyer selbst.
Was will da ein Schlagwort wie »Demokrat«! Im Geyer hat
Hauptmann den Aristokraten geschaffen, der an der Menge
zugrunde geht. Ob er sich wie Christus ans Kreuz schlagen läßt,
wie Hus den Scheiterhaufen besteigt, sich wie Nietzsche der Einsamkeit und dem Wahnsinn opfert – es ist immer dasselbe Lied.

      Und ob du deinen Finger
      in Herzblut tauchtest
      und auf Menschenstirnen
      heilige Taufsprüche maltest –
      ob mit dem Schwert du
      die Antlitze zeichnetest
      oder die breiten Rücken
      mit stachliger Geißel –
      ob du hinknietest
      vor deinen Brüdern
      und allem Hohn
      Erhörung flehtest –
      heut folgen sie dir,
      und morgen
      bist du vergessen.
      Was wolltet ihr doch,
      bleiche Scharen Gewaltiger:
      Propheten und Priester,
      Krieger und Künstler –
      was wolltet ihr doch?

      Sohn der Erde,
      kämpfe –
      doch hoffe nicht!
      Verblute dich,
      weil dein adliges Herz
      es will!
      Doch Dank?
      Doch Sieg?
      Oh Traum und Wahn!

Wie bald –
und der Sturm
geht achtlos über dein Grab.

Liebe Freundin, seien Sie mir nicht ungehalten wegen dieses
Ergusses nach einem großen Erlebnis. In dem obenstehenden
Gedicht habe ich Ihnen übrigens eines aus dem ersten Satz der
Symphonie mitgeteilt, das am Kampener Strand entstand. Leben
Sie herzlichst wohl! Nächstens wieder Ruhigeres von Ihrem
Christian Morgenstern

363.   VON EUGENIE LEROI. [EMS, NACH DEM 5.1.1896]

Schickt Ms Bild zurück. – Der Bericht über Geyer war wundervoll
geschrieben; *M hat sie und ihre Eltern mit seinem* Feuer begeistert.
Sie haben eine herrliche Sprache im Schwung der Leidenschaft.
[...] Und Ihr Gedicht aus der Symphonie steht auf der Höhe,
noch höher, als der »Saemann«, der auch edel empfunden ist. –
Wartet auf Ms versprochenen Brief; fragt nach der Gesundheit.

364.   VON MARIE GOETTLING.
       [SORAU, NACH DEM 7.1.1896]

Sieht es oft, daß Menschen etwas in feste Formen zu pressen versuchen, was aller menschlichen Schranke spottet, *und sich deshalb
Gott näher fühlen als die andern. Sie selbst findet, obwohl sie unter
feindlichen Meinungen leidet, in allen Menschen und Dingen* etwas Wahres und mir Liebes, *– in keinem aber Vollkommenes,
Fertiges. So geht es ihr auch bei Klingers »Salome«, sie fühlt sich als
Frau gekränkt bei diesem* freilich wahren *Gleichnis, meint aber, es
sei kein kleiner Teil des Fluchs gewesen,* wenn Eva im gleich
schwachen Adam ihren nunmehrigen Herrn erkennen mußte.
*Nahe steht ihr Klinger bei der Radierung »An die Schönheit«, die
ist ihr so lieb wie Michelangelos »Sterbender Sklave«.* – Darf ich
einmal wieder als sehr verständige Schwester priestern? – Deine
Idee eines klassischen Schaufensters geht mir im Kopf herum,

d. h. ich denke darüber ähnlich wie Kayssler: in drei Wochen
schon würdest Du bei Mangel an Geriebenheit, der heutigen
Concurrenz gegenüber, Concurs ansagen. Aber dahinter steckte
doch ein ganz berechtigtes Fragezeichen. *Schlägt noch einmal eine*
große Verlagsbuchhandlung vor. Sieht ein, daß eine trockene Tä-
tigkeit eine Geduldsprobe für ihn sein werde, aber wer genießt
nicht ohne diese Zugabe. [...] Ich wünschte Dir halt für die Zukunft ein recht warmes Nest, – die Flügel werden schon draußen
zerzaust werden. – *Zitelmann hat schon zweimal geschrieben,*
ebenso Sascha. Gruß von Deinen beiden Moors. *Erkundigt sich*
noch nach »Florian Geyer«. J. Hart läßt ja an Stück und Dichter
keinen guten Faden?
N.: Marie Goettlings Großmutter. Herodias. Dahn. Belbos. – Am-
rum. Sylt.

365. AN GERHART HAUPTMANN [ORT UNBEKANNT].
BERLIN, 14./15. 1. 189[6]

Verehrter und geliebter Meister,
Ist es trivial, wenn ich Ihnen in später Nachtstunde nocheinmal
zum Grillparzer-Preis meinen Glückwunsch sage? Ist es trivial,
wenn ich Ihnen noch einen verspäteten Glückwunsch zum Flori-
an Geyer schicke, diesem grossen Kunstwerk voll herrlicher ur-
gewaltiger Kraft?
Lassen Sie sich's nicht anfechten, wenn das korrupte Volk der
Grossstadt sich getäuscht fühlt. Wo Kraft ist und Grösse sind
Sie verstanden, ein König von einem Parterre von Königen!
Glück, Freude und Frische zu neuem Schaffen!
Gewiss für viele aus Jungdeutschland –
14/15 1. 95 mitternachts. Berlin.   Christian Morgenstern.

366. VON FRANZ EVERS. BERLIN, 22. 1. 1896

Bedauert, daß M ihn verfehlt hat, gibt die genaue Adresse an (mit
Skizze). Hat Busses Artikel im »Magazin« gelesen, sieht aber bei
solchen Anzapfungen keinen Anlaß zu einer Erwiderung; für M sei

aber eine solche wohl das Richtigste *gewesen. Es tut ihm aber um Busse leid, der ihm seine Hilfe nur mit Undank gelohnt habe, sich auch nicht weiterentwickelt habe und jetzt nur noch lächerlich wirke. – Bedauert, daß M seine »Königslieder« so äußerlich aufgefaßt hat.* Haben Sie mir das denn zugetraut? Dies Buch ist doch der nackteste Ausdruck meiner Persönlichkeit – und auch der künstlerischste [...]. *Auch Dehmel ist begeistert. – Dankt für Ms Buch.*

367. AN OSCAR BIE [IN CHARLOTTENBURG].
BERLIN, 26.1.1896

Berlin 26.1.96.
Lieber Herr Bie,
Es thut mir sehr leid, das Ihnen die Sache »nicht gelungen« zu sein scheint. Weniger dieser einen Kleinigkeit halber, als weil ich glaube, dass Sie überhaupt für meine Art Humor auch in alle Zukunft hinein wenig übrig haben werden. Sie fassen mich in diesen Sachen zu »literarisch« auf, vielmehr vermissen darin das sog. »Literarische«. Glauben Sie denn, mir wollte bei dieser karnevalistisch freien Phantasie etwas »Literarisches« gelingen? Ich wollte des Verschiedentlichsten mit einem guten Lachen los werden, ich wollte einmal eine halbe Stunde Narr sein und zum Narren halten. Je toller desto besser.
Eine Improvisation von Lachen unterbrochen und in Lachen begraben.
Das fehlt uns heutzutage. Und darum hat es bei seinem Auftreten noch zweifelnde Hörer. Ich glaube nun einmal diesen Humor zu haben und werde nicht irre daran werden. Diese Mischung von Kindlichkeit, Ironie, Derbheit, Täppischheit – glauben Sie mir das ist urdeutsch. Und doch mit soviel beweglicher Grossstadt durchsetzt, dass schwerfällige Plumpheit ferngehalten ist. Mein Gott! ich rede wahrlich nicht mir selber hier zum Lobe, sondern vielmehr einer ganzen Art und Gattung von Humor zur Vertheidigung, der einfach nicht mehr gelten soll.
Glauben Sie, hier spricht zu viel Grossstadt aus Ihnen. »Habt auch Unschuld zum Geniessen!« Ich weiss wohl, dass ich Sie nicht bekehren werde. Aber Sie müssen diesen Stimmungsaus-

bruch auf Ihr kategorisches »Nicht gelungen« nun über sich
ergehen lassen. Ich schiebe auch viel schuld auf das beschwer-
liche Lesen aus dem Manuskript. So etwas muss entweder vorgelesen werden oder in klarem graciösen Druck überflogen.
Man muss mittanzen von A bis Z. Sobald man sich z.B. bei den
leuchtenden Katzen, bei der Sauerstoffverbrennung des Vor-
hangs u. dergl. aufhält und sich etwa fragt »ist das ein gelun-
genes Bild?« dann wird ja schliesslich vielleicht das Kopfschüt-
teln über das Lachen siegen.
Wie viel Hoffnungen hat mir Hartlebens Rücktritt vom Simplizissimus zu Grabe getragen! Mit seinem Lachen hausieren gehen
müssen ist noch viel schmerzlicher als mit seinen Klageliedern.
Denn diese wachsen und gedeihen unter jeder Ablehnung, jenes
aber, als ein Kind welches mehr als alle andern verwöhnt werden
muss, wird mit jeder Abweisung kälter, schwächer – oder im
besten Falle bitterer.
Aber welche Paradiese meinen Sie, nach denen ich Phanta aus-
senden sollte? Kennen Sie Rabelais, Sterne, Vischer A. E. II.?»Da
liegen meine Reiche«.

       Ihr
      Christian Morgenstern.

368. Von Rainer Maria Rilke. Prag, 1.2.1896

Hochwerter Herr,
der Ausdruck meiner Sympathie und Verehrung hat das Heftchen jenes Volks-Gratis-Unternehmen »Wegwarten« sein sollen,
das ich vorige Woche Ihnen übersandte. – Vielleicht war dasselbe
imstande durch Sinn und Art auch Ihren Beifall zu erringen;
Dieser Umstand würde große, aufrichtige Freude bereiten Ihrem
in Wertschätzung und
     Verehrung ergebenen:
       René Maria Rilke
Prag II. Wassergasse 15^{B}I.
1./II. 96.

369. VON RAINER MARIA RILKE.
PRAG [VERMUTLICH NACH DEM 1.2.1896]

          Prag II. Wassergasse 15^{B}1.

Geehrter Herr,
gestern abends habe ich »In Phantas Schloss[«] zu Ende gelesen;
Alle Gedichte einmal manche zweimal »Mondaufgang« und
»Epilog« wohl zehnmal. – Diese statistische Darstellung wird
noch eine tüchtige Steigerung erfahren . . . . .
Das . . . . »und Mensch sein heißt ihm König sein.« . . . klang noch
in mir, als ich auf die erste leere Seite Ihres Buches schrieb:

    Der Abend bringt ein »Ave santa
    Maria« mit auf seinem Schwung . . . .
    Ich las mich in die Dämmerung;
    Ein lustig Lieb ist deine Phanta
    Und ihr seid beide kühn und jung.

    Sie führt dich in die blaue Ferne
    Und gibt dir auf den Wolken Rast.
    Du Glückskind, wetten will ich fast,
    Daß Du die Taschen voller Sterne,
    Die Seele voller Jubel hast.

    Was stören dich dann noch die niedern
    Gemäuer – Tote Trümmer sinds . . . . .
    Fühlst auf der Stirn die Hand des Kinds,
    der Phanta, die Dich kränzt mit Liedern,
    Du wundersamer Märchenprinz! . . . .

. . . und »Mütterchen Dämmerung sieht mir mit mildem Lächeln
zu« . . . . In sympatischer Verehrung:
             René Maria Rilke

370. AN FRIEDRICH KAYSSLER [IN BERLIN].
[BERLIN], 7.2.1896

Lieber Freund,
Sei doch so gut und bilde den Imperativ des Verbums februarrare
2. Person Pluralis und beglücke mich morgen mittag mit der
Lösung des Rätsels.

— — —

Unsere Freundschaft nimmt wieder einmal zeitweise den Charakter einer Durchschnittsehe an. Wenn uns ausserdem ein unparteiischer älterer Dritter – Wernicke ist weder unparteiisch noch in sich klar – zusähe, wie gross und würdig sich unser öffentlicher Verkehr manchmal gestaltet, er würde uns entweder für Narren oder über Gebühr unreife jugendliche Naturen halten. Ich selbst schaue oft aus und mit den Augen eines solchen Dritten auf uns, – und die – voll eingestandene – Verachtung dieses Dritten ist es, die mich oft plötzlich überkommt und das ganze nutzlose hitzige Hin- und Herreden im Moment völlig entwertet, so völlig, dass mir jedes weitere Wort zum Ekel wird.

Es ist meine bessere Natur, meine Würde, die mich in solchen Augenblicken aus einem Zustande zurückruft, der meinem ganzen sonstigen Innenleben widerstreitet. Wärst Du ein schärferer Zeichendeuter, Du gäbst Dich nicht immer mit der billigen Annahme simplen »Hochmuts« zufrieden.

Du hältst diesen Vorwurf immer wie einen Schild vor Dich. Er ist Dir eine ausgemachte, über alle klare Prüfung erhabene Sache. Du scheinst Dich nie zu fragen, was mir denn wohl in solchen Streitfällen diesen sog. Hochmut heraufbeschwört. Du siehst immer mich statt Dich. Das ist es, was mich oft so bitter macht, dass Du so oft auch nicht das geringste Bestreben hast, objektiv denken zu wollen, billig, langsam, umgänglich zu sein, misstrauisch gegen dich selbst, gegen dein Urteil, etwas bedingter, rückhaltvoller, unanmaasslicher.

Gefühl allein – so hoch ich in jedem Menschen seine Kraft schätze – »thuts freilich nicht«. Es ist ein Unsegen und schlimmer Selbstkultus, dass Du bei jeder Gelegenheit mit dem »Gefühl« in die Schranken trittst, als ob es eine genugsame Macht an und für sich sei. Wenn Du einmal deine Kraft gegen dein Gefühl wenden wolltest – das wäre eine Aufgabe, hinter der ein Lebens-Sieg liegen könnte!

Gelangst du nie dazu, Dein Gefühl d. h. das dumpfe Wirrsal ererbter Triebe zu klären, zu züchten, so bleibst Du Dein Leben lang das Schallrohr dieser verworrenen, Dein besseres vernunftschönes Wollen überlärmenden Triebe, ein Tyrann deiner – Lieben und ein Spielball solcher, die die nötige Gemeinheit mit der nötigen Schlauheit vereinigen.

Lieber Freund, – Wahrheit wird Dir nicht als Wahrheit erscheinen, weil ich Sie Dir sage. Oder Du wirst meinen, das alles sei selbstverständlich. Irgend eine Gereiztheit oder Weichheit oder Gleichgültigkeit oder Ergriffenheit wird Dich vielleicht meine Worte so oder so lesen lassen. Du denkst vielleicht an die Lehrhaftigkeit oder die Aufrichtigkeit Deines Freundes. Du widerlegst oder du giebst zu. Aber all das ist wertlos. Wenn Du dich ein wenig gegen Dich selbst wenden, dich selbst mit kühlem klaren Blick ins Auge fassen wolltest, wäre mein Zweck erreicht, gleichviel ob, was ich schrieb, einwandfrei ist oder nicht. Ich lege den Epilogen der Theaterabende etc. keinen zu hohen Wert bei – aber »der Dritte in mir« sträubt sich mit Händen und Füssen gegen die Fortsetzung solcher Freundschaftsbeweise – und Privilegien.

Ist es ein Trost, dass man sich im Grossen versteht, wenn man sich im Kleinen (ach: das »Kleine« ist ein Splitter des Grossen!) aufreibt?

7.II.96. Dein Christian.

371. VON ALFRED GUTTMANN. KIEL, 28.2.1896

Dankt für die Karten, hat gerade Examen gemacht, geht jetzt nach Bonn. Gruß Dein Agathanda.
N.:Berlin.

372. VON LUDWIG LANDSHOFF. ZÜRICH , 16. 3. 1896

[*Überschrift:*] Leise Lieder sing ich Dir bei Nacht

[*Über dem Notentext steht die Tempoangabe:*] Langsam.
[*Am rechten Rand neben der ersten Notenzeile steht:*] Gesang,
[*neben der zweiten und dritten:*] Pianoforte.

[*Der Text lautet:*]
Leise Lieder sing ich dir bei Nacht,   Lieder, die kein
sterblich Ohr vernimmt   noch ein Stern, der etwa spähend wacht
noch der Mond, der still im Äther schwimmt.

[*Danach:*] Besten Gruß! Wie gefällt es Dir; der Rest ist nicht besonders geworden. Dein Ludwig Landshoff.

373. AN ALFRED GUTTMANN [ORT UNBEKANNT].
BERLIN, 1. 4. 1896

[*Anfang fehlt*] Freundeskreis keine weiteren Zerstreuungen wünsche. Hier um Berlin würde man doch immer unruhig und stadtirritiert sein. Ich habe Hermsdorf am Kynast, wo Zitel Referendar ist, für Mai – Juli im Auge. Weiteres wäre noch auszuplanen. Im Herbst möchte ich dann hier sein und November etwa nach

Capri gehen (6 Lire Pension pro Tag!) später nach Rom, wo man überall ebenso billig ja billiger wie hier soll leben können. – Doch Bondi sagt dazu vielleicht: Quod non! Und Bondi ist ein ehrenwerter Mann. – Meine financielle Lage, nach der Du Dich freundlichst erkundigst, siehst du aus dem Allen. – Die Symphonie wird – wie ich von anfang an voraussah – noch die Zeit dieses, vielleicht auch noch des nächsten Jahres brauchen. Ich will in ihr kein Gedichtbuch sondern ein Lebensbuch geben. Einzelne Gesänge sind übrigens schon dazu entstanden. Eines davon – Liebeslied – steht jetzt im neuesten Heft des »Pan«.
Meine neue Arbeit ist Prosa und zwar teils humoristische Stücke »Vom Fluchen«»Meine Uhr«,»Drei Vorreden«,»Eine Legende« (Von der Menschwerdung des Affen, Frankfurter Zeitung),»Interview bei einem Floh« (»Zuschauer«) und dergl., zum andern Teil Anregungen, Beobachtungen, Erfahrungen, Bilder, Entwürfe, Vorschläge, Kritisches etc. aphoristisch gehalten, eine bunte Menge, ein erstes Abfinden mit Vielem, ein Depositum auf der zweiten Station meines Künstlerganges. Ich hoffe, das Ganze soll ein Buch werden, das gesunden Menschen Freude machen wird. Berlin war eine grosse Probe für mich, aber es ward mir schon nach diesen zwei Jahren meines Aufenthalts durchsichtig. Es ist keine Kulturstadt alles in allem und ich muss mich an das Wort des Franzosen erinnern, dessen Angriffe ich vor einem Jahr in der Freien Bühne (Ich schreibe für die Neue Deutsche Rundschau ca. halbjährlich Revuen über Lyrik. Nächste Juni, Juli.) pathetisch zurückwies. Er spricht von einem »grossen Jahrmarkt«.
Einige Stunden später.
Die Lumpe wollen mich in den April schicken, ich soll um 9 zu einem Stelldichein kommen. Wie plump die Kerle das anfangen! –
Was es sonst Neues hier giebt? Ja, àpropos Schäferlein will das Ordensepos hektographieren lassen und bittet Dich, es möglichst bald zurückzuschicken, damit er es noch in der Osterzeit machen lassen kann. Hast Du Dich denn durch das Geschmier durchfinden können? Nimm mir, bitte, nicht übel, dass ich Dir's nicht abschrieb – ich komm jetzt nicht zu solchen Luxusarbeiten. Aber nun löst sich ja alles auf's Beste. [*Schluß fehlt*]

374. AN GEORG BONDI [in DRESDEN].
[BERLIN], 2.4.1896

2.IIII.96.

Sie haben den Ernst jener Briefe (An e.n Botokuden) in keinem Augenblicke empfunden. Und doch sind mir bei zweien derselben die Thränen in die Augen getreten – so tief sah ich in den Verfall und die Barbarei, darin wir leben.

Es mag wohl feuilletonistisch klingen, wenn ich den Circus Busch beschreibe, aber wenn man durch den Schleier der scherzhaften Wendungen hindurchsieht, erkennt man das Antlitz einer Anklage, welche – fern davon, eine Augenblicksanklage, ein feuilletonistischer Vorwurf zu sein – ein Urteil der Kulturkritik ist.

Nur die Fassung war noch nicht prägnant, noch nicht einer derartigen Kritik würdig genug – das gestehe ich Ihnen ohne Weiteres zu.

— — —

375. VON OTTO ERNST. HAMBURG, 13.4.1896

Sehr geehrter Herr, soeben ersehe ich aus dem »Mag.«, daß mir ein anderer die Besprechung Ihres Buches, das Sie so liebenswürdig waren mir zu senden, vor der Nase weggeschnappt hat. Das thut mir um so mehr leid, als ich gerade eine Rezension Ihres eigenartigen u. vielversprechenden Buches beendigt hatte. Meine ungeheure Arbeitslast entschuldigt wohl mein langes Zögern. Wenn Sie sich von dieser eine Vorstellg. machen könnten, würden Sie mir gewiß verzeihen. Ihr aufrichtig ergebener

13.4.96. Otto Ernst.

376. VON FRITZ SKOWRONNEK. BERLIN, 14.4.1896

M wird für den nächsten Vortragsabend der »Freien litterarischen Gesellschaft« Ende des Monats um seine Mitwirkung gebeten. Er soll dann eine Stunde Zeit für seinen Vortrag haben. Alfred Kerr wird die Sache mit M noch persönlich besprechen.

377. AN DETLEV VON LILIENCRON [IN ALTONA].
BERLIN, 16.4.1896

Gedicht und kurzer Begleittext, geschickt mit dem Buch IN
PHANTAS SCHLOSS: *mit ehrerbietigem Grusse.*

378. AN OTTO ERNST IN HAMBURG. BERLIN, 17.4.1896

Sehr geehrter Herr,
Für Ihre liebenswürdigen Zeilen und die gute Meinung über
mein Buch danke ich Ihnen herzlichst.
Ich weiss es sehr wohl, zu welch beängstigendem Alp der Bücher-
haufe, der beurteilt sein will, anwachsen kann, und wie man dann
am liebsten in Wüsten fliehen möchte. Heu nos miseros!
    Mit hochachtungsvollem Grusse
      Ihr sehr ergebener Christian Morgenstern.
Berlin C. Grünstr. 3/IV.

379. AN LUDWIG LANDSHOFF IN ZÜRICH.
BERLIN, 25.4.1896

Ein Gedicht an Frau Venus *mit Veränderungen und Randbemerkungen vom 23.4.1907. – Dann dankt er Landshoff für sein reizendes Lied, das er vor kurzem Landshoffs Frau Schwester ganz wunderschön vortragen hörte. Der Schluß gefällt ihm übrigens gerade
ausnehmend.*

380. VON ALFRED KERR.
[BERLIN, ZWISCHEN DEM 14. UND 25.4.1896]

*Kommt von der »Freien litterarischen Gesellschaft« und möchte
sich nach der Länge von Ms Vortrag erkundigen bzw. eine Beschränkung auf eine Stunde erwirken. Bittet um Nachricht.*

381. VON FRITZ SKOWRONNEK. BERLIN, 25.4.1896

Bittet M, ihm umgehend den Titel seines Vortrags zu senden; Termin: 29.4., abends 8 Uhr, Kaiserhof.

382. VON EUGENIE LEROI. BINGEN, 28.4.1896

Grüße aus Bingen. Fragt nach Tante Fuchs.
N.: Berlioz. – W. Ms: ICH BIN EINE HARFE MIT GOLDENEN SAITEN.

383. VON DETLEV VON LILIENCRON. ALTONA, 5.5.1896

Altona, Elbe 5.5.96.

Lieber Christian Morgenstern,
erst heute ist es mir in der That möglich, Ihnen schreiben, Ihnen von Herzen danken zu können für Ihr Buch In Phantas Schloß. Eine mehrwöchentliche Dienstleistung als Hauptmann, die mir keine Minute Zeit ließ, verhinderte mich an jeder Correspondenz. Aber es lag mir schwer auf der Seele, Ihnen immer noch nicht auf Ihre liebe, schöne Gabe geantwortet zu haben. Nun endlich komme ich dazu.
Vieles, wohl das Meiste kannte ich schon aus Phantas Schloß. Aber ganz herrliche neue Gedichte fand ich noch darin z.B. Abenddämmerung, Der zertrümmerte Spiegel, Andre Zeiten andre Drachen (köstlich), u. so mehrere. Ganz besonders sollen Sie noch meinen Dank haben für Ihr wundervolles Regenlied im letzten Deutschen Dichterheim.
Haben Sie schon Bieses neustes Buch gelesen: »Neue Lyrik«? Die Canaille ist darin geradezu gemein gegen mich. Ich hörte ein komisches Wort [*Lücke*] »die drei großen B. unsrer heutigen Litteratur: Biese, Busse, Backfisch.« Leider ist dies Wort nicht von mir. Wenn Sie's mal in irgend einer Kritik, als »irgendwo gelesen« anbringen wollen, so thun Sie's.
Haben Sie mal in der Kneipe oder wo Lust und Zeit, so schreiben

Sie auf einer Postkarte, wie Ihnen mein letzter Poggfred-Cantus
(im letzten D. Dicht.) gefallen hat.
                                                    Ihr
                                              Detlev Liliencron
Nächstens kommt (schon im Druck) ein prächtiger Aufsatz Falkes
ins Magazin über Bieses Buch. Bitte lesen Sie ihn ja. Ihr L.

384.   VON CÄSAR FLAISCHLEN. BERLIN, 15.5.1896

                                    Berlin W Kurfürstenstr. 44
                                         15 Mai 96.
Lieber Herr Morgenstern!
Schönen Dank! Ich habe mir vorderhand »Abendstimmung« und
»So möcht ich sterben« herausgesucht, kann Ihnen aber noch
nichts Bestimmtes sagen. Augenblicklich wenigstens. Die Andern
anbei zurück.
Die Separatabdrucke* bekommen Sie – Sie müssen aber auch
damit noch ein bischen Geduld haben.
In aller Eile!
                                    Besten Gruß
                                    Ihr Dr. Cäsar Flaischlen.
* vom »Liebeslied«

385.   VON GUSTAV FALKE. HAMBURG, 17.5.1896

                                    Hg. 17/5 96. Peterskampweg 33.
Sehr geehrter Herr!
Leider hab ich das Biese-Buch nicht zur Hand; ich gab es einem
hiesigen Redacteur, der es besprechen wollte, aber damit säumt.
Ich schreibe dem Herrn gleich, u. werde ich Ihnen das Buch so
bald als möglich schicken. Ich habe dem Manne noch lange nicht
auf alle Finger geklopft. Widmann im Bund rupft ihn tüchtig, wo
ich ihn ungerupft ließ. Thun Sie das Ihrige an dieser Theetisch-
literatur.
                                    Ihr Gustav Falke.

386. AN FRIEDRICH KAYSSLER IN BERLIN.
FREIBERG, 24./25.5.1896

Es ist sehr schön hier. [...] Ich muss hier viel an meinen Vater denken. Alles so zerrissen – unterbrochene Ketten, zerbrochene Ketten. – *Liest Mörikegedichte.* Man muss hier Mörike lesen. *Kommt Donnerstag oder Freitag zurück.* – Du sag 'mal, ich möcht gern einmal irgend etwas thun für Dich. Kann ich Dir nicht Strümpfe stopfen oder einen faulen Apfel für Dich auffangen. Oder Deine Kinder erziehen. Notabene – wenn alles mißglückt, werd' ich Vater u. zwar eines berühmten Mannes. – [...] Grüsse ringsum.
N.: Die Kinder. Goethe. Hölderlin. Storm. Liliencron. Falke. Kaysslers Tanten. Ms Tanten. Vermutlich Ms sonstige Freiberger Verwandtschaft. Arnulf Schertel.

387. VON DETLEV VON LILIENCRON. ALTONA, 7.6.1896

Dank, lieber Christian Morgenstern, für Ihre beiden so lieben Karten. Ja, auch ich war empört über solche Erdreistung dahmals. Es kam mir vor, als ob (Fritz Lienhardt) es geschrieben hätte. Aber der ist sonst so gar nicht hämisch. Was sagen Sie zu Biese. Dieses Biest! Grade in den Kreisen, wo sein Buch eindringt, werde ich nie gelesen. Da steh[?] ich als der Wüstling für ewige Zeiten da. Aber die Rache ist mein, sprach Liliencron. Bitte, geben auch Sie ihm, gelegentlich, mal was auf die Mütze für seine grenzenlose Unverschämtheit.   Ihr Liliencron.

388. VON EUGENIE LEROI. EMS, 18.6.1896

Ems, 18.6.96.
Lieber Freund!
Das war ein tiefer, wohliger Atemzug für mich. Sie zauberten mir das geliebte Meer vor die Seele, alles andere vergaß ich darüber. Ich danke Ihnen.
Ihr voriger Brief klang so aus ruhiger, ausgeglichener Stimmung

heraus, das war mir lieb für Sie, aber was sollte ich darauf antworten, was hatte ich da zu geben? Jetzt gebe ich meine Sehnsucht zu der Ihrigen, die ewige Sehnsucht nach dem Meere, nach dem Gewaltigen, Schönen, Unbegreiflichen. Da möchte man sich auflösen können, Nichts sein, was Körper und Gestalt hat, um aufzugehen im Unaussprechlichen. Meer und Sonne, die Hehrsten im Weltall!
Sehen Sie, das ist mir doch geblieben, wenn es sich auch immer tiefer vergräbt, weil es nicht allzu oft an die Oberfläche darf. Es würde mich dann auch töten, das kann ich jetzt beurteilen. Meine Freunde müssen Nachsicht mit mir haben, wenn ich ihnen fremd vorkomme.
Im Uebrigen geht es mir ganz leidlich, ich soll kräftiger aussehen, als je und ich bin auch etwas phlegmatischer geworden. Meinen Beruf gebe ich allmälig auf, das Singen an sich freilich nicht. Ich sehe Agathander manchmal, das ist mir stets eine Freude. Wann wird Dulos kommen? Ich freue mich auch auf ihn. Ich bin doch sehr einsam. Bitte sagen Sie ihm meinen Dank einstweilen für die Bücher, er soll doch bald wieder schreiben. Mia kommt Ende Juli; vielleicht – gehe ich im Winter auf kurze Zeit zu ihr. Vielleicht! Ich traue dem Schicksal nicht mehr. –
Wollen Sie mir was Neues von Ihren Werken zeigen? Es wäre mir lieb.

        Herzlichsten Gruß.
         Ihre
          Gena Leroi.

389. VON JULIUS HIRSCHFELD. BERLIN, 20.6.1896

Lieber Christian –
Donnerstag egyptischer Galgenabend Ausstellung Kairo – um 8 Uhr auf dem grossen Platz am Musik-Pavillon der Khediven Capelle.   Herzliche Grüße
Sonnabend.   Julius

390. Von Friedrich Kayssler. Prag, 15.7.1896

Gibt seine Adresse an. Berichtet von den Gastspielen, Hirschfelds »Mütter«: ganz toller Erfolg. Bestellt Grüße. Dankt für Ruthardtsendg.
N.: Haberfield. Gerdes. [Hauptmann]: »Das Friedensfest«. Julius [Hirschfeld]. E[lly Lesser]. Wernicke. Beblo. – Troppau. B[erlin].

391. Von Paul Schlenther. Karersee, 21.7.1896

21/7 96. Tirol.
Lieber Herr Morgenstern,
Ihre Sommersonnwendträumerei ist einen Monat später mir in die Höhe dieser Berge nachgestiegen, und ich sage Ihnen herzlichen Dank dafür. Es wird die Zeit kommen, wo auch hinter dem Namen Nietzsches nicht das Ausrufungszeichen, sondern – ein Fragezeichen stehn wird. Auch Nietzsche will überwunden sein. Aber wer ihn überwunden hat, wird im Herzen und im Haupt freier werden.
Auf Wiedersehn im September
Ihr
P. Schlenther.

392. An Georg Hirschfeld [vermutlich in Piora]. Friedrichshagen, 22.7.1896

Schilt mich aus, ich verdiens. Aber schließlich sind unsere Werke unsere besten Briefe an einander, und darum wollen wir uns nicht verargen, wenn um dieser großen Briefe willen die kleinen zu kurz kommen... Ich hab mit Freude gehört, daß Du Dein neues Drama fertig nach Tirol mitgenommen hast und beglückwünsche Dich herzlich zu seiner Vollendung. Wie gespannt ich darauf bin, kannst Du Dir denken, sind wir doch noch in dem glücklichen Alter, wo wir Überraschungen von uns erwarten dürfen. Mit meinem zweiten Kind – es sei denn, daß ich im August meine »Gedichte« (natürlich außer Phanta's Schloß) sammle – wirds

noch gute Weile haben, wenn es auch langsam und nicht zu meinem Ärger, wenn freilich auch nie zu meiner ganzen Zufriedenheit (Gott sei Dank!) heranwächst. Hier außen ist gute freie Luft für meine Hymnen, deren bis dato doch schon eine größere Gruppe zusammengewachsen ist.
Aber was rede ich von mir, statt Dir vor allem zu den österreichischen »Mütter«-Erfolgen zu gratulieren, die ebenso vorauszusehen wie erfreulich waren ...
Auf Anraten des Arztes, der mich mit einer Luftkur endlich über die letzten Lungen-Wehen hinausheben will, werde ich wahrscheinlich mit dem Galgenbruder Gespenst den nördlichen Brenner unsicher machen. Ich will da in aller Ruhe vier Wochen Alpenluft in jedem Sinne atmen. Dann habe ich mir jetzt einen Goethe gekauft, zwölf Bände, mit denen man sich getrost Gott übergeben kann, ohne sich in seinem Himmel zu langweilen. Zum Überfluß hab ich noch einen Heine dazu erworben – alles von einem anständigen »Jugend«-Honorar – so daß ich wahrlich glücklich sein kann. Es ist freilich schwer, unter solchen Sternen selbst zu schaffen, aber wozu hat man den Leichtsinn seiner Jugend?

393. AN FRIEDRICH KAYSSLER IN PRAG.
      FRIEDRICHSHAGEN, 23.7.1896

Muß noch über die Janitschek *schreiben,* deren Gedichte wahrlich nichts taugen. – *Freut sich über Kayßlers frohe Karten, er soll sich aber* vom Komödiantenvolk *nicht übervorteilen lassen.* – Oskar war ein paar »Täg« hier, wir standen gut zusammen, rieben uns aber doch in mancher Hauptsache. Da ist doch unter uns frischeres energischeres Geistesleben. Diese ungeheure Zufriedenheit, worin z. B. Oskar lebt, berührt mich unproduktiv. [...] Und wenn er dann behauptet, er kennte, wie wenige, seinen Goethe so muss ich lächeln, denn von der Schönheit und Grösse dieses Mannes spürt man bei ihm nichts. *Schränkt dieses Urteil in einer Nachbemerkung etwas ein, sie hätten sich* auch in Vielem recht gut verstanden. *Es sei* vielleicht nur das alte Gegensatzgefühl *gewesen.*
Hat sich eine Goetheausgabe gekauft und zuerst die Briefe aus der

*Schweiz gelesen, ist sehr beeindruckt. – Bittet Kayssler, in München
nach ihrem Familiengrab zu sehen; wenn es nicht gepflegt werde,
will er dafür sorgen.* Von Breslau aus ist nun alles zu befürchten.
Wird man die Toten mehr berücksichtigen wie den Lebenden?
*Kayssler soll sich die »Neue Deutsche Rundschau« mit Ms
Nietzscheaufsatz kaufen.*
N.: *Der Portier des Friedhofs.* [Charlotte M]. [Christian Ernst
Bernhard M]. Kläre. [Hauptmannn]: »Das Friedensfest«.

394. VON GEORG HIRSCHFELD. PIORA, 28.7.1896

*Dankt für die lieben Zeilen. Freut sich über Ms gute Arbeitsstim-
mung und darauf, daß M ihm bald Neues zeigen wird. Möchte
gern Genaueres über Ms Absicht, seine Gedichte gesammelt herauszugeben, wissen. Lobt den Arzt, der M in die Alpen schickt, das
werde ihm guttun. Brahm, der Ms Grüße erwidert, rühmt Ibsens
früheren Sommeraufenthalt Gossensaß. – In Piora es ist sehr schön
und einsam; es liegt aber nicht in Tirol, sondern* über Airolo am
Gotthardttunnel. – *Sein Stück wird noch nicht fertig, da es sich zu
einer* großen Aufgabe entwickelt *und der Plan* viel weiter und
ergiebiger *ist als anfangs gedacht. Hofft, Ms Arbeiten in der »Neu-
en deutschen Rundschau« bald lesen zu können.*
N.: *Dulos.* [Johanna Hirschfeld]. – *Friedrichshagen. Prag. Die
Brennergegend. Verona. München. Schlesien.*

395. AN JULIUS HIRSCHFELD IN BERLIN.
SALZBURG, [VOR DEM 10.8.1896]

Das Gedicht ICH GEHE TAUSEND JAHRE, *mit der Überschrift*
LIED EINES ZUM GALGEN BESTIMMTEN UND DESHALB IN
GUTMÜTIGEN IRRSINN VERFALLENEN MANNES. – *Dann Grü-
ße von M und Paul Körner.*
N.: *Elly* [Lesser]. [Johanna Hirschfeld]. *Vermutlich die anderen
Galgenbrüder. – Prag.*

396. AN MARIE GOETTLING [IN SORAU].
BAD FUSCH, 21. 8. 1896

Liebe Marie,
Aus herrlichem Hochgebirgsthal schicke ich dem Haus Moor
meine herzlichsten Grüsse.
Dass Ihr in Berlin so durchfuhrt, ohne mich und K. auf den
Bahnhof zu bestellen, war gar nicht recht von Euch! Ich hatte
überhaupt keine Ahnung, wo Ihr wart und erfuhr alles erst post
festum. Freilich fühle ich mich ein wenig in schuld, zumal dass
ich Onkel Moors lieben Geburtstagsbrief immer noch nicht speciell beantwortet – aber habt nur ein mildes Auge auf die alten
leidigen Untugenden Eures Flüchtlings.
Hoffentlich habt Ihr Euch auf Eurem Aufenthalt so gut erholt
wie ich mich hier zu erholen gedenke oder besser gesagt meine
Brust noch mehr auszuweiten und meine Lungen an grössere
Leistungen langsam wieder zu gewöhnen.
Ich habe mit dem alten Schulkameraden Zöbner zusammen, der
eine ziemlich gute Kenntnis alpiner Verhältnisse besitzt, einen
reizenden Gebirgswinkel in der nächsten Nähe von St. Wolfgang-Fusch gefunden, wo wir billigst, einfachst und einsamst
einquartiert sind. Es ist eine Art Bauernhaus, auf Fremdenbe-
such mit 5 Zimmerchen bescheiden eingerichtet. Zum Arbeiten
komme ich hier freilich weniger, wie ich dachte, da schöne Tage
uns zu mässig-anstrengenden Touren verlocken, die schlechte-
ren aber uns entweder zusammenrücken, oder wenn (wie meist)
Aufenthalt im Freien möglich, die Finger zu jedem Schreiben
untauglich machen. Desto gesünder ist der Gesamtgewinn und
ich hoffe, im September etc. wird es an meinem Müggelsee
schon wieder mit Volldampf losgehen. Vielleicht schicke ich
Euch diesen Winter einmal unerwartet meine »Gedichte« ins
Haus .. ich weiss noch nicht recht ob ich sie sammeln und
sichten oder noch damit warten soll. Ich muss sie jedenfalls erst
einmal vor mir haben – es ist ja eine heillose Menge. – Ich habe
im VII. Heft 96 der N. D. Rundschau einen kleinen Aufsatz
gehabt »Nietzsche, der Erzieher«, den ich mit sehr viel Liebe
geschrieben habe. Wenn Du ihn lesen willst, wird es mir grosse
Freude machen, ihn Dir zu schicken. – Im Winter denke ich

einen Epigrammangriff auf alles Mögliche im modernen – besonders Berliner – Leben zu unternehmen, einen »Lustigen Krieg«, der mir gewiss viel Feindschaft eintragen wird, was mich schon heute mit einer gewissen Freude erfüllt. Du glaubst nicht, wie allein man steht, wenn man einmal ein bis'chen die Wahrheit sagen, eine Stunde ohne Kompromiss reden will.

Von Fritzens Erfolgen auf seiner Prager Tour und im Deutschen Theater hast Du wohl schon gehört. Er hat in drei ersten Rollen, Jäger in den »Webern«, Hans in der »Jugend« und Wilhelm im »Friedensfest« (Hauptmanns 2. Drama) Vorzügliches geleistet und marschiert so mit fliegenden Fahnen in seine grosse Zukunft hinein. Ende August verlässt er – zu meinem Schmerze – Berlin und (wie Du schon wissen wirst) geht die nächste Saison als »erster Liebhaber« nach Görlitz, nachdem er seine Rheinischen Verwandten vorher 14 Tage heimgesucht. Beblos Scheiden (ich war übrigens mit Frau und Magda B. noch den Abend meiner Abreise froh zusammen) ist auch ein Verlust für mich, denn er ist doch ein prächtiger, jeder grossen Idee zugänglicher Mensch. – Waren die Zeiten bisher für mich nicht leicht, so werden sie vorläufig noch immer schwerer. Erst die »Symphonie« soll meine wahre Künstlerschaft – auch vor Allem mir selber – erweisen – bis dahin bin ich noch ein Vabanque-Spieler. Ein Anfang von etwa 12 Hymnen, Oden, Gesängen, Gedichten oder wie man's nennen mag, ist gemacht. –

Schreibst Du mir einmal hierher? Es sollte mich sehr freuen! Ich bleibe ca noch bis 1. Sept. hier, dann vielleicht via Innsbruck, München etc. heim. Zöb. grüsst herzlich, schämt sich seiner Brieffaulheit. – Leb recht wohl, gesund und fröhlich und ebenso der liebe Onkel Moor, und sei mit Diesem herzlichst gegrüsst von Deinem alten Christian.

Bad Fusch, Leberprindl, Hzgt. Salzburg, Pinzgau. / 21.VIII 96.

397. AN FRIEDRICH BEBLO IN CUDOWA.
RIVA, 31. 8. 1896

Grüße von M und Paul Körner.
N.: *Nicht näher bezeichnete Verwandtschaft Beblos.*

August–September 1896 325

398. [VERMUTLICH AN FELIX HOLLAENDER IN BERLIN].
[VERMUTLICH FRIEDRICHSHAGEN, ANFANG BIS
MITTE SEPTEMBER 1896]

Bezieht sich auf die Besprechung von IN PHANTAS SCHLOSS *in
Nr. 35 der »Welt am Montag« und versichert, daß er nicht
fremden Mustern gefolgt sei, vielmehr den »Pierrot lunaire« erst
später kennengelernt habe. Die Gedichte seien durchaus »persönliche« Schöpfungen. Seine Vorfahren seien alle Landschaftsmaler gewesen und hätten somit ihrem* Nachkommen einiges
Recht in Bildern zu reden erwirkt. *Außerdem legt er auf die
Feststellung Wert, daß man auch einem Deutschen selbständige
Einbildungskraft zugestehen könne.*

399. VON RAINER MARIA RILKE. PRAG, 17.9.1896

Erbittet Ms »Wegwarten«-Beitrag möglichst schnell, da dies. Woche Redaktionsschluß ist.
N.: Benzmann.

400. AN OSCAR BIE [IN CHARLOTTENBURG].
[VERMUTLICH FRIEDRICHSHAGEN], 22.9.1896

Lieber Herr Doctor,
Mit lauter »müssen« und »sollen« und »nicht dürfen« werden Sie,
fürchte ich, den Leserkreis Ihrer Zeitschrift vergrössern, aber ihr
zugleich den Charakter einer im besten Sinne modernen Zeitschrift nehmen. Sie scheinen »Namen« und »Schriftsteller« und
erst in zweiter Linie Persönlichkeiten zu wünschen.
Mit Ihren »Überblicken«, wie Sie sie im Sinne haben, fördern Sie
vielleicht das Wissen aber nimmermehr den Willen. Ob sie geschrieben werden oder nicht, ist die gleichgültigste Sache der
Welt; denn – sie erfordern keine Individualitäten sondern einfach
gut reproducierende Intellekte. Diese schreiben dann in schöner
Objektivität darauf los, aus dem schlichten Grunde, weil sie keine
Subjektivität haben.

Gute Fabrikarbeit kann ich Ihnen nun allerdings nicht liefern. Wenn Sie meinen, dass Ihren Lesern an solchen lyrischen Federzeichnungen nichts liegt, so kann ich daraus Ihnen keinen Vorwurf machen. Wir denken eben da an verschiedene Leser. Warum sollten Charakterisierungsversuche einer Reihe junger Poeten oder doch solcher, die es unter vieler Zustimmung (wie bei Bornstein) zu sein behaupten, ein unruhiges Bild ergeben? Warum nicht der eine oder der andre in irgend einer Weise fesseln, zumal ich doch wahrlich nicht trocken schrieb sondern auf die verschiedenste Weise an die Leute heranging. Indem ich Randglossen wiedergab, einen Dialog einschob, Mottos voransetzte und s. w. Und schließlich sagt doch der Schluss deutlich genug, worin ich eigentlich den Zweck solchen Eingehens auf einzelne Mehr- oder Minder-Talente, und dass ich allerdings einen Zweck darin sehe. Das Verbindende liegt in den einzelnen Abschnitten verstreut, es noch breiter zu wiederholen wäre platt gewesen. Das »lyrische Leben« des augenblicklichen »Deutschlands« ist in vielen vielen Bemerkungen in seinem Wesen berührt. Biese, der über Lyrik schreibende Professor, der nicht einmal richtig deutsch sprechen kann, Evers, der zweifelhafte Mystiker, Janitschek, das philosophiren wollende Weib, Busse, der Backfischfänger, Jacobowski, sein Schatten, der Nachempfinder kat exochen, Benzmann, wirrer Phantast voll Zukunftskeimen, Renner, social Aufgestandner, Schaukal und Lynx amüsante Mehr- oder weniger-Dekadenten, Wiener Schlag.

Nein, mein lieber Herr Doctor, Sie haben keine rechte Lust mehr zu meiner Mitarbeit. Ich passe zu wenig in's Schema.

Der Aufsatz – es waren seinerzeit semestrale lyr. Revuen verabredet worden – nach ca 12 Nummern wieder der erste von mir, könnte ja ganz gut in 2 Nummern geteilt erscheinen ... aber der Sturm der Aktualitäten geht darüber hin und da ist natürlich nichts zu machen.

Ich gehe mit einem Ernst und einer Gründlich- und Ehrlichkeit, wie ich sie einer grossen Zeitschrift würdig erachtete, an einen Stoss von vielen zwanzig Versbüchern, würge mich wochenlang auf eine vorherbezeichnete Nummer hin (August) ab und finde nicht nur keinen reservierten, sondern nicht einmal einen Notplatz vor.

Ich kann mir nicht denken, dass, wenn Ihnen an meinem Beitrag noch etwas gelegen gewesen wäre, Sie mich dem manierierten Geistreichling Servaes hätten hintansetzen können.
Ich werde Ihnen in acht Tagen etwa nocheinmal schreiben und mir Ihre Vorschläge überlegen.
Seien Sie mir nicht allzuböse und lassen Sie in allem die Wahrheit gelten.
                    Mit herzlichem Gruss
                        Ihr Christian Morgenstern.
22.IX.96.

401. VON CÄSAR FLAISCHLEN. BERLIN, 22.9.1896

Bedauert, daß M ihn neulich verfehlt hat, kann aber für die Nachmittage keine feste Zeit angeben. – Was verstehen Sie unter Studien zu Lyrikern? Wir müssen im Pan uns mehr an große, weiter ausgreifende Fragen halten, u. summarischer vorgehen. Mit einzelnen Studien monographisirender Art ist leider nicht viel zu machen.

402. AN PAUL BORNSTEIN [IN BERLIN].
FRIEDRICHSHAGEN, 28.9.1896

                    Friedrichshagen 28. IX.96.
Verehrter H.D.B.
Ob Sie mich als Künstl. versteh. oder mich für e. Dummkopf od. Narr. halt. woll. liegt in ihrer Hand. Ab. i. muss resign. Ich kann Ihnen den Aufsatz nicht schreib. wenigst. jetzt nicht. Ich weiss wohl, dass ich e. höchst freundschaftl. angebot., ehrende Aufford. ausschlage ab. i. kann trotz all. Anstreng. d. innere Widerstreb. nicht überwind. Ich hoffte es, denn ich wollte Sie nicht i. Stich lass. u. es reizte mich auch. Aber i. bin z. »Schriftst.« verdorben. Ich bin nicht objektiv genug, um dem Publikum i. solch e. m Aufsatz das zu bieten, was es verlangt. »Überblicke« – man steht selbst noch mitten drin u. soll schon aus der Vogelperspektive orakeln. Mein krit. Urteil gebe ich gern zu jedem Einzelnen u.

glaube darin allmählich Blick u. Erfahrung zu gewinnen. Aber e. neue Zeit herauszukonstruieren weil e. gewisser Aufschwung i. d. Künsten bemerkbar? Das ist mir noch nicht möglich, wenn ich auch glaube, dass wir einer Blüte entgegengehen u. i. Augenblikken junger Begeisterung (wie am Schluss der Voss.) davon schwärmen kann.

Sie schrieben, i. möcht vor Allem d. Unterschied zwischen Einst u. Jetz. herausentwickeln. Nun heute ist die allgem. Freiheit grösser, in die der Einzelne hineinwächst. Aber auf diesenselbst kommts nach wie vor allein an. Für mich existiert eigentlich u. i. letzt. Grunde nur d. Kunst der grossen Persönlichkeiten, die andre kann ich entbehren u. darum nicht sonderlich preisen. Gewiss i. habe z. B. für Bierbaum geschwärmt,: aber welche Kinkerlitzchen trägt dieser Baum nunmehr. U.s.w. D. Publ. will natürl. belehrt sein u. an neue Menschen Glauben gewinnen. Mir ab. sind diese neuen Menschen vorläufig noch so verdächtig, dass ichs ein. Keller u. Meyer zum Exemp. gegenüber nicht übers Herz bringe sie als e. höhere Künstlergeneration zu bezeichnen. Und wie? Das sociale Gebiet wurd freigegeben – aber wer hats denn wirklich künstlerisch u. ausgiebig bebaut? Haben wir e. Zola der Lyrik? Und der plötzliche oberflächliche Sinnlichkeitskult der »Jugend« u. des »Simplicissimums« – das ist für mich alles noch so entsetzlich unfrei u. geschmacklos. Ich seh noch sehr wenig Kultur in diesem Treiben, dessen Hauptmerkmal e. ungeheure Selbstgefälligkeit ist. Freilich Liliencron ist eine Oase, in Dehmel steckt auch viel, Hartleben hat viel persönlichen Stil, aber ist ohne Entwicklung – jeden will ich Ihnen studieren so gut ich kann und es Ihnen dann niederlegen; aber frohsinnige Überblicke, wie »die« Deutschen jetzt von neuer Kunst überflössen und dergl., wo unsere ganze öffentliche Kultur – denken Sie nur an den künstlerischen Charakter des grossen Treptower Jahrmarkts! – oder an den Reichstagsbau oder die Siegesallee oder das Simplicissimum mit seiner kolossalen Auflage oder unsre Theater-Börsen etc. etc. – das Zeichen der rastlosen Stupidität an der Stirne trägt – nein, ich kanns (wenigstens augenblicklich) nicht, mir fehlt zur Zeit das historische Behagen.

Wenn ich Sie jedoch statt als Schriftsteller als Künstler in Ihrem

Unternehmen unterstützen kann, so solls mit bestem Willen geschehen.

Zürnen Sie mir nicht! Es ist ja auch besser, der Artikel wird mit der schönen Hoffnungsfarbe geschrieben, die ja auch imgrunde die meine ist, aber nur in stillen Träumen nicht in öffentlichen Analysen. Bedenken Sie auch, dass ich mich Ihnen in voller Ehrlichkeit hier ausgesprochen habe und lassen Sie den Menschen den Schriftsteller entschuldigen.

      Mit herzlichem Gruss
        Ihr Christian Morgenstern.

Ps. Übrigens habe ich mit Bie über das gleiche Thema debattiert. Ich gab ihm Studienköpfe, er wollte eine »Rundschau«. Wenn er es so nicht druckt, werde ich wohl verzichten.

(Als ich die erste Einleitung zu dem Aufsatz in Angriff nahm, begann ich mit Nietzsche. Und ich schlug den Zarathustra auf – Sie wissen wohl, was er von den Dichtern sagt. Da hätt' ich am liebsten nicht nur mich als den Schriftsteller sondern noch dazu mich als den Künstler zum Teufel gejagt. Schluss, Schluss.)

403. Von Friedrich Kayssler. Görlitz, 29.9.1896

Schickt Kritiken von seinem Debüt in Görlitz. Manches Richtige ist drin, so z.B. selbstverständlich das Gute über mich. Aber eine Komoedie wird hier im Allgemeinen gespielt, das übersteigt alles, was ich bisher für möglich gehalten. *Die einzigen einigermaßen modernen Menschen sind der Komiker Gärtner, der Schauspieler und Regisseur Oberländer und die Schauspielerin Reisner. Der Direktor ist* die Liebenswürdigkeit selber; *er* arbeitet sich einfach kaput mit der elenden Bude. *Alle großen Rollen werde wohl er, Kayssler, spielen: alle Liebhaberrollen in einem Schillerzyklus, auch den Fiesco.* Das freut mich natürlich. Denk mal Hedda. Was ich da lerne. *»Fiesco« wird von Oberländer inszeniert, in einer Neueinrichtung, über die sie* noch gemeinsam brüten werden. Ganz nett, solche kleine Experimentchen, das macht die Sache noch etwas interessant – Stückchen Wilhelm Meister. – *War mit Oberländer beim Direktor eingeladen. – Stöhnt über das Publikum* – Kattunkleider, direkt aus der Küche.

Zwei Logen, die Direktionsloge, in der die einzige Dame, die Schwägerin des Direktors, manchmal ist, und die Offiziersloge, wo die Kaffern sich auffällig u. dumm benehmen. – *Rudolf Wernicke war da, auch Zitelmann,* er sehnte sich sehr Dich wieder mal zu sehen. – Gerda herzlichen Gruß u. Dank. Wenn sies durchaus so will! – Nötig wars doch nicht. Anbei der Brief zurück. Sie muß doch entsetzlich zermartert sein. Was ist denn wieder los? Zwischen den beiden was? – Grüß Reibenstein! Die Leute sollen doch bloß wie vernünftige Menschen sich zusammennehmen u. warten. Man muß sich doch nicht gewaltsam zur tragischen Person machen. Schon so ists tragisch genug, weiß der Himmel! – *Fragt nach Ms Arbeit.* – *Grüßt* alle lieben Freunde. [...] Ich verpflichte Dich, diesen Brief in seinen Berichten im Monopol Reinhardt, sowie den Galgenonkels vorzulegen. *Verspricht, nach und nach allen einzeln zu schreiben.* Speziellen Gruß *bestellt er an* Julius u. Braut *sowie Rebajoli.*
N.: *Die Frau des Direktors. Benedix:* »*Die zärtlichen Verwandten*«. *Busse. Falke. Cäsar* [*Flaischlen*]. *Mia Holm. Anna Marholm. Lee. Möricke. Robert Wernicke. Beblos. Schäfer. Siegwart.* – *Montreuil.*

404. AN PAUL BORNSTEIN [IN BERLIN].
FRIEDRICHSHAGEN, 1.10.1896

Sehr geehrter Herr Doctor,
Ihre Auffassung meines Briefes hat mich von ganzem Herzen gefreut! Ich danke Ihnen aufrichtig für Ihre schönen verständnisvollen Zeilen!
Aber mit dem Aufsatz gehts nun beim besten Willen nicht mehr. Wenn mich selbst die Stimmung von meiner Fahnenflucht nochmals zurückholte – mein Umzug nach Berlin und eine Flut neuer Pläne steht vor mir. Nehmen Sie, bitte, die Idee mit den Briefen und benützen Sie sie, falls Sie Lust haben, selbst oder teilen Sie sie dem betreffenden Verfasser des Aufsatzes als Vorschlag mit. Dass Sie mir nicht zürnen wollen, ist wirklich schön von Ihnen!
Also lassen wir's bei Gedichten bewenden! Sie erhalten Sie mit der morgigen Post; denn infolge Besuches konnte ich diesen Brief

nicht eher schreiben und muss ihn nun, ½3 Uhr, sofort abschikken.
     Mit herzlichem Gruss
       Ihr ergebener Christian Morgenstern.
1. Oktober 96.
Friedrichshagen.

405. An Oscar Bie [in Charlottenburg].
    Friedrichshagen, 7.10.1896

Lieber Herr Doctor,
Nachdem Sie nun einmal gegen den Aufsatz entschieden haben, denke ich, nehmen Sie die Abschnitte über Evers, Janitschek, Benzmann und Renner heraus –, Busse stelle ich Ihnen frei, – und rücken Sie in die Rundschau ein, wenn sich Gelegenheit findet, einzeln oder zu zwein.

Damit gebe ich Ihnen die Sache preis. Diese Abschnitte auch noch umzuarbeiten, davon kann natürlicherweise nicht die Rede sein. Aber ich denke, wir werden so wenigstens gegen einige aus der grossen Zahl, die uns vertrauensvoll Ihre Bücher haben zugehen lassen, unsere Verpflichtungen erfüllen. Sie müssen bedenken, dass ich als officieller Mitarbeiter, den drängenden Autoren manches Versprechen habe geben müssen, das ich wenigstens verspätet einmal einlösen muss. So besonders Evers, Benzmann, Renner.

Ich denke, wir werden also dies so vereinbaren.
      Es grüsst Sie herzlich
       Ihr Christian Morgenstern.

Ps. Wie stets mit den Gedichten? Haben Sie schon etwas ausgesucht? Vielleicht nehmen Sie sie 'mal vor.
      Friedrichshagen Seestr. 44./$_{II.}$
       7.X.96.

406. Von Cäsar Flaischlen. [Berlin], 13.10.1896

Muß das Gedicht aus Raummangel leider zurückgeben, denn im »Pan« sind immer nur 25 Seiten für Literatur frei.

407. AN ALFRED GUTTMANN, [ORT UNBEKANNT].
FRIEDRICHSHAGEN, 21.10.1896

Komm nun mal wieder nach Berlin; es ist jetzt wieder ein reizender kleiner Kreis, wenn auch zwei alte Jugendfreunde, Kayssler und Beblo, sich auf eine Weile entfernt haben. Fritz macht in Görlitz Furore, ja, von seinem Robert (»Mütter«) schwärmte sogar das Berliner Fremdenblatt und sprach von ihm als der jüngsten Hoffnung des Brahm...
In einigen Tagen siedle ich nach Luisenstraße 64/III über. Ich habe ein leeres Zimmer und stelle es mir mit eigenen Möbeln aus Breslau voll. Komisches Gefühl, sich so selbst einzurichten! Doch hoffe ich, solls gemütlich werden und mich sehr zum Haustier verbiedern. Die Reise hat mir überaus gut getan, die Freunde sagen alle, ich hätte noch nie so gut ausgesehen. Es war aber auch herrlich.

408. VON FRIEDRICH KAYSSLER. GÖRLITZ, 22.10.1896

Ist gerade von einem göttlich schönen Spaziergang [...] an der Seite einer tüchtigen Menschenseele *zurückgekehrt. Eine Liebelei sei das nicht, aber Stunden wie* Sternschnuppen, *plötzlich da*, ohne eine Zukunft zu versprechen. – Bekommt immer neue Rollen, zählt auf. – Zum Donnerwetter, die Gerda-R.-Geschichte ärgert mich; wenn sie nun nicht heiraten, wozu denn der ganze Apparat, wozu die Pumperei? [...] Verfluchte querköpfige Künstlerhirnspießerei! *Hat* Unhistorisches von Nietzsche *gelesen. Läßt* Petschnikoff und alle Freunde *grüßen*.
N.: Moser. Moliere: »Der Menschenfeind«. Lohmann [?]. [Schiller]: »Fiesco«; »Die Räuber«. [Jordan]: »Durchs Ohr«. [Adolf L'Arronge]: »Pastor Brose«. Runge. – »Berliner Fremdenblatt«.

Oktober 1896 333

409. AN DIE DIREKTION DER STADTBAHN-VERWALTUNG
IN BERLIN. FRIEDRICHSHAGEN, 27.10.1896

Unterzeichneter nimmt sich die Freiheit zu folgendem Unternehmen die Erlaubnis der Direktion der St. V. einzuholen.
Es wird beabsichtigt – und liegt bereits dem kgl. Polizeipräsidium, Berlin, vor – an einer dazu geeigneten Partie der Stadtbahnanlage durch einen Projektionsapparat aus dem Fenster eines Hauses a auf die gegenüberliegende fensterlose Wand des Hauses b Reklamebilder und -Texte künstlerischer Ausführung nach bestimmten Normen in geregeltem Zeitwechsel zu proicieren. Die Stadtbahnanlage ist hauptsächlich aus dem Grunde gewählt worden, weil das Moment einer Verkehrsstörung, das in den Strassen die Stadt hindurch auftritt, hier gänzlich in Wegfall kommt, indem nur das Publikum der über die Stadtbahngeleise verkehrenden Züge die Licht-Bilder zu Gesicht bekommen kann. Was die Züge selbst anbetrifft, so werden sie durch den Apparat in keiner Weise tangiert, da dieser, hoch über dem Niveau der Stadtbahn angebracht, in beträchtlicher Höhe über den dahinfahrenden Waggons seine Projektionen ausführen würde. Folgende Zeichnungen mögen noch zur Verdeutlichung des geplanten Unternehmens dienen.

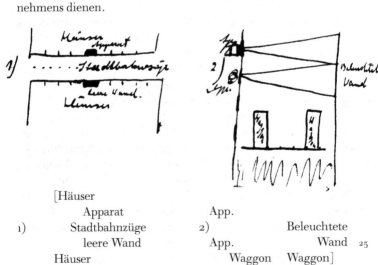

1) [Häuser
    Apparat
    Stadtbahnzüge
    leere Wand
    Häuser

2) App.
    App.
    Waggon
    Beleuchtete
    Wand
    Waggon]

Hochachtungsvoll ergebenst
Chr. M.

Fr. Seestr. 44
27. Okt. 96.

410.   VON FRIEDRICH KAYSSLER. GÖRLITZ, 29.10.1896

Dankt für Ms Brief, liest auch Turgenjews Jägermemoiren. Nennt seine Rollen, lernt, zum Backpflaumenniesen. *– Macht eine Andeutung zu seiner neuen Liebe. Läßt die Freunde grüßen.*
N.: Oberländer.[L'Arronge]:»Pastor Brose«.Heyse:»Hans Lange«.

411.   VON JOHN HENRY MACKAY. BERLIN, 29.10.1896

Dankt für die Mühe, die sich M für ihn gemacht hat.

412.   AN FRIEDRICH GAUS [IN SORAU].
       BERLIN, 10.11.1896

Hat erfahren, daß Gaus einen Klassenvortrag über IN PHANTAS SCHLOSS *halten will, freut sich über diese Absicht und will ihm einige Erläuterungen dazu geben. Begonnen wurden die Gedichte Anfang September 1894 in Bad Grund und bis Weihnachten in Berlin beendet.* Das Ganze ist die erste wortgewordene Reaktion gegen den langen inneren und äusseren Druck, unter dem mehr oder weniger jeder junge denkende Mensch aufwächst. Gegen die Vergangenheit meiner äusseren Lebensverhältnisse und gegen die Kämpfe, Qualen, Fragen, Zweifel, die ich bis dahin durchgemacht hatte, und welche, oft unerquicklich und fruchtlos genug, der Inhalt meiner bisherigen Verse gewesen war. Der sentimentale Weltschmerz vor Allem, der falsche weichliche Idealismus, das schwächliche Nichtherauswollen aus Vorstellungen und Gefühlen, deren Sinn- und Wertlosigkeit ich in ehrlichem strengem Nachdenken längst erkannt hatte, wollte endlich seinen Abschied erhalten. *– Betont charakteristische Züge der Gedichte, so ihre*

Bildhaftigkeit, die er mit seinen Malervorfahren in Verbindung bringt; andere wiederum seien philosophische Grübeleien. In einem Neuansatz gibt er, der Reihenfolge des Buches folgend, Erläuterungen zu den Gedichten. – Geht auch auf die neuen Wortbildungen und -zusammensetzungen ein, die aus dem Prinzip der knappste[n] prägnanteste[n] Wiedergabe dessen, was ich empfinde, *resultieren, außerdem auf die freien Rhythmen,* die ich im Vertrauen auf mein gutes Gehör vielfach gewählt *habe. Verweist in diesem Zusammenhang auf sein vielleicht* im nächsten Frühjahr *erscheinendes zweites lyrisches Werk und zitiert die erste Strophe von* DIE KINDER DES GLÜCKS. *– Bezüglich der fehlenden Erotik berichtet er, daß er sich mit den Gedichten* mit einem Ruck auch aus Schmerzen der Liebe *habe befreien wollen. – Zählt Druckfehler auf, bittet, ihn dem Deutschlehrer zu empfehlen und die Klassenkameraden zu grüßen.*
N.: Nietzsche. – Charlottenburg.

413. VON FRIEDRICH KAYSSLER. GÖRLITZ, 21.11.1896

Herzl. Dank für Packet! Das ist ja der reinste Wegwartensegen! Hast Du nicht noch mehr? Rilke versprach mir auch einige.

414. VON WILHELM VON SCHOLZ.
MÜNCHEN, 23.11.1896

München,
Werneckstr. 20.II
23. Nov. 1896.

Sehr verehrter Herr,
ich bitte Sie, meine gleichzeitig an Sie abgehende »Frühlingsfahrt« als den Ausdruck aufrichtiger Hochschätzung und gleichgesinnten Strebens entgegenzunehmen. Ich las nicht nur in den verschiedensten Zeitschriften: Pan, Neue litter. Blätter und erst kürzlich bei meinem Freunde Rilke in den Wegwarten von Ihnen, sondern hörte auch persönlich einen gemeinsamen Bekannten, [*ein oder zwei unleserliche Buchstaben*] Dr. Bondi, von Ihnen

erzählen. Es wird mir eine große Freude sein, wenn Sie in meinem Buche einiges Sie interessierende finden. Die Adresse, die ich dem letztjährigen Kürschner entnahm, stimmt hoffentlich noch. Ich bin mit hochachtungsvollem Gruße Ihr ergebenster
Wilhelm von Scholz.

415.   VON FRIEDRICH KAYSSLER. GÖRLITZ, 25.11.1896

Hat ein uraltes blödes Stück von der Birch-Pfeiffer gespielt, »Dorf und Stadt«. [...] Tausend Ängste, blank wie Oskar, aber glimpflich durch. *Nennt weitere Rollen.* »*Fiesco*« *ist am 4.12.* Die Arbeiten mit dem Regisseur Oberländer sind wirklich interessant für mich.
N.: Flössel. [*Duroy*]: »*Anne-Liese*«. [*Moser und Schönthan*]: »*Krieg im Frieden*«.

416.   VON GUSTAV FALKE. HAMBURG, 30.11.1896

Geehrter Herr Morgenstern! Wie ist's mit Biese, Lyrik? Haben Sie's schon ausgebraucht? Ich hätt's dann gerne wieder. Wann u. wo kommt Ihr Aufsatz?
Mit bestem Gruß
Ihr GFalke
Hamburg 30/11 96.
[*Vielleicht fehlt ein Postskriptum*]

417.   VON MAX REINHARDT. BERLIN, 30.11.1896

Kann für die Premiere der »*Versunkenen Glocke*« *keine Karten besorgen, weil seit Oktober alles ausverkauft ist. Rät ihm* Stehparterre; *soll unbedingt kommen.*
N.: Runge.

418. VON MAX REINHARDT. BERLIN,
[VERMUTLICH 1.] 12.1896

Die Karten, die M am Morgen für die »Versunkene Glocke« abgeholt hat, waren für Herrn Noa, M muß sie also zurückgeben. Reinhardt kann aber vielleicht doch noch eine Karte auftreiben. Entschuldigt sich.

419. VON AUGUST SIEBENLIST. WIEN, 3.12.1896

Wien, 3. Dec. 1896
Sehr geehrter Herr!
Dank, besten Dank für Ihre Sendung, besonders für den prachtvollen Gedichte-Cyklus: »Michel Angelo«. Leider aber dürften wir das vierte dieser Gedichte (»Die heilige Jungfrau«) nach österreichischem Preßgesetze kaum veröffentlichen und erlauben uns deshalb die höfliche Anfrage, ob es Ihnen recht ist, wenn wir bloß Nr. I. II. & III. zum Abdruck bringen.
Hochachtungsvoll:
Dr. August Siebenlist

420. VON RAINER MARIA RILKE. MÜNCHEN, 6.12.1896

München, am 6. Dec. 1896.
Sehr verehrter Herr Morgenstern,
nehmen Sie als erneutes Zeichen herzlicher, oft versicherter Sympathie mein neues eben erschienenes Buch »Traumgekrönt«! Vielleicht finden Sie Gelegenheit dasselbe irgendwo zu besprechen; dies würde mich sehr dankpflichtig machen!
Wie gefiel ihnen Heft III. der »Wegwarten«? Heft IV, welches anfangs 97 erscheinen soll, wird mit neuem Titelblatt, inhaltlich wie formell vollkommener sich darbieten. Bitte, werter Herr Morgenstern, senden Sie gütigst bald; was Sie mir zu überlassen gedenken. Bedingung ist noch unveröffentlicht und erwünscht kleinerer Umfang. Zu den Mitarbeitern des vorigen Heftes treten wohl noch Prinz Emil von Schönaich-Carolath, Konrad Telmann,

Richard Schaukal, Detlev von Liliencron, Dehmel (vielleicht) hinzu.
Dürfen wir von Ihnen nicht bald ein neues Gedichtbuch erhoffen?
Ich glaube doch Herr Hirschfeld verrieth mir irgendwas davon...
Wenn Sie ihn, den prächtigen lieben Menschen, sehen, sagen Sie ihm viel Dank für seinen letzten Brief von mir. Ich schreibe und danke demnächst selbst. Auch mein Buch bekommt er.

Ihrer gefl. Antwort gewärtig
in treuherziger Verehrung
Ihr:
René Maria Rilke

421. VON FRIEDRICH BEBLO.
    [ORT UNBEKANNT], DEZEMBER 1896

.s.l. Bessos.   XII. 96.
Herzliche Grüße
Bembo.

422. Von Schuster & Loeffler. Berlin, 23.12.1896

Berlin SW. 46., den 23. Decbr 1896

Sehr geehrter Herr!

Auf Ihr gefälliges Schreiben vom 19. cr. erwidern wir ergebenst, daß wir unter folgenden Bedingungen den Horatius Travestitus erwerben wollen.

1). Der Erscheinungstermin wird für Mitte Februar angenommen.
2). Den Ladenpreis auf M 0,75 zu bemessen, überlassen Sie uns.
3). Das Honorar (M 75.- für Auflage I), ist so zu verstehen, daß Sie pro verkauftes Exemplar 0,075 Mk erhalten, sodaß also bei Verkauf der ganzen Auflage 75 Mk für Sie entfallen. Das Honorar vor Erscheinen oder während Erscheinen bedauern wir nicht zahlen zu können. Ihr Honorar ist also als Tantième aufzufassen, was auch bei den späteren Auflagen beibehalten wird mit der Erhöhung, die Sie aus beifolgendem Vertrag ersehen.

Alle übrigen Punkte sind in dem Vertrag enthalten u. die bei uns üblichen. Nach Retournierung des Vertrages (von Ihnen unterzeichnet) erhalten Sie das Gegenexemplar mit unserer Unterschrift.

× × ×

Wir wollen noch erwähnen, daß wir mit Ihrem Vorschlag, 4 Strophen auf je 1 Seite zu bringen, einverstanden sind. Im Übrigen leidet Ihre Aufstellung an einigen Fehlern; so billig ist das Büchlein keineswegs herzustellen; die Summe erhöht sich um ca. 25 Mk, da Papier, Broschur u. Druck durch den größeren Umfang mehr also Sie angaben betragen werden.

Die gesamte Ausstattung bleibt uns überlassen, die geschmackvoll und im Stil aller unserer anderen Werke ausfallen wird.

Wir bitten nunmehr um gefl. Einsendung des Manuskripts u. zeichnen

mit vorzüglicher Hochachtung
Schuster & Loeffler.

423. VERTRAG MIT DEM VERLAG SCHUSTER & LOEFFLER
IN BERLIN ÜBER HORATIUS TRAVESTITUS.
FREIBERG, 31.12.1896 UND BERLIN, 5.1.1897

[*Enthält zusätzlich zu dem in Nr. 422 Genannten folgende Abmachungen:*] *Die Auflage beträgt 1100 Exemplare, 1000 für den Handel, 20 Freiexemplare für M und 80 Rezensionsexemplare. – Bei weiteren Auflagen erhält M 10 Pfennig pro Exemplar. – Abgerechnet wird einmal jährlich im Juni/Juli. –* § 9. Das Buch erscheint bis zu einer Willensänderung des Autors ohne Namen desselben.

1897

424. AN FRIEDRICH KAYSSLER [IN GÖRLITZ].
BERLIN, 6.1.1897

Sendet Grüße und wünscht Glück für die Arbeit von Deinem
endlich – von so viel herrlichen Menschen – wieder heimge-
kehrten   Chrischan.

425. VON WILHELM SCHÄFER. ELBERFELD, 17.1.1897

Elberfeld, den 17. Januar 97.
Marienstr. 72.
Lieber Herr Morgenstern,
ja ich sage Lieber zu Ihnen trotzdem wir uns gar nicht kennen.
Aber soeben las ich Ihren Aufsatz über meinen lieben Richard,
und da kann ich nicht anders.
Das ist eine prächtige Arbeit, weil sie aus einem ganzen Herzen
kommt und nur ein Wort sagt, wo zehn gedacht worden sind.
Sie haben das Problem noch nicht. Aber sie wissen doch, wo es ist.
Nein, Sie wissen mehr. Und von den Erlösungen werden sie
auch noch loskommen. Die »Lebensblätter« und dann dies
»Weib und Welt«. »Das ist ein colossales Buch« sagt unser Detlev.
Es ist bei Gott ein colossales Buch: Gucken Sie mal die paar Zeilen
an, die unter dem Titel: »Geheimnis« stehen. Das stammelt der
Mensch, der in den Verwandlungen der Venus die Wahrheit
suchte, vergebens suchte und nun auf einmal ihre Schönheit
sieht. – Und wie dann in dem Weib die Welt sich offenbart, die
nach Wahrheit vergebens durchwühlte schöne Welt! – O, daß
mans nicht sieht, nicht sehen will, was uns hier endlich erlöst.
Und die Worte Nietzsches hätten Sie weglassen sollen. Dehmel ist
ein Erfüller. Fahren Sie doch mal hinaus zu ihm nach Pankow zur
Parkstr. 25* und bringen Sie ihm einen Gruß von mir, und sehen

Sie sich dieses lachende Kinderherz einmal an. Da ist ja nur Lust, nur Leben, nur Ja. –

Und dann warten Sie seinen Roman in Balladen ab.« Verklärte Nacht« und der »Schlangenkäfig« sind daraus und die Ballade (in Neuland Heft 3.) Wenns wird? Wenns wird!

Und seine »Lebensmesse«. Grad eben schickt ers Manuskript. Sagen Sie ihm, daß ich geheult habe vor Entzücken.

Und über den »Mitmenschen« lesen Sie meinen Aufsatz demnächst im Februarheft von Neuland. Ich hoffe, er macht Ihnen so viel Freude, wie Ihr Aufsatz sie mir bereitete. Herrgott, ich hab fast an aller positiven Kritik in Deutschland gezweifelt. Also doch!

Und erst vor einem Jahr haben Sie mich so scheußlich geärgert in der »Freien Bühne« mit Ihrer Dehmelkritik.

Ja, ja! Wo die Natur in einem Menschen dichtet, da gehts auch zu den andern, ob sie wollen oder nicht.

Einen fröhlichen, herzlichen Gruß
von Ihrem
Wilhelm Schäfer.

»Eines Tages«
      » – die blanken Bälle,
    die so hart und gläsern klingen
    und vor Hitze fast zerspringen.«

Das ist von Dehmel selbst gesagt das beste über seine Gedichte.

* Er wird sich so freuen über den Aufsatz und auch über Sie.

426. AN MARIE GOETTLING [IN SORAU].
BERLIN, 24.1.1897

Liebes Herz,
Aus einem schneeweissen Sonntagsmorgen schick' ich Dir in einem herzlichen Kuss all die guten Wünsche, die ich für Dich habe.

Zugleich dank' ich Dir und Deinem lieben Vater nochmals von Herzen für die Liebe und Gastfreundschaft, die Ihr mir wieder erwiesen habt. Hoffentlich bescheert uns das neue Jahr irgend ein frohes Wiedersehen: vielleicht verwirklichst Du Deinen Plan und kommst einmal auf einige Zeit nach unserm stürmischen Berlin. Dass Ihr nicht nach Goerlitz hinüber konntet, war schade, aber eine Zusammenkunft wird bis Ostern doch noch zustande kommen!

Von Bembo hab' ich natürlich weniger denn keine Nachricht, er ist ein ganz gewöhnlicher Moltke. Seine Künstlerhand soll uns jedoch zu einem Galgenberg-Album, dessen Kernpunkt unsere 17 Lieder (Texte und Musik) sein sollen, nicht entgehen. Es wäre wirklich labend, wenn dieses Humoristicum an's Licht treten würde, etwa des Mottos: Es giebt keine Kinder mehr?

Berlin hat mich nun wieder ordentlich in seinen Krallen, sodass ich mich bereits zu einer Einsiedler- (nämlich dieser anhebenden) Woche entschlossen habe. Da ist ein guter Freund nach dem andern, dessen gemütliche Abende man mitmachen soll, und im Handumdrehn wird man aus einem Arbeiter ein Schmarotzer. Dazu die Kunstsachen. Jetzt eben erwartet mich die philharmonische Generalprobe mit Schuberts C Dur Symphonie (»von himmlischer Länge«).

Gestern hatten wir wieder unsern intimen Musikabend bei meinem Freund Runge. Du machst Dir keine Vorstellung, wie er Beethoven spielt! Wem er da nicht aufgeht in seiner ganzen übermenschlichen Herrlichkeit, der muss noch unmusikalischer sein wie ich. Der letzte Satz der Waldstein-Sonate (53, glaub ich) z.B., das ist »das Letzte« wie wir von Kunstwerken sagen, die uns wie aus der Urkraft des Lebendigen geboren als Naturereignis gleichsam entgegentreten.

Gestern hab' ich wieder einmal Klingersche Radierungen angesehen. Wenn Du einmal die Sachen selbst sehen wirst, wird seine Grösse und Fülle Dich restlos überwältigen. Das ist's: die Überwältigung kann nur von Mensch zu Mensch erfolgen, nicht durch Zwischenträger. –

Da sind mir kürzlich durch Zufall einige Murillosche Madonnen in die Hand gekommen. Ich schicke Dir ein Blatt davon, vielleicht und hoffentlich macht es Dir ein wenig Freude. Ich habe erst im Süden den Madonnenkult der Maler verstehen gelernt. In Riva hätt' ich selbst mit angefangen Madonnen zu malen, eine Madonna Della Strada, wie ich sie getauft hätte. – Nun Schluss für heute, carissima! Dem Waldmärchen sollen, hoff' ich, noch viel' andre

folgen (was meinst Du z.B. zu einem »Beim Mäusebarbier«?);
und grüss auch Onkel Moor schönstens von mir, wie Du selbst
nochmals von Herzen beglückwünscht und gegrüsst seist von
Deinem Christian.
Berlin NW. Luisenstr. 64$_{III}$/24.1.97./

427.   VON RICHARD DEHMEL. PANKOW, 27.1.1897

Pankow bei Berlin – Parkstrasse 25
27.1.97.

Lieber Herr Morgenstern.

Wilhelm Schäfer hat mir Ihren Aufsatz in Bornsteins Zeitschrift
geschickt, und es drängt mich, Ihnen für Ihre liebevollen Worte
von Herzen zu danken, umso mehr als Ihre früheren Ansichten
(in der Voss. Ztg.) mich wirklich verdrossen hatten. Sie werden
freilich – das weiß ich aus eigner Erfahrung – von Ihrer jetzigen
überschwänglichen Meinung auch wieder zurückkommen; aber
– »ich besaß es doch einmal, was so köstlich ist«! Wir haben Alle
keine höhere Pflicht, als uns der Welt mitzuteilen; von welcher
Bedeutung wir ihr sind, darf uns nicht kümmern und kann kein
Einzelner ermessen.

Mit herzlichem Handschlag   Ihr Dehmel.

428.   AN RICHARD DEHMEL [IN PANKOW].
       BERLIN, 29.1.1897

Lieber Meister,
Eine grössere Freude hätte mir aus meiner bescheidenen Arbeit
nicht erwachsen können als Ihr lieber Brief! Von Herzen Dank
dafür!
Oh nein! von etwas wirklich Grossem kommt man nicht zurück,
man kann es am Anfang misskennen, aber ist man erst einmal
von ihm überwältigt worden, so hält man es fest, als den schönsten
Schatz, den man finden konnte.
Von Herrn Wilhelm Schäfer, der mir einen wunderschönen Brief
geschrieben hat, muss ich Ihnen noch einen herzlichen Gruss

ausrichten und dass er bei Empfang Ihrer »Lebensmesse« geheult habe vor Entzücken.
Was werden Sie uns noch alles schenken! Wenn ich einmal mein neues Buch fertig habe, werde ich mir vielleicht erlauben es Ihnen selbst hinauszubringen.
                    Mit herzlichstem Wider-Handschlag
                                Ihr
                            Christian Morgenstern.
29.1.97. Berlin

429. AN RICHARD DEHMEL [IN PANKOW].
      BERLIN, 3.2.1897

Verehrter Meister,
Sie haben mir die Freude des Herrn Schäfer leicht begreiflich gemacht! Auch mir sind die Augen mehr als einmal warm geworden, am meisten aber nun eben, als ich zum Abschied das Ganze nocheinmal – und zwar von Anfang bis Ende laut – las!
Ich möchte sagen, welche Teile mir besonders gefallen (mein Gott welch plumpes Wort!) haben, aber jeder ist für sich so schön so klassisch schön, mancher wie ein griechischer Chor.
»Nur in sich!« Wie lange wird diese vergöttlichende Weisheit gepredigt werden müssen, ehe die Menschen ihrer endlich inne werden! Da laufen sie herum und wissen nicht dass sie Könige sind. Dass eines Jeden Reich die unendliche Welt, nicht bildlich sondern im wörtlichsten Sinne.
Was meinen Sie zu einem Schauspiel – : Ein Stück Welt auf der Bühne, aus dem Eintag heraus, Eintagsmenschen voll äußerlicher und innerlicher Armut, in niedrigen Konflikten – aber alle – ohne dass es einer von ihnen weiss oder sieht – mit leuchtenden Kronen auf den Köpfen. Oder vielleicht noch besser: Blinde mit Kronen. Des Titels dann »Blinde Könige«. –
Ihr »Held« ist auch wundervoll! Mit dieser Unbekümmertheit schon im Ausdruck. Ein Urgermane.
Und diese »Waise«! »Aber um wen!« »Bin ich doch...« Köstlich! Und endlich der Kinder-Chor! Man sollte nur Kinder um sein Sterbebett stehen haben wollen! Dann würde man glaub ich mit

einer Thräne und einem Lächeln sein Scepter niederlegen – in
ihre Hände legen – können. –
Aber nun wünsch' ich Ihnen nur noch die richtige Musik dazu!!
        Mit herzlichstem Gruss und Dank
            Ihr Christian Morgenstern.
Berlin 3.II.97.

430.   VON RICHARD DEHMEL. PANKOW, 4.2.1897

Dank für Ihren schönen lieben Brief! Ein entzückendes Bild, die
»blinden Könige«. Aber ob dramatisch, das müßte erst gezeigt
werden. Probiren Sie's doch mal! möglich ist alles.
            Von Herzen
                Ihr R. D.
NB! Wenn Sie mich besuchen wollen, schreiben Sie mir wol vorher eine Karte, damit ich sicher zuhause bin.

431.   VON FRIEDRICH KAYSSLER. GÖRLITZ, 9.2.1897

Eben habe ich meine Liese nachhause gebracht – der Name
kommt neugeboren zu Liebe und Ehre – und sitze auf meinem
Sopha vor dem noch weißgedeckten Tisch, vor mir ein Strauß entzückender Blumen, wie sie die Natur eben nur für unsere Liebe
schaffen kann. Eben guckte ich mal in die Freie Bühne u. las ein
paar Zeilen von Kerr über Hauptmanns Glocke u. freute mich,
daß diese freche Schnauze auch mal naive Laute der Begeisterung
findet. – *Meint, es müsse* schließlich immer alles gut *werden.
Spricht weiter über seine Liebe.* Du, ich habe oft geglaubt, ich habe
Tiefes erlebt, weil der Schwung der Gedanken recht riesenhaft
war, jetzt ist etwas über mich gekommen, wie die Sonne; sie überschwingt sich nicht, sie geht ruhig ihre Bahn, sie hat nicht zu
kämpfen, sie ist eben da, bedingungslos, wirklich. *Es ist etwas,* was
im Kern unseres Herzens liegt u. uns aus innigen Kindesträumen
gar wohl bekannt ist. Mit Riesenschritten sind wir darüber hinweggegangen und haben vergessen, daß es eine Tiefe giebt. Das
Herz hat nur Tiefe, den Gedanken soll die Höhe gehören. *Beide*

sind zweierlei, aber die Tiefe muß offen sein für die Gedanken. – *Bezieht sich auf Ms Epistel von neulich, meint, es sei zwar schade, aber es gebe* doch bloß zwei Wege, die gänzliche Freiheit oder Fesseln, u. Fesseln sind solche Geselligkeit immer, für Menschen wenigstens, wie wir es sind. *Er ist froh,* den Krempel *los zu sein.* – Na, da komme ich ja auch wieder auf Deine gutsherrliche Geistersippe; ja das wäre was. Aber in der Stadt haben wirs doch; wollen wir mehr, als 5–6 Menschen von so verrücktem Schlage, wie wir? Mehr können wir schon nicht verlangen.

432. AN MARIE GOETTLING [IN SORAU].
BERLIN, 12.2.1897

Ich habe jetzt wieder einen neuen Russen für mich entdeckt, nämlich Gogol, den mir mein Freiberger Onkel mitgab. An Phantasie, Geist, Beobachtung, Pathos, Naturschilderung, Humor, Ironie etc. etc. überaus geniale und einzig geniale zu nennende Sache. Mußt Du einmal lesen. Ein satirisches Zeitgemälde (Gogol 1810–1852) »Tote Seelen« und vor allem: Phantasien und Geschichten. Alles Reclam.
Augenblicklich lese ich Tag und Nacht – denn es ist mir nur eine Woche geborgt – den zweiten Band der Nietzsche-Biographie von seiner Schwester Elisabeth Förster-Nietzsche. – Beispiellos. Der Verkehr mit und die endliche Abkehr von Wagner! Das allmähliche Auf-sich-selbst-besinnen, die Enttäuschung ohnegleichen, das Glück und die Bitterkeit immer mehr wachsender Vereinsamung – denke Dir einen Sehenden, einen Wissenden unter fünfzig Millionen Blinden.
Und dieser Eine steigt, während die andern alle weit Besseres zu tun haben, Stufe um Stufe hinab in das Herz des Seins, bis ihn zuletzt die übermenschlichste Anstrengung tötet. Liebe Freundin, wer einmal dem nachempfunden hat, soweit es einer gewöhnlichen Natur gegeben ist, dem Leiden des Genius nachzufühlen, der wird seinen Blick nie mehr von diesem Manne abwenden können …
Was kommen wird? Eine neue Epoche der Kraft, der heute hier und dort präludiert wird? Vielleicht! Kaum mehr in Deutschland.

Da müßte erst grenzenlos viel zerstört und ausgerodet werden. Es ist ein schreckliches Gefühl: es ist zu spät für uns zu einer neuen einheitlichen Kultur. Man darf nicht daran denken, man raubt sich den Atem damit. So wie es heute steht, ist gerade der beste edelste Sohn des Volkes der schlechteste des Staates...
Bist Du mir böse, daß ich gar kein Träumer sein will? Aber liegt nicht in jedem großen Ausblick, gleichviel ob er hell oder dunkel, richtig oder falsch, ein Glück? Alles in allem aber: Seien wir Wir Selbst und richten unsre Sehnsucht in uns selbst, daß unser eigenes Feuer zu hohen Flammen blase! Heerfolge, das liegt so Euch Weibern (vor Dir darf ich doch das schöne Wort gebrauchen!) im Blut. Wir suchen uns – nun gar seit Nietzsche – am liebsten unsere ganz eigenen Wege, mit einer grenzenlosen Freiheit in der Brust und werden wir einmal müd und irr, so schauen wir Zarathustra ins Auge. Das gibt immer eine Entscheidung.

433.   VON OTTO ERICH HARTLEBEN. BERLIN, 16.2.1897

Erläutert die Form des Rondels bei Albert Giraud, rät aber von einer Nachahmung ab. Die ursprüngliche Form ist achtzeilig und heißt Triolett. – Stiften Sie mir bitte für das Verbrecheralbum – ein zwangloses Sammelbuch meiner näheren Freunde – ein Rondel oder überhaupt etwas Gereimtes oder Ungereimtes.

434.   VON MARIE GOETTLING. SORAU, 17.2.1897

Dankt für den Brief. Ist zufrieden, wenn er dem für gut und recht Erkannten *die Treue hält*. Ob unser Beider Ziel nur durch Worte geschieden, ob es uns trotz der Verschiedenheit der Wegrichtung einmal vereint, – ich weiß es nicht, – manchmal scheint mir die Kraft sich ohne Einverständniß gegenseitig hoch halten zu können, eine Bürgschaft dafür, – aber so oder so, Sehnsucht treibt uns vorwärts und einmal gestillt, läßt sie keinen Wunsch mehr übrig.
– *Ms Bewunderung für Nietzsche konnte sie Wort für Wort auf Robertson übertragen*. – Herfolge hebt Heerfolge nicht auf, – wer dient wohl fremden Königen! Und wer auf einen Schlachtruf

sich bewaffnet, nennt sich Kämpfer, – und wer ihn nicht zuerst ausgestoßen, – folgt. *Aber das* niedergeschriebene zeugende Wort *fordere nur* geschriebenes Zeugniß. [...] Mir gab N. indirect, – durch Dich, – die Energie, den Willen zum Leben, – und nach Schopenhauer brauchte die ganze Welt einen solchen Wächterruf, – und als ich zu suchen gewillt war, stand der Führer vor mir, der Einzige der mit dem Tode Bescheid weiß. – *Dankt für Hirschfelds »Mütter« und äußert sich über das Stück. – Liest jetzt die »Morituri« von Sudermann, die ihr gefallen, aber sie wünscht sich einmal ein Stück,* wo Mann oder Frau nicht eins am andern scheitern, sondern Anker werfen können. *Betont, sie sei* absolut gegen »träumen« zur Zeit des Tageslichts. – *M soll sich in ihrer Satzstellung zurechtfinden.*
N.: Hirschfeld: »Dämon Kleist«. Unser kleiner dänischer Jesuitenzögling. *Dessen Onkel. Wereschtschagin: Napoleonzyklus.*

435. VON FRIEDRICH KAYSSLER. [GÖRLITZ, 18.2.1897]

Gestern Erstaufführung von Kaiser Heinrich; trotz Wildenbruch u. Schreikunst ist doch heute ein Freudentag der Genugthuung für mich, *denn er spürt in sich selbst den Erfolg.* Und denke Dir, am Morgen nach so was im herrlichsten Sonnenschein durch den Park zu gehen, neben einem Weib, das Einen ansieht mit Augen, in denen all das liegt, was ich Dir eben geschrieben habe, und noch Etwas mehr, etwas was eigentlich die Hauptsache ist. *Verspricht, demnächst wieder sachlicher zu schreiben. Dehmels »Mitmensch« ist* graue Theorie *und* kein Drama.
N.: [Shakespeare]: »Richard III«.

436. AN LUDWIG LANDSHOFF IN BERLIN.
BERLIN, 22.2.1897

Bittet Landshoff, morgen zu Wedel zu kommen und Geld mitzubringen, sonst könne er, M, kein Mittagbrod *und überhaupt* nie mehr *essen. Soll* welche *mitbringen.*

437. VON CÄSAR FLAISCHLEN. BERLIN, 2.3.1897

Die nächsten Hefte des »Pan« sind schon sehr voll, er bittet trotzdem, die Sachen zu schicken, verspricht Antwort. – Hartleben war krank, M soll also sein Schweigen nicht so tragisch nehmen.

438. VON FRIEDRICH KAYSSLER.
GÖRLITZ, ETWA 2.3.1897

Ein Gedicht: Regalia: »Sonnenbrand« *mit kurzer Nachschrift: Phanta habe vergessen, M das Gedicht zu erzählen, und bitte, es ihm zu übermitteln.*

439. VON PAUL SCHEERBART.
SCHÖNEBERG, [VERMUTLICH 10.]3.1897

Sehr geehrter Herr!
Herzlichsten Dank für Ihre freundlichen Zeilen. Wann ich in die Versenkung der Leipziger Str. steigen werde, weiß ich noch nicht genau, evtl. schreib ich vorher. Auf Wiedersehn!!
      Mit vielen vielen lustigen
      Grüßen
       Ihr
        ergebenster
       Paul Scheerbart

440. VON OTTO ERICH HARTLEBEN.
BERLIN, 15.3.1897

15. März 1897.
Sehr geehrter Herr!
Ich danke Ihnen bestens für Ihren freundlichen Beitrag zum Verbrecheralbum. Das Gedicht ist nett und liebenswürdig, doch wär es mir lieber, wenn Sie etwas verbrecherischeres hätten. Es ist nicht leicht zu definieren, was gut verbrecherisch ist – jedenfalls

Alles, was geeignet ist, einen Hülfsbremser zu ärgern. Vielleicht haben Sie sowas?
Mit bestem Gruß
Ihr
Ihnen sehr ergebener
Otto Erich Hartleben

441.   VON FRIEDRICH GAUS. SORAU, 16.3.1897

Konnte endlich am 26.2. den Vortrag über IN PHANTAS SCHLOSS *halten.* Schon während ich sprach, merkte ich, daß eine wirklich gespannte Aufmerksamkeit unter meinen Mitschülern herrschte; [...] Auch auf mich haben Ihre Gedichte einen immer tieferen Eindruck gemacht, je öfter ich sie laß. Dieser Eindruck wurde besonders verstärkt durch Ihre liebenswürdigen Aufklärungen, die Sie mir dazumal sandten. *Auch der Deutschlehrer Dr. Lorentz, den er überhaupt sehr lobt, hat sich* anerkennend *über die Gedichte ausgesprochen. – Bittet um Verzeihung, daß er so viel aus Ms Erläuterungen wörtlich übernommen hat. – Am 12.3. hat er das Abitur bestanden. – Den* [*mitgeschickten*] *Vortrag erbittet er zurück. N.: Reinthaler. – W. Ms: Muluslied.*

442.   AN FRIEDRICH GAUS [IN SORAU].
         BERLIN, 17.3.1897

Gratuliert zum bestandenen Examen. Nun Glückauf zu einer fröhlichen Zeit des Erlebens, Weiterdenkens und Weiterfühlens! *Der Vortrag hat ihn* unglaublich gefreut. [...] Es ist glaub ich ein ziemlich einzelstehender Fall, dass die Gedichte eines erst fünf Jahre vom Gymnasium abgegangenen Schülers auf demselben Gymnasium Gegenstand eines Vortrags werden dürfen, zumal wenn sie so frei und keck sich gerade gegen die Jünglings- (also Gymnasial-)Vergangenheit des Autors richten. *Will auch Herrn Lorentz danken. Läßt die* Commilitonen und vor Allem unsern traditionellen Kreis *grüßen.*

443. VON WOLDEMAR RUNGE. MOSKAU, 20.3.1897

Muß endlich zeigen, daß er M nicht vergessen hat – aber nur ihn allein nicht; Berlin liegt wie ein schwerer Traum in nebelhafter Ferne. Hier kommt es ihm wieder zum Bewußtsein, daß der Mensch zum Menschen gehört, u. daß es unnatürlich, krank und schrecklich ist, ewig u. immer nur allein, allein, allein mit sich selbst zu sein. – *Beschreibt die Reise, die Ankunft in Moskau, den überwältigenden Eindruck, den die Stadt auf ihn macht, der Kreml, die Kirche des Wassilij Blashénnij, der Rote Platz etc.* Und nun an sich das Schönste vielleicht, das ich je gesehen. Der geträumte Wundertempel, der Freudentempel Hauptmanns, der Festraum für die Jubel- und Siegeshymnen Christians u. Woldemars hier steht er am hohen Ufer des Flusses Moskwá. Ein achteckiges Kreuz in Quadratform, mit einer den Himmel überwölbenden Goldkuppel, in grellem Weiß steht da die Erlöserkirche. 42 Jahre wurde an ihr gebaut u. 17 Millionen Rubel ist sie wert. [...] Der Innenraum ist ganz einfach. Das heißt, alles was Sie sehen ist Marmor, Gold u. Edelgestein. [...] Man möchte drin jauchzen u. tanzen u. lobsingen. *Will auch am Sonntag zum Gottesdienst hin. – Muß noch den Derwisch im Nathan lernen. – Der Brief ist auch für Wernitzky u. Reinhardt zum Dessert. Gruß:* von Ihrem überglücklichen Woldemar.
N.: Der Iswoßtschik. Der arme Italiano. Iwan der Schreckliche. [Thon]. Wereschtschagin. Siemiradski. Ungenannte russische Maler.

444. VON MAX REINHARDT.
BERLIN [VERMUTLICH 20.3.1897]

Lieber Danton,
Auch ich möchte, bevor ich Sie guillotinieren lasse, gerne mit Ihnen beisammen sein. Morgen ist jedoch ein angestrengter Tag. Nachmittags bin ich aufreizender Weber Ansorge u. abends versöhnender Pfarrer. Ich bin deshalb später fertig. Aber um ½ 11 h Abends längstens 11 h bin ich in »Amerika, bar« aller Begleitung u. werde mich freuen, Sie drüben zu begrüßen. Später spie-

len wir wohl Domino um Menschen Köpfe. Hoch die »Kaiserkrone«, hoch der »Kaiserhof«, hoch das »Monopol«!
Ihr Robsp.

445. VON FRIEDRICH KAYSSLER. GÖRLITZ, 21.3.1897

Hat heute abend zur Vorfeier *die Titelrolle in »Prinz Friedrich« von Laube gespielt. Man braucht eine* wahnsinnige Portion von Frechheit, *so etwas zu spielen.* Es ist schmachvoll, aber ulkig. L. grüßt. Ich grüße. F.

446. VON FRIEDRICH KAYSSLER. GÖRLITZ, 30.3.1897

Hat weiter in Nietzsches »Vom Nutzen und Nachteil der Historie für das Leben« gelesen und sieht seine Ablehnung unnötigen Wissens dadurch bestätigt. Zum Sieg gehöre zwar Kampf und Kenntnis des Gegners, aber das sei auch rein instinktiv möglich. Jedenfalls hat man beim Vorwärtsgehen immer den Reiz des Neuen, Unentdeckten voraus, selbst wenn man falsch geht. Aber der Mut, vorwärtszugehen ohne zurückzuschauen, trägt schon den Kompaß in sich, fast immer. *Außerdem folgt für ihn aus Nietzsches Äußerungen, daß nur der trunkene in der Dichtung versunkene Schauspieler ganz Großes schaffen kann. Weil es unmöglich ist,* eine ganze Rolle im Taumel *zu spielen, sind immer nur Momente wirklicher Größe möglich.*
N.: Kainz. Liese.

447. VON HUGO HABERFELD.
WIEN [ETWA ANFANG 1897]

Mein lieber Christian,
meinen Gruss zuvor und treuen Handschlag. Das Leben ist unangenehm, ich habe viel zu thun, zu viel, muss im Herbst Prüfung machen und habe noch sehr wenig gearbeitet. Dann aber bin ich wieder für ein Jahr frei und an einem lauen Octoberabend werde

ich Bahnhof Friedrichstrasse aussteigen. Wie ich mich freue! Kindlich!
In den letzten Tagen ist es ein Jahr gewesen, dass wir uns kennen. Eine so kurze Spanne Zeit und ein Meer froher Erinnerungen. Für mich wenigstens. Jüngst hat mich wieder die Sehnsucht darnach gepackt. Es kam so. Freund und Redacteur Strauss sagte mir Ihre Phanta sei zur Besprechung eingelaufen und ich sagte ihm, dass ich darüber schreiben werde. »Ja, natürlich, aber ich müsste möglichst kurz sein, denn der Raum für Kritiken u.s.w.« Als ich dann allein nach Hause gieng, wurde es mir herzlich bang. Ich hatte noch nie eine Kritik geschrieben. Wenn es noch ein fremdes, gleichgiltiges Buch wäre! Aber Chrischan und seine Phanta! Und wie ich gieng, da kamen die Erinnerungen. Berlin, die Abende in der Kaulquappia, viele viele Stunden! Frühling wurde es, irgendwo glaubte ich Flieder zu riechen, Klein-Machnow, Wohnung in der Grünstrasse, Vortrag über Dichter und endlich, plötzlich Friedrichshagen, unser Friedrichshagen. Mein Schritt musste etwas tänzelndes haben, denn die Leute sahen mich an und ich lachte ihnen ins Gesicht. Jetzt wusste ich, wass ich schreiben werde. Wie Sie aussehen. Mittelgrösse, schlank, feschen blonden Schnurrbart weisse Zähne graue, blaue Augen und einen Zwicker und eine edle, gewölbte Stirne. In den Augen und der Stirne da steckt der Dichter. Eine ganz kleine ähnlichkeit mit Knut Hamsun, dem Norweger. Toillette gemüthlich elegant. Dann Ihr Zimmer in Friedrichshagen: da werde ich lyrisch sein: Sommernächte, Nachtigallen, Seemärchen und Unkenschlag, Birkenalleen und Laubwälder. Dann Ihre liebe, liebe Güte als Mensch und Freund, und Ihr heiliger, strenger Ernst als Künstler. Nebenbei schimpfe ich hier auf Journalisten und Zeitungsfrechlinge. Weiter spiele ich ein wenig Eckermann: ich skizziere unsere Gespräche auf dem Balcon und lege danach los: In Phantas Schloss. Dann erzähle ich noch von unsern Ruderfahrten von unseren Gesellschaften, von unsern Mahlzeiten (beim Wilhelmsbad könnte man vielleicht eine Besprechung über den hohen Stand der Volkskunst in Friedrichshagen einfügen) über den Werther-Amandus Kellner in Schultzes Bierhallen. Über unser Abendmahl (Anmerk. für den gebildeten Leser: nicht das Lionardo da Vinci'sche ist gemeint) wenn es draussen dämmerte und die Dun-

kelstunde, blass und heimlich ins Zimmer trat, über den famosen Schinken, über das Bierglas »Noch ist die Zeit der Rosen« und die Klavierlehrerin, die Schuhmann spielte. Dann eile ich zum Schluss (technischer Ausdruck!) und sage: Besagter Christian Morgenstern ist ein starker Künstler, und trotzdem er mir nichts schreibt, auch ein wundervoller Mensch. Und ich rufe ihm von hier auf Wiedersehen zu. Unten schreibe ich dann stolz und froh meinen Namen und Nachdruck verboten und Fortsetzung folgt beim nächsten Gedichtbuch. – Gerade stand ich vor meiner Hausthüre und hatte nicht nur die Kritik fertig sondern den Plan zu einem Buch. Als ich mich dann aber vor das Papier setzte, war alles zerstoben: ich konnte und wollte der grossen Menge der Viel-zu-vielen nichts von unserer Freundschaft erzählen. – Aber ich nahm die Phanta und las sie durch. Gedicht auf Gedicht. Dann legte ich mich aufs Sopha und überdachte mir die letzten Eindrücke. In wenigen Minuten war dann die ganze Kritik geschrieben. Kurz und dem Redacteur ganz entsprechend. Ob auch dem Dichter?.....
Ich weiss es nicht, aber das muss ich Ihnen, lieber Chrischan sagen: ich bin streng mit mir ins Gericht gegangen, hatte in dem Momente unser Menschenthum beiseite gelegt und hütete mich vor Worten, die mir nicht echt klangen. Ehrlich und ganz habe ich geschrieben, was ich vom »Dichter« Morgenstern denke und erwarte. Wenn ich nur theilweise getroffen habe, was Sie von Ihrer Kunst halten und verlangen, dann bin ich froh. – Wie ich eben sehe, ist der Brief etwas lang und langweilig geworden: aber ich schrieb unter einem ekelhaften Druck: ich habe noch heute 25 Scriptenbogen Kirchenrecht durchzumachen....
Bleiben sie mir gut, werfen Sie mich nicht zu den Kritikern und schreiben Sie mir wieder einmal.
              Ihr getreuer   Haberfield
Wien IX. Brünnlbadgasse 5.II. Th. 16.
Die beifolgende Karte meines Freundes Emil Schaeffer in Breslau erhielt ich vor einigen Tagen!

448. VON FRIEDRICH KAYSSLER. GÖRLITZ, 6.4.1897

Es muß eine dramatische Dichtkunst kommen, *die eine höhere und doch natürliche Welt bilden kann.*
N.: L[iese].

449. AN OSCAR BIE [IN CHARLOTTENBURG].
[VERMUTLICH BERLIN, ANFANG APRIL 1897]

Lieber Herr Doktor,
es ist mir schwer verständlich, wie Sie dem Jargon, in dem Herr M.H. sein angebetetes Vorbild, Herrn A.K. neuerdings überbieten zu wollen scheint, so weite Zugeständnisse machen konnten, daß Begründer und Mitschöpfer des Bodens, auf dem die Neue Deutsche Rundschau steht, als »Trottel, Dummköpfe und Hochstapler« bezeichnet werden dürfen.

Es erniedrigt die Zeitschrift, wenn ein ehrenwerter und stiller Künstler wie Mackay, der noch dazu ihr Mitarbeiter ist, in ihr in so frecher Weise beschimpft werden kann.

Man achtet Kühnheit und Scharfsinn, aber man verachtet immer noch Frechheit und Witzelei.

Jene Kritiker mögen ihres, dem Publikum vielfach nützlichen Handwerks walten, aber sich nicht als »Herren der Situation« gebärden.

Warum ich Sie mit solchen Sätzen in Ihren – wahrscheinlich musikalischen – Träumereien störe? Um Ihnen offen meine Befürchtung auszusprechen, daß diese »neuen Männer« das Schiff der »N.D.R.« in eine Richtung zu steuern drohen, welche sie in den Hafen der Zukunft in Anführungsstrichen gefährlich nahe zu bringen geeignet ist.

Ihr

Chr.M.

450.   Von John Henry Mackay, Berlin, 10.4.1897

Berlin, 10.4.97.
Adreße[?]: H. Wioker
Rixdorf, Kaiserfriedrichstr. 240 I

Sehr geehrter Herr,
mein Ekel & meine Verachtung vor der heutigen deutschen litterarischen Kritik – vor allem der Berliner – ist so groß, daß ich nicht geglaubt hätte eine Gemeinheit, wie die heutige, könne mich noch so erregen, wie es thatsächlich der Fall war; die Herren Fischer & Bie, die ich zur Rede stellte, suchen zwar der Sache eine harmlose Wendung zu geben, doch glaube ich nicht an die guten Absichten von Leuten von heute, wie diese[?] Kerrs & Pauli's.
Für Ihren freundlichen Brief danke ich Ihnen aufrichtig; eine Erklärung, wie die von Ihnen geplante, werde ich natürlich gern mit unterschreiben.
Für diese neueste Gemeinheit der Kritik aber gegen mich bin ich entschloßen einstweilen eine eclatante Genugthuung zu verlangen; seien Sie überzeugt, ich werde sie mir zu verschaffen wißen!
Mit freundlicher Begrüßung in ausgezeichneter
    Hochachtung
        Ihr ergebener John Henry Mackay.

451.   Von Cäsar Flaischlen. Berlin, 10.4.1897

Berlin, 10/4 97

Lieber Herr Morgenstern!
Schönsten Dank für die Dichtungen, von denen ich »Meeresbrandung« u.»Flamme« für sehr gelungen halte.
Die Kommission entschied sich jedoch nur für das erste: Meeresbrandung und machte dabei zur Bedingung, daß Sie die rrrrr streichen würden –
Ich schicke Ihnen daher die Manuskripte wieder u. bitte Sie um eine Abschrift des betreffenden Gedichts – falls Sie auf diese Bedingung eingehen.
        Mit besten Grüßen
            Ihr Dr. Cäsar Flaischlen.

452. VON CÄSAR FLAISCHLEN. [BERLIN], 15.4.1897

15/4 97

Lieber Herr Morgenstern!
Schönsten Dank. Das Gedicht hat durch die Streichungen tatsächlich gewonnen u. ich freue mich um so mehr, als die zwei Klammern von mir herrührten. In Erinnerung an den seligen Purpurmantel aber wollte ich mich keinem neuen Verdacht aussetzen.
Ob das »Warte nur« wie jetzt nach jedem 4ten Vers besser ist als wie vorher nach jedem 2ten – weiß ich nicht recht. Das Monotone käme mehr heraus. Überlegen Sie einmal ein Strophenbild wie:

```
--------------          Die Strophe also 6zeilig.
--------------
  ------
--------------
--------------          Mit dem Ostervorschuß
  ------              kann ich Ihnen leider nicht
```

helfen. Unser Vorstand ist unerbittlich u. gibt die Gelder erst nach Abdruck. Ich würde es privat auslegen – kann's augenblicklich aber auch nicht.
Anfang Mai Korrektur.

Ihr Dr. C. Fl.

453. AN OTTO ERNST [IN HAMBURG].
BERLIN, 29.4.1897

Bittet um Auskunft, an welche offizielle Adresse er sich zur Bewerbung um den Augsburger Schillerpreis wenden kann. Zu Schulrat Bauer in Augsburg hat er, weil anderer Meinung über Nietzsche, keine Verbindung mehr. Raten Sie mir überhaupt dazu? Soll einer aus der jungen Generation – auch wenn er im Künstlerischen oft weit mehr Traditionär als Revolutionär ist – diese alten Herren beunruhigen?
N.: W.Ms:[IN PHANTA'S SCHLOSS]. [AUF VIELEN WEGEN].

454. Von Otto Ernst. Hamburg, 2.5.1897

Hamburg, Eimsbüttel, den 2./5.1897.
Sehr geehrter Herr,
mein Verleger hat damals meine Gedichte, soviel ich weiß, an die
»Augsburger Schillerstiftung« adressiert. Mit mir verkehrte
dann, wenn ich recht erinnere, ein Dr. A. Schreiber. Jene Adresse
dürfte aber genügen.
Eigentlich kann ich Ihnen nicht zu einer Bewerbung raten. Die
200 M sind ja ganz angenehm; aber in den letzten Jahren sind
wiederholt so schwachbrüstige Leutchen »gekrönt« worden, daß
ich für meine Person mich gründlich kompromittiert fühlte u.
meinem Verleger strengstens anempfahl, in Annoncen u. dgl.
nicht wieder mit dem »Schillerpreis« zu arbeiten. Was politische
u. ästhetische Parteiungen anlangt, so sind die Augsburger Herren, glaub ich, ziemlich objektiv.
Mit hochachtungsvollem Gruße
Ihr ergebener
Otto Ernst.

455. Von Hugo Haberfeld. Wien, 4.5.1897

*Schickt, weil er nicht selbst kommen kann, M zum Geburtstag ein
Bild von sich und beteuert,* dass Sie sich [...] einen Menschen
erobert haben, der Ihnen dauernd dankbar und ergeben bleibt.
N.: Ms Freunde.

456. Von Eugenie Leroi.
Ems [vermutlich 5.5.]1897

Ems, 5.4.97.
Lieber, lieber Freund!
Sie sind bei Mia gewesen, Sie sorgen um sie, Sie wissen nicht, wie
gut ich Ihnen dafür bin. Ich hab' sie ja so lieb, meine arme Freundin. Und ich hoffe, es wird alles noch gut werden, von uns verläßt
sie ja Keiner. O ich bin stolz auf meine Freunde!

Und heute komme ich zu Ihnen und reiche Ihnen beide Hände.
Bleiben Sie auch mein Freund! Ich hab' es wohl längst verscherzt
und meine Bitte kommt zu spät, aber ich spreche sie doch aus,
meinem Stolze zum Trotz. Und für alles, was ich Ihnen zu unrecht
that, bitte ich um Verzeihung. Mehr kann ich Ihnen wohl nicht
sagen, wie hoch ich Sie jetzt schätze. Zu Ihrem morgigen Geburtstage
bringe ich Ihnen innige Wünsche dar, Wünsche für Ihr
Glück und vor allem für Ihre Gesundheit. Es thut mir so leid, daß
Sie sich nicht wohl fühlen. Aber Mutter Sonne muß Sie heilen.
Bitte grüßen Sie Dulos, der mir zu zürnen scheint – ich habe ihn
wohl enttäuscht, er hielt mich wohl für größer und befähigter, als
ich bin – und erzählen Sie mir mal von Fräulein Bentzen. Und
von Mia.

Herzlichst Ihre
Gena Leroi.

457. AN CLARA OSTLER IN FREIBERG.
BERLIN, 7.5.1897

*Freut sich sehr, sie auf ihrer Durchreise in Berlin treffen zu können,
sie soll nur früh genug schreiben.* Mit Euren Glückwünschen und
Geschenken habt Ihr mir eine grosse Freude gemacht: so eine
Goldfeder war schon lang mein heimliches Ideal. – *Sie soll Schertels
grüßen und sich dort gut erholen.*
N.: *Oskar [Anwand].*

458. AN BRUNO WILLE [IN FRIEDRICHSHAGEN].
[BERLIN, ZWISCHEN DEM 8. UND 22.5.1897]

Betont, was die That selbst betrifft, *daß es in der menschlichen
Natur höhere Gesetze als die geschriebenen gebe. Geht dann auf
Einzelheiten von Marie Gerdes' Charakter –* große Herzens-Naivetät,
[...] Unverdorbenheit *– ein und auf die mögliche Gefährdung
ihrer späteren gesellschaftlichen Existenz – als Vorbestrafte
würde sie kaum noch Klavierstunden geben können.*

459. AN MARIE GERDES [IN BERLIN]. [BERLIN,
VERMUTLICH ZWISCHEN DEM 8. UND 22.5.1897]

Bedenken Sie, dass ein jeder nur thut, was er thun muss. Ihre »Feinde«, ihre »Freunde«, Sie selbst erfüllen alle nur die Gesetze der Notwendigkeit. Grübeln Sie nicht über »hätte« und »würde«: Sie konnten nicht anders handeln, wie der, an den Sie geglaubt und der Sie getäuscht, nicht anders handeln konnte. Wir betrachten in unendlich kurzsichtiger Weise immer nur die einzelne That des einzelnen Menschen. Aber vergessen Sie nicht, dass die Vergangenheit eines Jeden von uns so alt ist wie die Menschheit, ja überhaupt wie alles Leben, dass unsere Lebensäusserungen nicht im Heute oder Gestern sondern im ganzen Weltzusammenhang ihre Gründe haben, dass wir im tragischsten Sinne unverantwortlich sind für jede kleinste Lebensregung. Dies ist keine »Philosophie für Trostbedürftige« sondern die harte unbekümmerte ewige Wahrheit. An ihr sich aufrichtend stehen Sie über der Welt und über sich selbst und ihrem eigenen Schicksal, sie im Herzen werden Sie jenes lächelnden Trotzes teilhaftig werden, der dem Menschen seine höchste tragischste Schönheit giebt. Fassen Sie, alles was Sie erleben, als etwas auf, was Ihnen neben allem Unzuträglichen in irgend einem Punkte auch eine neue Erkenntnis, eine neue Empfindung bringen muss, treiben Sie Psychologie an sich selbst wie an einem Ihnen zum Studium überlassenen Objekt, suchen Sie Ihre Schmerzen und Bewegungen fruchtbar zu machen, vergrübeln Sie sich nicht in Reue oder in Besorgnissen für die Zukunft, lernen Sie weise zu sein.
Bilden Sie sich in Ruhe, Klarheit, Verstehen und Sie bilden an Ihrer eigenen Zukunft.
Über diese Zukunft seien Sie ruhig. Unser kleiner aber innig verbundener Freundeskreis wird Sie in Gesinnung und That niemals verlassen. Seine Liebe umgiebt sie, wo und wann es sein mag.

×

Lassen Sie sich von der »Länge« der Zeit nicht bange machen! Denken Sie wie viel bedeutende Männer und Frauen ihrer Freiheit zeitweise verlustig gingen und es standhaft ertrugen.

460. AN GEORG HIRSCHFELD [IN WIEN].
BERLIN, 19.5.1897

Lieber Georg,
Du wirst nun nicht mehr lange in Wien bleiben? Du schreibst ja
nichts, so daß ich recht wenig und allgemein nur über Dein
Dortsein informiert bin.
Weißt Du, um wessen Bekanntschaft und Umgang ich Dich seit
acht Tagen wahrhaft beneide?
Denke Dir, daß mir Blätter für die Kunst von Stefan George durch
Frisch in die Hand kommen und daß ich Hugo von Hofmannsthal für mich entdecken muß! Außer Gedichten enthält dieser
gebenedeite Jahrgang (1892/93) ein dramatisches »Bruchstück«
Der Tod des Tizian und eine dramatische »Idylle« zu einem
Vasenbild »Centaur mit verwundeter Frau...« Nun, Du kennst
wahrscheinlich alles. Ist es nicht wunderbar, beispiellos, überwältigend schön und vornehm?
Ich lese es immer wieder von neuem, ich möchte es abschreiben
und auswendig lernen, ich bin mit einem Wort bezaubert, entzückt, hingerissen. Wie gesättigt von Schönheit und Adel sind
diese kostbaren Zeilen, welche Kultur im ergreifendsten tragischsten Sinne atmet aus ihnen! Willst Du ihm ein Wort davon sagen,
daß diese kleinen Werke mich tief bewegt haben, daß ich Stellen
daraus mehrmals laut mir vortrug, ohne jedoch vor Erregung sie
klar und ruhig zu Ende lesen zu können? –
Wenn Du mir nicht mehr schreiben willst oder kannst, so mußt
Du mir im Juni um so mehr erzählen und vor allem auch von
Deinem Schaffen!...

461. VON HUGO HABERFELD. WIEN, 21.5.1897

Hat Ms Brief gerade erhalten. Mir war es, als hörte ich aus Ihren
Sätzen neben der gewohnten lieben Christian-Melodie trübe, zit-
ternde Obertöne, die mich traurig stimmten. Es muss schon manches nicht recht sein, wenn Sie der Starke und Stolze auch nur
leise andeuten. Ich bin ganz niedergedrückt. *Lädt M sehr dringend ein, über Pfingsten nach Wien zu kommen.* Und sollten Sie

nicht kommen wollen oder aus irgendeinem ganz unerwarteten Grunde nicht können, war auch diese meine Freude vergebens, dann schreiben Sie mir, was Ihnen auf der Seele liegt.. Denken Sie, ich sei Ihr Bruder, dem Sie alles erzählen können. Ich will schon sorgen um nur gut zu machen, was sich nur gut machen läßt.. Ich betrachte es ja nicht als Pflicht und nicht als Vergnügen: es ist mir innerstes, heissestes Bedürfniss. – *Schickt gleichzeitig seine Horazkritik sowie eine aus dem »Wiener Tageblatt«, die er* Journalistenschmok *nennt.*
N.: Hamlet. Haberfelds Bekanntenkreis. [Rudolf] Strauß.

462. VON CÄSAR FLAISCHLEN. [BERLIN], 24.5.1897

24/5 97
Lieber Herr Morgenstern!
Es freut mich herzlich, daß mein Vorschlag Ihre Zustimmung fand. Die Strophe wirkt so in der Tat stärker. Das mit den kleinen Buchstaben aber kann ich leider nicht machen. Und ich halte auch das Weglassen der Interpunktion für nicht glücklich – so gut Sie es auch begründen. Warum das Verständniß erschweren? –
In Anlage einen zweiten Abzug, wie ich mir die Sache am besten denken würde – in Bezug auf Interpunktion u. Ortographie. Die ... wirken ganz gut als surrender Nachschlag. Ich hab gleichzeitig noch ein paar Inptänderungen mit Bleistift vermerkt – die anzunehmen oder abzulehnen natürlich ganz bei Ihnen steht.
Mit herzlichem Gruß
Ihr Dr. C. Fl.

463. VON WILHELM VON SCHOLZ.
MÜNCHEN, 31.5.1897

München: Arcisstr. 54^{II}, 31.V.1897.
Sehr geehrter Herr,   in Nr. 132 der »Kritik« steht, von einem Poetaster verfaßt, ein so völlig verlogener, frechpersönlicher Artikel gegen Dehmel, daß es ein allgemeines Interesse haben dürfte, wenn eine so widerwärtige Erscheinung auf recht breiter Basis

ihre Zurechtweisung erführe. Könnten Sie nicht für die Rundschau einige Zeilen schreiben? Sie werden sehen, daß ich nicht zu wenig gesagt habe, wenn Sie den Artikel lesen. Ich habe der Kritik selbst eine Entgegnung geschickt. Ob sie sie bringt? – Mit den besten Grüßen bin ich Ihr ergebenster Wilh. von Scholz.

464. AN MARIE GOETTLING [IN SORAU].
     [BERLIN], 5.6.1897 [UND FRÜHER]

Meine liebe Marie,
Du wirst mir wohl schon ein wenig böse sein, dass ich von den Rechten des Beschäftigten so ausgiebig Gebrauch mache. Sei aber wieder gut und lass Dir und Deinem lieben Vater aufs Herzlichste noch so spät für die schönen und nützlichen Aufmerksamkeiten danken, mit denen Ihr Guten mich wieder so reich bedacht habt. Ich bin gerade diesen Geburtstag so verwöhnt und beschenkt worden, dass es mich eher traurig als froh gestimmt hat. Ein Stück um das andre auf ein gleitendes Schiff gestiftet, auf einen schwankenden Boden gestellt, einem Heime dienen sollend, das vielleicht morgen nicht mehr ist – – .
Wenn ich vielleicht äusserlich einige »Bürgertugenden« zu besitzen scheine, so habe ich sie innerlich um so weniger. Wo ich mich gewöhne werde ich unglücklich. Vielleicht liegt das schon in meiner ganzen Jugend vorbereitet, die in unzählige Teile zerhackt war. So habe ich mir das Mich-Nicht-Gewöhnen-Wollen wohl – angewöhnt. Nicht dass ich jetzt meine Luisenstrasse »verändern« wollte, so unmöglich sie auch nun im Sommer mit ihrem Pfeifen, Singen, Rollen, Klingeln, Trappeln, Bellen, Schreien etc. etc. für einen »geistigen Arbeiter« ist, – aber meine Sehnsucht haftet an keiner Scholle…
Ich bin so unzufrieden und könnte mir doch an Dir ein Beispiel nehmen, die Du doch auch oft hinaus möchtest….
Wie ich jetzt – Nachts – weiter schreibe, hacken sie unten in die Asphalthaut der Strasse aber nicht so zart wie Goethe als er auf der seiner Geliebten Hexameter skandierte. Es ist als wären die Kerle drauf versessen, jeden Gedanken unmöglich zu machen. Ich muss thatsächlich bis morgen warten, Du machst Dir keinen

Begriff von dem Eifer dieser preussischen Pferdebahnschienen-Räte. Dabei ist es ein Uhr Nachts. –
Nun sind ein paar Tage hingegangen, ohne dass ich zur Fortsetzung Zeit gefunden hätte. Zitel ist nämlich auf 5 Tage hergekommen und da heissts natürlich seinen Grosstadtgelüsten ein treuer Begleiter sein. Das Militär bekommt ihm vorzüglich, wenn er auch an Beleibtheit verloren hat.
Heute vormittag macht er einen Besuch, weshalb ich Dir bei hohem Thermometerstande diese Mitteilungen machen kann, nicht jedoch zu all dem mehr komme, was ich ursprünglich schreiben wollte. Das tauschen wir dann ein ander Mal aus. –
Über die Angelegenheit, an der Du so herzlich teilnahmst, kann ich Dir noch nichts Definitives berichten. Es handelt sich jetzt augenblicklich darum, unsre Freundin bis zum Stattfinden der Verhandlung im Juli gegen Caution aus der Haft zu befreien. Die Verhandlungen schweben darüber zwischen dem Anwalt und dem Gericht. – Sie selbst habe ich nun leider seit der /guten/ Heilung der Wunden nicht mehr gesehen und nur durch ihre Schwester leidlich gute Nachrichten empfangen. Zwei Rechtsanwälte /darunter ein berühmter Redner/ werden sie verteidigen und ich hoffe – wenn Freisprechung vielleicht doch nicht möglich sein sollte – doch geringes Strafmaass und standes-angemessene Lebensbedingungen bei der dann etwa erfolgenden Abbüssung. – Was die unter uns anbetrifft, die wir über alles Menschliche eine völlig freie aussermoralische Betrachtungsweise üben und wünschen, so sind unsere Gefühle der Achtung und Neigung unverändert geblieben. Ich weiss wahrhaftig nichts mehr von »Gefallnen« und »Sünde« und dergleichen, all dieses richterliche henkerliche mittelalterliche Empfinden ist mir fremd. Mag jeder sich selbst bestimmen und seine eigene Tugend haben. —
Leb wohl, Liebe, schreib recht bald wieder
                    Deinem Dich herzlich grüssenden
Herzl. Grüsse an O. Moor.   Christian.
5.VI.97.

465. VON WILHELM VON SCHOLZ. MÜNCHEN, 9.6.1897

Nr. 140 der »Kritik« enthält Scholz' Entgegnung. Würde sich freuen, wenn M Münchhausens Standpunkt auch geißeln würde.

466. VON WILHELM VON SCHOLZ. MÜNCHEN, 14.6.1897

München: Arcisstr. 54$^{II.}$
14.VI.1897.

Sehr geehrter Herr Morgenstern,
vielen Dank für Ihre freundl. Karte! Ging es nicht, daß Sie in der N. D. R., ohne zu polemisieren, einfach ein paar Worte (viell. in »Zeitschriftenschau«) über Nr. 140 sagten und mir etwa allzu große Milde vorwürfen? Dehmel ist, wie er mir schrieb, auf Grund des M-schen Pamphlets vor den Staatsanwalt gekommen; es kann ihm vielleicht sehr nützlich sein, wenn überall einfach zu der Thatsache Stellung genommen wird. Vielleicht können Sie in einer Tageszeitung die Sache machen? Sie verzeihen mir sicher, daß ich Sie mit der Sache so belästige. Es liegt hier unser Aller Interesse im Spiel. Sehen Sie, ob Sie nicht Nr. 132 der Kritik noch bekommen können (mein Expl. ist zerschnitten, sonst würde ich's schicken), bitte. Das ist ja das Leiden, daß ich in Wut[?] und Eile die Hälfte zu besprechen vergessen habe. Meine erste Impression war nur das Größenverhältnis zwischen Dehmel und Münchhausen und das hab' ich dargestellt. Aber M. greift auch noch auf Grund mißverst. Gedichte aus »Weib und Welt« die eheliche Treue von Dehmels Frau in seiner Kritik an!!! Und mehr derart! – Vielleicht würde die »Monatsschr. für neue Litt. u. Kunst« eine Satire bringen? Doch noch einmal: Verzeihen Sie meine Bitte! –
Den Wegwarten hat Rilke die Augen zugedrückt, obwohl dies eigentlich kein schönes Bild ist. Es war auch besser so! Einmal mindestens muß doch jeder mit seiner litter. Vergangenheit brechen; und in den Wegwarten war doch allmählich auch manch Poetasterlein angekommen. So hat Rilke ganz gut gethan.
Wann kommt denn Ihre Besprechung der Frlgsfhrt? Ich bin sehr gespannt darauf.

Mit herzlichem Gruße
Ihr
stets ergebener
Wilh. von Scholz.

467. AN DEN VERLAG SCHUSTER & LOEFFLER [IN
BERLIN]. BERLIN, 22.6.1897

S.g.H.
Betreffs d. voraussichtl. Anzeigen, welche Sie nun zur II. A. druck
w., möcht. ich Sie v. vornher. bitt. d. Schwerp. nicht a. m. Namen
sond. auf d. Titel »H. tr.« und d. Ausdruck »Stud.sch.« nach
wie vor zu leg. u. vor All. nicht d. Ansch. z. erweck. als liege e.
neues Werk vor, das in mein. künstl. Entwickl. irg. e. neues Moment bezeichne. Deshalb bitte ich auch keinerl. Bezieh. a. m.
1. Buch »i. Ph. Schl« zu nehm. Da wo d. Buch H. tr. überh. wirkt u.
gekauft wird, kommt es fast nur a. d. Titel, fast gar nicht a. d.
Verfass. an. (Folgt Rüge »einiger Leser« weg. Vallotton) Etc.
Indem ich Sie also nochmals bitte mich namentlich mögl.st
wenig in d. Debatte ziehen zu wollen
           bin ich _____
           _____
22.VI.97. Berlin.   _____

468. VON OTTO ERICH HARTLEBEN. BERLIN, 6.7.1897

Die Idee eines Verbrecheralbums *ist ihm wieder* so ganz unbestimmt geworden; *deshalb schickt er Ms Beiträge zurück.*

469. AN LUDWIG LANDSHOFF IN BERLIN.
FRIEDRICHSHAGEN, 7.7.1897

[*Von M und Friedrich Kayssler*] *Grüße und die Einladung, sie zu besuchen.* Bringe Dein Klavier mit.

470. [Vermutlich an Paul Schlenther, Ort
unbekannt]. Friedrichshagen, 19.7.1897

> Friedrichshagen, Seestrasse 19.
> bei Berlin   19.VII.97.

Hochverehrter Herr Doctor,

Auf Ihren ehrenden und bedeutungsvollen Vorschlag erlaube ich mir heute mit dem beiliegenden ersten Versuch einer Übertragung und einigen Mitteilungen zu unserer Angelegenheit zu antworten.

Vor 14 Tagen erhielt ich von Herrn Dr. Elias die ziemlich umfangreiche Grammatik von Hekscher und ein Exemplar der Kærlighedens Komedie. (Dr E. übersetzt Liebeskomödie; wörtlich jedoch: K. der L.)

Von der Grammatik habe ich mir bisher 14 Lektionen, ein Drittel des Ganzen, angesehen und finde allerdings die Sprache ziemlich einfach und der unsrigen verwandt.

Zugleich machte ich mich an die beigegebene Scene und hoffe sie mithülfe des grossen Wörterbuches von Helms ohne allzugrosse Verstösse übertragen zu haben.

Nur für die zwei Zeilen nach Falks »Nein, da ist Sieg...« getraue ich mir nicht einzustehen, da meine noch geringe Sprachkenntnis mich hier noch zweifelnd gelassen hat. Ich habe sie zunächst so gut gemacht, wie ich konnte.

Die Fischersche und die Reklamsche Übersetzung dienen mir fortwährend zur Erheiterung; – wenn nicht zur Entrüstung über das bodenlose Unverantwortlichkeitsgefühl, womit sie gemacht sind.

Ich bemerke mit Freude, dass das Meiste mit einigem Bemühen fast wörtlich wiederzugeben ist, während jene Verdeutscher die schönsten schlagendsten Bilder durch triviale Verallgemeinerungen ersetzen.

Die Stelle, die gewiss noch in Manchem zu verbessern sein mag, hat mir dennoch grossen Mut zu der Aufgabe gemacht und ich glaube, durch Unterricht bei einem Norweger und gemeinsame Lektüre der betreffenden Dramen, sowie seinerzeit durch Aufenthalt in Skandinavien selbst dazu kommen zu können, etwas Gutes zuwegezubringen. –

Wegen des Honorars habe ich Ende Juni bei Fischer vorgesprochen. Er äusserte, er würde mir eine Pauschalsumme anbieten, wovon ich – einige Jahre gerechnet – »bequem« zu leben imstande wäre. Er machte mir einen so generösen Eindruck wie niemals, sodass ich ihn ganz beruhigt verliess. Als ich jedoch bei Dr. Elias war und er die Honorarfrage zur Sprache brachte, erzählte er mir von 4000 M, die F. Frau Bernstein angeboten habe. Damit ca 4 Jahre »bequem« zu leben, 83,33 M pro Monat, wäre doch eine zu ideale Forderung. Wir berechneten, vier Jahre angesetzt, 10000 M als das einzig Mögliche. Ich hätte dann mit 200 M monatlich gerade und knapp zu leben. Ausserdem halte ich jene erste Summe auch moralisch, sozusagen, für unannehmbar. Ich bitte Sie aufrichtig, mich hierin eventuell F. gegenüber unterstützen zu wollen. –
Hoffentlich entscheidet sich die Sache nun bald. – Ich sende übrigens zugleich eine Abschrift der Scene an E. – Für die freundlichst geliehenen Bücher noch vielen Dank, ich habe schon viel davon enträtselt. In aufrichtiger Ergebenheit und Verehrung
Ihr Sie
   dankbarst grüssender Christian Morgenstern.
Dr. Bondi hat leider den »Lyriker« a limine abgelehnt.

471. [AN UNBEKANNT, ORT UNBEKANNT].
   FRIEDRICHSHAGEN, 21.7.1897

»Beklagt sich über Honorarschwierigkeiten mit seinem Verleger u.
erwähnt seine Übersetzungen Ibsenscher Stücke.«

472. AN FRIEDRICH BEBLO [ORT UNBEKANNT].
   FRIEDRICHSHAGEN, 21.7.1897

         Friedrichshagen b. Berlin
            Seestr. 19
            21.VII.97.
Lieber Bembo,
Zwar Friedrich sagt, das Tintenfläschchen mechte umfallen und Friedrich ist ein ehrenwerter Mann – trotzdem setze ich mich

schon vor Frühstück an unsern Lauben-Tisch, um an Dich eine
Epistel zu beginnen. Über unser hiesiges Leben und Tr. wird Dir
Fr. wohl schon erzählt haben – Bum. Jetz kam nämlich der
Kaffee.
Also Hauptsache: Du kommst jetzt im Sommer auf einige Tage
hierher und vom Winter ab wieder nach Berlin, aber in die
Metropole nicht in das Vordorf Ch.
Deine liebe Karte mit Skizze haben wir erfreut erhalten, lass Ders
ok nich zu heess wern.
Das Neueste ex meis rebus ist, dass ich dänisch lerne, um aus Dän.-
Norwegischem zu übersetzen. Zweitens dass ich mit Schuster und
Loeffler mich wegen Herausgabe meiner 2 nächsten Sammlungen herumhaue, d.h. eigentlich nur wegen der Ausstattung,
denn zum Verlag an sich haben sie sich selber mir angeboten.
Sag mal würdest Du wohl Lust und Liebe dazu haben, mir eine
Randleiste auf den Umschlag zu zeichnen? Vielleicht nur ornamental oder auf den Inhalt bezüglich? Wie schön das wäre, und
wie Du mich erfreuen würdest, brauch ich Dir nicht zu sagen!
Du weisst, dass ich überglücklich sein würde, wenn Du Dich dazu
verstehen würdest. Ja, indem ich dies schreibe, kommt mir sogar
ein noch kühnerer Gedanke! – : wenn Du zur Phanta, die einen
neuen Umschlag erhält, /sie geht auch voraussichtlich an Sch. u.
Löffler über/ auch noch eine Titelvignette, Titelrahmen oder so
was Ähnliches machtest?
Junge, das wär herrlich!
Ad Punkt 1 also folgende Angaben: der Umschlag soll grün sein
und zwar entweder Bütte oder da diese kaum aufzutreiben ist
grüner Aktendeckel (Probe folgt bei) Grösse 22 ½ cm hoch
15 cm breit. Titel »Auf vielen Wegen« Untertitel entweder
»Fünf Reihen Gedichte« oder nur »Gedichte«. Name, vielleicht
oben in den Rahmen einzufügen oder unter dem Untertitel mit

»von«; ... ... unten Verlagsangabe [Chr. M.
A.v.W.
und .... Jahreszahl. Die F.R.G.
(vo
Chr. M.)
Jahres- .. .... Zahl vielleicht Sch. u. L.
1897.]
unten in den Rahmen eingehängt.

Juli 1897 371

Es wäre Dir bei beiden Büchern (Phanta hast Du wohl?) sonst schicke ich Dir sie umgehend) vollständig überlassen ob du rein ornamental verfahren wolltest oder ornamental mit Beziehungen zum Inhalt oder ganz frei (landschaftlich oder dergl.)
Bei Phanta brauche ich Dir nichts mehr zu erzählen, Du kennst ja wohl das Buch genügend und hast vielleicht schon manchmal zeichnerische Gedanken dazu gehabt. /Notabene dürften die Zeichnungen nicht zu difficil für die Wiedergabe sein. Den Druck denke ich mir schwarz. Rot /falls Du vorschlagen solltest, auf grün/ nicht ganz ausgeschlossen. Die Umschlag-farbe von Phanta weiss ich noch nicht, höre gern auch hierin auf Deine Vorschläge weisse Bütte (oder Aktendeckel) nicht ausgeschlossen).
Bleibt nun noch, Dir vom Inhalt des neuen Buches ein kurzes Bild zu geben.

1. Reihe:	Träume (Ich selbst träume i. Schlafe Verschiedenes
1. Hirt Ahasver	(treibt die 7. mag. u. 7. fetten Kühe durch die Welt)
2. Die Irrlichter	(Lied der Irrl. auf e.m Sumpf es sind Seelen, die keinen Körper finden können. Ich unter ihnen)

So geht's nicht, seh ich, Du wirst total wahnsinnig davon! Also

1. Reihe	Träume
2. -	vom Tagwerk des Todes
3. -	Elementarphantasieen (Wass. Feuer, Luft, Erde)
4. - (12 Ged.)	Symbolischen Inhalts
5. - Waldluft	Waldbilder, -Scenen, -Märchen, -Stimmungen

Am Besten so: Falls Du Lust hast, auf meine herzliche Bitte einzugehen, lasse ich Dir das Manuskript auf ca. 8 – 10 Tage schicken. Es wird erst in 3 – 4 Wochen mit dem Druck begonnen, also haben wir Zeit, wenn wir Schlag auf Schlag korrespondieren.
Du kannst es in beliebiger Grösse ausführen, nur muss es genau im Verhältnis des angegebenen Formats sein.
Sagst Du nein, so bleibt Ph. nach wie vor ohne Schmuck und für

das Neue muss ich mir eine Zierleiste von Sch. u. Loeffler aufdrängen lassen. Lieber Junge, erfülle mir hiermit einen Herzenswunsch, es wäre doch so hübsch, wenn wir paar Freunde uns ein bischen ineinander arbeiten könnten! Ich verspreche Dir auch Deck- Dach-, Portal- Keller- Treppen und Wandsprüche in Deine Bauten, soviel ich machen kann! Na nu aber Schluss ich rede Dir sonst ein Loch in 'n Kopp. Also bitte bald Antwort

Deinem getreuen
Chrischan.

P.S. Auch die Titelbuchstaben wären vielleicht zu zeichnen, oder auch sie ganz allein?

473. AN MARIE GOETTLING [IN SORAU].
[VERMUTLICH FRIEDRICHSHAGEN, JULI 1897]

[*Anfang fehlt*] Was ich suche, liegt irgendwo neben oder zwischen den genannten Kreisen, aber wann werde ich je es finden? Heute sprach F. die Vermutung aus, Beblo werde vielleicht den Winter schon nach B. zurückkommen. Das wäre wunderschön, ich habe grosse Sehnsucht nach ihm; mit ihm zusammen könnte man vielleicht doch so einem stilleren Verkehr auf die Spur kommen. Doch wer weiss, wie sich überhaupt die nächsten Jahre anlassen werden. Was ich Dir nämlich nicht verschweigen kann, obschon es Thorheit ist, schon davon zu reden, ist, dass mir kürzlich der Auftrag in Aussicht gestellt worden ist, die Vers-Dramen und die Gedichte Ibsens aus dem Norwegischen /= Dänischen/ ins Deutsche zu übertragen beziehungsw. (nach) [*darüber:* um] zudichten. Das würde 3-4 Jahre erfordern, während welcher ich sicher zu stellen wäre. Die Aufgabe ist gewiss sehr schwer, aber ich wüsste mir keine Ehrenvollere und mehr den Ehrgeiz entflammende. Die Übersetzungen sind für die einzige autorisierte deutsche Ausgabe von Ibsen bestimmt und wären demnach für alle Zukunft die allein maassgebenden und mustergültigen.

Die beiden Klippen, die noch im Wege stehen, sind erstens ein Konkurrent und sodann die Honorarfrage. Irgend etwas aber werde ich jedenfalls übersetzen müssen.

So lerne ich denn mit Hochdruck Dänisch und hoffe mich bald an

Stellen der Liebeskomödie /Kaerlighedens Comedie/ versuchen zu können. Es wäre herrlich wenn alles glückte, denke Dir, dass damit meine Lebenslage endlich sicherer würde und die ungewissen Projekte nach der »freien Schriftstellerei« (in Aufsätzen, Kritiken...) hin verabschiedet werden könnten. Ich könnte mich, falls ich wirklich Talent dazu haben sollte, allmählich überhaupt für dänische Litteratur einrichten. – Vom Honorar wird ja alles abhängen. Ich brauchte mich, falls es mir bequem zu leben gestattete, an keinen Ort zu binden, könnte z. B. eine Zeit lang nach Kopenhagen gehen oder einen Winter in wärmeres Klima. Ich habe freilich Sorge um mein eigenes Schaffen, aber ich glaube doch zu fest an die Zukunft um zu fürchten, es werde verkümmern. [*Fortsetzung fehlt*]

474. VON JULIUS ELIAS. BERLIN, 26.7.1897

Berlin W. 26.7.97
Matthäikirchstrasse 4./II.

Sehr geehrter Herr,

Ihre Probe hat unseren Beifall. In wenigen Tagen treffe ich Herrn Schlenther in München; wir werden uns dann entscheiden. Inzwischen bitte ich Sie, sich zu überlegen, wieviele Zeit Sie annähernd zu gebrauchen glauben für die Verdeutschung von

Hünengrab (1 Akt)
Fest auf Solhaug
Gedichte
Komödie der Liebe
Brand
Peer Gynt.

Davon würde Manches abhängen, u.a. auch Ihre geschäftliche Abmachung mit Herrn Fischer.

Teilen Sie mir die Antwort auf jene Frage mit bis Sonntag oder Montag nach

Feldafing (Starnberger See)
Hôtel Strauch[?].

Empfangen Sie meine besten Grüße
Ihr
Julius Elias.

475. AN FRIEDRICH BEBLO [ORT UNBEKANNT].
[FRIEDRICHSHAGEN, AM ODER KURZ VOR DEM
3.8.1897]

Lieber Freund,
Wennschon mir Deine Allerhöchst-echten Erwiderungszeilen vom Umfange einer halben Zeile noch nicht recht gesagt haben, ob Du mich eigentlich innerlich verfluchst oder ob Dir die Sache Vergnügen macht, schicke ich Dir doch die neuen Manuskripte und berenne Dich mit diesem zweiten Briefe und etzlichen Nebenwiddern (parietes) als da heissen Phanta, Büttenpapiermuster u. dergl.

Meine Gedanken die Titelzeichnung von Ph. betreffend, findest Du auf beifolgendem Bogen /Beilage 1/ markiert, inhaltlich dürften vielleicht die Wolkenspiele, sowie die Sterne, Blitze etc. [*durch Sternchen eingefügt:* Mond nicht Vordergrund, wegen der Erinn. an Pierrot Lunaire)], der Sonnenaufgang ... [*am Rand:* Schaukel] verwendbar sein, der Pan unten liegend und Mond-Blasen blasend oder dergl.

Oder so was hinein- und gut, Dir wird einfallen, was be- besten mit dem mat im Einklang kecken ersten Inhalts Rechnung  [Chr. M. In Phanta Schloss Sch. u. L.] wehendes, na kurz schon das Rechte sonders auch am kleinen zarten For- steht, und dem Jugendwurf des trägt.

Die Ph. wird also von Sch. u. L. mit einem neuen Umschlag versehen; siehe die beigelegte rote Bütte, die Dulos und ich ausgesucht haben, und die Dir wahrscheinlich auch gefallen wird. / Über die Art, Grösse und Farbe des Titeldruckes (der Worte) bitte ebenfalls die Deiner Zeichnung entsprechenden Angaben zu machen. Ph. – lateinischer, A.v.W. deutscher Druck./

×

»Auf vielen Wegen« = Haupttitel
    Gedichte = Untertitel
Mein Name oben oder hinter »Gedichte« mit »von« folgend. Unten, Mitte, Ecke, wo Du willst »Schuster und (oder &) Loeffler.

Berlin
1897.« (Anordnung beliebig, doch
übersichtlich).
Ein Muster des grünen Umschlagbüttenpapiers folgt (in der
Grösse des Umschlags) bei. Die Maasse sind = 15 : 22 ½ (überhöht).
Der Druck »mechte« 1 September beginnen weshalb ich Dich
bitte, mir das Manuskript bis spätestens 15. wieder zuzuschicken,
da ich, wie Du siehst, noch Vieles ins Reine (und mit Änderungen) zu schreiben habe. —
Die Verträge erhalte ich erst in einigen Tagen. Wir haben uns bei
»A.v.W.« auf Teilung des Reingewinns vereinbart nach Deckung
der Herstellungskosten. Bei Ph. erhalte ich nach Deckung der
Umänderungskosten 0,60 M von 1,00 M Reingewinn. Du musst
Dich natürlich beteiligen und wir machen endlich die Pfingsttour nach Bornholm davon. So, Alter, nun verlier den Humor
nicht über der vielen Tinte und schreib mir bald mal ein paar
Worte aus Deiner wirklichen Stimmung zur Sache heraus.
Bist Du schon im Schwarzwald? Grüß die Deinigen herzlich. Plag
Dich vor Allem nicht mit der Sache, sondern sag ruhig wenn Du
nicht Lust hast oder beschränk Dich auf ein paar einfachste Linien.
Hast Du aber Lust, so freu ich mich schon jetzt darauf, wie Deine
Hand gegen die fade Manier der »Jugend«-Modernen ein Stück
von unserer Kunst geben wird.

       Addio und Sonnenschein!
       Dein Chrischan.

D. Verleger sagte mir als Bedingung nur:
1) Federzeichnung
2) im Verhältnis der Maasse; nicht nötig 15 : 22 ½ sondern etwa
auch 30 : 45.

476. AN FRIEDRICH BEBLO [ORT UNBEKANNT].
FRIEDRICHSHAGEN, 3.8.1897

Als kurzes Postscriptum zum eben abgesandten Packet *die Bitte,
das Manuskript niemanden, auch nicht seine Mutter, sehen zu lassen, da es noch nicht endgültig sei. Einige Gedichte wie* AMOR DER

ZWEITE *und* POSEIDON UND SELENE *würden weggelassen. –*
Kayssler grüßt. – Bittet um die Schwarzwaldadresse. Grosser Auftrag schwebt über mir! Übersetzungen.

477. AN CLARA OSTLER [VERMUTLICH IN MÜNCHEN].
FRIEDRICHSHAGEN, 8.8.1897

... Fritz Kayssler und ich wohnen nun wieder bis September in Friedrichshagen. Wir haben zwei sehr nette Zimmer nebeneinander und teilen uns idyllisch in Arbeit und Naturgenuß.

Ich lerne jetzt Tag für Tag Dänisch, da mir wahrscheinlich ein Auftrag zugeteilt wird, wichtige Übersetzungen aus dieser Sprache herzustellen. Ich kann Dir leider noch nichts Definitives darüber mitteilen, da es sich erst Mitte des Monats entscheidet. Macht sich aber alles gut, so bedeutet das einen großen Schritt vorwärts auf meinem Lebensweg.

Meine neue Sammlung Gedichte kommt nun also Oktober zum Vorschein, der andre Band, der eigentlich auch schon vorliegt und der mein Subjektivstes (Lieder, Stimmungen etc.) enthält, folgt jenem übers Jahr im gleichen Verlag. Phanta geht auch in diesen Verlag (Schuster und Löffler, Berlin) über und wechselt den Umschlag.

Mein Freund Beblo, den Du glaub ich auch kennst, ist so gut, mir Titelzeichnungen zu machen, auf die ich mich schon sehr freue, da er eine geniale Hand hat.

Siehst Du, nun geht es schon nach und nach ins offene Meer hinaus. Der Horaz hat übrigens schon die zweite Auflage und geht gleichmäßig (nun mit meinem Namen).

478. VON GEORG BONDI. BERLIN, 19.8.1897

Bietet M Strindbergs »Inferno« zur Übersetzung (aus dem Französischen) an. Das Honorar soll pro Bogen (16 Seiten zu je 25 Zeilen) 12 Mark betragen. Bittet um umgehende Entscheidung.

479. Vertrag mit dem Verlag Schuster & Loeffler in Berlin. Friedrichshagen und Berlin, 22. und 23. August 1897

Vertrag

Zwischen Herrn Christian Morgenstern, z. Z. in Friedrichshagen als Autor und der Firma Schuster & Loeffler in Berlin als Verlegern ist unter heutigem Datum folgendes verabredet worden:

§ 1. Herr Chr. Morgenstern giebt der Firma Schuster & Loeffler sein Werk

Auf vielen Wegen

für alle Auflagen in den Buchverlag.

§ 2. Das Werk wird den Wünschen des Autors entsprechend hergestellt und soll im Oktober 1897 erscheinen.

§ 3. Der Ladenpreis für das broschierte Exemplar wird auf Mk: 2.- (Zwei Mark) festgesetzt.

§ 4. Die erste Auflage wird in Höhe von 800 (Achthundert) Exemplaren hergestellt. Hiervon gelangen 700 in den Handel; 20 Stück sind als Freiexemplare für den Herrn Autor und 80 zu Recensionszwecken bestimmt.

§ 5. Der Herr Autor ist bemüht, für die kostenlose Beschaffung einer Umschlagszeichnung zu sorgen.

§ 6. Der sich aus dem Absatz des Werkes, für den der Verlag mit allen Mitteln vornehmer Reclame eintritt, ergebende Reingewinn wird zwischen beiden Contrahenten zu gleichen Teilen geteilt.

§ 7. Die Abrechnung findet alljährlich im August statt.

§ 8. Bei einer notwendig werdenden zweiten und ev. folgenden Auflagen finden besondere Abmachungen statt.

§ 9. Herr Chr. Morgenstern giebt der Firma Schuster & Loeffler sein folgendes lyrisches Werk, das für den Oktober 1898 in Aussicht genommen werden soll, gleichfalls in den Verlag. Es wird im gleichen Formate erscheinen.

§ 10. Der Autor liest Correcturen und Revisionen.

§ 11. Ein etwaiger Bedarf des Herrn Autors wird ihm zum Buchhändlernettopreise in Rechnung gestellt.

§ 12. Herr Chr. Morgenstern verpflichtet sich, alle bis zum 31.

Juli 1901 entstehenden Werke – falls sie nicht im Auftrage eines anderen Verlages geschrieben sind – der Firma Schuster & Loeffler zuerst zum Buch-Erwerb zu offerieren. Vorstehendes ist in zwei gleichlautenden Exemplaren gefertigt, gelesen, genehmigt und eigenhändig unterzeichnet.
Friedrichshagen, d. 22. August 1897   Berlin, d. 23. August 1897
Schuster&Loeffler

480. VERTRAG ÜBER DEN WECHSEL VON IN PHANTAS SCHLOSS ZUM VERLAG SCHUSTER & LOEFFLER. FRIEDRICHSHAGEN UND BERLIN, 22. UND 23. 8. 1897

Der Ladenpreis von 1.50 Mark wird beibehalten, das Buch erhält einen neuen, ziegelroten Umschlag, eine Zeichnung besorgt der Autor kostenlos. Der Verlag Richard Taendler erhält als Entschädigung Bücher aus dem Verlag Schuster & Loeffler zum Ladenpreis von 30 Mark mit 50 % Rabatt, für Schuster & Loeffler also für 15 Mark. Nach Tilgung der Unkosten erhält M 60 % des Gewinns. M bekommt 5 Freiexemplare. [Weitere Details wie in Nr. 479.]

481. VON GEORG BONDI. BERLIN, 26. 8. 1897

Freut sich über Ms Zusage, Strindbergs »Inferno« zu übersetzen. Möchte sich mit M treffen, um Näheres über das Werk zu erfahren. N.: Friedrichshagen.

482. VON FRIEDRICH KAYSSLER. HALLE, 3. 9. 1897

Hat Badetuch und -hose in Friedrichshagen vergessen, bittet, die Sachen zu besorgen. – Berichtet vom Wohnungseinrichten. – Die Kaufleute sind noch teils überfreundlich, teils sehr dämlich, aber Liese wird sie noch erziehen. – M soll Brief und Geschenk (von Kayssler) an Hausigk schicken, Kaysslers Stücke von Lessing anfordern und den Einakter an Brahm schicken. – Fragt nach Henrik

und Samy. – *M soll vom »Faust« erzählen. – Berichtet vom Spielplan in Halle und wieder von der neuen Wohnung.*
N.:Ibsen und seine Frau,geb.Torresen.Liese.Kaysslers Wirtsleute. Coebner. Röhl. Bondi. [Hauptmann]:»Der Biberpelz«; »Die versunkene Glocke«.Ein Steueronkel.*Julius. – »Die Gesellschaft«.*

483. [VERTRAGSENTWURF ZWISCHEN DEM S. FISCHER-VERLAG UND MORGENSTERN. VERMUTLICH BERLIN, VOR DEM 10. 9. 1897]

M erhält von Oktober 1897 bis Oktober 1900 monatlich 150 Mark für die Übersetzung der Werke Ibsens: »Das Hünengrab«, »Das Fest auf Solhaug«, »Komödie der Liebe«, »Brand«, »Peer Gynt«, Gedichte, bei einer zweiten Auflage weitere 1600 Mark.

484. VON PAUL SCHLENTHER. BERLIN, 10. 9. 1897

10.9.97
Lieber Hr. M!
Dienstag war S. F. seufzend bereit, auf Ihre Forderungen einzugehen. Mittwoch schrieb er mir, es sei ihm nicht möglich. Ich sagte ihm:»für Sie mag es viel sein, für M. ist es wenig.« Nun will er Ihnen Hünengrab und Fest auf Solhaug abnehmen und dadurch die Arbeitslasten vermindern. Ich kann Ihnen keinen Rat geben, denn S. F. ist möglicherweise standhafter.

Vertraulich!
Ich selbst würde, wenn Sie nicht einig werden, vom Unternehmen zurücktreten, da ich keinen guten Übersetzer weiß, der es billiger machte.
           Mit bestem Gruß
                     Ihr
                        P. S.

485. AN MARIE GOETTLING [IN SORAU].
BERLIN, 12.9.1897

Meine liebe Marie,
Wahrhaftig, ich würde Dir Deinen lieben Brief am liebsten doppelt so lang rückbeantworten, wenn's eben ginge. Aber denke Dir bis Mitte Oktober spätestens muss ein Manuskript aus dem Französ. übersetzt und gedruckt sein und von 144 Seiten habe ich erst 26. Deinem Brief vielen Dank, ich machte die Reise ordentlich mit. Ja, ich hätte natürlich gern 'mal geschrieben, aber ich wusste doch nie wie lange eine Adresse galt. Gerhard hat Eure Adresse in Kufstein verloren und wusste vor ca 14 Tagen weniger noch als ich. Inzwischen war er 8 Tage in Hannover, ist jetzt wohl wieder zurück, ich hab ihm jedenfalls eine Karte geschrieben. Ja gewiss wenns möglich komme ich hinüber, aber wann wirds eben möglich sein! Morgen oder übermorgen wird sich wohl endlich die I. Sache entscheiden.

Der Verleger will kein Honorar herausrücken, wofür ein anständiger Mensch arbeiten mag, aber Dr. Schlenther (von der Voss.) der die Herausgabe litterarisch leitet, hat ihm Daumenschrauben angelegt und sich mit meinen Forderungen solidarisch erklärt. – Die v. und das Siegfried-Idyll hab ich hier auch einmal zusammen gehört und zwar war ich in der Probe und der Aufführung, Sonntag u. Montag hintereinander. Die v. ist für mich eigentlich das Vollendetste von B.s Symphonieen. Sie ist mir fast noch lieber wie die IX., mit ihrem Faustthema des I. Satzes, das gleichsam in ewige Tiefen hinunter fehltritt. Das Idyll hat ein mich tief ergreifendes Motiv, ergreifend, weil es in Triebschen entstand, und mir diesen Aufenthalt Wagners nahebringt, wo Nietzsche viele Male sein Gast war, liebster Gast bei liebstem Freunde, und wo sich Stunden abgespielt haben, deren Schönheit unaussprechlich war. – Den wilden Kaiser habe ich nur von unten gesehen, Z. und ich fuhren damals im Regen, aber ich am Bock, die grosse Strasse, die unten entlang führt. Der Bahndamm war von irgend einer -Ache zerstört und wir mussten nach Innsbruck. Hast Du in der Hofkirche da Dietrich den Berner gesehen. Eines meiner Lieblingskunstwerke; ich weiss nichts davon und will nichts wissen, ob und dass es in dieser Hofkirche noch andre schöne Werke giebt. Das

begriff Paulus seinerzeit schlecht und es ist ja auch etwas wunderlich. Das Oetzthal kenn ich leider nicht, glaub Dir aber wohl Dein Glück. Mein Herz ist diesen Sommer zwischen Nordmeer und Alpen hinundhergezogen worden und ich werde wohl nie dazu kommen können, einen Teil der unendlichen Natur vor einem andern zu bevorzugen. Ich liebe sie in Friedrichshagen und am Gardasee, sie ist überall dieselbe. Und die Wolken und Sterne kann einem keine Mauer rauben. Sie sollten zum mindesten jedem Lebendigen frei sein. — Der W., der bei Euch ist, ist einer der 5 Brüder meines Freundes. Er ist für mich mehr ein Naturschauspiel, eine Art Bär, ein Kerl, der in den Silen-Zug des Rubens gehört oder auf die Schwelle vor dem Schlafgemach eines Römerkaisers, der ihn sich aus den deutschen Wäldern als Leibwächter mitgebracht hat. Ich halte ihn massloser Treue für fähig, sonst ist er mir aber zu unkultiviert, zu sehr Rohstoff. Ich hab ihn ganz gern, grüss ihn, wenn Du magst, aber leg Dich seinetwegen nicht auf Psychologie. — Bei Hirschf.s bin ich wenig, da ich jeder freien Stunde froh bin, sie zu meinem Eigenen benutzen zu können. Ich will mich überhaupt möglichst zurückziehen von dem eitlen Herumgesitze und -Gerede und in meinen gemütlichen 4 Pfählen recht viel vollbringen.
Dieser Herbst hat mir, wie fast jeder, wieder den Keim zu einem neuen Werk geschenkt, an dem ich schon täglich mit Leidenschaft sitze. Was es ist, sag ich erst, wenn ich etwa ein Drittel fertig habe, aber ich sag Dir, wenn mir der Atem bleibt, dann wollen wir uns freuen. — Die Gedichte erscheinen nun: der 1. Band diesen Oktober, der nächste — aus Rücksichten auf geschäftliche Einwände des Verlags — im Oktober 98. Das 1. Buch wird eben gedruckt, Bembo hat mir einen sehr edlen Titel-Rahmen gezeichnet, doch fliegen noch Korrespondenzen, weil die Reproduktion Schwierigkeiten macht und Änderungen vorgenommen werden müssen. — An der Müggel mit Fritzing war's herrlich. Er hat übrigens — unter strenger Diskretion — da draussen in F. 2 Dramen geschrieben, wovon das eine, ein Einakter, ein genialer Guss ist. Ihr habt ja alle keine Ahnung, was das für ein Kerl ist. Aber es wird unter solchen Umständen wieder eine Lust zu leben.
In Fr. segelten wir, und ich konnte am letzten Tage einen Nachmittag lang ganz allein auf dem See liegen. Du glaubst nicht, wie

stolz ich darauf bin, denn Segeln ist meine Leidenschaft von früh
auf. – 3 Tage des August waren wir in Halle und Leipzig, dort
wegen Fritzens Wohnung etc. hier Maxens Klinger wegen. Das
war ein Festtag. Du weisst, dass sein »Christus im Olymp« auf der
Ausstellung ist. Nun, das lässt sich so wenig wie die Alpen beschreiben.
Die Salome sah ich zum ersten Mal im wirklichen Original (Dresden
nur Gipsmodell) und war fassungslos vor so viel Kunst. Nein,
liebes Herz, siehst Du, der Sieg über den Stoff, das ist eben das
Herrlichste, da giebt es dann keine Stoffe mehr, da ist die Welt
wieder im Stande der Unschuld, der Einheit, ein wahrhaftes Jenseits
von Gut und Böse etc. etc. Das Werk ist einfach zum anbeten,
zum herumtanzen, und ich begreife nur nicht, wie es in Deutschland
entstehen konnte.

Jetzt sind wir glücklich doch auf Seite 6 und Bembo und Frau
Runge warten noch. Also ade für heute, lasst's Euch nur wieder
wohl sein zuhause. Jetzt kommt so die richtige Haus- und Stadt-Zeit,
der Nebel, die roten Sonnenuntergänge, der herrliche
Herbstwind, die Hausmusik und die Bücher und lauter solche
guten Dinge.

Mit vielen herzlichen Grüssen an Dich und Onkel Moor

Dein Christian.

Luisenstr. 64/III.

12.IX.97.

(Sascha hat mir sehr hübsche Schreibunterlage geschickt. Noch
keine Zeit zu danken, bitte thu Du's zunächst; schreibe beständig
drauf, famose Erfindung.)

Das franz. Manuskript ist übrigens das neuste Werk des Schweden
August Strindberg, das ich für Verleger Bondi ins Deutsche übersetze.

486. VON OTTO GILDEMEISTER. BREMEN, 19.9.1897

*Kann Ms Frage nicht beantworten, da zuviel Unbekanntes für ihn
dabei ist: Ms Arbeitstempo und Belastbarkeit sowie Schwierigkeiten,
die erst während der Arbeit auftreten können. Ganz abstrakt
gesehen, meint er, in drei Jahren sei die Übersetzungsarbeit zu
schaffen, aber auf M bezogen will er sich nicht festlegen.*

September–Oktober 1897   383

487.   VON FRIEDRICH KAYSSLER. HALLE, 26.9.1897

Das ist ja herrlich! Sind wir denn in Preußen oder nicht. Gieb der
Gerdes beide Hände von mir u. schüttele sie ihr. Ich freue mich so
mit. – *Berichtet einige Neuigkeiten: Er ist vom Stadttheater nach
nur einer Rolle (Polyxenes im »Wintermärchen«)* – gar keine
Fachrolle – *wieder entlassen worden, weil er* Organ und Sprech-
weise nach *dort nicht hineinpasse. Sucht mit Lessings Hilfe etwas
anderes, erwartet von Brandt vom Berliner Residenztheater Antwort, will sich notfalls* – horribile – *nach Breslau wenden,* wo sie
mich damals so heftig haben wollten. Mann, ich muß wirklich
schnell nach Berlin, ich kann mich nun mal der Provinz nicht
anpassen. *Wenn er nicht woandershin reisen muß, wollen sie in den
nächsten Tagen nach Berlin kommen.* Klage Du über unsere schöne Wohnung! [...] Herzlichste Gerdesgrüße u. Grüße von
uns an Dich. [*Auch von Liese unterschrieben.*]

488.   VON EMIL ORLIK. LEIPZIG, 28.9.1897

· Leipzig · 28 · Sept. · 1897 ·
Sie sehen lieber Freund, ich lasse nicht einmal dieser nüchternen
Bahnhofsrestaurantenfeder die Ruhe! Habe heute während der
Fahrt Ihrer gedacht: die Veranlassung – als ob dazu eine nötig
wäre!! – später, im nächsten Brief: da schicke ich auch das ver-
sprochene für M.G.
                    Also nochmals Adieu!
                    Ihr aufrichtig zugethaner

489.   AN MARIE GOETTLING [IN SORAU]. [VERMUTLICH
       BERLIN, SEPTEMBER/OKTOBER 1897]

*Hat Schwierigkeiten, eine Bibelstelle im »Inferno« zu übersetzen
und fragt nach, wo in der Bibel sie stehen könnte. Bittet um Eile, da
die Sache schon Mitte Oktober fertig sein soll.*
N.: Onkel Moor.

490. VON FRIEDRICH KAYSSLER. HALLE, 1.10.1897

Verhandelt mit dem Breslauer Theater, obwohl ihm der Gedanke greulich ist, aber der Regisseur war früher in Görlitz von ihm entzückt. – Seinen Einakter hat er zurückbekommen, glaubt, daß Brahm ihn gar nicht selbst angesehen hat: Der Brief schmeckt eher nach »Dr. Ehrlich« als nach Brahm. *Hat keine Lust mehr, irgendwo ein Stück anzubieten.* Reicher liest Deine Gedichte vor? Oha! – *Ihm fehlt die Arbeit. – Möchte über Ms Gesundheit hören. Grüßt die Freunde. Grüße von Liese.*
N.: *Bondi. Gerdes.*

491. AN MARIE GOETTLING [IN SORAU].
[BERLIN, VERMUTLICH ANFANG OKTOBER 1897]

Hier geht's nun toll zu. Morgen ist ein Künstlervortragsabend in der Philharmonie für M. G. – E. Reicher liest Gedichte von mir vor. Kainz deklamiert, Nicklas-Kempner singt etc.

492. VON CÄSAR FLAISCHLEN. [BERLIN], 2.10.1897

Muß die vier Gedichte vom 14/9 leider zurückgeben. Ich hoffe aber später wieder einmal anderes zu bekommen.

493. VON HEINRICH HART.
CHARLOTTENBURG, 3.10.1897

Charlottenburg, Rönnestr. 4.
L. M. (früher Nr. 17a)
Für mein Theil habe ich das Prinzip, auf Zeitungskritiken -angriffe u. dergle. nicht zu antworten; bis jetzt habe ich von dieser Regel noch kein Ausnahme zu machen brauchen. Was der Tag gebiert, wird mit dem Tage vergessen. Im allgemeinen gießt man durch eine Erwiederung nur Oel aufs Feuer und macht weitere Kreise, die sich an jeder hämischen Bosheit ergötzen, ob sie auch

noch so ungerecht ist, aufmerksam. Ernsthaft schädigt so ein Tagesangriff niemals, es sei denn, daß ihm Berechtigtes zu Grunde liegt.
Den Harden'schen Artikel habe ich bis jetzt noch nicht gelesen, da ich überhaupt Zeitungen (mit Ausnahme der T. R. u. einiger Blätter, die mir regelmäßig zugesandt werden, unter denen aber keins der Feuilleton-Journalistik angehört) selten zu Gesicht bekomme. Dabei stehe ich mich, wie ich finde, sehr gut; was man der Tageslektüre zuwendet, raubt man der Ewigkeitslektüre.
Da Sie mich aber auf den Harden'schen Artikel aufmerksam machen, werde ich ihn lesen und dann mich weiter äußern. Schon jetzt aber möchte ich bemerken, daß ich Ihre Erklärung für zu apodiktisch halte; ohne eine, wenn auch kurze, Begründung ist eine Verdammung wirkungslos. Daß diese Verdammung gerechtfertigt sein sollte, will mir, nach dem, was ich bis jetzt von Harden kenne, nicht ein. Aber ich werde, wie gesagt, selbst prüfen.
Mit freundl. Gr. u. auf baldig Wiedersehen Ihr Heinrich Hart.

494. AN LUDWIG LANDSHOFF IN BERLIN.
       BERLIN, 3. 10. 1897

/ ? ! ! ! , , [-( ) -]
Cafe Bauer , , ,
! ! ! —
! ! ! ? ! ? ? ! , ; ? ! ! ! ! ! ? !
— : , ; , , , ; — . . . ! ! ? ( ) ¿ ; —
!!! Ob ich auf Bahn kommen kann hängt von Strindberg ab.* Geld hab ich auch keins, re vera, übrigens bekommst Du Deinen Billetpreis auch ohne so raffinierte Mittel !!!!!!
Klavier abgeholt. Hund. Es hat ja Stockschnupfen!
Warte!!!!!?!:?—:?!!!

* Grüsse jedenfalls Anwand u. kommt zu mir, ich werd Euch was vorspielen.
Übrigens hast Du e. n Doppelgänger.

495. VON EMIL ORLIK. PRAG, 20.10.1897

Dankt für die lieben Zeilen. Hätte M gern hier. Diese herrlichen Spaziergänge!! Verspricht in nächster Zeit ein paar Drucke zu senden. Hat das »Weber«-Plakat an Rebajoli geschickt.
N.: Orliks Vater.

496. VON GEORG BONDI. BERLIN, 22.10.1897

Weil die Druckseite des »Inferno« jetzt 30 Zeilen umfaßt und als Entschädigung für die schwierigen naturwissenschaftlichen und chemischen Stellen soll M jetzt 20 Mark pro Bogen für die Übersetzung erhalten. Fragt, wann M fertig sei.
N.: Gernandt.

497. VON CÄSAR FLAISCHLEN. BERLIN, 30.10.1897

Berlin, 30/10 97
Lieber Herr Morgenstern!
Schönsten Dank. Das »Lieder« betitelte Gedicht gefällt mir sehr gut – ich muß Ihnen aber alles wiederschicken – und tue das am besten gleich – da wir ganz besonders an Lyrik so viel Material liegen haben, daß ich augenblicklich keine Neuannahmen machen kann – denn der Abdruck könnte doch erst nächstes Jahr erfolgen.
Im Verhältniß hiezu ist an Prosa immer Mangel, obgleich – wir haben leider immer blos 20 Seiten. Aber schicken Sie mal, bitte.
Auf Ihr neues Buch bin ich sehr begierig.
Mit den schönsten Grüßen
Ihr Dr. Cäsar Flaischlen.

498. VON FRIEDRICH KAYSSLER. [BRESLAU], 2.11.1897

Lieber Junge, Na ich schreib schon, sei ock guttt!! *Hat jetzt den Glyszinski in »Mutter Erde« gespielt und allen großes Vergnügen bereitet. – Seine Einführung bei Loewe war gut, wenn auch seine*

Rollenwünsche nicht ganz erfüllt werden konnten. Er hat die Rede des Glockengießers Heinrich aus der »Versunkenen Glocke« vorgesprochen. Als Rollen sind ihm der Rudenz in »Wilhelm Tell« und der Edmund in »König Lear« versprochen worden. Hat einen Vertrag für 5 Jahre akzeptiert, obwohl er ihn nicht einzuhalten gedenkt, weil Loewe (das schlaue Aas) ihm dafür bessere Arbeitsbedingungen versprochen hat. – Er fühlt sich im Theater wohl. Es wird langsam und gründlich gearbeitet, u. man kann selbständig bleiben. Da der Glyszinski eine anerkannt undankbare Mistrolle ist, so nützt mir der kleine Erfolg bei Fachleuten ebensoviel wie irgend eine Bombenrolle. – *Legt die Zeitungen bei.* – *Sein Besuch bei Reches verlief zufriedenstellend distanziert.* – *Hat* Haberfield *getroffen, welcher grüßt. Für Lieses Geburtstag am 20. November hat er Photos bestellt, die M ihm* diskret *zuschicken soll.* – *Ist froh, jetzt jeden Abend spielen zu können.* – *Sorma gastiert als Nora.* – *Fragt nach* Danske & Compagnie, *der Gesundheit, ob M »Berlin im November« schon auf Papier gezogen hat, nach* neugebornen Zeitschriften.– *Hat an Anwands einen Blumenkorb geschickt.– Eigenhändiger Gruß von Liese.*
N.:Biensfeldt. Halbe. [Shakespeare]:»Hamlet«. Brahm. Neumann-Hofer. Encke. Strindberg. – Görlitz.

499. AN LUDWIG LANDSHOFF IN BERLIN.
BERLIN, 3.11.1897

Hat eine Karte zu Zacconi-Lear *geschickt bekommen,* von unbekannter Hand, *will aber, wenn möglich, danach noch vorbeikommen. Läßt* Alle *grüßen.*

500. VON EMIL ORLIK. PRAG, 6.11.1897

Prag. 6. Nov. 97.
Sie haben mir lieber Freund eine grosse Freude bereitet! Nehmen Sie unterdessen meinen herzlichsten Dank! Es ist dies wol nicht mein eigentlicher Dank: nur eine kurze Nachricht. Es folgt dieser Tage mit dem geliehenen Buch ein Brief und etwas dazu.

Für heute: der Umschlag repraesentiert sich recht vornehm, trotzdem ein bischen zu viel Striche mitsprechen. Nun ich habe die erste Zeichnung dazu gesehen: da war er durch das aufgesetzte Weiss gegliederter: die andern Leute stehen aber nicht unter dem Einfluss der ersten Zeichnung – weil sie sie nicht – gesehen haben.

Hab' schon ein par Gedichte gelesen! Herrliche Sachen! Hätt' ich Sie doch hier lieber Morgenstern.

      Unterdessen   besten Dank und Gruss.
                          Ihr treuergebener Emil Orlik

501. VIELLEICHT AN PAUL SCHLENTHER [IN BERLIN].
     BERLIN, 8.11.1897

Lieber verehrter Herr Doctor,

Wenn Ihnen heute mein neues Buch in die Hände kommt, so wissen Sie, dass es zu Ihnen mit ganz besonderer Freude kommt und ganz besonders wünscht, dass Sie sich ein wenig darüber freuen möchten.

Der Vers, den ich Ihnen damals nach den Alpen schrieb, gilt auch heute noch, ja in erhöhtem Masse, denn Ihr Vertrauen hat mir eine grosse Aufgabe zugeführt und meine Ziele haben sich für mich etwas mehr geklärt. –

Zu der vorliegenden Sammlung möchte ich Ihnen noch bemerken, dass sie nur die Hälfte meiner Manuskripte enthält, indem die andere Hälfte /Lieder, Stimmungen, Sprüche etc./ auf Wunsch und Rat des Verlegers im Herbst des nächsten Jahres erst erscheinen wird.

               Mit herzlichem verehrendem Grusse
                          Ihr
                               Christian Morgenstern.

Berlin, Luisenstrasse 64, 8.XI.97.

502. AN RICHARD DEHMEL [IN PANKOW].
[VERMUTLICH BERLIN, VOR DEM 9.11.1897]

*Hinweis auf zwei Druckfehler sowie auf den im Herbst 1898
erscheinenden zweiten Teil von* AUF VIELEN WEGEN.

503. VON RICHARD DEHMEL. PANKOW, 9.11.1897

9.11.97.
Pankow bei Berlin – Parkstrasse 25
Lieber Herr Morgenstern!
Ich danke Ihnen herzlich für Ihre Gabe und hoffe sie Anfang
nächsten Jahres erwiedern zu können. Aber nur unter der Bedingung, daß Sie mich nie wieder »Meister« schimpfen. Ich bin kein
Zunftmensch und hoffe mein ganzes Leben lang Lehrling zu
bleiben – Lehrling des Lebens nämlich; die Kunst ist mir nur
Mittel zum Zweck. Ich bin ja nicht einmal ein »eigentlicher«
Lyriker, und wenn ich nach Bemeisterung der Sprache strebe,
geschieht es nur um meiner Selbstbemeisterung willen. Es giebt
so viele Künstler heutzutage, und so wenig Dichter; es wird uns zu
viel vorgemacht, zu wenig vorgelebt.
Ihr Mitmensch Dehmel.

504. VON FRIEDRICH KAYSSLER. BRESLAU, 11.11.1897

Mein Christian, Ich wollte immerfort mal mehr schreiben, heute wirds erst. Ich habe natürlich gleich am ersten Abend einen
Teil gelesen nach dem Theater, den Schluß am andern Vormittag, Liese war am ersten Abend fertig. Junge, es kommt mir fast
alles lächerlich vor, was ich Dir sagen könnte. Weißt Du, daß ich
mir zu meinem besten Freunde keinen besseren Künstler
wünschte? Ich kann nichts dazu und nichts dagegen sagen, Du
ziehst Einen zu Dir hinüber, man muß bei Dir u. mit Dir u. in
Dir stehen u. kann nicht fernbleiben. Ist Dir das genug? Ich
habe mich im Ganzen vor der Reife Deiner Kunst geschämt,
wahrhaftig, in Bezug auf die Selbstherrschaft, die eben nur

Kunst zuläßt, Kunst vom Scheitel bis zur Sohle, sodaß ihr niemand was anhaben kann.

Damit hat es bei mir noch Wege u. Stege, na, Du verstehst mich schon; in meiner Kunst kann man eben nicht so stetig vorwärts gehen, es liegt in der Natur des Dinges selber. Da giebts eher Pausen u. dann wieder Sprünge. – Jetzt will ich Dir mal sagen, welche Sachen mir die liebsten sind. – »Wir grüßen Dich in deine stillen Nächte« – ein Sternenlied, das man singen möchte, u. doch sind es nur die Worte, die Einem alles geben, der Gesang ist schon mit darin, Musik wäre überflüssig. »Auf leichten Tänzerfüßen« anders kann es gar nicht sein. – Ein zweites »Gebet« von uns neuen Menschen ist das, bloß auf einem höheren Berge gesungen, als das vom Meister Heinrich. – Und Du, lach mich nicht aus – Vergleiche sind immer dumm – aber das »Malererbe« ist von Goethes Blut! Es liegt ja nicht im Stoff u. nicht in der Form, man kann auch nicht sagen, es ist so »natürlich«, daß man es Einen sprechen hört, es ist etwas Unerklärliches, was Einen da anmutet, etwas Vollkommenes, an das man herantritt wie an ein selbständiges lebendiges Geschöpf, das unnahbar ist in seiner eigenen Atmosphäre; man kann es mit Augen u. Gedanken betasten, aber es bleibt unnahbar, es läßt keine Gemeinschaft kein Verschmelzen zu. Das ist das größte Wunder in der Natur u. in der Kunst. Du mußt mich so verstehen, deutlicher kann ichs nicht sagen. Ebenso geht mirs bei dem Fähnlein: »Litt einst ein Fähnlein große Not.« Das ist unendlich schön. –

Dann Vöglein Schwermut: »Und wieder fliegts flötend über die Welt« –, »Der Tod u. das Kind«, »Der fremde Bauer«, »Der Tod in der Granate«! Und die Großstadt-Wanderung, von der Liese begeistert ist. Da ist für mich das beste das aufgerissene Fenster im Irrenhause mit den Kommandos. Das Schattenhafte u. doch so Grelle in dem Ganzen ist so schön. Man sieht so klar, wie bei Blitz. – An Liese hast Du eine Jüngerin. Für die »Flamme« geht sie durchs Feuer. Ihre anderen Lieblinge sollst Du auch wissen: Das Fähnlein, Amor der Zweite, der Zeitung lesende Faun (!) (Da hast Dus ihnen herrlich gegeben, die letzten 6 Zeilen – aus einem Schilfrohr selber sind die geblasen!)

Die Brücke: er kennt des Bruders trotzig Herz, das tief im Kern die Menschheit haßt! – Halloh! Der Tag u. die Nacht – da ist das

November 1897

Gleichnis so mühelos, daß es immer ein Bild giebt, so oder so; das ist eben das Kunststück. – Und die brummend zurücklaufenden Bären des Schlafes sind herrlich! – Pflügerin Sorge! Ja, Du mußt nicht so viel scheene Gedichte machen, das Aufzählen kommt Einem ja schon komisch vor. – Der Urton, – na, wenn den Viele nicht beklatschen, versteh ichs, aber ich freue mich drüber; nicht wahr, Du meinst doch etwas wie das »Brausen der Stille« und all so was, was man allein u. nur selten mit dem großen Tastsinn empfindet, der nur großzügigen Menschen gegeben ist; u. bei denen schläft dieser Sinn auch meistens. Der ist es jedenfalls, der uns am meisten zu höheren Sternen u. einstigen Tänzerfüßen berechtigt. – Du, es kommt mir vor, als schriebe ich wie damals als Sekundaner an Dich, in riesigen unklaren Wischern; aber da Du jene damals verstanden hast, wirds wohl heute auch gehen. – Das Zigeunerlied ist famos! Um ihre Stirnen brennen bleiche Kronen – !!!
Krähen bei Sonnenaufgang, – die hast Du erfaßt – so sahen wir beide die Krähen immer; ganz wundervoll ist das – aber ich lese bloß bis zur letzten Strophe, da ists für mich besser zu Ende. Sieh Dirs mal an. Der Nachsatz ist zu länglich für den großen »gemessnen Schlag« der ersten Strophen. –
Häslein u. Mäuslein sind zu niedlich bei Dir – Du Roßdeutscher! Nein, das ist nicht daher, weiß Gott! – Die Mittagstille hast Du im Walde gefunden, wie sie war, die sieht nicht »geschrieben« aus. – Ur - Ur !!!: Das ist Ur - Ur - Ur – !!! – –
Weißt Du, was mich bei dem ganzen Buche so freut, Junge, daß Du nirgends Grenzen hast, daß Du überall hin gehst u. doch nicht unstät erscheinst. Verstehst Du mich? Man sieht keine Prinzipien, keine Absichten und Pläne in Ecken u. Winkeln, es ist ein freies Gehen u. Stehenbleiben, Sichbücken u. Suchen, Aufgerichtetsein u. Weiterwandeln, wie ein freier schöner Mensch, der frei u. schön ist, weil er sich bewegt. Man braucht nicht zu wissen, wer er ist u. wohin er geht. – Einen Kuß, mein liebster Chrischan! Nun weißt Dus!
Mit der Widmung hast Du mich stolz gemacht. – – Wir haben heute neue gute Nachricht von Jonas, die Scheidung wird in Bromberg jetzt eingeleitet. Endlich! – ⟨Noch eins! Ich lege Dir meinen Militärpaß bei! Sei so gut u. schreibe wie Du schon mal

gethan, auf einen gebrochnen Foliobogen das Nebenstehende u.
schicke den Paß damit sofort eingeschrieben ans Bezirkskommando I zu Berlin, Feldwebelmeldabtheilung 4. – bis zum 15. muß er dort sein.⟩
Nun einen festen Handschlag von meinem Weib u. mir unserem
Chrischan.
／Fritze.
Breslau, 11. Nov. 97.
Ich schicke den Paß nicht mit, kann das am besten selber machen.

505. VON MAX REINHARDT. [BERLIN ODER
UMGEBUNG, VERMUTLICH 11. 11. 1897]

Lieber Freund,
Ich habe Ihr Buch mit wahrhaft überströmender Freude zu Ende gelesen und ich muß es Ihnen sagen, daß Sie ein großartiger Kerl sind. Wenn ich Ihnen nur den Jubel schildern könnte, mit dem ich in vollen Zügen Ihre Waldluft eingeatmet habe. Wenn ich Ihnen doch sagen könnte, wie ich Ihrem einsamen Turme zugejauchzt habe. Aber ich bin arm. Ich kann Ihnen für das wundervolle Geschenk, das Sie mir beschert haben, nur unbeholfene Dankesworte geben. Ich habe es Ihnen ja neulich gesagt, wem die ganze Zeit gehört, die ich mir hier draußen rette. Diese Empfängnis, die mein ganzes bisheriges Leben aufwiegt, habe ich nur unterbrochen, um Ihr Werk zu lesen, einen Abend mit Ihnen beisammen zu sein und Ihnen diese Zeilen zu schreiben. Ich will das Schönste, das Höchste sagen, wenn ich Ihnen gestehe, daß ich es nicht bereue. Nachdem ich diesen weiten, freudigen Blick in die Zukunft gethan, kehre ich reicher und stärker zu dem gewaltigen Alten zurück. Ja, wenn ich das wiedergeben könnte, wie gerne wollte ich meinen alten Spiegel zertrümmern, der so viel Schwaches, Krankes und Schlechtes wieder- und vorgespiegelt hat. –
Aber es wird Abend und des Turms uraltes Aeolshorn jauchzt wieder der Sonne nach – und aus Morgen und Abend wird ein neuer Tag.

Es grüßt Sie herzlichst Ihr
dankbarer
Max Reinhardt.

506. AN RICHARD DEHMEL [IN PANKOW].
BERLIN, 12.11.1897

Erklärt, daß er den Begriff Meister *immer besonders hoch geschätzt und bisher nur Felix Dahn, Richard Strauss, Max Klinger und Arnold Böcklin so tituliert habe, deshalb sei es* in nicht gemeinem Sinne *gemeint gewesen.*

507. AN MARIE GOETTLING IN SORAU.
[BERLIN], 16.11.1897

... auf mündliche Aussprache ist dies Jahr kaum zu rechnen, ich bin jetzt dienstlich an den Schreibtisch gebunden und habe bereits im Januar das erste Werk abzuliefern, ohne daß ich noch norwegische Stunden gehabt hätte. Kayssler übrigens wird von Breslau noch weniger loskommen können, er hat sich in Halle mit dem Direktor überworfen – es ist offenbar gegen ihn intriguiert worden – und muß sich nun in Breslau heraufzuarbeiten versuchen.

508. AN GEORG HIRSCHFELD IN BERLIN.
BERLIN, 16.11.1897

Lieber Georg,
Auch ich danke Dir herzlich für Dein Buch, zu dessen eingehenderer Lektüre ich auch noch etwas mehr Ruhe heranwarten muss.
Dein Brief ist sehr lieb. Ja, das Leben ist härter, als wir es wünschten, und Entwickelungen führen fast immer auseinander, zumal wenn sie von verschiedener Art ausgehen. Aber, wie Du a u c h sagst, wir h a b e n einmal ein paar unvergessliche gemeinsame

Lieber Georg,

Auch ich danke Dir herzlich für Dein Buch, zu dessen eingehenderer Lektüre ich auch noch etwas mehr Ruhe herzuwarten muss.
Dein Brief gut sehr lieb. Ja, das Leben ist härter, als wir es wünschten, und Entwickelungen führen fast immer auseinander, zumal wenn Sie von verschiedener Art ausgehen. Aber, wie Du auch sagst, wir haben einmal ein paar unvergessliche gemeinsame Wanderstunden gehabt, und wenn nun auch jetzt viel jeder auf eignem Wege durchsucht, so können wir ja leicht und unerwartet wieder einmal zusammentreffen, wir stehen ja beide noch am Anfang des zweiten Lebens. Ich denke, die Freude wird sich bei Dir auch einstellen, wenn Du Dich einmal recht der Sonne zuwendest. Lassen wir das Unrechte dann wie einen bösen Traum und werden wir wieder Sonnenanbeter.
Zu Deinem neuen Werke, von dem Du schreibst, wünsche ich Dir alles Gute und Fruchtbare.

Mit herzlichem Gruss

Dein
Christian Morgenstern.

Berlin 16. XI. 57.

Brief Nr. 508 (verkleinert)

Wanderstunden gehabt, und wenn nun auch jetzt sich jeder auf
eigenem Wege durchsucht, so können wir ja leicht und unerwartet wieder einmal zusammentreffen, wir stehen ja beide noch am
Anfang des zweiten Lebens. Ich denke, die Freude wird sich bei
Dir auch einstellen, wenn Du Dich einmal recht der Sonne zuwendest. Lassen wir das Christentum wie einen bösen Traum und
werden wir wieder Sonnenanbeter.
Zu Deinem neuen Werke, von dem Du schreibst, wünsche ich Dir
alles Gute und Fruchtbare.

      Mit herzlichem Gruss
        Dein
          Christian Morgenstern.
Berlin, 16.XI.97.

509. VON ANTON SCHERTEL. LÜBECK, 20.11.1897

            Lübeck 20. Nov. 97
Lieber Junge! Soeben habe ich von der Verlags-Buchhandlung
Schuster & Löffler eine Einladung zum Kauf Deines neuesten
Werkes »Auf vielen Wegen« erhalten, die ich auch selbstverständlich acceptire. – Ich möchte Dir nur unsere große Freude
über Deinen Erfolg ausdrücken u. Dich als »einen echten Dichter
u. Mann der Zukunft« von ganzem Herzen beglückwünschen. –
Es scheint ja, daß das Eis gebrochen ist, also munter den Sternen
zu. – Laß' bald etwas von Dir hören, Du würdest uns damit sehr
erfreuen. –

        Mit herzlichem Gruß Dein
A. Schertel, Lübeck   Anton
Klingenberg 3/2

510. VON OTTO ERNST. HAMBURG, 23.11.1897

Dankt für die Gedichte und freut sich auf die Lektüre.

511. VON EMIL ORLIK UND OTTO ERICH HARTLEBEN.
PRAG, 23.11.1897

[*Von Orlik*] Beste Grüsse
• E • Orlik • 97 •
[*Von Hartleben*] Der verhunzt mich hier: ich kanns viel besser:
passen Sie auf:
Ihr Otto Erich

512. VON FRANZ CARL ZITELMANN.
[ORT UNBEKANNT], 23. 11. 1897

Ich muß Dein bester Kenner werden. Versprich mir, mich stets teilnehmen zu lassen an Deiner Fortentwickelung. Ich werde Philister und Du ein Adler, und doch wollen wir uns weiter verstehen und uns gern haben.

513. AN MARIE GOETTLING [IN SORAU].
[BERLIN], 25. 11. 1897

Soll nicht böse oder traurig über seinen Brief sein, sondern ihn als Entladung *nehmen, nach der wieder schönes Wetter ist.* – *Verteidigt den früheren Partner von Marie Gerdes gegen Marie Goettlings Vorwurf, wie Reibenstein ein* Lump *zu sein, denn er habe ihr kein Eheversprechen gegeben.* – *Hätte sie oft gern hier, wo man das Leben anders ansehe und jeder die Freiheit, die er für sich wolle, auch dem andern lasse.* – *Sie beide seien* sehr ausgeprägte Kinder, *geprägt durch ihre Vorfahren, die in ihrem Fall die Welt vom christlichen Standpunkt, in seinem unter dem Gesichtspunkt der Schönheit betrachtet hätten.* So bin ich zu einer vollständig aesthetischen Betrachtung der Dinge gekommen.

514. AN LUDWIG LANDSHOFF [IN BERLIN].
[VERMUTLICH BERLIN, ZWISCHEN DEM
26. 8. UND 28. 11. 1897]

Bittet Landshoff [*im Zusammenhang mit der Strindbergübersetzung*], *seine Frau Schwester zu fragen, ob das französische* »hôtel« *auch* Pension *bedeuten kann.* –
N.: Strindberg. – *Paris.*

515. VON EMIL ORLIK.
[VERMUTLICH PRAG], 28.11.1897

Mein lieber Morgenstern!
Sie sollen zuerst für Ihren lieben Brief, bester Freund, recht bedankt sein der mir grosse Freude bereitet hat. Sie können es sich gar nicht vorstellen – trotz Ihrer so eminenten Phantasie – wie öde es hier ist und mit welchem Dank-empfinden ich solch' einen Brief lese.
»Horatius travestitus« ist ein famoses Ding! besonders »Integer vitae« »exegi monumentum« natis in usum ... und ich glaube ich müsste alle Gedichte aufzählen. famos!
Über »auf vielen Wegen« wage ich gar nicht heute schon zu schreiben. Das wird dann der versprochene Brief, der recht bald kommt.
Mit Otto Erich habe ich zwei köstliche Tage (besser Nachte!) verlebt. wir haben uns erst hier näher kennen gelernt und gegenseitig uns im Erkennen wolgefühlt. er ist mir auch zu einer Radierung gesessen recte zu einer Skizze für eine solche. Ein mächtiger Potator! Aber noch mehr geistreicher, natürlicher Mordskerl!
Das war mir eine Unterbrechung eines öden Lebens:— zu Hause geht's immer schlechter ......
Im Übrigen bin ich an der Arbeit: Plakate, Originallithogr. angefangene Bilder.
Was die Buch Verzierungen zum Horatius trav. anbelangt, so ist von Wichtigkeit zu wissen ob die Sache sehr eilt?! Gewiss würde es mir eine grosse Freude sein mit Ihnen zusammen etwas zu arbeiten!
Vielleicht schreiben Sie mir (nur Postkarte!) über den Termin.
ich hab schon (im Kopf) das Titelblatt.
Also ich schreibe recht bald wieder indem ich Ihnen zugleich etwas mitsende. im Laufe dieser Woche!
Dies war mir so Bedürfnis, Nachricht von mir zu geben und unterdessen Dank zu sagen.
Besten Gruss von Ihrem
treugesinnten
28./11.97.   Emil Orlik
Also den Strindberg haben Sie schon vom Hals!!

516. An Otto Julius Bierbaum [in Tegel].
Berlin, 29.11.1897

Lieber Herr Doktor,
soeben war Herr Dr. Abels bei mir, mich zur Mitarbeit an der neuen Zeitschrift aufzufordern. Nun bitte ich Sie, wenn Sie sich ein großes Verdienst um das moderne Berliner Geistesleben erwerben wollen, so inhibieren Sie auf irgendeine Weise den unglücklichen Titel »Zarathustra«!!!
Es ist eine Stil- und Kultur-Unmöglichkeit, ein Berliner Wochenblatt im Stile der »Jugend« so zu nennen, und – bei aller Hochachtung vor den mir noch unbekannten Mitarbeitern – eine Blasphemie sondergleichen.
Einer, der Nietzsche wirklich kennt und liebt, kann damit nicht einverstanden sein. Wir müssen doch einigermaßen darauf halten, daß nicht gleich alles zu Kupfermünze entwertet wird, daß die junge Generation nicht so heillos geschmacklos alle Maßstäbe und Größenverhältnisse durcheinander wirft und den einsamen Bergprediger Zarathustra zum Gevatter des – wenn auch noch so ver-Edelten – Berliner Marktwitzes macht.
Ich für meine bescheidene Person habe zwar heute Herrn Dr. Abels Beiträge zugesagt, aber ich glaube kaum, daß es mir in der Tat möglich sein wird, unter diesem Titel Mitarbeiter der Zeitschrift zu sein; denn dieser Titel selbst ist die größte Satire, die das junge Berlin auf sich selbst machen kann.
Ich brenne danach, endlich eine Stätte zu finden, mich in Haß und Liebe gegen tausend Dinge auszulassen, ich begrabe jedes Jahr neue Streitäxte und Pfeilbündel, weil ich keine Schlachtfelder weiß – aber ich möchte lieber ganz allein und mit Schaden in jeder Beziehung gegen diesen »Zarathustra« schreiben, als mit Gold und Ehren für ihn.
Lieber Herr Doktor, Sie haben doch großen Blick und wahrhaften Einfluß, versuchen Sie den Leuten das auszureden! Ich will ihnen hundert Titel erfinden, aber sie sollen nicht sich und einen Mann, auf den die Welt stolz sein darf, damit kompromittieren, daß sie ihn mit ihren mehr oder minder alltäglichen Misèren verquicken. Tun Sie mich nicht als »jugendlich begeistert« oder dergleichen ab. Ich habe hier wirklich das richtige Gefühl. Und ist es auch

nichts Weltbewegendes – die Berliner würden sich wieder einmal
damit total unmöglich machen.
Ihr Sie herzlich grüßender und Ihrer Teilnahme vertrauender
Christian Morgenstern

517. VON LUDWIG JACOBOWSKI. BERLIN, 30.11.1897

Dr. Ludwig Jacobowski   Berlin, den 30. Nov. 1897
                              Wilhelmstr. 141
Sehr geehrter Herr,
Inliegendes Gedicht kann ich leider für die »Gesellschaft« deren
Redaktion ich übernommen, nicht verwenden. Doch bitte ich Sie
freundlichst, mir recht bald andere Beiträge zu senden. – Ihre
Gedichtsammlung bespreche ich selbst, und es ist mir ein Vergnügen gewesen, wahrzunehmen, wie stark Ihre Entwicklung seit
Ihrer »Phanta« sich nach »oben« gewandt hat!
                                        Hochachtungsvoll
                                        Ludwig Jacobowski

518. AN FRIEDRICH BEBLO [ORT UNBEKANNT].
BERLIN, NOVEMBER 1897

... Notabene, lieber Bembo, mit dem herzlichsten Dank für die
famose Trichtergeschichte – herrlich! herrlich! – den zum siebenundneunzigsten Mal wiederholten Vorschlag, etwa einen gemeinsamen Zwölfmonats-Kalender in Erwägung zu ziehen.
Zwölf Blätter zum Umklappen, Du Bild, ich Text. Vielleicht humoristisch. Vielleicht direkt Galgenlieder mit Musik und Zeichnungen. Wer weiß, ob nicht mehr verwandte Geister herumlaufen wie wir acht vom Galgen. Oder ernst: Moderne Lyrik, Stimmungsbild. Weihnacht: Fitzebutze. Januar: Liliencron Schlittenkomtesse. Etc. etc. Bitte, sieh die Sache mal günstig an! Es wär
doch so entzückend. Verleger bereits durch Marie in Berlin in
Aussicht.

519.   VON EMIL ORLIK. PRAG, 7.12.1897

Zeichnung mit der Unterschrift: Erinnerung an den 2. December :1897:

520.   AN LUDWIG ABELS IN BERLIN.
       BERLIN, 10.12.1897

Fragt, ob der Aufsatz, den er einem Briefträger mitgegeben hat, auch angekommen ist. – Mir fällt ein, dass Sie mir von einer Parodie der Glocke sprachen. 1) Lasen Sie die der Jugend? Und 2) wird sie H. nicht verstimmen?

521.   VON RICHARD STRAUSS. MÜNCHEN, 13.12.1897

Geehrter Herr Morgenstern!
Empfangen Sie meinen besten Dank für gütige Übersendung Ihrer neuesten, prachtvollen Schöpfungen, deren Lectüre mir eine innige Freude ist. Schade, daß die Gedichte so wenig musikalisch, resp. componirbar sind. Was für den »Dichter« ein Vorzug, bedauert der »Componist«!
Mit besten Grüßen   Ihr   verehrungsvollst ergebener
                                          Richard Strauss.
München, 13.12.97.

522.   VON FRIEDRICH KAYSSLER. BRESLAU, 14.12.1897

Kündigt seinen Besuch am Weihnachtsabend an und fordert M auf, nach der Weihnachtsfeier mit nach Breslau zu fahren. Fritze. *N.:*[*Luise Sandvos' Kinder*].

523.   VON LUISE SANDVOS. BRESLAU, 14.12.1897

Textgleich mit Nr. 522, aber: Deine Liese.

524. VON HUGO SALUS. PRAG, 18.12.1897

Prag, 18.XII.1897.
Werter Herr Morgenstern!

Ich komme immer mehr dahinter dass nur wir Lyriker über andere Lyriker schreiben sollten; dass nur wir selbst im Stande sind, hinter alle die Feinheiten zu kommen, die eine gute Stimmung uns in glücklichen Augenblicken eingibt: ich habe das so recht gefühlt, als ich die Besprechung des guten und lieben Alfred Guth über Ihr Buch las, die gewiss in bestem Wolwollen geschrieben, und doch so fern davon war, die Summe Ihres Könnens zu ziehen. Ich verkenne gewiss nicht, dass schon das Bewusstsein, über ein Buch schreiben zu müssen, einem die schönste Stimmung rauben muss. Man sollte eben nur dann eine Kritik schreiben, wenn man ein Buch erst genossen hat und nun, wie im Theater, das Bedürfnis fühlt, durch Applaus die Stimmung aufzulösen.

Mich hat Ihr Buch wirklich entzückt und herzlich erfreut; Ihre Lyrik ist von meiner mehr sachdenklichen ganz verschieden und doch, oder deshalb war ich so aufrichtig glücklich über viele der Gedichte. Sie sind ein beneidenswerter Malererbe, der viel plastische Kunst als etwas fertiges überkommen hat; das war mir im Hirt Ahasver bei der Beschreibung der schwipp und schwapp Hängebäuche klar und wurde mir bei jedem Gedichte deutlicher. Soll ich – zu meiner, nicht zu Ihrer Charakterisierung, – Ihnen sagen, welche Stücke mir am besten behagten? Das entzückende »Kinderglaube«, die »Legende«, das prachtvolle »Vöglein Schwermut«, das gemalt werden muss, der »einsame Thurm«, Sehnsucht, Bestimmung, dann die beiden Apfelchen und Rosen im Zimmer, wobei ich nur die hervorstechendsten erwähne. Der Ton in »Waldluft« ist frisch und wahr, und muss mir umso erstrebenswerter vorkommen, als mir unlängst ein Kritiker Mangel an Stimmungskunst vorwarf.

Ich wünsche Ihnen vom ganzen Herzen recht, recht viel Erfolg zu Ihrem Buche und bitte Sie, mich zu denen zu rechnen, die mit herzlicher Freude Ihre Erfolge mitgeniessen.

Bewahren Sie auch mir ein gutes Gedenken und erinnern Sie sich manchmal

Prag, Heinrichsgasse 25.

Ihres
ergebenen
Dr Hugo Salus

525. VON LUDWIG ABELS. BERLIN, 22.12.1897

Berlin, 22./XII.97.
Sehr geehrter Herr Morgenstern!
Für Ihre freundl. Einsendungen besten Dank. Die Ollendorff'-sche Lektion kommt in die N⁰ 2, das Gedicht »Ha fühl's« in N⁰ 3. Den Ausstellungsscherz und die Epigramme bitte uns zur Disposition noch einige Zeit hier zu lassen; einzelnes daraus ist ganz köstlich, das »eterno par'lamento« fand ungetheilten Beifall, wird als Schlagwort unter ein großes Parlamentsbild kommen. Der Verlag wird sich erlauben, Ihnen Freitg vorläufig 20 M. einzusenden, wovon die Hälfte auf »Deutschland«, und je 5 auf Ollendorff und das Gedicht entfallen. Mit herzlichen Grüßen und Festwünschen

Ihr
Dr. Ludwig Abels

526. VON ANTON UND CÉCILE SCHERTEL.
LÜBECK, 31.12.1897

Lieber Christian!
Vor Allem unsern herzlichsten Dank für die große Freude die Du Cecile u. mir durch Zusendung Deines Werkes bereitet hast; wir können Dir in der That gratuliren, Du entwickelst darin so große Gedanken die uns wirklich in Erstaunen setzten. – Alles Glück für Dein weiteres Schaffen wünschend, rufen wir Dir noch ein herzliches »prosit Neujahr« zu u. verbleiben in alter Liebe u. Treue

Dein Anton
u. Deine Dich bewundernde
Lübeck 31/12.97
Cécile

527. VON CÄSAR FLAISCHLEN. [BERLIN], 31.12.1897

31/12 97
Lieber Herr Morgenstern!
Ich möchte 97 doch nicht zu Ende gehen lassen, ohne Ihnen
herzliche Grüße zu senden zu den neuen Gedichten. Von all den
vielen Wegen, die Sie darin gehen, gefällt mir der »vermischten
Inhalts« am besten. Hier ist Seite für Seite ganz famos und eigenartig und die Sammlung wirkt wie eine konzentrierte Zusammenfassung des ganzen Buchs. Und Freude vor allem machte mir
die Goldfuchsmär u. der Dudelsackurton ebenso aber auch wieder
Pflügerin Sorge und dann, als ganzes genommen, das Tagebuch-
fragment.
Von Ihrem Liebeslied werde ich Ihnen leider keine Abzüge mehr
schicken können. Es müßte sein, daß sich irgendwo noch was
findet. Ist es der Fall bekommen Sie's –
Mit herzlichem Neujahrsgruße
Ihr
Dr. Cäsar Flaischlen.

528. AN CATHÉRINE RUNGE [VIELLEICHT IN BERLIN].
[BERLIN, ENDE 1897]

[*Anfang fehlt*] ten als mir selbst zur tiefsten Verachtung werden,
in Lüge leben, die Ehre meines Lebens zertreten.
Ich glaube Ihnen schon einmal Aehnliches geschrieben zu haben;
aber darin liegt ja gerade das Beschämende für mich, dass Sie
glauben, das dürfte wohl alles nicht so ernst gemeint sein.
Dieses Nicht recht ernst nehmen wollen der Mütter ihren Söhnen
gegenüber ist dasjenige, was diese am ersten von der Mutter hinweg und in die Einsamkeit ihrer eigenen Gedanken treibt. So hat
mir meine Stiefmutter Jahre meiner Jugend verdorben, weil sie
des jungen Werdenden Denken und Urteilen nie etwas gelten
lassen wollte und ihn so dazu drängte, sich stolz, kalt und spöttisch
in sich selbst zurückzuziehen.
Sie, verehrte gnädige Frau, haben doch eine glückliche Jugend
genossen. Die meinige war Bitterkeit. Damals hat sich mein inne-

rer Mensch gebildet. Das Leben selbst hat mich geschult. [*Fortsetzung fehlt*]

529. VON EMIL ORLIK. [PRAG], 1897

Eine kleine Graphik mit der Unterschrift: Mit herzlichsten Wünschen zur Ibsenübersetzung.

530. AN FRIEDRICH BEBLO [ORT UNBEKANNT].
[VERMUTLICH BERLIN ODER UMGEBUNG,
ZWISCHEN 1894 UND 1897]

Die muntren Segel [*auf der Karte*] sollen uns im nächsten Lenz / hinüberziehen nach Bornholm.

531. VON ROBERT KAHN.
[VERMUTLICH BERLIN, ETWA 1897/98]

Lieber M.,
ich habe in den letzten Tagen wieder 3 Stücke aus dem Liederspiel (»Abend«, »Das Königskind« u. den Schlusschor) in Angriff genommen u. möchte mich gern auch an »Glühend zwischen Dir u. mir« machen (als Duett.) Von letzterem sagten sie mir, dass Sie vielleicht noch was dran ändern würden, weil es Ihnen schien, dass der Gedanke nicht ganz verständlich ausgedrückt sei.
Ich wäre Ihnen nun sehr dankbar, wenn Sie eine etwa beabsichtigte Aenderung bald vornehmen könnten, oder mir mittheilen wollten falls es bleiben soll, wie's ist.
Wenn Sie keine Zeit od. Laune haben sich jetzt damit zu beschäftigen, hätten Sie vielleicht irgend was von früherher was Sie zu einem Duett (womöglich auch ungefähr dieses Charakters) für geeignet hielten?
Hoffentlich falle ich Ihnen mit meinem Anliegen nicht lästig. Ich möchte gern die gute Arbeitszeit, die ich eben zu haben scheine, ausnutzen.

Auf baldig Wiedersehen hoffentlich!
>In grosser Eile schmierend
>>Ihr
>>>Robert Kahn

1898

532. VON RAINER MARIA RILKE.
DEUTSCH-WILMERSDORF, 4.1.1898

>Berlin-Wilmersdorf – im Rheingau 8./III.
>4 • jan • 98 •

Sehr werter Herr Morgenstern,
ich freue mich sehr nach einem langen Hinüber- und Herüberschweigen, Ihnen dieses neue Büchlein zum Neujahrsgruß reichen zu können. Lassen Sie mich dazu das alte Sprüchlein hersagen von einem reichen und freigebigen neuen Jahr.
Vielleicht sagen Sie gelegentlich wo 10 Worte über »Advent«. Um Ihres Urtheils willen würden Sie dadurch sehr erfreuen Ihren
>vielergebenen:
>Rainer Maria Rilke

533. VON ROBERT KAHN. BERLIN, 5.1.1898

⟨Der Bergkönig⟩ Frau Margits Lied.
(Aus Henrik Ibsens »Fest auf Solhaug«)
Deutscher Text und Melodie von Christian Morgenstern.

Tempoangabe von Robert Kahn: ⟨()Ziemlich langsam⟨?⟩⟨⟩⟩; *Streichungen vermutlich von M.*
Der Text zwischen den Noten lautet:

Der Bergkönig ritt hinunter ins Land;
– Wie rinnen mir harmvoll die Tage! –
Er kam zu frei'n um der Schönsten Hand. –
– Ergieb dich! Vergebene Klage! –

Danach folgen – aus dem Druck ausgeschnitten und aufgeklebt – die Strophen 2–7 und noch einmal die 1. Strophe, die von M gestrichen und mit dem Vermerk Vers 1 gedruckt nochmals zum Vergleichen *versehen ist.*

Ziemlich langsam. Für Hausgebrauch. Franz Herzfeld Eisch.

(Aus H. Heines "Tod auf Pelsan") Sindemann Text und Melodie ein Meisterthum Marzenspiegel

D) Die Bergkönigin nicht begraben ins Land;— Die Tränen niederwälzt die Tage;— Es gibt nun! Vergeben. Klagt!— Kann besteh'n um den bestärktes Kind.— En

Lieber College! Hier kommt endlich Ihr »Bergkönig«, hoffentlich können Sie's entziffern. Die andere Melodie müssen Sie mir aber noch einmal vorsingen oder schicken, ich habe sie nicht mehr ganz in Erinnerung. Haben Sie inzwischen noch mehr musikalische Eingebungen gehabt?
Danke herzlichst für das Veteranen-Lied, es gefällt mir als Gedicht sehr, aber leider will mir bis jetzt keine Musik dazu einfallen, die singenden »Grossväter« wollen mich nicht recht inspiriren, u. bei dem Refrain will mir immer die Melodie zu einem niederträchtigen Couplet (»Uns von der Cavallerie – genirt so etwas nie«) nicht aus dem Kopf – Vielleicht gelingt's aber doch noch, ich gebe die Hoffnung noch nicht ganz auf. – Wie geht's denn sonst, was wird aus Ihrer Reise?
Können wir nicht einmal Abends zusammensein? –
Den Schluss vom letzten Chor habe ich inzwischen verändert, er schliesst jetzt mit den Worten:»O Friede«, was sich glaub' ich sehr gut machen wird.

Herzlichst
Ihr
Rob. Kahn.

5.1.98. Lützowstr. 61.

534. AN LUDWIG LANDSHOFF [IN BERLIN].
[BERLIN], 8.1.1898

Schickt das Gedicht WEISSE TAUBEN, *als Duett eingerichtet, und meint:* Bei der Stelle, wo jeder der beiden Liebenden aus der Seele des andern spricht, nimmt er auch das Motiv des andern an. Ich könnte mir das sehr reizvoll denken.

535. VON FRIEDRICH KAYSSLER. BRESLAU, 18.1.1898

Berichtet auf Ms Frage, daß es den Kindern gut gehe, Frida wird täglich ulkiger. – *Möchte wissen, was Abels seine, Kayßlers, Begabung angehe, will ihm aber wieder etwas schicken.* – Gesellschaft ich! Sehr wohl! Prosa! Jakobowski! Gar köstlich – schon schicke

ich. – Morgen reite ich im Tell als Harras, die Angelegenheit mit
der Rolle damals hat sich erledigt wie alles, aber genützt zu haben
scheint es doch, denn ich bekam den verfluchten Dichter Heinrich in Lorbeerbaum und Bettelstab. – Ich ringe wie ein Titan mit
Holtei, diesem Unmenschen. (Weh Dir, daß Du Dich einst nach
ihm nanntest – weißt Du noch?!) – Es ist ja an sich eine Glanzrolle, aber sie gehört zu Friedrich Haase u. seiner Zeit. Man muß sich
in Lavendel packen u. Fliederthee trinken, um sich disponibel zu
machen; na allmählich wird es ja trotz alledem werden, hoff ich;
alles in allem ist es ja doch endlich mal eine anständige Rolle. –
*Vom Neuen Theater hat er immer noch keine Antwort. – Hat über
die* OLLENDORFSCHE GRAMMATIK *sehr gelacht. – Eigenhändig
von Liese eine kurze Nachschrift mit Grüßen. – Postskriptum von
Kayssler mit der Frage nach Ms Schreiberhauplänen.*
N.: *Carl Biberfeld. Lichtwark. Klingerfeld*[?]. *Maupassant. –
Hamburg. –* »*Breslauer Zeitung*«. »[*Breslauer*] *Generalanzeiger*«.
»*Welt am Montag*«. »*Dekorative Kunst*«.

536. VON EMIL ORLIK. [PRAG], 18.1.1898

Ist wieder in seinem lieben Prag, *schickt M* eine Neujahrskarten in
Radirung und ein par neuere Originallithographien: eigenthümlich war mir's als ich in Ihrem: »Auf vielen Wegen« die nächtlichen Strassenbilder fand – nachdem ich kurz vor ähnliche Stimmungen auf den lithographischen Stein gebracht! Zwei Blätter
davon Nachtstimmungen aus dem Prager Ghetto! – *Hat für* HORATIUS TRAVESTITUS schon einiges am Lager *und will, wenn er
die Sache im Reinen hat, an Schuster und Loeffler schreiben. Bleibt
2 ½ bis 3 Monate in Prag, will dann über Dresden und Berlin (wo er
einige Tage bleiben will, wenn M auch da ist) nach Holland etc. –
Hat als neues Hobby den Originalholzschnittt, verspricht, wenn Sie
über die ganze Sache* recht schön schweigen *ein paar Neu-
Drucke. – M soll nun auch von sich erzählen. – Fragt, ob er die
numerierte Ausgabe von Flaischlens Buch gesehen habe.*

537. VERTRAG MIT DEM VERLAG S. FISCHER IN BERLIN.
BERLIN, 21.1.1898

Vertrag.

Zwischen der Firma S. Fischer, Verlag in Berlin einerseits und
Herrn Christian Morgenstern in Berlin andererseits wurde heute
folgender Vertrag abgeschlossen:

I.

Herr Christian Morgenstern übernimmt die Uebertragung folgender Werke Henrik Ibsens in die deutsche Sprache:
»Fest auf Solhaug.« »Komödie der Liebe.« »Brand.« »Peer Gynt.« »Gedichte« und die Einleitungen von Georg Brandes.

II.

Herr Morgenstern verpflichtet sich, die vorgenannten Werke im Verlaufe der nächsten drei Jahre fertig zu stellen und die druckfertigen Uebertragungen zu folgenden Terminen abzuliefern:
»Fest auf Solhaug« Mitte Januar 1898
»Komödie der Liebe« Mitte September 1898
»Brand« Mitte September 1899
»Peer Gynt« Mitte September 1900
»Gedichte« Ende Dezember 1900
die Einleitungen von Brandes 8 Tage nach Einlieferung der Originale.

III.

Für diese Arbeiten erhält Herr Morgenstern ein Gesammthonorar von 6000 Mark. Dieses Honorar ist zahlbar in Monatsraten von 150 Mark postnumerando vom 1. November 1897 an; ferner in zwei Raten von je 300 Mark im Juni 1898 und Juni 1899. Nach Einbringung aller Kosten aus dem Betriebe der Gesammtausgabe von Henrik Ibsens Werken verpflichtet sich die Firma S. Fischer, Verlag, ein weiteres einmaliges Honorar von 1000 Mark an Herrn Morgenstern in baar zu entrichten.

IV.

Das Gesammthonorar von 6000 Mark repartiert sich auf die einzelnen Werke folgendermaassen:

»Fest auf Solhaug«	450 Mark
»Komödie der Liebe«	1200 ”
»Brand«	1800 ”
»Peer Gynt«	1800 ”
Gedichte und die Einleitungen von Brandes	750 ”

V.

Im Falle einer Arbeitsbehinderung durch Krankheit von länger als 2 Monaten tritt der Contrakt bis zur Wiederaufnahme der Arbeiten ausser Kraft. Die Firma S. Fischer, Verlag ist in diesem Falle berechtigt, die fällige Arbeit von anderer Seite fertig stellen zu lassen und Herrn Morgenstern den für die betreffende Arbeit entfallenden Betrag zu kürzen, unter Zugrundelegung der oben fixierten Einzelhonorare.

VI.

Herr Morgenstern erhält 12 Freiexemplare von jedem Band, in dem Uebertragungen von ihm enthalten sind, sowie ein gebundenes Exemplar jedes übrigen Bandes der Gesammtausgabe.

VII.

Das Aufführungsrecht der von Herrn Morgenstern übersetzten Dramen bleibt für Herrn Dr. Henrik Ibsen und dessen Erben reserviert.

VIII.

Dieser Vertrag ist in zwei gleichlautenden Exemplaren ausgefertigt, gelesen, genehmigt und eigenhändig unterzeichnet worden.

Berlin, den 21. Januar 1898

Christian Morgenstern.   S. Fischer Verlag

538. VON FRIEDRICH KAYSSLER. BRESLAU, 21.1.1898

F(V)erse an F(V)ers in der Koje des Narrenschiffs –
Reißt nicht die Hose am Eck eines Felsenriffs –:
Werden wir beide wohl bis übers Jahr
Noch ein gar köstliches Lootsenpaar!
       Mit kollegialem Gruß
Br. 21. Jan. 98.   Friedrich Kayßler,
        Schriftsteller.

539. AN MARIE GOETTLING [IN SORAU].
[BERLIN], 23.1.1898

          23.I.98.
Meine liebe Marie,
Denke Dir, ich weiss kaum mehr, wie man einen Brief schreibt, so sehr hat mich die letzte Zeit von aller Korrespondenz ferngehalten, aber wie man zum Geburtstag gratuliert, weiss ich doch noch: indem man nämlich einen Kniks macht und verlegen den Hut in der Hand herumdreht, bis er fast wie ein Blumenbouquet oder ein Trichter voll der guten Wünsche aussieht, die man eigentlich in petto hat. Ich überreiche Dir also Bouquet oder Trichter und ausser dem, wovon Du schon weisst, dass es drin ist, ist nur noch das kleine Hannele drin. So, nun möcht ich mich erst nochmals für das schöne Weihnachten, vor Allem den reizenden Murillo bedanken, der mir beständig grosse Freude macht.
Na was sagst Du dazu, dass Walich und ich uns auf so zufällige Weise kennen gelernt haben? Ich komme nie sonst in jenes Stockwerk hinauf, wo das Quattuor tafelte, sondern verkehre nur Tag für Tag unten parterre. Nun er wird Dir wohl von unsrer Wanderung erzählt haben. Er gefiel mir sehr gut, er fällt jedenfalls aus der Allgemeinheit heraus, als ein Mensch mit Sonderschicksalen und Sonderrechten. Ich habe immer den Eindruck – was Du ihm aber nicht sagen musst – als sei er aus irgend einem Hauptmannschen Stück oder dergl. – Ich denke, wir sehen uns mal im Sommer ein paar Tage länger. Grüss ihn bitte herzlich.
Habt Ihr schon Reisepläne für's Jahr? Ich habe nun Schreiberhau

aufgegeben, erstens, weil es doch zu viel Unkosten macht und zweitens weil der milde Winter es gar nicht erfordert. Vielmehr zieh ich vielleicht schon März oder April wieder an meinen geliebten Müggelsee. Im Hochsommer hab ich nichts Minderes vor, als nach Norwegen zu gehen, da mein Verleger mir endlich noch Reisezuschuss bewilligt hat. Ich stecke schon mitten in der Arbeit, vorab freilich noch in der leichtesten. Mitte Februar müssen meine Beiträge zum 1. Band fertig sein, daher lebe ich jetzt möglichst meinen Musen, die meinige will nämlich auch nicht vernachlässigt sein und da kannst Du Dir denken, liegen sich beide oft in Haaren. Die einzige Rettung ist, mich noch viel mehr wie bis jetzt zurückzuziehen, »fürchterlicher« Arbeitsegoist werden, Concentration »streben«. Ausserdem muss ich zum Herbst den neuen Gedichtband zusammenstellen, das liegt mir im Magen. Franke schrieb mir übrigens reizend liebenswürdigen Brief. Er hat sich m. Buch »zu Weihnachten bescheert«. – Fritz spielt dieser Tage in Lorbeerbaum u. Bettelstab v. Holtei den Dichter Heinrich. Matadorenrolle. Geht ihm übrigens gut. – Von mir werden nächstens Gedichte in der Neuen Freien Volksbühne vorgelesen, habe überhaupt viel Freude mit den Versen. Besonders aus Prag ist mir viel Liebenswürdiges zugegangen. Nun ade für heute, erzähle mir nun bald auch so viel von Dir, wie ich heut von mir, und nimm noch einen recht herzlichen Geburtstagskuss von Deinem
Chrischan.
Grüss Onkel Moor herzlichst.
Nächstens kommt e. verrücktes Märchen, werde schicken.

540. VON FRANZ CARL ZITELMANN.
MEININGEN, 23.1.1898

Ist seit 8.1. als preußischer Referendar am Landgericht. Er hat hier Familienleben und seinen Schwager als Vorbild. Der Beruf muß für ihn doch die Hauptsache werden, Künste und Wissenschaften können nur Erholungsbeschäftigung sein. Wir leben in einer Epoche größter Umwälzungen auf wirtschaftlichem und damit auf gesetzgeberischem Gebiete. Es heißt jetzt, thätig zugreifen, um hinter dem rastlosen Vorwärts unserer Zeit nicht hinterherhinken zu müssen. Und gerade das Erfassen des Neuen und sein Anschmiegen an das Leben ist für den Richter eine reizvolle Aufgabe. – *Berichtet von seinem Leben.* Das Theater ist geradezu vorzüglich, nur bringt es nicht gerade große Sachen. Es ist eine feine stilvolle Hofbühne. Selbst wenn wenig gehaltvolle Sachen gespielt werden, hat man einen hohen ästhetischen Genuß durch das Sehen. Ausstattung, Costüme und Coulissen, alles ist von geradezu vollendetem Geschmack. *Der Herzog gibt sehr viel Geld für das Theater aus. – Am 28.12. war Hofball, interessant für ihn wegen des Milieus. Jetzt jagen sich Diners, Gesellschaften, Tänze.* Es ist ja meist Oberfläche und Fadheit, die einem da geboten wird, aber ein gewisser Reiz liegt doch in dem Glanz der Tafeln und Kleider, die einen dabei umgeben. [...] Ich schwelge geradezu in dieser Sphäre der Freude, weil im eignen Busen noch immer der alte zersetzende und zerfetzende Grübler wohnt. – *Hofft, daß M im Sommer hierher kommt, möchte lieber mündlich erzählen. N.: Bjørnson: »Maria von Schottland«. Erzprinzessin Feodora. Ihr Bräutigam. Die Frau des Herzogs und ihre Bekannten.*

541.   VON FRIEDRICH KAYSSLER. BRESLAU, 25.1.1898

Gestern in Lorbeerstaub und Bettelrabe *ist alles gutgegangen. – Eigenhändige Nachschrift von Liese.*

542.   VON HERMANN HENDRICH. BERLIN, 26.1.1898

Verehrtester Herr Morgenstern!
Haben Sie besten Dank für Ihr schönes Gedicht in welchem der poetische Gehalt des Bildes voll und ganz zum Ausdruck kommt. Es ist merkwürdig daß ich beim Malen des Bildes an Sie gedacht habe da ich kurz vorher Ihre, mich sehr anregende GedichtSammlung »Phantasus« gelesen hatte. Sollte Sie Ihr Weg einmal in meine Nähe führen, würde es mich sehr freuen, wenn Sie mich aufsuchten.

Mit hochachtungsvollem Gruß
Ihr
Hermann Hendrich

543. AN LUDWIG LANDSHOFF IN BERLIN.
[BERLIN], 1.2.1898

1. Zebra 98. – *Bittet, ihm die* »Morituri« *von Kraszewski zu Wedel mitzubringen, da er sie zurückgeben muß.*
N.: *Keller.*

544. VON FRIEDRICH KAYSSLER. BRESLAU, 1.2.1898

Bittet um den »Johannes«. – *Wird in München in der neuen litterarischen Gesellschaft den Nikita in Macht der Finsternis spielen.*
N.: *Wolzogen. Osborn. L[iese].*

545. AN DIE REDAKTION DER TAGESZEITUNG
»POLITIKEN« IN KOPENHAGEN. BERLIN, 3.2.1898

Sehr geehrte Herren,
Ihrer freundlichen Aufforderung entsprechend, erlaube ich mir, einige Worte zu Ihrer Festnummer zu senden, welche mein verehrendes Verhältnis zu Henrik Ibsen vielleicht besser ausdrücken dürften, als wenn ich Ihnen etwas über den Dichter selbst geschrieben hätte.
               Mit hochachtungsvollen Grüssen
                    Ihr sehr ergebener
3.II.98.
                        Christian Morgenstern
                        Berlin NW, Luisenstrasse 64.

Man kann nicht von guten und besseren sondern nur von schlechten und weniger schlechten Übertragungen fremder Poesieen sprechen. Eine solche möglichst wenig schlechte von den Werken »Gildet på Solhaug«, »Kaerlighedens Komedie«, »Brand«, »Peer Gynt« und »Digte« der grossen deutschen Gesamtausgabe einzuverleiben, erscheint mir als eine so bedeutende Aufgabe, dass ich es in hohem Maasse als ein Glück und eine Ehre empfinde, mich ihr während der nächsten drei Jahre un-

terziehen zu sollen. Ich sehe voraus, dass ich der Ausführung manches eigenen dichterischen Entwurfes in dieser Zeit werde entsagen müssen, aber ich werde es ohne Reue thun; denn wenn auf Erden ein Dienst geadelt ist, so ist es, einem Genius zu dienen.
Berlin, März 1898. Christian Morgenstern.

546. VON FRIEDRICH KAYSSLER. HOF, 5.2.1898

Grüßt am Mittag aus Hof. Am 8. ist die Vorstellung. Erinnert an »Johannes«.
N.: Wolzogen. L[iese]. – München.

547. VON EMIL ORLIK. PRAG, 9.2.1898

Dankt für die lieben Zeilen, freut sich auf ein Zusammensein in Berlin. – Benzmann hat geschrieben.

548. VON FRIEDRICH KAYSSLER UND LUISE SANDVOS. BRESLAU, 13.2.1898

Mitteilung von Lieses Scheidung. Beide sind überglücklich und planen die Hochzeit. Haberfeld und sein Freund Scheffer sollen Trauzeugen sein. Breslauer werden nicht dabei sein. Als auswärtigen Zeugen bitten wir Dich und Julius. [...] Also München war eine befriedigende Sache, endlich wieder mal müde gespielt! [...] Singspiel gefällt mir riesig, besonders die immergrünen Thore der Jugend *und* FEIERABEND.
N.: Jonas. Brahm. Neumann-Hofer. Steinert.

549. VON LUDWIG ABELS. BERLIN [VOR DEM 14.2.1898]

Verehrter Hr Morgenstern!
Mit bestem Danke für Ihre freundl. Einsendungen theile ich Ih-

nen mit dass »Das Fest der Nägel« bereits in Druck gegeben ist,
über das Andere Opus werden wir Ihnen baldigst berichten.
Hoffentlich macht Ihnen das Lust, uns bald mehr zu übergeben
und sich auch bei Gelegenheit wieder mal von Angesicht zu Angesicht uns zu enthüllen.
Mit herzlichen Grüßen
Ihr
Dr. Ludwig Abels

550. VON FRIEDRICH KAYSSLER. BRESLAU, 17. 2. 1898

L. Christl,
Nu sag mal, was schreibst Du heute? Julius wird kommen? Das
wär ja herrlich! Haberfeld u. Sch. können nämlich nicht. Verrei-
sen teils u. teils Examen etc. – – Sag mal, kommst Du etwa auch?
Du erkundigst Dich u. frägst so seltsam! Ich hab ja keine Ahnung
aber wenn Du etwas im Schilde führst, vielleicht können wirs
benützen?! Aber anwesender Trauzeuge sein, das willst Du wohl
nicht! – Durch Deinen heutigen Brief bin ich überhaupt erst auf
die Möglichkeit gekommen, daß Berliner kommen könnten.
Wenn es möglich ist, dann bitte sofort Nachricht. Wenn Du ab-
lehnst, dann sprich bitte mit Julius u. frag ob nicht dann Georg u.
er kommen könnten?
Sprich dann vorläufig in meinem Namen mit Georg. Ja! bitte
bald schreiben! Verzeih mir, wenn ich zu viel hoffe, aber Du hast
mir mit Deinen Randbemerkungen heute erst den Floh von Deinem Kommen ins Ohr gesetzt.
Schreib gleich u. sei umarmt von uns beiden! Wernicke der Hund
soll mir zur Hochzeit den Mantel schenken!
F.

551. AN JULIUS ELIAS [IN BERLIN].
[BERLIN], 18. 2. 1898

Lieber Herr Doktor,
Hier die ersten 2 Bogen zurück. Sagen Sie, wo kommt denn nun

eigentlich mein Name hin? Ich möchte bei meinen 5 Sachen doch sehr gern speciell genannt werden und nicht bloss in einer zufälligen Anmerkung. Ich lege Ihnen das ans Herz; denn ohne besondere Ambitionen zu haben, möchte ich doch meinen Namen unter dem Titel der betreffenden 5 Werke wissen.
                    Ihr Sie herzlich grüssender
18. II. 98   Christian Morgenstern.

552. AN JULIUS ELIAS [IN BERLIN].
      [BERLIN], 22.2.1898

                                            22. II. 98.
Lieber Herr Doktor,
Hier zunächst die Vorrede zum Fest a. S. Ich verbesserte so viel mir möglich. Sie müssen noch meine Ungewohntheit dänischer Prosa in Anschlag bringen. –
Bitte, lassen Sie also möglichst umgehend Druckbogen vom Fest a. S. von der Druckerei aus an mich schicken: Wenns möglich ist, eine doppelte Lage, damit ich Herrn Dr. Stein den 2. Akt schicken kann und aus dem 1. die Ballade etc.
Falls Sie von Lautenburg Nachricht erhalten, bitte auch um Mitteilung. – Wäre es übrigens gar nicht möglich, dass ich aus der Aufführung auch irgend einen materiellen Vorteil gewänne? Ich möchte da einmal mit Ihnen darüber sprechen, ob sich I. nicht doch zu einer kleinen Concession an mich verstehen würde, wenigstens auf die Zeit der 3 Übersetzungsjahre.
                    Ihr Sie herzlich grüssender
                    Christian Morgenstern.

553. VON [NAME UNLESERLICH]. BERLIN, 22.2.1898

Versichert, daß es ohne jede Schwierigkeit *gehe; das Konzert sei erst am 24.3.* Vielleicht ändert das Ihren Entschluss?

554. AN JULIUS ELIAS [IN BERLIN].
[BERLIN, ETWA FEBRUAR 1898]

Macht Vorschläge für die Übersetzung dreier Verszeilen sowie einer Einzelstelle.

555. AN JULIUS ELIAS [IN BERLIN].
[BERLIN, 24.2.1898 ODER KURZ DANACH]

Erhielt heute ersten Teil des Brandes, *will ihn* bis morgen voraussichtlich *zurückschicken. – Schickt auch* die seligen Überreste der Klingenfeld.

556. VON LUDWIG JACOBOWSKI.
BERLIN, [VIELLEICHT FEBRUAR 1898]

Verehrter Herr M.
Der Verlag zahlt leider nur nach Abdruck. Das – kleine – Honorar für die »Gedichte« geht Ihnen sofort vom Verlag aus zu. Ich nehme Ihre Übersetz. gern, jedoch zahlt das Blatt dafür kein Honorar, zumal ich eine Unzahl Übersetzgen habe. Sie sehen, ich muß erst peu à peu das Blatt wieder heben.
Mit besten Grüßen
L.J.

557. VON HERMANN HENDRICH. BERLIN, 1.3.1898

Bittet um einen Prolog zu unserem Böcklin-Fest, *der* von einer Dame, welche die Böcklin'sche Muse darstellt, *gesprochen werden soll.*

558. VON FRIEDRICH KAYSSLER.
BRESLAU, [VERMUTLICH VOR DEM 13.3.1898]

Verlobungsanzeige Kayßlers mit Frau Luise Sandvos geb. Wilke *und von ihr mit ihm, dazu die Bemerkung, daß das Urteil rechts-*

kräftig sei, für die Hochzeit aber noch ein Schein vom Gericht *fehle.*
N.: Rebajoli.

559. VON FRIEDRICH KAYSSLER. BRESLAU, 13.3.1898

Vermutet, daß Ibsen schuld ist an Ms langem Schweigen. – Die Hochzeit kann erst stattfinden, wenn Liese eine Genehmigung vom Gericht erhalten hat, d.h. vielleicht erst im Mai. Eine Familienzusammenkunft *soll es dabei aber nicht geben.* Du kannst Dir wohl den Grund denken. *Ebenfalls im Mai sind in Berlin die Proben für eine Tournee, das muß sein, weil die Tournee wichtig ist. – Den Kindern geht es nicht so gut. – Er schreibt jetzt, was M nicht vermuten wird: Briefe an das kommende Jahrhundert. Das sei schlau, da* darf kein Gegenwärtiger was drein reden, ohne ungebetner Gast zu sein. *– Hält es für eins der stärksten Kunstprinzipien unserer Zeit, wie Gott Lots Frau, Menschen in Salzsäulen zu verwandeln.* Vielleicht leckt hie und da ein Schaf daran. *M soll, wenn auch kurz, bald schreiben.– Eigenhändiger Gruß von Liese. – [Von Kayssler] Dankt für Ms Sendungen.* Die Gesellschaftsfaschingsnummer hat uns viel Spaß gemacht. Es ist zu komisch: in solchen Faschingsnummern stehen Dinge, die alle Tage zu lesen sein sollten, als Fastnachtsscherze! Ich habe noch keine so gute Nummer der Gesellschaft gelesen. »Zur neuen Aera« ist famos! – Wenn Du nur lieber die Leute dazu hättest u. dem Publikum was auf den Tisch legen könntest! Solche Aufsätze sind in aller Augen »Aufsätze« und darüber nichts. Neulich war ich mit Liese bei Lichtenberg u. sahen die Ausstellung Deines Vaters. Besonders unter den kleineren Studien waren wundervolle Sachen. Die entzückenden Wegmotive, die ich früher schon so gern bei ihm hatte, fanden wir in allen Variationen wieder. [...] Eine ganze Masse war verkauft. Alles stammte aus der Umgegend u. dem Riesengebirge.
N.: Julius [Hirschfeld]. Elly [Hirschfeld]. Ilse. Frida. Hans Kalm. [Sudermann: »Johannes«]. – W. Ms: AUF VIELEN WEGEN. IN PHANTAS SCHLOSS. DAS HÄSLEIN.

560. AN JOSEF ADOLF BONDY [VERMUTLICH IN BERLIN]. BERLIN, 18. 3. 1898

Gedicht mit dem Titel MÄRZ.

561. AN MARIE GOETTLING [IN SORAU].
     [BERLIN], 29. 3. 1898

Marie soll nicht gleich verletzt sein, wenn er nicht schreibt, er hätte es gern gleich nach ihrem Besuch getan, aber es geht ihm so viel im Kopf herum, daß er zu keiner Korrespondenz kommt. Diesen Frühling nun bin ich so unentschlossen wie je gewesen. Bin es zum teil noch, werde aber wohl zunächst bei Friedrichshagen endigen. Denn Berlin wird mir zu laut. Norwegen schon jetzt ist ein zu grosses Wagnis, da ich diesen Sommer die »Komödie der Liebe« vollenden muss und fürchte, drüben zu sehr vom Neuen und Ungewohnten abgezogen zu werden. Dann machte mir mein Husten mehr wie je zu schaffen, sodass ich wieder an den Süden dachte. Kurz, alles geht durcheinander und meine Möbel fühle ich zum ersten Mal als Ballast. Jedenfalls muss nach dem vielen Ibsen-Gefeiere etc. nun endlich die stramme regelmässige Ibsen-Arbeit eintreten, und eben diese geradezu mechanische Regelmässigkeit ist es, die ich jetzt aufs Äusserste ersehne und um derentwillen ich am Liebsten auf eine Festung ginge. – *Will ihnen gern über Kayssler berichten, hat es noch nicht getan, weil ihm alles längst bekannt war. Er findet, daß Kayssler und Luise Sandvos ausserordentlich gut zueinander passen, beide sind* Kerle aus ganzem Holz und einheitlichem Fühlen. Das ist's vor Allem: Sie ist eine volle Persönlichkeit, abgeschlossen in ihrem Charakter aber unendlich bildungsfähig nach allen Richtungen. Dabei voll Humor, Lebenskraft und -Lust, nicht hübsch, aber höchst sympathisch und charakteristisch, fest und resolut, mit grosser Grazie der Bewegung, besonders des Ganges. *Sie ist etwa 26 Jahre alt, von ihrem Mann geschieden und bringt Kayssler zwei kleine Mädchen,* zwei niedliche kleine Bälger von 3 und 4 Jahren etwa, *mit in die Ehe. – Äußert sich dann darüber, daß die bürgerliche Gesellschaft sich nicht damit abfinden könne, wenn jemand etwas ohne ihre Zu-*

stimmung tue. Schmerzlich ist ihnen beiden das bei Frau Dr. Beblo, die es Kayssler verübelt, daß er ihren mütterlichen Rat *nicht eingeholt hat, der noch manches hätte* mildern *können. Man solle doch jeden seinen eigenen Herrn sein lassen, solange er niemandem damit schade.* Die sog. gesellschaftliche Moral ist ein Polizeisystem, weiter nichts. Jeder der Schutzmann des andern – es ist nicht auszudenken. – *Grüßt auch* Onkel Moor, *dem er ein Liedchen beilegt.*
N.: Gerhard [*Goettling*]. *Kaufhaus Wertheim. Magda* [*Beblo*].

562. VON HEINRICH HART.
       CHARLOTTENBURG, 29.3.1898

Lieber Freund.
Es wird mir fast körperlich schwer, mich von den Gedichten oder die Gedichte von mir loszureißen. So gern wäre ich es gewesen, das »unauslöschliche Gelächter« u. die »Mutter Erde« zuerst den *⁎Wenigen⁎* ans Herz zu legen – – – Aber nun auf, thun Sie's selbst.

                                    Mit Herzensgruß
Charlottenbg,   Ihr Heinrich Hart.
  Rönnestr. 4

563. VON OTTO GILDEMEISTER. BREMEN, 31.3.1898

Dankt für die Ibsenübersetzung, versichert, der Band werde sein volles Interesse in Anspruch nehmen.

564. VON MAX OSBORN. BERLIN, MÄRZ 1898

Rundschreiben mit der Mitteilung, daß er von der Leitung des »*Narrenschiffs*« *aufgrund von Differenzen mit den Verlegern Carl Predeek & Co zurückgetreten sei.*

565.   VON EMIL ORLIK. WIEN, 2.4.1898

Grüße von einem Ausflug nach Wien.

566.   VON FRIEDRICH ADLER. PRAG, 10.4.1898

Prag, 10.IV.1898.

Sehr geehrter Herr!

Ihre Adresse verdanke ich meinem jungen Freunde Josef Adolf Bondy, und der Zweck dieses Schreibens ist einzig und allein, Ihnen zu sagen, wie sehr ich mich freue, daß wir von Ihnen eine Übersetzung der Ibsen'schen Versdichtungen bekommen. Ich habe die in der »Deutschen Dichtung« veröffentlichten Proben mit dem größten Genuß gelesen. Ihre Arbeit bedeutet eine lang ersehnte Erlösung von der geradezu entsetzlichen Wiedergabe, die wir bisher hatten. Passarge ist ja sonst ein passabler Mann, aber zum Teufel, um Gedichte zu übersetzen, muß man selbst ein Dichter sein. Und es war ein rechter Jammer, einen Ibsen so verdolmetscht zu sehen. Es ist eine ständige Phrase, daß in Deutschland gut übersetzt wird. Sie ist nicht wahr. Es wird meist sehr schlecht gearbeitet. Um so mehr freue ich mich, daß so wichtige Werke an eine so tüchtige Kraft gerathen sind, wie die Ihre. In der Verzweiflung hatte ich schon selbst daran gedacht, Norwegisch zu lernen und mich, wie ich es bei Vrchlický gethan, in den Dienst Ibsen's zu stellen. Jetzt habe ich solche Verzweiflungsgedanken nicht mehr nötig. Ich wünsche Ihnen und uns Glück zu der Arbeit, deren Verdienst, nach den Proben zu urtheilen, schon jetzt außer Frage steht.

In vorzüglicher Hochachtung
Ihr ergebener
Dr. Friedr. Adler.

567.   AN LUDWIG LANDSHOFF [IN BERLIN].
[BERLIN, VIELLEICHT VOR DEM 12.4.1898]

Hofft, der Arzt habe Landshoff beruhigt. – Kann erst nach Abfahrt des Zugs nach Petersburg ins »Monopol« kommen. Wenn Lands-

hoff nicht so lange warten will, soll er einem der Oberkellner eine Gratifikation *anvertrauen.*

568. AN LUDWIG LANDSHOFF IN BERLIN.
[BERLIN], 12.4.1898

Dankt für Brief und Karten, *kann aber nicht hingehen, weil er* wahrscheinlich schon Ende April nach Christiania *will und deshalb keine Zeit hat. – Bedauert, daß Landshoff bei der* Anwandsache *nicht dabei war.* Wir zogen wie echte Provincialen durch das heilige Berlin. *Trifft heute* schon wieder eine Provinz, *Dr. Rüter aus Halberstadt. Landshoff soll sich's* so gut wie möglich *gehen lassen.*

569. AN RICHARD DEHMEL [IN PANKOW].
BERLIN, 14.4.1898

Lieber verehrter Mensch und Dichter,
Als ich heut früh den Frühstücksbrot-Beutel von der Thür aussen abnehme – ich wohne nämlich allein und chambre isolée – hängt Ihr neues Buch daneben. Das ist so auch ganz richtig. Denn Ihre Poesie ist mir nun schon lange Brot geworden. Und nicht Sie haben, sondern ich habe zu sagen:
                                   In Dankbarkeit!
                         Mit Herzensgruss
                                   Ihr
Berlin 14.IV.98.   Christian Morgenstern.
Luisenstrasse 64.III.

570. VON FRIEDRICH ADLER, JOSEF ADOLF BONDY,
EMIL FAKTOR, ALFRED[?] KLAAR, EMIL ORLIK,
HUGO SALUS, HEINRICH TEWELES, JOSEF
WILLOMITZER, [EIN UNLESERLICHER NAME].
PRAG [VOR DEM 15.4.1898]

Grüße, z.T. mit kurzem Zusatz, von Klaar die Verse: Diesen Gruß dem Morgenstern / Bei Nacht grüß ich ihn immer gern.

571. VON JOSEF ADOLF BONDY. PRAG, 15.4.1898

Schickt Grüße aus Prag und versichert, daß M hier viele Freunde habe, von denen er nichts wisse. Schickt auch eine vom Lyriker-
abend gedichtete Grußkarte, die ich paar Tage in der Tasche her-
umgesudelt habe.

572. AN CÄSAR FLAISCHLEN [IN BERLIN].
BERLIN, 16.4.1898

16.IV.98.
Luisenstr. 64/III.

Lieber Herr Doktor,
Wie stehts denn wohl mit meiner Einsendung? Die ist wohl schon lange verstorben. Schade, dies »An Mutter Erde« müsste doch eigentlich dem alten Erdgott Pan aus der Seele sein.
Aber jetzt wird's, fürcht ich, bald zu spät, da die Gedichte schon im Winter in Buchform erscheinen.
Ihnen gehts hoffentlich gut! Ich reise voraussichtlich bald nach Norwegen hinüber.

Ihr Sie herzlich grüssender
Christian Morgenstern.

573. VON CÄSAR FLAISCHLEN. [BERLIN], 18.4.1898

18/4 98
Lieber Herr Morgenstern!
Ich habe Ihre »Mutter Erde« leider nicht durchlootsen können durch unsere Scylla u. Carybdis. Aber schicken Sie uns bei Gelegenheit doch einmal mehreres. Vorderhand freilich[?] habe ich noch eine Menge rückständiger fest angenommener Sachen, so daß ich kaum weiß[?] wo Alles unterbringen.
Aber –
Sie haben doch gewiß die nordische Literatur über Ibsen gelesen – Ich könnte einen kurzen, so etwa drei Panseiten großen Aufsatz brauchen u. eventuell auch einige Gedicht-Übersetzungen – so diese vor der Buchausgabe gedruckt werden könnten.

Viele Grüße
Ihr
Dr. Cäsar Flaischlen.

574. VON EMIL ORLIK. PRAG, 19.4.1898

Ist enttäuscht, daß M nicht in Berlin sein wird, wenn er dorthin kommt. Hatte sich schon sehr gefreut. Hat wegen der nicht gelieferten Horazillustrationen ein schlechtes Gewissen, aber seine Skizzen gefielen ihm nicht mehr. Vielleicht könnte er aber doch das Titelblatt dafür machen, in jedem Fall aber den Deckel zu Ms neuem Buch – ich würde gleich an die Arbeit gehen. Es möchte mir Freude machen einmal mit Ihnen etwas gearbeitet zu haben. – *Schickt zwei neue Buchumschläge für einen tschechischen Verleger mit: zu Schnitzlers »Sterben«, zu »Stilleben«, außerdem eine Zinkätzung und einen kleinen Holzschnitt.*
N.: England. Die norwegischen Fjorde.

575. [VERMUTLICH VON CATHÉRINE RUNGE].
ST. PETERSBURG, 13./25.4.1898

Freut sich über die Neuigkeiten und wünscht Gottes Segen. Ne m'oublies pas et écrives mois, s. v. p.

576. VON CÄSAR FLAISCHLEN. [BERLIN], 25.4.1898

25/4 98
Lieber Herr Morgenstern!
Daß wir von Ibsen etwas nur über die Leiche Sami's[?] in den Pan bekommen wußte ich – ev. aber können wir diese Leiche riskiren.
Daß Sie uns böse, tut mir recht leid – ich hoffe aber, daß Sie mit der Zeit doch wieder versöhnlicher denken.
In diesem Sinn – recht schön Wetter zu Ihrer Nordland»Ausreise«.
Ihr
Dr. C. Fl.[?]

577. VON RICHARD GOETTLING. [SORAU, APRIL 1898]

Dankt für den Ibsen-Band mit Ms Übersetzung von »Das Fest auf Solhaug« und äußert Freude darüber, daß M eine Zeitlang in einem andern untertauchen muß.

578. AN LUDWIG LANDSHOFF [IN BERLIN].
[BERLIN, VERMUTLICH 25.4. ODER 2.5.1898]

Schönen Gruß, lieber Lutz, mach, daß Du bald wieder gesund wirst! Ich bin schon vom Reisefieber (Febris itineris) ergriffen: Paß, Koffer, Anzug, Besuche, Gedichte, Orlik Titelblatt, Wäsche, Ibsen, Zahnpasta, Neuer Hut, Ver sacrum, geflochtene Lederschuhe, Dr. Lahmann, Krieg der Amerikaner – kurz, Welt am Montag...

579. VON FRIEDRICH KAYSSLER.
[BRESLAU, ETWA 5.5.1898]

Du scheinst noch in Berlin zu sein. Dann war unsere Geburtskiste verfrüht, Du hast sie wahrscheinlich nicht aufgemacht und unseren Heilruf zum Gesundetsein gar nicht gelesen. Na item, von – ach was, einen Kuß zu Deinem Geburtstagsmorgen extra! Du weißt ja, was es heißen soll. – *Glaubt nicht, daß M von dem Norweger mehr als eine Entschuldigung erhalten werde.* – Das Wiedersehen mit dem einsamen Christus war ein herzliches. – Weil Du Deinen Amerikaner Sänger hast, bist Du natürlich für die Amerikaner. *Er und Liese sind eher für Spanien.* Das amerikanische Lied ist fein. Hast Du das so flüchtig übersetzt? Ich müßte mal mehr lesen. – *Liest Spitteler: am einen Tag möchte er ihn umarmen, am nächsten zuckt er die Achseln, besonders der* Unfehlbarkeitston *ärgert ihn.* – *Am Sonntag spielt er den Glockengießer Heinrich.* – *Liese ist heiser.* – *Eigenhändige Nachschrift von Liese: Geburtstagsgratulation und Wünsche für die Gesundheit.*
N.: Schiller.

April–Mai 1898 429

580. AN LUDWIG LANDSHOFF IN BERLIN.
STETTIN, 8.5.1898

Verspottet ihn als elende[n] Jammerclown mit beispiellosen Landrattenbegriffen, *weil er das* Äppelboot, *den* einschornsteinigen Jammerkasten *einen* wirklichen grossen Dampfer *genannt hat.*
Außerdem regnet es, und sogar durch, nämlich in die Weinstube v. Schönherr, wo mich an den Beinen friert. Dich auch? *Zu Stettin:* Wie kann man hier geboren werden? *Nachträgliches* Motto. Erst Regen dann Rügen.
N.: Kruschs. – Köbenhavn. Christiania.

581. VON EMIL ORLIK. PRAG, 9.5.1898

Lieber Freund!
Wie Sie ersehen hat mich Ihr liebes Schreiben noch in Prag getroffen, da ich leider erst am 16 od. 17 Mai abreisen kann. Wenn ich andererseits recht herzlich wünschte Sie möchten recht bald gesunden, so würde ich offen gesagt genug Egoismus besitzen, um Sie in Gedanken bis zu meinem Eintreffen in Berlin daselbst zurückzuhalten.
Für Ihr Titelblatt habe ich schon einen guten Gedanken. Ornamental, in einfachen Linien, etwas symbolistisch wenn auch vollkommen klar, ich schicke Ihnen die Zeichnung dieser Tage. Bitte mir aber wenn Sie abreisen sollten Ihre Adresse anzugeben. wie gesagt bleibe ich noch circa 8–10 Tage hier. Wenn ich nach Berlin komme kann ich dann persönlich bei Schust. u. Löffl. Rücksprache nehmen, auch wegen des Horaz.
Ob sich das gut machen wird rot auf gelb? ich würde es gerne sehen wenn man zwei Farben im Druck anwenden würde. Doch darüber näheres bis die Zeichnung kommt.
zu gleicher Zeit sende ich Ihnen den ersten Druck des ex libris: Christian Morgenstern. Hoffentlich ist es Ihnen nicht unsympathisch: denn eine kleine Auflage wird für Sie schon gedruckt: eine Bescheidene Aufmerksamkeit für meinen lieben Christian Morgenstern.
Also schreiben sie mir womöglich postwendend: entweder Ihre

430   Nr. 582–585

Adresse, oder dass Sie noch eine Zeit in Berlin die alte Adresse
haben werden.   Prag,
Unterdessen   Ihr aufrichtiger   9. Mai
mit bestem Gruss   Emil Orlik   98

Exlibris von Emil Orlik (Originalgröße).

582.   AN JULIUS HIRSCHFELD IN BERLIN.
       CHRISTIANIA, 13.5.1898

Das Gedicht WAS SPRICHT DIE NACHT *ohne weitere Zusätze.*

583. VON FRIEDRICH KAYSSLER.
[VERMUTLICH BRESLAU], 14.5.1898

Die »Versunkene Glocke« ist gut verlaufen, er hatte eine sehr gute Kritik im »Generalanzeiger«. Am 10. hat auch als Vorleser mit einer netten Wildenbruchschen Novelle Erfolg gehabt.
N.: Grube.

584. VON FRIEDRICH KAYSSLER. BRESLAU, 18.5.1898

Die Tournee fällt wohl ins Wasser. – Hat an Spitteler geschrieben, weil dieser den Schauspielern gegenüber ungerecht sei. Außerdem bringe er zu Vieles, so daß die wirklich großen Übelstände sich in der Menge der kleineren Unarten verlieren. – Frida geht es wieder besser. Liesing wird hoffentlich auch bald wieder ganz munter werden. Es ist keine gewöhnliche Heiserkeit, sondern hängt anders zusammen, Du wirst hoffentlich bald eine frohe u. bedeutsame Nachricht bekommen. Hast Du wirklich davon nichts gewußt? – Heiraten können wir erst im Dezember. Die nötige Erlaubnis, die der Scheidung wegen nötig war, ist nicht erteilt worden. Wir müssen also die gesetzliche Frist von 10 Monaten von der Scheidung an gerechnet innehalten. [*Von Liese*] Sonst geht alles ganz gut bis auf meine Heiserheit, es gehört furchtbare Geduld dazu nicht reden zu können, vor allem wenn man mal die Bande so recht anschnauzen möchte, verdienen thun sie's oft genug.
N.: Steinert. R[einhardt?]. Lehmann. Arne Garborg: »Müde Seelen«. – München.

585. AN HENRIK IBSEN [IN CHRISTIANIA].
[VERMUTLICH NORDSTRAND, UM DEN 24.5.1898]

Hochverehrter Herr Doctor,
Wie Ihnen vielleicht Herr Dr. Elias mitgeteilt hat, bin ich vor vierzehn Tagen zu einem längeren Aufenthalt nach Norwegen gekommen, um meine grosse schöne Aufgabe um so besser fördern zu können.

Hochverehrter Herr Doctor,

Wie Ihnen vielleicht Herr Dr. Elias mitgeteilt hat, bin ich vor vierzehn Tagen (nach Norwegen gekommen, um meine grosse schöne Aufgabe um so besser fördern zu können
Ich hoffe, die Übertragung der "Liebeskomödie" bis spätestens August vollendet zu haben.
Es würde mir nun eine hohe Ehre sein, Ihnen, hochverehrter Meister, meinen Besuch machen zu dürfen, und falls Ihnen dies genehm wäre, von Ihnen die Bestimmung eines Ihnen gelegenen Zeitpunktes entgegenzunehmen.
In tiefster Ehrerbietung
Ihr Ihnen von Herzen ergebener
Chr. M.

Brief Nr. 585 (Entwurf, leicht verkleinert)

⟨Ich⟩ bin augenblicklich mit K. K. beschäftigt und hoffe, die Übertragung bis Mitte August etwa vollendet zu haben.
Es würde mir nun eine hohe Ehre sein, Ihnen, hoch verehrter Meister, meinen Besuch machen zu dürfen, und falls Ihnen dies genehm wäre, von Ihnen die Bestimmung eines Zeitpunktes entgegenzunehmen.

In tiefster Ehrerbietung
Ihr Ihnen von Herzen ergebener
Chr. M.

586. AN JOSEF ADOLF BONDY, [VERMUTLICH IN PRAG].
CHRISTIANIA, 25.5.1898

Drei Strophen Übersetzung von Ibsens Gedicht »På Akershus«.

587. VON FRIEDRICH KAYSSLER. BRESLAU, 14.6.1898

Breslau, Christian Friedrichs Geburtstag.
Geliebter Junge, heute am Geburtstage unseres Jungen muß ich Dich schnell mal umarmen. Du, das ist ein Tag! Chrischan, diese Art von Glück kennst Du nicht. Es ist etwas Stolzes! Wir haben ein paar schwere Stunden durchgemacht, aber nun ist Liesing munter und glücklich. Ich sage Dir, es ist ein Riesenjunge, 59 cm groß. Er hat Haare wie ein Indianer, sogar auf den Ohren Büschel. Er bittet Dich, ihm ein treuer Onkel Chrischan zu sein. Mein Junge, hilf uns beiden mit, aus dem Bengel das Richtige zu machen. Was?! Das soll eine Freude werden. – Ich habe heute das erste Blatt zu einem Buche für ihn aufgesetzt, das eine Sammlung von guten Reproduktionen aller Art mit allen möglichen guten Sachen an Dichtung etc. für ihn werden soll, veranstaltet von Vater, Mutter u. Onkel Chrischan. Bist Du damit einverstanden? – Es muß doch ein würdiges Geschenk da sein am Tag der Geburt; wie?!

In Berlin war ich 8 Tage, sehr interessante Proben. Ab 1. Juli Tournée. – Ich wohnte bei Julius, habe einen Haufen Korrespondenzen bei Dir abgeholt, ohne Ausnahme Drucksachen. Das

Wichtigste liegt hier bei: eine Steuersache, eine Wählerangelegenheit(!) u. ein Artikel über Chr. Morgenstern, den Dir Bondi geschickt hat. Gratulire dazu.
Außerdem sind angekommen: 26 Narrenschiffe, 1 Ver Sacrum, 1 Aufforderung zum Stiftungsfest des ak. litt. Ver. zu B., 1 Dichterheim, 1 D. Dichtung, 1 Kadem Bevünetik Volapü etc., 1 Preisausschreiben vom Genossensch. Verlag deutscher Künstler u. Schriftsteller. – Das alles liegt nebst Deinen Schlüsseln bei Hirschfelds. –
– Für heute addio. Liebster Junge, wir sind beide furchtbar glücklich! Sei es mit uns und laß Dich umarmen   von Fritze, dem
                                                                    Vater u. Liese,
                                                                    der Mutter.
Einen Gruß in seiner Art schickt Christian Friedrich. Ilse u. Frieda sind natürlich selig u. grüßen auch.
14. Juni 1898!!!

588.   Von Friedrich Kayssler. Breslau, 20. 6. 1898

Fritzl dankt für Dein liebes Telegramm. – *Liese geht es täglich besser.* – Schreib doch mal wieder, auch von Ibsen! Reinhardt erzählte u. las aus Deinem Briefe. – Schreib doch auch mal, wenn Du Lust u. Stimmung hast – sonst nicht – über meine »neuen Jahrhundert-Briefe«! Jetzt siehst Du wohl auch mal, daß man Interesse für die Machwerke seines Freundes haben kann u. doch nicht dazu kommt, sie zu beantworten. *So sei es früher Kayssler mit Ms Sachen gegangen.* – Du, unser Fritze sieht meinen Kinderbildern furchtbar ähnlich. Vorläufig hat er von Mutter die Ohren. Hoffentlich später noch mehr.
N.: Ibsen: »Gespenster«; »Die Frau vom Meere«. Die Kinder. – Prag.

589.   An Dagny Fett [in Larkollen].
        [Vermutlich Nordstrand], 17. 7. 1898

Wenn es nicht so geregnet hätte, hätte er sie heute in Larkollen besucht, denn er hält es nicht aus, längere Zeit ohne Nachricht von

ihr zu sein, wenn sie vielleicht bis zum Herbst fortbleibt. Das soll nicht heißen, daß er ihr die Ferien nicht gönnt, im Gegenteil. Aber er erbittet sich von Zeit zu Zeit ein Lebenszeichen von ihr. Rät ihr dann, eine vermutlich eingegangene Einladung seiner Großmutter von Lüneschloß unbedingt anzunehmen. – Will an einem der nächsten Tage kommen, wenn es ihr recht ist.
N.: Dagny Fetts Gastfreunde. – Hankø.

590. VON FRIEDRICH KAYSSLER. FRANKFURT AN DER
 ODER, 28.7.1898

Ist auf einer Wehrübung, kündigt Brief an.
N.: König. Liesing. Fritzing. Bühring. – Berlin.

591. AN FRIEDRICH KAYSSLER [IN FRANKFURT AN DER
 ODER]. [NORDSTRAND, NACH DEM 1.8.1898]

Liebster Junge, Entbehre Dich manchmal furchtbar. Dank für Karte. Wie stands mit B. Hast wohl keine Zeit gehabt. Habe inzwischen mit Famil. F. 5tägige Tour ins Innre gemacht, hast wohl Karte von Gaustadt-Sanatorium am Skej-Kampen (3300 Fuss) erhalten. Gewaltige Fernsicht bei Regen, an jenem Tag höchst melancholisch scheinend. Verschiedne Verkolxtheiten ausserdem, wie das so Familienausflügen anhaftet. 8 Stunden über einen See gedampft, ein Train-Lager inspiciert, Bauernhaus gewohnt, Windharfe, Heu, Originale, Carriol gefahren (eigenhändig) etc. etc. Traurig, dass ich nicht bis an die wirkl. Berge kann, im Sept. wahrscheinl. schon viel zu kalt und bis dahin scharfe Arbeit. – Na, was sagst Du dazu, dass unser B. nicht mehr ist. Kann man sichs vorstellen? Er war ein Stück Übermensch; denn wenn ein Franzose von ihm schreibt: »Nie hätte ich geglaubt, dass ein Mann von Fleisch u. Blut, gebildet wie wir alle, dahin gelangen würde, alle sentimentalen Eigenschaften in sich zugunsten der Eigenschaften des Verstandes und des Willens abzutöten. Liebe, Hass, Zorn, Mitleid hatten keinen Zulass zu seinen Überlegungen.« so ist das etwas durchaus Über-Menschliches (um den Dir unangenehmen Ausdruck hier an einem Beispiel zu illustrieren) und mit dem Wort »Menschliches« oder »Rein-Menschliches, Ganz-Menschliches« nicht zu erledigen. Und diese Art Naturen meinte N. eben als diejenigen, die allein das Grösste und Weiteste zu schaffen vermöchten und sie fand er nicht bei seiner Menschen-Schau. – Übrigens hätte ich grund, hier wieder in meine frühere Menschen-Verachtung zu fallen, weil ich zu sehr den »Spidsborgerne« (wie sie spassig genug hier heissen) ausgesetzt bin und ihre elenden Urteile zu viel hören muss. Diese Frau F. z.B. hätte ich geglaubt, nicht mehr erleben zu müssen aber was thut man nicht um einer lieben Tochter willen. Der nervös-romantische Philister weibl. Geschl. ist vielleicht das Unerträglichste. Doch de mortuis nil nisi bene, – und der Philister ist ab initio mortuus. – Such Dir doch notabene mal Berl. Tagblatt Nr. 385 (Montag abend) und lies »Ein Franzose über Bismarck«. Wirklich fein!

592. VON FRIEDRICH KAYSSLER.
[FRANKFURT AN DER ODER, NACH DEM 1.8.1898]

Von Bismarcks Tod hat man wenig gespürt, aber ihm selbst kommt Deutschland jetzt förmlich preisgegeben vor. Das Berliner Tageblatt will er sich bestellen. – Ist begeistert von Goethes Briefen an Charlotte von Stein. – Der Sohn lacht jetzt schon. Seine Haupteigenschaften sind mächtiger Hunger, Gefühl für Gesellichkeit, wütender Protest gegen alle beengenden Wände, Schranken etc. [...], Vorliebe für Baden, u. absolute Abneigung gegen sentimentale Musik *(das Zitherspiel von Schwägerin Nanni)*. Alles gesunde Anzeichen! Wie!
N.: König. Prof. Kellner. Liese. Hirschfeld. – Breslau.

593. AN JULIUS ELIAS[?] [IN BERLIN].
NORDSTRAND, 11.8.1898

[...] ich bin scheuslich bescheftigt und habe auserdem gans deutsch verlernt, weshalp ich auch meine Ortograffie nachsichtig zu betrachten bitte. Du verlangst von mir einen grossen Norwegischen Brief, aber Du hast auch […] ein grosses und guhtes Herz und glaubst mir auch so […], dass es hier schön, gesund und interessant ist und der alte Ibsen ein – wenigstens gegen mich – lieber alter Herr, der mich bei meinem zweiten Zusammentreffen mit ihm zu einem Glas Salvator eingeladen hat […]

594. AN LUDWIG LANDSHOFF IN BERLIN.
NORDSTRAND, 15.8.1898

Versichert, er wolle, wenn Landshoff ihm auch noch so schöne Fische *zeige, doch in sein Blockhaus zurückkehren.* Wer hat Dich nur hier auf dieser Brevkort verewigt?
N.: Frisch[?].

595. VON ROBERT KAHN. ZANDVOORT, 15.8.1898

Zandvoort, den 15./8.1898.
Lieber Morgenstern,
unser »Sommerabend« wird nun bald erscheinen. Vorher muss ich Ihnen aber noch bekennen, dass ich, aus sehr gewichtigen musikal. Gründen, die ich aber schriftlich nicht gut auseinandersetzen kann, 3 Nr. auszulassen gedenke, nämlich: »Vor deinem Fenster singt u. singt«, »Erinnerung« u. »ewige Frühlingsbotschaft«. Statt dessen kommt als vorletzte Nr. noch das Nachtwächterlied dazu, das glaub' ich sehr gute Wirkung machen wird. Das opus wird dadurch musikalisch sehr gewinnen, es wird einheitlicher u. knapper, u. ich bitte Sie also mir Ihre Erlaubnis zu dieser Aenderung, oder vielmehr Weglassung, freundlichst zu ertheilen. »Vor deinem Fenster« u. »Erinnerung« gedenke ich später in einem Morgenstern-Liederheft zu veröffentlichen.
Des Ferneren bitte zu erlauben, dass ich aus dem »Goldfuchs, rund wie ein Banquier« in der Ballade einen »Goldfuchs, rund u. blank, juchheh!« mache. Es wäre damit für viele Menschen ein Stein des Anstosses beseitigt, was mir gerade in diesem Falle, da das Werkchen seiner Art nach zur Verbreitung in weiteren Krei-

sen bestimmt u. geeignet ist, sehr angenehm wäre. Gesungen macht sich die eine Stelle gewiss ebenso gut wie die andere, u. wenn Ihnen an dem Banquier was gelegen ist, könnte man die ursprüngl. Lesart ja noch danebensetzen.
Wenn Sie mir antworten, bitte auch um Nachricht, wie's mit Ihrer Gesundheit geht, u. wann Sie nach Berlin zurückkehren gedenken. Hoffentlich bringen Sie recht viel Neues u. Schönes mit! Ueber Ihre u. Tyra's Karte habe ich mich neulich sehr gefreut. Ich bin seit 4 Tagen hier an der Nordsee, wo es mir sehr gefällt. Bis Ende August werde ich hier sein, dann wahrscheinl. in Baden-Baden; übrigens können Sie mir auch unter meiner Berliner Adr. (Lützowstr. 61) schreiben, es wird mir nachgeschickt.
Den Sommerabend schicke ich, sobald er herauskommt. Wie viele Exempl. wollen Sie denn haben? – Mit vielen herzlichen
Grüßen
Ihr
Robert Kahn.

596. VON EMIL ORLIK. EDINBURGH, 15.8.1898

Gibt seine kommenden Adressen an. Hofft, daß M mit seiner Reise zufrieden war. Die Exlibris liegen bereit. Erwartet Nachricht wegen des Titelblatts und bittet um Ms Adresse.
N.: Amsterdam. Prag. Berlin.

597. VON EMIL ORLIK. EDINBURGH, 21.8.1898

Edinburgh • 21 • Aug. 1898.
»…. Die Zeit,
meine Herrin und Deine«
.. lieber Freund Christian! Dagegen hilft nun einmal Nichts! Zeit hat Ihr Brief von Christiania nach Prag, Zeit von da nach Edinburgh gebraucht! und da am Sonntag in Scotland die Welt (und damit auch die Post) gesperrt ist, erhalte ich Ihren lieben Brief heute Montag am 21. Aug. 98. Meine Nachricht sende ich Ihnen also sobald es mir überhaupt möglich: dass Sie Ihnen zu nichts nütze ist, thut mir herzlich leid: ich hätte gerne einmal mit Ihnen

mitgethan: Nun ich kann, wie der Pastor seine Predigt schliesst, nun sagen: hoffen wir lieber Freund! Denn, dass Sie bei Ihrer leichten Art zu produciren bald wieder etwas von Stapel lassen ist sicher und hoffentlich sind wir dann in besserer Verbindung als diesesmal. denn in Berlin liegen wol Karten von mir in denen, speciell in der letzten ich nach dem Titelblatt frage. Auch Ihr »ex libris« ist schon gedruckt und wartet der Zeit seines Herren! Und bei alledem sind wir gar nicht so fern von einander, eine kleine Seefahrt, wäre nicht meine Fahrt nach Holland, wo ich mit einem guten Maler-Freund Rendezvous habe, eine festgesetzte Sache – der Himmel weiss, ob ich Sie lieber Freund nicht heimgesucht hätte. Ich würde mich wirklich freuen Sie wieder einmal[?] zu sehen und sprechen zu können. Wie wollte ich Sie gerne da haben, in Edinburgh: Ich zweifle nicht, dass Norwegen ein herrliches Land ist, und seit ich das Meer kennen gelernt habe, liebe ich es: aber lieber Freund auch hier ist Meer: und diese Stadt: etwas schöneres habe ich noch nicht gesehen: wohl spricht der Maler aus mir, der sich an originellen Linien und Farbeneffecten begeistert: aber diese Stadt muss mit ihren alten Gassen, dem Volk, ihren angrenzenden Fischerdörfern: durch diese Verbindung von Hügeln und grünen Matten, originellen Gebäuden etc. auf Jedermann der für Natur und phantastische Gebilde Sinn hat Eindruck machen. Dazu kommt noch, dass ich ein Zimmer bewohne, aus dessen Fenster ich die Stadt vor mir und weithinaus das Meer sehe! wie ein ewiges Lied klingt es mir!....
Also mit dem Beneiden ist es nicht weit her. und würde ich selbst nicht: nulla – dies sine linea: sagen können! so gilt aber der Spruch auch mir.
Nun hat Ihr lieber Brief wenigstens den guten Endzweck gehabt, dass wir uns wieder gefunden haben. ich werde Ihnen jetzt öfter nachricht senden und es soll mich freuen wenn ich auch von Ihnen welche erhalte. meine nächste Adresse ist Amsterdam poste restante. bleiben Sie mir aber nicht allzulange in Norwegen!! Wahrhaftig! ich sage Ihnen gar oft kommt arges Heimweh über mich nach deutschem Boden!
Dass Ihre Ibseniade gut gefördert wird dort im Land, ist mir sicher, sie wirken damit ein starkes Werk. aber mehr freut mich, dass Ihr eigener Bronnen so frisch – unerschöpflich – weiterspru-

delt. freue mich bald wieder »Christian Morgensterns« Phantastische Gefilde zu besuchen. Nebenbei habe ich etwas mit Ihnen vor, dass ich Ihnen aber erst später verrathe.

Unterdessen grüsse ich Sie aufs herzlichste
als Ihr aufrichtiger Freund
Emil Orlik

598. AN DAGNY FETT [IN NORDSTRAND].
[NORDSTRAND], 23.8.1898

Liebes Herz,

Da wir nun wieder einmal Wochen lang keinen Augenblick für uns zu zweien gehabt haben, lass mich wenigstens auf diese Weise wieder einmal ein paar liebe Worte mit Dir sprechen. Und lass mich Dich auf die Dauer dieser kurzen Zeilen Du nennen, da wir ja doch längst so gute Freunde geworden sind, dass wir uns das einmal auf eine Viertelstunde erlauben dürfen.

Verzeih mir, wenn ich Dir heute auf dem Spaziergang oder überhaupt in letzter Zeit manchmal etwas erbittert oder dergleichen vorgekommen sein mag, aber das Leben ist eben doch nicht immer so einfach, wie es oft den äussern Anschein hat. Du weisst das ja auch, Liebe, darüber brauchen wir nicht zu sprechen. Du weisst, wie wenig man seinen Gefühlen folgen darf, und um so weniger je höhere Anforderungen man an sich selbst stellt.

Deine Mutter hat zu Herrn H. gesagt, sie fände an mir etwas Unpersönliches. Ja das will ich wohl glauben. Ihr gegenüber fühlt mein Persönliches keine Anregung, warm zu werden, ja, ich habe das Bedürfnis, ihr gegenüber so wenig persönlich wie möglich zu sein. Meine scheinbare Unpersönlichkeit ist mir mit der Zeit eines der besten Mittel geworden, unter aller Arten von Menschen glücklich leben zu können. Du aber sollst Dich durch solche Urteile nicht beirren lassen, von Dir möchte ich besser gekannt sein. Und wenn ich selbst gegen Dich manchmal ein wenig »unpersönlich« bin, so verstehst Du das recht, nicht wahr? Glaubst Du z. B. denn nicht, dass ich auch andre Gedichte diesen Sommer gemacht habe, als die ich Dir gab? Was verdanke ich Dir alles Du Liebe, Liebe!

Und so soll auch mein neues Buch Dir allein gehören; ich glaube, ich werde es »Ein Jahr« nennen, weiter nichts, gefällt Dir das? Und ich werde wohl seinerzeit nicht so verstimmt sein, wenn es den leidigen Weg durch die Druckerei nehmen muss, wie bei dem jetzigen; denn dieses »Jahr« wird wohl die reifsten und glücklichsten von allen bisher gezeitigt haben – und Du trägst wohl die Hauptschuld daran. –
Ja, siehst Du, da soll man nicht auf das »Schicksal« böse werden, wenn man fast zwei Monate lang ungefähr jeden schönen Abend den »Galoschentannenweg« entlang wandelt, in der wahrhaft unschuldigsten Absicht, ein paar Worte mit Dir auszutauschen, Dir ein bischen vom »Draussen« zu erzählen, von Deinen oder meinen Zukunftsplänen zu reden – und dann auch nicht einmal das Glück hat, Dich zu treffen. Und das eine Mal, wo ich Dich vorbeisausen sehe, kommt ein wildfremder Radfahrer und hilft Dir nur so schnell wie möglich über den Bach. Da soll man nicht traurig werden, wenn man nicht weiss, wie lange man noch Gelegenheit haben wird, mit Dir zu reden, Dich zu sehen. Möchtest Du denn, dass ich den Winter noch bliebe? Oder hieltest Du es besser für uns Beide, wenn ich heimreiste? Ich will Dir folgen, in dem, was Du sagst. Ich fühle, ich würde sogar heimreisen, wenn Du es verlangtest. Aber Du wirst es nicht, nicht wahr?
Wir wollen versuchen, uns als rechte Freunde zu lieben. Wir wollen gute Kameraden sein, Dagny.

> Und werden wir uns nie besitzen,
> so will ich Deinen Namen doch
> ins Holz der Weltenesche schnitzen,
> ein Zeugnis fernstem Volke noch.
>
> So sollen tausend Herzen lesen,
> die gern ein kleines Lied beglückt,
> was Du dem Einsamen gewesen,
> wie Du ihn innerlichst entzückt.

Und nun leb wohl, liebes, liebes Herz!
          Dein Christian M.
23. August, nachts. 98.

599. VON DAGNY FETT. [NORDSTRAND], 26.8.1898

26 - 8 - 98.
Tak for brevet – det gjorde mig lyklig. Det er noget, jeg ikke forstaar, hvorledes »ich die Hauptschuld trüge«, at dette aar har blevet en af de rigeste og lykligste for dig. Jeg! Jeg er jo saa genert og dom, naar vi er sammen. – Jeg kan jo intet give dig. Og naar du læser op dine digte, saa gaar jeg der saa stille – kan intet sige – medens jeg i virkligheden – ja du ved ikke, hvor glad jeg er i dem.
Nei! du ser mig i et eget skjær, og om det digter du og hulder[?] af. Men jeg er anderledes, det findes intet i mig. Du skriver »was Du dem Einsamen gewesen« men det er det jeg föler, jeg kan intet være for dig – jeg kan bare stryge dig om panden, naar du er trett og bedrövet og hulde[?] af dig. – Jeg ved ikke, hvorfor jeg skriver alt dette og enda mindre, hvorfor jeg giver dig det, og næste gang bliver jeg vel enda mere stille og forknyt, for a angrer jeg vel, at jeg kunde sende af noget saadant.

Din Dagny –

600. AN DAGNY FETT [IN NORDSTRAND].
[NORDSTRAND], 28.8.1898

Dankt ihr innig für ihren Brief, der ihn trösten wird, wenn er an ihrer Zuneigung zweifelt. Was Du da über Dich sagst – ja, was soll ich da antworten, Du überbescheidenes liebes schönes Herz. Nur das glaube mir, dass ich Dich nicht in einem falschen Licht sehe. Das darfst Du mir nicht anthun, das zu glauben. Nein, ich deute nichts in Dich hinein, ich dichte Dir nichts an – aber ich weiss, dass die Berührung mit Deiner Natur die meine beglückt und veredelt und dass Du darum in allem mitlebst, was hier unter Deinen Augen entstanden ist und entsteht. – *Ihr Brief ist ihm wert, weil er einfach und wahr und damit einmalig ist.* Und immer wird mich der stille Adel Deiner Natur daraus ergreifen, dem ich mich tief, o Du weisst nicht wie tief, beuge.
N.:»*Briefe über Cicero*«.

601. AN DAGNY FETT [IN NORDSTRAND].
[NORDSTRAND], 13.9.1898

Sucht sich mit dem Gedanken zu trösten, daß Dagny eifersüchtig sei. »Da sieht er« (denkst Du Dir) »ein dummes Pferd / und wie der Weg biegt und die Tanne grünt – / da geht er so den ganzen Vormittag – / und denkt vielleicht kein einzig Mal an mich.« *Er meint aber, daß das Gefühl ihrer Neigung ihn bei all diesem begleite. Und bei seinen Versen denke er immer daran, daß sie sich auch daran erfreuen solle. Sie aber behandle ihn manchmal, als sei er ihr ganz fremd,* mit halben, scheuen Blicken, so daß er an sich und ihr irre wird. Hat nicht einmal dies reine schlichte Herz/ so viel gleichmässige Wärme, dass Du Dich / als wie an einem Herd dran ruhen möchtest –. *Erinnert sie an ihren Brief. Will aber doch glauben, es sei Eifersucht, weil das wenigstens keine Kälte sei, denn:* nur einzig diese möcht ich nicht von Dir.

602. VON FRIEDRICH KAYSSLER. BERLIN, 20.9.1898

Verspricht, die Kiste zu packen, sobald er Zeit hat. Berichtet über seine Engagementsaussichten in Berlin. Brahm verwendet sich sehr freundlich für mich. Momentan ist bei ihm selber für mich nichts, aber nächstes Jahr. *Er ist traurig, daß er Liese in Breslau allein lassen muß.* Der Sohn macht bereits Sitz- und Stehübungen und lacht stets sehr vergnügt. Ich möchte das so gerne mal sehen, bin nu seit 8 Wochen nicht dort gewesen.– *Das Manöver war sehr anstrengend. – Hat Bondi 2 Stücke, Prosastücke, Briefe angeboten. Dieser will die Dramen ansehen, da er mit Schlenther plant, Stücke unbekannter Dramatiker herauszugeben. – Reinhardt, Liese und die Kinder grüßen. – Hofft auf ruhigere Zeiten, sehnt sich nach seinem Heim.* Und dann hast Du Deines auch, mein Junge, wenn Du wieder kommst!
N.: Ms Berliner Wirtin. Rebajoli.

603. VON HENRIK IBSEN. KRISTIANIA, 22.9.1898

Arbins gade 1. 22.9.98.
Kære herr Morgenstern!
De forelagte spörgsmål vilde jeg helst, for at undgå mulige misforståelser, besvare mundtligt. Hvis det er Dem belejligt, så er jeg daglig at træffe hjemme tel:11 og om eftermiddagen fra klokken 7 i Grand Hotel.

Deres venskabeligst forbundne
Henrik Ibsen.

604. AN MARIE GOETTLING IN SORAU.
NORDSTRAND, 24.9.1898

Nordstrand bei Christiania
Pension Fru Hanstén. 24.IX.98.
Ja was ist denn das? Man hört ja gar nichts mehr von Euch. Ihr seid doch alle wohlauf? Ich bins ganz zur Zufriedenheit, hab einen prächtigen reichen Sommer gehabt und viel vor mich gebracht. Ich bleibe Winter hier. Okt. neues Buch. Herzlichste Grüsse! Chrischan.
Brief dankendst erhalten. Antwort folgt.

605. VON FRIEDRICH KAYSSLER. BERLIN, 7.10.1898

Teilt den Tod Julius Hirschfelds mit. Er war durch eine Morphiumbehandlung abhängig geworden und hat sich im Morphiumrausch erschossen. Andere Gründe werden nicht vermutet, er war vorher seelensvergnügt u. hat Ulk getrieben wie sonst. Die Familie gibt Herzschlag als Todesursache an.
N.: Georg [Hirschfeld]. Elly [Hirschfeld]. [Johanna Hirschfeld]. Weil.

606. AN GEORG HIRSCHFELD IN BERLIN.
NORDSTRAND, 8.10.1898

Lieber Georg,
Eben erhalte ich von Fritz die Trauernachricht und weiss mich noch nicht davon zu überzeugen, dass unser geliebter Freund wirklich nicht mehr unter Euch sein soll. Lieber Georg, was sollen Worte diesem grausamen Spiel gegenüber, das das Leben ist. Man tritt mit einem so herzlichen Vertrauen zu Allem das Leben an, das aber tritt rücksichtslos über alles und alle hinweg wie die Gestalt der Zeit auf dem Klingerschen Blatt. Da kommt man sich vor wie ein zur Seite geschobenes, geschleudertes Kind, man ist wie betäubt, aber »es ist nun einmal so«.
Zuletzt müssen wir uns alle damit abzufinden suchen.
Zuletzt, – vorderhand will es noch nicht recht.
Lebwohl, Du Armer.
      Dein Dich herzlich umarmender
         Christian.
Nordstrand 8.X.98.

607. VON FRIEDRICH KAYSSLER. [BERLIN], 12.10.1898

Ich bin von Brahm auf 5 Jahre ab 99 engagirt, bekomme von jetzt ab Vorschuß, sodaß ich ohne Engagement in Berlin leben kann; ich spiele dann eben in der fr. Volksbühne, der neuen fr. Volksbühne, dramat. Gesellschaft u. was so ist, was ganz gut bezahlt wird. Außerdem mach ich meine Bücher fertig u. Neues. – *Sie nehmen* mit ziemlicher Sicherheit *eine Wohnung in der Händelstraße.* – Am 28. Okt. ist in Breslau Trauung. *Wenn* eine neue Zeitschrift Kynast *M auffordere*: schicke feste ein: es wird solide bezahlt u. ist ernst gemeint. – *Meint, M suche bei Julius Hirschfelds Tod* zu viel Psychologisches. *Julius habe nicht mit einer Pistole umgehen und sich auch nicht verstellen können.* Ich kann Dir nicht Recht geben. – Jawohl, Väter, von denen Kraft u. Wärme ausgeht – da hast Du Recht. – *Freut sich* wie eine Million Kinder *auf Liese und die Kinder.*

608. AN JOSEF ADOLF BONDY [VERMUTLICH IN PRAG].
NORDSTRAND, 2.11.1898

Über seine eigene Produktion.

609. VON CÄSAR FLAISCHLEN. [BERLIN], 3.11.1898

Hat sich mit der Kommission nicht einigen können und gibt die Gedichte zurück.

610. VON EFRAIM FRISCH.
BERN [VERMUTLICH 7.11.]1898

Lieber Freund,
Ihr Brief hat mich erfreut; – er kam so recht paßend hinein in meine isolirte Spintisirerei hier über Dies u. Jenes u. brachte so manches Verwandte in's Schwingen. Wenn es richtig zurückerklingen soll, müßte es schon eine rechte Rhapsodie werden.
Ich wollte um jeden Preis von Berlin auf einige Zeit loskommen u. da ich weder für eine kurze noch für eine längere Reise die nötigen Mittel hatte, entschloß ich mich natürlich für die längere u. kam so hierher; borgen mußte ich auf jeden Fall. Bestimmend war für mich besonders der ungünstige Stand meiner Arbeit, die mir eines nötigen Umbaues u. einer größeren Vertiefung zu bedürfen schien u. mein Leben in Berlin vertrug sich nicht recht mit dem hiezu geforderten Ernst u. Aufwand. Ich hatte dort in der letzten Zeit die peinigende Empfindung eines zwecklosen Herumgewirbeltwerdens u. bin zufrieden, daß ich mich losgerißen habe. Hier in dieser wundersamen Ruhe entweicht der Qualm allmählich aus dem Gehirn, die Umriße der Dinge erscheinen strenger u. klarer, u. was in Einem selbst rumort, äußert sich nicht blos in jenem dumpfen Gefühl permanenter Unruhe, vor der man die Augen schließend im Concertsaal u. Theater sich versteckt. Über die Arbeit selbst ließe sich Vieles sagen, wozu hier nicht der Raum ist. Mir wird dabei immer klarer, was an diesem Einzigen immer noch mißverstanden wird. Vielleicht wird es mir

November 1898 447

gelingen hierin etwas Klarheit zu schaffen. Leider werde ich gezwungen den freien Fluß der Darstellung in die üblichen geforderten Formen der Schule zu zwängen u. die Schwierigkeit liegt oft darin, dabei nichts vom Kern preiszugeben. Ich muß mich dazu bequemen, um im Intereße der Sache dem Bonzenthum keinerlei Anlaß zu einer Zurückweisung zu geben, die sich etwa schon durch eine nicht entsprechende Form begründen ließe. – Ich hoffe gegen Mitte Januar fertig zu werden; dann will ich nach Berlin zurück, noch einmal Alles revidiren, die Arbeit einreichen u. alle weiteren Vorkehrungen zum Examen treffen. Wenn ich so Kopf u. Arme wieder frei kriege, dann soll es aus einer anderen Tonart losgehen!
Mit einer gewißen Andeutung in Ihrem Briefe trafen Sie so glücklich auf einen Punkt, um den sich Alles in meinem bisherigen Leben gedreht hat u. immer noch dreht. Sehen Sie, lieber Freund, das sind so unerschöpfliche Dinge, u. wenn ich darüber sprechen soll gerathe ich in Verlegenheit von welchem Punkte der Peripherie dieses ungemeßenen Kreises ich eigentlich ausgehen soll. So viel nur: daß der kürzeste Weg zwischen zwei Punkten auch der richtigste u. zweckmäßigste ist, ist eben nur ein mathematisches Urtheil, schon das Auge widerspricht ihm u. hat an der regelmäßig geschwungenen Linie ein größeres Wohlgefallen u. für das Psychische erst, – da hört die Sache auf controllirbar zu sein. Solche gewollte oder ungewollte Umwege zum Ziele, decken sich eben mit den individuellen Schicksalen. Es kommt zumeist darauf an, das zu verstehen um nicht vor lauter Ungeduld u. Unbehagen mißgestaltete Frühgeburten in die Welt zu setzen. Man kann vor der Bewußtheit nicht geflißentlich die Augen schließen; im Gegentheil: aus ihr sich eine neue Kraft schmieden, das ist oft schwer, aber das ist es auch worauf es einzig u. allein ankommt. Viele unserer neueren Künstler würden mit dieser Erkenntniß nicht so oft in jene traurige Lage gerathen, wo sie fühlen müßen, daß ihnen auch »Stab u. Lorbeer des Gottes« nicht zu helfen vermögen. –
Ich hoffe, wir verstehen uns.
Ich war nie das, was man einen Adepten der Wißenschaft zu nennen pflegt; ich war nur ein Suchender, und wenn ich meine Erfahrungen zusammenfasse, so muß ich sagen: immer kam mir

die wißenschaftliche Erkenntniß hinterher nachgehinkt, weil ich zu meiner ewigen Unruhe hinter aller Methode das metaphysische Gummi-Arabicum schon von vornherein spüren konnte. Sehen Sie, wenn Molecüle Sphären haben u. durch Cohäsion zusammenhängen (d. h. durch Zusammenhang zusammenhängen), so sehe ich nicht ein, warum nicht dieselben Molecüle ebensogut ein Streichquartett von Beethoven aufführen könnten, – wenn es der Erfahrung nicht möglich ist die Brücke nach der »intelligiblen« Welt zu schlagen, dann ist das eine Philosophie für Gevatter Schneider u. – Philosophieprofessoren u. ähnliches Gethier, – ich aber brauche wahrhaftig gar nichts, das mir diese Welt zusammenhalten soll, sie fällt schon auch so nicht auseinander u. dafür sorgt schon was anderes, von dem alle diese Vertreter keine Ahnung haben. Was ich gefunden habe, habe ich allein gefunden und meine Liebe zu den Dingen rechtfertigt sie u. hält sie zusammen. Jeder Mensch ist nur einmal da u. ewig, und diese moderne Wißenschaft ist ein Danaidenfaß. Da mögen sich alle die gerne darum bemühen, für die diese Spanne Leben, eben nur Spanne bleibt. Ich weiß was Anderes! – Der Umweg, den ich dazu brauchte, war für mich sehr belehrend u. ich bereue ihn nicht. Auch hier in Bern giebt es ja eine solche Brutstätte (Universität) u. die Einblicke, die ich oft thue, tragen viel zu meiner stillen Heiterkeit bei. Wenn es eine Wißenschaft giebt, so ist es nur eine von der Thätigkeit u. die kann nicht gelehrt werden! Und auch dann werde ich mich hüten, Pasteur u. Napoleon unter einen Hut zu stecken, wie es die Feuilletonschreiber thun. —

Laßen Sie mich hier einen Strich machen, weil ich sonst bald nicht mehr weiß, wo ich aufhören soll, aber ich mußte manches an Sie los werden. Sie werden sich schon Ihren Vers darauf machen. –

Was Sie mir über Berdyczewskis »Daneben« schreiben, wundert mich nicht. Sprache ist ihm eben noch nicht Element höchstens Mittel, u. was den Menschen selbst betrifft, so ist das wieder eine unendliche Geschichte. Dazu müßten Sie vielleicht mehr Umstände von der heutigen Judensache wißen, die wahrlich nicht die Spur von Änlichkeit mit dem hat, was allgemein drüber geschwazt u. geschrieben wird. Schade, daß wir nicht drüber plaudern können; ich wüßte Ihnen eine Menge intereßanter

Dinge in dieser Beziehung zu sagen. Jetzt ist Berdyczewski in Weimar u. arbeitet da an einem Roman, von dem ich mir manches Schöne verspreche. Er kommt oft in's Nietzsche Archiv u. zu Frau Förster u. hat mir viel Wißenswerthes über die Verhältniße dort geschrieben. Wenn er im Januar noch in Weimar ist, will ich vielleicht einen Abstecher dahin machen, wenn ich auf der Rückreise bin. –
In Ihrem Urtheil über Hirschfeld haben Sie doch nicht ganz Recht, ich meine, darin was Sie von seinem Stil sagen. Hfld. ist seiner Natur nach Mystiker u. das Stationäre in seiner Kunst rührt daher, daß ihm schon der einfachste Vorgang genügt, um das in ihm zu erkennen, was für ihn allgemein das Wesen der Dinge ist. Drum fehlt auch das Revolutionirende in seiner Kunst, weil es kein Symbol findet, vielleicht auch deßen nicht bedarf. So schafft er sich seine Distanz u. jene Sphäre des Genügens, die sich auch ganz adäquat in seinem Stil ausprägt. Sie wißen: »Der Gott der mir im Busen wohnt, kann nach außen nichts bewegen.« –
Ihre Epistel habe ich noch u. werde Sie Ihnen gegen Wiedergabe gelegentlich schicken. Was meine Unmöglichkeiten sind, werden Sie vielleicht aus dieser ganzen Wirrniß herausdeduciren. –
Heute gehe ich an einer Buchhandlung vorbei u. mir fällt ein gelber Umschlag auf, der mir so bekannt scheint. Richtig, ist es Ihr neues Buch, von dessen Erscheinen ich keine Ahnung hatte. Der Consequenz wegen müßen Sie mir es schicken, ich bin so frech u. bitte drum.
Erfreuen Sie mich bald wieder mit einem langen Brief. Mein Weltgefühl kommt so ein wenig auf seine Rechnung wenn wir so von Nord nach Süd u. zurück einander zurufen.

       Herzlichen Gruß
         E. Frisch

P.S. Wie steht es mit Ihrer Gesundheit? – Ich möchte noch so viel schreiben, aber es wird zu lang –
Bern 7. Octob. 1898

611. VON JOSEF ADOLF BONDY. PRAG, 13.11.1898

Prag, 13. Nov. 98.
Lieber Freund!
Obenan den herzlichsten Dank für die Übersendung des Gedichts, das sich so recht in den Rahmen des Almanachs einfügt und mir eine persönliche Freude gemacht hat; denn ich genieße in einemfort, was die beiden Grimm – besonders Jacob – uns vererbt haben, diese Geschenke, die ein einzelner nicht annehmen kann, weil sie zu schwer sind. (Und die Dichter haben den Grimm noch viel zu wenig gedankt, weil selten einer weiß, welches Gebirge voll Goldes diese Fleißriesen für sie aufgerichtet haben.) – – Wenn nur jeder, an den bei solchem Anlass die Aufforderung ergeht, was Rechtes schicken wollte. Ich weiß nicht, wie sich die Andern verhalten haben: das werden Sie selbst aus dem kleinen Album ersehen, welches Ihnen natürlich der Studentenverein gleich nach Erscheinen mit Dank zuschicken wird.
Und nun Ihr Brief! Da war mir jedes Wort lieb! Sie hatten ja auch nur Angenehmes zu erzählen. Es ist eine Lust zu hören: Werk um Werk! Gerade zugleich mit Ihrem Briefe schickte mir Schuster u. Löffler jenen üppigen Prospect von »Ich und die Welt«, auf dem Sie zu einer papierenen Ehe mit Thekla Lingen gezwungen werden.
Ich bekomme Ihr Buch in diesen Tagen und werde Ihnen gleich darüber schreiben. Hier in Prag sind schon mehrere Exemplare, unter anderem hat es schon Dr. Adler, dessen Adresse ist: Prag, Fleischmarkt, Handelsgremium. Benzmann schrieb mir darüber erst vor kurzem: »Ganz prächtig! Ein Vollmensch! Es ist das Werk vieler Jahre!« Und jetzt ist auch, wie Sie schreiben, die Komödie der Liebe im Anzug. Viel Glück zu alledem und auch zum »Brand«, der bisher noch nicht deutsch zu lesen war. So werde ich ihn zum erstenmal genießen können. Denn Passarge – ! –
Beinahe hätte ich den unsinnigen Satz geschrieben: Grüßen Sie mir Ibsen. Sie haben mir diese mythologische Persönlichkeit wieder auf die Erde gebracht. Jedem muss das Herz klopfen, wenn er hört: Jener hat mit Ibsen gesprochen – so wie man eben spricht. – Und in jenem Saal des Grand Hôtels in Christiania bin ich vor vier Jahren als Achtzehnjähriger gesessen. Ich muss an

Grillparzer denken, der, als er zu Goethe kam, weinte und allen Anstand verlor. Käm ich heute in meiner Unreife vor Ibsen, ich würde ihm die Hand küssen und weglaufen. Am liebsten stände ich unsichtbar neben ihm, so lautlos, dass ich seinen Athem hören könnte.
Sie haben von Ihren Zusammenkünften mit Ihm so erquickend, so schüchtern andeutend geschrieben. Das war für mich eine Befreiung von einem unangenehmen Eindruck. Ein paar Prager Journalisten wurden gelegentlich des Stockholmer Congresses von Ibsen liebenswürdig empfangen, und zum Dank dafür erzählten sie von diesem denkwürdigen Besuch (aus dem ich schon Ibsens Portraitsammlung kannte) abgeschmackt und frivol, wie eben Interviewergesindel thut – wie von einem seltenen Thier im Menagerie Käfig.
Von meinem Leben ist wenig Klares zu berichten. Mir ist noch die Gnadenzeit nicht gekommen. Ich bin noch zutiefst in dem Nichts, aus dem alles geschaffen werden kann.
Und das Leben nach außen? Selbst meine akademische Bahn war nicht glatt. Meine Dissertation (über einen der nüchternsten Menschen, die je zu den Sternen geschaut haben), an der ich mit so großer Unlust und soviel Kraftverschwendung gearbeitet hatte, wurde wegen Mangels an philologischer Akribie und an »historischem Denken« von den Räthen der Prager Universität abgewiesen.

> Und da ich in die Scheuer kam,
> Da hub ich an zu nisteln;
> Da stachen mich die Hagedorn,
> Dazu die rauhen Disteln.
>
> Da ich zu Morgens früh aufstand,
> Der Reif lag auf dem Dache,
> Da musst ich armer Schwartenhals
> Meins Unglücks selber lache.

Und so bin ich jetzt, wie ich Ihnen schon schrieb, für längere Zeit in Prag und arbeite ein neues Dissertatiönchen. Diesmal mit mehr Lust: dem Sand der Aufklärungsmenschen bin ich entflohn und gondel jetzt im blauen Fjord der Romantik herum. Ich habe das mysteriöse Werk des merkwürdigen Clemens Brentano »Die

Gründung Prags« hervorgeholt. Das führt mich zugleich tiefer in die böhmische Sagen- u. Märchenwelt, so dass mich ein Heer poetischer Gestalten umgibt und mich über die Ekelhaftigkeit schulmäßiger Behandlung hinwegtröstet. Als geborener Prager habe ich noch besonders intime Beziehung zu gewissen Einzelheiten des Werks. Aber hätt ich nicht schon soviel Zeit auf ihn verwendet, ich hätte getrost auf den schäbigen Doctorhut verzichtet. So aber will ich ihn doch, wenn auch mit zwanzig Ecken und zehn Löchern, ergattern.

Berlin werde ich vorläufig nicht sehen. Nächsten Winter aber bin ich gewiss dort, und da treffe ich Sie wohl auch wieder an. Wenn ich das Geld auftreibe, fahre ich dieses Frühjahr nach Italien trotz der Schulfuxerei, die mir ein dreiviertel Jahr stiehlt.

Mit den Prager Freunden, deren Grüße ich bestelle, lebe ich in angenehmstem Verkehr. Wo Orlik jetzt ist, weiß ich nicht, ich weiß nur, dass er bald hereinkommt. Lassen Sie bald wieder eine Nachricht herüberfliegen! Ich gebe den lieben Eidervögeln ein gutes Nest. Ich lese Zeitschriften und werde Sie gerne über das Wichtigste auf dem Laufenden halten. Sagen sie mir nur, wie Sie das wollen und welche Blätter Sie selbst lesen. Herzlichen Gruß und Glückwünsche zu Ihren Arbeiten   Ihr Jos Ad Bondy

612. VON GEORG BRANDES. KOPENHAGEN, 13.11.1898

Hr. Christian Morgenstern
jeg var udenlands, da de 4 Bind, dem De har havt den store Artighed at sende mig, ankom, og jeg rejser imorgen paany (til Polen og Ungarn) har derfor ej havt megen Tid for at sætter mig ind i Deres Böger og har endnu mindre tid for at skrive. Det gjør mig ondt, at jeg har været skyld i den kjedsommelighed, De maa have følt ved at oversætte et pligtmæssigt udarbejdet Manuskript.

Jeg har havt megen Morskab af Deres Travestier og Deres humoristiske Vers i det Hele. Dog lider jeg Dem bedst, hvor De er alvorligst. Efter min personlig Smag er De for tilböjelig til frie rimlöse og temmelig formlöse Rytmer. Jeg har aldrig holdt af dem. Det forekommer mig at Formen kan aldrig være for fast.

Jeg hylder Gautier's Mening:

Point de contraintes fausses!
Mais que pour marcher droit
Tu chausses
Muse, un cothurne étroit.

Dog de Yngre har jo altid andre kunstneriske og tekniske Idealer
end de Ældre, og Deres er rimeligvis meget forskellige fra mine.
Jeg erfor af Dr. Elias, at Deres Adresse er i Norge. Troer De ikke, at
der for en ung tysk Digter er lige saa meget at lære i de to andre
skandinaviske Lande?

Kbh. 13 Nov. 98
Deres forbundne
Georg Brandes.

613. VON JOHN HERTZ, HANS WASSMANN, EMIL
KLEIN, H. KUHNERT[?]. BERLIN, 17.11.1898

Grüße aus den »Weinstuben Kempinski«, auch von Max Reinhardt.

614. AN MARIE GOETTLING IN BERLIN.
NORDSTRAND, 26.11.1898

Nordstrand (bei Christiania) Fru Hansténs Pension.
26.XI.98.

Liebe Freundin,
Dein lieber frischer Brief kommt gerade zur richtigsten Zeit;
seit Wochen nämlich trage ich mich schon damit, Dir eine
Epistel zu schicken, war dann wieder eine Zeit lang durch Erkältung und andres zu verstimmt dazu, oder zweifelte wohl auch
daran, ob Du wirklich bei Deinem Bruder wohntest. Ja, das ist
ausgesprochnes Pech, dass ich diesen Winter nicht in Berlin bin,
und hätte ich einen Zauberring, den man nur zu drehen brauchte, ich sässe in diesem Moment wohl Luisenstrasse und schriebe
Dir: Wir wollen uns in der Philharmonie oder sonstwo treffen.
Aber es ist oft besser, dass wir keinen Zauberring haben, sonst
würde das bischen Sesshaftigkeit, was doch dem Arbeiten nur

förderlich ist, auch noch flöten gehen. Dass Du Dich in B. so wohl fühlst und Dich von all den neuen Strömungen, vorzüglich im Kunstgewerbe, so angeregt findest, freut mich von Herzen. Ich dachte mir immer, Du müsstest in diese Bewegung hineinkommen, die für mich ein reines Wunder war, nachdem ich in B. jeden Glauben verloren hatte, dass wir je zu einem originellen Geschmack kommen würden. In jene Vorzeit fielen meine zahlreichen Projekte, mich zur Einrichtung von Schaufenstern anzubieten, Blumenarrangements zu machen, eine eigene Korbflechterei nur für originelle Blumenkörbchen einzurichten, die Plakate durch ein Konsortium junger Künstler zu verfeinern u.s.w. u.s.w. – Ich kann mir Dein Entzücken bei all dem Neuen denken, zumal Du ja noch dazu aktiv an ihm teilnimmst und gewiss unendlich viel für Dich und Dein kleines Kunstcentrum in S. sammelst und gewinnst. Du wirst gewiss auch für viele Ausschweifungen und Bizzarrerien des Geschmacks ein offnes Auge haben; denn die laufen noch tüchtig mit unter und die Gefahr, dass der Künstler zu artistisch erfindet, ist ebenso gross wie etwa dass der Dichter zu »litterarisch« wird oder der Musiker im Technischen erstickt und zu singen vergisst. Das Fundamentalprinzip aller Kulturentwicklung ist so einfach: Es ist kein anderes als das Lebens-Prinzip selbst: das Entwickeln des Gegebenen. Das Kind und der Barren Silber mit der Bestimmung »silberne Trinkschale« lassen sich beide zu Kunstwerken entwickeln; beide wertvollen Materiale aber können ebenso aufs traurigste verpfuscht werden. Die Unkultur eines Volkes zeigt sich darin, wenn es das Kind mit Wissens-Lappen behängt, wenn es das Kind kleidet statt bildet, und wenn es dem Becher eine Dutzendform giebt, ihn jedoch mit konventioneller Ornamentik überhäuft, statt die Zugaben zu sparen und dem Becherkörper selbst die edelste und zugleich zweckentsprechendste Gestalt zu verleihen. – »Schmuck« im vulgären Sinne muss eine Beleidigung werden etwa wie »Maske« oder »Schönpflästerchen«. Nicht mehr: Schmücke dein Heim! sondern gestalte dein Heim! – »Sei Du!« und welch ein Reichtum thut sich einem Volke in dieser Formel auf! Aber schliessen wir hiermit; denn hier ist kein Ende. Und siehst Du, das ist das Kräftigste in unsrer Zeit: der Apell ans Individuum. Der Hinweis auf die Quellen im

Einzelnen, im Persönlichen, die Forderung des – gross-verstandenen – Egoismus, der »gesunden Selbstsucht«, die immer zugleich auch eine Selbstzucht ist. – – Dass Dich mein Buch gefreut hat, ist mir eine grosse Freude. Nein mit der »Lebensluft«, liebste Marie, bist Du wahrlich nicht gemeint. Neben dem, dass diese Zeilen sich seinerzeit an jemanden persönlich [*über der Zeile:* (und auch nur vorübergehend)] richteten, sind sie überhaupt der Ausdruck einer vielleicht etwas ungeberdigen Freiheitsliebe, der Befürchtung, innerlich verpflichtet zu werden, und dann mich entweder von der Rücksicht auf diese Verpflichtungen bestimmen zu lassen oder sie, mit dem Gefühl unschön zu handeln, brechen zu müssen. Ich habe leider ein viel zu wenig »robustes« Gewissen. Ich weiss noch, dass die vielleicht schrecklichste halbe Stunde meiner Knabenzeit die nach einem Vorfall war, wo ich einen Bauernjungen mit einem Stein an die Schläfe getroffen hatte. Und ich glaube, ein Sophist könnte mir, wenn er's geschickt anfinge, alles einreden, was er wollte, sodass er mein Gewissen völlig irre machen könnte. Wogegen mich andrerseits schon ein Hauch des Glücks zum kindlich frohsten, unschuldigsten Menschen machen kann. –
Von meinem Buch höre ich notabene so wenig wie möglich. Kaum dass sich die paar bedanken, denen ich's geschenkt habe. Welche Naivetät gehört doch dazu, so ein tausend nach dem andern ins Nichts hinauszuwerfen. Trotzdem bin ich fern davon zu lamentieren; denn es wird zu viel geschrieben, als dass das Publikum nicht das ohnehin schwache Vermögen einbüsste, zwischen echt und unecht zu unterscheiden. Man muss vielmehr warten, bis es infolge von Besprechungen u. dergl. Vertrauen zu einem fasst, Interesse an einem nimmt; das kann natürlich oft Jahrzehnte dauern. Ausserdem habe ich mich von anfang an in einem etwas schweren Stil mitgeteilt und werde mich wohl immer mehr vom Gedanken- und Anschauungskreis der Allgemeinheit entfernen. Ich fühle manchmal fast mit Schrecken, wie ich mehr und mehr vereinsame, wenigstens in dem, was mein Bestes ist, wie alles auf seinem Niveau beharrt, während ich, wie ein Verrückter, Verstiegener, ein Sonderling einfach weiter gehe.

Und bedenk' ich, was mein Leben
denn so weit von all dem trennt –:
Ein bischen Denken, ein bischen Streben,
ein bischen Liebe, ein bischen Talent.

Ein bischen nur. Ich wollte wahrlich es wäre mehr. Aber es ist zum Lachen wenig. –
Meine nächste Lieder-Sammlung, diesmal vorwiegend Lieder, wird ein Intermezzo wie ein Stück blauer Himmel bilden. Sie stammt aus diesem Frühling und Sommer und ist gewiss das einfachste von allem Bisherigen. Ausserdem kommen noch Epigramme, und damit gewiss mein bisher schärfstes Buch. – Ibsen macht mir immer mehr Freude. Es ist ein merkwürdiges Schicksal, das gerade mich dazu bestimmte, ihn meinen Landsleuten zu verdolmetschen, denn obwohl man es an und für sich gewiss noch viel besser machen könnte, so glaube ich doch, dass es augenblicklich vielleicht keinen andern bei uns drüben giebt, in dessen Entwicklung jene Werke wie Komödie der Liebe, Brand etc. mehr Mitströmungen finden dürften, als bei mir. –
Die »Komödie d. L.« kommt übrigens jetzt in diesen Tagen heraus, Band III der Fischerschen Ausgabe; guck mal n' bischen in die Schaufenster. – –
Wahlich und Sascha richte, bitte, meine herzlichsten Glückwünsche aus. Ich denk' ihnen zu Neujahr eine Karte zu schicken. Über die Photographie Onkel Moors hab ich mich sehr gefreut. Wenn ich so an sein ruhiges, stilles, stetiges Wirken denke – glaube mir, ich möchte nie, dass er sich von mir gekränkt fühlte. Und was ich auch gegen Christentum u.s.w. empfinde und sage, es fällt zehn Schritte weit vor Menschen zu Boden wie er. Ich kämpfe bewusst auf der andern Seite, aber ich würde, im Fall eines Sieges, solchen Gegnern die höchsten Ehren erweisen, und wir Jüngeren können nichts Besseres erstreben, als in unserer Art einst ebenso tüchtige Männer zu werden. –
Zu den 2 Gedichten, um derentwillen ich mein letztes Buch nicht selbst in Euer Haus legen wollte, zwei Bemerkungen. Es heisst eigentlich: Die Tage der Könige… und entstand aus dem Zorn über das »Gottesgnadentum« mit dem unsere Könige ihren Thron drapieren, diese beständige Berufung auf »Gott« als ihren

Duzbruder. Es ist aus jenen Märztagen, wo das »Wilhelm der
Grosse«-Denkmal enthüllt wurde. Ich ärgere mich dass ich das
Wort Könige geändert habe, und es soll später in sein Recht eingesetzt werden, aber ich wollte den Staatsanwalt nicht schon jetzt
auf dem Halse haben. Einmal wird er mich doch fassen, vielleicht
schon auf die Epigramme hin. Dann werde ich Schweizer. Die
Überschrift ásbestos gélos heisst eben unauslöschliches Gelächter,
und ist aus Homer. Das diesem folgende Gedicht – aber wozu
commentieren; Du verstehst mich ja. Ich habe dabei auch wirklich mehr den Julianus Apóstata (ca 350 n. Chr.) und seine Spät-
griechen im Gefühl gehabt und die damaligen ersten Christen
mit ihren Lumpen in einer noch schönheitstrotzenden Zeit, als
Müller und Schulze mit Rosen im Haar, den neuen Dom in die
Spree werfend, was – das Geworfenwerden – sie freilich beide
vollauf verdienten. –
So, nun Schluss. – Bleib recht gesund und nutze den Tag. Und
schreib mal wieder
          Deinem Dich herzlich grüssenden Christian.
In Norwegen bleib ich vorläufig so lang wie möglich, muss es
wegen der Arbeit. Die weite Fjordlandschaft liegt im Schnee, es
ist herrlich und heimlich.
Das Neueste ist, dass ich auf einen Aufsatz August Forels in der
»Zukunft« hin nahe daran bin, Anti-Alkoholist zu werden. Dann
ade, »schwarzes Ferkel« und Kempinsky!

615. AN RICHARD DEHMEL IN PANKOW.
NORDSTRAND, 2.12.1898

Grüße aus der alten historischen Kneipe, Ingebret.
W. Ms: ICH UND DIE WELT.

616. VON LUDWIG JACOBOWSKI. BERLIN, 13.12.1898

                                    Berlin, den 13.XII.1898
Sehr geehrter Herr Morgenstern,
Besten Dank für Ihre nette Zuschrift vom 17. Nov.! Ihr Gedicht

habe ich natürlich sofort genommen, ebenso Ihre Besprechungen, über die ich mich freute. Besonders lieb ist mir die Abfertigung von Nansen, eine Abfertigung, wie ich sie schon seit Jahren wieder und immer wieder besorgt habe. – – Leider ist die »Gesellschaft« aber nicht in der Lage, für Rezensionen Honorar zahlen zu können; das Gedicht soll Ihnen dagegen bescheiden honorirt werden. – – – Schicken Sie mir nur recht bald etwas für die Faschingsnummer! Auf nebenstehender Seite finden Sie alles das verzeichnet, was ich noch von Ihnen zu liegen habe. – – – – –
Sehr gern würde ich einen Kunstbrief aus Christiania (über Theater, Ausstellung u. s.w.) von Ihnen bringen und könnte Ihnen dafür einen Raum von etwa 3-4 Druckseiten in Petit zur Verfügung stellen. Honorar: M 4.- pro Seite. Das ist zwar nicht viel, aber für die »Gesellschaft« müssen Sie schon einmal dafür arbeiten!
Mit den schönsten Wünschen für Weihnachten und Neujahr

Ihr

Ludwig Jacobowski

Mein »Loki« erschien soeben bei Bruns, Minden.
Anbei 2 thörichte Rezens., die ich fand.
Ich habe von Ihnen:

        Bildhauer. Phantasien
        D. erste Kuß
        –
Lyrik: D. eins. Christus
        Windglück
        Ewige Frühlingsbotschaft

617.   Von Friedrich Kayssler. [Berlin,
       vermutlich 13.12.1898]

Schreibt über Ich und die Welt, *sieht in dem Band besonders den Ausdruck von Kraft und Jugendlichkeit. Das Gedicht* Vor alle meine Gedichte *erscheint ihm hierfür programmatisch.* [...] Du willst jung sein, und obgleich Du weit über das Stürmen hinaus bist, kannst Du doch noch stürmen und übst es mit unbekümmerter Hingabe und Kraftverschwendung. Das ist das, was uns, die Dich liebhaben, so wertvoll ist, weil wir sehen, daß Du als

26jähriger noch die Spannkraft des 15jährigen fühlst, und das läßt uns in Deiner Zukunft kein Alter und kein Ende erblicken. [...] diese Art von Gedichten in denen Du Worte auf Worte wirfst unaufhörlich, unbekümmert, verschwenderisch, sind für mich Kraft, einzelnes geht mir verloren. – *Nennt dann in der Reihenfolge des Buches seine Lieblingsgedichte, teils mit kurzen Bemerkungen oder Zitaten, teils auch nur mit einem oder mehreren Ausrufezeichen versehen, etwa zu* DER WISSENDE: ich glaube, das ist einer von vielen Tönen eines großen Akkordes, *für den sie* in jedem neuen Jahre einen neuen und besseren Ausdruck *finden würden.* Den ganzen Akkord findet der alte Mann. *Oder:* »Der Abend!!!« Für »Erdenwünsche« einen Kuß von uns! *Zwischendurch verspricht er, daß Liese selbst einen Brief schreiben werde und bemerkt etwas später:* Ach Gott, es ist so komisch, diese Aufzählungen – aber – na, Du weißt ja, was es heißen soll. *Folgende Gedichte werden genannt:* JÜNGLINGS ABSAGE, O – RAISON D'ESCLAVE, NUN HAST AUCH DU, MEIN HERZE, AM MEER, DER EINSAME CHRISTUS, DER WISSENDE, EIN SKLAVE, FRÜHLINGSREGEN, SO MÖCHT ICH STERBEN, WENN DU NUR WOLLTEST, DER SPIELER, ODI PROFANUNM, ÜBERMUT, BAHN FREI!, PER EXEMPLUM, Ἄσβεστος γέλως. KRIEGERSPRUCH, GLÜCK, MACHT-RAUSCH, GEHEIME VERABREDUNG, DER ABEND, ERDEN-WÜNSCHE, EINS UND ALLES, DER FREIE GEIST, DIE LUFT WARD REIN..., GÖRLITZER BRIEF, LEBENSLUFT, STILLES REIFEN, MENSCH ENKEL, WOHL KREIST VERDUNKELT OFT DER BALL, AN DIE MESSIAS-SÜCHTIGEN, ERSEHNTE VERWANDLUNG, VORFRÜHLING, ZUM II. SATZ (ANĐANTE CON MOTO) VON BEETHOVENS APPASSIONATA. – *Sie sind jetzt eingerichtet, haben alles selbst gemacht. Beschreibt die Zimmer, alles möglichst großer Stil, Portieren, große Bilder, in Lieses Zimmer eine* Riesenpalme, darunter das Mädchen von Lille *etc.* – *Sie waren zweimal mit Reinhardt zu Rad im Grunewald, ihre Räder sind aber zu billig, das Fahren ist mühsam.* – »Fuhrmann Henschel« *war bisher ausverkauft, jetzt wollen sie versuchen,* [*Frei*]*karten zu bekommen. Heute gehen sie in* »Cyrano«. »Fuhrmann Henschel« *soll eine* Meisterleistung *sein, aber nichts eigentlich Neues bringen. Schreibt über die Besetzung.* – *Berichtet über die Kunsthandlung Keller und Reiner.* Eine entzückende Kunstecke mit kunstgewerb-

lichen Sachen, permanenter Ausstellung (jetzt eine Klingersche Figur – oh!) u. Lesesalon. [...] – Deine Kiste wird in diesen Tagen gepackt. *Calvary meint, den »Meyer« umzutauschen, lohne nicht, da die Änderungen ganz nebensächlich seien.* – Von den Manuskripten finde ich aber beim besten Willen nicht alles, was Du willst, weder im Schreibtisch noch im Koffer; noch in Mappen. Ich weiß nicht auswendig, was fehlt; ich glaube: die Symphonie. – *M soll sich nicht um die Musik grämen, wenn Du denkst, wie viel Du Dichter bist, darfst Du nicht traurig sein.* [...] Hertz sagte mir gestern, in der »Welt am Montag« ständen 2 Gedichte aus Deinem Buch: Erdenwünsche u. der Ritt mit dem Zigeunerweib am Schluß. – *Berichtet von der »Brille«, einer Neugründung.* Vereinigung an allen Sonnabenden: Brillen-Ritus. Rechtes u. linkes Auge. Rote u. schwarze Gläser. Blinde. Sehende. Das Allgesicht. Die Netzhaut. Achlak. Reinhardt rechtes Auge, Biensfeldt linkes Auge, ich der Fahnenträger. – Mehr Erklärung ist fruchtlos, ohne Ende. Jedenfalls eine sehr vernünftig angelegte Sache, originell, aber nicht so ureigen, daß der Zweite schon nicht folgen könnte, eine Gelegenheit, wo Fremde u. Bekannte, Hohe und Einfache, Ernste u. Ulkige sich vereinigen. Charakteristisch ist, daß z.B. Biensfeldt eine Hauptsäule des Ganzen ist u. daß Reinhardt u. ich uns riesig wohl dabei fühlen; ich auch meine ernsten Sachen mit Erfolg dort verkünde. Das wird Dir ungefähr die Hauptsache sagen. – *Er nimmt jetzt mit anderen Schauspielern Fechtstunden. Bondi will Kayßlers Stücke an Schlenther senden; Kayßler überlegt, an wen er sich mit den Prosasachen und den Jahrhundertbriefen wenden könne – evtl. an die »Zukunft«.* – Natürlich *wollen sie aus der Kirche austreten.* – *Berichtet über die Kinder.* – *Beblo hat neulich geschrieben.* – *Die Bestellung bei A. Reiche hat er gemacht, hat aber Bedenken wegen fehlender Größenangaben.*
N.: Georg H[irschfeld]. Kayßlers Hauswirt. Lehmann. Rittner. Nietzsche. Luigi Sestini. Kainz. Christians. Bach. Winterstein. Gregori. Vallentin. Waßmann. Kayßler: »Hausrecht«; »Der erste Sieg«. Schuster & Loeffler. Fischer. Bismarck. Zitl. – Schildhorn. Der Wannsee. Vallø.

618. AN EUGEN DIEDERICHS [VERMUTLICH IN
 LEIPZIG]. NORDSTRAND, 28.12.1898

Bietet EIN SOMMER *zum Verlag an.* Betreffs der Ausstattung würde ich kaum einen Wunsch auszusprechen haben, da ich eine vornehme Einfachheit als Merkmal Ihrer Verlagswerke kenne. *Nennt seine bisherigen Arbeiten. – Es würde ihm* eine Ehre und eine Freude *sein, in diesem Verlag vertreten zu sein.*

1899

619. VON FRIEDRICH KAYSSLER. BERLIN, 6.1.1899

Hält Ms Verdacht gegen Opel für begründet. Er ist in Berlin als Hochstapler bekannt und hat kolossale Schulden. Hat auch immer von seinen (angeblichen) Besitzungen in Norwegen erzählt. Berichtet Einzelheiten. – Hat die »Komödie der Liebe« mit riesiger Freude gelesen, hält das Stück für geradezu zukunftbeschwörend, denn es liegt eine erschreckende Trockenheit in der Theaterkunstluft. Mit »Fuhrmann Henschel« ist das Ziel des Naturalismus erreicht. Jetzt muß etwas anderes kommen. Ein Tropfen frisches Wasser. Sudermann mit Johannes u. auch wahrscheinlich mit seinen »Reiherfedern«, die jetzt kommen – wirkt als überflüssige Randglosse auf dem letzten Blatte dieses Jahrhundertbuches. Hauptmann ist der letzte Punkt in dem wirklichen gültigen u. lesenswerten Text. – *Hat sich etwas voreilig bei der Tournee Loewe-Halm für den Sommer engagieren lassen; falls sich die Tournee mit Reinhardt realisieren läßt, kann er es vielleicht noch rückgängig machen. – Läßt bei der Post nach dem Verbleib von Ms Paket forschen.* – Morgen ist Sonnenblumen- (d.i. Damen-)Abend in der Brille, zu ersten Mal, hoffentlich wird's nett. – Deine Kritiken sind famos. Habeant, boves! – Hab in der Gesellschaft neulich von Dir über Nansen gelesen, was ich sehr richtig finde. Wilhelm Scholz, dieser Tüftler, soll selber dichten, aber nicht kritisiren. – Addio! Bleib so gesund wie jetzt! – Daß ich von dem Emphysem nichts erwähnte, kam einfach daher, daß mich das Konversationslexikon sehr beruhigt hatte. Da das auch nun gut ist, Glück auf! Gruß und Kuß. Dein Fritz. – [*P.S.*] Liesing hat einen Brief in die Kiste eingelegt, die endlich heute geschlossen ist und losgeht, durch Spediteur. Schlittschuhe liegen drin. – *Nennt eine Auskunftsfirma: Beyrich u. Greve, Halle an der Saale.* – Von den Galgenliedern schrieb ich Dir längst, daß ich sie mit Freuden bekommen habe; auch erhieltest Du eine Karte aus der Brille, wo ich sie unter allgemeinem verständnißvollstem Beifall vorgelesen.

N.: Die Schauspieler des Deutschen Theaters. Müller. Ein Bekannter Rudolf Opels. Waßmann. Die Kinder. – Breslau.

620. AN MARIE GOETTLING [VERMUTLICH IN SORAU].
NORDSTRAND, 20.1.1899

... Du schreibst, Du könntest Dir keinen rechten Begriff von meinem Wohnsitz hier machen. Ich wohne also im ersten Stock des ca. dreißig bis vierzig Zimmer enthaltenden Hauptgebäudes unsres Pensionats, das außer diesem noch fünf kleinere villenartige Holzhäuser umfaßt, die in direkter Nähe darunter stehen, alle in verschiedener Terrainhöhe, da die ganze Küste hier ein einziger bewaldeter Felsenabhang von gewiß ein- bis zweihundert Meter Höhe ist. Ringsum also ist hoher Tannenwald; dicht vorbei geht ein Bach hernieder und der Blick geht über den steil abfallenden Abhang mit Wald, Häusern, Straßen und Bahndamm auf die weite Fjordlandschaft hinaus. Vor Dir liegt ein ungeheurer Arm des großen Christianiafjords, der sogenannte Bundefjord... Dieser riesige Ärmel liegt also in einer Länge von ca. zwölf Kilometern und einer Hauptbreite von vier Kilometern vor Dir, und zwar so, daß Du die Längsseite gerade gegenüber hast (Zeichnung). Das Ufer drüben ist eine lange ununterbrochene tannenbewaldete Hügelkette, fast ohne Niederlassungen. Innerhalb dieses Fjordarms liegen nun eine Anzahl hügeliger ebenfalls bewaldeter Felsinseln, deren Mehrzahl Villenkolonien mit Badehütten etc. beherbergt, die jedoch im Winter verlassen werden und höchstens noch hier und dort einen Fischer zeigen. Die Inseln gehen etwa gerade bis in meine Fensterlinie, links davon ist nur Wasserfläche. Die Reize dieser Landschaft sind in ihrer fortwährenden Abwechslung nicht zu beschreiben. Jetzt z.B. liegt alles stark im Schnee, es ist alles wie in eine große Silberplatte geschnitten und graviert; der Fjord im leicht getönten Silber ausgespart – ja, damit ist noch ebensowenig gegeben, wie wenn ich sage, daß ich auch oft an Kreidezeichnungen denken muß.
Dann diese Sonnenuntergänge und Mondnächte. Ich kann nur mit Trauer daran denken, eines Tages von hier fort zu müssen.

Dazu ist die Luft Gesundheit selbst, die Kälte, auch bei niederen Graden infolge der Windstille nicht unangenehm. Die Menschen stehen mit ihrer Ruhe und Tüchtigkeit, ihrer harmlosen Fröhlichkeit und Kraft schön in dem allen. Demnächst sind die großen Schneeschuh-Rennen auf der anderen Seite der Stadt, den Holmenkollen herunter, den höchsten Berg hier, darauf freue ich mich schon, denn da ist die Auslese der Jugend, alles in bunten malerischen Trachten, ein herrlichster Anblick. Ich sagte es auch zu Ibsen, den es sehr amüsierte: Alle Kinder müßten in Norwegen aufwachsen. – ...

Etwa dreimal die Woche fahre ich nach der Stadt fünfzehn Minuten mit der Eisenbahn... Dort bin ich oft in der Universitätsbibliothek, im Kunstsalon, im Theater, Konzert oder zu Besuch. Oft auch am Hafen, ein leidenschaftlicher Beobachter, ganz Glück reinen Schauens. Überhaupt der Maler in mir! Der ist meine eigentliche Seele, nach wie vor. Ich ertrinke manchmal fast in den zahllosen Wirkungen der Natur auf mich...

Du hör mal. Du mußt mir einmal Walt Whitman kennen lernen, den lyrischen Shakespeare Nordamerikas. Ich habe Fritz jetzt damit geimpft. Er ist über alle Maßen... Nimm ihn in keinen Zirkel mit, he is hot-blooded, untamed, unconventional etc. ...

Und nun heut zum Schluß... Ich muß mich ein wenig an »Brand« halten, damit er bis Mai spätestens fertig wird, und manchmal schleppt die Sache recht, je nach der Stimmung dazu. Ich bin jetzt mit dem zweiten Akt fertig, ca. ein Drittel des Ganzen. Ich hoffe, man soll wie bei dem Übrigen vergessen, daß es eine Übersetzung ist. Dabei glückt mir im allgemeinen eine Wörtlichkeit, die fast jedes Wort des Originals wiedergibt.

Habt Ihr die »Komödie der Liebe« schon gelesen? Ibsen sagte mir über diese Arbeit, was ich mir nur wünschen konnte, er ist überhaupt andauernd höchst freundlich und gütig gegen mich.

Was ich übrigens kürzlich über Ibsen in Beziehung auf meine Entwickelung schrieb, war doch wohl mehr ein Stimmungs- als ein Endurteil. Es antwortet wohl viel in mir dem Ibsenschen Menschen-bessern-und-bekehren-wollen, aber es widersetzt sich noch mehr in mir gegen den Dogmatiker, Theoretiker, Scholastiker, gegen den Theologen in Ibsen, der mir zu viel Begriffe und zu

wenig Weisheit hat. Dieser »Brand« ist manchmal unerträglich, bei aller Größe.
Es gibt nur zwei Pole der modernen Kulturachse: Goethe und Nietzsche.

621. AN MARIE GOETTLING [VERMUTLICH IN SORAU].
[NORDSTRAND, VERMUTLICH 20.1.1899]

Noch etwas. Wie ist eigentlich das mit Kayssler? Wie Ihr wohl wisst, ist er seit Oktober staatlich ettikettierter Ehemann und hat einen prächtigen kleinen Jungen, dessen Pate ich zu meiner grossen Freude bin und der Christian Friedrich heisst. Hoffentlich hast Du im Verfolg seines Schicksals die alte Freiheit nun wiedergewonnen. Du schriebst, glaub ich, einmal, es schmerzte Dich, dass seine Frau sich von einem ihrer Kinder getrennt hätte; aber um einen Mann wie K. kann sich ein Weib ruhig von mehr als einem Kinde trennen, zumal wenn sie nur Kinder eines ungeliebten Mannes hat. Aus den Augen verlieren werden dabei K.s das Kind niemals, das bin ich sicher. Übrigens habe ich oft bemerkt, dass, jemehr Kinder eine Frau hat, desto (verhältnismässig) gleichgültiger wird sie gegen die einzelnen, und dieses gelassenere Schauen auf das, was sie der Welt geschenkt, ist viel mehr erhaben als niedrig, viel mehr natürlich als unnatürlich.* Es ist Naturkraft, die sich wieder dem Urprinzip der Verschwendung von Leben nähert. Wir leben inmitten einer ununterbroche[ne]n und ungeheuren Vergeudung von Kräften, wo[zu[?] a]lso uns aus jedem persönl. Aufgeben solch ein Ge[wissen m]achen. [Auss]erdem: Das grosse Ziel heiligt jedes Mittel. Wir sind alle verzärtelte, verbildete Menschen.

* Z.B. Die alte Frau Wernicke.

622. VON SAMUEL FISCHER. BERLIN, 23.1.1899

Berlin W., den 23. Januar 1899.
Lieber Herr Morgenstern!
Wenn Ihnen wirklich so sehr viel daran liegt, Ihre neuen Verse bei mir erscheinen zu lassen, so will ich prinzipiell nicht nein sagen. Lassen Sie mir gelegentlich das Manuscript zugehen, damit ich mich entscheiden kann. Im Herbst könnte es herauskommen.
Ich habe mit Ihnen allerhand vor, worüber wir später einmal, wenn die Ibsen-Uebersetzungen fertig sind, sprechen können. Ich glaube, es wird Ihnen Freude machen. Aber vor Allem vergessen Sie nicht an die Termine von »Brand« und »Peer Gynt«, wir müssen pünktlich, wie vereinbart, mit dem Band da sein. In der Rundschau werden wir über Ihre Uebersetzungskunst einen speziellen Artikel bringen, aber erst, wenn Brand und Peer Gynt fertig sind. Ich bin noch nicht dazu gekommen, die »Komödie der Liebe« zu lesen und kann Ihnen noch garnicht einmal meinen Eindruck sagen. Ich habe aber gelesen, wie Sie sich jetzt als Kritiker in der »Gesellschaft« bethätigen. Darüber wäre manches zu sagen, wenn ich damit nicht für meinen Verlag sprechen müsste. Aber Eins kann ich nicht unterdrücken: Sie überschätzen Heitmüller und unterschätzen Nansen. Ich glaube, dass die deutschen Prosaisten von der Formkunst Nansens manches gelernt haben oder besser noch lernen können.
Mit besten Grüssen
Ihr
S. Fischer Verlag

623. VON FRIEDRICH KAYSSLER. [BERLIN], 27.1.1899

Fragt nach dem Befinden. – Die Daten der letzten 8 Briefe sind: 9.1.99. 7.1.99. – 6.1.99. – 21.12.98. – 13.12.98. – 26.11.98. – 14.11.98. – 28.10.98. Ich glaube, an mich ist kaum was verloren gegangen. – Ist die Kiste mit Fracht durch Spediteur Knauer angekommen? *Es genüge ja, wenn M die Goetheausgabe zur Überfahrt erhalte.* – *Sie haben im Uraniatheater* Norwegen bis zum

Nordkap, am Schluß Christiania *gesehen. Beneidet M, denn er, Kayssler, hat sich immer mehr nach Norden als nach Italien gesehnt. Wenn die Reinhardt-Tournee zustandekommt und Liese mitkann, will er gern in Breslau spielen. Sonst will Liese mit den Kindern nach* Helmstedt bei Braunschweig. *– Runge versucht, Kaysslers Einakter in Posen aufführen zu lassen, aber der Direktor liest ihn nicht. Von Schlenther hört er nichts. Prosa und Gedichte bekommt er immer zurückgeschickt und findet es eine Schande, daß man ohne Protektion nichts erreichen kann. Hat Ideen für ein neues Stück, wartet aber auf das* Zauberwort, *das sie zum Leben erweckt.* – Reinhardt habe ich Dein Befremden mitgeteilt; er ist momentan wieder mal so unbrauchbar, daß es ein Jammer ist. Zu uns kommt er auch nicht; man kann ihm weiß Gott, böse deswegen werden. Aber man ist machtlos und muß ihn von selber wieder aufwachen lassen. – Die Brille will sich übrigens eine Bühne bauen lassen, vom Theatermeister des Deutschen Theaters – eine gute Idee. Wir können da auch mal kleine ernste Sachen zur Aufführung bringen; es könnte eine Art intimen Theaters werden. Reinhardt sagte, mein Einakter sollte aufgeführt werden. Aber ich glaube, dazu sind die Verhältnisse doch zu klein. *Möchte Ms Meinung über* »Komödiantenlied« *und* »Fahnenlied« *hören. – Vermutet, die ungünstige Aufnahme von* ICH UND DIE WELT *liege daran, daß das Buch den Eindruck eines Ergänzungsbandes mache,* es ist eine Art Nachtrag und vielleicht insofern verspätet. [...] Hättest Du damals Deinen Willen durchgesetzt u. beides zugleich oder kurz hintereinander erscheinen lassen, so wäre das vielleicht vermieden worden. – Na, das schadt doch nischt. – Von der Tournée hab ich Reinhardt auch gesagt, aber eben – jetzt ist er im Halbschlaf. – *War mit Liese in Sudermanns* »Reiherfedern«: Wenige gute Sentenzen u. fast lauter schlechte Verse, das ist das Ganze. *– Gratuliert zum Jonas-Lie-Stück. Berichtet von den Kindern. – In der Wohnung wurde einiges neu tapeziert, es ist* fast alles dunkelrot jetzt. *– M soll Haberfeld, der Weihnachten da war, einen Gruß schreiben.* Antworte mal auf die Frage endlich, ob Du seiner Zeit die von Frl. Braune geschickten Wollsachen Winterwäsche etc. bekommen hast!!!
N.: Opel. Lautenburg. *– Thüringen. – W. Ms:* AUF VIELEN WEGEN.

624. AN THERESE KRÜGER [VIELLEICHT IN
HELLERUP]. [NORDSTRAND], 4.2.1899

Ich könnte mir allerdings einen Einakter »Die letzte Nacht« denken, von dem man wirklich mit dem alten Wort aufstehen sollte: Tod wo ist dein Stachel, Hölle wo ist dein Sieg! Da dürfte aber nichts geklagt werden, oder wenn, dann nur so, dass Himmel und Erde sich vor Scham über diese Anklage das Haupt verhüllen sollten, dass es ihnen scheinen möchte als müssten sie sich zurückdrehen, um die Geburt ihres Anklägers unter einer günstigeren Konstellation geschehen zu lassen, die jene fürchterlichen Vorwürfe nicht zur Folge hätte.

625. VON LUDWIG JACOBOWSKI. BERLIN, 15.2.1899

Berlin SW. 48, den 15.II.1899

Verehrter Herr Morgenstern,

von Ihren Manuskripten habe ich eine Reihe von Epigrammen in der Faschingsnummer aufgenommen; sowohl das Honorar dafür wie das Belegexemplar wird Ihnen in Bälde zugehen. Ihre Beiträge kamen leider sehr spät, und ich konnte daher nur Weniges davon zurückbehalten. – Eine Entscheidung über die längere Novelle behalte ich mir noch vor. – – Ihrer Bitte, das Gedicht »Was wissen wir von euch?« noch umtauschen zu können, leiste ich natürlich gern Folge, aber es ist ganz unmöglich, die Epigramme ohne Namen zu veröffentlichen, da die Faschingsnummer bereits fertig gesetzt war, als Ihr Schreiben eintraf. Die Epigramme auf die Zeitschriften werden überhaupt nicht erscheinen, sodass ich auch nicht nötig hatte, die Stachelreime auf den »Quickborn« zu streichen. – – – So viel ich weiss, habe ich mir nicht erlaubt, an einer Rezension von Ihnen auch nur einen Strich vorzunehmen, obwohl ich sonst in dieser Hinsicht garnicht schüchtern bin; bei Essays, Novellen oder sonstigen dichterischen Arbeiten frage ich natürlich bei der Aenderung auch nur eines Kommas vorher an.

Mit den allerherzlichsten Grüssen

Ihr

L. Jacobowski

626. AN LUDWIG JACOBOWSKI [IN BERLIN].
NORDSTRAND, 18.2.1899

Sehr geehrter Herr Dr.,
Mit bestem Dank für Ihr Schreiben sende ich Ihnen hier den Ersatz
für »Was wissen wir ...« und bitte Sie mir dies Poem gelegentlich
hierher zu senden. – Bei den beiden Besprechungen war wirklich,
wenn ich mich nicht völlig irre, der Schluss der ersten und die
Einleitung zur zweiten gekappt. Doch das ist ja jetzt passato. –
Wenn Sie die Reihe kleiner Fastnacht-Impromptus Novelle nennen, thun Sie ihr zu viel Ehre an. Dass Sie aber nichts davon mehr
unterbringen konnten, thut mir leid, denn nun wird die Sache wohl
in den Ofen wandern, der seinerseits nicht lachen kann, was einige
Menschen doch immerhin gethan haben würden.
[*Vermutlich Lücke*]
Vielleicht machen Sie etwa sechs Abschnitte Liebe – Natur –
Gedanken – Thaten – Ziele – etc. Grosser Druck, ohne Verschwendung und nicht allzuviel Stoff. Am Schluss vielleicht
kleine Notizen über Woher, Wo und Was der Verfasser. Angabe
der Werke, woraus citiert ist. Eine möglichst unlitterarische Einleitung, ohne Ausfälle. Den Passus gegen die Hintertreppen-Produkte dächte ich mir am besten ruhig und ernst, durch den sachlichen Hinweis auf den Unterschied des Echten vom Berechneten und Leeren vor allem wirkend. »Prüfet« sage man den Leuten
»selber und seht zu, ob das Eine nicht nur eurem augenblicklichen Unterhaltungskitzel das andre aber euren ernsthaften Empfindungen dient« u.s.w. – Hirzel als Begleiter beruhigt mich.
Denn die Loefflersche Anthologie z.B. ist meiner Ansicht nach
durch die beigegebenen Klekse geradezu verdorben worden.
Es wäre wohl noch Vieles zu schreiben, aber ich muss Sie sowieso
schon wegen dieser zudringlichen Ratschläge um Entschuldigung bitten. –
Meine Gedichte stehen Ihnen natürlich zur Verfügung. Auf beiliegendem Zettel sind mehrere zur Auswahl vorgeschlagen. Indem ich hoffe, von Ihrem Unternehmen bald mehr zu hören
                    mit bestem Grusse
                    Ihr Ihnen ergebener
Nordstrand 18.II.99   Christian Morgenstern.

Steuern Sie auch ja an der Klippe der pathetischen Gedichte vorbei, wie sie z. B. Evers bietet und besonders Östreicher wie Schaukal. Dagegen könnten Sie aus der kleinen Gedicht-Ausgabe Nietzsches Einiges von Früherem getrost bringen, auch Sprüche daraus.

627. VON JULIUS ELIAS. BERLIN, 27.2.1899

Berlin, d. 27.II.99.
Lieber Herr Morgenstern!
Ihre verschiedenen Briefe habe ich natürlich empfangen; auch einer Antwort werden Sie nicht entgehen. So stark wie diesen Winter habe ich überhaupt noch nie zu arbeiten gehabt. Es kam so Vieles und so Vielerlei zusammen, und jetzt sitze ich mitten drin im schwersten Abschnitt der ganzen Ibsen-Revision: Kaiser und Galiläer.
Ich brauche Ihnen wohl nicht zu sagen, daß Ihre naiven Anrempeleien auch nicht die Spur eines Grolles in mir zurückgelassen haben. Um zu grollen, hatte ich damals und jetzt auch gar keine Zeit; ich liebe Sie nach wie vor! Ein paar Zeilen werde ich über diesen Punkt freilich noch zu schreiben haben.
Sie müssen mir als Revanche jetzt einen kleinen Gefallen erweisen und ein paar Verse übersetzen, die in Kaiser u. Galiläer vorkommen. Ich schreibe sie Ihnen auf, halte es aber für notwendig, daß Sie in das Original hineingucken, um die Situation zu erkennen. Ich wäre Ihnen sehr verbunden, wenn Sie diesen kleinen Auftrag sogleich erledigen wollten; die Zeit drängt; an den betreffenden Stellen habe ich Lücken gelassen.
Langen hat das Manuskript der »Neuvermählten«; ich habe um 200 M. abgeschlossen. Sobald ich im Besitz des Geldes bin, schicke ich Ihnen Ihr Teil per Postanweisung. Die Angelegenheit schleppt sich natürlich dadurch hin, daß Langen nicht in München lebt.
Bald mehr! Mit bestem Gruß, auch von meiner Frau und meinem Sohn, dessen Ansichtspostkarten-Album Sie bereichert haben,
Ihr
Julius Elias

628. AN LOUIS HERRMANN IN BERLIN.
NORDSTRAND, 1.3.1899

Entschuldigt sich, der Aufforderung des Fest-Ausschusses des Vereins »Berliner Presse« *nicht nachgekommen zu sein; er hat sie erst jetzt nachgeschickt bekommen.*

629. VON MARIE GOETTLING. SORAU, 11. und 15.3.1899

Bedankt sich für Ms langen Geburtstagsbrief. Sie konnte wegen Grippe und nachfolgender anhaltender Müdigkeit nicht eher schreiben. Hat an M gedacht, wenn sie von der Grippe in Schweden und Norwegen gelesen hat. Du schriebst auch, jeder zweite Mensch hätte sie, – da ist nur zu hoffen, daß Du immer der Erste geblieben. – Nun hast Du das unendlich schöne Frühjahrserleben zum zweiten Male da drüben vor Dir. Weißt Du noch, wie Du Dich, pessimistisch, damals in Br. nie in einem wirklich schönen Lande dauernd angesiedelt denken konntest? Und nun Du da bist, wirds Dir nur natürlich scheinen, wie aller endliche Besitz des heiß Ersehnten. Jedenfalls bist Du mit Brand fast fertig, – er paßt auch schlecht zum Frühling [*eingefügt:* d. 1. Theil]. Ich habe mir dies und die Komödie d. L. im Reclam besorgt. An der Übersetzung letzterer geschah Deinerseits ein wahres Liebeswerk, – kaum zu lesen, was sich mein Übersetzer im Knittelreim leistet. – Das Stück gefällt mir, abgesehen von dem krampfhaften Bestreben der Tendenz ohne Einschränkung auf den Thron zu verhelfen. Darin bleibt I. etwas Schulmeister, alles hübsch groß und deutlich den Kindern an die Wandtafel schreiben. Brand versöhnt nur durch sein weiches, demütiges Fühlen am Schluß. Sonst könnte man ihm das Opfer von Weib und Kind nicht vergeben. *Sie meint, Brand hätte auch Frau und Kind allein in mildere Gegenden ziehen lassen können; die Missionare in Indien müßten ihre Kinder auch nach ein paar Jahren in die Heimat schicken. So käme man ohne gesuchtes Martyrium aus. – Setzt am 15. ihre Überlegungen zu* »Brand« *fort, dessen Ende sie* gewaltiger und königlicher *dünkt als das Fausts;* trotz aller Engel und heiligen Himmelsschaaren kann ich mich nie des Gedankens erwehren, letzterer wird beim Erwachen etwas vornehm erstaunt sein, so, wenn auch himmlisch, – über sich verfügt zu sehen. – *Sie ist froh, daß sie immer noch mit M so offen reden kann. Das verdankt sie Ms letztem Buch.– Geht auf Ms Frage nach Kayssler ein: Erst Mitte Januar hat er die Heiratsanzeige, nur mit einem Neujahrsgruß versehen, geschickt, die Geburt des Sohnes überhaupt verschwiegen; sie fühlen sich durch die verspäteten und halben Mitteilungen verletzt. – Hat Walt Whitman gelesen, sie meint, er presse seine Bilder* immer [...] *bis auf den letzten Tropfen aus. – Ihr Vater und sie grüßen. –* [*P.S.*] Weißt Du, manchmal denke ich, warum um Alles in der Welt nur reiner Lyriker! Deine bisherigen kleinen Prosastücke las ich so gern: Epigo und Decadence z. B. Du hast genug Mischung zum Humor in Dir, eine ungereimte Form zu füllen, – und wirklicher Humor hat so wenige Vertreter bei uns.

630. VON JULIUS ELIAS. BERLIN, 13.3.1899

Berlin, W. 13.3.99
Matthäikirchstr. 4.

Lieber Morgenstern, dank für Ihre Zeilen. Ich will die Besprechung früherer Differenzen auf Ihre Wiederkehr verschieben und jetzt nur an die Gegenwart und die nächste Zukunft rühren. Ibsen hat sich Correcturbogen verbeten und wünscht Arbeitsruhe. Daher seine Bitte an Sie, doch event. Corr. mitzulesen. Außer mir, der ich drei Correcturen lesen, habe ich Dr. Fabian beordert, die Corr. nach meinem Manuskript zu lesen, und ferner lasse ich honoris causa den früheren Übersetzer von K. u. G., Dr. Paul Hermann, auch noch mitlesen. Es bedarf also weiterer Lesungen nicht. Was ich aber wünsche ist, daß Sie die Aufklärungen einzelner Stellen, die ich sonst Ibsen zu überlassen pflegte, übernehmen, um, falls Sie nicht lösen können, persönlich Ibsen deswegen befragen. Ich schreibe noch heute in diesem Sinne an I. Es handelt sich im ganzen weniger um unbekannte Worte und unverständliche Wendungen als um Bestätigungen. Es war die größte Arbeit, die ich bisher für die Ausgabe leisten mußte. Die modernen Werke I.'s sind wahres Kinderspiel dagegen. Ich reihe die

die Stellen hier hintereinander auf, jede mit einer roten Zahl versehen. Dazu sende ich Ihnen successive die Correcturbogen und bezeichne darauf die Stellen gleichfalls mit einer roten Zahl, so daß Sie nur die Zahlen nachzuschlagen haben. Ausführliches Lesen der ganzen Bogen hält nur den Fortgang des Druckes auf. Schreiben Sie nur an den betr. Stellen Ihre Ansicht gleich hin und schicken Sie dann den Bogen sofort an mich zurück. Ich bemerke, daß Sie immer den ersten Umbruch erhalten, auf dem noch allerlei Druck- und andere Errata stehen, auch noch einzelne Stilisierungen nötig sind. Das wird hier erledigt. Oft fallen mir auf den Corr.-Bogen die besten Sachen ein. Also: Sie erhalten die ungelesenen Bogen. –

Die 100 Mk. zahle ich heute an Calvary.

Wegen des Dr. phil. reden wir mündlich.

Mit Fischer werde ich sprechen. In großer Eile Ihr

Jul. Elias

631. VON FRIEDRICH KAYSSLER. BERLIN, 30.3.1899

Fragt nach Ms Ergehen. Es ist eine so unheimliche Stille; ich schrieb Dir einige kurze Lebenszeichen wenigstens, Du bist ganz schweigsam. Du bist doch wohl nicht ernstlich böse. *Entschuldigt sich mit ungewohnt geselligem Leben und vielen Proben.* So entsteht eine solche Pause, ehe man glaubt u. zwischendurch sieht man immer den dicken dicken Brief vom Chrischan liegen, der noch dazu aus lauter ganz dünnen Blättchen besteht – kannst Du begreifen, daß ein einziger solcher Pfundbrief schuld ist, daß man von Tag zu Tag die Antwort verschiebt, während man 4 Briefe von ¼ Dicke ruhig beantworten würde. – Ich bitte Dich, schreib zunächst eine Karte, ob Du gesund bist! – Wie ist es nu? Kommst Du September wieder? Oder hat sichs wieder geändert? Wie ists mit dem Sommer? – *Berichtet von den eigenen Sommerplänen und über Aufführungen in der »Freien Volksbühne«, die Probeaufführungen zu einem »Intimen Theater« sein sollen.* Das »Intime Theater« ist cum grano salis als ein Boden für »Zukünftiges« gedacht, vielleicht im besten Falle also wirklich als eine heilsame Ergänzung des Deutschen Theaters über die Grenzen des Naturalismus hinaus. – *Sie haben* zwei Barden grundverschiedener Gattung in diesem Winter gesehen, Ereignisse. Die Guilbert, von der schrieb ich Dir schon – u. den Schweden Sven Scholander, *der ein wirklicher Barde ist, der alte Volkslieder singt und sich selbst auf einer alten Laute begleitet.* Es ist herrlich. – *Berichtet über Hofmannsthals* »Die Hochzeit der Sobeide« *und* »Der Abenteurer«. Feine feine Sachen; aber wie Schattenbilder, ohne Blut und Leben. [...] Jedenfalls ist er Einer von den 6 »Geschmackvollen«, die auf der Erde leben, u. als solcher begrüße ich ihn mit Hut ab. Aber Zukunft fordere ich nicht von ihm. – *Über Maeterlinck will er später schreiben.* – *Berichtet auf Ms Wunsch über Hirschfelds* »Pauline«. *Sie haben sich darüber gefreut, weil* einfache Empfindungen *und* keine verquickten u. sechsmalgewundenen *ausgedrückt wurden; das Stück habe gezeigt, daß Hirschfelds Stärke die derberen Volksstücke seien. Die Schwächen liegen vor allem da, wo er für bestimmte Schauspieler schreibt, etwa einen* undefinirbaren Laut, [...] den zufällig nur die Lehmann in der Kehle hat, *einplant.* – In unserer »Brille« haben wir uns übrigens auch jetzt eine Bühne bauen lassen. Das kann sich ganz fein auswachsen. Erst wollen wir von Hoffmannsthal »Der Thor u. der Tod« aufführen. Das Zweite soll mein Einakter sein, wahrscheinlich. – Ja, es entsteht manches, komm Du nur u. mach mit. – *Will für M wegen einer Wohnung inserieren.* Sehen müßtest Du aber selber u. mieten; denn darin, glaube ich, kann man nur allein wissen, was Einem gefällt. Was? Ich glaube, da nützt unbegrenztes Vertrauen gar nichts. Z. B. wer kennt alle Deine Gedanken über verstellte oder erst geplante Thüren! Denk mal, Hedda! – – *Liese sagt, Kaffee in Flaschen sei möglich und existiere noch nicht.* – *Beschreibt die Lage der Händelstraße.* – Ja, also schicke mir Dein Manuskript! Ich schrieb Dirs schon. Warum thatest Dus noch nicht? – Willst Du vom blonden Korken noch tiefer abwärts steigen? Vielleicht, daß sich dann noch ein Korke findet – aber ob wir uns auch?? – – Die geheimnisvollen Äußerungen von Fischer haben vielleicht doch einen guten Kern. Daß er die Gedichte will, wundert mich sehr. – *Berichtet über Robert Wernicke und Rebajolis.* – *Anwand war neulich da und machte einen sehr günstigen Eindruck auf Kayssler, war in seinen Ansichten* viel bestimmter und energischer *als früher.* Man müßte mal länger mit ihm zusammen sein, um zu sehen, wie er jetzt ist. [...] Ich glaube, diese Revue von verschiedensten Personen u. Erlebnissen in meinem Briefe ist etwas ungeordnet. Es ist mal so angesammelt. – – Ja, wenn man nur die gesunden Kerle alle beisammen hätte, Runge z. B. u. Beblo vor allem. Reinhardt ist jetzt sehr vertraut bei uns, versteht sich mit Liesing famos. Das freut mich furchtbar. Nu komm Du nur Junge! Über die Historisch-Unhistorischen ein ander mal. Dazu muß man bei der Sache sein. *Betont, daß er doch eigentlich gar nicht anderer Meinung über Hauptmann ist als M, führt das aus. Bestätigt, daß die Harts wahre Felsblöcke in unserer Zeit sind. Bittet um Zeit für die Lektüre von Walt Whitman.* – Die Idee mit Homer vergiß ja nicht. Aber laß Dir Zeit mit so was! Daran dürftest Du Deine Jugend nicht wenden. Erst bring Dich selber heraus, dann den Homer! Na, Du, jetzt soll es doch aber wirklich schön bei Euch oben sein. Nicht? – Wenn Liesing mitginge, natürlich mitspielender Weise. – *Seine Sachen hat er von der »Jugend« und auch von Harden zurückgeschickt bekommen. Fragt, ob er sie an Elias geben soll.* Der soll doch vereidigter Entdecker sein. *Über die Rücksendung des »Hausrechts« durch Agnes Sorma hat er sich aber gefreut.* Die scheint sich vollkommen als Fürstin zu fühlen. Ein Briefbogen mit gräflichem Wappen, von einem Sekretär beschrieben, darunter gehauen Agnes Sorma. – Herrlich! – Beruhige Dich, Reinhardt ist jetzt »Es« in der Brille, alias Praeses. Auch bedeutet »Es« nichts als etwa im gewöhnlichen Leben »Briefordner« oder so was, ordnende Maschine. Die Brille ist Republik. – Deine lieben Kritiken hast Du doch bekommen? – – Haha! – Schwamm u. Mist drüber! – Seltsam das Komoediantenlied war wirklich zuerst als ein Monolog gedacht, wie Du ihn schilderst. – Schreib doch auch gelegentlich über die letzte Sendung. – Was ist »Das kleine Eisenbahnding«? Was meinst Du damit? – *Hermann Müller hat sich erschossen – aus Furcht* vor dem Entehrtsein; *denn er ist bei einem* Anfall *von* sexuell anormalen Anwandlungen *im Tiergarten gesehen worden.* – *Fragt M um seine Ansicht hinsichtlich des Kirchenaustritts. Bei den Mädchen hat er Bedenken, weil er Benachteiligungen für sie fürchtet.* Unser Junge ist ja mit Priesterhänden noch nicht in Berührung gekommen u. soll ein Heide bleiben, der kann sich auch wehren. Bei dem hält mich kein Bedenken. – *Plant ein neues Stück und skiz-*

*ziert den Verlauf. – Grüßt von Liese und den Kindern. Der Sohn
fängt an zu sprechen und zu laufen. – Ostergrüße.
N.: Mutter und Schwester von Liese. Das Dienstmädchen. Dreyer:
»In Behandlung«. [Otto Ludwig]: »Der Erbförster«. Goethe: »Die
Mitschuldigen«. Maeterlinck: »Hinter den Scheiben«. Aischylos:
»Die Schutzflehenden«. Catulle Mendès: »Pierrot l'assassin«.
Kainz. Rittner. Das böhmische Streichquartett. Rudolf Wernicke.
Geheimrat Gehrhard. [Clara Anwand]. [Minna Müller]. Halling.
– Helmstedt. Wien. Breslau. Friedrichshagen. Charlottenburg.
Grunewald.*

632. VON JULIUS ELIAS. BERLIN, 1./2. 4. 1899

Berlin, d. 1.– 2. IV. 1899
Lieber Herr Morgenstern!
Ich hatte mir für den heutigen Tag vorgenommen, Ihnen ausführlich zu schreiben, aber ich weiß noch nicht, ob es gehen wird. Der Morgen ist mir durch eine entsetzliche Trauerbotschaft ganz zerstört worden. In meiner nächsten Nachbarschaft hat sich Juliane Déry in der Nacht vom dritten Stockwerk auf die Straße gestürzt und ist mit zerschmettertem Schädel liegen geblieben. Sie haben sie ja gekannt. Ich habe einen letzten Brief von ihr erhalten, worin sie mir ans Herz legt, daß ihr Stück »Pussta-Stürme« auf der freien Bühne oder im deutschen Theater gegeben werden möge. Über die Gründe weiß ich nichts Gewisses; mir gegenüber hat sie oft über mangelnde Anerkennung gesprochen, aber möglicherweise spielt auch noch eine Liebesaffaire mit. Ich bin ganz außer mir über diesen entsetzlichen Vorfall!
Die Korrecturbogen habe ich rechtzeitig erhalten, und ich danke Ihnen herzlich, daß Sie sich die Mühe des exacten Mitlesens gegeben haben. Ich habe eine ganze Reihe Ihrer Vorschläge auf der letzten Korrectur noch acceptiert und sende Ihnen die Imprimaturbogen anbei zu (zunächst fünf) wo ich mit Blaustift die Worte unterstrichen habe, die ich aus Ihrer Korrectur herausgenommen. Diese Bogen bitte ich nicht wieder zurückzusenden; Sie können sie dort behalten. Das erste Stück wird in den ersten Tagen der nächsten Woche völlig gedruckt sein. Bei manchen Stellen konnte

ich, wie Sie sehen werden, nicht umhin, meiner Freude Ausdruck zu geben über Ihren wohlgelungenen Fund. »Kaiser und Galiläer« haben mir die weitaus größte Arbeit gemacht, die bisher zu leisten war.

Die Herrmann'sche Übersetzung, die ich zu revidieren hatte, war unter aller Kanone, und während der Arbeit sah ich, daß dieses Stück eigentlich, wie Ibsens Versdramen, von einem Dichter hätte ganz genau übersetzt werden müssen. Es steht mit seiner gehobenen Prosa zwischen dem Versstück und dem modernen prosaischen Stück und unterscheidet sich sehr wesentlich von »Nordische Heerfahrt«, »Kronprätendenten« u.s.w., nicht ohne Grund steht es zwischen Peer Gynt und dem »Bund der Jugend«.

Aber wie die Dinge nun einmal liegen, so mußte ich das Bestmögliche herauszubringen suchen. Über die Art meiner Arbeit können Sie nicht völlig informiert sein nach der Korrectur, die Sie gelesen haben. Ich sende Ihnen ein Stück des ursprünglichen Manuskriptes, d.h. der Revision des Herrmannschen Textes*, damit Sie selbst erkennen, daß in diesem Text nicht mehr zu machen war, daß man über diesen Text einfach verrückt werden konnte! Es ist viel viel leichter, lieber Freund, eine Sache aus der persönlichen Stimmung neu zu übersetzen, als den Mist Anderer einzurenken. Da wird man Schritt für Schritt auf einen falschen Weg gebracht.

Ich habe mich also begnügt, den Herrmann'schen Text nur erst aus dem Groben herauszuhauen und dann die zweite Revision auf der Korrectur vorzunehmen; Ihnen wollte ich dann die zweite Revision schicken. Da hatte ich aber die Rechnung ohne den Drucker gemacht. Der Schuft, der Ende Januar das erste Manuskript hatte, hat mir erst gegen Ende Febr. die ersten winzigen Fahnen geschickt. Ich mußte die ganze Disposition aufgeben, mußte das Stück gleich umbrechen lassen und Ihnen die rohen Korrecturen schicken. Während Sie die Korrecturen lasen, habe ich die zweite Generalvergleichung mit dem Original auf dersel-

---

* Sie sollen natürlich den Dreck nicht lesen! Sondern nur obenhin Blatt für Blatt umschlagen, damit sie den »Zustand« sehen! Bitte dieses Konvolut zurück.

ben Korrectur vorgenommen und auch schon die erste Revision des jeweiligen Bogens erledigt, so daß ich Ihre Vorschläge dann in die zweite Revision aufnahm. Bei der erneuten Vergleichung der Korrectur mit dem Original hat sich bei mir denn erst der Text überhaupt gerundet. Im Groben hatte ich sehr viele provisorische Änderungen gemacht, Zusammenziehungen, Freiheiten u.s.w., die ich dann bei der erneuten Vergleichung wieder auflöste. Übrigens sind in der Syntax viele Vergehen vom Setzer gemacht worden, indem Verba und allerlei genitivische Wendungen aus dem verwickelten Manuskript an der falschen Stelle eingesetzt worden sind.

Andrerseits muß ich Ihnen sagen, daß nach Schlenthers und meiner Anschauung der ausruhende, zögernde Stil des Norwegischen in vielen Punkten nicht deutsch erscheint, und daß wir uns da immer eine gewisse Freiheit vorbehalten werden. In »Kaiser & Galiläer« tritt das nicht so sehr hervor, als in den modernen Dramen. Im Allgemeinen gestehe ich Ihnen offen, daß meiner Natur die modernen Stücke Ibsens besser liegen, als seine früheren Productionen, und daß ich eigentlich mit einer Heidenangst an die Dichtungen der früheren Zeit herangegangen bin und auch froh bin, daß mir jetzt die Moderne winkt, wo ich mich ganz in meinem Element fühle. Darum hätte ich am liebsten die Dichtungen der Frühzeit von einem Dichter neu übersetzen lassen; aber Sie wissen ja: Wirtschaft, Horazio, Wirtschaft! sagt der Verleger.

Baumeister Solness und das Puppenheim habe ich bereits erledigt, und Schlenther ist glücklich, daß er die Texte für seine Bühne hat. Und das bringt mich auf den eigentlichen Zweck dieses Briefes.

Ich will, mein lieber Morgenstern, aus den verschiedensten Gründen, erstens für Sie und dann aber auch zur Erleichterung für mich, daß Sie das neue Stück von Ibsen übersetzen. Ihre Beteiligung an der Korrectur eines Ibsen'schen Prosastückes war mir in dieser Richtung sehr erwünscht. Mit Sigurd Ibsen geht das unter keinen Umständen; ich weiß nicht, wie ich einen guten Text in der kurzen Zeit herstellen soll, denn Sigurd Ibsen übersetzt derart, daß Alles umgeschrieben werden muß. Ich will diese Sendung nicht durch unnützes Porto beschweren, sonst würde ich Ihnen die Revision des Baumeister Solness senden, so wie sie erst im Groben sich darstellt, (in der Reinschrift hat das Stück Schlenther). Wenn wir nun auch nicht sogleich den endgültigen Text herstellen sondern vielleicht erst mal tausend Sonderexemplare, so ist doch anzunehmen, daß Sig. Ibsens Deutsch in den 3 Jahren noch viel schlechter geworden ist, da er immer mehr außer Übung gekommen ist; und warum sollten Sie nicht auch das schöne Übersetzer-Geld nehmen? Ibsen kann es ja gleich sein, wer der Übersetzer ist! Wir arbeiten dann in der gewohnten Weise zusammen, und durch diese Arbeitsteilung wird sich dann die Herstellung in 14 Tagen ermöglichen lassen. Ich weiß im Augenblick nicht, ob Fischer oder Ibsen den Übersetzer bezahlt hat; doch das kann ja Sache neuerer Verhandlungen werden. Jedenfalls schlage ich Sie als den Übersetzer vor, und Sie bekommen dann das ganze Honorar. Ich meinerseits habe bei Ihnen ja noch immer weniger Arbeit als bei Sig. Ibsen.

Das eine möchte ich Ihnen aber gleich sagen: daß bei der Sonderausgabe aus juristischen Gründen der Name des Übersetzers nicht angegeben werden darf, weil das Stück als »deutsche Ausgabe[«] erscheint. Ihr Übersetzer-Name wird erst angegeben, wenn das Werk in die Gesamtausgabe aufgenommen wird.

Bevor Sie Christiania verlassen, stellen Sie Ibsen selbst vor, daß Sie die Verdeutschung umso lieber übernehmen, weil Sie wieder in Berlin wären, d. h. in der Nähe der Herausgeber, die ihrerseits wieder Wert darauf legen müßten, den Übersetzer in der Nähe zu haben. Ibsen müßte dann rechtzeitig die Korrecturbogen hierher senden, und zwar einen nach dem anderen, damit die Arbeit schrittweise erledigt werden kann, sodaß, wenn der letzte Bogen da ist, die ersten schon fertig sind; sonst geht es überhaupt nicht.

Schreiben Sie mir doch über diese Sache, damit ich mit Schlenther und Fischer sprechen kann. Für heute leben Sie wohl! Herzl. Grüße
Ihres
Julius Elias.

N.B. Ich vergaß übrigens oben zu sagen, daß Herr Oberl. Dr. Paul Herrmann auch noch Korrecturen von Kais. u. Gal. mitgelesen hat, die ich auch noch berücksichtigen mußte. Ich habe in den letzten Monaten fast jede Nacht bis 2 Uhr gearbeitet; nun kommt

das zweite Stück daran, und ich bitte Sie, auch da wieder die
Bogen ebenso schnell zu erledigen; auch hier kann ich Ihnen
nicht Revisionen, sondern erste grobe Korrect. schicken.

D.O.

633. VON FRIEDRICH KAYSSLER. BERLIN, 15.4.1899

Drei Gedichte, im Namen des kleinen Christian Friedrich geschrieben. Das erste bezieht sich auf das Kerzenauspusten und das Eisenbahnspielen, das zweite hat das Wort »Atta« zum Thema: Alles, was geschieht oder existiert, ist für das Kind »Atta«. Das dritte beschreibt seine Fortbewegungsversuche: erst die Hand – dann das
Bein, / mitten in die Welt hinein: / bautz.
N.: [Liese Kayssler]. Ein Onkel. Ilse. Frieda.

634. AN CHRISTOFFER BRINCHMANN [VERMUTLICH IN
CHRISTIANIA]. NORDSTRAND, 3.5.1899

*Fragt um Brinchmanns Meinung über die Erfolgsaussichten einer Gastspieltournee von Schauspielern des Berliner Deutschen Theaters im Juli, beschreibt seine bisherigen Sondierungsversuche.
N.: Impresario Fischer. Ibsen. Bjørn Bjørnson. Ibsen: »Die Wildente«; »Hedda Gabler«; »Die Frau vom Meere«; »Gespenster«. Tolstoi: »Die Macht der Finsternis«. Halbe: »Jugend«. Hauptmann. Frau Brinchmann. – Wien.*

635. VON JULIUS ELIAS. PARIS, 4.5.1899

4.5.99
Paris, Hôtel Mirabeau.

L. H. M., eben erhalte ich von Ibsen einen für Sie sehr schmeichelhaften Brief. Er ist damit einverstanden, daß Sie das neue
Stück übersetzen, und ich habe heute sofort, in einem längeren
Brief, bei Fischer dringend dafür plädiert, daß Sie Vorschuß erhalten. Es wird gewiß Erfolg haben.

Ich bleibe bis Dienstag hier. Ich schwimme in Kunst.
Viele Grüße, auch von meiner Frau!
                                    Ihr
                                        Julius Elias.

636.   AN DAGNY FETT [IN NORDSTRAND].
       NORDSTRAND, 9. 5. 1899

Liebes Fräulein Dagny
Als ich Ihnen kürzlich den Montaigne übersandte, hatte ich die
bestimmte Absicht damit, Sie durch diese grosse unsterbliche
Lektüre von der weiteren Beschäftigung mit Schweglers Abriss
der Philosophie-Geschichte abzuziehen.
Die Theorien der verschiedenen sogenannten Philosophen sind
zu trocken für Ihren jungen Geist; was haben Sie davon, sich die
Erfahrung zu verschaffen, auf all welche Weise das »abstrakte«
menschliche Denken bisher geirrt hat. Widmen Sie dagegen gern
einige Zeit – eben die Zeit, die Sie seither dem Schwegler widmeten – dem Montaigne, und er wird Ihnen ein Lebensbuch werden, und das mehr und mehr, je älter und reifer Sie werden. Denn
er führt Sie nicht vom Leben hinweg, sondern ins Leben hinein,
er läßt Ihnen mit überlegener Weisheit und milder Heiterkeit das
Leben sehen, wie es war, ist und vermutlich immer sein wird.
Denn das ist eben das uns oft das Leben Erschwerendste, dass wir
meinen, mit diesem oder jenem unsrer Erlebnisse allein zu stehen, als wären gerade wir von einem besonderen Schicksal betroffen; dass wir so leicht vergessen, dass wir inmitten einer unendlichen ungeheuren Welt gleicher und verwandter Schicksale leben,
kurz dass das Menschenleben eine gemeinsame und keine einsame Sache ist.
Nie kann man darum genug zum Leben streben und das Leben
kennen zu lernen suchen, denn nur so kann der Einzelne sich über
sich selbst erheben und seinen persönlichen Erfahrungen gegenüber den rechten Blick gewinnen.
Sie haben bis vor einem Jahre etwa nicht viel mehr vom Leben
gekannt, als jenen überaus kleinen Zirkel, wie ihn der Begriff
Familie umschliesst. Mit Ihrem langsamen Heraustreten aus die-

sen Grenzen erst hat Ihre selbstständige Entwicklung begonnen, Ihr selbstständigeres, persönlicheres Leben. Dieser Übergang, glauben Sie mir, ist für alle empfindenden Menschen schmerzlich, wie jeder Process, unter welchem man sich von einem überlebten Zustand loslöst, um einem neuen höheren entgegenzugehen.

Ich kann Ihnen zum Troste sagen, dass er für mich unvergleichlich schmerzlicher war, denn ich musste Familienverhältnisse mit durchmachen, von deren Trübsal Sie glücklicherweise keine Ahnung haben und als ich endlich mir selbst überlassen war, war ich zugleich von aller Welt ausser von meinem Jugendfreunde, verlassen.

Ihnen dagegen wird Ihre Familie immer eine gewisse Stütze, ein gewisser Rückhalt bleiben, so dass Ihrer Weiterentwicklung von selbst eine ganz andere Ruhe und Sicherheit gewährleistet ist.

Ich lege Ihnen nun, als Ihr wahrhafter Freund, ans Herz, nach Beendigung Ihres Unterrichts in Ljan, und nachdem Sie bei Ihren schwedischen Verwandten gewesen sind, einen längeren Aufenthalt im Ausland durchzusetzen, einerseits, um durch die Bekanntschaft mit einer Unmenge neuer Verhältnisse und Anregungen Ihren Weitblick zu beleben und zu erhöhen, und andrerseits, um eine Weile das ewige Gleichmass eines Familienlebens zu vergessen, das Ihnen, wenigstens für den Augenblick, nichts Nährendes und Förderndes zu bieten vermag.

Sie sind deshalb nicht undankbar gegen Ihre Eltern; denn, was Sie an sich thun, thun Sie ja auch an diesen; indem dieselben Sie nun so weit geführt haben und nun auch von Ihnen etwas haben möchten, was aber nicht möglich ist, wenn Sie Ihre Sachen nicht eine Zeit lang selbst in die Hand nehmen und den schweren aber schönen und würdigen Weg der Selbstausbildung gehen wollen.

Dass Sie dabei Ihre Eltern eine Zeit lang verlassen müssen, darf Sie nicht irre machen. Es ist das Los aller Eltern, ihre Kinder in einem gewissen Alter von sich lassen zu müssen, dafür müssen ja diese Kinder, wenn sie ihrerseits Eltern geworden sind, dasselbe leiden. Das Schmerzliche ist nur der Entschluss der Trennung; die Trennung selbst ist bald gewöhnt und wird oft durch Briefe, neu angeknüpfte Beziehungen und dergleichen zu einer auch für die Eltern anregenden Zwischenzeit.

Mai 1899 483

Es ist überhaupt ein gewöhnlicher Fehler von uns Menschen, alle Verhältnisse zu starr, zu unveränderlich aufzufassen, ihre Wichtigkeit zu tragisch zu nehmen, sich ihnen zu willenlos zu unterwerfen. Wir begeben uns damit unsrer ganzen Freiheit und Würde, und bieten in diesem Falle auch kein bedeutendes Schauspiel dar. Gewiss kann niemand die Verhältnisse ganz durchbrechen, aber in dem fortwährenden Versuchen, sich eigene, sich gemässe Verhältnisse zu schaffen, liegt bereits der Ausdruck der Persönlichkeit.

Nun liegt Ihnen, wie ich weiss, noch der Einwand nahe, viele andere kämen ja auch nicht ins Ausland, also warum sollten Sie es gerade wollen. Diesem schwächlichen Einwand geben Sie hoffentlich für immer den Abschied.

Erstens habe ich bis jetzt nur wenige junge Damen Ihres Standes hier angetroffen, die nicht in Deutschland oder sonst irgendwo gewesen wären, und zweitens ist es Ihrer unwert zu sagen: Weil viele andre nichts weiter lernen wollten oder konnten, deshalb brauche ich auch nichts weiter zu sehen und zu lernen.

Und was, meine Liebe, steht Ihnen doch noch alles bevor! Haben Sie e i n mal grosse Musik gehört, einmal bedeutende Schauspieler gesehen, vor einer Fülle gewaltiger Kunstwerke der Plastik und Malerei gestanden – ich meine, haben irgendeinmal diese köstlichsten Dinge der Welt Sie berauscht, überwältigt, ausser sich gebracht? Welch ein Glück wäre es, wenn Sie mit Ihrem Bruder nach Paris fahren könnten! Lassen Sie es sich von Frau Stribolt erzählen und vorrechnen, wie gut man dort mit Wenigem – verhältnismässig – leben kann.

So viel Schönheit gegenüber, zu der Sie ein fester Entschluss führen kann, dürfen Sie nicht gleichgültig bleiben. Andrerseits aber schlagen Sie sich auch die Befürchtung aus dem Kopf, dass Sie nicht genug von allem verstehen und sich aneignen möchten. Es kommt nicht auf die Quantität, die Masse an, sondern auf die Tiefe dieses oder jenen Eindrucks, und Sie können, mit ein paar grossen Eindrücken, reicher zurückkehren als ein andrer, der mit ein paar hunderten verwirrt zurückkommt.

Dass Sie auf einer solchen Reise auch viele interessante Menschen, Schicksale und Verhältnisse kennen lernen, versteht sich von selbst und wird Ihnen eine ganz andere noch viel freiere Anschauung des Daseins geben.

Wenn ich Ihnen einen Rat geben darf, so ist es der, auf allen Ihren Reisen Tagebuch zu führen, und darin vor Allem das täglich Erlebte oder Gewirkte, und was sich etwa draus an Gedanken ergiebt, niederzulegen. –

Was jene Ihnen gewidmeten Lieder anbetrifft, so werde ich sie erst in Ihre Hand legen, wenn Sie mich dazu ermächtigen. Sie sind Ihnen nicht unter Ihrem Namen gewidmet, sondern unter einigen Worten, die niemand als Sie verstehen wird. Sie müssen dieses kleine Buch als mein Tagebuch des vorigen Sommers betrachten und sich selbst darin wie einen dritten anschauen. Sie müssen es wie etwas Fremdes betrachten, wie ein Stück zu Bild gewordnes Leben; Sie müssen sich daran freuen – wie an einem Bilde – wenn Sie mich nicht unglücklich machen wollen. Sie müssen mich überhaupt so positiv in sich aufnehmen, wie ich es mit Ihnen gethan habe. Positiv, nämlich als einen Zuwachs an Leben, als eine Förderung und Erhöhung, als ein Glück. Nicht negativ – als ein Unglück, eine Krankheit oder Verdüsterung.

Wir haben uns Beide unser Bestes gegeben.

O wie bitte ich Ihnen alles ab, was ich Ihnen durch mein Wesen und mein Handeln weh gethan habe, und wie danke ich Ihnen für alles, was Sie bewusst oder unbewusst mir gegeben haben!

Und nun wollen wir Beide das Leben aufs Neue mit aller Jugendkraft ergreifen und jeder auf seine Weise das erfüllen, wozu uns Natur bestimmt.

Wenn ich Ihnen einen Wunsch zum Vermächtnis geben dürfte, so wäre es dieser: Lernen Sie gross zu empfinden!

Ich verhehle Ihnen nicht, dass ich es gefühlt habe, dass mein – übrigens recht bescheidener – Verkehr mit Frau S. von Ihnen vielleicht nicht so empfunden worden ist, als ich es wünschte. Aber ich mache Ihnen keinen Vorwurf daraus – denn in der Nähe eines Geistes wie der Ihrer Frau Mutter kann wohl kein Mensch ganz unbefangen bleiben.

Es widerstrebt mir, mehr hiervon zu reden. Vielleicht thue ich Ihnen auch Unrecht. Dann vergeben Sie mir. Aber warum fragen Sie mich Montags, was ich am 6ten gemacht habe, wenn Sie Sonntags bereits erfahren haben, dass Frau S. und ich eine Tour nach Bygdö machten? Und warum inscenieren Sie im Eisenbahn-

wagen ein Gespräch mit einem Schulkameraden, das einen andern Schulkameraden so lang und absichtlich isoliert?
Aber ich will Ihnen nicht wehe thun, Liebe. Sie haben ebenso Recht zu Ihren Stimmungen, wie jeder zu den seinen. Aber lassen Sie es nur Stimmungen gewesen sein und behalten Sie in Ihrem innersten Gefühle mich nach wie vor in reinem Andenken. Warum sollte ich mich mit einer geistreichen, wenn auch wunderlichen, Frau nicht gern unterhalten? Sie reden hier in Norwegen viel von Freiheit, aber im Grunde sind das nur schöne Worte. Wer einmal mit der Freiheit ernst machen will – und sei es im bescheidensten Masse – ist hier das Opfer der Gesellschaft wie überall. –
Versuchen Sie's nur selbst – thuen Sie nur einmal einen Tag was Sie wollen – und sie werden hier wie überall den kürzeren ziehen. Ich aber kehre mich nicht an die Gesellschaft und hoffe ihr mein ganzes Leben ein Stein des Anstosses zu sein. Das sollen Sie nun niemals werden, – aber sich einen freien verstehenden Blick für uns Kämpfer erhalten und ausbilden, das können Sie und damit kann Ihnen viel Freude zuteil werden. Und so bin ich wieder da, wo ich damals auf jener einzigen Segelfahrt war, als ich Ihnen sagte:»Das ›grosse Vaterland‹, von dem Sie reden, verstehe ich in einem anderen Sinne: als einen grossen Kreis verwandter Seelen, die sich untereinander erkennen verstehen und lieben – Und in diesem grossen Vaterland seien auch Sie eine Bürgerin!«

                      Ihnen von Herzen dankbar und zugethan
                      Ihr
                      Christian M.
Nordstrand 9. Mai 1899.

637.   Von Dagny Fett. [Nordstrand], 11.5.189[9]

                      11- mai- 98.
Lernen Sie groß zu empfinden. – Se, der har De sagt et ord, som jeg altid vil huske og forsöge at fölge. – Naar man har fundet en, som man sympathiserer med »in das große Vaterland«, skal man ogsaa forstaa, hvad man har fundet, og det skal man holde fast ved – lad saa andre sige, hvad de vil. – Og det som jeg har fundet hos

Dem – det er mit – og det kommer ikke at staa for mig som »eine
Krankheit oder Verdüsterung« – Og tro ikke, at jeg önskede, at jeg
ikke havde seet Dem – tro mig – jeg er glad for det – i meget har
jeg blivet klarere over mig selv, – De har grebet meget ind i mit liv
– men husk – ikke paa nogen bitter maade – inget trist skal
komme ind, naar jeg tænker paa vor leg sommeren 98 –

>   A thing of beauty is a joy for ever:
>   Its loveliness increases; it will never
>   Pass into nothingness; but still will keep
>   A bower quiet for us, and a sleep
>   Full of sweet dreams, and health
>   and quiet breathing. –
>   J Keats

Og saa skilles vore veie – for kanske ikke mere og treffes – De gaar
til arbeide og berömmelse kanske – Jeg önsker Dem bare: Bliv
lykkelig. –

Dagny –

638. AN SIGURD HALLING [IN NORDSTRAND].
[NORDSTRAND, VOR DEM 12.5.1899]

Lieber Herr Halling,
Als Sie mich letzten Mittwoch verlassen hatten, dachte ich mir
sogleich: Ich schreibe Ihnen und bitte Sie, jene mit Ihren letzten
Worten angedeutete Frage nicht weiter in Aussprache zu ziehen.
Sie haben mir ja auch selbst die Entscheidung darüber überlassen,
nachdem ich selbst ganz ohne Zweck sie wieder in Erinnerung
gebracht hatte. Ob meine Handlungsweise »moralisch oder aesthetisch
zu betrachten« sei, darüber nachzudenken würde mich nur
verwirren oder zum mindesten nur äusserlichen Wert haben. Genug,
dass Sie mich als einen Menschen kennen, der weder mit
sich noch mit anderen spielt.

Erlebnisse wie die vorliegenden lassen sich gerade in dem, worauf
es ankommt, nicht in Worte fassen – ausser wo sie einen künstlerischen
Ausdruck finden – wenigstens nicht wenn man ihnen noch
so nahe steht. Wie sehr ich das liebe Mädchen Ihrer Freundschaft

und Lebensweisheit, so wie der Ihrer lieben Frau, empfehle, wissen Sie. Mehr kann ich nicht sagen.
Was für den Augenblick oft richtig und wünschenswert erscheinen mag, kann für ein ganzes Leben höchst verhängnisvoll werden; und was hätte man schließlich vor dem Gros voraus, wenn man sich gerade in den entscheidenden Augenblicken mehr nach dem Allgemein-Üblichen als nach dem persönlich als richtig Gefühlten richten wollte.
Mit freundschaftlichem Händedruck
Ihr Christian M.

639.   AN MARIE GOETTLING [IN SORAU].
       [MOLDE], 17.5.1899

Was ich als Dichter fand, davon steht ein Bruchteil in meinen Büchern, was ich aber als Maler fand und liegen lassen musste, davon weiss nur mein wehmütiges Herz. *Gibt einige Beispiele.*

640.   VON FRIEDRICH KAYSSLER. BERLIN, 27.5.1899

L. J. Dank für Brief. Die Welt am Montag rechtfertigt sich selbst durch gleichzeitige Drucksache. Sehr ulkige Sache. – Hab immer vergessen zu fragen, ob Du vor Wochen abgesandtes »Hausrecht« bekommen hast. –
Denkst Du noch in alter Frische über Deine Übersetzungsidee? D. h. ich will Dich ja nicht etwa treten, hörst Du! – – Prost Caesar in Molde! – Haben jetzt unablässig Proben: Friedensfest, Macht der Finsterniß etc. – Im Namen der Tournée Dank Dank Dank für deine Mühe u. Bulletins. Wir wollen sie für nächstes Jahr nützen; dies Jahr ist schon so zu viel Risiko. Kinder sind schon in Helmstedt mit Großmutter u. Tante. Antworte, ob Hausrecht angekommen!
Frau Rebajoli ist kürzlich gestorben, denk Dir. –
Runge ist bei uns Regisseur.
Grüße von uns   Fritz

641. VON CÄSAR FLAISCHLEN. [BERLIN], 23.6.1899

23/6 99

Lieber Herr Christian Morgenstern!
Vor ein paar Tagen von einer Ausstellungsreise zurückkommend, fand ich Ihre Gedichte (Meerspuk) vor. Schönsten Dank. Die zweite Hälfte davon liegt mir persönlich – ihres einfacheren Tones wegen mehr. Die erste ist mir stilistisch etwas zu kompliziert – da ich nun nicht glaube, meine Kommission von dem Onomatopoetischen der ersten Gedichte wirklich zu überzeugen – u. da diese augenblicklich – der Reisezeit wegen, ziemlich umständlich arbeitet, so daß Sie sehr lange Geduld haben müßten – so lege ich die Gedichte vorläufig wieder bei u. bitte Sie, mir im Oktober einmal eine größere Auswahl senden zu wollen, zumal ich der Meinung, daß Sie alle Mappen voll haben werden. Vor November–Dezember wäre an einen Druck so wie so kaum zu denken – da bis dahin »alles schon besetzt«.

Mit herzlichem Grüße
Ihr Dr. Cäsar Flaischlen.

Vernorwegern Sie nur nicht ganz!

642. AN CÄSAR FLAISCHLEN [IN BERLIN].
MOLDE, 27.6.1899

Lieber Herr Cäsar Flaischlen,
Da sich eine noch südlicher deutsche Natur als die Ihre meiner Vernorwegerung leider standhaft widersetzt, kann ich nicht umhin, Ihnen doch einige Zeilen auf die so glatte Erfüllung meiner im voraus ausgesprochenen Erwartung zu schreiben. Sie wissen, dass ich Ihnen nichts Böses sagen will – aber meingott, was sind das für Hintermänner, deren geheimunredliches Hirn und Herz meine Arbeiten mit solcher Hartnäckigkeit ablehnen zu müssen glaubt? Aber es soll ihnen noch einmal gesagt werden, dass unsere deutsche Poesie zwar auf einen Geheimrat, aber auch auf keinen einzigen mehr, gegründet ist. Ich werde nach meiner Rückkehr nach Deutschland den »Pan« durchmustern und ihnen dann die Diagnose stellen. Ich würde höchlich ver-

gnügt sein, wenn ich finden sollte, dass sich das Niveau der im »Pan« vertretenen Lyrik durchaus über das Niveau meiner Verse erhöbe. Ich schätze meine Verse sehr gering ein, aber eine Zeitschrift, welche das Recht hätte, mit so beharrlicher Nichtachtung auf sie herabzublicken, dürfte denn doch schon eine ganz gute Zeitschrift sein. Sie müssen mich nicht so verstehen, als ob ich es als etwas so unumgänglich Notwendiges empfände, im »P.« gedruckt zu werden – mein Streben geht glücklicherweise darüber hinaus, der Redaktion irgendwelchen Journals gefallen zu wollen – sondern sich nur vergegenwärtigen, welche Beleidigung darin liegt, mir auf jeden meiner Beiträge mitzuteilen, dass er unter dem Niveau des »Pan« stehe. Oder ist es am Ende keine Beleidigung unter dem Niveau eines geheimrätlichen(!) Geschmacks zu stehen?
Ich bitte Sie! Ein Rat ist schon etwas Ungeheures. Rat ist nur ein anderer Ausdruck für »leitender Intellekt«. Geheimer Rat aber! Das ist also **unsichtbarer** leitender Intellekt. Das ist also Gott selbst, oder, sagen wir, das Göttliche, die Weltseele selbst. Und das sollte kein Schmerz sein, von der Weltseele als zu leicht befunden zu werden?
Lassen Sie uns das beide eine Weile überlegen und versuchen gute Freunde zu bleiben.

Molde 27.VI.99.
Mit herzlichem Gegengruss
Ihr
Christian Morgenstern.

643. VON CÄSAR FLAISCHLEN. [BERLIN], 14.7.1899

14/7 99

Lieber Herr Morgenstern!
Ich komme leider erst heute zu einer Beantwortung Ihres B[rie]fs v. 27/6.
Sie haben, was ich Ihnen schrieb, durchaus mißverstanden. Die Rückgabe Ihrer »Meerspuk«-Gedichte hat mit keinem Geheimrat etwas zu tun – Ich gab Ihnen die Blätter nur deßwegen zurück, da Sie eine schnelle Entscheidung haben wollten, da ich diese aber

– der Reisezeit wegen – vor Ende September nicht würde herbeiführen können. Von einer »Beleidigung« also kann meiner Meinung nach keine Rede sein. Sie müßten es denn als Beleidigung nehmen, daß ich vermerkte: ich sei im Zweifel, in wie weit ich meine Kommission zu den onomatopoetischen [*unleserliches Wort*] im ersten Teil der Gedichte überzeugen könnte. Das aber glaube ich kaum. –
Im Übrigen aber hat mir Ihre Definition von Geheimrat trotzdem viel Spaß gemacht – ich citire nur: gibt's Länder, Vater, wo keine Geheimräte sind

Mit herzlichem Gruße
Ihr Dr. Cäsar Flaischlen

644.   VON FRIEDRICH KAYSSLER. SALZBURG, 21.7.1899

Grüße von der Tournee. Kündigt Brief an.
N.: Reichenhall. Königssee. Linz. Pest.

645.   AN MARIE GOETTLING IN SORAU.
       BERGEN, 22.7.1899

Bergen 22.VII.99.
L.M. Aus nächster Nähe dieser altnorw. Kirche Station Hop bei Bergen sende Euch herzliche Grüsse, die Euch hoff. in irgend einer Sommerfrische treffen. Bin seit Mai aus Christiania fort und war bis Anfang Juli in Molde südl. von Drontheim, machte dann eine wunderschöne Tour in ein paar grosse Fjorde und hab mich nun bei Bergen in oben genanntem höchst idyll. Ort wieder festgesetzt, bis Ende August voraussichtlich.
Bin stark mit Zu Ende Führung des »Brand« beschäftigt. War an dem Ort, wo I. die erste Idee zu dem Gedicht empfangen haben soll. Schreib bald, wie's Euch geht! Nochmals viele Grüsse! Chr.

646. Von Edvard Grieg. Troldhaugen, 14.8.1899

Troldhaugen 14/8/99
Hochgeehrter Herr!
Meinen besten Dank für die Zusendung Ihrer Stimmungsvollen
Gedichte. Es soll mir ein Vergnügen Sein, Sie zu empfangen und
zwar Mittwoch d. 16 – ' um 5 Uhr Nachmittags, wenn Ihnen diese
Zeit passt.
Hochachtungsvoll
Edvard Grieg.

647. An Henrik Ibsen [in Christiania].
[Vielleicht Hop, 20.8.1899]

Hochverehrter Herr Doktor,
Soeben siebe ich Brands letzte »sorte syner« durch mein Udlændings-Gehirn und kann mir einen kleinen Interpreten-Stolz nicht
versagen, wenn auch manches ein sieben mal sieben kostet. Was
mir aber dabei hilft, ist etwas ganz anderes als blosser literarischer
Ehrgeiz, nämlich vor allem das persönliche Verhältnis, das ich zu
Norwegen gewonnen habe, und das mich mit fast leidenschaftlicher Gewalt aus ihm forttreibt, – warum? weil meine Gefühle
hier nicht fruchtbar werden können und dürfen, weil ich, als
Ausländer, hier zur Passivität verurteilt bin, weil ich nicht der
norwegische Revolutionär sein darf der ich, als Eingeborener,
unzweifelhaft sein würde, derselbe Revolutionär, der Brand ist, da
er sein Volk voll Liebe und Schmerz durchschaut. Ich begreife
Ihren Protest, wenn die »literarischen« Totengräber-Seelen
»Brand« immer auf Kierkegaard zurückführen wollen [*bricht ab*]

648. An Efraim Frisch [vermutlich in
Friedrichshagen]. [Vermutlich Molde,
Bergen oder Hop, Sommer 1899]

Schon wieder greif ich, lieber Freund zur Feder./ Wenn man so
einsam ist, was soll man machen?/ Und dann versteht wie Sie

mich nicht ein jeder, / und nicht ein jeder weiß wie Sie zu lachen. *War* vergangne Woche/ *das erste Mal so richtig in den Bergen fühlte sich dort klein und in Gefahr, sich zu verlieren, überwand das aber. Da kam auch die Phantasie wieder,* und wieder war man selbst des Stückes Held/ *der Wandler auf des Aethers unbegriffnen Wogen.* – Danach ein weiteres Gedicht über eine abendliche Ruderfahrt: *wie ins Totenreich, schwarze Felsenwände, Einsamkeit, Wasserfälle in den See. Dies erinnert ihn an das Bibelwort von den tausend Jahren, die vor Gott wie ein Tag und wie eine Nachtwache sind.* Große Dichter wart Ihr mein Seel / Ihr Gottesdichter von Israel.

649. AN LUDWIG JACOBOWSKI [IN BERLIN].
CHARLOTTENBURG, 23. 9. 1899

Sehr geehrter Herr Dr

Bin wieder hier und zwar –: Charlottenburg

Stuttgarterplatz 4^{III} links.

Das zuletzt gebrachte Gedicht war ja doch nur für die Faschings-Nummer damals gedacht, nicht als ernsthaftes Stück für eine normale Nummer! – Nansens Buch wurde mir durch 13 Fjorde nachgeschickt, aber es ist unmöglich drüber zu schreiben. Vielleicht übersetze ich Ihnen ein paar Zeilen Hamsuns über N., die ich irgendwo auflas.

Heute lege ich Ihnen 'mal ein grösseres Gedicht bei. Sie müssen aber so gut sein und es – wenn überhaupt – im 1. oder 2. Oktoberheft bringen, da das neue Gedichtbuch (worin auch dies Stück) bereits Ende Oktober erscheinen soll.

Geben Sie mir bitte möglichst bald darüber Nachricht. Auch möchte ich bei diesem Gedicht gern Correcturen lesen.

Mit besten Grüssen
Ihr
ergebener
Christian Morgenstern.

650. AN DIE REDAKTION DER »ZEIT« [IN WIEN].
CHARLOTTENBURG, 24.9.1899

Hat bei seiner Rückkehr den Brief vom 1.9. vorgefunden und möchte gern etwas schreiben, kann aber keinen Zeitpunkt angeben, da er mit Arbeit überhäuft ist.

651. AN EFRAIM FRISCH [IN FRIEDRICHSHAGEN].
[CHARLOTTENBURG], 11.10.1899

Westlich des Cafés, Mittwoch abend
eine Woche später.

Lieber Freund,
Bekam gerade als ich Deine Karte beantworten wollte, einen Besuch, dem mich während dieser Tage zu widmen liebe Pflicht war. Es riss mich recht aus der Verzweiflung los, in der ich klagend schon versinken wollte; Berlins Entwicklung wirkt zu riesengross, dass man sich nicht als – Karl Moor empfinden sollte. Besagter Episode aber dank lags nun eine Zeit lang hinter mir in wesenlosem Scheine wenn auch eines der Endresultate ein – unsterblicher Schnupfen ist. Nun es ist wenigstens – par distance im Sinne von Sternenfreundschaft geredet – ein Sternschnupfen, dessen Gründe nur immer wieder wiederkehren mögen, wenn es schon sein muss. Aber es muss wahrscheinlich nicht sein, wir wollen uns wenigstens so wenig wie möglich damit beschäftigen, mit diesem Ring der Ringe um jede Heiterkeit, Freiheit und Unbefangenheit des Lebens.
Wollen wir etwa den 15. zusammen verleben? Es ist allerdings ein Sonntag und Du müsstest allein sein. Ich käme dann nachmittag heraus nach Fr., oder wenn Du willst, komm hierher; es wird hier nur nicht so schön still sein. Nebenan eine plappernde Braut eines Glogauer Fabrikanten, unterhalb Klaviere, ausserhalb Schienenspiel. – Hoffentlich ziehst Du bald in diese Gegend. (Ich wohne natürlich noch St. Platz 4. III l., es war wahrscheinlich alles ausgegangen, als Du anklopftest, pardon!). Also schreibe.
Dein Chr. M.
11.X.99 Stuttgarter Pl.

Habe Duse Réjane u. Nikisch gesehen, wollte sagen Careño.
Sieh zu, dass, falls wir Sonntag bei Dir sein sollten, Du ca. ein halb
dutzend Flaschen Selters zu hause hast. Ich werde zusehen, noch
so viel Geld aufzutreiben, um 1 Flasche Wisky mitzubringen. Wir
können dann norwegischen Pjolter brauen.
Aber nochmals ganz aufrichtig sein. Wenn Du andres vorhast
oder Besuch erwartest arrangieren wir uns auf ein ander Mal.

652. VON CÄSAR FLAISCHLEN. [BERLIN], 25. 10. 1899

Ist mit Ausnahme der Sonntage und eventueller »Bußtage« *vormittags immer zu Hause, würde sich freuen, M zu sehen.*

653. AN PAUL SCHLENTHER [VERMUTLICH IN WIEN].
CHARLOTTENBURG, 9. 11. 1899

Verehrter Herr Doctor,
Verzeihen Sie mir, wenn ich Ihre Zeit heute in einer ernsten
Angelegenheit in Anspruch nehmen muss, einer Angelegenheit,
die ich Sie ausserdem bitte zwischen Ihnen und mir bleiben zu
lassen.
Da ich Sie als den geistigen Vater der Ibsen-Ausgabe betrachten
darf, nehme ich mir die Freiheit, Ihnen meine Ansichten darüber
offen darzulegen, um so mehr als ich hiermit zugleich auf
Wunsch und im Sinne Herrn Dr. Ibsens handele.
Kurz und bündig: Herr Dr. Elias, dem ich als Menschen alles Gute
wünsche, ist als Revisor id est Neuverdeutscher der Ibsenschen
Prosawerke seiner Aufgabe nicht gewachsen. Ich mache ihm daraus keinen Vorwurf; denn kein Mensch kann aus seiner Haut
fahren, und in dieser Haut thut er jedenfalls, was er kann. Es hilft
deshalb auch nicht das Geringste, mit ihm selbst – wie das ja nahe
läge – über das Maass seines Könnens, genauer, einerseits seines
Verständnisses andrerseits seiner Beherrschung der fremden und
vor allem der eigenen Sprache zu streiten.
Es aber ruhig mitanzusehen, wie er diesen Werken, zu denen ich
nun einmal durch den Lauf der Verhältnisse in eine fast persönli-

che Beziehung getreten bin, mit der ganzen Hülflosigkeit dessen, für den die Sprache dichtet und denkt, gegenübersteht, geht nachgerade über meine Kräfte.

Indem er mich zu den Correcturen seiner Arbeiten (teils auch auf eigenen und Ibsens Wunsch) heranzieht, stellt er mich vor die Alternative, sie einer vollständigen Neurevision zu unterziehen oder aber sie im Wesentlichen stillschweigend zu acceptieren, eine Marter ohne gleichen. Gewöhnlich gerate ich auf den Mittelweg, indem ich mich auf »Vorschläge«, dies und das zu ändern, beschränke und dabei sowohl eine bedeutende und durch nichts entschädigte Zeiteinbusse erleide als auch die buchstäbliche Marter, die mir all diese Halbheit verursacht. »Kaiser und Galiläer« hat mich gegen 14 Tage gekostet, dabei habe ich noch bogenweise das Rennen einfach aufgeben müssen.

Jetzt bei »Klein Eyolf« habe ich von anfang an zu drei Vierteln kapituliert. Ich kann doch nicht in ein paar Tagen »vorschlagen«, wozu Herr Dr. E. ein halbes Jahr Zeit hat, und das alles nur, damit er die Ehre, das Honorar, die Bequemlichkeit davon hat. Ich glaubte es, Herrn Dr. Ibsen versprechen zu können, die Eliasschen Texte stillschweigend in mein Ressort hereinzuziehen, aber es ist unmöglich, weil dieses Zusammen-Arbeiten mich jedesmal aufreibt und mir nicht einmal die Gewähr giebt, meine Änderungen acceptiert zu sehen.

Das Ergebnis von all dem ist für mich nun folgendes. Entweder tritt Herr Dr. E. aus dem Unternehmen aus und überlässt mir die Weiterführung seines Parts. Oder ich erhalte die vollständige Revision der II. Auflage unter meinem Namen zugesichert. Die Autorisation Ibsens zu einer solchen Revision habe ich bereits. Geschieht keins von beiden, so kann ich deshalb für nichts einstehen, weil eines Tages meine Liebe zur Sache grösser werden könnte als meine Rücksicht Herrn Dr. E. gegenüber. An diesem Tage würde ich für das kämpfen müssen, was ich jetzt in aller Freundschaft und Schonung nach dem Richtmaass der Gerechtigkeit geordnet sehen möchte. Die Erledigung eines jeden der gedachten Fälle scheint mir in der besten und alle Verletzung ausschliessenden Form durchaus möglich.

Es thut mir aufrichtig leid, mich gegen Herrn Dr. E. – als den Revisor – so energisch wenden zu müssen, aber es handelt sich nicht darum, dass Literatur von so hoher Bedeutung von einem guten und fleissigen Dilettanten unter Zuhülfenahme aller Erfindungen der Neuzeit als da Taxameterdroschke, Rohrpost, Telephon u. s.w. in ein Deutsch übertragen werde, das zwischen Berliner Jargon und Papierstil, nüchtern und mit unfehlbarem Takt danebengreifend, umherschwankt, sondern dass sie gerade in jenem Hauptteil ihres Wesens – nämlich in ihrer klassisch freien, kühnen, natürlichen Sprache zum adäquaten deutschen und damit auch uns Deutsche wahrhaft bildenden und befruchtenden Ausdruck gelange.

Es ist mir ein schönes Gefühl, lieber Herr Doctor, Ihnen gegenüber so reden zu dürfen, von dem ich weiss, dass Sie mich verstehen, ja dass Sie mir beistimmen werden, was auch Jahre, Verhältnisse, Alter, Stellung zwischen heute und den Moment gelegt haben mögen, wo Sie zum ersten Mal zu mir Vertrauen gefasst haben.

Ich sehe Ihrer Antwort mit Spannung entgegen. Wollen Sie sich nicht persönlich mit der Sache befassen, so übertragen Sie mir, mit Fischer darüber zu verhandeln.

Mit herzlichem Gruss
Ihr
ergebener
Charlottenburg, Stuttgarter Platz 4^{III} Christian Morgenstern.
9.XI.99.

Postscriptum.

Den Abend nach Schluss dieses Briefes hat sich ein Zwischenfall zugetragen, der die Sache insofern berührt, als ich nunmehr erkläre, dass ich – was auch in Betreff des Obigen beschlossen werden mag – die von mir übertragenen Werke nur Ihnen allein vorlegen werde und jede sog. Revision vonseiten Herrn Dr. E.' a limine ablehne.

Ich füge das Dokumentchen besagten Zwischenfalls sowie meine vorläufige Erwiderung darauf in Abschrift bei. Vorauszuschicken ist, dass nach mancherlei vorhergehenden geradezu Todesangst atmenden Eilanfragen wegen ähnlicher Nichtigkeiten, die sich bei ein bischen Ruhe und Zurücktreten von den Sachen von selbst erledigen, eine Karte kam, laut deren Herrn Dr. E. das Wort »ansvar« zum Problem geworden war, und die

ich, wenn es nicht anders ginge, sogar telegraphisch beantworten sollte. –
Herr Dr. E. scheint sich, nach Beiliegendem zu schliessen, in einer fast somnambulen Verblendung über das Maass seiner Fähigkeiten und Leistungen, sowie über die gesellschaftliche und geschäftliche Stellung zu befinden, die ihm seine Thätigkeit bei der Ausgabe anweist. –

654. VON JULIUS ELIAS. [BERLIN, UM DEN 16.11.1899]

Also nun weiter keine Feindschaft nicht! Sumus irritabile genus! –
Mit dem Drucker habe ich auszustehen!! Kommen Sie doch gelegentlich vor. Ich will Ihnen ein Telegramm vom Alten zeigen.
Mit Gruß
J. E.
Den »John Gabriel« haben Sie doch im Original dort?

655. VON JULIUS ELIAS. BERLIN, 16.11.1899

Berlin, W, 16.11.99.
Lieber Herr Morgenstern,
im Besitze Ihrer Zuschrift vom heutigen Tage will ich Sie versichern, daß es auch mein sehnlicher Wunsch ist, die Streitaxt werde begraben. Es lag mir natürlich fern, eine faktische und Verbal-Injurie gegen Sie auszusprechen und Sie sachlich zu beleidigen; der Brief war die Explosion eines aufgespeicherten Unmuts. Aber Sie müssen doch selbst fühlen, daß ich im Grunde nur Liebe für Sie empfinde.
Ich hatte übrigens ein längeres Schreiben abgefaßt, das sich gegen Einzelheiten Ihres Briefes ausführlich wendet. Ich will einige Stellen Ihnen bei Ihrem nächsten Besuche vorlesen; denn das halte ich für notwendig. Schicken Sie mir meinen Brief zurück, wie ich Ihnen hier Ihre Zuschrift zurückgebe. Dann ist die Sache auch äußerlich erledigt.
Die beiden ersten Bogen des »Borkman« sind erledigt und fertig. Hier erhalten Sie den dritten. Ich bemerke, daß es kein Revisions-

bogen ist wie die früheren, sondern ein gemeiner Correcturbogen und von mir noch nicht durchgearbeitet. Vielleicht sehen Sie sich die blauen Stellen wieder an.
Das heutige Erlebnis mit dem alten Fuchs hat mich ganz krank gemacht. Es ist einfach haarsträubend. Ein Telegramm läßt ihn über meine und Schlenthers Stimmung nicht im unklaren. Wir sind zum äußersten entschlossen.

Mit bestem Gruß
Ihr
Julius Elias.

656. AN DAGNY FETT [IN NORDSTRAND].
CHARLOTTENBURG, 24. 11. 1899

Liebes Fräulein Fett,
Es ist ein Brief an mich aus Nordstrand verloren gegangen und trotz aller Recherchen nicht aufzufinden, von dem ich vermute, dass er von Ihnen herrührt, da er an Schuster und Loeffler adressiert war. Darf ich Sie bitten, mir hierüber Gewissheit zu geben und mir zugleich mitzuteilen, wohin ich das kleine Buch senden darf, das dieser Tage erscheinen wird, und das ich wie ein paar Blumen in Ihre Hände lege, deren bescheidener Duft Sie erfreuen und den nicht ganz vergessen lassen möge, den das Leben auf eine kurze schöne Wegstrecke mit Ihnen zusammengeführt hat. In herzlichem Gedenken Ihnen alles Glück des Lebens wünschend grüsst Sie mit einem innigen tak for alt!

Ihr
Christian Morgenstern.

Charlottenburg, Stuttgarter Platz 4$^{\text{III 1.}}$ / 24.XI.99.

657. VON DAGNY FETT.
[NORDSTRAND, VERMUTLICH 5. 12. 1899]

5-11-99–

Kjære herr Morgenstern!
En gang har jeg hört om Dem, siden De reiste, det var da jeg spurgte herr Halling – og da fik jeg höre, De havde været syg – Jeg

blev bedrövet, og saa sendte jeg brevet, siden angrede jeg det naturligvis og var glad, da jeg igjen saa det paa stationen. Nu da De ved om det, sender jeg det og beder Dem enda engang at være forsigtig - at huske paa én, som vilde tænke paa Dem og være bedrövet, om de blev syg.
Men jeg skal ikke plage Dem længer med dette. -
»Den lille bog« glæder jeg mig til at læse, og jeg skal forsöge, som De bad mig om i forrige brev, at læse den, som om den var mig lige uvedkommende, som enhver anden kjær bog - for det vilde jo glæde Dem -
Vil De sende den til mig direkte, jeg pleier at hente min post selv, og selv om jeg ikke gjorde det vilde det heller ikke gjøre noget.

Med hilsen fra
Dagny Fett.

Förer veien aldrig mere hidop -

658. VON DAGNY FETT. [NORDSTRAND], 19.9.1899

19-Sept.99 -
Kjære herr Morgenstern!
Jeg fik idag höre af herr Halling, at De havde været syg. - Jeg blev saa bedrövet, da jeg hörte det, og derfor skriver jeg nu - jeg kan ikke andet - for at minde Dem om, hvad De har lovet mig: det, at være forsigtig om Dem, det maa De være - og lov enda en ting til: at om De föler, De ikke har godt af Berlin, da at bo ude paa Landet, for husk hvad Doktoren her sagde, at De i to aar skulde være der, hvor det er frisk luft og passe Dem. - De maa tænke paa de venner, De har, og ikke mindst paa dem, som De har langt oppe i Norge, som ogsaa kan være ængstelige. -
Nu kan De gjerne blive utaalmodig - riv brevet istykker. De faar ikke engang lov at huske, at jeg har skrevet noget, bare tænke paa at holde de to löfter. -

En hilsen fra Deres bedste
ven oppe i Norge. -

659. AN LUDWIG JACOBOWSKI [IN BERLIN].
CHARLOTTENBURG, 14.12.1899

Sehr geehrter Herr Doctor,
Nur die Übersetzung des neuen Ibsen-Dramas hat mich solange
aufgehalten, Ihnen meinen besten Dank für Ihre freundlichen
Zeilen zu sagen. Das Buch ist nun zwar schon vollständig fertiggestellt, soll aber erst Mitte Januar in den Buchhandel kommen, da
S. Fischer es nicht gerade in den Weihnachtstrubel werfen wollte.
Falls Sie nicht bereits ein Exemplar erhalten haben sollten, wird
Ihnen dieser Tage eines zugehen. Es wird mich freuen, einige
Stücke daraus in der »Gesellschaft« wieder zu finden und dabei
Ihr Urteil darüber zu lesen.

Mit besten Weihnachtsgrüssen
in vorzüglicher Hochachtung
Ihr
14.XII.99.   Christian Morgenstern.
Charlottenburg,
Stuttgarterplatz 4.III.
Wenn Sie eine Faschings-Nummer herausgeben biete ich Ihnen
folgendes Bouquet Parodieen an.
1) E. Kritik von Adolf Kerr
2) „   „ von Adam Biese (Kiel)
3) Eine Erzählung von Paul Scheerbart
4) Eine Skizze von Altenberg
5) Meyers Litteraturgesch. (Schluss).

660. AN DAGNY FETT [IN NORDSTRAND].
[CHARLOTTENBURG], 16.12.1899

Konnte ihre beiden Briefe nicht sofort beantworten, und zwar wegen der sehr eiligen Übersetzung von Ibsens neuem Stück, dessen erste Bogen er am 27. November erhielt und das am 19.12. schon in den Handel kommen soll. Ich werde Ihnen ein Exemplar davon schikken und mir Ihr Urteil über diese schnelle Arbeit erbitten, an der Dr. Elias allerdings auch seinen Anteil hat. – *Dankt ihr für ihre fürsorglichen Gedanken, berichtet ganz knapp über sein* Unwohl-

Dezember 1899

sein in Bergen *und versichert, daß er sich jetzt* gesünder wie seit Langem fühle und auch das hiesige Klima wieder vortrefflich vertrage. *In Charlottenburg wohne er* ausserdem halb auf dem Lande. *Er wäre wegen der neuen Übersetzung beinahe wieder nach Norwegen gekommen, aber sein Verleger und seine Freunde haben ihn davon abgebracht. Dem Land, das er sehr lieb gewonnen hat, wünscht er für das neue Jahrhundert:* ein halbdutzend Menschen, so gross wie seine Berge, so tief wie seine Fjorde und so heiss wie seine Mitternachts-Sonne. Dafür mag es Frauenstimmrecht, Friedenssache, Temperenzlertum getrost in den Kauf geben. Und anderes mehr. – *Wünscht ihr* alles Glück und alle Lebensfreude zum neuen Jahre. – *Trägt nach, daß das Buch erst Ende Januar erscheint.*
N.: Molde. Hop.

661. VON CÄSAR FLAISCHLEN. [BERLIN], 20.12.1899

Dankt für die »Jamben« *und bittet, ihm noch weiteres zu schicken; bis zu einer Entscheidung werde es aber Mitte Januar werden.* – *Kayßlers Sachen sind gut; er hat sie* bei Fleischel[?] sehr befürwortet *und für den* »Pan« *den Klavierspieler und das Märchen von einem Hause zurückgehalten* [...] – Auf Ihren neuen Ibsen u. Ihr eigenes neues Buch bin ich sehr gespannt.

662. AN MARIE GOETTLING [IN SORAU].
      CHARLOTTENBURG, 22.12.1899

Charlottenburg, Stuttgarterplatz 4^{III}
22.XII.99.

Liebe Marie,
Herzlichen Dank für Deinen letzten Brief, – aber glaubst Du wirklich, ich hätte mich so verändert, dass ich nicht lieber mehr Subjektives und weniger Objektives von Dir hören wollte? Sieh mal, die langen Pausen, die oft in unserer Korrespondenz eintreten mögen, dürfen Dich doch nicht fremd und verschlossen machen – Du wirst ja auch aus dem neuen kleinen Buch wieder

sehen, dass ich – ob nun zu meinem Vorteil oder Nachteil – mich noch immer nicht sonderlich von meinen früheren Daseinsformen sub titulo Chr.– M.– unterscheide. –
Kürzlich war ich bei Gerhard und freute mich seines guten Aussehens und Befindens. Wir pflügten tüchtig alte Zeiten auf, und manches Neue kam noch dazu. Hoffentlich sehen wir uns von nun an öfter. Ja, das wär hübsch, wenn Du wieder einmal her kommen könntest – wenn ich Berlin auch jetzt skeptischer gegenüberstehe als vor zwei Jahren. Du kannst Dir nicht denken, wie es mich degoûtiert hat, als ich es nach so langer Abwesenheit wieder sah. Ich sah die Stadt zum ersten Male als architektonischer Beurteiler. Seitdem begreife ich auch Fritz Beblos horror davor. – Trotzdem waren die letzten Wochen sehr bewegt und haben mich bereits wieder zum richtigen Städter gemacht. Daneben galt es im Zeitraum von ungefähr 14 Tagen das neueste Drama von Ibsen zu übersetzen, drucken zu lassen, zu korrigieren etc. etc., eine fabelhaft eilige Geschichte. Ich schicke Dir den Band demnächst und empfehle Dir darin besonders »Borkman« und dieses letzte Stück »Wenn wir Toten erwachen«, was er selbst »einen dramatischen Epilog« nennt. Ich wäre gespannt darauf, wie Du Dich dazu äusserst. –
Von etwas muss ich Dir noch schreiben, was ich Dir auch zu sehen gewünscht hätte. Es ist das neueste Bildwerk Klingers: »Amphitrite«. Es ist zwar ohne Arme; denn der Marmorblock war nicht breiter; aber das war mir ganz nebensächlich. Eine so widerspruchslose heilige Schönheit liegt in und über dieser dem Meer entstiegenen Göttin, dass ich nur den Ausdruck »Tempelwerk« dafür fand. Statt dass wir aber einen Tempel für solch eine Jahrhundertthat bauen, kauft es ein Mäcen aus Berlin W. –
Jetzt habt Ihrs wohl hübsch und gemütlich in Eurem eingeschneiten Haus voll Tannenduft. Dein Zimmer muss ja nun reizend geworden sein (d. h. es war's schon damals) nach dem was mir Gerhard noch erzählt hat. Ich hab mir alter Gewohnheit gemäss auch eine Tanne heimgeholt; den Abend bin ich bei Kaysslers.
K. hat jetzt neuerdings ziemlich viel zu thun. Er spielt abwechselnd mit Sauer den »Probekandidaten«, ein frisches nettes Stück, das aber gegen Windmühlen ficht, ferner Verschiedenes auf einer

sog. Secessionsbühne woselbst er im März auch mit einem satir. Einakter aufgeführt werden soll, was mir vielleicht auch passiert, da ich auch etwas eingereicht habe; endlich auf einer Bühne, die Sophokles etc. in neuen Bearbeitungen zur Aufführung bringen will. – Dass Du in den neuen Lehrerfamilien so ansprechende Menschen gefunden hast, hat mich sehr gefreut; Gerhard erzählte mir auch noch Näheres davon. – Nun verlebt mir den Weihnachtsabend recht gesund und froh, seid alle herzlichst gegrüsst und vor allem Du
von Deinem alten Chr.

663. VON JAROSLAV KVAPIL. PRAG, 23.12.1899

Sehr geehrter Herr,
ich veröffentlichte unlängst in der Zeitschrift »Lumír« einige Übersetzungsproben Ihrer Gedichte und bin nun so frei, Ihnen einige Exemplare derselben Nummer zu senden. Ich bedaure recht sehr, dass es noch nicht diejenigen Ihre Gedichte sind, die Sie vielleicht am meisten schätzen: ich wagte mich nicht gleich auf das am meisten Individuelle und – Schwerste, obwohl auch die Proben, die mir zuerst gelungen sind, Ihre Poesie scharf charakterisieren. Ich hoffe nächsten eine neue Auswahl bringen zu können, und bitte nur, diese kleine Probe als einen kleinen Ausdruck meiner Hochachtung für Ihre liebenswürdige Person und Ihre wunderschöne, so stimmungs- und prachtvolle Poesie annehmen zu wollen. Bitte, verzeihen Sie auch meinem Deutsch, das Ihnen wohl horrent vorkommen wird – aber es geht halt nicht besser von der Feder!
Meine Frau lässt Sie herzlichst grüssen und wir beide wünschen Ihnen fröhliche Weinachten und das Beste für das nächste Jahr.
Ihnen ganz ergebener
Jaroslav Kvapil
Prag, 23.12.1899.

664. VON RICHARD DEHMEL. SPEZGART, 26.12.1899

Spezgart bei Ueberlingen am Bodensee.
26.12.99

Herzlichen Dank für Ihren sommerlichen Weihnachtsgruß, und möge das neue Jahrhundert Ihnen die schönsten Früchte zeitigen!

Ihr sehr ergebener
R. Dehmel.

NB! Meinen Wohnsitz in Pankow habe ich aufgegeben.

665. VON JAROSLAV KVAPIL UND HANA KVAPILOVÁ. PRAG, 27.12.1899

Dank für das Buch, und die herzlichsten Wünsche in das neue Jahr.

1900

666. VON HENRIK IBSEN. KRISTIANIA, 2.1.1900

Lieber Herr Morgenstern!
Seit langem hätte ich Ihnen schreiben sollen und Ihnen danken
für Ihre meisterliche, feine Übertragung meines neuen Stückes
ins Deutsche. Vergeben Sie, daß dies erst heute geschieht. Ich
habe die Übersetzung sorgfältig durchgelesen und begreife nicht,
wie Sie sie in so kurzer Zeit fertigbringen konnten. Und so vollkommen haben Sie jede einzelne Wendung nachgedichtet! Ich
danke Ihnen recht aus meinem innersten Herzen! Seien Sie versichert, daß ich gut verstehe, welchen Anteil Sie an der freundlichen Aufnahme haben, welche das Buch in Deutschland gefunden hat.
Lieber Freund – ich habe Ihnen für so vieles zu danken. Zuerst für
Ihr warmes gutes Telegramm, als Ihre Arbeit beendet war. Dies
war die erste Botschaft, die ich von draußen aus der Ferne empfing, die darum für mich doppelt wertvoll war.
Und dann haben Sie meiner Frau und mir Ihre schönen stimmungsvollen Sommergedichte gesandt, aus denen ich sehen
kann, daß Sie ein Sommerleben auf echte Dichterweise gelebt
haben. Herzlichen Dank und gut Glück für das Buch. –
Und wann werde ich die Freude haben, Sie wieder hier oben zu
sehen? Leben Sie wohl bis dahin und seien Sie in Verbundenheit
gegrüßt und bedankt von

       Ihrem ergebenen
       Henrik Ibsen

667. VON KARL ANTON PIPER. BERLIN, 6.1.1900

*Möchte M gern kennenlernen. Ist Redakteur der »Woche«. M soll
ihm schreiben, wenn er mit Kayssler in einem Lokal zusammen ist.
N.: Ludwig Landshoff.*

668. AN PAUL SCHLENTHER [VERMUTLICH IN WIEN].
CHARLOTTENBURG, 29.1.1900

Lieber Herr Doctor,
Wäre es Ihnen nicht möglich, nun, bei Gelegenheit der Aufführung des neuen Ibsen, die für mich sehr wichtige Frage zur Entscheidung zu bringen, ob mir von Ibsen ein – wenn auch noch so minimaler – Prozentsatz von den Tantièmen des von mir übersetzten Stückes zugestanden werden könnte?
Da zwischen Herrn Dr. Elias und Ibsen augenblicklich eine grosse Verstimmung zu herrschen scheint, wende ich mich an Sie und bitte Sie – wenn Sie es selbst nicht in die Hand nehmen wollen – mir wenigstens einen Rat in dieser Sache zu geben. Fischer, der ja als Geschäftsmann vielleicht der nächste in dieser Angelegenheit wäre, würde sie nach meiner Ansicht eher gefährden als fördern.
Indem ich Sie bitte, mir in dieser Frage, die nahezu eine Lebensfrage für mich ist, Ihren freundschaftlichen Beistand nicht versagen zu wollen, verbleibe ich
mit den besten Grüssen
Ihr
stets ergebener
Christian Morgenstern.
Charlottenburg, Stuttgarterplatz 4^{III}
29.1.1900

669. VON CÄSAR FLAISCHLEN. [BERLIN], 5.3.1900

Da über die Weiterführung des Pan immer noch nicht entschieden ist, *haben sich Verzögerungen ergeben. Will versuchen, bis Mitte März eine* Entscheidung über Ihre Gedichte *herbeizuführen.*

670. AN DAGNY FETT [IN NORDSTRAND ODER AUF REISEN]. [CHARLOTTENBURG], 7.3.1900

Glückwünsche zum Geburtstag, kündigt einen Brief an, dankt für den ihren.

671.   VON HENRIK IBSEN. KRISTIANIA, 27.3.1900

Kristiania, 27.3.1900
Kære herr
   Christian Morgenstern.
Hjerteligst tak og mange gode, varme hilsener fra
                    Deres hengivne ven
                        Henrik Ibsen.

672.   VON GUSTAV WIED. ROSKILDE, 28.3.1900

Dankt für Ms Schreiben. Berichtet über Aufführungen und Übersetzung seiner »Vier Sartyrspiele« und bittet, M möchte sich für sie in Berlin einsetzen. Will M im Frühjahr in Berlin besuchen, for at vi kan tale derom og træffe nærmere Akkord. – *Entschuldigt sich, daß er auf dänisch schreibt.*
N.: Mathilde Mann. Albert Langen. – München. Kopenhagen. Christiania. Stockholm. – »Die Zeit«.

673.   AN LUDWIG JACOBOWSKI IN BERLIN.
        CHARLOTTENBURG, 4.4.1900

4.IIII.1900
Verehrter Herr Doctor
Meine neue Adresse ist:
Charlottenburg, Schloss-Strasse 68 III. r. (bei Neisch).

Übrigens bitte ich Sie vielmals um möglichst baldige Zuweisung des Honorars für die Parodieen. Ich würde Ihnen gern bald mal wieder Ähnliches schicken, wenn Ihr H. Verleger mir i. d. Geldpunkt eben nur ein wenig entgegenkommen könnte.
   Ihr Sie bestens grüssender ergebener Chr. Morgenstern.

674. AN EFRAIM FRISCH [IN (ODER BEI) BERLIN ODER
IN KIEL]. CHARLOTTENBURG, 20.4.1900

Schickt das Gedicht TIEF IM WALDE HÖR ICH DAS LIED DES
MEERES, *bemerkt dazu:* Mir ist man könnte sie [*die Verse*] »Rügen« überschreiben, obwohl ich Rügen nie gesehen.

675. VON CÄSAR FLAISCHLEN. [BERLIN], 20.4.1900

20/4 900

Lieber Herr Morgenstern!
Ich kann leider wiederum kein Bringer guter Botschaft sein –
meine Bemühungen die Kommission zu einer Annahme zu bestimmen waren leider vergeblich –: da das noch kommende Heft
nun doch das letzte des Pan sein wird und da wir in Folge dessen
mit einer Menge von rückständigen Verpflichtungen aufräumen
müssen, die uns selber keine freie Hand mehr lassen.
Das gleiche war der Fall bei den zwei Stücken von Kayssler. Schade! Sie hätten ein paar sehr gute Seiten gegeben.
Mit vielen Grüßen herzl.
Ihr
Dr. Cäsar Flaischlen.

676. AN EFRAIM FRISCH [IN (ODER BEI) BERLIN ODER
IN KIEL]. [CHARLOTTENBURG], 22.4.1900

Mit solchen Versen und etwas »Fröhlicher Wissenschaft« lässt
sich wohl ein Sonn-Tag beginnen! – – *Fragt dann nach der Bedeutung von* Ahasvers Schlag *in Ibsens* »Brand«.

677. VON EMIL ORLIK. YOKOHAMA, 3.5.1900

Grüßt aus Japan, dankt für Ms Karte.
N.: *Tokio.*

678. Von Friedrich und Luise Kayssler,
Max Reinhardt, Else Heims. Wien, 25.5.1900

Grüße von der Tournee.
N.: Budapest.

679. An die Redaktion der »Zeit« [in Wien].
Charlottenburg, 26.5.1900

26.V.1900.

Sehr geehrter Herr

In Erinnerung daran, dass mich die »Zeit« vor etwa einem halben Jahr in liebenswürdigster Weise eingeladen hat, ihr einen Beitrag zu senden, stelle ich Ihnen beifolgende Scene »Das Mittagsmahl« zur Verfügung. Es ist dies ja nun allerdings kein Essay, wie Sie seinerzeit angeregt hatten, indessen giebt es vielleicht ebensogut und besser meine Ansicht über die Art d'Annun[zio]s wieder, als es theorethische Auseina[n]dersetzungen vermögen würden. Fassen Sie es also immerhin als ein lustiges Essay in dramatischer Form auf.

Da ich kürzlich einer auch von der »Zeit« gebrachten Scene [G]ustav Wieds ansichtig wurde, gebe ich mich der Hoffnung hin, dass Sie es wohl auch diesmal wieder mit jener Gattung wagen werden. Ich habe nur die eine Bitte, die Scene innerhalb spätestens eines Vierteljahrs erscheinen lassen zu wollen, da sie im Herbst bereits mit anderen ähnlichen vereinigt in Buchform veröffentlicht werden soll.

Vielleicht ist gerade, wenn die Secessionsleitung in Wien die [Gioconda] deutsch giebt und auch meine Verdeutschung der »Komödie der Liebe«, ein für die »Zeit« gut geeigneter Zeitpunkt, die Scene zu bringen.

Mit der freundlichen Bitte um baldige Antwort zeichne ich
                      mit vorzüglicher Hochachtung
Charlottenburg v.
Schloss-Straße 68 III.
                              Christian Morgenstern.

680. AN LUDWIG JACOBOWSKI [IN BERLIN].
CHARLOTTENBURG, 18.6.1900

Sehr geehrter Herr Doctor,
Haben Sie Lust vor Erscheinen meines neuen Buchs noch etwas daraus zu bringen? Es enthält Satiren im Stil der Ihnen bekannten, aber meist in dramatischer Form.

Mit vorzüglicher Hochachtung
Ihr
Ihnen sehr ergebener

18.VI.1900
Charlottenburg V.
Schloss-Str. 68

Christian Morgenstern.

681. VON LUDWIG JACOBOWSKI. BERLIN, 20.6.1900

Berlin, den 20. Juni 1900

Sehr geehrter Herr Morgenstern,
ich gehöre so sehr zu den blinden Verehrern Ihres Talents, dass ich mit herzlicher Freude wieder ein paar Sachen aus Ihrem neuen Buche veröffentlichen werde. Ich möchte es aber nicht vor Erscheinen thun, sondern möchte lieber aus dem Buche etwas abdrucken und gleichzeitig im selben Heft Ihr Bild und eine Studie über Sie bringen.

Wüssten Sie mir ein paar Kritiker zu nennen, die bisher etwas Vernünftiges über Sie gesagt haben? Ich wäre Ihnen in dieser Hinsicht für einen Wink sehr verbunden.

Mit freundlicher Empfehlung

Ihr sehr ergebener
Ludwig Jacobowski

Nachschrift: Kann man Sie nicht 'mal in unserm Donnerstags-Klub sehen? Wir tagen jeden Donnerstag 9 Uhr Nollendorf-Casino, Kleiststr. 41. Vielleicht kommen Sie mal hin?

682. AN LUDWIG LANDSHOFF IN MÜNCHEN.
BERLIN, 23.6.1900

Bittet, ihm umgehendst *die Komposition der »Komödie der Liebe« zu schicken. – Fragt ihn nach einem Ort in Bayern, wo er ab Juli* hausen und übersetzen *könne.* Ich muss irgendwohin, es geht mir gar nicht gut.
N.: Fräulein R.E.

683. AN DIE BUCHHANDLUNG VON AXEL JUNCKER IN
BERLIN. CHARLOTTENBURG, 25.6.1900

Sehr geehrter Herr,
Ich bedaure, Ihrem in Erwartung stehenden – Postauftrag nicht entsprechen zu können, da ich laut meiner letzten Mitteilung an Sie mir die Erledigung der Angelegenheit selbst vorzubehalten wünsche. Indem ich im Übrigen selbstverständlich annehme, dass Sie mir nur eine Mühe ersparen wollten und Ihnen demgemäss meinen besten Dank sage, verbleibe ich mit vorzüglicher Hochachtung ergebenst
                                    Christian Morgenstern.

684. VON FRIEDRICH KAYSSLER. LEIPZIG, 27.6.1900

Lpzg, 27. Juni 00.
Mein lieber Junge,
Na, nu mach aber bald, daß Du auf die Reise kommst. Ich will Dir was sagen: wer weiß, zu was es gut ist, daß Dich Dein Unwohlsein jetzt überrumpelt hat. Die Reise wird auf die schnellste u. sicherste Weise so durchgesetzt; sonst hätte manche kleine Rücksicht noch daran getüftelt u. verzögert. Nu brauchst Du die Reise als augenblickliche Medizin und erreichst damit zugleich den großen Nutzen im Großen u. Ganzen.
Junge, nu sei aber vorsichtig, wenn Du reist. Laß Dich durch neue Eindrücke nicht zu Unregelmäßigkeiten verleiten, u. wenn sie noch so klein wären. Und begieb Dich sofort, wenn Du an Ort u.

Stelle ankommst, unter den Rat eines Arztes. Und sei dem mal ausnahmsweise ganz gehorsam, ohne viel selbständige Auffassungen – natürlich wenn Du Vertrauen zu ihm hast. – Meine Frau bringt Dir in diesen Tagen was Hübsches, was Dich erheitert. Verlier die Laune nicht, Alter, trotz aller ekligen Schwierigkeiten im Augenblick. Denk daran, daß Du bald draußen bist, wo Dir alle Widerwärtigkeiten in Schönheit u. Höhenluft klein erscheinen werden. Vogelschau, Junge!

Das klingt ulkig: ich habe gut reden, was? Trotzdem hab ich recht, wenn ich Dirs zurufe: es ist ganz gut; kleine Unbehaglichkeiten lassens Einen oft am ehesten vergessen. Thu Deinen Willen mit dem unsrigen in eine Reihe stellen, dann wollen wir doch sehen, ob wir dieser verfluchten Misere nicht den Garaus machen. Also durch! Gruß von Berg zu Berg!

Dein Fritz.

Oskar grüßt herzlich u. wünscht baldige Reise.

685. VON FRIEDRICH KAYSSLER, LUISE KAYSSLER, FERDINAND GREGORI, AGNES WAGNER-WERNER, OSCAR WAGNER, MAX REINHARDT, ELSE HEIMS, [EIN UNLESERLICHER NAME], [PAUL?] MARTIN.
BUDAPEST, 3. 7. 1900

Grüße von der Tournee; die erste »Jugend«-Aufführung war gut.

686. AN AXEL JUNCKER [IN BERLIN].
BERLIN, 10. 7. 1900

Zahlt die gewünschten 35 Mk. Die Complication beruhe auf einem Irrtum, den er wegen Krankheit nicht klarstellen könne.

687. AN LUDWIG JACOBOWSKI IN BERLIN.
BERLIN, 11. 7. 1900

N. Chausséestr. 81.
Dr. Zeplers Privatklinik

Sehr geehrter Herr Dr.!

Vielen Dank für Ihre liebenswürdigen Zeilen von damals; bin leider außer Stande Ihnen ausführlicher zu antworten, da ich seit Ende Juni krank darnieder liege. Aus dem Schwarzwalde oder aus den Alpen erhalten Sie dann hoffentlich in einiger Zeit weitere Nachrichten von mir.

                Mit vorzüglicher Hochachtung
                    Ihr Ihnen sehr ergebener
                        Christian Morgenstern.

B. d. 11./7.1900.

688.   Von Friedrich Kayssler, Luise Kayssler, Ferdinand Gregori, Richard Vallentin, Elise Vallentin, Max Reinhardt, Else Heims. Wien, 24. 7. 1900

Photo mit Grüßen; hier siehst Du die Wirkungen der Gastspieltour. Mein Gehirn ist gespalten [...]. Die andern sind schwarz geworden vor – ... Hitze.

689.   Von Friedrich Kayssler. Berlin, 9.8.1900

Entschuldigung, geschrieben im Namen des Regenschirms, den Kayssler sich in Ms Abwesenheit ausgeliehen hatte.

690.   Von Efraim Frisch. Kiel, 12.8.1900

Lieber Freund, denk Dir meinen Aerger, als ich am Abend meiner Rückkehr von Berlin Deine Karte finde! – Meine Bekannten sagten mir, Du wärest krank gewesen u. darauf verreist, wahrscheinlich nach Italien oder Schweiz – Niemand wußte wohin. Auch im Monopol war kein Bleichgesicht, das mir hätte Auskunft geben können. Ich war nur einige Tage in Berlin u. mußte bald zurück, da ich mit meinen Arbeiten noch sehr zurück bin, u. jetzt habe ich keine Aussicht mehr, sobald wieder von hier loszukommen. –

Mir geht es ganz leidlich, abgesehen von einer peinigenden Ungeduld, mit dem Studienkram ein Ende zu machen, um endlich, endlich auf zwei Beinen selbständig zu stehen, statt auf drei lahmen – Der Winter wird doch wohl noch darüber hingehen – Was machst Du u. wie befindest Du dich jetzt? – Du müßtest endlich mit dieser letzten Krankheit das Kranksein überhaupt gründlich aufgeben.
Schreibe wann Du reisest u. wohin, damit man sich gelegentlich doch ein Wort sagen kann. Frl. Lifschitz ist diese Woche nach Rußland gereist.

     Leb' wohl u. sei herzlich gegrüßt
       Von Deinem E. Frisch.

Meine Standard-Adreße ist noch auf lange Zeit:
Kirchen-Str. 8 (nicht 7)

691. AN ELISABETH FÖRSTER-NIETZSCHE IN WEIMAR.
SCHLACHTENSEE, 26.8.1900

rosen und lorbeer auf sein geliebtestes grab.
       Christian Morgenstern

692. VON MAX REINHARDT, EMMY LOEWENFELD,
EMMY APOLANT, EDGAR APOLANT[?].
WESTERLAND, 27.8.1900.

Photo mit Grüßen.

693. VON ELISABETH FÖRSTER-NIETZSCHE.
WEIMAR, 27.8.1900

Mit aufrichtigen Dank für spontane Theilnahme die Mittheilung, daß Begräbniss Dienstag Nachmittag 4 Uhr in Röcken stattfindet.
      Elisabeth Foerster Nietzsche

694. VON ELISABETH FÖRSTER-NIETZSCHE.
WEIMAR, 27.8.1900

Gedruckte Todesanzeige Nietzsches, datiert 25.8.

695. VOM NIETZSCHE-ARCHIV, WEIMAR – PETER
GAST, ARTHUR SEIDL, ERNST HORNEFFER,
AUGUST HORNEFFER. WEIMAR, 27.8.1900

*Gedruckte Todesanzeige Nietzsches, datiert 25.8., verbunden mit
der Ankündigung einer Trauerfeier* im engsten Kreise seiner Verehrer im Sterbehause zu Weimar *am 27.8.*

696. AN ELISABETH FÖRSTER-NIETZSCHE [IN WEIMAR].
SCHLACHTENSEE, 1.9.1900

Sehr geehrte gnädige Frau,
nehmen Sie meinen aufrichtigsten Dank für Ihre Depesche, sowie Sie und die Herren Peter Gast, Arthur Seidl, Ernst und August Horneffer das Gleiche für die auszeichnende Einladung zur Teilnahme an der Trauerfeier vom 27ten August entgegen.
Ich bin leider, als Rekonvalescent nach einer ernsteren Krankheit, verhindert gewesen, nach Weimar oder Röcken zu kommen.
Möchte Friedrich Nietzsche immer in Röcken ruhen dürfen; wer zu ihm will, wird ihn auch an diesem weltfernen Ort finden.
Indem ich Ihnen, sehr geehrte gnädige Frau, nochmals meinen herzlichsten Dank sage, verbleibe ich
      mit ausgezeichneter Hochachtung
      Ihr
Schlachtensee, 1.IX.1900.   sehr ergebener
      Christian Morgenstern.

697. VON ELISABETH FÖRSTER-NIETZSCHE.
WEIMAR, SEPTEMBER 1900

Gedruckte Danksagung.

698. Von Ernst von Wolzogen. Berlin, 13.9.1900

Berlin W. 50. d. 13.9.00
Kurfürstendamm 14/15.
Sehr geehrter Herr!
Mit ganz außerordentlichem Behagen habe ich soeben in der »Zeit« Ihre d'Annunzio-Parodie gelesen. Das ist ein gefundenes Fressen für mein »Überbrettl« und ich möchte hiermit auf das gelungene Werkchen Beschlag legen, falls Sie noch nicht anderweitig darüber verfügt haben – was mich ungemein betrüben würde. Ich darf wohl annehmen, daß Sie durch die Zeitungen bereits über meine Pläne unterrichtet sind, sodaß ich Ihnen nicht auseinander zu setzen brauche, was es mit dem »Rasenden Jüngling« für eine Bewandnis haben soll. Ich gedenke, da ich mit der Financierung leider noch im Rückstande bin, in diesem Winter vorläufig nur ein oder einige Probevorstellungen bei besonderen Gelegenheiten zu geben. Vom 1. Mai ab bin ich mit meiner Truppe für die Kunstausstellung in Darmstadt verpflichtet, wo ich den ganzen Sommer über in einem von Prof. Olbrich erbauten absonderlichen Theaterchen zu tingeln gedenke. Zum 1. October 1901 hoffe ich in Berlin mein eigenes dauerndes Heim beziehen zu können. Ihr Pranzo möchte ich sehr gern schon in meiner ersten Probeveranstaltung vorführen und bewerbe mich also hiermit feierlichst um das Aufführungsrecht. Der »Rasende Jüngling« zahlt seinen Autoren 10 % von der Brutto-Einnahme, welche auf die verschiedenen Nummern eines Abends nach Zeitdauer und Bedeutsamkeit verteilt werden. Wünschen Sie Vertrag?
Wenn Sie noch mehr dergl. dramatische Parodien oder sonst welche in das Gebiet einer raffinierten Brettlkunst fallenden Arbeiten haben, so würden Sie durch deren Einsendung sehr erfreuen
Ihren
hochachtungsvollst ergebenen
Ernst Frhrv Wolzogen
Adr. ab 1. Oct. W. 62. Burggrafenstr. 1.

699. AN LUDWIG LANDSHOFF IN MÜNCHEN.
DAVOS, 2.10.1900

Post	= Karte mit Inhalt
Tenebrae	= Finsternis = Fenris-Wolf⟨f⟩
	= (umradiert:) Heinrich Wolff
Lux	= Lutz (gesprochen mit Schlangenzunge)

Summa: Was Ihr wollt.

Chr. M.

Gruss Schloss.
Die Blumen sind für Deine Braut.

700. VON FRIEDRICH KAYSSLER. BERLIN, 14.10.1900

Schickt wieder einen Schub Briefe. Hofft, daß Ms Fieber vergangen ist, und bittet ihn zu schreiben. Daß Dir die Luft so gut bekommt, ist das Schönste und Wichtigste, u. daß T. so prächtig ist, nicht weniger. *Das Geld kommt diese Woche. Fragt nach Einzelheiten über fällige Rechnungen, bittet um rechtzeitige Nachricht* wegen Joppe u. Pelzsachen, weil es doch immer einige Zeit dauert. – *Im Deutschen Theater ist »Die Macht der Finsternis« in Arbeit; er ist verärgert, weil nicht er, sondern Bassermann die Rolle des Nikita von Rittner übernommen hat; er hat deswegen an Brahm geschrieben. Sonst geht es gut.* – Elias hat sich gleich nach Ms Abreise furchtbar eilig natürlich *nach Ms Adresse erkundigt.* – *Zur »Neuen Deutschen Rundschau«:* Hirschfelds Gedicht auf *Nietzsches Tod* übersteigt denn doch alles Dagewesene. Kürschners Künstler-Lexikon in Versen; *es wirkt wie eine Parodie. In Lou Andreas-Salomés »Gedanken über das Liebesproblem«* sieht *er* einen Witz neben dem andern. Aber D'Annunzio ist mit einer überraschend einfachen Novelle drin. *Tolstois »Krieg und Frieden« ist* schrecklich. Ich bin nicht imstande die 60072 Personen auseinanderzuhalten. *Grüßt von Liese und den Kindern.*
N.: *Stock. Bechly. Ludwig.* – *Hamburg.*

701. VON FRIEDRICH KAYSSLER. BERLIN, 4.11.1900

Orest und Rosenmontag sind so ziemlich fertig. – Du, übrigens unterlasse ich nur in den allerseltensten Fällen [...], Deinen Brief danebenzulegen. *Will Ms Fragen also der Reihe nach beantworten. Der Junge ist wieder gesund,* redet immer niedlicher, *spricht Onkel Chrischtian immer besser aus.* Du bist entschieden ein Ereignis in seinem Leben. – *War bei Wolzogen, hat aber nur die Frau angetroffen, brachte ihm* Galgenlieder und »Pan im Salon« [...]. – Wie ist es mit Deinem Aufstehen? – Es ist ein seltsamer Widerspruch: Daß ein Mensch, der solche Briefe schreibt, und Dichterisches hat, im Bette liegen soll. Hoffentlich maskierst Du Deine frische Laune nicht uns gegenüber. Das glaub ich einfach nicht. Reinhardt freute sich neulich riesig über Deine ulkige Karte. [...] Schreibst Du weiß Gott einen Roman? Das kann ich mir garnicht vorstellen – ich meine der Begriff »Roman« ist uns in letzter Zeit so ferne gerückt oder geht das bloß mir so? Ich glaube beinahe: Renate Fuchs hat mir den Geschmack daran verdorben, dumm genug; aber es ist so. Ebenso gut hätte mich übrigens Wilhelm Meister zufällig anregen können. Genug, das Wort »Roman« in Deinem Briefe klang mir neu. Alles Glück dazu! – *Mit Oberländer arbeitet man* voll Freude. Einer der Wenigen, die so mit Leib und Seele dabei sind. Das gibt der ganzen Sache unzerstörbare Jugendlichkeit u. Schwung. Ach, du lieber Gott: – Zehn solche Rollen in jedem der folgenden 3 Jahre – dann wäre der Schauspieler in mir zufrieden; das hieße dann: Vorwärtskommen. An so etwas sieht man erst, daß wir überhaupt bloß ein halbes Theater haben. Eine ganze Hälfte fehlt – für uns Junge – aber ungelogen. – *Gestern war Premiere von »Die Macht der Finsternis«, es soll ein großer Erfolg gewesen sein, aber alles entgegengesetzt ihrer früheren Aufführung.* Alles Starke abgedämpft und ausgeglichen zu peinlichem Ensemblespiel. – *Fragt M nach seiner Meinung zu einem modernen Drama,* welches von Prolog u. Epilog eingerahmt ist, die von Hausgeistern oder sonstigen Dämmergestalten gesprochen würden, die das parallele übersinnliche Drama über dem Stück darstellen, *ähnlich wie in Andersens »Die Galoschen des Glücks«.*
N.: *Lina. Bassermann.* – »[*Berliner*] *Lokalanzeiger«.*

702. Von Ernst von Wolzogen. Berlin, 16.11.1900

Berlin W. 62. 16.XI.00
Burggrafenstr. 1. III.

Verehrter Kunstgenosse!

Durch Kaysslers u. G. Hirschfelds Vermittlung habe ich nun einen grossen Teil Ihrer Werke kennen gelernt, soweit sie sich dem Überbrettl nähern, und ich bin sehr glücklich, ihre Bekanntschaft gemacht zu haben. Von Ihren Parodien möchte ich zunächst auf die über d'Annunzio, Maeterlinck und evtl. (d. h. wenns die Polizei erlaubt) die Dame von Minime Beschlag legen. Aber eine Bitte: Der Schluss der Krankenstube scheint mir verunglückt. Ich wenigstens habe nicht verstanden, was das berühmte »Es ist erreicht« an dieser Stelle für eine Pointe enthalten soll. Da dies Stückchen am leichtesten aufzuführen ist, möchte ich es auch gleich für den Anfang vorbereiten und deshalb bitten, sich eine schärfere Herausarbeitung der Pointe als dringlichste Arbeit vorzunehmen. Seit der Plan mit Darmstadt gescheitert ist, arbeite ich mit verdoppelter Energie an der raschen Verwirklichung meiner Idee und es wird sich höchstwahrscheinlich ermöglichen lassen, dass ich den Januar hindurch hier in Berlin eine Reihe von Probevorstellungen gebe und dann im Februar ein Wanderleben durch die intelligenteren Städte des deutsch redenden Continents beginne. Von Ihren Galgenliedern scheint mir auch vieles für mich geeignet, und ich gedenke die Sachen durch Schattenspiele illustriert und durch eine raffiniert schaurige Inscene-Setzung zu grotesker Wirkung zu bringen. Ich denke, Sie werden fast jeden Abend mit einer oder mehreren Nummern auf dem Programm stehen, wodurch sich Ihnen eine nicht zu verachtende Einnahmequelle eröffnen dürfte.

Albert Langen habe ich leider in Paris nicht selbst sprechen können. Er hat sich aber auf meine briefliche Anfrage gern bereit erklärt, Ihre Sachen in Verlag zu nehmen, wenn sie ihm gefallen, und wird sie sofort lesen. Ich werde also aus dem mir anvertrauten Convolut die für mich geeigneten Stücke abschreiben lassen u. dann an Langen schicken. Oder besitzen Sie etwa noch eine Reinschrift? Mit herzlichem Gruss u. den besten Wünschen für Ihre Gesundheit bin ich

Ihr sehr ergebener   Ernst Frhrv Wolzogen

703. VON FRIEDRICH KAYSSLER. BERLIN, 3.12.1900

Endlich ist wieder mal ein bissel Ruhe. Man kam vor Theater – Orestieproben u. Abendvorstellungen überhaupt nicht mehr nachhause. Übrigens hast Du meinen Riesenbrief immer noch nicht zu Ende beantwortet, das beruhigt mein Gewissen. Mammon hast Du wohl heute bekommen. – Das mit Wolzogen ist mir scheußlich. Ich kann aber nichts dafür; Du mußt denken, daß ein Verleger unter Umständen noch längere Zeit in Anspruch nähme, ohne Wolzogen. *Hofft jetzt auf baldige Entscheidung. M habe Chancen, da er selbst seine »Spiele« schon wieder zurück hat. Bruno Köhler liest jetzt seine Stücke; über den Einakter sagte er Gutes und erläuterte ihm die Schwächen. Redete ihm zu neuen Sachen zu. Aus Lieses Schillertheaterplänen ist nichts geworden.* Martin hat für nächstes Jahr mit Nuscha Butze zusammen das Neue Theater. *Dadurch entfallen alle Verpflichtungen, da auch der Name »Sezessionsbühne« aufgegeben wird.* Was heißt Thomasse? »Der grade Weg ist der beste«; *das gleichnamige Stück von Kotzebue haben sie neulich gesehen.* Die Hauptsache daß mir Dr. Turban was Gutes geschrieben hat u. vor allem, daß er Dirs erzählt hat; das ist das Erfreulichste. Würdest Dus anders machen? Nein. – **Preisrätsel**: Was ist Flesch? Wahrscheinlich eine Morgensternsche Hirngeburt. – Beantwortung erbitte in nächster Nummer. Als kleine Vergütung für derartige u. andere Scherze beiliegender Lokalanzeigerausschnitt. *Schickt einen Brief mit, der schon länger bei ihm liegt, hofft, daß er nur von Tyra Bentsen ist, die er getroffen hat und die nach ihm gefragt hat.* Deine letzten Zeilen wären so deprimiert gewesen, sie wüßte nicht, ob im Ernst oder Scherz. [...] Übrigens hatte sie eben »eine herrliche Stunde mit Björnson« verlebt, der zu »Über unsere Kraft« in Berlin war. Es soll ein endloser Jubel gewesen sein.[...] **Hast Du die 3 Drucksachen bekommen?** Das teilweise (fast ganz) **reizende** Dehmelbuch, Rosenmontag u. noch ein Nietzschebuch. – *Berichtet über die Orestiekritiken: Dem Ernst ihrer Arbeit ist keine gerecht geworden; er hat für sich gelernt,* daß man ein klassischer Krüppel wird, weil man keine Gelegenheit hat sich als Schauspieler im großen Stil auszubilden. So eines schönen Sonntag Nachmittags lernt sich das eben nicht, was dazu gehört; man muß die 7 Werktage auch dazu

haben können. – *Reinhardt hat* einen Lehrstuhl […] im Stern-
schen Konservatorium, eine goldene Medaille u. nächstens die
Professur. *Außerdem spielt er die Titelrolle in Hauptmanns
»Michael Kramer«, Kayssler dessen Sohn Arnold.* Es probirt sich
mit Hauptmann sehr gut. Er ist auch sehr erfreut über mich. –
*Bittet um sofortige Antwort, ob M aus Göttingen eine Sendung er-
halten hat. Schreibt weiter von dem Stück, dann von den Kindern.
Nachschrift von Liese; sie bedankt sich für die Uhr.
N.: Ein Sohn von Wolzogen. Loewenfeld. Schmidt: »Der Leibalte«.
Elsbeth Meyer-Förster. Julius Hart. Philippi. Runge. Matkowsky.
Rittner. Bassermann. Ibsen: »Wenn wir Toten erwachen«. Haupt-
mann: »Die versunkene Glocke«.*

704. VON FRIEDRICH KAYSSLER.
      BERLIN, [VERMUTLICH 7. ODER 11.12.1900]

                                            Damascus 7.12.00
Der Empfänger dieser Karte wird gebeten, kein Wort zu glauben,
was zwischen heute und Weihnachten auf Zollinhaltserklärun-
gen und dergleichen geschrieben wird; denn die Beamten sind
angewiesen, Pseudonyma zu wählen und das Geheimnis der heiligen Weihnacht aufs strengste zu wahren. Packete die zwischen
heute und Weihnacht ankommen sind erst am heil. Abend zu
öffnen. Hochachtgebietend
                                            Der Weltpostkobold.
Heil zur ersten Schneefahrt!

705. VON FRIEDRICH KAYSSLER, LUISE KAYSSLER,
      MAX REINHARDT. BERLIN, 15.12.1900

[*Gedicht:*] *Der Weihnachtsmann hat beschlossen, seinen Pelz zu
verschenken und sucht nach einem dessen Würdigen, kommt auch
nach Berlin in die Händelstraße und trifft dort auf Liese, Fritz und
Max, erklärt seine Absicht; Liese schlägt vor:*
            »Schenk deinen Pelz doch dem Onkel Chrischan!
            »Der lebt in der Schweiz unter Wölfen und Bären,
            »dem würde er großen Nutzen gewähren!«

Davon sind alle begeistert.
   So wird denn hierdurch mit Feierlichkeit
   der Weihnachtsmannpelz in die Schweiz geschneit,
   auf Eisenbahnrad und Briefträgerhax
5   von
         Weihnachtsmann,
               Liese
                  Fritze
                     und
10   Max.
N.: Die Kinder.

706. VON FRIEDRICH KAYSSLER SOWIE ILSE, FRIEDA
   UND FRITZ. BERLIN, 18.12.1900

Alle drei Kinder wünschen Dir ein recht fröhliches Weihnachts-
15 *fest und schicken Dir einen Weihnachtskuß. Ilse und Frieda berichten, was sie für Weihnachten lernen:* DAS HÄSLEIN *von M und* »Schneider-Courage« *von Goethe. Der kleine Fritz vertröstet auf später. – Kayssler fragt nach,* ob alle Weihnachtsverbote u. Gebote *angelangt sind und zählt auf, was an Paketen und Briefen geschickt*
20 *wurde bzw. wird.* – Na, Du Comitémitglied, was machst Du? – Du magst schöne Verwirrung in das unschuldige Auge der Ausländer bringen mit Deinen Ornamentirungsvorschlägen, ich bin z.B. sicher, daß Du Christbäume aus Zollstäben baust. Erwarte nur lieber nicht Ablehnung von Langen. Ich bin bereits von München
25 um Deine Adresse gebeten worden. Übrigens ist die lange Verzögerung nicht Langens, sondern Wolzogens Schuld. W. wollte Dir auch in diesen Tagen schreiben. Auch wollte er am Sylvesterabend das Überbrettl im Lessingtheater mit meinem Pan eröffnen; wird wohl aber beides nicht thun. Habe ja dann »jr. Levetta«
30 kaum in Händen gehabt, also auch nicht gelesen. – Bist wohl verrückt? Wirst Du zum 2. Mal, dies Mal ohne Bondi, zum Bothokuden werden? Du wolltest ja auch die Galgenlieder verbrennen u. jetzt sind sie in Ehren, gebunden bei Wolzogen. – *Sie haben eine Ausgabe vom Grimms Märchen mit Illustrationen von Vogel ent-*
35 *deckt, einfach entzückend.*
N.: Hauptmann: »Michael Kramer«. *Reinhardt.*

707. VON LUISE KAYSSLER. [BERLIN], 19.12.1900

Mittw. d. 19./12.00.
Lieber Chrischan,
Sei mir nicht böse wegen meiner Unhöflichkeit, Fritz schimpft schon alle Tage, aber bei diesem Rummel jetzt ist es kaum möglich zu schreiben. Ich habe nämlich jetzt alle Abend im Leibalten zu thun. Daß unsere gute Bühne abstirbt weißt Du wohl schon. Herr Martin macht Compagnie Geschäfte mit Nuscha Butze. Ich gehe natürlich nicht mit rüber. Hoffentlich bekomme ich noch etwas andres für nächstes Jahr. Mein teurer Gatte hat sich eben darüber aufgehalten, daß ich Unhöflichkeit geschrieben habe.
Er meint es hieße »Frechheit!« Ist das wahr?
Was sagst Du denn dazu, daß Fritz gedruckt ist? Fein, was? Ich bin aber neugierig was Du zu dem Weihnachtsmann sagst. – Na ja, nu fällt mir wieder ein, daß ich noch nich mal danke schön gesagt habe. Also, vielen, vielen Dank. Die Uhr ist wirklich famos. Habe ich doch gleich eine Uhr wenn wir nach Rußland fahren mit Herrn Martin, im März. Vor allem habe ich eine im Zimmer. Du, mein Zimmer ist jetzt fein. Fritz hat mir auf meiner Chaiselongue Kissen an die Wand geschenkt so wie Reinhardt hat. Aber aus einen Teppich gearbeitet. Dann hat mir Frau Doctor ein dazu passendes Sophakissen geschenkt. Auch habe ich mir Fritzens Tisch davor gestellt u. er hat meinen dafür bekommen. Es ist jetzt riesig gemütlich. Na, Du wirst es ja noch mal zu sehen kriegen. – Warum schreibst Du denn gar nichts Näheres über Dein Befinden? Uebrigens vielen Dank für den deutsch geschriebenen Brief. Das ist ja eine riesige Aufgabe für Dich gewesen. Du hast sie aber glänzend gelöst. Ich war sehr zufrieden mit Dir. Ich glaube die Schriftsetzer wären auch zufrieden. Du, denk doch mal, Fritz kriegt von Breslauer Damen Liebesbriefe. Sie wollen Autogramme haben. Unglaublich, nicht? Die Welt geht unter. Nu schreib bald mal wieder, vor allem wie Dir das Christkind gefallen hat. Diesmal wird wohl Reinhardt nicht zu uns kommen seine Eltern kommen zu Weihnachten. Das ist sehr schade. Nu sei recht vergnügt laß Dir den selbstgebackenen gut schmecken. Ich schicke bloß ganz wenig,

daß Du Dich nicht darüber ärgerst. Laß Dirs gut gehen. Fröhliche Weihnacht. Einen Weihnachtskuß von uns Allen
Deine Liese.

708. [AN EINE FREUNDIN, ORT UNBEKANNT].
DAVOS, 20.12.1900

[...] Sie sehen, das Ideal eines eben so gesunden wie geisttötenden Lebens. Hätte man nicht die Hochgebirgslandschaft vor sich, [...] so könnte man manchmal verzweifeln [...] Mein Zustand hat sich wesentlich gebessert, doch sorgen Husten und Atemknappheit dafür, daß meine Hoffnungen nicht in den Himmel wachsen [...] Für Weihnachten wird hier alles Mögliche vorbereitet. Einleitung mit Gesang, Prolog (den ich nolens volens machen mußte), Verlosung von Geschenken, Märchenwald mit Buden, Kasperltheater (auch von mir verfaßt)(!) Weihnachtszeitung (dto, Einiges), Julklapp etc. [...]

709. VON FRIEDRICH KAYSSLER. [BERLIN], 25.12.1900

Schickt eine Karte von Dehmel, die beantwortet werden muß, und seine beste Kramerkritik. Dankt für die Bücher zu Weihnachten, Kellers Lebensbeschreibung und Hölderlin. Hat außerdem von Max Reinhardt Michel Angelos Leben von Grimm, *vom kl. Reinhardt* Sagen von Grimm *und von Liese* denselben Ranke, den Du hast, *bekommen.* – Du mußt nicht so trübe schreiben. Du predigst mir immer, wenn ich über die Verleger traurig bin u. bist selber so, obwohl Dir das doch nicht entfernt in dem Maße passirt wie mir. Also:»Sechs Fuß hoch über der Erde« – da sitzt der Kopf! – Übrigens findet sich ein Verleger, bestimmt. Reinhardt sprach ich heute; er hatte noch gestern gelesen u. sagte dasselbe. Lächerlich! Am Schicksal der Bodokudenbriefe warst Du selbst schuld. Die darfst Du nicht immer als schwarzes Exempel anführen. [...] Ein vorläufiges Prost zum neuen Jahr von Herzen (Du sagst: neues Jahrhundert). Du kriegst aber noch eine Karte.
Erlaubst Du, daß wir Deine »Blinden« spielen? Wolzogen eröffnet

fortwährend mit Dir und mir sein Überbrettl. Hoffentlich
kommt's endlich Januar dazu. *Reinhardts geringer Erfolg als Michael Kramer liegt an* Hauptmanns Quängeleien. Er konnte nicht
Reinhardt sein und war infolgedessen wohl weniger, als er in
Wahrheit sein konnte.
N.: *Hölderlin:* »[*Hyperions*] *Schicksalslied«. Reinhardts Eltern.
Lieses Mutter. Klein. Ein russischer Doktor.* [*Sudermann*]: »*Der
Katzensteg«. Die Kinder.*

710. VON ERNST VON WOLZOGEN. BERLIN, 27.12.1900

Berlin W. 62. Burggrafenstr. N⁰ 1.
27. XII. 00

Verehrtester! Also jetzt wirds Ernst. Am 17. Jan. wirkt das Überbrettl zum ersten Mal bei einem Goethefest in der Philharmonie mit, und vom 20. an gastiert es im Secessionstheater. Vom
ersten Februar an geht's auf Reisen, Breslau Prag, Wien etc.
Nun habe ich für die erste öffentliche Vorstellung einen Scherz
vor, bei dem Sie mir helfen müssen: Ich möchte nämlich »Il
Pranzo« aufführen und nach der Zwischenpause gleich eine
Kritik des Stückes von dem im Theater sicherlich anwesenden
Alfred Kerr bringen. Da Kerr ein Bewunderer D'Annunzios ist,
müsste das ein Panegyricus sein, und Niemand kann das so
witzig machen, wie Sie. Sie werden ausserdem am ersten Abend
vertreten sein mit dem von Schuster entzückend componierten
Liedchen von der Nachtigall: (Mir werd' ein Schnäblein voll
Gesang etc.) und vielleicht noch durch einige der Galgenlieder,
mit Lichtbildern. Die »Dame von Minime« soll dann in den
nächsten Tagen folgen.
Die zuletzt gesandten Künstler-Gespräche scheinen mir – offen
gestanden – weniger geglückt. Doch denke ich das Schauspieler-
Gespräch gelegtl. heraus zu bringen. Sollten Sie nicht die Zeit-
läufte zu irgend einem satyrisc   uplet begeistern? Oder
lesen Sie keine Zeitungen? D?   ihrem republikanischen
Idyll! Bei uns giebts leider r   .el scheusslich-schönen Stoff.
Wie gehts mit Ihrer Ges   .eit? Es wünscht Ihnen jedenfalls
das Beste

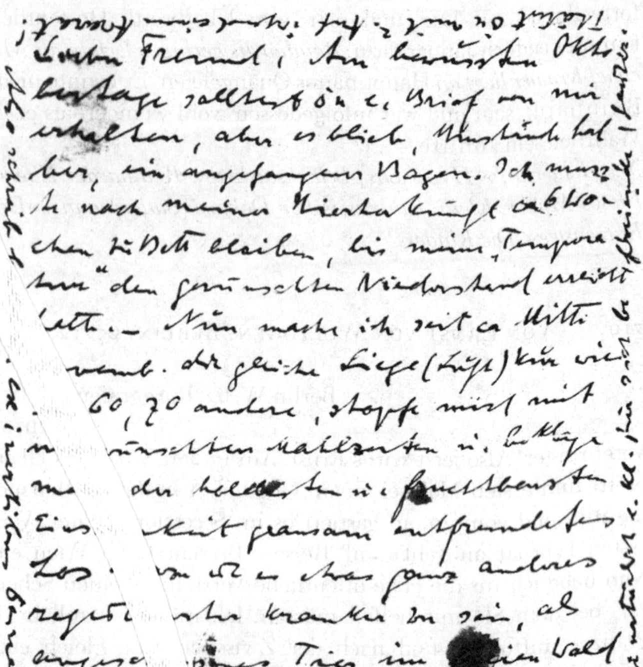
Lieber Freund! Am bewussten Oktobertage solltest Du e. Brief von mir erhalten, aber es blieb Bruchstück bei, ein angefangener Bogen. Ich musste nach meiner Niederkunft ca 6 Wochen zu Bett bleiben, bis meine Temperatur den gewünschten Niederstand erreicht hatte. – Nun mache ich seit ca. Mitte November die gleiche Liege(Luft)kur wie 60, 70 andere, stopfe mich mit [illegible] Kalorien u. beklage [illegible] der [illegible] u. fruchtbarsten Einsamkeit grausam entfremdetes Los. [illegible] etwas ganz anderes [illegible] kranker zu sein, als [illegible] Tier im [illegible] Wald [illegible] Untersuchung ein relativ [illegible] Ergebnis, aber mein [illegible] [illegible] wie soll das alles weiter gehen, mit [illegible] Leben u. mit der Kunst [illegible] Schreib mal wieder ei- nen [illegible] Brief [illegible] [illegible] die Briefe [illegible] [illegible] [illegible]

Brief Nr. 711 (Originalgröße)

Ihr ergebenster
Ernst FrhrvWolzogen
N.B. Inliegend mein »Überbrettl«-Vortrag aus d. »Voss. Ztg.«

711. AN EFRAIM FRISCH IN CHARLOTTENBURG.
      DAVOS, 30.12.1900

Lieber Freund, Am bewussten Oktobertage solltest Du e. Brief von mir erhalten, aber es blieb, Umstände halber, ein angefangener Bogen. Ich musste nach meiner Hierherkunft ca 6 Wochen zu Bett bleiben, bis meine »Temperatur« den gewünschten Niederstand erreicht hatte. – Nun mache ich seit ca. Mitte Novemb. die gleiche Liege(Luft)kur wie ein 60, 70 andere, stopfe mich mit unerwünschten Mahlzeiten u. beklage mein der holdesten u. fruchtbarsten Einsamkeit grausam entfremdetes Los. Dazu ist es etwas ganz anderes registrierter Kranker zu sein, als angeschossenes Tier im freien Wald. Zwar ergiebt jede Untersuchung ein relativ befriedigenderes Ergebnis, aber mein Zustand ist nur zu oft trübe; denn wie soll das alles weiter gehen, mit dem Leben u. mit der Kunst. Was machst Du? Schreib mal wieder einen summarischen Brief aus Deiner Deussen-Stadt. Hast Du schon die Briefe N.es an D. u.a. gelesen? »Siehe, welch ein Mensch«. Im Sommer wallfahrte ich vielleicht nach Sils Maria. – Mein liebster Gedanke wäre jedoch in ein Kloster zu gehen, aber natürlich e. Kl. für sich befreiende Geister.
Thätest Du mit? Auf irgend einem Ararat!
Also schreib bald u. ex inertibus Deinem Chr. M.

712. AN RICHARD DEHMEL [IN HEIDELBERG].
      DAVOS, 30.12.1900

                                    Davos-Platz
                                    30.XII.1900.
Lieber Herr Dehmel,
Gestern erhielt ich Ihre Postkarte vom 21. December nachgeschickt. Ich bitte vielmals um Vergebung, dass ich Ihnen auf Ihre

liebenswürdige Dedication noch nicht geantwortet habe. Aber erstens bekam ich das reizende Buch mit beträchtlicher Verspätung nachgesandt und dann verschob das von Stunde zu Stunde geregelte Kurleben, dem ich mich hier notgedrungen unterwerfen muss, dazu noch vermengt mit mir, nolenti volenti, auferlegten Arrangements – für die sanatorielle Weihnachtsfeier, die Gelegenheit, Ihnen zu danken, von Tag zu Tag.

Sie haben da wirklich in Verbindung mit Ihrem künstlerischen Mitarbeiter etwas ausserordentlich Heiteres und Anmutiges uns grossen und kleinen Kindern einbeschert und dass Sie dabei auch meiner gedacht haben – dafür meinen besondern herzlichen Dank.

Ich befinde mich zudem seit Längerem in einem Zustande, der mir jede freundliche Zerstreuung doppelt wert macht. Seit Juni bin ich durch eine Rippenfellentzündung nebst Folgen zu einer Unthätigkeit verdammt, die es mir oft sauer werden lässt, guten Mutes zur Zukunft zu bleiben.

Gern möchte ich noch Einiges mehr mit Ihnen plaudern – aber stellen Sie sich folgende Situation vor.

Ich liege auf einer nach der tiefeingeschneiten Landschaft zu offenen Terrasse, in Pelz und Reisedecken eingepackt. Neben mir ca 20 ebensolche Mumien, leider aber nicht stumm sondern die Luft ohn Ende mit ihrem Gespräch zerreissend. Dazu $7°$ Kälte und fast eingefrorene Tinte.

Nehmen Sie daher nachsichtig auf, was aus solchen Umständen geboren ist, zumal die Tintenkleckse der vorigen Seite.

Und somit ein neues Jahr und Jahrhundert voll reichstem Glück – was wir Glück nennen – in Kunst und Leben!

Treulich
der Ihrige!
Christian Morgenstern.

1901

713. Von Richard Dehmel. Heidelberg, 3.1.1901

Lieber Herr Morgenstern!
Ihr Brief ist mir nahe gegangen. Möge es Sie nicht zu sehr betrüben, daß ich Ihnen nun zum neuen Jahrhundert nichts Besseres wünschen kann als gute Besserung. Ich thue es von ganzem Herzen.
                                        Ihr ergebener R. Dehmel.

714. Von Friedrich Kayssler. Berlin, 7.1.1901

Lieber Junge, Sei ock nich beese, daß wir so gar nichts hören lassen. Es ist jetzt immerfort was los: wir sind mit der Gründung eines »Narrenschlittens« beschäftigt, Künstlersalonabende, wo Parodieen etc. gespielt werden, natürlich mit Subskription oder sowas, nicht etwa à la Brille. Der erste soll 21. Jan. im Künstlerhaus sein. Schicke sofort, was Du an Parodieen, Szenen etc. hast – Couplets etc. Du wirst hier würdiger aufgeführt, als beim Überbrettl, das nun wirklich am 18. in der Sezessionsbühne steigen soll, aber wies heißt, mit sehr wenig Fleiß. Mein Pan im Pan i. Salon soll von einem gewissen Rotenburg, einem Antischauspieler gespielt werden. Wenn das wirklich nicht anders geht, ziehe ich das Ding zurück; denn wenn der Pan miserabel ist, hat alles keinen Zweck. Bei Deinem d'Annunzio ist das ja nicht gefährlich, weil da keine eigentl. tragende Rolle drin ist, mit der das Ganze steht u. fällt. Noch was: Bitte schreib mir sofort eine Karte, worin Du ein paar Galgenlieder von mir forderst, ich möchte einen ehrlichen Grund haben, sie von Wolzogen zurückzuerbitten. Aber wie gesagt, Du brauchst nicht allzuschwarz wegen des Überbrettls zu denken, die Leute haben bloß keine Idee, was Theater ist, wollen alles mit der Litteratur machen. Bald mehr. Herzl. Gruß von uns. F.

Reinhardt, Ego, Zickel: Narrenschlitten.
Vor allem möchten wir »Die Blinden« haben (»Die Krankenstube«.)

715.   VON FRIEDRICH KAYSSLER. BERLIN, 19.1.1901

L. J. Hier eine Kritik, die erste, die wir gelesen haben. Gratuliere. Du mußt aber Wolzogen entschieden ersuchen, Dich nachträglich als Autor der Kerr-Kritik zu nennen; sie soll mit die stärkste Wirkung gewesen sein. Er hat es vorgelesen als ob sie von einem anwesenden Kritiker alias von ihm wäre; es ist allgemein so aufgefaßt worden; Du siehst es auch aus der Zeitung. Aber versäume das nicht. So was ist durchaus nicht egal. Umgehend!!! Herzl. Gruß. Sobald der Narrenschlitten raus ist, mehr. Jetzt wahnsinnig zu thun. Dank f. Brief   F. u. Karte!
Übrigens nicht mehr »Narrenschlitt.« sondern »Schall u. Rauch«.

716.   VON ERNST VON WOLZOGEN. BERLIN, 20.1.1901

Lieber Meister Morgenstern!
Wir haben einen glänzenden Erfolg gehabt! Es war ein gemütlicher, höchst animierter Abend, der 18. Januar. Die Zeitungen waren fast ausnahmslos des Lobes voll und nun dürfen wir auch mit guter Zuversicht auf den Bestand und den materiellen Erfolg der Sache rechnen. Leider wurde der Tenor krank, sodaß Ihr »Anmutiger Vertrag« wegfiel. Aber das »Mahl« wirkte prächtig, und besonders meine Einleitungsconférence, in der ich Ihre szenischen Anweisungen und die Charakteristik der Personen zum besten gab, wirkte außerordentlich erheiternd. Stürmische Heiterkeit entfesselte Ihre Kerrkritik, die freilich wohl nur bei dem literarischen Publikum der Première volles Verständnis fand. Sie wirkte um so mehr, als Kerr mit dem Vortrag eigener Dichtungen auf dem Zettel stand, hernach aber zurücktrat, weil ihm die Zensur das meiste gestrichen hatte, und nun ahnungslos unter den Zuschauern saß. Ob ers übel genommen hat, weiß ich nicht. Bis jetzt hat er noch nicht reagiert.

Ich möchte gern die »Dame von Minime« demnächst herausbringen – aber die Zensur nimmt Ärgernis an dem Bett! Ich werde nächster Tage noch einmal aufs Präsidium gehen und die hohen Herren von den tiefen ethischen Qualitäten Ihres Scherzes zu überzeugen versuchen.
Ich habe jetzt auch einige Ihrer Galgenlieder in der Hirschfeld'schen Vertonung erhalten und hoffe einiges davon bald herauszubringen.
Mit schönstem Gruß und herzlichem Dank für Ihre fleißige Mitwirkung bin ich
Ihr sehr ergebener
Ernst Frh. v. Wolzogen

717. AN DIE REDAKTION DER »ZEIT« IN WIEN.
DAVOS, 25.1.1901

Adresse: Davos-Platz. Dr. Turbans Sanatorium
25.I.1900.
Sehr geehrter Herr,
Würden Sie geneigt sein, noch eine andere Scene oder Parodie von mir zu bringen? Die Sammlung, die im Oktober erscheinen sollte, ist nämlich noch nicht erschienen, dagegen ist »Il Pranzo« vom Bunten Theater aufgeführt und mehreres andre daraus in Vorbereitung. Ich möchte Ihnen besonders gern e. längere Scene anbieten, die Hauptmann zum Mittelpunkt hat. Falls Sie Lust haben und mir zusagen, das ev. Acceptirte innerhalb ca 4 Wochen zu bringen, lasse ich Ihnen die Sachen aus Berlin zugehen.
Hochachtungsvoll
Chr. Morgenstern

718. VON FRIEDRICH KAYSSLER. BERLIN, 27.1.1901

Lieber Junge,
Endlich ein bissel Ruhe. Alles nur Schall u. Rauch in dieser Zeit. Aber es ist auch was draus geworden. Ich schicke Dir gleichzeitig eine Drucksache mit unserm Programm u. eine mit 2 an Dich

angekommenen Sachen u. ein paar Zeitungen. Du wirst selber
herauslesen, daß diese Zeitungsseelen hier mal wie vergnügte
Menschen reden, u. das freut Einen wirklich. Das war das wirklich schöne an dem Abend, daß diese eingefressenen Berliner alle
durch die Bank wie die Kinder wurden und uns einstimmig dafür
dankten, daß sie mal auf ein paar Stunden aus Berlin rausgekommen wären. Also muß es doch noch Möglichkeiten zu gesundem
Gelächter hier geben. – Ich bitte Dich, wenn Du bloß mal einen
Funken von gesundem Blödsinn verspürst, wirf ihn nicht fort,
sondern schicke ihn uns. Dich könnten wir gerade brauchen.
Diesmal kamen Deine Sachen zu spät; wir denken das nächste
Mal an die Szene vom »Gesellschafter«. »Schluck u. Jau« wäre
auch sehr schön, aber wir stehen ratlos vor den vielen Personen u.
Masken. Fällt Dir nicht etwas ein, an schlagender Parodie, was
dem Karlos an Farbe nahe kommt?! Aber es müßte natürlich was
ganz andres sein, nicht wieder Schiller. Hast Du denn nicht noch
irgend eine Maeterlincksache, kurz u. ulkig. Zu schade, daß wir
die Krankenstube nicht mehr erwischt haben. – Reinhardt hat
fürs nächste Mal eine feine Idee: eine Parodie auf Publikum u.
Kritik in Form antiker Chöre. Die Chöre sprechen alles nach was
die Chorführer sprechen, die Kritiker sind Eumeniden, der Dramaturg der alte blinde Seher. – – – Das Überbrettl spielt vorläufig
noch immer das erste Programm. Ich schicke Dir Zeitungen, sobald was Neues rauskommt. Übrigens hat Dir Frau Dr. Zeitungen, vor allem Vossische, damals geschickt, wie sie wollte –? Sie
sagte mirs damals, sie hättes schon rausgelegt; sonst schreib mir,
wenn Du noch irgend was haben willst. – Nun alle Deine Briefe
nacheinander! –

Du mußt schon Geduld haben: ich komme einfach nicht zum
Lesen jetzt; Du weißt, bei mir kommt das von selber. Das kriegt
Alles seine ruhige Zeit, Keller, Hölderlin, Ranke u. Grimm. – Ich
bitte Dich, laß Dich doch nicht niederdrücken von der Beschränkung, die Dir deine Umgebung jetzt vielfach auferlegt. Denn nur
dadurch, daß Du einen so starken künstlerischen Eindruck wie
Du z.B. von Hölderlin jetzt hattest, nicht augenblicklich eine eigene Kraftäußerung entgegensetzen kannst, kommst Du aus dem
Gleichgewicht u. wirst skeptisch. Du mußt doch immer bedenken, lieber Junge, daß das eingeengte Leben jetzt Dir dazu hilft u.

Januar 1901 533

helfen soll, später wieder unbekümmert zu leben u. zu arbeiten – und daß Du diesem Ziele je näher kommst, je gutwilliger und überzeugter Du Dich in die augenblickliche Beschränkung fügst. Du schriebst doch ganz im Anfang, man fühlte sich wie in einer Pension u. hätte keinerlei Eindrücke von Kur und Zwang, die unangenehm wären. Jetzt schreibst Du von vernünftigen Menschen, die Du gefunden hast. Das alles könnte Dir doch helfen, nicht? Thut es das nicht? Und dann diese künstlerischen Katergefühle! Bedenke doch, wie leicht die bei uns allen kommen u. verfliegen. Wärest Du hier in Berlin, so ist eine solche Depression momentan, sie dauert einen Tag höchstens, dann kommt man wieder mit Menschen u. Verhältnissen zusammen, die Einen sofort wieder daran erinnern, wer man eigentlich ist u. was das für Dummheiten sind, sich um einen Kopf kleiner zu fühlen als ein Anderer, bloß weil der Andere augenblicklich auf dem Sockel seines Kunstwerks steht, u. man selber gerade in privater Ruhe auf ebener Erde. – Diese Rettungen aus derlei Stimmungen, die uns hier stündlich zu Gebote stehen, fehlen Dir eben jetzt oft und daran mußt Du denken. Du müßtest ja sonst den Anderen von Tanzerfüßen u. unauslöschlichem Gelächter erst erzählen. Nun erzähle Dirs mal selber, oder denke wenigstens dran, wenn ich Dich dran erinnere. –
Du erwähnst Ibsen: dabei fällt mir ein: der Dr. Oberländer will, da der akad. Verein für K. u. Litt. nach der Orestie ausruhen zu wollen scheint, neue Aufführungen auf eigene Faust machen. Er möchte zunächst Björnsons »Sigurd« aufführen. Er liest uns demnächst vor. Ich habe aber nicht übermäßiges Vertrauen zu dem Stück. Reinhardt dachte an Stücke vom jüngeren Ibsen. Glaubst Du ferner, daß Kronprätendenten trotz einer schon dagewesenen Aufführung im Schauspielhaus mit guter starker Darstellung etwas Bedeutsames werden kann, ich meine auch praktisch. Weißt Du sonst dramatische Kunstwerke großen Stils, die einer Sonderaufführung wert wären. Meiner Ansicht nach müssen wir Sachen spielen, die auf der Linie der antiken Tragödie liegen, irgendwo, aber es darf kein viel geringerer Stil gewählt werden, wir müssen ganz außerhalb des »Deutschen Theater«-Rahmens wählen schon aus praktischen Gründen. Kennst Du »Margarethe Bengt« von Strindberg? Ist das naturalistisch? – – Kennst Du was Franzö-

sisches? Es wurde von Musset gesprochen. Das scheint mir wenig aussichtsvoll. – Schreib doch mal darüber. – Na ja, wir haben gut auf den Roman schimpfen, weil wir einfach nicht mehr die Ruhe haben, einen guten zu schreiben. Darin kann uns wohl Goethe am Besten raten.»Wahrheit u. Dichtung[«] ist einfach eine persönliche Äußerung, gleichviel wem gegenüber, u. ohne eigentliche Kunstform. Also – jeder sage einfach, was er an Erinnerungen zu sagen hat, wie man Briefe oder Tagebücher schreibt. Hier kommt es doch nur auf den Inhalt an, die Form besteht dann einzig u. allein in der Art, wie der Betreffende spricht; je mehr er darin er selbst ist, wie er im Gespräche mit Freunden sich giebt, je schöner u. einfacher u. selbstverständlicher wird die Sache. Was anderes kann ich mir gar nicht denken, alle Einkleidungen sind unnatürlich. – An den »grünen Heinrich« darf man am wenigsten denken. Die herrlichen Kapitel daraus (die Du auch nennst) sind eben kleine Kunstwerke für sich, Episoden, die sich von selbst zu kleinen Sondergemälden geformt haben, das übrige ist persönliche Äußerung, aber nicht einfach als solche gewollt wie bei Goethe, sondern als Kunstform gewollt, u. da giebt es einen Knacks. – – Was quälst Du dich immer mit dem langen Suchen nach der Form. Bei so was ists doch nicht am Platze. Glaub mir, gerade in diesem Punkte geht uns Keller gegen den Strich, weil da seine Mißgriffe sitzen. – Ein solches Buch, wie es Dir vorschwebt, würde auch den Vorzug haben [*über der Zeile eingefügt:* (für den Dichter)], daß es nicht vom ersten bis zum letzten Buchstaben der Reihe nach geschrieben werden muß, sondern daß man eben aufzeichnen kann was Einem die Erinnerung gerade am klarsten giebt; dann könnte man sammeln; der Zusammenhang wäre von selbst immer da, weil mans ja selber ist, der den Inhalt des Buches bildet.

– Für deinen Neujahrsbrief einen Kuß. Wir wissen ja sonst, was wir alle darüber denken. –

Ja, versäume doch nicht bei Fischer noch mal mit dem gr. Lev. zu versuchen. Übrigens was weißt Du von Fischer u. Franke? Weber empfahl mir ihn. Wäre dort nichts zu machen? –

Januar 1901 535

Die obige Rede gegen Deine Verstimmungen soll trotz Deines Widerrufes im letzten Brief bestehen bleiben. Heb sie auf u. brauche sie auch später als gelegentliches Medikament, wenn Dein Organismus darauf reagirt. – Auf der Type siehst Du aus wie ein verbrannter Leutnant in Civil. Wahrhaftig gut, u. vor allem ein Ausdruck, der allen Depressionen, im Prinzip wenigstens, Hohn spricht. – Jawohl; »quatsch nich, Krause!« würde Liesing sagen. – Laß nur den »Pan« ruhig; das schadet gar nichts. Daß mein Prolog Schall u. Rauch »launig« eingeführt ist mir auch eine Genugthuung. – An Wolzogen würde ich übrigens bald schreiben wegen Vorschuß. Es geht zwar ganz gut; so gut, daß Liesing u. Kollegen vom 1. Febr. ab im Bellealliancetheater spielen sollen, weil Wolzogen noch länger bleibt. Aber Du gehst sicher, wenn Du Vorschuß verlangst. Außerdem würde es ganz gut passen; vielleicht könntest Du augenblicklich das was Du mehr brauchst, davon nehmen. Ich kann Dir nämlich nicht mit Sicherheit sagen, ob Du jetzt gerade schon am 1. Febr. ein Plus bekommst. Im Laufe des Monats denke ich, wird sichs machen lassen. Du bist doch deswegen nicht in Verlegenheit was? – Schreib mir sofort, ob Du am 1. Febr. schon 100 M. mehr haben mußt, ich kann sie Dir ja verschaffen; sonst kommt es im Laufe des Februar sicher dazu. Aber aufrichtig schreiben! Es würde mich ja keinen Kopfsprung kosten, Dir 100 M. solange zu besorgen. Das weißt Du doch. – Und schreib noch mal, was Du an Kritiken schon hast (durch Fr. Dr.) bezw. noch haben möchtest. –
Erklärst Du den Namen Vyse nur durch: »weis«? – Wer ist Pichler? Ein Pester Abgeordneter, den wir im Sommer kennen lernten? Aus Frankfurt? Berlioz? Ach wo? – ? –
Bravo u. Heil zur Schlittenpartie! Auch »Narrenschlitten«? – Hast Du übrigens »Rosenmontag« noch? Wie gefällt Dirs? – Hast Du »Kramer« gelesen oder soll ich Dirs schicken? – Gestern abend Presseball. Zum ersten u. letzten Mal. Ungefähr das Gegenteil von »Schall u. Rauch[«]. –
Beiliegend mein Prolog vom 23., von 3 Narren im Pierrotkostüm gesprochen. Ein Bild in der illustr. Zeitg von uns Dreien im Narrenkleide blüht Dir noch.

Endlich schreib mal wieder was Ausführliches über Dein körperliches Befinden. Du mußt schon immer so einen telegraf. Wetterbericht vorausschicken, regelmäßig. Sonst vergißt Dus oft. Jetzt Servus! Liesing u. Kinder grüßen von Herzen. Auch Max, der sich wirklich sehr über Dein Weihn.-Manuskript gefreut hat, wenn ers auch nicht »so zeigen kann[«](!). Seine Mutter u. Schwester sind übrigens seit Weihn. bei ihm zu Besuch! –
Schreib bald! Dein

Fritz.

Berlin, 27. Jan. 01.

719. VON FRIEDRICH KAYSSLER. BERLIN, 2.2.1901

L. J. Dank für Karte von heute. Ich bitte Dich dringendst, bezügl. des »bunten Theaters« meinem Rate zu folgen. Die Sache geht jetzt gut, sogar brillant. Also umgehend schreiben. Jetzt kriegst Du wahrscheinlich alles, was Du verlangst. Später weiß man nicht was draus wird. Und sichre Dir Vertrag dabei. Wozu denn so damit zurückhalten, was doch bei jedem Theater längst erledigt wäre. – Werde sofort sehen, Dir Burggraf v. L. zu verschaffen. Ich glaube »Flachsm. a. Erz.« ist nicht bekannt genug. – Weißt Du, die Lauffsache müßte auch sehr grob sein, weil Feinheiten nicht verständlich, da kein Mensch von unserm Publikum Lauff gesehen hat. – Oberländer will zunächst mit uns Oedipus wiederholen, damit wird Geld verdient u. Zeit gewonnen für neue Entdeckungen. Sardanapal ist eine Idee. Hier la cinquième leçon chez Berlitz. Liesing parle français. Servus. F.

720. VON FRIEDRICH KAYSSLER. BERLIN, 9.2.1901

Hat drei Drucksachen geschickt, darunter das Scholzdrama. Am 3. März soll II. Schall- u. Rauch-Abend sein; wenn Du uns ohne Dich irgendwie zu verzetteln, dazu noch rechtzeitig was geben kannst (Lauff-Scholz-sches) wäre es famos. [...] Heute Levetter an Fischer abgegangen, vorvorgestern der Widerspänstige an die Zeit. *Die* Hauptmannsache *ist* ganz wahnsinnig gut gelungen. [...] Die Brandhuber hats in 1 Tage abgeschrieben, famoses Weib. – Gratuliere zu Wolzogen-Tantième. Is doch fein. Die Mammonfrage ist ja so am besten gelöst. [...]. Photographiefrage ist schwierig u. wird erwogen u. behandelt werden. *Grüße von Liese und den Kindern.* – *Zitl kommt zu Besuch.*

721. VON FRIEDRICH KAYSSLER. BERLIN, 27.2.1901

Lieber Junge,
Sei nich beese, aber ich kann einfach jetzt keine Briefe schreiben. Gestern Première – übrigens nichts besonderes – heute Vorlesung von Rittners Stück, wo ich Hauptrolle spiele. Von heute ab wahnsinnig Schall - u. Rauch bis Sonntag. Mensch, sei uns nich beese, aber das Ritterstück ist auch zu zartlienig; thatsächlich. Es ist so natürlich, daß wir uns da noch mißverstehen, weil Du keinen Blick in Schall - u. Rauchverhältnisse thun kannst. Ein Blick auf unsre Bühne u. Du wüßtest eben, was los ist. Deine »Krankenstube«, das ist das zarteste an Komik was wir brauchen können. Eher mehr; aber weniger darf es nicht sein. Du denkst Dir etwas viel Feineres unter der Sache als sie ist. Drastisch u. handgreiflich –, das war unser Erfolg u. wird es auch einzig u. allein sein. Wenn wir die Blindensache kriegen könnten; kannst Du denn nicht mal erfahren, ob Wolzogen sie aufführt oder nicht? –
Nicht wahr, Du bist uns doch nich beese, aber wir müssen hier ganz praktisch denken, sonst hat das Ganze keinen Zweck. –
Beiliegend M. 300. Du bist, denk ich damit einverstanden, daß ich mir diese zufällige Kenntnis Deiner diesmonatl. Einnahme bei Wolzogen ein bischen dabei zu Nutze mache. Könnten wir denn nicht überhaupt danach die Raten modificiren? Im letzten Grunde kommt es Dir doch wieder zu Gute. Je länger, desto besser, das ist doch die Hauptsache, nicht? – also Dichter sei uns noch gut; ich werde täglich mit einer Sch u. [?] R. Idee abgewiesen.
Bravo, daß Du wieder wohlauf bist. Herzlichste Grüße von uns allen.   Dein   Fritz
B. 27. Febr. 01.

722. VON FRIEDRICH KAYSSLER. BERLIN, 4.3.1901

Redet ihm sehr zu, die Hauptsorge, *die Sorge um die Kunst, nicht so übertrieben schwer zu nehmen.* Überleg Dirs mal ernsthaft: hast Du eigentlich zu klagen, daß Du hättest Zugeständnisse machen müssen? Was Du bisher gearbeitet hast, das hast Du für die Kunst gearbeitet. Daß es Einem manchmal blitzartig klar wird, was man noch arbeiten müßte, das weiß wohl Jeder von uns, der ernst ist, das ist nicht Dein Pech. Das läßt sich auch nicht mit großen Entschlüssen erledigen, das ist wohl eine Unzufriedenheit, die jeder mit sich durchs ganze Leben trägt, u. die sich eben manchmal zur Lebensfrage aufbäumt, wenn man auch anderweitig recht bitter ist. *Fragt ihn, ob er denn seine Freunde auch für mangelhafte Leute hält, weil sie weniger extreme Ansprüche an sich stellen. Wenn die beiden anderen Sorgen nicht wären, würde sich auch die* Hauptsorge *nicht zu einem solchen Ungeheuer auswachsen.* Wir wollen erst mal die beiden Untersorgen aus der Welt schaffen, dann wirst Du der Hauptsorge mit derselben Zuversicht gegenüberstehen, wie wir alle. Thu mir u. vor allem Dir die Liebe, das was jetzt in Dir ist als Zustand zu empfinden und nicht als die giltige Wahrheit Deines Lebens. *Das Wissen, daß* diese Wahrheit eine ganz andre ist, *werden seine Freunde ihm bewahren.*

723. AN BJØRNSTJERNE BJØRNSON [VERMUTLICH GUT AULESTAD, GUDBRANDSDAL]. DAVOS, 5.3.1901

Sehr verehrter Herr,
Von Berlin aus werde ich von theaterfachmännischer Seite angeregt, Ihr Drama Sigurd Jorsalfar ins Deutsche zu übertragen. Würden Sie es mir, verehrter Meister, wohl anvertrauen und meiner Übersetzung den Verlag Ihres Herrn Schwiegersohnes Albert Langen sichern? Wenn es Sie interessirt, werde ich Ihnen gerne mitteilen, an welcher Stelle man in Berlin die Aufführung des Dramas in der nächsten Saison in Erwägung ziehen möchte.
Was mich betrifft, so haben Sie vielleicht durch Herrn Langen von mir, als dem Mitarbeiter an der neuen deutschen Ibsen-Aus-

gabe (Fest auf Solhaug, Komödie der Liebe, Brand, Peer Gynt, Gedichte) gehört.
Es macht mich glücklich, diese Zeilen an Sie richten zu können; denn ich liebe Norwegen wie eine andere Heimat und freue mich über alles was mich zu ihm in neue Beziehungen bringt. (Kennen Sie auf Nøjsomheden bei Hop eine kleine weisse Veranda? Da habe ich vor anderthalb Jahren gesessen und mir von Ihnen erzählen lassen.)

Mit verehrendem Grusse
Ihr
Christian Morgenstern.

Davos 5.III.1901.

724. VON FRIEDRICH KAYSSLER. BERLIN, 13.3.1901

Entschuldigt sich mit vieler Arbeit und bevorstehendem Umzug. Verspricht, in den nächsten Tagen zu schreiben. Will Geld schicken. Grüße von uns allen.
N.: Rittner: [»Wiederfinden«]. [Sophokles: »König] Ödipus«. [Shakespeare]:»Der Kaufmann von Venedig«. – Charlottenburg.

725. VON FRIEDRICH KAYSSLER. BERLIN, 15.3.1901

Lieber Junge,
Telegrafische Erledigung Deiner noch antwortbedürftigen Posten: ohne Wahl wie alles liegt:
Karte mit Sanator. Auskunft für Souffleuse dankend erhalten. Die Berühmtheiten des Bühnenballes siehst Du in anliegenden Bildern. Gott erhalte wirklich Franz d. Zitl. Er ist es wert. Wir freuen uns immer riesig wenn er kommt. – Robert W. »wirkt« peinlicher, je öfter er auf der Bildfläche erscheint; wie ein Waldmensch in einem Ballsaal. – Beim letzten Schall- und Rauchabend hat die Bertens plötzlich abgesagt, wodurch der Duse-Monolog verschoben wurde, ebenso ein Herr O. Bie, der Ehrenmann einfach wegblieb, obwohl er mit Harmoniumwalzern auf d. Programm stand. –

Die Vorhemdchen besorgt Liesing. Brief an Oberländer besorgt: S.W. Hagelsbergerstr. 55 II.
An die Münchener Scharfrichter vom Überbrettl mußt Du selber schicken. Da Du das ganze Manuskript ja von Fischer jetzt hast. Was meinst Du: nach beilieg. Brief von Alfr. Gold würde wohl »des Widerspänst. Zähmung« auch in München ausgeschloss. sein; ich glaube in München erst recht. Was meinst Du? Wenn Du aber willst, schick ichs sofort. –
Ferner schreib mal wieder, was Du für den Sommer für Pläne hast, nachdem Du von unten stehendem Mammonbericht Kenntnis genommen hast. – Schwarzwald verstehe ich offengesagt nicht; da Du doch mal da unten an der Quelle bist wozu erst nach dem Schwarzwald u. dann womöglich wieder Schweiz. Je besser Du die dortigen Verhältnisse kennen lernst desto bequemere Lebensbedingungen hast Du doch auch. –
Übrigens in ca 8 Tagen werden die »Blinden« bei Wolzogen aufgeführt. Heil! – Mensch Du wärst ja unverantwortlich dumm, wenn Du das jetzt nicht nach Kräften ausnütztest. Du schreibst da neulich wieder dasselbe, was Du schon vor Jahren immer sagtest: u. wenn Du Millionen bekommst Du kannst nicht auf Bestellung arbeiten. Das ist doch auch gar nicht nötig, aber doch nicht von vornherein sagen: es geht nicht. Es bieten sich uns für Schall u. R. jetzt Gelegenheiten, die Sache einem Direktor zur öffentl. Ausnützung zu übergeben u. wir werden im nächsten Winter keine Bedenken tragen es zu thun, weil eben einfach viel Geld dabei zu holen ist. Wir müssen dann eben auch Mitarbeiter bleiben etc. Soviel kann man schon für die Zukunft übernehmen. Da wird eben eins mal schwächer, eins mal besser. Aber Du ahnst nicht, was für ein fruchtbarer Boden für diese leichten Kunstprodukte jetzt Berlin ist. Schmeiß es nicht beiseite, es lohnt sich wahrhaftig. ———
Nun Mammon:
Also nach genauer Erkundigung etc. etc. steht die Sache so: vorläufig ist zunächst feststehend, daß alles, wie es bisher war, bis Sept. 01 in derselben Weise fortzuführen ist: Du kannst also auf 400 M. monatl. bis dahin weiterrechnen. – Solltest Du, was ja nach Deinen letzten Briefen wahrscheinlich ist, nicht in D. bleiben, sondern privatim wohnen, könntest Du ja – verzeih diesen

März 1901 541

Einwurf, vielleicht mit weniger auskommen, sodaß alles eben
länger reicht. Weitere Möglichkeiten von Sept. ab sind mit Sicherheit vorhanden; also Sorge ist keine nötig.
Na aber bis dahin kann sich ja noch viel Gutes für Dich gefunden
haben. In all den Sachen muß ich natürlich Dein absolutes Vertrauen haben. Was ich Dir schreibe, ist natürlich ohne Unbequemlichkeiten für andere Leute zu machen. – Also vorläufig
haben wir Zahlen mit denen gerechnet werden kann. – Zunächst
schicke ich Dir gleichzeitig die fehlenden 100 M. von der letzten
Rate, sodaß also da zunächst wieder Ordnung ist. Ich hoffe Dir
demnächst noch einmal dasselbe schicken zu können – so daß Du
also die Anschaffungen extra erledigen kannst u. den Mai nicht
antasten mußt. – Lieber Junge, glaubst Du denn, ich gönnte Dir
den Mai nicht. Du sollst bloß gesund bleiben u. eine gewisse
Seßhaftigkeit nicht außer Acht lassen, wenn ich Dir raten kann –
die meiner Ansicht nach eine der Hauptbedingungen für Deinen
Körper ist. – Also laß Dir den Mai nicht verkümmern. Nach dem
was vorliegt, wird es doch gehen, nicht wahr? –

Was macht der Fischersche Vertrag? Schreib mir darüber. –
Übrigens. Landshoff heiratet am Montag in München:
Adresse einfach: Schleissheim. Beifolgend schicke ich Dir
auch, was ich an Manuskripten aus letzter Zeit habe. Du wolltests
doch haben. – Die Hauptmannsache lege ich bei; dann hast Du
das Buch beisammen. – Übrigens versuchen würde ichs
doch in München mit dem Hauptmann. Was anderes schick
bestimmt: an Herrn Neumann Kunstmaler München, Schellingstr. 2 graphische Schule. Und schreib gleichzeitig an Landshoff, damit er die Sache etwas betreibt.
Servus! Herzlichste Grüße von Liesing den Kindern u.
Deinem Fritz.   B. 15. März 01.
Beiliegend 2 Typen
1 Brief von der »Zeit«.
2 weitere Briefe.
eine Visitenkarte.

Gleichzeitig ein Pack Drucksachen u. Manuskripte. Die Zeitungen bitte umgehend zurück. Ich schicke sie bloß, damit Du siehst, daß ich als Sieger nicht reingefallen bin. Auch wenn Herr Mauthner mich gar nicht erwähnt. –

726. AN AMÉLIE MORGENSTERN IN STARNBERG.
DAVOS, 9.4.1901

Davos-Platz, 9.IIII.01.

Liebe Mama,

Innigsten Dank für Deine Erkundigungen und Dein liebes Anerbieten. Dass ich es nicht annehme, mag Dich nicht betrüben. Genug, dass es mir gut geht, auch gesundheitlich erheblich besser als letzten Herbst, wo sich die Rippenfellentzündung von 1893 auf der rechten Seite wiederholt hatte. – Gar wohl erinnere ich mich noch der treuen Pflege, die Du mir damals angedeihen liessest und bin Dir noch heute von Herzen dankbar dafür.

Mit Deiner liebevollen Absicht, Toni Schertel etwas von den Schmucksachen meiner lieben Mutter zu schenken, bin ich natürlicherweise vollkommen einverstanden. Bis jetzt hat mir Lindl noch nichts geschickt. Solltest Du sie noch in Händen haben, so bitte ich Dich, doch selbst, was Dir geeignet erscheint, auszuwählen. Ich bin gewiss, dass ich es nicht besser treffen könnte. – Was Du über Dich schreibst, erfreut mich aufrichtig. Niemand kann mehr wünschen, dass eine glückliche Gegenwart Vergangenes gut machen möge als Dein Dich von Herzen grüssender

Christian Morgenstern.

727. VON FRIEDRICH KAYSSLER.
CHARLOTTENBURG, 13.4.1901

Lieber Junge, Von Herzen Dank für Geburtstagsbrief, -blumen und -kiste. Der Rodin ist mächtig; wie kommen denn die Hunde dazu sowas einen Kürbis zu nennen. Ich las es neulich. Deine Japanerin ist, Abends besonders, eine sehr ausdrucksvolle Person; sie steht auf meinem »Kaminsims« – denk mal, Hedda! Nächstens mehr. Brahm bittet mich, ihm die Kerrparodie von Dir (bei Wolzogen!) zu verschaffen. Sie hat ihm so ausgezeichnet gefallen.

Willst Du sie mir schicken? Herzlichste Grüße von Liesing den Kindern u. Fritz.
Reinhardt hat »Arkel u. Ceroïde« nicht. Du hast es bestimmt.

728. VON FRIEDRICH KAYSSLER. BUDAPEST, 20.4.1901

Sendet Grüße von der Tournee. Ein 10 täg. Gastspiel mit Henschel, Jugend, Glocke Probekandidat eventuell mit Gespenster, Kramer. *Hofrat Turban hat ihn im Theater aufgesucht.* Was er von Dir erzählte, hat mir furchtbar viel Freude gemacht. *M soll ihm Grüße bestellen.*
N.: Brahm.

729. VON LUISE KAYSSLER.
[CHARLOTTENBURG], 22.4.1901

Fritz ist in Pest; *sie hat noch keine Nachricht. Schickt zunächst 200 Mark. Mahnt zur Vorsicht bei der Reise. Fritz hat Turban gesprochen. Zitelmann ist da; sie verstehen sich sehr gut.* Man freut sich wirklich wenn man unter all den Affen mal wieder einen wirklichen Menschen findet. – *Wünscht* recht gesunde *Reise.* Viel Vergnügen, viel Vorsicht, viel Gesundheit. Gruß von uns allen.
N.: [Paul] Martin.

730. VON ALBERT LANGEN. PARIS, 25.4.1901

Hat auf seine Schreiben vom 15. und 30.3. keine Antwort bekommen, nimmt aber an, daß M mit der Übersetzung von »Sigurd Jorsalfar« begonnen hat; das Gegenteil wäre recht fatal, denn ich möchte das Werk gerne sehr bald ausgeben. *Bittet um* umgehende *Antwort.*
N.: München.

731. AN RICHARD DEHMEL [IN HEIDELBERG].
DAVOS, 25.4.1901

Verehrtester,
Schon seit Monaten ist es mein Wunsch, Ihnen durch einen Gruss aus froherem Herzen den Eindruck meiner missmutigen Zeilen vom December verblassen zu machen. Mag es denn ein fröhlicher Frühlingsgruss sein, der Ihnen sage, dass es imgrunde gar nicht so schlimm bestellt sei mit

Ihrem
Christian Morgenstern.

(Von Mai ab Vierwaldstätter See)

732. VON RICHARD DEHMEL. HEIDELBERG, 26.4.1901

Das freut mich von ganzem Herzen. Glückauf zur ferneren Genesung!

R. Dehmel.

(Heidelberg, Neue Schloßstraße 18.)
Ich wohne schon seit 2 Jahren nicht mehr in Pankow.

733. AN LUDWIG LANDSHOFF IN SCHLEISSHEIM.
DAVOS, 26.4.1901

Gratulation zur Hochzeit.
N.: Vierwaldstätter See.

734. VON EFRAIM FRISCH UND FEGA LIFSCHITZ.
ZÜRICH, 27.4.1901

Beide grüßen und möchten erfahren, wie es M geht. Weitere Unterschriften: O. Knischewsky *und* Ettinger.

735. VON FRIEDRICH UND LUISE KAYSSLER.
CHARLOTTENBURG, 4.5.1901

Geburtstagsgrüße; Kayssler hat aber jetzt keine Ruhe für einen Brief. Nächsten 1. gehts schon wieder auf Reisen, nach Wien, Prag, Graz, u. bis dahin müssen noch Schall u. Rauchsachen in Menge geleistet werden. Außerdem u. vor allem sind die Praeliminarien zu einer Schall- u. R.-Theatergründung für nächstes Jahr jetzt in der ärgsten Krise. Hoffentlich wird was draus. Und daraus wieder über mehrere Jahre ein großes Theater, wo wir alle zusammen wirken können. Ich verspreche Dir den Dramaturgenstuhl. – *Fragt, wie ihm die Reise bekommen ist und nach der Adresse.* – *Geburtstagswünsche von Liese. Sie ist neugierig, ob M die Photos gefallen.*
N.:Verlagshaus Vita. Brahm. Die Kinder.

736. VON ALBERT LANGEN. PARIS, 4.5.1901

Hatte im gestrigen Brief »Maria von Schottland« mit »Sigurd Jorsalfar« verwechselt, aber auch für diesen scheint ihm 500 Mark Honorar zu viel. Bietet 400 und bittet um baldige Zu- oder Absage.

737. VON FRIEDRICH KAYSSLER.
CHARLOTTENBURG, 11.5.1901

11. Mai 01.
L. Chr. Erstens: warum schreibst Du denn in Teufels Namen Deine Adresse nicht? Der Geldbrief liegt da u. ich kann ihn nicht abschicken. Zweitens: Könntest Du nicht möglichst umgehend veranlassen, daß Du die Blinden von Wolzogen zurückbekommst? Sie sind doch dort einfach für unaufführbar erklärt worden. Schall u. Rauch lechzt danach. Für die Aufführung am 15. wollten wirs haben, kriegens aber nicht. Nur Du kannst es zurückkriegen. Wenn W. hört, daß wir es wollen, giebt ers nicht her. Für eine Aufführung die hoffentlich noch im Mai stattfinden kann, wären sie so erwünscht. – Mein Opernglas käme mir gelegen. Servus. F.

738. [VERMUTLICH AN RICHARD SCHEID IN MÜNCHEN].
KASTANIENBAUM, 14.5.1901

Wird sich freuen, in Ihrer lyrischen Anthologie vertreten zu sein.
Bietet eine gute Amateuraufname *von sich an.*

739. AN RICHARD SCHEID [IN MÜNCHEN].
KASTANIENBAUM, 23.5.1901

Kastanienbaum, den 23. Mai 1901
Sehr geehrter Herr,
Entschuldigen Sie meine Saumseligkeit, deren Gründe zum Teil
in meinem Wanderleben liegen. Ich bin sehr gern bereit, bei
Ihrem Unternehmen mitzuwirken, das sich zu etwas Schönem
und Wertvollen auswachsen kann. Nur hätte ich zweierlei auf
dem Herzen: Erstens, meinen »Lebenslauf« selbst abfassen zu
dürfen (wobei ich mich gern auf die allernotwendigsten Daten
beschränken möchte), und zweitens im Punkte des Bildschmucks
nicht ganz der Willkür eines mir allenfalls unbekannten Zeichners preisgegeben zu sein. Ausserordentlich würde mich freuen,
wenn Sie z.B. Herrn Wolff dafür gewinnen könnten.
Indem ich Ihnen, sehr geehrter Herr, für Ihre Aufmerksamkeit,
mich zur Mitarbeit aufzufordern, bestens danke, verbleibe ich
mit vorzüglicher Hochachtung
Christian Morgenstern.

740. VON EFRAIM FRISCH UND FEGA LIFSCHITZ.
[ZÜRICH, 25.5.1901]

*Efraim Frisch kann Pfingsten nicht kommen, weil ihn ein Schnupfen plagt – und das Gewissen, weil er nicht zum Arbeiten kommt.–
Bittet, für ihn wegen einer Wohnung zu inserieren.* »Die Schallmühle« hat mir sehr gefallen u. macht mich auf die »Deckenfelder« schon sehr begierig. Hast Du schon mehr davon? – *Fega
Lifschitz fühlt sich auch nicht besonders wohl, sonst würde sie allein
kommen. Sie hat das* Märchen *auch gelesen*, und es war für mich

eine Freude u. Erfrischung. Es ist sehr schön. *Möchte eigentlich doch gern kommen.*
N.: Sisikon. Luzern. Brunnen. Flüelen.

741.   AN JULIUS MOOS IN GERSAU.
        KASTANIENBAUM, 30.5.1901

Dankt für die Karten. Kann leider sowieso erst Sonntag über 8 Tage oder dergl. kommen, da ich von Juni ab ernstlich Tag für Tag arbeiten muss. *Und* diesen Sonntag *muß er* mit e. Freund aus Berlin Quartier für diesen suchen, *eine ganz ruhige Stube zum Arbeiten, privat und mit Pension in der Nähe.* Höchstens 4 fr. alles zusammen. [...] Werde ihn wahrscheinl. nach Wolfenschiessen dirigieren.
N.: Engelberg.

742.   AN RICHARD SCHEID IN MÜNCHEN.
        KASTANIENBAUM, 4.6.1901

                    z.Z. Kastanienbaum bei Luzern 4.6.01.
Sehr geehrter Herr
Wenn es nicht anders geht, so verzichte ich demnach auf Honorierung. Schachteln Sie mich aber bitte womöglich mit zweien zusammen wie etwa Benzmann und Holzammer, mit denen ich bekannt und ungefähr gleichzeitig bin.
Meine Sommeradresse ist am besten Luzern, poste restante; von dort wird mir alles nachgeschickt. Sonst auch S. Fischer Berlin oder Friedrich Kayssler, Charlottenburg, Knesebeckstr. 77.
            Hochachtungsvoll: Chr. Morgenstern

743.   VON FRIEDRICH KAYSSLER.
        [PRAG], VOR DEM 5.6.1901

Grüßt aus Prag. – In diesen Tagen waren wieder lauter Schall- u. Rauchkrisen. *Sie verhandeln mit Steinert wegen eines Schall-und-*

*Rauch-Theaters. – Liese sucht im Harz eine Sommerwohnung. –
Er fährt diese Nacht nach Graz. –* Hier sprechen wir viel von Dir:
Orlik, Quapieelll[?] Bondi, Salus.
N.: Rüters. – Schierke und Elend. Wien.

744. AN JULIUS MOOS IN GERSAU.
KASTANIENBAUM, 8.6.1901

*Zieht morgen nach Wolfenschießen, Haus Eintracht.
N.: Engelberg.*

745. VON FRIEDRICH KAYSSLER. WIEN, 13.6.1901

Lieber Junge,
Dank für Deine Karten. Also nu werd ich Dir erst mal Deine
letzten Nachrichten beantworten. – Es ging eben in dieser Zeit
nicht anders: Es sollte sich doch aus Schall u. Rauch was Selbständiges entwickeln. Nu fehlte uns der Geschäftsmann, einer,
der unserm Dispositionsvermögen in künstlerischer Beziehung
auf geschäftlicher Seite entsprochen hätte. Das erfordert eben
die Harmonie eines selbständigen Organismus. Wir hatten ja
während des Winters einen Mann für die praktischen Erledigungen, Berthold Held, einen alten Kollegen Reinhardts, der
sehr gewissenhaft u. arbeitsfähig ist, aber kein selbständiger
Kerl. Und unsere Hauptsorge war, eben Jemand zu haben, der
die Sache allein ohne uns über Wasser halten kann, auch wenn
wir uns wegen Berufsarbeiten mal längere Zeit gar nicht darum
kümmern können. Wegen dieses Mangels an der geeigneten
Person haben wir lange, bis vor einigen Tagen mit Growald
Steinert u. Consorten (auch Edel) verhandelt, die uns angeboten
hatten, uns an ihrem »Musenstall«, einem originell auszustattenden Überbrettl-Klublokal, zu beteiligen. Wir haben aber gemerkt, daß wir von den Brüdern einfach übers Ohr gehauen
würden u. haben uns jetzt endlich zurückgezogen. Bei der Gelegenheit sind wir auch zum Glück unsern Martin Zickel losgeworden, der dabei im Musenstall kleben geblieben ist. Der Kerl

hat nämlich ohne ernsthafte Mitarbeit immer so mitgethan u. es stand bevor, daß er nun unsere eventuellen großen Vorteile mit uns genießen sollte, ohne ehrliches Verdienst. Das ärgerte uns schon lange, wir konnten ihn aber nicht los werden. Nun endlich. – Wir machen nun selbständig Schall u. Rauch auf in Arnims Hotel unter den Linden. Schöner Saal u.s.w. Als officieller Direktor wird Oberländer eingesetzt, als Büro- u. technischer Bühnenvorstand Held, die treibenden Elemente sind Dumont, Reinhardt u. ich. Es wäre nun sehr schön, wenn wir Jemand wie Wedekind erobern könnten, der zugleich eine litterarische Person u. ausübendes Mitglied wäre. Er scheint aber schon von Bruder Zickel für Musenstall gewonnen zu sein. Ebenso ist uns Salzer dorthin entgangen. Weißt Du vielleicht Einen, der dieser Lücke entspräche: kein bloß litterarisch akkreditirter Mann, sondern auch irgend wie praktisch zu verwenden? Ferner wollen wir Reicher gewinnen. Er hat Lust, ist doch jetzt ohne Engagement. Denke Dir ihn als Pantomimiker ersten Ranges, sein stummes Spiel – das wäre wirklich eine große Attraktion. Jaja, Du schüttelst den Kopf; es soll sehr ernst werden; nicht bloß Ulk. Glaubst Du nicht auch, daß sich auf dem Wege des Einzelvortrages die Schauspielkunst, vielleicht zum ersten Mal, allein ohne fremde Hülfe, »an sich« durchsetzen könnte? Mir ahnt in dieser Beziehung manches. Da hat Vallentin z.B. eine famose Idee: »Unbelauschte Momente«: Man sieht durch ein Fenster Menschen, wie sie sich in bestimmten Situationen ohne Zeugen benehmen. Mimische Monologe. Ich denke sogar an etwas Ähnliches wie Schauspielerische Improvisationen, eine Art typische Darstellung von Empfindungen u. Leidenschaften losgelöst von dichterischem Text. Es ist mir unklar bis jetzt. Aber sei dieses Thema mal angeschlagen. Denke doch auch darüber nach. – Und denke überhaupt jetzt ernsthaft an uns. Hervor mit Deinen Ideeen! Möglichst al fresco – das brauchen wir zunächst. Schick Deinen Lauff nur. – Wir wollen übrigens auch jetzt anschließend an das hiesige Gastspiel ein Schall u. Rauchgastspiel im Karltheater auf 8 Tage machen. Man bot es uns an, wir wären dumm, wenn wirs nicht thäten. Dann gehts 3 Wochen in den Harz, nach Schierke, Klassische Gegend, bis 1. August. Dann leider wieder Berlin. – Die Aussicht auf den Konkurrenzkrieg im Winter gegen Wolzogen u. Musenstall die wie wir beide unter den Linden spielen, hat uns wieder Feuer ins Gebein geblasen. Nun sind wir wieder zuversichtlich u. froh, vor allem, weil wir die eklige Gesellschaft vom Musenstall los sind. – Ich will ja gerne im Harz nach etwas suchen; aber ich rate Dir entschieden ab davon. Ich denke, Du bist nun entschlossen, vorläufig konsequent dort unten auszuharren. Junge, das bringt Dich doch sicher vorwärts. Wenn Du wieder Luft wechselst, das kann doch unmöglich gut sein. Vor allem fürchte ich wie die Pest für Dich die Nähe Berlins. Das verleitet Dich früher oder später doch wieder, dahin zu kommen, u. das ist doch das Allererste was Du zunächst vermeiden mußt. Nicht? Wie wir alle wünschen Dich hierzuhaben, das weißt Du doch; aber wir wollen Dich gesund wiederhaben, u. Du mußt konsequent bleiben. Außerdem, die Reise ist auch teuer, wenn Du die nicht nötig hast, kommt es wohl ziemlich auf dasselbe raus, wenn Du dort bleibst. Und Du hast einen riesigen Vorteil gesundheitlich. Das stand bei mir immer fest; ich dachte auch bei Dir. Lieber Junge, thu mir die Liebe u. bleibe für einige Zeit auf dem jetzigen Wege; denke doch, wie wertvoll es ist, jetzt stetig vorwärtszugehen. – Hab ich denn nicht Recht? Gieb mir die Hand. Und dann: Du bist ein komischer Kerl: Du schreibst: »spar nur für mich, ich kanns nicht.« Glaubst Du, ich kann es sonderlich? Meine Sorge ist eben nur, daß alles klappt. Schreib mir doch mal, was Du für Pläne für den Winter hast, praktischerseits. Was giebts für Aussichten? Zunächst laß Dir freies Feld bei unserm Unternehmen. Gieb uns Ideeen, Szenen, Lieder zur Guitarrenbegleitung od. ähnliches (àla Scholander), grabe uns alte Lieder, Volkslieder aller Nationen aus, übersetze französische gute Sachen die für uns passen. Mache uns irgend einen Vorschlag in dieser Beziehung. – Was die Mammonsache anbelangt, so steht es jetzt so: es sind noch 750 M. da, die ich am liebsten auf 3 Mon. einteilte, sodaß es bis 1. Okt. reicht. Du kriegst doch jetzt noch Tantièmen. Schreib mir ganz offen, ob Dirs recht ist, aber ohne Rücksicht, um Gotteswillen sachlich, nicht an falscher Stelle sparen. Denn wenns darauf ankommt, würden wir wohl die kleine Lücke noch ergänzen können. Über den Winter möchte ich nun Deine

Pläne und Deine Vorschläge u. Absichten für Schall u. Rauch haben. Schreib also, was Du Dir denkst, an uns: an Reinhardt u. Kayssler, Wien, Hotel Continental, »Schall u. Rauch«. Hurrah! Durch!!!!

Auch über die Schall u. Rauchbücher mußt Du durch den Waschzettel erfahren. Es ist eine Schande. Aber es ging eben alles drunter u. drüber. Das erste Buch ist von Reinhardt, das zweite soll von mir sein, u. als drittes dachten wir Deine Galgenlieder. Ist Dir das recht. Das ulkige wäre, wenn Sch. u. Löffler jetzt die Galgenlieder u. meine Sachen aufnehmen müssen, die sie früher ablehnten. Ich schreibs ihnen schon. – Du wirst doch natürlich den grünen Leuchter hingeben. Was vergiebst Du Dir denn jetzt? Wenn sie zu Dir kommen?!! So arge Idealisten wollen wir doch nicht sein. –
Auch die Zeitungen u. Programm vom letzten Schall u. Rauch-Abend bekommst Du noch, von Berlin aus.
Gewiß, ich habe Galgenlieder vorgelesen, mit großem Erfolg. –
Denk Dir, der Junge soll jetzt ganz kurz geschoren sein. Die Ilse macht uns jetzt Sorge; sie ist so schwächlich u. hat Waldluft sehr nötig. Glücksmann verordnet Soolbäder, sie wäre etwas skrophulös. Frieda ist gesund. Beide werden immer hübscher. Der Junge immer frecher. Ja, nich wahr, das Bild ist famos! –
Langen ist ein frecher Hund. Hast Du schon Antwort? –
Was von Reinhardt zu erzählen ist, ist wohl dasselbe im Ganzen wie von mir; er ist sich seines schweren Schweige-Unrechts gegen Dich wohl bewußt, vermag aber den Bann, – allerdings für andre Sterbliche unverständlicherweise – immer noch nicht zu brechen. Na, Amnestie ist das beste in solchen Fällen, Regierungsantritt von Schall u. Rauch ist gute Gelegenheit dazu. Frau Dr. gehts gut; ich hörte seit Berlin nichts von ihr, sie ist die wahre Patronesse von Schall u. Rauch geworden, hat ehrlich mitgearbeitet. – Also schreib! schreib! schreib! Wir grüßen dich von Herzen! Dein alter Fritze.   Wien, Hotel Continental, 13. Juni 01.
Eben Telegramm von Wedekind, daß er nächsten Winter mitmachen will. Na also.
Gruss an Frisch.

746. AN JULIUS MOOS IN ENGELBERG.
WOLFENSCHIESSEN, 10. 7. 1901

Freut sich, daß Moos kommen will, und bittet ihn, jedenfalls zum Mittagessen zu kommen.
N.: [Efraim Frisch].

747. AN RICHARD SCHEID IN MÜNCHEN.
WOLFENSCHIESSEN, 21. 7. 1901

Fragt nach, wieviel Raum seine Gedichte in dem Heft einnehmen dürfen, die Auswahl will er selbst machen; er hat nur ein Handexemplar. Landshoff dürfte die Bücher haben. Läßt Wolff und Landshoff grüßen, hat wegen Peer-Gynt-Arbeiten keine Zeit zum Schreiben.

748. VON FRIEDRICH KAYSSLER. SCHIERKE, 25. 7. 1901

[*Anfang fehlt*] Ich habe eine Idee, durch die unsere Schall und Rauch-Sache vielleicht plötzlich den tragischen Zug bekommen könnte, den wir so gern ausbilden möchten, nämlich »Mikrodramen«, kleine Tragödien, Tragi-Komödien usw. in zwei bis fünf Akten, jeder Akt eine ganz knappe starke Szene. Der Stoff muß so sein, daß er nach dieser knappen lapidaren Kunstform schreit. Natürlich darf so ein Mikrodram nicht wie der Embryo eines großen Dramas wirken, sondern als ein kleines lebenskräftiges konzentriertes Wesen an sich. Voilà. – Dein alter Hut voll Ideen ist voll Freude aufgenommen worden und wird seine Früchte tragen. –

[*Lücke*] das Programm wird erst von August an in Angriff genommen. – Ulkig, daß Deine Schule-Idee einer ähnlichen von mir auf halbem Wege entgegen kommt. Dein Souffleurkasten-Hinterkopf kam zu spät; schon von Reinhardt erfunden. – –
[*Lücke*] nach denen ich in meinem großen dicken Briefe fragte. Herzlichste Grüße von uns allen. Dein

Fritz.

749. AN LUDWIG LANDSHOFF [VIELLEICHT IN
MÜNCHEN]. WOLFENSCHIESSEN, 5.8.1901

> Wolfenschiessen, Unterwalden, »Eintracht« 5.VIII.01.

Lieber Lutz,
Soeben fällt mir ein, dass ich Dir ja immer noch die Antwort auf
den längsten Deiner jemals geschriebenen Briefe schuldig bin, die
gewiss schon eher gekommen wäre, hätte ich Dir nur Erfreulicheres – in punkto Textes – zu sagen gewusst. Ich darf nämlich
leider an nichts andres denken als an die endliche Vollendung der
Ibsenarbeit, insonderheit zunächst des Peer Gynt, der spätestens
Anfang Oktober erscheinen soll. Und dann sind noch die Gedichte für den Winter übrig. Aus diesem Grunde komme ich auch zu
gar keiner Korrespondenz.
Zu Deinem Kapellmeisterposten gratuliere ich Dir; kannst Du
auf besagter Aachenreise nicht via Wolfenschiessen kommen,
meiner ebenso entzückenden wie billigen Sommerresidenz?
Schallundrauchst Du nicht auch etwas? Da Du den elf Scharfrichtern glücklich durchgebrannt bist? Das Drama in 1 Satz ist
wirklich gut. Meine Drämchen etc. wollen noch immer nicht
verlegt werden. Und so kommt's, dass das Publikum – worauf ja
allerdings sehr viel ankommt! – zuletzt meint, man machte die
»Mode« mit, während man sie längst vorgemacht hat.
Aber adio! Grüsse Deine liebe Frau, die ich leider immer noch
nicht persönlich kenne – habt Ihr nicht irgend eine Type, vielleicht amateuristisch – und verbleibe allezeit
                                        mein
                                    Lutz Landshoff
                                    in der Nuss
Grüsse Wolf, den vortrefflichen.

750. VON FRIEDRICH KAYSSLER.
CHARLOTTENBURG, 20.8.1901

L. J. bitte Dich dringend, die Dispositionen über den Winter nicht
bis Oktober zu verschieben, weil Du sonst etwa in die Enge
kommst. Habe eben an Schuster telefonirt, er versprach Dir Ende

der Woche über Alles Bescheid zu geben. Du mußt Dich unbedingt jetzt schon sicherstellen, darfst das nicht so hinausschieben. Bitte, thus! – Brand möchte ich weiß Gott gerne lesen, kannst Dirs denken – aber jetzt einfach unmöglich. Zu viel zu thun. Jede freie Minute zum Dichten nötig. – Ich möchte nun für uns vorallem baldigst folgendes von Dir haben u. dem Schall. u. Rauchkollegium vorlegen: Die Hauptmanniade – Lauffscene – 2 Gesänge des Berliner Epos – Epigramme. – »Tod und Trinker« scheint mir auch gut. Lieder v. Kahn ebenfalls. – Der Blaue ist m. Ans. nach schwer so zu ändern, daß er fürs Publ. klar u. wirksam wird, ebenso die Scenen von früher (Schauspieler u. Gesellsch.) Der Litteratentisch im Café ist ein Thema, das sicher sehr gut noch zu verwirklichen wäre! – Hast Du Schall u. Rauch-Buch von Reinh. gekriegt? Wahrscheinlich nicht. Sei gut, ich habe selber noch keins bekommen noch gelesen. Bitte um Galgenlieder. Natürlich. Franz Flaum werde sofort aufreihen. Kann uns viel nützen. – Danke. Bitte lege Dir ein Verzeichnis unserer Wünsche für Schall u. Rauch an, damit nichts vergessen wird. Schicke obiges bald! Hauptmanniade hat solange Zeit, bis der grüne Leuchter untergebracht ist. Herzl. Grüße von uns allen. Dein Fritz

751. VON JULIUS ELIAS. BERLIN, 27.8.1901

Berlin W. 10, den 27. Aug. 1901
Matthäikirchstr. 4, II.
Lieber Herr Morgenstern,
haben Sie Dank für Ihre Zuschrift. Aber Sie sollen nicht von mir glauben, daß ich nur als Redakteur zu Ihnen spreche. Ich bin Ihr Freund, der mit Ihnen empfindet und alle Seiten Ihrer außerordentlichen Begabung voll zu würdigen versteht. – Den September werde ich Fischer und auch dem Publikum gegenüber noch zu verteidigen wissen. Bogen 18 ist schon gedruckt. Ich fand auf dem letzten Abzug keine entsprechende Bemerkung. Ihre Korrekturen sind ganz genau ausgeführt.

Die Aushängebogen habe ich Ihnen in zwei Exemplaren bestellt; sie werden pünktlich an Sie abgehen.

In der Beurteilung des Brandes irren Sie denn doch ein wenig. Er

ist weder so alt, noch so krank, noch so unbemittelt, wie Sie anzunehmen scheinen. Meine begründeten Erfahrungen in diesem Punkte, sollen Sie einmal mündlich hören. Die Handlungsweise uns gegenüber war weder notwendig noch gentlemanlike. Ich bemerke im Übrigen, daß Brandes unter dem neuen Ministerium die langersehnte Professur bekommt.
Einen Abzug der Einleitung erhalten Sie dieser Tage; sie wird eben gesetzt. Sie können sich denken, daß ich mir die größte Mühe geben werde, eine Liaison zwischen dem »Deutschen Theater« und dem »Brand« zu vermitteln.

  Mit herzlichen Grüßen, auch von meiner Frau
      Ihr
      Julius Elias.

752. VON FRIEDRICH KAYSSLER.
  [VERMUTLICH CHARLOTTENBURG, AUGUST 1901]

Mitteilung, daß »Schall und Rauch« in Arnims Hotel Unter den Linden gemietet hat *und* die steingrauen Sitze und die Bühne in Form eines griechischen Tempels in Angriff genommen werden.

753. VON HERRN UND FRAU PONFICK, ELLY S.,
  CLÄRE P., CEPËSTCA[?], KNOLLCHEN.
  SEELISBERG, 1.9.1901

Gereimte Grüße auf einem Foto von einem mit M unternommenen Ausflug nach Schöneck am 25.8.

754. VON FRIEDRICH KAYSSLER.
  CHARLOTTENBURG, 5.9.1901

Servus, lieber Junge.
Deine Jongleuse ist beim Komponisten. Man hofft sehr viel von ihr. Der Rest des grünen Leuchters geht dieser Tage an Dich ab.

Hier ein Brief, der vielleicht nicht ohne Wichtigkeit. Herzl. Grüße. Mammon erhalten? Dein Fritz.
Chbg. 5. Sept. 01.

755. AN RICHARD SCHEID IN MÜNCHEN.
WOLFENSCHIESSEN, 16.9.1901

Hat infolge eines Missverständnisses noch nichts geschickt; will versuchen, es nachzuholen, obwohl er vollständig von »Peer Gynt« in Anspruch genommen ist. Bittet um das Benzmann- und Holzamerheft.

756. VON FRIEDRICH KAYSSLER.
CHARLOTTENBURG, 16.9.1901

16. Sept. 01.
L. J., Schrieb Dir doch:»Rest des grünen Levetta[«]. Wir haben die Geschichten von Scheerbart u. Altenberg u. Madame de chez M. zurückbehalten. Kannst Du nicht unterdeß schriftlich Fühler ausstrecken wegen Arosa etc.?! Thu das doch ja! – Frisch war da; ich freute mich herzlich ihn zum 1. Mal anders wie früher zu sprechen. Er erzählte Gutes von Dir! Fein. Fein. Fein! Mach soweiter! Cigarretten rauchen freilich – na ja! Da schweigen wir. Servus! Glück Arosa!   Alle grüßen – D. F.

757. VON JULIUS ELIAS. BERLIN, 21.9.1901

Berlin W. 10. 21.9.01.
Lieber Freund,
von einer kleinen Reise nach Hannover zurückgekehrt, finde ich Ihre Zeilen vor. Selbstverständlich werden Fischer, Jonas (sehr einflußreich!) und ich alles Erdenkliche thun. Haben Sie nunmehr die Güte, uns umgehend die Gesamtsumme anzugeben, die wir erwirken sollen. Ein jeder »Beiträger« wird im Hinblick auf das Ganze eingeschätzt. Daß es nur um kunstfreundliche und

zartfühlende Leute sich handeln kann, brauche ich Sie nicht zu versichern. Zugleich wären wir Ihnen dankbar für die Angabe, bis zu welchem äußersten Termin Sie die erste Rate brauchen. Es wäre uns für einen hinreichenden Erfolg überaus lieb, wenn wir den Herren den Brand-Peer Gynt-Band überreichen könnten. Das ist vor allem Jonas' Meinung. Ich lasse so rasch wie möglich drucken, damit wir wenigstens Aushängebogen übergeben können. Sie sind ja jetzt so fleißig am Werke, daß das Ganze bald vorliegt.
Apropos, sagen Sie doch auf Fahne 55 statt »Ein in Trauer gekleideter Mann« »Ein Mann in Trauer« (s. Lessing »Die Dame in Trauer«).

                    Viele Grüße
                       Ihres alten
                        Julius Elias.

758. AN MARIE GOETTLING [VIELLEICHT IN SORAU].
       WOLFENSCHIESSEN, 24. 9. 1901

Meine liebe Marie [...] Am liebsten fast schickte ich Dir nur die wenigen Zeilen, die Du beigelegt findest –. Sie sagen Dir alles oder wenigstens das Gefühl, in dem ich an Dich denke. Ich hoffe, wir sehen uns wieder, was ich aber nicht nur hoffe, sondern weiss, ist, daß das Beste unserer Naturen sich allezeit unverloren bleiben wird [...] Bis Anfang Sept. war ein intimer Freund von mir hier, Ephraim Frisch, von dem Du noch einmal in der Litteratur hören wirst: wir lebten abseits vom Table-d'hôte-Schwarm und wurden dafür »die Nihilisten« getauft [...] *Mitteilungen über seinen Gesundheitszustand und die Ibsenübersetzungen.* Eignes hat sich natürlich auch gemeldet, im Nebenamt. Ein Bändchen dramatischer Satiren findet jedoch keinen Verleger, und Verse kennt das p.t. Publikum vorläufig genug von mir. Dagegen will ich im Winter endlich ein Buch Epigramme zusammenstellen, fürchte aber, dass ich auch dafür keinen Verleger finden werde, weil ich zu wenig in Reih und Glied marschiere [...]

759. VON FRIEDRICH KAYSSLER.
[CHARLOTTENBURG, VOR DEM 1.10.1901]

Lieber Junge,
Schreib bald wieder mal, wie Deine Sachen stehen – Arosa – Fischerangelegenheit – Peer Gynt etc. –. Für heute etwas Geschäftliches. Ich bitte Dich, mit beiliegenden Geschichten folgendes zu machen: Wir wollen in unser Programm folgende stehende Nummer einführen: »Kulturkarrikaturen«. Darunter gehören diesmal z.B. eine Szene aus der Jugend –: »Dichterschule«, eine andre, »Dekadenten« alles ganz kurze Sachen, die mit 2 Stühlen u. einem Tisch in 2 Minuten gesprochen sind. Nun denke ich mir, könntest Du leicht diese blödsinnigen Geschichten in eine Szene bringen: Theenachmittag bei einem modernen Dichter, wo sich die Dichterlinge ihre Erzeugnisse vorlesen. Vielleicht feierliche Anordnung mit einem Richter, der dann dem schönsten den Preis erteilt. Da fällt mir ein, wir haben von Carleas u. Elisande noch eine schwarze Rahmendekoration, wo die Personen nebeneinander in schwarzen Rahmen unbeweglich standen. Vielleicht ließe sich das hier verwenden. In jedem Rahmen steht ein Pult. An jedem Pult ein Dichter, der liest. In der Mitte der Richter. Am besten wäres Du schriebst nur die Szene um die Geschichten herum, ohne bestimmte Situation, damit mans nachher ausprobiren kann. Nur die Charakteristik der Jünglinge; Du erzähltest ja mal von einer Begegnung bei Scheerbart mit Hille u. Ewers. In diesen Rahmen ließen sich dann alle möglichen Karrikaturen bringen. Auch Deine Studentensache etc. könnte da hinein. Die Hauptsache ist, Kürze. 3 Minuten. Durch die Vorlesung der Geschichten dauerts ja hier etwas länger. Dies möchten wir fürs 2. Programm. Also bald! –
Dann könnte man die Galgenlieder in einen ganz ähnlichen Rahmen bringen. Dafür eignete sich die schwarze Rahmendekoration vielleicht noch mehr. Auch das schick uns, ja!
Die Senders, die die Galgenlieder verkörpern sollte, ist uns nämlich durchgebrannt d.h. sie kommt vielleicht noch auf kurze Zeit, aber nicht am Anfang, leider. So aber könnten wir die Galgenlieder auch ohne sie gut anbringen. Wir möchten nämlich das bloße Vorlesen gern vermeiden, weil es sehr an Wolzogen erinnert.

Alles schreitet der Eröffnung entgegen. Obs fertig wird zum 1.
Okt. wissen die Götter. Herzlichste Grüße! Erkälte Dich nicht.
                                                        Dein Fritz.
Alle grüßen!
Schick die 2 Szenen bald!

760.   VON FRIEDRICH KAYSSLER. ERLIN, 2.10.1901

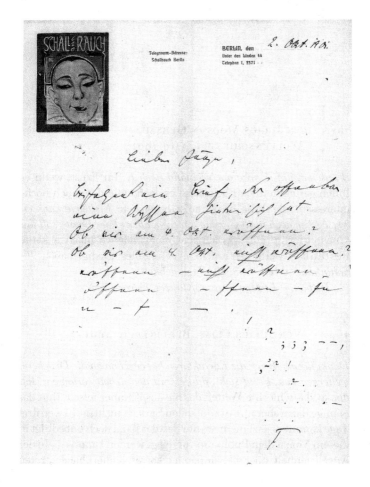

Berlin, den 2. Okt. 1901.
Lieber Junge,
beifolgend ein Brief, der offenbar eine Odyssee hinter sich hat.
Ob wir am 4. Okt. eröffnen? Ob wir am 4. Okt. nicht eröffnen?
eröffnen – nicht eröffnen – öffnen – ffnen – fn
n – f – .
!
?
; ; ; – – ,
, ² ? !
? . .
. . . . –
. . .
F.

761. AN JULIUS MOOS IN GERSAU.
WOLFENSCHIESSEN, 3. 10. 1901

Wünschte, ihn schicke auch jemand nach E. Im Ernst, wenn es
Ihnen gesundheitlich nützt, so ist es doch außerdem auch hochinteressant, die Reise, das Land selbst etc. etc. *Vielleicht kann er,
M, vorher noch nach Gersau kommen, aber »Peer Gynt« soll* am
7. schon fertig sein, was ich aber nicht möglich machen kann.
Bestenfalls werde ich am 10. oder 12. alles erledigt haben. *Bis
dahin darf er an keine Ausflüge denken.*
N.: Turban. – Luzern. Arosa. Klosters. Davos-Dorf.

762. VON JULIUS ELIAS. BERLIN, 9. 10. 1901

*Dankt für den Brief; die Korrekturen hat er schon an die Druckerei
weitergegeben. Freut sich , daß es mit der Arbeit vorangeht.* Ich
denke, das schlechte Wetter, das Sie ans Zimmer fesselt, thut das
Seinige dazu; aber abhetzen sollen Sie sich nicht, auf zwei, drei
Tage kommt es jetzt nicht an; nur daß der Band noch unbedingt in
diesem Monat dem Publikum vorgelegt werden kann. [...] In der
Angelegenheit, über die wir neulich korrespondiert haben, treten

am Freitag Fischer, Jonas und ich zusammen. […] Auch Schlenther habe ich in den Bund gezogen. – *Frisch war gestern bei ihm; er hat einen vortrefflichen Eindruck auf ihn gemacht, er will* ihn nach Kräften zu fördern suchen, *aber es sieht* mit den litterarischen Stellungen *übel aus, da Scherls* Unternehmungen […] nicht gehen *und er deshalb die Leute wieder entläßt.* Es ist hier ein greuliches Rennen auf die Redactionen.
N.:Alfred Gold. – Dresden.

763. AN FEGA LIFSCHITZ IN ZÜRICH.
WOLFENSCHIESSEN, 18.10.1901

Wolfenschiessen, 18.X.01.
Liebe Freundin, Ihre Nachrichten haben mich schmerzlich berührt; hoffentlich hat sich Ihr Zustand inzwischen wieder gebessert! Wie hübsch wäre es gewesen, wenn Sie noch einmal hätten kommen können! Bis vor Kurzem war das Wetter allerdings greulich; w e n n aber einmal ein schöner Tag ist, so ist es auch ein hoher Genuss, hier zu sein, in diesem Thal, dessen Reize nicht abnehmen, solange man auch in ihm wohnt. Mein Abendspaziergang ist jetzt meistens bis zu dem Steg von Dallwyl und dann auf der andern Seite des Baches zurück. Dieser Rückweg mit dem Blick auf die mächtigen schneebedeckten Wallenstöcke ist etwas ganz Ausserordentliches. – Sie werden sich wundern, dass ich noch hier bin. Peer Gynt allein hält mich noch fest. Noch ein paar Correcturen nun und ich kann endlich einpacken. Leider werde ich kaum nach Zürich kommen. Vielleicht im Winter einmal auf acht Tage. Ich will mich nämlich in Grindelwald bei Interlaken umsehen, und wenn's mir gefällt, dort überwintern. In Arosa habe ich nichts gefunden, Davos ist mir zuwider, – da scheint mir nun Grindelw. ein Ausweg. Halten Sie mir den Daumen, dass etwas daraus wird. Es wird mir schwer, nicht an die Riviera zu gehen. Ich dürste nach Meer, Farben, blühenden Menschen und soll wieder in diese weisse Einöde, ohne zu wissen, ob ich je später den Süden sehen werde. – Von F. habe ich längere Zeit nichts gehört. Hoffentlich geht's ihm gut! Dass »Sch. u. R.« noch kein Erfolg war, haben Sie wohl gelesen. Kein Wunder, wenn Mietstruppen im Feuer stehen

statt der alten sieggewohnten Garde. Doch wird sich's wohl machen. Könnte ich nur in B. sein; ich bilde mir ein, die Sache durchreissen zu können. Na, vielleicht nächsten Winter! Auf Wiedersehen hoffentlich noch in diesem! Mit herzlichstem Gruss
Ihr Christian Morgenstern
Grüssen Sie, bitte, Frl. Knischewsky freundlichst.
(Es sind ausser mir bloss noch M$^{\underline{e}}$[?] Robinet u. e. Herr Fischer hier)
Den Epheu sende ich Ihnen als Gruss vom »steinernen Gott«.

764. VON FRIEDRICH KAYSSLER.
CHARLOTTENBURG, 18.10.1901

Lieber Junge, Würdest Du was dagegen haben, wenn Deine »Studentenszene in der Stadtbahn« einer größeren Stadtbahnszene eingefügt würde, die Reinhardt u. ich fürs nächste Programm machen wollen? Reinhardt hatte schon lange diese Absicht. Wir könnten überhaupt die Stadtbahn als ständige Nummer einführen u. dabei in jedem Falle, auch einzeln für sich Deine Szene bringen. Schreib sofort darüber. Heute Probe vom Laufgraf. Wird sehr ulkig. Die Jongleuse wirkte im Zimmer famos, nachher auf der Bühne kamen Mängel in der Komposition zum Vorschein. Auch die Sängerin versagte. Wir wollen das Gedicht gerne mal als gesprochene Sache bringen. Es ist jammerschade, daß der Text, der allen so gefällt, darunter leiden soll. – Emil Weber schrieb mir, daß die Kinderlieder nun wieder auf nächstes Jahr verschoben sind. Ich soll es Dir mitteilen. Übrigens sind 3 Jahrhundertbriefe in der »Zeit« angenommen. Hoch! Prost! Schreib bald.   Dein F.

765. VON FRIEDRICH KAYSSLER.
CHARLOTTENBURG, 19.10.1901

Will Madame de chez Minime *an Bie schicken. M soll, wenn es zwanglos geht, Bie auf Kaysslers »Gefangene« aufmerksam machen.* Alles grüßt.
N.: »*Neue Deutsche Rundschau*«. »*Zeit*«. »*Gesellschaft*«.

766. AN AMÉLIE MORGENSTERN [VERMUTLICH IN
STARNBERG]. WOLFENSCHIESSEN, 21.10.1901

Entschuldigt sich, ihren Brief so lange nicht beantwortet zu haben; Gründe sind die in diesen Tagen beendigte Übertragung des Ibsenschen »Peer Gynt« sowie Unschlüssigkeit, wie er in der Schmuckfrage antworten solle, da seine Zukunftsplanung noch offen war. Er wird nun noch einen Winter im Hochgebirge verbringen, aber, da er mit seiner Gesundheit recht zufrieden ist, in einer privaten Unterkunft. Dorthin kann dann der Schmuck seiner Mutter geschickt werden. – Von den erwähnten Manuskripten habe ich gar nichts mehr gewußt. Ihre Übersendung würde mir sehr willkommen sein; *er bittet außerdem um die Abschrift eines von ihr erwähnten kleinen Liedes, dessen Wortlaut er vergessen hat.*
N.: [*Samuel Fischer*]. *Emma Lindl.* [*August von dall'Armi*]. – *Deutschland. Berner Oberland. Engadin. Stanser-Horn. Vierwaldstätter See.*

767. VON FRIEDRICH KAYSSLER.
CHARLOTTENBURG, 22.10.1901

L.J. Gestern hatte ichs vergessen dazuzuschreiben: bitte sieh doch mal genauer nach, ob Du die Madame de chez Minim nicht hast. Kann es nicht sein, daß ich sie Dir mit anderem zurückgeschickt habe? Sie ist hier absolut nicht zu finden. Sonst schick mir das Manuskript, damit ichs an Bie schicke! – Die Censur wird sie uns auch verbieten. Gestern wurde Laufgraf verboten. Unglaublich! Ebenso eine famose Marni-Kinderszene. Wir protestiren natürlich. Jonas glaubt allerdings kaum an Freigabe des Laufgrafen. Aber wenn Du die Prophezeiung ändern würdest, wäre doch ein Hauptwitz flöten. Sie nehmens nämlich politisch! Überleg Dirs mal, eine Änderung müßte aber sofort geschehen. Schreib mir auch, ob Du Gefangene an Bie empfehlen kannst oder nicht. Servus Dein F.

768. AN EFRAIM FRISCH [IN CHARLOTTENBURG].
WOLFENSCHIESSEN, 26.[?]10.1901

Lieber Freund, Alles ist gepackt, am leeren Tisch sitze ich und schreibe Dir noch einen Abschiedsgruss aus Wolfenschiessen. Morgen mittag, wenn das Älplerfest gerade unter vollstem Geläut seinen Anfang nehmen wird, werde ich nach Zürich abdampfen: Wohin von dort, weiss ich noch nicht. – Merkwürdigerweise habe ich noch im letzten Moment Rippenfellschmerzen bekommen. Sonst wäre ich schon Donnerstag abgefahren. – P.G. ist fertig, ich lasse Dir von Fischer einen Band zugehen. Schreib' mir ein paar Worte drüber, ja? Hoffentlich erfahre ich in Zürich Gutes über Dich; meinen Brief vor ca 3 Wochen hast Du wohl empfangen? Von Dir erhielt ich erst e. Karte aus der neuen Wohnung. Elias schrieb mir, Du hättest »einen ausgezeichneten Eindruck auf ihn gemacht«, oder dergl., er wollte Dir nach Kräften behülflich sein. Warst Du so gut, ihm den Hintertreppen-Roman Woerner einzuhändigen? – Kürzlich zeigte mir der Maler R., der zur Zeit verreist ist aber wiederkommt und mich noch um Einiges überdauert, – wie ich Dir schon schrieb, ein ausserordentlich liebenswürdiger Mann, – seine Bilder, die er hier hat. Er ist Schüler und Freund des alten (†) Meissonnier und als »Schweizer Maler« in Frankreich offenbar aufs beste bekannt. Tags vorher hatten wir ein wenig über Impressionismus diskutiert, den er ganz ablehnt, indem er sich und der alten Schule so ziemlich allein den Willen zuerkennt, die Natur »so wie sie ist« zu malen mit »wahren Farben« u. dergl. Es that mir ordentlich weh, als ich seine Bilder sah, sorgfältig, mit Liebe, Können, Anmut gemalte Vierwalstadtersees und Engelbergs – – aber, aber – –. Kein Versuch, so viel uneinnehmbare Schanzen einmal mit Sturm zu nehmen, kein Versagen, kein Gewinnen, kein Ahnen auch nur, dass die Natur etwas anderes ist, als eine schlichte, gutmütige Vorlage, die man bloss nachzustricheln braucht – und so steht sie auf dem Papier, »wie sie ist«, wie sie »wirklich« ist. Was Impressionisten, was alte Schule, – Blut soll da mit im Spiele sein, und vom Maler muss es ebenso wie vom Dichter heissen: Von allem Gemalten liebe ich nur, was einer mit seinem Blute malt. Segantini, dünkt mich immer, obwohl ich nur gar wenig von ihm kenne, war so einer.

Leibl wohl auch. Was würden wir wohl für Experimente machen in unserm Eroberdrang? – –
»So, so« wie Vater Christen sagt. Inzwischen hat er mich nämlich mit einem Abschieds-Trunk traktiert (Polizeirat Maske). Er lässt Dich vielmals grüssen. Dies voraus. Er ist wahrlich ein prächtiger Kerl; hat mir da eine Geschichte von einer Kellnerin erzählt, wobei er sich so schön benommen hat, dass ich ihm hätte um den Hals fallen können. Weisst Du übrigens, dass im September wieder ein neuer Stammhalter angekommen ist? – Theodor ist in Courtefontaine (franz. Jura) in einem Pensionat, bekommt täglich 12 m Salami geschickt und lernt französisch. – Denke Dir, mit Loups kam ich zuletzt doch noch in nähere Berührung. Ich radebrechte wie der Rabe Ralf, dem bekanntlich niemand half. Auch eine einzige Schach(!)partie machte ich mit Mm. L. Sie war – thatsächlich – reizend dabei, obwohl es fast 2 Stunden dauerte, aber, da ein Herr Fischer jeden zweiten Zug für sie machte, liess ich sie nicht gewinnen, was mich heute noch schmerzt.*
Zum Abschied dedicierte ich George mein – noch immer unbezahltes – Taschenschach aus Nürnberg – das mit den Celluloidfiguren, den flachen –. Der liebe Junge wurde ganz rot vor Freude und wird nun hoffentlich doch mein Freund bleiben. Hatty gab mir beim Abschied an der Eisenbahn ganz begeistert und aus freien Stücken – man denke sich!! – die Hand – und: »au revoir!« »au revoir!«…. Von Gaston träumte ich jüngst, er ist wahrhaftig einer der liebenswürdigsten Jungen, die ich je gesehen. M^{m} L. scheint von ihrem Manne getrennt zu leben. Ich hörte, dass er in Amerika lebt. Die Jungens sind in Molot, an der Nordküste Frankreichs, wenn ich nicht irre, in einer Marine-Schule. Das fliegt alles so vorüber wie Bilder eines Traums. – –
Zum Lesen kam ich in der letzten Zeit nicht gar viel. Kiplings Geschichten waren mir eine wahre Erfrischung. Man muss diesen Mann lieben, diesen prächtigen »Kameraden«. »Er war ein guter Kamerad« könnte ihm die Menschheit einst auf die Grabtafel schreiben. – Sartor .. von Carlyle habe ich bis zur Hälfte –

*Diesem Herrn sowie einem andern gewann ich noch etwa e. Dutzend Partieen ab; unbesiegt also scheidend von hier, – einzig u. allein von Dir einige Wunden tragend!

zunächst – überwunden. Ich fühle: Ich muss es ganz lesen u. werde nur Nutzen davon haben. Aber – wenn das Grosse darin nur nicht in so fürchterlich viel Geschwätz eingewickelt wäre. Wie schrecklich, wenn ein Autor über sich selbst oder seinen Helden, der ja in diesem Falle nur er selbst, derartig redselig wird, wie geschmacklos, wie krähwinkelig. Übrigens – da ich eben sagen will, dass die Germanen besonders schwatzhafte Dichter zu zeitigen scheinen, fällt mir d'Annunzio ein, dieser schwatzselige Lateiner. O über diese Eitelsten aller Eitlen. –

In diesen Tagen las ich Garborgs »Bei Mama«. Die erste Hälfte ist etwas gedehnt; aber dann erkennt man doch nach und nach, was für ein lieber und warmer Mensch da redet. Ich wurde an etwas erinnert, was mich gerade im Frühling in »Kastanienbaum« beschäftigte. Ich dachte damals, dass es für aufwachsende Menschen nichts Schrecklicheres geben könne, als sich alle andern Menschen als tugendhaft, fehlerlos, stark etc. vorzustellen, und zog daraus den Schluss, jeder Mensch müsse soviel wie möglich von sich selbst erzählen und bekennen, damit endlich jene furchtbare Einsamkeit des »Sünders« schwinde und alle »Schuld« nicht fürder als bannender, vernichtender Kreis, sondern nur mehr als ein Durchgang erscheine, als etwas, das mitgenommen, aufgesogen, überwunden werden kann, ja vielleicht sogar verlacht und vergessen. – Noch eine Bemerkung ist sehr treffend – neben vielen andern, z. B. den »Berufsweibern« – in dem Buche, nämlich als es den »schottischen Pfaffen, den Satansburschen Brand« für einiges und mehreres verantwortlich macht. Bei aller zugestandenen Grösse – Humor ist keiner in Ibsen, auch nicht in P. Gynt, diesem grossen »humoristischen« Gedicht. – Ich habe freilich manchmal gedacht, ob Humor nicht ein Compromiss sei, eine billige Weltbetrachtung, etwas Demokratisches beinahe, – – (»Liberalismus«) –, aber ich bin doch selbst zu sehr Partei, um mich geradezu gegen ihn entscheiden zu können.——

Jedenfalls bin ich augenblicklich zu müde dazu, sowohl für das Für wie für das Wider. Und somit gute Nacht. Schreibe bald

Deinem

Christian.

Wolfenschiessen 26.[?]x.01.

Grüsse Freunde und Bekannte.

Schick Dein Buch. Schreib neue. Bleib der alte.——

769. AN FEGA LIFSCHITZ IN ZÜRICH. CHUR, 2.11.1901

Wetter und Hotel sind gut, aber am liebsten würde er doch an den Genfer See oder nach Italien gehen.
N.: Frl. Kn[ischewsky].

770. AN FEGA LIFSCHITZ IN ZÜRICH. AROSA, 6.11.1901

Wird nun doch hier bleiben, im »Bellevue«; seine Fenster hat er auf der Ansichtskarte markiert. Die Landschaft ist weit malerischer als in Davos, *das Wetter gut, es sind noch etwa sieben andere Gäste da.* Hoffentlich hilft mir die Arbeit über die grosse u. dabei (das ist das Wesentliche) nicht frei gewählte Einsamkeit hinweg. *Sie soll sich schonen und nicht so viel arbeiten.*
N.: Kn[ischewsky]. Herr Casparés[?].

771. AN EFRAIM FRISCH IN CHARLOTTENBURG.
AROSA, 11.11.1901

Lieber Freund,
Nun schreib aber endlich mal! Bin seit 8 Tagen hier und befinde mich, nach einigen Wehen, leiblich und geistig wohl. Habe ein famoses Eckzimmer mit sehr viel Sonne in einer netten Pension II. Ranges. Die Natur ist geradezu herrlich, Wälder wie aus Erz, bedeutende Berggipfel, grandiose Kessel, kristallklare Luft.
Leb wohl! Von Herzen Dein Christian Morgenstern.
Inner-Arosa, Hotel Bellevue
11.XI.01.
Graubünden

772. AN FEGA LIFSCHITZ IN ZÜRICH.
AROSA, 12.11.1901

Dankt ihr und Fräulein Knischewsky mit zwei Nelkensträußen für die *Gastfreundschaft während der schönen Züricher Tage.*

773. VON SAMUEL FISCHER. BERLIN, 15.11.1901

Berlin W., den 15/11.1901.
Lieber Herr Morgenstern!
Der Ibsenband ist fertig gestellt. Die gewünschten Exemplare sind an Ihre Adresse und an die mir aufgegebenen Adressen gesandt worden. Ich werde mich jetzt an die Lektüre von »Brand« und »Peer Gynt« machen, Elias hat mir über Ihre Arbeit sehr viel Gutes gesagt.
Sehr gern will ich Ihre neue Gedichtsammlung in Form und Ausstattung des »Sommers« bringen. Ich denke es wird möglich sein im Januar oder Februar das Buch erscheinen zu lassen.

Mit besten Grüssen
Ihr
S. Fischer

Auf die Gedichte Ibsens rechne ich also zu Ostern.

774. VON FRIEDRICH KAYSSLER.
CHARLOTTENBURG, 29.11.1901

Braun in München will zu Weihnachten eine Lesung für Kinder veranstalten. Ich habe ihm Deine »Schallmühle« u. »Lampe« geschickt u. auf »Häslein« u. »Mausbarbier« hingewiesen. Schicke ihm also was Du noch hast, ja? Brandhuber wird besorgt. Ich soll also doch die Mad. Minim an Bie schicken, nicht wahr? – – Sag mal, war die »Hochzeit«-Szene das, wovon Du schriebst, es sei für Liesing? – *Da Liese nicht bei »Schall und Rauch« engagiert ist und überhaupt eine gewisse Animosität gegen Familiensachen dieser Art besteht, müßte M diesen Wunsch selbst äußern.* – *Die* rechte Freude *ist ihm an »Schall und Rauch« verdorben, weil er in den geschäftlichen Dingen mit den Frauen – Louise Dumont und ihre Freundin Frl. Hvan – nicht zurechtkommt.* Zweitens ists im Deutschen Theater gar nicht mehr schön. Bassermann wird allmählich zum Star. Das ist unerträglich. [...] Ein Fortgang von Brahm läßt sich für Reinhardt u. mich mit dem Anstand schwer vereinigen. Daran hängen natürlich Theatergründungspläne für nächstes Jahr. *Die Probleme sind: Kann er überhaupt mit Brahm bre-*

chen? – *Kann für ein nächstjähriges ernstes Unternehmen Geld aufgetrieben werden,* jetzt wo Schall und Rauch immer noch geschäftlich schlecht geht? – *Könnten sie sich dann wieder mit Dumont zusammentun, ohne Mißverständnisse befürchten zu müssen? Würde seine schriftstellerische Arbeit durch die Societär-Interessen gefährdet? – Nur Liese hat Erfolg und lebt dadurch auf.* – Sei nur nich beese, daß wir uns über den Begriff der dramatischen Wirksamkeit so schwer einigen können. Wir werden schon mal unter einen Hut kommen. 8 Tage Praxis würden alles klar stellen. Siehst Du, die »Hochzeit« ist absolut wirksam. Wenn Du ein so starkes Bild an sich hinstellst, da kannst Du in der Ausführung so fein u. zart werden, wie Du willst – ohne zu fürchten undramatisch zu werden. Aber Du hast die Neigung, um des Gedankens willen, eben das erste starke Bild zu vergessen. [...] – Wo bleibt das »Glockenspiel«? – *Liese liest* den Ibsen, *er selbst hat noch keine Ruhe dazu gefunden, und in der Stadtbahn will er ihn nicht lesen. – Hauptmanns »Roter Hahn« ist mißglückt.* – Also ich lasse Minim abschreiben u. schicke es an Bie. Ist doch so recht? Nich? – Du fragtest neulich mal wegen Wolzogen. Was heißt das? Nicht die geringste Rücksicht auf uns nehmen! Wir haben auch gar nichts gegen einander! – *Die Kinder machen viel Freude; der Junge fabulirt dolle Geschichten zusammen, er legt eine bei. – Alle grüßen. – Möchte wissen, was M von Felix Hollaender hält, weil Reinhardt ihn als Theaterdirektor vorgeschlagen hat. Er selbst hat einen guten Eindruck von ihm.*
N.: *Kayssler:* »*Die Gefangene*«. *Böksches Ensemble. Hauptmann:* »*Der Biberpelz*«. *[Samuel] Fischer. Prof. Koch.* – *St. Petersburg. Breslau.* – »*Tilskueren*«. *Eine schlesische Zeitung.*

775. VON FRIEDRICH KAYSSLER. [VERMUTLICH CHARLOTTENBURG, UM DEN 29.11.1901]

Inhalt dieser Sendung:

Madame de chez Minim (1 x)
Laufgraf.
Studenten in d. Stadtbahn.

Liebespaar im Mondschein.
Aus d. Blättern f. d. Kunst (2 Gedichte) (2 x)
Vom neuen Weibe (Rhapsodie) (2 x)
Im Bad (Blumenthal) (2 x)
5 Scheerbart – Altenberg (Rapunzelsellerie,
                              Flasche u. Bleistifte.
                              grüne Leuchter.)
An die Deutschen (Gedicht)
Kind u. Säufer.
10 Erste Droschke.
Der moderne Christ.
Im litterar. Cafe! (2 x)
Schauspieler unter sich.
Die 2 Musiker.
15 Bei Henri Merk.
Narr, Dichter u. Philosoph.
Was für gewöhnlich in d. Zeitg steht.
Der Rollenteufel.
Aus einem modernen Gedichtbuch.
20 Der Ankömmling (Drama von Maeterlinck)

Bei Schall u. Rauch liegen noch:
»Geschichte vom Elefanten«
»Apfelschimmel«
»Vor der Hochzeit« soll gespielt werden.

25 Aber wie gesagt, es ist grosser Krach zwischen Männern u. Frauen gewesen, der schon lange seine Schatten vorherwarf. Es herrschte seit langem Animosität gegen unsre und unsrer Freunde Erzeugnisse. Die meisten Deiner Sachen habe ich selber abgeschrieben; sie liegen im Büro. Ich habe mich genug drüber geär-
30 gert. Thu Dus also nicht mehr.

776. AN JULIUS MOOS IN SAN REMO. AROSA, 1.12.1901

Ihm geht es gut; es ist wunderschön *hier. Wünscht gute Besserung und empfiehlt die Tolstoi-Gesamtausgabe, Diederichs-Verlag.*

777. Von Richard Dehmel. Blankenese, 1.12.1901

Blankenese ᵇ/Hamburg, 1.12.1.
Lieber Herr Morgenstern!
In der Hoffnung, daß Ihre Gesundheit Sie wieder freudiger ins Leben blicken läßt, bitte ich Sie, mir für ein Kinderbuch (Sammelbuch, das ich in etwa 2 Jahren herausgeben will) einige Gedichte zur Auswahl zu schicken. Zur Auswahl deshalb, weil ich ein möglichst organisches Buch zusammenstellen will. Die Gedichte brauchen durchaus nicht vom Kinde zu handeln, nur sollen sie ganz der kindlichen Sinnlichkeit zusagen. Also nichts von Sehnsucht nach dem »verlorenen Paradiese«; wir wollen unsern kleinen Welteroberern keine Melancholie einimpfen.
Auf die Manuscripte kann ich bis September nächsten Jahres warten; länger nicht aus illustrativen Gründen. Im übrigen hat der Verleger (Schafstein & Co. in Köln) mir völlig freie Hand bewilligt, sodaß ich für die Urheberansprüche meiner Mitarbeiter in künstlerischer wie geschäftlicher Hinsicht nach Gebühr eintreten kann. Mit der Bitte um baldigen Bescheid und mit besten Wünschen für Ihr Wohlergehen
R. Dehmel.

778. Von Friedrich Kayssler.
Charlottenburg, 2.12.1901

[*Von Kayssler*] S./l. Christian z. frdl. Erg. Weihnacht 1900
Dulos
Dies sei die Gedenktafel aller grossen Abschnitte unsres gemeinsamen Erdenlebens!
In diesem neugewonnenen Sinne zurückdedicirt
s. l. Christian
am Tage, da Madame Brandhuber seine Handschrift ohne Fehler lesen konnte.
Charlottbg 2. Dez. 01
og Friedrich
[*Von M*] Zur Erinnerung an die Beendigung des Peer Gynt x.01

[*Von Kayssler*]
Gedenktage im Leben der beiden Männer Chr. M* und og Fr. Kys.

× × ×

Beendigng von Peer Gynt XI. 01. M*
Karl in Maria Magdalena von Hebbel X.01 K.
1. Aufführung der »Gefangenen« mit Luise Kayssler
Eröffnung von »Schall und Rauch« 9. Okt. 01. K.
Erfolgr. Aufführg d. »Gefangenen« in München am lyr. Theater.
XI. 01. K.
Erfolgr. Aufführg d. »Gefangenen« in Wien beim »lieben Augustin« mit Hansi Niese XI. 01 K.
[*Von M*]
Leo Tolstoj: »Was ist Kunst?« 18.XI.01.
Paul de Lagarde: »Deutsche Schriften« XI.01.

779. AN RICHARD SCHEID IN MÜNCHEN.
AROSA, 4.12.1901

Es war ihm unmöglich, im Oktob. noch etwas zu schicken; *er bietet* 2 *vortreffliche Ersatzmänner an und fragt nach den Teilnehmern des dann folgenden Jahrgangs.*

780. VON JULIUS ELIAS. BERLIN, 7.12.1901

Dankt für die Ansichtskarte, die sein Sohn seiner Sammlung einverleibt hat. Er selbst hat viel mit Band 8 zu tun, kommt zu keiner Korrespondenz. Hat auch eine für M bestimmte Empfehlung von Amtsrichter Kahn an Konsul Burchard in Davos liegen. Kahn hat heute geschrieben, M solle sich auf jeden Fall bei Burchard um Aufnahme in das neueröffnete Lungensanatorium in Davos bewerben. Zimmer und Verpflegung kosten 90 Mark monatlich; das Sanatorium werde von einem vortrefflichen Publikum aufgesucht; M müsse also nicht befürchten, der Aufenthalt dort könne ihm in socialer Beziehung [...] peinlich *werden.* –

Hofrat Turban hat bedauert, daß M nichts mehr von sich hören läßt, Elias schlägt vor, M solle ihm den Ibsenband mit einer hübschen Dedikation *senden.* – Fischer sagte mir, Sie hätten ihm geschrieben, daß Sie fortan monatlich Mk. 325 brauchen. Es ist uns zweifelhaft, ob wir diese Summe auf so lange Zeit aufbringen können. – Bis jetzt haben wir ja leidliche Erfolge, und wir hoffen auch, daß sie anhalten, zumal wir eine größere Aktion bei Krupp vorhaben. Aber ganz sicher ist es nicht. An uns soll es nicht fehlen, weder an der Wärme unserer Bemühungen noch an der diskretionären Vorsicht. Doch wir müssen uns darauf gefaßt machen, daß wir Monatsraten in dieser Höhe nicht werden auszahlen können, wenigstens nicht auf 10 Monate oder ein Jahr. *Fragt, wann M mit der Übersetzung der Ibsen-Gedichte fertig sei. Schickt »Catilina« in der Herrmannschen Übersetzung und bittet M, zu überprüfen, ob sie sich überhaupt bearbeiten läßt.* – *Seine Frau grüßt.*

781. An Efraim Frisch in Charlottenburg.
Arosa, 8.12.1901

Lieber Freund,
Ich danke Dir von innerstem Herzen, dass Du mich Lagarde zugeführt hast. Ich traf ihn im rechten Zeitpunkt. Welch ein Mann! Und diesen grössten Gesetzgeber der deutschen Gegenwart – denn Nietzsche ist kein Gesetzgeber in diesem Sinne – wer kennt ihn? Du hattest recht, als Du ihn im Gegensatz zu Tolstoj als den echten rechten besten Germanen charakterisiertest. Gerade gegen Tolstoj, dessen »Was ist Kunst« mich ganz und gar überwältigt, zerschmettert und gereinigt hat – das letztere wenigstens zu thun begonnen – , ist Lagarde für einen Deutschen die notwendige Correctur, der notwendige Gegenmagnet, verhütend, dass man nicht ins Bodenlose sinke. Tolstoj ist die Verzweiflung, Lagarde ist der Glaube. Was ist Nietzsche? Ich glaube, diese drei sind der Dreizack, der sich uns heutigen ins Herz stösst und an dem wir verbluten oder den wir in unser Blut auflösen müssen.
Lieber Freund, wärst du jetzt hier. Im Sommer schlief ich in

dem billigen Wohlgefühl meiner dem Augenblick allzuleicht guten Natur, und viele Jahre vorher ebenso. Vielleicht lernst Du Dich noch einmal besser an mir freuen. Werde aber auch Du mir wärmer, Du manchmal recht kalter Mensch, und hülle Dich nicht immer wieder in Schweigen. Du weisst, dass ich auf äussere Berichte verzichte. Hier und da aber ein Wort von innen heraus, ein Licht über etwas, eine Frage, wird mich immer dankbar machen. –

Was kennst Du noch von Lagarde –, dessen Lebensdaten zu erfahren, mir gestern nachmittag beschert war, als mich mein Weg nach dem höchsten Hofe dieser Gegend, Hof Maran (1900 m), führte und der Zufall mich dort ein Conversationslexikon neuesten Datums finden liess? Die Symmikta? Die »Mitteilungen«? Meine Ausgabe (obzwar nicht gebunden) ist noch schöner wie die Deinige. Ohne dazwischengestreute Seitenzahlen und mit noch breiterem Rand. Erschienen bei Dieterich, Göttingen 1886. –

Sag mal, kannst Du mir Burkhardts Griech. Geschichte verschaffen oder schicken? – Ferner: Kennst Du Dr. Emil Zittels [*eingefügt:* Dr. theol.] »Entstehung der Bibel« (in Reklam, 5. Auflage)? Ich habe mir's kommen lassen und würde – falls der Mann zuverlässig ist – mir die von ihm neuübersetzten Testamente ebenfalls verschreiben. –

Heute begann ich endlich einmal in die Vorträge Rankes vor Max von Bayern zu gucken; aber ich büsste es bitter. So ein Schund erfreut sich irgendwelchen Ansehens? Man könnte das Zeug durchkorrigieren wie einen Primaneraufsatz, schon bloss in stilistischer Hinsicht. Inhaltlich ist es – das Geschichtliche kann ich zu wenig beurteilen, aber das Persönliche des Mannes, seinen Blick – derartiges Gewäsch, dass einem übel wird. Gottseidank weiss ich nun aus eigener Anschauung, was objektive historische Methode ist.

»Die Gottheit – wenn ich diese Bemerk. wagen darf – denke ich mir so, dass sie, da ja keine Zeit vor ihr liegt, die ganze historische Menschheit in ihrer Gesamtheit überschaut u. überall gleich wert findet. Die Idee von der Erziehung des Menschengeschlechts hat allerdings etwas Wahres an sich, aber vor Gott erscheinen alle Generationen der Menschheit gleichberechtigt, und so muss auch der Historiker die Sache ansehen.« – !!! –

Addio! Das Abendbrod ruft.
Dein Christian.
Hast Du nicht die Reisebriefe des Adligen Soundso aus Mexiko?
So was thäte mir jetzt gut.
Heimanns »Haus« habe ich mit Ehrfurcht u. Ergriffenheit gelesen. – Grüss' ihn.
Wo bleibt denn Dein Buch?

782. AN RICHARD SCHEID IN MÜNCHEN.
AROSA, 10.12.1901

Nennt Kayssler und Frisch als die beiden Herren. Will bis Weihnachten die Gedichte zusammenstellen, wenn Sie mir das Honorar von M 30 garantieren. *Möchte mit Frisch und Kayssler zusammen in ein Heft.*
N.: Charlottenburg. Berlin.

783. AN JULIUS MOOS IN SAN REMO.
AROSA, 12.12.1901

12.XII.01.
Lieber Herr Moos, Kann man für 5 f. in San Remo leben? Ich lebe hier mit 7 zu teuer u. muss deshalb Ende des Monats fort. Von D. nichts Neues. Hier schauerlicher Föhn. Grüssen Sie Ihre Amseln! Wär's doch möglich bei ihnen selber zu leben! Antworten Sie bald Ihrem getr. Chr. M.
Ich brächt' Ihnen dann auch den Ibsen mit!

784. AN FEGA LIFSCHITZ IN ZÜRICH.
AROSA, 16.12.1901

L. Fr. Muss wahrscheinlich bald nach Weihnachten hier fort, da zu teuer. Vielleicht Davos »Neue Heilstätte«. Vielleicht auch Zürich. Kann Sie daher leider nicht bitten, Ihren Plan von damals wahrzumachen. Sonst alles gut aber ein bischen nervös. Tausend Grüsse! Ihr Chr. M.

Eine grosse Bitte an Frl. Kn.: Kann ich das Heft mit der Valse a moll Chopin auf 1 Tag geschickt bekommen?
Gr. an Ihre Freundin[?].

785. AN RICHARD SCHEID [IN MÜNCHEN].
AROSA, 18.12.1901

Inner-Arosa, Hotel Bellevue, 18.12.01

Sehr geehrter Herr

Das Nichteintreffen Ihrer Antwort lässt mich auf den Gedanken kommen, Sie hätten vielleicht Anstoss daran genommen, dass ich die Einsendung meiner Verse von dem von Ihnen erwähnten Honorar abhängig machte.

Nun, ich bin derartig mit Arbeit wie mit Sorgen pekuniärer Art bedrückt, dass ich selbst mein Vorgehen wahrlich nicht unbillig finden kann.

Ich habe die Auswahl, meine Handexemplare zu zerschneiden oder mich hinzusetzen und Stunden lang abzuschreiben, was mir von jeher gegen die Nerven ging. Zudem – wie ich bei aller Bescheidenheit wohl hinzusetzen darf – dürften meine Beiträge denn doch auf einer beachtenswerteren Stufe stehen als das Gros derer, welche bis jetzt den Inhalt Ihrer Avalun-Hefte bilden.

Um indessen eine einmal gegebene Zusage endgültig zu erfüllen, gleichviel wie Sie, als Herausgeber, sich dazu stellen, gebe ich mich noch heute an die Arbeit und das Kopfzerbrechen, Ihnen das Gewünschte zusammenzustellen.

Womit ich zeichne
Mit freundlichem Gruss
Ihr ergebener
Christian Morgenstern

Wollen Sie mir einen wirklichen Gefallen thun, so eröffnen Sie vor allem dem von mir erwähnten Herrn Friedrich Kayssler Ihre Spalten.

(Bitte freundlst. um umgehende Empfangsbestätigung des Mskrpts.).

786. AN UNBEKANNT, ORT UNBEKANNT.
[AROSA, WEIHNACHTEN 1901]

Frohe Weihnachten! Christian. *Das Gedicht* WEIHNACHTSLIED.

787. AN FEGA LIFSCHITZ IN ZÜRICH.
AROSA, 27.12.1901

Kann ich die Valse a moll nicht bekommen? Die Druckerei wartet bereits. *Hoffte immer noch auf ihr Kommen. Bleibt wahrscheinlich doch hier.*
N.: Frl. K[nischewky].

788. AN JULIUS MOOS IN SAN REMO.
AROSA, 28.12.1901

28.XII.01.
L. H. M. Herzl. D. für Ihre getreuen Auskünfte. Leider oder glücklicherweise hat sich's mit Arosa wieder arrangiert. Vielleicht im Frühling Porto fino.
Haben Sie meinen Ibsenband erhalten? Sandte ihn 20. ab. Freue mich, dass Sie photographieren. Hoffentlich bekommt's Ihnen recht gut. Weihnachten war still hier, nicht mal ein Baum. Habe sehr viel zu thun, zu lesen, zu korrigieren (neues Buch), zu schreiben. Von Herzen e. glückliches neues Jahr!!! Ihr alter Chr. M.

789. VON JULIUS ELIAS. BERLIN, 29.12.1901

Berlin W.10. 29.12.01.
Lieber Herr Morgenstern,
ich habe in letzter Zeit so an Rheumatismus gelitten, daß ich meiner persönlichen Korrespondenz schwer nachkommen konnte. Überdies hat Ihnen ja auch Fischer über die schwebenden Fragen Auskunft erteilt. Sie brauchen sich wahrlich und wahrhaftig keine moralischen Sorgen zu machen! Glauben Sie denn,

wir verführen nicht mit der äußersten Vorsicht? Nur an ganz vertrauenswürdige Männer wenden wir uns, an Leute von Herz und Diskretion, und nur die Allerintimsten erfahren überhaupt, um wen es sich handelt. Der größte Teil hat auch nicht eine Ahnung von Ihrem Namen. Also Ruhe, lieber Freund! Und leben Sie in Frieden nur Ihrer Gesundheit. Mögen Sie nicht nach Davos, so bleiben Sie in Arosa. Auf keinen Fall aber gehen Sie nach Zürich! Das wäre dem Zweck der Rekonvalescenz durchaus zuwider. Dann könnten Sie auch nach Berlin kommen und hier eine Stellung erstreben. Sie sollen sich erst völlig auskuriren, ehe Sie ein Amt ins Auge fassen. Das werden wir, so Gott will, nächstes Jahr in Berlin suchen. Die Gelder werden, auch ohne daß viel fremde Leute in Anspruch genommen würden, schon so weit disponibel sein.

Haben Sie den »Catilina« gelesen? Ist das überhaupt zu brauchen? Man müßte mit Fischer bald über diesen Punkt ins Klare zu kommen suchen. Ich selbst möchte mich nicht gern auf das Abenteuer des Versifizierens einlassen.

Nun denn: ein frohes und glückliches und gesundes neues Jahr.

Mit vielen Grüßen

Ihr
Julius Elias.

Ludwig bedankt sich für die Karten. Wollen Sie mir eine kleine Gefälligkeit erweisen, so schicken Sie in meinem Namen eine recht hübsche Karte an diese Adresse: Mlle. Portier, Paris, Rue Chaptal 20. Es handelt sich um das Töchterchen eines meiner besten pariser Freunde.

790. AN AMÉLIE MORGENSTERN [IN STARNBERG].
AROSA, 31.12.1901

Inner-Arosa, Hotel Bellevue.
Canton Graubünden. 31.XII.01.

Liebe Mama,

Du wirst Dich wundern, dass ich noch immer nichts habe von mir hören lassen. Ich kann jedoch erst jetzt mit einiger Sicherheit sagen, dass ich die nächste Zeit – voraussichtlich bis Ostern – hier

sein werde und dass mich daher die in Aussicht gestellte Sendung auch nach einigen Wochen hier noch treffen dürfte. Bis Weihnachten nämlich war es noch ganz unentschieden, ob ich im Hochgebirge bleiben, nach Zürich oder nach San Remo fahren würde.
Nicht aus gesundheitlichen Gründen – denn es geht mir glücklicherweise recht gut – sondern aus pekuniären Erwägungen. Ich wäre wohl weit lieber im Süden und habe keinen lebhafteren Wunsch, als den nächsten Winter und womöglich auch die folgenden in Rom oder Florenz verbringen zu können, nicht allein der Gesundheit sondern auch Studien halber, – aber zunächst bindet mich noch die Übertragung der »Gedichte« von Ibsen an einen meine eigene Produktion nicht allzusehr herausfordernden Ort sowie die Erfahrung, wie gut mir die Höhenluft vorigen Winter gethan hat. Arosa, nur mit der Post von Chur aus zu erreichen, liegt noch höher als Davos, nämlich 18 – 1900 m ü. M. Ich kann es jedem, der mit der Lunge zu thun hat, nur raten, einen Winter im Hochgebirge zu verleben. Und zwar sobald er nur irgend etwas an sich merkt. Man bringt zwar ein Opfer; denn man darf sich solch einen Höhenkurort nicht als sonderlich unterhaltend vorstellen. Entweder man gesellt sich andern Kranken zu, z. B. in einem Sanatorium, und begiebt sich damit in eine im Grunde höchst langweilige, kleinliche und klatschsüchtige Gesellschaft oder man wohnt privat – wie ich diesen Winter – und bleibt ganz auf sich angewiesen. Das Erste ist für die Mehrzahl das Beste, das Zweite für die, denen Alleinsein nichts Fremdes ist. –
Wie geht es eigentlich Deinem Neffen Wild, dem Zeichner?
Und nun vor Allem: wie geht es Dir? Wie lebendig steht Euer liebes Starnberg vor mir…
Seltsam, seltsam, das alles.
Heute ist Sylvester. Von Herzen denn ein glückliches neues Jahr!
         Dein
         Chr. Morgenstern.
Grüsse, bitte, Deinen l. Vater freundlichst von mir.

791. AN RICHARD DEHMEL [IN BLANKENESE].
AROSA, 31.12.1901

Lieber Herr Doctor,
Von Herzen gern will ich zu Ihrem neuen Kinder-Buche etwas beitragen. Falls Sie bereits Gedrucktes zulassen, erlaube ich mir, Sie auf die Gedichte »Ur-Ur«, »Geier Nord«, »das Häslein« und »Beim Mausbarbier« in »Auf vielen Wegen« sowie auf der »Wolkenspiele« erstes und drittes, der »Mondbilder« viertes und »Abenddämmerung« in »In Phantas Schloss« hinzuweisen.
Von bereits Geschriebenem aber noch nirgends Veröffentlichtem sende ich Ihnen »den Spielgeist«.
Zugleich kann ich Ihnen einen weiteren Mitarbeiter in meinem Freunde Friedrich Kayssler (Charlottenburg, Knesebeckstrasse 77) namhaft machen. Er hat, so viel ich weiss, ein paar reizende Märchen und Gedichtchen der gewünschten Art auf Lager. –
Entschuldigen Sie die Verzögerung meiner Antwort: der Brief wurde mir nachgeschickt, doch kam hier wieder Verschiedenes dazwischen, mich von meiner Korrespondenz abzulenken. Nicht Misstände wie die vorigen Winters, über die in meinem damaligen Briefe so wenig Herr gewesen zu sein, ich noch heute Beschämung empfinde. Es geht mir vielmehr schon seit langem wieder ganz vortrefflich, wie ich Ihrer freundschaftlichen Teilnahme mit Dank erwidern kann. –
Werden Sie uns nicht bald einmal wieder mit einem neuen Opus beschenken? Einem Drama etwa im Stil Ihres ersten bedeutenden Werkes?
Man hält es nachgerade nicht mehr aus in dieser Atmosphäre von leiblichen und geistigen Krüppeln, mit deren widerlichen Intimitäten man ein ernsthaftes und ursprünglich aristokratisches Volk wie die Deutschen fortdauernd zu behelligen wagt.
Und ausserdem: hält man die historische Komödie wirklich für abgethan? Sie, die stolzeste Art der Menschheit, sich selber anzuschauen? Den heftigsten stimulus für alles, was noch Instinkte hat, noch nicht gebrochen, »objektiv« geworden ist? Es wäre

schlimm, wenn sie nicht wiederkommen wollte, nachdem das
»bürgerliche Drama« Miene macht, in der Gosse zu enden.
Lionardo, Leon Battista Alberti, die Borgias, Savonarola – um nur
aufs Geratewohl zu nennen – wer schenkt uns diese gewaltigsten
Erregungen? Historisches Drama – nicht für Kinder, von Ernst
von Bilderbuch, sondern für Männer, psychologisch wiedergeboren von einem Geiste, welcher Jupiter wäre, wenn er nicht vorzöge Heinrich von Kleist zu sein. Meinen Sie nicht auch, dass hier
noch Aufgaben und Verführungen liegen?
Wenn ich nur Musse zum Studium hätte und nicht immer fremde
Karren ziehen müsste, hätte ich mich gewiss schon an das Thema
Lionardo gemacht. Aber da muss man Jahre vor sich haben.
Doch genug dieses Excurses.
Ein fruchtbares und im grossen Sinne glückliches Jahr also!
                                            Ihr
Arosa, Canton Graubünden.   Christian Morgenstern.
Hotel Bellevue, 31.XII.01.
Die anfangs angeführten Gedichte stehen Ihnen auf Wunsch gedruckt zur Verfügung. –

792. VON FAMILIE CHRISTEN-VON MATT,
      HOTEL UND KURHAUS EINTRACHT.
      [WOLFENSCHIESSEN, VOR DEM 31.12.1901]

Gedruckte Neujahrswünsche.

793. AN FEGA LIFSCHITZ IN ZÜRICH.
      AROSA, 31.12.1901

Liebe Freundin,   Warum so kurz. Und wann wollen Sie denn
reisen? Ich wohl erst Ostern; denn es hat sich wieder arrangiert.
Die letzten Wochen waren nicht sehr erquicklich. Da ich Weihnachten keine Nachricht von Ihnen erhielt, erwartete ich bis zum
letzten Augenblick Ihr Kommen. Schliesslich war's besser so. Sie
hätten elendes Wetter gefunden – und dann, so eine Pension, Sie
wissen ja, was das für ein übles Ding ist. Die Musikalie, für die ich

vielmals danken lasse, ist gestern wieder retour gegangen. Ich erhielt sie erst nach Absendung meiner letzten Karte. Frisch sandte mir jüngst sein Buch. Sagen Sie, schreibt er das Wort »zugeeignet« in d. Sinne von dediciert, überreicht, oder darf ich glauben, dass er mir das Buch wirklich zueignet, in dem Sinne, wie ich mein erstes Buch Nietzschen und die 2 folgenden Kaysslern zueignete? Was ist Ihre Meinung darüber? Ich bin fürs Erste noch nicht so unbescheiden, die wörtliche Deutung für die richtige zu halten. – Überarbeiten Sie sich nicht, legen Sie lieber noch e. Semester zu. – Mir geht's innerlich verschieden. Ewige Wellenbewegung, aufreibend. – Habe mit meinem Grundinstinkt gegen Tolstoj doch Recht gehabt. War schon fast gefangen. Hoffe nun auf immer von ihm los zu sein. – Leben Sie herzlich wohl! Alles Gute und Fröhliche zum neuen Jahr!   Ihr getreuer Chr. M.
Frl. Kn. herzl. Neujahrsgruss – u. Wunsch!

1902

794. VON RICHARD DEHMEL. BLANKENESE, 2.1.1902

　　　　　　　　　Blankenese bei Hamburg Parkstraße 40
　　　　　　　　　　　　　　　　　　　　　2.1.2.
Lieber Herr Morgenstern!
Schon Gedrucktes darf ich nicht aufnehmen; ich habe das meinem Verleger versprochen. Das ungedruckte Gedicht (»der Spielgeist«) haben Sie vergessen beizulegen; hoffentlich kommt es bald nach. Da das Sammelbuch erst in 2–3 Jahren erscheinen soll, müßten Sie sich aber verpflichten, Ihren Beitrag bis 1. October 1905 nirgendwo anders zu veröffentlichen; ich bitte danach Ihre Honorarforderung zu bemessen. Für den Hinweis auf Herrn Kayßler danke ich Ihnen u. werde mich an ihn wenden. Über den Tiefstand unsrer Dramatik ließe sich soviel reden, daß man besser schweigt. Ich hoffe noch 2 dramatische Dichtungen herauszugeben, die der Rede wert sind. Vorerst aber muß ich mein Epos »Zwei Menschen« zu Ende führen. Mit ergebenem Gruß und allen Glückwünschen
　　　　　　　　　　　　　　　　　　　　　R. Dehmel.

795. AN RICHARD SCHEID [IN MÜNCHEN].
AROSA, 3.1.1902

　　　　　　　　　　　　　　Arosa, Hotel Bellevue 3.1.02.
Sehr geehrter Herr,
Gut, gut. Nehmen Sie, drucken Sie. Ich gebe es auf, mit Ihnen zu paktieren. Ungedruckt mag ich 30 M wert sein, gedruckt bin ich Makulatur. Meinen Sie, ich werde mich selbst herausstreichen? So geschmacklos bin ich denn doch nicht.
Ich begreife Ihre Verlegenheit, aber Sie hätten sie sich ersparen können, wenn Sie mich nicht versehentlich aufgefordert hätten,

an einem Unternehmen teilzunehmen, für das ich imgrunde nicht mehr jung genug bin. ——

Also, wie gesagt: die Blätter stehen zu Ihrer Verfügung. Ich stelle nur die Bedingungen 1) dass mir die Manuskripte resp. Drucke nach dem Satz wieder zugestellt werden, damit ich meine zerschnittenen Handexemplare wieder flicken kann und 2) dass mir rechtzeitig vor dem Druck Correcturbogen zugehen.

Indem ich Ihnen zum neuen Jahr alles Glück wiederwünsche

Ihr Christian Morgenstern.

Haben Sie auch Herrn Frisch geschrieben? –

Mit Friedrich Kayssler – und, falls auch obiger hinzugezogen ist, auch mit diesem – in ein Heft zu kommen, ist der letzte Wunsch, zu dem ich mich in dieser Sache versteige. Erfüllen Sie diesen »letzten Wunsch«, so soll Ihnen manches verziehen sein, nicht zuletzt Ihr ganzes »Avalun«, über das Sie sich hoffentlich schon jetzt hinausentwickelt haben. – Grüssen Sie bitte, Herrn Landshoff, und ich liesse ihm für s.l. Brief herzlich danken. –

796. AN SAMUEL FISCHER [VERMUTLICH IN BERLIN].
AROSA, 6.1.1902

Arosa, 6.1.02.

Lieber Herr Fischer,

Herzlichsten Dank für Ihren freundschaftlichen Weihnachtsbrief, der mir wirklich eine grosse Erleichterung gebracht hat. Hoffentlich arrangiert sich nun auch das mit Catilina und den Gedichten. Elias wird Ihnen schon mitgeteilt haben, dass ich den Catilina nicht nur bei Weitem vorzöge sondern mich auch nur für ihn bis Ostern zu verbürgen vermöchte. Es ist wahrlich keine Marotte von mir, es ist eine Frage meiner körperlichen wie geistigen Gesundheit.

Heute indessen etwas anderes. Ein Vorschlag, der mir eben einfällt, aber den ich Sie lebhaft bitte, nicht unerwogen zu lassen, umsomehr als ich ihn zunächst Ihnen allein mache.

Es handelt sich darum, ob es nicht an der Zeit und eine auch eines Verlegers würdige Sache wäre, auch den Abreisskalender in den

Bereich der verfeinerten und vergeistigten Ausführung zu ziehen. Gesichtspunkte: Ein auserlesen litterarischer Spruch-Text, vollendete Ausstattung (Druck, Papier), eine Originalzeichnung (etwa von Eckmann, Leistikow, Orlik o.ä.) in schwarz oder bunt auf dem Pappdeckel des Blocks. Vignetten oder Rahmen durchgehends oder nur Sonntags. Eventuell auch kleine zeichnerische Impromptus willkürlich verstreut. Auf der Rückseite vielleicht ein Rahmen für Notizen. Oder in einer Ausgabe 2. Qualität, die Rückseite eine Art Katalog Ihres Verlages mit Porträts. Oder: Vorderseite nur Datum und was hierzu gehört; Rückseite: Litterarische Nippes: Geschichten von Altenberg, kurze Briefe, Aphorismen, Gedichte in Prosa und Poesie, geistreiche Anekdoten. Alles in Allem: ein Wandkalender, würdig eines vornehm eingerichteten Wohn- oder Studierzimmers, ein Ding, dem man am Ende jedes Jahres sogar Einbanddecken nachschicken könnte, weil die Besitzer es nicht wegwerfen sondern aufbewahren wollen. Lieber Freund, glauben Sie nicht, dass eine solche Aufgabe eines Verlegers, wie Sie sind, unwert sein könnte! Nur wenn wir versuchen nach und nach jedes uns zugängliche Gebiet zu erobern, werden wir aus dieser scheusslichen Fabrikanten- und Spekulantenwirtschaft herauskommen, die unser ganzes heutiges Leben (immer noch viel zu viel) barbarisiert.

Der Abreisskalender, ein durch seine Unentbehrlichkeit mehr als tausend andere Dinge verbreiteter Gegenstand, ist bis jetzt etwas durchaus Zerfahrenes, Rohes, Willkürliches, Fabrikmässiges. Geben Sie den ersten litterarisch-künstlerischen Kalender und sie werden den Anstoss zu unzähligen weiteren gegeben haben.

Kunsthandlungen wie Amsler u. R. werden mit Kalendern voll feiner kleiner Reproduktionen folgen, u.s.w. u.s.w.

Sprechen Sie einmal z.B. mit Eckmann darüber und schreiben Sie mir dann bald. Die Idee ist fruchtbar (aber beobachten Sie ja Schweigen; denn sie liegt für jeden gewissermassen in der Luft); die Redaktion wäre ein Vergnügen für mich und sollte nichts Langweiliges liefern; an neuen Gedanken für jedes neue Jahr sollte es nicht fehlen. –

Leben Sie wohl für heute. Ich bin leider wieder etwas erkältet; das Wetter ist auch zu unbeständig und schlecht. Indem ich Ihnen

und Ihrer lieben Frau nochmals alles Gute zum neuen Jahr
wünsche –

                    stets Ihr

                    Chr. Morgenstern.

Ps. Ich wollte in m. neues Büchlein einige Noten-Zeilen einschieben als Mottos zu einigen Abschnitten, aber die Druckerei hat selbst keinen Notensatz. Ich müsste die Noten vielmehr im Cliche beibringen. Ist das kostspielig? Oder lohnt es sich? Erbitte auch hierüber baldige Antwort, da der Satz solange wartet.

797. VON EFRAIM FRISCH. CHARLOTTENBURG, 8.1.1902

                    Charlottnbrg. 8. Jan. 1902

Lieber Freund Christian,
ich wünsche Dir in neuem Jahre die völlige Wiederkehr Deiner jungen Gesundheit, auf daß Du mit dem Leben wieder auf Du und Du stehst, mit jener Vertrautheit, die jedes reservatum ausschließt. Die Prüfung auf die Fähigkeit hast Du in meinem Gefühl bestanden. – Wie ich Dich kenne, wirst Du mir in Deinem Herzen wegen meines Stillschweigens nicht zürnen, nur die neuropathia postalis macht Dich begreiflicherweise ungeduldig. Drum verzeih. Ich selbst beklage es am meisten, daß die kleinen Widerwärtigkeiten des Lebens mir so oft erschweren, meinen Freunden das zu sein, was ich gerne möchte: nicht blos ein Theilnehmender, sondern auch ein Gebender, u. dieser Winter meines Mißvergnügens hat mich mehr als je einen Zustand herbeisehnen laßen, der durch lebhafte Anregung u. Mitteilung die Freundschaft unter Wohlgesinnten productiv machen möchte. Wenn die Menschen im Grunde nicht gar so einsam wären! –

Ich freue mich über Deine fruchtbare Bekanntschaft mit Lagarde; ich selbst muß mir im Augenblick leider aus äußeren Gründen versagen auch noch andres als die deutschen Schriften von ihm kennen zu lernen. Am liebsten würde ich die »Gedichte« lesen, die Anna de Lagarde nach seinem Tode gesammelt u. herausgegeben hat (Göttingen 1897). Außer den rein gelehrten Arbeiten sind da:

1) Aus dem deutschen Gelehrtenleben. Goettingen 1880.
2) Mittheilungen 4 Bde. Göttingen 1884/91
3) Symmicta I. II. Göttingen 1877/80.
Mir scheint es zweifelhaft, ob eine reine Wirkung dieses Mannes im heutigen Deutschland möglich. Was an starkem nationalen Selbstgefühl, von Unterstreichung einer kräftigen Politik nach Außen, im Lagarde drin ist, das machen sich die Machthaber u. ihre Wortführer gern zu eigen für ihre trüben Ziele u. Zielchen, wobei es sie gar wenig genirt, daß das politische Gefühl der Deutschen von heute – der meisten wenigstens – so ziemlich auf das Niveau der Kriegervereine gesunken ist. Lagarde meint Kämpfer, sie meinen Soldaten; Lagarde will eine deutsche Religion u. der Kaiser spricht in Gotha mit hohler Begeisterung von der Vereinigung der protestantischen Consistorien; worauf so u. so viele Konsistorialräthe unterthänigst ersterbend erklären, daß sie einen großen protestantischen Verein gründen wollen u.s.w. Du siehst was Lagarde dachte heute verzerrt in der Geistigkeit eines Mannes wie Houston St. Chamberlain, des modernen germanischen Imperialisten, u. was er wollte in gewißen Äußerungen der practischen deutschen Politik, etwa in der Politik gegen die Polen. Nietzsche hat Recht mit seiner Bemerkung, daß sich ein Unbehagen in der Welt verbreite u. ein kühles Mißtrauen, wenn die Deutschen zur Macht gelangen. Ich habe das jetzt lebhaft genug selbst empfunden. Wieviel Roheit hinter deutscher Biederkeit steckt, hat sich so recht bei der Wreschener Geschichte gezeigt, u. mag der Fall an u. für sich belanglos ist, so war es für mich geradezu verblüffend zu sehn, wie von der schmutzigsten Preße an bis in die höchsten geistigen Regionen, alles sich mit einer Selbstverständlichkeit auf den Standpunkt der nackten Macht stellte, daß man deutlich fühlte, wie sehr die innigere Freiheit des Menschen, dies Product echten deutschen Geistes von früher, zu einer dummen Phrase geworden. In der Culturheuchelei, dürfen es die Deutschen ruhig heute mit den so verachteten Briten aufnehmen, blos mit viel weniger Recht. –
Den von Dir genannten Zittel kenne ich nicht. Meine Kenntniß des Hebräischen ermöglicht mir in dieser Materie eine gewiße Unabhängigkeit von Hilfsmitteln dieser Art. Der Weg zum Verständnis dieser Composition, oder eigentlich Decomposition, die

man Bibel nennt, führt am besten durch die semitische Religionsgeschichte. Für das beste deutsche Werk dieser Art, das sich auch abgesehen von gründlicher Forschung durch eine prachtvolle Darstellung empfiehlt, halte ich: J. Wellhausen's Israelitische u. jüdische Geschichte (Berlin 1897). Besonders die erste Hälfte des einbändigen Buches. Von dem selben Gelehrten sind noch da: »Prolegomena zu einer Geschichte Israels«. (Bibelkritisch außerordentlich wertvoll u. interessant.) Ebenso vom gleichen Verfasser: Die Composition des Hexateuch. Lagarde hat besonders Verdienstvolles auf diesem Gebiet geleistet. Sein Buch: Materialien zur Kritik u. Geschichte des Pentateuch, kenne ich aber noch nicht. Wenn Du für diese Sachen Interesse hast, kann ich Dir vielleicht manches zur Orientirung mittheilen. –

Laß mich Dir zum Schluß noch für Deinen Ibsen-Band herzlich danken. Es ist eine Leistung auf die Du Dir etwas einbilden darfst. Man empfindet es mehr als Nachdichtung denn als Übersetzung, u. ich habe mich gefreut mein Urtheil gedruckt u. ungedruckt öfters wiederholt zu finden. Ich möchte nun gerne hören, was Du in der Zwischenzeit alles geschaffen hast u. was Du sonst planst.

Also thue nicht mit mir nach Verdienst (so pflegt man zu Jehovah zu sprechen!) u. laß bald von Dir hören.

Sei herzlich gegrüßt
von Deinem
E. Frisch

Heimann grüßt Dich herzlich.

In meiner Anstellungsache rückt leider nichts von der Stelle. Elias hat seit meinem ersten Besuch bei ihm nichts von sich hören laßen. Es muß wohl doch schwerer sein, als ich anfangs dachte. –

Mein Exemplar von Graf Kessler's Notizen über Mexico, ist leider irgendwo in einem Korb verpackt, daß ich nicht dazu komme.

798. VON JULIUS ELIAS. BERLIN [VOR DEM 22.1.1902]

Fischer hat 600 Mark für M bewilligt, stellt aber die Bedingung, daß die Übersetzung der Gedichte am 1.7., die des »Catilina« am

1.9. fertig ist. Elias schlägt vor, mit »*Catilina*« zu beginnen, die Gedichte als Zwischenwerk *zu behandeln und zuerst zu beenden. – Grüßt* eiligst, treulichst. *– Bittet, die* unbrauchbare *»Catilina«- Übersetzung zu schicken, da er sie dem Verfasser zurückgeben muß; weist auf eine Übersetzung von Greinz bei Langen hin.*

799. VON FRIEDRICH KAYSSLER.
CHARLOTTENBURG, 30.1.1902

Chbg, 30. Jan. 02.
Lieber Junge,
Ich habe immerfort gewartet, weil ich dachte, Dir irgend was Bestimmtes über »Glockenspiel« u. »Hochzeit« schreiben zu können. Nun mußt Du doch aber endlich mal hören, was hier los ist. – Also, nach endlosen 4wöchentlichen Hin- u. Herverhandlungen, die Reinhardt mit bewundernswerter Geduld allein – weil ich doch ganz mit den Damen auseinander war – geführt hat, hat sich endlich die Sache auf folgende Weise gelöst: Die bisherige Gesellschaft löst sich in Wirklichkeit auf d.h. alle bisherigen Gesellschafter treten ihre Anteile d.h. Rechte u. Vorteile an den neuen Kapitalisten, Frau Dr. Loewenfeld, ab. Frau Dr. leistet Bürgschaft für das durch Frl. Dumont seiner Zeit beschaffte Kapital, von dem allerdings ein guter Teil bisher verloren ist. Nur dadurch konnten die Damen bewogen werden, die Sache ganz uns zu überlassen. Reinhardt u. ich haben Engagementsverträge für bestimmte Thätigkeiten. Reinhardt ist Bevollmächtigter von Frau Dr. u. hat die Direktionsgeschäfte. Endlich also ist ein Kopf da, was wir so lange ersehnten. Diese Verschiebung bleibt natürlich geheim u. geht ja auch die Leute gar nichts an. Frau Dr. will ganz verschwiegen werden. Bitte also völliges Schweigen über das alles! –
Du wirst vielleicht sagen, wir hätten die Gelegenheit benutzen sollen, uns von dem allen frei zu machen. Das wäre ja vielleicht ganz schön gewesen. Aber wir konnten nicht einfach die Sache im Stich lassen, das waren wir dem Vertrauen schuldig, mit dem man uns das Kapital schließlich anvertraut hatte. Und zweitens: wir hätten uns so ziemlich für alle Zeiten unsere Theaterpläne nebst

Kredit abgeschnitten durch ein so schnödes Ende. Zur Liquidation war aber durchaus noch kein Grund, das Geschäft hat sich wenn auch langsam, allmählich gebessert.
Drittens: haben wir materiell die Sache sehr dringend nötig. Und viertens: es kann das ein Weg zu unserer nächsten Zukunft sein, nämlich für die Zeit, wo Brahm das Deutsche Th. aufgiebt, u. das ist wahrscheinlich in 2 Jahren, wo sein Vertrag abläuft. Wir wollen ein kleines Theater aus der Geschichte machen u. allmählich alles Beiwerk abwerfen. Ein Einakter-Theater par excellence ist etwas gutes. In den letzten Tagen hat sich diese Idee noch dahin erweitert: unsere Existenz am D. Th. ist wirklich immer unhaltbarer geworden. Ich leide künstlerisch u. materiell schwer, Reinhardt ebenfalls materiell u. außerdem kann er beides, D. Th. u. Sch. u. R. auf längerhin unmöglich bewältigen. Wenn nun Brahm sowieso in 2 Jahren aufhört, so wäre es Wahnsinn von uns, wenn wir nicht für unsre Zukunft sorgten. Freizukommen ohne Kontraktbruch ist ja nun freilich wahnsinnig schwer. Wie – das wissen wir selbst noch nicht. Auch müssen wir erst genau ausrechnen, ob ein so kleines Theater wie Sch. u. R. unsere Gagen u. die mit unserm Übertritt verbundenen künstlerischen Verpflichtungen u. Kosten wird tragen können. Jedenfalls denken wir jetzt ernsthaft daran. – Du schriebst damals so gegen unsern Plan, ein neues Theater wie viele in die Welt zu setzen: Vergiß doch nicht: wir können nicht die Schauspieler sein, die wir sein wollen u. müssen wenn wir kein geeignetes Theater haben. Und nun nenne mir ein einziges auf der Welt! Also muß man selber dafür sorgen. Was mich über alle schwersten Bedenken tröstet ist das: wenn wir versuchen, unser kleines intimes Theater zu schaffen, so ist das eine anspruchslose Sache, ein ganz normaler Anfang für ein junges Unternehmen. Hiergegen gelten die Bedenken nicht, die man gegen den früher besprochenen großen Theaterplan haben kann. Hier fangen wir klein an u. haben auch leichter die Möglichkeit aufzuhören, wenn wir auf Unüberwindliches stoßen. Ehe wir jetzt ruhig 2 Jahre warten, bis Brahm Adieu sagt u. dann gezwungen sind, uns ein mehr oder weniger angenehmes anderes Engagement zu suchen, wollen wir doch lieber uns ein kleines Fleckchen Erde zu sichern suchen, wo wir nach unserm Sinne weiterschaffen können. Wir werden keine historischen Tragödien

spielen können, wohl aber außer Einaktern Ibsen, Strindberg. Du selbst sprachst seiner Zeit von einer zukünftigen Scheidung zwischen Intimem u. Grossem Theater. Hier ist sie. Wir fangen mit dem intimen an. Ob das große daraus wird, liegt in unserer Hand. Und dann: wenn wir selbst in Schall u. Rauch ganz drinstecken, hört diese Arbeitszersplitterung auf. Wir werden wieder Ruhe haben zu anderen wichtigen Arbeiten. Denn die Leitung eines so kleinen Theaters reibt Einen durchaus nicht auf, wenn man nur ganz dafür leben kann. Gerade dann hoffe ich auch das zu ermöglichen, was ich jetzt so ersehne: Zeiteinteilung, wo mein eignes Drama zu seinem Rechte kommt – u. ein Ort, wo man seine eignen Sachen ausprobiren kann. – So, das so in großen Strichen. – Und nun verlege Dich auch mal auf ein richtiges Stück. Wir wollen alle aufhören, uns mit Szenchen u. derartigem zu verzetteln. Zunächst sind wir leider noch gezwungen, »Serenissimus« weiter beizubehalten, weil das augenblicklich praktisch nötig ist. –
Sonst wie gesagt, wollen wir nur noch dramatisch in sich geschlossne Sachen bringen, sei es nun ein Einakter oder Monolog. Aber eine dramat. Entwickelung muß drin sein. Dieses Bühnenprinzip war etwas in Vergessenheit geraten. ——
Mit der »Hochzeit«, u. d. »Glockenspiel« steht es augenblicklich so. Reinhardt zweifelt daran, ob das Geisterhafte in der Figur des Mannes in der »Hochzeit« deutlich wird. Das ist richtig. Das kommt daher, weil man sofort den Mann sitzen sieht ohne zu wissen, daß er eine Erscheinung ist. Ob die folgende Erklärung nachträglich diese Illusion herstellt, ist eben das Zweifelhafte. Man müßte ihn plötzlich sehen, wie das Mädchen ihn plötzlich sieht. Aber wie? – Kannst Du nicht mal darüber nachdenken? Das angenommen, glauben wir beide an die Wirkung der Sache. –
Kannst Du mir das Ding nicht noch mal schicken? Es ist gräßlich. Durch den Wechsel von Flaischlen (der schon wieder fort ist) wieder zu Oberländer zurück ist es offenbar verlegt worden u. nicht zu finden. Ich weiß nicht mehr wo man es suchen soll. Das geht schon die ganze Zeit jetzt. –
Das Glockenspiel möchte Reinhardt sehr gerne aufführen, er muß aber erst mit den Technikern (Maler etc.) sprechen wie sich die Sache gut herstellen läßt. Die Uhrsache ist schwer zu machen

u. muß gut aussehen, sonst gehts nicht. Das ist fein, daß es in der Rundschau genommen ist. – Ich hatte kürzlich auch eine Freude. Dehmel schrieb mir, ich sei der geborene Kindererzähler u. hat 2 Märchen angenommen. Er machte für Anderes Änderungsvorschläge, aber es gefällt ihm trotz der Änderungen noch nicht ganz u. es wird bei den 2 Sachen wohl bleiben. Ich schicke Dir in diesen Tagen einen Pack Manuskripte von Dir, dabei die »Lampe« u. »Schallmühle«. Beides mußt Du ihm sofort schicken. – Nu dachte ich in meiner Freude über diese Dehmelanerkennung, ich könnte endlich einen Mann gefunden haben, der mir einen Verleger nennt – aber nun: auch er schreibt, die Herrn ließen sich nicht ins Geschäft dreinreden. Na also. Da ich sogleich für Dich fragte, so thut es mir doppelt leid. Es ist eine Schweinerei. Dehmel rät mir auch: alles in Zeitschriften drucken lassen, dann nimmts der Verleger auch. Ja, Kuchen. Ich wäre froh, wenn Zeitschriften mich druckten. – Ich fand kürzlich eine gute Monologform: (à la »Gefangene«) Ein Mann oder Weib, die auftritt u. grüßt, als ob sie auf der Straße angesprochen wird. Dann das gespräch, Gruß, Abgehen. Darin kann sich viel Tragisches abspielen, auch Komisches. Und es ist dramatisch. – Nun schreib was Dramatisches, schlage Einakter vor u. sei von Herzen gegrüßt.   Dein Fritz. Liesing, Kinder, Reinhardt grüßen.

Morgen spiele ich einen sympath. jungen Mann in Sudermanns Première »Es lebe das Leben«. Spannender Roman. Technik 50 Jahre alt. Auh!!!

Liesing gastirt Montag als Frau Linden in d. Nora (mit Sorma) im Lessingtheater.

Dank für Alkohol-Buch. Menschenskind, vorläufig bin ich für Bekehrung nicht zu haben. Und Bekehrung wovon? Von 3 Glas Selter mit Rotwein? Hahahaha!

800.   AN AMÉLIE MORGENSTERN [IN STARNBERG].
       AROSA, 13.2.1902

Ich danke Dir von Herzen, liebe Mama, für die Manuskripte, den lieben Schmuck und Deine Briefe! Entschuldige, dass ich Dir nicht geschrieben habe. Seit Neujahr liegt meine ganze Korre-

spondenz noch mehr wie sonst im Argen, da ich die wenigen Stunden, die mich die Kälte meines schwer erheizbaren Zimmers am Schreibtisch sitzen lässt, der Arbeit vorbehalten muss und die übrige Zeit ins Freie oder auf's Sopha unter meine Reisedecken verbannt bin.
Von den Schmuckgegenständen will ich den kleinen Perlen-Halsschmuck und das kleine blaue Medaillon mit Grossvater Schertels Bild an Toni schicken. –
Dass Ihr nicht mehr in dem alten trauten Hause wohnt, mit dem mich so viele Jugend-Erinnerungen verknüpfen, ja, dass es sogar demnächst ganz verschwinden soll, will mir noch gar nicht recht ein. Aber Euer neues Heim ist allerdings auch schön gelegen und nun wohl auch infolge des vereinfachten Haushalts bequemer.
Du frägst, wie ich dazu käme, Ibsen zu übersetzen. Gelegentlich seines 70. Geburtstages (1898) wurde eine grosse deutsche Gesamtausgabe seiner Werke in 9 Bänden in Angriff genommen und ich mit der Übertragung der versificierten Werke betraut – 6 an der Zahl – wozu seinerzeit noch sein letztes Drama »Wenn wir Toten erwachen« kam. Ich ging infolgedessen vor 3 Jahren nach Norwegen und blieb dort etwa fünf viertel Jahre. Bis zum Herbst bleiben mir nun noch seine »Gedichte« und ein Jugendwerk »Catilina« zu vollenden. – Die eigenen Gedichtsammlungen, die ich seit 1895 herausgab, sind Dir vielleicht bekannt; in ein paar Wochen werde ich Dir deren neuste übersenden können. Eine Anzahl Satiren, meist dramatischer Form, habe ich zunächst zurückgelegt, da ich keinen Verleger dafür finde, indem sie dem einen zu fein gesponnen dem andern zu ehrlich sind. Ein Buch Epigramme muss sich zunächst auch noch still verhalten. Inzwischen wird, wie ich hoffe, Frühling und Sommer aus einer Fülle von Entwürfen und Anfängen wieder Neues entwickeln, so dass es mir vielleicht doch noch einmal gelingt, die Zügel selbst in die Hand zu bekommen, anstatt, wie bisher, davon abhängig zu bleiben, wohin mich der Kutscher Zufall zu fahren beliebt. –
Übrigens meint er es immer doch noch recht gut mit mir, da ich diesen Winter voraussichtlich an der Rivièra beschliessen werde. Wenn alles gut geht, will ich Anfang oder Mitte März nach San Remo gehen und dann entweder dort bleiben oder einen ähnlichen Aufenthalt in der Nähe wählen. Von Mai ab möchte ich

dann in der französischen Schweiz leben. Weiter denke ich noch nicht. –

Da fällt mir übrigens noch etwas ein, worauf ich Dich aufmerksam machen wollte, da es unzweifelhaft nach Deinem Geschmack sein wird. Es sind dies die bei Diederichs in Leipzig erschienenen und erscheinenden Bücher von dem Maler Paul Schultze-Naumburg, Bücher, welche, ähnlich wie die des Direktors der Hamburger Kunsthalle Alfred Lichtwark, dazu bestimmt sind, künstlerische Gesichtspunkte ins tägliche Leben weitester Kreise zu tragen, ganz herrliche Publikationen, bei denen einem innerlichst warm und wohl wird.

Du wirst bei Deinem ausgeprägten künstlerischen Sinn viel Freude und Anregung davon haben. –

Alles Gute nun Dir und Deinem lieben Vater zum nahenden Frühling!

Dein
Chr. Morgenstern.

Arosa, 13.II.02.

801. AN EFRAIM FRISCH IN CHARLOTTENBURG.
AROSA, 22.2.1902

Lieber Freund,
Munter und wohlauf. Brief folgt. Gruss L.

Chr.

802. AN EFRAIM FRISCH [IN CHARLOTTENBURG].
AROSA, 24.2.1902

Lieber guter Freund,
Ich will den letzten Schubs meines heutigen Schlittel-Fahrens nur gleich ins Moralische übersetzen, – sonst kommst Du nie und nimmermehr zu Deinem Recht. Also zunächst mit ein paar Griffen Ordnung gemacht: die verdammten Lexika wollen nun einmal nicht in ihrem Stall bleiben – und dann in medias res, in medias gratias! Ich fühle nämlich sehr wohl, dass anders als durch

einen Sprung – und mag er noch so ungoethisch sein – mein Schweigen auf Dein liebes Geschenk nicht zu überbrücken ist. Ich kann zwar einiges in den mehr als zwei Monate breiten Abgrund werfen: Weihnachten, »geschäftliche« Schreibereien, Arbeiten verschiedener Art – darunter sogar Schmuckgegenstände aus Draht –, Ibsen, den Bergtroll, eine langwierige Buchkorrektur, Paul Schultze-Naumburg, vor allem auch ein grosses Quantum Zimmerkälte, – aber es reicht wohl alles noch nicht zu. Genug: Dein Buch und die es geleitenden lieben und schönen Worte haben mich im Innersten erfreut und beglückt. Es war das wertvollste Weihnachtsgeschenk, das ich erhalten konnte, wie mir der letzte Sommer durch unser intimes Zusammensein zu einer kostbaren unvergesslichen Zeit geworden ist ..
Hab Dank für alles, von Sommer und Winter, lieber, lieber Freund! – Wenn wir nur bald wieder eine gemeinsame Zeit verzeichnen könnten! Kannst Du nicht März oder April an die Rivièra kommen? Ich will's endlich einmal versuchen, obwohl ich Geldklemme voraussehe. Aber immerhin steht es mir dies Jahr zum ersten Mal einigermassen frei, März und April dort zu verbringen; – soll ich die Gelegenheit vorübergehen lassen? So denke ich mir denn, Anfang März von Thusis aus per Post den Splügen zu überschreiten und dann von Chiavenna über Milano und Genua nach San Remo zu fahren, wo ich Herrn Moos noch anzutreffen hoffe, um mit seiner Hülfe dann denkbar billigstes Logis auszukundschaften. Geht alles programmgemäss, so kehre ich im Mai über den Simplon nach dem franz. Teil der Schweiz zurück, im Vertrauen, am Genfer See oder im Rhone-Thal ein zweites Wolfenschiessen zu entdecken. Abenteuerliche Pläne, nicht? Ohne Fischers weitgehendes Entgegenkommen hätte ich sie allerdings nicht fassen dürfen. Er rückte nämlich den Termin der Ablieferung der »Gedichte« bis Juli hinaus und bot mir ausserdem noch die Übertragung des »Catilina« mit einem Honorar von 600 M. an. Das Erstere war auch höchst nötig. Die »Gedichte« Ibsens liegen schwer auf mir; ich möchte endlich frei sein und soll immer noch diese fremde Welt mit mir herumschleppen, der ich mich oft aufs bitterste feind fühle. I. ist in der That der persönliche Ausdruck jenes »Grauenvollen«, wovon er schreibt; er zieht an und stösst ab. Wie aber spricht das Eisen zum Magneten? Ich

hasse den am meisten, der anzieht, doch nicht festzuhalten weiss.
Und noch ein andres Wort N. es geht mir durch den Kopf, seit ich
vor Kurzem wieder einmal den »Solness« las und dabei beinahe
etwas wie Ekel empfand: Ein Haufe Krankheiten, der durch den
Geist in die Welt hinaus greift.
I. erscheint mir zuweilen als ein noch grösserer Nihilist als Tolstoi.
Dessen Liebe vergreift sich nur in den Mitteln, I. aber ist kein
grosser Liebender sondern ein Verachtender aus Schwäche. Man
kann seinen Nihilismus nicht bündiger erklären als wie es die
letzte Zeile seines Gedichtes »An meinen Freund, den revolutionären Redner« thut. Er sagt vorher, die einzige unverpfuschte
Revolution, sei die Sündflut gewesen. Aber Noah ist durchgekommen. Noch einmal denn! Ihr sorgt für die Gewässer – »ich lege
mit Lust den Torpedo unter die Arche«. Und was er einmal von
Napoleon gesagt hat, ist vielleicht noch verräterischer: Ungefähr:
Er würde solche Männer einfach füsilieren lassen. –
Was übrigens den »Catilina« betrifft, so hat man von ihm gesagt,
er enthalte bereits den ganzen späteren Ibsen. Das ist wahrlich
kein Compliment. Denn dieser »Catilina« ist keine »Präexistenz-
form Cäsars«. –
Du frägst nach den Früchten dieses Winters? Sie sind nicht sehr
gross und zahlreich. Einen Einfall in Scenenform wird demnächst
die N. D. R. bringen. Vieles andre ist Entwurf geblieben. Seit
Neujahr habe ich einige Hefte mit Gedanken, Urteilen etc. gefüllt,
aus denen für ein späteres Buch vielleicht manches zu excerpieren
sein wird. Ich wäre damit zufrieden, wenn das Material in etwa 5
Jahren so angewachsen wäre, dass ein Auszug daraus ein hundert
bis zweihundert Seiten ergäbe, darauf kein Wort zuviel stände. –
Vor allem hat mir dieser Winter Musse gebracht, wieder einmal
intensiver zu lesen. Über Lagarde und Tolstoi kam ich im Dezember zu Nietzsches nachgelassenen Entwürfen zum »Willen zur
Macht«. Du wirst sie inzwischen wohl auch kennen gelernt haben. Sie bedeuten für mich die gewaltigste Offenbarung menschlichen Geistes, die ich kenne. Ich glaube nicht, dass irgend ein
Mensch je tiefere Blicke that als der Nietzsche dieses Buches.
Sogar sein eigenes übriges Lebenswerk verschwindet für mich vor
diesem seinem letzten Vermächtnis, das er am Vorabend seines
geistigen Todes mit einer Kraft und Klarheit niederlegte, vor der

Februar 1902

es nur schweigende Ehrfurcht giebt. – Seine Schwester ist für mich fortan sacrosankt. Das Verdienst dieser Frau ist so unschätzbar, dass daneben alles zunichte wird, was sie etwa hier oder dort zu viel oder zu wenig gethan haben mag. –
Unter mancherlei neuen Büchern, die ich mir von meinem treuen Calwary verschrieben, würde Dich eines besonders interessieren Die Reden Buddhas (oder vielmehr Buddhos), übers. von Karl Eugen Neumann. Ich habe nur erst flüchtig hineingeschaut und behalte sie mir für eine ruhigere Zeit vor. – Wenn ich die Mittel hätte, würde ich mir meine ganze Bibliothek in Hefte mit Bädekereinband binden lassen. Mein Sitzen gehört den schriftlichen Arbeiten, lesen kann ich hier nur auf dem Sopha, unter einer warmen Reisedecke. Was soll ich da mit dicken und schweren Bänden anfangen. –
Alles in Allem drängt es mich mehr denn je, mich universeller zu bethätigen, als es in Lesen und Schreiben möglich ist. Ich war diesen Winter nahe daran, an Paul Schultze-Naumburg zu schreiben und ihm mein Herz auszuschütten. Aber ich kann mich nicht darüber auseinandersetzen, wovon ich oft so voll bin. Ich kann einen Goldschmied auf Jahre hinaus mit Ideeen versorgen, aber ich kann darüber keinen Brief oder Aufsatz schreiben. Es ist mein Auge, das nicht vergeblich leben will. Linien und Farben sind meine Domäne, und ich muss im grauen Elend des Buchstabens leben. Ein zerknittertes Papier kann mich berauschen; – darf ein solcher Mensch auf Verständnis rechnen? Nun, ich will sehen, vielleicht finde ich in San Remo Mut dazu, mich einem Goldschmied oder Gärtner zu bekennen.
Auch ein paar neue Papierschnitzelkompositionen(!) sind entstanden. Du sollst sie sehen, gieb sie dann, bitte, an Kayssler weiter –
»Die Fische« warten auf Deine Wiederkunft. So weit vom Schuss, einsam, auf hohen Bergen ist man schlecht aufgelegt, sich um Zaunkönige zu bekümmern. Und was die Chinesen angeht, so liegt das Hauptwerk des »grossen Chinesen von Königsberg« zwar stets auf meinem Tische aber leider noch immer nicht ganz intra muros meiner Wissenschaft.
Solang ich das B. Tageblatt noch las, wurde ich allerdings manchmal fast krank davon, zur Hälfte von der Zeitung selbst, zur Hälfte

von den deutschen Verhältnissen. Es giebt hier nur ein Mittel, wofern man nicht Macht hat, persönlich einzugreifen: Sich resolut abzuwenden und nur dem Deutschen in sich zu leben. Fange der Deutsche denn an, wo Deutschland aufhört. Vielleicht liegt auch für Deutschland noch irgendwo ein Corsica, das ihm den Herzog schenkt, dessen Macchiavell Lagarde ist. –

Wir sprachen im Sommer von Rousseaus »Bekenntnissen«. Ich habe sie nun auch gelesen. Über die Venediger Affäre, die L. und Du damals erörtertet, wird mir schwer zu urteilen. Man kann, scheint mir, nicht sagen, wir würden dies heute nicht mehr schreiben, da wir wohl heute alles anders schreiben würden. Ein Bekenner von heute würde vielleicht noch viel rücksichtsloser reden, aber ganz gewiss nicht mit dieser breiten kindlichen Geschwätzigkeit, die den Psychologen mehr durch sich selbst als durch ihren Inhalt interessieren dürfte. Alles in allem sind diese Bekenntnisse keine Bekenntnisse in unserm Sinne. Man möchte ihnen ein Werk gegenübergestellt sehen, etwa des Titels: Ein Tag aus meinem Leben. Ein Spatenstich eines Psychologen. Imgrunde ist dieser Rousseau ein sehr grosses Kind, warm in den Windeln noch aller möglichen Vorurteile und Volksurteile gebettet, mehr Weib als Mann, viel Genie und wenig Rasse, mehr romantischer Musiker als aufklärender Philosoph. – Aber vielleicht werde ich in Clarens noch von ihm schwärmen. Da ich am Genfer See seine Nouvelle Heloise im Original zu lesen hoffe.

Du siehst, ich habe schon Reisefieber. Und wirklich bin ich schon ganz unruhig, und mehr noch als freudige Erwartung beherrscht mich die Vorstellung des Packens, Geldausgebens und Ibsenfrohndens. Nun, mein Glück wird mich hoffentlich nicht verlassen. – Demnächst wird Dir und L. Fischer meine neue Sammlung schicken. Du wirst einiges Wolfenschiessen darin finden. Für Deine nächsten Nachrichten kann ich Dir dann hoffentlich eine italienische Adresse geben. Aber nochmals: Bring sie lieber selbst

Deinem
Dir von Herzen zugethanen Freunde
Christian Morgenstern.

Viele, viele Grüsse an F. L. Hoffentl. ist die Oper. gut verlaufen. – Herzl. Gr. auch an H.[?]

Ps. Überlege Dir noch einmal Folgendes: Wie wär's wenn wir einmal zusammen, vielleicht auch mit K. noch, ein Buch schrieben: »Der Dunkelmännerbriefe zweiter Teil.«? Sieh Dir den 1. Teil doch mal daraufhin an, in d. Bibliothek.
Arosa, 24.II.02.

803. AN EFRAIM FRISCH [IN CHARLOTTENBURG].
      AROSA, 24.2.1902

Laß Dir die Dunkelmännerbriefe... doch, bitte, ja durch den Sinn gehen. Das wäre wirklich etwas, wozu wir, Kayssler, Du und ich uns mühelos vereinigten könnten. Auch ein oder der andere weitere könnte zur Not herangezogen werden. Wir würden uns etwa alle Vierteljahre, was wir geschrieben, zuschicken. In kurzer knapper schlagender, jede Freiheit der Erfindung wie des Ausdrucks begünstigender Form könnten wir uns vieles vom Herzen und dem andern zum Frommen schreiben. Ein zusammenfassender Gesichtspunkt wäre leicht zu finden oder zu schaffen; die Zusammenarbeit mehrerer aber dürfte hier nur von Vorteil sein. Teile mir, bitte, mit, was Du dazu denkst.
Ich trage mich seit Jahren mit einem derartigen Werke in Briefform, habe seinerzeit in den »Briefen an einen Botokuden« einen Anlauf genommen, bin erst diesen Winter wieder darauf zurückgekommen, indem ich den Plan zu einer Sammlung von Briefen unter dem Titel »Von und an« faßte, und glaube, manches originelle Stück dazu liefern zu können. Also, sieh zu, tu mit!

804. AN RICHARD DEHMEL IN BLANKENESE.
      AROSA, 25.2.1902

Sehr verehrter Herr,
Auf Anregung Kaysslers schicke ich Ihnen anbei noch einiges Ältere, wovon jedoch höchstens die Schallmühle verwendbar sein dürfte.
      Herzlich ergeben
        Ihr
         Chr. Morgenstern.

25.II.02
Inner-Arosa, Schweiz, Graubünden
Hotel Bellevue.
Ps. Entschuldigen Sie die schlechte Beschaffenheit des Exemplars
der »Schallmühle« Habe leider kein andres. Der Druck ist notabene aus einer privaten Festzeitung.

805. VON FRIEDRICH KAYSSLER.
CHARLOTTENBURG, 25.2.1902

Seine erste Schülerin *hat ihm den* »anmutigen Vertrag« u. die Geschichte vom »Fähnlein« von einem gewissen Morgenstern *vorgesprochen. Grüße* von uns allen.

806. AN JOSEF SCHANDERL [VIELLEICHT IN MÜNCHEN].
AROSA, 27.2.1902

Verehrtester Herr,
ich stehe bei Ihnen in großer Schuld, aber Zeit und Umstände hindern mich nur zu sehr, sie abzutragen. Nehmen Sie wenigstens die Versicherung, daß ich stets freundschaftlich Ihrer denke und an Ihrem Schaffen den aufrichtigsten Anteil nehme.

Im März kann ich Ihnen hoffentlich meine neueste Gedichtsammlung zusenden, woraus Sie vielleicht besser meine dichterischen Absichten ersehen werden, als wenn ich versuchen wollte, sie Ihnen theoretisch auseinanderzusetzen.

Wann werden wir von Ihnen wieder etwas zu lesen bekommen?

Daß mir Ihre ersten Gedichte überwiegend gefallen haben, daß ich, als ich anfing, mir die mir am besten scheinenden durch einen Bleistiftstrich zu markieren, fast jede Seite anstrich und die Auslese darum aufgab, können Sie mir ohne weiteres glauben.

Wenn ich jetzt aus einer gewissen Ferne – ich hatte sie im Herbst zum letzten Mal vor – darauf zurücksehe, so scheint es mir, als sei es allein die noch höhere Durchbildung der Form, die Ihr Schaffen noch erfordere. Nach mehr als zehn Jahren glaube ich meinerseits erreicht zu haben, ein mich stark bewegendes Gefühl eini-

germaßen mühelos auszusprechen. Nur einigermaßen. Die vollkommene Mühelosigkeit, die gelöste Zunge scheint mir das, was ein Künstler vor allem erstreben müsse. Alles, was in ihm ist, kann dann heraus und bleibt nicht auf halbem Wege stecken. Dichten muß einem wie eine zweite Natur werden, die dann und wann herausbricht. Aber diese Natur hat niemand. Wer aber wie die berühmten Geigen- oder Klaviervirtuosen von seinem sechsten Jahre an täglich acht Stunden »geübt« haben könnte, dürfte wie mit feurigen Zungen reden, gesetzt daß er ein feuriger Kerl wäre. Sehen wir denn zu, wenigstens noch so viel wie möglich nachzuholen!
Mit herzlichem Gruß stets Ihr
Christian Morgenstern

807. Von Richard Dehmel. Blankenese, 28.2.1902

28.2.2.
Blankenese bei Hamburg Parkstrasse 40

Verehrter Herr Morgenstern!
Die »Lampe« und der »Philosoph« lassen sich ohne viel Mühe für meinen Sammelzweck zurecht stutzen, d. h. für die kindliche Fassungskraft. Ich habe mir erlaubt, Ihnen meine Aenderungsvorschläge gleich ins Mscript zu schreiben, und bitte Sie um Bestätigung oder weitere Ausführung meiner Fingerzeige. Sie brauchen sich (abgesehen vom Schluß der »Lampe«) nicht die Mühe einer neuen Reinschrift zu machen, sondern können mir einfach die Mscripte mit meinen Correcturen zurückschicken; ich muß für die Drucklegung sowieso Alles nochmals abschreiben lassen. Zugleich bitte ich um Angabe Ihrer Honorarforderung. Da übrigens das Sammelbuch aus illustrativen Gründen erst in 2-3 Jahren erscheinen kann, so müßten Sie sich verpflichten, Ihre Beiträge bis 1. October 1905 nirgendwo anders zu veröffentlichen. Ich nehme an, daß auch der »Philosoph« (Sie schrieben's mir nur von der »Schallmühle«) bisher nur als völlig privater Gelegenheitsdruck erschienen ist. Die »Schallmühle« würde dem Stoff und Gehalt nach gleichfalls vorzüglich in meinen Sammelplan passen; die Form aber müßte von A bis Z umgearbeitet werden.

Vor allem müßte Kindern, aber ohne lehrhaften Ton, zunächst mal erst erklärt werden, was »Gehörsnerven« und »Schallwellen« sind, etwa unter dem Leitwort »Gedankendinge«, sonst können sie auch nachher das Gedankengetreide nicht begreifen; natürlich dürfte diese Einleitung höchstens 3 kurze Sätze lang werden. Dann müßte überhaupt der Satzbau durchweg vereinfacht und die Diction von ironischen Abstractionen gereinigt werden; ich habe ihnen die besserungsbedürftigen Stellen mit Rotstift unterstrichen. Die Sätze sind alle zu sehr aufs Geistreiche hin gefügt, mit zuviel causalen Nebensätzen, die in sinnfällige Hauptsätze aufgelöst werden müßten. Nebenbei gesagt glaube ich, daß dann auch für den Erwachsenen die wundervolle Symbolik des Märchens durchsichtiger werden würde, weil dann das tertium comparationis (die Werkstätte des poetischen Ingeniums) handgreiflicher zum Vorschein käme. Warum übrigens muß es durchaus wieder eine »Prinzessin« sein, die mit dem Müller Hochzeit macht? Diese romantischen Unmöglichkeiten sollte doch unser sociales Gewissen endlich zum alten Eisen werfen! Es giebt doch genug andre Gloriolen ums Haupt, die einem Kinde Vergnügen machen können, ohne der Wahrheit ins Gesicht zu schlagen. Nehmen Sie doch z. B. ein Sternguckerstöchterlein! Das würde Ihrem poetischen Hintergedanken (Sie meinen doch wol die Phantasie mit der Prinzessin) sogar viel eigentlicher entsprechen als diese abgedroschene Mesalliance. Also ich würde mich sehr freuen, wollten Sie sich die Mühe nicht verdrießen lassen, das Märchen für den »Buntscheck« (so ist mein Sammelbuch betitelt – Untertitel: Ein Sammelbuch herzhafter Kunst für Ohr und Auge deutscher Kinder) zurechtzubasteln. Mit herzlichem Gruß

R. Dehmel.

NB! Bei dieser Gelegenheit erlaube ich mir die Frage, ob Sie den liebevollen Aufsatz über mich, den Sie einmal in einer Berliner Monatsschrift (ich glaube in »Bornstein's Monatsheften«) veröffentlicht haben, noch besitzen und mir abtreten wollen. Mir ist das Blatt abhanden gekommen, und meine Frau, die eine Sammlerin solcher Denkwürdigkeiten ist, hat mich schon mehrmals am Kanthaken gekrigt, ich solle Sie um Ersatz bitten. Bitte! –

808. AN FEGA LIFSCHITZ [VERMUTLICH IN ODER BEI
 BERLIN]. AROSA, 3.3.1902

Arosa 3.III.02.
L. Fr. Nehmen Sie m. kl. Buch, das Fischer Ihnen senden w., als
Zeich. m. herzl. Freundschaft u. beurteilen Sie es freundlich. Reise morgen früh ab, denke e. paar Tage in Lugano zu bleiben, dann
via Milano u. Genua nach d. Levante (Rapallo) zu gehen. Hörte
heute, dass d. Oper. Ihrer Frau Mutter gut verlaufen; gratuliere! –
Besitze seit Kurzem Bädekers!! »Oberitalien« e. herrl. Buch. Bald
Gruss u. Adresse aus dem Süden. Herzlichst stets Ihr
Herzl. Gruss an Frisch.   Chr. M.

809. AN JULIUS MOOS [VERMUTLICH IN SESTRI].
 RAPALLO, 12.3.1902

*Berichtet von den Schwierigkeiten, passende Unterkunft zu finden.
Das Hotel Eden ist* ganz nett, *aber:* lauter Deutsche. *In Portofino
gefielen ihm Frau Delfin und Tochter, aber nicht das Zimmer. Das
Piccolo-Hotel hat* nette Zimmer, *er zieht es* am meisten in Betracht, *aber die Wirtin gefällt ihm weniger. Splendid mißfiel ihm
sofort, aber die Zimmer und die Aussicht sind dort schön. Auch in S.
Margherita war nichts Passendes. Wäre beinahe heute doch noch
nach San Remo gekommen. Fragt nach, was Moos in Sestri macht
und was er von Nervi hält.* – Notabene ists hier wunderschön
[*hierzu mit Sternchen nachgetragen:* Kommen Sie hier ins Kurhaus z.B.]; hab ich erst Ruhe, wird Italien schon zu wirken anfangen. Ohne diese aber bin ich nur ein wandelndes Stück Fleisch,
Chr. M. nur dem Namen nach.

810. AN JULIUS MOOS [VERMUTLICH IN SESTRI].
 PORTOFINO, 15.3.1902

Hat nun den Hafen gefunden, den Porto fino, *nämlich das Piccolo-
Hotel, das ihm schon anfangs gefallen hatte.* Umseitig die letzte für
Sie allein interessante(?) Seite des Splendid-Prospekts. Ich war

heute nochmals oben, kommen Sie nur; es ist doch prachtvoll
gelegen u. hat einen glänzenden ebenen Spazierweg, den ich heute erst entdeckte. – *Die Landschaft ist* herrlich; *er ist viel gelaufen.*
Die leidige Atemnot ist hier kaum mehr zu spüren. *War nicht
beim* Rechtsanwalt, *Moos soll ihn und sein Frauchen grüßen.
Bittet, ihm eine hübsche italienische Lehrerin mitzubringen.
N.: Willy Hamacher. [Frau Delfin]. – Rapallo. Chiavari.*

811.   AN HEINRICH STÜMCKE [IN BERLIN].
       PORTOFINO, 22.3.1902

*Lehnt die Aufforderung, Ihrem interessanten Verein beizutreten,
aus Geldgründen ab. – Besitzt ein Exlibris von Stümcke und verspricht, sich mit dem seinen zu revanchieren, sobald er wieder
Drucke von Orlik bekommen hat.*

812.   AN RICHARD DEHMEL IN BLANKENESE.
       PORTOFINO, 27.3.1902

*Dankt für den Brief, will im April ein M., das ich soeben »unter der
Feder habe«, schicken. – Der Aufsatz ist* (wenn überhaupt noch
vorhanden) *in Berlin in einem Koffer, er will ihn nach seiner Rückkehr suchen.* – Kommen Sie nicht einmal in diese anmutigste
Gegend?

813.   AN JULIUS MOOS IN SESTRI.
       PORTOFINO, [27.3.1902]

*Dankt für die Gastfreundschaft und die Mitteilungen, will aber nur
Ostern kommen; Moos müsse auch hierher kommen.*

814.   AN JULIUS MOOS [IN SESTRI].
       PORTOFINO, 1.4.1902

*Hofft, daß ihm Ms Schnupfen nicht geschadet hat. Hat auch Husten
und fürchtet, die Sache habe sich auf die Bronchien geschlagen. –*

Lädt ihn ein, doch noch über Portofino *zu kommen. Dankt für die schönen Stunden.*
N.: Wolfenschießen. St. Wolfgang bei Davos. Chiavari.

815.   AN EFRAIM FRISCH IN CHARLOTTENBURG.
        PORTOFINO, 1.4.1902

Lieber Freund,   Beifolgenden Brief bitte an Lifschitz weiter zu senden. Würde gern von Dir hören, wie's Dir geht und was Du für Frühling und Sommer vorhast. Ich habe mir die letzten Tage einen elementaren Schnupfen geholt und warte nun ab, wie er verläuft, heute abend etwas optimistischer, heute morgen nach dem Aufwachen jedoch schon glaubend, alles sei wieder verloren, da die Geschichte in die Bronchien hinuntergekrochen zu sein schien. So geht man beständig auf schmalstem Pfad, links unten den Abgrund der Vernichtung, rechts oben die Höhe des Lebens, verlassen für immer, vielleicht noch nie völlig betreten. Aber man geht aufrecht, gleichmütig, sein Glück für sich, sein Wissen für sich. Man hätte es leichter, wenn man auch noch einen »Glauben« für sich haben könnte. Aber in diesem Punkte müssen wir alle »Nihilisten« sein, es sei denn, dass sich ein jeder von uns seinen »Ring der Wiederkunft« erfände.
                        Leb wohl, liebster Freund!
                                    Dein Chr.
1.IIII.02
Portofino, Riviera di Levante, Piccolo Hotel

816.   AN FEGA LIFSCHITZ [VERMUTLICH IN GRODNO].
        PORTOFINO, 1.4.1902

Mit aufrichtiger Betrübnis habe ich von dem Unglück gehört, das Sie betroffen hat und meine Gedanken eilten teilnehmend zu Ihnen. Werden wir Sie denn nun nicht mehr in der Schweiz begrüssen dürfen? Wie lange gedenken Sie in Russland zu bleiben und wohin dann zu gehen? – *Ist seit dem 15. März in Portofino, wo es* unendlich lieblich *ist, er sich aber doch sehr einsam fühlt.* Wenn ich an jene schönen Theestunden denke, wo ich mit Ihnen in dem kleinen Mansardenzimmer in Zürich über sehr innerliche Fragen sprach, meine ich fast, dass mir seitdem nichts Ähnliches mehr beschieden war. *Hatte auf der Durchfahrt – mit einem Reisegefährten aus der Arosaer Pension – in Zürich keine Zeit*, Frl. Kn. aufzusuchen. *Fragt, ob sie sich zerstritten hätten; denn er hat einmal eine Karte nur von ihr, ohne Fega Lifschitz' Unterschrift und aus einer anderen Wohnung, erhalten. – Will Anfang Mai* vermutlich nach Wolfenschiessen. *Wird ihr* unter Frischs Adresse *sein Buch senden und hofft, daß sich ihr alles zum Besten wenden möge. N.: Genua. Lugano.*

817. VON FRIEDRICH KAYSSLER.
CHARLOTTENBURG, 7.4.1902

Dankt für Ms lieben Brief. *Verspricht, die* Stelle von Genua *zu schicken. Fragt, ob er M die* »Fröhliche Wissenschaft« *leihen soll und ob er den* »Zarathustra« *da hat*; ich würde Dich dann um einiges fragen. Antworte mir auf diese Fragen. Ärgere Dich doch nicht um das Feuilleton. Denk mal: ich muß immerfort meine Mistrolle in E. l. d. Leben spielen. Du darfst sogar schreiben, was Du willst. Wenn Du in diesen Jahren in meiner Haut stecktest, würdest Du finden, daß Du trotz aller Fesseln als Künstler 10 mal freier bleibst als ich.

818. AN JULIUS MOOS IN NERVI.
PORTOFINO, 10.4.1902

Will vielleicht doch noch nach Nervi übersiedeln. – Habe seit 1 Woche einen jungen poln. Litteraten hier, sehr interessanten Menschen, sodass nicht mehr so allein.
N.: Eine hübsche Dänin im Eden-Hotel.

819. VON FRIEDRICH KAYSSLER.
CHARLOTTENBURG, 12.4.1902

Will M diesen herrlichen Nietzschesatz doch selber abschreiben, als Zeichen, daß sie beide innerlich niemals aufhören, für einander zu leben und Material zu sammeln für einen gemeinsamen großen Bau, [...] – Ich habe das Gefühl, als ob Du durch die bloße Berührung mit der leidigen »Zeitung« sehr verstimmt wärest. Wenn ich Dir doch deutlich genug sagen könnte, daß ich nicht bloß rede, um Dir Lust zu machen, wenn ich Dir diese »Briefe aus Italien« verlockend als den Ausweg aus diesen dicken Mammonsnöten hinstelle. *Redet ihm weiter zu.* Wenn Du durch den Weg den ich Dir vorschlug, dazu kommst, auf eignen Füßen zu stehen in diesem herrlichen Lande, so möchte ich wirklich wissen, ob Du dann noch Grund hättest, trübe zu sein. *Weist auf Ms äußere Schwierigkeiten hin; er dürfe daraus keinen Schluß auf mangelnde Fähigkeiten ziehen.* Junge, schüttele das alles ab u. sieh klar, wohin ich sehe. Ich rede nicht Dir zum Trost, sondern, weil ich zufällig objektiver von hier aus sehen kann. – Wir trieben beide bisher, besonders in letzter Zeit, auf offenem Meere. Gehts mir denn anders? Mein Leben als Schauspieler ist gleich Null. Ich kämpfe für das, was kommen soll, aber wann? Eine kürzliche Besprechung mit Brahm hat mich wieder mit allen Plänen zurückgeworfen. Die ehrliche Sympathie dieses Mannes hindert uns, frei zu handeln. Meine ganze Zeit ist ausgefüllt mit der Arbeit für dieses neue Unternehmen, dem wir vielleicht sobald nicht angehören können. Und solange das nicht angeht, ist »Zersplitterung« die Losung. Aber das muß ertragen werden, weil das Ziel klar ist. Denk Dir z. B., daß Reinhardts Plan, im Schall u. Rauchtheater intimes Theater u. zugleich in einem gemieteten großen Raum monatlich an bestimmten Tagen so u. so oft klassische Tragödie zu spielen, sich verwirklichen läßt. Da bahnt sich Deine Trennungsidee an u. zugleich der Charakter der Festlichkeit, der Ausnahme für große Stilstücke! – Dahin soll es kommen. Aber der Weg kostet Nerven u. Zeit, die ich so so so gerne zu Anderem auch behalten möchte. *Immerhin kann er jetzt wieder an seinem Drama arbeiten und glaubt, es könne etwas daraus werden. Sieht ihrer beider Gefahr, die ihnen* wohl bisher den Weg zum Drama verschlossen *habe, in ihrem Willen* zum Großen, Überlebensgroßen, zum Überspringen der Werte des alltäglichen Lebens, *glaubt aber, daß sie jetzt allmählich so weit sind, die* nützliche[n] kleine[n] Züge des Lebens in ihrer Notwendigkeit *für das* starke Knochengerüst, *das ihnen vorschwebt, erkennen und verwerten zu können.* Ich glaube, daß wir bald Reifes geschaffen haben werden. – Drükke mir die Hand, lieber Junge, u. teile meinen Glauben. – *Liese kommt am 20. endlich zurück; sie grüßt. – Er dankt für den Lagarde, hat »Die graue Internationale« gelesen, konnte sich aber schwer hineinfinden. – Gibt Glücksmanns Adresse an, der kürzlich einen* famosen Artikel *über* die mangelhaften Sachverständigen bei Gericht in Ärztesachen *verfaßt hat.* Schreib bald, was Du von Nietzsche willst. Und über Zarathustra.

820. VON ALEXIS HOLLAENDER. BERLIN, 12.4.1902

Hat – ursprünglich auf Veranlassung von Oberländer für »Schall und Rauch« – Ms Gedicht VÖGLEIN SCHWERMUT *vertont und ist durch seine Stimmung aufs Glücklichste inspirirt worden. Da er eine Darbietung bei »Schall und Rauch« als* Entweihung *empfindet, ist das Manuskript noch bei ihm und wirbt seinem Dichter begeisterte Freunde. Er möchte mehr von M kennenlernen und vertonen, bittet deshalb um die Angabe weiterer komponierbarer Gedichte und schließt mit guten Wünschen für Gesundheit und Schaffensfreude.*

821. AN JULIUS MOOS IN GERSAU.
PORTOFINO, 27.4.1902

Hofft ihn in Gersau zu treffen. Bin wieder ganz wohl, machte in reizend. Gesellsch. noch Touren nach Zoagli, Chiavari und Ruta. *Kündigt sein neues Buch an. Grüße an H. Müller.*

822. VON FRIEDRICH KAYSSLER.
CHARLOTTENBURG, 1.5.1902

Glückwünsche zum Geburtstag. – Sie fahren am Montag für vier Wochen nach Wien, vorher ist noch eine »Schall-und-Rauch«-Premiere. – Entsch hat Ms Vertrag noch nicht. Hast Du ihm »Pranzo« und anderes geschickt? Ich habe kein Exemplar der »Zeit« mit dem »Mahl«. Wenigstens weiß ich jetzt nicht, wo. – *Nimmt nach Wien einen unglaublichen Berg von Strindberg-Stücken zur Auswahl mit. – Dankt für* Hlldr.-Winke, *aber sie können ihn nicht bezahlen. –* Wenn Du Th. Trucko mal zu lesen kriegtest, wäre fein; *hat selbst dazu keine Zeit. Er wird in Wien fast jeden Abend spielen müssen und kaum Zeit fürs Burgtheater haben. –* Aber etwas ist fein: Klingers Beethoven zu sehen. Man hört sehr Widersprechendes, vor allem über die Maaße der Figur. – Ich spiele »Hoffnung«, »Frau mit dem Dolche« (Versrolle!), »Wildente«: (Relling) »Nora« (Rank) »Probekand.« etc. – Das Stück von Jećover hab ich angefangen. Ich habe vorläufig den Eindruck von viel Theorie. Muß erst sehen. – *Eigenhändige Glückwünsche von Liese.*
N.: *Calvary. Die Kinder. – Rom.*

823. VON EMIL ORLIK. [KARLSBAD], ZWISCHEN
SOMMER 1901 UND MAI 1902

me culpa! me culpa! absolve! – – – – – – – – –
Mein lieber Freund! Es gibt Dinge die man nicht benennen kann: zwar man könnte sie sintemalen und sozusagen: Scandal, Schande, Gemeinheit etc. nennen, aber das ganz Gewisse, niederträchtige wird [*zusätzlich darüber:* ist] damit noch nicht ausgedrückt. Kurz und gut: wieso das gekommen ist, dass ich Dir erst heute schreibe weiss ich wirklich nicht. J. J. Rousseau erzählt glaube ich in seinen Confessiones eine ähnliche Sache: er hat »einen Brief zu schreiben« so lange hinausgeschoben bis er keine Entschuldigung mehr fand – und ihn überhaupt nicht mehr schrieb. Ich aber bin originell! 100 Jahre und mehr später, kann man sich ein wenig Fortschritt erlauben: .... Also   Sei mir gegrüsst lieber Chri-

stian Morgenstern: lange Zeit ist vergangen seit wir uns nicht
mehr gesehen und gute Tage zusammen verbracht: ich hörte ab
und zu von Dir zuletzt von Keyssler [*unleserliches Wort*] (Schall-
und Rauch in Wien.) habe mir auch Deine Adresse damals geben
lassen und sie wieder einmal verlegt. Wenn ich auch keine Kunde
davon gab: ich habe gar oft an Dich gedacht lieber Freund, auch
drüben in Japan. Denn obzwar ich viel auf der Erde herum-
gewandert: sie sind dünne gesät, die guten Pflanzen mein lieber
Freund! .... Es hängt wol damit zusammen – dass wir uns so
verloren haben! – dass ich Dich nie mehr in Berlin traf, wenn ich
dahin kam. Nun hoffen wir, dass bald die Wege zusammenführen
und wir uns froh und gesundet wiedersehen. ich schreibe diese
Zeilen als »Curgast« aus Carlsbad, ein Reiseübel »der Blinddarm«
gibt mir hie und da zu schaffen und um den Leichnam ein wenig
aufzufrischen trinke ich hier brrrrrrrr Wasser. Über meine Reisen, die ich unterdessen (seit jener Berliner Zeit): unternommen
könnte ich Dir wol viel erzählen aber schreiben?? England,
Schottland Belgien Holland Paris, der stille Ocean, China Japan –
wie klein wird einem die Welt. ------
Deine Ex libris bekommst, wenn ich nach Prag zurückgekommen
bin. 3 Wochen bleibe ich noch hier in Karlsbad, alte Wiese.
Haus Strauss. – ich habe die Ehre in dem Hause (und höchstwahrscheinlich sogar in dem Zimmer) zu wohnen, wo Goethe
1825 weilte. Möchte sein Geist über mir schweben ...... schaden
könnte er keinem!!

       Sei unterdessen herzlichst gegrüsst und
       schreibe Deinem treugesinnten alten
                         Emil Orlik

824.   Von Ignaz Ježower. Sestri, 9.5.1902

          Sestri Levante; Hotel d'Europe; 9. Mai 1902.
Lieber Herr Morgenstern! Heute Nachmittag kam die Sendung
von Schuster-Löffler an. Meinen allerherzlichsten Dank für Ihre
freundliche Aufmerksamkeit ....
Vorläufig gelobe ich:
Ich will als Leser gern mich IHNEN überlassen, und es soll in

der Villa Piuma natürlich geschehen. Wenn ich Proteste in meinen roten Bart murmle, will ich Ihnen dieselben auch mittheilen. – Ich freue mich auf Ihre Gedichte als Ergänzung des MENSCHEN – und Freundes. Ich wenigstens kann nicht nach den in Portofino verlebten Wochen anders von Ihnen gehen – und hoffentlich finden Wir noch viele Wege, die Uns zusammen führen. –
Wie verleben Sie die Zeit in Firenze, gewiss besser wie ich meine Zeit hier. Von Fräulein Petersen erhielt ich das Bild der schönsten Korsikanerin; ich glaube Ihnen Freude zu bereiten, wenn ich Ihnen mittheile, dass es die Mutter N – a – p – o – l – e – o – n – s ist.
Wenn die Damen nach Firenze kommen, grüssen Sie gefälligst von mir;
Mit besten Wünschen und herzlichem Händedruck,
– ergebenst
– Ignaz Ježower.
– VASARI?! –
–

825. Von Ignaz Ježower. Sestri und
unterwegs, 13.5.1902

Sestri Levante (Hotel d'Europe); 13 Mai 1902.
Lieber Herr Morgenstern! Studiere den Fahrplan nach Firenze über Pisa und eventuell Livorno, rechne, gehe in mich, unterdrücke die Geister des Leichtsinns – und nehme, um den Geist überhaupt abzutöten: die italienische Grammatik vor ..... da wird mir ein geheimnisvolles Schächtelchen gebracht, und drin find' ich das süsse I-d-e-a-l.
Also
In Florenz gibt es Süssigkeiten
~ ~ ~ ~ mm! ~ ~ ~ ~
– wie das gut –
!! schmeckt !!
×
und die Lust zum Reisen ist wieder da. – ...... Psiakrew!

Das ist ein polnischer Fluch. Ich klingelte nämlich – und fragte an, ob
      Auf dem Wege nach Pisa
Also – lieber Herr Morgenstern – Alles Andere mündlich.
Sie sind ein »süsser« Dämon
Da ich 30 Minuten vor Abgang des Zuges den Brief unterbrach und also sehr Vieles mitzunehmen vergessen habe, besonders aber den Plan von Florenz nicht mitgenommen,
weiss ich nicht, wo die via Taddea
      ×

Wenn Sie also die Güte hätten mich zu erwarten, dann wäre ich Ihnen – na, Sie verstehen
Ich verlasse morgen 11.32 Pisa und bin in der Stadt
      Firenze
14.'20! das heisst 10 Minuten vor halb drei (½ 3)
      ×

Wenn Sie nicht auf der Bahn sein sollten, weiss ich nicht, ob ich Sie via Taddea suchen soll, denn vielleicht sind Sie ausgeflogen.
      – Station Avanza –
und dann kann ich Sie doch nicht finden.
Ich freue mich auf Florenz
      wie
        ein
      Kind
besonders, weil ich wieder fünf Jahre jünger geworden bin, indem ich Entschlüsse in letzter Minute fasse
Eviva vita!!
Hm, bekommen Sie überhaupt diesen Brief, in Pisa wird er in den Kasten geworden. Auf dem Bahnhof in
      Sestri
schrieb ich schon
      an Sie
Auf ein fröhliches
      WIEDERSEHEN
Der 19 jährige
      Ježower
Dank für die Süssigkeiten, ich geniesse sie den ganzen Weg!

826. VON JULIUS ELIAS. BERLIN, 23.5.1902

Erkundigt sich nach dem Stand der Ibsenarbeit; der Band soll vor Weihnachten erscheinen; da Schlenther als Burgtheaterdirektor nur in den Theaterferien Zeit hat, möchte er die Gedichte nach und nach zugeschickt bekommen. – Elias hatte angenommen, der »Catilina« sei längst teilweise im Druck, und bittet um Auskunft darüber. – Ist ungemein beschäftigt, *weil er seiner kranken Füße wegen im Juni in ein Bad muß.*

827. VON EVA PETERSEN. MÜNCHEN, 6.6.1902

München 6 Juni 1902
Kære Herr Morgenstern,
Deres lange Brev med alle de mange gode Raad har jeg modtaget og takker Dem paa det hjerteligste for Deres Hjælp –
Den lille Brochure over Max Klingers »Beethoven« som De anbefalede mig, har jeg anskaffet mig; men venter med at læse den til jeg i Morgen flytter ud paa Dachau Slot hvar vi har faaet 3 gode luftige Værelser, mit specielle vender to Vinduer ud til Parken og et til Terrassen hvorfra jeg har den dejligste Udsigt over grönne Marker med München og Bjergene i Baggrunden –
Monna Vanna har jeg ikke faaet endnu de den först maatte forskrives fra Paris, men jeg venter den i Dag og glæder mig meget til at læse den og da for förste Gang forsöge mig som Oversætter –
At mit Penneskaft ankom i en saa fortrykt Tilstand blev jeg forfærdelig ked over, jeg maa sikkert ikke have været omsorgsfuld nok med Indpakningen – nu det har faaet en Skavank skal De have Lov til at skrive Alt med det – ellers havde jeg tænkt mig, at De kun i Deres höjeste Øjeblikke naar »den hellige Ild« var over Dem skulde benytter det – – –
I Gaar rejste min Söster hjem til Köbenhavn, men kommer her tilbage paa Gennemrejse til Rom allerede i Slutningen af September eller Oktober, maaske træffer De hende hvis De da, som De talte om ogsaa agter Dem til Rom –
De smaa Vers i Deres Lommebog som De paa Vejen fra Bologna til Modena lovede at sende mig maa De ikke narre mig for, jeg har

stadig ventet paa at de skulde komme – hvorfor tror De at de
skulde »langweile« mig? Jeg kan netop godt lide at læse Vers, naar
de da ikke ere saa dybsindige som enkelte i »Und aber ründet sich
ein Kranz«, forresten forstaar jeg nu mange af dem meget bedre
5 end den Dag De nede i Salonen i Portofino sad og forklarede mig
dem, dog er der to som jeg gerne vilde have lidt bedre Mening i,
end den jeg selv har udfundet – hvis det da ikke skuld »langweile« Dem? – – –
Varmen her er nu Gud ske Lov ikke mere saa overvældende, i
10 Gaar rensede et mægtigt Tordenvejr den tunge trykkende Luft og
i Dag har det regnet hele Tiden, saa jeg haaber at Solen er hen-
synsfuld nok til i Morgen at byde mig Velkommen til Dachau Slot
– som vækker italienske Erindringer da det minder en Del om
Fiesole –
15 De beste Hilsner (Tak for lon-ta-na)

Deres stadig hengivne
Eva Petersen.

828. [VERMUTLICH AN FRIEDRICH KAYSSLER,
CHARLOTTENBURG ODER KOLONIE GRUNEWALD].
20 [VERMUTLICH ZÜRICH ODER WOLFENSCHIESSEN,
FRÜHJAHR – HERBST 1902, VIELLEICHT AM ODER
NACH DEM 11.6.]

Zur Begriffenfeld-Scene.
Das Echo der Sphinx spricht deutsch und ist der Dr. Begriffenfeld:
25 Verspottung der deutschen Philosophie, insonderheit der Hegel-
schen (worauf ausser anderm deutlich das »Berliner Dialekt«
hinweist). Die Namen der Untergebenen Begriffenfelds: Michel,
Schlingelberg, Schafmann, Fuchs drücken im Verein mit dem v.
Eberkopf (dessen Attake auf P. Gynts Yacht ebenfalls ein Hieb
30 auf die Eroberer Schleswig-Holsteins ist) zum Übrigen den damaligen Hass Ibsens gegen die Deutschen aus.
Huhu repräsentiert die Bewegung in Norwegen, welche die alte
Ursprache Norwegens, jetzt nur mehr auf Island gesprochen, wie-
dereinführen und die dänische, mit der dem Land s. ganze Kultur
35 gekommen ist, damit verdrängen will.

Juni 1902

Der Fellah, der sagt, er sei König Apis (Ochs [*darüber:*] Stier) ist der Norweger, der sich seiner Vikinger-Vergangenheit brüstet, ohne heute irgend etwas Wesentliches zu leisten.»Von Geburt bin ich König im Lande, doch Fellah (Mensch ohne persönliche oder nationale Bedeutung) in anderer Völker Urteil«.
Hussein ist, so viel ich weiss, ein schwedischer Minister, der in diplomatisch. Noten gross gewesen sein soll.*

Man unterschätzt die Summe von Witz, Bosheit und Beziehung, die in diesem Werke liegt, wie man den Ernst und die Bitterkeit im Brand zu wenig sieht. Ich versuche vielleicht später nach einem nochmaligen Aufenthalt im Norden ein Commentar zu den beiden Dichtungen auszuarbeiten.

Im Verzeichnis vergessene Druckfehler:
    S. 43 Zeile 24. Fragezeichen
    S. 17   „   28. Komma
!!!!! S. 356 schwer statt schon (7. Zeile von unten)

Ich würde bei einer Bearbeitung der beiden Stücke so gut wie keine Scene ganz streichen, sondern nur Scene um Scene möglichst zusammenziehen. Ich will es gern übernehmen, den Versuch zu machen, eine Art verbindender Verse zu dichten, wo es nötig erscheinen sollte, Brücken über gestrichene Stellen zu schlagen.
Auch wären vielleicht einige Erläuterungen, dem Theaterprogramm beigedruckt, nicht unangebracht.
Die Griegsche Musik dürfte auf alle Fälle beizubehalten sein. Ist denn in Wien die ganze »Peer Gynt-Suite« gespielt worden?
Ist es wahr, dass das Schiller-Theater auch eine Aufführung plant?

Band IV. Seite 215 oben
    statt Quatsch – Tratsch

---

* Alles dreies kann aber, wie mir scheint, auch weiter verstanden werden.

Seite 218
Peer Gynt: Wirst schon sehen!
Aase   Schweigst Du jetz
          Mit dem albernen Geschwätz?
          ———
                    Von Herzen
                    Dein Chr.

829.   VON FRIEDRICH KAYSSLER. BUDAPEST, 13.6.1902

Liese hat Ms Brief vom 11. heute geschickt; die früheren hat er beantwortet – M werde den Brief mit Zeitungen und Beethoven inzwischen bekommen haben. Legt weitere Post bei. Servus. Viel Lust zu Savonarola! Fein! – Eine Predigt ist allerdings das Gegenteil von dramatisch, außer wenn sie wie im »Caesar« aus der Handlung wächst. Das muß man sehen. Jedenfalls hüte Dich vor dem Übermaß von Gedankeninhalt, auf Kosten der dramat. Handlung. [...] Ich habe selbst den Fehler, darum warne ich Dich. Also viel Glück! – Schreibt Osborn nicht? –

830.   VON RICHARD DEHMEL. BLANKENESE, 13.6.1902

Verehrter Herr Morgenstern!   13.6.2.
Wenn Sie in mein Kinderbuch noch hineinwollen, muß ich Sie bitten, mir **möglichst bald** Ihr Mscript zu schicken. Ich habe nur noch wenig Textraum frei.
                    Mit ergebenstem Gruß
                    R. Dehmel.
Es würde mir sehr leidthun, wenn Sie zu spät kämen.

831.   VON EVA PETERSEN UND JOHANNA KIELLAND.
       DACHAU, 15.6.1902

[*Von Eva Petersen*] *Hat Ms langen Brief erhalten und interessiert sich für die Savonarolapläne. Bedauert, daß er in Florenz Zelle und*

Studierstube Savonarolas nicht gesehen hat, das hätte ihn vielleicht inspiriert. – Sie hat begonnen, »*Monna Vanna*« *zu übersetzen. – Aus ihrem Fenster kann sie til Zürich og Wolfenschiessen sehen. – [Von Johanna Kielland] Freut sich, von Ms Arbeiten zu hören. Bedauert, daß sie hier keine Ausflüge zusammen machen können. Sie haben an Ježower geschrieben.*
N.:[Ibsen]:»*Catilina*«*. – Sestri. Venedig.*

832. VON EMIL ORLIK. PRAG, [VOR DEM 23.6.1902]

Mein lieber Christian Morgenstern!
Möglicherweise kann ich ein Ex libris machen – eventuell eine Kupferplatte ätzen, ein Holzschnitt machen ..... aber wer gibt mir die Lehre wie ich diesen Brief beginnen soll ..
Ich war vor ein paar Tagen wieder einmal in Berlin, kam von Stuttgart, Düsseldorf – Cassel .... ich fuhr oben auf einem Omnibus an 2 Stunden herum und freute über das Ameisengewimmel in den Strassen unten – und dachte an Christian Morgenstern und an die Tage, wo wir beide da oben über das Weltall und die Grossstadt sprachen, über Kunst und dergleichen.
Ich wollte Dir schon längst schreiben, x mal Dein Exlibris senden – aber, aber!! ....
Du kennst wol den köstlichen Roman des Russen Gonscharow: »Oblomov«?? So eine »Oblomowerei« ist bei mir seit letzter Zeit eingerissen. Ein Haufen unbeantworteter Briefe, Drucke und dergleichen; unausgeführte Aufträge: das alles liegt (um nach Herbart zu sprechen) vor der Schwelle des Bewußtseins: oben auf aber das
    ex libris des Christian Morgenstern!!
Das Du mit Briefen belästigt wirst, thut mir leid ebenso wie ich mir deshalb leid thue. Nur habe ich es mir angewöhnt keinen dieser Briefe mehr zu beantworten. Damit Du aber jetzt wenigstens Deine exlibrisanima salviren kannst sende ich Dir an bei die Drucke. – Ob Du das von mir geschaffene Ibsen-Programm für die Aufführung des »Peer Gynt« in Wien erhalten hast?? Ich habe es Dir zu senden lassen .. –
Kayssler den ich unlängst in Wien sprach erzählte mir, dass es Dir

gut geht; das freut mich! Hoffentlich sehen wir wieder einmal unsere Augen! Das wäre schön. mir geht es recht gut!
ich will wieder bald von Prag weg aufs Land um zu malen. ich glaube ich werde mich häuten!
Nun leb' recht wol! Lass' wieder einmal etwas hören! Ich hätte allerlei zu erzählen aber das Schreiben ist eine böse Sache.

In alter Freundschaft
Emil Orlik

Prag. Heinrichsgasse 1.

833. AN TONI SALOMON [ORT UNBEKANNT.]
[ZÜRICH], 23.6.1902

Glückwünsche.
N.: Wolfenschießen.

834. AN HANNS VON GUMPPENBERG [IN MÜNCHEN].
[ZÜRICH], 26.6.1902

Adresse: Wolfenschiessen, Schweiz.

Verehrter Herr,

Darf ich Sie um die Gefälligkeit bitten, beifolgende Scenen an die Adresse der »Elf Scharfrichter« gelangen lassen zu wollen, mit denen Sie ja wohl Fühlung haben?

Hoffentlich macht Ihnen mein Anliegen keine Ungelegenheiten.

Ich habe kürzlich Ihren geistvollen »Nachbar« mit vielem Vergnügen gehört und würde mich herzlich freuen, mit Ihnen, verehrter Herr, wieder einmal zusammenzutreffen.

Mit hochachtungsvollem Gruss
26.VI.02.   Ihr ergebenster
Christian Morgenstern.

Die beiden Stücke sind: 1) Arkel und Ceroide
2) Die Dame von Minim

835. AN EFRAIM FRISCH [IN WIEN].
ZÜRICH, 30.6.1902

... Also in Wien bist Du! Bei »Beethoven«! Weißt Du, daß sich Leipzig allmählich erhebt, diesen »Schimpf« abzuwehren? Man sagt, das Komitee will den deutschen Kaiser einladen, auf seiner Generalversammlung eine Rede über »die wahre Kunst, ihre Zwecke und Ziele« zu halten. Zugleich soll Eberlein aufgefordert werden, einen Beethoven zu schaffen, der dem deutschen Volke mehr entspreche. Andrerseits gedenkt Otto Ernst Klingern mit einer Komödie beizuspringen und die »Jugend« eine »Klinger-Nummer« zu veranstalten. –
Meine Wenigkeit ist also seit Ende Mai in Zürich und wird nun eben mit dem »Catilina« fertig ... Es geht mir in puncto Lunge vortrefflich. Wenn ich z.B. daran denke, was ich in Florenz an Herumlaufen etc. geleistet habe, so darf ich mir gratulieren. Von Florenz fange ich nicht erst an. Davon mündlich. Jedenfalls habe ich nun Blut geleckt und strebe mit Händen und Füßen wieder nach diesem Gelobten Land. Wenn Du nächsten Winter nach Rom kämst, würde ich meine darauf bezüglichen Angelegenheiten weit eifriger betreiben. Ich soll nämlich für die Nationalzeitung etc. Feuilletons schreiben; kanns aber nicht; soll aber doch; schwanke daher wie ein Rohr hin und her. Hauptgrund der Unlust ist, daß ich nicht recht Zeit habe, jetzt schon loszulegen (mit einem Zürcher Brief), da ich mit Ibsen noch täglich zu tun habe. Außerdem bin ich jetzt in Studien zu einem Drama: Savonarola. Savonarola ist, wenn ich so sagen soll, eine uralte Liebe von mir, und so habe ich mir denn einmal Mut gefaßt und mir das Studium seines Lebens und seiner Zeit vorgenommen. Du kennst vielleicht Villari? Dies treffliche Buch ist meine Haupthilfe. Ich habe schon viele Ideen zum Thema und möchte am liebsten gleich drei große Renaissance-Dramen schreiben, nämlich außer Savonarola noch Cesare Borgia und Julius II. Wäre ich ein reicher Mann, so würde ich sagen: In drei Jahren sind sie fertig, so oder so, gut oder schlecht, aber fertig. Nun ich zum Feuilletonschreiber descendieren muß, kann ich nur von »Hoffnung« reden, diesem erbärmlichen Surrogat. – ...

836. AN EFRAIM FRISCH [IN WIEN].
[ZÜRICH, 30.6. ODER 2.7.1902]

[*Anfang fehlt*] darf dies verlangen? Als ich Burkhards Aufsatz las, fiel mir seine Kleistsünde ein und aus doppeltem Grimm wurde das Epigramm, das einst unter meine Xenien eingereiht wird: »Name schützt vor Thorheit nicht.« –
Deine Karte erhielt ich nach Portofino. War dort mit einem Herrn Ignaz Ježover zusammen, einem engeren Landsmann von Dir, sehr begabten, lieben, aber noch zu decentrierten Menschen. –
Kommst Du nicht noch hierher? Ich denke Juli noch hierzubleiben – teile es aber bitte niemandem mit – ich will durchaus allein und unbesucht bleiben – und dann vielleicht nach Wolf. zurückzukehren. Ich denke aber auch an Rapperswyl, an Basel oder gar einen Ort der französ. Schweiz, Lausanne oder Genf. Morgen ziehe ich um aus der Pension in ein billigeres Privatlogis. Sehr nette Bude mit Balkon, elektr. Licht, 3 Fenstern etc. 28 fr. Eine Ess-Pension zu 1.20 vis-à-vis. Ich bin glücklich dies Viertel gefunden zu haben, das Studentenquartier würde mir ganz unmöglich sein. Die Nähe der herrlichen Quais ist unbezahlbar. – In Florenz war ich übrigens in einer Pension, wo die Wirtin mir alles für 90 fr! pro Monat anbot; und zwar e. ganz vortreffliche Pension! So soll man's auch in Rom finden können. Ich habe eine Adressen-Dame kennen gelernt. Fortan giebt es keine Stadt mehr, wo man nicht mit 100 fr leben könnte. Oder was meinst Du zu Ajaccio? Villa Miote. Wäre notabene fast dort gewesen. –
Grüss Lifschitz, vermisse sie sehr hier.
Leb wohl, schreib umgehend. Komm jetzt oder später! Stets Dein getreuer Christian.
?
? Ist L. mit Knischewski verkracht?
?

837. AN HANNS VON GUMPPENBERG [IN MÜNCHEN].
[ZÜRICH], 3.7.1902

Lieber Herr,
Mein unvermuteter Überfall jüngst hat Sie gewiss gelangweilt

wenn nicht gar geärgert. Und heute? Will ich Sie wieder langweilen, indem ich Sie dran erinnere?
Nein, heute will ich etwas anderes. Ich komme nämlich gerade vom Lesen Ihres Gedichtes »Verschwende dich nicht« – und kann nicht anders als Ihnen für dieses wahrhaft unsterbliche Gedicht meinen Dank, meine Bewunderung und meine Liebe auszudrücken. Ich habe es wohl zehnmal gelesen, es ist von unendlicher Schönheit, es ist ein religiöses Gedicht im tiefsten Sinne.
Es wird langsam Tag.
Der Durchbruch der Sonne ist nah.
Vielleicht reichen wir uns nocheinmal die Hand – im Morgenrot.
Bis dahin Geduld und Arbeit.

Von Herzen
Ihr
Christian Morgenstern.

3.VII.1902.

838. VON HANNS VON GUMPPENBERG.
MÜNCHEN, 5.7.1902

München, 5.7.02.
Lieber Herr Morgenstern!
Seit langen Jahren im Schaffen, Denken und Spotten ein dreimal Einsamer, trotz gelegentlicher äußerer Anschlüsse um der Weltläufigkeit willen, bin ich aufrichtig überrascht und eigenthümlich bewegt durch Ihr Lob. Sollte es denn wirklich unter den sonst so lieben Kollegen einen geben, der mich für »voll« nimmt? Seien Sie überzeugt, wenn Sie »in litterarischen Kreisen« Ihr Urtheil wiederholen, so wird ein gewaltiges Schütteln des Kopfes Ihr Effekt sein. Öffentlich habe ich längst resigniert, da ich grundsätzlich keine Komoediantereien mitmache, privatim aber danke ich Ihnen herzlichst für Ihre Sympathiebezeugung!
Sie sind sehr im Irrthum, wenn Sie mich durch Ihre letzte Überbrettl-Sendung geärgert glauben. Ich habe sie sofort dem jetzigen »Besitzer« der »Elf Scharfrichter« übermittelt, war aber leider nicht in der Lage, lebhafter für sie eintreten zu können, da ich gegenwärtig selbst sehr gespannt zu den »Scharfrichtern« stehe, die ihren früheren »litterarischen« Charakter längst verloren

und zu einer Art vulgären Hautgout-Tingeltangels herabsinken.
Da ich dabei bin, den einen der beiden Direktoren zu verklagen,
können Sie sich denken, daß eine Empfehlung meinerseits nur
entgegengesetzte Wirkung haben müßte.
Wenn ich nicht irre, sahen wir uns vor Zeiten an dem Freitagstisch der »Täglichen Rundschau« in Berlin. Lang, lang ist's her!
und ich habe überviel erlebt seit damals – Sie wohl auch.
Prosit! Ihr ergebenster

Hanns von Gumppenberg.

839. VON JULIUS ELIAS. BAD KREUZNACH, 5.7.1902

*Hat das Gedicht an Hellmann weitergegeben mit der Bedingung,
die Anmerkung mitzudrucken. Ihm selbst gefällt die Übertragung.
»Catilina« macht einen guten Eindruck, Schlenthers und seine Änderungsvorschläge wird er in den Korrekturbogen mit Bleistift anmerken. Legt das Gedicht Ibsens an Emma Klingenfeld bei, das,
um Gefühle zu schonen,* in ihrer Übersetzung gedruckt werden
soll, aber M soll *das Nötigste* verbessern. *Er schickt auch andere
Übersetzungen Ibsenscher Gedichte von Emma Klingenfeld mit, M
soll entscheiden, ob diese, mit einigen Verbesserungen, für den
Druck geeignet sind. M müßte sie dann nicht noch einmal neu
übersetzen. – Seine Frau grüßt.*

840. AN AMÉLIE MORGENSTERN IN STARNBERG.
ZÜRICH, 7.7.1902

*Gratuliert zum Geburtstag, hofft, daß es ihr und ihrem Vater gut
geht.* Meinen Brief aus Arosa, aus Porto fino und mein neues
kleines Buch hast Du wohl erhalten? – *Er ist* wieder in der
Schweiz, *trägt sich* mit grösseren – dramatischen – Arbeitsplänen. Ausserdem werde ich voraussichtlich Mitarbeiter an der
Nationalzeitung werden, in der [...] in den nächsten acht bis
vierzehn Tagen mein erster Beitrag, eine Zürcher Plauderei,
erscheinen dürfte. – *Ende des Monats kommt Kayssler, der* ein
bedeutender Schauspieler und Dichter geworden ist, *ihn ein paar*

Tage besuchen. – *Will bis Oktober in der Schweiz bleiben, dann
entweder als Theaterkritiker nach Berlin oder als »Korrespondent« nach Rom gehen. Sie soll nun auch von sich berichten.
Sommer-Adresse: Wolfenschiessen, Schweiz.*

841. VON AMÉLIE MORGENSTERN.
      [VERMUTLICH STARNBERG], 18.7.1902

[...] Oft, recht oft dachte ich mir, ob wohl heute noch Unruhe
und Mißmut Deine Seele belasten, so wie ich es in früheren Jahren beobachtete. Ob die Überfülle der Gedanken und Empfindungen Dich bestürme und die Kraft der Mitteilung und Festhaltung zuweilen lähmt? – Ich sehe die Antwort in Versen vor mir:
»O Seele, Seele mit dem beweglichen Spiegel du –«, »Oh, wer sie
halten könnte, die hellen Gedanken –«, »O Schicksal, Schicksal,
warum gabst du mir den Griffel statt des angestammten Stiftes.«
[...] Und wenn Du auch nicht alle, alle halten kannst, die hellen
Gedanken, so halte so viele als Du kannst, und Du wirst leben und
gelebt haben zu höherer Bedeutung, zum Weiterleben für künftige Geschlechter [...]

842. AN EFRAIM FRISCH IN SÖLDEN.
      WOLFENSCHIESSEN, 30.7.1902

Grüße von M und Friedrich Kayssler. M kündigt einen Brief an.

843. AN EFRAIM FRISCH [VIELLEICHT IN SÖLDEN].
      ZÜRICH, 23.7. UND WOLFENSCHIESSEN,
      [31.7.1902]

Soeben erhalte ich Deinen lieben Brief, gleichzeitig mit einem
Telegramm von Fritz Kayssler, daß er statt elf Uhr erst ein Uhr
hier eintrifft. Wir wollen nämlich acht Tage in Wolfenschießen
zusammen sein! Was sagst Du dazu?
Also: Wenn Du's möglich machen kannst, sei es durch Deinen

Vater, sei es durch Aufsätze für Zeitungen etc., so faß die Gelegenheit beim Schopf, zaudere nicht, tritt Deinen Römerzug an. Ich spreche nun nicht mehr aus dem Grund allein, Dich mit mir zusammen in Rom zu sehen. Ganz abgesehen von mir, der ja noch nicht genau weiß, ob es auch wirklich gelingen wird, sage ich Dir jetzt: Geh hin... Du wirst mich nicht für einen halten, der meint, äußere Verhältnisse seien unbedingt notwendig, wenn ein Mensch innerlich groß werden soll. Du weißt, daß ich nicht zu den modernen Stimmungsnarren gehöre, die meinen, eine schöne Landschaft mache schon den Dichter. Aber am Fundamentalen soll man nicht vorbeigehen, wenns möglich ist. Wenn es auf Erden ein Land gibt wie Italien und eine Stadt wie Rom, so sollte man als Mensch und Künstler in tiefster Demut und Dankbarkeit dorthin wallfahrten und nicht glauben, man könne dort nichts mehr lernen, nichts mehr erleben. Ich begreife den Gedankengang sehr wohl, der Dich über Länder, Völker und Kulturepochen hinausführt. Aber wir dürfen in der Blüte unserer Jugend nicht gar zu vorzeitig ernst, weltfremd, fertig werden, wir dürfen uns unsere Lehr- und Wanderjahre nicht unterschlagen, wenn es zuletzt nicht doch unser Schade sein soll.

Wolfenschießen
Soweit kam ich vor acht Tagen. Nun ist die schöne Episode wieder vorüber. Gestern mußte Kayssler wieder heim. – Die Landschaft Wolfenschießen ist reicher und schöner wie je...
Von Rom fange ich nicht mehr an, mehr kann ich Dir doch nicht sagen, als am Anfang, höchstens dasselbe anders...

844.   AN EFRAIM FRISCH [ORT UNBEKANNT].
        HEIDELBERG, 29.8.1902

Lieber Freund,
Nimm vor Allem herzlichen Dank für Deine mir hocherwünschte Sendung, kraft deren ich nun hier in Heidelberg bin – um mich jedoch bald wieder – wie ich denke – nach den »heimischen« Penaten Unterwaldens zurückzubegeben.

Dein Erkalten in puncto Rom schmerzt mich tief; ich hatte mich schon völlig eingelebt in den Gedanken und kann mich noch immer nicht von ihm trennen. Wenn Du nur nicht zu schwarzseherisch bist und mehr Schwierigkeiten siehst als dasind. Doch kann ich davon natürlicherweise nichts wissen und mich nur schweigend um ein Stück Schönheit und Glück ärmer bescheiden. An Hülfsquellen dürfte es uns nicht fehlen, wenn wir ihnen nur nicht fehlen wollten. Mir sind Nationalzeitung und Voss geöffnet. Du hättest die »Zeit«, deren ganzen Anteil ich Dir abtreten würde: die Leute wollen mich sozusagen als röm. Correspondenten, sie schreiben darauf hin, dass ich Unbestimmtes aus Italien in Aussicht stellte folgendes:

»... bemerken wir Ihnen, dass uns, fall[s] Sie wirklich für d. Winter nach Rom gehen, häufige Beiträge über Kunst u. Kultur aus Ihrer p. Feder sehr willkommen wären. Wir denken dabei an kürzere Feuilletons etwa 4–6 Spalten zu je 40 Zeilen oder an kurze Feuilleton-Notizen, die uns sehr erwünscht sein würden.«
Von Dir schreiben sie »sie ständen bereits mit Dir in Verbindung u. hoffen auch von Dir einige Beiträge für die Zeit zu erhalten«.
So schön geebnet ist also dieser Boden. Ich schreibe sofort an Haberfeld, dass obige Rom-Notizen auf Dich übertragen werden – falls Du mir etwas Festes mitteilen kannst. Ein Opfer bringe ich Dir damit durchaus nicht; denn sooft mir Burckhards thörichte Kritik meines Peer Gynt einfällt, stehe ich auf dem Punkte, jede Verbindung mit der »Zeit« abzubrechen. – Die Magdeburger Zeitung zahlt pro Aufsatz 20 M, also auch noch was. Die Breslauer steht noch aus, auch die Zürcher. – Ich möchte aus dem so Entstehenden später e. Auswahl bei Fischer herausgeben. Diese Aussicht erleichtert die Sache; sei's denn einmal auf diese Weise versucht. Nocheinmal: Komm, komm, komm! Von Herzen Dein Christian.

Heidelberg, Hauptpostlagernd. 29.VIII 02.

Treffen könnten wir uns irgendwo von hier bis Zürich. Denk mal nach!

845. AN JULIUS MOOS IN BADENWEILER.
HEIDELBERG, 31. 8. 1902

Würde gern einen Abstecher zu ihm machen, zweifelt, ob es möglich

ist, fragt nach Einzelheiten, ruhigem und billigem Zimmer. Würde sich über ein Wiedersehen sehr freuen.
N.: W[olfenschießen].

846. VON EMMA KLINGENFELD.
AMMERLAND, 9.9.1902

Dankt für den so freundlichen Brief, freut sich über Ms Anerkennung. So wollen wir uns denn in die schöne Arbeit teilen, und ich bin nicht neidisch, wenn Ihnen auch der Löwenanteil zufällt. *Streicht also »Höjfjeldsliv« von ihrer Liste und wünscht M Glück dazu – zur Übersetzung des Gedichts und zum eigenen »Hochgebirgsleben«, das ihm recht zuträglich sein möge.*
N.: Elias.

847. AN JULIUS MOOS [VERMUTLICH IN BADEN-WEILER]. [ZÜRICH], 28.9.1902

28.IX.02.
Lieber Freund,
Vielen Dank für Ihre l. Briefe und Karten der letzten Zeit. Bin seit Sept. wieder in Zürich IV. Universitäts-Str. 10., im selben Logis wie Frisch. Also, nun solls doch nach Italien, nicht auf die See gehen? Ja, Bester, ich kann leider nicht mitkommen. Den Oktober muss ich zum grössten Teil noch an den Abschluss der Ibsenarbeit wenden; was dann wird, wissen die Götter. Ich habe dann noch ein »Guthaben von 15 M« bei meinem Verleger. Trotzdem werde ich noch bis Florenz zu kommen suchen, um von dort (oder Rom) aus für Zeitungen zu schreiben. Eine wahrhaft klare Zukunft! Nun, es wird sich schon wieder dies oder das ergeben. Mein altes Glück wird mich schon nicht verlassen.
Ich freue mich herzlich über Ihre Reise, sie scheint doch draufhin zu deuten, dass Sie wieder gut beisammen sind. Frisch lässt Sie vielmals grüssen und Ihnen gleichfalls alles Gute dazu wünschen. Grüssen Sie alle Bekannten* (vor allem Kündig, Turban etc.),

* Aber keine Zürcher; ich will k. Besuche machen.

schreiben Sie bald wieder; vielleicht treffen wir uns wieder unten.
Wenn ich jetzt könnte, ich würde am liebsten auf 14 Tage nach
Sestri fahren, ich habe Meeres-Sehnsucht.
        Ihr alter Chr. Morgenstern.
An Ekesparre viele Grüsse! Ich freute mich von Herzen über s.
Zeilen und s. augenscheinliches Wohlbefinden. E. ausführlichere
Zuschrift von ihm würde mich sehr interessieren. Was ist aus
seiner Kriegs-Arbeit geworden?

848. AN JULIUS MOOS IN BADENWEILER.
   ZÜRICH, 30.9.1902

Lieber Herr Moos, Und wenn Sie mir ganz Sicilien zu eigen
geben wollten – ich darf meiner Pflicht nicht untreu werden, die
mich zunächst die Ibsenarbeit vollenden heisst, ehe ich an entscheidenden Aufenthaltswechsel denken kann. Ich bekomme Tag
für Tag Correcturen, der Band wird bereits langsam gedruckt,
und Tag für Tag muss ich Correctur oder Manuskript absenden.
Es geht also wirklich leider absolut nicht. Hoffentlich treffen wir
uns trotzdem in Italien. In einigen Tagen übersiedeln wir alle 3
vermutlich noch auf einige Zeit nach Wolfensch., da unsre Zimmer hier an Studenten vergeben werden.
Alles Glück auf Ihre Wanderfahrt! Ihr Sie herzlichst grüssender
                Chr. M.
Adresse stets: Wolfenschiessen.

Vielleicht komme ich später nach Sicil. Wollen Sie mir e.n
Freundschaftsdienst erweisen, so sehen Sie sich beiläufig hier u.
dort nach Orten oder Logis um, wo ein teutscher Tichter mit 15 M
Monatsgage gut und trefflich leben kann.
Grüss. Sie Ekesparre.

849. AN FRIEDRICH BEBLO [IN TRARBACH].
   ZÜRICH, 2.10.1902

Dankt für das Zusammensein in Worms. Es war ein so lichter
glücklicher Tag dieser Sonntag, dass wir ihn wohl immer in lieber

Erinnerung behalten werden. Meine Reise ging vortrefflich vonstatten. Gleich anfangs die Fahrt in den frischen Morgen war ein frohes Präludium. […] Der letzte Band Ibsen muss binnen Kurzem fertig werden; weshalb ich zunächst an nichts andres denken darf, nicht einmal die ital. Reise. *Geht am Samstag wieder nach Wolfenschießen.* – Was macht unser Baukasten?– *Beblo soll von sich und seiner Frau hören lassen.*
N.:[Fega Lifschitz]. [Efraim Frisch]. – *Mannheim. Basel. Heidelberg.*

850.   VON FRIEDRICH KAYSSLER.
KOLONIE GRUNEWALD, 29.10.1902

Lieber Junge,
Na, was machen die Korrekturen? Immer noch in der Arbeit? – Hast Du Manuskript an Lefschitz zurückgegeben? Bist Du böse? Aber Junge, was nicht dramatisch ist, ist nicht dramatisch. Ich wünschte nur so sehr, daß Du endlich mal ein reguläres Stück an uns schicktest. Wir müßten jetzt alle heran u. unsre dramatische Meinung sagen; mir ist jetzt manchmal, als ob wirklich schon hie u. da Morgenröte anbräche. Z. B. las ich heute eine Kritik über die neue Oper von Strauß. Ich hab ja keine Ahnung von Verständnis dafür, aber es sprach daraus eine Begeisterung, die einen guten Grund haben muß. Es scheint da Neues geboren zu werden. Und bei uns im kleinen Theater wird auch geboren. »Rausch« war wirklich eine Freude. Man hat daran gesehen, daß Reinhardts u. mein Gedanke richtig ist: Hier ist der Boden für neues Können, was bisher nicht zur Sprache kam. Das Stück war früher bereits durchgefallen, hier im kleinen Raum wurde das Wort plastisch u. der Erfolg war groß. Reinhardt glaubt sogar, daß nun Vieles lebendig werden kann, was bisher als undramatisch verschrieen wurde z. B. Gorki u.s.w. – dem widersetze ich mich aber entschieden. Ich glaube nun einmal fest; es giebt Dinge, die, weil sie im Grunde lyrisch oder novellistisch sind, niemals, auch auf der intimsten Bühne nicht, dramatisch werden können. Selbst wenn eines oder das andre davon zu guter Wirkung gebracht werden könnte, würde ich es für eine Gefahr halten, solche Dinge aufzu-

führen; denn es wird dadurch der Begriff des Dramas, der streng sein muß, wenn er kräftig bleiben soll, verschoben u. verwischt, u. es könnte leicht eine jener schwachen Litteraturen heraufbeschworen werden, die uns schon genug geärgert haben. – Die höchste Aufgabe des kleinen Theaters ist u. bleibt es, es dahin zu bringen, daß Dinge wie Torquato Tasso zur Geltung gebracht werden, d. h. daß Werke, die deshalb, weil ihre Handlung zu innerlich war, auf großen Bühnen nicht wirksam wurden, jetzt im kleinen Raum mit jeder Wortschönheit ins rechte Licht gerückt werden. Es ist eine Freude zu sehen, wie das Wort herauswächst bei uns, das was so ganz verdrängt worden war durch den Naturalismus. Das gute, was der Naturalismus gebracht hat, die absolute Ächtheit im Spiel, das ist mehr als wo anders Erfordernis auf unsrer kleinen Bühne, weil man jede kleinste Unechtheit sofort bemerkt. Auf dieser Basis aber blühen mühelos alle Feinheiten u. tiefsten Zartheiten empor, deren die Schauspielkunst nur fähig ist. Man denke sich Goethesche Worte dort ins Leben umgesetzt! Na hoffentlich.

Wir haben heute Première von »Ackermann«, eine Charakterstudie von Hollaender u. L. Schmidt. Die Hauptfigur ist grell im Vordergrunde, mit grotesker Keckheit gezeichnet, das ist etwas Neues, was das Ganze trotz des kleinbürgerl. Milieus aus dem Naturalismus heraushebt. Reicher spielt da eine Szene, die wirklich etwas Großes ist. Ich war ganz überrascht von ihm. Das Können wirklich im besten Sinne. – Dann kommen in einer Matinée »Salome« von Oskar Wilde, von demselben ein famoses Lustspiel »Bunbury«, eine ganz verrückte Sache. Dieser Wilde ist eine glänzende Acquisition; wir haben alles, was er geschrieben hat, erworben, 4 Komoedien. Dann kommt »Erdgeist« von Wedekind. Und nach Januar hoffentlich »Oedipus«, ein »Ibsen« u. noch was ähnliches. – Na, für heute genug. – Anwands sind doch jetzt hier, haben eine sehr nette Wohnung in Friedenau. Wir wollen Dir seit Wochen eine Karte zusammen schreiben. Schreib mir bald, lieber Junge.

Ilse lernt jetzt Französisch. Sie spricht famos aus. – Sie »propre« sagen hören, ist ein Genuß. Zu niedlich. Sie sollten mich heute besuchen. Aber ich kriegte eben eine Karte, daß Ilse Kopfschmerzen hat, u. Sohndl auch nicht ganz auf dem Posten ist. Aber nur

Magenverstimmung. Na, bleib gesund. Ich sprach Prof. Bettmann kürzlich. Er erzählte, wie zufrieden er mit Deinem Befinden gewesen. Famos! Nu schreib bald mal: Wie wirds jetzt: Rom? Wann? - Osborn? - Ibsen? - Was - überhaupt? -
Servus! Grüß Frisch u. Frl. Lefschitz.

Dein Fritz.

Grunewald,
Humboldtstr. 13 I
29. Okt. 02.

Beiliegend ein Brief von Dehmel! Gleichzeitig schicke ich aufgelaufene Drucksachen.

851. AN EFRAIM UND FEGA FRISCH [IN WOLFENSCHIESSEN]. [WOLFENSCHIESSEN, HERBST 1902]

Entschuldigt, meine Lieben, ich muss ein wenig nach Stans fahren, mich verschnaufen. Komme vermutlich abends oder morgen früh zurück.

Euer Chr.

Ich wäre sowieso heut kein guter Gesellschafter.

852. AN EFRAIM FRISCH IN ZÜRICH.
LUZERN, 9. 11. 1902

Berichtet über angekommene Post, wünscht ebenso unbie'isches Reisewetter, wie ich hatte. [...] Kommt bald wieder. Grüss L. [...] Ps! Vergesst nicht die Papierspeiseüberrestwischmundtücher.
N.: Duda. Michas. [Josua Lifschitz]. Frl. K. Herr L. - Stry [?].

853. AN ADOLPH GOLDSCHMIDT IN CHARLOTTENBURG.
WOLFENSCHIESSEN, 28. 11. 1902

Sehr geehrter Herr,
Werden Sie sich meiner - Ihres Schülers aus den 90er Jahren - noch erinnern?

Im Begriffe, zum ersten Male auf längere Zeit nach Italien zu gehen, kommt er heute mit einer Bitte zu Ihnen. Würden Sie, verehrter Herr Doctor, wohl die ausserordentliche Liebenswürdigkeit haben und mir ein paar Worte aufschreiben, kraft deren ich mich bei den Konsulaten um einen Permesso zu den staatlichen Sammlungen etc. bewerben könnte? Es kommt mir dabei vielleicht zuhülfe, dass ich bisher noch niemals den Aufwand wagen zu dürfen geglaubt habe, mich von der Berliner Universität exmatriculieren zu lassen, somit also noch als stud. phil. gelten kann, wenn es durchaus darauf ankommt. Hoffentlich mache ich Ihnen mit diesem Ersuchen keine Ungelegenheiten; andernfalls bitte ich Sie, mir unumwunden darüber zu schreiben.
    In vorzüglichster Hochachtung
        und aufrichtiger Ergebenheit

28.XI.02.   Christian Morgenstern

z. Z. Wolfenschiessen, Schweiz, Unterwalden.

854. AN FRIEDRICH KAYSSLER, KOLONIE GRUNEWALD.
WOLFENSCHIESSEN, 1.12.1902

W.1.XII.02.

Liebster Freund,
Ich denke also, Ende der Woche abzureisen und zwar zunächst nach Mailand, wo ich ca 1 Tag bleibe, dann nach Florenz, wo ich vermutlich eine längere Pause machen werde. Doch ist nicht gesagt, dass ich nicht vielleicht schon bald auch Fl. verlasse, um mich schnell entschlossen in medias Italias zu stürzen. Viel hängt noch von der Antwort auf einige Fragen ab, der ich vonseiten Rüters, meines einstigen Lehrers an der Berl. Univ. Dr. Goldschmidt, und Moos, der zurzeit in Rom weilt, entgegensehe.

Für Deine genauen Auskünfte danke ich Dir von Herzen, lieber Junge. Ja, ja, ich weiss ja; – es kommt halt manchmal so über einen, wie man zu sagen pflegt. Weiss Gott, werd' ich je gegen Dich bitter, so ist's nur ein Überschuss an eigener Not.

Von den in Aussicht gestellten Beschäftigungen gefällt mir die mit dem Verlag am besten. Im Übrigen werde ich mich erst entscheidend zu all dem äussern können, wenn ich selbst einmal ein paar Tage oder Wochen die Sache in der Nähe gesehen haben werde, was ja hoffentlich nächsten Sommer oder Herbst geschehen kann. Bis dahin empfehle ich Euch Frisch an meiner Statt. Er ist derjenige, den ich in innigster Beziehung zu Eurem Theater wünsche, er ist der einzige, den ich unter allen unsern Freunden Dir an die Seite stellen kann; das alles mögen begabte Menschen sein, er aber ist ein genialer Mensch, voll unberechenbarer Möglichkeiten. Wohin man ihn auch stellen möge, er wird sich einarbeiten und das Höchste leisten. Auch Dinge, wozu ein K. nötig erscheinen mag, kann ein Mensch wie F. offenbar ebenso und besser leisten. Ich kann dieser Auffassung durchaus nicht beistimmen, dass ein Mensch von grossem Umfang in irgend einem hier in Betracht kommenden Punkte der selbständigen Hülfe subalterner Geister bedürfte. Ich halte das für eine Concession an die Mittelmässigkeit, welche sich an Eurem Unternehmen rächen muss, wenn Ihr sie nicht aufgebt, ehe es zu spät ist. Ihr habt an Max gerade genug praktischen Geist und Judentum im weltklugen Sinne. Man kann keinen »Compromiss eingehen, ohne den Sinn des Ganzen« – unmerklich, aber dennoch nach und nach – »zu stören«. Wozu braucht Ihr Fühlung, da Ihr Führung übernehmen wollt u. sollt. Wäre die Fühlung nicht schon da, richtete sich auf Euch nicht die stumme Sehnsucht der Besten, so hülfen Euch alle Spürnasen der Welt nichts. Die Presse ist Euch günstig so viel ist zur Genüge erwiesen; was braucht's also mehr, als sie höflich und zuvorkommend zu behandeln. Was nun vollends das heisst, einen Anwalt dessen zu fordern, was Euch durchaus missfällt,* so will mir das am allerwenigsten ein. »Rausch« (ich kenne es nicht) ist kein Beispiel. Ein Stück von Strindberg gut zu nennen ist weder eine Kunst noch lädt man damit Verantwortung auf sich. Höchstens Märtyrerglorie, wenn's schief geht. War es Euch aber wirklich in seinem ganzen Geiste zuwider, so hättet Ihr auch in diesem Falle Eure Linie festhalten sollen. Ihr solltet es nicht zulassen, dass man im Publicum an Euch irre werden kann; das ist der Hauptpunkt; und zehnmal besser ein Misserfolg als ein Erfolg

* Ausser Ihr stellt Euch einen Euch Ebenbürtigen gegenüber.

durch Speculation auf irgendwelche Moden oder dergl. Ich wiederhole: ein Dir irgendwie ebenbürtiger Vertreter anderer Meinungen wäre eventuell in Betracht zu ziehen, aber nicht so ein Mitläufer, wie dieser K. offenbar ist. Willst Du dazu kommen, auch von diesem Theater einmal secedieren zu müssen? Wenn mein Rat Euch überhaupt etwas gilt, so rate ich Euch folgendes. Wenn Ihr den K. auch nicht loswerden könnt oder wollt, so schiebt ihn doch langsam auf den mehr geschäftlichen Teil ab und seht zu, bereits diesen Vorfrühling F. als Dramaturgen zu gewinnen. Um mich kümmert Euch dabei zunächst gar nicht; findet sich für mich im Herbst ein Platz, nun gut; findet sich zunächst noch nichts, wird man mich schon irgendwo in Berl. unterbringen. In F. habt Ihr einen Mann, der Euch auch vielleicht manchmal opponiert, der aber dafür auch eine Persönlichkeit ersten Grades statt einer charakterlosen Nullität einsetzt. Ihr habt zudem in ihm einen Mann von gründlichster Litteraturkenntnis, was Euch, die Ihr jetzt vor allem Schauspieler sein müsst, auch etwas gelten muss. Ihr habt endlich in ihm einen fürs Dramatische insbesondere veranlagten Dichter, der mit zu den wenigen gehören wird, nach denen unser Herz und Geist auf der Bühne verlangt. (Er hat z. B. jetzt gerade ein Drama disponiert u. begonnen, das in seiner Einfachheit, Leidenschaft u. dramatischen Kraft ein wahrhaft grosses Kunstwerk zu werden verspricht.) Liebster Junge, Du weisst, dass mich keine Protektionssucht noch irgend etwas derart leitet. Es ist nur meine vollste heilige Überzeugung, dass dieser unser Freund zu unserm Werke dazugehört, wenn irgend einer, dass er ihm zur höchsten Ehre und zum höchsten Segen gereichen wird, auch allein schon durch seine reine und hohe Gegenwart, die auch für Euch ein unaufhörlicher Quell der Anregung und geistigen Freude werden wird. Ich kann nicht mehr sagen. Lass dies meine That sein in diesen aufbauenden Jahren: Euch F. ans Herz zu legen und das für jetzt, für sogleich. Gebt mir nach tausend Misserfolgen diesen einen Erfolg! Sei dies für's erste mein Einsatz in Eure Arbeit. – Leb wohl, liebes Herz,
                              Dein Chr.
Nachschrift.
Was Deine Anfrage anbetrifft, so habe ich für Dec. von Fischer

noch 100 M bekommen. Ich werde sehn, wie weit ich damit
komme. Sollte ich in Italien stecken bleiben, eh' ich irgendwo
festsitze, so telegraphiere oder schreibe ich Dir und mache von
dem Anerbieten Gebrauch. Ist Dir's so recht? Schreibe mir womögl. noch kurz hierher, vor Samstag werde ich kaum reisen.
Du musst freilich dann postwendend schreiben. – Frischs lassen
Dir für die Gratulation herzlichst danken; sie haben sich sehr
drüber gefreut.

Noch eins: Als ich F. vom Verlag erzählte, sagte er mir, er könnte,
falls er erst einmal ein monatl. Fixum hätte, eventuell als Teilhaber in das Unternehmen eintreten. Er bekommt durch seine Heirat ein kleines Kapitälchen, das ihm ausgefolgt wird, sobald er
selbst etwas verdient, und würde es ganz gern in solch einem
Unternehmen mitanlegen, falls die nötigen Garantieen dasind.
Dies unter uns. ———

Lies »Catilina«, sobald Band I erscheint, am 12 Dec.

»P. Gynt« will also vielleicht d. Lessing-Gesellsch. aufführen,
doch ist's wieder ganz ungewiss geworden.

Führt sobald als möglich Hebbels Agnes Bernauer auf. Es
möchte wenig mächtigere deutsche Dramen geben. D. letzte Akt
insonderheit ist über die Maassen gross.

Grüss Max.

855. AN JULIUS MOOS IN ROM.
WOLFENSCHIESSEN, 3.12.1902

*Wünscht gute Fortsetzung der Reise. Wird wahrscheinlich erst
nach Rom kommen, wenn Moos schon wieder weg ist.* Den Haupt-
zweck meiner Südfahrt kennen Sie ja. Warum stellen Sie sich
mich immer als Vergnügungsreisenden vor?
N.: Mailand. Florenz.

856. AN EFRAIM FRISCH IN WOLFENSCHIESSEN.
FLORENZ, 10.12.1902

Soeben nach 10stündiger Fahrt via Bologna in F. eingetroffen.

Grüsse Euch von Herzen. Brief folgt. Christian. Ufficio centrale fermo in posta 10.XII.02.

857. AN FRIEDRICH KAYSSLER, KOLONIE GRUNEWALD.
FLORENZ, 10.12.1902

Entspricht Nr. 856.
N.: Mailand. Bologna.

858. AN EFRAIM FRISCH [IN WOLFENSCHIESSEN].
FLORENZ, 11.12.1902

Firenze, 11.XII.02
Lieber Freund,
Nun sitz' ich also doch in dem deutschen Café von Firenze – bei einem Thee, der dem Eurigen nicht das Wasser reichen kann, – aber nachmittags ist alles geschlossen und zuhause ist's zu kalt. So lasse ich Euch denn von hier aus »ein erstes Grüssen« zukommen. Nehmt vor allem noch einmal meinen innigsten Dank für alles Gute und Liebe der letzten Zeit. Konnte ich's nicht so, wie ich wollte, zurückgeben, so lag das an der grossen Verstimmung, die nun einmal diese Jahre meines Lebens bedeckt... Avanti Sawoia! – Die Fahrt über den See hätte ich Euch gleich zuerst mitgewünscht: Schweifende Nebel über dem Wasser, die Berge rings bis herunter verhängt, ganz als führe man im Christianiafjord, – und bei Küssnacht war die offene See nach Dänemark zu. An der Alpenreise fesselte mich diesmal vor allem der Tessin, in dem das Wiederaufgreifen des Herbstes unter mehr und mehr nachlassendem Schneegestöber ein rührendes Schauspiel bot. Bald aber wurde es wieder weiss und so blieb's bis in die rasch sinkende Dämmerung. Mailand war kalt aber schön, der Hof der Brera am nächsten Morgen mein erster mächtiger Eindruck. Der Br. ist ein altes Jesuitenkloster. Man muss solche Schöpfungen der Kirche in die Wagschale werfen, wenn man geneigt ist, sie zu verdammen. Es kam eben auch darauf an, wer Christ war: Der Italiener machte schliesslich dasselbe aus diesem Cult wie der Grieche aus seinem Olymp. Christus »Rex Florentiae«. Das Leiden daran und das

Verdorben- und Gebrochenwerden blieb wohl zumeist uns Nördlicheren vorbehalten.

Das »Sposalizio« war über die Maassen herrlich. Unter so vielen Kunstwerken wie eine Perle unendlichster Anmut und Vollkommenheitsahnung. Alles so rein gefühlt und so tief durchdacht, gegeneinander abgewogen mit feinen, verstehenden Händen und von einem süssen Frühling der Farben. –

Nachmittags war ich im Castell, abends in der Bohème von Puccini. Das müsst Ihr Euch auch anhören, sobald Ihr könnt. Ich wünschte mir Dein musikal. Gedächtnis, mir all die reizenden frischen Melodien zu merken. Wäre nur die Partitur nicht so teuer, das Libretto allein thuts leider nicht. Aufführung wie Zuhörerschaft (im Theatro dal Verme) gleich erfreulich. Ganze Scenen mussten wiederholt werden und ich hätte noch mehr wiederholt gewünscht. Fürwahr eine Oper von hohem Liebreiz und reicher Erfindung. Nichts Geringes für das junge Italien.

Die Fahrt hierher war das Anstrengendste bis dato, d. h. mit dem darangehängten Herumlaufen hier nach einem Logis, Gepäckträger-Affairen etc. etc. »Ungefrüstückt«, durchgefroren kam ich in einem schauerlichen Wind und erst ca 9 Uhr zum pranzo, nach dem ich totmüde sofort zu Bett ging. Bei Rosetti war alles besetzt gewesen, die gute Frau brachte mich in einem Palazzo der Nachbarschaft unter .. Via della Stufa (ma leider senza stufa). Ein wirklicher Pallaz mit unzähligen Büsten etc., mächtigen Treppen; mein Zimmer doppelt so gross u. 1½ mal so hoch als das bei Mattern. 1 l pro Tag. Frühstück 15 centesimi. Steinboden. Riesenbett. Aber leider hundekalt. Ich bin wieder ganz zuhause hier in dieser geliebten Stadt, begrüsse Altes wieder, bestaune Neues. Heute lange San Marco. – Vielleicht in ein paar Tagen schon weiter, da man in der kalten Schönheit meiner Stube nichts machen kann. Überhaupt –.! Semester lang müsste man hier sitzen und studieren. Was wollen da ein paar Tage. Deine gute Post soeben abgeholt. Alles Glück zur Vollendung!! –

Ihr habt's auch gut, das ist gewiss! Adio! Bleibt gesund u. schreibt bald wieder gutes Eurem Freunde   Chr.

Ps. Bitte grüsst die Postleute noch vielmals von mir; sie sollen nur vorläufig immer weiter hierher schicken. Grüss' auch sonst, wen's freut.

859. AN EFRAIM FRISCH [IN WOLFENSCHIESSEN].
ROM, 18.12.1902

Erwarte weder ausführliche Berichte noch schöne Schrift: beides kann ich zur Zeit weniger geben denn je. Ich bin immer noch sozusagen »fliegender Hund« oder wie Du mich nennen willst; zwar wohne ich in der Pension S. Silvestro, aber ich betrachte sie nur als vorübergehenden Aufenthalt, da ich trotz sehr freundlicher Aufnahme kein Zimmer nach meinen Wünschen bekommen konnte... Freitagabend also faßte ich plötzlich den Entschluß nach Rom zu fahren. Der Schnellzug mit dritter ging 11.15 Uhr nachts und so rollte ich die Nacht hindurch auf harter Ofenbank (denn durch die Stäbe stiegen rastlos glühende Dämpfe) am Trasimener See vorüber und in den römischen Morgen hinein. Um sieben Uhr kam ich an und ließ mich von einer Droschke ins Unbekannte hinausfahren. Am selben Abend war ich noch vor St. Peter, dessen Kuppel mir aber erst am nächsten Mittag von der Höhe des Quirinal aus in ihrer ganzen unendlich edlen Schönheit aufging. Vom Platz aus nämlich läßt einen die Fassade zu keinem reinen Genuß kommen... Nun gings denn langsam an eine erste friedliche Eroberung der Stadt, in der ich noch mitten drin bin. Von Galerien noch keine Rede, zuerst nur eine gewisse allgemeine Orientierung, wobei schon genug das Architektonische auf dem Wege liegt. Nietzsches Wort: Kunst heißt Ordnung schaffen, liegt mir hier immer in der Seele, wie überhaupt in Italien, fast vom ersten Moment an. Man sieht auf Schritt und Tritt den gewaltigen Willen gegen das Chaos, gegen den Zerfall, den Willen zur grandiosen Überwältigung der rohen Materie. Das Colosseum z.B. ist einfach ein organisiertes Gebirge. Man begreift ein solches Werk kaum. Von außen möchte es noch angehen, ist man erst drinnen, so hören alle Worte auf. Dazu welch ein düsterer Zauber um alles, als könnten jeden Augenblick wieder die Züge der Gladiatoren aus den unterirdischen Gewölben hervorbrechen und ihre Schwerter zum Sitz des Kaisers emporstrecken. Die verschiedenen Fora, soweit ich sie bis jetzt flüchtig sah, erweckten in mir vor allem Gefühle der Melancholie. Es ist nicht auszudenken, was hier zerstört worden ist: Diese Pracht muß über alle Begriffe gewesen sein. Ich nehme mein Brera-Urteil (von den Christen)

tausendmal zurück. Freilich: man weiß nicht, was die Zeit sonst
gebracht hätte. Immerhin: Daß solch ein Schönheitsgefühl und
solch ein Lebenswille einmal möglich war! Sollte das nie und
nirgends mehr wiederkommen können?? Selbst die Renaissance
tritt davor zurück; wenn sie auch der große Trost fürs erste
bleibt ...
Zum Herrlichsten der italienischen Städte gehören, – ja, sie charakterisieren sie eigentlich vor allem anderen – die Paläste. Darin
spricht sich auch jene virtù aus, die über alles geht, die grade
aufrechte Menschheit, der aristokratische, könighafte Mensch.
Von allen, die ich bisher sah, dünkt mich der Palazzo Strozzi (in
Florenz) der großartigste. Der Medicäische ist weichlich dagegen,
obwohl auch herrlich. Ihre Zahl ist Legion. Ganze Straßen bestehen nur aus solchen Häusern ...
Aber genug für heute. Du magst mir eine gewisse Verwirrung
zugute halten; auch Dir wird es nicht anders ergehen. Wie innigst
wünschte ich Euch nicht auf Schritt und Tritt an meine Seite. Es
ist erdrückend, allein zu genießen. Wie herrlich wäre nicht eine
Aussprache am Abend über das Geschaute, ein gemeinsames Eindringen in diese vielfältige neue Welt.

860. VON EFRAIM UND FEGA FRISCH.
WOLFENSCHIESSEN, 23.12.1902

Photo mit Weihnachtsgrüßen.

861. VON FRIEDRICH KAYSSLER.
KOLONIE GRUNEWALD, 26.12.1902

Nun komme ich doch erst heute dazu, Dir zu schreiben. Warst Du
sehr einsam Weihnachten? Alter, hier war das Weihnachtsfest
auch anders, als ich es noch vor kurzem geglaubt hatte. *Betont,
daß er aber jetzt wieder ganz ruhig sei, sagt dann, daß er und seine
Frau sich getrennt haben. Berichtet den Verlauf seit Mitte September: Zuerst ein anonymer Anruf, daraufhin eine Aussprache mit
seiner Frau, die zugab, einen anderen zu lieben, Direktor Norden,
den Leiter des Viktoriahotels, dessen* Sachlichkeit und tüchtige

Geschäftsart *sie geschätzt hatten. Das Schlimmste war nicht geschehen, trotzdem hätte er es als Erlösung empfunden, wenn er sich hätte duellieren können. Reinhardt bewahrte ihn durch den Hinweis auf Christian Friedrich vor unüberlegten Schritten. Bei einer Aussprache mit dem Mann gewann er den Eindruck, daß beide, Liese und Norden, wissen, was sie wollen und daß es ihnen Ernst ist.* Bezeichnet den Mann aber auch als innen und außen dünne[s] schmächtige[s] Männlein. [...] Weh thut es mir um Ilse u. Frieda. Aber die Mutter ist eine gute Erzieherin, sie werden selbständig erzogen werden u. der Mann ist nicht geeignet, Naturen zu beeinflussen. Der Junge ist Tags darauf zu Frau Doktor übergesiedelt, die sich aufopfernd wieder zeigt. [...] Ich sehe ihn täglich, er weiß nichts u. ist vergnügt, u. so bin ich relativ glücklich. [...] In der Zeit, seit September war es mein Streben, mich innerlich ganz zu isoliren, mich frei zu machen, u. ganz auf mich selbst zu stellen, um dann in der Stunde der Entscheidung nicht als Bettler dazustehen. Und das ist mir, glaube ich, auch gelungen. *Er wollte darüber aber nicht schreiben, bevor alles entschieden war. Er hat jetzt den Glauben an sich selbst neu gefestigt und sieht mit Ruhe dem kommenden Leben entgegen.* – Ich nehme mir sobald ich sie finde, eine Wohnung, hoffentlich im Grunewald, und die möchte ich gleich so wählen, daß Du, lieber Junge, sobald Du im Frühjahr willst, ruhig u. ohne Sorge Dich zu uns nach Berlin setzen kannst, u. in aller Ruhe hier Deine Angeln auswerfen, aus nächster Nähe. Antworte mir, ob Du unser Hausgenosse werden willst, solange, bis sich alles bei Dir zu einer eigenen Berliner Ordnung bequem zusammen gefunden hat? Wenn Du ja sagst, machst Du mir eine innige Freude. Und Freude würde mir sehr wohlthun. – *Hat für den Jungen eins der Dienstmädchen, Emma, mitgenommen, sucht aber eine Dame, die dem Haus vorstehen und den Jungen erziehen kann, fragt, ob M jemanden weiß.* – *Berichtet über Frischs Aussichten an ihrem Theater und fragt M nach seinen diesbezüglichen Plänen.* – *War Weihnachten mit Reinhardts bei Frau Doktor.* – *Dankt für Ms Buch.*– Prost Neujahr von ganzer Seele für Dich und uns alle! Neu-Jahr in jeder Beziehung!!! – *Die Premiere von Wedekinds »Erdgeist« war* wie aus neuer Zeit, wahrhaftig. Ich hatte das Gefühl, als ob hier der Naturalismus erwürgt worden wäre! – *N.: Kahane. Anwand. Calvary.*

862. AN RICHARD DEHMEL [IN BLANKENESE].
ROM, 28.12.1902

28.XII.02.
Sehr verehrter Herr,
Als ich Ihnen vor mehreren Wochen meine Gedichtsammlung sandte, leitete mich das natürliche Gefühl, ein Buch, aus dem trockene Pedanten sechs Monate lang nichts Erfreuliches hatten herauslesen können, einem verehrten Manne in die Hände zu legen, es damit gleichsam zu reinigen und wieder in Ehren gehalten zu wissen.

Die Sache hat Sie vielleicht verstimmt – obwohl ich nicht wüsste weshalb –; nun wohl, so verstärken Sie mit dem pechösen Exemplar auf einen Augenblick die Wärme Ihres Kaminfeuers (dafern Sie nicht etwa irgendwo im Hellenischen oder Hesperischen stecken), – aber schicken Sie wenigstens eine erklärende Todesanzeige

Ihrem
Sie verehrenden
Christian Morgenstern.

Rom, Via Cavour 266^I.

Ps. Zu Ihrem »Buntscheck« konnte ich leider nichts mehr beitragen. Die Arbeit am »Ibsen« beraubte mich zu sehr jeder Freiheit, so wie es jetzt wieder die Notwendigkeit thut, Aufsätze von hier zu schreiben. –

Sollten Sie zu dem Inhalt des Buches etwas zu sagen haben, so unterdrücken Sie's ja nicht. Amicus mihi Plato, magis amica veritas.

863. AN AMÉLIE MORGENSTERN [IN STARNBERG].
ROM, 28.12.1902

Sendet Neujahrsgrüße aus Rom, berichtet: Das Klima ist herrlich – von der Stadt und ihren Schätzen ist zurzeit nur erst zu schweigen; – es ist zu viel des Neuen und Unbeschreiblichen. [...] man ist hier glücklich und hoffnungsvoll, ob man will oder nicht.
N.: Frau von Doss. [August von dall'Armi]. – Wolfenschießen.

864. AN EFRAIM FRISCH IN WOLFENSCHIESSEN.
ROM, 28.12.1902

Dankt für alles, *kündigt einen Brief an, fragt, ob seine beiden Briefe angekommen sind.* Gibt seine Adresse an. Bittet, des hohen Zuschlagportos wegen keine Bücher nachsenden zu lassen. – *Wünscht ihnen ein glückliches neues Jahr, läßt alle grüßen. – Erkundigt sich, ob er* wirklich so ein Monstrum *ist wie auf dem Photo.*
N.: D. Schroeder. – Florenz. – »*Die Zeit*«.

865. VON RICHARD DEHMEL. BLANKENESE, 31.12.1902

Blankenese ᵇ/Hmbg. Sylvester 1902.
Lieber Herr Morgenstern!
Ich habe Ihnen für Ihr Buch nur deshalb noch nicht gedankt, weil Sie vergessen hatten, mir Ihre Adresse draufzuschreiben. Und aus dem beiliegenden postalischen Dokument ersehen Sie, was für ein unsicherer Kantonist Sie sind; solche Retourkutschen sind die Leichenwagen der Correspondenz.
Wie sollte ich Ihnen wegen der Augsburger Professoren grollen! Ich habe weiland mit der 1. Aufl. »Erlösungen« denselben Korb dort geerntet wie Sie. Oder hat man Ihnen das Buch etwa in »blaue Lappen« gewickelt zurückgeschickt? Dann gratulire ich. Irgendeine Kritik dürfen Sie von mir nicht verlangen. Aus Ihren Gedichten fühlt man den liebenswerten Menschen heraus; was hat da die Kunstnörgelei noch für Zweck? Fürs Publicum vielleicht, aber nicht für den Dichter.
Ich wünsche Ihnen ein gedeihliches neues Jahr.
Mit herzlichem Gruß

R. Dehmel.

866. [AN PAUL SCHULTZE-NAUMBURG IN BERLIN.
ROM, ENDE 1902/ANFANG 1903]

Hatte gehofft, ihn in Rom zu treffen, aber niemand wußte etwas von ihm. Seine Berliner Adresse hat er im vorigen Jahr von S. Fischer bekommen, als ich ihm mit dem Plan eines künstlerisch wertvollen Abreisskalenders kam. *Drückt seine Verehrung aus; hält ihn für einen* Vorarbeiter einer reineren höheren Zukunft. *Er selbst wollte sich nie auf litterarische Dinge beschränken lassen, sondern hing fast noch lieber künstlerischen Träumen nach, die wohl von seinen Vorfahren herstammen. Er hat zehn Jahre lang gehungert und gedürstet, ist aber nie dazu gekommen,* einen Schritt in jene Welt hinein auch nur zu versuchen. *Erwähnt Kompositionen aus Muscheln und Fischgräten, auch der Gedanke an Blumenbinderei beschäftige ihn noch heute.* Es gab eine Zeit, wo ich gewiss war, Triumphe auf diesem Gebiet erringen zu können. Ich weiß fast nicht mehr, ob ich heute noch etwas zustande brächte, mir ist oft als hätte ich schon den Mut meiner Jugend und meines Geschmackes eingebüsst. *Aber er habe auch noch nie einen Menschen gefunden, der in diesem Punkt an ihn geglaubt hätte. – Meint schließlich, daß es gut war, ihn nicht in Rom getroffen zu haben, da er bei einer persönlichen Begegnung über höfliche Konversation wohl nicht hinausgekommen wäre.*

867. VON HUGO HABERFELD.
WIEN [ETWA ENDE 1902/ANFANG 1903]

Entschuldigt sein Schweigen mit den Sorgen eines Redakteurs, gesellschaftlichen Verpflichtungen, überhaupt wenig Freizeit. Versichert, daß er noch dieselben freundschaftlichen Gefühle hege wie früher. Er selbst ist seitdem auf andere Geleise geraten, aber er erinnert sich gerne und freudig der jungen Sturmjahre. *– Bedauert, daß er M den Dienst nicht leisten kann, um den er bittet. Die »Zeit« hat in Rom schon drei Korrespondenten, die alles unter sich aufteilen. Und für eine Cultur-Correspondenz ist in der »Zeit« leider kein Raum. Verspricht, demnächst andere Vorschläge zur Mitarbeit zu machen. Gibt ihm die Adresse von Hermann Ubell, meint, sie würden Gefallen aneinander finden, M soll bei einem Besuch von Haberfeld grüßen.*

N.: Maximilian Claar. Reinhold Schoener. Antonio Cippico. Ubells Frau. Haberfelds Frau. – Berlin. Friedrichshagen.

868.   [AN UNBEKANNT, ORT UNBEKANNT].
       [VERMUTLICH ROM, ENDE 1902/ANFANG 1903]

Sendet der verehrte[*n*] Freundin *auf ihren Wunsch* einfache Tagebuchaufzeichnungen *aus Rom mit der Bitte um wohlwollende Aufnahme.*

869.   [AN UNBEKANNT, ORT UNBEKANNT].
       [ZWISCHEN 1894 UND 1902/03]

Meint, der Erfolg von Hauptmanns »Einsame Menschen« beruhe in der Gemeinsamkeit des Empfindens: es werde das Sich-vereinsamt-fühlen eines Stimmungsmenschen *dargestellt, dessen Typus sehr verbreitet sei.*

1903

870. AN ALFRED KERR [IN BERLIN]. [ROM, 2.1.1903]

Lieber Herr Kerr,
Ich fühle seit Längerem das Bedürfnis, Ihnen ein kurzes Wort zu schreiben, und so mag es denn bei Gelegenheit dieses Jahreswechsels geschehen. Sie erinnern sich vielleicht noch, dass ich eine Weile zu Ihren Gegnern und Verspottern gehörte; – nun, wenn es Sie freut: hier haben Sie meinen leichten Degen, zerbrochen, wie ein Spielzeug. Menschen, die im Wesentlichen dieselbe Strasse ziehen, sollen es nicht mit verkniffenen Mienen und heimlichen Rückhalten. Sie haben sich mir langsam ins Herz geschrieben, und ich glaube, ich werde Sie nie mehr ganz verkennen können. Also, wenn Sie wollen, auf guten Sinn gegeneinander im neuen Jahr!
Ihr
Chr. M.

871. AN EFRAIM FRISCH [IN WOLFENSCHIESSEN].
ROM, 2./3.1.1903

Rom, Via Cavour 266^I. 2.1.03.
Lieber Freund,
Ich habe Dir heute die traurige Mitteilung zu machen, dass Kayssler sich von seiner Frau scheiden lassen wird. Sie hat ihre Neigung einem andern zugewendet, und so blieb nur diese Lösung. Ich hätte das nie für möglich gehalten; aber vielleicht waren die beiden im Grunde doch zu verschieden. Wie dem auch sei, das schmerzliche factum besteht. K. schrieb mir davon erst, als alles entschieden und er selbst wieder fest und ruhig geworden war. Er hat sich gross und schön in der ganzen Sache gehalten. Sein Junge ist ihm natürlich verblieben, und so steht das Haus K. nunmehr nur mehr auf vier Augen: aber diese vier sind

Lieber Herr Kerr,

Ich fühle mit leisem das Bedürfnis, Ihnen ein kurzes Wort zu schreiben, und so mag es denn bei Gelegenheit dieses Jahreswechsels geschehen. Sie erinnern sich vielleicht noch, daß ich eine Weile zu Ihren Gegnern und Verspottern gehörte ; – nun, wenn es Sie freut : hier haben Sie meinen leichten Wagen, zerbrochen, wie ein Spielzeug. Gebt Sie ~~...~~ dafür. Menschen, die im Wesentlichen dieselben ~~...~~ ~~...~~, sollen es nicht mit verknifnen Mienen und herrschlichen Zurückhaltung. Sie haben sich mir langsam ins Herz geschrieben, ich glaube, und werde Sie nie mehr ~~ganz ruhig~~ verkennen können. Also ~~vom Sie wollen~~ auf guten ~~...~~ die Sympathie ~~genesander~~ im neuen Jahr!

Ihr Ch. M.

Brief Nr. 870 (Entwurf, Originalgröße)

genug. Er nimmt demnächst eine neue Wohnung, wenn möglich, im Grunewald und sucht eine – nicht mehr junge – Dame zur Erziehung des Jungen und zur Führung des Haushalts. Er frug mich, ob ich keine wüsste; ich dachte an Frau Vyse, gebe aber ausserdem die Frage an Dich und Fega weiter. Teile mir's oder K., bitte, umgehend mit, wenn Du eine durchaus vertrauenswürdige Person für solch eine Stellung wissen solltest. Mich selbst fordert er auf, im Frühling vorerst mit ihm zusammenzuziehen und von diesem sichern Port aus eine Stellung in Berlin zu suchen. Was nun Dich, lieber Freund, betrifft, so schrieb mir K. schon vor Weihnachten, dass Du also als der erste in Betracht kommen sollst, wenn eine Dramaturgenstelle frei wird. Dazu schreibt er nun in seinem letzten Briefe folgendes Weitere: »Was Frisch betrifft, so schrieb ich Dir schon, dass das neue Jahr hoffentlich eine Entscheidung bringt, bezüglich eines neuen Theaters. Kahane steht allerdings ausserdem jetzt auch sehr schwankend, weil er keine rechte Ordnung im Leibe hat u. es im Kleinen vielfach fehlen lässt. In grösseren Dingen können wir ihm wirklich nichts vorwerfen, aber, wie gesagt, es ergeben sich hoffentlich 2 Theater. Sag mir, wie denkst Du eigentlich über Dich selbst in der Sache? Na, Du sollst Dir's ja ansehen. Das halte ich wirklich für nötig. Wie aber, wenn nun 2 Theater sich ergeben, Kahane wirklich weggeht und also 2 Dramaturgen sofort nötig werden? Reinhard hat für diesen Fall auch an Anwand gedacht, der ihm sehr gefällt u. wirklich auch sehr viel fürs Theater hat. Da wären wir denn nächstes Jahr ja alle zusammen. Wie denkst Du denn dann über Dich? Du musst einfach Schauspieler werden.« Ich hab' ihm darauf geschrieben, er soll nur zunächst an Dir festhalten; ich würde mich schon irgendwie situiren. Ich habe solch ein Vertrauen zu diesem ganzen Unternehmen, dass ich denke, es wird schon auch mich in irgend einer Weise mittragen und mitverwenden können. Bin ich erst drin u. zeige Geschick zur Sache, so können wir uns ja im Notfall associiren, was? Ich meine, es kann in keinem Falle schaden, wenn wir zunächst unsre kleine taugliche Gruppe energisch formieren, gleichviel was dann der einzelne später für Funktionen übernimmt. Und für Dich trifft es sich dabei recht günstig, dass Du bereits im Februar etwa nach B. kannst, da Dir dann genügend

Zeit bleibt, Dich innerlich anzugliedern und einzuleben. Ich hätte Dich sonst von Neuem bestürmt, auch hierher zu kommen; aber jetzt würde ich mir fast ein Gewissen draus machen. Dafür fahren wir ein andres Jahr als grandseigneurs hierher und Du hast an mir dann eine Art Tischbein, der Dir wenigstens über die gröbste Orientierung hinweghilft. Und Fega wiegt derweil ihren Jungen oder ist auch dabei. – Wahrhaftig ich sehn' Dich manchmal von ganzer Seele herbei; wie anders genösse sich zu Zweien! Es wäre eine unvergessliche Epoche für uns beide; denn wie selten findet man den Rechten und wir würden doch in allen Hauptsachen eines Sinnes sein. Ich habe nun schon langsam angefangen zu studieren und warte nur noch auf den Permess, um noch tüchtiger ins Zeug zu gehen. In der Stadt bin ich nun schon so gut wie zuhause. Es fehlt mir eigentlich nur noch der Aventin und die Cestiuspyramide. Meine Gegend ist recht glücklich, obwohl sie dem eigentlichen Fremdenviertel – dem mittelalterlichen Rom – fast entgegengesetzt liegt. Dafür ist sie dem Colosseum, dem Forum, dem Capitol benachbart, und wenn die Inglesi dort den herrlichen Pincio, den »collis hortorum«, haben, so habe ich den Capitolsplatz und den Palatin. In St. Peter war ich inzwischen wiederholt, und weiss nicht ob ich die Kuppel von innen oder von aussen mehr bewundern und lieben soll. Es ist kein Nachempfinden dabei; der Zauber dieser Kuppel ist thatsächlich so gross, dass man den Tag nicht vollkommen meint, wo man sie nicht wenigstens einmal gesehen hat. In den Vatikan – denke Dir – habe ich noch keinen Schritt gethan. Ich will auch den ersten nicht in die Sistina sondern in die Antikensammlungen dort machen, da ich wenigstens einige chronologische Ordnung einhalten möchte. Dafür fange ich aber auch nachgerade an, nach Bildern zu hungern. Meine stärksten skulpturellen Eindrücke waren bisher der »sterbende Fechter« und die »capitolinische Venus«, beides unbeschreibliche Kunstwerke, von Michelangelo der Moses (den aber das traurige Grabmal recht drückt) und die Pietà (die ihrerseits leider so hoch steht, dass man zu keinem vollen Genusse kommen kann, dennoch aber zu dem uns bekannten Gipsabguss sich verhält wie D'Albert'sches Spiel gegen ein mechanisches Klavier.) Noch in Florenz ist mir der Marmor nicht so aufgegangen, als hier. – Mit Musik ist es leider arg bestellt. Wenn man nicht in die höchst teure Oper kann, hat man nicht viel andres. B. ist ein Bienenstock dagegen. In den Kirchen keine eigentlichen Concerte, obwohl viel schöner Gesang u. Orgelspiel. – In meine »Berufs«-Arbeit hoff' ich bald hineinzukommen, ich führe Tagebuch und werde das wohl bald ausschlachten können. Mit Savonarola ergeht mir's eigen. Abgesehen davon, dass ich durch die Reise, das Neue etc. recht heraus bin, muss ich vor allem die Physiognomie des Mannes zu vergessen suchen, der in meiner Vorstellung ganz anders lebte. Ich gestehe offen, dass ich diese wulstigen Lippen u. groben Züge nicht mit dem komplicierten, ekstatischen Bilde vereinigen kann, unter dem mir der Mönch immer erschien, und fürchte, das wird sich nicht ändern. Hätte ich mir die dumme historische Neugier doch versagt. – Was machen Deine Arbeiten? Ibsen ist Dir wohl inzwischen zugegangen. Ich hatte Dich natürlich nicht vergessen, Du warst ja »Mitarbeiter«! Was Fischer am 12. an mich sandte, scheint verloren gegangen zu sein. Die W.er Post schweigt sich aus. – Mein Gepäck kommt morgen (3.1.) endlich in m. Hände. Der arme Korb.

Zu Weihnachten schenkte mir Fritz – Gobineaus Racenbuch. Herrlich!

Fegas Brief beantworte ich bald. Sag' ihr nochmals meinen innigsten Dank für die Überraschung mit der Chokolade! Bleibt gesund! Seid beide herzlichst gegrüsst! Nochmals: Glückliches neues Jahr!   Dein Christian.

Ps. Lese eben (3.1. früh) einen herrlichen Aufsatz von Bie, in dem er endlich einmal sein besseres Ich reden lässt. Er ist doch ein genialer Kerl u. dazu ein wahrhaft liebenswerter Mensch.

872.   VON EFRAIM FRISCH. WOLFENSCHIESSEN, 5.1.1903

Sie waren über die Nachricht von Kayßlers Scheidung auch überrascht, aber nicht eigentlich schmerzlich, um es offen zu sagen. *Meinte auch immer, ein Mann wie Kayßler bedürfe* einer anderen Resonanz [...] als gerade dieser, etwas hohlen. – *Eine Erzieherin wissen sie beide nicht; Frau Vyse kennt er gar nicht.* – Für Deine liebe Mühe in der Dramaturgensache habe Dank, Du darfst nur nicht Dich selbst so ganz dabei vergeßen. Es wäre ja herrlich, wenn es so sein könnte, daß sich ein geschloßener Kreis einer feinen Thätigkeit bildete in dem jeder von uns an seinem Platz stünde. Und Kayssler's Bericht ist ja ziemlich verheißungsvoll. Was hat es denn mit dem zweiten Theater auf sich? – *Buber kommt demnächst, um mit ihm zu conferiren. Wenn es ihm ernst ist,* ein würdiges Organ zu schaffen, in dem bisher nicht gehörte Stimmen zur Geltung kommen sollten, vorausgesetzt, daß man der Beschränkung endlich satt wäre u. eine offene, freie Aussprache wollte, dann könnte ich nicht nein sagen, wenn ich zuerst auch den Schein gegen mich hätte. *Die Sache sei bisher aber nur ein Projekt.* – Meine Arbeit stockt noch – ich wüßte selbst keinen anderen Grund dafür zu nennen, als eine gewiße allgemeine Verzagtheit, Unsicherheit. Auch Du fehlst mir sehr: ein gesprochenes Wort befreit oft Vieles. Mit Lifschitzchen ist es aber oft nur ein Monolog; sie ist selbst so wie ich u. hat nur die Qual von meinem Zaudern. Aber ich will mit aller Gewalt nicht von hier gehn, bevor ich mit dem Stück nicht soweit bin, daß ich etwas nach Berlin mitbringe. – *Außerdem plant er einen Aufsatz:* ein Resultat u. Niederschlag der Karamasow-Lectüre. Waßermann's »Moloch« sollte herangezogen werden, auch »Jörn Uhl«, den ich nun ebenfalls gelesen habe. *Berichtet vielleicht später davon.* – *Freut sich, daß M es in Italien gut hat und erwartet Nachricht.* – *Fega grüßt.* – *Er dankt für den Ibsen-Band.* – Noch etwas, lieber Freund; fremd wie du dort bist, kann ich mir leicht denken, wie eine momentane Verlegenheit Einen zuweilen alteriren kann. Denk dann nicht etwa daß wir es nicht glänzend haben u. schreibe mir einfach eine Karte. Wir haben doch mehr Möglichkeit etwas zu kriegen, können auch länger warten, kurz: ich will nur gesagt haben, daß ich Dir jederzeit nach Möglichkeit zur Verfügung stehe, wenn Du's brauchst. –

873. AN FRIEDRICH KAYSSLER, KOLONIE GRUNEWALD.
ROM, 7.1.1903

M.l.J., Könntest Du nicht (vielleicht auf 1 Monat) auch hierher kommen! Es ist nicht umsonst, hier zu sein! Und es würde Dir

auch gut bekommen, gerade jetzt! Bist Du denn bis Ende der Saison ans D. Th. gebunden? Du machst Dir keinen Begriff, wie alles hier zusammenwirkt, Klima, Menschen, Kunst, – einen glücklich zu machen. Ich hätte den vorigen Winter nicht so verlieren u. vertrauern brauchen, hier muss ja jeder Mensch gesund werden. Es ist eigentlich gar kein Winter, sondern ein ewiger versteckter Frühling; heut sah ich in einem ehmaligen Klosterhof Rosen blühen und hörte Vögel singen. Dann u. wann e. ekliger Regentag oder heftiger Wind, das ist alles. – Was machen denn die Peer G.-Aussichten? Mit der Lessing-Gesellschaft? Elias u. Fischer schweigen trotz aller Anfragen. Warum schreibt Frau Dr. nicht? Grüss Zitel: Er muss noch warten, ich kann jetzt keine Briefe schicken. Wie gehts Dir, Alter? Und dem Jungen? Zum 1. Mal, dass ich wahrhaft freudig in die Zukunft sehe! Leb wohl, sei umarmt von Deinem Chr.
(Wie stehst Du denn eigentl. jetzt mit Runge, man hört gar nichts mehr von ihm. Wie macht er sich am Sch. Th.?)
Rom, Via Cavour 266[I.] bei Schroeder.   7.I.03.

874.   AN FEGA FRISCH [IN WOLFENSCHIESSEN].
       ROM, 19.1.1903

Was Sie da von Ihrer Weihnachtsfeier erzählen, konnte einem ja ordentlich das Herz schwer machen. Ich war den Abend zuhause, fing eine Art römisches Tagebuch an – man sollte sein Leben lang Tagebuch führen, auch wenn es für gewöhnlich nur dürre Berichte abwirft – und hing gemischten Gedanken nach, von denen mich der große Tröster Schlaf noch vor Mitternacht befreite. Dann folgte eine Reihe, wie ich wohl sagen darf, glücklicher Tage. Ich genoß in vollen Zügen, unbekümmert ums Morgen, bis dann wieder die unabwendbare Reaktion eintrat, die Zukunft mit dunklen Schatten wieder hereinlangte und ein vergebliches Mühen um Dinge, die mir nicht liegen, die frohe Eindrucksfähigkeit lähmte und herabsetzte.»Uns ist gegeben, auf keiner Stätte zu ruhen«...
Indessen, gleichviel, es wird sich schon wieder entwölken. Was meinen Sie wohl: das erste, was ich hier antraf, war eine leibhafti-

ge italienische Contessa! Eine vortreffliche Dame, die mich sogleich in ihren Salon einlud und vor die Porta Pia entführte, einen berühmten römischen Wein zu versuchen. Es gehört mit zu meinen Schmerzen, daß ich es nicht einmal diese Salon-Donnerstage über mich bringe, unter Menschen zu gehen. Einmal war ich dort: fünfzig und mehr Personen, die alle zwanglos, die Damen meist noch in ihren Mänteln, herumsitzen und plaudern, während von Zeit zu Zeit ein Musik- oder anderer Vortrag ernsthaftester Art ihre Aufmerksamkeit fordert. Eine entzückende, wahrhaft geistige Art der Geselligkeit ohne jeden Kaffee, Wein oder dergleichen, rein um schöner Musik und anregenden Gesprächs willen...
Den Künstlerverein habe ich nach einer rührseligen Weihnachtsnachfeier auch wieder gemieden... So lebe ich nun völlig isoliert und befinde mich wohl dabei, wenn ich auch nicht leugnen will, daß mich manchmal recht sehr nach einem Menschen verlangt. Eine Freude war mir, einen staatlichen Permeß zu erhalten; damit stehen mir wenigstens die Hauptsammlungen frei. Ich bin dann auch fast Tag um Tag auf Reisen und halte mich zunächst immer noch bei den Antiken auf, so daß ich selbst Sistina und Stanzen noch nicht besucht habe...

875. AN JULIUS MOOS IN CAPRI. ROM, 2.2.1903

Ist umgezogen nach Hausnummer 221, Zimmer 30. Hat etwas Rachenkatarrh. Will vielleicht März oder April schon nach Berlin. Wegen Cakes erst in d. Fabrik angefragt: Bestandteile etc. Bin überzeugt Sieger zu werden.

876. VON EFRAIM FRISCH. WOLFENSCHIESSEN, 2.2.1903

Dankt für Ms Auskünfte, aber südliche Projekte müssen zurückstehen, weil sie bald nach Berlin übersiedeln müssen. Fragt, ob M auch im Frühling dort sein werde: Mir wäre es viel, darauf rechnen zu können. *Fragt, was mit Ms Sachen in Wolfenschießen geschehen*

*soll und wo Ms Aufsätze erscheinen werden. Eigenhändiger Gruß
von Fega Frisch.*
N.: Heimann: [*»Kritik der Kritik«*]. *Kayssler. – München. – »Die
Zeit«.*

877.   AN JULIUS MOOS [IN CAPRI]. ROM, 8.2.1903

Redet ihm sehr zu, doch im Süden zu bleiben, allenfalls einen anderen Ort, etwa Neapel oder Palermo, mit seinen fürstlichen Hotels,
*aufzusuchen. Rät ihm auch, sich irgendwo dauernder privat, mit
einem deutschen Diener, einzurichten, statt immer* diese nimmersatten Hoteliers *zu* mästen. [...] – Ihrer lieben guten Absicht
vielen aufrichtigsten Dank! Aber ich schrieb Ihnen doch – –! Ich
will Ihnen was sagen: Wenn Sie mir ehrenwörtlich versichern,
dass Sie das Betreffende augenblicklich absolut überflüssig
haben, kann ich es annehmen, sonst versichere ich Sie ebenso
ehrenwörtlich, dass Sie mir mehr Schmerz u. Sorge zufügen als
abnehmen. Also absolute Wahrheit. Ich bin augenblicklich wieder besserer Hoffnungen.
N.: Sizilien. Sestri. Nervi. Gersau. Tirol.

878.   AN FRIEDRICH KAYSSLER IN HALENSEE.
        ROM, 19.2.1903

L. J.   Lese in der »Zeit«, dass R. die Direkt. des N. Th.
übernommen hat! Na also! Nun schreib' aber umgehend u.
viel wie noch nie, was los ist u. ob Du es – ganz abgesehen von
allen möglichen Rücksichten 2ten Ranges – für geraten hieltest, dass ich käme. Was die Gesellschaften anbelangt z. B., so
könnte ich ja kategorisch erklären, diesen Winter überhaupt noch
keine zu besuchen.
                                Also schreib!!
                                            D. Chr.
Gehst Du im Mai mit nach Wien? Wie ist denn jetzt Euer Klima?

879. AN JULIUS MOOS IN CAPRI. ROM, 25.2.1903

Verspricht, dieser Tage länger zu schreiben, fragt nach Ergehen und Plänen.
N.: Sizilien.

880. VON EMIL LUDWIG. HAMBURG, 28.2.1903

Grüße; fragt nach dem Ergehen und warum man nichts von ihm höre.

881. VON ALFRED KERR. BERLIN, 11.3.1903

Lieber Christian Morgenstern,
ich möchte Ihnen herzlich danken für Ihren Brief. Er hat mir, wie ich ihn empfing, eine große Freude bereitet. Seitdem sind allerdings zwei Monate verflossen, ohne daß ich sie aussprach. Aber die Unfähigkeit Briefe zu schreiben (es ist eine Krankheit, die Sie vielleicht zeitweise auch kennen) hat mit den tatsächlichen Empfindungen nichts zu tun. Und wenn Sie Gaben für Telepathie besitzen, müssen Sie gemerkt haben: Erstens meine dankbar bewegte Stimmung gegen Sie, zweitens meine seelischen Bauchschmerzen über die eigne Mistfaulheit. Sie schreiben, daß Sie eine Zeit lang zu meinen Gegnern gehört haben; ich selber habe Sie nie dazu gerechnet und ob gelegentlicher Spöttereien nie eine Bitterkeit gefühlt. Was ich jetzt sagen werde, klingt ja sehr dumm, als ob wir nun beide vor Biederkeit platzen wollten; aber es ist doch die reinste Wahrheit, daß ich immer einen Zug zu Ihnen gehabt habe, nicht bloß wegen manchen Sommer-Verses und dessen, was Sie für Ibsen getan, sondern um Ihres Menschlichen willen. Es war Ihre (wenn ich mauscheln darf) Reinheit.
    Ich grüße Sie herzlich.   Kerr

882. AN FRIEDRICH KAYSSLER IN HALENSEE.
ROM, 12.3.1903

12.III.03.
Lieber Junge,

Verzeih, dass ich nicht schon geschrieben. Aber das Schweigen musste Dir auch Bestätigung sein. Die Zeit fliegt nur so. Es ist längst halber Frühling hier. Ich will anfang April kommen; aber keine Gesellschaften. Lebt Stock noch? Was sagst Du zu Gertrud Peizner[?]? – Verkehre jetzt etwas hier bei Malern u. Schriftstellern. Habe ital. Lektüre u. Conversation. Übersetze an Hamsun, ohne Schreiber. Erfahre, dass P. Gynt vielleicht am 20. März im Schillerth. in Scene geht. Habe im Hann. Courier kl. Feuilleton gehabt. Komme leider zu nichts Grösserem jetzt. Eine u. die andre Skizze, Epigramme, Verse. –
Junge, ich freue mich auf Dich u. Fritze. Was wird werden? Du kannst Dir kaum vorstellen, wie's in mir auf u. abgeht. Wie geht Dir's denn jetzt? Schreib doch wirklich »bald mehr«. Leb wohl! Grüss Fritze! Dein   Chr.
Hast Du Cakes-Fabrik geschickt? D. Sache ist kein Spass!
Will heut abend in Bracco: Come le foglie...

883. AN FRIEDRICH KAYSSLER IN HALENSEE.
ROM, 16.3.1903

Roma, li 16.III.1903
Mein lieber Junge,

Verzeih, dass ich so lang nichts von mir hören liess. Die Zeit entschwindet einem hier schneller als anderswo und schmerzlich sehe ich einen Abschnitt zu Ende gehen, der mich nicht ganz so produktiv (ja sogar nicht einmal so aufnahmefroh) gesehen hat, wie ich es wohl gewünscht hätte. Trotzdem bin ich von meinem grossen Drama nicht abgekommen, wie Du wohl meinen könntest; und so viele Stunden ich auch habe, wo ich an keine Vollendung des Werkes glaube, ja wo ich sie kaum einmal ersehne, so manche kam und kommt auch über mich, wo mich der Abgrund seelischer Offenbarungen, den die widerstreitenden Menschen jenes Jahrhundertschlusses herausgeben konnten, berauscht, überwältigt und mit einer Liebe erfüllt, die schliesslich nicht völlig unerwidert bleiben kann. Da entstehen dann Scenenanfänge, Scenenteile, und jedes dieser Bruchstücke ist ein neues Versprechen des Glücks einer endlichen Vollendung. Ich bin mir aller Schwächen und Fehler von vornherein bewusst: Dass das Ganze zu sehr eine Scenenreihe werden dürfte, zu wenig Drama im besten Sinne. Aber ich glaube, es ist besser, ich mache überhaupt einmal etwas, so gut ich es eben kann, als ich verwerfe die Arbeit von anfang an einer vorläufig unüberwindlichen Schwierigkeit wegen. Aber nun denke nur nicht, ich sei etwa schon sonderlich fortgeschritten. Wer weiss ob nicht Jahre nötig sein werden, bis alles auf dem Papier steht – u. wer weiss, ob diese Jahre überhaupt sein werden.

Ein grosser Einwand ist (u. war mir stets) das Thema Savonarola selbst. Heute, wo so viel junge lebensfreudige Keime im Erblühen begriffen sind, wieder mit jenem alten finstern Mönch kommen, ist es nicht beinah ein Verbrechen, jedenfalls vielleicht ein schlechter, ein geradezu christlicher Geschmack? Aber siehst Du, mich zieht doch nicht so sehr der Ideenkreis dieses Mannes an, sondern vor allem der Mann selbst, wie er verbrennt an seinem inneren Feuer. Und dass er es in dieser wundervollen reichen Zeit vielleicht am ernstesten von allen meint – gleichviel ob er irrt, ob er beschränkt ist, ob er etwas Verkehrtes will. Er gehört zu den Menschen, die eine Idee in sich zu Ende leben und mit ihrem Blute besiegeln. Mit Luther ist er gar nicht zu vergleichen. Luther ist ein Bauer gegen ihn, ein Prachtkerl, aber kein tragischer Mensch. Und dann allerdings: Was müssen wir heute, ein jeder in uns austragen, damit wir das Dritte Reich gewinnen, wir modernen Menschen, wir lebendigen Schlachtfelder? Den Kampf zwischen der tiefsten Verneinung und der höchsten Bejahung, zwischen Christus und Dionysos, wenn Du willst. Es gilt nicht, einfach ja zu sagen, weil die Leute meinen, das müsse jetzt Mode sein, indem sie in fünf Minuten damit fertig werden, woran unser Grösster sich verblutet hat. Es muss da jeder zu seinem eigenen Resultat kommen, auch wenn er gleichfalls darüber zu Grunde gehen sollte. Die Geburtswehen des dritten Reiches heben vielleicht erst an: nehmen wir denn das schwere herrliche Los auf uns.

Ich habe heute Ibsen zu seinem Geburtstag geschrieben und gebeten, ihm meine Epigramme widmen zu dürfen. Zwar ist die Sammlung noch nicht fertig, aber sie ist jetzt nicht mehr umzubringen, sodass ich es mit gutem Gewissen thun konnte. –
An meine Zurückkunft denke ich nun ernstlich. Ich habe bereits für ersten April gekündigt, sodass ich also dann jedenfalls etwas Entscheidendes thun muss. Ich möchte dann am liebsten noch kurze Zeit nach Florenz u. dann endlich kurzerhand »heim«. Oder soll ich gleich am ersten kommen? Ich denke mir, dort im Grunewald wird sich schön arbeiten lassen. Dass mich nur die guten Bekannten nicht wieder in Stücke reissen; sag's ja nicht allen, dass ich komme; vielleicht könnte ich ganz unbemerkt draussen bei Dir wohnen; es ist nicht bloss Laune sondern Lebenbleibensbedingung; ich muss meinem Gewissen vieles zu Liebe zu thun suchen, sonst bringt es mich noch einmal um. – Denke Dir, was mir gestern für e. Freude ward. Kerr, dem ich zu Neujahr geschrieben hatte, schrieb mir endlich zurück, lieb u. originell. Seltsame Geschichte. Aber der Mensch hat mich zuletzt doch herumgekriegt. – Schreib bald! Auch über das bekannte unglückselige Thema. Kann ich für April noch auf etwas rechnen? Gruss u. Kuss liebster Alter! Und unserm Fritzl!   Dein Christian.

884.   Von Knut Hamsun. Kristiania, 20.3.1903

Kristiania, 20. Marts.
Hr. Morgenstern.

De har frie Hænder til at søge den Forlægger for »Aftenrøde« som De selv vil; jeg har heller ingen særlige Ønsker i Anledning af Udgivelsen. Kun er det jo saa, at jeg vil være taknemmelig for det Honorar som Forlæggeren og et eventuelt Teater finder det rimeligt at give mig, og jeg vil overlade til Dem at ordne ogsaa disse Spørgsmaal for mig. Jeg vil være Dem taknemmelig hervor.

Deres ærbødige
Knut Hamsun.

Min Adresse er altid Kristiania.

885. AN FRIEDRICH KAYSSLER [IN HALENSEE].
FIESOLE, 4.4.1903

Dass Dich Dein neues Jahr gesund erhalte und von Herzen wieder glücklich mache!!! Hoffentlich kann ich dazu auch ein wenig beitragen. *Erläutert nun, warum er nicht in Venedig, sondern in Fiesole ist: ein paar Stunden vor seiner Abreise kam Landshoffs Brief.* Wenn er hier Studien für sein Stück machen und arbeiten kann, will er bleiben; er hat in diesem Villino samt Garten einen der entzückendsten Erdenflecke kennen gelernt, die ich überhaupt je kennen gelernt habe. *Gibt weitere Einzelheiten.* – Lutz und seine junge Frau, die guter Hoffnung, haben mich gastfreundlichst eingeladen und aufgenommen. [...] Lutz ist der Alte geblieben und doch gereift, seine neue Frau eine nette natürliche Münchnerin, einfach und hell. – *Heute waren sie in Florenz; hoffentlich kommen Blumen und Kuchen an.* – *Eigenhändige Geburtstagsgratulation von Landshoff.*
N.: Fritze.

886. AN JULIUS MOOS [ORT UNBEKANNT].
FIESOLE, 8.4.1903

Lieber Freund,
ich bin also wieder in Florenz oder vielmehr Fiesole gestrandet – und Sie? Denken Sie sich: im Begriff nach Venedig zu fahren, bekomme ich von einem Freunde Nachricht, der in Fiesole haust, doch dorthin zu kommen. So wurde aus Venedig nichts und Toscana hat mich wieder. Sie glauben nicht, wie herrlich es da droben in F. ist – übrigens kennen Sie ja wohl Settignano? – sonst würden Sie sich hier mit irgend einem weiblichen Wesen, Wirtschafterin oder so, einmieten und mindestens noch bis Juli hier bleiben. Es gibt nichts Idealeres: staubfrei, luftig, geschützt, Garten, Aussicht, Ruhe, billigste Miete und Lebensweise.

887. VON FRIEDRICH KAYSSLER. HALENSEE, 11.4.1903

Lieber Junge,
Ich umarme Dich herzlich für Deine lieben Geburtstagsgrüße.
Heute erst wurde mir der Kuchen von der Post avisirt.
Danke auch Lutz und grüß ihn. – Wie solche früher so sorgsam
behütete Tage an Feierlichkeit verlieren. Aber es ist gut so, jede
Verhärtung in solchen Dingen thut gut. Man empfindet sie wie
eine neue Platte in der ehernen Rüstung, an deren Vervollständigung man von Jahr zu Jahr eifriger arbeitet.
Ach Junge, gerüstet sein ist alles, und wenn uns auch keiner mehr
hinter dieser Rüstung erkennen sollte, um so besser – diese Rüstung ist das Glück, das ich mir wünsche, u. das Du mir wünschen
sollst. Unser Gutes, das wir von uns geben wollen, können wir
trotz alledem noch verbreiten, aber hineinzugucken braucht keiner, aus welchem Herzen u. auf welchem Gesicht es geboren
wird, das ist Privatsache. Und die Verrätereien an sich selbst die
man immer noch begeht, sind wohl die einzigen wirklichen Demütigungen, die man im Grunde erleben kann. Du verstehst
mich, Alter; darin sind wir uns wohl am Ähnlichsten von Grund
aus, in unserem Glauben an die Unerschütterlichkeit der Einsamkeit des Menschen, vielleicht gerade weil uns die Natur weicher
als gut ist geschaffen hat.
Alle Thränen, die uns wider unsern besten u. heiligsten Willen
aufsteigen – auch wenn wir »glücklich« sind – zu Kunst machen
zu können u. im Übrigen hart u. gerüstet bleiben, das muß herrlich sein. Möge uns das beschieden sein. — —
Diese Einsamkeitspredigt, Junge, soll Dich aber nicht abhalten,
die 14 Tage noch bei Lutz zu bleiben, zumal ich glaube, daß man
bei ihm sehr nach eigenem Gefallen leben kann, weil er selber ein
kleiner Lebenskünstler ist u. sowas respektirt. Noch weniger soll
es Dich hindern, mit Freude an Deine Heimreise nach Halensee
zu denken. Wir wollen uns schon von Anfang an so einrichten,
daß unser Lebensprincip unangetastet bleibt. Ob Du an mir zuviel
Freude haben wirst, weiß ich nicht, ich bin mir selber oft zur Last
u. ungenießbar, aber an Fritze wirst Du große Freude haben, wie
ich. Er ist ein einziger Sonnenstrahl, der Junge. Wenn er seine
Fröhlichkeit immer behielte, hätte er viel vor seinem Vater vor-

aus. – Hoffentlich bleibt das Wetter in aufsteigender Linie. Es ist zwar immer noch nicht anständig, aber doch schon sehr viel besser als Anfang April. Na, ich schreibe Dir darüber.
Die Rosen kamen schon am 6. an, meine einzigen Blumen. Dank dafür.
Na, bleib gesund und schreib wieder mal. Hoffentlich bald auf gesundes Wiedersehen!
Grüß Lutz und seine Frau.   Servus!   Dein
                                          Fritz
Fritze grüßt schön natürlich.
Halensee 11. April 03.
Frohes Osterfest!

888. AN FRIEDRICH KAYSSLER [IN HALENSEE].
      FIESOLE, 14.4.1903

                                Fiesole, Villino Sisti 14.IIII.03.
Mein lieber Junge,
Endlich lass mich den Versen mich entreissen, zu denen heute vormittag selbst Dein lieber Brief mir neue Nahrung hinzubrachte, und Dir vom runden Steintisch hinter meinem Mauer-Eckplatze nicht nur über den Buchdrucker hinweg schreiben. Ich hatte schon seit einigen Tagen Anwandlungen von Sorge verspürt, vergieb mir daher mein gestriges Telegramm. Ja, dies Fiesole ist ein ganz eigentümlicher Zufall. Seit fast 14 Tagen bin ich nun hier, ohne vorher auch nur eine Ahnung gehabt zu haben. Ich wollte ursprünglich nur 3, 4 Tage bleiben, aber die Leutchen forderten mich so nett auf, zu bleiben und ungestört bei ihnen zu leben, dass ich, wie gesagt, heute noch hier bin. Zwar ist so ein junges Ehepaar unter Umständen eine verfluchte Sache für jeden Dritten (und dieser Dritte vermutlich ebenso verflucht), aber schliesslich sind wir doch alle zufrieden mit einander, und vermutlich wird es mir schwieriger werden, vor der Heimreise mich noch loszulösen als zu bleiben. Erstens nämlich möchte ich ihre Gastfreundschaft doch nicht zu lang in Anspruch nehmen und zweitens Florenz selbst noch ein wenig kultivieren, was von hier oben meist nur aus der Vogelperspektive geschieht, was freilich

auch sein Herrliches hat. Ach, Junge, wenn Du hier einmal ein paar Frühlings- oder Herbstmonate verleben wolltest (– ich sage mehr »wolltest« als »könntest«), Du würdest auch wieder einmal glücklich ohne Anführungsstriche werden und mit abgelegter
5 Rüstung Deine Reichtümer ordnen und ausformen. Frage Dich einmal im Innersten, ob Du es für Deine Bestimmung hältst, Dich von diesem Berlin aufreiben zu lassen, und ob Du unsre alte Idee des halbierten Jahres nicht schon jetzt bei Euerm neuen Theater wahrmachen solltest. –
10 Was unser Zusammenleben anbelangt, so glaub' ich dürfen wir ruhig sein. Ich danke gerade den letzten Wochen viel und komme frohgemuter nach Berlin, als ich es in Rom noch geglaubt hätte. Es war in der That der »Südwind«, der mich zuletzt dort in einen so jämmerlichen Zustand verfallen liess, dass ich mich selbst fast
15 verlor, fast jedes Selbstvertrauens verlustig ging und jeder Zukunftshoffnung, ein Zustand, dem die wenigsten Italienfahrer entgehen, wenn ich wohl auch besonders dazu disponiert bin, wie auch mein Aufenthalt vorigen Frühling bewies. Also, wie gesagt, ich werde Dir hoffentlich eher ein bischen Sonnenschein ins
20 Haus hinzubringen als Wolkenschatten.

Meine Heimreise ist jetzt nur noch eine Machtfrage, die unsre alte treue Freundin hoffentlich nocheinmal die Liebe haben wird, lösen zu helfen. Ist es Dir demnach recht, wenn ich Ende April, anfang Mai eintreffe? Ich fahre dann directissime, mit ei-
25 nem Tag Aufenthalt in München.

Ich muss sagen, dass ich mich unbändig auf Dich freue. Lieber, lieber Junge, Du wirst mir schon wieder fröhlich werden, anders wie früher, aber vielleicht sogar besser. — — —

Also, heut abend habe ich mit Lutz gesprochen u. werde nun doch
30 die übrige Zeit noch hier oben bleiben und vielleicht nur über Mittag in die Stadt fahren.

Schreibe nun recht bald wieder und bleib' mir gesund. Gieb dem kleinen Kerl einen Kuss und lass Dir selbst einen dazu geben von
Deinem Christian.
35 Landshoffs grüssen herzlichst.
Hast Du in München eine Besorgung für mich?
Grüsse die Freunde.

889. AN EFRAIM FRISCH [IN BERLIN].
FIESOLE, 15.4.1903

... die im letzten Moment eintreffende Nachricht Lutz Landshoffs, daß er in Fiesole sei, änderte meine Marschroute. So bin ich denn den April über der Dritte in der kleinen Villa, die er hier oben auf drei Monate gemietet, und fühle mich wohler als lange. Man ist hier etwa hundert Meter über Florenz und dem Arnotal und genießt zugleich mit einer unendlich reizvollen Nieder- und Fernsicht vollkommene Ruhe und Einsamkeit. Durch diesen wohltuenden Zufall einigermaßen wiederhergestellt, werde ich Euch nun wenigstens keinen Scirocco mit nach Berlin bringen.
Von Dir und Fega hätte ich gern mehr gehört die letzte Zeit – Ihr seid doch hoffentlich guten Mutes und mit den äußeren Verhältnissen im Allgemeinen im Rechten?
Wie's mit den meinen werden wird, wissen die Götter; jedenfalls glaube ich seit Fäsulae wieder an mein Glück und bringe im übrigen eine Handvoll Epigramme und Verse, wenigstens zum Aussondern, mit.
An interessanter Unterhaltung fehlts hier bei aller Zurückgezogenheit nicht. Lutz führt mich in Hugo Wolf ein, und ein Herr Eduard Schilsky... sorgt für Philosophie und Verwandtes, obwohl ich gestehen muß, daß meine Zeit der Dialektik, wenn sie je war, heute vorbei ist...
Nach Florenz komme ich verhältnismäßig wenig; sträflich, – aber man kann nicht zweien Herren dienen. Dafür hätte ich von Florenz und Toskana vielleicht nie einen so unauslöschlichen Eindruck empfangen, wenn ichs nicht von diesem olympischen Hügel aus so lange vor mir ausgebreitet gesehen hätte. Endlich einmal ein Stück Erde, zu dem man unbedingt Ja sagt. Zu Rom möcht ichs nicht, trotz allem und allem (und dieses »alles« ist sehr viel!); dort geht mir zu vieles durcheinander. Ich weiß nicht, ob ich nicht den »ewigen« Städten die Städte, die ganz Eines sind, wenn auch nur beschränkte Zeit, vorziehe. Wenn Du das modernisierte Rom, das von dem Goethes den feinsten Zauber längst nicht mehr hat, kenntest, würdest Du mir vielleicht Recht geben. Freilich, freilich... der Vatikan, die Campagna – – ja, ja, größer

ists schon ohne Vergleich; aber vielleicht ist Harmonie eine Stufe
noch vor der Größe, eine mildere Größe.
Auf Wiedersehen denn, bald, und in Freude!

890. VON EFRAIM UND FEGA FRISCH.
BERLIN, 20.4.1903

>   Berlin W. 50. Spichern-Str. 21. Gh 1
>   20. April 1903.
Lieber Freund,
mich freut es aus Deinem Brief zu sehen, daß Du wohl bist u.
obenauf, ebenso die Ankündigung Deiner baldigen Ankunft. Wir
möchten Dich schon gar sehr hier sehn, obwohl man Dir nicht
wünschen möchte, das gräßliche Wetter noch so anzutreffen wie
es jetzt ist: Nordstürme und Schnee u. nichts vom Frühling! –
Dein langes Schweigen deutete ich mit der Fülle des Stoffes, dessen Mitteilung, wenn sie nicht regelmäßig fließt durch Aufstauung von selbst in's Stocken kommt. Geht's mir doch damit nicht
anders! Soviel nur: Die Odyssee von Wolfenschiessen bis Spichern-Str. 21 (seit 1. April!) ginge auf keine Ochsenhaut. Und es
war mehr Noth als der Wille zur Behaglichkeit, daß wir uns endlich entschloßen haben eine kleine Wohnung zu miethen u. einzurichten. Nun sind wir glücklich so weit, daß wir die notwendigsten Elemente einer menschlichen Behausung hübsch in unseren
drei netten Zimmern zu stehen haben, das Andre muß langsam
nachwachsen, und schließlich wäre es doch zu tückisch wenn es
uns nun, da wir sozusagen »in Reih und Glied« stehn, schlechter
ergehn sollte, als andern Menschenkindern.
Das Capitel: Ich, Du, Kayssler und das »Kleine Theater« möchte
ich hier nicht anschneiden: es ist zu weitläufig und bedarf zum
Verständnis von Deiner Seite der Autopsie u. Autophemie(?)
(wenn es gestattet ist, dies Wort zu bilden). Ich sehe Kayssler
wenig, doch sollen wir in dieser Woche einmal zusammenkommen. Im Übrigen lebten wir die ganze Zeit so tief in Wohnungsinteressen und dergl. vertieft, daß wir von dem »höheren« Berlin
bis jetzt gar wenig zu kosten bekamen. Und kaum in den neuen
Verhältnißen, muß ich an irgendwelche nutzbringende Arbeit

denken: denn während ich mich damit vergnügt habe, »wider den Stachel zu löcken« daß man nicht nach seiner Façon leben dürfe, ist es mir beinahe entgangen, daß die gewöhnliche Lebensnot an die Thür klopfen könnte. Aber hoffen wir das Beste, geneigter Leser! – Soviel von uns.
Schreibe wann Du kommst. Ob gleich von Florenz, oder ob Du noch irgendwo Station machst. Es wäre schön wenn Du mit dem Mai in's Land kämest!. –
Auf Wiedersehn u. auf gemütliches Erzählen u. Plaudern. Bis dahin sei herzlich von uns Beiden gegrüßt!
Dein getreuer E. Frisch
Grüß' Landshoff! Am Vorabend meiner Abreise von Zürich (im Februar) erzählte mir ein Pensionär des Palazzo »Hägele«, es sei dort ein Componist Namens Landshoff eingekehrt. Ich ging gleich hin, ihn zu sehn, verfehlte ihn jedoch, u. da ich Früh am nächsten Tage weiterreisen mußte, habe ich nichts weiter von mir hören laßen. –
[*Von Fega Frisch:*] Lieber Freund, ein vor 5 – 6 geschriebener Brief liegt noch in meiner Mappe, ich schickte ihn nicht gleich ab, und nachher waren die Dinge ganz anders geworden. Ihr Brief freute mich so sehr, besonders, weil ich doch so gern wissen wollte, wann Sie kommen. Wir freuen uns schon so sehr darauf, und wiederholen immer – »wenn Morgenst. schon da ist.« Bis dahin herzliche Grüsse. Auf baldiges Wiedersehen!
Ihre Fega F.

891. AN FRIEDRICH KAYSSLER [IN HALENSEE].
FLORENZ, 7.5.1903

... Ein hübscher Geburtstags-Zufall war, daß Elias mir Mitarbeit an einer Ausgabe Björnsonscher Lyrik anbot mit Fulda und zwei anderen zusammen. Im übrigen wußte niemand von ihm und alles ging seinen gewöhnlichen Gang. Sieh zu, daß es mit meiner Ankunft ebenso wird, ich möchte gern erst ein acht Tage heimlich da sein, innerlich und äußerlich aufplättungsbedürftig...

892. AN LUDWIG LANDSHOFF [IN FIESOLE].
HALENSEE, 12.5.1903

> Halensee bei Berlin, Ringbahnstr. 119/I.
> 12. Mai 03

Lieber Lutz,

Gestern nachts 12 Uhr bin ich also in B. eingetroffen und beeile mich Euch davon geziemend in Kenntnis zu setzen. Die Münchener Chek-Affaire wird Dir Vö. auseinandersetzen, für den ich Dir übrigens aufrichtig dankbar bin. Ich habe ihn in dem einen Tage als einen lieben Kerl und tüchtigen Künstler schätzen gelernt und hoffe, dass auch er gern an mich denken wird, obwohl ich ihm eitel Schererei gemacht habe. Im Übrigen war's in München famos; mir hat es noch nie so gut gefallen. Vö. war aufopfernd genug, mir vieles von dem Neuen zu zeigen, bis wir beide vor Müdigkeit in eine Tram sprangen. Nachmittags traf ich im Hofgarten mit Scheid Hessel und Stern zusammen, sodass ich nun den ganzen »Kreis« kennen gelernt habe. Abends war ich – von Scheid begleitet, der indessen, sei es aus Verlegenheit sei es aus Idealismus sei es aus Enttäuschung über meine uninteressante Person, ziemlich still war – in der Eröffnungsvorstellung der Scharfrichter, deren monotone Fiedeleien auf der Unterleibs-Saite mich gründlich langweilten, während ich dem brillanten Poseur Henry mit Vergnügen Beifall klatschte.

Die Reise selbst ging im Ganzen gut von statten. In Verona hatte ich ca 2 Stunden Aufenthalt, die ich zu einer Tour durch die Stadt benutzte. Nachts schlief ich wenig, schluckte Rauch bis zum Umkommen und reimte auf Bayer Schreier. Was macht Ihr? Hoffentlich ist Euch die Frühfahrt gut bekommen. Euer Fiesolaner Idyll erscheint nun nur noch reizender aus der Ferne. Mit geht immer die Goethesche Zeile im Kopf herum: Von dem grämlichen Tag, der mich nun wieder im Norden umfängt. »Hinten« im Norden«.

Die Berliner neuen Stadtteile sind in der That unmöglich, der ganze »Geist« dieser »Architektur« ist es, bei allem Bestreben zum Möglichen. Halten wir uns also an die Menschen u. unter diesen an die Freunde. Fritz, dem grossen und kleinen, geht es

gut, Anwands haben ein Töchterchen bekommen, das ich heute
Mittag kennen lernen werde.
Mein Hauptwunsch ist nun, mir möglichst bald irgendwo ein
eigenes Zimmer einrichten zu können, damit die regelmässige
systematische Arbeit endlich losgehen kann; denn natürlicherweise ist auch mein Zimmer in Fritzens Wohnung nur ein Zwischenzustand. Am liebsten mietete ich mich in der Kgl. Bibliothek ein. –
Für Deine freundschaftliche Hülfe sowie die ganze schöne Frühlingsepisode danke ich Dir hier nochmals aufrichtig! Grüsse Dein
liebes Frauchen und lass mich auch ihr herzlich für alles danken,
was sie mir von persönlicher Liebenswürdigkeit, Geduld und
Preisselbeeren entgegengebracht hat. Allora – a rivederci! E felicissimi giorni e notti! Dein Chrischan.
Beste Grüsse an Frau W. An Magdalena. An Harald, die vornehmste Hundebekanntschaft meiner italienischen Reise.
Ps. Viele Grüsse an Schilskys! –
⟨Vielleicht fragst Du mal bei Alinari nach meinen Photos. Sie
sollen pünktl. schicken u. gegen Nachnahme.⟩ (Sind schon gekommen)

893. AN EFRAIM FRISCH IN BERLIN.
      HALENSEE, 30.5.1903

*War gestern auf Wohnungssuche in Friedenau. Will morgen abend
mit Kayssler, Dr. Glücksmann und Anwands in einen Biergarten,
lädt Efraim und Fega Frisch ein mitzukommen.*

894. AN LUDWIG LANDSHOFF [IN FIESOLE].
      [HALENSEE, VOR DEM 5.6.1903]

Gratuliert, daß sie am 5.6. zurückkehren können; denn dann scheinen also die Verhältnisse günstig zu liegen. *Bittet, seine Post nachsenden zu lassen und* die Sache mit Beni *zu regeln. Dankt für die
Karten und fragt, ob der Brief* vom 16. ungefähr *angekommen ist.*

Wird wahrscheinlich in Friedenau eine Wohnung mieten. Grüßt und wünscht gute Reise.
N.: Völkerling. Philchen. Schilskys. [Friedrich Kayssler]. C. Borgia. Rembrandt: Greis. – München.

895. AN EFRAIM FRISCH IN BERLIN.
HALENSEE, 5.6.1903

Kann kein Treffen verabreden, weil er mit Kayssler vor dessen Abreise noch viel besprechen muß. Wird den Mietvertrag wohl nächste Woche abschließen.

896. AN GEORG HIRSCHFELD [IN BERLIN].
[HALENSEE], 10.6.1903

Muß die Einladung ablehnen, weil sich zwischen Kayssler und Hirschfeld eine starke Spannung entwickelt hat. Er habe Hirschfeld im Theater begrüßt, weil Menschen, mit denen mich irgendwann u. irgendwo etwas Tieferes verbunden hat, mir nie völlig fremd werden können. *Diese ehemalige Verbundenheit bleibe bestehen, aber die Gegenwart könnte Probleme bieten, so daß die Freundschaft besser nicht wiederaufgenommen werde.*
N.: [Elly Hirschfeld]. [Johanna Hirschfeld].

897. AN EFRAIM FRISCH IN BERLIN.
HALENSEE, 11.6.1903

Kayssler hat in »Hamlet« nichts zu tun, auch M geht nicht hin, falls er nicht noch eine Freikarte bekommt. Will aber für Frisch anderweitig nachfragen. Schreibt gerade Hirschfelds ab.

898. [AN UNBEKANNT, ORT UNBEKANNT].
[VERMUTLICH FRÜHJAHR 1903]

Stellt die Frage, ob der Adressat in Ms Buch die Anstreichungen und Kreuzchen, die eine skandinav. Leserin gemacht hatte, *seinerseits vermehrt habe, um dadurch seine Kritik an dem Buch auszudrücken. Es wäre ihm* d. schlichte Zugeständnis, dass Sie m. Buch d. Gesamtcharakter seicht gegeben wissen wollten, e. wahre Erleichterung e. Zustand gegenüber, in dem ich bald einen natürl. Zug unserer Wesen zueinander, bald von Zweifeln an d. Art Ihrer wirklichen Empfindung gemartert werde. *Der Adressat sei an Ms* Unvertrauen *mit schuld, denn er habe M das Buch seinerzeit mit der mehrfach geäußerten Absicht* entführt, *darüber zu schreiben, dies später aber nie mehr erwähnt. Er hofft, eine* offene freie Aussprache *werde für beide von* reinigender u. wie ich hoffe nur enger verbindender Wirkung *sein.*

899. AN EFRAIM FRISCH IN BERLIN.
HALENSEE, 30. 6. 1903

Kommt einer anderen Einladung wegen morgen schon vor dem Abendessen.
N.: Fega [*Frisch*].

900. [AN UNBEKANNT, VIELLEICHT IN GLATZ ODER BERLIN]. HALENSEE, 8. 7. 1903

Anrede: Liebe Frau Doktor. *Gratuliert zum Geburtstag. Von Ms Unternehmungen mit ihrem Bruder wird sie gehört haben, dieser* ist wieder ganz hübsch »auf dem Damm« u. blickt wieder klarer u. freudiger in die Welt. *– Grüßt auch die Schwägerin und* Herrn Dr. *und hofft* auf ein frohes Wiedersehen, sei es in Glatz oder Berlin.
N.: Ein »Baedeker«. – Dr. Rosenbaum.

901. VON FRIEDRICH KAYSSLER. ALTLACH, 11. 7. 1903

Bittet, den beiliegenden Brief an Reinhardt weiterzuleiten. Dieser hatte ihm geraten, den Antrag des Schillertheaters anzunehmen,

wenn er, Kayssler, abendweise bezahlt würde und große Gastspielfreiheit hätte. Da diese Gastspiele aber nur außerhalb von Berlin stattfinden dürften, werde wohl nichts daraus werden. Außerdem werde Brahm ihn wahrscheinlich nicht freigeben. Legt Bassermanns Brief bei. – Wie ists mit der Breslauer Reise? Grüß alles! Wie lange bleibt Fräulein R.? Wie fühlst Du Dich zuhause? Wie wohnst Du jetzt? – Bleib gesund! Wir 3 grüßen. Dein Fritz.
N.: Edmund [Reinhardt]. Loewenfeld. Crelinger. Kleinholz. Klausen.

902. AN FRIEDRICH KAYSSLER IN ALTLACH.
HALENSEE, 13.7.1903

Mein lieber Junge,
Briefe* und Karten kamen heute mittag an und halfen einem gefühlten Bedürfnis ab. Die Servietten sollt Ihr kriegen, sobald ich mir über die Art der Verpackung schlüssig geworden. Der Bassermannsche Brief ist ganz nett aber auch zugleich ziemlich albern, eine alte Tante hätte ungefähr ebenso geschrieben. Das mit dem Schillertheater richtet sich vielleicht noch ein; na, Du musst es am Besten wissen, wie's Dir am dienlichsten ist; ohne volle Freiheit fürs Kleine Theater wirst Du wohl nach wie vor Sch.-Th. ablehnen; womit Du auch meiner Meinung nach durchaus Recht hast; denn sonst findest Du im Jahr drauf kein unberührtes Nest mehr. – Ich fühle mich hier bei der kühler gewordenen Witterung und in Deiner angenehmen Wohnung recht wohl, bin die Abende meist mit Glücksmann, Anwands oder Frischs zusammen und verbringe die Tage über der Durchsicht von »Brand« (der mich wieder als Sache mächtig packt, als Arbeit böse Stunden kostet; übrigens habe ich mein Vertrauen wiedergewonnen, es ist eine Eselei und eine Unverschämtheit, mir mit Passarge zu kommen. Ich weiss, was ich hineingesteckt habe und wer dem grossen Atem des Werkes überhaupt nahekommt, der wird ihn auch in meinen Versen zuweilen spüren. Die ersten Bogen überarbeite ich augenblicklich sehr gründlich; sie sind

* Brief morgen persönlich an Max.

noch am unbeholfensten ausgefallen gewesen.) Du bekommst die etwas abweichenden Bogen in diesen Wochen; warte also noch bis dahin. – Von P. Gynt giebt es übrigens (nach Elias) eine norwegische Bühnenredaktion, um die sich zur Zeit Neumann-Hofer bewerben dürfte. Er (nicht Loewenfeld) plant den P. G. für die nächste Saison. –
Am Dienstag oder Mittwoch verabschiedeten sich Frl. R. und Ernestine. Die Sachen der ersteren sind noch auf ihrem Zimmer, verpackt und vernäht und warten des Spediteurs; sie selbst ist noch auf einige Tage zu Frau Dr. Schulze-Verden gezogen, Burggrafenstrasse. Ich habe beide abgemeldet und alles – Rechnungen*, Bücher, Schlüssel – in Empfang genommen. Mein Erstes war, die Schlüssel zu etikettieren und abzuziehen oder einzuschliessen, sodass jeden Abend jede Thür gesperrt ist. Zum Schlafzimmer habe ich den fehlenden Schlüssel machen sowie die Thür zum Kinderzimmer nachsehen lassen. Die Aufwartefrau, die das Verdienst hat, mich täglich um ½ 8 aus dem Bett zu nötigen, ich muss nämlich um ½ 9, wenn sie kommt, fertig sein, scheint eine treffliche Erwerbung Frl. R.s zu sein. Sie macht einen soliden und zuverlässigen Eindruck und putzt alles spiegelblank.
Um das Gas zu sparen u. die unpraktische Laterne zu umgehen, habe ich mir heute aus Deiner klafterhohen Glasvase und dem obligaten Zubehör ein »Nach[t]licht« fürs Entree zurechtgemacht, das »jeder Beschreibung spottet«. Zugleich bedeckte ich einen Bogen mit Entwürfen zur Neugeburt der Nachtlichtbeleuchtungskörperindustrie. Sodann nahm ich einen zweiten Bogen und hielt Winter-Fest-Gedanken für Euer Theater fest, darauf begab ich mich ins Esszimmer, das ich bisher selten betreten, und begann mir aus dem Buffet »gleichartige Gegenstände«, Gläser, Glastassen u. dergl. zusammen zu suchen, woraus dann im Lauf des Tags einige herrliche Dinge entstanden, Brunnenmotive und Aufsätze für Blumen. Auch einen grossen Thonklumpen liess ich mir aus der Nachbarschaft herbeischleppen. Du siehst, ich habe wieder einmal meinen Raptus, und gestern mittag, den 11. Juli, war ich sogar bei Möhrke. Ich machte ihm einen regel-

* Musste ihr noch 27 M behändigen, es war irgend eine aufgelaufene Semmelrechnung dabei.

rechten Besuch in der Wohnung, erzählte ihm meine Leiden und
Wünsche und fand – nicht gerade einen Weg oder sonst etwas
Neues, sondern hauptsächlich nur die Bestätigung des von mir
längst Gefühlten, dass mir nämlich, wie zu so manchem, nur die
Gelegenheit fehlt und gefehlt hat, um ganz dasselbe und mehr zu
erreichen wie dieser kluge und geschickte junge Mann, dem zu
seinem höheren Glücke nur zweierlei mangelt, ohne dass er es
jedoch allzustark zu empfinden scheint: Die wahre schöpferische
Leidenschaft und jene Vornehmheit im Geschmack, welche überall stichhält und weder im Bizarren noch im Trivialen Ruhe findet. Verblüffend war, in wie viel Einzelheiten wir uns trafen: in
der ganzen Art, wie man zu seinen neuen Formideen kommt, im
Verständnis von Linie und Farbenabschattung, in der Vorliebe,
aus irgend einem Trödel etwas Unerwartetes zu bilden, im Hang
zur Kunsttrieb-Bethätigung auf jedem kunstgewerblichen Gebiet. Er zeigte mir seine Wohnung, in der er fast alles selbst gemacht, ferner Ausstellungs-Zimmer nach seinen Ideen. Viel
Schönes, Feines, aber ungeordnet, ungesichtet, starke Begabung,
aber zu wenig »Kultur und Disciplin«. Zuletzt lud er mich ein,
doch einmal im Herbst bei ihm auszustellen. Na, man kann sich's
ja überlegen. Nicht undeutlich war eine Art Sorge zu bemerken,
es könne da etwa ein unnötiger Concurrent entstehen. Nun, er
mag ruhig schlafen. Bei mir heisst all dergleichen »Spleen«. Ich
bin ja ein »so guter Mensch«. Ein »Dichter«. Ecco. Da wollt' ich
heut' vor 12 Uhr zu Bett und schon gehts wieder auf ½ 1. Du –
Deinem Geschirr kannst Du nebenbei gratulieren. Entweder
nämlich geht es in Scherben oder Du kriegst's nicht wieder, weil
es »Glied einer Composition« geworden ist. Übrigens war ich
heute baff. Zwölfmal fiel mir alles zusammen wie Kartenhäuser –
und kein Sprung! Sehr hübsch sind Deine 2 Salatschüsseln, auch
die Schnapsgläser. Das Sektglas gehört Gottseidank mir.
 Auch über das obere Büffet kam ich heute u. habe es einigermaassen arrangiert. Für den Topf oben müsst Ihr einen Korb voll
Disteln oder dergl. mitbringen. Dass es Euch allen gut geht, ist
schön. Schade, Ihr habt u. werdet noch viel Regen haben. Herzlichen Gruss an Frida v. Holtzendorff und Dank für Schreibebrief.
Fritzl Kubs. Servus. Dein Chr.
Halensee, 13.VII.03.

903. VON FRIEDRICH KAYSSLER. ALTLACH, 13.7.1903

Hat »Die Brücke« gelesen, sieht ein starkes dichterisches Talent darin, hat aber inhaltlich einige Einwände; führt sie aus. M soll das Manuskript aber doch auch Reinhardt zur Begutachtung geben. Reinhardt soll auch Uhland: »Ernst Herzog von Schwaben« und »Die Bärenritter« lesen.

904. AN EFRAIM FRISCH IN BERLIN.
HALENSEE, 15.7.1903

Lieber Freund
Ich kann Dir bis zu 15 M borgen, aber leider nur auf kurze Zeit, da ich knapp den Monat reichen werde. Vermutlich komme ich heute am Spätnachmittag zu Euch, ob auch für den Abend, ist noch zweifelhaft, da Reinhardt wieder da ist und sich mit mir heute verabreden will. Ich traf ihn gestern nacht in der Stadtbahn, er hat wieder neue Pläne, bei denen auch Du und ich in Frage kämen, mit einer Zeitschrift, freilich noch ganz im Nebel, aber einer vorläufigen Besprechung auch mit Dir ist entgegenzusehen. Ich teile Dir Eventuelles sofort per Rohrpost mit.
Also auf Wiedersehen heut nachmittag oder abend. Grüss Fega.
　　　　　　　　　　　　　　　　　　　　　　　　Dein Chr.
Mittwoch

905. [AN UNBEKANNT, VERMUTLICH IN ODER BEI
BERLIN]. [HALENSEE], 26.7.1903

26.VII.03.
Lieber Dr.
Ihr Urteil (»spielend«) erinnert mich an jenen englischen Richter, der den James Whistler fragte, wie er so viel Geld für ein paar Farbenkleckse verlangen könne, worauf dann dieser zur Antwort gab: Hinter diesen Spielereien, wie Sie sie zu nennen belieben, stehen dreissig Jahre und mehr von Erfahrungen und Studien. Na ja, mein Schicksal ist es nun einmal, Verse hinzukleksen, das

Ihre, Nachrufe zu schreiben; und dabei wird es denn wohl auch bleiben.

Also, ich komme nächstens einmal auf gut Glück, und wenn Sie mir einige wichtige Aufschlüsse geben könnten, so dürften sogar meine Nachrufs-Chancen bei Ihnen beträchtlich wachsen.
Mit bestem Gruss
Ihr Chr. Morgenstern.

906. AN JULIUS MOOS IN BADENWEILER.
HALENSEE, 26.7.1903

Lieber Freund,
Ich denke Ihrer oft voll Freundschaft und Gewissensbisse. Rechnen Sie mir meine Pausen nicht zu. Berlin hat mich wieder verschluckt, dazu bin ich einmal wieder voll von tausend Dingen. Wollen wir nicht endlich eine Kunstgärtnerei zusammen gründen? Oder eine Vasen-fabrik, eine Art Kunsttöpferei?
Nebenbei werde ich vom 1.VIII. ab Dramaturg bei Felix Bloch Erben; täglich 5 Bürostunden, 10 Briefe, 2 Dramen. Hoffentlich gehts Ihnen wieder ganz gut. Was machen Sie Herbst u. Winter?? Das mit Kündig freute mich sehr. Warum schriebt Ihr nicht einen Ton?
Grüssen Sie ihn und alle alten Bekannten.
Addio, caro! Teilen Sie bald wieder Gutes mit
Ihrem
Chr. Morgenstern.
Berlin-Halensee, Ringbahnstr. 119
26.VII.03.

907. AN FELIX BLOCH ERBEN [IN BERLIN].
[VERMUTLICH HALENSEE, ENDE JULI 1903]

M verpflichtet sich, sich ab 1.8. von neun bis zwei Uhr zur gewissenhaften Beurteilung der einlaufenden Theaterstücke sowie zur Erledigung der sie betreffenden Correspondenz gegen ein Monatshonorar von einhundertfünfzig Mark sowie einen Jahresurlaub von zwei bis drei Wochen zur Verfügung zu stellen.

908. AN FRIEDRICH KAYSSLER IN ALTLACH.
HALENSEE, 31.7.1903

Halensee 31.VII.03. morgens
Lieber Junge, Du solltest eigentlich einmal wieder einen richtigen Schreibebrief bekommen, aber es will sich keine Zeit ergeben. Mitzuteilen nämlich wäre eine ganze Menge, indem dass meine Versuche, Anschluss an Künstler, Handwerker etc. zu erlangen, wieder ein grosses Stück weiter gediehen sind. Durch Prof. Doepler an der Kunstgewerbeschule bin ich an andre weitergeschickt worden, u. alle haben sich höchst entgegenkommend u. verständnisvoll erwiesen. So habe ich einen famosen jungen Gärtner kennen gelernt, mit dem ich in Verbindung bleiben werde; ferner dürfte es nur von einem schriftlichen Gesuch meinerseits abhängen, damit mir von der kgl. Porcellanmanufactur die Erlaubnis erteilt wird, mich in den ersten Handgriffen der Toepferei auszubilden. – Du frägst nach der Wohnungsangelegenheit. Naturgemäss werden die nächsten Wochen viel darüber entscheiden. Erstens werde ich das Bahnfahren nun ausprobieren können, besonders das mittags herausfahren, wobei ich immer hundemüde zu sein fürchte, u. dann wird sich ja wohl auch aus den Ergebnissen meiner neuen Neben-»Studien« Weiteres für die Lage der Wohnung ergeben. Ich glaube die Hofwohnung hier ist noch frei: es wäre nicht unmöglich, dass ich doch noch auf sie zurückkäme. Man müsste eben eventuell noch eine Schlafgelegenheit in der Stadt haben, für kritische Fälle. –
Von morgen an also bin ich bei Bloch u. hoffe mich bald eingearbeitet zu haben; das Comptoirchen gefällt mir gut, so klein es auch ist; durch ein weiss gerahmtes Doppelfenster sieht man auf einen Baum u. ein Dach dahinter, das wie das Dach eines Gutsgebäudes aussieht. – Wie lang wollt Ihr noch wegbleiben?? Dass Dein Simplicius gedeiht, ist herrlich! Ich habe wieder viel Epigramme u. Ähnliches geschmiedet, auch Brand. Grüss Frl. v. H., »schönsten Dank« für ihre Verskarte mit dem Kranz, der eigentlich ihr gebührt.
Grüss Fritzl, den Erdbären u. Wasserkork – hoffentlich nicht -Korkser.
(Anbei eine Gas-Rechnung.)

909. AN EFRAIM FRISCH IN BERLIN. BERLIN, 1.8.1903

Will am Abend kommen; wenn es Frisch nicht paßt, soll er telefonieren oder nur einen Zettel an seiner Haustür hinterlassen.

910. AN EFRAIM FRISCH IN BERLIN.
HALENSEE, 11.8.1903

L.Fr.
Man hört ja gar nichts mehr von Euch! Hoffentlich kein besond. Grund. Komme morgen abend, wenn's Euch recht. Falls nicht, erwarte Telephon zwischen 6 – 7.
            Herzlichst
              Chr.

911. AN DEN VERLAG ALBERT LANGEN IN MÜNCHEN.
HALENSEE, 12.8.1903

Er hat zwar nur über »Aftenrøde« mit Hamsun verhandelt, wäre aber bereit, auch »Livets spil« zu übersetzen. Er hat die norwegische Uraufführung von »Aftenrøde« gesehen und es als ein auf der Bühne stark wirkendes Werk kennen gelernt. *Reinhardt ist* seit Langem *daran interessiert. – Die Übersetzung ist bis ins 2te Drittel gediehen; er nennt seine Bedingungen: 400 Mark und Beteiligung an Aufführungstantiemen.*

912. [VIELLEICHT VON FRIDA VON HOLTZENDORFF UND FRIEDRICH KAYSSLER]. EIBSEE, 13.8.1903

                13.
[*Gedruckt:*Gruss vom Eibsee] und vom Weg nach Partenkirchen, wo die Kuh immer noch liegt! FH. [?]
Prost! Ich denke unserer Mondfahrt. F.

913.   AN AMÉLIE MORGENSTERN [VERMUTLICH IN
       STARNBERG]. HALENSEE, 18.8.1903

                                                    18.VIII.03.
Liebe Mama,
Verspätet aber herzlichst Dank für Deinen Brief und nochmalige
Sendung, die mir in der That viel Ungelegenheiten erspart hat.
Ich bin seit 1. August Dramaturg im Hause von Felix Bloch Erben,
hier, habe mich bereits völlig eingearbeitet, werde aber vielleicht
noch einem andern Anerbieten, das dieser Tage an mich herange-
treten, folgeleisten.
Heute nur so viel; bin müde und in Besprechungen, Umzugsplak-
kereien etc. verwickelt, im Übrigen aber ganz wohl und munter.
Leb wohl und bleib gesund!
                                        Dein [*verwischte Tinte*]*
                                                     Christian.
Halensee, Ringbahnstr. 119. –   * pardon!

914.   AN EFRAIM FRISCH [IN BERLIN].
       [VERMUTLICH HALENSEE, AUGUST 1903]

Ihm fällt gerade ein, daß die Frisch geliehene Tasche mein einziges
Umzugsmöbel ist, wenn ich mit dem Nötigsten morgen (Kayssler
telegraphiert Ankunft Donnerstag abend) in die noch nicht gefundene Bude muss. [...] Es ist mir greulich, aber die Thatsachen
bedrängen mich zu sehr. *Wünscht gute Reise.*
N.: Vermutlich die Zugehfrau.

915.   VON LUDWIG LANDSHOFF. SOLLN, 19.8.1903

              München-Prinz-Ludwigshöhe. Albrecht-Dürerstrasse
                                             Postbezirk Solln II.
                                                    19. August.
Lieber Christian!
Ja, ja, was soll ich nun sagen. In Gedanken, habe ich schon hun-
dertmal an Dich geschrieben, aber zu einem so langen Briefe, wie

ich ihn Dir zudachte braucht es Zeit, viel Zeit, mehr Zeit, als ich Musikbeflissener, Kontrapunktender, Bachs-ges.-Werke studierender Grundstückkäufer unglaublich viel Geld hinmachender, und hoffentlich baldiger Familienvater habe. Wie es mit mir steht, weisst Du aus diesem Satzerguss. Aber was machst Du? Hoffentlich erfreust Du dich nicht einer gleichen Zersplitterung. Ich hörte, von wem weiss ich nicht mehr, Du seist bei Bloch als Lector angestellt. O Du Armer! d. h. wenn das wahr ist. Da brauchst Du sicher bald einmal wieder Erholung nach Fiesolaner Art. Wir haben wirklich Sehnsucht nach Dir und wenn Du ausspannen willst, so komme her. Platz ist auch da und mehr wie in Fiesole. Vor December werden wir kaum heiraten können und da ein Zusammenwohnen hier nicht möglich ist, so haben wir in meiner Nähe am Walde ein kleines Häusel gemietet, das Phili jetzt mit der Gräfin Reventlow u. deren Buben zusammen bewohnt. Ich esse bei ihnen mittags u. abends. Anfang September erwarten wir Philis Niederkunft. Wenn die vorüber ist, stehen Dir Räume genug bei ihr oder bei mir zur Verfügung. Und ich verspreche Dir auch, dass ich mich viel anständiger benehmen werde als in Fiesole und Dich nicht mit unnützem Zanke plagen werde. Also, wenn Du kannst und Lust hast, so komme u. wenn Du sehr nett sein willst, dann bringe eine fertige Idee zu einem musikalischen Lustspiel mit, die wir dann hier gemeinsam ausbauen. – Phili geht es trotz des 9. Monats glänzend. Sie wirtschaftet sehr wacker im Haus herum und singt und macht grosse Spaziergänge. Mit der Gräfin und ihrem reizenden Jungen vertragen wir uns ausgezeichnet. Leider wird sie Anfang September an den Chiemsee gehen. Unsern sonstigen Kreis kennst Du ja auch. Völkerling ist zur Zeit in Aachen bei Rüttgers, denen er ein Zimmer einrichtet. Die Frau R., unsere gute Fee, die Du ja aus unseren Erzählungen kennst, hat uns, als wir aus Italien kamen, auf einige Tage besucht. Anfang Sept erwarten wir sie wieder, weil sie Phili in ihrer schweren Zeit beistehen will. In dieser Zeit will sie sich auch gleichzeitig von Völkerling malen lassen. Auch Schäffer wird sich im September auf kurze Zeit hier einfinden. Dr. Stern hat den 1. Bd seiner Grundprobleme zur Philos. fertig und liest jetzt Correcturen. Die andern malen und dichten. Ich habe mich bis Anfang dieses Monats redlich geschunden und war bei Max

Reger, vor dem ich wirklich Respect habe, was mir mit Musikern selten passiert. Jetzt ist er im Gebirge und bleibt bis Ende September, dann werden unsere Studien wieder aufgenommen. Reger ist sehr eingenommen von Deinen Gedichten, wird auch von den neuen wieder mehrere componieren. Ich bin übrigens auch erst hier dazu gekommen, Deine letzten beiden Gedichtbücher zu lesen. »Und aber ründet sich ein Kranz«, besonders der erste Teil, gefällt mir sehr. Auch ich hoffe für mich auf musikalischen Gewinn daraus. – Ich habe noch oft über unser wildes Gespräch über Musikverständnis nachgedacht und bin Dir nach reiflichem Überlegen und Analysieren meiner Eindrücke beim Anhören von Musik bedeutend näher gekommen. Ich zweifle nicht, dass ich Dich heute von der Richtigkeit dieser neuen Erkenntnis überzeugen könnte. Kürzlich fand ich einen sehr interessanten Aufsatz von Kretzschmar, der ziemlich mit meinem jetzigen Standpunkt übereinstimmt. Wenn Du Dich noch dafür interessierst, will ich ihn Dir schicken. – Sonst freue ich mich sehr mit meinem schönen Arbeitszimmer und überhaupt, wieder hier draussen, wo es wirklich wunderschön ist, zu sein. Ich habe auch bereits vor einigen Tagen ein Grundstück hier mit schönem Waldbestand gekauft, um in einigen Jahren darauf zu bauen. Dann wirst Du hoffentlich ein alljährlicher Gast werden und Dich hier von den Berliner Strapazen erholen und Dir unter Frau Philis Sorgfalt einen Bauch wachsen lassen. Was treibt denn der Dulos? Ich hörte, er sei am Walchensee gewesen. Wenn das wahr ist, versichere ihn meines Zorns, dass er sich nicht hat sehen lassen. Ich wollte Dir eigentlich noch manches schreiben, muss jetzt aber zum Abendessen zu den Frauen. Gehab Dich wohl, lass bald von Dir hören und komm her; Du bist uns jederzeit willkommen.

Dein Lutz

Grüsse den Dulos!
Lieber Christian! Ich lege Dir hier noch 4 Subscriptionslisten bei. Gieb bitte eine an den Dulos, eine an Reinhardt, eine an Frau Dr. Löwenfeld etc. Ich weiss deren Adressen nicht. Es handelt sich um Folgendes: Die Gräfin, die sich kümmerlich mit ihrem Buben mit Übersetzungen für Langen durchbringt, hat einen Roman geschrieben, der sehr gut sein soll. Um ihr nun einen möglichst grossen Ertrag davon zu sichern, haben ihre Freunde diese Sub-

scription veranstaltet. Wirb Du bitte unter Deinen Bekannten
auch dafür.
[*Von Philippine Wiesengrund:*] Grüß Gott lieber Onkel Christian!
Einen herzlichen Gruß   Philippine
[*Von Landshoff:*] Harald grüsst! wird Dir nächstens sein Bild
schicken

916.   AN EFRAIM FRISCH IN BERLIN.
       BERLIN, 20.8.1903

*Drängt, er solle sich mit Elias in Verbindung setzen, damit der ihn
Bloch vorschlagen und M ihn einführen kann.*

917.   AN EFRAIM FRISCH IN BERLIN.
       BERLIN, 24.8.1903

Nichts Neues von Berlin. *Frisch soll ihn morgen mittag zum
Essen abholen. Er will ihm eine Karte für den »Doppelselbstmord« besorgen.*

918.   VON ALBERT LANGEN. MÜNCHEN, 29.8.1903

                                          München, den 29. August 1903
Sehr verehrter Herr Morgenstern,
ich bin mit Ihren Bedingungen wegen der Übersetzung von
Hamsun »Aftenröde« einverstanden und sende Ihnen einliegend
einen Kontrakt zu den normirten Bedingungen, den ich mit Ihrer
Unterschrift baldgefl. zurück erbitte, worauf Ihnen das von mir
unterzeichnete Gegenexemplar alsbald zugehen wird. Ich wäre
Ihnen dankbar, wenn Sie mir die Übersetzung recht bald zustellen könnten, damit ich das Werk in Druck geben kann. Wollen Sie
auch das dritte Stück der Trilogie zu den gleichen Bedingungen
übersetzen, so geben Sie mir bitte den genauen Titel*) an, damit
ich Ihnen auch über dieses Stück Kontrakt senden kann.

*) Livets Spil?

Auf Wunsch des Herrn Dr. Elias bestätige ich Ihnen ferner meine Abmachungen mit Herrn Dr. Elias, soweit sie sich auf Ihre Übersetzungsarbeit an der deutschen Gesamtausgabe von Björnsongedichten beziehen. Nach meinem Kontrakt mit Herrn Dr. Elias erhalten Sie für die Übersetzung von ca. 30 Gedichten ein Honorar von 400 Mark, zahlbar bei Ablieferung an Herrn Dr. Elias. Für dieses Honorar erwerbe ich das ausschliessliche Publikationsrecht Ihrer Übersetzung für alle Auflagen. Es steht mir also frei, eine Anzahl dieser Gedichte in Zeitschriften und Zeitungen vor der Herausgabe des Buches erscheinen zu lassen, wobei es Ihnen erlaubt sein soll drei Ihrer Übersetzungen Ihrerseits vorher erscheinen zu lassen; jedoch hätten Sie sich über die Auswahl dieser Gedichte vorher mit mir ins Einvernehmen zu setzen. Überdies ist es Ihnen gestattet nach Ablauf von zehn Jahren Ihre Nachdichtungen in eine etwa beabsichtigte Gesamtausgabe Ihrer Werke aufzunehmen. Von der Ausgabe der Björnson-Gedichte erhalten Sie 6 gebundene Freiexemplare.

In vorzüglicher Hochachtung
ergebenst
Albert Langen

919. AN HEINRICH WOLFF [VERMUTLICH IN KÖNIGSBERG]. BERLIN, 1. 9. 1903

Lieber Heinrich Wolff,
komme heute mit einer Anfrage zu Ihnen. Bruno Cassirer hier, der rühmlich bekannte Verleger, gibt eine Theaterzeitschrift unter meiner Leitung vom 15. September ab heraus. Wir wollen darin allem Neuwerdenwollenden im Theaterwesen wie auch einem literarisch geschmackvollen Publikum dienen; nicht in der üblichen Theaterjournal- sondern durchaus ernster Weise. Alles was irgend wie zu Theatern in Beziehung steht, wird zur Mitarbeiterschaft aufgefordert. Das Blatt fängt ganz klein an, ca. ein Bogen, Format wie Beilage. Von Bildern wollen wir möglichst Originalskizzen (Knooph, Corinth, Kolo Moser etc.).
Zur ersten Nummer heißts nun unglaublich fix sein. Wir haben noch nicht einmal die Titelzeichnung! es wurde Somow (Mos-

kau) vorgeschlagen; ich aber hielte es für eine Schande, wenn wir in unserm eignen großen Lande nichts Passendes fänden. Dachte daher sogleich an Sie – würden Sie uns mal ein oder ein paar Titelbildvorschläge skizzieren wollen?? Das Blatt heißt »Theater«; ich denke mir am besten etwas Strenges Ornamentales aber herausgewachsen aus dem Elementaren des Theaters. Bitte, lieber Freund, schreiben Sie mir... Zum Beispiel wie Sie sich das Bühnenbild einer Ihnen besonders lieben Shakespeare-, Ibsen- oder x-Szene träumen und wünschen würden. Ganz einfach oder raffiniert ausgestattet, nach alter Shakespeare-Bühnenweise oder Meiningisch oder symbolistisch oder sonstwie...

920. AN EFRAIM FRISCH [IN BERLIN].
BERLIN, 8. 9.[1903]

Berlin, den 8. September.
Lieber Freund,
Wir müssen bis morgen unbedingt Deinen Beitrag haben. Bitte nicht mehr als höchstens 800 Silben, die Citate möglichst einzuschränken und möglichst viele Theater in den Bereich der Besprechung zu ziehen. Herzlichen Gruss, und die Bitte, uns keinen Tag länger warten zu lassen.

Wir haben soeben Hofmannsthal Beitrag erhalten, (natürlich zu lang; aber ein Dithyrambus, der nicht zu zerreissen ist. So kann einen selbst ein Glück in grösste Verlegenheit bringen. Ausserdem schreibt Julius Hart über eine 3teilige Bühneneinrichtung, aus Paris Holzamer Kayssler etc. etc. Ich muss überhaupt resignieren, und mich auf Geschäftsnotizen beschränken. Du siehst also, dass das mit den 800 Silben eine Notwendigkeit ist. Also gelt? Du lässt mich nicht sitzen!

Herzlichst
Dein Chr.

Irgendwelches Abschreiben ist nicht nötig, schick nur gleich jede fertige Zeile.

Schreib recht leicht, vielleicht in Dialogform. Ich fürchte, wir werden so litterarisch, das der arme Publikus wie Speifrid Jacobsohn »Ohrensausen u. Kopfschmerzen« über die Maassen kriegen wird.

921.   AN EFRAIM FRISCH IN BERLIN. BERLIN, 9.9.1903

Mittwoch
L. Fr.
War gestern noch selbst da, fand Dich leider ausgeflogen. Äusserster Termin Donnerstag abend, sodass Freitag früh Absendung in Druckerei möglich. Feine Sache v. Hofmannsthal, aber viel zu lang. Äusserstes für Deinen Beitrag 900 Silben, sonst müsste Petit gedruckt werden, was bei Citaten übrigens möglich. Musste persönl. auf Aufsatz verzichten u. meinen Beitrag in Petit setzen lassen. Bin heute zw. 6 u. 7 im Cafe Victoria oben vorn den Linden zu, mit e. Regisseur A. Walter zusammen. Falls sprechen willst, komm hin.   Chr.   Abends eingeladen.

922.   VON FRIEDRICH KAYSSLER. HALENSEE, 9.9.1903

Hal., 9. Sept. 03.
Sehr geehrter Herr,
Hierdurch beehre ich mich, Ihnen ergebenst den ersten Abonnenten für die Zeitschrift »Theater« zu überreichen, Herrn Viktor Barnowsky, Mitglied des Lessingtheaters, Berlin. Derselbe bat mich, seine Buchung bei Ihnen zu veranlassen. Zu ferneren Artikeln sich bestens empfohlen haltend hochschätzungsvoll F. Kayßler.

923.   AN EFRAIM FRISCH IN BERLIN.
BERLIN, 10.9.1903

10.IX.03.
Lieber Freund,
Erbitte für eine der nächsten Nummern eine Kleinigkeit darüber, wie das sog. naive Volk oft bei seinen schauspielerischen

Veranstaltungen verfährt, wo nicht irgendwelche Volkskunst sondern elendeste Mache in solchen Fällen triumphiert. Direkt aus dem Wolfenschiessener Erlebnis abzuleiten, eine Erfahrung, die gerade hier für uns prächtig zu verwerten.

Herzl. Gruss
Dein Chr.

Heute Kunowski u. Hart. Wann Frisch?
Werd nur wieder gesund. Ich habe eben alles geschrieben, allerdings gegen meine eigenen guten Ratschläge nur über Wilde u. Was Ihr wollt.

924.   AN EFRAIM FRISCH [IN BERLIN]. BERLIN [VERMUTLICH KURZ VOR DEM 12. 9. 1903]

Lieber Freund,
Also wie gesagt, über Bisheriges schreibe ich; vermutlich mache ich morgen das Heutige nochmals, da es mir zu aus- u. abschweifend erscheint. Um Eines aber bitte ich Dich: Schreib' uns wenigstens ein paar möglichst objektive oder subjektive Zeilen über die Premiere von Rodenbach am Samstag abend und zwar so, dass wir sie Sonntag haben, wo Du sie etwa [*darüber:* (im Notfall erst)] mittags selbst bringen oder schicken magst. Am besten, Du schreibst mal eine kurze Mitternachtskritik über den litterarischen u. menschlichen Wert des Stücks (aber keine Inhaltsangabe, höchstens 10 Worte hierüber.) u. zweitens über die Inscenierung u. Darstellung. Nicht wahr, das kannst Du schon einmal, da Not am Mann ist!! So kurz wie möglich natürlich. Ferner musst Du Dir auf irgend e. Weise Eingang ins Theater zu verschaffen suchen. Ich rate Dir zu Folgendem. Du machst noch heute e. kurze höfliche Eingabe an Brahm Direktions-Büro des Deutschen Theaters, worin Du ihm mitteilst, Du wärest beauftragt, für die neue Theaterzeitschrift bei Cassirer mit die Theaterberichte zu schreiben u. bätest um eine Karte zu den Uraufführungen, zunächst eine für Samstag abend; Du würdest Dir erlauben Samstag abend im Büro nachzufragen. Liegt dann dort etwas für Dich, gut; liegt nichts, so kaufe Dir e. Billet, wo es auch sei*; denn vielleicht ist das Haus ausverkauft; hinein musst Du auf jeden

Fall; sei amerikanisch u. ziehe Dir nicht den Vorwurf des »Unpraktischen« zu. Gelt, Paap!
Ich kann nämlich nicht hin, sonst hätt' ich Dir's erspart; ich muss im Lessingtheater sein, wo Fritz zum 1. Mal auftritt, wenns allenfalls zum Handgemenge kommt.
Also diese letzte Bitte für die 1. Nummer erfüll mir! Es kommt gerade aufs Deutsche Theater als Gegengewicht so sehr an.
Herzlichen Gruss u. gute Besserung   Chr.
Wirf 1 Auge auf Knoof[?]
Keine Schauspielernamen nennen, nur im Allgemeinen.

* Schlimmstenfalls ins Honorar verrechnet.

925.   VERTRAG MIT DEM VERLAG LANGEN IN MÜNCHEN.
HALENSEE, OHNE DATUM, UND MÜNCHEN,
12. 9. 1903

Vertrag
Zwischen Herrn Christian Morgenstern zur Zeit in Halensee bei Berlin und Herrn Albert Langen, Verlag für Litteratur und Kunst in München wurde folgender Vertrag abgeschlossen:
§ 1.
Herr Christian Morgenstern überlässt dem Verlag Albert Langen seine Uebersetzung von Knut Hamsuns Theaterstück
»Aftenröde«
mit allen Rechten und für alle Auflagen gegen ein einmaliges Honorar von 400 Mark, zahlbar bei Erscheinen der Buchausgabe.
§ 2.
Von allen aus der Veranstaltung von öffentlichen Aufführungen des in § 1 genannten Stückes in der Uebersetzung des Herrn Christian Morgenstern eingehenden Tantiemen erhält Herr Christian Morgenstern einen Anteil von 5 %. Die Abrechnung mit Herrn Christian Morgenstern über die in einem Quartal eingehenden Tantiemen und die Auszahlung des auf Herrn Morgenstern entfallenden Gewinnanteils findet jeweils in der ersten Hälfte des ersten Monats im folgenden Quartal statt.
§ 3.
Der Verlag Albert Langen billigt Herrn Christian Morgen-

stern zwei Korrekturen von jedem Bogen des Buches zu, das
endgiltige Imprimatur gibt der Verlag Albert Langen, der sich
verpflichtet, keine Aenderungen an der Übersetzung zu machen.

Vorstehender Vertrag wurde in zwei gleichlautenden Exemplaren ausgefertigt, von beiden Kontrahenten gelesen, genehmigt
und unterschrieben und geht mit seinen Rechten und Pflichten
auf die Erben und Rechtsnachfolger beider Kontrahenten über.
Halensee bei Berlin, den
München, den 12. September 1903   Albert Langen
       p.p. Korfiz Holm   [*unleserlicher Name*]

926. VON HERMANN UBELL. GRAZ, 16.9.1903

                          Graz am 16. Sept. 03.
Lieber Herr Morgenstern!

Von Herzen gratuliere ich Ihnen zu Ihrer Gründung, von der ich
schon in Venedig hörte, und hoffe nur, daß der Redacteur den
Lyriker nicht umbringen werde, was doch sehr schad wäre! Dies
empfand ich wieder sehr deutlich, als ich mich gestern, unter den
alten Kastanien unsres wunderschönen Stadtparks, an einem
glänzenden Herbst-Vormittag, mit Ihren Gedichten beschäftigte,
dh. mit jener s. Zt. von mir besprochnen Sammlung »Ein Sommer«, leider der einzigen, die ich besitze! Sticht Ihnen dieses Ausrufungszeichen nicht ins Herz?

Wie schade, lieber Herr Morgenstern, daß ich Ihnen nicht tagelang von meinem Vierteljahr in Griechenland u. unsrem uneritaliänischen Sommer erzählen darf, von den tagelangen einsamen Ritten durch die schweigende Hochgebirgswelt Arkadiens
und Kretas, nach Delphi und durch die üppigen Triften Messeniens, von den Tempeln hoch überm Meer und von den schönen
Mädchen in den traulich engen Gassen der schneeweißen griechischen Inselstädtchen, die dem fremden Gastfreund dunkelerröthend einen frischgepflückten Rosenzweig zum Willkomm
überreichen, von den weltweisen Muselmännern, die bei ihrem
(übrigens unerhört guten!) Caffee und Nargileh regungslos u. mit
leiser Ironie dem sich abzappelnden Europäer zuschauen, von der

Akropolis und von Olympia, von – aber des Aufzählens allein wäre kein Ende u. ich verspare alles Erzählen lieber unsrem ersten Wiedersehen in Berlin Linz oder Wien. Ich habe alle Taschen voll Geschichten.

An Sie habe ich immer und überall gerne gedacht und nicht anders meine Frau, die noch nicht weiß, daß ich Ihre Adresse wieder habe, und der Sie durch einen kurzen Gruß nach Tirol, wo sie noch 14 Tage bleibt, eine große Freude machen könnten! Sie wohnt in Kiens, Pusterthal, und ist sehr glücklich zwischen ihren hohen Bergen wie ich zwischen den grünen Hügeln der Steiermark. Mit geschärften Augen sehe und liebe ich die alte Heimat wieder.

Mein Praxiteles, nach dem Sie sich erkundigen, ist schon seit einigen Wochen da, vielleicht frischt er Ihnen allerlei römische Erinnerungen auf. Ob es mir auf diesem Wege gelingen wird, die griechische Kunst dem modernen Menschen näher zu bringen? Einige schon eingelaufene Urteile lassen mich's beinahe hoffen. Leben Sie recht wohl und seien Sie vielmals und herzlichst gegrüßt

von Ihrem
Hermann Ubell.

927. AN JULIUS MOOS IN STUTTGART.
BERLIN, 21. 9. 1903

21.IX.03
Lieber Freund, Können Sie's vor Sehnsucht nach Rom aushalten? Ich kaum. Trotzdem bin ich jetzt Herausgeber einer Theaterzeitschrift u. bis über die Ohren in Arbeit. Freut mich riesig, von Ihnen Ähnliches zu hören. Ich zu P. Gynt kommen? Ja, wenn P. mich einlädt. Aber sonst – glauben Sie denn, ich hätte geerbt? Schicke Ihnen das 1. Heft, bleiben Sie gesund! Ihr getreuer Chr. M.
Litteratur? Thomas Mann, Ricarda Huch, Geijerstam.
Frisch grüsst Sie.

928. AN FRIEDRICH KAYSSLER IN HALENSEE.
BERLIN, 23.9.1903

Kündigt in Gedichtform seinen Besuch für den kommenden Freitag an. Schlußsatz in Prosa.

929. AN EFRAIM FRISCH [IN BERLIN].
BERLIN, 8.10.1903

Lieber Freund,
Da das Lessing-Theater vorherige Einreichung an die Direktion fordert, bitte ich Dich, den Parkettplatz heute abend selbst zu kaufen*. Er wird Dir natürlich sofort zurückvergütet. Für künftige Fälle bereiten wir ein Rundschreiben an die Haupttheater vor, das diesen wenigstens klaren Überblick ermöglicht.
Die Salome kaufe Dir, bitte, privat, wenn sie heute morgen noch nicht angekommen war. Oben auf Bahnhof Friedrichstrasse z. B. kostet sie 1 M. Ich nehme Dir persönlich das Exemplar ab, sobald Du es gelesen hast, Du kannst also auch auf die Gefahr hin kaufen, dass die Leute vom N. Theater Dir's derweil nachhause geschickt haben. – Dass Du mir Montag früh erst schicken willst, beunruhigt mich nur aus einem Grunde. Jetzt hast Du noch Überblick über deine Zeit, von Fegas Ankunft ab ist Dein Kopf wahrscheinlich ganz anderer Dinge voll. Sieh doch zu, die Sache beim Schopf zu fassen; dann bist Du sie ja auch los; es braucht ja nicht viel zu sein, ein paar kleine Briefbögchen nur. Wenn Du dann den Sokrates gleich nach der Vorstellung abthust, so hast Du bereits morgen früh alles hinter Dir, das ist doch auch was wert. Samstag u. Sonntag hast Du doch unmöglich Ruhe u. Sammlung. Und es kommt doch jetzt so viel drauf an, einen guten versprechenden Anfang durchzuhalten. Beim Warten aufs übernächste Heft käme zu viel zueinander: Wilde, Mirbeau, Sudermann, Henri Becque, Hauptmann – wer weiss was noch alles – (d. Saharet)

* Telephonisch vorbestellen nicht möglich doch versichert Less. Theater-Büro, dass abends noch gute Billets zu haben sind. Du hast völlig freie Disposition.

(etc. etc.) Dann würde die Platzmisère entsetzlich werden; denn Hauptmann allein würde etwas mehr Raum beanspruchen. Übrigens denke ich mir eine solche Winterserie von Dichtercharakterköpfen, wie Du sie zeichnest, ganz herrlich, direkt ein Stück Litteraturgeschichte in Porträtskizzen. Also nocheinmal alles, was Dich stacheln kann, Dich bis morgen früh expektoriert zu haben (zu Änderungen, Feilungen, Zu- oder Absätzen will ich Dir's ja gern dann bis zum äussersten Termin wieder zurückborgen): Beifall, Zufall, Hinfall der Wenigen aber auch der Vielen, Ruhm, Gold, rotes, Frauenliebe und -Leben (Deine eigene Frau kommt eigens deshalb Freitag zurück), gutes Essen, Freunde, Schokolade, 8 Cognaks, Büste im Tiergarten von Pflaum, persönliche Genugthuung, rote Backen, Macedonier, Verleger, Freiexemplare, eine Vase von mir – kurz: eine Welt von Dingen, Gefühlen, Speisen und Garantieen.

Servus!

8.X.03. Chr.

930. AN EFRAIM FRISCH IN BERLIN.
BERLIN, 12.10.1903

Lieber Freund,
Dank für Deinen Aufsatz, dessen Salome-Teil zumal wieder etwas ganz Prachtvolles ist. Die Correctur kommt – oder vielmehr, ich werde sehen, sie Dir persönlich zu bringen. Zu lang wird's nicht sein, ich schlage Dir sogar vor, noch einen Satz hineinzubringen. Du sagtest jüngst zu uns: Mirbeau habe geleistet, was einer ohne dichterische Qualitäten im engsten Sinne überhaupt leisten könnte. Das gäbe doch noch ein neues starkes Licht auf den Mann, nicht?
Also, wie gesagt, ich komme voraussichtlich morgen ins Büro oder zu Dir nachhaus.
Herzlichen Gruss Dir und Fetscha, ganz besondern Dank nochmals Dir

12.X.03. von Deinem
Chr.M.

Erkundige Dich noch wegen Asa foetida, ich werde das Gleiche thun.

931. AN FEGA FRISCH IN BERLIN. BERLIN, 16.10.1903

Für Frisch liegt eine Karte an der Kasse des Neuen Theaters, ob auch für sie, müßte evtl. telephonisch erfragt werden.
N.: K[ayssler].

932. AN MORITZ HEIMANN IN BERLIN.
BERLIN, 17.10.1903

Berlin, 17.X.03.

Lieber Herr Heimann,
Meinen gestrigen Zeilen sind heute noch einige nachzuschicken. Ich erfuhr nämlich, dass wir Heft III bis Ende des Monats bereits fertig haben müssen, zur Electra von Hofmannsthal. Ich hatte gedacht, erst kämen noch »die Früchte der Bildung«. Da nun in diesem Heft wahrscheinlich die Angaben erscheinen werden, die Hofmannsthal zur Inscenesetzung der Elektra giebt, weiss ich nicht, ob es Ihnen nicht lieber sein sollte, diese Bemerkungen – sehr realer Natur – noch abzuwarten, ehe Sie H. als vielleicht zu grossen Bühnen-Idealisten angreifen.
Übrigens noch eine Frage: Glauben Sie nicht, dass Hauptmann sich bewegen liesse, einige Einführungszeilen zu seinem neuen Drama zu schreiben? Das Heft erscheint wenige Tage vor der Première im Deutschen Theater.

Herzlichsten Gruss!
Ihr
Chr. Morgenstern.

933. AN EFRAIM FRISCH [IN BERLIN].
BERLIN [VERMUTLICH 15. ODER 22.10.1903]

Lieber Freund,
Hebbel ist leider keine Première, keine Zeitung hatte heut eine Kritik. Also was andres. Hier 2 Billets die das Residenz-Theater schock. Vielleicht habt Ihr Lust; Besprechung wohl ganz unnötig. Eventuell reich ich nocheinmal bei Butti ein. Conferenz morgen (Freitag) nachmittags ½ 5 Uhr, Dir recht? Fang' bitte

bald an mit den »Raben«, ist's nicht anders, so muss 1 Rabenseite eben genügen. Schade um Hebbel; doch Reinhardt plant das Stück ja auch.

Herzliche Grüsse
Chr.

934. AN RICHARD DEHMEL [IN BLANKENESE].
BERLIN, 23.10.1903

[23.Okt.03.]

Hochverehrter Herr,
Erlauben Sie mir Ihnen beifolgende Einladung zu übersenden. Würden Sie nicht Lust haben, uns Ihr Drama »Der Mitmensch« zu übergeben? Auch schrieben Sie mir seinerzeit von einigen Dramen, die Sie noch unter der Feder hätten.
Den Prospekt der neuen kleinen Zeitschrift »Das Theater« haben Sie wohl samt dem 1. Heft erhalten? Wie lieb es mir wäre, dafür auch von Ihnen einmal eine Kleinigkeit zu bekommen, brauche ich Ihnen wohl nicht zu versichern. Das Ganze ist nur erst ein Anfang bescheidenster Art, mehr wie 10 kleine Textseiten stehen mir pro Heft nicht zur Verfügung, mehr wie 2 Seiten für keinen Mitarbeiter, aber ich hoffe trotzdem mit der Zeit etwas draus zu entwickeln und das Blatt auch in Bälde vergrössert zu erhalten.

Mit ergebensten Grüssen
Ihr
Chr. Morgenstern.

935. AN EFRAIM FRISCH [IN BERLIN].
BERLIN [VERMUTLICH 28.10.1903]

Lieber Freund,
Also nochmals, es thut mir scheusslich leid, Dir auch nur einen Moment die Stimmung verdorben zu haben – und so arg waren meine flüchtigen Zeilen von Montag früh wahrhaftig nicht gemeint.
Der gestrige Abend (falls Du warst) ist wohl (nach einer Zei-

tungsnotiz von heut morgen) zu schliessen, für uns ergebnislos. Schadet auch nichts; denn Raben, Elektra, Rose Berndt sind übergenug für ein schmächtiges Heftchen. Hoffentlich sehen wir uns bald wieder. Komm doch zur Generalprobe der Elektra ins kleine Th., die vermutlich morgen ist; vielleicht telephonierst Du das kl. Th. mal an, wann sie beginnt, ich weiss es nicht genau.
          Herzlichen Gruss auch an Fega
Mittwoch.   Dein
               Chr.

936. VON RICHARD DEHMEL. BLANKENESE, 1.11.1903

Sendet den dramaturgischen Essay zur Lebensmesse [...] Die Aufführung würde mit dem musikalischen Vor- und Nachspiel etwa 1¼ Stunde dauern, ohne Pause; sie ist natürlich nur in Concertsälen oder Kirchen möglich, solange es noch kein Schauspielhaus der von Behrens entworfenen Art giebt. Das Drama »Der Mitmensch« will er an den Verlag senden.

937. AN EFRAIM UND FEGA FRISCH IN BERLIN.
BERLIN, 2.11.1903

Meine Lieben,

Wenn ich um ½ 3 nicht da sein sollte, bitte nicht auf mich zu warten, zu ruhen, kurz alles zu thuen, was Ihr sonst thuen würdet. Ich habe begonnen über E. zu schreiben u. muss den Augenblick wahrnehmen. Vielleicht komm' ich später noch vor, sicher sogar.
               Herzlichst
                 Chr.

938. AN JULIUS HART [IN STEGLITZ]. BERLIN, 6.11.1903

Es hat sich herausgestellt, daß Beiträge in Fortsetzungen dem Charakter der Zeitschrift nicht entsprechen; er bittet deshalb um eine Kürzung des Aufsatzes »Die Bühne im Freien«. Er würde auch nur den 1. Teil bringen, macht dann aber auch einen Vorschlag zur Kürzung.

N.: *Unbekannt: Ein Manuskript über Zolas Ästhetik. Hollaenders Schröder-Serie. – »Der Tag«.*

939. AN RICHARD DEHMEL IN BLANKENESE.
BERLIN, 6.11.1903

Berlin, 6.XI.03.
Verehrter Herr,
Vielen Dank für die Zusendung des Behrens'schen Heftes, dessen Festhaus-Bau ich gern noch erleben möchte. Ja, wenn man für unsre kleine Zeitschrift einen Auszug von zwei Seiten davon haben könnte! Ob Behrens nicht Lust hätte, so etwas zu machen, in nuce mit beigefügter Skizze? Würden Sie ihm eventuell einmal ein Wort darüber schreiben?
Auf den »Mitmenschen« freue ich mich sehr.
    Mit den besten Grüssen
                Ihr ergebener Chr. Morgenstern.

940. [VERMUTLICH AN EMIL LUDWIG IN HAMBURG].
BERLIN, 9.11.1903

Lieber Herr Ludwig. [...] ich [kann] [...] in einen Tadel des ersten Hefts gern aber ohne Sorge einstimmen. Hofmannsthal, Frisch und die Illustrationen – nach einem Kunstwerkchen wie dem Titelblatt könnt Ihr ewigen Krittler Euch alle 10 Finger ablecken – bleiben immer noch überdurchschnittliche Beiträge [...] – *Über Kayssler:* Fritzens Berufung brachte ihm einige Vorteile ein: Er darf ausserhalb Berlins auftreten, wo er will, u. innerhalb Regisseur sein. Dann u. wann wird er vielleicht auch gegen 200 M Strafe spielen können [...]

941. VON GERTRUD EYSOLDT.
DEUTSCH-WILMERSDORF, 9.11.1903

9. Nov. 1903.
Lieber Herr Christian Morgenstern!
Sie haben mir am Donnerstag kurz vor meiner Abreise noch eine Freude gemacht mit dem Bild von Hofmannsthal und dem Heidegruss – schönen Dank dafür! Nicht desshalb – oder jedenfalls nicht desshalb allein – sondern, weil ich Sie gern mag – will ich mich als Electra photographieren lassen. Dienstag – morgen, Vormittag – um 11 Uhr – wenn Sie so liebenswürdig sein wollen – Frau Hertwig davon zu benachrichtigen und mir ihre Adresse mitteilen.
Sagen Sie bitte Frau Hertwig, dass ich mich sehr ungern photographieren lasse – sonst behandelt man mich, als müsste ich selig darüber sein – und das verdirbt mir alle Laune – ich schäme mich dann – dass man mich für so eitel hält – weil ich mich doch selbst nicht gern mag äusserlich.
Ihnen zu lieb will ich alles, was mir fatal ist – überwinden.

Sehr herzlich
Ihre
Gertrud Eysoldt.

Bornimerstr. 10. II.
Wenn ich nur heut Abend in meine Wohnung Bescheid bekommen kann – ob ich morgen um 11 Uhr zu Frau H. gehen kann!

942. AN FRANZ BLEI IN MÜNCHEN. BERLIN, 17.11.1903

Berlin, 17. XI. 03.
Sehr geehrter Herr
Soeben war Herr Edgar Mesching hier und erzählte mir von Ihnen.
Hätten Sie nicht Lust mir eine kleine Porträtskizze irgend eines Ihnen besonders lieben Schauspielers zu schreiben; ganz kurz, nur etwa eine Seite oder anderthalb und mit einem Bild (Zeichnung, Photographie, auch Caricaturzeichnung) dabei?

Oder haben Sie eine Kleinigkeit über die 11 Scharfrichter?
Oder würde es Sie interessieren können, in dieser Zeit der Kunst
für Kinder und der Kindertheater ein Weniges über das Marionetten-Theater des Papa Schmidt zu schreiben? Oder über Marionettentheater an und für sich (Sie kennen Kleists herrlichen
Aufsatz)?
So viele Fragen – und noch dazu in einer Ihrer wohlgebildeten so
entgegengesetzten Handschrift!

>Pardon! und ergebensten Gruss
>von
>Ihrem
>Chr. Morgenstern.

(Anbei: Heft 3.)

943. VON FELIX POPPENBERG.
CHARLOTTENBURG, 17.11.1903

Hat zu viel Arbeit und deshalb zu einer Extra-Tour keine Zeit.

944. AN EFRAIM FRISCH IN BERLIN. BERLIN, 20.11.1903

Lieber Freund,
Du musst so gut sein und den kleinen Aufsatz heut noch schreiben, da er nicht ans Ende, sondern an 3. Stelle kommt. Ich stelle
Dir Borgis oder Petit frei und zwar genau 1 ⅓ Seite, die ich
möglichst abzupassen bitte. Als Überschrift wähle irgendetwas
Beliebiges z.B. »Heimatkunst« (nichts mit dem Wort »Bühne«
oder »Theater« bitte) u. setze Deinen Namen eventuell oben
drüber.
Wenn mir's möglich komme ich gegen abend noch selbst vor,
doch kann ich nichts versichern. Ich muss morgen früh umbrechen lassen, wir kommen sonst in grösste Verlegenheit. Ausser Dir
sind[?] noch Stoessl, Bierbaum, A. Walter u. ich. Herzl. D. Chr.
Fega bene vertat.

945. AN EFRAIM FRISCH [IN BERLIN].
BERLIN [VERMUTLICH 21. ODER 22.11.1903]

L. Fr.
Ich bitte Dich dringend, nichts mehr zu ändern. Die Sache ist ja
vortrefflich und mein Gerede – ich war eben übermüdet – braucht
Dich nicht weiter zu stören. Übrigens ist die Nummer auf den
25. oder 27. verschoben, wegen Verschiebung der Première.
Anbei eine Billetanweisung, deren Datum Du nach Belieben ausfüllen magst. Lief gestern in der ganzen Stadt nach einer »Anekdote« herum, fand aber nichts.   Servus! Dein Chr.

946. VON WALTER LEISTIKOW. BERLIN, 26.11.1903

Die Radierung ist Eigentum von Paul Cassirer. Er selbst weiß nicht, ob Zorn noch einen Abdruck besitzt, wenn ja, würde er ihn auch kaum billiger verkaufen, aber verschenken. *Da Zorn aber in Amerika ist und seine Frau nicht in Mora, ist in nächster Zeit nichts zu machen.*

947. AN EFRAIM FRISCH [IN BERLIN].
[BERLIN, 4.12.1903]

Lieber Freund,
Die nächste Nummer soll womöglich schon zur nächsten Première (Dienstag) erscheinen. Bitte also, wenn Du irgend kannst, bis morgen, Samstag früh, das über Wedekind. Die Strindbergsache ist vorläufig absolut undringlich und kann jederzeit nachgeholt werden, weshalb Du heutige Première ruhig schiessen lassen kannst. Billet wird von der Kasse anderweitig verkauft, wenn Du um ½ 8 Uhr nicht da bist.
Das Ganze ist eine Überstürzung, aber es muss versucht werden, Cassirer lo vult.
Auf Dich zählend
Dein
Gruss Fega!   Chr.

948. AN EFRAIM FRISCH IN BERLIN.
BERLIN, 7.12.1903

Lieber Freund,
Der Umbruch kommt zwischen 6 und 7 abends ins Büro. Wenn Du willst, komm, sonst mach ich's auch allein (es ist sowieso etwas unsicher, ob er auch wirklich eintrifft). Ev. streiche ich am Schluss etwas, da es über 2 Seiten. Sonst wegen Druckfehlern keine Sorge. Herzlichen Dank und Gruss! Dein Ch.
Gr. Fega.
Kwehl schickt d. Mammon.

949. AN HERMANN UBELL [VERMUTLICH IN LINZ].
BERLIN, 9.12.1903

9.XII.03.
Lieber Herr Ubell,
Sie schreiben mir immer so schöne Briefe und ich revanchiere mich immer nur mit Drucksachen. Ach wo ist die Zeit, da ich noch Briefe schreiben konnte. Aber zu allem geht das Wenige auch noch verloren, was ich schicke. Ich hab' Ihnen einen langen Brief nach Graz geschrieben; aber Sie haben offenbar nichts bekommen. Es muss so im September gewesen sein. – Ihre kleine Villa schildern Sie so reizend, dass Sie mir zugleich nach ihr wie zu ihren Bewohnern die grösste Sehnsucht erwecken. Aber ich werde wohl erst mit grauen Haaren imstande sein, derartige Verwegenheiten wie einen Ausflug nach Oesterreich auszuführen. Man muss sich inzwischen mit dem, was gerade vorliegt, behelfen, und da ist allerdings hier nicht wenig Respektables. Man soll vor allem seinem Schicksal danken, dass – ist man schon zur Grosstadt verurteilt – man in solch einem Strom jungen tüchtigen Lebens dahinschwimmen darf, wie er hier fliesst. Allein diese zwei jungen Theater zu beobachten mit ihrem beständigen Zufluss junger intelligenter anständiger Menschen, ihren thatfrohen Direktor an der Spitze, der es fertig bringt auf einer Bühne, die kapitalistisch ist wie jede andre, doch grosse und reine Kunst zu pflegen und durchzusetzen, ist schon eine Freude, die sich zu erleben lohnt.

Ihren Vorschlag Bahrs Dialog zu besprechen möcht' ich herzlich gern acceptieren, aber er ist thatsächlich schon des Längeren an Frisch vergeben, der sich schon im Sommer, als er in der N.D. Rundschau erschien, seine Gedanken darüber gemacht hat.
Dass Sie aber überhaupt einmal was für's »Theater« schreiben wollen, freut mich besonders. Nun werden Sie auch bald einen andern Stoff finden. Haben Sie nicht vielleicht eine kleine Erinnerung an römische, venetianische oder griechische Vorstellungen, Schauspieler oder Dramatiker? Eine athenische Première – eine venetianische Diseuse – – ja waren Sie denn nicht sogar am Goldenen Horn? Oder etwas für den Kunsthistoriker: Das Schauspielerporträt in der oesterreichischen Kunst. (Übrigens: Stacheln Sie doch unsre römischen Malerfreunde ein bischen auf, sie haben doch vielleicht den oder jenen Dichter oder Darsteller in ihren Mappen: und was sind Nöther und Kraus[?] beispielsweise für feine Künstler. Unter den wenigen Bildern meiner Zimmerwände hängt auch die Photographie die mir Nöether dedicierte (nach einem Porträt von ihm, Mädchen mit Laute, hinten Meer und Woge[?].))
Was schaffen Sie augenblicklich? Feingliedrige Gedichte? Kunstgeschichtliches? Und wie gehts Ihrer lieben muntern Frau die im Verein mit Ihnen meinem römischen Winter so viel Liebes und Helles hinzugefügt hat?
Aber wir sind wieder einmal unversehens ins Plaudern gekommen – Sie dürfen nun endlich nachhaus in Ihr Borgo und die mächtige Korbflasche aus ihrem schmerzenden Arm auf den kleinen Tisch abladen.
  Auf Wiedersehen also und herzliche Grüsse!
      von Ihrem
      Chr. Morgenstern.

950. AN AMÉLIE MORGENSTERN [IN STARNBERG].
BERLIN, 22.12.1903

Wir haben nun eine ganze Weile nichts voneinander gehört, aber hoffentlich lag von Deiner Seite kein ernstlicher Grund vor. Ich muß – und kann mich wohl auch – mit starker Arbeitsbelastung entschuldigen; denn seit ich die kleine Zeitschrift herausgebe, deren Probehefte Dir wohl zugegangen sind, komme ich noch weniger zum Korrespondieren als vorher. Dazu habe ich drei Übersetzungen aus dem Norwegischen übernommen, für Euren Münchener Verleger Albert Langen, eine langwierige und nicht gerade sehr lohnende Aufgabe, obwohl mir die Freude daran, eine Musterübertragung hinzustellen, nicht fehlt. – Von Häuslichem ist sonst nur zu berichten, daß ich mich also seit Oktober in einer netten kleinen Wohnung befinde, aus der ich so bald nicht wieder heraus will, obwohl zur Miete zu wohnen vielleicht rentabler wäre. Aber ich war dieser Mietszimmer zu müde geworden.

951. [AN UNBEKANNT, ORT UNBEKANNT].
BERLIN, WEIHNACHTEN 1903

Dankt für den Brief, hofft, daß sie jetzt so froh und gesund *bleibt und schenkt ihr ein Abonnement für die ersten zehn Hefte von »Das Theater«. Grüßt auch den* werten Herrn Gemahl.

952. AN EFRAIM UND FEGA FRISCH [IN BERLIN].
[HALENSEE, WEIHNACHTEN 1903]

Das Gedicht MIT EINER DIVAN-DECKE ZU WEIHNACHTEN 1903.

953. AN EFRAIM FRISCH IN BERLIN.
BERLIN, 30.12.1903

Berlin, 30.XII.03.
Lieber Freund,
Wir müssen uns nun in puncto der Rubrik »Aus Berliner Theatern« schlüssig werden. Die Flinte ins Korn zu werfen wegen der ersten Schwierigkeit, die noch dazu vorausgesehen war, halte ich überhaupt nicht für ernstlich diskutierbar. Was also thun. Ich schlage folgende 2 Auswege vor: Entweder Du schreibst über sämtliche 5 von Dir gesehenen Stücke

Der Meister
Crainquebille
Pariserin
Früchte der Bildung
Der Strom
im Ganzen eine Seite mit einem Einleitungssatz etwa folgendermassen: Die Fülle der Premièren erlaubt es in diesen kleinen Heften nicht immer, ausführliche Berichte zu geben, weshalb nur ein rascher und unverbindlicher Überblick über den letzten Theatermonat gestattet sei. Wenn Du dabei über den »Strom« nicht mehr schreibst als etwa: Vom »Strom« ist [unleserliches Wort] in dieser Kürze nicht mehr zu sagen, als dass seine Aufführ. im N. Th. sich zu einem bedeutenden äusseren Erfolg gestaltete, gleichviel wie man sich zu seinen dichterischen Qualitäten stellen mag. – so genügt das völlig, niemand kann sonderlich gekränkt sein, jeder kommt auf seine Rechnung.

In der That wären ausführlichere Besprechungen all dieser Werke in diesem Hefte – wie in jedem, wenn eine solche Anzahl Aufführungen vorliegt – unmöglich. Es liegt also in eventuell diktatorischster Kürze keine Ungerechtigkeit, die uns nicht von vornherein zugebilligt werden müsste.

Der 2. Vorschlag ist, die Kritik diesmal direkt in Aphorismen aufzulösen, die nur jede einen Blitz auf die betr. Stücke geben, noch unverbindlicher, noch einfallhafter, wenn Du willst. Wir können uns in diese Aphorismen ja auch teilen. In jedem Falle sind hier 2 Wege, die genug Geist, Aufrichtigkeit und Grazie erlauben, um sie nicht zu verwerfen. Wir haben in diesen kleinen Heften nichts weniger zu geben als Rechenschaft, wir dürfen hier so persönlich sein wie wir wollen, und wenn wir über ein paar Theaterstücke auch einmal nur mit kurzen Bemerkungen hinweggehen, so werden unsre Bemerkungen eben mindestens eben so gut fundiert sein wie die spaltenlangen Begründereien andrer.

Also Übermut, Humor, Elan, das sei unser Wahlspruch im Neuen Jahre.

Dein Chr.

954. AN EFRAIM FRISCH [IN BERLIN].
BERLIN [VERMUTLICH ENDE 1903]

Bittet beide morgen, Samstag, zur Generalprobe von »Mutter Landstraße«. Es sei eigentlich keine Generalprobe, weil nur beurteilt werden solle, ob das Stück jetzt oder erst im nächsten Jahr gegeben werden könne.
N.: Max [Reinhardt]. Kayssler.

955. AN LUDWIG UND PHILIPPINE LANDSHOFF [IN SOLLN]. [VERMUTLICH HALENSEE ODER BERLIN, ETWA DEZEMBER 1903]

Das Gedicht IN BAGDAD *HAB ICH EUCH GEKAUFT.*

956. VON EMIL SCHÄFFER. BIELITZ [VIELLEICHT 1903]

Bielitz, oester. Schlesien
Lieber Herr Morgenstern!
Haben Sie vielen Dank für Ihre gütigen Zeilen. Hoffentlich macht Ihnen mein Büchlein Spaß. Sollten Sie's noch nicht erhalten haben, so theilen Sie mir's doch bitte umgehendst mit. Bruckmann besitzt neben anderen Verleger-Tugenden auch die der Bummeligkeit im reichsten Maße. Wenn Sie mit Ihrem letzten Gedichtbande, der mir fehlt, mich erfreuen wollten, würden Sie mich zu frohem, herzlichen Dank verpflichten. Daß Ihnen das Wenige, was ich über die Savonarola-Zeit weiß, uneingeschränkt zu Gebote steht, versteht sich von selbst u. daß ich mich von Herzen freue, im nächsten Winter oft mit Ihnen beisammen sein zu dürfen, können Sie auf's Wort glauben
Ihrem stets ergebenen
Emil Schäffer

957. An Bruno Cassirer [vermutlich in Berlin].
[Vermutlich Berlin oder Halensee,
etwa 1903]

Beurteilung von »Patricierfrauen« von Hans Seebach: Nichts für
unsern Verlag. *Danach kurze Inhaltsskizze.*
N.: Emerson. Nietzsche.

Kommentarteil

Zur Textgestalt

Editionsform. In den Kapiteln »Zur Textgestalt« der vorangehenden Bände I–VI unserer Ausgabe wird begründet, weshalb sich die Herausgeber und der Verlag für die Editionsform der »Studienausgabe« oder »Kommentierten Ausgabe« der *Werke und Briefe* Christian Morgensterns entschieden haben. Dieser Typus der Textbearbeitung gewinnt in der gegenwärtigen Wissenschaftssituation immer mehr an Bedeutung, weil er zwar den Grundsätzen historisch-kritischer Textphilologie verpflichtet ist, jedoch bestimmte definierte Einschränkungen vornimmt, die zur Lesbarkeit und zur Verminderung des Umfangs beitragen. Dabei werden die Originale im Wortlaut ohne sprachliche Eingriffe authentisch wiedergegeben, jedoch ohne die Bürde lückenloser Varianten-Apparate und ohne den Zwang zum Abdruck des zusammenhanglos Fragmentarischen, Mißlungenen, Peripheren oder Belanglosen.

Diese für die Bearbeitung der poetischen Werke und Schriften Christian Morgensterns in den Bänden I–VI angemessene Regel ist bei der Edition seines Briefwechsels zu modifizieren. Briefe als Alltagsprosa haben gegenüber den poetischen Gattungen und auch den durchgeformten Schriften einen anderen, persönlich-privaten Charakter, der Aufschlüsse über die Lebensweise, die biographischen Ereignisse, über die Gedanken- und Empfindungswelt der Verfasser und nicht zuletzt auch über ihr gegenseitiges Verhältnis gibt. Somit gilt es bei der Edition einer Briefsammlung, dieses Persönliche so weit wie möglich zu erhalten. Christian Morgenstern hat sich zu dieser Problematik selbst geäußert: *Mit der Vervielfältigung durch den Druck verändert sich das Bild einer Arbeit in demselben Maasse, wie das Bild eines Menschen, der aus seinem gewöhnlichen Anzug in eine Uniform gesteckt wird. Zuweilen gewinnt er, zuweilen verliert er durch die Uniform. Briefe z.B. haben im Druck sehr oft ihre feinste Blume verloren.* [...] *Der Wert einer Arbeit bleibt freilich in jeder Gewandung derselbe nur nicht zugleich ihre Unbefangenheit, ihr Charme.* (T 1905, Bl. 51, Abt. Aphorismen Nr. 464).

Um ein umfassendes Bild einer Persönlichkeit und ihrer Entwicklung zu gewinnen, ist es außerdem erforderlich, das gesamte Briefwerk ohne einschränkende Auswahl zu berücksichtigen, d.h. alle heute zugänglichen Briefe und Gegenbriefe, Briefzitate aus anderen Kontexten (z.B. Schriften der Zeitgenossen, Auktionskatalogen u.a.), Postkarten, Billette, Telegramme und die noch vorhandenen Briefentwürfe in den Tagebüchern oder auf losen Blättern.

Die **Anordnung der Texte** richtet sich nach den Regeln vergleichbarer Briefausgaben und geschieht in chronologischer Reihenfolge nach den überlieferten oder erschlossenen Briefdaten. Nicht eindeutig zu datierende Briefe finden sich jeweils am Ende des in Frage kommenden Zeitraums. Ein Verzeichnis der Briefschreiber und Briefempfänger gibt Aufschluß über vorhandene Einzelbriefwechsel (s. S. 953). Zudem können Morgensterns häufig wechselnde Wohn- und Reiseorte einem besonderen Verzeichnis entnommen werden (s. S. 949).

Herausgeber-Zusätze stehen grundsätzlich in eckigen Klammern [ ].

Die **Textwiedergabe** mußte gegenüber den Bänden I–VI ebenfalls modifiziert werden, denn bei einer Briefsammlung von dem Umfang, wie er von Christian Morgenstern überliefert ist, würde der wörtliche Abdruck jeder noch so beiläufigen Mitteilung das vertretbare Maß unserer kommentierten Studienausgabe weit überschreiten. Da andererseits wie erwähnt auf keinen der gegenwärtig bekannten Brieftexte verzichtet werden soll, haben sich die Herausgeber für eine Methode der Textwiedergabe entschieden, mit der die unterschiedlichen Qualitätsebenen berücksichtigt werden können. Dabei kommen die Texte normalerweise wörtlich zum Abdruck, während Mitteilungen, die eine Zusammenfassung des Inhalts nahelegen, als sogenannte »Regesten«, d.h. als verkürzende Inhaltsangaben, wiedergegeben werden. Diese Abschnitte in Regestform enthalten die jeweils biographisch relevanten Tatsachen und die Namen. Sie werden durch *Kursivdruck* kenntlich gemacht, während alle wörtlich wiedergegebenen Texte des jeweiligen Briefschreibers in gerader Schrift erscheinen. Die genannten Inhaltsangaben in Kursive stellen zwar Herausgeberformulierungen dar, die aber gleichwohl unmittelbar aus den Originaltexten genommen sind; sie unterscheiden sich insofern von sachlichen Hinzufügungen wie etwa [*bricht ab*], die zusätzlich in Klammern [ ] gesetzt werden. Die Regestmethode wurde ursprünglich in der Geschichtswissenschaft entwickelt, um große Briefcorpora oder Dokumentensammlungen bewältigen zu können, doch wird sie in wachsendem Umfang auch in den neueren Philologien angewandt. Bei der Edition des Morgenstern-Briefwechsels erweist sich die Mischform zwischen dem vollständigen Abdruck der Brieftexte und der teilweisen Wiedergabe in Regestform als besonders zweckmäßig. Sie erlaubt über ihren platzsparenden Effekt hinaus dem Leser die Konzentration auf die wesentlichen Aussagen der Briefautoren. Dabei ergibt es sich aus der Sache selbst, daß Christian Morgensterns Briefe weitgehend im Volltext erscheinen.

Zur Textgestalt

Die Form der Texte ist einheitlich nach dem folgenden Schema geordnet: Die Kopfleiste enthält die laufende Briefnummer, den Namen des Empfängers mit Wohnort (z.b. AN FRIEDRICH KAYSSLER IN BRESLAU) oder den Namen des Absenders (z.b. VON MARIE GOETTLING), dazu kommt jeweils, soweit bekannt oder erschlossen, der Abfassungsort und die Abfassungszeit. Die Briefanrede wird linksbündig gesetzt, die Schlußformel mit Unterschrift zeilengetreu abgestuft und am rechten Rand orientiert. Leerzeilen konnten aus Platzgründen nicht übernommen werden. Bei Regesten werden am Ende nach der Sigle *N.:* die restlichen Personen- und Ortsnamen sowie die Werke Morgensterns verzeichnet, die zuvor noch nicht genannt worden waren.

Die Orthographie der Briefe wird im Unterschied zu den Bänden I–VI in der Originalform übernommen, denn sie zeigt nicht nur den historischen Stand vor und nach den Rechtschreibreformen von 1901/03, sondern vor allem auch die individuellen Eigentümlichkeiten der Schreiber. Ebenso bleibt selbstverständlich der Lautstand, also das akustisch Wahrnehmbare der Sprache, erhalten (z.B. Hülfe, Naivetät, er frägt, sowie alles Mundartliche). Die Unterschiede, die sich früher durch den Wechsel von deutscher und lateinischer Schrift (bei Drucken durch Fraktur und Antiqua) z.B. als Auszeichnung fremdsprachlicher Textstellen, Überschriften, Eigennamen und anderer Stellen erzielen ließen, müssen hier der einheitlichen Schreibweise im Antiquadruck geopfert werden. Briefe, für die es keine handschriftlichen Vorlagen gibt, werden in der Form übernommen, in der sie vorliegen, d.h. meist in normalisierter Rechtschreibung, nicht eindeutig gekennzeichneten Auslassungen u.a.

Hervorhebungen durch einfache oder mehrfache Unterstreichungen werden einheitlich g e s p e r r t wiedergegeben.

Abkürzungen werden nicht aufgelöst. Sie können schon allein durch ihr Vorhandensein Aufschlüsse über das Verhältnis des Schreibers zum Adressaten geben und erklären sich in den meisten Fällen selbst, andernfalls werden sie im Kommentar oder im Register erklärt. Der Brief an einen guten Freund kann etwa die Anrede haben: *L. F.* (»Lieber Freund«, aber auch »Lieber Frisch« bei Briefen an diesen) oder *L. J.* (»Lieber Junge«, meist an Friedrich Kayssler).

Scheinbar fehlende Buchstaben oder Schlußpunkte werden in der Regel stillschweigend ergänzt, denn in flüchtig geschriebenen Texten oder stark persönlich geprägten Handschriften gibt es häufig unbestimmte Übergänge, Schnörkel, die mehreres bedeuten können, oder auch Schlängeleien, besonders an Wortenden, die alle gemeinsam haben, daß sie anstelle deutlich ausgeschriebener Buchstaben stehen. Diese fehlen also nicht, sondern sind als flüchtige Andeutungen sehr wohl vorhanden. Sie als nicht geschrieben anzunehmen und nach der Regel in [ ] zu setzen, kann also nicht korrekter sein als eine stillschweigende Ergänzung. Wo ein Fehlen eindeutig war, konnte aber die Ergänzung in Klammern gesetzt werden.

Die Interpunktion wird unverändert übernommen und, wo erforderlich, im Kommentar erläutert.

Zum Kommentarteil.

Sämtliche Zitate aus dem Textteil des Briefwechsels sowie alle Zitate von anderen Morgensterntexten sind im Kommentar zur Unterscheidung von den übrigen Texten einheitlich in *Kursivdruck*, Morgensterns Werktitel sind in KAPITÄLCHEN gesetzt. Alle sonstigen Zitate sowie Werk- und Zeitschriftentitel erscheinen dagegen in gerader Schrift mit Anführungszeichen.

Ortsnamen und ihre Erläuterungen richten sich in Sprachform und Zuordnung nach den zeitgenössischen Vorgaben; zugrunde gelegt wurden die geographischen Lexika von Petzold und Ritter (s. S. 735 f.) und »Meyers Großes Konversations-Lexikon« 6. Aufl. Leipzig, Wien 1907–1910.

Unter dem Stichwort Überlieferung ist im Kommentarteil zu jedem Stück des Textteils angegeben, wo es hergenommen und nach Möglichkeit, wie es zu datieren ist. Fehlt an dieser Stelle der Verweis auf eine Handschrift, so ist im Nachlaß kein Manuskript mehr vorhanden, und es folgt die Angabe des Erstdrucks (»Druck«).

Die Textvarianten (Lesarten) im Kommentarteil umfassen alle Vorstudien, Vorformen und vom Autor getilgten oder auf andere Art verworfenen Fassungen eines Textes, soweit sie nicht bloße Doppelaussagen darstellen, sondern die Satz- und Wortbedeutungen erweitern. Dabei werden zusammenhängende Textstücke möglichst auch als Ganzes wiedergegeben. Handelt es sich dagegen nur um die häufig vorkommenden Veränderungen von Sätzen, Satzteilen oder Einzelwörtern, so wird die Variante nach dem folgenden, editorisch gebräuchlichen Schema dokumentiert: Zunächst wird aus dem Textteil das Zitat (Lemma) mit Seiten- und Zeilenangabe wiederholt, auf das sich die Variante bezieht, und mit einer einfachen eckigen Klammer] abgeschlossen. Danach folgt die Variante (Lesart) in vollem Wortlaut und gegebenenfalls mit Kennzeichnung von Streichungen des Autors, Daneben- oder Darüberschreiben etc. Den Schluß bildet der Nachweis des Fundortes, zumeist eine Tagebuchstelle, ein loses Blatt oder ein Manuskript. Die beiden folgenden Beispiele zeigen zuerst das Schema der Anordnung und sodann den durchgeschriebenen Verlauf einer Textvariante.

Seite, Zeile	Textstelle (Lemma)]	Variante (Lesart)	Fundort
179, 23	*ein Fürst*]	*Wilhelm II.*	T 1908/09 I, Bl. 111.

190, 19 *Wie sehr bedarf doch der Mensch*] *Was für ein träges ungeistiges Tier ist doch noch der Mensch und wie sehr bedarf es* T 1906/07, Bl. 128.

Lücken im Text werden jeweils vermerkt. Auslassungen von Textstellen durch den Herausgeber (am häufigsten Varianten ohne Bedeutungsänderung) werden durch [...] angezeigt.

Editionszeichen

[ ]	Zusätze des Herausgebers
[?]	Am Schluß einer unsicheren Lesung
[...]	Vom Herausgeber weggelassen
[Lücke]	Kennzeichnung einer Lücke im Text
[bricht ab]	Text bricht ab
⟨ ⟩	vom Briefschreiber gestrichen.

Abkürzungen

T	Tagebuch
N	Notizbuch
a.a.O.	am angegebenen Ort (Rückverweis auf einen früheren Beleg)
Abt.	Abteilung
Aufl.	Auflage
Ausg.	Ausgabe
Bd.	Band
ebd.	ebenda (bezieht sich auf den unmittelbar vorhergehenden Beleg)
engl.	englisch
f./ff.	nächstfolgende / mehrere folgende
franz.	französisch
griech.	griechisch
H.	Heft
Hrsg./hrsg.	Herausgeber/herausgegeben
Jg.	Jahrgang
Jh.	Jahrhundert
lat.	lateinisch

Lit.	Literatur
M	Christian Morgenstern
Nr.	Nummer
o.J.	ohne Jahr
Rez.	Rezension
s./s.o./s.u./s.d.	siehe/siehe oben/siehe unten/siehe dort
S.	Seite
Sp.	Spalte
u.a.	unter anderem
Verf.	Verfasser
vgl.	vergleiche
zit.	zitiert
Zs.	Zeitschrift

An der nachfolgenden Aufstellung der Tagebücher hat der Herausgeber der Abteilung Humoristische Lyrik, Herr Professor Dr. Maurice Cureau, maßgeblich mitgewirkt.

Verzeichnis der Tagebücher (T)

Die Tagebücher Christian Morgensterns sind in der Regel fest gebundene Hefte (sog. Kladden), in die er meist fortlaufende, aber nur gelegentlich mit Datum versehene Eintragungen machte. Diese enthalten neben persönlichen Notizen vor allem Ideen und Entwürfe zu Dichtungen, Aphorismen, Kritiken und Briefen. Morgenstern selbst bezeichnete die Hefte deshalb gelegentlich auch als Taschenbücher (in der vorliegenden Ausgabe werden sie einheitlich Tagebücher genannt). Für den Herausgeber sind sie die Hauptquellen zur Erschließung des unveröffentlichten Nachlasses des Dichters.

T 1887/90

Teil eines Schulheftes, unliniert, ohne Einband, 331 × 210 mm, 18 Bl., am Ende 1 Bl. herausgeschnitten.
Frühestes Datum: 30.12.1887 (Bl. 2), dem Inhalt nach 29.12. (Bl. 1), spätestes Datum: 7.3.1890 (Bl. 17).
Dezember 1887–März 1890.

T 1891

Heft, kariert, schwarzer Wachstucheinband, 166 × 105 mm, 86 Bl., davon zahlreiche unbeschrieben und einige herausgerissen.
Frühestes Datum: 6.3.1891 (Bl. 4), spätestes Datum: vor dem 3.6.1891 (Bl. 86).
März–Mai 1891.

T 1892/93

Gebundenes Taschenbuch mit Bild (Segelschiff) auf dem Einband, unliniert, 173 × 113 mm, 50 Bl., danach 3 Bl. herausgeschnitten, dann 3 Bl. unbeschrieben.
Frühestes Datum: 17.11.1892 (Bl. 4), dem Inhalt nach 29. (wahrscheinlich 9.), spätestes Datum: 8.11.1893 (Bl. 44).
September(?) 1892–November 1893.

T 1894 I

Heft, liniert, schwarzer Wachstucheinband, 168 × 105 mm, 126 Bl.
Einzige Daten: 29.8.1894 (Bl. 11) und 30.8.1894 (Bl. 10). Das T enthält hauptsächlich Gedichte zur Gedichtsammlung IN PHANTAS SCHLOSS.
August–November/Dezember 1894 (?).

T 1894 II

Heft, kariert, schwarzer Wachstucheinband, 166 × 105 mm, 122 Bl., Bl. 19–61 Vorlesungsnotizen Wintersemester 1894/95.
Einziges Datum: 7.12.1894 (Bl. 120), zusätzlich Verweise auf Weihnachten (Bl. 96: Gedicht *Christnacht ist heut*) und Neujahr (Bl. 91: *Neujahrsphantasie*, Bl. 96: *Glocken um Neujahr*–Aphorismus Nr. 1151 – Bl. 97: Liste *Neujahrskandidaten*). Dem Inhalt nach (Gedichte zu IN PHANTAS SCHLOSS) wurde das T fast gleichzeitig mit T 1894 I geschrieben, aber später angefangen.
September–Dezember 1894.

T 1894/95

Heft, kariert, schwarzer Wachstucheinband, 166 × 105 mm, 116 Bl.
Frühestes Datum: 23.5.1894 (Bl. 35), spätestes Datum: 21. 6.1895 (1. Einbandseite vorn innen). Einige Daten von Januar bis April auf der letzten Einbandseite hinten, die übrigen Daten alle von Januar und Februar 1895. Da IN PHANTAS SCHLOSS Ende Februar abgeschlossen wurde (vgl. Brief an Eugenie Leroi vom 27.2., Nr. 282) und sich auf Bl. 106 das letzte PHANTA-Gedicht findet, wurde das T vermutlich größtenteils im Winter 1894/95 geschrieben.
Mai 1894–Juni 1895, hauptsächlich Januar und Februar 1895.

T 1895

Heft, liniert, schwarzer Wachstucheinband, 168 × 105 mm, 190 Bl. (1–8 fehlen).
Frühestes Datum: 6.5.1895 (Bl. 85), spätestes Datum: 18.8.1895 (Bl. 73). Die letztere Eintragung ist eine Geburtstagsnotiz für den 26.8., die nach einem Brief an Philipp Deppe vom Dezember 1895, Nr. 353, am 18.8. geschrieben worden sein muß.
Mai–August 1895.

T 1897/98

Heft, liniert, schwarzer Wachstucheinband, 200 × 136 mm, 128 Bl.
Frühestes Datum: April 1897 (Bl. 7), spätestes Datum: 5.5.1898 (Bl. 118).
April 1897–Mai 1898.

T 1898/99 I

Heft, kariert, schwarzer Wachstucheinband, auf dem Titelblatt: *Norge*, 200 × 136 mm, 136 Bl.
Frühestes Datum: 18.5.1898 (Bl. 4), spätestes Datum: 12.5.1899 (Bl. 105).
Mai 1898–Mai 1899, hauptsächlich Mai–Dezember 1898.

T1898/99 II

Kontobuch, liniert, marmorierter Einband mit dunkelrotem Lederrücken, 193 × 126 mm, 232 Bl., Bl. 40–75, 82–232 und weitere Einzelblätter nicht beschrieben.
Frühestes Datum: 17.10.1898 (Bl. 5), spätestes Datum: 10.5.1899 (Bl. 33).
Außerdem auf Bl. 76 eine vermutlich spätere Eintragung und auf Bl. 76, 79, 81 Listen von Gedichten aus den Jahren 1902 und 1903.
Oktober 1898–Mai 1899.

T 1901

Heft, kariert, schwarzer Wachstucheinband, 170 × 109 mm, 112 Bl.
Frühestes Datum: 13.8. 1901 (Bl. 11), spätestes Datum: 20.9.1901 (Bl. 75).
August–September 1901. Folgende Hinweise machen es wahrscheinlich, daß das T noch bis November/Dezember weitergeführt wurde: eine Notiz zu Lagarde (Bl. 54) weist auf November 1901, vgl. einen Vermerk Ms: *Paul de Lagarde:»Deutsche Schriften« XI. 1901* (Brief von Kayssler, Nr. 778) sowie an Efraim Frisch, Nr. 781, ebenfalls zu Lagarde. Ein Gedicht AN LUDWIG JACOBOWSKI † (Bl. 90, s. Abt. Lyrik 1887–1905, S. 396) könnte um den 1. Jahrestag seines Todes (2.12.1901) entstanden sein.

August–Dezember (?) 1901

T 1902

Heft, liniert, blauer Kartonumschlag, 210 × 143 mm, 52 Bl., 5 Bl. von hinten nach vorn beschrieben.
Frühestes Datum: 24.6.1902 (Bl. 1: *Vom Uto-Kai),* vgl. N 1902, Bl. 162,

24.6.: *Vom Uto-Kai angefangen*. (Oder schon ab 27.5. Ankunft in Zürich), spätestes Datum: nach dem 8.12.1902 (Bl. 40-45).

Juni(?)-Dezember 1902.

T 1902/03 I

Heft, kariert, schwarzer Wachstucheinband, 207×132 mm, 118 Bl.
Frühestes Datum: 24. u. 25.5.1902 (Bl. 3), spätestes Datum: 17.3.1903 (Bl. 111), vermutlich hauptsächlich 1902: 22.12. (Bl. 101), nach dem 9.12. (Bl. 117, datiert nach T 1902/03 II, Bl.13, das textgleiche Passagen enthält).

Mai 1902-März 1903

T 1902/03 II

Römisches Tagebuch, besteht aus zwei Heften: (A) Heft, liniert, dunkelroter Kartoneinband, Vignette und Firmenadresse (Roma) auf Umschlagtitel, 210 × 152 mm, 84 Bl. von hinten nach vorn beschrieben. Auf Bl. 84 von Margareta Ms Hand: »Röm[isches] Tagebuch«. (B) Heft, liniert, grüner Kartoneinband, Vignette und Firmenadresse (Milano) auf Umschlagtitel, 210 × 152 mm, 40 Bl., davon 1-5 bzw. 40-35 (von hinten) beschrieben.
Frühestes Datum: 24.12.1902 (A Bl. 82) oder Bl. 13 *Nachträge* (nach dem 9.12.1902), spätestes Datum: 21.(4.1903) (B Bl. 35 *flüchtige Nachträge*).

Dezember 1902-April 1903.

T 1903

Heft, liniert, ohne Einband, 164 × 121 mm, 136 Bl.
Frühestes Datum: 18.3.1903 (Bl. 17), spätestes Datum: 14.9.1903 (Bl. 121).

März-September 1903.

T 1904 (?) I

Heft, liniert, schwarzer Wachstucheinband, 207 × 132 mm, 80 Bl.
Keine Daten.
Das T enthält Übersetzungen von Bjørnson-Gedichten (Bl. 2f., 5, 7, 9,13). Ein Brief des Verlegers Albert Langen v. 29.8.1903, Nr. 918, bezieht sich u. a. auf einen Kontrakt bezüglich der Übersetzung von Bjørnson-Gedichten. Im T 1903, Bl. 120 (datierbar um den 14.9.1903) findet sich eine Liste von Gedichten. Im Brief vom 11.6.1904 drängt Albert Langen auf

baldige Fertigstellung der Übersetzungen. Im T 1904 II, Bl. 15 f. (datierbar Juni/Juli 1904) steht ebenfalls eine Bjørnson-Übersetzung. Das T enthält außerdem den Entwurf für ein Vorwort zu den GALGENLIEDERN (Bl. 43 f.), datierbar vermutlich 1904, vgl. einen Brief an Bruno Cassirer, vermutlich vom Herbst 1904, jedenfalls vor dem 1.12.: *Ich habe jetzt zwei ganz neue »Einleitungen«, unter denen Sie wählen mögen*, was sich anscheinend auf die GALGENLIEDER bezieht (erschienen 1905).

T 1904 II

Heft, liniert, schwarzer Wachstucheinband, 206 × 130 mm, 82 Bl.
Frühestes Datum: 22.6.1904 (Bl. 2), spätestes Datum: Notizen für Weihnachtsgeschenke (Bl. 73, 77 f., 81).

Juni–Dezember (?) 1904.

T 1905

Heft, liniert, schwarzer Wachstucheinband, 206 × 130 mm, 90 Bl. Auf der Einbandinnenseite vorn: *Birkenwerder I.*
Frühestes Datum: 6./7.10.1905 (Bl. 55), spätestes Datum: 17.12.1905 (Bl. 38).

Oktober–Dezember 1905

T 1906

Heft, kariert, schwarzer Wachstucheinband, 199 × 125 mm, 162 Bl.
Frühestes Datum: 4.1.1906 (Bl. 126), spätestes Datum: 24.2.1906 (Bl. 82).

Januar–Februar 1906.

T 1906/07

Heft, liniert, schwarzer Wachstucheinband, hinterer Einbanddeckel abgeschnitten, 199 × 125 mm, 192 Bl. Auf der Einbandinnenseite vorn: *Juli 1906 München–Tirol.*
Frühestes Datum: 21.7.1906 (Bl. 7), spätestes Datum: 4.2.1907 (Bl. 161).

Juli 1906–Februar 1907.

T 1907 I

Heft, kariert, schwarzer Wachstucheinband, 184 × 115 mm, 131 Bl.

Frühestes Datum: 15.2.1907 (vordere Innenseite des Einbands), spätestes Datum: 18.7.1907 (Bl. 81).

Februar–Juli 1907.

T 1907 II

Heft, liniert, schwarzer Wachstucheinband, 210 × 138 mm, 104 Bl.
Frühestes Datum: 10.8.1907 (Bl. 37), spätestes Datum: 28.8.1907 (Bl. 82), zusätzlich zwei weitere Daten: 8.5. (1908?) (Bl. 15,) und 6.9. (1908?) (Bl. 68).

August (?) 1907.

T 1907/08

Heft, liniert, mit dunkelblauem Ledereinband, Firmenadresse (London) auf Titelblatt, 210 × 134 mm, 163 Bl. Auf dem Vorsatzblatt: *Zürich/ Obermais Ende 1907 Anfang 1908*
Frühestes Datum: 24.10.1907 (Bl. 5, datiert auf einer Abschrift des Aphorismus Nr. 1398 auf einem losen Blatt), spätestes Datum: 22.1.1908 (Bl. 155).

Oktober 1907–Januar 1908.

T 1908 I

Heft, liniert, schwarzer Wachstucheinband, 168 × 105 mm, 94 Bl.
Frühestes Datum: 1.8.1908 (Bl. 72), frühestes erschlossenes Datum: vor dem 6.7.1908. (Das T enthält Kindergedichte, Bl. 1–27, die M im Brief an Bruno Cassirer vom 6.7.1908 als bereits fertiggestellt aufzählt.) Spätestes Datum: *ca. 24.8.* (1908) (Bl. 46).

Juni(?)–August 1908.

T 1908 II

Heft, kariert, schwarzer Wachstucheinband, 191 × 120 mm, 131 Bl. Titel *Phönix. Sommer 1908.*
Frühestes Datum: 19.8.1908 (Bl. 3), spätestes Datum: 19.10.1908 (Bl. 124).

August–Oktober 1908.

Zur Textgestalt 715

T 1908 III

Heft, kariert, roter Wachstucheinband, 149 × 90 mm, 147 Bl.
Frühestes Datum: 25.(9.?) 1908 (Bl. 7), spätestes Datum: 15.(10.?) 1908 (Bl. 143).
September–Oktober 1908.

T 1908/09 I

Heft, liniert, dunkelblauer Ledereinband (wie T 1907/08), 210 × 134 mm, 155 Bl.
Frühestes Datum: 8.2.1908 (vordere Einbandseite), spätestes Datum: 1.2.1909 (Bl. 130). Das T umfaßt die Zeit von Februar–Juni 1908: frühestes Datum: 8.2.1908 (s.o.), spätestes Datum: 13.–15.6.1908 (Bl. 77) und von Oktober 1908–Februar 1909: frühestes Datum: 1.10.1908, mit dem Vermerk: *Fortsetzung von Notizbuch VIII/08 und IX/08* (= T 1908 II und III, vermutlich gehört auch T 1908 I hierzu) (Bl. 80), spätestes Datum: 1.2.1909 (Bl. 130).
Erster Teil: Februar–Juni 1908, zwischen T 1907/08 und T 1908 I einzuordnen. Zweiter Teil: Oktober 1908–Februar 1909.

T 1908/09 II

Heft, liniert, schwarzer Wachstucheinband, 197 × 129 mm, 132 Bl., nur 2 Bl. Text, von hinten begonnen, sonst Inhaltsverzeichnisse anderer Tagebücher u. ä., Bl. 37–132 unbeschrieben.
Einziges Datum: 1908/09 Winter (?) (vordere Einbandseite innen).

T 1909 I

Heft, liniert, schwarzer Wachstucheinband, 159 × 99 mm, 97 Bl.
Frühestes Datum: 20.1.1909 (Bl. 19), spätestes Datum: 17.2.1909 (Bl. 68).
Januar–Februar 1909.

T 1909 II

Buch, kariert, violetter Leinenband, 142 × 92 mm, 250 Bl., Bl. 58–120 und Bl. 128–250 sowie zumeist jedes zweite Bl. unbeschrieben, bei einigen sind Teile weggeschnitten.
Einziges Datum: Februar (1909) (Bl. 11). Außerdem ein Vorverweis auf Vorträge Rudolf Steiners in Düsseldorf, die vom 12. bis 14.4. gehalten

wurden (Bl. 20), sowie eine Bemerkung im Zusammenhang mit Rudolf Steiners Vorträgen im Berliner Architektenhaus (Bl. 39), die M besuchte (vgl. den Brief an Steiner vom 6.4.1909: *seit Mitte des Winters etwa folge ich Ihren Vorträgen im Architektenhaus* (...)

Winter–Frühjahr 1909. Ein Gedicht (Bl. 20) auch T 1909 III, Bl. 113, datiert vermutlich April. Da das T ausschließlich Überlegungen zur geplanten Ehe enthält, wurde es vermutlich parallel zu anderen Tagebüchern geführt.

T 1909 III

Heft, kariert, schwarzer Wachstucheinband, 148 × 90 mm, 174 Bl., verschiedentlich unbeschrieben.

Frühestes Datum: März 1909 (vordere Einbandseite innen), spätestes Datum: etwa 8.–23. Mai (Bl. 142–144: Notizen, die sich auf den Aufenthalt in Norwegen beziehen).

März–Mai 1909.

T 1909 IV

Heft, kariert, grau karierter Wachstucheinband, 143 × 90 mm, 170 Bl., zahlreiche unbeschrieben.

Frühestes Datum: 8.6.1909 (Bl. 1–24: Briefentwurf an Elisabeth Morgenstern, erwähnt im Brief an Friedrich Kayssler vom 9.6.1909), spätestes Datum: 16.6.1909 (Bl. 167).

Juni 1909.

T 1909 V

Heft, liniert, dunkelblauer Ledereinband (wie T 1907/08), 210 × 134 mm, 152 Bl., vereinzelt unbeschrieben, Notizen zu Vorträgen Rudolf Steiners in Kassel, 24.6.–7.7.1909 (Bl. 1–66) und München, 23.–31.8.1909 (Bl. 70–117).

Frühestes Datum: 19.7.1909 (Bl. 149) oder nach dem 24.6. (Ein Vortragszyklus Rudolf Steiners, von dem sich M Notizen machte, Bl. 1–66, begann am 24.6.) Spätestes Datum: 20.9.1909 (Bl. 135).

Juni (?)/Juli–September 1909.

Zur Textgestalt 717

T 1910 I

Heft, kariert, grau karierter Wachstucheinband, 169 × 114 mm, 131 Bl.
Frühestes Datum: 13.1.1910 (Bl. 25: Brief an Bruno Cassirer vom 13.1., spätestes Datum: 9.2.1910 (Bl. 110).
Januar–Februar 1910.

T 1910 II

Heft, kariert, grau karierter Wachstucheinband, 169 × 114 mm, 129 Bl.
Frühestes Datum: 22.2.1910 (Bl. 6), spätestes Datum: Mai/Juni 1910 (Bl. 93).
Februar–Juni 1910, hauptsächlich Februar–April (Bl. 87: 14.4.).

T 1910 III

Heft, kariert, grauer Leineneinband, 128 × 85 mm, 95 Bl.
Frühestes Datum: 13.6.1910 (Bl. 93), spätestes Datum: 14.7.1910 (Bl. 70/71)
Juni–Juli 1910.

T 1910 IV

Heft, liniert, violetter Ledereinband (wie T 1907/08), 210 × 134 mm, 163 Bl., beschrieben nur Bl. 1–27 und 149–158.
Frühestes Datum: August/September 1910 (Bl. 1), spätestes Datum: 24.11.1910 (Bl. 19).
August–November 1910.

T 1910 V

Heft, kariert, schwarzer Wachstucheinband, 154 × 100 mm, 81 Bl., Bl. 33–65 nicht beschrieben.
Frühestes Datum: 23. und 24.9.1910 (Bl. 80), spätestes Datum: 24.11.1910 (Bl. 15). – Das Vorsatzblatt trägt den Verweis *Herbst 1910 bis Frühling 1911*, doch war für das Jahr 1911 keine Datierung mehr nachzuweisen.
September–November 1910 oder später.

T 1911

Taschenbuch, kariert, dunkelroter Ledereinband, 149 × 99 mm, 189 Bl.
Frühestes Datum: 12.6.1911 (Bl. 7), spätestes Datum: 22.10.1911 (Bl. 169).
Juni–Oktober 1911.

T 1911/12

Taschenbuch, kariert, rot eingefaßter grüner Leineneinband, 151 × 107 mm, 193 Bl., vereinzelt unbeschrieben.
Frühestes Datum: 1.11.1911 (vordere Einbandseite innen), spätestes Datum: 8.2.1912 (Bl. 122).
November 1911–Februar 1912.

T 1912 I

Taschenbuch, kariert, dunkelroter Ledereinband, 159 × 105 mm, 185 Bl.
Frühestes Datum: 11.3.1912 (Bl. 13), spätestes Datum: 6.9.1912 (Bl. 140).
März–September 1912.

T 1912 II

Heft, kariert, roter Leineneinband, 196 × 130 mm, 92 Bl.
Einzige Daten: Oktober, 1.–7.10., 15.10.1912 (Bl. 76). Erschlossene Daten: vermutlich 21.9.1912 (Bl. 91: übereinstimmende Einzelheiten mit dem Brief an Margareta M vom 21.9.), 25.9. oder etwas später (Bl. 74, vgl. Brief an Margareta M vom 25.9., in dem eine Rezensionsarbeit erwähnt wird, die im Entwurf auf Bl. 74 vorhanden ist). Hinweise auf September/Oktober in einer Liste, vermutlich einem Arbeitsplan; zu den Notizen *1. Brief an Jacobsohn* und *7. Alfred Guttmann* vgl. Brief an Margareta M vom 24.9., in dem Briefe an beide erwähnt werden; zur Notiz *8. Fekete Roman für Cassirer lesen* vgl. die am 12.10. abgeschickte Beurteilung *Fekete: Graue Ferne. Roman.*
September–Oktober 1912.

T 1912/13 I

Heft, kariert, schwarzer Wachstucheinband, 191 × 125 mm, 96 Bl.
Frühestes Datum: März 1912 (Bl. 1), spätestes Datum: nach dem 28.8.1913 (Bl. 4–11: Vorarbeiten zu einer Erwiderung auf Kurt Tucholskys Leitartikel »Wenn Ibsen wiederkäme« (»Die Schaubühne« 9 (28.8.1913)

S. 795–798), vgl. Abt. Kritische Schriften Nr. 129). Einige Aphorismen aus diesem T (bis Bl. 84) wurden Ende 1912 in der Zeitschrift »Die neue Rundschau« gedruckt. Außerdem gibt es im T 1912 I, Bl. 83 (datierbar Mai/Juni 1912) eine Liste mit Aphorismenanfängen aus diesem T (bis Bl.86). Da die Entwürfe zu Tucholskys Aufsatz überdies verkehrtherum ins T eingetragen sind, läßt sich vermuten, daß sie nachträglich auf leere Blätter geschrieben wurden und daß das T im übrigen (ausgenommen vermutlich das Gedicht LORUS auf Bl. 12, das ebenfalls verkehrtherum eingetragen wurde) den Zeitraum von März bis Juni umfaßt.

März–Juni 1912, zwischen T 1911/12 und T 1912 I und August/September 1913.

T 1912/13 II

Heft, liniert, dunkelblauer Ledereinband (wie T 1907/08), 210 × 134 mm, 158 Bl.
Frühestes Datum: Oktober 1912 (Bl. 4), spätestes Datum: nach dem 28.8. 1913 (Bl. 34–38 und 40: auch hier Vorarbeiten zu »Wenn Ibsen wiederkäme«). Der Entwurf einer Glosse: GROSS WIE DANTE (Bl.79–85), die sich mit Paul Claudels Schauspiel »Verkündigung« beschäftigt (Abt. Kritische Schriften Nr. 114) und die in der Zeitschrift »März« 7 (1913) Bd. 1 H. 9 (1.3.1913) S. 360 erschien, weist auf Februar 1913, ebenso eine Auseinandersetzung mit Maurice Maeterlincks Aufsatz »Über das Leben nach dem Tode« (»Die neue Rundschau« 24 (1913) H. 2 (Februar) S. 231–248), Bl. 86, 88–93. Sonst finden sich bis zum Ende des T auch Daten von 1912. Auch hier scheinen die Notizen zu Tucholskys Ibsen-Aufsatz nachträglich eingetragen worden zu sein.

Oktober 1912–Februar 1913 und August/September 1913.

T 1913 I

Heft, liniert, dunkelblauer Ledereinband, 181 × 116 mm, 163 Bl.
Frühestes Datum: 20.2.1913 (Bl. 5), spätestes Datum: 12.6.1913 (Bl. 124: Briefentwurf an Christian Friedrich Kayssler, auf einer maschinenschriftlichen Abschrift datiert).

Februar–Juni 1913.

T 1913 II

Heft, kariert, grüner Pappeinband mit Blumenornamenten, roter Leinenrücken, 135 × 58 mm, 87 Bl.

Frühestes Datum: 1.4.1913 (Bl. 85), spätestes Datum: Oktober (Bl. 72: Erwähnung von H. 10 der »Neuen Rundschau«). Außerdem zwei Eintragungen von 1914 (Bl. 24 und 46, die vermutlich nachträglich auf leere Blätter notiert wurden).

April–Oktober 1913.

T 1913 III

Heft, liniert, naturfarbener Leineneinband, 205 × 134 mm, 200 Bl., davon mehr als die Hälfte unbeschrieben.
Frühestes Datum: nach dem 25.5.1913 (Bl. 187–195: Übersetzungen von Gedichten Friedrichs des Großen, die Friedrich von Oppeln-Bronikowski am 25.5.1913 an M geschickt hatte). Spätestes Datum: vor Weihnachten (Bl. 80: Notizen für Weihnachtsgeschenke).

Mai/Juni–Dezember(?) 1913.

T 1913/14

Heft, liniert, schwarzer Ledereinband (Titelblatt wie T 1907/08), 205 × 128 mm, 160 Bl., Bl. 38–139 unbeschrieben.
Frühestes Datum: 29.11.1913 (Bl. 15–17), spätestes Datum: 7.1.1914 (Bl. 31).

November 1913–Januar 1914.

T 1914

Heft, kariert, schwarzer Wachstucheinband, 140 × 90 mm, 140 Bl., beschrieben nur 1–5, 7, 11, 139, 140.
Einziges Datum: 13.(3.1914) (Bl. 139).

Februar(?)–März 1914. (Morgenstern starb am 31. März).

Verzeichnis der Notizbücher (N)

Notizbücher sind Kalender mit Tageseinteilung, in die Morgenstern zumeist Eintragungen persönlicher Art machte. Sie dienen vor allem als Quelle für biographische Einzelheiten wie Tagesereignisse, Reiseaufenthalte, Abgänge oder Empfänge von Briefen und ähnliches.

N 1899

»Notizen-Sammel-Kalender für 1899«, schwarzer Pappeinband mit Prägung, 85 × 76 mm.
Früheste Eintragung: 4.3.1899, späteste Eintragung: 31.12.1899. Außerdem zwei Eintragungen von 1900: 12.1. und 17.1.

N 1902

Taschenkalender, Einband und die letzten zwei Seiten (ab 14.12.) fehlen, 158 × 90 mm.
Früheste Eintragung: 1.1.1902, späteste Eintragung: 13.12.1902.

N 1906/07

Taschenkalender »Agenda« ohne Jahr, handschriftlich datiert: 1906/1907, dunkelroter Ledereinband, 166 × 108 mm.
Früheste Eintragung: 29.1.1906, späteste Eintragung: 28.12.1907. Der Kalender wurde von M zwei Jahre lang benutzt; die Notizen von 1907 sind meist durch einen Querstrich von den vorjährigen getrennt.

N 1908

Terminkalender ohne Jahr, handschriftlich datiert: 1908, dunkelroter Leineneinband, 342 × 130 mm.
Früheste Eintragung: 1.1.1908, späteste Eintragung: 24.9.1908.

N 1912

Terminkalender »Schweizerische Geschäfts-Agenda pro 1912«, schwarzer Leineneinband, 345 × 143 mm.
Früheste Eintragung: 5.1.1912, späteste Eintragung: 16.12.1912.

N 1914

Taschenkalender »Notiz Kalender für 1914«, dunkelroter Pappeinband, 102 × 67 mm.
Früheste Eintragung: 1.1.1914, späteste Eintragung: 22.2.1914. Weitere Eintragungen von Margareta Morgenstern.

Reinhardt Habel

Einleitung

Christian Morgensterns äußerlich wechselvolles Leben brachte es mit sich, daß er von Kind auf Briefe schreiben mußte, um mit Eltern, Verwandten und Freunden in Verbindung zu bleiben.
Zuerst war es das Jahr in Hamburg (1881/82), in dem er wahrscheinlich an den Vater schrieb, dann die Zeit im Landshuter Internat (1882–84), aus der wenigstens einige Briefe Carl Ernst Morgensterns erhalten geblieben sind, danach kamen die Monate in Breslau, wenn der Vater mit seiner Malklasse unterwegs war, seine Frau ihn begleitete und der Sohn ganzzeitig oder halbtags in Pension gegeben wurde. Es setzte sich fort in der Gymnasialzeit in Sorau (1890–92), wo zusätzlich zu den Elternbriefen nun vor allem der Briefwechsel mit Friedrich Kayssler kam und mehr und mehr in den Vordergrund trat. Dann folgten die Studienzeit, der Arbeitsaufenthalt in Norwegen, die Zeit in Italien u.a., und durch die immer häufiger notwendig werdenden Sanatoriums- und Hochgebirgsaufenthalte wurde bald das Leben fernab vom persönlichen Verkehr mit den Freunden zum immer seltener unterbrochenen Normalzustand. Auch seine Brotarbeit, das Lektorat im Verlag von Bruno Cassirer (frühestens ab Herbst 1903), mußte er deshalb großenteils in Form von brieflichen Gutachten ausüben.
So selbstverständlich das Medium Brief ihm aus äußeren Gründen also werden mußte, so kam es doch auch seiner Disposition zur kleineren Form entgegen, und er plante mehrfach Werke in Form von Briefen (vgl. etwa Nr. 803); auch sein Roman war eine Zeitlang in Gestalt eines Briefwechsels geplant (vgl. Margareta Morgenstern an Piper, 8.6.1950, vgl. auch Abt. Episches Nr. 49 und S. 888). Dies hat selbstverständlich eigene literarische Vorbilder und soll hier nur als Indiz für eine gewisse Affinität Morgensterns zur Briefform erwähnt werden. Umgekehrt verfaßte er gelegentlich Briefe in Gedichtform und gab so alltäglichen Mitteilungen eine literarische Form (z.B. Nr. 686, Abt. Humoristische Lyrik S. 354).
Es ergab sich jedenfalls ein ansehnliches Briefpensum und ein entsprechend umfangreiches, wenn auch für die damalige Zeit nicht ungewöhnlich großes Briefwerk. Manches davon konnte nicht mehr aufgefunden werden, aber gerade die dauerhaften Freundschaften wie die mit Kayssler, Beblo, Landshoff, Marie Goettling, Efraim und Fega Frisch sind brieflich insgesamt gut belegt. Diese Korrespondenz mit den Freunden, die nach der frühen Jugend im Mittelpunkt steht, hat in erster Linie die Aufgabe, die räumliche Trennung zu überbrücken

und Morgenstern am Leben und an den Plänen und Unternehmungen der Freunde teilnehmen zu lassen. Er sucht ihre Vorhaben zu fördern und erhält dafür, jedenfalls von Kayssler, ausführliche Berichte, vor allem in der »Schall-und-Rauch«-Zeit. Hinzu kommen (wenige) Liebesbriefe (an Gena Leroi, Dagny Fett), die für sich selbst sprechen und mit deren Adressatinnen Morgenstern später ein lockeres Freundschaftsverhältnis weiterführte. Hinzu kommt weiterhin die wichtige Korrespondenz mit Verlegern und Redakteuren u.ä., die berufliche also, die nötig war, um im literarischen Leben Fuß zu fassen, seine eigenen Werke verlegen zu lassen, Beiträge in Zeitschriften unterzubringen und sich so Verdienstmöglichkeiten zu eröffnen. Oder es ging um Einzelfragen hinsichtlich der Ibsenübersetzung und der Bemühungen, weitere Übersetzungsaufträge zu erhalten, dann in seiner eigenen Redakteurszeit auch darum, Autoren zu werben und zu motivieren, für seine Zeitschrift »Das Theater« zu schreiben. Auch diese Korrespondenzen sind immerhin soweit erhalten, daß sich ein Bild von Morgensterns Zielen und Aktivitäten daraus ergibt.

Obwohl schon unmittelbar nach Morgenstern Tod damit begonnen wurde, seine Briefe zu sammeln, kam es zu einer Veröffentlichung wenigstens eines kleinen Teils des umfangreichen Briefwerks erst nach einem komplizierten Prozeß.

Der erste, der eine Veröffentlichung von Morgensterns Briefen vorschlug, die Anregung anderer weitergab und seine Hilfe anbot, war Siegfried Jacobsohn, der selbst schon unmittelbar nach Christian Morgensterns Tod eine Auswahl von Briefen bzw. Briefausschnitten an ihn in seiner Zeitschrift »Die Schaubühne« gedruckt hatte (10 (1914), Bd. 1, H. 15 vom 9.4.1914, S. 417–419). Dazu schrieb er an die Witwe, Margareta Morgenstern: »Viele Leute haben gefragt, ob es von so herrlichen menschlichen Dokumenten nicht mehr gebe, ein paar haben eine Sammlung der Briefe angeregt. [...] Vielleicht überlegen Sie mal die Möglichkeit. Es ist selbstverständlich, daß jeder Verlag einen solchen Band mit Vergnügen publizieren würde, und ebenso selbstverständlich, daß ich zu jeder literarischen Hülfe bereit bin« (23.4.1914). Einige Jahre später erneuerte er seine Anregung in der »Weltbühne« (wie die »Schaubühne« seit 1918 hieß) anläßlich des Buchs »Malererbe. Studie zum Lebenswerk Christian Morgensterns« (Berlin 1920) von Gertrud Isolani: »»Das erste Buch über Christian Morgenstern‹ – schön, wenns was taugt. Aber hat noch Keiner daran gedacht, seine Briefe zu sammeln? Vielleicht zum fünfzigsten Geburtstag. Christian Morgenstern, durch ein unaufhaltsam fressendes Leiden sein halbes Leben lang in den Liegestuhl gebannt, mußte

Einleitung 725

ein passionierter Briefschreiber werden, und da sein mild glühendes Herz an vielen Schriftstellern, Künstlern, Menschen gehangen hat, so kann seine Korrespondenz garnichts andres als ein Schatz sein. Wer hebt ihn?« (»Die Weltbühne« 16 (1920) Bd. 1, S. 606–608, Zit. S. 607 f., H. 21, 20.5.1920.)

Diese Aufforderung sollte Komplikationen nach sich ziehen, denn Gertrud Isolani wollte sogleich diese Aufgabe zusammen mit Jacobsohn übernehmen, der ihrem Vorschlag aus Zeitnot zustimmte und die Ablehnung Margareta Morgenstern überließ: »Fräulein Isolani [...] rief zehn Minuten vor meiner Abreise bei mir an. Um den Zug nicht zu versäumen, sagte ich immer nur Ja, weil ich wußte, daß Sie schon die richtige Antwort geben würden«, rechtfertigte er sich vor Margareta Morgenstern und ergänzte, wohl auf ihre Anfrage: »Die Briefe, die ich von Christian Morgenstern habe, stehen Ihnen selbstverständlich zur Verfügung. Ich rechne damit, am ersten Oktober wieder in Berlin zu sein. Vielleicht haben Sie die Güte, mich dann noch einmal zu erinnern« (20.6.1920).

Aber auch unabhängig von äußeren Anregungen war es für Margareta Morgenstern das Nächstliegende, nach Christian Morgensterns Tod damit zu beginnen, seine Hinterlassenschaft zu sichten, für mögliche Nachlaßveröffentlichungen aufzuarbeiten und in diesem Zusammenhang auch eine Briefausgabe in Aussicht zu nehmen. So nutzte sie eine Norwegenreise im Mai 1914 zur Pflege des dort auf einer Vortragsreise erkrankten Michael Bauer, um in Christiania Verbindung mit Dagny Lunde (Fett) aufzunehmen, die ihr auch Briefe für die Veröffentlichung zu schicken versprach. Hauptansprechpartner waren jedoch die engeren Freunde Morgensterns, vor allem Friedrich Kayssler, der ihr auch zusagte, bei weiteren Jugendfreunden, die sie selbst nicht kannte, nachzufragen. Weihnachten 1914 stellte er ihr die frühen Briefe an ihn in Aussicht, die er wohl erneut angesehen hatte: »Jugendbriefe folgen bald. O Gott, wie ist er damals schon in allem Wesentlichsten das gewesen, was er später war« (23.12.1914). Im März 1915 schickte er ihr diese dann zur Abschrift: »53 Briefe und Karten« und ergänzte: »Mit Marie Göttling hoffe ich ja auch einmal zu sprechen. Der Vater wird vielleicht doch Jugendbriefe haben; ich halte es durchaus für möglich, einer gewissen Ordnungsliebe wegen. Wernicke, Zitelmann, Runge, Frey sind Menschen, die für Briefe in Frage kommen. [...] Dann müßten noch einige aus Sorau sein, die M. Göttling wohl weiß. Z.B. ein gewisser Grosch« (ebd.). Auch diese Nachfragen – sofern tatsächlich nachgefragt wurde – waren anscheinend erfolglos. Die Ausnahme bildete Marie Goettling, mit der Margareta Morgenstern auch selbst in loser Verbindung stand und

deren Morgenstern-Briefe nach ihrem Tod, wenn auch nicht vollständig, an Margareta Morgenstern gelangten. Darüber hinaus kann man vermuten, daß diese sich auch selbst mit den ihr bekannten Freunden Morgensterns in Verbindung setzte.
Wenn Margareta Morgenstern auch die Suche nach den Briefen bereits unmittelbar nach Morgensterns Tod begonnen hatte, so standen doch zunächst die Nachlaßausgaben der Werke im Vordergrund: 1916 erschien PALMA KUNKEL, 1918 STUFEN, 1919 DER GINGGANZ, 1920 EPIGRAMME UND SPRÜCHE, 1921 ÜBER DIE GALGENLIEDER und KLEIN IRMCHEN, 1927 dann MENSCH WANDERER, 1928 DIE SCHALLMÜHLE, 1932 ALLE GALGENLIEDER. Seit etwa 1920, als Michael Bauer verstärkt an seinem Buch über Christian Morgenstern arbeitete und dafür die Briefe als biographisches Material benötigte, verstärkten sich auch die Bemühungen um Morgensterns Briefe wieder. Allerdings ist der Briefwechsel Margareta Morgensterns aus dieser Zeit nur sehr bruchstückhaft vorhanden, so daß Einzelheiten hierzu kaum noch feststellbar sind. Offenbar erhielt sie einen Teil der Briefe als Geschenk, andere wieder nur zur Ansicht und Auswertung, von denen, wenn sie sie überhaupt für abschreibenswert hielt, keine Originale mehr vorhanden sind. Dies ist z.B. bei den Briefen an Clara Ostler der Fall. Aber auch die Varianten, daß einige Briefe bei ihr verblieben, die anderen zurückgegeben wurden oder daß ihr von den Besitzern bereits Auswahlen vorgelegt wurden, sind möglich.
Auch ihr Verleger Reinhard Piper engagierte sich, denn bei ihm sollten die Briefe ursprünglich erscheinen. Er setzte Suchanzeigen in die Zeitungen, erkundigte sich dann bei ihr: »Was ist denn inzwischen zur Erlangung der weiteren Morgenstern-Briefe geschehen? Ich habe nochmal Notizen an alle Berliner Zeitungen gesandt [...] Hat sich daraufhin bei Ihnen gar nichts gemeldet?« (18.4.1928). Immer wieder drängte er, die Briefe sollten nun auch abgeschrieben werden: »Was die Briefe anbelangt, so soll auch hierbei die Abschreibearbeit nun endlich mit Nachdruck einsetzen. Der erste Schritt [...] ist nun doch einmal der, dass das schon in Ihren Händen befindliche Material abgeschrieben wird« (13.9.1928); »Wie steht es denn mit der Abschrift der Aphorismen und der Briefe? Die Dame, die Sie damit beauftragen wollten, ist hoffentlich schon in voller Tätigkeit« (10.10.1928). Oder: »Rücken die Vorarbeiten für die Briefe [...] stetig voran?« (17.2.1930). Er ließ auch Nachforschungen nach bestimmten Personen aus Morgensterns Freundes- und Bekanntenkreis anstellen, z.B. nach Franz Carl Zitelmann oder Curt Wüest (genannt 13.7.1928), vor allem aber bemühte er sich, Kayssler zur Herausgabe seiner Morgensternbriefe zu bewegen (erwähnt 12.12.1927, 13.4., 13.7., 10.10.1928). Das war nicht

leicht, denn der hatte eine eigenartige Scheu, sich dem Briefkoffer auf seinem Dachboden zu widmen. Piper vermutete deshalb sogar, die Briefe seien ihm in Wirklichkeit gar nicht wichtig (18.4.1928). Diese Ansicht muß man nicht teilen, jedoch blieb Kayßlers Untätigkeit ein ernstes Problem.

Während die Briefe, die Morgenstern verschickt hatte, erst mühsam gesammelt werden mußten, so hätten diejenigen, die er empfing, im Nachlaß in großer Zahl vorhanden sein können, da er selbst sie anscheinend nach Möglichkeit sammelte. Eine Mappenhälfte aus dickem Karton mit den Aufschriften *Wertvolle Briefe von Ferner-Stehenden* (außen) und *Autographen, darunter: Christian Morgenstern* (innen) ist als Beleg dafür noch vorhanden, gleichfalls, als Hinweis, daß er auch eigene Briefe aufzubewahren suchte, ein einfacher großer, einmal gefalteter Papierbogen mit der Aufschrift: *Entwürfe zu Privatbriefen*. In beiden Fällen ist nicht bekannt, was die Mappen konkret enthielten. Denkt man an Morgensterns zahlreiche Reisen und Aufenthaltswechsel, so konnte trotzdem manches durch Zufall oder Nachlässigkeit verlorengehen. Daß diese Briefe nicht in der erwarteten Anzahl vorhanden sind, kann zusätzlich folgende Gründe haben:
– Morgenstern selbst hat die Briefe schon gesichtet und, wenn er das für richtig hielt, auch vernichtet oder zurückgegeben, was sich besonders bei Frauenbekanntschaften anbot; z.B. ist von dem im Notizbuch 1902 gut belegten Briefwechsel mit *E. S.* so gut wie nichts mehr vorhanden (und wo sie doch auftaucht, ist es nicht einmal sicher, ob die Initialen für dieselbe Frau stehen). Morgenstern empfahl dieses Vorgehen selbst: *Mit all diesem Zeug bitte genau nach meiner guten und entschlossenen Methode zu verfahren, d.h. irgendwie Unzuträgliches zu verbrennen* [mit Sternchen eingefügt: *aber vorsichtig*] *oder zurückzuschicken* (Notiz auf einem Photo im Nachlaß).
– Margareta Morgenstern hat gegebenenfalls aussortiert und weggeworfen oder zurückgegeben. Ganz sicher hat sie den größten Teil ihrer eigenen Briefe an Morgenstern vernichtet, da nur noch ziemlich wenige im Nachlaß vorhanden sind. Offenbar genügten sie ihren Ansprüchen nicht – einer der noch vorhandenen enthält eine Vielzahl von ihr selbst nachträglich vorgenommener stilistischer Korrekturen (12.8.1909). Im Fall der Lücken bei den anderen Korrespondenzen kann man über die Gründe nur Vermutungen anstellen.
– Weiter kann es – dies gilt sowohl für Briefe von als auch an Morgenstern – zu Verlusten geführt haben, wenn Margareta Morgenstern vor ihren Reisen das Material bei Bekannten deponierte (vgl. Brief an Walter Lindenthal, 27.12.1929[?]), bei denen auch einmal etwas vergessen werden konnte. Ebenfalls kann sie selbst, insbesondere in

späteren Jahren, andere, nicht mehr auffindbare Verstecke gewählt haben. Sichere Erkenntnisse gibt es darüber aber nicht. Schließlich ist auch an Verluste durch Kriegsfolgen zu denken. So nennt Christoph Rau eine Plünderung durch französische Besatzungssoldaten, zwar nur in Hinblick auf den Nachlaß Michael Bauers (Rau: Michael Bauer. Sein Leben und seine Begegnung mit Friedrich Rittelmeyer. Dornach 1995, S. 279); es könnte aber durchaus der Nachlaß Morgensterns mitbetroffen gewesen sein. Margareta Morgenstern selbst berichtete von Diebstahl (s. S. 1036 sowie an Lindenthal a.a.O. mit dem Zusatz »vielleicht«), der aber nicht belegt werden konnte. Vgl. aber S. 1090.

Als es 1937 absehbar wurde, daß Bruno Cassirer emigrieren würde, versprach Margareta Morgenstern dem Insel-Verlag, mit dem sie schon seit 1936 wegen eines Auswahlbands (Inselbändchen) in Verbindung stand, nicht nur die bisher bei Cassirer erschienenen Bücher, sondern auch die ursprünglich Piper vorbehaltenen Briefe. Dieser reagierte verärgert und enttäuscht: »Was den Briefband anbelangt, so musste mich Ihre Nachricht, dass dieser voraussichtlich jetzt im Insel-Verlag erscheinen wird, allerdings sehr kränken. Sie wissen, dass über diesen Briefband zwischen uns schon seit etwa zwanzig Jahren immer wieder die Rede war, und dass ich mich, soweit mir dies möglich war, auch um das Zustandekommen des Briefbandes mit bemüht habe. Wenn ich Sie in früheren Jahren nicht stärker wegen des Briefbandes gedrängt habe, so deshalb nicht, weil ich annahm, dass Sie zu der Vorbereitung noch etwas mehr Arbeitsruhe haben wollten. Ich hatte allerdings auch das Gefühl, dass Sie sich die Möglichkeit offenhalten wollten, über den Briefband auch mit Cassirer zu verhandeln, der ja mit Morgenstern schon zu dessen Lebzeiten viele Jahre verbunden war. Es muss mich aber aufs Höchste befremden, wenn Sie nun daran denken, den Briefband Herrn Kippenberg zu geben, der bis vor einem halben Jahr mit Morgenstern nichts zu tun hatte und dem nun dieser Briefband, auf den ich so viele Jahre hoffte, in den Schoß fallen soll. [...] Ich muss sagen, dass dies, von meinen persönlichen Empfindungen abgesehen, für meinen Verlag auch eine unverdiente Demütigung vor dem Buchhandel und der Presse bedeutet, denn jeder wird sich gleich fragen: weshalb bringt Piper die Briefe nicht?« (8.7.1938).

Besonders ärgerte er sich über die fadenscheinige Begründung, mit der dies geschehen war. Kayssler hatte ihm nämlich mitgeteilt, die Vergabe der Bücher an einen anderen Verlag geschehe auf Rat der Reichsschrifttumskammer, damit »auf diese Weise neue Kreise herangezogen und gewonnen werden können« (7.12.1937). Piper antwortete: »Ich muss mich damit abfinden [daß er die Bände von Cassirer nicht übernehmen könne], doch kann ich nicht unterlassen, über den seltsamen Grund, den Sie dafür angeben, mein Befremden auszusprechen. [...] Ein solcher Standpunkt ist mir in meiner mehr als dreissigjährigen Verlagspraxis niemals vorgekommen, weder bei einem Autor noch bei einem Verleger. [...] Wäre der von Ihnen angegebene Grund richtig, so wäre es ja für den Autor am praktischsten, seine Bücher über möglichst viele Verlage in möglichst vielen Städten zu verteilen, um auf diese Weise durch jeden neuen Verlag neue Kreise für sein Schaffen zu gewinnen.

Wenn Sie das für richtig halten, so müssten doch die bei Cassirer jetzt freiwerdenden vier Morgenstern-Bücher möglichst auf vier verschiedene Verleger verteilt werden« (15.12.1938, Durchschlag).

Piper selbst meinte, Margareta Morgenstern wolle die beiden Verlage bei Bedarf gegeneinander ausspielen können (privater handschriftlicher Zusatz ebd.). Konsequenterweise lehnte er nun auch die von Margareta Morgenstern vorgeschlagene Veröffentlichung des Briefs an Friedrich Gaus (Nr. 412) im Piper-Verlagsalmanach ab: »Es wäre dies dann ja mehr die Probe aus einem neuen Verlagswerk der Insel als aus einem Verlagswerk von mir« (18.12.1938). Man kann allerdings vermuten, daß hinter der vorgeschobenen Begründung durchaus ein stichhaltigeres Argument verborgen war, daß nämlich, wenn auch einer dieser Verlage in politische Schwierigkeiten geriete, immer noch die im anderen erscheinenden Werke Morgensterns bleiben und auch die nötigen Tantiemen abwerfen würden.

Jedenfalls schloß Margareta Morgenstern nun mit dem Insel-Verlag einen Vertrag über die Briefausgabe (vermutlich nach dem 15.5.1939); der Band sollte in der 2. Jahreshälfte 1940 erscheinen (vgl. Friedrich Michael an Margareta Morgenstern, 5.1.1940, Durchschlag, GSA Weimar). Bis zum Kriegsende 1945 kam jedoch keine Veröffentlichung zustande; wahrscheinlich war Margareta Morgenstern mit ihren Vorarbeiten noch im Rückstand, denn trotz des Versprechens, den Band »sofort nach Eintreffen des Manuskripts« drucken zu lassen (Anton Kippenberg an Margareta Morgenstern, 11.3.1947), dauerte es noch mehrere Jahre, bis er fertig war. Die Briefsuche mußte fortgesetzt werden — hierbei halfen jetzt die Mitarbeiter des Insel-Verlags —, die Auswahl war festzulegen, und abgeschrieben waren die Briefe anscheinend immer noch nicht. Insgesamt aber machte die Arbeit Fortschritte, und im Dezember 1952 erschien der Briefband mit dem Titel »Christian Morgenstern. Ein Leben in Briefen. Herausgegeben von Margareta Morgenstern«. Er enthält 458 Briefe, Karten etc. von und 44 an Morgenstern und berücksichtigt 64 genannte und 17 ungenannte oder unbekannte Adressaten, die Briefe sind häufig gekürzt.

Ein Text von Kayssler »In memoriam« steht am Anfang, zusätzlich enthält er ein Nachwort von Margareta Morgenstern, ein kommentiertes Briefempfänger-Verzeichnis und sehr knappe Anmerkungen zu den Texten. Die Ausgabe verkaufte sich nur zögernd, so daß der Verlag, als die Auflage (8000 Exemplare) verkauft war, an einer Neuauflage nicht interessiert war (Fritz Arnold an Margareta Morgenstern, 18.12.1961). Dies ermöglichte die Aufnahme in eine dreibändige Auswahlausgabe des Piper-Verlags, wobei eine Kürzung auf den Umfang der beiden anderen Bände nötig wurde. Der Band erhielt einen neuen Titel: »Alles um des Menschen willen. Gesammelte Briefe. Auswahl und Nachwort von Margareta Morgenstern« und wurde 1962 als Band 3 der Ausgabe publiziert. Auch spätere Auswahlausgaben enthalten meist eine Reihe von Briefen.

In Zeitschriften wurden außerdem schon lange vor Erscheinen des Briefbands im Insel-Verlag Briefe von Morgenstern veröffentlicht. Außer den schon genannten an Siegfried Jacobsohn in der »Schaubühne«/»Weltbühne« waren es einige in der von Efraim Frisch herausgegebenen Zeitschrift »Der neue Merkur« und vor allem mehrere in den Zeitschriften »Das Goetheanum«, »Die Drei«, »Die Christengemeinschaft« sowie in der Hauszeitschrift des Insel-Verlags »Das Inselschiff«.

Die Quellen: Unsere Briefausgabe enthält – vollständig gedruckt oder in Regestform zusammengefaßt – sämtliche Briefe und Brieffragmente, die ermittelt werden konnten. Den größten Teil bilden dabei die von Margareta Morgenstern gesammelten Originalbriefe oder Abschriften; hinzu kommen Morgensterns eigene Abschriften, seine Entwürfe in den Tagebüchern oder auf losen Blättern. Zu diesem im Nachlaß noch vorhandenen Material kommen weitere Briefe, die im Nachlaß fehlen, jedoch in der Ausgabe von 1952, in Zeitschriften oder als Zitate in der Morgensternbiographie von Michael Bauer enthalten sind. Umfangreiche Briefkonvolute konnten darüber hinaus in Archiven und Bibliotheken, Bruchstücke aus der Korrespondenz in den Angeboten erreichbarer Auktionskataloge gefunden werden. Schließlich waren auch Privatpersonen bereit, Kopien von Briefen aus ihrem Besitz beizusteuern. Diese Quellen sind in den zugehörigen Einzelkommentaren unter »Überlieferung« nachgewiesen. Nicht aufgelistet wurden dagegen die Briefe, von denen nur der Absende- oder Empfangsvermerk in einem Notizbuch vorliegt, oder die in einem der anderen Briefe genannt werden; diese Informationen wurden aber in den Kommentaren mitverarbeitet und, wo es sinnvoll erschien, dort auch erwähnt.

Abschließend danke ich allen, die mich bei der Arbeit am Briefwech-

Einleitung 731

sel Christian Morgensterns unterstützt haben. Insbesondere danke ich den Mitarbeiterinnen und Mitarbeitern der Archive und Bibliotheken, die bereitwillig Kopien der Briefe aus ihrem Bestand für die Ausgabe zur Verfügung gestellt und Einzelfragen mit Kompetenz und Geduld beantwortet haben (Verzeichnis s. S. 961). Gleicher Dank gilt den Privatpersonen, die uns Briefe aus ihrem Besitz überließen. Weiter danke ich meinen Mitherausgebern der Christian-Morgenstern-Ausgabe, auf deren Werkkommentare ich vielfach zurückgreifen konnte; hier danke ich besonders Marie-Luise Zeuch, die ursprünglich die Herausgabe übernommen hatte und deren Arbeiten an einem chronologischen Briefverzeichnis und deren Ergebnisse bei der Erschließung weiterer Briefquellen in den Archiven ich übernehmen konnte. Ernst Kretschmer verdanke ich zusätzliche Hilfe bei den Briefwechsel betreffenden biographischen Fragen; ebenso danke ich Reinhardt Habel, der für hilfreiche kritische und sachkundige Gespräche immer zur Verfügung stand. Wolfgang Niehaus, der die Lektorierung des Bandes übernahm, danke ich für sein Engagement und seinen kritischen Blick, und nicht zuletzt gilt mein herzlicher Dank den wissenschaftlichen Stiftungen und den Privatpersonen, die durch ihre finanzielle Förderung die Fertigstellung des Bandes großzügig und mit Geduld ermöglichten: Deutsche Forschungsgemeinschaft, Bonn – Evidenzgesellschaft, Arlesheim (Schweiz) – Friedrich Hiebel-Stiftung, Filderstadt – Gemeinschaft für Sozialgestaltung, Treuhandstelle, Stuttgart – Gemeinnützige Treuhandstelle e.V., Bochum – HB-Stiftung Berneburg, Hannover – Hausserstiftung e.V., Stuttgart – IONA-Stichting, Amsterdam – MAHLE-Stiftung, Stuttgart – Rudolf Steiner-Fonds für wissenschaftliche Forschung, Nürnberg – Stiftung Volkswagenwerk, Hannover – Stiftung zur Förderung von Forschung, Bestrebungen und Einrichtungen im Sinne der Geisteswissenschaft Rudolf Steiners, Ulm – Verlag Urachhaus, Stuttgart.

Marburg, Januar 2005   Katharina Breitner

Literatur

Christian Morgenstern
Werke und Briefwechsel 1887–1903

IN PHANTA'S SCHLOSS. Ein Cyklus humoristisch-phantastischer Dichtungen. Berlin: Taendler 1895.
HORATIUS TRAVESTITUS. Ein Studentenscherz. Berlin: Schuster & Loeffler 1897.
AUF VIELEN WEGEN. Gedichte. Berlin: Schuster & Loeffler 1897.
ICH UND DIE WELT. Gedichte. Berlin: Schuster & Loeffler 1898.
EIN SOMMER. Verse. Berlin: S. Fischer 1900.
UND ABER RÜNDET SICH EIN KRANZ. Berlin: S. Fischer 1902.
WERKE UND BRIEFE. Stuttgarter Ausgabe. Kommentierte Ausgabe. Hrsg. unter der Leitung v. Reinhardt Habel. Stuttgart: Urachhaus. 1987 ff.
I: Lyrik 1887–1905. Hrsg. v. Martin Kießig, 1988.
II: Lyrik 1906–1914. Hrsg. v. Martin Kießig, 1992.
III: Humoristische Lyrik. Hrsg. v. Maurice Cureau, 1990.
IV: Episches und Dramatisches. Hrsg. v. Reinhardt Habel und Ernst Kretschmer, 2001.
V: Aphorismen. Hrsg. v. Reinhardt Habel, 1987.
VI: Kritische Schriften. Hrsg. v. Helmut Gumtau, 1987.
GEDENKAUSGABE 1871–1971. Ausgewählt und eingeleitet v. Rudolf Eppelsheimer. Stuttgart: Urachhaus 1971. Zit. Chr. M. Gedenkausgabe.
EIN LEBEN IN BRIEFEN. Hrsg. v. Margareta Morgenstern. Wiesbaden: Insel 1952. Zit. BRIEFE. Auswahl (1952).
ALLES UM DES MENSCHEN WILLEN. Gesammelte Briefe. Auswahl und Nachwort von Margareta Morgenstern. München: Piper 1962. [Gekürzte Ausgabe von EIN LEBEN IN BRIEFEN].

»Das Theater«, redigiert von Christian Morgenstern. Verlag Bruno Cassirer 1903–1905. Kommentierte Faksimileausgabe. Hrsg. v. Leonhard M. Fiedler und Edwin Fröböse. Emsdetten 1981.

Übersetzungen (1898–1903)

– aus dem Französischen:
Strindberg, August: Inferno. Berlin, Stockholm 1898.

– aus dem Norwegischen:
Bjørnson, Bjørnstjerne: Die Neuvermählten. München 1899.
Ibsen, Henrik: Sämtliche Werke in deutscher Sprache. Berlin 1898–1904.

(s.u.): Gedichte, Catilina (Bd. 1), Das Fest auf Solhaug (Bd. 2), Komödie der Liebe (Bd. 3), Brand, Peer Gynt (Bd. 4), Wenn wir Toten erwachen (Bd. 9).

— aus dem Schwedischen:
Tegengren, Jakob: Gedicht »Wenn die Finsternis über das Meer fällt«. In: »Deutsche Dichtung« 29 (1900/01) S. 154.

*

Literatur in Auswahl

Lexika und Handbücher werden nur in Ausnahmefällen, punktuell genutzte Werke nur an den entsprechenden Stellen im Kommentar oder im Register verzeichnet.

Abret, Helga: Albert Langen. Ein europäischer Verleger. München 1993.
Auftakt zur Literatur des 20. Jahrhunderts. Briefe aus dem Nachlaß von Ludwig Jacobowski. Hrsg. v. Fred B. Stern. Bd. 1–2. Heidelberg 1974 (Veröffentlichungen der Deutschen Akademie für Sprache und Dichtung Darmstadt). Zit. Auftakt.
Baedeker, Karl: Ober-Italien, Ligurien, das nördliche Toskana. Leipzig ^{16}1902.
Baedeker, Karl: Norway, Sweden and Denmark. Leipzig , London ^{8}1903.
Bauer, Michael: Christian Morgensterns Leben und Werk. Vollendet v. Margareta Morgenstern und Rudolf Meyer. Mit Beiträgen v. Friedrich Kayssler und anderen und mit 24 Bildtafeln. München 1933.
Dass. mit dem Untertitel: Vollendet von Margareta Morgenstern unter Mitarbeit von Rudolf Meyer. Dritte neubearbeitete Ausgabe mit 28 Bildtafeln. München o.J. [1941].
Dass. ohne Untertitel. Stuttgart 1985 (Gesammelte Werke. Hrsg. v. Christoph Rau, Bd. 3). Zit. Bauer, Chr. M. (jeweiliges Erscheinungsjahr). [Im allgemeinen wird nach der Neuausgabe der 1. Auflage (1985) zitiert. Nur dort, wo sie nicht genau genug ist oder wo spätere Auflagen zusätzliches Material bieten, werden diese herangezogen.]
Beheim-Schwarzbach, Martin: Christian Morgenstern in Selbstzeugnissen und Bilddokumenten. Reinbek 1964. u.ö. (rowohlts monographien, 97)
Brahm, Otto: Briefe und Erinnerungen mitgeteilt von Georg Hirschfeld. Berlin 1925.
Brahm, Otto — Gerhart Hauptmann Briefwechsel 1889–1912. Erstausgabe mit Materialien. Hrsg. v. Peter Sprengel. Tübingen 1985 (Deutsche Textbibliothek, 6).
Brauneck, Manfred: Die Welt als Bühne. Geschichte des europäischen Theaters. Bd. 3. Stuttgart, Weimar 1999.

Budzinski, Klaus: Die Muse mit der scharfen Zunge. Vom Cabaret zum Kabarett. München 1961.

Budzinki, Klaus, und Reinhard Hippen: Metzler Kabarett Lexikon. In Verbindung mit dem deutschen Kabarettarchiv. Stuttgart, Weimar 1996.

Cepl-Kaufmann, Gertrude, und Rolf Kauffeld: Berlin-Friedrichshagen. Literaturhauptstadt um die Jahrhundertwende. Der Friedrichshagener Dichterkreis. München 1994.

Dehmel, Richard: Ausgewählte Briefe. Bd. 1–2. Berlin 1923.

»Fitzebutze«. 100 Jahre modernes Kinderbuch. Eine Ausstellung des Schiller-Nationalmuseums und des Deutschen Literaturarchivs Marbach am Neckar. Ausstellung und Katalog. Hrsg. v. Roland Stark unter Mitwirkung von Silke Becker-Kamzelak und Petra Plättner. Marbach 2000 (Marbacher Kataloge, 54).

Frisch, Efraim: Zum Verständnis des Geistigen. Essays. Hrsg. und eingeleitet v. Guy Stern. Heidelberg, Darmstadt 1963 (Veröffentlichungen der deutschen Akademie für Sprache und Dichtung Darmstadt, 31).

Fulda, Ludwig: Briefwechsel 1882–1939. Zeugnisse des literarischen Lebens in Deutschland. Hrsg. v. Bernhard Gajek und Wolfgang von Ungern-Sternberg. Bd. 1–2. Frankfurt/Main 1988 (Regensburger Beiträge zur deutschen Sprach- und Literaturwissenschaft A, 4).

Goethe, Johann Wolfgang: Gesamtausgabe der Werke und Schriften in 22 Bdn. Stuttgart 1949–1963. Zit. Cotta-Ausgabe.

Günther, Herbert: Drehbühne der Zeit. Freundschaften – Begegnungen – Schicksale. Hamburg 1957.

Gumtau, Helmut: Christian Morgenstern. Berlin 1971 (Köpfe des xx. Jahrhunderts, 66).

Handbuch literarisch-kultureller Vereine, Gruppen und Bünde 1825–1933. Hrsg. v. Wulf Wülfing, Karin Bruns und Rolf Parr. Stuttgart, Weimar 1998 (Repertorien zur Deutschen Literaturgeschichte, 18).

Hartleben, Otto Erich: Briefe. Hrsg. und eingeleitet v. Franz Ferdinand Heitmüller. Bd. 1: Briefe an seine Frau. Bd. 2: Briefe an Freunde. Berlin 1908, 1912.

Huesmann, Heinrich: Welttheater Reinhardt. Bauten Spielstätten Inszenierungen. Mit einem Beitrag »Max Reinhardts amerikanische Spielpläne« von Leonhard M. Fiedler. München 1983 (Materialien zur Kunst des 19. Jahrhunderts, 27).

Ibsen, Henrik: Samlede Verker. Bd. 1–6. Tiende (10.) utgave ved Didrik Aruf Seip. Oslo 1952.

Ibsen, Henrik: Sämtliche Werke in deutscher Sprache. Durchgesehen und eingeleitet v. Georg Brandes, Julius Elias und Paul Schlenther. Vom Dichter autorisiert. Bd. 1–10. Berlin [1898–1904.]; Bd. 10 (Briefe) hrsg. mit Einleitung und Anmerkungen von Julius Elias und Halvdan Koht.

Ibsen, Henrik: Nachgelassene Schriften in vier Bänden. Hrsg. v. Julius Elias und Halvdan Koht. Berlin 1909.

Isolani, Gertrud (Pseudonym: Ger Trud): Die Geschichte des »Melderbaums«. Zwei Schuljahre aus dem Leben Christian Morgensterns. Haupttitel: Der Melderbaum Christian Morgensterns. Wilmersdorf o.J. [1919 oder 1920].

Jaron, Norbert, Renate Möhrmann und Hedwig Müller: Berlin Theater der Jahrhundertwende. Bühnengeschichte der Reichshauptstadt im Spiegel der Kritik (1889–1914). Tübingen 1986.

Kerr, Alfred: Gesammelte Schriften in zwei Reihen. Bd. 1–5: Die Welt im Drama. Bd. 6–7: Die Welt im Licht. Berlin 1917, 1920.

Kerr, Alfred: Werke in Einzelbänden. Hrsg. von Hermann Haarmann und Günther Rühle. Bd. I,1,2, II, III, Berlin 1989–1991, Bd. VII,1,2, Frankfurt/Main 1998, 2001.

Kerr, Alfred: Wo liegt Berlin? Briefe aus der Reichshauptstadt 1895–1900. Hrsg. v. Günther Rühle. Berlin 1997.

Kerr, Alfred: Warum fließt der Rhein nicht durch Berlin? Briefe eines europäischen Flaneurs 1895–1900. Hrsg. v. Günther Rühle. Berlin 1999.

König, Ernst: Das Überbrettl Ernst von Wolzogens und die Berliner Überbrettl-Bewegung. Bd. 1–2. Dissertation Kiel 1956 (maschinenschriftlich).

Kretschmer, Ernst: Christian Morgenstern. Ein Wanderleben in Text und Bild. Weinheim, Berlin 1989. Zit. Kretschmer, Wanderleben.

Kühn, Volker: Das Kabarett der frühen Jahre. Berlin 1984.

Mendelssohn, Peter de: S. Fischer und sein Verlag. Frankfurt/Main 1970.

Meyers Reisebücher: Riesengebirge. Neue Reihe, 6. Leipzig 1927.

Neuer Theater-Almanach. Theatergeschichtliches Jahr- und Adressenbuch. Hrsg. von der Genossenschaft deutscher Bühnen-Angehöriger. 1 ff. (1890 ff.).

Nietzsche, Friedrich: Werke in 3 Bänden und Nietzsche-Index. Hrsg. v. Karl Schlechta. München ²1960. Zit. Nietzsche, Werke.

Petzolds Gemeinde- und Ortslexikon des Deutschen Reiches. Verzeichnis sämtlicher Gemeinden und Gutsbezirke, Post-, Bahn-, Kleinbahn- und Schiffahrtsstationen sowie aller nicht selbständigen Ortschaften, Kolonien, Weiler etc. des deutschen Reichsgebiets, letztere bis zu 50 Einwohner abwärts. 2. vollständig neubearbeitete und vermehrte Auflage auf Grund neuester amtlicher Unterlagen und eigener Ermittlungen zusammengestellt v. Hermann Pelocke. Bischofswerda/Sachsen 1911.

Reclam. 125 Jahre Universal-Bibliothek. Verlags- und kulturgeschichtliche Aufsätze. Hrsg. v. Dietrich Bode. Stuttgart 1992.

Reinhardt, Max: Schriften. Briefe, Reden, Aufsätze, Interviews, Gespräche, Auszüge aus Regiebüchern. Hrsg. v. Hugo Fetting. Berlin (DDR) 1974.

Ritters geographisch-statistisches Lexikon über die Erdteile, Länder, Meere, Häfen, Seen, Flüsse, Inseln, Gebirge, Staaten, Städte, Flecken, Dörfer, Bäder, Kanäle, Eisenbahnen, Post- und Telegraphenämter usw. Nachschlagwerk über jeden geographischen Namen der Erde von irgendwelcher Bedeutung für den Weltverkehr. Bd. 1–2. 9. revidierte Aufl. Leipzig 1910.

Ruprecht, Erich, und Dieter Bänsch [Hrsg.]: Literarische Manifeste der Jahrhundertwende 1890–1910. Stuttgart 1970.

S. Fischer, Verlag. Von der Gründung bis zur Rückkehr aus dem Exil. Eine Ausstellung des Deutschen Literaturarchivs im Schiller-Nationalmuseum Marbach am Neckar. Hrsg. v. Bernhard Zeller. Ausstellung und Katalog: Friedrich Pfäfflin und Ingrid Kussmaul. Marbach am Neckar 1985 (Marbacher Kataloge, 40).

Scheerbart, Paul: 70 Trillionen Weltgrüße. Eine Biographie in Briefen 1889–1915. Hrsg. v. Mechthild Rausch. Berlin 1991.

Schiller, Friedrich: Werke, Nationalausgabe, begründet von Julius Petersen, fortgeführt von Lieselotte Blumenthal u.a. Bd. 1 ff. Weimar 1943 ff.

Schmitz, Walter [Hrsg.]: Die Münchner Moderne. Die literarische Szene in der »Kunststadt« um die Jahrhundertwende. Stuttgart 1990 (Reclams Universal-Bibliothek, 8357).

Schutte, Jürgen, und Peter Sprengel [Hrsg.]: Die Berliner Moderne 1885–1914. Stuttgart 1987 (Reclams Universal-Bibliothek, 8359).

Sprengel, Peter [Hrsg.]: Schall und Rauch – Erlaubtes und Verbotenes. Spieltexte des ersten Max-Reinhardt-Kabaretts (Berlin 1901/02). Berlin 1991.

Sprengel, Peter: Geschichte der deutschsprachigen Literatur 1870–1900. Von der Reichsgründung bis zur Jahrhundertwende. München 1998 (Geschichte der deutschen Literatur v. d. Anfängen bis zur Gegenwart, begr. v. Helmut de Boor und Richard Newald, 9,1).

Wedekind, Frank: Ausgewählte Briefe. Hrsg. v. Fritz Strich. Bd. 1–2. München 1924.

Kommentar zu den Briefen Nr. 1–957

Aus Umfangsgründen sind die meisten der Kommentarangaben vereinfacht und auf das Notwendige verkürzt worden, z.b. sind leicht auffindbare Gedichtzitate nur mit Überschrift und Zeilenangabe belegt. Worterklärungen, die sich auch in Duden, Bd. 1 (Rechtschreibung; genau: in der Ausgabe von 1984) finden, werden ganz weggelassen. Poststempel bedeutet den Abgangsstempel, während der damals oft noch gebräuchliche Poststempel am Zielort nicht bzw. nur wenn nötig erwähnt wird. Kopie bedeutet Xeroxkopie, während es sonst Abschrift oder Durchschrift heißt. Personen- und Ortsnamen, Zeitschriften, Vereinigungen, Theater etc. sowie mehrfach vorkommende Begriffe werden nur im kommentierten Register erläutert.

Nr. 1 Überlieferung: Brief, 3 S., im Nachlaß. Druck: Bauer, Chr. M.(1985) Abb. 6, verkleinertes Faksimile. Zur Adressatin: Daß es sich um Amélie von Dall'Armi handelt, geht aus den Personen- und Ortsnamen (*Tante Helene, Starnberg*) hervor.

Nr. 2 Druck: Bauer, Chr. M. (1933) S. 17, (1985) S. 19.

9,18 *Kold*: vielleicht Schreib-, Lese- oder Druckfehler für *Kobold* wie im folgenden Brief. — 9,19 *Gedicht*: Das erste Gedicht Ms, das im Nachlaß noch vorhanden ist, stammt aus etwas späterer Zeit, vom 1.3.1883, vgl. Abt. Lyrik 1906–1914, S. 522. — 9,20 *Klimperst Du*: Ob M jemals ernsthaften Klavierunterricht gehabt hat, ist nicht bekannt. Auch im T 1887–90 nennt er sein Spiel Klimpern (*Da sitze ich in der Dämmerstunde* [...] *am Klavier u. klimpere in meiner stümperhaften Weise auf demselben herum* [...] a.a.O. Bl. 9, 24.9.1888). Intensiveres Bemühen spricht aus Nr. 56 und 87. — 9,20 *Storch, Storch Steiner*: in verschiedenen Versionen überliefertes Kinderlied. Eine davon lautet: »Storch, Storch, Steiner / Mit den langen Beiner, / Flieg wohl in des Bäckers Haus, / Hol mir en warmen Wecken heraus.« —9,23 *tänzelnden Schritt*: Vom »geflügelten« Schritt, den ich von Jugend auf an mir beobachte schreibt M 1907, daß er *auf nichts weiter als auf einer Schwäche der Knie* beruhe (T 1907/08, Bl. 48, Abt. Aphorismen Nr. 500). In einer seiner Romannotizen heißt es über den Helden: *Er war gut gebaut, schlank, fest, aber ein Fehler seiner Kniebildung zerstörte ihm jede Unbefangenheit über sein äusseres Wesen.* [...] *Ihm fehlte der gleichgültige Stolz, den ein fester ungebrochener Schritt verleiht.* (T 1904 II, Bl. 34, Abt. Episches Nr. 47,23). – Kayssler deutete Ms Art des Ganges als Ausdruck seines Wesens: »Sein Gang hatte etwas ausgesprochen Tänzerisches, aber weder im künstlerischen, noch im sportlichen oder spielerischen Sinne [...]. Sein Schritt hatte den Charakter des Tanzenden wie der eines Menschen, dem geistig der Tanz etwas Selbstverständliches ist, das zum Geist natürlich gehört wie Schweben und Flug. Er setzte die Ferse nur ganz leicht auf und hob sich bei jedem Schritt ein wenig auf die Zehen« (zitiert nach Bauer, Chr. M.(1985) S. 387). Und Hugo Haberfeld meint, sein (eigener) Schritt müsse im Gedanken an M etwas tänzelndes bekommen haben (Nr. 447).

Nr. 3 Überlieferung: Brief, 4 S., im Nachlaß.

9,25 *Kobold*: vgl. auch SO EIN KLEINER JUNGE: [Sie] *nannte ihn ihren kleinen Kobold und dummen Jungen*. Abt. Episches S. 107,21.

Nr. 4 Überlieferung: Brief, 3 S., im Nachlaß.

10,12 *»Versprechen hinterm Herd«*: Szene von Alexander Baumann. — **10,19** *Herr Oberförster*: vermutlich Herr von Fischer.

Nr. 5 Überlieferung: Brief, 3 S., im Nachlaß.

10,29 *Tölpel*: Parotitis epidemica, Mumps, auch Wochentölpel, Ziegenpeter u.a. — **11,2** *Hermann*: Hermann Hartmann.

Nr. 6 Überlieferung: Brief, 3 S., im Nachlaß.

11,10 *Lateinschule*: Schule, die die ersten 5 Gymnasialklassen umfaßt. — **11,15** *keine Nachricht aus Berlin*: bezieht sich wahrscheinlich auf die erwartete Berufung Carl Ernst Ms an die Kunstschule in Breslau. — **11,16** *Frau Gräfin*: Es handelt sich vermutlich darum, daß eine Gräfin Eulenburg bei Carl Ernst M Malstunden nahm.

Nr. 7 Überlieferung: Brief, 2 S., im Nachlaß. Datierung: Anhaltspunkte sind die Aussagen über die entlaubten Bäume und das Wetter, das Jahr ist unsicher; da Papier und Tinte anders sind als bei den übrigen Briefen von 1893, kann der Brief gut von 1892 sein; aus dieser Zeit fehlen aber die Vergleichsmöglichkeiten. Auch der Satz *jedenfalls hat es schon Noten gegeben* kann gut bedeuten, daß es sich um die ersten – und deshalb mit besonderem Interesse erwarteten – in der neuen Schule handelt.

Nr. 8 Überlieferung: Brief, 4 S., im Nachlaß. Druck: Bauer, Chr. M.(1933) S. 19 f. (1985) S. 21 f., gekürzt.

12,24 *die Behandlung*: Über Ms Landshuter Schulzeit heißt es bei Michael Bauer: »Es sind auf blaukarierten Blättern [...] etliche Aufzeichnungen aus dieser Zeit vorhanden, in denen er [M] sich erbittert über die rohe Behandlung ausläßt. Er erwähnt, daß er wegen Umdrehens bei einer Klassenvermahnung heftigste Schelte und soundso viele ›feste Ohrfeigen‹ bekam.« Bauer, Chr. M. (1985) S. 20. Diese Aufzeichnungen Ms sind heute verschollen. Zur Schule und zum Internat vgl. auch Nr. 12 und im Register »Landshut«. — **12,29**

Sprüchwort – gebildet: Gnome 422 aus den Monostichen des Menander. — **13,6** *Herrmann und Berti*: vermutlich Hermann Hartmann und Adalbert von Fischer. — **13,7** *Tue recht – niemand*: Sprichwort.

Nr. 9 Überlieferung: Brief, 3 S., im Nachlaß.

13,23 *Latein – Hauptfach*: Der bayerische Lehrplan für die vierte Gymnasialklasse sah 8 Wochenstunden Latein vor, 6 Griechisch, je 2 Religion, Deutsch, Arithmetik/Mathematik, Geschichte/Geographie und Turnen, außerdem nach Bedarf 1 Stunde Schönschreiben sowie Zeichnen als Wahlfach. — **13,32** *Großmama*: Emma Schertel. — **13,32** *Berlin*: vgl. Kommentar zu Nr. 6. — **13,33** *Lateinlehrer*: Johann B. Sperr. — **13,34** *Onkel Louis – Onkel Franz*: Ludwig Schertel, August und Franziska, Oscar und Franz von Dall'Armi.

Nr. 10 Überlieferung: Brief, 2 S., im Nachlaß.

Nr. 11 Überlieferung: Einzelblatt, maschinenschriftlich, im Nachlaß, vermutlich Abschrift von Margareta M, mit dem Zusatz: »April 1884 (zwölfjährig)«. Datierung: Da Großmutter und -tante offenkundig nach der Schule gefragt haben, ist Margareta Ms Datierung auf April (d.h. wahrscheinlich kurz nach Schuljahrsbeginn) korrekt. Druck: Abt. Humoristische Lyrik S. 349.

14,28 *die »Prüfung« – Mathematic kann*: Die Prüfung erwähnt auch Ms Vater in Nr. 10. M hatte in Landshut ab Herbst 1883 schon die 4. Klasse des Gymnasiums (Untertertia) besucht, da er sie jetzt noch einmal anfing, also ein halbes Jahr zurückversetzt wurde, brauchte er die Aufnahmeprüfung nicht zu machen. Der Grund liegt in den unterschiedlichen Lehrplänen von Bayern und Preußen: In Preußen fing der Französischunterricht schon in der 2. Gymnasialklasse an, M fehlten also 2 Jahre Französisch. In Mathematik war in Preußen jeweils 1 Stunde mehr vorgesehen als in Bayern. Auch in anderen Fächern gab es Unterschiede. — **14,30** *in vor'ger Klassen*: Dativ Singular. In oberdeutschen Mundarten ist die schwache Deklination (mit n) der Feminina häufiger als im Hochdeutschen. — **14,31** *Francais et Mathematic*: richtig: Français et Mathématiques – die Fehler erklären sich daraus, daß M erst ganz kurz Französischunterricht hatte.

Nr. 12. Überlieferung: Brief, 5 S. Datierung: aus Angaben im Brief erschlossen.

15,12 *Seminar*: das Königliche Studienseminar in Landshut. — **15,16** *Fisch*: vielleicht der Spitzname.

Nr. 13 Druck: Bauer, Chr. M.(1985) S. 25. Datierung: Der Brief muß aus einem Sommer der Breslauer Zeit stammen, da M nur zu Hause Gelegenheit zum Halten von Molchen und ähnlichem Getier gehabt haben dürfte. In den Sommerferien pflegte er mit den Eltern in den schlesischen Dörfern unterwegs zu sein. – Als Briefschreiber könnte evtl. einer der Brüder Frey in Frage kommen, die mit M im selben Haus wohnten und mit denen M befreundet war. Die Art des Interesses weist vermutlich auf eins der ersten Jahre in Breslau.

Nr. 14 Überlieferung: Brief, 6 S., im Nachlaß.

15,29 *Arbeiten*: vermutlich fürs Abitur.

Nr. 15 Überlieferung: Postkarte im Nachlaß, stenographiert. Abgangsstempel: Airolo, 22.VII. 87.

16,4 *Xenophon*: Ulrich Frey zitiert die ersten Worte aus Kapitel 7 des 5. Buchs von Xenophons »Anabasis« und bittet damit wohl um das ganze Kapitel.

Nr. 16 Überlieferung: Brief, 4 S., im Nachlaß. Datierung: ergibt sich aus der auch in Nr. 17 erwähnten Übersiedlung nach Reußendorf. Außerdem war M in den folgenden Sommern in anderen Familien untergebracht (1888: Welzel; 1889: Oberdieck).

16,12 *englisches Diction.*: Dictionary, Wörterbuch. Worum es sich genau handelt, konnte nicht festgestellt werden. Wahrscheinlicher als ein reines Wörterbuch (aber nicht belegbar) wären Unterrichtsbriefe zum Selbststudium, wie sie etwa bei Langenscheidt erschienen und die auch als Folge von Einzelbriefen verkauft wurden. — 16,13 *Onkel Anton*: Anton Schertel. Von ihm stammt wohl das englische Wörterbuch. — 16,26 *Großvaters in Starnberg*: August von Dall'Armi.

Nr. 17 Überlieferung: Brief, 2 S., im Nachlaß.

17,3 *Portier*: des Hauses Breite Str. 23/24, Franz Borowski.

Nr. 18 Überlieferung: Brief, 3 S., im Nachlaß.

17,16 *nach Sekunda versetzt*: Gemeint ist die Untersekunda, die sechste Gymnasialklasse. Für M bedeutet das, daß er für die beiden davorliegenden Klassen, Unter- und Obertertia, 7 Schulhalbjahre brauchte, wenn er im Frühjahr 1884 die Untertertia in Breslau begonnen hat (vgl. Nr. 11). Daß er gegen den Herbst hin mit seiner Versetzung rechnet, zeigt, daß an Ms Schule die Schüler jedes halbe Jahr versetzt – oder nicht versetzt – wurden. Ein Jahr später, 1888, mußte M wieder um seine Versetzung bangen. Zum Thema Schule schreibt M in seinem Tagebuch: [...] *Manches ist indessen vorgegangen heiteres und trauriges aber ich glaube fast, das Traurige wiegt weit, weit schwerer. Nicht etwa äußerliche Ereignisse – nein! Ich wachse in einer gemütvollen, frohen Familie auf, meine Erziehung ist die denkbar schönste u. mildeste, ich habe alles, was das Herz begehrt – aber dennoch kann ich nicht gerade sagen, daß ich innerlich glücklich sei. Ich sehe eben immer mehr ein, daß ich ein Mensch bin, den man am besten mit der Bezeichnung »verfehltes Genie« charakterisirt. In der Schule bin ich dumm wie ein Kalb, außer der Schule befinde ich mich in einem Zustande stumpfsinniger Unthätigkeit ich vermag mich nicht energisch aufzuraffen und die Miß-*

erfolge drücken mich dann tief nieder und lassen Verzweiflung und Bitterkeit zurück. Eine Zeit lang glaubte ich, daß ich eine dichterische Ader besäße, aber mit der Zeit habe ich einsehen müssen, daß diese Ader recht erbärmlich klein und blutleer ist. Ob ich zum Schauspieler Talent habe? Nun ich glaube, wenn ich dies meinen Eltern sagen würde so würden sie vor Erstaunen höchstens hervorstammeln können, sie hätten eher geglaubt, daß ich ⟨eher⟩ zu einem Droschkenkutscher mehr Neigung u. Talent hätte, als gerade zu einem brodlosen Bühnenkünstler. Was ich jedoch selbst von mir weiß, dürfte mich vielleicht zu einer schwachen Hoffnung berechtigen, aber ich glaube nicht daran u. spreche mit Schiller: »Was sind Hoffnungen, was sind Entwürfe!« [»Die Braut von Messina«, V. 1961]. Also da ich zu einer idealeren Lebenszukunft, teils nicht die materiellen teil's nicht die geistigen Mittel besitze so stehe ich wieder vor dem Thore der Zukunft, als ein Thor der vergeblich das öffnende Schloß zu erschließen sucht. Ich will hier nicht klagen, daß ich niemanden habe, dem ich mich in solchen Sachen anvertrauen, mit dem ich mich besprechen, der mich ermutigen kann – was hilft jede Klage, wenn sie doch nur an tote Gegenstände anklingt?! Aber ich weiß, es würde weit besser um mich stehen. – O diese Schule, was würde ich darum geben, wenn ich nur jedes Jahr aufrücken würde. Ich werde durch die steten Mißerfolge ein Mensch, der mir, wie ich früher war gerade entgegengesetzt ist. Während ich in früheren Zeiten ein überaus heiterer, ausgelassener, frischer und aufgeweckter Junge war werde ich jetzt still, verschlossen, mürrisch, heftig und stumpfsinnig.
Tempi passati!
Ich fühle mich tief unglücklich; heute vor 2 Tagen war mein 17ter Geburtstag; mein 70ter? Man könnte es fast glauben, zwar habe ich den Tag selbst froh u. heiter verlebt, aber jetzt ist schon wieder der alte Tanz, der alte Mißmut⟨h⟩. Ich beginne ernstlich für meinen Charakter, für mein späteres Leben zu fürchten, aus solchem Unmut u. solcher Schwermut, wie sie mich jetzt befängt, kann nichts gutes entspringen. Mein jetziger Zustand ist unerträglich, er muß bald enden, sonst werde ich verrückt. Und dazu kommt noch, daß alles seine Hoffnung auf mich setzt, daß meine heißgeliebten Eltern, daß meinen lieben alten Münchener Verwandten mich so innig gern haben und nur das Beste mir wünschen und Gottes Segen auf mich herabflehen ...... Wie unwert bin ich dieser Liebe.. Gott! hilf mir!
Es ist der 29 September oder vielmehr der 29 August. Meine Lage hat sich um nichts wesentliches verändert, nur da⟨ß⟩s scheine ich endlich eingesehen zu haben, daß ich künftig mindestens so weiter arbeiten u. lernen muß, wie jetzt augenblicklich, wo es sich um meine Versetzung nach Obersekunda handelt. Also wieder diese Schulfrage! Wenn es nur

irgend einen Ausweg gäbe aus dieser Zwangsmaschine, wo mit dem Verstand u. dem Geiste schematisch verfahren wird, wo um einer Form willen der Geist hingemordet, das Gemüt verdorben wird, wo um jugendlicher Unbesonnenheit willen Jahre des Lebens gestohlen werden. Es mag sein daß ich hier dunkel gesprochen habe, mein Kopf schmerzt mich, daß ich ihn an der Wand einrennen möchte um nur den Druck fortzubekommen – kein Wunder wenn ich da dem Wortlaut nach Unsinn schreibe, der Sinn liegt mir klar vor, er lautet: darum, weil ich gegen die Formeln der Mathematik kein Verständnis mir zu erringen weiß darum weil ich ein halbes Jahr die französische Sprache vernachlässigte, darum werde ich 7 Monate noch in meinem Weiterschreiten aufgehalten, darum soll ich 7 Monate noch in einer Klasse verkümmern, die mir nichts mehr als geistige Nahrung bieten kann. Das ist ein Frevel, so groß, daß er das aus mir machen kann, was man vielleicht jetzt schon wähnt, zum dummen kann er mich umstempeln zum Pessimisten, kurzum zu einem traurigen Subjekt, den das Schicksal nicht aufkeimen lassen wollte. T 1887/90, Bl. 7. Etwas später beschreibt er, wie seine Privatinteressen mit den schulischen Pflichten kollidieren: *Ach ich möchte gern alles studieren oder wenigstens kennen lernen, was unsere Schriftsteller über das u. jenes geschrieben, dann muß ich den Winter Göthe lesen, den Schiller mit Verstand rekapituliren, die Oper u. das Schauspiel öfters besuchen, selbst schriftstellern, die französische Sprache mit Eifer betreiben, Schlittschuh laufen, Lesekränzchen frequentieren und – ist dann noch Platz vorhanden? – stramm für die Schule arbeiten. O ihr Götter! Wenn ihr mir wirklich ein wenig geneigt seid, dann macht mir das letztere leicht oder helft mir vielmehr endlich den Ernst des Lebens zu bewahren, der mich allein zum Ziele und auch zu Euch ihr Musen führt. Erst heute habe ich mich meiner Unbildung geschämt, wo weiß ich denn etwas? In Geschichte etwa, aus der der Dichter seine Stoffe heben muß? O weh! Desgleichen liegt die Mythologie im Ärgsten, desgleichen die Sprachen – desgleichen alles. Ich bin wirklich gespannt, wie sich meine dichterische Ader auswächst. Augenblicklich tröpfelt sie ganz angenehm, allein die Tropfen wollen mir zu klein, zu dürr, zu wässrig sein da ist kein himmelstürmender Schwung, kein vulkanartiger Ausbruch..... Man sieht, ich beurteile mich sehr kalt. Aber ich bin nicht so kalt. Die Hoffnung einst andre Menschen durch meines Geistes Werke erfreuen zu können ist gar zu schön, um nicht leise an ihr zu hängen. Freilich leise. Wollen es abwarten. Ich kann mir nur nicht recht denken, wie gerade in der jetzigen dichterwimmelnden litteraturschwindelübergossenen Zeit, ich ein Mann sein soll, der wirklich als reinigendes Wetter dazwischenfährt. Nun bescheiden bin ich eigentlich nicht.* A.a.O., Bl. 9, 24.9.1888. – Im folgenden Jahr, 1889, sieht es nicht besser aus: *Die letzte Zeit war ziemlich ereignisvoll. Ich sollte nach München auf's Gymnasium kommen, aber es zerschlug sich damit. Mir ist jetzt alles so gleichgültig – – – Vielleicht werde ich auch zur Abwechslung nicht versetzt. Was thuts? Den braven Lehrern gewiß nichts. – Zu Hause nennt man mich »muffig«, – man sage dem Fisch in der Pfütze, er soll Lieder singen – im Stillen bedauert man mich als einen dummen Kerl – nun freilich, was nicht in die Schablone paßt, das kann ja nicht anders als dumm sein. Indeß ich verdenke keinem Menschen sein Urteil, es ist nicht jeder Psychologe. Aus obigen Gründen will man mich bewegen in den bunten Rock zu kriechen. Es ist ja allerdings ganz gleich, ob man als Reserve- oder als [...] aktiver Officier den nächsten Krieg mitmacht und allenfalls totgeschossen wird, außerdem hat man den Vorteil bald besoldet zu werden, endlich kann man ja auch je nach den Umständen seinen Abschied nehmen, also vielleicht ergreife ich die Waffe.* T 1887/90, Bl. 14, 25.3.1889. — **17,21** *eines Lehrers*: Oberlehrer Bertram. — **17,29** *der »Wittelsbach«*: nicht ermittelt, vielleicht ein Ausflugsdampfer. — **17,35** *die liebe Großmama*: Franziska von Dall'Armi. — **17,35** *Schertls*: Ms Großonkel Ludwig Schertel und seine Frau wohnten in Starnberg.

Nr. 19 Überlieferung: Postkarte im Nachlaß, Volapük, adressiert: *Söle divik* [Dem geschätzen Herrn] *Zervas-Domi / professor del volapük / in Ponta Delgada / Azores. San Miguel / Portugal.* Abgangsstempel: Breslau, 22.10.88, mehrere weitere Stempel, am 6.1.1889 mit durchgestrichener Adresse und »Retour«-Stempel an M zurückgekommen.
Der Text kann folgendermaßen übersetzt werden:
Breslau, Deutschland, Breitestr. 23/1
22. Oktober 1888
Hochgeehrter Herr!
Ich hoffe, daß Sie mir nicht zürnen, wenn ich Ihnen schreibe, und daß Sie die Güte haben mögen, mir zu antworten. Es würde interessant sein, sehr interessant für mich, zu erfahren, ob Volapük auf diesen Inseln, deren eine Sie bewohnen, wirklich bereits fortgeschritten ist. Ich habe schon einige Male nach Portugal geschrieben, aber keine Antwort erhalten. In Zeitungen und Volapükblätttern liest man etwa Nachrichten über Frankreich, Deutschland, Italien, Österreich usw. aber über Portugal hört man nichts. Und ich weiß, daß es auch in diesem Land Volapükisten gibt, die das Volapük sehr eifrig verbreiten und lehren. Weil ich Ihre werte Adresse in irgendeinem französischen Verzeichnis gelesen habe, werde ich mich herzlichst freuen, endlich originale Nachrichten aus Ihrem Land zu bekommen. Ich bin zum Korrespondenten vom französischen Klub ernannt worden und korrespondiere mit sehr vielen Leuten. Gerade jetzt erscheint das neue

Lehrbuch der Volapükstenographie (nach dem System Gabelsberger) in Turin, Italien. Es ist sehr praktisch. – Ob es wohl viele Volapükisten in St. Miguel gibt? Es wird mich herzlichst interessieren und freuen, hochgeschätzter Herr, wenn Sie mir etwas über Volapük in diesen Landstrichen würden schreiben wollen. Ich bitte auch, daß Sie einen Wunsch aussprechen möchten hinsichtlich des Volapük, der Zusendung des Volapükblattes oder anderem und unterzeichne als Ihr ergebenster Diener Christian Morgenstern.

Nr. 20 Überlieferung: Entwurf, 2 S., im Nachlaß, Volapük, auf der einen Seite der Brieftext, auf der andern der der Anzeige. Datum und Empfänger des Briefs sind nicht sicher zu ermitteln; Ms Vermerk in seinem Volapükheft vom 23.10.1888 *lenum pebükol* (Anzeige gedruckt) würde auf Baumann in München weisen und wäre dann vor dem 23.10. zu datieren. Dagegen spricht, daß in dieser Zeit alle Nummern der von M abonnierten Volapükzeitschriften pünktlich eingetroffen sind, so daß es sich wohl um eine andere Anzeige, entweder schon 1887 oder erst 1889 handelt. Da M erst für den 29.1.1889 eine zugesandte Nummer des *bled flentik* (französisches Blatt) verzeichnet, er außerdem den Erhalt des Volapükzentralblatts aus Konstanz für den Mai nicht vermerkt (wohl aber für April), ist auch Ende Mai/Anfang Juni 1889 wahrscheinlich; dann wäre der Adressat wohl Schleyer.

Nr. 21 Überlieferung: Entwurf, 1 Blatt, beidseitig beschrieben, im Nachlaß, Volapük. Der Empfänger des Briefs konnte aus der folgenden Eintragung im Volapükheft erschlossen werden: *25. [3.1889]. Paris. Kerkhoffs [...] (lof cala sulogela)* (Anerbieten des Inspektoramts) (S. 31). Nach T 1887/90, Bl. 14 ist Ulrich Frey am 25.3 nach Italien abgereist, der Brief müßte dann am 28. geschrieben worden sein. Für dieses Datum, das jedoch nachträglich in 30. geändert wurde, ist dann ein Brief an Kerckhoffs notiert (Volapükheft S. 13), jedoch ohne inhaltlichen Vermerk, nur mit dem Hinweis, daß er einen Brief mit zwei Franc geschickt hat. M hat die Reinschrift vielleicht etwas später verfaßt als den vorliegenden Entwurf.

Nr. 22 Überlieferung: Brief, 2 S., im Nachlaß, am Schluß etwa 2 Zeilen abgerissen, mit Umschlag. Datierung: Poststempel.

19,18 *zunehme – Brustweite*: Verballhornung von Lukas 2,52; die *Brustweite* weist auf die Offiziersausbildung hin, die M vor kurzem begonnen hatte. — **19,18** *so irre ich – umher*: Einen Spaziergang durch die Stadt und auf die Holteihöhe beschreibt M auch im T 1887/90, Bl. 17 f., 7.3.1890, zitiert Abt. Aphorismen S. 482 f.

Nr. 23 Überlieferung: Brief, 4 S., im Nachlaß, mit Umschlag. Datierung: Poststempel. Von Blatt 2 wurden etwa 3 Zeilen unten abgerissen, was auf S. 4 der Länge des Postskriptums entspricht, auf das

einige Buchstabenfragmente hinweisen. Auf S. 3 ergibt sich dadurch eine Lücke im Text. Druck: BRIEFE. Auswahl (1952) S. 11, gekürzt.
— **20,11** *Ulrich*: vermutlich Ulrich Frey. — **20,16** *Marie oder Frau Professor*: Marie Oberdieck oder ihre Mutter. Kayssler wohnte noch bei Oberdiecks, wo M und er sich im Sommer kennengelernt hatten.
— **20,17** *Medea*: Die Medea-Tragödie des Euripides wurde maßgebend für zahlreiche spätere Bearbeitungen des Stoffs. Was für eine Ausgabe M besorgen sollte, muß offen bleiben, da in den Bücherverzeichnissen dieser Zeit meist noch keine Preisangaben gemacht werden, aus denen man auf die Ausgabe hätte schließen können. — **20,22** *blasses Erstaunen*: M meint wohl den schon damals nur noch in formelhaften Wendungen vorkommenden Ausdruck basses (großes, starkes) Erstaunen oder baß (sehr) erstaunt sein, vgl. auch Nr. 27. — **21,4** [*ewig?*]: das Wort läßt sich durch ein sehr kleines Buchstabenfragment, die Lage eines erhaltenen i-Punkts sowie die Länge des Worts mit großer Wahrscheinlichkeit erschließen. Danach beginnt eine neue Zeile, von der das Anfangswort *Ich* erhalten ist; die dann folgende Zeile beginnt wahrscheinlich mit einem *v*. Vom Postskriptum auf der Rückseite sind nur wenige Buchstabenfragmente erhalten.

Nr. 24. Überlieferung: Brief im Nachlaß, nur die letzten 4 Seiten. Datierung: aus dem Inhalt erschlossen.
22,10 *Der Pensionsalte*: Dr. Ilgen.

Nr. 25 Überlieferung: Postkarte im Nachlaß, Volapük, Abgangsstempel: Boston, 1.2.1890, 4 AM [vormittags], Ankunftsstempel in Breslau: 13.2.
22,19 *Nu mutobs – edunobs*: Jetzt müssen wir etwas haben, um zu zeigen, daß Volapük wirklich eine universale Sprache ist; und wir hoffen baldigst Karten aus fremden Ländern zu erhalten, weil wir im nächsten Monat zeigen müssen, was wir zustande gebracht haben.

Nr. 26 Überlieferung: Brief, 4 S., im Nachlaß.
23,4 *A.O. Mok – Flemming*: nicht ermittelt; *Anne* ist wahrscheinlich Anna Oberdieck, A. O. vielleicht auch.

Nr. 27 Überlieferung: Brief, 4 S., angeboten im Gemeinschaftskatalog Autographen Eberhard Köstler, Antiquariat Susanne Koppel, Antiquariat Halkyone Detlef Gerd Stechern, Hamburg und Tutzing 2000, Nr. 545, S. 155 und 157 (hier Faksimile der 1. Briefseite). Vorher: Auktionskatalog Bassenge 64 (1994) Nr. 3047, Zitate (**23,18** *Du hast – Geschichten?*; **23,25** *Der Gedanke – erzählt wird*; **24,4** *Werde nicht – alle Fälle aus*). Auktionskatalog Stargardt 672 (1999) Nr. 236, Zitate (**23,15** *jeder deiner – zu verkörpern*; **23,31** *Und Märchen – Gewandung*; **24,1** *Doch nimm – alle Fälle aus!*). Auch vorhanden in der »Liste Hirschfeld«. Textvarianten: Da das Original nicht angesehen werden konnte, muß offen bleiben, welche der Varianten auf Lesefehlern beruhen. Dem Text zugrundegelegt wurde die Fassung des Katalogs Köstler/Koppel/Stechern, s.o. **23,20** *berauschender*] brausender Bassenge ebd. — **23,20** *unzähmbaren*] unbezähmbaren ebd. – *später,*] später Stargardt ebd. — **23,24** *Deine*] deinen. — **23,30** *richtig*] ruhig Bassenge ebd. — **23,32** *Wortes*] Worts ebd. — **23,34** *Wirklichkeit*] Wirklichkeit, ebd. — **23,34** *blasse, krasse Wirklichkeit*: Da die Adjektive sich widersprechen, könnte M »basse« und damit etwa die reine, krasse Wirklichkeit gemeint haben, vgl. auch Nr. 23.

Nr. 28 Überlieferung: Brief, 2 S., DLA Marbach (94.74.6).

24,8 *Examen*: die Aufnahmeprüfung am Sorauer Gymnasium.

Nr. 29 Überlieferung: Brief, 4 S., im Nachlaß, die Fortsetzung fehlt.

24,23 *Freundin*: wahrscheinlich Cäcilie Hart.

Nr. 30 Überlieferung: Brief, 8 S. vorhanden in der »Liste Hirschfeld«, bisher verschollen.

Nr. 31 Überlieferung: Brief, 8 S., im Nachlaß.

25,22 *Uriel Akosta*: Drama von Karl Gutzkow. Kayssler bezieht sich offenbar auf eine auch bei Bauer erwähnte Stelle – »[...] Uriel Akosta (worin er [M] den Monolog des Knaben Spinoza besonders liebt)« Bauer, Chr. M.(1985) S. 39) –, die M höchstwahrscheinlich in seinem vorausgegangenen Brief vom 29.4.1890 zitiert oder erwähnt: »Baruch./ Die Blumen lass' ich hier. Sie sind verwelkt. / Und wißt Ihr, wie ich beide unterscheide, / Die Blumen da am Stiel und hier die welken? / Die sind Gedanken dort und die Begriffe! / Dort denkt der Schöpfer! Hier begreift der Mensch. / Und da der Unterschied der Duft nur ist, / Die frische Farbe, das lebend'ge Sein, / So nenn' ich Gott das Leben und das Sein. / Und ohne Leben, ohne Sein, sind hier / Die welken Blumen auch nicht Blumen mehr, / Nur der Begriff noch hat an ihnen Wert, / Sonst sind sie nichts und mögen ruhig sterben.« 5. Akt, 3. Auftritt; V. 1864–1875. Gutzkows Werke. Hrsg. von Peter Müller. Kritisch durchgesehene und erläuterte Ausgabe. Leipzig und Wien o.J., Bd. 2, S. 119 f. Kayssler bezieht sich in diesem Brief auch sonst offenbar auf Mitteilungen Ms aus diesem Brief.

Nr. 32 Überlieferung: Brief, 6 S., im Nachlaß.

Nr. 33 Überlieferung: Postkarte im Nachlaß. Über die im Querformat beschriebene Karte ist eine Art Postskriptum im Hochformat geschrieben.

26,10 *H. Körner*: Der letzte Satz heißt wahrscheinlich: *Empfehlgn a. H. Körner* (Empfehlungen an Herrn Körner); dann ist wohl Paul Körners Vater gemeint, der vermutlich mit der geplanten Tour zu tun hat.

Nr. 34 Überlieferung: Brief, 8 S., im Nachlaß.

Nr. 35 Überlieferung: Brief, 6 S., im Nachlaß. Datierung mit Bleistift von unbekannter Hand.
27,8 *nehm ich – Schmerz*: nach Z. 15 von Uhlands Gedicht »Des Sängers Fluch«. — **27,12** *Alfred*: vermutlich Alfred Reche. — **27,18** *M.*: Marie Oberdieck. — **27,24** *Prolog. Programm*: Der Prolog ist vollständig, das Programm etwa zur Hälfte, Punkt 1–6, erhalten. Nr. 1 ist der Prolog, »verfasst und gesprochen von Chr. Morgenstern (I b)«. Die ersten Zeilen lauten: *Es blüht der Mai. Die zarten Knospen springen / Und alles reget sich in neuer Lust.* M kommt dann zu den singenden Vögeln und leitet über auf die Frühlingsgefühle der Menschen, insbesondere der Jugend. Diese erhebt ihre Augen *zu dem, worin der Geist des Volkes blüht.:/ Zu heimatlicher Dichtung ewiger Schöne / Und zu der weihevollen Kunst der Töne!* Es folgt ein Lobpreis auf die (deutsche) Freiheit und das auf Gesang gegründete deutsche Wesen. Abschließend gibt er der Hoffnung Ausdruck, daß ihre Darbietungen den Geist ihrer Schöpfer wiedergeben möchten und bittet, wenn dies nicht erreicht werde, um Anerkennung ihres jugendlichen Wollens. – Auf den Prolog folgte die Ouverture zu Ruy Blas (opus 95) von Felix Mendelssohn, dargeboten von G. John und M. Hänselt, I b, dann, vorgetragen von Franz Carl Zitelmann, »Der Mutter Gebet«, Melodrama von Reinecke (nichts Näheres ermittelt), dann das Nocturne in Es-dur, opus 9 von Frédéric Chopin, gespielt von H. Ehrlich, I a, »Das Wendenschloß« (nicht ermittelt), dargeboten von F. Grosch, und eine Cavatine (evtl. D-dur, op 85,3) von Joseph Joachim Raff, gespielt von G. Thurm, II a. Der Rest fehlt. — **28,9** *usus*: hier: Brauch (lat.); das Komma wurde vermutlich nachträglich falsch gesetzt. — **28,21** *meine Pensionsmutter*: Frau Ilgen. — **29,15** *Frey*: wahrscheinlich Ulrich Frey. — **29,16** *Paul. Julius. Gustav*: Paul ist vermutlich Paul Willmann, Julius und Gustav konnten nicht ermittelt werden.

Nr. 36 Druck: Bauer, Chr. M. (1933) S. 32 f., (1985) S. 34 f. BRIEFE. Auswahl (1952) S. 11 f. Beide Drucke sind unterschiedlich gekürzt; in der vorliegenden Wiedergabe wurde die Fassung bei Bauer mit den zusätzlichen Textstellen der Briefausgabe vervollständigt, die Nachweise folgen in den Varianten. Textvarianten: **29,21** *tiefe, echte*] *echte, tiefe* BRIEFE. Auswahl (1952) S. 11. — **29,31** *Ich habe diesen Entschluß – in Pension*] nur BRIEFE ebd. — **30,1** *ganz nette*] *nette* Bauer (1933) S. 33, (1985) S. 35. In der 3. Aufl. 1941, in Nr. 36 auch: *ganz nette*, also wohl eine Korrektur. — **30,2** *die Pension – Ilgen*] *die Pension bei Professor Ilgen* Bauer, Chr. M (1985) S. 35. *»Professor« (wie es bei uns in Bayern heißt!)* I. BRIEFE S. 12. — **30,6** *Mein Stubenkamerad – Mensch*] fehlt ebd. — **30,9** *Die Familie – Lust dazu hätte*] fehlt ebd. — **30,17** *Mit herzlichstem – Christian*] fehlt Bauer (1933) S. 33, (1985) S. 35.

Nr. 37 Überlieferung: Brief, 8 S., im Nachlaß, ohne Grußformel
– vermutlich ist eine Fortsetzung verloren gegangen. Datierung:
S. 33,38 wird als Datum einer Tagebucheintragung der 6.6. genannt.
Druck: »Der neue Merkur« 5 (1921/22), S. 107 f.: *Höre, was ich am 6.
Juni – unendlich schwer.* BRIEFE. Auswahl (1952) S. 12, dort fehlerhaft
mit 23.4.1890 datiert: *Bedenke, daß Du – in möglichst hohem Grade*
und: *Die Strenge – schlagendes Herz.* Textvariante: **34,3** *erhält]* erhöht »Der neue Merkur« S. 107, Lesefehler. M bezieht sich in diesem
Brief auf Nr. 29 und 31 und auf mindestens einen verlorengegangenen
Brief oder Briefteil.
31,5 *Les extrêmes se touchent*: Die Extreme berühren sich (franz.),
Louis-Sébastien Mercier (1740–1814), »Tableau de Paris« (1781–89),
Bd. 4, Überschrift von Kap. 348. Der Gedanke selbst geht auf Aristoteles zurück. — **31,11** *Naturforschers*: Prof. Oberdieck. — **31,36** *»Lerne
– geschrieben haben*: Anscheinend von Kayssler stammende Verse, die
auf einen Gedanken Goethes zurückgehen sollen; dieser wurde nicht
ermittelt. — **32,2** *Doch auch – nicht bleibe*: Goethe, Faust, 1. Teil, V.
1225. — **32,32** *(Ur)großvater*: gemeint ist Adalbert Barthelmäus
Kayßler, vgl. aber das Register. — **32,34** *heu me miserum*: Weh mir
Elendem (lat.). — **33,1** *ad novum exercitium*: auf neue Weise (lat.). —
33,32 Θεός – Πᾶν: Gemeint ist: Gott in allem! – : Gott = alles! (griech.)
33,32 *(Spinoza)*: vgl. Spinozas Formel von der Einheit von Gott und
Natur (Deus sive natura, nach: Ethik, 4.Teil, Einleitung. Spinoza: Opera. Werke. Lateinisch und deutsch, Bd. 2, hrsg. von Konrad Blumenstock. Darmstadt 1967, S. 382); außerdem etwa den folgenden Lehrsatz: »Alles, was ist, ist in Gott, und nichts kann ohne Gott seyn oder
begriffen werden.« Ethik, 1. Teil, 15. Lehrsatz (a.a.O. S. 107). — **33,33**
Ἐν ἀρχῇ – γέγονεν: Beginn des Johannes-Evangeliums: »Im Anfang
war das Wort, und das Wort war bei Gott, und Gott war das Wort« (V.1).
»Alle Dinge sind durch dasselbe gemacht, und ohne dasselbe ist nichts
gemacht, was gemacht ist« (V.3), (griech.). — **33,36** *Logos*: das Wort
(griech.) s.o. — **33,36** *Faust – That*: vgl. Goethe: Faust, 1. Teil, V.1225–
1238.— **33,38** *am 6. Juni – zu denken*: Aus dieser Zeit sind keine Tagebücher Ms erhalten. — **34,27** Πᾶν – Πᾶν: s.o.

Nr. 38 Überlieferung: Briefkarte, beidseitig beschrieben, im
Nachlaß. Datierung: 35,15 *Pfingstpartie*: Pfingsten war am 3./4.6.
35,14 *etwas*: Es können die von Kayssler am 29.6. besprochenen Gedichte gemeint sein.

Nr. 39 Überlieferung: Entwurf, 2 S., im Nachlaß; die Fortsetzung fehlt. Wenn die Rechnungen nachträglich verschickt wurden,
wäre der Brief etwa Juni/Juli 1890 zu datieren. In jedem Fall muß M
schon in Sorau gelebt haben. Textvarianten: **35,26** *seit Herbst 1889]*

⟨*längst*⟩ Entwurf S. 1. — **35,29** *würden aufhören*] würden ⟨wie allgemein üblich →⟩ aufhören ebd. — **36,22** *Handlungsweise*] ⟨*Verirrung*⟩ Entwurf, S. 2.

35,26 *seit Herbst 1889*: Das ist etwas geschwindelt, denn M hatte zwar im Herbst das Gymnasium verlassen, anschließend aber die Militärvorbereitungsanstalt in Breslau besucht. Nach Sorau kam er erst im Frühjahr 1890. Zur Verärgerung Ms paßt es, daß dieser Brief nicht in Volapük geschrieben ist; ob er ihn in dieser Fassung abgeschickt hat, ist allerdings nicht bekannt. — **36,1** *»konstanzer Weltsprachebüro«*: s. Schleyer.

Nr. 40 Überlieferung: Brief, 4 S., im Nachlaß; der Schluß fehlt.

36,29 *reizende Gedichte*: Das erste konnte nicht ermittelt werden; beim zweiten handelt es sich um GOTT DER TRÄUME! GOTT DER KINDHEIT! Kayssler zitiert Z. 41 und 51–54. — **36,33** *Verfasser d.»natürl. Gesetzes«*: vgl. Nr. 43 und Kommentar. — **36,34** *Lehre über »Metrik«*: nicht ermittelt, wäre aus dem vollständigen Text von Nr. 43 zu erfahren. — **37,1** *»Graf B. u. s. Leute«*: Moritz Busch: Graf Bismarck und seine Leute während des Krieges mit Frankreich. Nach Tagebuchblättern. Leipzig 1878 u.ö.

Nr. 41 Überlieferung: Zettel im Nachlaß, in ganzer Breite von einem Bogen (etwa das untere Viertel) abgerissen, beidseitig beschrieben. Auf S. 1 mit Rotstift der Vermerk 15., wahrscheinlich die Seitenangabe. Die Nachschrift müßte dann zu einem sehr langen Brief gehören, vielleicht zu dem vom 29.6., bei welchem dann noch 6 Seiten fehlen würden. Datierung: Der 6.7. wird im Brief genannt.

Nr. 42 Überlieferung: Blatt im Nachlaß, etwa 2/3 einer Seite, der Rest abgeschnitten, beidseitig beschrieben, höchstwahrscheinlich zu einem anderen Brief gehörend. Datierung: Wie lange vor den Sommerferien der Brief geschrieben wurde, konnte nicht festgestellt werden. Falls erst des Onkels Rheumatismus wegen beschlossen wurde, daß Kayssler mit Reches (statt mit dem Onkel?) nach Krummhübel gehen sollte, so müßte der Brief vor dem 18.5. geschrieben worden sein. Möglich ist auch, daß sich Ms Bemerkung *Dein Gedanke ist herrlich* (Nr. 37) auf diesen Brief bezieht; dann könnte er vom Juni stammen. Das Jahr 1890 ergibt sich aus Kaysslers und Ms Sommeraufenthalten, Krummhübel und Rudelstadt, sowie aus den Grüßen von Marie Oberdieck – Kayssler löste bald darauf das Freundschaftsverhältnis zu ihr (vgl. Nr. 54).

37,20 *Marie – Beblo*: Marie Oberdieck, Paul Willmann, Friedrich Beblo; Gustav konnte nicht ermittelt werden.

Nr. 43 Überlieferung: Postkarte, angezeigt Auktionskatalog Bassenge 60 (1992) Nr. 3938, Zitate. Auch genannt in der »Liste Hirschfeld«.

37,27 *Schillers Ballade ›Fridolin‹*: Gemeint ist das Gedicht »Der Gang nach dem Eisenhammer«, das mit den Worten »Ein frommer Knecht war Fridolin« beginnt. M bezieht sich also wohl (spöttelnd?) auf Kaysslers Brief vom 29.6. (Nr. 40), d.h. auf den letzten Satz – das Beten – und wahrscheinlich auf die verschollene Fortsetzung. — **38,3** *Rembrandt als Erzieher*: s. Langbehn. — **38,5** [*e.*] [= einen] *jungen Deutschen*: im Druck, s.o. *u.* [= uns] *jungen Deutschen*, das ist höchstwahrscheinlich ein Lesefehler, da M nie »interessieren« mit Dativ gebraucht und auch, weil bei M in deutscher Schrift u und e (abgesehen vom u-Strich, der leicht übersehen werden kann oder auch gelegentlich fehlen kann) kaum zu unterscheiden sind.

Nr. 44 Druck: »Der neue Merkur« 5 (1921/22) S. 106 f., mit der Datierung 1890. Die *neue Freundschaft* ist vermutlich die mit Fritz Haacke (vgl. Nr. 45), der Brief also wahrscheinlich vor dem 10.7.1890 zu datieren.

38,14 *Lützows wilde Jagd*: Gedicht von Theodor Körner. Theodor Körner's Werke. Vollständigste Ausgabe mit mehreren bisher ungedruckten Gedichten und Briefen. Erster Theil. Gedichte. Erste Abtheilung. Leyer und Schwert. Berlin o.J. [1879], S. 135 f. Insbesondere Körners Kriegslieder wurden mehrfach vertont, u.a. von Carl Maria von Weber (6 Männerchöre op. 42, 1814). — **38,19** *Beethoven – aus der Seele schlagen*: Beethoven schreibt im Brief vom 15.8.1812 (dessen Echtheit nicht gesichert ist) an Bettine von Arnim: »[...] Rührung paßt nur für Frauenzimmer (verzeih mir's), dem Manne muß Musik Feuer aus dem Geist schlagen.« Der Brief wurde von ihr in ihrem Buch »Ilius Pamphilius und die Ambrosia« (1848) veröffentlicht. Bettina von Arnim: Werke und Briefe. Bd. 2, hrsg. v. Gustav Konrad. Frechen 1959, S. 642–644, Zitat S. 643. Ludwig van Beethovens sämtliche Briefe. Hrsg. von Emerich Kastner. Nachdruck der völlig umgearbeiteten und wesentlich vermehrten Neuausgabe von Dr. Julius Kapp. Tutzing 1975, S. 227–229, Zitat S. 228. — **38,23** *Fitgers »Hexen« – sterben«*: richtig: »Die Hexe«; 5. Akt, 3. Auftritt. Oldenburg u. Leipzig o.J. S. 91. — **38,24** *Hamerlings – gemischt*: Venus im Exil, 1. Gesang: Eros, Z.11 f. Hamerlings sämtliche Werke in 16 Bänden. Hrsg. von Michael Maria Rabenlechner. Leipzig Bd. 2 [1858] S. 9. — **39,7** *Ich habe mich nämlich – davor zurück*: vgl. auch Abt. Episches Nr. 18 und Abt. Aphorismen Nr. 154.

Nr. 45 Überlieferung: Postkarte, DLA Marbach (89.92.4). Datierung: Poststempel.

39,21 *Kauf von Rembrandt*: von Langbehns »Rembrandt als Erzieher«. — **39,31** *den R...*: wohl einer der Brüder Reche, vermutlich Fritz.

Nr. 46 Überlieferung: Postkarte, DLA Marbach (90.78.7).

Nr. 47 Überlieferung: Brief, 4 S., im Nachlaß, anscheinend in Eile geschrieben.
40,16 *Kopisches*[?]: schlecht lesbar, aber wahrscheinlich; Frau Reche war eine geborene Kopisch.
Nr. 48 Überlieferung: Brief, 4 S., im Nachlaß, ohne Gruß, d.h. wahrscheinlich ist eine Fortsetzung verlorengegangen. Der Brief bezieht sich nicht auf Kaysslers Brief vom selben Tag (der von einer Gebirgstour aus auch kaum am selben Tag angekommen sein dürfte), sondern auf einen früheren, nicht mehr vorhandenen, der offenbar einen ähnlichen Inhalt hatte.
40,24 *Schiller – geschlichtet*«: wörtlich: »Denn wer den Sinn aufs Ganze hält gerichtet, / Dem ist der Streit in seiner Brust geschlichtet.« Die Huldigung der Künste, V. 225 f.
Nr. 49 Druck: Bauer, Chr. M.(1985) S. 36. Das dort angegebene Datum, 22.8., ist nicht ganz sicher, da M am 25. seine neue Liebe als etwas ganz Neues andeutet. Gemeint ist vermutlich Hedwig Thiele.
Nr. 50 Überlieferung: 3. Bogen eines Briefs im Nachlaß – S. 1 ist mit Blaustift mit 9 gekennzeichnet. Datierung: Die *Krummhübeler Leidenschaftlichkeit* und die Erwähnung Fritz Haackes weisen auf einen Termin nach den Sommerferien; Berufsgedanken scheint M in einem verschollenen Brief, der vor dem 8.9. geschrieben sein muß, geäußert zu haben (vgl. Nr. 54), einen *reizenden langen Brief* erwähnt M in Nr. 51, ebenso eine Photographie; für die Photos bedankt sich M am 11.9. (Nr. 56); der *Vorgeschmack* könnte ein vom Zimmernachbarn gemachtes Photo sein. Die Briefe vom 25.8., 4.9. und 5.9. lassen vermuten, daß Kaysslers langer Brief vorher geschrieben wurde. Das benutzte Briefpapier widerspricht dieser Einordnung nicht.
41,22 *Lieses Freundin*: Cäcilie Hart.
Nr. 51 Überlieferung: Postkarte im Nachlaß. Datierung: Poststempel.
43,6 *Brief nebst Beilagen*: vermutlich Nr. 50.— 43,7 *Ach, Du wirst – denke nach*: Vgl. Kommentar zu Nr. 49. — 43,7 *mon cher*: mein Lieber (franz.). — 43,9 *So ford'r – in die Schranken*: Schiller: Don Carlos, V.1155 f. — 43,11 *Ölmuse*: Elisabeth Reche, sie wurde vermutlich bald darauf Schülerin von Ms Vater, vgl. Nr. 74.
Nr. 52. Überlieferung: Postkarte im Nachlaß. Datierung: Poststempel.
Nr. 53 Überlieferung: Postkarte im Nachlaß. Datierung: Poststempel.
Nr. 54 Überlieferung: Brief, 14 S., im Nachlaß.
44,16 *Brief*: verschollen. — 44,19 *Freundin*: Cäcilie Hart. — 44,31 *»nichts Tragischeres als das Menschenleben«*: bezieht sich vermutlich

auf Ms verschollenen Brief. — **45,7** *Les extrêmes se touchent* : vgl. Kommentar zu Nr. 37. — **45,9** *Künstler ohne Arme*: M und Kayssler bezeichnen damit die Unfähigkeit, das Vorgestellte oder Gewollte angemessen ausdrücken zu können; das Bild findet sich in Lessings »Emilia Galotti«, I,4, wo es aber den Vorrang des Konzepts vor der Ausführung veranschaulichen soll: »Oder meinen Sie, Prinz, daß Raphael nicht das größte malerische Genie gewesen wäre, wenn er unglücklicherweise ohne Hände wäre geboren worden?« — **45,35** *das Datum – später*: Diese lobenswerte Bitte deutet offenbar darauf hin, daß beide beschlossen hatten, berühmt zu werden, vgl. auch Nr. 74.

Nr. 55 Überlieferung: Brief, 4 S., angeboten Auktionskatalog Bassenge 45 (1985) Nr. 1537, Zitate, S. 4 faksimiliert. Auch vorhanden in der »Liste Hirschfeld«, Beginn: *Lieber Fritz, soeben wollte ich*.
46,3 *Empfang in Breslau*: Kaiser Wilhelm II. besuchte vom 11.–13.9.1890 mit seiner Frau Breslau und hielt in dieser Zeit mehrere Ansprachen bei den besuchten Institutionen; die Bevölkerung hatte also mehrmals Gelegenheit, das Kaiserpaar zu sehen; insbesondere kommt hierfür der Empfang beim Einzug in Breslau in Frage. Zu den Reden vgl. Johannes Penzler [Hrsg.], Die Reden Kaiser Wilhelms II. Teil 1, 1888–1895, Leipzig 1897, S. 129–134. — **46,25** *Goethes Feinde – Romantiker*: Hintergrund kann etwa der bekannte Ausspruch: »Klassisch ist das Gesunde, romantisch das Kranke« (Maximen und Reflexionen, 1031) sein; insbesondere lehnte Goethe die Betonung des Phantasischen, Unbewußten, Mystischen in der Kunst ab, vor allem auch die religiös-mittelalterliche Kunst der Nazarener. Insgesamt ist sein Verhältnis zur Romantik aber differenzierter. — **46,26** *Phantasten von 48*: M bezieht sich wohl auf die Frankfurter Nationalversammlung, deren Aufgabe es war, eine gesamtdeutsche Verfassung zu schaffen, die an die Stelle des Deutschen Bundes einen gesamtdeutschen Bundesstaat stellen sollte und die schließlich an konservativen Widerständen – so lehnte Friedrich Wilhelm IV von Preußen die ihm angetragene Kaiserwürde ab – scheiterte. Insbesondere die Mitglieder des demokratischen Flügels der Nationalversammlung nannten sich »Achtundvierziger«.

Nr. 56 Überlieferung: Brief, 4 S., im Nachlaß. Druck: BRIEFE. Auswahl (1952) S. 12 f., nur: *Der Apoll von Belvedere – so zu denken*. **46,32** *Beifolgenden Brief*: verschollen; evtl. handelt es sich um den vom 9.9.1890, auch wenn die Datumsangaben nicht ganz genau übereinstimmen. — **47,5** *Heine – zu weinen begann*: Heinrich Heine schreibt im Nachwort zur Gedichtsammlung »Romanzero«: »Es war im May 1848, an dem Tage, wo ich zum letzten Male ausging, als ich Abschied nahm von den hohen Idolen, die ich angebetet in den Zeiten meines Glücks. Nur mit Mühe schleppte ich mich bis zum Louvre, und ich brach fast zusammen, als ich in den erhabenen Saal trat, wo die hochgebenedeite Göttin der Schönheit, Unsere liebe Frau von Milo [Venus von Milo], auf ihrem Postamente steht. Zu ihren Füßen lag ich lange und ich weinte so heftig, daß sich dessen ein Stein erbarmen mußte. Auch schaute die Göttin mitleidig auf mich herab, doch zugleich so trostlos als wollte sie sagen: siehst du denn nicht, daß ich keine Arme habe und also nicht helfen kann?« — 47,33 *Prolog zum Wallenstein*: Schiller; M denkt hier wohl vor allem an die Verse 32–49, die vom Los des Schauspielers handeln: »Schwer ist die Kunst, vergänglich ist ihr Preis,/ Dem Mimen flicht die Nachwelt keine Kränze,/ Drum muß er geizen mit der Gegenwart,/ Den Augenblick, der sein ist, ganz erfüllen,/ Muß seiner Mitwelt mächtig sich versichern, / Und im Gefühl der Würdigsten und Besten / Ein lebend Denkmal sich erbaun – [...]« V. 40–46. — 48,7 *tosteten*: toasteten. — 48,9 *Pereat*: Nieder, wörtlich: er oder es soll zugrundegehen (lat., studentensprachlich). — 48,14 *Aufsatz über Kunst*: vgl. Nr. 57. Weiteres konnte nicht ermittelt werden.

Nr. 57 Überlieferung: Brief, 8 S., im Nachlaß. Textvariante: 48,20 *Agu*] ⟨*Fritz*⟩ Brief, S. 1.

48,27 *»en air politique«*: in politischer Luft, auf politischem Gebiet (franz.). — 48,33 *politish man (richtig?!)*: Englisch gehörte damals nicht zum Lehrplan an Gymnasien. M hat sich aber zeitweilig privat damit beschäftigt, vgl. Nr. 16. — 49,2 *»Individualismus« – optimistisch*: Kayssler bezieht sich auf Langbehns »Rembrandt als Erzieher«, besonders: »Individualismus ist die Wurzel aller Kunst; und da die Deutschen unzweifelhaft das eigenartigste und eigenwilligste aller Völker sind: so sind sie auch [...] das künstlerisch bedeutendste aller Völker.« A.a.O. S. 3 f. Zur Verwandtschaft des deutschen Charakters mit dem griechischen vgl. etwa S. 206 f. und 216 ff.

Nr. 58 Überlieferung: Brief, 4 S., DLA Marbach (93.146.8). Das 2. Blatt des Briefbogens (S. 3 und 4) nur zur Hälfte vorhanden, vgl. S. 51,2. Maschinenabschrift, 3 S., ebd.
50,24 *Verfasser des R.*: s. Langbehn.

Nr. 59. Druck: Bauer, Chr. M. (1985) S. 40. Datierung: nach Bauer ebd. Adressat: Dem Ton nach vielleicht jemand aus der Verwandtschaft, etwa die Großmutter, Emma Schertel.

Nr. 60 Überlieferung: Brief, 8 S., vorhanden in der »Liste Hirschfeld«, bisher verschollen.

Nr. 61 Überlieferung: Brief, 4 S., Privatbesitz. Genannt in der »Liste Hirschfeld«. Druck: »Das Inselschiff« 21 (1940) S. 203–206, die Eigennamen abgekürzt und ohne die Postskripta. »Der Neue Merkur« 5 (1921/22) S. 108 f., nur 54,11 *Heute bin ich – Gefangner*. Ich

danke dem Eigentümer des Briefs, daß er eine Kopie für unsere Ausgabe zur Verfügung stellte. K.B.
52,29 *Und aus Millionen mein bist du*: V. 21 aus Schillers Gedicht »Die Freundschaft«. — 53,8 *»zerbrochenen Krug«*: s. Kleist. — 53,9 *ganz Wilhelm Meister*: bezieht sich auf Goethes Roman »Wilhelm Meisters Lehrjahre«, in dem die Titelfigur zunächst im Bereich des Theaters ihre Selbstverwirklichung sucht. — 53,10 *das Bärbele*: Im »Zerbrochenen Krug« gibt es keine Figur dieses Namens; das junge Mädchen heißt dort Eve. Ob eine Namensverwechslung oder eine ganz andere Anspielung Ms vorliegt, konnte nicht ermittelt werden. — 53,13 *Turnlehrer*: offenbar nicht Hermann Franke. — 53,26 *»Deutsch sein heißt Charakter haben«*: »[...] denn Charakter haben und deutsch seyn, ist ohne Zweifel gleichbedeutend«. Johann Gottlieb Fichte: Reden an die deutsche Nation, 12. Rede. Fichtes Werke, hrsg. von Immanuel Hermann Fichte, photomechanischer Nachdruck. Berlin 1971. Bd. 7, S. 446. Der Satz wird auch in Langbehns »Rembrandt als Erzieher« zitiert (S. 3). — 54,3 *»grünen Wald«*: Ausflugslokal in der Umgebung von Sorau, genannt in einem Nachdruck eines von 1851 stammenden Artikels »Das Raubschloß des Sorauer Waldes« im »Sorauer Wochenblatt«. Zusammengeklebte Zeitungsausschnitte ohne Datum und Seitenzahlen im Nachlaß. — 54,38 *Nulla vestigia retrorsum*, von M in der Bedeutung von: »Keinen Schritt rückwärts« gebraucht. M zitiert den Satz einige Male, vgl. auch: *Nulla, nulla, nulla retrorsum!* (John Hampton) (T 1892/93, Bl. 21, datiert vermutlich 5.2.1893) und im Brief an Margareta Gosebruch vom 21.9.1908: *Was hab ich denn für Wahlsprüche gehabt? Nulla retrorsum (Cromwell) (Keinen Schritt rückwärts)* [...] Für keinen der genannten Männer konnte auf lexikalischem Weg der Ausspruch ermittelt werden. In der Wortwahl klingt er aber an den folgenden Satz an: »Quia me vestigia terrent, omnia te adversum spectantia, nulla retrorsum.« (Weil mich die Spuren schrecken, die alle zu dir hinein zeigen, keine wieder zurück [wolle er den Löwen nicht in seiner Höhle besuchen, sagte der Fuchs], lat., Horaz, Epistulae 1,1,74 f.). – Dem Brief war, der Datierung nach, ein Text beigelegt, der nicht direkt zum Brief gehört, sondern als Beilage, ähnlich wie die Gedichtbeilagen, anzusehen ist, s. Abt. Episches Nr. 18. Vom Original ist nur ein kleiner Ausschnitt (ca. 85 x 75 mm) mit der Unterschrift *Christian Morgenstern* erhalten. Auf der andern Seite stehen Satzfragmente, durch die das Fragment zugeordnet werden konnte. – Im Nachlaß befinden sich noch weitere herausgeschnippelte Unterschriften Ms, vgl. Kommentar zu Nr. 153.

Nr. 62 Überlieferung: Brief, 8 S., im Nachlaß; der Schluß fehlt. Textvariante: 55,24 *anders sein«*] Vor dem Anführungszeichen steht noch ein Schnörkel, der keinem Satzzeichen eindeutig zugeordnet werden konnte.

55,10 *Dezem*: wahrscheinlich soviel wie 10 Briefe. — 55,19 *Nulla vestigia retrorsum*: vgl. Kommentar zu Nr. 61. — 55,32 *Zitat*: vgl. Kommentar zu Nr. 61.

Nr. 63 Überlieferung: Brief, 3 S., im Nachlaß. Datierung: In Frage kommt das Frühjahr 1890 oder, wahrscheinlicher, der Herbst desselben Jahres; hierzu paßt die Nennung der ungünstigen Jahreszeit besser, außerdem die Erwähnung von Rudelstadt (dort war M im Sommer 1890) sowie der Hinweis auf den Besuch der Eltern in Nr. 61.

56,3 S*chule – geschlossen*: vielleicht wegen Scharlachs, vgl. Nr. 83.

Nr. 64 Überlieferung: Brief, 5 S., vorhanden in der »Liste Hirschfeld«, bisher verschollen.

Nr. 65 Überlieferung: Brief, 4 S., im Nachlaß.

56,25 *Freundin*: vielleicht, wie in Nr. 74, Hedwig Thiele. — 56,30 *Scherers – Kleist*: vgl. Wilhelm Scherer: Geschichte der Deutschen Litteratur. Berlin ⁹1902, S. 120–124. (v: Das mittelhochdeutsche Volksepos und S. 689–694 (XIII: Romantik). — 56,31 *»Ingo«*: Gustav Freytag: Die Ahnen. Bd. 1: Ingo und Ingraban. *Prinz von Homburg*: s. Kleist.

Nr. 66 Überlieferung: Brief, 4 S., vorhanden in der »Liste Hirschfeld«, bisher verschollen.

Nr. 67 Überlieferung: Brief, 6 S., im Nachlaß. Vielleicht fehlt nach dem ersten Bogen etwas.

57,10 *sal de sal*: Kayssler meint entweder »sel de sel« (franz.) oder sal de sale (lat.). Beides heißt wörtlich »Salz vom Salz«, übertragen »Witz vom Witz«, im Sinn einer Steigerung. Vgl. auch Nr. 69 und 71. — 57,15 *Volkssage vom Elben am Wasserquell*: ähnlich: »Tanz, Gesang und Musik sind die Freude sowohl der Elben als auch aller Wassergeister. [...] In Schweden erzählt man von der lockenden, bezaubernden Weise des ›Strömkarl‹: Der Strömkarlslag soll elf Variationen haben, von welchen man aber nur zehn tanzen darf, die elfte gehört dem Nachtgeist und seinem Heer. Wollte man sie aufspielen, so fingen Tische und Bänke, Kannen und Becher, Greise und Großmütter, Blinde und Lahme, selbst die Kinder in der Wiege an zu tanzen. Dieser spielende Strömkarl hält sich gern bei Mühlen und Wasserfällen auf. [...]« Jakob Grimm: Deutsche Mythologie. Wien, Leipzig 1943, S. 282 (Kap. 17: Wichte und Elbe). — 57,22 *Körner: Briefe*: Eine von M im vorausgegangenen Brief offenbar erwähnte Stelle über die *Censur* konnte, da Ms Brief verschollen ist, nicht ermittelt werden.

Nr. 68. Überlieferung: Brief, 7 S., im Nachlaß.

57,26 *Scherer – nahezulegen*: a.a.O. S. 697.

Nr. 69 Überlieferung: Brief, 4 S., im Nachlaß. Druck: »Der

neue Merkur« 5 (1921/22) S. 109 f., nur: 58,20 *Die Volkssage – diesen Plan noch* (59,28) und ohne Datum.

59,19 *zu dem schon Fichte gelangt*: vgl. hierzu etwa: »Der Mensch steht, als Theil der Sinnenwelt, unter Naturgesetzen. Er ist in Absicht seines Erkenntnisvermögens genöthigt, von Anschauungen, die unter den Gesetzen der Sinnlichkeit stehen, zu Begriffen fortzugehen; [...] Als Wesen einer übersinnlichen Welt aber, seiner vernünftigen Natur nach, wird sein oberes Begehrungsvermögen durch ein ganz anderes Gesetz bestimmt, und dieses Gesetz eröffnet durch seine Anforderungen ihm Aussichten auf Erkenntnisse, die weder unter den Bedingungen der Anschauung, noch unter denen der Begriffe stehen. Da aber sein Erkenntnisvermögen schlechterdings an jene Bedingungen gebunden ist, und er ohne sie gar nichts denken kann, so ist er genöthigt, auch diese Gegenstände einer übernatürlichen Welt unter jene Bedingungen zu setzen, ob er gleich erkennt, dass eine solche Vorstellungsart nur subjectiv, nicht objectiv gültig sey, und dass sie ihn weder zu theoretischen, noch praktischen Folgerungen berechtige.« Versuch einer Kritik aller Offenbarung, § 8. Fichtes Werke. Hrsg. von Immanuel Hermann Fichte. Photomechanischer Nachdruck der Ausgaben 1845/46 und 1834/35. Bd. v, S. 85 f. Was M tatsächlich gelesen hat, ist nicht mehr festzustellen. — 59,24 *Xenienstreit – Gastgeschenke*: griechisch, nach Goethes und Schillers »Xenien«. — 59,37 *Justfeier*: Das Programm der Justfeier, die am »9. Dezember 1890 nachmittags 5 Uhr« stattfand, ist im Nachlaß vorhanden. Sie bestand aus 24 musikalischen und deklamatorischen Darbietungen; an zweiter Stelle standen Zitelmann und M mit einer »Scene aus Schillers Braut von Messina« (Die gesamte Szene V. 592–860). Als Nr. 11 trug M sein Gedicht DER MELDERBAUM vor. — 60,9 *»Was sind Hoffnungen – Messina*: a.a.O. V. 1961; gesamte Szene V. 1929–2027.

Nr. 70 Überlieferung: Brief, 4 S., im Nachlaß.

60,32 *des Kaisers Rede. Beschlüsse der Herrn Schulmänner*: Gemeint sind die Schulkonferenz vom 4. bis 17.12.1890 und die Rede Kaiser Wilhelms II. zu ihrer Eröffnung. Neben stärkerer nationaler Erziehung (deutsche Literatur und Geschichte) und vermehrtem Turnunterricht forderte der Kaiser eine Reduzierung des altsprachlichen Unterrichts an den Gymnasien: »Wir müssen als Grundlage für das Gymnasium das Deutsche nehmen; wir sollen nationale junge Deutsche erziehen und nicht junge Griechen und Römer.« (Zitiert nach: James C. Albisetti und Peter Lundgren: Höhere Knabenschulen. In: Handbuch der deutschen Bildungsgeschichte, Bd. IV, 1870–1918. Von der Reichsgründung bis zum Ende des Ersten Weltkriegs. Hrsg. von Christa Berg. München 1991, S. 258, auch S. 236). Die Beschlüsse bedeuteten für M und seine Freunde vor allem die Befreiung vom bis dahin noch üblichen lateinischen Aufsatz, was von M in einem Gedicht gebührend gefeiert wurde:

DER LATEINISCHE AUFSATZ

Ein deutscher Jüngling sitzt voll Gram
Des nachts um halber zwei,
Ach, wäre doch, so seufzte er,
Der Aufsatz erst vorbei!
Ans Fenster tritt er wilden Blicks
Und starrt zum Firmament.
Gespensterhaft im Mondenglanz
Ringt er die müden Händ.
Chor: Wir wollen kein lateinschen Aufsatz mehr,
Lateinschen Aufsatz mehr.
Wir wollen kein lateinschen Aufsatz mehr,
Lateinschen Aufsatz mehr.

Und wieder setzt verzweifelt sich
Der arme Dulder hin
Baut Perioden fürchterlich
Mit möglichst wenig Sinn.
Und endlich, als das Morgenrot
Schon durch die Wolken bricht,
Steigt er ins Bett. In seinen Traum
Ein Schrei sich schaurig flicht:
Wir brauchen kein lateinschen etc.

Doch eines Tages hört besorgt
Des Kaisers Majestät
Der jammernden Pennälerschar
Inbrünstiges Gebet.
Und bald wird es ihm wunderklar,
Die Jungens haben recht,
Was nützt der leere Formenkram
Dem heutigen Geschlecht!
Wir brauchen etc.

Und nun erinnert er sich, der
Einst auch's Pennal besucht,
Wie dem lateinschen Aufsatz man,

> Schon seiner Zeit geflucht.
> Schickt drum dem Ministerio
> Sein Bild, schreibt drauf mit Schwung:
> »Sic volo ac sic iubeo!«
> Das heißt in deutscher Zung'
> Wir brauchen etc.
>
> Drum deutsche Jugend preise ihn,
> Zeig dich der Wohltat wert.
> Und greife statt zur Feder einst,
> Nur feuriger zum Schwert.
> Dann wollen wir die Feinde bleun
> Auf Nimmerwiederkehr.
> Und sagen sie, wie konnt das sein,
> Dann ruft, das kommt daher –
> Wir haben kein lateinschen Aufsatz etc.

Braunschweigische Landeszeitung, Niedersachsen-Ausgabe, 5./6.5. 1951, S. 9, veröffentlicht von Else Schmidt-Ilgen im Rahmen ihres Beitrags »Fackeln auf dem Schülerbergfest«. Der Zeitungsausschnitt ist im Nachlaß vorhanden. »*Sic volo – iubeo*«: So will ich und so befehle ich (lat.), nach Juvenal, Satire 6,223. (Im Druck in dieser Zeile zwei Lese- oder Druckfehler: »ar inbeo« statt ac iubeo.) M verspottete den lateinischen Aufsatz auch in der Szene DAS ORAKEL, Abt. Dramatisches S. 358. — 61,8 *Mitgenossen*: Paul Körner und Franz Carl Zitelmann.

Nr. 71 Überlieferung: Brief, 12 S., im Nachlaß.
61,14 *Tasso*: schon in Nr. 62 erwähnt. — 61,14 *Don Carlos*: Kayssler erwähnt die 2. Szene des 2. Akts (V. 1039–1237) von Schillers Drama. — 61,15 »*Scherer« über Wolfram von Eschenbach*: Kap. VI: Die höfischen Epen; a.a.O. S. 171–185. — 62,7 »*Graf Essex*«: Dramenheld nach Robert Deveneux Earl of Essex (1567–1601), Günstling von Königin Elisabeth I., nach einem Aufstand hingerichtet. Welche Bearbeitung des Stoffes Kayssler meint, konnte nicht ermittelt werden. — 62,8 *Caesar*: Gemeint ist hier eine Büste Cäsars, d.h. eine Reproduktion oder Abbildung als Weihnachtsgeschenk.

Nr. 72 Überlieferung: Brief im Nachlaß, 1 Bogen, davon 1 ¾ S. beschrieben, ohne Gruß und Unterschrift, aber mit Knickfalte für den Umschlag. Obwohl der Brief etwas abrupt abbricht, ist er also wohl vollständig und auch so abgeschickt worden.
62,12 *Pennalsport*: bezieht sich wohl ironisch auf Kayßlers Bemerkung über Arbeiten für die Schule in Nr. 71. Sonst ist in diesem Brief, bezogen auf die Schule, nicht von Sport die Rede. — 62,14 *Schulreform*: vgl.

Kommentar zu Nr. 70. — **62,16** »*Don Carlos« – Posa*: M bezieht sich auf den 10. Auftritt des 3. Akts (V. 2975–3354) und zitiert V. 3200 f. und 3215 f.

Nr. 73 Überlieferung: Brieffragment im Nachlaß, abgeschnittenes Ende eines Blatts, Vorder- und Rückseite, Textende der Vorderseite: *vor den*. Datierung: aufgrund der Ähnlichkeit mit Nr. 74. Druck: Bauer, Chr. M. (1985) S. 36, nur der letzte Satz.

Nr. 74 Überlieferung: Brief, 6 S., im Nachlaß.
63,5 *Mädchen*: Hedwig Thiele. — **63,7** »*Getäuschte Hoffnung*«: nicht ermittelt. — **63,8** *Hamerlings – hassen*: A.a.O. Bd. 4: Sinnen und Minnen, S. 167 f. — **63,22** *Extemporalien*: Übersetzungsübungen, vor allem aus dem Deutschen in die alten Sprachen. — **63,22** *Kniffigkeit*: etwa soviel wie Tücke; in der Sicht der Schüler sind die Texte voller Fallstricke, die sie zum Fehlermachen geradezu verleiten sollen, an vernünftigem Inhalt fehlt es dagegen. — **63,25** DER FALKENSTEIN:

> *Es ragt in Schlesierlanden*
> *Ein Felsen schroff empor,*
> *Manch Sturmeswetter branden*
> *Um ihn in wildem Chor;*
> *Der Sonne lodernd Leuchten*
> *Küßt heiß den stolzen Stein,*
> *Schwermüt'ge Wolken feuchten*
> *Die ernste Stirne sein.*
>
> *Von kreuzgekröntem Gipfel*
> *Schweift weit der Blick umher:*
> *Vor ihm belaubter Wipfel*
> *Leisrauschend grünes Meer,*
> *Und weiterhin der Felder*
> *Hochwogend gold'ne Saat*
> *Und fern die dunklen Wälder*
> *Und duft'ger Berge Grat.*
>
> *Es ist so schön dort oben*
> *Im zarten Sonnenduft,*
> *So still, so weltenthoben –*
> *Die rechte Bergesluft.*
> *O Mensch, will dir entschwinden*
> *Des Lebens tiefer Grund:*
> *Hier kannst du Frieden finden.*
> *Hier wird dein Herz gesund.*
> *21. Juni 90.*

Blatt in der Mappe MEINEM GELIEBTEN VATER ZUM 14. SEPTEMBER 91 und GEDICHTHEFT WEIHENACHT, Bl. 19. Textvariante: *schön dort oben] frei da droben* GEDICHTHEFT WEIHENACHT ebd.
63,25 *Wolkenvision:* GOTT DER TRÄUME, GOTT DER KINDHEIT. — **64,3** *Brasilianer:* Außer den Angaben des Briefs – reich, aus Porto Alegre – wurde nichts ermittelt. — **64,6** *»Strobschützprämien«*: eine alte Stiftung von Frau und Herrn von Strobschütz (in der Umgebung von Sorau ansässiges Adelsgeschlecht), deren Überschüsse an »gesittete und fleißige« Schüler der beiden obersten Klassen sowie wahrscheinlich später auch an ebensolche jüngere Schüler verteilt wurden. Dies geschah traditionell zu den Sterbetagen der Stifter am 22.1. und am 4.6. eines Jahres (Schulchronik von 1845, in der Einladung »Zu den öffentlichen Vorträgen, Recitationen und Declamationen der Scholaren des Sorauer Gymnasiums [...]«, Sorau 1846, S. 23). Die Prämie wird auch in einer Bierzeitung des Sorauer Gymnasiums von 1893 erwähnt: Direktor Hedicke ist dort ein »[...] Strobschütz gewährender [...] alter Pedant«. Außerdem wird der Vorschlag gemacht, »das Strobschütz'sche Legat künftig bald in Vierteln und halben auszuteilen; dadurch dürfte den fleißigen Pennälern Gelegenheit geboten werden, die ›Kneupe‹ zu ›meuden‹.« — **64,16** *Die beiden andern*: wahrscheinlich Körner und Zitelmann.

Nr. 75 Überlieferung: Brief, nur die letzten 4 Seiten, im Nachlaß. Datierung: Der Brief hat sich vermutlich mit Ms vom 25./26. gekreuzt; er kann nicht früher sein, weil M nach dem Ergehen fragt, über das Kayssler hier berichtet, und er ist vermutlich nicht später, weil er nicht auf Ms Brief eingeht – das geschieht erst am 31.1.
64,24 *winternächtliche Phantasie*: nicht ermittelt. — **64,26** *»Luftfliege«*: vermutlich eine varietéartige Darbietung, vgl. Nr. 78. — **64,28** *»Thor«*: verschollen; M bezieht sich in Nr. 78 vielleicht darauf. — **64,29** *einige Gedanken*: Beilage mit 4 S. Text (aphorismenartige Gedanken und ein Gedicht »An die Meininger«), vgl. Nr. 78.

Nr. 76 Überlieferung: Brieffragment, 2 S., im Nachlaß. Datierung: Da M in Nr. 78 auf den Brief eingeht, muß er vor dem 21.2. geschrieben worden sein. Sehr wahrscheinlich gehört er zu dem ebenfalls unvollständigen Brief Nr. 75. 4 Seiten mit aphorismenartigen Überlegungen und einem Gedicht muß Kayssler diesem oder dem folgenden Brief beigelegt haben, vgl. Nr. 78.

Nr. 77 Überlieferung: Brief, 9 S., im Nachlaß. Datierung: Der Brief enthält etliche widersprüchliche Zeitangaben, so daß das genaue Datum unsicher ist: Der 31., den Kayssler zu Anfang angibt, war ein Samstag, am Tag darauf will er *in der Vergilstunde* den Brief fortgesetzt haben, das wäre Sonntag und schulfrei. An diesem Tag berichtet vom

»Othello«-Besuch am *Montag*, was *vorgestern* gewesen sei. Die »Antigone« sollte an Kaisers Geburtstag aufgeführt werden (Dienstag, 27.), er will aber *Freitag* hingegangen sein. Die »Deutsche Dichtung« hat er *gestern* erhalten, an diesem *gestern abend* hatte er aber geklagt, daß sie noch nicht eingetroffen sei. – Wenn man annimmt, daß Kayssler nicht, wie er behauptet, den Brief gleich am nächsten Tag, sondern erst am Mittwoch, dem 4.2. fortgesetzt hat, könnten einige Widersprüche beseitigt werden, dann hätte es eine *Vergilstunde* geben können, der »Othello« wäre wirklich *Montag* und *vorgestern* gewesen, die Zeitschrift hätte *gestern* eintreffen können, nur die »Antigone« wäre nicht an Kaisers Geburtstag gewesen. Möglich wäre aber, daß das Datum nicht genau eingehalten wurde oder daß noch eine Aufführung stattfand. Im übrigen bezieht sich Kayssler auf Ms Brief vom 26.1.

65,31 *»Tasso«*: vgl. Nr. 71.

Nr. 78 Überlieferung: Brief, 8 S., im Nachlaß. Druck: »Der neue Merkur« 5 (1921/22) S. 110–113 (*Mein lieber – benachzugt werde* und: *Sonntag, 22. Februar – und studiere* und: *Daß Du in der Antigone – nous verrons*). BRIEFE. Auswahl (1952) S. 13 f., gekürzt.

66,17 *Abschiedslied – Kameraden*: im Nachlaß vorhanden, GEDICHTHEFT WEIHENACHT, Bl. 37 – 40: ZUM COMMERSE DER SORAUER ABITURIENTEN VOM 19TEN FEBRUAR 1891, acht zwölfzeilige Strophen. Die Freiheit wird besungen (Z. 1 ff.), des *Weibes Reine* (Z. 37), deutsches *Gemüt* (im Gegensatz zu *welscher Tücke*, Z. 75 und 84) *und die Kultur* (Z. 52) fehlen nicht, und es findet sich mehrfach die Aufforderung, sich für diese und weitere insbesondere vaterländische Tugenden tatkräftig einzusetzen. Unter anderem heißt es:

Weiht euch allem Großen, Schönen,
Leiht der Wahrheit euren Arm,
Wo ihr hört die Unschuld stöhnen,
Rettet sie aus Not und Harm!
(V. 29–32)

Werdet Männer! In des Lebens
Kampfe steht voll Mut und Mark,
Das Bewußtsein reinen Strebens
Mache eure Herzen stark.
(V. 89–92)

66,19 *»Freude, schöner Götterfunken«*: Schillers Gedicht »An die Freude«. — 66,33 *p.p. Dichtkunst*: p.p. ist hier wahrscheinlich Abkürzung für praemissis praemittendis (unter Vorausschickung des Vorauszuschickenden, lat.), statt Anrede und Titel gebrauchte Formel, bei M vielleicht an Stelle einer näheren Kennzeichnung, also etwa: meiner hochgeschätzten Dichtkunst. — **67,20** *Du meinst – Poesie*: Dieser Teil von Kaysslers Brief ist verlorengegangen, vgl. Nr. 75 und 76. — **68,20** *Deinen Vortrag – Irrtum vorliegen*: Es könnte sich um »Thor« handeln, vgl. Nr. 75. Da das Opus nicht erhalten ist, konnten Ms Anspielungen nicht entschlüsselt werden. — **68,25** *p.p. Götter*: wohl ähnlich wie oben (*p.p. Dichtkunst*) gebraucht. — **68,36** *Preciosa – »Zeltgarten«*: vgl. Kommentar zu Nr. 75. Der »Zeltgarten« war eins der drei Varietétheater in Breslau. — **69,1** *Kantische Philosophie*: vgl. Nr. 76. — **69,4** *Notwendigkeitslehre*: Kayssler benutzt in der Beilage zu Nr. 75 abfällig den Begriff *Notwendigkeitsjünger*. — **69,8** *»es giebt – Wahlverwantschaft«* und **69,21** *»Der Verstand – alles«* und **69,29** *»Relig. – Geistersonne«*: Zitate aus Kaysslers Beilage, s.o. — **69,30** *Schillers »Freundschaft«*: Das Wort »Geistersonne« kommt in Z. 11 und 17 vor. — **69,38** *»philosophischen Briefen – mitleidig herabsieht«*: Nationalausgabe Bd. 20, S. 107–129, Kommentare Bd. 21, S. 151–167. Zitate Bd. 20, S. 127 und 21, S. 159. — **70,15** *Aufsatz*: es ist nicht ganz klar, was M meint, vielleicht die vorher erwähnte Schillersche Antrittsrede. — **71,25** *nous verrons*: wir werden sehen (franz.). — **72,4** *Influenzmaschine*: Elektrisiermaschine, ein Apparat zur Erzeugung hoher elektrischer Spannung. Beim Influenzieren wird ein elektrisch ungeladener Körper durch die Annäherung eines geladenen beeinflußt.

Nr. 79 Überlieferung: Brieffragment, 2 S., im Nachlaß.
72,18 *Dahns Vortrag*: Schluß eines Vortragszyklus, zu dem vermutlich auch der in Nr. 67 genannte gehört. — **72,20** *Unsere Aufführung*: vielleicht die erwähnte »Tasso«-Aufführung, vgl. Nr. 62, 71, 77.

Nr. 80 Überlieferung: Brief, 2 S., im Nachlaß. Druck: BRIEFE. Auswahl (1952) S. 15, nur *Ich denke jetzt – umarmen zu dürfen!*
72,30 *in der Grafschaft*: der Grafschaft Glatz, wohl bei Verwandten. — **73,5** *Die kleinen Kerle*: vermutlich die aus der Singstunde, vgl. Nr. 78. — **73,9** *Abiturientenged.*: vgl. Nr. 78. — **73,23** *Verstehen – vergeben*: vgl. »Tout comprendre c'est tout pardonner«, alles verstehen heißt alles verzeihen (franz.), vermutlich auf eine ähnliche Wendung in Germaine de Staels Roman »Corinne« (1807) zurückgehend.

Nr. 81 Überlieferung: Brief, 4 S., im Nachlaß, der Schluß fehlt.
74,2 *Frau Charlotte*: Charlotte Wolter.

Nr. 82 Überlieferung: Brief, 4 S., im Nachlaß.
74,21 *Damoclesschwert*: sprichwörtlich für eine drohende Gefahr: Der Tyrann Dionysios der Ältere von Syrakus demonstrierte Damokles, der ihn als glückseligsten der Menschen gepriesen hatte, die Art dieses Glücks, indem er ihn aufs Prächtigste bewirtete, aber gleichzeitig ein

nur an einem Pferdehaar hängendes Schwert direkt über seinen Kopf hängen ließ (nach Cicero, Tusculanae disputationes, V. 61 f.).
Nr. 83 Überlieferung: Brief, 8 S., im Nachlaß. Druck: »Der neue Merkur« 5 (1921/22) S. 114 f. (*Die Begleitworte – anerkennen mochte* und *Um endlich – tieftragisch*). BRIEFE. Auswahl (1952) S. 15–18 (*Die Begleitworte – einzig Wahre.–*).
75,2 *Mikado*: Operette von Gilbert und Sullivan. — **75,20** *Worte so voll tiefster Liebe*: nicht mehr vorhanden. — **76,1** *Ein Aufsatz – Schellwien*: »Deutsche Dichtung« 10 (1891) S. 50 – 56 und 73 – 78. Über das Zusammenwirken von Notwendigkeit und Freiheit äußert Schellwien sich u.a. folgendermaßen: »Es besteht kein Widerspruch zwischen der sinnlich gegebenen, äußerlich bestimmten Realität und ihrer Wiedergeburt durch die Freiheit von innen heraus, die Notwendigkeit herrscht durchaus, die äußere in der gegebenen Realität, die innere in ihrer Wiederzeugung aus dem schöpferischen Grunde, die beiden Seiten des Seins ergänzen und durchdringen sich zum ganzen wahren Sein. Dies nur darf nie vergessen werden, daß im menschlichen Geiste die äußere Notwendigkeit der inneren voransteht, die Folge dem Grunde, und daß wir die Nacht unseres Bewußtseins immer nur so weit erhellen, als die Freiheit in uns mächtig und tätig ist. [...] Daß der Wille [...] seinen Körper bestimmt und dadurch mechanische Lagen und daraus folgende Wirkungen hervorbringt [...], ist Thatsache. Diese Thatsache ist auch kein Widerspruch gegen die naturgesetzliche mechanische Kausalität, denn das Naturgesetz fordert nur, daß, wenn eine bestimmte mechanische Lage vorhanden ist, eine bestimmte Wirkung eintreten muß; daß aber eine bestimmte mechanische Lage sei, dafür giebt es kein Naturgesetz. [...] Unsere Freiheit [...] ist ein beständiges Aufheben von Unfreiheit, ein fortwährendes Ringen mit der blinden Naturgewalt draußen und den Leidenschaften im Innern, und ein, obwohl in einem unendlichen Progresse, fortschreitendes Vordringen in der Gestaltung der menschlichen Verhältnisse nach dem Gesetze der Freiheit.« a.a.O. S. 55. — **76,7** *Im Reich des Stofflichen – Freiheit*: so auch T 1891, Bl. 4: *Im Reich des Stofflichen ist alles einer unbedingten Notwendigkeit unterworfen im Reich des Geistes ist Freiheit.* Die im T unter der darauf folgenden Notiz stehende Datierung: *6. März 91* kann nicht auch für den zitierten Satz gelten, denn das Heft der »Deutschen Dichtung« mit Schellwiens Aufsatz erschien erst am 15.4. — **76,9** *Wenn's etwas giebt – unerschüttert trägt*: Worte der Brunhild in Emanuel Geibels gleichnamigem Drama, 2. Akt, 2. Szene. Geibels Werke. Hrsg. von Wolfgang Stammler. Kritisch durchgesehene und erläuterte Ausgabe. Leipzig u. Wien o.J. Bd. 3, S. 40. — **76,23** *»Die Ideale« – Dichterbrust*: M zitiert die 3. Strophe. — **76,35** *»Wahr-*

heit u. Dichtung«: s. Goethe, Dichtung und Wahrheit. — **76,38** *Weimarer Periode*: Weimarer Klassik, u.a. von Goethe und Schiller geprägte, Humanität und Harmonie postulierende Richtung der deutschen Literatur- und Geistesgeschichte, in der sowohl Schiller als auch Goethe großenteils in Weimar lebten, beginnt mit Goethes Italienreise 1786 und dem ein Jahr später erfolgenden Übersiedlung Schillers nach Weimar und reicht bis zu dessen Tod 1805. — **77,4** *Aufsatzthema – Wahlspruch*: In Ms Nachlaß sind noch zwei Hefte mit je zwei Aufsätzen erhalten; das Thema des zitierten vom 4.5.1891 lautet vollständig: »Was wird in Herders Wahlspruch ›Licht, Liebe, Leben!‹ als die Bestimmung des Menschen bezeichnet?« Ms Disposition sieht folgendermaßen aus:

A. Die Lehren der Philosophen, mit welchen Grundsätzen der Mensch leben soll, faßt Herder in das kurze Wort: ›Licht, Liebe, Leben!‹

B. Hierdurch wird als Bestimmung des Menschen bezeichnet 1. Das Streben nach Erkenntnis der Wahrheit 2. Seine Veredlung durch die Liebe 3. Die praktische Verwirklichung seiner Ideen zum Wohle der Allgemeinheit.

C. Christus ist die vollkommenste Verkörperung des sittlichen Ideals.

Heft *Deutsche Aufsätze* [I]. Das Urteil Professor Reinthalers lautete: »Sachlich und stilistisch gut«. – Die weiteren Aufsätze haben die Themen: »Wie hat Goethe im ersten Akte des ›Egmont‹ das Bild des Helden gezeichnet?« (1.6.1891) ebd., »Wie ist der Ausspruch zu begründen: ›Der Lorbeerkranz ist, wo er dir erscheint, / Ein Zeichen mehr des Leides als des Glücks‹?« (10.12.1891) und: »Mit welchem Rechte sagt Schiller: ›In deiner Brust sind deines Schicksals Sterne‹?« (22.2.1892) Heft *Deutscher Aufsatz* [II]. — **77,7** *Rector Magnificus unsrer Alma Mater*: Rector Magnificus (erhabener Leiter, lat.), Titel des Universitätsdirektors. Alma Mater (nährende Mutter, lat.), die Universität. Gemeint ist hier aber Gymnasialdirektor Hedicke. — **77,17** *im dunklen Zeitenschoße*: Anspielung auf Schillers »Lied von der Glocke«, Z. 53 f. — **77,29** *Leibfuchs*: in einer Studentenverbindung ein noch nicht vollberechtigtes Mitglied, das dem Älteren kleine Dienste erweist. — **77,33** *den 8 Vers – »Götterfunken«*: also wohl die ersten 8 Zeilen der 8. Strophe von Schillers Gedicht »An die Freude«: »Festen Muth in schwerem Leiden, / Hülfe, wo die Unschuld weint, / Ewigkeit geschwor'nen Eiden, / Wahrheit gegen Freund und Feind, / Männerstolz vor Königsthronen – / Brüder, gält es Gut und Blut, – / Dem Verdienste seine Kronen, / Untergang der Lügenbrut!« — **78,3** *wieder Scharlach – Ferien*: vgl. vielleicht Nr. 63. — **78,5** *Mein lieber Vater schrieb mir bereits*: nicht mehr vorhanden. — **78,12** *(pünktlich!)*: zum Geburtstag am 6. — **78,17** *Karl*: Franz Carl Zitelmann.

Nr. 84 Überlieferung: Brief, 5 S., im Nachlaß, mit Umschlag. Druck: »Der neue Merkur« 5 (1921/22) S. 115, *Du wünschst mir – nimmermehr.*

79,29 *Wer freilich – kein »Dichter«*: vgl.:»Ich bin weder Schauspieler, noch Dichter. Man erweiset mir zwar manchmal die Ehre, mich für den letzteren zu erkennen. Aber nur, weil man mich verkennt. Aus einigen dramatischen Versuchen, die ich gewagt habe, sollte man nicht so freygebig folgern. [...] Ich fühle die lebendige Quelle nicht in mir, die durch eigene Kraft in so reichen, so frischen, so reinen Strahlen aufschießt: ich muß alles durch Druckwerk und Röhren aus mir herauf pressen.« Hamburgische Dramaturgie, 101–104. Stück. Gotthold Ephraim Lessings sämtliche Schriften. Hrsg. von Karl Lachmann. Dritte, auf's neue durchgesehene und vermehrte Auflage, besorgt durch Franz Muncker. Bd. 10, S. 209. – Lessings bekannteste Dramen sind: »Minna von Barnhelm«, »Emilia Galotti«, »Nathan der Weise«. — **79,34** *mit dem Buche – außerordentlich*: s. Überweg. — **80,10** *Deine Gedichte u. das Märchen*: verschollen. — **80,18** *Nibelungenstrophe*: nach dem Nibelungenlied benannte mittelalterliche Strophenform: 4 in 2 ungleich lange Hälften gegliederte Langzeilen mit Paarreim (z.T. zusätzlich mit Binnenreim) und verlängerter letzter Halbzeile: »Uns ist in alten mæren wunders vil geseit / von helden lobebæren, von grôzer arebeit, / [...] / von küener recken strîten muget ir nu wunder hœren sagen.« Beginn des Nibelungenlieds, Z. 1, 2 und 4. In neuerer Dichtung meist abgewandelt. — **80,19** *Sonett*: Gedichtform mit 2 vierzeiligen und 2 dreizeiligen Strophen (Quartetten und Terzetten) bzw. 14 Zeilen ohne Strophengliederung, Reimschema: abba abba cdc cdc, wobei Abwandlungen möglich sind. Die Verse sind in neuerer Zeit meist elfhebige Jamben. — **80,19** *Dantesche Terzine*: von Dante in der »Göttlichen Komödie« verwendete Form: eine Folge von Dreizeilern, fünfhebige Jamben, die durch übergreifenden Reim strukturiert werden: aba bcb cdc usw., den Abschluß bildet eine Einzelzeile mit dem Mittelreim der letzten Terzine: yzy z. — **80,21** *»Ja Vaterland« – Hamerling*: Robert Hamerling: Ein Schwanenlied der Romantik 53, 1. Strophe. A.a.O. Bd. 2, S. 91 f., Z.3 abweichend: »Nur, fleh' ich, nie mißachte in neuen Strebens Drang«. — **80,26** *Heine – »langgesuchte Liebe«*: Heines »Buch der Lieder« enthält eine Gruppe von Sonetten, darunter zwei mit der Überschrift »An meine Mutter, B. Heine, geborne v. Geldern«. M zitiert aus dem 1. die Schlußzeile und aus dem 2. die beiden letzten Zeilen. Die letzten 6 Zeilen dieses zweiten lauten: »Und immer irrte ich nach Liebe, immer / Nach Liebe, doch die Liebe fand ich nimmer, / Und kehrte um nach Hause, krank und trübe / Doch du bist da entgegen mir gekommen, / Und ach, was da in deinem Aug' geschwommen, / Das war die süße, langgesuchte Liebe.«

Nr. 85 Überlieferung: Brief, 4 S., im Nachlaß, des etwas abrupt wirkenden Beginns (zitiert) und des fehlenden Datums wegen ist wahrscheinlich der Anfang verlorengegangen. Datierung: nach der Ankunft von Ms Brief vom 9., auf den Kayssler antwortet, und vor Pfingstsamstag, an dem er abreisen wird; wahrscheinlich in der Wochenmitte.

81,16 *Ernst Possart als Shylock*: Possart gastierte in der Spielzeit 1890/91 am Breslauer Stadttheater; der Jude Shylock ist eine der Hauptfiguren in Shakespeares Drama »Der Kaufmann von Venedig«. — **81,23** *Alle Drei*: Ms Freunde, vielleicht Franz Carl Zitelmann, Paul Körner und Paul Willmann.

Nr. 86 Überlieferung: Brief, 4 S., im Nachlaß.

81,27 *»Werther«*: s. Goethe. Kayssler weist durch ein andeutendes Zitat besonders auf Buch 1, »Am 18. August« hin. Kayssler Brief ist überhaupt vom Stil des »Werther« stark beeinflußt.

Nr. 87 Überlieferung: Brief, 4 S., im Nachlaß.

82,3 *Ströbel*: M konnte also doch hinfahren, vgl. die anderslautenden Angaben in Nr. 84 und 85.

Nr. 88 Überlieferung: Brief, 10 S., im Nachlaß. Datierung: Zu Beginn: *Sorau 12. 13.*, vor der Beantwortung von Kayßlers Brief: *14. Juni.*

83,10 *Einzelhospiz vom lateinischen Aufsatz*: Ein Hospiz ist in Studentenkreisen ein Rundgesang, bei dem reihum jeder eine Strophe singt und die Allgemeinheit den Refrain übernimmt. Das Einzelhospiz verläuft, wie M es beschreibt: einer singt alle Strophen, die übrigen den Refrain. Gedichttext s. S. 757. — **83,27** *Kayßlers Brief*: verschollen. — **83,30** *Antoniusrede*: die Rede des Marcus Antonius in Shakespeares Drama »Julius Cäsar«, III,2, in der er durch raffinierte Rhetorik die Stimmung des Volkes, das gerade noch Brutus (einem der Mörder Cäsars) zugejubelt hat, zu seinen und Cäsars Gunsten manipuliert. — **84,12** *Byrons »Don Juan«*: Der erwähnte Schiffbruch, in dessen Folge es auch zu Kannibalismus kommt und den nur Juan überlebt, umfaßt etwa die Strophen 27–106 des 2. Gesangs, die Naturschilderung steht im Zusammenhang mit der Liebesgeschichte zwischen Juan und seiner Retterin, einer Seeräuberstochter; M zitiert die Strophen 183 und 185 des 2. Gesangs. — **84,22** *Seni – Graf Gallas*: Es geht hier um die Porträts dieser Leute im Schloß. — **84,23** *Scherr*: M wurde durch Scherrs Begeisterung für Byron angeregt, sich mit ihm zu beschäftigen. Er könnte eine von Scherrs Literaturgeschichten gelesen haben. Johannes Scherr: Allgemeine Geschichte der Literatur. Ein

Handbuch in zwei Bänden. 6., neubearbeitete und stark vermehrte Auflage. Stuttgart 1880 f., Über Byron: Bd. 2, S. 86–99; über »Don Juan«: S. 91 f. Ders.: Geschichte der englischen Literatur. 2. verbesserte und vermehrte Aufl. Leipzig 1874, über Byron: Kap. 13, S. 193–212, über »Don Juan«: S. 204 f. In Frage kommt auch Scherrs Werk »Dichterkönige«, 2. verbesserte und stark vermehrte Aufl. Leipzig 1861, Teil II, S. 225 ff.

Nr. 89 Überlieferung: Brief, 8 S., im Nachlaß.
84,35 »*Skirnir*«: s. Dahn. — 85,8 *Amanda Lindner* – »*Othello*«: bezieht sich auf Gastspiele im Breslauer Thaliatheater.

Nr. 90 Überlieferung: Brief, 4 S., im Nachlaß.
85,14 *Ms Bitte*: Der Brief ist verschollen.

Nr. 91 Druck: BRIEFE. Auswahl (1952) S. 18.
85,23 *Wolff*: Wegen der Häufigkeit des Namens konnte nichts Sicheres ermittelt werden; es könnte der seinerzeit beliebte Schriftsteller Julius Wolff gemeint sein. — 85,25 *Antonio*: Antonio Montecatino, ein überlegener Staatsmann, eine der drei männlichen Figuren in Goethes »Torquato Tasso«.

Nr. 92 Überlieferung: Brief, 6 S., im Nachlaß.
86,6 *Br.*: Breslau. — 86,14 Fritz: wahrscheinlich Fritz Reche. — 86,9 *Betrachtungen*: verschollen. — 86,11 *Gedichte*: verschollen. — 86,11 »*Gedichte eines Optimisten*«: s. Lohmeyer.

Nr. 93 Druck: »Der neue Merkur« 5 (1921/22) S. 115 f., undatiert. BRIEFE. Auswahl (1952) S. 18, nur: *meine Wünsche – die sie sind*, mit 3.8.1891 datiert und offenkundig gekürzt. Datierung: Wenn Kaysslers nachfolgender Brief sich, wie es naheliegt, auf diesen Brief bezieht, so ist die Datierung (s.o.) unsicher, da der Abstand zwischen beiden Briefen zu groß erscheint.

Nr. 94 Überlieferung: Brief, 4 S., im Nachlaß. Da Ms Brief entweder verloren oder nur auszugsweise im Druck erhalten ist (s.o.), sind viele Anspielungen Kaysslers nicht mehr verständlich.
87,12 *die Kanzel*: Bauer (Chr. M.(1985) S. 47) zitiert in diesem Zusammenhang (ungenannt) aus der HUMORISTISCHEN STUDIE (Abt. Episches), wo die Hauptfigur auch zeitweise Pfarrer werden will. — 87,17 *Tagebuchblätter. Jahresausstellung*: Im Nachlaß vorhanden sind noch 26 S. Tagebuchaufzeichnungen; der Anfang fehlt, es beginnt mit »Forts.«, dann »Prag, den 4. August 1891«. Ein 7seitiger Bericht mit der Überschrift »Die Münchener Jahresausstellung aller Nationen« ist ebenfalls vorhanden. Carl Ernst M vermißt in den neueren Gemälden die Darstellung der »Schönheit«; Stucks Werke (Verfolgung, Abend am Weiher, Sonnnenuntergang) hält er gar für eine »Unverschämtheit«, auch Liebermann (Frau mit Ziegen) findet keine Gnade; insge-

samt meint er, es seien aber doch eine Anzahl »feiner Kunstwerke«, etwa ⅛ des Ganzen, zu finden (a.a.O., Zitate S. 4, Liebermann S. 6).— 87,19 *Einladung*: vermutlich zum Schülerbergfest am 1.9.

Nr. 95 Überlieferung: Brief, 4 S., im Nachlaß. Datierung: geht aus einer Bemerkung über das 21jährige Alter des Friedensgenius hervor. 87,24 *Herrn von's Comité*: Gerhard Goettling, Franz Carl Zitelmann und M — nach der Angabe auf einer im Nachlaß noch vorhandenen gedruckten Einladungskarte zum Schülerbergfest und dem anschließenden Ball. — 87,25 *Waldfestes*: des Schülerbergfests am 1.9.

Nr. 96 Überlieferung: Brief, 3 S., im Nachlaß. 88,3 *Ms Idee*: vermutlich hinsichtlich des Schülerbergfestes und/oder der Sedanfeier. — 88,5 *W.s*: vermutlich Paul Willmanns, vgl. Nr. 100.

Nr. 97 Überlieferung: Brief, 3 S., im Nachlaß. Datierung: Der Aufenthalt Carl Ernst Ms in Seeshaupt weist auf 1891; wahrscheinlich ist es die Einladung zum Schülerbergfest, die Kayssler ablehnen mußte, vgl. Nr. 94 und 98.

Nr. 98 Überlieferung: Brief, 4 S., im Nachlaß. 88,17 Fest: das Schülerbergfest.

Nr. 99 Überlieferung: Brief, 2 S., im Nachlaß. 88,27 *Wildenbruch – Geistesfunken*: Ernst von Wildenbruch hatte für die Schüler eines Berliner Gymnasiums das Gedicht »Kranzspende auf Theodor Körners Grab« geschrieben. Gesammelte Werke, hrsg. von Berthold Litzmann. Berlin 1924. Bd. 15, S. 463 f. Kayssler fordert also M auf, ebenfalls ein Gedicht zu verfassen. — 89,1 *die Joachimsthaler*: Schüler des damals in Berlin befindlichen Joachimsthalschen Gymnasiums. Die Nennung Wildenbruchs (s.o.) legt es nahe, daß er für diese Schüler das Gedicht geschrieben hat. Nach der Anmerkung des Herausgebers war es für die Schüler des Königstädtischen Gymnasiums (a.a.O. S. 463). Wo die Verwechslung liegt, wurde nicht untersucht. — 89,1 *Gemeindevorsteher in Wöbbelin*: Kontaktperson bezüglich des Kranzes. Nach Gertrud Isolani haben die Sorauer Schüler sogar eine Büste gestiftet. Die Geschichte des Melderbaums, S. 12.

Nr. 100 Überlieferung: Brief, 16 S., im Nachlaß, numeriert; S. 5 und 6 fehlen. Mit Umschlag und mit der Beilage »Prolog zu e. Schauer-Seelendrama in 1 Akt. Genannt: ›Vier Seelen u. die Welt‹«. Außerdem war nach Kayssler's Angabe Carl Ernst Ms Bericht über die Jahresausstellung (vgl. Nr. 94) dabei. Datierung: Anhaltspunkt für den Beginn des Brief war die Körnerfeier, die am 23.9.1891 zum 100. Geburtstag Körners stattgefunden haben müßte. Ein Festspiel »Leyer und Schwert«, das Kayssler nennt, konnte allerdings nicht ermittelt werden; der Neue Theater-Almanach nennt im Abschnitt »Neuheiten der deutschen Bühne« nur ein einaktiges Festspiel »Im Eichenschatten« von H. Gelling, das u.a. in Breslau gespielt worden sein soll (»Neuer Theater-Almanach« 3 (1892) S. 76). S. 7 ist datiert: *Patschkey, am 27/IX.*; dieses Datum ist auf S. 13 *gestern*. Den spätesten Termin setzt der Poststempel: Bernstadt (Schlesien) 28.9.91, 6—7 V. — **89,8** *Ms Lied*: konnte nicht ermittelt werden. — **89,12** *Patschkey*: Kayssler hatte eine Einladung Paul Willmanns — offenbar in dessen Elternhaus — angenommen; M hatte die Einladung ablehnen müssen, vgl. Nr. 96 — **89,27** *von uns 4 Seelen*: Kayssler, M, Carl Ernst M, Elisabeth Reche. — **89,29** *Jahresausstellung*: vgl. Nr. 94. — **89,30** *der größere Anwand*: wahrscheinlich Oskar Anwand: Ein Curt Anwand wird in einer Bierzeitung vom Frühjahr 1893 noch genannt, während Oskar im Herbst 1892 Abitur machte. — **89,31** *Onkel und Tante*: Es geht aus der betreffenden Stelle nicht eindeutig hervor, ob es sich um Elisabeth Reches oder um Kaysslers Verwandte handelt; letzteres ist wahrscheinlicher.

Nr. 101 Überlieferung: Blatt, 2 S., im Nachlaß. Ob es sich wirklich im engeren Sinn um einen Brief handelt, ist nicht eindeutig: Vor dem Anfang ist der Beginn einer Anrede: ⟨*Mein*⟩; bei den beiden Anreden im Text ist nicht klar zu entscheiden, ob das D von du klein oder groß sein soll — eher klein; in jedem Fall fehlen Anfangs- und Schlußformel. Es kann sich auch um eine Briefbeilage handeln. Das Datum stammt nicht von M; es kann Kaysslers Schrift sein, so daß er wahrscheinlich der Adressat ist. Der Brief oder Briefteil, auf den sich M bezieht, ist verschollen. Druck: BRIEFE. Auswahl (1952) S. 19 f., *Im Großen — gewuchert zu haben*; an den Brief an Kayssler vom 7.10. 1891 angehängt. Außerdem a.a.O. S. 20 f.: *Du meinst — erzieherisch wirken*, als Brief an einen Freund bezeichnet und mit 29.9.1891 datiert. (Hier ist offenkundig etwas durcheinandergeraten, worauf auch die fehlerhafte Chronologie hinweist.) — Textvariante: **91,9** *des größten aller Menschen*] zuerst mit Bleistift, dann mit einer Tinte, die nicht dieselbe ist wie die des Textes, gestrichen, also höchstwahrscheinlich nicht von M. Blatt S. 2. **91,28** *Pfund — gewuchert zu haben*: Formulierung nach dem Gleichnis von den anvertrauten Pfunden, Lukas 19,16—26. — **91,28** *ein heißes Herz*: Auch eine Sammlung von Gedichten, die M 1892 seinen Eltern zu Weihnachten schenkte, nannte er AUS HEISSEM HERZEN.

Nr. 102 Überlieferung: Brief, 8 S., im Nachlaß. Druck: BRIEFE. Auswahl (1952) S. 18—20.
92,28 *sancta simplicitas*: heilige Einfalt (lat.). »O sancta simplicitas« soll Jan Hus auf dem Scheiterhaufen gerufen haben, als er einen Bauern oder eine Bäuerin Holz auf das Feuer werfen sah. Im Brief liegt der seltene Fall vor, daß der positive Aspekt des Begriffs dominiert. — **94,4** *à la Voss*: vgl. den Beginn der Idylle »Der siebzigste Geburtstag«: »Auf die Postille gebückt, zur Seite des wärmenden Ofens, / Saß

der redliche Tamm in dem Lehnstuhl, welcher mit Schnitzwerk, / Und braunnarbigem Jucht voll schwellender Haare, geziert war«. Sämmtliche poetische Werke von Johann Heinrich Voss. Hrsg. von Abraham Voss ... Einzig rechtmäßige Original-Ausgabe in einem Bande. Leipzig 1835, S. 99. — **94,29** *diesbezügl. Schrift. eine Schrift*: nicht ermittelt. — **95,8** *Tetrapsychie. Prolog*: Kaysslers »Vier Seelen und die Welt« (tetra = 4, psyche = Seele, griech.), wovon er den Prolog geschickt hatte, vgl. Nr. 100.

Nr. 103 Überlieferung: Brief, 2 S., im Nachlaß, mit Umschlag. Datierung: Poststempel.

Nr. 104 Überlieferung: Brief, 4 S., im Nachlaß.

95,30 *»Die Hundewette«*: Der Prolog dazu ist vorhanden, vgl. Nr. 106, der Text des Stückes nicht. — **96,3** *Dilogie der Leidenschaft*: verschollen; dilogia: Zweideutigkeit (lat.).

Nr. 105 Überlieferung: Brief, 6 S., im Nachlaß. Datierung: Die Zeit wird eingegrenzt durch das Datum der beigelegten Gedichte (17.11.) und Kaysslers Brief vom 5.12. (Nr. 106), der auf eine verschollene Antwort Ms auf den vorliegenden Brief eingeht. Ein an anderer Stelle im Nachlaß aufgefundener Umschlag mit dem Abgangsstempel »Breslau 1 2.12.91 4–5 N« und dem Ankunftsstempel »Sorau (Niederlausitz) 2.12.91 8–12 N« gehört vermutlich zu diesem Brief. Dafür spricht auch, daß der Brief durch die Gedichtbeilagen etwas über 15 Gramm schwer und der Umschlag mit 20 Pfennig frankiert ist – das war der Preis für ein Gewicht von 15–250 Gramm; bis 15 Gramm kostete ein Brief 10 Pfennig. Einige andere Angaben deuten darauf hin, daß der Brief im Lauf einiger Tage verfaßt wurde. – Beigelegt sind die Gedichte »Freundschaft« 8 Zeilen) und »Das Höchste« (7 sechszeilige Strophen), beide mit 17.11.1891 datiert. Widmung: *Meinem geliebten Chrischan / Fritz.*

96,9 *Sendung*: konnte nicht ermittelt werden – vielleicht gehörte etwas von Hölderlin dazu, da Kayssler unmittelbar anschließend von seiner Lektüre berichtet. — **96,11** *Theater-Kram – eingeflochten*: bezieht sich auf die »Hundewette«. — **96,18** *erfreuliche Unternehmung – unsre Mitte*: Hinweis auf die von Kayssler und seinen Freunden gegründete Schülerzeitschrift »Deutscher Geist«. — **96,24** *»Das Höchste«*: s.o. — **96,25** *»nihil – puto«*: nichts halte ich für mir fremd, verkürzt aus: Homo sum; humani nil a me alienum puto (Ich bin ein Mensch; nichts Menschliches achte ich mir fremd, lat.); aus Terenz' Komödie »Heautontimorumenos« (Der Selbstpeiniger) 1,1,25. — **96,26** *»Licht – Liebe – Leben«*: Inschrift auf Herders Grabstein. Vgl. auch Nr. 145. — **96,33** *Dame – Ihr Mann*: hat an Elisabeth Reche den Auftrag (96,11) vergeben (als Weihnachtsgeschenk für ihren Mann).

Nr. 106 Überlieferung: Brief, 4 S., im Nachlaß, beigelegt war der Prolog zur »Hundewette«. Mit Umschlag, auf der Adressenseite steht groß mit Blaustift »20«, das ist wahrscheinlich das Nachporto für den mit 10 Pfennig unterfrankierten Brief. Datierung: Poststempel.
97,2 *Zeilen – ohne Worte verstehen*: Da Ms Brief verschollen ist, läßt sich nichts Genaues hierzu sagen. Eine Andeutung macht M schon am 9.11. (Nr. 103), ob es sich hier um dasselbe handelt oder evtl. eine andere Verliebtheit, ist ohne weitere Unterlagen nicht zu entschlüsseln. — 97,7 *»König Lear – ist alles«*: »Ripeness is all«, 5. Akt, 2. Szene von Shakespeares Drama. — 97,9 *»Sappho«*: wahrscheinlich Grillparzers Drama.
Nr. 107 Überlieferung: Zahlkartenabschnitt mit Absender und Datum. Auf der Rückseite steht der Text.
Nr. 108 Überlieferung: Brief, 2 S., im Nachlaß, der Schluß fehlt. Datierung: Außer der langen Zeit, in der die Freunde sich nicht über die höchsten Probleme ausgetauscht haben, enthält der Brief keine Hinweise. Da der Briefwechsel nicht vollständig erhalten ist, läßt sich auch damit nicht viel anfangen. Es ist aber möglich, daß der Brief auf die vorangegangenen, etwa Nr. 103 – 106, folgt, in denen hauptsächlich von den Ereignissen des Tages berichtet wird; er kann aber auch viel früher sein.
Nr. 109 Druck: Bauer, Chr. M.(1985) S. 35. Datierung: Nach Bauers Angabe hat Zitelmann dies M »aus den Ferien« (ebd.) geschrieben, also wohl zwischen 1890 und 1892.
Nr. 110 Überlieferung: Brieffragment im Nachlaß, wahrscheinlich einem anderen Brief beigelegt. Datierung: wahrscheinlich aus der Zeit der engen Freundschaft Kaysslers mit Elisabeth Reche.
Nr. 111 Überlieferung: Brieffragment im Nachlaß, wie Nr. 110.
Nr. 112 Druck: »Der neue Merkur« 5(1921/22) S. 116, mit der Datierung 1892, nur: *Mein geliebter – Taten zu sein*. BRIEFE. Auswahl (1952) S. 22 f. Ein Brief mit der Datierung »ca. 25. Jan. 92« ist in der »Liste Hirschfeld« aufgeführt; er beginnt: *Mein lieber treuer Freund, Auf das Übrige* und umfaßt 4 Seiten. Das übereinstimmende Datum und die abweichende Anrede lassen vermuten, daß die von Margareta M veröffentlichte Fassung entweder aus zwei Briefen zusammengesetzt ist oder daß es sich überhaupt um einen langen und an mehreren Tagen geschriebenen Brief handelt, der dann wohl erst am 1.2. abgeschickt wurde. Hierauf könnte die Bemerkung hinweisen, Kayssler habe Grund, sich vernachlässigt zu fühlen (Nr. 114). Die ersten Zeilen des Briefs (*ich bin – Taten zu sein*) könnten sich sehr gut auf Nr. 114 beziehen – wenn man annimmt, daß M diesen Gedanken im Lauf des Briefs wieder aufnimmt.
99,11 *neue Freundschaft*: offenbar mit Marie Goettling.

Nr. 113 Überlieferung: Brief, 4 S., im Nachlaß, mit Umschlag.
100,15 zum 22.3.: Geburtstag Kaiser Wilhelms I.
Nr. 114 Überlieferung: Maschinenabschrift, 1 S., im Nachlaß. Genannt in der »Liste Hirschfeld«. Vgl. Nr. 112.
101,13 γνῶθι σαυτόν: Erkenne dich selbst (griech.), nach Platon, Protagoras 343 b Aufschrift auf dem Apollontempel in Delphi, meist einem der Sieben Weisen zugeschrieben.
Nr. 115 Überlieferung: Brief, 4 S., im Nachlaß, mit Umschlag.
101,23 *Großmutter*: Emma Schertel. — **101,30** *Wünscht – vorübergehe*: bezieht sich auf Ms Abitur. — **101,32** *Peter*: vermutlich Peter Lindl. — **102,9** *Kopenhagen – Antwerpen*: Geburts- oder Sterbeorte der genannten Künstler oder Aufbewahrungsorte einzelner Werke.
Nr. 116 Überlieferung: Brief, 3 S., im Nachlaß. Datierung: Sehr wahrscheinlich bezieht sich Kayssler in Nr. 118 auf diese Äußerungen Ms. Wenn die Vermutung richtig ist, daß Nr. 118 eine Fortsetzung von Nr. 117 ist, so muß Ms Brief vor dem 19.2. geschrieben worden sein – noch wahrscheinlicher: während Kayssler seinen Brief schrieb, da dieser nur für einen (den *unendlichen*) dankt. Belegen läßt sich diese Konstruktion allerdings nicht. Ms Erwähnung der Aprilnummer der Zeitschrift »Deutscher Geist« muß aber nicht heißen, daß er erst nach Empfang der Märznummer geschrieben hat; vielmehr ist der April für M der frühestmögliche Zeitpunkt, um daran mitzuarbeiten.
103,16 *»hinauszutreten – in Bild u. Schall«*: eigentlich: »Herauszutreten«, Z. 35 f. aus Schillers Gedicht »Die Ideale«.
Nr. 117 Überlieferung: Brief, 4 S., im Nachlaß, ohne Schluß. Nr. 118 könnte die Fortsetzung sein.
103,25 *unendlichen Brief*: Ms Brief vom 1.2. hat der »Liste Hirschfeld« zufolge 10 Seiten. Hinzu kämen womöglich noch die 4 S. von Nr. 112, s.o. — **103,31** *Liese die Schuld – geben würde*: Elisabeth Reche wäre selbst gern Schauspielerin geworden, vgl. Nr. 54. — **104,7** *Meister Felix*: Es könnte Felix Dahn gemeint sein, zumal Kayssler das Verhältnis mit dem zwischen Goethe und dem jungen Theodor Körner vergleicht. Vgl. hierzu Körners Brief vom 9.5.1812: »Lange hat mir nichts so viel Freude gemacht als der Brief von Goethe. Es thut dem jungen Herzen so wohl, wenn der Meister an dem Lehrling so warmen Antheil nimmt.« [Goethe hatte sich Körners Vater gegenüber positiv über Theodors Talent geäußert und Ratschläge erteilt (23.4.1812)] Theodor Körners Briefwechsel mit den Seinen. Hrsg. von A. Weldler-Steinberg. Leipzig 1910, S. 187 und 184–186. Von Tränen Körners bei der persönlichen Begegnung mit Goethe, die Kayssler ebenfalls erwähnt, konnte jedoch nichts ermittelt werden. Diese stammen vielleicht von Grillparzer, vgl. Nr. 611.— **104,16** *Kaiserkiste*: vgl. Nr. 113.

Nr. 118 Überlieferung: Brief, 2 S., im Nachlaß, ohne Anfang. Es ist ziemlich wahrscheinlich, daß der Brief eine Fortsetzung von Nr. 117 ist, entweder direkt oder nach einem verschollenen Teil folgend. Das Format des benutzten Papiers ist zwar anders als bei Nr. 117, der Brief ist aber so gefaltet, daß er in einen Umschlag derselben Größe (wie für Nr. 117) paßt. Dieser Umschlag muß etwas größer als die von Kayssler aus dieser Zeit vorhandenen gewesen sein.

Nr. 119 Überlieferung: Postkarte, aufgeführt in der »Liste Hirschfeld« (dort auch die Anrede). Auktionskatalog Bassenge 51 (1988) Nr. 2557, Zitate.

105,12 *Abonnement*: der Zeitschrift »Deutscher Geist«. — **105,22** *Scharnhorstiade*: vgl. Nr. 113 und 117.

Nr. 120 Überlieferung: Brief, 4 S., im Nachlaß.

105,28 *Festspiel*: s. Nr. 113, 117, 119. — **105,30** *Herrenkult*: s. Nr. 117.

Nr. 121 Überlieferung: Postkarte, aufgeführt in der »Liste Hirschfeld«, vermutlich eine erste Gratulation zum bestandenem Abitur, bisher verschollen. Ms im Nachlaß vorhandenes Abiturzeugnis sieht folgendermaßen aus:

Zeugnis der Reife
für den Zögling des
Gymnasiums zu Sorau N.-L.
Christian Morgenstern

geboren den 6ten Mai 1871 zu München, evangelischer Confession, Sohn des Professors an der K. Kunstschule Herrn Morgenstern zu Breslau, war 7 ½ Jahr auf dem Gymnasium, 2 Jahre in Prima, davor 5 ½ Jahr auf dem Magdalenengymnasium in Breslau.

I. Betragen und Fleiß.

Seine Führung zeugte von löblichem Pflichtgefühl und ehrenwerter Gesinnung. An seiner Ausbildung hat er mit regem Eifer und lebhaftem Interesse gearbeitet.

II. Kenntnisse und Fertigkeiten.

1. Religion. Wenn auch seine Klassenleistungen zum Teil genügten, so ist es ihm doch nicht gelungen, früher Versäumtes soweit nachzuholen, um den Anforderungen der Prüfung zu entsprechen.

Nicht genügend.

2. Deutsch. Er hat die Meisterwerke der Litteratur mit eindringendem Verständnis gelesen und die Grundzüge der Logik kennen gelernt. Seine Aufsätze bekundeten in Übereinstimmung mit dem Ergebnis der Probearbeit eine erfreuliche Reife der geistigen Anschauung und eine nicht gewöhnliche Gewandtheit des sprachlichen Ausdrucks.

Gut.

3. Lateinisch. Er besitzt eine befriedigende Kenntnis der Grammatik, Stilistik und Phraseologie und ist ziemlich sicher in deren Anwendung, wie der genügende Ausfall seiner Prüfungsarbeit bewies. Beim Übersetzen der Schriftsteller zeigte er verständige Auffassung und Gewandtheit; im Horaz besitzt er gute Kenntnisse. Genügend.

4. Griechisch. Er ist bemüht gewesen, sein grammatisches wie lexikalisches Wissen zu erweitern und zu befestigen, so daß seine Leistungen zuletzt als genügend bezeichnet werden konnten. Der Lektüre hat er stets Interesse entgegengebracht und Verständnis und eine recht erfreuliche Gewandtheit im deutschen Ausdruck bewiesen; auch seine schriftliche wie mündliche Prüfung genügte. Genügend.

5. Französisch. Seine Kenntnisse in der Grammatik wie im Wortschatz entsprechen im allgemeinen den Anforderungen. Auch die mündliche Prüfung ergab ein genügendes Resultat. Genügend.

6. Hebräisch. –

7. Geschichte und Geographie. Waren seine Kenntnisse besonders in der alten Geschichte teilweise nicht ohne Lücken, so konnte ihm doch dem Ergebnis der mündliche Prüfung entsprechend für den Gesamtumfang seiner geschichtlichen wie geographischen Kenntnisse das Prädikat genügend gegeben werden. Genügend.

8. Physik. In den einzelnen Zweigen der Physik, sowie in den Elementen der Chemie und der mathematischen Geographie hat er den Anforderungen noch genügt. Genügend.

9. Mathematik. Er ist mit einigen der wichtigsten Lehrsätze und Formeln aus dem Gebiete der Mathematik bekannt geworden und vermag dieselben im allgemeinen richtig zu begründen. Auch ist er im Stande, nicht zu schwierige mathematische Aufgaben zu lösen und numerisch zu berechnen. Seine schriftliche Prüfungsarbeit sowie die mündliche Prüfung fielen genügend aus. Genügend.

10. Turnen. –

11. Zeichnen. – 12. Gesang. Gut.

Die unterzeichnete Prüfungs-Commission hat ihm demnach, da er jetzt das hiesige Gymnasium verläßt, um Nationalökonomie zu studieren,

das Zeugnis der Reife

zuerkannt und entläßt ihn mit den besten Segenswünschen.

Sorau N.-L., den 31.März 1892.

Königliche Prüfungs-Commission.

Dr. Pilger Dr. Hedicke, Gymnasialdirektor.
Königl. Kommissar Dr. Reinthaler, Professor.
H. Lutze, Oberlehrer.

Dr. Ilgen, Oberlehrer.
Dr. Beau, Gymnasiallehrer.
[Stempel der Prüfungskommission und des Gymnasiums]
3 Seiten, von fremder Hand ergänzter und ausgeschriebener Vordruck, eigenhändige Unterschriften der Prüfer. – Nach den Angaben von Gertrud Isolani und Else Schmidt-Ilgen hatte M es nur seiner dichterischen Produktion, insbesondere dem MELDERBAUM, zu verdanken, daß er bestand. Da das Zeugnis, so wie es jetzt ist, zum Bestehen ausreicht, kann nur darüber spekuliert werden, wo evtl. etwas nachgebessert wurde. – Nach Isolani lautete das deutsche Aufsatzthema: »Wodurch wird in Schillers Wallenstein das Schwanken und der Entschluß des Helden begründet?« Gertrud Isolani: Die Geschichte des Melderbaums, S. 13 f., vgl. auch Else Schmidt-Ilgen: Fackeln auf dem Schülerbergfest. Braunschweigische Landeszeitung, 5./6.5.1951. S. 9.

Nr. 122 Überlieferung: Brief, 3 S., im Nachlaß.

Nr. 123 Druck: Bauer, Chr. M.(1985) S. 49. Datierung: dem Inhalt nach vermutet.

Nr. 124 Überlieferung: Entwurf, 2 S., im Nachlaß. Zur Datierung und zum möglichen Adressaten: Den wichtigsten Datierungshinweis gibt Ms Feststellung, daß er keine Möglichkeit einer persönlichen Rücksprache habe: Er hatte also das Breslauer Gymnasium bereits verlassen. Wenn man die Bemerkung wörtlich nimmt, muß er auch schon in Sorau gewesen sein. Bei Ms mehrfach belegter grundsätzlicher Abneigung gegen die Breslauer Lehrer kann es aber sein, daß er etwas übertreibt, um seine Ablehnung zu bemänteln. Dann kann der Brief auch schon entstanden sein, als er zwar das Gymnasium schon verlassen hatte, aber noch in Breslau lebte. Den von M vorgeschlagenen Paul Willmann scheint der Adressat zu kennen; er kam ein Jahr nach M vermutlich ebenfalls nach Sorau, dürfte aber, als der Brief geschrieben wurde, noch in Breslau gewesen sein. Sicher ist das aber auch nicht. Ganz auszuschließen ist auch die Möglichkeit nicht, daß M den Brief erst geschrieben hat, als er schon in Breslau studierte – dann müßte er an einen Sorauer Lehrer gerichtet sein. Das Papier ist eines, das M in den Jahren 1891 und 92 auch sonst gelegentlich benutzte. – Empfänger des Briefs ist also ein Lehrer in Breslau oder in Sorau, in Breslau nicht notwendig einer vom Magdalenengymnasium – M war während der Sommermonate in diesen Jahren bei verschiedenen Lehrern in Pension, die als »Auftraggeber« auch in Frage kommen und die z. T. an anderen Breslauer Gymnasien unterrichtet haben.

Nr. 125 Überlieferung: Briefentwurf, 4 S., im Nachlaß, mit dem Vermerk: *13. April 92 vormittags / Abgeschickt 14. Apr. 92 vormittags.* Brief, 4 S., DLA Marbach (Cotta-Nachl. Sud. VI 46, Bl. 94). Druck:

BRIEFE. Auswahl (1952) S. 23 f. Textvarianten: 107,25 *darüber zu urteilen – nicht an*] ⟨*das*⟩ *darüber maße ich mir noch nicht an zu* ⟨*be*⟩*urteilen* Entwurf, S. 2. *darüber maße ich mir noch nicht an zu urteilen* BRIEFE. Auswahl (1952) S. 23. — 107,28 *tiefe, wunderbare Poesie*] *tiefe Poesie* Entwurf ebd. BRIEFE ebd. – *stände*] *stünde* BRIEFE ebd., wohl Lesefehler. — 108,3 *reich*] *auch reich* Entwurf S. 3. BRIEFE S. 24. — 108,6 *Doch ich weiß – sie verstehen*] ⟨*Vielleicht verstehen Sie mich.*⟩ *Doch ich weiß, Sie werden* ⟨*es*⟩ *mich verstehen* Entwurf ebd. *Doch ich weiß, Sie werden mich verstehen* BRIEFE ebd. – Auf den Schluß folgt eine Variante für den Briefschluß: ⟨*Indem ich Sie bitte mich nicht für e. jugendlichen Schwärmer zu halten sondern für e. Jüngling, der kein höheres Ideal kennt, als* ⟨*d*⟩ ⟨*sein*⟩ *an der Veredlung, Erziehung, Läuterung* ⟨*seines*⟩ *unsres Volkes mitarbeiten zu dürfen zeichne ich*⟩ [bricht ab] Entwurf S. 4.
107,26 »*Reinheit! Reinheit!*«: kommt mehrfach in »Sodoms Ende« vor (vgl. III,3, III,17). Der Maler Willy Janikow verführt im Wunsch nach Reinheit seine exemplarisch unschuldige Pflegeschwester Klärchen.

Nr. 126 Überlieferung: Entwurf, 2 S., im Nachlaß. Datierung: nach der Angabe in Nr. 129. Textvarianten: 108,20 *an meiner Charakterbildung*] ⟨*hauptsächl.*⟩ *an meiner Charakterbildung* Entwurf S. 1. – *schulde*] ⟨*zu danken habe*⟩ ebd. — 108,24 *Ergebenheit*] *Ergebenheit* ⟨*u. tiefer Dankbarkeit*⟩ Entwurf S. 2.
108,12 *h. H. O.*: etwa: hochverehrter Herr Oberlehrer.

Nr. 127 Druck: Zitate in einem Artikel von Ger Trud (Gertrud Isolani) mit dem Titel »Morgenstern-Reliquien. Zum fünfjährigen Todestag Christian Morgensterns (31. März 1919)«. »Nationalzeitung«, Berlin, 31.3.1919, 8-Uhr-Abendblatt (nach der Angabe Carl Ernst Ms in einem Brief an Margareta M vom 12.9.1919). Der entsprechende Ausschnitt der Zeitung ist im Nachlaß vorhanden; der Stempel des Zeitungsausschnittbüros Klose & Seidel trägt das Datum »1.4.1919«. Auch in: Isolani: Die Geschichte des Melderbaums S. 14 f. Datierung: Der Brief ist wahrscheinlich etwa zur gleichen Zeit verfaßt wie Nr. 126, wird aber in Nr. 129 nicht erwähnt. Es ist auch möglich, daß M ihn noch in Sorau geschrieben hat.

Nr. 128 Überlieferung: Entwurf, 2 S., im Nachlaß. Datierung: Die Worte *zugleich* und *nochmals* weisen darauf hin, daß der Brief einer anderen Sendung beigelegen hat und daß es sich wohl nicht um einen Dankbrief direkt nach dem Abitur handelt; er scheint aber auch nicht allzu lange danach geschrieben zu sein. Er wurde der thematischen Ähnlichkeit wegen trotzdem hier eingeordnet. Es wäre möglich, daß es sich um die Sendung der Zeitschrift »Deutscher Geist« handelt, für die sich einige Leute in Sorau interessierten, vgl. Nr. 139.

109,9 *im entscheidenden Moment – mußte*: kann sich auf Ms mangelhafte Leistungen in Religion beziehen, s. das Abiturzeugnis, S. 773.

Nr. 129 Überlieferung: Brief, 4 S., im Nachlaß.

109,16 *diesen Sonntag*: Ostersonntag, 17.4. — **109,20** *Gleich – korrigieren*: Vermutlich hatte Marie Goettling das Ausbleiben eines Glückwunsches moniert. — **109,22** *Fr. Karls*: wahrscheinlich Franz Carl Zitelmann. — **109,24** *errare humanum est*: Irren ist menschlich (lat.), auf den Kirchenvater Hieronymus (etwa 331–420) zurückgehend (Epistolae 57,12). — **109,27** *Quod non*: Was nicht (lat.), studentensprachlicher Ausdruck der Ablehnung, verkürzt aus quod non opus est (was man nicht nötig hat). Von M und seinen Freunden auch in der Bedeutung von »Das nicht!« verwendet. — **110,11** *Nervenfieber*: veraltet für Typhus, hier aber nur Überreizung des Nervensystems. — **110,22** *Martha. Herr P. B.*: Martha Goettling und wahrscheinlich ihr Verlobter, Paul Boelicke.

Nr. 130 Überlieferung: Brief, 6 S., im Nachlaß. Druck: BRIEFE. Auswahl (1952) S. 24, gekürzt. Textvarianten: **111,12** *durchaus*] überaus BRIEFE ebd. — **111,26** *Der kommt*] Der kommt oft ebd. — **111,29** *eignen Lebens*] Lebens ebd.

111,3 *Frl. Gr. B.*: vermutlich Grete Büttner. — **111,3** *»Kreutzersonate«*: s. Tolstoi. — **111,16** *Doch im Übrigen – zu leben*: AN EINEN FREUND. Z. 13–16. — **111,26** *»Wort Cromwells – wohin er geht«*: Der Satz ist in den »Mémoires« (1717) des Kardinals de Retz (Jean François Paul de Gondi, Baron de Retz, 1613–1679) als Wort Cromwells überliefert. (Die Denkwürdigkeiten des Kardinals von Retz. Nach einer alten anonymen Übersetzung … hrsg. von Benno Rüttenauer. München 1913, Bd. 2, S. 434.) M hat den Ausspruch wohl in Langbehns »Rembrandt als Erzieher« gelesen, wo er in der Fassung zitiert wird, die auch M benutzt (Langbehn, a.a.O. S. 3.). – Die Hefte 6–8 enthalten das geplante Motto. — **112,5** *Berliner Gast*: in »Madame Mongodin«, in Frage kommen Richard Alexander oder Emanuel Reicher.

Nr. 131 Überlieferung: Brief, 4 S., im Nachlaß.

112,11 *»Kingsley«*: Charles Kingsley: Briefe und Gedenkblätter. M hat das Buch im »Deutschen Geist« Nr. 6 vorgestellt, vgl. Abt. Kritische Schriften Nr. 1. — **113,13** *Quod yes*: Das ja! (lat. und engl.), vgl. Quod non, 109,27. — **113,27** *»Zigeunerlager – Schwester«*: Die Stelle bezieht sich wahrscheinlich auf die Vorbereitungen zu Hochzeit und Auszug von Martha Goettling. — **113,28** *Brot schneidend*: Anklang an Goethes »Werther«: Werther sieht Lotte um ersten Mal, als sie ihren zahlreichen Geschwistern das Abendbrot schneidet und zuteilt. Cotta-Ausgabe Bd. 6, S. 23 und 149. — **113,30** *»Der ist – allein«*: nicht ermittelt.

Nr. 132 Überlieferung: Brief, 4 S., im Nachlaß; der Schluß fehlt.

Vielleicht stammt das Fragment Nr. 133 aus der verschollenen Fortsetzung.

Nr. 133 Druck: Bauer, Chr. M. (1985) S. 38 f. Datierung: Nach Bauers Angabe hat M den Brief zu Anfang des Sommersemesters 1892 geschrieben, also nach dem 26.4. (nach Nr. 130, dort nicht zitiert). Da der Schluß von Nr. 133 fehlt, ist es sehr gut möglich (wenn auch nicht belegbar), daß die Sätze aus diesem Brief stammen.

114,23 *Flehen nach Vertiefung*: vgl. auch Abt. Aphorismen Nr. 3, Abt. Episches Nr. 49,10.

Nr. 134 Überlieferung: 2 Seiten im Nachlaß. Datierung: Das Gedicht ist mit 9. Mai 1892 datiert, wann Kayssler es M geschickt hat, ist nicht bekannt.

Nr. 135 Überlieferung: Brief, 3 S., im Nachlaß.

115,11 *Dahnabend*: vgl. Nr. 137. — 115,12 *Hochzeit*: von Martha Goettling.

Nr. 136 Überlieferung: Karte, beidseitig beschrieben, im Nachlaß. Datierung: Himmelfahrt (im Brief erwähnt) war am 26.5., der nächste vorhandene Brief ist vom 4.6.

115,19 *hervorragenden Volapük-Onkel*: vielleicht Julius Fieweger.

Nr. 137 Überlieferung: Brief, 8 S., im Nachlaß.

116,15 *die Hochzeit*: von Martha Goettling. — 117,4 *die blasse*: evtl. wie in Nr. 23. — 117,8 *Das junge Paar*: Martha Goettling und Paul Boelikke. — 117,9 *S.chen*: ein junges Mädchen zu Besuch bei Goettlings, vielleicht das Sophiechen in Nr. 139.

Nr. 138 Überlieferung: Brief, 4 S., im Nachlaß.

117,23 *Es liegt eine Krone im grünen Rhein*: Lied von Heinrich Dippel (1825–1870, Landesbankdirektionsrat in Wiesbaden), geschrieben vor 1854, vertont u.a. 1864 von Wilhelm Hill (1838–1902). Das Lied steht im »Allgemeinen Deutschen Kommersbuch« (Lahr 1858; 160. Aufl. 1980, S. 354). — 117,34 *chromolithographische Fabrik*: Fabrik zur Herstellung von Chromolithographien (Mehrfarbensteindrucken). Die Lithographie, ein Flachdruckverfahren, wurde 1796/97 von Alois Senefelder (1771–1834) erfunden und beruht im wesentlichen darauf, daß Wasser und Fett sich nicht vermischen. Geeignete Steinplatten, die sowohl Fett als auch Wasser aufnehmen können, werden geschliffen, die zu druckende Zeichnung wird mit spezieller Fettkreide, Fetttusche o.ä. aufgetragen, der Rest mit Wasser getränkt (meist zusätzlich mit einer sauren Gummiarabicumlösung behandelt). Die ölhaltige Druckfarbe hält jetzt nur auf den mit Fett präparierten Stellen und kann von da aufs Papier gedruckt werden. Für Farblithographien wird mit mehreren Platten (damals bis über 20) gearbeitet. Lithographien wurden damals in Deutschland hauptsächlich zur Buchillustration, zur Reproduktion von Bildern oder für Landkarten eingesetzt; die künstlerische Verwendung war noch selten. — 118,2 *»Hypatia« englisch*: vgl. Nr. 136.

Nr. 139 Überlieferung: Brief, 8 S., im Nachlaß. Druck: BRIEFE. Auswahl (1952) S. 51 f., gekürzt.

118,18 *wie − Liedern sagt*: vgl. Ibsen: »Kronprätendenten« IV,5. — 118,32 *»wie allen Menschen − kommen könnten.«*: vgl. 1. Timotheusbrief 2,4. — 119,19 *»Demokratische Kunst − in gewöhnlichen Dingen steckt«*: Zitat aus Kapitel 9 von Kingsleys »Alton Locke«. — 119,24 *»Aus dem Tagebuch« − D.G.*: Im »Deutschen Geist« Nr. 7 gibt es eine Skizze DIEM PERDIDI (Ich habe einen Tag verloren, lat.), mit dem Untertitel: *Aus dem Tagebuch eines Menschen*; vgl. Abt. Episches. — 119,30 *Sombart − einrücken*: in Nr. 7 von M angekündigt, aber in den vorhandenen Nummern nicht erschienen. — 120,34 *Probstheida − Gohlis*: die von M und seinen Freunden umgetauften Dörfer in der Umgebung Soraus, vgl. Nr. 83. — 120,37 *11. Rhapsodie*: Rhapsodie: in der Musik Bezeichnung für eine in Anlage und Vortrag freie Komposition, seit Ende des 18. Jahrhunderts, zunächst vokaler, später hauptsächlich instrumentaler Art. Besonders bekannt wurden Liszts »Ungarische Rhapsodien« (erschienen ab 1851, von denen die 2. (Cis-moll) zu den berühmtesten zählt. Ob diese hier gemeint ist, muß offen bleiben. — 121,11 *Grete B.s*: vermutlich Grete Büttners.

Nr. 140 Überlieferung: Brief, 1 S., im Nachlaß, mit 3 S. Beilage: Bericht und Abrechnung über die Anbringung einer Gedenktafel an dem Haus, in dem Max Stirner vor seinem Tod gewohnt hat sowie über einen Grabstein für sein Grab. Es handelt sich um eine Vervielfältigung der handschriftlichen Texte. Für dieses von Mackay initiierte Projekt kamen 438 Mark, 16 Pf. an Spendengeldern zusammen. Die Geber sind im Teil »Abrechnung« mit Namen und Angabe der gespendeten Summe angegeben; M ist nicht darunter; er hat sich demnach nur aus allgemeinen Interesse die Unterlagen besorgt, die Mackay jedem Interessierten auf Wunsch zusenden wollte (Schlußsätze der Beilage).

Nr. 141. Überlieferung: Brief, 8 S., im Nachlaß. Druck: BRIEFE. Auswahl (1952) S. 25–27, gekürzt.

123,16 *Daß wir Menschen − freudig empor*: »Daß wir nur Menschen sind, das beug' in Ergebung das Haupt uns: / Daß wir Menschen sind, richt' es uns herrlich empor!« Ernst Freiherr von Feuchtersleben: Sämtliche Werke und Briefe. Kritische Ausgabe. Hrsg. von Herbert Seidler und Hedwig Heger. 1. Band, 1. Teil, Text, bearbeitet von Hermann Blume. Wien 1987, S. 102. — 123,21 *Hutten − wach*: nach: »O seculum! o literae! Iuvat vivere, [...] Vigent studia, florent ingenia.« Brief an Willibald Pirckheimer, 25.10.1518. Schriften, hrsg. v. Eduard

Böcking, Bd. 1, Leipzig 1859, S. 217, übersetzt etwa: O Jahrhundert! o Wissenschaften! Es ist eine Lust zu leben [...] Die Studien stehen in Kraft und Ansehen, der Geist blüht (lat.).

Nr. 142 Überlieferung: Brief, 1 S. Maschinenabschrift, im Nachlaß.

125,31 *»Er kam – wollte«*: Abwandlung von »Veni, vidi, vici«, Ich kam, ich sah, ich siegte (lat.); mit diesen Worten meldete Cäsar nach Plutarch, Sueton und anderen Schriftstellern seinen Sieg bei Zela (2.8.47 vor Christus). — **126,5** *»wie ein Geschwätz«*: vgl. Psalm 90,9. — **126,22** *das meine*: vielleicht Anspielung auf DER BERGSTROM; evtl. hat M eine frühere Fassung als die überlieferte, mit 25.9.1992 datierte, an Kayssler geschickt.

Nr. 143 Überlieferung: Postkarte im Nachlaß, Text lateinisch. **126,27** *quam celerrime*: so schnell wie möglich (lat.).

Nr. 144 Überlieferung: Brief, 2 S. Maschinenabschrift, im Nachlaß, bricht mitten im Wort ab, d.h. die unmittelbare Fortsetzung ist verschollen; danach folgt vermutlich Nr. 145. Er ist in der »Liste Hirschfeld« aufgeführt und soll handschriftlich 12 ganze und 2 halbe Seiten umfassen.

Nr. 145 Überlieferung: Brief, 2 S. Maschinenabschrift im Nachlaß, ohne Anfang und Schluß, Bl. 1 aus mehreren Einzelteilen zusammengeklebt, wahrscheinlich zu Nr. 144 gehörend, s.o.
Die Gedichte Kayßlers und Anwands konnten nicht aufgefunden werden; nur 127,35 »Der treue Gefährte« könnte evtl. »Der treue Begleiter« sein, ein am 7.5.1892 verfaßtes Gedicht, das im Nachlaß vorhanden ist. — **128,5** *der Götter*: richtig: der Geister.

Nr. 146 Überlieferung: Brief, 4 S., im Nachlaß.
128,14 *»Weichheit – Vischer«*: Anfang des Gedichts »An die Empfindsamen«. Friedrich Theodor Vischer: Ausgewählte Werke Bd. 1. Hrsg. von Dr. Gustav Keyßner,. Stuttgart/Berlin 1918, S. 150. — **129,20** *Märchen*: vorhanden ist nur DER BERGSTROM. — **130,6** *Grenzbauden – Teich*: s. Riesengebirge.

Nr. 147 Überlieferung: Brief, 2 S., aufgeführt in der »Liste Hirschfeld«, bisher verschollen.

Nr. 148 Überlieferung: Brief, 1 S., aufgeführt in der »Liste Hirschfeld«, bisher verschollen.

Nr. 149 Druck: BRIEFE. Auswahl (1952) S. 28.

Nr. 150 Druck: BRIEFE. Auswahl (1952) S. 28.

Nr. 151 Überlieferung: Brief, 4 S., im Nachlaß. Datierung: M hat das Gedicht EINER JUNGEN FREUNDIN INS STAMMBUCH höchstwahrscheinlich für das junge Mädchen Sascha in Sorau geschrieben. Es ist mit 12.10.1892 datiert.

131,30 *jungen Paar*: Es könnte sich um Hilde Zitelmann und Alexander Niedner handeln, die vermutlich am 8.9.1892 geheiratet hatten – ein im Nachlaß als maschinenschriftliche Abschrift vorhandenes Hochzeitsgedicht Ms trägt dieses Datum.

Nr. 152 Überlieferung: Briefentwurf, 2 S., im Nachlaß, ohne Anfang und Schluß. Vermutlich gehört das folgende Fragment Nr. 153 zu diesem Brief.

Nr. 153 Überlieferung: Fragment im Nachlaß, auf der Vorderseite 5 Zeilen Text, auf der Rückseite Unterschrift und Datum. Margareta M hat aus verschiedenen Handschriften Ms eine Anzahl Unterschriften aus den verschiedenen Jahren herausgeschnitten, vermutlich, um sie als Druckvorlagen oder auch als Geschenke verwenden zu können. (Aus einem Briefentwurf an Friedrich Michael vom Inselverlag geht hervor, daß sie ihm zum 60. Geburtstag am 30.10.1952 eine Unterschrift Ms, »die einstmals einem anderen galt«, geschenkt hat. – Der Inselverlag ließ ihr am 11.2.1953 u.a. »3 Namenszüge« zurücksenden.) Um einen solchen Ausschnitt handelt es sich hier. Vgl. auch Nr. 61, Kommentar.

Nr. 154 Überlieferung: Gedicht und Nachschrift, 2 S., im Nachlaß. Der Anlaß zu diesem Gedicht läßt sich nicht eindeutig ermitteln, es scheint aber nicht unmöglich, daß Kayssler endlich gemerkt hatte, daß seine Freundin Liese mit Ms Vater mehr als nur eine Seelenfreundschaft unterhielt. Elisabeth Reche wird jedenfalls von Kayssler danach nur noch recht selten erwähnt.

Nr. 155 Überlieferung: Briefgedicht mit Widmung, 2 S., im Nachlaß.

Nr. 156 Überlieferung: Gedicht mit Widmung im Nachlaß; mit Umschlag.

133,8 *»Tantalus«. »Quantalus«*: Es handelt sich vermutlich um lose Assoziation zu den lateinischen Korrelativpronomen tantus – quantus (so sehr – so groß wie) und soll wohl etwa bedeuten: So sehr ich vorher gelitten habe, so sehr fühle ich jetzt meine Stärke.

Nr. 157 Überlieferung: Brief, 1 S., im Nachlaß. Briefkopf der Zeitschrift »Die Zukunft«.

133,15 *Gedicht*: nicht ermittelt.

Nr. 158 Überlieferung: Brief, 8 S., im Nachlaß, mit Umschlag.

134,25 *»betende Knabe«*: berühmte Bronzestatue eines Knaben, die aus der Lysipp-Schule (etwa 300 v. Chr.) stammen soll, in der Berliner Antikensammlung auf der Museumsinsel. Vgl. auch Kommentar zu ICH HEBE DIR MEIN HERZ EMPOR, Abt. Lyrik 1905–1914, S. 771. —

134,13 *Du wirst – Bomben*: Anscheinend handelt es sich um Auswirkungen des jahrelangen sogenannten Antisemitismusstreits zwischen

Mommsen und Treitschke. — **134,25** *Pergamonica*: die Ausgrabungsfunde aus der antiken Stadt Pergamon in Westanatolien. Ab 1878 wurden dort Grabungen vorgenommen; Skulpturen, Friese und Architekturteile des berühmten Pergamonaltars (etwa zwischen 164 und 156 v. Chr.) kamen nach Berlin. Ein eigenes Museum dafür gab es damals noch nicht.

Nr. 159 Überlieferung: Brief, 4 S., im Nachlaß. Datierung: nach der 136,5 erwähnten Ablehnung Hardens und dem nächsten Brief an Marie Goettling.

135,31 *Ja, Gott sei Dank – gepaart*: Es handelt sich um die beiden letzten Zeilen eines Gedichts aus 6 sechszeiligen Strophen und einer vierzeiligen. Es beginnt: *Am Tische saß der Vater und las beim Lampenschein. / Die Mutter nähte eifrig und schaute glücklich drein.* Der Vater warnt nun den auch dabeisitzenden gerade 16jährigen Sohn vor den Männern, *die auf den Zinnen stehn [...]/ Sie predigen statt der Liebe die Ichsucht kalt und kahl.* Der schnell entflammte Jüngling zieht folgenden Schluß: *Man zieht das Schwert und tilgt sie* [die neue Lehre], *wo irgend man sie trifft. /[...] und gräbt mit deutschem Eisen ihr ein tiefes deutsches Grab!* Margareta M schenkte die Handschrift Weihnachten 1941 dem Verleger Reinhard Piper. Kopie und Maschinenabschrift im Nachlaß. — **136,17** *Rauert – gedruckt zu haben*: Der BRESLAUER BRIEF erschien am 11.11.1892 im Sorauer Wochenblatt. — **136,19** *M. und Sp.*: evtl. Erich Thiele (Muckel) und Paul Körner (Spinna). — **136,27** *Stelle aus der mod. Broschüre*: BRESLAUER BRIEF, a.a.O. S. 23. — **136,35** *leiw*: lieb(er), (plattdeutsch).

Nr. 160 Überlieferung: Briefentwurf, 1 S., im Nachlaß. Adressat und Datum nach Nr. 161.

137,3 *Gedicht*: nach Nr. 161 das Gedicht DIE DEUTSCHE TIEFE. Es lautet:

> *Noch giebt es Nachwuchs! Unergründlich ruht*
> *Im deutschen Herzen noch die deutsche Tiefe,*
> *Die himmlisch tolle, schöne Glut,*
> *Sie harrt nur eines Helden, der sie riefe.*
>
> *Erglühend, staunend wird nach langem Schlaf*
> *Die Göttliche ihr schönes Haupt erheben:*
> *Und den ein Zornblitz ihres Auges traf,*
> *Der mag in tiefster Scham und Schuld erbeben.*
>
> *Denn wie sie's liebt im Traum sich zu vergessen,*
> *So schwingt sie auch mit heißer Lust das Schwert,*
> *Und stürzt die Läst'rer nieder, die vermessen*
> *Umtoben ihren stillen, heil'gen Herd,*

Und hallend wird's von ihren Lippen tönen:
»Wach auf, mein Volk! Du lagst wie ich im Traum.
Zermalme sie, die dich in mir verhöhnen:
Für sie und mich hat dieses Land nicht Raum.«...

Die lauten Kampfestage sind verrauscht
Sie aber tritt in ihres Volkes Mitte,
Das selig-froh und andachtsvoll ihr lauscht.
Sie spricht von deutschem Glauben, deutscher Sitte,
Zur Selbsterkenntnis lenkt sie's still zurück:
»O welch ein Wahnbild konnte uns berücken!
Wir hasteten und jagten nach dem Glück –
Und wußten's nicht: du kannst allein beglücken!«
Heft EINE HUMORISTISCHE STUDIE, Bl. 27 f.

Nr. 161 Überlieferung: Brief, 4 S., im Nachlaß.
137,13 *große Gedicht*: nicht bekannt, vgl. Nr. 159. — **137**,29 *B.sche Poesie*: nicht ermittelt. — **138**,7 *A. Gelber – Zukunft*: »Kuli-Geständnisse«. »Die Zukunft« 1 (1892/93) S. 237–240 (29.10.1892). Es geht um den Niedergang der Presse und des Journalismus. Ms Gedicht (s.o.) bezieht sich z.t. wörtlich auf Gelbers Artikel; so schreibt er: »Dahin ist die Freudigkeit, mit der man sich einst zur Publizistik bekannte, es giebt große Landstriche, wo der Journalist am liebsten, incognito weilt. [...] In den sechziger Jahren und in den siebzigern noch wurden die Redaktionen von kräftiger Studentenjugend nicht leer, die da mit heißen Wangen und flammenden Augen der Presse ihre himmlischtolle und unsäglich schöne und verheißungsvolle Leidenschaftlichkeit und Hingabe an das allgemeine Wohl souffliren wollte; heute bettelt der ausgemergelte und halb verhungerte Student da oben um Erhöhung seines Nachrichtenhonorars von drei auf fünf Pfennige oder Kreuzer pro Zeile. Es giebt keinen Nachwuchs. Werden die Menschen denn ohne Herz jetzt geboren?« [...] A.a.O. S. 239 f.

Nr. 162 Überlieferung: Karte im Nachlaß.

Nr. 163 Druck: »Die Christengemeinschaft« 15 (1938/39) S. 325 f. Die Datierung nur mit Monatsangabe läßt darauf schließen, daß sie später ergänzt wurde. – Der Adressat oder die Adressatin des Briefs muß – wegen des »Du« – zu Ms näherem Freundeskreis gehört haben. Der Thematik wegen käme Marie Goettling in Frage, der allerdings die genannten Fakten längst bekannt sein mußten. Möglich wäre auch, daß die Datierung ungenau und der Brief schon von 1891 ist, dann könnte M den kürzlich begonnenen Dialog mit Marie Goettling etwa in den Weihnachtsferien schriftlich fortgesetzt haben.

Nr. 164 Überlieferung: Ohne nähere Angaben, nur mit der Datierung »ca. 1892« aufgeführt in der »Liste Hirschfeld«, bisher verschollen. Ms Mitgefühl bezieht sich vermutlich auf Kayßlers Abitur im Frühjahr 1893.

Nr. 165 Überlieferung: Brief, 3 S., Bundesarchiv Koblenz. Datierung: Der Brief ist mit 3.1.1892 datiert, ein Fehler, der ähnlich noch einige Male, vor allem zu Beginn eines neuen Jahres vorkommt. **140,9** *Gedicht*: vgl. Nr. 157. — **140,13** *in der Zukunft*: in der »Zukunft«. — **140,19** *Verse*: In Frage käme evtl. das Gedicht AN HARDEN, obwohl M später angab, er habe es in München (Sommersemester 1893) geschrieben (Abt. Kritische Schriften S. 346).

Nr. 166 Überlieferung: Postkarte im Nachlaß.

Nr. 167 Überlieferung: Brief, 2 S., im Nachlaß, ohne Anrede; entweder fehlt der Anfang des Briefs, oder es handelt sich nur um eine Nachbemerkung zu einer evtl. vorausgegangenen Diskussion. Der Text verwendet Zitate aus EINE HUMORISTISCHE STUDIE.

Nr. 168 Überlieferung: Postkarte, angeboten Auktionskatalog Stargardt 549 (1960) Nr. 219, ohne Inhaltshinweise. Datierung: Die Karte soll mit 7.III.1893 datiert sein. Da war M aber noch nicht in München. Möglich ist ein Schreib- oder Lesefehler für 7.IV. (Kayßlers Geburtstag).

Nr. 169 Überlieferung: Brief, 2 S., im Nachlaß.

141,17 *Shakespeare*: »Hamlet«: Carl Ernst M zitiert aus I,3 Vers 59–69 und 75–81.

Nr. 170 Überlieferung: Brief, 1 S., Maschinenabschrift, im Nachlaß.

142,1 *Claque*: Klappzylinder. — **142,6** *M.*: Beblos Schwester Magda.

Nr. 171 Überlieferung: Brief, 3 S., im Nachlaß.

142,18 *Geheimrat*: wohl ein Vorgesetzter Carl Ernst Ms in Berlin.

Nr. 172 Überlieferung: Postkarte im Nachlaß. Datierung: Poststempel.

142,21 *Dank*: vgl. Kommentar zu Nr. 165.

Nr. 173 Überlieferung: Brief, 4 S., im Nachlaß.

Nr. 174 Überlieferung: Brief, 4 S., im Nachlaß. Druck: BRIEFE. Auswahl (1952) S. 28–31. Datierung: Ms Datum bezieht sich offenbar auf den Abschluß, nicht auf den Beginn des Briefs. M hat demnach den Brief am Samstag, 29.4. begonnen, war am Sonntag, 30., mit Nationalmuseum und Verwandtschaft beschäftigt und beendete ihn am Montag, 1.5. (der damals noch kein offizieller Feiertag war) in der erwähnten Freistunde.

143,32 *grüner Baumgarten*: vielleicht der Maximiliansplatz. — **143,33** *Palais Luitpold*: zwischen der damaligen Fürstenstraße und der Ludwigstraße, in der Nähe von Odeonsplatz und Hofgarten. — **143,34**

Theatinerkirche: (St. Kajetan), 1663–1675 von Agostino Barelli und Enrico Zuccalli (Fassade) in italienischem Barockstil erbaut. — **144,1** *Frauenkirche*: 1468–1488 erbaut, einer der mächtigsten gotischen Hallenkirchen Deutschlands; Wahrzeichen Münchens, besonders die Türme (deren »welsche Hauben« von 1525 sind). — **144,3** *Türkenkaserne*: Infanteriekaserne in der Türkenstraße. — **144,8** *Pandekten – Privatrecht*: Pandekten, I. Teil, Sachen- und Obligationsrecht bei Prof. Hellmann und außerdem »Über Nationalökonomie als Wissenschaft« bei Brentano sowie »Menschliche Freiheit u. sittl. Weltordnung« bei Carriere. Studienbuch im Nachlaß. — **144,13** *»Jägergarten«*: vielleicht in der nahe gelegenen Jägerstraße. — **144,21** *-theken*: die Alte und die Neue Pinakothek (Gemäldesammlung), die Glyptothek (Skulpturensammlung). Die alte Pinakothek (für die älteren Meister) wurde 1826–36 von Leo von Klenze im Stil Bramantes erbaut, die Neue (für die neuere Kunst) 1846–53 nach Plänen von August von Voit. Die Glyptothek (Skulpturensammlung) wurde 1816–30 in ionischem Stil ebenfalls von Klenze erbaut. — **144,31** *Nationalmuseum*: hier noch das alte Nationalmuseum; der prachtvolle Neubau entstand erst 1894–1900. — **145,37** *Dahn'scher Empfehlungen*: Es sind noch Visitenkarten Dahns mit Empfehlungen an die Professoren Jensen und Roßbach im Nachlaß vorhanden. — **146,3** *Claque*: Klappzylinder.

Nr. 175 Überlieferung: Brief, 8 S., im Nachlaß. Datierung: nach dem Todesdatum Schobelts.

146,26 *Paukerhasse*: vgl. etwa Nr. 117 und 176. — **146,35** *Iphigenienouvertüre*: die Ouvertüre zu Glucks Oper »Iphigenie in Aulis«. — **147,2** *Massimow*: anscheinend der Sohn Schobelts.

Nr. 176 Überlieferung: Brief, 4 S., im Nachlaß, der Schluß von etwa 2 ½ Seiten fehlt. Maschinenabschrift im Nachlaß, wohl vollständig. Aus einem zweiten Exemplar der Abschrift ist ein Stück herausgeschnitten, statt dessen wurde ein Abschnitt aus Nr. 170 eingefügt, es enthält außerdem einige handschriftliche Streichungen.

147,17 *Photo*: vgl. Bauer, Chr. M. (1985), Abb. 22. — **147,15** *Zeigt mir – euren Sohn*: Goethe, Iphigenie, III, 2 (V. 1289 und 94 f.)

Nr. 177 Überlieferung: Brief, 6 S., im Nachlaß. Datierung: Das Datum 29. am Anfang muß das Abschlußdatum sein, denn 151,3 wird der 28. angegeben.

148,22 *Schillerpreis*: der Augsburger Schillerpreis. — **148,22** *Öl*: wie Essig, nichts. — **149,23** *Eibsee – erhob*: vgl. das Gedicht STURMNACHT AUF DEM EIBSEE. — **149,29** *Bild*: im Nachlaß vorhanden, Photo mit dem Aufdruck »Eibsee gegen die Zugspitze«, von M hinzugefügt: *Dienstag – Mittwoch 23/24 Mai 1893*. — **150,11** *Sixtinischen Madonna*: s. Raffael. M sah das Original Ostern (2./3.4.) 1893 bei einem Zwischenaufenthalt in Dresden auf seiner Reise nach München und schrieb dazu: *Sixtinische Madonna. Wann habe ich Herrlicheres je gesehen! Vor dir könnt' ich weilen Tage lang, wunderbarstes aller Kunstwerke. Von der Straße mußt' ich noch einmal zurück zu dir. Und nachdem ich noch lange, lange dich betrachtet, stürmte ich fort, ohne Auge für alles andre, nur dein Bild im Herzen.* T 1892/93, Bl. 38. Auf seiner Rückreise am 12.7.1893 sah er das Bild wieder (*Dresden (Sixtinische.) 3 Stunden.* T 1892/93, Bl. 43). — **150,14** *Standbild Webers*: Erzstatue Carl Maria von Webers von Ernst Rietschel, 1860. — **150,14** *Zwinger*: dreiflügelige Barockanlage im ehemaligen Zwingergarten, 1711–28 von Matthäus Daniel Pöppelmann erbaut. — **150,20** *»bethlemitische Kindermord«*: s. Rubens. — **151,26** *M.*: vermutlich Magda Beblo.

Nr. 178 Überlieferung: Briefentwurf, 2 S., im Nachlaß, der Schluß fehlt. Datierung: Fronleichnam war am 1.6.

Nr. 179 Druck: BRIEFE. Auswahl (1952) S. 31 f.
152,23 *Bergtour*: vgl. Nr. 177.

Nr. 180 Druck: BRIEFE. Auswahl (1952) S. 32. Wenn die Angaben der Briefausgabe richtig sind, hat M am 5.6. zwei Briefe an Clara Ostler geschrieben; dann wäre aber wahrscheinlich Nr. 180 der frühere, da der andere am Abend geschrieben wurde. Möglich ist auch, daß es sich um zwei Stücke eines längeren Briefs handelt. Weil das alles unsicher ist, wurde die Reihenfolge der Briefausgabe von 1952 beibehalten.
153,24 *Possart – lächerlich vorkommt*: M notierte zu dem Besuch u.a.: *Fragte mich nach m. dramat. Versuchen. Zu mir vornehm aber liebenswürdig. Zu F. weniger, als er vom Schauspiel. hörte.* T 1892/93, Bl. 43. Datierbar Herbst 1893. – Und so soll Kayssler die Episode Herbert Günther erzählt haben: »Ich hatte eine Empfehlung an Ernst Possart in München. Ich ging klopfenden Herzens hin und wurde zunächst harmlos und freundlich empfangen. Kaum aber hatte ich schüchtern davon angefangen, daß ich gern Schauspieler werden wollte, so erhob sich der berühmte Theatermann und ging minutenlang mit finsterer Miene um mich herum. Es war mir sehr unheimlich. Dann sagte er kurz und bestimmt: ›Sie können nicht zum Theater gehen!‹ Als ich erschrocken fragte, warum, meinte er, ich hätte eine für die Bühne ganz ungeeignete Schädelbildung und meine Augen lägen zu tief im Kopf: ich müßte schon sehr viel Talent haben, um solche Umstände zu überwinden. Ich sagte, ich möchte mich aber doch wenigstens zum Versuch einmal prüfen lassen. Er meinte, das hätte wohl wenig Zweck.« Günther, Drehbühne der Zeit, S. 335 f.

Nr. 181 Überlieferung: Brief, 7 S., im Nachlaß, mit Umschlag.
153,32 *K.*, **154,24** *K.s Besuch*: nicht ermittelt, vielleicht Kayssler, nach Nr. 176 reiste er wahrscheinlich über Sorau nach Berlin. Möglich ist

auch Franz Carl Zitelmann (»Karl«). — 154,28 *Käthe T.*: Käthe Tischer, vgl. Nr. 183. — 154,33 *M. u. M.*: vielleicht die auch einzeln genannten Mädchen Magda Beblo und *Mar.*
Nr. 182 Überlieferung: Brief, 4 S., im Nachlaß, mit Umschlag. Datierung: im Brieftext.
155,35 *Mandatarin*: hier = Mandantin.
Nr. 183 Überlieferung: Brief, 8 S., im Nachlaß. Druck: BRIEFE. Auswahl (1952) S. 32—35, gekürzt.
157,21 *Kefyr, Chreosotpillen*: Kefir; das Getränk aus vergorener Kuhmilch, damals auch als »moussierender Milchwein« bezeichnet, diente wie andere Sauermilchprodukte wegen seiner Nahrhaftig- und leichten Verdaulichkeit bei Krankheiten, u. a. solchen der Lunge, als Stärkungsmittel. Kreosot, bei der Destillation von Holz aus Holzteer gewonnenes Öl mit antiseptischen Eigenschaften, es besteht hauptsächlich aus Kreosol, Guajaköl und Kresolen und wurde u.a. bei Lungenkrankheiten verwendet. — 157,30 *streben*: Die Verwendung des Wortes ohne Präposition ist im Grimmschen Wörterbuch unter II B 3 l des Stichworts belegt, Bd.10, III, Sp. 1061 f. — In Ms Sprachgebrauch kann es sich evtl. um Anleihen aus der Studenten- oder Schülersprache handeln; das könnte erklären, warum er das Wort in Nr. 539 in Anführungszeichen setzt. Es bedeutet dann etwa soviel wie »sich bemühen um«. Auch Kayssler gebraucht *streben* ohne Präposition (Nr. 206, nicht zitiert). — 158,20 *B.*: Schulrat Ludwig Bauer. — 158,34 *»ubi bene ibi patria«*: Wo es mir gut geht, da ist meine Heimat (lat.), nach Cicero, Tusculanae disputationes V, 37, 108. — 160,5 *Cr.*: Crusius, vgl. Nr. 181. — 160,10 *schlimmen Rat*: Marie Goettling solle den Brief nicht sogleich beantworten.
Nr. 184 Überlieferung: Brief, 4 S., SLUB Dresden. Zum Adressaten: Mit Dahn war M noch in Verbindung, vgl. Nr. 178. Auf ihn paßt auch die Anrede am besten. Mit Schulrat Bauer, der evtl. auch in Frage käme, hatte M sich Ende April persönlich getroffen; der Brief scheint dafür zu weit ausholend.
160,33 *Versen — Studie*: Die hingeschickten Gedichte sind nicht bekannt, die *Studie* kann EINE HUMORISTISCHE STUDIE sein. — 160,35 *Ablehnung — »Zuschauer«*: vgl. auch Nr. 331.
Nr. 185 Überlieferung: Brief, 2 S., im Nachlaß, mit Umschlag.
Nr. 186 Überlieferung: Brief, 5 S., im Nachlaß.
162,1 *Gräfin*: vielleicht Kaysslers Wirtin.
Nr. 187 Druck: Bauer, Chr. M., 3. Aufl. 1941, S. 53. Es handelt sich um einen Ausschnitt vermutlich aus dem 1. Teil von Brief Nr. 188, den M auch in Nr. 186 erwähnt.
Nr. 188 Überlieferung: Maschinenabschrift, 1 S., im Nachlaß,

nur *Gegen Abend – unendliche All.* Druck: BRIEFE. Auswahl (1952) S. 35–37. Ausschnitte auch Bauer, Chr. M. (1985) S. 55 und 1941, S. 54. Datierung: Die Datierung bei Michael Bauer weicht etwas von der in der Briefausgabe ab: Die Stelle, in der er Clara »die Aussicht seines Fensters« beschreibt, ist mit 20. 7. datiert (1985, S. 55) und *Daß Dir – zustößt.– – –* mit 19.7. (1941 S. 54 und – mit kürzerem Zitat – 1985, S. 55). Da die einzelnen Abschnitte des Briefs oft wenig Zusammenhang miteinander haben, ist es nicht ausgeschlossen, daß die Reihenfolge nicht dem Original entspricht. In jedem Fall handelt sich aber nicht um mehrere Briefe, sondern um einen Brief, der an mehreren Tagen fortgesetzt wurde und den Kayssler Clara zukommen lassen sollte, ohne daß ihre Familie davon erfuhr.

162,21 *»Meine« Villa – Veranda*: Abbildung von Reinerz mit dem Landhaus Dinter in Kretschmer, Wanderleben, S. 28. — **163,25** *Es fällt – gezählt*: nach Matth. 10,29 f., nicht wörtlich. — **164,37** *Jean Paul – abzuwechseln*: Die Stelle konnte nicht ermittelt werden; der Gedanke eines Ausgleichs *zwischen Erde und Himmel*, zwischen Ideenwelt und Alltagswirklichkeit, findet sich aber in Jean Pauls Werk in zahlreichen Varianten, z.B. in »Quintus Fixlein«: Billet an meine Freunde, anstatt einer Vorrede. Sämtliche Werke. Historisch-kritische Ausgabe, 1. Abt., Bd. 5, Weimar 1930, S. 4. — **165,4** *berühmten Roman*: Laurence Sterne: Tristram Shandy.

Nr. 189 Überlieferung: Postkarte im Nachlaß.

Nr. 190 Überlieferung: Brief, 4 S., im Nachlaß.

166,32 *Exsudat*: Ausschwitzung, bei Entzündungen aus Blut- oder Lymphgefäßen austretende Flüssigkeit, kann sich etwa im Herzbeutel, in der Brust- oder Bauchhöhle sammeln. — **167,30** *Franz*: nicht ermittelt, vielleicht ein Verwandter aus der Familie Wild. — **167,31** *Schwester*: Amélie M wohnte zu dieser Zeit wahrscheinlich bei ihrer Schwester Elise Wild. — **167,32** *Ausstellung*: In Frage kommen vor allem die beiden Ausstellungen der Münchner Künstlergenossenschaft im Glaspalast und die des Vereins bildender Künstler (Sezessionisten) an der Prinzregentenstraße.

Nr. 191 Überlieferung: Visitenkarte, beidseitig beschrieben, im Nachlaß.

Nr. 192 Überlieferung: Brief, 10 S., im Nachlaß, mit Umschlag.

168,21 *Glaspalast. Sezession*: vgl. Kommentar zu Nr. 190.

Nr. 193 Überlieferung: Brief, 4 S., im Nachlaß. Druck: BRIEFE. Auswahl (1952) S. 39 f., gekürzt.

170,12 *Cornelia*: Cornelia Preibisz. — **170,21** *Briefsache*: vgl. Nr. 186.

Nr. 194 Überlieferung: Postkarte im Nachlaß.

170,26 *das Schriftliche*: die schriftlichen Abiturarbeiten.

Nr. 195 Überlieferung: Brief, 10 S., im Nachlaß.
Nr. 196 Überlieferung: 1 S. im Nachlaß.
Nr. 197 Überlieferung: Brief, 2 S., im Nachlaß (davon die erste auf der Rückseite von Nr. 196).
171,30 *Der Mensch — zu verbergen*: Der Satz ist mehrfach in abweichenden Formulierungen überliefert und wurde u.a. Talleyrand zugeschrieben: La parole a été donnée a l'homme pour d'eguiser sa pensée (Die Sprache ist dem Menschen gegeben, um seine Gedanken zu verbergen, franz.).
Nr. 198 Druck: BRIEFE. Auswahl (1952) S. 40–42.
173,34 *Herrgottschnitzer*: s. Ganghofer.
Nr. 199 Überlieferung: Brief, 3 S., im Nachlaß.
174,20 *Schnur[?]bart-Beleidigungen*: In Nr. 217 erkundigt sich Pastor Goettling: — *Schnur- oder Schnurrbart?* — (dort nicht zitiert). — **175,5** *22 Jahre — gethan*: nach Schiller, Don Carlos, II,2 (Nationalausgabe V. 1149 f., andere Ausgaben auch V. 1147 f.)
Nr. 200 Überlieferung: Brief im Nachlaß, mit Lücken: Die Seiten sind teilweise durchnumeriert; vorhanden sind: I–IV, VII, VIII, außerdem ein Blatt mit der Überschrift *Ende des Romans*, in dem beigelegte und ebenfalls vorhandene Gedichte (mit 19.10.1893 datiert) erwähnt werden. Zwei Sätze konnten aus dem Druck übernommen werden. Druck: BRIEFE. Auswahl (1952) S. 42, nur: **175,19** *Ich glaube — nie zuvor*; **176,17** *Mein Wunsch — Sachen*; *Arbeiten — durchgesetzt werden*; **176,25** *Du armer Kerl — zu plaidieren* (Diese Stelle fehlt im Nachlaß) und **176,32** *Gestern – heem*.
175,19 *Das Feuer – gesprochen*: vgl. Nr. 27. — **176,19** *2 Sachen, die beiliegen*: die Gedichte »Solve miraculum aut morere« (»Enträtsle das Wunder oder stirb«, lat.) und »Der Todestag« im Nachlaß vorhanden. — **176,33** *Suste – heem*: Nicht aus Hauptmanns »Webern«. Nach einer mündlichen Auskunft bedeutet es »Nur nach Hause« (schlesisch). — **176,38** *»Der Silberkönig« und »l'avare«*: s. Jones und Molière. — **177,6** *B.*: vermutlich Berlin.
Nr. 201 Überlieferung: Brief, 4 S., im Nachlaß; der Schluß fehlt. Druck: BRIEFE. Auswahl (1952) S. 43, gekürzt.
177,30 *Harden – Frühling hinein*: Gefunden werden konnte die Wendung »vom Sommer bis in den Herbst und weit wohl darüber hinaus« (»Das Feigenblatt«. »Die Zukunft« 1(1892/93) Bd. 4, S. 193–199, Zitat S. 199. — **177,33** *pulmo — o - pulmo*: die Lunge (lat.), im Singular dekliniert. — **177,35** *situéschen*: d.h. englisch ausgesprochen. — **178,13** *M.äer Chef*: Magdalenäer Chef, also der Direktor des Gymnasiums Maria Magdalena in Breslau. M hat in Nr. 200 vermutlich *Schech* als *Chef* gelesen (bei deutscher Schrift wird h mit Unterlänge geschrie-

ben). — **178,17** *ach! Philosophie*: vgl. Goethe: »Faust«, V. 354. — **178,19** *weine – Kirchhof*: spöttische Anspielung auf Kayßlers Gedicht »Der Todestag«. — **178,28** *der Neuesten*: der »Münchner Neuesten Nachrichten«. — **178,37** *Vorspiel zu einem Lustspiel-Einakter*: verschollen. — **179,3** *humoristisches Werkchen*: verschollen, es blieb wohl auch beim Plan. — **179,5** *Sed dubito*: Aber ich zweifle (daran) (lat.). — **179,7** *Familienangelegenheit*: vgl. hierzu die T-Notizen ab Ende 1892 (bei denen Elisabeth Reche mit keiner Silbe erwähnt wird): *Unser Familienleben ist eine tiefschmerzliche Tragödie. Und was das Erschütternde ist, ist, daß sich nicht Menschen im alltäglichen Sinne, nein, daß sich vollwertige Naturen gegenseitig aufreiben. Meine Mutter verdient hervorragende Achtung in ihrer strengen Pflichterfüllung u. Ergebung in ein wenig wechselvolles Leben. Mein Vater ist ein seelenguter tiefer Mensch u. echter Künstler voll Poesie u. Können. Aber ihre Naturen sind zu verschieden. Und ich, der mit hoffnungslosem Schmerz diesen Zustand betrachtende, muß, wenn ich gerecht sein will, bald auf diese bald auf jene Seite treten, ohne doch je dauernd helfen zu können. Es ist unsagbar traurig. 30.*[10.?* 1892*]
Der tiefste Grund unsrer Disharmonie ist der, daß mein Vater u. ich Gemütsmenschen sind, meine Mutter aber mehr oder vielmehr vorwiegend Verstandesmensch ist. Es ist dies kein Vorwurf sondern eine einfache Thatsache. Aus ihr resultieren alle die traurigen leidenschaftlichen Konflikte. 30.[10.?* 1892*]*, T 1892/93, Bl. 1 f.
So ist es denn entschieden. Meine lieben Eltern trennen sich. So tief es mich berührt u. so schmerzlich es auch für meine l. Mutter ist, so ist es doch das Vernunftnotwendige, ist bittere aber erlösende, befreiende Wahrheit. Wenn zwei Naturen absolut nicht zu einander passen, mag jede für sich noch so ausgezeichnet sein, so giebt es nur diesen einen Weg. Aber unvergessen soll es der lieben, edlen Frau bleiben, wie sie meinen Vater u. mich geliebt und was sie für uns gethan hat. T 1892/93,Bl. 33. Datierbar um den 4.3.1893. [...] *Daß diese Familientragödie in ihrer Entwicklung so aufreibend und unheilvoll sich gestalten würde, hatte ich nicht geahnt. Langsam sehe ich das Gespenst der Schuld sich erheben und unter ihren dumpfen Flügelschlägen löst sich von unserem stolzen Hause Stein um Stein ab. Auch mich werden wohl seine Trümmer begraben, so oder so.* T 1892/93, Bl. 40. Datiert *Anfang Mai*.
Auch der folgende Eintrag gehört wahrscheinlich in diesen Zusammenhang: [...] *Aber was soll ich ihnen* [den Blättern des Tagebuchs] *anvertrauen – klagen über den Streich, den meine schwache Gesundheit mir spielt, Hoffnungen oder Befürchtungen für die Zukunft, Rechtfertigungen gegen schmerzende Vorwürfe, Reflexionen über meine Daseinsberechtigung? Ich bin in letzter Zeit vielfach tief missverstanden und*

Egoist in einer Sache genannt worden, wo ich es wahrhaftig! weniger war wie irgendwann. Wenn andere unter Verkennung u. Anklagen zerfliessen, so werde ich immer kälter und reservierter dadurch. Das mag wohl konservierend sein, aber es ist schrecklich u. tieftraurig. Das gekränkte Gefühl zieht sich immer mehr zurück u. überlässt dem Verstand, die Angriffe abzuwehren. O wie oft wünschte ich mir die Zärtlichkeit, das süsse Bezwingen, wie es dem Mädchen ⟨zu⟩ eigen ist, wie bin ich selber feind meiner harten, gleichgültigen Aussenseite. Was soll ich noch fortfahren! T 1892/93, Bl. 44, ab *Ich bin* lateinische Schrift, vorher deutsche (Schluß des Tagebuchs). Datiert *8. Nov. 93*. Rückblickend betonte er, daß er damals keine Partei ergriffen, sondern beiden Seiten zu helfen versucht habe. *Ich habe Deine Sache unablässig geführt und verfochten und ihr* [Amélie M] *die ihre ebenso nach Kräften zu erleichtern gesucht. Bis ich dann schliesslich – ich könnte mit einem gewissen Recht sagen: darüber – krank wurde* (an Carl Ernst M, 26.3.1908).

Nr. 202 Überlieferung: Maschinenabschrift, 1 S., im Nachlaß. Das Fragment kann sehr gut zur verschollenen Fortsetzung des vorigen Briefs gehören.

180,5 *H.*: wohl Max Halbe (und sein Drama »Jugend«), vgl. Nr. 200.

Nr. 203 Überlieferung: Brief, 5 S., im Nachlaß.

180,14 *Mr. Skimpole*: skurille Figur in Dickens' Roman »Bleak Hause«, lebhaft, charmant, aber egoistisch, einer der berühmtesten Figuren Dickens'. — **180,14** *Mark Twain*: Da Marie Goettlings Brief verschollen ist, ist der Bezug unklar. In Frage kommt etwa Mark Twains autobiographischer Bericht »Leben auf dem Mississippi«, in dem der Lotsenlehrling alle, auch die allerkleinsten, Details des Flusses, stromaufwärts und stromabwärts, lernen muß. — **181,12** *2 Gedichte*: vgl. Nr. 200 und 206. — **181,27** *Studie*: EINE HUMORISTISCHE STUDIE. — **181,33** *t. i. Gr. C.*: Die Abkürzungen konnten nicht ermittelt werden. Mit *C.* könnte vielleicht Cornelia Preibisz gemeint sein. — **182,1** *Bleakhous – Esther*: Wiedersehensszene zwischen Lady Deslock und Esther Summerson (Mutter und Tochter) in Kapitel 36 (»Chesney World«). — **182,6** *»Schaudervoll – höchst schaudervoll«*: Shakespeare: »Hamlet«, I,5, V. 80. — **182,12** *Moor-Jarndyce*: John Jarndyce ist der Herr von Bleak House, ein freundlicher älterer Mann.

Nr. 204 Druck: BRIEFE. Auswahl (1952) S. 43–45.

182,35 *Alles ist eitel*: vgl. Prediger Salomo 1,2 u.ö. — **183,31** *»Tichten – von Jugend auf«*: ironisch nach 1. Mose 8,21. — **184,7** *Vogue la galère*: Komme, was da wolle, auf gut Glück (franz.).

Nr. 205 Überlieferung: Brief, 4 S., im Nachlaß. Über den Namenstag war die Adressatin nicht zu ermitteln, denn am 2.11. wird das Fest Allerseelen gefeiert. Möglich ist aber ein Bezug auf Karl Borromäus (2.10.1538–3.11.1584), dessen Fest am 4.11.ist. Es könnte dann Charlotte Zeitler gemeint sein – der Name ist von »Karl« abgeleitet. Hierfür könnte, da sie anscheinend bei Lindls wohnte (*im Kreise der lieben Lindls*) eine Liste Ms für die Versendung von Neujahrskarten sprechen: [...] *München 1) Ostlers 2) Tante Lotte u. Lindls* [...], was auf eine gemeinsame Adresse hindeutet. T 1894 II, Bl. 97.

Nr. 206 Überlieferung: Brief, 10 S., im Nachlaß, Grußformel auf S. 6, danach Neuansatz und wieder 4 S. Text. Datierung: Eingrenzung durch Ms Brief vom 21.10., die erwähnte über achttägige Pause und Beblos Geburtstag am 10.11.

185,32 *Medizinische Venus – eingesandt*: Der Zusammenhang konnte nicht ermittelt werden. Beim Namen handelt es sich vielleicht um eine Verballhornung von »Mediceische Venus«. — **185,34** *Meister Felix*: vermutlich Felix Dahn.

Nr. 207 Überlieferung: Maschinenabschrift, 1 S., im Nachlaß. Druck: Bauer, Chr. M.('1933) S. 57, (1985) S. 59 f., nur: *Zum heutigen – Aufenthalt ist*. Textvarianten: **186,16** *eine Zigarre – Bierkarte*] fehlt Maschinenabschrift. — **186,23** ὀλίγη τε φίλη τε] fehlt ebd. — **186,24** *quant à moi*] fehlt ebd.

186,6 *Fürsprache Schillers*: Der 10.11. ist der Geburtstag Schillers und Martin Luthers. — **186,23** ὀλίγη τε φίλη τε: eine geringe, doch willkommene Gabe (griech.), Homer, Odyssee, VI, 208 und XIV, 58. Das Zitat ist bei Bauer durch Lese- oder Druckfehler entstellt. — **186,24** *quant à moi*: was mich betrifft (franz.).

Nr. 208 Überlieferung: Brief, 4 S., im Nachlaß. Druck: BRIEFE. Auswahl (1952) S. 45–47, gekürzt.

187,36 *Wiederaufnahme der Stenographie*: vgl. Nr. 15 und 19. — **187,37** *humoristischen Roman*: vgl. auch Nr. 190 und 211; erhalten geblieben ist von diesen frühen Versuchen offenbar nichts. — **188,1** *Studie*: EINE HUMORISTISCHE STUDIE. — **188,6** *Faust – fort*: V. 1225. — **188,32 2 andre Freunde*: Stahl und Münster. — **189,3** *G.*: vermutlich Gerhard Goettling. — **189,6** *Mark Twain*: hier vermutlich Anspielung auf Marie Goettlings Lektüre, vielleicht auch ein Spitzname. — **189,6** *Gretlcetera*: vielleicht Grete Büttner etc., d.h. die anderen Freunde.

Nr. 209 Überlieferung: 2 Briefe, 10 S. und 2 S., im Nachlaß, gemeinsam abgeschickt.

189,25 *»Zukunft«*: Zum Thema »ethische Kultur« konnten folgende Artikel in der »Zukunft« 1(1892/93) ausgemacht werden: Rudolf Steiner: Eine Gesellschaft für ethische Kultur (Bd. 1, S. 216–220); Paul Barth: Nochmals die ethische Kultur (Bd. 2, S. 258–265), Bruno Wille: Moralpfaffentum (Bd. 3, S. 215–221). Vgl. auch Abt. Kritische Schriften Nr. 10 und 11.

Nr. 210 Überlieferung: Briefentwurf, 2 S., im Nachlaß. Die durch eine abgerissene Ecke fehlenden Buchstaben wurden erschlossen oder aus dem Druck übernommen. Druck: BRIEFE. Auswahl (1952) S. 47 f.
190,25 *M. h. v. Meister*: Mein hoch verehrter Meister. Unter dem Brief steht: *Dankbrief an F. Dahn. (Er bot mir das juristische Studium bis zum Referendar als persönliches Geschenk an)*. Darauf folgt mit Abstand und einem zeilenlangen Strich abgetrennt: *Hier mag auch das Anerbieten erwähnt sein, das ⟨ich⟩ mir Herbst 1893 von ungenannten Freunden in Sorau durch Goettlings Vermittelung gemacht wurde. Ich sollte durchaus 1000 M als Geschenk annehmen, um durch einen Winteraufenthalt in Davos mich ganz wieder herzustellen*[.] *Mein Vater wies jedoch dies aus herzlichsten Gefü*[*hlen*] *hervorgegangene Anerbieten als »Almosen« schroff z*[*urück.*] Diese Nachschrift ist in lateinischer Schrift geschrieben, während M sonst um diese Zeit noch deutsch schreibt. Da er dieselbe Tinte benutzt wie im Brief, handelt es sich vermutlich nicht um einen späteren Nachtrag, sondern die andere Schrift wurde zur Abgrenzung vom eigentlichen Brief gewählt.
Nr. 211 Überlieferung: Brief, 8 S., im Nachlaß, mit Umschlag.
191,24 *kleinlichen Grunde*: vgl.: *Bergrat Mehners haben irgendwo unter dem Siegel tiefster Verschwiegenheit geäußert:* »*Fr. Kayssler soll mich mit seinem Gelde in München durchschleppen. Daher meine enge Freundschaft u. die Freude mit ihm zusammen in M. zu studieren.*« *Ja, freilich nun weiß ich auf einmal den wahren Grund meiner sog. Herzensempfindungen! Unendlich niedriges Pack, du willst mir danach noch vorwerfen, mit kaltem Hohn über dich hinwegzuschreiten und dir zu jeder Stunde meine Verachtung kund zu geben?* T 1892/93, Bl. 34, datiert *Anf. März* [1893]. – Am *18. März* folgt dann: *Wie konnte ich mich nur über e. solche Kleinigkeit so aufregen. Ich spüre mich überhaupt wieder kleinlich und niedrig werden. Wie furchtbar sind diese Schwankungen, dieses zeitweise Sichselbst-Verlieren, wie unsagbar niederdrükkend, wenn oft Tage lang jedes warme, herzliche Gefühl ausbleibt. Und es gab doch Zeiten, wo mir bei jedem kleinsten Anlaß die Pulse höher schlugen! O wenn ich erst fort sein werde! Und soll doch den Winter schon wieder zurückkommen. Ach daß ich einem Menschen in die Hände fiele, der mich versteht, der mich in Manchem leiten würde – diese Einsamkeit nach oben ist schrecklich. Mein Vater zeigt mir kein wirkliches Verständnis.* A.a.O. Bl. 34 f. — **192,11** *»humorist. Roman«*: vgl. Nr. 208 und Kommentar, zu Ms Romanplänen auch Abt. Episches. — **192,19** *Ovicephalen*: Gemeint sind wahrscheinlich Eierköpfe (ovum, Ei, lat.), aber auch Schafköpfe wären wohl möglich (ovis, Schaf, lat.). — **192,27** *N.i.*: ZWEI IDYLLEN I. — **194,33** *»Morgens – Helikon«*: »Keiner gehe, wenn er ei-

nen Lorbeer tragen will davon, / Morgens zur Kanzlei mit Akten, Abends auf den Helikon«, aus August von Platens Lustspiel »Die verhängnisvolle Gabel« (1826), 1. Akt, Schlußmonolog, V. 221 f.). Sämtliche Werke in 12 Bänden. Hrsg. von Max Koch und Erich Petzet. Leipzig [1910], Bd. 10, S. 20. Die Stelle findet sich auch in Ms Zitatenheft (S. 117), dort als Übernahme aus Karl Bleibtreus »Zur Psychologie der Zukunft«. – Helikon: griechisches Gebirge, in der Antike als Musensitz verehrt. —— **194,35** *majesté ma santé*: die Majestät, meine Gesundheit (franz.). —— **195,6** *Karren*: der Thespiskarren, scherzhaft für (Wander)bühne, nach dem griechischen Dichter des 6. vorchristlichen Jahrhunderts, der nach Horaz, Ars poetica, 276, zur Verbreitung seiner Tragödien mit einem Wagen herumgezogen sein soll. —— **195,22** *N.II.*: ZWEI IDYLLEN II.

Nr. 212 Überlieferung: Brief, 16 S., im Nachlaß.

195,35 *Milo-Venus*: Zusammenhang nicht ermittelt. —— **197,4** »*Erstlingswerke*«: Die »Deutsche Dichtung« veröffentlichte seinerzeit eine Aufsatzserie »Die Geschichte des Erstlingswerks«, in der damals berühmte Autoren über das Zustandekommen ihres Erstlings berichteten, vgl. Martens, Deutsche Dichtung, a.a.O. S. 473. Die Serie wurde dann auch als Buch veröffentlicht.

Nr. 213 Druck: Bauer, Chr. M.(1985) S. 60.

Nr. 214 Überlieferung: Postkarte, 1 S., im Nachlaß.

198,29 *Phanta*: Die Personifizierung erscheint hier zum ersten Mal.—— **199,1** *engl. – Heften*: konnte nicht ermittelt werden; um so weniger, als es unklar bleibt, ob es sich um Hefte oder doch um ein Buch handelt. —— **199,6** *Onkel M.s.*: Onkel Moors. —— **199,6** *Sch.er*: Schopenhauer.

Nr. 215 Überlieferung: Brief, 1 S., im Nachlaß.

199,22 *Meteorgeschichte*: Vgl.: *(Mir hat einmal ein Weib aus meiner Hand / den Lebenslauf des Meteors gesagt)*, Z. 19 f. aus dem Gedicht GÖRLITZER BRIEF. M hatte wohl vor, dies in seinem Roman zu verwenden, vgl. auch Bauer, Chr. M.(1985) S. 59.

Nr. 216 Überlieferung: Brief, 4 S., im Nachlaß.

200,3 *Erfolg*: mit Halbes Drama »Jugend« im Akademisch-dramatischen Verein.

Nr. 217 Überlieferung: Brief, 10 S., im Nachlaß, mit Umschlag.

200,7 *Bibelwort. Bibelstellen und Kirchenlieder*: Philipperbrief 4, 4–7; Psalm 55,7; Jesaja 40, 29–31; Paul Gerhard: »Mein Herze geht in Sprüngen«: aus: »Ist Gott für mich, so trete«; 2. Petrusbrief 1, 19; Gustav Knak: »Laßt mich gehn«, aus Strophe 3: »Hätt ich Flügel, hätt ich Flügel, flög ich über Tal und Hügel / heute noch nach Zions Höhn.« —— **200,21** *ipse fecit*: er hat es selbst gemacht (lat.), vielleicht ein mit Selbstauslöser gemachtes Photo. —— **200,23** *zur, prächtigen*: Das Komma wurde – vermutlich nachträglich – falsch eingesetzt. — 200,28 *Goldschmied*: Anscheinend hatte M diesbezügliche Überlegungen geäußert, vgl. auch Nr. 802 und entsprechende Versuche, Abt. Episches Nr. 50. — 201,10 *Cousine*: In Frage kommt Clara Ostler oder jemand aus Ms Freiberger Verwandtschaft.

Nr. 218 Überlieferung: Fragment im Nachlaß; durch die herausgeschnittene Unterschrift der Rückseite blieben auf der Vorderseite 2 Zeilen Text erhalten. Vgl. Kommentar zu Nr. 153. Nach Nr. 221 kommt Schulrat Bauer als Adressat in Frage.

Nr. 219 Druck: Bauer, Chr. M.(1985) S. 69. Datierung: Nach Bauer ebd. erschlossen, außerdem ist im Nachlaß ein an M adressierter Briefumschlag mit dem Poststempel Sorau, 19.1.94 vorhanden, der von Marie Goettling stammen kann. Sie hatte M in Breslau besucht, vgl. Nr. 217, 221 und 222. Ihre Antwort kann sich aber auch auf einen verschollenen Brief Ms beziehen. M bemerkte am Rand des Briefs: *Hier scheiden sich die Geister. Wie fürchterlich, wenn man die Freunde in den Tälern lassen muß. Welch ein erstickender Dunst da unten!* Bauer ebd.

Nr. 220 Überlieferung: Brief, 20 S., im Nachlaß.
203,11 *Oskar*: Oskar Anwand. — 203,13 *Gratular*: Ich gratuliere (lat.).

Nr. 221 Überlieferung: Brief, 7 S., im Nachlaß.
204,10 *Stielerbiographie*: evtl. die Karl von Heigels. — 204,13 *das »Schweinchen«*: aus Ms Gedicht ERINNERUNG AN DEN GUTSHOF ZU LUTRÖDA. — 204,28 *ein Drittel – werden sollte*: vgl. Nr. 210. Kommentar.

Nr. 222 Druck: BRIEFE. Auswahl (1952) S. 48–50. Das nachfolgende Fragment Nr. 223 gehört wahrscheinlich zu diesem Brief.

Nr. 223 Überlieferung: Schluß eines Briefs, 2 S., im Nachlaß, datiert von Margareta M. Ein Briefumschlag mit dem Stempel Breslau, 31.1.94, ist im Nachlaß vorhanden, aber nicht von M geschrieben, sondern vermutlich von Carl Ernst M. Er kann auch zu einem ebenfalls vorhandenen (undatierten) Brief Carl Ernst Ms an Kayssler gehören, der ebenfalls von der Scheidung berichtet. Nach den Unterlagen des Stadtarchivs München wurde diese jedoch erst am 14.2. ausgesprochen. Vielleicht wurde auch die Urkunde erst an diesem Datum ausgestellt.
206,13 *N. Gall.*: die Nationalgalerie Berlin. — 206,15 ποῦ στῶ: sinngemäß: festen Punkt, nach dem Archimedes zugeschriebenen Satz Δός μοι ποῦ στῶ καὶ κινῶ τὴν γῆν: Gib mir einen Punkt, auf dem ich stehen kann, und ich bewege die Erde (griech.). — 206,20 *M.*: nicht ermittelt. — 206,25 *guten Freunde – desgleichen*: Anklang an: »gute Freunde, getreue Nachbarn und desgleichen« aus der Erklärung zur 4. Vaterunserbitte in Luthers kleinem Katechismus (1529).

Nr. 224 Überlieferung: Karte, 2 S., im Nachlaß.
Nr. 225 Druck: Bauer, Chr. M.(1985) S. 69.
Nr. 226 Druck: Bauer, Chr. M.(1895) S. 60. Es ist nicht ganz sicher, daß der Satz aus einem Brief stammt, möglich wäre auch eine Tagebuchnotiz.
Nr. 227 Überlieferung: Brief, 2 S., im Nachlaß.
208,14 *Bierbaumgedichte*: vgl. Nr. 206.
Nr. 228 Überlieferung: Briefgedicht, 3 S. (52 Z.), Privatbesitz, Kopie im Nachlaß. Datierung: Der *Bart* stammt vermutlich vom Herbst 1893, vgl. Nr. 217 und 220 und wurde 1895 wieder zu einem Schnurrbart reduziert (vgl. etwa ein Photo von 1895, Abt. Aphorismen Abb.13). Der Geburtstag Johann Sebastian Bachs – falls dieser gemeint ist – ist der 21.3. Das Jahr 1894 ergibt sich aus dem Absendeort Breslau. Ich danke der Besitzerin des Briefs für die Überlassung einer Kopie. K.B.
208,22 *Bierdrama*: Gemeint ist hier vermutlich das, von dem Ernst Sontag Auszüge veröffentlichte, s.u. Es soll 1892 zu Kaysslers Abitur verfaßt worden sein. Kayssler machte aber erst 1893 Abitur; in der Bierzeitung dieses Jahrgangs ist schon ein »Theaterzettel« für ein Drama mit dem Titel: »Die egyptische Königstochter oder Das Apisgericht oder Hochmut bricht sich selbst den Hals« vorhanden; es müßten also mehrere dramatische Darbietungen stattgefunden haben. Das »Bierdrama« kann auch erst für die Abiturfeier von Fritz Reche und Alfred Guttmann im Frühjahr 1894 geschrieben worden sein, zumal ein Exemplar sich in Guttmanns Besitz befand; hiervon sind 16 Anfangs- und 10 Schlußzeilen in Maschinenabschrift im Nachlaß vorhanden. Schließlich: Daß es aus dem Jahr 1892 stammt, ist schon deshalb auszuschließen, weil M in diesem Jahr selbst in Sorau Abitur machte. — 208,24 *Maska*: nicht ermittelt, wohl ein Spitzname, aber mit ziemlicher Sicherheit nicht Kayssler (s.u.), denn dem hätte das Bierdrama nicht geschickt werden müssen, da er bald nach Breslau zurückkehrte. — 208,25 *Muse*: Auf die Anrufung der Muse in den antiken Epen (Homers Ilias und Odyssee, Vergils Änäis) parodistisch zurückgreifend. — 208,27 *Teppich*: offenbar ein vielbesprochener Einrichtungsgegenstand der Familie Goettling; in Nr. 183 schlägt M vor, ihn zu versetzen. — 208,27 *Maror*: Marie + Moor, also Marie Goettling. — 208,29 *Gast*: Im Zusammenhang mit *Verwandte und Vormund* wahrscheinlich Kayssler, der dann auf der Rückreise von München in Sorau Station gemacht hätte, was etwas verwunderlich, aber doch möglich ist, da er nach Nr. 175 auch auf der Hinreise einen Aufenthalt dort einschieben wollte (diese Einzelheit wurde bei der Zusammenfassung übergangen) und die Familie an Kaysslers Ergehen interessiert blieb (vgl. etwa Nr. 629).

Der Text des Bierdramas oder des »Fuchsulks«, wie es auf der Abschrift im Nachlaß heißt, lautet (einschließlich der von Sontag stammenden Zusammenfassungen, die im Druck von Regieanweisungen nicht unterschieden sind:

[BIERDRAMA]

Auf der Bühne stehen einige Primaner, als akademische Füchse kenntlich durch den auf die linke Schulter gehefteten Fuchsschwanz. Es tritt ein Zauberer auf in langer schwarzer Robe, welche mit kabbalistischen Zeichen bestickt ist. Auf dem Kopfe trägt er eine hohe spitze Mütze, die mit den gleichen Zeichen besetzt ist. In der Hand hält er statt eines Zauberstabes eine lange Zigarre, zündet sich diese umständlich an, beschreibt Kreise mit ihr in der Luft und spricht endlich:

    Nasenbetörendes,
    Geisterbeschwörendes,
    Greuliches, bläuliches,
    Himmlisches Kraut.
    Wecke mit
    Schreckendem
    Rauche,
    Behauche
    Mit rasenden
    Gasen
    Den langen
    Vergangenen,
    Führ ihn uns vor
    In lebendiger Haut.

Er erklärt, Alexander den Großen heraufbeschwören zu wollen und spricht:

    Alexander der Große wißt,
    War ein gewaltiger Spiritist.
    Und oftmals konnte man ihn sehen
    In spiritist'schen Assembleen,
    In deren einer, wie bekannt genug,
    Er Klitus, seinen Freund, erschlug.

Der Zauberer murmelt geheimnisvolle Worte, und es erscheint ein Primaner als Alexander im Kostüm eines griechischen Kriegers: roßmähniger Helm, Brustharnisch, Kurzschwert, Beinschienen. Alexander spricht:

    Was stört ihr mich, ihr krummen Füchs',
    Gesessen hab ich grad am Styx,

> Und füllte mir zum zehntenmal
> Mit gelber Lethe den Pokal.
> Zunächst hab' ich immensen Durst
> Und alles andre ist mir Wurst.
>
> 5 Einige Füchse stürzen heraus, jeder bringt ein Glas Bier. Alexander
> nimmt es einem nach dem andern aus der Hand und trinkt jedes Glas mit
> einem Schlucke herunter.
> Das letzte Glas hebt er gegen den Balkon des Saales, auf welchem stets
> Mütter, Schwestern und Flammen der Abiturienten dem Kommers bei-
> 10 wohnten, und spricht dazu:
>> Ich bringe es dem Kreis der schönen Damen,
>> Die unseren Mulis hier zu huldigen kamen.
>
> Dann verlangt Alexander von dem Zauberer, er solle ihm einen seiner
> Zeitgenossen vorführen. Der Zauberer beschwört Alexanders Feldherrn
> 15 Parmenio. Es erscheint ein zweiter Primaner im Kostüm eines griechi-
> schen Kriegers. Alexander spricht:
>> So, so,
>> Du bist mein Feldherr Parmenio.
>> Da mußt du mich ja furchtbar hassen,
>> 20 Ich hab dich doch mal köpfen lassen.
>> Bist du mir bös, mein Schlachziz?
>
> Parmenio: O bitte, bitte, das macht nichts!
> Alexander, zu dem Zauberer gewendet:
>> Beschwöre mir mein stolzes Roß,
>> 25 Das ich genannt Bukephalos.
>
> Der Zauberer murmelt unverständliche Worte und macht mit der Zigar-
> re beschwörende Gesten.
> Zwei Primaner, dicht aufgeschlossen, kommen, auf allen Vieren krie-
> chend, herein. Über den Kopf des vorderen ist ein Pferdekopf aus Pappe
> 30 gesteckt, der Rücken beider ist mit einer Schabracke bedeckt, auf welcher
> ein Sattel liegt.
> Alexander, zu Parmenio gewendet:
>> Sieh an des edlen Rosses Gang,
>> Weißt du noch, wie ich es bezwang?
>> 35 Erst tät ich es am Halse krauen,
>> Dann ließ ich's in die Sonne schauen,
>> Und dann, geschwinde wie ein Blitz,
>> Sprang ich ihm mitten auf den Sitz.
>
> Alexander springt in den Sattel. Das durch die beiden Primaner darge-
> 40 stellte Pferd bricht auseinander. Alexander ruft entrüstet:
>> Verdammt nochmal, der Rücken reißt,
>> Du bist nicht meines Rosses Geist!

*Nun erinnert sich Alexander des gordischen Knotens und spricht zu
Parmenio gewendet:*
> Und weißt du noch, 's war schön zu schauen,
> Wie ich den Knoten durchgehauen.
> Den Knoten dort im gord'schen Land, 5
> Der für unlösbar war bekannt.

Der Zauberer tritt vor und spricht:
> Hier tut 'ne Worterklärung not:
> Ein Knoten nämlich ist ein Schlot,
> Ein Strolch, ein Lump, ein arger Wicht 10
> Und widerwärtig von Gesicht.
> Zum Zeichen dessen sei entboten
> Sofort hiermit der gord'sche Knoten.

*Es tritt ein Primaner im Kostüm eines Zuhälters auf, rotes Halstuch statt
eines Kragens, offene Jacke und Weste, eine Ballonmütze auf dem Kopf,* 15
ausgefranste Hosen, arrogantes Gesicht.

Alexander: Schaut her, wie frech er anzuschauen,
> Hätt' Lust, ihn nochmals durchzuhauen.

Er verprügelt den gordischen Knoten, dieser entrinnt schließlich.
Alexander, wieder zu Parmenio gewendet: 20
> Noch 'ner Erinnerung bin ich froh,
> Weißt du wohl, mein Parmenio,
> Wie Diogen' in seiner Tonnen
> Mich bat, zu geh'n ihm aus der Sonnen?

Zauberer: Diogenes erschein, erschein! 25
> Da rollt er schon sein Faß herein.

*Es erscheint ein kleines Männlein barfuß in einem leinenen Kittel, eine
Laterne in der Hand, sein Faß mit den Füßen vor sich herstoßend.*

Alexander: Was machst du, Freund mit der Latern?
Diogenes: Ich suche Menschen, meine Herr'n! 30
> Doch ach, ich lauf' mir ab die Beine
> Und finde keine, finde keine.

Eine Uhr schlägt laut dreizehnmal.

Zauberer: Dreizehn schlug es,
> Des Geisterzuges 35
> Ist nun genug es.
> Zum Styx nun wander,
> Oh, Alexander,
> Samt deinem Roß
> Bukephalos! - 40
> Verwogenes
> Männlein

Diogenes,
Roll fort dein Tönnlein!
Gordischer Knoten
Zurück zu den Toten!
5 *Alle verschwinden, der Vorhang fällt.*

Überlieferung: insgesamt 26 Z. Maschinenabschrift im Nachlaß, mit dem Vermerk: »Stellen aus dem Fuchsulk von Chr. Morgenstern (Guttmann)«, nur 797,9 *Nasenbetörendes – lebendiger Haut* und 799,34 *Dreizehn – zu den Toten*, mit Abweichungen, s.u. Druck: »Neue Schweizer Rundschau« N.F. 21 (1953/54) S. 561 (Dramentext 562) – 564, mit der Überschrift: »Aus den Jugendjahren Christian Morgensterns /Mitgeteilt von einem seiner Mitschüler: Dr. Sontag. / Reichsgerichtsrat a. D., Lugano.« Textvarianten: 797,9 *Nasenbetörendes – Kraut*] *Nasenbethörendes / Geisteraufstörendes / bläulich- / abscheuliches / greuliches / Kraut* Maschinenabschrift ebd.; es handelt sich entweder um eine andere Fassung oder um eine variierte Wiederholung des Textes. — 797,13 *Wecke – Haut*: Die Stelle fehlt »Neue Schweizer Rundschau« ebd. und wurde aus der Maschinenabschrift ergänzt. — 799,37 *Zum Styx – Bukephalos!* –] *Alexander!* Maschinenabschrift ebd.

797,35 *Füchse*: Neulinge an der Universität bzw. in einer Studentenverbindung. — 797,36 *Styx. Lethe*: in der griechischen Mythologie Flüsse der Unterwelt; Bei Styx schworen die Götter; das Wasser der Lethe brachte den Seelen das Vergessen. — 798,21 *Schlachziz*: (szlachcic, polnisch), eigentlich ein polnischer Edelmann, ins Deutsche auch als Schlachtzitz übernommen. — 798,25 *Bukephalos – auf den Sitz*: Die Episode wird u.a. von Plutarch berichtet (Große Griechen und Römer, eingeleitet und übersetzt von Konrat Ziegler, Zürich 1960, Bd. 5, S. 13). Das Tier soll 30 Jahre alt geworden sein und Alexander zu seinem Gedächtnis die Stadt Bukephalia gegründet haben (a.a.O. S. 83). — 799,4 *den Knoten – durchzuhauen*: »Als er die Stadt Gordion [...] genommen hatte, sah er den vielberedeten Wagen, mit Bast vom Kornelkirschbaum zusammengebunden, und hörte die an ihn sich knüpfende, von den Barbaren fest geglaubte Legende, daß demjenigen, der den Knoten löse, bestimmt sei, König der ganzen bewohnten Erde zu werden.« Alexander habe ihn dann mit dem Schwert durchhauen (Plutarch, a.a.O., S. 27; ähnlich in der Alexanderbiographie von Curtius Rufus, III,1 15 ff.). M spielt hier mit den verschiedenen Bedeutungen von Knoten (neben der üblichen benutzt er eine studentensprachliche) und durchhauen im Sinn von zerteilen und von verprügeln. — 799,25 *Diogen'–finde keine*: Der Philosoph soll so bedürfnislos gewesen sein, daß er in einer Tonne wohnte; in Korinth gewährte ihm Alexander einen Wunsch, und er bat, ihm aus der Sonne zu gehen (berichtet u.a. von Plutarch, a.a.O. S. 21, ohne Erwähnung der Tonne). — Zur Suche nach Menschen mit der Laterne vgl. Diogenes Laertius, der im 6. Buch (1–81) seiner Sammlung »Über Leben, Meinungen und Aussprüche berühmter Philosophen« über Diogenes berichtet. — In der Bierzeitung zu Ms Abitur wird M selbst als Diogenes dargestellt, das Tönnchen wie einen Panzer um der Leib, mit der Laterne in der Hand und den beigefügten Worten »Ich suche Menschen« — offenbar eine Anspielung auf Ms hohe ethische Ansprüche. — **799,40** *verwogenes*: scherzhaft oder mundartlich (u.a. schlesisch) für verwegenes. Vgl. auch Gumtau, Chr. M., S. 19 f. und 91.

Nr. 229 Überlieferung: Brief, 4 S., im Nachlaß. Druck: BRIEFE. Auswahl (1952) S. 50 f., gekürzt.

209,10 *diätarisch*: gegen Tagegeld. — **210,3** *Artikel über Hebbel – Wochenblatt*: Im »Sorauer Wochenblatt« nicht nachgewiesen, vgl. Abt. Kritische Schriften S. 428.

Nr. 230 Überlieferung: Brief, 4 S., im Nachlaß.

210,18 *J.*: Geheimrat Jordan. — **211,33** *der alte R.*: vermutlich Elisabeth Reches Vater, der anscheinend mit der Heirat nicht einverstanden war. — **211,38** *zweierlei Tuch*: Uniform des Soldaten, weil Kragen und Aufschläge eine andere Farbe hatten als das übrige. Kayssler leistete seinen Wehrdienst in Breslau ab. In einem Brief aus dieser Zeit schrieb Carl Ernst M an Kayssler, nachdem er über die nun vollzogene Scheidung berichtet hatte: »Dich bald hier umarmen zu können freut sich herzinnig Dein getreuer / C. E. M∗./ wiewohl es ihm unverständlich ist, daß Du dieses Nest Dir zum dienen ausgesucht. Was ich tun kann, es Dir zu erleichtern soll geschehen. Du bist ja bei mir zu Hause!« Brief im Nachlaß; zur Datierung vgl. Kommentar zu Nr. 223.

Nr. 231 Überlieferung: Postkarte im Nachlaß. Datierung: Poststempel.

212,24 *Prosaarbeit*: nicht ermittelt; ein Druck konnte nicht nachgewiesen werden.

Nr. 232 Druck: BRIEFE. Auswahl (1952) S. 52.

213,2 *kunstgeschichtliche Kollegs*: s. Goldschmidt und Kekulé.

Nr. 233 Überlieferung: Brief, 4 S., im Nachlaß.

213,9 *a primo adventu*: etwa: vom Beginn der Anwesenheit (lat.). — **213,13** *der reine Blödsinn – sagt*: in Halbes Drama »Jugend«, 1. Akt, als er erfährt, daß Annchen wegen ihrer unehelichen Geburt schikaniert wird. Berlin 1923 (33.–36. Tausend), S. 52. — **213,20** *Rosen tragen*: nicht ermittelt. — **213,24** *Hanschen. Kaplan. Amandus*: in »Jugend«, s.o. — **213,26** *Madame Sans-Gêne*: s. Sardou u. Moreau. — **213,34** *auf*

Mord: hier wahrscheinlich, wie in Zusammensetzungen, als Verstärkung gebraucht.

Nr. 234 Überlieferung: Karte, 2 S., im Nachlaß. Datierung: Durch den vorangegangenen Brief Kaysslers (Ankündigung von »Niels Lyhne«) und den Hinweis auf den Schriftstellerclub, der freitags war. *Gestern* war also Freitag, der 4.5.

214,17 *N. Lyne in spe*: etwa: den erwarteten, angekündigten »Niels Lyhne« (lat.). — 214,19 *Schriftst. Club*: s. Freitag-Club. — 214,19 *Otto Erich*: Hartleben. — 214,23 *moi*: ich (franz.).

Nr. 235 Überlieferung: Brief, 4 S., im Nachlaß.

214,30 *kleinen Bogen*: Blattgröße 146x109 mm, Querformat. — 215,28 *»Der Mann – Leben«*: V. 106 f. aus Schillers Gedicht »Das Lied von der Glocke«. — 215,31 *Rundschau*: der »Täglichen Rundschau«. — 215,33 *Schriftsteller – Studienmaterial*: Seine ersten Eindrücke skizzierte M in einem heute verschollenen T: *Heinrich Hart, ein sehr geistreicher Mensch mit jener Ironie, die mir sympathisch ...*
Julius Hart, Phantast, Idealist in eigenen Reichen. Sprudelt, ganz und gar im Thema aufgehend, seine Ansichten hervor. Könnte offenbar dabei verbrennen, ertrinken oder dergleichen, ohne es zu merken ...
Willy Pastor, Bohemien kat' exochen; geistvoller Essayist.
Bruno Wille, Leiter der Freien Volksbühne, der deutsche Idealist in seiner Vollendung. Mächtige Gestalt, voll verhaltener, unbehilflicher Kraft, blondes Haupthaar lang herniederfallend ... Völkerträumender Utopist.
Bauer, Chr. M. (1985) S. 70.

Nr. 236 Druck: BRIEFE. Auswahl (1952) S. 52 f.

Nr. 237 Überlieferung: Postkarte im Nachlaß. Datierung: Poststempel.

216,24 *(also Gedichte und Prosa)*: Es ist möglich, aber nicht sicher, daß dies eine in das Zitat eingefügte Ergänzung Harts ist.

Nr. 238 Überlieferung: Brief, 4 S., DLA Marbach (88.28.12).

217,4 *des Aufsatzes*: in der »Neuen Deutschen Rundschau« nicht erschienen. — 217,22 *Volkszeitung*: Im Zusammenhang mit Friedrich Lange kann die »Volkszeitung«, deren Redakteur der Sozialdemokrat Walter Mehring war, nicht gemeint sein. Wahrscheinlich meint M die in diesem Jahr gegründete, ab 1.9. erscheinende und von Friedrich Lange herausgegebene »Volksrundschau«. Es würde sich dann um eine Vorausplanung der Mitarbeiterschaft handeln. — 217,24 *Krebsen*: Ablehnungen, zurückgeschickte Beiträge, nach dem Rückwärtsgang des Krebses. Im Buchhändlerjargon heißen die Remittenden Krebse. — 217,26 *zwei kleine Skizzen*: Das LIED DER NACHT ist verschollen; das *Pfingstsonntagereignis* ist EIN GANZ KLEINES IDYLL, Abt. Episches. — 217,36 *Sechs weitere*: verschollen bzw. nicht ermittelt.

Nr. 239 Überlieferung: Brief, 4 S., im Nachlaß.
Nr. 240 Überlieferung: Postkarte im Nachlaß.
219,1 *animus*: hier: Gefühl (lat.). — **219,5** *2 humor.-satir. Skizzen – Nixen*: in der »Neuen deutschen Rundschau« nicht erschienen. *Nixen*: DAS KÖNIGSKIND. — **219,9** *mit Druckfehlern*: in Z. 9 *stammeln* statt *stammle*.
Nr. 241 Überlieferung: Abschrift von Michael Bauer, im Nachlaß, datiert 14.6.1894, nur [...] *Und es kommt – Klanges* und *– – – bin am Zuschauer – dampfen*. Druck: BRIEFE. Auswahl (1952) S. 53, datiert 2.6.1894, nur *Weißt Du – entschleiert werden*.–
219,32 *Großvater*: Christian Ernst Bernhard M.
Nr. 242 Überlieferung: Postkarte im Nachlaß. Datierung: Poststempel.
220,10 *Verleger*: Samuel Fischer.
Nr. 243 Überlieferung: Brief, 15 S., im Nachlaß. Datierung: Aus dem Inhalt ergänzt.
220,21 *B....os*: vielleicht *Beblos*; im Brief an Margareta Gosebruch vom 27.10.1908 schreibt M, daß auch Kayssler in Magda Beblo verliebt gewesen sei.
Nr. 244 Druck: Bauer, Chr. M.('1933) S. 73, (1985) S. 75 f. nur **222,7** *Den Winter – Schillerpreis* ...; **221,32** *Meine jetzige – Freude macht* a.a.O. S. 70 f., an Zitate aus Nr. 240 angeschlossen. BRIEFE. Auswahl (1952) S. 53–55, **222,13** *Kürzlich war ich – gelebt hat* und **222,24** *Professor Senator* bzw. *Professor S.* (alle Namen abgekürzt) – *Gebirgskur* und **222,29** *Endlich weiß ich – zurückzahlen zu können* und **222,35** *Mit Deinem – leben kann!* Außerdem ist ein leerer Umschlag mit dem Poststempel »Berlin 6.7.94 8–9 N« vorhanden, adressiert an *Herrn Friedrich Kayssler Einjährig Unwilliger* [...].
221,25 »Journalisten«: s. Freytag. — **221,30** *denk mal, Hedda*: Redensart zwischen M und Kayssler, mit der auf etwas Ungewöhnliches, Bemerkenswertes hingewiesen werden soll, übernommen aus Ibsens Drama »Hedda Gabler«, wo Tesman aus seiner eigenen Unsicherheit heraus mit diesen Worten ständig bei seiner Frau um Bestätigung nachsucht (erscheint im Original in leicht abgewandelten Formulierungen, wird in den Übersetzungen meist mit derselben formelhaften Wendung wiedergegeben). — **222,19** *Stipendiumsrate*: vgl. Nr. 240.
Nr. 245 Überlieferung: Postkarte im Nachlaß. Datierung: Poststempel.
Nr. 246 Überlieferung: 4 S., im Nachlaß.
Nr. 247 Überlieferung: Brief, 4 S., angeboten Auktionskatalog Stargardt 567 (1964) Nr. 316, Zitate (**224,25** *Aber siehst Du – glücklich werden kannst*; **225,1** *In Freiheit – täppische Freundschaft* [...]). A.a.O.

804 Kommentar

674 (2001) Nr. 213, Zitate und Faksimile von S. 1 (224,10 22.A.94. – *eherne*; 224,25 *siehst Du – Mitempfinden* [...]; 225,4 *Was wirst – täppische Freundschaft* [...]). Nachdem die Redaktion des Textteils schon abgeschlossen war, wurde der Brief nochmals angeboten im Katalog 910 (2001), Erasmushaus Basel,mit folgenden Abweichungen: 224,14 *Gena*] fehlt; 224,21 *Oh Gena – eherne*] fehlt; für 224,33 *Du hast – täppische Freundschaft* [...] *Du hast Heimweh – lass mich Deine Heimat sein, wie ein versteckte kleines Fleckchen Erde ... Du kannst mein Genius sein! Höher nicht werde ich fliegen, weiss ich, dass es auch Dein Stolz, lohnt mich Dein heisses Mitempfinden. Gena Geliebte! Niemanden habe ich so genannt, seit ich wahrhaft reif; für meine Schwärmereien hatte ich andere Namen. Was wirst Du thun? Lächeln oder weinen oder herbe zurückzucken ... Nichts hasse ich mehr wie aufdringliche Liebe, unvornehme täppische Freundschaft ...* Aus den verschiedenen Nachweisen geht nun mit großer Wahrscheinlichkeit hervor, daß der Satz 225,1 *In Freiheit – trösten* schon nach *Fleckchen Erde* (s.o.) eingefügt werden muß. – Die Lesevariante 224,34 *Höher noch* oder *Höher nicht* (Zitat Erasmushaus) ist wegen Ms verkürzender Ausdrucksweise nicht eindeutig aufzulösen. Je nachdem, ob man *weiss ich* als »wenn ich weiß« oder als »als wenn ich weiß« versteht, sind beide Formen möglich.

Nr. 248 Überlieferung: Brief, 4 S., im Nachlaß. Druck: BRIEFE. Auswahl (1952) S. 55 f., gekürzt.
225,13 »*Epos*«: vermutlich IN PHANTAS SCHLOSS, vgl. Nr. 267. — 225,15 *Geh mir nicht soweit voraus*: vgl. Nr. 243. — 225,27 »*Die Dichter lügen zu viel*«: »Also sprach Zarathustra« 2. Teil, »Auf den glücklichen Inseln« und »Von den Dichtern«, Nietzsche, Werke, Bd. 2 S. 345 und 382. — 226,7 *Di bene – vertant*: Mögen es die Götter zum Guten (oder wenigstens Besseren) wenden (lat.). — 226,30 *Nixen*: DAS KÖNIGSKIND. — 227,7 *Feuilleton*: ZWEI WELTEN. — 227,14 *Freie Bühne – Katharina II.*: Hans von Bülow: Briefe an Richard Pohl. Hrsg. von R. Pohl. »Neue Deutsche Rundschau« 5 (1894) S. 446–476, 578–594, 783–801. – Otto Erich Hartleben: Die sittliche Forderung, a.a.O. S. 595–604. – Felix Hollaender: Von neuer Kunst, a.a.O. S. 949–951. – Tervachoff: Katharina II. Eine Studie nach Lazals Memoiren, a.a.O. S. 693–703. — 227,20 *Passe-partout*: Zugangsschlüssel, Eintrittskarte. — 227,21 *ennuyirt mich*: verdrießt mich, verdirbt mir die Laune. — 227,29 *Parterre von Königen*: vgl. Nr. 365 und Kommentar.

Nr. 249 Überlieferung: Postkarte im Nachlaß, adressiert an Marie Goettling.

Nr. 250 Überlieferung: Brief, 3 S., im Nachlaß.
228,18 *Quousque tandem*: Wie lange noch (lat.), Beginn von Ciceros 1.

Rede gegen Catilina, auch Sallust, Catilina 20,9 und Livius, Ab urbe condita VI, 18,5.

Nr. 251 Überlieferung: Postkarte im Nachlaß. Datierung: Poststempel.

229,6 *Post:* also wohl auf dem Postamt geschrieben. — **229,18** *4 Pf.* in der Handschrift unter *5 Pf.* und mit Unterführungszeichen geschrieben. — **229,21** *W...zenkickkäfer:* Wanzen.

Nr. 252 Überlieferung: Brief, 2 S., StLB Wien.

229,27 und 230,11 *Berlin:* M wohnte in Charlottenburg, Krumme Str. 77. Über die Gründe, warum er die alte Adresse angab, kann man nur spekulieren. Vielleicht sah er das Zimmer in Charlottenburg nur als Übergangslösung und wollte einen etwa noch bestehenden Nachsendeauftrag aus der alten Wohnung nutzen.

Nr. 253 Überlieferung: Brief, 2 S., Kopie im Nachlaß.

Nr. 254 Überlieferung: Postkarte im Nachlaß. Datierung: Poststempel.

230,24 *Oktobernummer:* Im Oktober erschien nichts von M.

Nr. 255 Überlieferung: Postkarte, ganz (auch das Adressenfeld) beschrieben; die schon geschriebene Adresse durchgestrichen. Datierung: Das erwähnte Heft des »Zuschauers« ist wahrscheinlich das vom 15.9. (s.u.). Die Premiere von Hauptmanns »Webern« war am 25.9. Als Sonntag danach und vor dem Erscheinen des nächsten »Zuschauer«-Heftes kommt also nur der 30. in Frage. Druck: BRIEFE. Auswahl (1952) S. 58, gekürzt, mit »Herbst 1894« datiert.

231,6 *s. w.:* wahrscheinlich »sind wir«. — **231,19** *hochbesoldeten Beamten:* Objektive Angaben über Carl Ernst Ms Vermögensverhältnisse sind nicht vorhanden. — **231,29:** *N.Galerie:* Nationalgalerie. — **232,10** *»was geht's Dich an!«:* nach den Worten Philines in Goethes Roman »Wilhelm Meisters Lehrjahre« 4,9. Cotta-Ausgabe Bd. 7, S. 272. — **232,11** *Brams:* Die Bedeutung in diesem Zusammenhang konnte nicht ermittelt werden. — **232,15** *Demos:* Volk (griech.) – also das Theaterpublikum. — **232,19** *Oppos. Bild:* Ein Bild der Vereinigung »Opposition«, s. d. — **232,19** *Gratias!:* etwa: »Vielen Dank!« (lat.). — **232,20** *Zuschauer – Hoffmann:* Jahrgang 2, Heft 18 vom 15.9.1894 enthielt u.a. folgende Beiträge: Max Hoffmann: »Hochzeitsnacht«, ein Prosastück, Carl Busse: »Vor dem Tode«, Gustav Falke: »Wer sagt es ihr«, beides Verse; Gerhart Hauptmann: »Prolog«. Otto Ernst war Herausgeber der Zeitschrift. Für diese und andere Recherchen in Marbach danke ich Roland Stark, Remseck. K. B.

Nr. 256 Druck: Bauer, Chr. M. (¹1933) S. 75; (1985) S. 77. Datierung: Nach Bauers Angabe: »Vier Wochen nach dem Abschied in Bad Grund schreibt er ihr rückblickend:« ebd.

Nr. 257 Druck: Bauer, Chr. M. (¹1933) S. 90; (1985) S. 92. Datierung: Nach Angaben des ORDENS-EPOS kam Eugenie Leroi im Herbst 1894 nach Berlin; ein erster Auftritt – mit Marie Gerdes als Begleiterin – fand am 20.11.1894 im Rahmen eines Konzerts der »Neuen Freien Volksbühne« statt (vgl. Abt. Kritische Schriften Nr. 17; ORDENS-EPOS V. 33 ff.); am 11.12. folgte ein erstes eigenes Konzert der beiden Künstlerinnen (mit zusätzlich einer Geigerin) (ORDENS-EPOS V. 33 und 50 ff.). Es ist möglich, daß die Briefausschnitte Nr. 256 und 257 aus demselben Brief stammen.

Nr. 258 Druck: Bauer, Chr. M.(1985) S. 94. Datierung: Nach Bauers Angabe kam Münster zum Wintersemester 1894/95 nach Berlin.

Nr. 259 Druck: Bauer, Chr. M.(1985) S. 36. Datierung: nach Bauers Angabe.

Nr. 260 Überlieferung: Brief, 8 S., im Nachlaß.

233,18 *Idee*: nicht bekannt.

Nr. 261 Druck: BRIEFE. Auswahl (1952) S. 56 f.

234,5 *größeren Dichtung*: IN PHANTAS SCHLOSS. — 234,20 *Bremer literarische Blätter*: die Zeitschrift »Neue litterarische Blätter«, die 1892/93 und 1893/94 in Bremen erschien. — 234,27 *Warte – balde*: nach V. 7 von Goethes Gedicht »Über allen Gipfeln / Ist Ruh«. — 234,31 *photographieren lassen kann*: Ein Photo von 1895 ist im Nachlaß vorhanden und u.a. Abt. Aphorismen (Abb. 13) veröffentlicht.

Nr. 262 Überlieferung: Brief, 4 S., im Nachlaß. Druck: BRIEFE. Auswahl (1952) S. 57 f., gekürzt.

235,24 *Vierteljahrsrevuen – Lyrik*: s. Abt. Kritische Schriften Nr. 21 und 24. — 235,28 *grossen Dichtung*: IN PHANTAS SCHLOSS. — 236,17 *C'est la guerre*: Das ist der Krieg (franz.).

Nr. 263 Überlieferung: Brief, 6 S., im Nachlaß, mit Umschlag: Abgangsstempel: München 15. Oct. 94 5–6–N.

237,20 *Onkel Oskar mit der Kleinen*: Oskar Karl von Peter mit einer seiner Töchter: Maria Therese, geb. 28.11.1888, oder Käthchen, geb. 6.7.1892. — 238,23 *effort surhumain*: wörtlich: übermenschliche Anstrengung (franz.), hier offenbar als fester Begriff für eine Abweisung gebraucht. — 239,8 *Agraphie*: (hier: stimmungsbedingte) Schreibunfähigkeit.

Nr. 264 Überlieferung: Brief, 4 S., im Nachlaß. Datierung: Aufgrund des inhaltlichen Bezugs zu Nr. 255; die *essigsaure Wahrheit* spielt auf 232,18 an, und die Karte ist *älteren Datums*. Der Namenstag von Ms Vater ist der 4.11.

Nr. 265 Überlieferung: Brief, 1 S., StLB Wien.

240,14 *des »Eibsees«*: STURMNACHT AUF DEM EIBSEE.

Nr. 266 Überlieferung: Postkarte im Nachlaß.

240,19 *beiden Karten*: verschollen. — 240,24 Bd. XVI, Heft 11: mit Ms Gedicht SOMMERNACHT.

Nr. 267 Überlieferung: Brief, 4 S., im Nachlaß. Druck: BRIEFE. Auswahl (1952) S. 58 f., gekürzt.

241,18 *Magazin*: angezeigt im »Magazin für Litteratur« 63(1894) Sp. 1400. — 241,36 *Neubearbeitung – liefern wird*: Nach Bauer (Chr. M. (1985) S. 95) hat Fritz Münster »die ersten Anregungen« für HORATIUS TRAVESTITUS gegeben. Die Zeichnungen sollte wahrscheinlich Fritz Beblo liefern; hierzu ist nichts nachweisbar. — 242,35 *Nixenlied*: DAS KÖNIGSKIND. — 243,1 *N.F.R.*: 1894 wurde die »Freie Bühne« in »Neue Deutsche Rundschau« umbenannt – die Bezeichnung »Freie Bühne« wurde zum Untertitel. M vermischt hier anscheinend beide Benennungen. — 243,5 *Frankfurter Legenden*: DAS VERMÄCHTNIS und SCHIMPFF UND SCHANDE in der »Frankfurter Zeitung«.

Nr. 268 Überlieferung: Postkarte im Nachlaß. Datierung: Poststempel.

Nr. 269 Überlieferung: Brief, 2 S., im Nachlaß, mit Umschlag. Briefkopf der Genossenschaft »Pan«.

243,23 *mir zugesandten Gedichten*: Nach einer Liste im T 1894 II, Bl. 115 hat M 28 Gedichte aus IN PHANTAS SCHLOSS an Bierbaum geschickt.

Nr. 270 Überlieferung: Maschinenschriftliche Abschrift im Nachlaß, nur Bl. 2; Bl. 1 ist verschollen.

244,19 *Das s. Märchen*: Das satirische Märchen: EPIGO UND DECADENTIA. — 244,20 *grosse Monatsschrift*: »Neue Deutsche Rundschau«. — 244,26 *Tante Lotte*: Charlotte Zeitler.

Nr. 271 Druck: BRIEFE. Auswahl (1952) S. 59–61.

244,29 *Festspielzeit*: Es handelt sich um das Schauspiel »Gustav Adolf« von Otto Dévrient, mit dem der Verfasser, der auch die Hauptrolle spielte, erfolgreich die Provinz bereiste. Nach seinem Tod übernahm u.a. August Bassermann die Einstudierung des Stücks und die Darstellung der Hauptrolle. Von Juli 1891 bis Juni 1894 zählt der »Neue Theater-Almanach« 141 Vorstellungen (6 (1895) S. 116 f.) Sorau und Mannheim werden dort nicht genannt, wohl aber Stettin (a.a.O. S. 117). — 245,15 *ein Pastor – Brillennummer*: Pastor Kittelhaus nimmt einseitig Partei für die Reichen und gegen die Weber. Daß ein Pfarrer sich so verhalten konnte, mußte Marie Goettling besonders schmerzen; sie setzt sogleich eine positive Pastorengestalt dagegen. — 245,20 *letzte Akt*: Der 5. Akt spielt im Stübchen des frommen alten Webers Hilse, der sein elendes Leben als gottgewollte Prüfung ansieht und aus diesem Grund den Aufstand der Weber ablehnt. — 245,25 *Szene bei Baumerts – nicht lieber?*: Der 2. Akt spielt in der ärmlichen Stube der

Baumerts. Die beiden Töchter weben. Marie Goettling meint, den Mädchen würde es besser gehen, wenn sie in einem Haushalt als Dienstmädchen arbeiteten. — 245,34 *Moors Gestalten*: Problemfälle in Pfarrer Goettlings Gemeinde.Die Redewendung stammt vermutlich vom Ausdruck »Bassermannsche Gestalten«, »welchen sich die deutsche Sprache zur Bezeichnung eines zerlumpten Galgenvogels für immer einverleiben zu wollen scheint, auf Grund eines vom Abgeordneten Bassermann erstatteten Berichts über Berliner Zustände.« Büchmann, Geflügelte Worte, Berlin ²1865 S. 207 f. Friedrich Daniel Bassermann (1811–1855), 18.11.1848, Frankfurter Nationalversammlung.

Nr. 272 Überlieferung: Brief, 5 S., im Nachlaß. Datierung: Am Schluß des Briefs datiert, vorher ein Hinweis, daß der Brief am nächsten Tag weitergeschrieben wurde.

246,22 *Dr. Rank*: ebenfalls in Ibsens »Nora«. — 246,26 *ein anderer II.*: Kaiser Wilhelm II. — 246,32 *einem Philosophen*: IN PHANTAS SCHLOSS ist Nietzsche gewidmet. — 247,7 *»Chez les Allemandes«*: (»Bei den Deutschen«, franz.) von Teodor de Wyzewa. Vgl. Abt. Kritische Schriften Nr. 34 und 23. Vgl. auch Brief Nr. 373. — 247,18 αει μακαρες θεοι: der ewig glückseligen Götter (griech.). — 247,19 *Nietzsches Urteil über den »Parsifal«*: M zitiert die Verse zu Beginn des Kapitels »Wagner als Apostel der Keuschheit« aus »Nietzsche contra Wagner« (1888) Nietzsche, Werke, Bd. 2, S. 1051. Nietzsche sieht in Wagners »Parsifal« eine Art von frömmelndem Katholizismus. — 247,20 *bei Schulte – Klinger*: Von Böcklin waren nach einer Übersicht in der »Gesellschaft« die Bilder »Triton und Nereide«, »Toteninsel«, kleinere Ausführung, »Herbstgedanken«, »Sommer«, »Selbstporträt 1873«, »Die Fischpredigt des hl. Franciscus«, »Teutonenkampf« und »Die Tochter der Herodias« zu sehen (H. Häfker: Aus dem Berliner Kunstleben, a.a.O. 11 (1895) Bd. 1. S. 260 f.). Anfang des Jahres 1894 hatte es bei Amsler und Ruthardt eine große Klingerausstellung gegeben (vgl. »Das Magazin für Litteratur« 1894, Sp. 155, H.5), auf der auch schon vollendete Blätter der »Brahmsphantasie« zu sehen waren; was jetzt dort ausgestellt war, wurde nicht ermittelt; hingegen wurde in der Akademieausstellung Klingers nun vollendete »Brahmsphantasie« gezeigt (a.a.O. Sp. 1598, H. 50). — 247,24 *Erkundigt sich – gebeten wird*: Er blieb Weihnachten in Berlin und feierte mit Kayssler, der ihn überraschend besuchen kam. *Kayssler hier. Abend zusammen auf meiner Bude. Christbaum mit Holzwolle übersponnen und Photographien der Freunde dekoriert. Oben darauf die Klingersche »Aphrodite«.* Blatt im Nachlaß, mit Maschinenabschriften aus einem verschollenen T – Aphroditedarstellungen von Klinger gibt es mehrere, so daß die hier genannte nicht eindeutig ermittelbar ist. Zeitlich möglich wäre das Blatt »Die Schönheit (Aphrodite)« aus der »Brahmsphantasie«, s.o. – falls es von diesem schon einfache Reproduktionen gab; der Scherzhaftigkeit des Unternehmens wäre auch eine selbstgezeichnete Imitation oder Karikatur angemessen. — **247,31** *Ah ces femmes, ces femmes*: Ah, die Frauen, die Frauen (franz.), M gab Elisabeth M die Schuld an der Entfremdung zwischen ihm und seinem Vater. — **248,3** *lateinisches Gedicht – Dahn*: Obwohl M einen anderen Gedichtanfang nennt (»*Salve senex laureate*« *oder dergl.*), meint er offenbar das Gedicht »Macte senex consiliator«, »Heil dir, alter Rathschlag-Finder« vom 24.1.1894. Anlaß war die (oberflächliche, aber vom Volk bejubelte) Aussöhnung zwischen Wilhelm II. und Bismarck. Ms Parodie ist verschollen. Er äußerte sich darüber ähnlich wie hier auch auf einem losen Blatt vom 10.2.1894.

Nr. 273 Überlieferung: Postkarte im Nachlaß. Datierung: Poststempel.

Nr. 274 Überlieferung: Postkarte im Nachlaß. Datierung: Poststempel. Der Text bezieht sich vermutlich auf die Beiträge FRANZ VON LENBACH; »SCHULE«; SASCHA SCHNEIDER; GABRIEL MAX.

Nr. 275 Überlieferung: Postkarte im Nachlaß.

Nr. 276 Überlieferung: Brief, 2 S., im Nachlaß. Briefkopf der Genossenschaft Pan. **249,11** *Ihre Gedichte*: vgl. Nr. 267 und 269.

Nr. 277 Überlieferung: Brief, 3 S. (Gedicht mit Widmung), UB Basel. Druck: Abt. Lyrik 1887–1905 S. 466–468, dort die T-Fassung mit der Überschrift WINTERS IM TIERGARTEN. Durch die vorliegende Reinschrift können zwei Lesefehler berichtigt werden: In Z. 21 f. heißt es richtig: *Hoch in den tausend / Fragezeichen* und in Z. 51 *der weichen Flocken.* – Textvariante: Z. 7, T und Druck *aus den nassen Straßen*] *aus den Strassen*, Reinschrift.

Nr. 278 Überlieferung: Brief, 4 S., im Nachlaß. Druck: BRIEFE. Auswahl (1952) S. 61 f., gekürzt.

250,11 *gemüthvollen Skizzen des Petri Kettenfeier*: wahrscheinlich »Spaziergänge in der Heimat« von Peter Rosegger. — **250,13** *das Gedicht*: Es kann UND UM DEN ABEND WIRD ES LICHT SEIN gemeint sein, vgl. besonders Z. 56 ff. **250,22** »grossen Ringens« ist wohl ein Zitat aus Z. 56. — **251,6** *Beethoven von Eugen d'Albert*: nicht ermittelt. — **251,7** *Meine Sache über Diakonie – von mir*: vgl. Abt. Kritische Schriften Nr. 20. — **251,8** *Neuen Deutschen Rundschau*: im Gegensatz zur »Deutschen Rundschau«. — **251,9** *S. Fischer, Hofbuchhandl.*: Fischer wurde Anfang 1889 zum königlich schwedischen Hofbuchhändler ernannt – seines beabsichtigten Einsatzes für die nordische Literatur wegen, konkret als Gefälligkeit für die Veröffentlichung von »Gedichten und Gedanken von Oskar II., König von Schweden und Norwegen, [...] übersetzt von Emil Jonas«. Bemerkenswert hieran ist hauptsächlich, daß M das Goettlings gegenüber für erwähnenswert hält. — 251,13 *neuen Dichtung*: IN PHANTAS SCHLOSS. — 251,14 *Hirschfeld — neues Werk*: vgl. die Notiz: *19. Januar. Bei Bie. Hirschfeld las seinen »Bergsee« vor ... Und wie er las! ... Ich war hingerissen. Da kann ich einpacken.* Blatt mit wohl von Margareta M stammenden maschinenschriftlichen T-Abschriften, *Ich war — einpacken* von ihr wohl aus technischen Gründen handschriftlich ergänzt.

Nr. 279 Überlieferung: Brief, 2 S., im Nachlaß. Briefkopf:»Der Verlag deutscher Phantasten Berlin SW« (1892 von Scheerbart gegründeter Verlag).

251,23 *»Wochenberichte«*: »Amsler & Ruthardt's Wochenberichte«, für die Scheerbart ein halbes Jahr lang als ehrenamtlicher Redakteur tätig war, vgl. Paul Scheerbart: 70 Trillionen Weltgrüße. S. 484.

Nr. 280 Überlieferung: Brief, 4 S., im Nachlaß, bricht in der Mitte von S. 4 ab, ist also nicht zu Ende geschrieben worden. Was M, bzw. ob er überhaupt etwas abgeschickt hat, ist unbekannt.

252,15 *Körner: Künstlerlexikon*: Konnte unter diesem Verfassernamen und Titel nicht ermittelt werden. Falls es sich um eine Verwechslung Ms handeln sollte, hätte das recht peinlich für ihn werden können. Vgl. auch Nr. 255 und das Epigramm TROST BEI MEINER NATIONAL-GALERIE-ARBEIT, wo M seinen Arbeitseifer etwas anders darstellt. Jedenfalls aber dürfte Max Jordan vermittelt haben: Im T 1895, Bl. 98 notiert M: *Jordan. Dank*. Vgl. auch Nr. 301. — Ein Blatt, 1 S., vom Januar 1895, auf dem M nach Vornamen, Beruf, Lebensdaten etc. einiger aufgelisteter Persönlichkeiten fragt, ist im Nachlaß noch vorhanden. In fremder Schrift sind die gesuchten Angaben z. T. ergänzt.

Nr. 281 Überlieferung: Maschinenschriftliche Abschrift, 1 S., im Nachlaß, nur ab 252,30 *ist es auch tiefer* vorhanden. Druck: BRIEFE. Auswahl (1952) S. 62 f., datiert, leicht gekürzt.

252,24 *Marie Grubbe. Niels Lyhne*: s. Jacobsen. — 252,25 *nach einem Abend wie dem gestrigen*: Am 24.2. hatte die »Neuen Freie Volksbühne« zum Abschluß der Wintersaison ein Konzert veranstaltet, vgl. Abt. Kritische Schriften Nr. 53. Vgl. auch Ms Notiz: *24. Februar. Nach dem Concert der Neuen freien Volksbühne — G. wiedergefunden!* Eine Woche später, also noch vor Ms nächstem Brief an Eugenie Leroi, feierte der »Orden« dann ein Fest: *Sonntag Abend Künstler-Piknik bei M. Gerdes. Bowle, Tischkarten, Menu. Pudorlieder. G., wie wir alle, von Herzen vergnügt. Herrlich schöne Stunden.* Maschinenschriftliche Abschrift aus einem verschollenen T. M hat den Abend auch im ORDENS-EPOS festgehalten (Z. 77–168).

Nr. 282 Überlieferung: Maschinenschriftliche Abschrift, 1 S., im Nachlaß. Druck: BRIEFE. Auswahl (1952) S. 63 f. Es handelt sich um einen Begleitbrief zu IN PHANTAS SCHLOSS; M hat Eugenie Leroi anscheinend das Manuskript oder eine weitere Abschrift schon vor Erscheinen des Buchs geschickt.

254,7 *»grünen Tanne«*: Abbildung in Kretschmer, Wanderleben, S. 43.
— **254,24** *Mondbilder – hinstürzt*: Gemeint ist die letzte Zeile der MONDBILDER III, wo M Ilias VI, 448 zitiert. – *Ili[on]*: im Typoskript offenkundig Lesefehler: »Ilias«. — **254,29** *etwas von Ihren Eindrücken*: vgl.: *6. März. Nachmittag von 5–8 Uhr bei G. Hat meine »Phanta« gelesen! War glücklich und machte mich's damit. Unterhielten uns innig verstehend und schön über viele, viele, meist innerliche Dinge. Sprachen von uns selbst, von unsern Eltern, unsern Freundschaften, unsern Erlebnissen.. Endlich schieden wir, tieferhoben durch die reichen reinen Stunden unsres ersten so langen und so intim verplauderten Beisammenseins... G. versteht meinen Humor. Sie hielt mich bisher für eine mehr schwermütige Natur. Das Sonnige, Kindlich-Heitere in meinen Sachen grüsst sie wie ein Sonnenstrahl. Und auch der mehr satirische »Nachtwandler« hatte ihr Verständnis. »Zwischen Lachen und Weinen«, was wohl auch das reifste der Gedichte ist, hat sie auch stark ergriffen... Da macht es Freude, Schaffender zu sein, wenn solche Seelen lauschen.* Maschinenabschrift aus einem verschollenen T.

Nr. 283 Überlieferung: Postkarte im Nachlaß. Datierung: Poststempel.
255,18 *Spaltung – Zukunft*: »Die Spaltung der Freien Volksbühne«. »Der Kunstwart« 6 (1892/93) S. 49–52. »Die Freie Volksbühne«. »Die Zukunft« 1 (1892/93) S. 232–236. Hierzu auch Julius Hart »Der Streit um die ›Freie Volksbühne‹«. »Freie Bühne« 3 (1892) S. 1226–1229.

Nr. 284 Überlieferung: Brief, 4 S., im Nachlaß, mit Umschlag.
255,32 *Zumutung der 200 M.*: für die Finanzierung von IN PHANTAS SCHLOSS vgl. Nr. 290. Vgl. auch die Notiz: *Buch »Phanta« erscheint bei R. Taendler. Kostet mich 300 M. Fritz hilft. Das Geld halte ich nicht für verloren – mir ist, als müsste ich siegen – wenn nicht mit diesem Werkchen, dann mit anderen.* Maschinenschriftliche Abschrift, wahrscheinlich aus einem verschollenen T. Datiert Ostern 1895 (14./15.4.). Das Blatt gehört zu den Vorarbeiten Margareta Ms für den geplanten Nachlaßband UNTERWEGS. — **256,2** *»Sic«*: So (lat.), etwa: So ist es.

Nr. 285 Überlieferung: Postkarte im Nachlaß. Datierung: Poststempel.

Nr. 286 Überlieferung: Maschinenschriftliche Abschrift, 1 S., mit »17« numeriert; eine Fortsetzung ist verschollen, der Text bricht mitten im Wort ab.
256,16 *der getupfte Mond und die zerrissenen Manuskripte der Götter*: ABENDDÄMMERUNG, Z. 37–40 und ERSTER SCHNEE, Z. 1–25.

Nr. 287 Überlieferung: Brief, 3 S., angeboten Auktionskatalog Stargardt 630 (1983) Nr. 285, Zitate. Diese werden mit dem Vermerk eingeleitet: »An eine Freundin (wohl Marie Goettling). — Der Brief spiegelt die depressive Stimmung wider, in die Morgenstern durch das Zerwürfnis mit seinem Vater geraten war«. Wenn diese Angabe sich auf Äußerungen im Brief stützt, dann wird es noch eine Reihe von Briefen des Vaters gegeben haben, die heute verschollen sind.

257,8 *tiefer*: vgl. auch Abt. Aphorismen Nr. 3 und Abt. Episches Nr. 49,10.

Nr. 288 Überlieferung: Postkarte (Ansichtskarte) im Nachlaß. Die Karte zeigt links das Niederwalddenkmal (1883 errichtetes Nationaldenkmal (oberhalb von Rüdesheim) zur Erinnerung an den Krieg 1870/71 von Johannes Schilling (1828–1909), in der Mitte ein auf der rechten Seite lorbeerumrahmtes ovales Photo von Bismarck, darunter eine evtl. handgeschriebene — d.h. nicht nur faksimilierte — Unterschrift »vBismarck.« Auf der rechten Seite oben steht: »Wir Deutsche fürchten Gott, aber sonst nichts in der Welt« (aus Bismarcks Reichstagsrede vom 6.2.1888); darunter ist Platz für die Beschriftung.

257,17 *Ecce homo*: Sehet, welch ein Mensch (lat.), nach Johannes 19,5.

Nr. 289 Überlieferung: Brief, 2 S., im Nachlaß, mit Umschlag. Datierung: Poststempel. Es handelt sich um einen Brief zu Kayßlers Geburtstag am 7.4.

Nr. 290 Überlieferung: Brief, 3 S., im Nachlaß, geschrieben von fremder Hand mit eigenhändiger Unterschrift Taendlers. Briefkopf »Richard Taendler, Verlags-Buchhandlung« mit Adresse und Telephon.

258,28 *Commißionsverlag*: Das heißt, daß der Autor die Kosten tragen mußte. Lyrik aus einem solchen Verlag hatte meist ein schlechtes Image (vor allen durch die Fülle minderwertiger Veröffentlichungen des Pierson-Verlags), so daß es für M wichtig war, dies zu verschweigen. Vgl. hierzu Wolfgang Martens: Lyrik kommerziell, S. 27 f. sowie das Zitat daraus Abt. Kritische Schriften S. 477 f.

Nr. 291 Überlieferung: Brief, 2 S., im Nachlaß.

259,13 *einen Brief*: Der Brief ist jedenfalls in Ms Nachlaß nicht vorhanden. — **259,31** *Militärjahr – das Geld nehmen*: Junge Männer mit besserer Bildung (mindestens erfolgreicher Abschluß der Untersekunda oder gleichwertige Ausbildung) konnten einen auf ein Jahr verkürzten Militärdienst leisten, mußten aber Ausrüstung, Kleidung, Unterkunft und Verpflegung selbst finanzieren.

Nr. 292 Überlieferung: Brief, 1 S., im Nachlaß, mit Umschlag. Aus den Poststempeln aus Schreiberhau, der erste stammt vom späten Abend (11–12 N), der zweite vom 7. morgens (7–8 V), geht hervor, daß er zu diesem 2. Brief gehören muß. Ankunftstempel: Berlin, 7.5.95 6–7 N. Geschrieben wurden die beiden Briefe Nr. 291 und 292 also an Ms Geburtstag.

Nr. 293 Überlieferung: Entwurf auf einem Briefumschlag im Nachlaß. Datierung: Da der Brief sich höchstwahrscheinlich auf die beiden vorangegangenen Briefe Carl Ernst Ms bezieht, dürfte das Datum *7.IIII.* ein Versehen Ms sein. Auch »An der Fischerbrücke« wohnte M erst seit *Ostern,* d.h. Mitte April. – Vgl. auch die Notiz: 7. *Mai. Zwei Briefe von meinem lieben Vater, die den Wunsch enthalten, ich möchte den Sommer über nichts mehr von mir hören lassen. – Ich habe kurz aber nun ohne lange Bedenken geantwortet: Ich ziehe mich mit Schmerz aber bestimmt zurück. Ganz zurück. Seid glücklich.* Maschinenabschrift für den geplanten Nachlaßband UNTERWEGS. – Von *den Sommer über* ist zwar in den Briefen des Vaters nicht die Rede, M könnte es allenfalls aus dem Zitat *in Schreiberhau* geschlossen haben, wenn er nicht doch den verschollenen Brief erhalten habe sollte. – Daß er finanziell weiter unterstützt werden würde, setzte er aber voraus.

Nr. 294 Überlieferung: Brief, 2 S., im Nachlaß, mit Umschlag. Datierung: Poststempel. Mit diesem Brief endet – bis 1908 – die Korrespondenz zwischen Carl Ernst M und M, jedenfalls, soweit sie vorhanden ist. Wegen der M zustehenden Möbel wird aber ein späterer Kontakt nötig gewesen sein, ebenso gab es vielleicht eine Mitteilung des Vaters, daß er nicht mehr zahlen werde, vgl. Nr. 393 und 407.

Nr. 295 Überlieferung: Entwurf eines Gedichtbriefs im Nachlaß. Druck: Abt. Lyrik 1887–1905.

Nr. 296 Überlieferung: Brief, 4 S., im Nachlaß.
262,1 *erstes Buch*: IN PHANTAS SCHLOSS. — **263,3** *Mondbild – hinstürzt*: Homer: Ilias VI, 448. — **263,12** *30–40 Freiexemplare*: vgl. aber Nr. 290. — **263,15** *Mutter*: Franziska Nietzsche.

Nr. 297 Überlieferung: Brief, 2 S., Verbleib unbekannt. Angezeigt im Auktionskatalog Stargardt 548 (1960) Nr. 252. Druck: AUF VIELEN WEGEN, Basel 1971, S. [146 f.] (Faksimile) und 148 (Transkript). M bezieht sich auf die Kritiken von Hirschfelds Drama »Die Mütter«, das am 12.5. im »Verein Freie Bühne« uraufgeführt wurde. Ms Empörung ist allerdings nicht recht verständlich, da das Stück als das eines Anfängers ziemlich positiv aufgenommen wurde. Hirschfeld (der erst 20 Jahre alt war) wird dramatisches Talent und künstlerische Begabung bescheinigt, er sei ein »feiner, sensitiver Geist« (Leopold Schönhoff, Kritische Theaterbriefe, S. 168 ff.) und zeige »oft gute Beobachtung« (Vossische Zeitung, 13.5.). Allerdings wurde durchgehend »eine gewisse Rührseligkeit« (Nationalzeitung, 14.5.) bemängelt, besonders scharf urteilte hier Julius Hart, der von »ganz in

Rührung und Sentimentalität ertrinkende[r] [...] Mütter- und Familienpoesie« sprach. Seine Kritik erschien aber erst am 15. in der »Täglichen Rundschau«. Zusammengefaßt nach der Übersicht in: Gernot Schley: Die Freie Bühne in Berlin, Kapitel »Die Mütter«, S. 106–108 und 155. – Auch Hirschfeld selbst berichtet nur vom Erfolg des Stücks: »Die Mittagsvorstellung der ›Mütter‹ am 12. Mai 1895 leitete einen Erfolg ein, der dem Stück bis heute treu geblieben und Eigenschaften zu haben scheint, die das Zeitliche überwinden. Ich wurde emporgetragen, aber das Theater konnte mich nicht oben halten. [...] Erst bei ›Agnes Jordan‹, als sie gründlich ungerecht werden konnte, fiel die lauernde Kritik über mich her.« Otto Brahm. Briefe und Erinnerungen, S. 89–91. Es ist aber möglich, daß Teile des Publikums protestiert haben.

263,34 *Böcklin – besudelt haben*: Böcklins frühe Werke wurden zwar in Künstlerkreisen geschätzt, vom großen Publikum aber abgelehnt. Klinger galt vor seinem »Beethoven« vielen als Sonderling, der grundsätzlich abseitige Wege ging. Hauptmanns 1. Drama »Vor Sonnenaufgang« verursachte bei der Uraufführung zwar einen Skandal, wurde aber auch von vielen gelobt und machte Hauptmann bekannt.

Nr. 298 Überlieferung: Briefentwurf oder -abschrift im Nachlaß, adressiert hat M natürlich an die Adresse in Leipzig; daß er anscheinend keine Antwort erhielt, liegt vielleicht mit daran, daß Klinger damals auf Reisen war. Überschrift: *An Klinger (Ad Phanta)*.

Nr. 299 Überlieferung: Brief, 2 S., eingebunden in Max Kochs Exemplar von IN PHANTAS SCHLOSS, heute im Istituto italiano di studi germanici, Rom. Das Buch enthält außerdem die Widmung: *Seinem lieben / Professor Max Koch / in herzlicher Verehrung / Berlin 15. Mai 1895 / D. Verf.* Für die Übermittlung einer Kopie der Handschrift danke ich Paolo Chiarini, Rom. K.B.

Nr. 300 Überlieferung: Brief, 1 S., Privatbesitz.

Nr. 301 Überlieferung: Briefentwurf, 2 S., im Nachlaß, mit der Überschrift *Jordan*.

265,13 *Verstimmung*: vgl. Nr. 280.

Nr. 302 Überlieferung: Brief, 3 S., GSA Weimar. Blatt, 2 S., im Nachlaß; überschrieben: *Abschrift. Widmungsbrief an die Mutter Friedrich Nietzsches*. Druck: BRIEFE. Auswahl (1952) S. 65. Datierung: Der Brief muß am 15.5. abgeschickt worden sein, vgl. die T-Notiz : *15. Mai. »Phanta« geht in die Welt*. Maschinenabschrift aus einem verschollenen T. Am 16. antwortete Franziska Nietzsche. Textvariante: **266**,7 *Berlin C. Mai*] Berlin 6. Mai BRIEFE ebd. Es handelt sich um einen Lesefehler nach der Abschrift Ms, die dem Druck zugrunde liegt. Das C [=Centrum] hat dort tatsächlich eine gewisse Ähnlichkeit mit einer 6 – und es ist auch (der Bedeutung wegen, die das für M gehabt haben könnte) nicht auszuschließen, daß er den Brief tatsächlich schon an seinem Geburtstag geschrieben hat.

Nr. 303 Überlieferung: Visitenkarte im Nachlaß, Name und Adresse Franziska Nietzsches gedruckt. M las aus der nichtssagenden Antwort eine positive Resonanz heraus, vgl. Nr. 313.

Nr. 304 Überlieferung: Brief, 2 S., im Nachlaß.

Nr. 305 Überlieferung: Brief, 7 S., im Nachlaß.

267,6 *Phanta – zu stellen*: bezieht sich vielleicht auf eine Widmung oder einen Begleittext Ms. — 267,13 *Thränenzwiebelsymbol*: vgl. PROLOG, Z. 9 f. — 267,15 *Du flohest – Mutes*: IM TRAUM, Z. 31 f.

Nr. 306 Überlieferung: Brief, 1 S., im Nachlaß. Druck: Chr. M., Gedenkausgabe(1971) Faksimile o. S. und S. 169 (Transkript).

Nr. 307 Überlieferung: Brief, 1 S., im Nachlaß.

270,17 *Totenmesse*: Eine Vertonung wurde nicht ermittelt.

Nr. 308 Überlieferung: Postkarte im Nachlaß, mit Abbildungen des Münchner Ratskellers von außen und innen, einschließlich hochbusiger Kellnerin und dem Betrachter zuprostendem Mönchlein, darunter auf einem Spruchband: »Leichten Muth bring herein Sorgen lass draussen sein. Prosit!« Datierung: nach dem Vermerk *Donnerstag* und dem Poststempel 7.6.1895.

Nr. 309 Überlieferung: Postkarte im Nachlaß.

Nr. 310 Überlieferung: Brief, 1 S., StB München.

271,4 *zweite Zeichen der Anerkennung*: Das erste war der Brief von Richard Strauss, Nr. 306.

Nr. 311 Überlieferung: Brief, 2 S., Privatbesitz.

271,17 *»Sonnenaufgang« in Musik zu setzen*: Eine Vertonung konnte nicht ermittelt werden. — 271,32 *grösseres Werk*: wahrscheinlich die SYMPHONIE.

Nr. 312 Überlieferung: Brief, 1 S., im Nachlaß, mit Umschlag. Druck: Chr. M., Gedenkausgabe (1971), Faksimile o.S. und S. 166 (Transkript). Von dort übernommen in: Theodor Fontane: Werke, Schriften und Briefe, hrsg. von Walter Keitel und Helmuth Nürnberger, München 1982, Abt. IV, Bd. 4: Briefe 1890–1898, Nr. 474, S. 455.

Nr. 313 Druck: Bauer, Chr. M. (^{3}1941) S. 73. Es ist aus dem Zusammenhang nicht eindeutig zu erschließen, ob es sich um ein Brieffragment oder eine Tagebuchaufzeichnung handelt.

Nr. 314 Überlieferung: Postkarte im Nachlaß.

Nr. 315 Überlieferung: Postkarte im Nachlaß. Ms Besprechung der Gedichtbände »Königslieder«, 2. Aufl. und »Deutsche Gedichte« wurde in der »Vossischen Zeitung« vom 15.12.1895 gedruckt, vgl. Abt. Kritische Schriften Nr. 68.

Nr. 316 Überlieferung: Brief, 3 S., ÖNB Wien.
273,22 *fast nur »verrissen«* – *Totlachen*: Im Nachlaß existiert eine Rezensionssammlung, Zeitungsausschnitte, deren Herkunft und Datum nicht immer identifizierbar ist. Die guten Kritiken überwiegen. Die meisten sind aber wahrscheinlich erst nach Ms Brief erschienen. Die Rezension in der konservativen »Preußischen Kreuzzeitung« ist allerdings direkt boshaft. Zunächst wird der Apostroph (*Phanta's*, wie es im Erstdruck geschrieben wurde) kritisiert, dann stellt der Rezensent fest, die Verkürzung »Phanta« sei symptomatisch für das ganze Buch: »Seine [Ms] Phantasie ist nur Phanta, seine Poesie nur Poe, seine Polymnia nur Poly.« Schließlich meint er mit Bezug auf das erste Gedicht (Z. 4: *Fahre wohl, du alte Stadt* etc.): »Eine solche verrückte Stadt zu verlassen, daran thut Herr Morgenstern ganz Recht. Aber seine Flugmaschine ist nicht besser, als die des Herrn Lilienthal. Mühsam klettert er auf einen Hügel, schwingt sich in die freie Luft, schwebt einen Augenblick ganz zierlich, und ehe man es noch ahnt, liegt er platt auf dem plattesten Boden. Große gespreizte Worte und kleine triviale Gedanken, das ist der Inhalt dieses Büchleins.« Zeitungsausschnitt im Nachlaß, handschriftlich datiert mit 21.6.95.

Nr. 317 Überlieferung: Brief, 7 S., im Nachlaß.
274,10 *totschlaglaunig, wie Heine sagt*: »Die Nordsee«, 1. Zyklus, 4: »Die Nacht am Strande«, Z. 9. — 274,14 *musikalische Titelakkorde*: bezieht sich wahrscheinlich auf die von M geplante SYMPHONIE, Abt. Aphorismen. — 274,24 *Julius H.s*: Julius Hirschfelds.

Nr. 318 Überlieferung: Postkarte im Nachlaß. Datierung: Poststempel.

Nr. 319 Überlieferung: Brief, 1 S., im Nachlaß. Briefkopf der Genossenschaft Pan. Durchschrift auch DLA Marbach, Pan-Kopierbuch 1, S. 775.

Nr. 320 Überlieferung: Postkarte im Nachlaß. Die Vermutung, daß die Karte von Alfred Guttmann stammt, beruht auf einem Vergleich der Handschrift und dem Absendeort Kiel. Die Abschrift gibt einen Ausschnitt der Kritik, die überwiegend sehr gut ist (Der Dichter habe »ein Falkenauge, um den ihn mancher Maler beneiden könnte«; neben dem Maler wohne »der poetische, der apollinische Philosoph, wie ihn Nietzsche dachte«; besonders gelungen seien die »launischen Einfälle« in den Wolkenspielen u.a.), nur wolle der Dichter »zuweilen zuviel sagen«; die Häufung von Vergleichen und Wortverbindungen wie »Sicheldämmer« störten manchmal die beabsichtigte Wirkung.

Nr. 321 Überlieferung: Brief, 8 S., angezeigt Auktionskatalog Stargardt 559 (1962) Nr. 226, Auszüge (bis 275,27 *zu machen*). 670

(1998) Nr. 237, hier zusätzlich der Hinweis, daß auf S. 2 das Gedicht PFINGSTVERS stehe. Es handelt sich um PFINGSTSTIMMUNG in einer von der 2. T-Fassung leicht abweichenden Version: *Schlanke Büste, weisses Kleid, / Schwarze Strümpfe, braune Schuhe / Bringen, – seh' ich sie zur Zeit – Ganz und gar mich aus der Ruhe.*
275,16 *Artikel über Lyrik für Schlenther*: die in der »Vossischen Zeitung« erschienenen Artikel NEUESTE DEUTSCHE LYRIK. — 275,27 *Nietzsche – das Weib wird*: vgl. etwa: »Des Mannes ist hier [bei den »kleinen Leuten«] wenig: darum vermännlichen sich ihre Weiber.« Also sprach Zarathustra, III: Von der verkleinernden Tugend, 2. Werke Bd. 2, S. 419.
Nr. 322 Überlieferung: Brief, 1 S., im Nachlaß, ohne Anrede und Unterschrift. Datierung: nach den Angaben in Nr. 323.
Nr. 323 Überlieferung: Brief, 2 S., im Nachlaß, nur ab 276,13 *sind famose Kerle.* Druck: BRIEFE. Auswahl (1952) S. 66, gekürzt. Datierung: nach dem Druck.
276,34 *Stimmung – an Georg geschrieben*: könnte aus Nr. 321 sein. — 277,12 *Wernike – Wernigerode*: Gemeint ist wahrscheinlich Robert Wernicke. Die Stelle wirkt wie ein Wortspiel, kann aber wörtlich gemeint sein, denn Wernicke ging u.a. in Wernigerode aufs Gymnasium (Angabe im seiner Dissertation beigegebenen Lebenslauf). — 277,16 *neuem See*: vermutlich der See dieses Namens im Berliner Tiergarten. — 277,17 *Ems – 3 dort*: Offenbar waren Marie Gerdes und eine unbekannte Person bei Eugenie Leroi und ihren Eltern zu Besuch.
Nr. 324 Überlieferung: Brief, 2 S., im Nachlaß, mit Umschlag. Datierung: Poststempel.
277,28 b*esprechen*: Zumindest in Ms Rezensionssammlung ist keine Besprechung von Julius Hart nachweisbar. In der »Täglichen Rundschau«, die wohl in erster Linie in Frage kommt, war bereits eine von »F. Lh.« – vermutlich Friedrich Lienhard – erschienen (5.7.1895).
Nr. 325 Überlieferung: Brief, 1 S., StLB Dortmund. Faksimiledruck: Gertrude Cepl-Kaufmann u. Rolf Kauffeld: Berlin-Friedrichshagen, [München] 1994 S. 143.
Nr. 326 Überlieferung: Brief, 1 S., Maschinenschrift mit eigenhändiger Unterschrift, im Nachlaß. Briefkopf der Genossenschaft Pan. Durchschrift auch DLA Marbach, Pan-Kopierbuch 1, S. 907.
278,14 *Gedichte*: Am 25.7. hatte M die Gedichte »*Meister der Baukunst*« (verschollen), *Hörst du das Rauschen* (verschollen) und *Hörst du, mein Herz* (*Hörst du.../ hörst du es, Herz*) an die Zeitschrift »Pan« geschickt. T 1895, Bl. 87. Sie gehörten zu einem geplanten Zyklus SONNENAUFGÄNGE, über den M notierte: *Sonnenaufgänge. Werk. Etwa 12 Gesänge. Jedesmal ist in* ⟨*das*⟩ *einen Sonnenaufgang einer Menschen-*

seele [geändert aus: *eine*⟨*s*⟩ *Menschen*] *aufringender Kampf verflochten*. T 1895, Bl. 168.

Nr. 327 Überlieferung: Brief, 3 S., im Nachlaß.

Nr. 328 Überlieferung: Brief, 4 S., im Nachlaß, mit Umschlag. Trotz des Enthusiasmus, mit dem Schubert sich über das Buch äußert, war M offenbar nicht in allen Punkten mit seiner Deutung einverstanden, denn er schrieb auf den Umschlag: *Ich hätte je die Wirklichkeit geschmäht / Ich, der ich sie so unaussprechl. liebe / Weil* ⟨*ihm*⟩ *von Euch fort der Sturm m. Segel bläht.*

Nr. 329 Überlieferung: Postkarte im Nachlaß. Datierung und Absendeort: Poststempel.

280,5 *schwach*[?]: Das Wort steht ganz in einer Ecke der Karte, von der ein Stückchen fehlt, und ist deshalb nicht eindeutig lesbar.

Nr. 330 Überlieferung: Brief, 1 S., im Nachlaß. Die Rezension ist aus dem Deutschen Reichs- und kgl. Preußischen Staatsanzeiger vom 2.8. (Nr. 182.).

280,18 *Albert Giraud's – gelesen*: Außer von Osborn wurde die Ähnlichkeit auch von Josef Hofmiller (»Die Gesellschaft« 11 (1895) Bd. 2, S. 1400) und Felix Hollaender[?], vgl. Nr. 398, vermerkt.

Nr. 331 Druck: BRIEFE. Auswahl (1952) S. 67 f.

280,25: *Pierrot Lunaire*: s. Giraud. M zitiert sogar (Abt. Kritische Schriften Nr. 51) einige Zeilen daraus. — **281,19** *einige Gedichte – Modernster eiferte*: Um welche Gedichte es sich handelt, ist nicht bekannt. Beim zuletzt erwähnten könnte es sich vielleicht um ÄSTHETISCHES GLAUBENSBEKENNTNIS (datiert: München, Juni 1893) handeln. Vgl. auch Nr. 184.

Nr. 332 Überlieferung: Brief, 3 S., im Nachlaß.

283,7 *Carl Busse – benutzt*: im Gedicht »Drei Wandrer«; beim Spiel »um die Welt« wirft der erste Herz-Dame: »Juchhei, ich bin das Glück«, der zweite Kreuz-Zehn – er ist der Schmerz, der dritte: »Was ihr für Späße macht! / Ich lös' die Welt vom Leide, / von Glück und Schmerz und Not, / Ich nehm euch alle beide, / Trumpf-Aß! Ich bin der Tod!« (Z. 8, 16, 23 f., 28–32 (Schluß). Busse: Gedichte, 2. veränderte Aufl., Großenhain, Leipzig 1894, S. 141 f. Das Gedicht wurde auch bekannt in der Vertonung von Hans Hermann.

Nr. 333 Überlieferung: Brief, 3 S., DLA Marbach (91.64.4). Briefkopf der »Neuen Deutschen Rundschau«.

283,22 *quam celerrime*: so schnell wie möglich (lat.). — **284,2** *Über die Neue Lyrik*: Ms Beitrag erschien im Dezemberheft.

Nr. 334 Überlieferung: Brief, 7 S., im Nachlaß, mit Umschlag, Poststempel »Wenigstedt«, wohl der nächste Postort.

285,27 *Julius*: Julius Hirschfeld. — **285,34** *H.*: Hirschfeld. — **285,36**

mein Werk: SYMPHONIE, Abt. Aphorismen. — 286,3 *»beständig wechselnden Farbe des Meeres«*: vgl. Nr. 317. — 286,5 *c'est tout*: das ist alles (franz.).

Nr. 335 Überlieferung: Brief, 4 S., im Nachlaß, nur bis 287,31 *Solange ich*; der Schluß fehlt. Druck: BRIEFE. Auswahl (1952) S. 69 f., gekürzt.

286,29 *Weltkobold*: M arbeitete seit Mai auch an einer Dichtung mit diesem Titel. — **287,4** Θάλαττα: Thalatta, das Meer (griech.), vgl. Heines Gedicht »Meergruß« in »Die Nordsee«, 2. Zyklus, 1. Heine bezieht sich auf den Bericht Xenophons (»Anabasis« IV, 7). — **287,37** *Themata – Meer-Zyklus*: Ob es über die *Themata* hinausgekommen ist, war nicht zu ermitteln. Es gibt einige Gedichte, die das Meer zum Thema haben, etwa MEERESBRANDUNG, das zwar undatiert ist, aber den handschriftlichen Vermerk *Sylt* trägt. Auch MEERSPUK, das 1899 erwähnt wird, aber früher entstanden sein kann, käme in Frage, ebenso POSEIDON UND SELENE, dessen erste Datierung *7.10.1895* lautet.

Nr. 336 Überlieferung: Brief, 4 S., Auktionskatalog Stargardt 672 (1999) Nr. 237, Auszüge. M bezieht sich hier wahrscheinlich auf die Rezensionenserie NEUESTE DEUTSCHE LYRIK in der »Vossischen Zeitung«.

288,5 *fern von Madrid*: nach Schiller, Don Carlos, 1,6 (V. 826), aber nicht wie dort für eine Verbannung, sondern – vielleicht 1,1 (V. 1) »Die schönen Tage in Aranjuez« assoziierend – im Sinn von »fern von den Pflichten des Alltags«.

Nr. 337 Überlieferung: Brief, 1 S., im Nachlaß, anscheinend von der Redaktion abgelehnt und zurückgesandt – ein großer Haken mit Blaustift scheint ein Bearbeitungsvermerk zu sein. Datierung: Nach Ms Adressenangabe ab 1.10. Ein Druck war nicht nachzuweisen. Neben der Kritik an den Entwürfen finden sich im T auch eigene Ideen Ms unter der Überschrift *Ad Kunstwart. Bismarck. D.mal-Ideeen*, die 1. betrifft wohl Bismarck als Wotan: *Wodan wehend. Mantel / 2 Raben Gedanke / Erinnerung (Historie)* [Die beiden Raben Hugin und Munin verkörpern in der germanischen Mythologie Gedanke und Erinnerung], die 2.: *B. als Schmied, wie er d. deutsche Einheit zusammenschweisst. Ambos. Mächtig, schlicht.* Danach eine nicht sinnvoll entzifferbare Notiz. T 1895, Bl. 142. Datierbar Sommer/Herbst 1895.

Nr. 338 Überlieferung: Brief, 3 S., DLA Marbach (31 814/298). **289,14** *»Sonnenaufgänge«*: Vgl. Nr. 326, Kommentar.

Nr. 339 Überlieferung: Brief, 1 S., im Nachlaß, mit Umschlag. Briefkopf der »Genossenschaft Pan«.

Nr. 340 Überlieferung: Postkarte im Nachlaß. **290,14** *Volksausgabe*: von »Einsiedler und Genosse«.

Nr. 341 Überlieferung: Loses Blatt im Nachlaß. Postkarte im Nachlaß. Datierung: Poststempel. Textvariante: 290,30 *lebend'gen*] nicht eindeutig, evtl. auch *lebendigen* Postkarte ebd.

Nr. 342 Überlieferung: Postkarte im Nachlaß.

Nr. 343 Überlieferung: Brief, 1 S., im Nachlaß. Datierung: Das 1. Datum steht auf der Vervielfältigung, das 2. ist von Heinrich Hart hinzugesetzt.

291,17 *Hrn. Hirschfeld*: vermutlich Georg Hirschfeld.

Nr. 344 Überlieferung: Brief, 3 S., im Nachlaß. Druck: BRIEFE. Auswahl (1952) S. 70, gekürzt.

292,7 *Kritiker – Spree-Athen*: nicht ermittelt, vielleicht eine mündliche Äußerung. Die Bezeichnung Spree-Athen für Berlin findet sich schon im Gedicht Erdmann Wirckers zum Lobe Friedrichs 1. im Band »Märckische Neun Musen [...]« von 1706 (S. 59).

Nr. 345 Überlieferung: Postkarte im Nachlaß. Die Briefmarke mit dem Stempel ist herausgerissen, so daß der Absendeort nach Mackays Wohnort ergänzt werden mußte.

292,26 *Buch*: Es kann sich um den Gedichtband »Das starke Jahr« oder um »Fortgang« handeln – M hat beide am 8.12. in der »Vossischen Zeitung« besprochen.

Nr. 346 Überlieferung: Brief, 1 S., im Nachlaß, mit Umschlag. Datierung: Poststempel.

Nr. 347 Druck: BRIEFE. Auswahl (1952) S. 71 f.

294,5 *Vossische Zeitung – Lyrik*: Theaterkritiken erschienen dort von M nicht, über Lyrik s. Abt. Kritische Schriften Nr. 66–68, 70. — 294,10 *in der Neuen Freien Literarischen Gesellschaft*: in der »Freien litterarischen Gesellschaft« am 29.4.1896, vgl. Nr. 376, 380, 381.

Nr. 348 Überlieferung: Brief (2 kleine Karten), 4 S., im Nachlaß, mit Umschlag. Datierung: Poststempel.

294,28 *Lolli*: wahrscheinlich Charlotte Ostler.

Nr. 349 Druck: BRIEFE. Auswahl (1952) S. 72.

294,32 *»Michelangelo«*: STIMMUNGEN VOR WERKEN MICHELANGELOS. Vgl. auch Nr. 419.

Nr. 350 Überlieferung: Postkarte im Nachlaß.

Nr. 351 Überlieferung: Brief, 2 S., mit Umschlag, angezeigt Auktionskatalog Stargardt 630 (1983) Nr. 286, keine Zitate.

Nr. 352 Überlieferung: Brief, 4 S., im Nachlaß.

296,7 *Sache in der Vossischen*: vgl. Nr. 336. — 296,27 *Das Gedicht*:

GROSSSTADT-MORGEN

Wie schön, wenn aus der Häuser Kammern
Aurora scheucht den Schlaf der Nacht!

Klaviere fangen an zu jammern,
Es brüllt der Sangeskehlen Macht.

In allen Stuben brummt und stöhnt es;
Die lieben Kindlein schrei'n sich wach.
Vom Wagenrasseln bebt und dröhnt es
Im Haus vom Keller bis zum Dach.

Ein Großstadt-Morgen – wie entzückend,
Der lächelnd uns die Ruhe stiehlt
Und Stehgreifwalzer sinnberückend
Auf uns'rer Nerven Zither spielt!

»Fliegende Blätter« Nr. 2623 (19, Bd. 103, 1895), Titelseite. Eine andere Fassung wurde von Margareta M 1928 in der SCHALLMÜHLE veröffentlicht. Eine handschriftliche Vorlage ist auch dafür nicht vorhanden. Das Gedicht ist nicht länger als hier, weist aber etliche Abweichungen auf. Daß diese wirklich nur auf die Redaktion der »Fliegenden Blätter« zurückgehen sollen, scheint trotzdem eher unwahrscheinlich. — 297,3 *Verleger*: wahrscheinlich Georg Bondi, in dessen Verlag in Dresden Hirschfelds Novelle »Der Bergsee« 1896 erschien. — 297,8 *Br.*: Breslau. — 297,10 *Nous verrons*: Wir werden sehen (franz.).

Nr. 353 Überlieferung: Brief, 4 S., Dr. Carl-Häberlin-Friesen-Museum, Wyk auf Föhr. Datierung: Nach den Angaben im Brief. Druck: BRIEFE. Auswahl (1952) S. 73 f. Textvarianten: 297,26 *Chrischan*] *Christian* BRIEFE S. 73 und so immer. — 297,32 *Anker*] *kleinen Anker* ebd. — 297,35 *den ich – kennen lernte*] fehlt ebd. — 298,38 *Berlin C Grünstr. 3/IV.*] fehlt BRIEFE S. 74, statt dessen am Kopf des Briefs: »Berlin, Dezember 1895«.

Nr. 354 Überlieferung: Postkarte im Nachlaß. Datierung: Da die Briefmarke mit dem Abgangsstempel herausgerissen ist, nach dem Ankunftsstempel 27.12.95, 7 ¼–8 ¼ V.
299,4 *Vossischen Aufsätze*: vgl. Nr. 336.

Nr. 355 Überlieferung: Brief, 6 S., im Nachlaß.

Nr. 356 Überlieferung: Postkarte, StB München.

Nr. 357 Überlieferung: Briefentwurf, 2 S., im Nachlaß; der Anfang fehlt. Datierung: Durch den Bezug auf das *Erstlingswerk* (IN PHANTAS SCHLOSS). Druck: Bauer, Chr. M ³1941 S. 291, nur: 300,7 *Ich will – betrachten*, irrtümlich mit 1912 datiert. – Als Adressatin kommt vielleicht Cathérine Runge in Frage, der Brieftext läßt Ähnlichkeiten der Gesinnung vermuten, wie sie aus Ms Bemerkung zum Gedicht VOR ALLE MEINE GEDICHTE wahrscheinlich zu Cathérine Runge hervorgeht: *Geht auf Frau R. zurück, die in den meisten Kunstwerken vor allem den Ausdruck des Schmerzes sehen will, nicht vor allem den der Lebenskraft.* Abt. Lyrik 1887–1905, S. 860.

Nr. 358 Überlieferung: Blatt im Nachlaß, unten und an der linken Seite abgerissen. Vielleicht war auf dem unten fehlenden Teil eine Zeichnung der oben genannten Ordensmitglieder, oder es lag eine solche (oder ein Photo) bei.

300,19 *Schäfer*: Es handelt sich um Franz Schäfer, nicht um Willy Pastor. Hierzu folgendes: Im ORDENS-EPOS stellt »Pastor« (deutsch »Hirte« oder eben »Schäfer«) u.a. Böcklins Gemälde »Das Schweigen im Walde« dar (V. 267–272). Schäfer und Pastor sind also identisch; die Frage ist aber, welches der richtige Name, welches der Spitzname ist. Maurice Cureau vermutet den Kritiker Willy Pastor (Abt. Humoristische Lyrik, Kommentar zum ORDENS-EPOS, Z. 134), der in Z. 55 genannt wird, während Helmut Gumtaus Formulierung auf Franz Schäfer hinweist (Abt. Kritische Schriften S. 545 und 541). Gegen Willy Pastor spricht, daß er etliche Jahre älter war als die Mitglieder des »Ordens«, auch aus keinem der in Z.3 ff. genannten Orte stammte, vielmehr aus Burtscheid bei Aachen. Obendrein werden im ORDENS-EPOS mehrfach die Spitznamen der Beteiligten genannt, während dies beim »Ordensbild« (bei den andern Namen) nicht der Fall ist. Für Franz Schäfer spricht weiterhin, daß er ein enger Freund Guttmanns war und auch zu den Galgenbrüdern gehörte (Veitstanz, Glöckner).

— **300,**22 *Schweigen im Walde*: seit dem Ende des 19. Jahrhunderts geläufige Redensart (z.B. wenn ein Schüler die Antwort nicht weiß); in Röhrich, Lexikon der sprichwörtlichen Redensarten, Freiburg 1992, S. 439 f. wird als Herkunft das »gleichnamige« Bild Böcklins mit Vorbehalt referiert und auf Goethes Gedicht »Über allen Gipfeln / Ist Ruh« – Z. 5: »Die Vögelein schweigen im Walde« – als früheren Beleg hingewiesen. – Da Böcklins Bild richtig »Das Schweigen des Waldes« heißt, beruht wohl der veränderte Titel schon auf der bekannten Redensart. Zur Darstellung des Bilds durch die Freunde vgl. ORDENS-EPOS, Z. 267–272.

Nr. 359 Überlieferung: Postkarte, ein Zitat daraus gedruckt im Zusammenhang eines Artikels »Ein unbekanntes Galgenlied. Zum 10. Todestag Christian Morgensterns« von Gertrud Isolani. »Vossische Zeitung«, 29.3.1924, Zeitungsausschnitt im Nachlaß. Datierung: Vermutung, da M 1895 für Schlenther und die »Vossische Zeitung« eine Reihe Rezensionen moderner Lyrik schrieb, vgl. Nr. 336.

Nr. 360 Überlieferung: Blatt, DLA Marbach (75.207). Druck: Katalog: S. Fischer, Verlag. Marbach 1985, S. 62 f. Das Blatt wurde 1975 im Autographenhandel angeboten und vom DLA erworben. Wahr-

scheinlich sollte einer der zeichnerisch begabten Galgenbrüder, etwa Beblo, den Entwurf ausarbeiten. Ob es dazu gekommen ist, wurde nicht ermittelt.
301,4 ⟨aut⟩: oder (lat.). — **301,5** *Ialgens*: Galgens; der erste Buchstabe ist ein Gamma (3. Buchstabe des griechischen Alphabets), das selbst schon wie ein Galgen aussieht. — **301,6** *EKRenmitgliedern*: Ehrenmitgliedern. Solche Verschreibungen können darauf hindeuten, daß dieser Entwurf evtl. zu bereits vorgerückter Stunde bei einem Galgenabend verfaßt wurde. — **301,14** *MEINE VERSE – Zeile 4*: vgl.: »In später Nacht kam ich in Stockheim an.–/ Des ›Vogelschiessens‹ Wollust hatt ich noch / mit vollen Zügen in der Stadt der Musen, / im alten Jena, galgenfroh genossen.« M hat Hartlebens Gedichtbuch in der »Vossischen Zeitung« besprochen, vgl. Abt. Kritische Schriften Nr. 67; »Rückkehr zur Natur« wird S. 163 erwähnt.

Nr. 361 Überlieferung: Karte, beidseitig beschrieben, im Nachlaß. Datierung: Der 1.1. war 1896 ein Mittwoch. Außerdem weist der Satz *vielleicht sehen wir uns noch an einem der nächsten Tage* auf 1896, weil Landshoff in dieser Zeit in Zürich lebte und wohl nur um Weihnachten in Berlin war. Anfang 1897 und 1898 wohnte er wieder in Berlin.
301,7 *Schwester*: Hedwig Fischer.

Nr. 362 Druck: BRIEFE. Auswahl (1952) S. 74–77.
302,23 *misera plebs*: das elende Volk, der Pöbel (lat.). — **302,29** *kompakte Majorität*: damals viel zitierte Wendung aus Ibsens »Volksfeind«: »Der gefährlichste Feind der Wahrheit und Freiheit bei uns – das ist die kompakte Majorität« (norwegisch ebenfalls »kompakte majoritet«), aus der Rede Stockmanns im 4. Akt, a.a.O. Bd. 7, S. 177. — **303,37** *»sie sollen lassen stahn«*: nach »Das Wort sie sollen lassen stahn«, Z. 28 aus Luthers Kirchenlied »Ein feste Burg ist unser Gott«.

Nr. 363 Überlieferung: Brief, 3 S., im Nachlaß, mit Umschlag ohne Briefmarke, adressiert: *Herrn Christian Morgenstern, Ritter vom Blechorden. Hohes Praesidium des »Orden«.*
305,15 *Saemann*: Der Datierung (vgl. Abt. Lyrik 1887–1905, S. 814) wegen wohl das Gedicht a.a.O. S. 533.

Nr. 364 Überlieferung: Brief, 4 S., im Nachlaß, der Anfang, d.h. wohl mindestens ein Bogen, fehlt. Datierung: nach Julius Harts Kritik von Hauptmanns »Florian Geyer«, 7.1.1896.
305,26 *des Fluchs – erkennen mußte*: vgl. 1. Mose 3,16.

Nr. 365 Überlieferung: Brief, 1 S., SBPK Berlin. Datierung: nach der Uraufführung von »Florian Geyer« am 4.1.1896. Solche Versehen kommen insbesondere am Anfang eines Jahres gelegentlich vor; sie sind aber nicht immer so leicht aufzufinden wie hier.

306,19 *Grillparzer-Preis*: für »Hanneles Himmelfahrt«. Der Grillparzerpreis wurde von der Wiener Akademie der Wissenschaften alle drei Jahre für das relativ beste Werk verliehen, das in dem betreffenden Zeitraum auf einer deutschen Bühne uraufgeführt wurde. Hauptmann erhielt den Preis außerdem 1899 und 1905. Den Schillerpreis hingegen, für den er auch im Jahr 1896 vorgeschlagen worden war, erhielt, weil Kaiser Wilhelm II. sich persönlich einmischte, der kaisertreue Dichter Ernst von Wildenbruch. — **306,25** *Parterre von Königen*: vermutlich Zitat oder zitatähnliche Wendung, aber nicht ermittelt.

Nr. 366 Überlieferung: Brief, 7 S., im Nachlaß, mit Umschlag. **306,31** *Busses Artikel im »Magazin«*: »Über Lyrik und Lyriker«, »Das Magazin für Litteratur« 65 (1896) Sp. 36–47, 11.1.1896. Busse hatte hier u.a. ein Gedicht Franz Evers', sich auf Ms positive Besprechung kritisch beziehend, als »echtes und rechtes Epigonengedicht« abqualifiziert. Ms Entgegnung auf diesen Aufsatz erschien am 25.1.1896, a.a.O. Sp. 123–125. Vgl. Text und ausführlichen Kommentar in Abt. Kritische Schriften Nr. 71. — **307,4** *»Königslieder«*: in der »Vossischen Zeitung«, vgl. Abt. Kritische Schriften Nr. 68. — **307,7** *Ms Buch*: IN PHANTAS SCHLOSS.

Nr. 367 Überlieferung: Brief, 4 S., DLA Marbach (90.78.6). Druck: BRIEFE. Auswahl (1952) S. 77 f. Textvarianten: **307,19** *des Verschiedentlichsten*] *das Verschiedentlichste* BRIEFE S. 77. — **308,4** *in klarem – überflogen*] *in klaren graciösen Druck übertragen* BRIEFE S. 78, beides vermutlich Lesefehler. — **308,18** *A.E.II.*] *Auch Einer.* ebd.

307,12 *die Sache*: [DAS NEUE »THEATER DES WESTENS« IN BERLIN]. — **307,34** *»Habt auch – Genießen«*: der letzte Vorwortvers aus IN PHANTAS SCHLOSS. — **308,10** *Hartlebens Rücktritt vom Simplizissimus*: Hartleben, der von Albert Langen als Redakteur der geplanten Zeitschrift »Simplizissimus« eingesetzt worden war, trat wegen Meinungsverschiedenheiten mit Langen noch vor dem 1. Heft wieder zurück. Zunächst hatte er gemeint, »daß dies neue Blatt nun endlich die Erfüllung wird all dessen, was wir erstrebt und was uns immer noch mißlang« (an Arno Holz, 17.11.1895). Doch schon am 4.1.1896 schrieb er Richard Dehmel: »Es ist nichts mit dem Simplizissimus. – Der dumme Junge [Langen] hat mir deine Gedichte, ebenso eins von Liliencron u.s.w. zurückgeschickt. Das lasse ich mir natürlich nicht gefallen. Der Esel will selber redigieren – gut: soll er sehn, wie weit er kommt. Ich mache nicht mit.« Hartleben: Briefe an seine Freunde, S. 228 und 229. — **308,18** *Vischer A. E. II.*: Der 2. Teil des Romans »Auch Einer«.

Nr. 368 Überlieferung: Brief, 1 S. im Nachlaß. Anscheinend

hatte M sich erkundigt, mit welcher Absicht Rilke ihm das Heft geschickt hat.

Nr. 369 Überlieferung: Brief, 1 S., im Nachlaß. Druck: »Die schöne Literatur« 25(1924) S. 89 f., von Margareta M veröffentlicht und mit »[17.9.1896]« datiert. Für dieses Datum, das in der Rilkeliteratur immer wieder (ohne Klammern) übernommen wird, ließen sich aber keine weiteren Belege auffinden. Sie ist aus mehreren Gründen zweifelhaft: Es gibt einen Brief von Rilke mit diesem Datum: Nr. 399, wobei Brief und Umschlag (Ankunftstempel 18.9.) datiert sind. Rilke müßte also am selben Tag noch einen zweiten Brief an M geschrieben haben, worauf nichts (keine entsprechende Bemerkung in einem der Briefe, wie man das erwarten könnte) hinweist. Das Briefpapier des Gedichtbriefs ist das gleiche wie in Nr. 368 und ein anderes als in Nr. 399. Das kann darauf hinweisen, daß der Brief kurz nach dem ersten abgeschickt wurde. So jedenfalls ergibt sich eine einleuchtende Abfolge: Nachdem sich herausgestellt hatte, daß Rilke das »Wegwarten«-Heft für M privat (nicht zur Rezension) bestimmt hatte, schickte M, wie es der Höflichkeit und den Gepflogenheiten unter Dichtern entspricht, nun seinerseits sein erstes Buch an Rilke, und dieser bedankte sich dafür mit dem Gedicht. – Möglicherweise hat der Brief später im falschen Umschlag gesteckt. – Für die Veröffentlichung durch Margareta M war aus urheberrechtlichen Gründen die Erlaubnis Rilkes erforderlich – Piper fragte deshalb beim Inselverlag an, vgl. hierzu Rilkes Brief an Anton Kippenberg vom 13.1.1924: »Wollen Sie gütigst veranlassen, daß der Piper-Brief [...] von der Insel aus in meinem Namen beantwortet werde. Zustimmend? Ich denke: denn es hieße die Sache zu wichtig nehmen, wollte man aus der Geringfügigkeit jener Gelegenheits-Verse ein Nein ableiten. Da Frau Morgenstern und der Verlag in ihrem Wunsche einig scheinen, ist es an ihnen, den – höchst überflüssigen – Abdruck dieser jugendlichen Briefimpovisation zu verantworten.« Rainer Maria Rilke: Briefwechsel mit Anton Kippenberg. Frankfurt und Leipzig 1995, Bd. 2 S. 318. – Der Druck enthält tatsächlich den Druckfehler »lästig Lieb« (a.a.O.) statt *lustig Lieb* (309,14).

309,9 *»und Mensch – König sein«*: letzte Zeile von Epilog. — **309,26** *»Mütterchen Dämmerung«*: im Gedicht Abenddämmerung.

Nr. 370 Überlieferung: Brief, 4 S., im Nachlaß.

310,4 *februarrare*: Der gewünschte Imperativ Plural dazu würde »februarrate!« lauten, deutsch etwa »februart!« Die *Lösung des Rätsels* kann das aber nicht sein. Vielleicht soll es »Februar-Rate« bedeuten und eine kleine Erinnerung sein: Da Ms Stellung an der Nationalgalerie entfallen war, könnte es sein, daß er von Kayssler unterstützt wurde. — **310,34** *»thut's freilich nicht«*: »Wasser tut's freilich nicht«: aus Luthers Katechismus, 4. Hauptstück (zur Taufe). — 311,20 »*der Dritte in mir*«: der sich selbst (und den Freund) beobachtende Teil seiner selbst, wahrscheinlich abgewandelte Nietzsche-Reminiszenz: »›Einer ist immer zu viel um mich‹ – also denkt der Einsiedler. ›Immer einmal eins – das gibt auf die Dauer zwei!‹ […] Immer ist für den Einsiedler der Freund der Dritte. […]« Also sprach Zarathustra, 1: Die Reden Zarathustras, Kap. Vom Freunde. Werke Bd. 2, S. 320.

Nr. 371 Überlieferung: Postkarte im Nachlaß.

Nr. 372 Überlieferung: Postkarte im Nachlaß, adressiert: *An den Dichter dieses* […]. Datierung: Poststempel.

Nr. 373 Überlieferung: Maschinenabschrift ohne Anfang und Schluß, 1 Bl., im Nachlaß. Datierung: nach dem Inhalt (Aprilscherz) und dem Druck. Druck: BRIEFE. Auswahl (1952) S. 78 f., gekürzt.

313,3 *Quod non!*: vgl. Nr. 129, Kommentar. — *ist ein ehrenwerter Mann*: aus der Antoniusrede in Shakespeares »Julius Caesar« (III, 2, mehrfach). — **313,22** *Wort des Franzosen*: Teodor de Wyzewa, Abt. Kritische Schriften Nr. 23. — **313,23** ORDENS-EPOS: Abt. Humoristische Lyrik.

Nr. 374 Überlieferung: Eigenhändige Abschrift Ms im Nachlaß, mit dem Vermerk: *Aus e.m Brief an Bondi.* Druck: BRIEFE. Auswahl (1952) S. 79.

314,8 *Circus Busch*: Das Gebäude des Circus Busch war im Oktober 1895 eröffnet worden.

Nr. 375 Überlieferung: Postkarte im Nachlaß.

314,18 »*Mag.*« – *weggeschnappt hat*: Vgl. Willy Rath: »Neue Verse II«. »Das Magazin für Litteratur« 65 (1896) Sp. 492–497, darunter in Sp. 494–496 eine ausführliche (und gute) Rezension von IN PHANTAS SCHLOSS. – Otto Ernst schrieb über das Buch im folgenden Jahr im Rahmen einer Sammelrezension mit dem Titel »Bücher von heute, gestern und morgen«. a.a.O. 66 (1897) Sp. 187–198, über M Sp. 192 und im Schlußsatz. Auch seine Rezension ist trotz kleiner Einschränkungen im wesentlichen positiv, das Buch war ihm eine »wahre Erfrischung in der ungeheuren lyrischen Wüstenei«. a.a.O. Sp. 192.

Nr. 376 Überlieferung: Brief, 1 S., im Nachlaß.

314,30 *Alfred Kerr*: Kerr war in diesem Jahr 2. Schriftführer.

Nr. 377 Überlieferung: Brief, 2 S., SUB Hamburg. Das Widmungsgedicht wurde nicht in unsere Ausgabe übernommen.

Nr. 378 Überlieferung: Postkarte, SUB Hamburg. Datierung: Poststempel.

315,11 *in Wüsten fliehen*: Anklang an Goethes Gedicht »Prometheus«, Z. 49. — *Heu nos miseros*: Wehe uns Unglückseligen (lat.)

Nr. 379 Überlieferung: Postkarte, StB München. Als M die Karte später wieder zu Gesicht bekam, gefiel ihm das Gedicht gar nicht mehr, und er machte aus *Frau Venus, Frau Venus* (Z. 1) *Franz Venus,* außerdem setzte er neben die Fortsetzung: *Dein Zauber lässt nicht nach, / Dein Bild ist bei mir geblieben / Im einsamen Gemach* (Z. 2–4) an den Rand die Bemerkung: *Blödsinn! Chr. M. 23.4.1907,* und neben die Zeilen: *Deine magdlichen Brüste, / Sie locken mich immerdar* schrieb er: *scheusslich!* (Z.. 7 f.). Die Änderung von *Frau* in *Franz* geschieht nur durch das Anhängen eines z und ist damit ein gutes Beispiel dafür, wie Handschriften sinnvoll gelesen werden sollten: niemand käme hier wohl auf den Gedanken, »Frauz« zu lesen.

315,19 *Lied*: s. Nr. 372. — 315,19 *Schwester*: wahrscheinlich Hedwig Fischer.

Nr. 380 Überlieferung: Kleine Karte, beidseitig beschrieben, im Nachlaß. Wahrscheinlich hat Kerr bei einem persönlichen Besuch M nicht angetroffen und deshalb die Karte hinterlassen.

Nr. 381 Überlieferung: Brief, 1 S., im Nachlaß. Über Ms Vortrag schrieb F.L. (vielleicht Felix Lehmann, der erste Schatzmeister): »Unsere moderne Lyrik hatte sich Herr Christian Morgenstern als Thema für einen höchst interessanten und überaus fesselnden Vortrag gewählt. Sieben zeitgenössische Dichter unterzog der Redner einer kritischen Unterführung und begleitete seine Ausführungen mit gut gewählten Beispielen aus den Werken der besprochenen Dichter. Waren auch die Namen der Dichter unserer Gesellschaft bereits hinlänglich bekannt, so verstand Herr Morgenstern seinem Thema eine Menge von neuen Gesichtspunkten abzugewinnen. Die charakteristischen Eigenheiten und lyrischen Wirkungen von Detlev von Liliencron, von Otto Julius Bierbaum, von John Henry Mackay, von Karl Henkell, von Gustav Falke, von Otto Erich Hartleben entwickelte der Vortragende in geistvoll überzeugender Form. Daß der Vortragende in den Versen des Herrn Richard Dehmel neben barocken Seltsamkeiten und geschmackloser Effekthascherei auch ›Titanenhaftes‹ fand, überraschte allgemein.« Es folgen Einwände und Sticheleien gegen Dehmel; dann wird der nächste Programmpunkt, die Lesung einer Novelle von und durch Wilhelm von Polenz besprochen. »Das Magazin für Litteratur« 65 (1896) Sp. 712, »Freie litterarische Gesellschaft zu Berlin. v. Vortragsabend 29. April 1896«. – Vgl. auch Nr. 347.

Nr. 382 Überlieferung: Ansichtskarte im Nachlaß, »Gruß vom Nationaldenkmal auf dem Niederwald«, von Eugenie Leroi durchgestrichen und in »Gruß aus Bingen« geändert.

Nr. 383 Überlieferung: Brief, 3 S., im Nachlaß.

316,18 *Vieles – Phantas Schloß*: Wenn Liliencron das Buch selbst nicht schon in die Hände gefallen war, kommen dafür nur Zeitschriftenveröffentlichungen in Frage; gefunden werden konnte: WOLKENSPIELE

I–VI,»Neue Deutsche Rundschau« 6 (1895) S. 508 f. und DER NACHTWANDLER,»Das Magazin für Litteratur« 64 (1895) Sp. 1108. Außerdem gab es Zitate in den Rezensionen. — 316,22 *Regenlied*: FRÜHLINGSREGEN. Ms Widmung *Dem Andenken Detlev von Liliencrons* in AUF VIELEN WEGEN (1911) geht offenbar auf diesen Brief zurück. — 316,24 *Bieses neustes Buch –»Neue Lyrik«*: Lyrische Dichtung und neuere deutsche Lyriker, 1896. M entwarf eine Rezension des Buchs (Abt. Kritische Schriften Nr. 121), in der er mit Spott über Bieses Stil nicht spart: *Ich halte mich an Alfred Biese den Stilisten, den Ästhetiker, der über Lyrik vom musikalischen Standpunkte aus richtet und dessen eigene Sprachmusik nur noch von den Brusttönen seines »echt nationalen Empfindens« übertroffen wird.* a.a.O. S. 319. Anschließend plante M eine Darstellung der Lyriker aus seiner Sicht. Dieser Teil ist verschollen oder nicht geschrieben worden. — 316,25 *geradezu gemein*: Biese hatte von Liliencrons »wüste[m] Genußleben in der Halbwelt« geschrieben, s.u. sowie Ms und Falkes Aufsätze. — 316,27 *Biese, Busse, Backfisch*: Der *Backfisch* taucht in den Varianten auf (Abt. Kritische Schriften S. 779), vgl. außerdem Nr. 400: *Busse, der Backfischfänger*. — 317,5 *prächtiger Aufsatz Falkes*: Gustav Falke: Lyrische Dichtung und neuere deutsche Lyrik.»Das Magazin für Litteratur« 65 (1896) Sp. 598–606. Falke bespricht die ersten 5 Kapitel des Buchs objektiv und überwiegend zustimmend, empört sich dann über die Invektiven gegen moderne Lyriker im 6. Kapitel. Dieser Aufsatz wiederum veranlaßte (5 Wochen später) Biese zu einer »Erklärung«, in der es am Schluß heißt, daß er »statt des Schlußsatzes: ›Heben wir also einige [Gedichte Liliencrons] heraus und bedecken wir sein wüstes Genußleben in der Halbwelt mit Schweigen‹ lieber gesagt haben möchte: ›und bedecken wir mit Schweigen, welche ein wüstes Genußleben in der Halbwelt schildern‹«, a.a.O. Sp. 772.

Nr. 384 Überlieferung: Brief, 1 S., im Nachlaß, Briefkopf der Genossenschaft Pan.

Nr. 385 Überlieferung: Postkarte im Nachlaß.

317,28 *Widmann im Bund*: »Schweizerische Dekadenten und helvetische Bären«.»Der Bund« 47, Nr. 98, 8.4.1896.

Nr. 386 Überlieferung: Brief, 4 S., im Nachlaß. Datierung: Briefangabe *Pfingsten 96*. Poststempel: 27.5.96, 4–5 N.

318,8 *faulen Apfel*: falls er damit vom Publikum beworfen würde.

Nr. 387 Überlieferung: Postkarte im Nachlaß. Datierung: Poststempel. Vgl. Nr. 376)

318,22 *die Rache ist mein*: nach 5. Mose 32, 35; Römer 12, 19 u.a.

Nr. 388 Überlieferung: Brief, 3 S., im Nachlaß, mit Umschlag.

318,28 *Das war – vergaß ich darüber*: Es kann das Gedicht AM MEER gemeint sein, das allerdings schon im Sommer 1895 geschrieben wurde.

Nr. 389 Überlieferung: Postkarte im Nachlaß. Datierung: Nach der Angabe *Sonnabend* und dem Poststempel 21.6.96, 1–5 V.

319,29 *Ausstellung*: die Berliner Gewerbeausstellung.

Nr. 390 Überlieferung: Postkarte im Nachlaß. Datierung: Poststempel.

Nr. 391 Überlieferung: Brief, 1 S., im Nachlaß. Briefkopf: Abbildung des Karersee-Hotels.

320,10 *Sommersonnwendträumerei*: NIETZSCHE, DER ERZIEHER.

Nr. 392 Druck: BRIEFE. Auswahl (1952) S. 79 f.

320,25 *Dein neues Drama*: »Agnes Jordan«, 1. Fassung. — 320,30 *zweiten Kind*: vermutlich die SYMPHONIE. — 321,4 *Hymnen*: der SYMPHONIE. M scheint aber noch einen weiteren derartigen Plan gehabt zu haben, davon ist noch ein Blatt vorhanden, auf dem steht: *Hymnen und Oden / von Christian Morgenstern / Berlin 1896.* – Außerdem gibt es im T 1897/98 eine Liste, in der der Plan fortgesetzt oder wiederaufgegriffen wird, vgl. Kommentar zu Nr. 485. — 321,7 *»Mütter«-Erfolgen*: beim Berliner Gastspiel in Prag, vgl. Nr. 390. — 321,17 *»Jugend«-Honorar*: In der »Jugend« erschienen 1896 insgesamt 8 Vorabdrucke von HORATIUS-TRAVESTITUS-Gedichten und DREI VORREDEN, von den Gedichten 4 im Mai und Juni, also vor Ms Brief, die übrigen Beiträge später (November/Dezember). Wenn er sich vom Honorar eine 12bändige Goetheausgabe und eine Heineausgabe kaufen konnte, so hat er das Honorar vielleicht im Voraus für alle Beiträge gleichzeitig erhalten.

Nr. 393 Überlieferung: Brief, 2 S., im Nachlaß.

322,2 *Familiengrab*: Das Grab auf dem Münchner Südfriedhof besteht noch. – Kayssler notierte unter Ms Brief: »(Friedhofsinspektor Julius Rodatus, München. Chr. soll schreiben, er sei beruflich am Aufenthalt in M. verhindert, käme aber voraussichtlich einmal nach München zurück.– N.B: Das Grab (16.1.5.) ist seit 94 verfallen u. kann gesetzmäßig eingezogen werden, würde aber in obigem Falle den Nachkommen ohne Nachkauf belassen. – Es ist gut gepflegt; wer die Pflege veranlaßt u. bezahlt, ist nicht aus Büchern zu ersehen, da sie privatim bei den Gärtnern bestellt wird, kann aber durch letztere in Erfahrung gebracht werden. –)« – Carl Ernst M schrieb an Margareta M: »[...] Ich will hier gleich bemerken, daß in dem Grabe nur die Gebeine m. l. Eltern ruhen, Lottels [Charlotte Ms] Asche in einer damals aus Gotha geschickten Bleihurne, die ich mit einer Umhüllung umgeben ließ, die aber wohl längst verfallen sein wird, im Denkmal Obelisk hinter der Schriftentafel selbst beigesetzt ist. Diese Bleihurne kann also nach

15 Jahren herausgenommen, u. an einem passenden Platz dann beigesetzt werden« (17.11.1924). — *322,3 Von Breslau – den Lebenden*: Offenbar hatte Carl Ernst M um diese Zeit die Zahlung der monatlichen 30 Mark Unterstützung eingestellt. Dies löste wohl den Gedanken an das Familiengrab aus. Wenig später (Nr. 407) werden auch zum ersten Mal die eigenen Möbel aus Breslau erwähnt, sie dürften M nach der Scheidung von Carl Ernst und Amélie M zugefallen sein – Elisabeth Reche hat sicherlich nicht im Mobiliar ihrer Vorgängerin(nen) leben wollen. — *322,5 Nietzscheaufsatz*: NIETZSCHE, DER ERZIEHER.

Nr. 394 Überlieferung: Brief, 3 S., im Nachlaß.
322,17 *Stück*: »Agnes Jordan«. — *322,19 Arbeiten in der »Neuen deutschen Rundschau«*: NIETZSCHE, DER ERZIEHER und wohl auch die von Bie abgelehnten Lyrikbesprechungen, vgl. Nr. 400 und 405.

Nr. 395 Überlieferung: Postkarte, StB München. Datierung: nach dem Ankunftstempel.

Nr. 396 Überlieferung: Brief, 4 S., im Nachlaß. Druck: BRIEFE. Auswahl (1952) S. 80 f., gekürzt.
323,6 *K.*: vermutlich Kayssler; in Frage käme auch Karl, d.i. Franz Carl Zitelmann, von dem aber nicht bekannt ist, ob er um diese Zeit in Berlin war, ebenso wäre Paul Körner möglich, bei dem aber die Abkürzung »K.« ungewöhnlich ist. — *323,17 Ich habe – eingerichtet*: Hierzu und zur Weiterreise an den Gardasee vgl. auch Abt. Episches S. 708–712. — *324,31 Leberprindl*: Verballhornung von Leberbrünnl.

Nr. 397 Überlieferung: Ansichtskarte (Riva) im Nachlaß.
Nr. 398 Überlieferung: Briefentwurf, 1 S., im Nachlaß. Datierung: nach dem Erscheinungsdatum der »Welt am Montag«, 31.8. und Ms Rückkehr aus Italien (vgl. Nr. 396). Eine mit »F.H-r« [Felix Hollaender?] unterzeichnete Rezension von IN PHANTAS SCHLOSS ist im Nachlaß vorhanden. Sie ist handschriftlich mit *31.8.96* datiert (das war ein Montag) und lautet: »[...] Christian Morgenstern, dem ich Feinsinn und Talent freudig zuerkenne, steht in dieser Sammlung ganz unter fremden Mustern; ich glaube kaum, daß ohne den Pierrot lunaire des Albert Giraud diese Gedichte jemals geschrieben worden wären. Es ist jammerschade, daß die Talente bei uns jeder litterarischen Mode unterworfen sind und die eigene Persönlichkeit in so starkem Grade unterdrücken und systematisch vergewaltigen. Nun, Christian Morgenstern ist ja noch so jung, daß er auch ohne kritische Censur erkennen wird, welchen Weg sein Talent einschlagen muß, um zur Entwickelung zu gelangen.« Vgl. auch Nr. 330.

Nr. 399 Überlieferung: Brief, 1 S., im Nachlaß.
Nr. 400 Überlieferung: Brief, 6 S., DLA Marbach (87.130.6).
325,21 *Ihrer Zeitschrift*: der »Neuen Deutschen Rundschau«. — 326,6

bei Bornstein: wahrscheinlich in der »Monatsschrift für Neue Litteratur und Kunst«. — 327,3 *Servaes*: Von Servaes erschien im August- und im Novemberheft je ein Beitrag. Ms Aufsatz erschien in der »Neuen deutschen Rundschau« nicht, nur der Beitrag über Gustav Renner im Dezember (Abt. Kritische Schriften Nr. 26). Vielleicht gehören auch die STUDIEN ZUR NEUESTEN DEUTSCHEN LYRIK (a.a.O. Nr. 121), von denen nur eine Art Vorrede erhalten ist, in diesen Zusammenhang. Das Fehlen der Einzeldarstellungen dort erklärt sich dann daraus, daß M diese Bie zur Auswahl zur Verfügung gestellt hat. — Vgl. auch Nr. 401 und 402.

Nr. 401 Überlieferung: Brief, 1 S., im Nachlaß, mit dem roten Briefumschlag des »Pan«. Briefkopf der Genossenschaft Pan.

327,13 *Studien zu Lyrikern*: Anscheinend wollte M die von Bie kritisierten Beiträge jetzt dem »Pan« anbieten.

Nr. 402 Überlieferung: Der 2. Bogen des Briefs, 3 S., im Nachlaß, ab: 328,25 *Freilich Liliencron*. Eigenhändige Abschrift Ms vom (ganzen) Brief, 5 S., im Nachlaß. Druck: BRIEFE. Auswahl (1952) S. 82 f., gekürzt. — Unser Text folgt im 2. Teil der Reinschrift, in der die Abkürzungen der Abschrift natürlich ausgeschrieben sind.

328,5 *Schluss der Voss.*: Abt. Kritische Schriften Nr. 70. — 328,32 *des grossen Treptower Jahrmarkts*: der Berliner Gewerbeausstellung 1896. — 328,32 *Reichstagsbau*: in den Jahren 1884–1894 von Paul Wallot im Stil der Hochrenaissance erbaut. Der Bau hat damals 22 Millionen Mark gekostet. — 328,33 *Siegesallee*: M bezieht sich wohl auf die seit Anfang 1895 bekannten Pläne, vgl. »Das Magazin für Litteratur« 64 (1895) Sp. 157 sowie Abt. Kritische Schriften S. 836. — 328,34 *Theater-Börsen*: M denkt hier wohl vor allem an das neue »Theater des Westens«, dessen Eröffnung kurz bevorstand und das er ironisch verherrlichte, vgl. Abt. Kritische Schriften Nr. 120.

Nr. 403 Überlieferung: Brief, 8 S., im Nachlaß. Druck: BRIEFE. Auswahl (1952) S. 81 f., gekürzt.

329,26 *Direktor*: Hans Gregor. — 329,29 *Fiesco*: s. Schiller. — *Denkmal Hedda*: vgl. Nr. 244, Kommentar. — 329,33 *Stückchen Wilhelm Meister*: Anspielung auf die Theaterambitionen der Titelgestalt in Goethes Roman »Wilhelm Meisters Lehrjahre«, in dem u.a. Shakespeares »Hamlet« inszeniert und bearbeitet wird. — 330,5 *Gerda*: Marie Gerdes. — 330,18 *Anna Marholm*: vermutlich Laura Marholm. — 330,19 *Möricke*: Im Zusammenhang der anderen Namen ist es ziemlich unwahrscheinlich, daß es sich um den Dichter Eduard Mörike handelt.

Nr. 404 Überlieferung: Brief, 2 S., im Nachlaß.

330,34 *Gedichten*: Es erschien nur das Gedicht DIE NACHT im Novemberheft der »Monatsschrift für neue Litteratur und Kunst«.

Nr. 405 Überlieferung: Brief, 2 S., im Nachlaß. Briefkopf der »Neuen Deutschen Rundschau«.

331,13 *Rundschau*: Gemeint ist hier der »Rundschau« überschriebene Schlußteil der »Neuen deutschen Rundschau«, der, zweispaltig gesetzt und in kleinerem Druck, kurze Beiträge und Rezensionen enthielt. — 331,11 *Evers – Busse*: Es erschien nur der Teil über Renner, vgl. Abt. Kritische Schriften Nr. 26. — 331,27 *Gedichten*: Gedichte von M wurden erst 1906 wieder veröffentlicht.

Nr. 406 Überlieferung: Briefdurchschrift, 1 S., DLA Marbach, Pan-Kopierbuch III, S. 503.

331,32 *das Gedicht*: nicht ermittelt.

Nr. 407 Druck: BRIEFE. Auswahl (1952) S. 84.

332,5 *Fritz – Berliner Fremdenblatt*: Robert ist die männliche Hauptfigur in Hirschfelds Drama »Die Mütter«, die Rezension wurde nicht ermittelt. — 331,10 *mit eigenen Möbeln aus Breslau*: vgl. auch Nr. 393, Kommentar. Die Möbel wurden M später bei seinen häufigen Aufenthaltswechseln zum Ballast, zu *Immobilien* (an Kayssler, 10.11.1906), unbeweglichen Stücken; er mußte sie bei einer Spedition unterstellen (was Kosten verursachte), dann verlieh er sie an eine Gesangslehrerin; zuletzt stifteten sie die Bekanntschaft oder sogar Freundschaft zwischen Marie Goettling und Heinrich Fricke (Fricke an M, 2.3.1913).

Nr. 408 Überlieferung: Brief, 2 S., im Nachlaß.

332,18 *tüchtigen Menschenseele*: wahrscheinlich die 1. Erwähnung von Luise Sandvos. — 332,21 *Gerda-R.-Geschichte*: der Konflikt zwischen Marie Gerdes und Robert Reibenstein. — 332,24 *Unhistorisches von Nietzsche*: vermutlich die »Unzeitgemäßen Betrachtungen«, vor allem das 2. Stück »Vom Nutzen und Nachteil der Historie für das Leben«.

Nr. 409 Überlieferung: Briefentwurf, 2 S., im Nachlaß.

333,5 *dem kgl. Polizeipräsidium*: vgl. hierzu Ms Bemerkung zum Gedicht DIE KINDER DES GLÜCKS für Dagny Fett: [...] *des Berliner Polizeipräsidiums, wohin ich gegangen war, um eine Eingabe, ein großes Unternehmen betreffend, zu machen.* Abt. Lyrik 1887–1905, S. 862. Vgl. auch Ms andere Projekte, Abt. Episches Nr. 50.

Nr. 410 Überlieferung: Postkarte im Nachlaß. Datierung: Poststempel.

334,6 *liest auch*: Hinweis, daß M in einem verschollenen Brief von derselben Lektüre berichtet; allenfalls könnte es ein anderes Werk Turgenjews gewesen sein.

Nr. 411 Überlieferung: Postkarte im Nachlaß.

Nr. 412 Überlieferung: Brief, 11 S., im Nachlaß. Druck: BRIEFE. Auswahl (1952) S. 84–88, leicht gekürzt. Abt. Lyrik 1887–1905 S. 741–745 (mit normalisierter Rechtschreibung).

335,10 *zweites lyrisches Werk*: vermutlich SYMPHONIE. — 335,13 *Druckfehler*: vgl. a.a.O. S. 745; sie wurden in unserer Wiedergabe von IN PHANTAS SCHLOSS korrigiert. Allerdings sind die beiden erstgenannten *Phantas* statt *Phanta's* sowie »*der*« statt »*dem*« *(Tränenzwiebel)* (PROLOG, Z. 9) keine Druckfehler. Das geht aus der im Nachlaß vorhandenen Kopie der Reinschrift eindeutig hervor. »Der« statt »die« Zwiebel ist in oberdeutschen Mundarten möglich. Vielleicht wollte M schulische Diskussionen über die korrekte Verwendung des Apostrophs und über bayerische Dialekteinsprengsel von vornherein unmöglich machen. — 335,14 *Deutschlehrer*: Paul Lorentz.

Nr. 413 Überlieferung: Rückseite eines an M adressierten Briefumschlags im Nachlaß, Poststempel Görlitz 21.11.96. Kayssler hat also nach Erhalt des Pakets den Nachsatz auf den bereits verschlossenen Umschlag geschrieben. Der zugehörige Brief ist verschollen.

Nr. 414 Überlieferung: Brief, 4 S., im Nachlaß, mit Umschlag. 336,2 *Adresse*: an die Grünstraße adressiert, M nach Friedrichshagen und von da in die Luisenstraße nachgeschickt.

Nr. 415 Überlieferung: Postkarte im Nachlaß.

336,8 *blank wie Oskar*: Ob es sich um eine Redensart, ähnlich »frech wie Oskar« oder um eine reale Person handelt, etwa den gemeinsamen Freund Oskar Anwand, konnte nicht ermittelt werden.

Nr. 416 Überlieferung: Postkarte im Nachlaß, links unten, unter der Orts- und Datumsangabe ist ein ca. 15x69 mm großer Streifen herausgeschnitten, wo ein Postskriptum gestanden haben könnte oder auch nur der Rest von Falkes Adresse.

336,17 *Ihr Aufsatz*: vgl. STUDIEN ZUR NEUESTEN DEUTSCHEN LYRIK. Der Text bricht ab, nachdem Biese gründlich zerpflückt worden ist, und wurde nicht veröffentlicht. Vgl. auch die Biese-Parodie, Abt. Episches Nr. 10.

Nr. 417 Überlieferung: Postkarte im Nachlaß. Datierung: Poststempel.

336,23 »*Versunkenen Glocke*«: s. Hauptmann.

Nr. 418 Überlieferung: Postkarte im Nachlaß. Datierung: Poststempel 2.12. 1–5 V, d.h. nachts, geschrieben also wohl noch am 1.

Nr. 419 Überlieferung: Brief, 1 S., im Nachlaß. Briefkopf der Zeitschrift »Deutsches Dichterheim«.

337,11 »*Michel Angelo*«: STIMMUNGEN VOR WERKEN MICHELANGELOS.

Nr. 420 Überlieferung: Brief, 1 S., im Nachlaß.

Nr. 421 Überlieferung: Karte im Nachlaß, schwarze Tusche, 112 x 87 mm.

Nr. 422 Überlieferung: Brief, 1 S., im Nachlaß, wahrscheinlich Diktat (339,28 *also* statt *als* ist vermutlich ein Hörfehler), Unterschrift in einem Zug durchgeschrieben von einem der beiden Inhaber. Briefkopf des Verlags Schuster und Loeffler. Oben (unter dem Briefkopf) die Adresse: *Herrn Christian Morgenstern, z. Z. Görlitz / Adr. Herrn Kayssler / Blumenstraße No 1/1.*

Nr. 423 Überlieferung: Vertragstext, 2 S., im Nachlaß, vermutlich Diktat, unterschrieben von M und vom anderen der beiden Inhaber (ebenfalls in einem Zug durchgeschrieben), s.o. Briefkopf des Verlags.

Nr. 424 Überlieferung: Brief, 1 S., im Nachlaß.

Nr. 425 Überlieferung: Brief, 3 S., im Nachlaß.

341,12 *Ihren Aufsatz – Richard*: RICHARD DEHMEL, »Monatsschrift für Neue Litteratur und Kunst«. — 341,19 *unser Detlev*: Liliencron. — 341,21 *»Geheimnis«*: Das Gedicht lautet: »In die dunkle Bergschlucht / kehrt der Mond zurück. / Eine Stimme singt am Wassersturz: / O Geliebtes, / deine höchste Wonne / und dein tiefster Schmerz / sind mein Glück – « (»Weib und Welt« S. 45). — 342,3 *Roman in Balladen*: »Zwei Menschen«. — 342,3 *»Verklärte Nacht«. »Schlangenkäfig«*: (»Zwei Menschen gehn durch kahlen, kalten Hain« und »Hitze schwingt. Ein Raum voll Schlangen«); die Gedichte erschienen zuerst in »Weib und Welt«, Berlin 1896, S. 61–63 und S. 76–78 und wurden dann in »Zwei Menschen« übernommen. — 342,4 *Ballade (in Neuland Heft 3)*: Ballade. Aus einem unveröffentlichten Roman in Versen: »Die Sonne strahlt auf rauhen Reif«. »Neuland« 1(1896/97) S. 165–167. a.a.O. Bd. 5, S. 13. — 342,8 *»Mitmenschen« – Neuland*: Der Aufsatz trägt den Titel »Richard Dehmel« und berichtet über Schäfers Entdeckung der Dichtungen Dehmels, wobei das Drama »Der Mitmensch« im Mittelpunkt steht. »Neuland« 1 (1896/97) S. 243–254). — 342,19 *Eines Tages – zerspringen*: Aus dem Zyklus »Eines Tags« (später »Tages«), Gedicht »Mittag«, Z.4–6 (Z. 5: »so kalt, so gläsern«). »Pan« 2 (1896/97) S. 22–24, Zitat S. 23; dann in »Weib und Welt«, S. 129–133, Zitat S. 130).

Nr. 426. Überlieferung: Brief, 4 S., im Nachlaß. Druck: BRIEFE. Auswahl (1952) S. 89 f., gekürzt.

342,32 *Gastfreundschaft*: Ein Besuch bei Goettlings ist für Ende 1896/ Anfang 1897 nicht belegt; vielleicht meint M eine Einladung zu Weihnachten, die er nicht annahm, weil er da bei Kayssler in Görlitz war. — 343,7 *Galgenberg-Album – Musik*: Es blieb beim Plan. Die Vertonungen waren von Julius Hirschfeld. — 343,10 *Es giebt – mehr*: aus Molières »Der eingebildete Kranke«, II, 11 (Ah, il n'y a plus d'enfants!, franz.). — 343,16 *philharmonische Generalprobe*: Das 7. Philharmonische Konzert unter Arthur Nikisch umfaßte außer der genannten Schubertsymphonie: »Vyšehrad« von Smetana, eine Mozartarie, Lieder von Hermann Behn, das Klavierkonzert G-dur von Beethoven (nach Angaben im »Magazin für Litteratur« 66 (1897) S. 146). — **343,27** *Klingersche Radierungen*: evtl. in einer der Ausstellungen. Oder aber M konnte das Werk von Franz Hermann Meißner (Max Klinger...München 1897) ansehen, das schon im November 1896 erschienen war und das in der einfacheren Ausführung 200 M kostete (»Das Magazin für Litteratur« 65 (1896) Sp. 1427). — **343,37** *Della Strada*: der, von der, auf der Straße. (italienisch). – Vgl. auch das Gedicht AM GARDASEE. — **343,38** *carissima*: Liebste, Teuerste (lat. oder italien.) — **343,38** *Waldmärchen*: vermutlich das Gedicht AUFFORDERUNG. — **344,1** *»Beim Mäusebarbier«*: BEIM MAUSBARBIER.

Nr. 427 Überlieferung: Brief, 1 S., im Nachlaß, mit Umschlag. **344,10** *Aufsatz in Bornsteins Zeitschrift*: vgl. Nr. 425. — **344,16** *»ich besaß – köstlich ist«*: aus Goethes Gedicht »An den Mond«, 2. Fassung, 5. Strophe. Z. 1 u. 2.

Nr. 428 Überlieferung: Brief, 2 S., SUB Hamburg.

Nr. 429 Überlieferung: Brief, 4 S., SUB Hamburg. – Offenbar hatte Dehmel auch M auf seinen Brief hin eine Abschrift der »Lebensmesse« geschickt, die im Oktober im »Pan« erschien.
345,20 *»Nur in sich«*: »Chor der Greise«, Schluß: »Denn nicht über sich, / denn nicht außer sich, / nur noch in sich / sucht die Allmacht der Mensch, /der dem Schicksal gewachsen ist.« »Pan« 3 (1897/98) S. 89. — **345,26** *Eintag. Eintagsmenschen*: M benutzt den Begriff nicht nur im Sinn von Kurzlebigkeit (und daraus abgeleiteter Unbedeutendheit wie bei Eintagsfliege), sondern vor allem im Sinn von Alltag, mit negativem Beigeschmack und insofern auch wieder Nichtigkeit bedeutend. Hierfür konnten in Ms Werk bislang fast 20 Belege aufgefunden werden, davon 2, in denen eindeutig Eintag als Synonym für Alltag erscheint: (*Im ⟨All⟩* [darüber: *Ein*]*tag draußen* (T 1895, Bl. 799) und (*über den Alltag hinaus* [...]) *über den Eintag hinaus* [...] (T 1904 II, Bl. 2). — **345,31** *»Held«*: »Ein Held:«; dieser macht sich von allen Bindungen frei, reitend »von Sieg zu Siegen [...] bis ich dem Schicksal erliege / dem ich gewachsen bin.« A.a.O. S. 91. — **345,33** *»Waise«! »Aber um wen!«*: »Eine Waise:« beginnt: »Ich kenne Keinen, / der mich will leben sehn; / ich möchte weinen, / aber um wen!« A.a.O. S. 92. — **345,33** *»Bin ich doch...«*: »Die Waise:«, Schluß: »Bin ich doch nur eine Waise / die sich nicht zerreißen kann!« A.a.O. S. 93. — **345,34** *»Kinder-Chor«*: »Chor der Kinder:« Beginn und Schluß: »Dann wird ein Winter kommen, / friert alles Wasser zu; / da haben alle Wellen, / alle Schifflein Ruh. [...] Du stiller Weihnachtsengel, / mach uns geschickt wie Du! / wir sind ja noch so klein, so klein, / und wachsen immer zu.« A.a.O. S. 93 f. (Die wiederkehrende und variierte Formel

»dem ich gewachsen bin« ist offenbar doppelsinnig und bedeutet gleichzeitig »für das«.)

Nr. 430 Überlieferung: Postkarte im Nachlaß. Datierung: Poststempel.

Nr. 431 Überlieferung: Brief, 8 S., im Nachlaß, mit Umschlag.
346,20 *Freie Bühne – findet*: »Zwei Glockengießer«, »Neue Deutsche Rundschau« 8 (1897) S. 101–104. Der zweite Glockengießer ist Ibsen, mit dessen Drama »John Gabriel Borkman« Kerr Hauptmanns »Versunkene Glocke« am Schluß seines Artikels vergleicht. — 347,6 *gutsherrliche Geistersippe*: bezieht sich auf einen verschollenen Brief Ms.

Nr. 432 Druck: BRIEFE. Auswahl (1952) S. 90 f.
347,13 *Freiberger Onkel*: Arnulf Schertel. — 348,14 *Zarathustra ins Auge*: dem Nietzsches.

Nr. 433 Überlieferung: Brief, 3 S., im Nachlaß, Briefkopf: »Dramatische Gesellschaft zu Berlin / Otto Erich Hartleben Berlin NW. Karlstraße 32«.
348,17 *Rondel – Triolett*: Rondel oder Rondeau, französisches Rundtanzlied des 13.–15. Jahrhunderts, mit Refrain, zunächst 6zeilig, bis auf 21 Zeilen erweiterbar. Triolett, seit dem Ende des 15. Jahrhunderts Bezeichnung für ein 8zeiliges Rondeau. Hartleben gibt für das Rondel als Reimschema an: abba baab ababa, wobei Z. 1,2,7,8,13 wiederholt wird; für das Triolett: abaa abab, Z. 1,2,4,7,8 wiederholt. Die Formen wurden später in der Literatur wieder aufgegriffen.

Nr. 434 Überlieferung: Brief, 4 S., im Nachlaß.
348,31 *Robertson*: In Frage kommen William Robertson oder Frederick William Robertson; letzterer ist wahrscheinlicher.

Nr. 435 Überlieferung: Brief, 4 S., im Nachlaß. Datierung: nach der Angabe im »Neuen Theateralmanach« 1898, S. 82 (Liste mit Aufführungsorten und -daten von »Kaiser Heinrich«).
349,21 *einem Weib*: Luise Sandvos.

Nr. 436 Überlieferung: Postkarte, StB München. Datierung: Poststempel.

Nr. 437 Überlieferung: Brief, 1 S., im Nachlaß. Durchschrift DLA Marbach, Pan-Kopierbuch IV, S. 644. Das Original mit dem Briefkopf der Redaktion des »Pan«.
350,3 *Hartleben – Schweigen*: Es geht vermutlich um Ms Beitrag zum »Verbrecheralbum«.

Nr. 438 Überlieferung: Gedicht, 3 S. und briefliche Nachschrift, 1 S., im Nachlaß. Datierung: am Ende des Gedichts. – Gedichttext s. Abt. Lyrik 1887–1905, S. 740 f.

Nr. 439 Überlieferung: Postkarte im Nachlaß. Datierung: Poststempel.

350,14 *Versenkung der Leipziger Str.*: Es handelt sich vielleicht um eine der literarisch-geselligen Veranstaltungen eines Vereins, die oft in den Räumen eines Restaurant stattfanden. In der Leipziger Straße gab es mehrere dafür in Frage kommende.

Nr. 440 Überlieferung: Brief, 1 S., im Nachlaß, mit Umschlag.

Nr. 441 Überlieferung: Brief, 4 S., im Nachlaß.

Nr. 442 Überlieferung: Brief, 3 S., im Nachlaß.

351,31 *traditionellen Kreis*: vielleicht die immer nachwachsenden Mitglieder des »S. C.«.

Nr. 443 Überlieferung: Brief, 8 S., im Nachlaß.

352,9–15 *Kreml – Erlöserkirche*: s. im Register »Moskau«. — 352,20 *Derwisch im Nathan*: s. Lessing; der Derwisch kommt in 1, 3 vor. — 352,23 *Iswoßtschik*: Kutscher. — 352,23 *Der arme Italiano*: Der Erbauer der Moskauer Basiliuskathedrale, arm, weil er geblendet worden sein soll. Es handelt sich um die Baumeister Barma und Pos(s)nik oder um nur eine Person mit dem Namen Barma-Postnik.

Nr. 444 Überlieferung: Postkarte im Nachlaß. Datierung: Poststempel: 21.3.1897, 1–5 V. Druck: BRIEFE. Auswahl (1952) S. 91.

352,28 *Danton. RobSp.*: nur hier überlieferte Spitznamen Ms und Reinhardts. RobSp.: Robespierre. — 352,31 *Weber Ansorge. Pfarrer*: in Hauptmanns »Webern«. — 352,33 *»Amerika, bar«*: also in der Amerika-Bar.

Nr. 445 Überlieferung: Postkarte im Nachlaß. Datierung: nach dem Abgangsstempel 22. 3. 9–10 V und dem Inhalt.

353,5 *Vorfeier*: zur Feier des Geburtstags Kaiser Wilhelms I. am 22.3.

Nr. 446 Überlieferung: Brief, 5 S., im Nachlaß, mit Umschlag. Datierung: Poststempel.

Nr. 447 Überlieferung: Brief, 4 S., im Nachlaß. Datierung: aus dem Inhalt erschlossen.

354,16 *Vortrag über Dichter*: vgl. Nr. 381, Kommentar. — 354,18 *etwas tänzelndes*: vgl. Nr. 2. — 354,33 *Wilhelmsbad*: »Badeanstalt für Damen und Herren« am Müggelsee, Seestr. 45, existiert noch als Strandbad Friedrichshagen, Müggelseedamm 216. Haberfeld spielt wahrscheinlich auf nicht ermittelbare Gespräche oder gemeinsame Erlebnisse an. — 354,35 *Werther-Amandus Kellner*: Möglicherweise handelt es sich um einen Kellner, der die Freunde an Goethes Werther und zugleich an den Amandus in Halbes »Jugend« erinnerte. — 354,36 *Schultzes Bierhallen*: richtig: »Schulzes«, Gaststätte, Seestr. 22, existiert noch als Gaststätte Braustübl, Müggelseedamm 166. Für die Friedrichshagener Auskünfte danke ich Albert Burckhardt, Berlin, ebenso für Ergänzungen und Hinweise zu Ms Schulzeit in Sorau. K.B. — 355,2 *»Noch ist – Rosen«*: Ähnlich eine Zeile aus Strophe 2 des Lieds »Weg mit den

Grillen und Sorgen« von Siegfried August Mahlmann: »Noch sind die Tage der Rosen«; in dieser Form auch als Refrain eines Lieds aus Otto Roquettes Märchenspiel »Waldmeisters Brautfahrt«. — 355,3 *Klavierlehrerin, die Schuhmann spielte*: wahrscheinlich Marie Gerdes. Schuhmann: Schumann. — 355,16 *Kritik*: »Wie in der jüngsten Renaissance der Künste Darstellungskreise und Motivgestaltung mit der frohen Kraft sehnenden Schönheitssuchens über altgesteckte Grenzen ineinanderflutheten und vornehmlich der modernen Dichtung reiche Einflüsse aus der Plastik und Malerei zuströmten, bezeugt neuerdings Christian Morgenstern's Lyrik. Mit blinkenden Worten, kühl und silbern, wie Marmor, tief und beseelt, von der purpurglühenden Weinfarbe des Edelgesteins, hat er sich, ein Meister der Form, ein Schloss gebaut, und innen hat es Phanta Sia, seine Göttin und sein Liebchen, ausgemalt. Was auf den einsam-klaren Höhen, so nahe der Sonne, sein trunkenes Auge sieht, was in Nebelfernen als Weltenlauf und Menschenleben sich vorüberwälzt, das sind ihre Bilder und seine Träume. Zum Licht erwacht, empfindet er sein Menschenkönigthum, seine Gewalt und Macht als Werthe schaffender Allgebieter, und eine stille Heiterkeit singt durch seine Seele, das spielende Lachen eines Riesenkindes, das mit Sonne und Sternen Kurzweil treibt. Einiges in den Gedichte ist von der unberührten Feierschönheit griechischer Chöre, heilige, reine Kunst, noch diesseits vom Leben, Manches von dem selig unseligen Erkenntnisskampf des heutigen Menschen, Vieles schon von Zarathustras Zukunftssonne und alle Schwere überwindendem Tanzschritt, jenseits des Alltags. Es ist ein stolzes Buch und sein Dichter ein starker Künstler. Dem Geiste Friedrich Nietzsche's hat er es gewidmet. H.H.« »Wiener Rundschau«, undatierter Zeitungsausschnitt im Nachlaß. — 355,32 *Th.*: Tür; Haberfeld wohnte anscheinend in einer Pension.

Nr. 448 Überlieferung: Postkarte im Nachlaß. Datierung: Poststempel.

Nr. 449 Druck: BRIEFE. Auswahl (1952) S. 114 f.

356,9 *M. H.*: Moritz Heimann. *A. K.*: Alfred Kerr. — 356,12 »*Trottel – Hochstapler*«: Bezieht sich auf eine Rezension Hans Paulis (Moritz Heimanns) von Holz' Drama »Sozialaristokraten«: »Es [das Stück] ist nämlich so maßlos langweilig, so ausschweifend und maßlos langweilig, daß es fast monumental ist. Nämlich Holz, als unbestechlicher Geschichtsschreiber unserer Zeit – in Dramen – nahm die Modelle für seine Sozialaristokraten, wo sie zu finden sind, aus Friedrichshagen. Und kontrafeite unter anderen Bruno Wille, Mackay, Przybyszewski, drei sattsam bekannte Trottel und Dummköpfe, theilweise mit einem Stich ins Hochstaplerhafte. Daß diese drei Männer so sind, dafür kann doch Holz nicht, er hatte die Pflicht, ehrlich zu sein; aber da er zugleich von Natur sehr gutmüthig ist, so wollte er die betreffenden Herren nicht kompromittieren, er schrieb sein Stück langweilig, damit es niemand lese, und lieferte eine Satire ohne Humor und ein Drama ohne Kunst. [...]« »Ein litterarischer Streifzug«, »Neue Deutsche Rundschau« 8 (1897) S. 414–422, über Holz S. 421. M schrieb auch an Mackay (verschollener Brief), versicherte ihn anscheinend seiner Solidarität und plante eine öffentliche Entgegnung, zu der es aber nicht kam. Hingegen gab Heimann im nächsten Heft der Zeitschrift eine Erklärung ab, daß seine Bemerkungen selbstverständlich ironisch und gegen Holz' Drama gerichtet gewesen seien: »Eine Stelle meines in der vorigen Nummer erschienenen Aufsatzes ›ein litterarischer Streifzug‹ ist einer falschen Deutung verfallen, die ich sehr bedaure, obgleich ich nicht umhin kann, sie unverständlich und thöricht zu finden. Schwerhörige Menschen haben den ironischen Ton in der Besprechung des Dramas von Arno Holz verkannt, und haben geglaubt, die grotesken Beschimpfungen der Herren Wille, Mackay und Przybyszewski, die ich als in jenem Drama enthalten verachtend bloßstellen wollte, mir zuschieben zu müssen. Da schließlich an dem Urteil guter Menschen, auch wenn sie schwerhörig sind, etwas gelegen ist, so stelle ich hiermit ausdrücklich die radikale Grundlosigkeit jener Auffassung fest. Ich meinerseits empfinde einen solchen Verdacht als eine grobe Beleidigung, verzeihe sie aber von Herzen wegen ihrer Lächerlichkeit.« a.a.O. S. 550. (Wenn das nicht zu weit hergeholt ist, so könnte die sich stärker ans französische Vorbild angelehnte Form »kontrafeite« (contrefaire) statt »konterfeite« womöglich sogar die Bedeutung »verunstaltete« (eine der Bedeutungen im Französischen) mit anklingen lassen.) – Holz schilderte eine inferiore, äußerst opportunistische Literatengruppe, die sich von sozialistischen Ideen sogleich zur antisemitischen Partei wendet, wenn dort das Geld winkt. Dies traf auf die genannten Vorbilder nicht zu, und Holz schrieb darüber: »Ich habe selbstverständlich für jede Person in meinem Stück ein Modell gehabt. Aber ebenso selbstverständlich ist es mir bei keiner von diesen darauf angekommen, das betreffende Original zu kopieren, das mir als solches natürlich stets schnurz und schnuppe ist, sondern lediglich in möglichst lebendiger Erinnerung an dieses ein möglichst lebendiges Drittes zu schaffen, von dem es mir dann vollständig gleichgültig war, ob es sich noch mit seinem Anlaß deckte oder nicht. [...]«, Holz an Reinhard Piper, 23.8.1897. In: Arno Holz: Briefe. Eine Auswahl. Hrsg. von Anita Holz und Max Wagner. München 1948, Nr. 66, S. 115.

Nr. 450 Überlieferung: Brief, 1 S., im Nachlaß.

Nr. 451 Überlieferung: Brief, 1 S., im Nachlaß, mit dem roten

Briefumschlag des »Pan«. Briefkopf der Zeitschrift »Pan«. Durchschrift DLA Marbach, Kopierbuch Pan IV, S. 871.

Nr. 452 Überlieferung: Durchschrift, 1 S., DLA Marbach, Kopierbuch Pan IV, S. 899.

358,4 *Gedicht*: MEERESBRANDUNG. Es hat im Druck der Zeitschrift »Pan« die Form, die Flaischlen vorschlägt. — 358,7 *seligen Purpurmantel*: bezieht sich vermutlich auf ein Mißverständnis beim Gedicht ICH BIN EINE HARFE, V. 28.

Nr. 453 Überlieferung: Brief, 3 S., SUB Hamburg.

Nr. 454 Überlieferung: Brief 1 S., im Nachlaß, mit Umschlag.

359,4 *Verleger*: C. Kloß, Hamburg oder L. Staakmann, Leipzig.

Nr. 455 Überlieferung: Brief, 2 S., im Nachlaß.

Nr. 456 Überlieferung: Brief, 3 S., im Nachlaß. Datierung: Ms Geburtstag war am 6.5.; außerdem dürfte Marie Gerdes erst kurz zuvor aus Bremen zurückgekehrt sein; M hat sie am 1.5. besucht und Eugenie Leroi vermutlich davon berichtet; die nachfolgenden Ereignisse kennt sie offenbar noch nicht. Möglich wäre auch der 4.5. statt des geschriebenen 5.4.

359,28 *Mia*: Marie Gerdes. — **360,12** *Fräulein Bentzen*: wahrscheinlich Tyra Bentsen.

Nr. 457 Überlieferung: Brief, 3 S., UB Erlangen-Nürnberg, Sammlung E. Meyer-Camberg, mit Umschlag, nach Freiberg – *p. A. Herrn Professor A. Schertel* – adressiert.

Nr. 458 Überlieferung: Entwurf, T 1897/98, Bl. 17 f. Druck: Abt. Lyrik 1906–1914, S. 911 f.

Nr. 459 Überlieferung: Entwurf, T 1897/98, Bl. 19 f., mit dem Vermerk: *An M. G. womöglich*. Druck: BRIEFE. Auswahl (1952) S. 99, »An ein junges Mädchen«. Es handelt sich um einen Entwurf für den Fall, daß Marie Gerdes verurteilt worden wäre.

Nr. 460 Überlieferung: Brief, 4 S., angeboten Auktionskatalog Stargardt 630 (1983), Nr. 286, Auszüge. Druck: BRIEFE. Auswahl (1952) S. 92. Textvariante (außer der abweichenden Rechtschreibung): **362,16** *schön und vornehm*] *süss und vornehm* Stargardt ebd.

362,11 *Außer Gedichten – verwunderter Frau*: die Gedichte: »Psyche«, »Erlebnis«, »Wolken«, »Regen in der Dämmerung«, »Vorfrühling«. »Blätter für die Kunst« 1 (1892/93) Heft 2, Dezember 1892, S. 37–44. »Der Tod des Tizian«: a.a.O. H.1, Oktober 1892, S. 12–14. »Idylle«: a.a.O. H.4, Mai 1893, S. 105 ff. — **362,127** *Deinem Schaffen*: Georg Hirschfeld arbeitete noch an »Agnes Jordan«.

Nr. 461 Überlieferung: Brief, 4 S., im Nachlaß.

363,18 *Horazkritik*: Haberfeld schreibt sehr allgemein, beginnt mit dem Verlangen nach Poesie, kommt auf Horaz, der die Harmonie erreicht, es sich aber doch etwas leicht gemacht habe, weshalb einem Modernen, der höher hinaus wolle, die Idee kommen konnte, ihn »bei einem guten Tropfen am Stammtisch seine Oden erzählen zu lassen. Es liegt etwas Befreiendes darin, die Ueberwindung des Zurückbleibenden. Darum bedeutet das schmucke Heft mehr als einen Studentenscherz, darum muß es in launiger Stunde ein Dichter geschrieben haben, der aufwärts steigt.« »Wiener Rundschau« 1897, Nr. 11, Zeitungsausschnitt im Nachlaß, mit H. H. unterzeichnet. — 363,8 *aus dem »Wiener Tageblatt«*: nicht ermittelt.

Nr. 462 Überlieferung: Brief, 1 S., Durchschrift, Pan-Kopierbuch v, DLA Marbach.

363,14 *Vorschlag*: Es geht wieder um MEERESBRANDUNG. — 363,15 *kleinen Buchstaben – Interpunktion*: Das hatte M gerade in den »Blättern für die Kunst« gesehen, vgl. Nr. 460. — 363,22 *Inptänderungen*: Interpunktionsänderungen.

Nr. 463 Überlieferung: Postkarte im Nachlaß.

363,29 *»Kritik« – gegen Dehmel*: Börries von Münchhausen: Richard Dehmel. »Die Kritik« Bd. 11, Nr. 132, 10.4.1897, S. 708 ff. Es ging dabei um das Gedicht »Venus Consolatrix«. — 364,1 *Rundschau*: die »Neue Deutsche Rundschau«.

Nr. 464 Überlieferung: Brief, 4 S., im Nachlaß. Druck: BRIEFE. Auswahl (1952) S. 92 f., gekürzt.

364,32 *Goethe – Hexameter skandierte*: »Oftmals hab ich auch schon in ihren Armen gedichtet / Und des Hexameters Maß leise mit fingernder Hand / Ihr auf den Rücken gezählt.« Römische Elegien, v, Z. 8– 10. — 365,14 *unsre Freundin*: Marie Gerdes. — 365,19 *zwei Rechtsanwälte*: Paul Jonas und Erich[?] Sello.

Nr. 465 Überlieferung: Postkarte im Nachlaß.

366,2 *Nr. 140 der »Kritik«*: 5.6.1897; Dehmel bedankte sich am 9.6. bei Wilhelm von Scholz »für die Lanze, die Sie in der ›Kritik‹ für mich gebrochen haben, obgleich dieser ordinäre Baron, der mir eine Vorladung vor den Staatsanwalt(!) eingebrockt hat, Ihres Fehdehandschuhs eigentlich unwürdig ist« (Auftakt Nr. 317, Bd. 1, S. 279); ausführlicher im Brief vom 13.6. (Auftakt Bd. 2 S. 161 f.) – beide Briefe im DLA Marbach.

Nr. 466 Überlieferung: Brief, 4 S., im Nachlaß, mit Umschlag.

366,10 *Zeitschriftenschau*: Im letzten Teil der »Neuen Deutschen Rundschau«, der durch kleineren Druck abgesetzten »Rundschau«, fanden sich oft weitere Überschriften wie etwa »Internationale Zeitschriftenrundschau« oder »Bücher- und Zeitschriftenrundschau«, je nach Art der gebrachten Artikel. — 366,10 *Nr. 140*: der »Kritik«. — 366,33 *Frlgsfhrt*: »Frühlingsfahrt«.

Nr. 467 Überlieferung: Eigenhändige Abschrift, 1 S., im Nachlaß.
Nr. 468 Überlieferung: Brief, 1 S., im Nachlaß.
Nr. 469 Überlieferung: Postkarte, StB München. Die Karte enthält außerdem einige kleine Zeichnungen, vermutlich von M.
Nr. 470 Überlieferung: Brief, 4 S., Landesarchiv Berlin. Zum Adressaten: Da Schlenther zu den leitenden Herausgebern der deutschen Ibsenausgabe gehörte und M in der AUTOBIOGRAPHISCHEN NOTIZ (Abt. Aphorismen Nr. 1) berichtet, der Übersetzungsauftrag sei ihm von Schlenther vermittelt worden, ist der Brief mit größter Wahrscheinlichkeit an ihn gerichtet.
368,17 *beigegebene Scene. »Nein, da ist Sieg...«*: aus dem 1. Akt der »Komödie der Liebe«, Sämtliche Werke Bd. 3, Zitat S. 119. — 368,24 *Die Fischersche und die Reklamsche Übersetzung*: Bei Fischer erschien die »Komödie der Liebe« 1889 in der Übersetzung von Marie von Borch, bei Reclam 1890 in der von Philipp Schweitzer. — 369,7 *Frau Bernstein*: möglicherweise die Schriftstellerin Elsa Bernstein. — 369,21 *a limine*: von der Schwelle (lat.), von vornherein.
Nr. 471 Überlieferung: Brief, 4 S., angeboten L'Art Ancien S. A., Zürich und Haus der Bücher, Basel 25 (1955) Nr. 274, Inhaltsangabe ohne Zitate.
369,25 *Übersetzungen Ibsenscher Stücke*: Es handelt sich um den erst erhofften Übersetzungsauftrag.
Nr. 472 Überlieferung: Brief, 6 S., im Nachlaß.
369,32 *Friedrich*: Kayssler. — 369,33 *ist ein ehrenwerter Mann*: vgl. Nr. 373, Kommentar. — 370,7 *Ch.*: Charlottenburg. — 370,10 *ex meis rebus*: von meinen Angelegenheiten (lat.).
Nr. 473 Überlieferung: Brieffragment, 2 S., im Nachlaß, ohne Anfang und Schluß. Druck: BRIEFE. Auswahl (1952) S. 98, gekürzt und irrtümlich mit »Ende 1897« datiert. Der Brief muß aber vor der Entscheidung über die Übersetzungen geschrieben worden sein.
372,31 *für alle Zukunft – mustergültigen*: Das war etwas zu optimistisch gesehen, aber es erleichterte M wohl die Aufgabe. Es ging zwar bei der Gesamtausgabe, für die Ibsen 9000 Mark sowie Tantiemen bei Aufführungen erhielt, darum, »den ganzen Ibsen zu ›retten‹« (Julius Elias, nach Peter de Mendelssohn, S. Fischer und sein Verlag S. 236) und Ibsen für künftige Werke an den Verlag zu binden, aber rechtliche Konsequenzen hatte die Autorisation für die alten Werke nicht. Andere Übersetzungen konnten weiterhin von den Theatern gespielt werden, diese mußten sogar darauf zurückgreifen, wenn sie die Konzession für die des Fischer-Verlags nicht bekamen. So überarbeitete M später für Max Reinhardt einige ältere Ibsenübersetzungen (vgl. Abt. Lyrik 1906–1914, S. 1008 f.). – Das Hauptproblem bei den zahlreichen

Übersetzungen Ibsenscher Werke lag darin, daß Werke skandinavischer Autoren durch die Berner Übereinkunft von 1886 (die ausländischen Werken den gleichen Schutz gewährte wie den inländischen) damals noch nicht geschützt waren. Norwegen trat zwar 1896 bei, aber Dänemark erst 1903, und da Ibsens Werke bei Gyldendal in Kopenhagen erschienen, konnten sie weiterhin beliebig übersetzt und gespielt werden, ohne daß der Autor irgendeinen Einfluß darauf hatte und ohne daß er an den Gewinnen von Verkauf oder Aufführung beteiligt oder sonstwie entschädigt werden mußte. Die Eile, die bei der Übersetzung neuer Werke üblich war, wirkte sich auch negativ auf deren Qualität aus; Fischer suchte diese Nachteile bei seinem anspruchsvollen Unternehmen der Ibsen-Gesamtausgabe durch Revision (Julius Elias) oder durch Neuübersetzung der Werke (M) wiedergutzumachen. – Für neue Werke wurde versucht, durch gleichzeitiges Erscheinen von Original und Übersetzung (so u.a. bei »Wenn wir Toten erwachen«) die Übersetzung als deutsche Ausgabe unter den Schutz des deutschen Urheberrechts zu stellen; zur Rechtsverbindlichkeit dieser Maßnahme gab es aber unterschiedliche Meinungen. Genaueres zu dem hier nur in groben Zügen umrissenen Themenkomplex bei Helga Abret, Albert Langen, S. 157–168; im Marbacher Ausstellungskatalog S. Fischer, Verlag, S. 48–68; de Mendelssohn, a.a.O. S. 244–248.

Nr. 474 Überlieferung: Brief, 2 S., im Nachlaß.

Nr. 475 Überlieferung: Brief, 4 S., im Nachlaß. Es handelt sich vermutlich um den den Manuskripten (s. Nr. 476) beigelegten oder, wahrscheinlicher, gleichzeitig abgeschickten Brief.

Nr. 476 Überlieferung: Briefkopie, 1 S., im Nachlaß. Der Brief wurde dem vorigen vermutlich unmittelbar nachgeschickt.

Nr. 477 Druck: BRIEFE. Auswahl (1952) S. 93 f.

376,25 *Horaz – meinem Namen)*: Die 1. Auflage war anonym erschienen. Da M aber bereits vor dem Erscheinen des Buchs eine Anzahl der Gedichte in der »Jugend«, und zwar unter seinem Namen, veröffentlicht hatte, war das Inkognito sowieso nicht zu wahren; in den Rezensionen des Buchs wird mehrfach M als Autor genannt.

Nr. 478 Überlieferung: Brief, 1 S., im Nachlaß, mit Umschlag.

Nr. 479 Überlieferung: Vertragstext, 2 S., im Nachlaß, vermutlich Diktat, Unterschrift wie in Nr. 422.

Nr. 480 Überlieferung: Vertragstext, 2 S., im Nachlaß, vermutlich Diktat, Unterschrift wie Nr. 422.

Nr. 481 Überlieferung: Brief, 1 S., im Nachlaß.

Nr. 482 Überlieferung: Brief, 7 S., im Nachlaß, mit Umschlag.

378,29 *Henrik und Samy*: Ibsen und Fischer, also die Übersetzungsangelegenheit. — 379,3 *Ibsen – Torresen*: hier ein Spitzname für die Wirtsleute in Friedrichshagen.

Nr. 483 Überlieferung: T 1897/98, Bl. 58, die Abschrift eines Entwurfs; der endgültige Vertrag wurde am 21.1.1898 (Nr. 537) geschlossen. Am Rand steht die Bemerkung: *Doch vielleicht Tantiemen von Ibsen.* Diese waren im Vertrag nicht vorgesehen, und M hoffte lange vergebens darauf, vgl. Nr. 537, 552, 668. – Auf Bl. 40 stehen weitere (in ihrer stichwortartigen Kürze nicht eindeutig verständliche) Überlegungen zum Thema Tantiemen; u.a. wollte er Marie von Borch deswegen um Rat fragen (die aber nicht mehr lebte).

Nr. 484 Überlieferung: Brief, 2 S. (S. 1 und 3 des Bogens), im Nachlaß.

379,16 *S. F.*: Samuel Fischer.

Nr. 485 Überlieferung: Brief, 7 S., im Nachlaß. Druck: BRIEFE. Auswahl (1952) S. 94–96, gekürzt und mit 11.9. datiert.

380,16 *I.*: Ibsen. — 380,21 *Die V.*: s. Beethoven. — 380,27 *in Triebschen – unaussprechlich war*: Während seiner Baseler Professur besuchte Nietzsche Wagner, der in dieser Zeit auf dem Landgut Tribschen bei Luzern lebte, über zwanzigmal; hier festigte sich ihre Freundschaft, bis sich in den Jahren darauf eine zunehmende Entfremdung ergab, die zum völligen Bruch führte. — 380,31 *Z.*: Zöbner, also Körner. — 380,33 *irgend einer -Ache*: Ache oder Aa, Ach, Achen (nach aqua, Wasser, lat.), Namensbestandteil zahlreicher Flüsse und Bäche. Hier kommt vielleicht die Tiroler Ache in Frage. — 380,34 *Hofkirche – den Berner*: Dietrich von Bern (Verona), Sagengestalt nach dem Vorbild Theoderichs des Großen, zum Grabdenkmal Kaiser Maximilians I. in der Innsbrucker Hofkirche gehörende Statue, 1513, nach dem Entwurf Albrecht Dürers gegossen in der Werkstatt Peter Vischers d. Ä. in Nürnberg. — 381,9 *W. – Freundes*: ein Bruder Robert Wernickes, vielleicht Rudolf Wernicke. — 381,22 *Keim zu einem neuen Werk*: MEIN GASTGESCHENK AN BERLIN. – Es gibt im T 1897/98 noch eine ganze Reihe von Plänen und Skizzen, die sich wohl auch überschneiden: einen Zyklenplan, zu dem wohl seine Reisen gehören sollten, und ein *Lyr. Zeitspiegel* (T 1896/98, Bl. 13), in dem die zeitgenössische Dichtung aufs Korn genommen werden sollte. Es folgen Notizen zu einem *Festspiel zur Jahrhundertwende (ebd.)*, dann solche zum Thema Berlin, seinen Bauten und Bildhauerwerken (Siegesallee), zu Malerei, Literatur und Kritik, aber auch zu den technischen Errungenschaften der Zeit; eingeblendet werden sollten Naturszenen. Als Abschluß war ein Ausblick auf eine neue Kultur, eine *neue Renaissance* vorgesehen, a.a.O. Bl.62., insgesamt T 1897/98, besonders Bl.3 f., 12 f., 27 f., 34, 62 f. 66, 81 f., April – etwa Oktober 1897. — 382,3 *Maxens Klinger wegen*: Au-

ßer den genannten Werken sah M die Kassandra und den Brahms-
zyklus. T 1897/98, Bl. 48.

Nr. 486 Überlieferung: Brief, 2 S., im Nachlaß.

Nr. 487 Überlieferung: Brief, 4 S., im Nachlaß, mit Umschlag.
Datierung: Poststempel.

383,2 *Das ist ja herrlich*: Marie Gerdes' Freispruch. — **383,5** »*Wintermärchen*«: s. Shakespeare. — **383,6** *entlassen worden — nicht hineinpasse*: Es handelt sich hier um eine Kündigung im Probemonat, eine
gängige Unsitte bequemer Theaterdirektoren, die einige Jahre später
im »Neuen Theateralmanach« angeprangert wurde: Manche Direktoren engagierten von vornherein mehr Schauspieler, als sie brauchten,
und suchten sich dann bei den ersten Rollen die passenden heraus; die
anderen, die wieder entlassen wurden, konnten sehen, nach Beginn
der Spielzeit noch woanders unterzukommen. Anschließend an die
allgemeine Darstellung werden die 47 Theaterleiter (etwa ein Achtel
der in Frage kommenden), die dies praktizierten, namentlich und mit
der Angabe der Anzahl der Kündigungen genannt: Der Direktor des
Stadttheaters Halle (noch Max Richards wie 1897) steht mit 8 Kündigungen in der Spielzeit 1902/03 an 4. Stelle. Vgl. Kündigungen im
Probemonat. Eine Statistik. a.a.O. 1904, S. 73–76. Intrigen (vgl. Nr.
507) waren für eine Entlassung gar nicht nötig. In der Rückschau
stellte Kayssler, das Provinztheater leicht bespöttelnd, fest: »Die Leute
hatten recht. So naturalistisch wie bei Brahm durfte man in Halle an
der Saale nicht spielen!« Günther, a.a.O. S. 336.

Nr. 488 Überlieferung: Postkarte im Nachlaß, wie (beinahe)
immer mit einer Zeichnung (Mann mit Geldsäcken, der mit großen
Schritten über eine Stadt eilt), auf die der Text Bezug nimmt.
383,22 *M. G.*: Marie Gerdes.

Nr. 489 Überlieferung: Brief, 2 S., im Nachlaß. Datierung nach
dem Inhalt.

383,29 *Bibelstelle*: Jesaja 44, 19 f. und 24 f. Bei Strindberg in Ms Übersetzung S. 123 f.

Nr. 490 Überlieferung: Brief, 4 S., im Nachlaß.

384,4 *Einakter*: nicht ermittelt, vgl. Nr. 485.

Nr. 491 Druck: Bauer, Chr. M. (1933) S. 74. (1985) S. 76. BRIEFE.
Auswahl (1952) S. 91. – Datierung: nach Nr. 490. Textvarianten:
384,14 *für M.G.*] fehlt BRIEFE. ebd. — **384,15** *etc.*] *usw.* ebd.

Nr. 492 Überlieferung: Durchschrift, 1 S., DLA Marbach, Pan-
Kopierbuch v, S. 927.

384,17 *vier Gedichte*: nicht ermittelt.

Nr. 493 Überlieferung: Postkarte im Nachlaß. Datierung: Poststempel.

385,4 *Harden'schen Artikel*: Revolver-Mieze. »Die Zukunft« 21 (1897) S. 47 f. Harden äußerte sich hier sehr abfällig über Marie Gerdes. — **385,5** *T. R.*: »Tägliche Rundschau«. Gerade dort aber hat Carl Busse »einen Aufsatz gegen die heilige Gerdes geschrieben, die nach dem zweiten Kind entdeckte, daß es mit der freien Liebe nischt ist und für die Schlenther, Halbe, Hirschfeld, Morgenstern etc. eingetreten waren.« Busse an Heinrich Jacobowski, 3.10.1897. Auftakt, Nr. 165, Bd. 1, S. 158. — **385,12** *Ihre Erklärung*: Vgl. einen Entwurf, der die Stellung im T nach schon früher verfaßt wurde und sich dann wohl auf Presseberichte über den Prozeß allgemein, nicht speziell auf Hardens Artikel bezieht, aber vielleicht auch später Heinrich Hart vorgelegt wurde. Er kann aber auch nachträglich auf leere Seiten des Ts geschrieben worden sein:
Aufruf.
Zeitungsleser! Den zügellosen [⟨...⟩] *Übergriffen welche sich d. Presse in d. Privatleben erlaubt, ist endlich mit der Macht der Gesamtheit entgegenzutreten.* ⟨Wir⟩ *Männer der jungen Generation haben sich zu einer Vereinigung zusammen gethan, welche entschlossen ist,* [⟨...⟩] *in der Wirkungsweise einer unsichtbaren Fehme den Kampf gegen Missbrauch diese* ⟨Art von⟩ [darüber: *Missbrauch der*] *Presse zu führen u. vom Standpunkt einer hohen u. freien Lebensauffassung rücksichtslos jeden zu brandmarken u. immer wieder zu brandmarken, der sich vor unserem, de*⟨r Leser⟩ [*de*]s *Volkes Willen nicht beugen will*. T 1897/98, Bl. 54. Datierbar vermutlich August/September 1897 oder später.

Nr. 494 Überlieferung: Postkarte (Paketfahrkarte), StB München. Datierung: Poststempel (Paketfahrt).

385,20 *[– ( ) –]*: Die eckigen Klammern sind hier von M. — **385,26** *re vera*: wirklich (lat.).

Nr. 495 Überlieferung: Brief, 2 S., im Nachlaß, Querformat mit großen, einer Bemerkung im Text zufolge mit einem Strohhalm gemalten Buchstaben, die Initialen mit Figuren verziert, darunter – wohl Anspielung auf Marie Gerdes – eine junge Dame mit Revolver.

Nr. 496 Überlieferung: Brief, 1 S., im Nachlaß.

Nr. 497 Überlieferung: Brief, 1 S., im Nachlaß. Briefkopf der Redaktion des »Pan«. Durchschrift im Pan-Kopierbuch VI, DLA Marbach.

386,23 *Buch*: AUF VIELEN WEGEN.

Nr. 498 Überlieferung: Brief, 11 S., im Nachlaß.

386,28 »*Mutter Erde*«: s. Halbe. — **387,1** *Rede* – »*Versunkenen Glocke*«: im 3. Akt von Hauptmanns Drama. — **387,3** *Rudenz in* »*Wilhelm Tell*«: Der Ulrich von Rudenz gehört zu den großen Rollen in Schillers Drama (II,1; III,2; III,3; IV,2; V,4). — **387,4** *Edmund in* »*König Lear*«: In Shakespeares Drama der illegitime Sohn des Grafen Gloucester,

Schurke und Verleumder. — **387**,9 *Glyszinski – Mistrolle:* Dr. von Glyszinski, ein junger Pole, Hausfreund bei den Protagonisten Paul Warkentin und seiner Frau Ella Warkentin-Bernhardi; er himmelt Hella an und lebt auf ihren Wunsch mit dem Ehepaar zusammen, wird von ihr ausgenutzt, von ihm geduldet, aber von niemandem ernstgenommen. — **387**,15 *Nora:* s. Ibsen. — **387**,16 *Danske & Compagnie:* die Frage der Ibsenübersetzungen. — **387**,18 *Anwands einen Blumenkorb:* vermutlich schon zur Hochzeit am 6.11.

Nr. 499 Überlieferung: Rohrpostkarte, StB München. Datierung: Poststempel.

387,24 *Zacconi-Lear:* Ermete Zacconi als König Lear in Shakespeares gleichnamigem Drama.

Nr. 500 Überlieferung: Kartenbrief im Nachlaß.

387,30 *Dank:* für AUF VIELEN WEGEN.

Nr. 501 Überlieferung: Schreibmaschinenabschrift, 1 S., im Nachlaß. Zum Adressaten: von Margareta M als Moritz Heimann angegeben. Das ist unwahrscheinlich, weil anderen Aussagen nach Schlenther M die Übersetzungen vermittelt hat, vgl. u.a. Nr. 470.

388,18 *Der Vers – Alpen schrieb:* Eine Zeile, die vermutlich zu einem Gedicht oder Epigramm gehört, wird bei Bauer zitiert: *Beglückt empfind ich dein Vertrauen* Chr. M. (1985) S. 120. Hier wird auch Schlenther als Initiator angegeben.

Nr. 502 Überlieferung: Blatt ohne Anrede und Unterschrift, SUB Hamburg. Datierung: Das Blatt dürfte der Sendung von AUF VIELEN WEGEN beigelegt worden sein, für die sich Dehmel am 9.11. bedankt.

389,3 *Druckfehler:* M gibt an: *Gemüt statt Gefühl* (BESTIMMUNG Z. 11, in Abt. Lyrik 1887–1905 ausgeführt) und ein Komma nach *Glutstoß* (IM FIEBER Z. 52, a.a.O. übersehen). — **389**,4 *zweiten Teil:* ICH UND DIE WELT.

Nr. 503 Überlieferung: Brief, 1 S., im Nachlaß, mit Umschlag. Druck: Chr. M., Gedenkausgabe (1971), Faksimile o.S. und S. 167 (Transkript).

389,9 *Ihre Gabe:* Das Buch AUF VIELEN WEGEN. — **389**,11 *»Meister«:* M notierte auf der Rückseite des Umschlags: *Das nächste Mal also Schul-Meister?*

Nr. 504 Überlieferung: Brief, 14 S., im Nachlaß. Der Brief befaßt sich mit AUF VIELEN WEGEN.

390,7 *»Wir grüßen – Nächte«. »Auf leichten Tänzerfüßen«:* DER STERN, Z. 17 f. und 25. — **390**,13 *das vom Meister Heinrich:* bezieht sich auf die Rede Heinrichs im 3. Akt von Hauptmanns »Die versunkene Glocke«. — **391**,15 *Zigeunerlied:* DER EINSAME TURM. — **391**,22

Mäuslein: BEIM MAUSBARBIER. — **391,22** *Du Roßdeutscher – weiß Gott*: Die Anspielung konnte nicht ermittelt werden. — **391,36** *Scheidung – Bromberg*: Emil Sandvos war anscheinend speziell dieses skandalösen Ereignisses wegen ans Theater in Bromberg gegangen.

Nr. 505 Überlieferung: Brief, 3 S., im Nachlaß, mit Umschlag. Datierung: nach dem Ankunftstempel 12.11.97 7 1/4 – 8 1/2 V (Briefmarke mit Abgangsstempel ist herausgerissen). Druck: BRIEFE. Auswahl (1952) S. 102 f., dort mit Januar 1898 datiert. Chr. M., Gedenkausgabe(1971), Faksimile o.S. und S. 168 (Transkript).

392,14 *Ihr Buch*: AUF VIELEN WEGEN. — **392,21** *wem die ganze Zeit gehört*: nicht ermittelt. — **392,33** *uraltes Äolshorn*: DER EINSAME TURM, Z. 23. — **392,34** *aus Morgen – Tag*: Anklang an die wiederkehrende Formel in der Schöpfungsgeschichte (1. Mose 1).

Nr. 506 Überlieferung: Brief, 1 S., SUB Hamburg.

393,6 *Meister – Böcklin*: vgl. Nr. 178, 210, 296, 298. Vielleicht hat M auch Böcklin ein Exemplar von IN PHANTAS SCHLOSS geschickt.

Nr. 507 Druck: BRIEFE. Auswahl (1952) S. 96.

393,14 *das erste Werk*: »Das Fest auf Solhaug«. — **393,15** *Kayssler – versuchen*: vgl. Nr. 487, 490, 498. — **393,17** *Direktor*: Max Richards.

Nr. 508 Überlieferung: Brief, 1 S., im Nachlaß.

393,23 *Auch ich – Dein Buch*: Hirschfeld hatte sich offenbar für AUF VIELEN WEGEN bedankt und M sein Drama »Agnes Jordan« geschickt. — **395,8** *Deinem neuen Werke*: »Pauline«.

Nr. 509 Überlieferung: Postkarte im Nachlaß.

395,20 *»echten Dichter – Zukunft«*: Fragmente aus Osborns Kritik von IN PHANTAS SCHLOSS (Nr. 330, 2. Stelle nicht zitiert), vermutlich in der Einladung abgedruckt.

Nr. 510 Überlieferung: Postkarte im Nachlaß.

395,29 *Gedichte*: AUF VIELEN WEGEN.

Nr. 511 Überlieferung: Postkarte im Nachlaß. Datierung: Poststempel. Druck: »Das Theater« 2 (1904/05) S. 107, Faksimile – M veröffentlichte die Karte nach Hartlebens Tod. – Das Treffen mit Orlik erwähnt auch Hartleben: »Orlik ist ein talentvoller junger Maler in Prag [...], dem ich während meines dortigen Aufenthaltes zu einer Radierung gesessen habe« (an Hans Heilmann, 14.12.1897, in: Briefe an Freunde S. 245). Seiner Frau schrieb er auf einer von Orlik gezeichneten – und mitunterzeichneten – Karte: »Hier trifft man nicht nur Postkarten, nicht nur Ansichten und Postkarten mit Ansichten, sondern auch Maler, die Postkarten mit Ansichten aus dem Ärmel schütten« (22.11.1897, in: Briefe an seine Frau, S. 261, Faksimile).

Nr. 512 Druck: Bauer, Chr. M. (1985) S. 94.

Nr. 513 Überlieferung: Brief, 4 S., im Nachlaß.

Nr. 514 Überlieferung: Brief, 1 S., StB München. Datierung: nach den Erwähnungen der Übersetzung in anderen Briefen.
397,24 *Frau Schwester*: wahrscheinlich Hedwig Fischer. — **397,24** *»hôtel«* – *Pension*: M ließ es bei Hotel.

Nr. 515 Überlieferung: Brief, 3 S., im Nachlaß, mit Zeichnung: Der Tod (bekleidetes Gerippe) mit Sense auf der Schulter vor weiter Landschaft, wahrscheinlich angeregt durch den Zyklus VOM TAGWERK DES TODES bzw. das Gedicht daraus: DER FREMDE BAUER.
398,19 *Potator*: Trinker, »Zecher« (lat.).

Nr. 516 Druck: BRIEFE. Auswahl (1952) S. 96 f.
399,8 *»Zarathustra«*: Die Zeitschrift erhielt dann den Titel »Das Narrenschiff«.

Nr. 517 Überlieferung: Karte, einseitig beschrieben, im Nachlaß, gedruckter Briefkopf mit handschriftlich eingefügter Datums- und Straßenangabe.
400,9 *Gedicht*: Am 26.10. hatte M ein Gedicht DIE CIGARETTE an die »Gesellschaft« geschickt. T 1897/98, Bl. 75. — **400,12** *Gedichtsammlung*: AUF VIELEN WEGEN.

Nr. 518 Druck: BRIEFE. Auswahl (1952) S. 96.
400,20 *Trichtergeschichte*: Wenn es sich hierbei, wie zu vermuten, um die Zeichnung Nr. 421 handelt, dann muß die Datierung des Briefs falsch sein und der Brief von Ende 1896/Anfang 1897 stammen. Datierungen nur mit Monatsangabe in der Briefausgabe von 1952 sind in der Regel geschätzt. — **400,27** *Fitzebutze*: s. Dehmel. — **400,27** *Liliencron Schlittenkomtesse*: konnte in mehreren durchgesehenen Ausgaben nicht gefunden werden. Am nächsten kommt vielleicht das Gedicht »Nach dem Ball« aus der Sammlung »Der Haidegänger«; dort lautet die jeweils letzte Zeile der 3 Strophen: »Die kleine blonde Comtesse« (Str. 1 und 2) und »Ich und die kleine Comtesse« (Str. 3); Winter ist es hier nicht, sondern vermutlich Herbst, und so sitzt sie auch in einem Wagen, nicht im Schlitten. Ausgewählte Gedichte, Berlin ²1896 S. 169 f. — **400,29** *Verleger. Marie*: Es handelt sich vermutlich um Marie Goettling. Über den Verleger ist nichts bekannt.

Nr. 519 Überlieferung: Kartenbrief im Nachlaß. Datierung: Poststempel. Die Zeichnung stellt ein Mensch-Tier-Mischwesen dar, wohl einen Pan, das nach einer eng zusammengedrängten Gruppe kleiner, nackter Menschen greift. Dahinter der Schriftzug »Prag«. Der Bezug für Bild und Text konnte nicht ermittelt werden.

Nr. 520 Überlieferung: Postkarte (Paketfahrkarte), StLB Wien.
401,6 *Aufsatz*: Vielleicht der in Nr. 525 genannte *Ausstellungsscherz*. — **401,8** *Glocke*: »Die versunkene Glocke«. Im »Narrenschiff« 1 (1898) S. 12 findet sich unter der Überschrift »Unser Parodie Theater« eine mit

»Thersites« gezeichnete Parodie von Max Bernsteins »Mädchentraum«, in der der Groß Glöckner Hauptmannio vorkommt. — **401,8** *der Jugend*: »Die versunkene Glocke. Des deutschen Märchendrama's sechster Akt. Mitgetheilt von F. v. O. [Fritz von Ostini] – mit 3 Zeichnungen von B. Pankok.« »Jugend« 3 (1897) Bd. 1. S. 298–300. (Rautendelein hat Nickelmann geheiratet und ihm ihr Kind vom Glockengießer Heinrich untergeschoben, fühlt sich nun als unverstandene Ehefrau, kommandiert ihren Mann herum und ist auf der Suche nach einem Hausfreund, den sie im Waldschrat findet.) — **401,9** *H.*: Hauptmann.

Nr. 521 Überlieferung: Postkarte im Nachlaß, adressiert an M über den Verlag Schuster & Loeffler, d.h., AUF VIELEN WEGEN wurde wahrscheinlich direkt von dort an Strauss gesandt.

Nr. 522 Überlieferung: Brief, 4 S., im Nachlaß. S. Nr. 523.

Nr. 523 Überlieferung: Brief, 3 S., im Nachlaß. Für einen der beiden identischen Briefe ist ein Umschlag vorhanden, evtl. wurden sie zusammen geschickt. Der Scherz wäre allerdings besser zur Geltung gekommen, wenn die Briefe einzeln ankamen. M kann auch nur einen Umschlag aufbewahrt haben.

Nr. 524 Überlieferung: Brief, 4 S., im Nachlaß.

402,9 *Alfred Guth*: Ein Zeitungsausschnitt mit Guths Rezension ist im Nachlaß vorhanden; u.a. schreibt er: »›Auf vielen Wegen‹ hat es Morgenstern genannt, und auf vielen Wegen ist er gewandelt. So mit freier Stirn und klarem Blick hinaus in die große Welt der Ereignisse, dann wieder zu stillem Denken. Aber alles mit einer Kraft des Gedankens und einem kühnen Schwung der Phantasie. – Eine feine, reiche Seele athmet uns aus dem Buche entgegen, das wie der Dichter selbst anmuthet, klar und sinnend und doch mit einer geheimen Leidenschaft und einem gesunden Lachen ohne Ueberhasten, zielsicher, überzeugungstreu mit einem ehrlichen Streben zur Kunst.« Danach wird auf Gedichtgruppen und Einzelgedichte hingewiesen; zitiert werden die Gedichte DAS BILD, PFLÜGERIN SORGE, BESTIMMUNG (vollständig) und DER EINSAME TURM (die vorletzte Strophe fast ganz). »Deutsches Abendblatt«, Prag, 11.12.1897.

Nr. 525 Überlieferung: Brief, 1 S., im Nachlaß, Briefkopf der Zeitschrift »Das Narrenschiff«.

403,8 *Ha fühl's*: erschien nicht. — **403,9** *Ausstellungsscherz*: vielleicht BERLINER AUSSTELLUNGSWESEN, wurde in der »Gesellschaft« veröffentlicht. — **403,11** *»eterno par'lamento«* – *Parlamentsbild kommen*: Das Wortspiel kann etwa: »ewig (nur) durch Gejammer/Geschwätz« oder freier: »ewiges Gejammer« bedeuten (ital. und franz.; par, durch, franz.); Text und Bild erschienen nicht. — **403,14** *»Deutschland«*: DEM DEUTSCHEN VOLKE.

Nr. 526 Überlieferung: Postkarte im Nachlaß.
Nr. 527 Überlieferung: Briefdurchschrift, 1 S., DLA Marbach (M 31631, S. 316).
404,10 *Dudelsackurton*: DER URTON.
Nr. 528 Überlieferung: Brief, 2 S., im Nachlaß, ohne Anfang und Schluß. Druck: BRIEFE. Auswahl (1952) S. 99 f., gekürzt.
404,29 *Stiefmutter – zurückzuziehen*: Da es sich offenbar um etliche Jahre handelt, muß Amélie M gemeint sein, der M aber für ihre Fürsorge immer dankbar blieb. M selbst dürfte ihr das Verständnis auch nicht immer leicht gemacht haben, z. B. wenn er wirklich *wochenlang* nicht *»klein, Stein, Bein«*, sondern in seiner Geheimsprache *kleador, steador, breador* gesagt haben sollte (zitiert in Bauer, Chr. M. ³1941, S. 165, dort und S. 166 noch weitere Beispiele), so anregend solche phantasiereichen Einfälle in der Rückschau auch sein mögen. Oder wenn er später den Eltern mit naseweisen Sparvorschlägen kam, wie er sie in seinem T festhielt: *Ich bin froh, daß mein Vater kein Kaufmann ist und mir ein Geschäft vererbt, denn dann würde ich einen vorzüglichen Kaufmann abgeben nicht ironisch, sondern in allem Ernst – und das wäre mir gar nicht recht. Denn zu einem Zahlenmenschen habe ich mehr Begabung als Lust und ich würde es als ein verfehltes Leben ansehen, wenn ich ideale und poetische Seele einem solch' prosaischen Beruf verfallen würde. Aber sparen kann ich dennoch und mein Geld zusammenhalten und das nimmt mich sehr wunder. Denn der gute Vater kann es nicht und die liebe Mutter faßt es meiner Ansicht nach ganz verkehrt an. Ich will einmal in gedrängter Übersicht eine kleine Probe eines Sparsystem's geben, wie es meiner Meinung nach überhaupt nur Sparsystem genannt werden darf.*
Man hat pro Monat ein Ausgabefixum von 150 M. Mit diesem muß man in jeder Lage auskommen. Man hat bisher jeden Abend 1 Flasche Bier (à 15 Pfennig) getrunken und dazu für 80 ₰. Schinken. Sonntags geht man meistens in den zoologischen Garten (Entrée 50 ₰.), man rauchte 3 Zigarren (à 15 ₰.), man aß öfters sehr gut und reichlich zu Mittag und erlaubte sich verschiedenartige Genüsse natürlich nur – Kleinigkeiten, die ja gar nicht in Betracht kommen. Nun will man sparen. Man zieht in eine Wohnung, die 200 M billiger ist wie die erste, man zwackt sich alles erdenkliche ab, man geht an der Weinstube vorbei und an den Austernbuden und glaubt riesig zu sparen. Aber es ist Ende des Monats – die Kasse ist fast leer, es hat gerade wieder gereicht, aber von einem Überschuß – keine Rede ...... Man staunt, man ärgert sich, andre Leute stehen sich ganz gut bei weniger Geldeinnahmen, die geben sogar noch Gesellschaften, gehen in Theater und Concert ... so hadert man, aber der wirkliche Grund wird nie gefunden. – Nun kommt mein Sparsystem!

Man versagt sich Abends die Flasche Bier, wenn man will kann man es, das gibt pro Monat 30 · 15 ₰. = 4.50 Statt 80 ₰. Schinken ißt man nur für 50 ₰. Das reicht vollkommen! 30 · 30 = 9,00 Man geht Sonntags nicht in den zoologischen Garten, wozu denn? 4 · 50 = 2,00 Man raucht nur 2 Zigarren statt 3 und fühlt sich dabei viel wohler 30 · 15 = 4,50 Endlich kocht man einige mal weniger luxuriös, man ißt z. B. statt Filetbraten der 6 bis 7 M. kostet, Rindsbraten, der nur 3 M kostet und macht dies öfters so, dann sind noch einige Kleinigkeiten, die unnötig sind i. Ganzen ca. 25,00 So daß man [...] mit verschiednem andern ungefähr die Summe von 50 M erhält.

Ja ja, das denkst du dir so in deiner Naivität, höre ich da meine liebe Mama sagen, das thue ich sowieso, aber es hilft alles nichts. So hilfts natürlich nichts, wenn man einfach [...] die 4,50 für Bier in der allgemeinen Kasse liegen läßt und im Hinblick auf diese seine Ausgaben regelt. Diese 4,50 gehören überhaupt von dem Moment an, wo ich kein Bier mehr trinke, nicht mehr mir, sondern ich betrachte sie als fremdes Eigenthum und taste sie nicht an. So mache ich's mit dem Schinken, Zigarren etc. etc. und kann mir am Ende des Monat's 50 M aus meiner Separatkasse herausnehmen. Setze ich dieses Sparen vom Beginn des Jahres bis zum August etwa fort so habe ich ca. 400 M und kann eine schöne Reise machen oder sonst was mir beliebt.

30. Dezember. Ich will nur zuerst noch in Kürze den gestern begonnenen Sparvorschlag zu Ende bringen. – Man wird meinen gestern angeführten Berechnungen folgende Erwiderung entgegensetzen: Wenn ich auch jenes abgesparte Geld in eine andre Kasse thue, so sehe ich mich am Ende des Monat's doch genötigt, es wieder herauszunehmen und auszugeben. Dies ist eben ganz falsch, denn man wäre ebenso gut ausgekommen, wenn man sich täglich Bier, Zigarren u.s.w. wie bisher erlaubt hätte. Zum Beweise mag auch folgendes dienen. Man bekömmt plötzlich einen längeren Besuch eines alten Freundes aus der Schweiz z.B., man muß mit ihm Abends in's Theater, in den Zirkus, feine Weine werden getrunken, zum Abendbrodt gibt es Caviar, Lachs und sonstige Delikatessen . . . . . . so geht es einige Tage lang fort und im Handumdrehen sind 20, 30 M verausgabt, womöglich auch mehr. Der Besuch ist wieder fort. Man klagt, daß das Geld mit rapider Schnelligkeit hinausgehe, aber man muß bis Ende des Monat's noch reichen und man reicht auch, wenn man sich danach einrichtet. Wäre der Besuch nicht gewesen, so hätte man 30 M mehr, aber man hätte diese 30 M nur dann erspart, wenn man sie zurückgelegt hätte. Wer dies nicht mit Willenskraft durchzuführen vermag, kann eben nicht sparen, so sehr er sich auch einschränken mag. – T 1887/90, Bl. 1 f., datiert Dezember 1887 und 30. Dezember.

Nr. 529 Überlieferung: Blatt, schmales Querformat (190 × 74 mm), Dorf-, Vorortstraße o.ä., darunter der Gruß.

Nr. 530 Überlieferung: Karte (115 × 83 mm), im Nachlaß, See oder Meer mit Segelbooten (gedruckt), der freie Platz rechts unten enthält den Text. Rechts oben steht: *Fritz Beblo*. Datierung: Lateinische Schrift, also etwa ab Mitte 1894. – In Nr. 475 wird der Plan erwähnt.

Nr. 531 Überlieferung: Brief, 1 S., im Nachlaß. Datierung: Geschätzt nach der ersten Erwähnung im Sommer 1897 (*Für Liederspiel Zwischen ⟨Königskind⟩ glühend zwischen – Und Oh Friede irgend etwas Stärkeres für Männerchor*, T 1897/98, Bl. 35) und dem Erscheinen des Zyklus im Sommer oder Herbst 1898 (vgl. Nr. 595).

Nr. 532 Überlieferung: Brief, 1 S., im Nachlaß. Druck: Chr. M, Gedenkausgabe (1971), Faksimile o.S. und S. 167 (Transkript).
407,8 *neue Büchlein*: s. 407,11.

Nr. 533 Überlieferung: großes Notenblatt im Nachlaß, oben die Vertonung, darunter der Brieftext, vielleicht schon von M auseinandergerissen. Um eine zu starke Verkleinerung zu vermeiden, wurde bei unserer Wiedergabe ein Teil der 1. Zeile in die 2. übernommen. Die Transkription mußte wegen der Länge des Notentexts ausnahmsweise vor den Text selbst gestellt werden.
407,16 *Frau Margits Lied*: Beispiel für Ms musikalische Versuche. Da ihm das nötige Fachwissen fehlte, ließ er sich seine Melodie von einem Musiker ausarbeiten. Vielleicht beruhen auch andere Vertonungen seiner Musikerfreunde auf musikalischen Ideen Ms. – Das vorliegende Lied hat M Ibsen zum 71. Geburtstag überreicht, vgl. T 1898/99 II, Bl. 37, Abt. Episches Nr. 42,10. — **407,26** *Druck*: Dem Druckbild nach handelt es sich wahrscheinlich um Druckfahnen o.ä. des im März erscheinenden Bandes. Dort steht das Gedicht auf S. 165, 1. Akt. Da zur Zeit, als M das Gedicht an Kahn schickte (deutlich vor 5.1.1898), vielleicht noch gar keine Druckfahnen fertig waren, kann es auch sein, daß M den Text erst später aufgeklebt hat. — **409,2** *andere Melodie*: nicht ermittelt. — **409,6** *Veteranen-Lied*: Ein Entwurf des Gedichts ist im Nachlaß vorhanden. Die 1. der 3 Strophen lautet:

> *Dreissig Jahre sind es bald*
> *seit dem grossen Kriege*
> *heute sind wir ⟨alle⟩ grau und alt*
> *die wir dazumal geflogen*
> *sind von Sieg zu Siege*
> *Wir von der Kavallerie*
> *Wir von der Artillerie*
> *Wir von den Grenadieren.*

Es werden dann die *Feinde* (die französischen Soldaten) angesprochen, die jetzt ebenfalls alt und keine Feinde mehr sind, und es wird auf die jetzige Friedlichkeit der ehemaligen Soldaten, nun *Großväter worden*, hingewiesen. Gestrichene Zeilen des Gedichts betonen den Verbrüderungsgedanken noch stärker. Blatt im Nachlaß, datiert *3.1.98*. – *großen Kriege*: der deutsch-französische Krieg von 1870/71.

Nr. 534 Überlieferung: Brief, 1 S., StB München, mit beigelegtem Gedicht WEISSE TAUBEN..., 1 S. und Titelblatt, dort die Widmung *S/l Lutz / Chr. M*.

Nr. 535 Überlieferung: Brief, 7 S., im Nachlaß, mit Umschlag. Druck: BRIEFE. Auswahl (1952) S. 100, gekürzt.

410,1 *reite ich – Harras*: Rudolf der Harras, der Stallmeister Geßlers in Schillers »Wilhelm Tell«, tritt im 3. und 4. Akt auf, hat III,2 außer »Platz, Platz dem Landvogt« (V. 1854) noch 5 weitere Verse zu sprechen; in IV,3 hat er (jedenfalls bei ungekürzter Aufführung) etwas mehr zu tun. Deshalb scheint das Reiten das Wichtigste an der Rolle. Zuerst hatte Kayssler den Rudenz spielen sollen, vgl. Nr. 498. — 410,11 *Neuen Theater*: wahrscheinlich in Berlin. — 410,14 *Schreiberhauplänen*: vgl. Nr. 539. — 410,15 *Klingerfeld*: offenbar Verballhornung von Klingenfeld.

Nr. 536 Überlieferung: Brief, 3 S., im Nachlaß, mit beiliegender Neujahrskarte – Straßenmusikanten mit Hund, darunter handschriftlich: *Meinem lieben Christian Morgenstern ein gut Jahr 1898*.

410,19 *eine Neujahrskarten*: Dativ Singular, häufig in oberdeutschen Mundarten. — 410,24 *Prager Ghetto*: das Judenviertel, die Josefstadt. — 410,32 *numerierte Ausgabe von Flaischlens Buch*: Von Alltag und Sonne. 50 Exemplare auf Japan mit signierten Originalradierungen von P. Frank und signierten Originallithographien von E. Orlik. Berlin 1898.

Nr. 537 Überlieferung: Vertrag, 2 S. maschinenschriftlich, im Nachlaß.

Nr. 538 Überlieferung: Postkarte im Nachlaß.

413,2 *des Narrenschiffs*: Von Kayssler konnte das Gedicht »Sieben Zeilen« in H. 3, S. 36 ermittelt werden, es steht auf derselben Seite wie Ms Epigramme und wurde von Kayssler in den Sammelband »Der Pan im Salon« (S. 155) aufgenommen.

Nr. 539 Überlieferung: Brief, 4 S., im Nachlaß. Druck: BRIEFE. Auswahl (1952) S. 100 f., gekürzt.

413,21 *Hannele*: s. Hauptmann. — 414,8 *Beiträge zum 1. Band*: Bd. 2 der Ibsenausgabe erschien zuerst, im März zu Ibsens 70. Geburtstag. — 414,13 *streben*: vgl. Kommentar zu Nr. 183. — 414,19 *Gedichte – Volksbühne*: nicht ermittelt. Hingegen ist von einem Vortragsabend des

Akademisch-Litterarischen Vereins am »Freitag, den 4. März [1898]« im Nachlaß noch ein Programm erhalten. Dort las M eigene Gedichte. Es folgten Beiträge von Georg Hermann, Berdyczewski und Poritzky, vorgetragen von Martin Zickel, Rudolf Rittner und J. E. Poritzky. — 414,26 *verrücktes Märchen*: wahrscheinlich DIE VERSAMMLUNG DER NÄGEL.

Nr. 540 Überlieferung: Brief, 8 S., im Nachlaß, mit Umschlag. 414,30 *Schwager*: Alexander Niedner. — 415,3 *Theater*: das Meininger Hoftheater, die »Meininger«. — 415,8 *Herzog*: Georg II. von Sachsen-Meiningen. — 415,18 *Frau des Herzogs*: Helene (Ellen) Freifrau von Heldburg, geb. Franz (1839–1923), die 3. Frau des Herzogs.

Nr. 541 Überlieferung: Postkarte im Nachlaß. Datierung: Poststempel.
415,20 *Lorbeerstaub und Bettelrabe*: »Lorbeerbaum und Bettelstab« von Holtei.

Nr. 542 Überlieferung: Brief, 2 S., im Nachlaß, mit Umschlag. Datierung: Poststempel.
415,24 *Gedicht*: SINGENDE FLAMMEN. — 415,28 »*Phantasus*«: IN PHANTAS SCHLOSS. Es dürfte sich um die Verwechslung des Titels, nicht der Gedichte selbst handeln (Holz' 1. »Phantasus«-Heft war gerade erschienen).

Nr. 543 Überlieferung: Postkarte (Paketfahrkarte, ungestempelt), StB München.
416,3 *Zebra*: Februar, vgl. WIE SICH DER KLEINE LUTZ DIE MONATSNAMEN MERKT, Abt. Humoristische Lyrik.

Nr. 544 Überlieferung: Postkarte im Nachlaß. Datierung: Poststempel.
416,7 *in München – spielen*: am 8.2.

Nr. 545 Überlieferung: Brief, 1 S., und Haupttext, 1 S., UB Oslo. Haupttext auch: Entwurf, 1 S., im Nachlaß, mit dem Vermerk *Ad Politiken*. Druck: BRIEFE. Auswahl (1952) S. 103, irrtümlich mit Mai 1898 datiert (nur Haupttext). Textvarianten: 416,28 *bedeutende Aufgabe*] ⟨*hohe*⟩ *Aufgabe* Entwurf. — 416,29 *in hohem Maasse*] nachträglich eingefügt ebd. — 416,30 *empfinde*] ⟨*betrachte*⟩ ebd. — 417,1 *Ich sehe*] *Ich ahne* ebd. BRIEFE ebd. — 417,2 *in dieser Zeit*] *in all der Zeit* Entwurf und BRIEFE ebd. — 417,3 *denn wenn*] *denn, wenn* Entwurf und BRIEFE ebd. — 417,4 *so ist es*] *so ist es der* BRIEFE ebd.
416,14 *Festnummer*: zu Ibsens 70. Geburtstag. Die Zeitung veröffentlichte außer von M die Beiträge von Agnes Sorma, Bierbaum, Mauthner, Erich Schmidt, Schnitzler, Heiberg, Holz, Franzos, L'Arronge, Philippi, Nataly von Eschstruth, Neumann-Hofer, Max Bernstein, Elsa Bernstein, Ebers, Elias, Fulda, Rodenberg, Bertha von Suttner, Fitger,

Schlenther, Barnay, Possart, Mommsen, Harden, Halbe, Conrad. Angaben nach: Fulda, Briefwechsel, S. 722.
Nr. 546 Überlieferung: Postkarte im Nachlaß. Datierung: Poststempel.
417,8 *Vorstellung*: von Tolstois »Die Macht der Finsternis«.
Nr. 547 Überlieferung: Postkarte im Nachlaß, mit Zeichnung (Landschaft mit Bäumen, im Vordergrund rauchender Mann – dekorative Rauchschwaden –, Wolke in Gestalt eines Frauenunterkörpers, datiert: *Prag.2.98.*). Datierung: Poststempel.
Nr. 548 Überlieferung: Brief, 4 S., im Nachlaß, mit Umschlag. Auf dem Umschlag von M: *Kinder, seid umarmt! Ich freu mich übers ganze Gesicht. Chr.* Es handelt sich hierbei vermutlich um einen Entwurf, etwa für ein Telegramm.
417,21 *Singspiel – Feierabend*: EIN SOMMERABEND. Kayssler lag die Fassung vor, die noch verändert wurde. Die *immergrünen Thore der Jugend* sind aus dem Gedicht EWIGE FRÜHLINGSBOTSCHAFT, das Kahn ausschied, vgl. Nr. 595.
Nr. 549 Überlieferung: Brief, 1 S., im Nachlaß. Datierung: DIE VERSAMMLUNG DER NÄGEL erschien in Heft 7, 14.2. im »Narrenschiff«, vgl. Abt. Episches.
418,2 *das Andere Opus*: wahrscheinlich der in Nr. 525 erwähnte *Ausstellungsscherz*.
Nr. 550 Überlieferung: Brief, 4 S., im Nachlaß, mit Umschlag. Datierung: Poststempel des Briefumschlags.
418,11 *Julius. Georg*: Hirschfeld. — 418,12 *Sch.*: wohl Emil Schäffer.
Nr. 551 Überlieferung: Brief, 1 S., SBPK Berlin.
418,32 *2 Bogen*: vermutlich Korrekturen von Ms Übersetzung von Ibsens »Das Fest auf Solhaug«. — 419,1 *mein Name*: Die Namen der Übersetzer kamen auf die linke Titelseite.
Nr. 552 Überlieferung: Brief, 1 S., SBPK Berlin.
419,12 *Vorrede*: von Ibsen zur 2. Ausgabe, datiert April 1883, a.a.O. S. 147–155. — 419,15 *Druckbogen – Dr. Stein*: Es konnte keine Aufführung ermittelt werden. Wenn es gar nicht darum, sondern um allgemeines Interesse ging, könnte mit *Dr. Stein* Philipp Stein gemeint sein, der ein Buch über Ibsen veröffentlichte (Henrik Ibsen. Zur Bühnengeschichte seiner Dichtungen. Mit 2 Portraits, 29 Rollenbildern hervorragender Ibsendarsteller und 4 ganzseitigen Scenenbildern. 52 S. Berlin 1901). — 419,18 *Ballade*: vgl. Nr. 533. — 419,19 *Lautenburg – Aufführung*: Eine Aufführung vom »Fest auf Solhaug« wurde nicht realisiert. Statt dessen wurde von Lautenburg die »Wildente« gegeben, vgl.: »Direktor S. Lautenburg aber konnte am Neuen Th. mit der Ibsen-Feier einen eigenen Gedenktag verbinden, den der 100. Aufführ-

rung der ›Wildente‹, die er im April 1888 am Residenz-Th. als erster deutscher Bühnenleiter inscenirte.« »Neuer Theateralmanach« 1899, S. 147, Rückschau auf Feiern und Aufführungen zu Ibsens 70. Geburtstag. — **419,21** *materiellen Vorteil*: vgl. Nr. 537, VII. und Nr. 668. Falls Ibsen dieser Wunsch Ms überhaupt vorgebracht wurde (was zweifelhaft ist), so waren ihm doch die endlich aus Aufführungen in Deutschland zu erwartenden Tantiemen zu wichtig, um sogleich davon wieder Teile abzugeben. Anfang 1905, als bereits Sigurd Ibsen für seinen Vater verhandelte, wurden M 25 % von Ibsens Einnahmen aus Aufführungen von »Das Fest auf Solhaug«, »Komödie der Liebe«, »Brand« und »Peer Gynt« zugestanden (Felix Bloch Erben an Julius Elias, 27.2.1905). Bezüglich des Dramas »Wenn wir Toten erwachen« schrieb Elias am 16.9.1906 an M: »Sigurd Ibsen hat die 25 % von ›Wenn wir Toten erwachen‹ uns beiden konzediert. Ihre 12 ½ % werden Ihnen von Bloch Erben immer direkt zugehen.[...] Meine 12 ½ % stehen Ihnen so oft zur Verfügung, wie Sie wollen [...]«.

Nr. 553 Überlieferung: Postkarte (Paketfahrkarte) im Nachlaß. Datierung: Poststempel.

Nr. 554 Überlieferung: Brief, 1 S., SBPK Berlin. Datierung: nach Nr. 555, wo eine Klingenfeldsche Übersetzung zurückgeschickt wird. Es handelt sich um Stellen aus Emma Klingenfelds Übersetzung von Ibsens Drama »Olaf Liljekrans« (I,8, a.a.O. Bd. 2 S. 243, Z.10, 9, 7 und 2 v. u.; Ms Vorschläge wurden übernommen). Elias hat also schon hier M für stilistische Überarbeitungen eingespannt.

Nr. 555 Überlieferung: Brief, 1 S., SBPK Berlin. Datierung: Nach Mendelssohn, a.a.O. S. 224 traf am 24.2.1898 endlich das Manuskript mit Brandes' Einleitung zu Band 2 ein.
420,7 *ersten Teil des Brandes*: der Einleitung von Georg Brandes. —
420,8 *Überreste der Klingenfeld*: wohl von »Olaf Liljekrans«, s.o.

Nr. 556 Überlieferung: Karte im Nachlaß. Es handelt sich um eine Karte der Zeitschrift »Die Gesellschaft«, bei der die eine Seite aus Vordrucken für die Korrespondenz mit Autoren besteht (das Unterstrichene ist jeweils zu lesen), die andere zum Bestellen von Büchern dienen soll. Da die Vordrucke für M nicht gelten (nichts Unterstrichenes), wurden sie nicht berücksichtigt. Datierung: Vermutung, s.u.
420,14 »*Gedichte*«: In der Faschingsnummer der »Gesellschaft« erschien ohne Verfasserangabe eine Gruppe mit dem Titel »Lautlose Lyrik«, in der drei »Gedichte« parodiert werden. Es scheint gut möglich, daß die Parodien von M stammen, und dann wäre mit »Gedichte« diese »Lautlose Lyrik« gemeint, was auch die Anführungszeichen erklärte. Eindeutiges war hierzu bisher nicht zu ermitteln, der Text soll aber hier folgen.

Kommentar

Lautlose Lyrik.
Aus einer Anthologie der Zukunft.

———

Flimmern.

Neben mir steht ein Stuhl leer –   — — — — — — — — —
  halb beleuchtet von dem matten Schein   — — — — — — — — —
    der Lampe –   — — — — — — — — —
  halb im Schatten –   — — — — — — — — —
– und wenn nun dort jene Frau   — — *welche Frau –*
säße, die du schon zu lieben meinst   — — — — — — — —

        Ernst Schur
        (Seht, es sind Schmerzen,
        an denen wir leiden.)

———

Im Carneval

. . . .
. . . .
. . . .
. . . .

        Wilhelm Arent
        (»Lebensphasen.« S. 102.)

———

Gedicht.

— — — — — — — — — —
— — — — — — — — — —
— — — — — — — — — —
— — — — — — — — — —

.   .   .
.   .   .
!   !
!   !

        Ernst Schur (a.a.O.).

»Die Gesellschaft« 14 (1898) Bd. 1 S. 229 f. Auch in der Szene Das Orakel spottete M über Schur, vgl. Abt. Dramatisches S. 229 und 996. – Einige Jahre später parodierte M Schur ein weiteres Mal:

SCHIFFSMUSIK
Aus der Mappe unsrer Neoimpressionisten

Schiffsmusik! Wie von einem Dampfer!
Bu bu bi dilutti bu bu bu —!
wie — von — einem — Dampfer.....

Aber es ist gar kein See in der Nähe!
Und auch kein Fluss!
Es giebt gar keine Dampfer hier in Meran!
Es kann keine geben!

Und doch! —: Bu bu bi dilutti bu bu bu —!
Und doch! Schiffsmusik! wie von einem Dampfer!
wie — von — einem — Dampfer.....
Aus Ernst Schur
Weltstimme

Blatt in Nachlaß. Datierbar 1908 oder später.
420,15 *Übersetz.*: von Ibsens Gedicht »Der Eidervogel«, »Die Gesellschaft« 14 (1898) Bd. 3, S. 124.

Nr. 557 Überlieferung: Postkarte im Nachlaß. Datierung: Poststempel.
420,21 *Böcklin-Fest*: nicht ermittelt.

Nr. 558 Überlieferung: Brief, 1 S., im Nachlaß. Datierung: vermutlich vor der ausführlicheren Version in Nr. 559 geschrieben.

Nr. 559 Überlieferung: Brief, 10 S., im Nachlaß, mit Umschlag.
421,8 *den Grund denken*: Nach Nr. 584 hat M von Lieses Schwangerschaft nichts geahnt. — **421,15** *wie Gott Lots Frau*: vgl. 1. Mose 19,26.

Nr. 560 Überlieferung: Das Gedicht VORFRÜHLING mit Widmung an Bondy, 1 S., angeboten Auktionskatalog Rosen 26 (1956) Nr. 1966, mit Umschlag, die 1. Strophe zitiert.

Nr. 561 Überlieferung: Brief, 6 S., im Nachlaß.
422,18 *Ibsen-Gefeiere*: zu Ibsens 70. Geburtstag am 20.3. — **423,7** *Liedchen*: nicht ermittelt.

Nr. 562 Überlieferung: Brief. 1 S., im Nachlaß. Maschinenschriftliche Abschrift im Nachlaß. Datierung: Ergänzung in fremder Handschrift (Michael Bauer?) auf dem Typoskript.
423,15 *das »unauslöschliche Gelächter« u. die »Mutter Erde«*: Ἄσβεστος γέλως und AN MUTTER ERDE aus ICH UND DIE WELT. Hart hatte also die Gedichte oder einige davon bereits vor der Veröffentlichung zu sehen bekommen.

Nr. 563 Überlieferung: Brief, 1 S., im Nachlaß.
423,22 *der Band*: Gemeint ist der gerade erschienene Bd. 2 der Ibsenausgabe.
Nr. 564 Überlieferung: Gedruckter Rundbrief, 1 S., im Nachlaß, ohne persönliche Zusätze.
Nr. 565 Überlieferung: Postkarte im Nachlaß, mit Zeichnung: Ein Mensch, von den Buchstaben »WIEN« an den Füßen festgehalten, sucht zu fliehen.
Nr. 566 Überlieferung: Brief, 4 S., im Nachlaß.
Nr. 567 Überlieferung: Brief, 1 S., StB München. Datierung: wahrscheinlich vor Ms Norwegenfahrt und vielleicht vor Nr. 568, wo Landshoff anscheinend krank ist.
424,37 *Zug nach Petersburg*: Vielleicht wollte M Cathérine Runge zur Bahn bringen; vgl. Nr. 575. — **425,2** *Gratifikation anvertrauen*: vermutlich, um Ms Abendessen davon zu bezahlen (vgl. auch Nr. 436).
Nr. 568 Überlieferung: Kartenbrief, StB München.
Nr. 569 Überlieferung: Brief, 1 S., SUB Hamburg.
425,16 *chambre isolée*: von der übrigen Wohnung abgetrenntes Zimmer (franz.). Deshalb mußte er auch für sein Frühstück selbst sorgen.
— **425,17** *Ihr neues Buch*: die 2., veränderte Ausgabe von »Erlösungen«. Das Buch mit der von M erwähnten Widmung »In Dankbarkeit. R. D.« ist im Nachlaß vorhanden.
Nr. 570 Überlieferung: Postkarte im Nachlaß, mit Photo von Josef Willomitzer, drumherum die einzelnen Grüße. Datierung: vgl. Nr. 571; Poststempel: 15.4.98.
Nr. 571 Überlieferung: Dreiflügelige Ansichtskarte im Nachlaß, Panorama von Prag.
Nr. 572 Überlieferung: Brief, 1 S., DLA Marbach (31 814/301).
Nr. 573 Überlieferung: Briefdurchschrift, 1 S., DLA Marbach, Pan-Kopierbuch VI, S. 758.
426,23 *Scylla und Charybdis*: nach Homer, Odyssee XII, 85–110; 222–259, zwei Ungeheuer an einer Meerenge; sprichwörtlich für den gefährlichen Weg zwischen zwei nahe beieinander liegenden Gefahren.
Nr. 574 Überlieferung: Brief, 2 S., im Nachlaß.
427,9 *Zu Ms neuem Buch*: wahrscheinlich ICH UND DIE WELT; das Buch erhielt aber das AUF VIELEN WEGEN entsprechende Titelblatt von Beblo, nur auf gelbem statt auf grünem Grund.
Nr. 575 Überlieferung: Ansichtskarte im Nachlaß (»Les eaux de Peterhof«; Wasserspiele im Park von Peterhof). Abgangsstempel 13.IV.98 (julianischer Kalender, entspricht dem 25.4. moderner Zählung). Die Unterschrift – *cR*, *CR* oder *R* – sowie die Ähnlichkeit der Schrift mit der eines Gedichts, verfaßt und geschrieben von

Cathérine Runge, weisen auf sie als Absenderin. Der Text ist französisch.

427,18 *Ne – s.v.p.*: Vergessen Sie mich nicht und schreiben Sie mir, bitte (franz.).

Nr. 576 Überlieferung: Briefdurchschrift, 1 S., DLA Marbach, Pan-Kopierbuch VI, S. 775.

Nr. 577 Druck: Bauer, Chr. M. 1(1933) S. 118, (1985) S. 121. Datierung: Erschlossen aus der Angabe, M habe der Familie Goettling den Ibsenband (Bd. 2) im April geschickt.

Nr. 578. Druck: BRIEFE. Auswahl (1952) S. 101, dort mit Januar 1898 datiert. Diese Angabe ist aus mehreren Gründen zu bezweifeln: 1. Im Januar plante M noch, im Frühjahr zunächst nach Friedrichshagen zu gehen und im Hochsommer erst nach Norwegen (vgl. Nr. 539). Da erscheint das Reisefieber etwas verfrüht. 2. Landshoff ist krank wie im April (Nr. 568). 3. Der *Krieg der Amerikaner* wird der Spanisch-Amerikanische Krieg (Kriegserklärung 21./24.4.) sein. 4. Die *Welt am Montag* dürfte hier weniger auf die gleichnamige Zeitschrift als vielmehr auf einen Montag als Briefdatum hinweisen. Damit kommt der 25.4. oder der 2.5. in Frage.

Nr. 579 Überlieferung: Brief, 8 S., im Nachlaß. Datierung: aus Einzelheiten des Inhalts erschlossen.

428,19 *Norweger*: nicht ermittelt. — **428,22** *Amerikaner Sänger. Das amerikanische Lied*: Walt Whitman. Mit dem *Lied* kann entweder eine (verschollene) Übersetzung Ms gemeint sein oder die Whitman-Parodie EIN GESANG WALT WHITMANS. — **428,22** *Amerikaner – Spanien*: Anspielungen auf den Spanisch-Amerikanischen Krieg 1898. — **428,27** *Glockengießer Heinrich*: in Hauptmanns »Die versunkene Glocke«.

Nr. 580 Überlieferung: Postkarte, StB München.

429,9 *Rügen*: M hoffte wohl (falls er das Wort nicht im Sinn von Tadel verwendet), auf der Überfahrt etwas von Rügen sehen zu können. Ob das geschah, ist nicht bekannt, später schreibt M (Nr. 674), daß er Rügen nie gesehen habe. Auf einem losen Blatt skizzierte er seine Reiseroute. Am 8.5 fuhr er von Berlin nach Stettin und von dort um ½ 3 nachmittags mit dem Dampfer »Melchior« Richtung Kopenhagen, wo er am nächsten Morgen um 5 Uhr ankam und nach 6 Stunden Aufenthalt weiterfuhr. Vielleicht gab es noch einen (von ihm nicht erwähnten) Zwischenhalt in Fredrikshavn, und trotz starkem Sturm schlief er die Nacht hindurch, bis sie am Morgen des 10.5. in den 110 km langen Christianiafjord einliefen. Um 1 Uhr mittags erreichte das Schiff Christiania, wo sich herausstellte, daß Ms Koffer nicht mit angekommen war. M übernachtete im Britanniahotel und suchte am folgenden Mittag sogleich die Familie Fett in Nordstrand auf (*Die beiden Eltern, Dagny,*

Tochter) auf, er verbrachte dort den Nachmittag und Abend bis ½ 11. Während dieser Zeit zeigte ihm Frau Fett die Pension von Frau Hansten, wo er am folgenden Tag (12.5.) ein großes, schönes Zimmer mit Fjordaussicht für 100 Kronen (etwa 112 Mark) monatlich mit Verpflegung mietete. M berichtet dann von ersten Bekanntschaften u.a. Sein Koffer war am 13. immer noch nicht da (wann er ankam, wird nicht berichtet). Blatt, 2 S., im Nachlaß. Vgl. auch Abt Episches S. 712 f.

Nr. 581 Überlieferung: Brief, 3 S., im Nachlaß, mit Umschlag. **429,19** *Titelblatt*: für ICH UND DIE WELT. — **429,29** *ex libris*: Das auf S. 430 abgebildete Exemplar ist nicht das erwähnte, sondern einer der späteren Drucke, von denen noch einige im Nachlaß vorhanden waren. Das Original ist farbig, die Umrisse und der Vordergrund schwarz, Figur und Hintergrund in Rottönen.

Nr. 582 Überlieferung: Postkarte im Nachlaß. Datierung: Poststempel.

Nr. 583 Überlieferung: Briefausschnitt, maschinenschriftliche Abschrift von 6 Z., im Nachlaß.

Nr. 584 Überlieferung: Brief, 11 S., im Nachlaß, mit Umschlag. Datierung: Poststempel.

431,16 *Heiraten – innehalten*: Die Hochzeit konnte dann doch schon im Oktober stattfinden.

Nr. 585 Überlieferung: Briefentwurf, 1 S., im Nachlaß. Datierung: Nach der Angabe *vor vierzehn Tagen*. Druck: BRIEFE. Auswahl (1952) S. 102, irrtümlich mit »Anfang 1898« datiert. Textvarianten: **433,1** ⟨*Ich*⟩ *bin – zu haben*] ⟨*Ich*⟩ *hoffe, die Übertragung* ⟨*von* »*Kærlighedens Komedie*«⟩ *bis* ⟨*spätestens*⟩ [darüber: *zum*] *August* [durch Einfügungen geändert in *Mitte August etwa* oder als 2 Varianten in: *Mitte August* und, alternativ: *August etwa*] *vollendet zu haben* [geändert in: *vollenden zu können* und durch Streichung und Pünktchen wieder rückgängig gemacht]. Entwurf ebd. — **433,2** *August etwa*] *August* BRIEFE. ebd. Da M nicht alles Ungültige gestrichen hat, ist auch diese Lesart möglich, s.o.

433,1 *K.K.*: Kærlighedens komedie.

Nr. 586 Überlieferung: Ansichtskarte (Festung Akershus) mit Widmung und Unterschrift, angeboten Auktionskatalog Rosen 26 (1958) Nr. 1967, 2 Strophen der Übersetzung zitiert. In Band 1 der Ibsenausgabe ist das Gedicht in der Übersetzung Emma Klingenfelds gedruckt, in den »Nachgelassenen Schriften« Bd. 1 steht eine frühere Fassung in der Übersetzung Ms (S. 12–14).

Nr. 587 Überlieferung: Brief, 4 S., im Nachlaß, mit Umschlag. Druck: BRIEFE. Auswahl (1952) S. 103, gekürzt.

433,31 *Julius*: Julius Hirschfeld. — **434,2** *Artikel*: nicht ermittelt.

Nr. 588 Überlieferung: Postkarte im Nachlaß. Datierung: Poststempel.
434,25 *Mutter*: Ob es sich um die Mutter des Kindes oder um die Kayßlers handelt, ist nicht ganz klar.
Nr. 589 Überlieferung: Briefkopie, 3 S., im Nachlaß, offenbar zur Täuschung der Gastfamilie in deutscher Schrift.
435,4 *Großmutter von Lüneschloß*: eine Mystifikation, deren Einzelheiten nicht zu ermitteln waren. Vielleicht hat M den Namen seiner Großmutter als Absender benutzt.
Nr. 590 Überlieferung: Ansichtskarte im Nachlaß (historische Darstellung »Sturm auf das Labuser-Thor«: »Getrewliche Abkonterfeyung, wie Gust. Adolf am Palmsonntag 1631 die gute Stadt Franckfurt a. d. Oder nach kurzer Beläyerung erstürmet und grausam ausgeplündert hat. Gott bewahr uns gnädiglich vor gleichen Schrecken!«).
Nr. 591 Überlieferung: Postkarte, beidseitig beschrieben, im Nachlaß. Datierung: nach dem genannten Artikel im »Berliner Tageblatt« (1.8.).
435,15 *B.*: nicht ermittelt, vielleicht Berlin. — 435,25 *unser B.*: Bismarck. — 435,27 *ein Franzose – Überlegungen* und 436,14 *Berl. Tagblatt – Bismarck*: »Berliner Tageblatt« 27 (1898) Nr. 385, 1.8.1898, Abendausgabe, im Rahmen einer Dokumentation der Reaktionen des In- und Auslands auf Bismarcks Tod. Der Artikel des Journalisten Henri des Houx wird dort zweimal referiert, einmal bei den französischen Äußerungen und ausführlicher mit der von M genannten Überschrift und mit vielen (übersetzten) Zitaten des Artikel in der Pariser Zeitung »Le matin«. Des Houx greift dabei auf persönliche Erinnerungen an Bismarck zurück, über die er schon früher in derselben Zeitung berichtet hatte (»Vingt-quatre heures à Varzin«, 12.12.1892). Die von M zitierte Passage gehört zum Resumée des Artikels. — 436,4 *N.*: Nietzsche. — 436,9 *Frau F.*: Frau Fett. — 436,13 *ab initio mortuus*: von Anfang an tot (lat.).
Nr. 592 Überlieferung: Brief, 4 S., im Nachlaß, der Anfang, d.h. vermutlich mindestens 1 Bogen (4 S.), fehlt. Datierung: nach Nr. 591.
Nr. 593 Überlieferung: Brief, 4 S., angeboten Auktionskatalog Stargardt 631 (1984) Nr. 331, Zitate. Zum Adressaten: Bei Stargardt mit Julius Elias angegeben. Da der Brief in seinem scherzhaften Ton aus dem Rahmen der ansonsten geschäftlichen Korrespondenz mit Julius Elias fällt (das kann man wohl aus den wenigen erhalten gebliebenen Briefen Ms und aus den Antworten Elias' schließen), wurde das Fragezeichen gesetzt. Ohne Kenntnis des vollständigen Briefs läßt sich dazu nichts weiter sagen, genauere Informationen wären aber in jedem Fall willkommen.

437,6 *Salvator*: kräftiges Münchener Bier. – Vgl. auch Abt. Episches Nr. 42,2.

Nr. 594 Überlieferung: Ansichtskarte, StB München. Die Karte zeigt einen Fischer, der einer jungen Frau, die wohl aus einer im Hintergrund am Meer liegenden Blockhütte gekommen ist, einen Korb mit Fischen vorhält. Außerdem ist ein Teil des Fischerboots und weiter hinten auf dem Meer ein Segelboot zu sehen. M hat in dem Fischer offenbar eine starke Ähnlichkeit mit Landshoff gesehen. Im Brieftext spielt er auf Einzelheiten der Abbildung an.

Nr. 595 Überlieferung: Brief, 4 S., im Nachlaß.
438,8 *Tyra's*: Tyra Bentsens.

Nr. 596 Überlieferung: Postkarte im Nachlaß, mit Zeichnung, wegen herausgerissener Briefmarke unvollständig, es ist nur noch ein Schottenrock mit Beinen übrig.

438,21 *wegen des Titelblatts*: für ICH UND DIE WELT, vgl. Nr. 581, es handelt sich da aber um einen Brief, keine Karte.

Nr. 597 Überlieferung: Brief, 4 S., im Nachlaß, mit Zeichnung (ein Schotte, kenntlich am Rock, und eine andere Gestalt mit langem Rock und Umhang, ein Kind im Arm) und mit Umschlag.

438,25 *Die Zeit – Deine*: frei nach V. 44 und 46 von Goethes Gedicht »Prometheus«. — **439,10** *Maler-Freund*: nicht ermittelt. — **439,16** *auch hier ist Meer*: wahrscheinlich abgewandelt von: »Introite, nam et hic dii sunt« (»Tretet ein, denn auch hier sind Götter«), lateinische Form von Aristoteles, De partibus animalium (über die Teile der Lebewesen) I,5; Motto von Lessings »Nathan der Weise«. — **439,27** *Nulla – dies sine linea*: Kein Tag ohne einen Strich (lat.), Plinius d.Ä., Naturalis historia 35,36, über den Maler Apelles. M hat den Satz als Motto vor das *Tagebuch-Fragment* FUSCH-LEBERBRÜNNL in AUF VIELEN WEGEN gestellt; Orlik spielt vermutlich darauf an und bezieht die Stelle auch auf sich.

Nr. 598 Überlieferung: Briefkopie, 4 S., im Nachlaß. Druck: Bauer, Chr. M. (1933) S. 134 f., gekürzt, (1985) S. 138 ebenso, aber mit Fehlern in Z.1 des Gedichts. BRIEFE. Auswahl (1952) S. 104, nur das Gedicht.

440,13 *auf die Dauer – Du nennen*: Hinweis, daß es im offiziellen Verkehr beim Sie blieb. — **440,23** *Herrn H.*: evtl. Sigurd Halling. — **440,34** *als die ich Dir gab?*: Im Nachlaß sind Kopien einer Sammlung handgeschriebener Gedichte vorhanden, die dann – z.T. in anderer Fassung – großenteils in EIN SOMMER veröffentlicht wurden. – Auf dem 1. Blatt steht, das Schriftbild um die Mittelachse geordnet: *Souvenir Larkollen. / Bescheidene Kettenglieder / zu einem neuen Armband / zum Ersatz / für ein verlorenes. / Anfang der Sammlung / 9. Juli 98. / [Aus* *der Sommermappe 1898]* (Die eckigen Klammern von M.) Es folgt ein Blatt mit der Aufschrift: *Einiges / vom Sommer 1898 / Einer Mitbürgerin / jenes »grössten Vaterlandes« / mit kameradschaftlichem Gruss.* Danach folgen die Gedichte, die oft mit z. T. ausführlichen Erklärungen der Anlässe für die jeweiligen Gedichte oder mit sprachlichen Erläuterungen versehen sind. Die Reihenfolge der Gedichte ist wegen fehlender Paginierung unsicher; es sind wahrscheinlich auch einige dabei, die ursprünglich nicht in diesen Zusammenhang gehören, sondern einzeln an Dagny Fett gegeben wurden. Die Sammlung umfaßt die Gedichte: LEUCHTFEUER (= BLICKFEUER) I (*Kennst du die feurigen Augen der Küste*) und II; *Da ging ich heut im Walde wo* – WIE MIR DER ABEND DAS GRÜN DER SCHWEIGENDEN FICHTEN VERGOLDET (= WIE MIR DER ABEND DAS GRÜN DER FEIERNDEN TANNEN VERGOLDET; weitere Varianten: Z. 4: *rollt selten*; Z. 7: *Aber nun*; Z. 9: *sie spiegeln*; Z. 10: *Luft*; Z. 12: *stehn.*) – BEHAUPTE DICH (= EINER TOCHTER, Abt. Lyrik 1906–1914) – IM SPIEGEL EINER FENSTERSCHEIBE (= LEBENSBILD; die 2. Strophe wie die Variante im Kommentarteil – WILDE JAGD – WALDKONZERTE! WALDWINDCHÖRE – SCHWALBEN, DURCH DEN ABEND TREIBEND (Textvarianten: Z. 6: *kleinen goldnen Rücken*; Z. 7: *der süsse Abendreigen*) – EINER JUNGEN LEHRERIN – VOR DEM NEUEN SILBERBECHER (= DEIN SILBERBECHER IST WOHL FEIN; Textvarianten: Z.1: *Ein Silberbecher* – Z. 6: *nun gieb mir rechten Rat, mein Herz!*–) – ICH SOLL MIR'S ALSO ÜBERLEGEN (= MAIWETTER; in deutscher Schrift und hier mit dem Vermerk *24. August*; vielleicht gab es ein ähnliches Vorkommnis wie im Mai); Textvariante: Z. 6: *ein fürchterlich drohendes)* – SO JEDEM TAG, DER LEICHTEN SCHRITTS ENTEILT – WIE WUNDERSAM IST DOCH EIN HÜGEL – IST NICHT DIES DAS HÖCHSTE FARBENGLÜCK – GLAUBE MIR, ICH BIN NICHT DER (Textvarianten: Z. 3 *heiterm air*; Z. 12: *frommen Bürgern*) – HEILIG DER SCHLAF (in deutscher Schrift und mit dem Vermerk *1. Lesestück.* Textvariante: Z. 6 f.: *dem Morgen entgegen / dunkelt, glänzt – und / das erste*: Diese Version kann auch aus dem T herausgelesen werden und ist damit korrekter als die in den Nachlaßgedichten) – MEINEM PATENKIND (= MEINEM KLEINEN CHRISTIAN FRIEDRICH KAYSSLER) – DIE STIMME (datiert *24.VIII.98.*; Textvariante: Z. 4: *vor und zurücke dringst)*; außerdem eine norwegische Fassung:

Unggesang.

En ung moder synger
entonigt ved sit barn;
hendes haler-tanker slynger

frem og tilbage drømmens garn;
og vinden tager det på sine vinger.

Og bringer det mig,
og bringer det dig,
og vaekker vore tanker så,
som om hem sang for dig,
som om hem sang for mig,-
at vore hjerter banker så –
som om hem sang vort livets sind,
den moder der, entonigt
i verdens vide vind.

DAS WAR'S, WAS MICH SO SEHR ERGRIFF (mit dem Vermerk in deutscher Schrift: (*Erstes Gedicht in Christiania, bei einem Spaziergang am Hafen* [13.5.].) Die letzte Strophe zeigt, daß die Rekonstruktion aus dem T in der Nachlese zu EIN SOMMER fehlerhaft ist: die dortige erste Zeile (Z. 9) ist eine Variante und gehört nicht in den Text. Damit ergibt sich eine Strophe, die wie die beiden anderen vierzeilig ist. – EIN ABEND (I: UNAUFHALTSAM / SINKT DIE SONNE, II: SAHST DU DIE SONNE, III: NUN KOMMT DIE NACHT MIT DEN DUNKLEN GEDANKEN). Textvarianten zu III: Z. 4: *der Farben*; die Pluralform dürfte auch im T gemeint sein, Z. 5: *Irgendwo lockt*; Z.10: in der Nachlese zu EIN SOMMER: *versengte* ist in den Abschriften eine eigene Zeile 11. Z. 19 Nachlese ist (als Z. 20) die letzte Zeile in der Abschrift; die 3 letzten Zeilen fehlen dort.
– EINE VORMITTAGSWANDERUNG (= VORMITTAG-SKIZZENBUCH) (1.IX.1898). I EIN ROSS AUF EINER GROSSEN WIESE (Textvariante Z. 1: *Ross*). – II WIE SICH DER WEG HIER. – III O DU GLÜCKSELIG ZITTERND ESPENGRÜN (Varianten: Z. 3: *feierliche Tannen*, Z. 5 *kaum rührend!*) – IV VÖGEL IM WALD. In EIN SOMMER Nr. V; die dortige Nr. IV fehlt; ebenso fehlt Nr. VI. – HERRLICH SCHÄUMENDE SALZFLUT (= MEER AM MORGEN), datiert *11.IX.98.* – Gedicht, einmal in deutscher und einmal in lateinischer Schrift: FRAGE und ICH VERSUCHE ZU ANTWORTEN (deutsche Schrift) bzw. FRAGE und VERSUCH EINER ANTWORT (lateinische Schrift) (= EIN GESPRÄCH: DAS MÄDCHEN FRAGT und ICH VERSUCHE ZU ANTWORTEN). Textvarianten: *Sieh*: in der Nachlese zu EIN SOMMER in eigener Zeile. Hierdurch und durch nachfolgende Varianten ergibt sich eine abweichende Zeilenzählung. Z. 12: *mit einem tiefen langen Atem atmet* Abschrift in deutscher Schrift. *mit tiefen langen Atemzügen atmet* Abschrift in lateinischer Schrift. Z. 15: *aus der Erde*; Z. 16 f.: fehlt in den Abschriften. Z. 28–34: fehlt in den Abschriften; Z. 35: *Und werd ich.* – SO TRITT MAN ABENDS AN DEN RAND (= ABEND-TRUNK), datiert *13.VI.98*, Blatt mit Korrekturen; auf der Rückseite: *Eines meiner liebsten Gedichte / Als erstes Manuskript / geschenkt / zur Erinnerung / an den 22. Juli 1898.*
Larkollen: Vgl. die T-Notiz: *9. Juli. D*[agny] *n*[ach] *Larkollen.* T 1898/

99 1, Bl. 53. Bl. 55 steht ein fragmentarisches Inhaltsverzeichnis zum Konvolut SOUVENIR LARKOLLEN.
441,25 *Und werden – entzückt*: andere Fassung (*Und soll ich dich auch nie besitzen*) Abt. Lyrik 1887–1905. — 441,27 *Weltenesche*: Yggdrasill, der nach der nordischen Mythologie im Weltmittelpunkt wachsende immergrüne Baum.
   Nr. 599 Überlieferung: Brief, 2 S., im Nachlaß, ohne Anrede; vielleicht fehlt sie, damit die Familienmitglieder nicht gleich merkten, an wen sie schrieb. Textvariante: *hulder*[?] *af*] Es kann vielleicht, weniger wahrscheinlich, auch *halder af* heißen; beides sind veraltete Formen von *holde av*, gern haben. Der Brief kann etwa so übersetzt werden:

26-8-98.

Dank für den Brief – er hat mich glücklich gemacht. Das ist etwas, was ich nicht verstehe, warum »ich die Hauptschuld trüge«, daß dieses Jahr eines der reichsten und glücklichsten für Dich geworden ist. Ich! Ich bin doch so geniert und dumm, wenn wir zusammen sind. Ich kann Dir doch nichts geben. Und wenn Du Deine Gedichte vorliest, dann bin ich ganz still – kann nichts sagen – während ich in Wirklichkeit – ja, Du weißt nicht, wie lieb ich sie habe.
Nein! Du siehst mich in einem besonderen Licht, und darüber dichtest Du, und das magst Du. Aber ich bin anders, es ist gar nichts in mir. Du schreibst »was du dem Einsamen gewesen«, aber das ist es, was ich fühle, ich kann nichts für Dich sein – ich kann Dir nur über die Stirn streichen, wenn Du müde und traurig bist und Dich gern haben. – Ich weiß nicht, warum ich all das schreibe, und noch weniger, warum ich es Dir gebe, und beim nächsten Mal werde ich wohl noch viel stiller und verzagter, denn dann bereue ich sicher, daß ich so etwas abschikken konnte.   Deine Dagny –
442,18 *Din Dagny*: viel kleiner geschrieben als der übrige Brief.
   Nr. 600 Überlieferung: Briefkopie, 2 S., im Nachlaß.
442,33 *»Briefe über Cicero«*: Gesprächsthema bei Fetts, Näheres war nicht zu ermitteln, M stellt die Briefe jedenfalls in Gegensatz zu Dagnys sehr persönlichem Brief.
   Nr. 601 Überlieferung: Briefkopie, 2 S., und Entwurf, 1 S. (die 2. des Briefs), im Nachlaß. Druck: BRIEFE. Auswahl (1952) S. 106 f., dort irrtümlich mit 13.11. datiert. Abt. Lyrik 1887–1905, S. 357, jeweils nur die 2. S. Textvariante: 443,5 *grünt*] *grüßt*, BRIEFE und Abt. Lyrik 1887–1905 ebd., Lesefehler – ss und n sind sehr leicht zu verwechseln.
   Nr. 602 Überlieferung: Brief, 7 S., im Nachlaß.
443,30 *Berliner Wirtin. Rebajoli*: Es geht darum, daß Kayssler während

seines Berlinaufenthalts und später oder gleichzeitig auch Rebajoli in Ms Zimmer wohnen wollten. — 443,25 *plant – herauszugeben*: vermutlich nicht realisiert.

Nr. 603 Überlieferung: Visitenkarte im Nachlaß, mit dem Aufdruck »Dr. Henrik Ibsen«, Rückseite beschrieben, mit Umschlag. Druck: Chr. M. Gedenkausgabe, Faksimile, unpaginiert, Übersetzung S. 169. Übersetzung:

Arbins gade 1. 22.9.98
Lieber Herr Morgenstern!
Die vorgelegten Fragen würde ich am liebsten, um mögliche Mißverständnisse zu vermeiden, mündlich beantworten. Wenn es Ihnen paßt, so bin ich täglich um 11 Uhr zu Hause anzutreffen und nachmittags ab 7 Uhr im Grand Hotel. Ihr freundschaftlichst verbundener
Henrik Ibsen.
M hat Ibsen zu Hause besucht: *24.* [9.] *Bei Ibsen (Wohnung).* T 1898/99 I, Bl. 101.

Nr. 604 Überlieferung: Ansichtskarte (3 kleine Bilder von Christiania) im Nachlaß. Poststempel: Nordstrand, 2.x.98.
444,17 *neues Buch*: ICH UND DIE WELT.

Nr. 605 Überlieferung: Brief, 4 S., im Nachlaß, mit Umschlag. Datierung: Poststempel des Umschlags.

Nr. 606 Überlieferung: Brief, 2 S., StLB Dortmund, mit Umschlag.
445,10 *Klingerschen Blatt*: »Zeit und Ruhm«, Bl. 11 des Zyklus »Vom Tode« II.

Nr. 607 Überlieferung: Brief, 4 S., im Nachlaß.

Nr. 608 Überlieferung: Brief mit Umschlag, Auktionskatalog Rosen 26 (1956) Nr. 1968. Mit dem Brief schickte M das Gedicht VOR DEM DEUTSCHEN WÖRTERBUCH DER BRÜDER GRIMM, vgl. eine entsprechende Notiz im T 1898/99 II, Bl. 22. Ein Blatt mit dem Gedicht wurde 1961 im Autographenhandel angeboten und befindet sich jetzt in der UB Erlangen-Nürnberg, E. Meyer-Camberg-Sammlung.

Nr. 609 Überlieferung: Brief, 1 S., DLA Marbach, Pan-Kopierbuch VII, S. 569.

Nr. 610 Überlieferung: Brief, 9 S., im Nachlaß, mit Umschlag. Datierung: nach dem Poststempel des Umschlags (8.11.98) und der Nennung von AUF VIELEN WEGEN, das erst am 26.10. erschien (T 1998/99 II, Bl. 16).
446,29 *die Arbeit*: Es handelt sich vermutlich schon um die erst für den Sommer 1899 von Frisch genannte »Abhandlung über Nietzsches Ästhetik«, Frisch: Erinnerung an Christian Morgenstern, zitiert nach Frisch, Zum Verständnis ..., S. 111. — 447,33 *»Stab und Lorbeer des*

Gottes«: Der oben erwähnten Beschäftigung mit Nietzsche wegen könnte der Satz auf ihn zurückgehen, wurde aber nicht ermittelt. Das Bild erscheint zunächst widersprüchlich, da der mit Weinlaub und Efeu umwundene Stab (Thyrsos) Zeichen des Gottes Dionysos war, während der Lorbeer Apollon zugeschrieben wurde. Im Nietzsche-Zusammenhang könnte die Verbindung der Götter zu einer einzigen Gestalt jedoch als der »Bruderbund der beiden Kunstgottheiten« verstanden werden, durch den in der Tragödie die rauschhaft unbewußte Erfahrung des »dionysischen Untergrund[s] der Welt« erst mit der bewußten apollinischen Formkraft zur Schöpfung des poetischen Kunstwerks führen kann (Nietzsche, Die Geburt der Tragödie. Werke Bd. 1, S. 122 und 133). — **448,17** *Danaidenfaß*: ein »Faß ohne Boden«, eine vergebliche Mühe: Aufgabe der Töchter des Danaos (Danaiden) in der Unterwelt war es, ein löchriges oder bodenloses Faß zu füllen (u.a. nach Lukian, Timon, 18). — **449,16** *Der Gott – nichts bewegen*: »Der Gott, der mir im Busen wohnt, / Kann tief mein Innerstes erregen; / Der über allen meinen Kräften thront, / Er kann nach außen nichts bewegen«, Goethe: Faust I, V. 1566–1569.

Nr. 611 Überlieferung: Brief, 4 S., im Nachlaß.

450,4 *des Gedichts – Grimm*: M schickte also das Gedicht Vor dem deutschen Wörterbuch der Brüder Grimm für die Goethe-Festschrift, hrsg. von der Lese- und Redehalle der deutschen Studenten in Prag. Dort ist statt dessen Nach einem rechten Läuterungsbade in Goethe veröffentlicht (a.a.O. S. 58 f.). Vielleicht wurde das Grimm-Gedicht wegen des fehlenden Goethebezugs doch abgelehnt. Vgl. auch Nr. 608, Kommentar. — **450,17** *Ihr Brief*: Nr. 608. — **451,1** *Grillparzer – Anstand verlor*: »Endlich kam der verhängnisvolle Tag mit seiner Mittagsstunde und ich ging zu Göthe. [...] Als es aber zu Tische ging und der Mann, der mir die Verkörperung der deutschen Poesie, der mir in der Entfernung und dem unermeßlichen Abstande beinahe zu einer mythischen Person geworden war, meine Hand ergriff um mich ins Speisezimmer zu führen, da kam wieder einmal der Knabe in mir zum Vorschein, und ich brach in Tränen aus [...]« Selbstbiographie. Sämtliche Werke. Historisch-kritische Gesamtausgabe. Im Auftrage der Bundeshauptstadt Wien hrsg. von August Sauer, Bd. 16: Prosaschriften IV, Wien 1925, S. 197. — **451,9** *Stockholmer Kongresses*: Es kann sich um eine der Festlichkeiten im Anschluß an Ibsens 70. Geburtstag handeln, evtl. um das Fest des schwedischen Schriftstellervereins in Stockholm (11.4.1898) oder der Stockholmer Gesellschaft (13.4.1898) handeln (dazu gibt es Reden Ibsens, a.a.O. Bd. 1, S. 464–466). — **451,25** *Und da ich – selber lache*: Str. 5 und 6 aus dem Lied »Der arme Schwartenhals« (in »Des Knaben Wunderhorn«

Bd. 1). — *452,17 eine Nachricht – Eidervögeln*: Anspielung auf Ibsens Gedicht »Der Eidervogel«, das in Ms Übersetzung bereits erschienen war (»Deutsche Dichtung«, »Die Gesellschaft«).

Nr. 612 Überlieferung: Brief, 2 S., im Nachlaß, mit Umschlag. Der Brief kann etwa folgendermaßen übersetzt werden:
Herr Christian Morgenstern
ich war im Ausland, als die 4 Bände, die Sie die große Liebenswürdigkeit hatten, mir zu schicken, ankamen, und ich reise morgen wieder (nach Polen und Ungarn), habe deshalb nicht viel Zeit gehabt, mich in Ihre Bücher hineinzuversetzen und habe noch weniger Zeit zu schreiben. Es tut mir leid, daß ich schuld war an der Langeweile, die Sie empfunden haben müssen, ein so pflichtmäßig ausgearbeitetes Manuskript zu übersetzen.
Ich habe viel Spaß gehabt an Ihren Travestien und überhaupt an Ihren humoristischen Versen. Doch Sie gefallen mir da am besten, wo Sie am ernsthaftesten sind. Nach meinem Geschmack sind Sie zu sehr den reimlosen und ziemlich formlosen Rhythmen zugeneigt. Davon habe ich noch nie etwas gehalten. Mir scheint, daß die Form nie fest genug sein kann. Ich huldige Gautiers Meinung:
  Keine falschen Beschränkungen!
  Aber um den geraden Weg zu gehen,
  trage,
  Muse, einen engen Kothurn.
Doch die Jüngeren haben ja immer andere künstlerische und technische Ideale als die Älteren, und Ihre unterscheiden sich verständlicherweise von meinen beträchtlich.
Ich erfuhr von Dr. Elias, daß Ihre Adresse in Norwegen ist. Glauben Sie nicht, daß es für einen jungen deutschen Dichter ebensoviel zu lernen gäbe in den zwei anderen skandinavischen Ländern?

Ihr verbundener
Kbh. 13. Nov. 98   Georg Brandes.
452,24 4 Bind: die bisher erschienenen Werke Ms: IN PHANTAS SCHLOSS, HORATIUS TRAVESTITUS, AUF VIELEN WEGEN, ICH UND DIE WELT. M notierte hierzu am 21.10.: *Brandes geantwortet u. meine Bücher ihm avisiert, an Sch. u. Loeffl. Karte weg. Buch.* T 1898/99 II, Bl. 11.
— *452,29 Manuskript*: die Einleitung zu Bd. 3 der Ibsenausgabe. Am 17.10. erhielt M eine Ankündigung des Manuskripts und holte es am 18.10. (bei der Post) ab; für den 23.–25. notierte er *Fieber*, am 25. aber auch, daß er *(7 S.)* übersetzt habe, weitere Arbeit daran und Rücksendung in den folgenden Tagen. T 1898/99 II, Bl. 11, 5, 6, 12–15, 15, 17, 18, 19. — *453,1 Point – étroit*: 2. Strophe des Gedichts »L'art« aus Gautiers Sammlung »Émaux et Camées«. — *453,11 Kbh.*: København, Ko-

penhagen. Zum ganzen Brief vgl. die Notiz vom 14.11.1898: *Nichtssagend-liebenswürdiger Brief von Brandes*. a.a.O. Bl. 20; vgl. auch Abt. Episches Nr. 42.

Nr. 613 Überlieferung: Ansichtskarte mit 4 kleinen Abbildungen und dem Text (gedruckt): »Gruss aus den Weinstuben Kempinski«. Der kurze Text ist schwedisch und wahrscheinlich von Hertz geschrieben.

Nr. 614 Überlieferung: Brief, 10 S., im Nachlaß, mit Umschlag. Druck: »Das Goetheanum« 7 (1928) S. 178 f. BRIEFE. Auswahl (1952) S. 104–106, hier gekürzt und irrtümlich mit 26.8.1898 datiert.
454,1 *B.*: Berlin. — 454,6 *B.*: Breslau. — 454,34 *Schmücke dein Heim*: Derartige Aufforderungen waren damals anscheinend populär; Kerr nennt »Schmücke dein Heim«, »Koche mit Gas«, »Wasche mit Luft«, »Prügle dein Weib« (Wo liegt Berlin, S. 81, 29.9.1895). — 455,14 *schrecklichste halbe Stunde meiner Knabenzeit*: M berichtet hiervon auch in einem der Entwürfe zur AUTOBIOGRAPHISCHEN NOTIZ. Es heißt dort: *Ich hatte den etwa gleichaltrigen Sohn der Bäuerin im Spiel durch einen unbedachten Steinwurf [...] vor die Stirn [...] getroffen, sodass er ins Haus gebracht werden mußte. Mein Vater war gerade abwesend; die Zeit bis zu seiner Zurückkunft gab mir alle Gewissensqualen eines Kindes [...] zu kosten, das sich unvermittelt in eine Schuld [...] verstrickt fand, [...] die unter Umständen unsühnbar sein konnte* (T 1913 I, Bl. 114, Abt. Aphorismen S. 470). Bei Bauer wird die Episode verharmlost dargestellt, um das »überzarte« Gewissen des Kindes zu belegen: der Stein wird zu einem »Steinchen«, davon, daß der Spielkamerad ins Haus gebracht werden mußte, ist nicht die Rede, vielmehr wird betont, daß M darunter gelitten habe, obwohl »nichts Schlimmes geschah« (Bauer, Chr. M. (1985) S. 14.f. – in der 3. Auflage 1941 (S. 13) änderte Margareta M allerdings »geschah« in »daraus entstand«). — 456,10 *Epigramme*: Zu Ms Lebzeiten erschien keine selbständige Epigrammsammlung. — 456,22 *Wahlich und Sascha – Glückwünsche*: vermutlich zu Verlobung oder Hochzeit.— 456,33 *nicht selbst – wollte*: M hat es dann wahrscheinlich durch den Verlag schicken lassen, oder Marie Goettling hat es sich sogar selbst besorgt. — 456,35 *der Könige*: in ICH UND DIE WELT *der Gläubigen*. — 457,1 *»Wilhelm der Grosse«-Denkmal*: das Nationaldenkmal für Kaiser Wilhelm I. (den sein Enkel Wilhelm II. vergeblich versuchte, Wilhelm der Große nennen zu lassen), entworfen von Reinhold Begas. Es wurde 1897 zum 22.3., dem 100. Geburtstag des Kaisers, enthüllt. Es stand auf der alten Schloßfreiheit in Berlin und war 20 Meter hoch. Zwischen im Unterbau auf Postamenten lagernden Löwen führten Stufen mit Kolossalfiguren des Krieges und des Friedens, zur Plattform, die den Sockel der Reiterstatue des Kaisers trug

und an deren Ecken sich blumenspendende Viktorien befanden. Die Statue selbst wurde von einer weiteren Siegesgöttin geleitet. Umgeben war alles von einer halbkreisförmigem Säulenhalle mit pavillonartigen, von Quadrigen gekrönten Kuppelbauten. Das Denkmal wurde 1950 im Zusammenhang mit dem Abriß des Stadtschlosses eingeschmolzen. Vgl. auch Abt. Dramatisches S. 1038. 10 Tage lang wurde, so Alfred Kerr, »stramm gefeiert« (Wo liegt Berlin, S. 256). — **457,7** *ásbestos gélos – Homer*: z.B. Ilias 1, 599; Odyssee 20, 346. — **457,8** *Gedicht*: BOTSCHAFT DES KAISERS JULIAN AN SEIN VOLK.

Nr. 615 Überlieferung: Postkarte mit 3 kleinen Abbildungen, SUB Hamburg; »Hilsen [Gruß] fra Christiania«.

457,28 ICH UND DIE WELT: wurde Dehmel wohl direkt vom Verlag aus geschickt. — Vgl. auch: [...] *von Ingebret aus Karten an Schlenther, Dehmel und Richard Strauss.* T 1898/99 II, Bl. 29.

Nr. 616 Überlieferung: Brief 1 S., maschinenschriftlich mit handschriftlichen Zusätzen, im Nachlaß. Briefkopf der Zeitschrift »Die Gesellschaft«.

457,32 *Ihr Gedicht*: Verse von M erschienen erst wieder in der Faschingsnummer, ob das hier erwähnte Gedicht dazu gehört, ist unbekannt. Vgl. auch Nr. 625. — **458,1** *Besprechungen*: von Nansens »Judiths Ehe« und Heitmüllers »Tampete«; diese beiden jedenfalls wurden gedruckt (»Die Gesellschaft« 15 (1899) Bd. 1, S. 89 f. und 92 f.). — **458,2** *Abfertigung von Nansen – besorgt habe*: In der Bibliographie der Veröffentlichungen Jacobowskis (Auftakt Bd. 2, S. 284–321) konnte anhand der Titel nichts dergleichen gefunden werden, entsprechende Äußerungen können sich aber in Sammelrezensionen finden; dies wurde nicht überprüft. Er fügte aber Ms erstem Satz, er wisse nicht, warum Nansen in Deutschland gelesen werde, die Fußnote »Sehr wahr. L.J.« hinzu (auch Abt. Kritische Schriften S. 216 f.). — **458,8** *Faschingsnummer*: s.o. — **458,10** *Kunstbrief aus Christiania*: erschien nicht und wurde wahrscheinlich auch nicht fertiggestellt; ein Entwurf ist vorhanden und wurde in der Abt. Kritische Schriften veröffentlicht. — **458,19** *2 thörichte Rezens.*: nicht ermittelt.

Nr. 617 Überlieferung: Brief, 26 S., im Nachlaß; der Anfang (8 S., also 2 Bogen, da eine vorhandene Numerierung der Briefbogen mit 3 beginnt) ist verschollen. Datierung: nach den Angaben in Nr. 623.

459,31 *Mädchen von Lille*: berühmte Wachsbüste eines jungen Mädchens (16. Jahrhundert) aus der Sammlung des Malers Jean-Baptist Joseph Wicar (1762–1834). Die Abbildung oder Kopie war ein Geschenk Georg Hirschfelds, der später (1906) einen Roman mit diesem Titel schrieb. — **459,35** *Cyrano*: s. Rostand. — **460,11** *Ritt mit dem Zi-*

geunerweib: GEBT MIR EIN ROSS ... — 460,15 *Achlak*: nicht ermittelt.
— 460,25 *Kaysslers Stücke*: »Hausrecht« und »Der erste Sieg«
Nr. 618 Überlieferung: Brief, 2 S., angeboten Auktionskatalog Stargardt 639 (1987) Nr. 220, Ausschnitte.
461,3 *Bietet – Verlag an*: Dann hat der Verlag Schuster & Loeffler den Band wohl zuvor abgelehnt, vgl. Nr. 479, § 12.
Nr. 619 Überlieferung: Brief, 11 S., im Nachlaß.
462,16 *Tournee mit Reinhardt*: Nach N 1899, 8.7. und Nr. 644 führte sie (wenigstens) nach Wien, Salzburg, Reichenhall, Linz und Pest. — 462,21 *Habeant, boves*: etwa: Sollen sie doch, die Ochsen (lat.), nach Habeat (Sie mag's behalten), 1. Mose 38,23. — 462,22 *Wilhelm Scholz – nicht kritisieren*: bezieht sich auf Scholz' Kritik von ICH UND DIE WELT (»Die Gesellschaft« 15 (1899) Bd. 1, S. 85–87). — 462,24 *Emphysem*: Luftansammlung in Geweben, z.B. in der Lunge, verursacht u.a. Atembeschwerden.
Nr. 620 Überlieferung: Bl. 2 einer maschinenschriftlichen Abschrift im Nachlaß, Vermerk: »Marie G – –2– 20.1.99«, (*Wörtlichkeit – Nietzsche*). Druck: BRIEFE. Auswahl (1952) S. 107–109. Nr. 621 ist vermutlich die Fortsetzung des Briefs.
463,20 *(Zeichnung)*: Das heißt wohl, daß entweder M hier eine Skizze in den Brief eingefügt hat (dann ist das Wort ein Herausgeberzusatz) oder daß er auf eine beiliegende Skizze hinweisen will. – Ein Photo mit dem Blick von Nordstrand auf den Bundefjord bei Kretschmer, Wanderleben, S. 79. — 464,36 *Menschen-bessern-und-bekehren-wollen*: nach Goethe, Faust I, V. 373.
Nr. 621 Überlieferung: Briefblatt, einseitig beschrieben, im Nachlaß, mit VI überschrieben und wahrscheinlich Schluß, evtl. PS, des vorigen Briefs. Die linke untere Ecke ist abgerissen, dadurch ergeben sich Lücken, die ergänzt wurden.
Nr. 622 Überlieferung: Brief, 1 S. maschinenschriftlich mit handschriftlicher Unterschrift, im Nachlaß. Briefkopf des Verlags S. Fischer.
466,4 *neuen Verse*: EIN SOMMER. — 466,9 *Ich – allerhand vor*: vgl. auch Nr. 631. Die Bemerkung steht anscheinend im Zusammenhang mit unbekannten Plänen Fischers, wie sie Peter de Mendelssohn unter der Überschrift: »Episode: Geheimnisvolle Pläne« auch für die Jahre 1901/02 beschreibt (a.a.O. S. 265 f. – dort geht es um eine Walther-von-der-Vogelweide-Ausgabe, für die Rilke gewonnen werden und vielleicht um ein Jahrbuch, das Wassermann zusammenstellen sollte). — 466,11 *vergessen Sie nicht an*: österreichische Sprachform (wo es auch »vergessen auf« heißen kann). — 466,14 *speziellen Artikel*: nicht realisiert. — 466,18 *Kritiker – Nansen*: vgl. Nr. 616.

Nr. 623 Überlieferung: Brief, 12 S., im Nachlaß.
467,3 *Reinhardt-Tournee*: vgl. Nr. 619. — 467,6 *und* 19 *Einakter*: vgl. wahrscheinlich Nr. 617, Kommentar. — 467,6 *Direktor*: Willy Felix. — 467,7 *Von Schlenther*: vgl. Nr. 602 und 617. — 467,16 *Theatermeister*: Heinrich Mock. — 467,28 *Tournée*: Wegen einer Gastspielreise fragte M anscheinend das erste Mal schon am 11.6.1898 bei Ibsen an. *Fragte weg. deutsch. Ensemble hier. Ja, doch möglichst Herbst oder Frühling.* T 1898/99 I, Bl. 28. Vgl. auch Nr. 634. — 467,31 *Jonas-Lie-Stück*: »Lindelin«, das M am 14.1.1899 im Christianiatheater sah.

Nr. 624 Überlieferung: Von M stammende Abschrift, 1 S., im Nachlaß, mit dem Vermerk: *(Aus einem Brief an Therese Krüger. 4.II.99.).* Die Ortsangabe Hellerup wurde von einer Adressennotiz übernommen; *Frl. Therese Krüger, Hellerup, Frederikkevei 10.* T 1898/99 I, Bl. 133, datiert *11. III. 99*.
468,5 *Tod – Sieg*: 1. Korintherbrief 15,55.

Nr. 625 Überlieferung: Brief, 2 S. im Nachlaß, Maschinenschrift mit handschriftlicher Unterschrift.
468,15 *Reihe von Epigrammen – Faschingsnummer*: Es erschienen BISMARCK, DER FREIHERR HIERONYMUS KARL FRIEDRICH VON MÜNCHHAUSEN, GLADSTONE, DIE SCHLECHTEN AUTOREN, außerdem das Gedicht BERLINER GESELLSCHAFTSESSEN; letzteres kann der Ersatz für WAS WISSEN WIR sein, vgl. aber auch Nr. 649. — 468,19 *längere Novelle*: vgl. Nr. 626, verschollen. — 468,26 *Stachelreime*: satirische Epigramme.

Nr. 626 Überlieferung: Brief, 3 S. (1 Einzelblatt, 1 Bogen und noch ein Einzelblatt, jeweils einseitig beschrieben), HLB Wiesbaden. Druck: Auftakt Bd. 1, S. 192 f., mit der falschen Datierung 18.11.1898 (Lesefehler, Verwechslung von römisch II. mit arabisch 11., deshalb konnten auch die Anmerkungen dort nicht alle richtig werden). Die 1. Seite des Briefs ist nach 469,13 *gethan haben würden* zu Ende. M benutzte damals ein sehr dünnes Papier, das er nur einseitig beschrieb (s.o.). Da die Fortsetzung *Vielleicht machen Sie* (1. Seite des Bogens) abrupt auf ein völlig anderes Thema überspringt, kann mit großer Wahrscheinlichkeit vermutet werden, daß an dieser Stelle das 2. Blatt des ursprünglich vollständigen Briefbogens abgetrennt wurde (evtl. war es auch ein von Anfang an loses Blatt) und verlorenging.
469,9 *Fastnacht-Impromptus*: verschollen. — 469,15–470,5 *Vielleicht machen Sie – Sprüche daraus*: M gibt in diesem letzten Teil seines Briefs Ratschläge für die Gestaltung einer geplanten Anthologie, von der Jacobowski anscheinend berichtet hatte, und die sehr viel bescheidener ausfiel, als M sich das anscheinend gedacht hatte. Sie erhielt den Titel »Neue Lieder der besten neueren Dichter für's Volk, zusammen-

gestellt von Dr. Ludwig Jacobowski. Buchschmuck von Herm. Hirzel«. Das Heft, wenige mm größer als ein Reclamheft, kostete 10 Pfennig, ist eng auf billigem Papier gedruckt und enthält auf 156 Seiten 300 Gedichte von etwa 145 Autoren. Es ist nicht thematisch, sondern alphabetisch nach Verfassern geordnet, enthält keine erläuternden Angaben zu diesen und auch keine Einleitung, obwohl eine solche anscheinend geplant war. Auf die Gedichte folgt nur noch ein Inhaltsverzeichnis. Nietzsche-Gedichte enthält es nicht, aber trotz Ms Warnung 3 von Evers und 1 von Schaukal. M ist mit DAS HÄSLEIN und ANMUTIGER VERTRAG vertreten. Der Buchschmuck von Jacobowskis Freund Hirzel besteht aus dem floral-ornamental gestalteten Umschlag, einer weiteren ganzseitigen Titelzeichnung auf dem ersten Innenblatt, auf dessen Rückseite sich die wiederum stark ornamental wirkende Zeichnung einer Leier mit ihr entwachsenden einzelnen Blumen befindet; darunter steht: »Dem Volke gewidmet«. Außerdem gibt es noch eine Anfangs- und eine Schlußvignette. — 469,27 *Loefflersche Anthologie*: Ludwig Gemmel: Die Perlenschnur. Anthologie moderner Lyrik. Buchschmuck von Hans Heise. Berlin (Schuster & Loeffler) 1898. Die Sammlung enthält auch 11 Gedichte Ms aus AUF VIELEN WEGEN und ICH UND DIE WELT (S. 237–256). — 469,32 *beiliegendem Zettel*: anscheinend nicht mehr vorhanden. — 470,3 *kleinen Gedicht-Ausgabe Nietzsches*: Gedichte und Sprüche. Leipzig 1898, 203 S.; »klein« bezieht sich auf das Format.

Nr. 627 Überlieferung: Brief, 3 S., im Nachlaß, außerdem 2 S. Verse aus Ibsens »Kaiser und Galiläer«. (M hat die Verse wahrscheinlich am 10.3. übersetzt und abgeschickt, vgl. N 1899.)
470,27 *der »Neuvermählten«*: s. Bjørnson.

Nr. 628 Überlieferung: Karte, einseitig beschrieben, im Nachlaß, mit Umschlag.
471,3 *Aufforderung*: Es kann sich evtl. um ein erbetenes Festgedicht handeln.

Nr. 629 Überlieferung: Brief, 4 S., im Nachlaß, mit Umschlag.
471,14 *Br.*: Breslau. — 471,24 *I.*: Ibsen.

Nr. 630 Überlieferung: Brief, 2 S., im Nachlaß, dazu 3 S. mit 33 Fragen zu »Kaiser und Galiläer«.
472,30 *um – befragen*: Flüchtigkeit, die wahrscheinlich auf Elias' große Eile (473,15) zurückzuführen ist. — 473,13 *100 Mk. – Calvary*: Ms Anteil an der Übersetzung von Bjørnsons »Neuvermählten« sollte also zur Deckung von Bücherschulden (und evtl. als Vorschuß) dienen. — 473,14 *wegen des Dr. phil.*: Anscheinend sollte Elias M doch noch zum Doktortitel verhelfen.

Nr. 631 Überlieferung: Brief, 44 S., im Nachlaß.

474,21 *mein Einakter*: vielleicht »Hausrecht«. — **474,27** *Denk mal Hedda:* vgl. Nr. 244, Kommentar. — **474,29** *Dein Manuskript*: nicht ermittelt; für die folgenden Wochen findet sich auch im Notizbuch kein entsprechender Eintrag. Das Manuskript von EIN SOMMER wurde an Robert Wernicke geschickt (12.4.1899, N 1899, Bl. 42). Die Erwähnung des *blonden Korken* könnte evtl. darauf hinweisen, daß es sich um die *Zusammenstellung der Galg.lied.* handelt, die M in einer Übersicht über das Jahr 1898 anführt (T 1898/99 I, Bl. 128); die Sendung war dann wohl für die »Brille« bestimmt. — **474,33** *Äußerungen von Fischer*: vgl. Nr. 622. — **474,34** *die Gedichte*: EIN SOMMER; zu Kayßlers Verwunderung vgl. evtl.: »[...] von Gedichten – als Verlagsobjekten – hielt Fischer zeitlebens nicht viel« (de Mendelssohn, S. Fischer, S. 84). — **475,7** *die Historisch-Unhistorischen*: wahrscheinlich Nietzsches »Unzeitgemäße Betrachtungen«. — **475,15** *Wenn Liesing mitginge*: bezieht sich vermutlich auf die Norwegentournee, für die sich M einsetzte (Nr. 634) und über die er sicher auch mit Kayßler korrespondiert hat, vgl. Nr. 623. — **475,16** *Sachen*: »Allein am Feuer« (Gedicht), Briefe an das kommende Jahrhundert, Prosastücke. — **475,26** *Kritiken*: wohl von ICH UND DIE WELT. — **475,30** *»Das kleine Eisenbahnding«*: nicht ermittelt. — **476,7** *Das böhmische Streichquartett*: 1892 in Prag gegründet, bestand zur Zeit der Erwähnung aus Karl Hoffmann, Josef Suk, Hans Wihan, Oskar Nedbal und gastierte regelmäßig in Berlin.

Nr. 632 Überlieferung: Brief, 11 S., im Nachlaß, in fremder Handschrift mit eigenhändiger Unterschrift sowie Ergänzungen und Korrekturen von Elias.

478,24 *Wirtschaft, Horatio, Wirtschaft*: Shakespeare: Hamlet I,2, V. 180. — **478,31** *Das neue Stück von Ibsen*: »Wenn wir Toten erwachen«. Ibsen erzählte M am 3.5. von Elias' Brief, vgl. Abt. Episches Nr. 42,11. — **478,38** *Baumeister Solness – in den 3 Jahren*: Sigurd Ibsen übersetzte »Baumeister Solness« schon 1893, 1894 dann »Klein Eyolf« (erschien als deutsche Ausgabe ohne Übersetzernamen, vgl. S. 843). — **479,17** *Übersetzer-Name*: wurde auch in der Gesamtausgabe nicht hinzugefügt. — **480,1** *zweite Stück*: von »Kaiser und Galiläer«.

Nr. 633 Überlieferung: Postkarte im Nachlaß. Datierung: Poststempel. Druck: »Atta« wurde in den Band: Neue Kinderlieder, gesammelt von Emil Weber, Hamburg 1902, aufgenommen.

Nr. 634 Überlieferung: Brief, 4 S., UB Oslo. Für denselben Tag notierte M eine Nachfrage *wegen der Theater-Tournee* bei Ibsen (T 1898/99 II, Bl. 39).

Nr. 635 Überlieferung: Postkarte im Nachlaß. Der Brief Ibsens an Elias, der im Nachlaß vorhanden ist, lautet:

1.5.99.
Kære dr. Elias!
Jeg nærer et levende önske om at herr Christian Morgenstern i sin tid besörger oversættelsen af mit nye stykke. Han er en höjt begavet, virkelig digter, og en sådan behöves særlig i dette tilfælde. Derhos er han fuldstændig fortrolig med det norske sprog, et fortrin, som jeg ikke tidligere har været så heldig at finde hos nogen af mine tysk-födte oversættere.

Deres hengivne og vorbundne

Henrik Ibsen.

Visitenkarte mit der Aufschrift »Dr. Henrik Ibsen« im Nachlaß, mit Umschlag. Außerdem existiert eine Abschrift Ms sowie eine von Margareta M. Druck: Chr. M. Gedenkausgabe. Faksimile o.S. und Übersetzung S. 170. – Die Übersetzung lautet:

Lieber Dr. Elias! 1.5.99.
Ich hege den lebhaften Wunsch, daß Herr Christian Morgenstern zu gegebener Zeit die Übersetzung meines neuen Stücks besorgt. Er ist ein hochbegabter, wirklicher Dichter, und eines solchen bedarf es besonders in diesem Fall. Dazu ist er vollständig vertraut mit der norwegischen Sprache, ein Vorzug, den ich früher nicht das Glück hatte, bei meinen deutschen [wörtlich: deutschbürtigen] Übersetzern zu finden. Ihr ergebener und verbundener Henrik Ibsen.

Nr. 636 Überlieferung: Briefkopie, 13 S., im Nachlaß. Druck: BRIEFE. Auswahl (1952) S. 109–111, gekürzt. Den Eintragungen im N 1899 zufolge hat M den Brief schon im März begonnen (Notizen vom 24. und 25.3.), am 9.5. beendet und ihn am 10. Dagny gegeben.

484,5 *jene Ihnen gewidmeten Lieder:* EIN SOMMER. — **484,36** *am 6ten:* an seinem Geburtstag. — **485,20** *Segelfahrt:* im Sommer 1898.

Nr. 637 Überlieferung: Brief, 3 S., im Nachlaß. Datierung: Der Brief ist die Antwort auf Nr. 636, also danach geschrieben. Am 11.5.1898 hingegen hatten sie sich kennengelernt. Zur fehlenden Anrede vgl. Nr. 599, Kommentar.

Der Brief kann folgendermaßen übersetzt werden:

11–Mai–98.

Lernen Sie groß zu empfinden. – Sehen Sie, da haben Sie ein Wort gesprochen, an das ich mich immer erinnern und das zu befolgen ich versuchen will. – Wenn man jemanden gefunden hat, mit dem man sympathisiert »in das große Vaterland«, soll man auch verstehen, was man gefunden hat, und daran soll man sich halten – laß die anderen nur sagen, was sie wollen. – Und das, was ich bei Ihnen gefunden habe – das gehört mir und es wird für mich nicht wie »eine Krankheit oder Verdüsterung« sein – Und glauben Sie nicht, daß ich wünschte, ich hätte Sie nie getroffen – glauben Sie mir – ich bin froh darüber – in vielem bin ich mir klarer über mich selbst geworden, – Sie haben sehr in mein Leben eingegriffen – aber denken Sie daran – nicht auf bittere Art – nichts Trauriges kommt hinein, wenn ich an unsere Tändelei im Sommer 98 denke –

Ein schönes Ding ist eine immerwährende Freude, seine Herrlichkeit nimmt zu, es wird nie in Bedeutungslosigkeit fallen, sondern uns eine stille Wohnung bieten und einen Schlaf mit süßen Träumen und Wohlergehen und ruhiges Atmen.

J. Keats

Und so trennen sich unsere Wege – um sich vielleicht nicht mehr zu treffen – Sie gehen zum Arbeiten und werden vielleicht berühmt – ich wünsche Ihnen nur: Werden [oder: Bleiben] Sie glücklich. – Dagny – **486,7** *A thing – breathing*: Anfangsverse aus Keats' Versdichtung »Endymion«.

Nr. 638 Überlieferung: Brief, 3 S., im Nachlaß. Datierung: Es ist nicht zu erschließen, wie lange vor seiner Abreise aus Christiania M den Brief geschrieben hat. Ebenso ist unbekannt, ob er überhaupt abgeschickt wurde (dann wäre er nach Ms Tod zurückgeschickt worden). Er ist jedenfalls eine Reinschrift und wie ein Brief gefaltet.

Nr. 639 Überlieferung: Blatt im Nachlaß, von Margareta M mit 17.5.1899 datiert. Druck: BRIEFE. Auswahl (1952) S. 112. Abt. Aphorismen S. 504 f. – Nach Brief Nr. 645 ist es zweifelhaft, ob der Text wirklich ein Brief an Marie Goettling ist, denn M teilt dort erst mit, daß er seit Mai auf Reisen sei. Auch im N 1899 ist kein weiterer Brief an sie vermerkt.

Nr. 640 Überlieferung: Postkarte im Nachlaß. Datierung: Poststempel.

487,17 *Welt am Montag – gleichzeitige Drucksache*: Kayssler hat also den dort veröffentlichten Text KEIN REISEBRIEF geschickt. — **487,19** *»Hausrecht« bekommen hast*: M notierte den Empfang am 28.4. (N 1899). — **487,22** *Prost Cäsar in Molde*: vielleicht Anspielung auf die Norwegenreisen des Kaisers, 1899 im Juli, also zur selben Zeit wie M, der das vielleicht in einem Brief erwähnt hat. Hierzu: *Während wir im Nordalsfjord fährt d. »Hohenzollern«* [die Jacht Kaiser Wilhelms II.] *im Hauptfjord nach Merok zu vorbei* (10.7., N 1899). *6–8 1/2 i. d. Stadt, die »Hohenzollern« und e. […] Avisboot zu sehen. Fahre zu diesem Zweck auf d. Dampffähre nach Laxevaag u. zurück, um d. »Hoh.« herum* (28.7., N 1899). Vgl. auch Abt. Episches S. 196 und 853. — **487,24** *Tournée*: vgl. Nr. 634.

Nr. 641 Überlieferung: Briefdurchschrift, 1 S., DLA Marbach, Pan-Kopierbuch VIII, S. 562.

Nr. 642 Überlieferung: Brief, 3 S., DLA Marbach (31 814/302).
488,31 *einen Geheimrat*: Goethe. — 489,15 *Rat – Weltseele selbst*: Diese Stelle hat sich M besonders notiert: *Von Flaischlen Brief. Ged. zurück. Antworte ihm gleich (Ratführender Intellekt; Geh. R. unsichtbarer f. I. also – Gott).* N 1899, 27.6.
Nr. 643 Überlieferung: Briefdurchschrift, 2 S., DLA Marbach, Pan-Kopierbuch VIII, S. 672 f.
490,9 *gibt's Länder – Geheimräte sind*: vermutlich nach: »Gibt's Länder, Vater, wo nicht Berge sind?« Schiller, Wilhelm Tell III,3 (V. 1785).
Nr. 644 Überlieferung: Ansichtskarte im Nachlaß (»St. Peter«, Detail aus der Stiftskirche St. Peter (1127) in Salzburg).
Nr. 645 Überlieferung: Ansichtskarte im Nachlaß (Stabkirche, darunter gedruckt: »Bergen« und: »Fantoft Stavekirke«. (Stabkirchen sind Holzkirchen mit charakteristischen senkrechten Pfosten und mehrstöckig gestuftem Dach, sie wurden vor allem in Norwegen im 12. und 13. Jahrhundert gebaut. Heute sind noch etwa 30 erhalten; die auf der Karte abgebildete ist von etwa 1150 und stark restauriert.)
Nr. 646 Überlieferung: Kartenbrief im Nachlaß. Druck: Chr. M. Gedenkausgabe, Faksimile o. S. und Transkript S. 171.
Am 13. 8. hatte M an Grieg geschrieben und gleichzeitig *5 Lieder (ihm zugeeignet)* geschickt:
1) Volkslied [vermutlich VOLKSWEISE]
2) Geige sang [WIND UND GEIGE]
3) Vögel i. Wald
4) Im Nebel ging [vermutlich GUTE NACHT]
5) Herbst [vermutlich ZU GOLDE WARD DIE WELT]
N 1899, 13.8.1899. Am 16. machte er, wie vorgeschlagen, seinen Besuch, von *5 6 Nachm.* (N 1899).
Nr. 647 Überlieferung: Brief, 2 S., im Nachlaß, unvollständig, bricht in der Mitte von S. 2 ab, d.h. wurde von M nicht fortgesetzt. Datierung: Für den 20.8. findet sich im N 1899 die Notiz: *E. Brief an I. angefangen*; von einer Fortsetzung oder Beendigung steht im N nichts. Dem Inhalt nach muß er noch in Norwegen geschrieben worden sein; das N 1899 nennt häufig die Arbeit an »Brand«, vgl. außerdem das wiederholte *hier* im Text.
491,13 *»sorte syner«*: schwarze Erscheinungen, finstere Ansichten o.ä. (norwegisch), aus Brands Monolog im 5. Akt, Samlede Verker, Bd. 2, S. 301; M übersetzt es mit »Nachtgesichte«, Sämtliche Werke Bd. 4, S. 190. — 491,13 *Udlændings-Gehirn*: Ausländer-Gehirn. — 491,15 *sieben mal sieben*: 7x (durch)sieben, also überarbeiten. — 491,26 *»Brand« – zurückführen wollen*: So schrieb Ibsen an seinen Verleger Frederik Hegel, 9.6.1866, sein »Brand« gehe nicht auf Kierkegaard

zurück, es sei aber so, »daß die Darstellung eines Daseins, das sich als Ziel die Durchführung eines Ideenverhältnisses gesteckt hat, immer an gewissen Punkten mit Kierkegaards Leben zusammenfallen muß« (Sämtliche Werke Bd. 10, S. 72). Am 3.8.1867, ebenfalls an Hegel, heißt es, daß er von Kierkegaard »nur wenig gelesen und noch weniger verstanden« habe (a.a.O. S. 89). Ähnlich an Peter Hansen, 28.10.1870: »Es beruht durchaus auf einem Mißverständnis, wenn man glaubt, ich hätte Sören Kierkegaards Leben und Wandel schildern wollen. (Ich habe überhaupt sehr wenig von S. K. gelesen und noch weniger verstanden.« A.a.O. S. 150. In den Erläuterungen zum erstgenannten Brief heißt es dann, die Abhängigkeit von Kierkegaard sei oft behauptet, von Ibsen aber immer bestritten worden, eine »geistige Verwandtschaft« sei trotzdem vorhanden, »und der Einfluß von K.s leidenschaftlichen Kämpfen gegen die äußeren Autoritäten hat sich gewiß, wenn auch unbewußt, geltend gemacht« (a.a.O. S. 437). Auch Roman Woerner setzt sich damit auseinander. »Aus den Aesthetischen Studien von Gg Brandes ist in viele Schriften der Ibsenlitteratur die Behauptung übergegangen, [...]. Beinahe jeder entscheidende Gedanke in diesem Gedichte finde sich ausgesprochen bei Kierkegaard und das Leben des Helden habe sein Beispiel im Leben dieses Mannes.« Er argumentiert dagegen und resümiert: »Man mag Anklänge heraushören, Anregungen durchfühlen selbst gegen des Dichters Einspruch, denn es giebt auch unbewußt empfangene und und bewußt bewahrte, allein, was Ibsen zuletzt geboten hat, trägt sein eigenes Gepräge, das Beste und Wertvollste daran ist immer von ihm selbst, und zwar gerade dann, wenn er Kierkegaard am nächsten kommt.« Woerner: Henrik Ibsen, Bd. 1, München 1900, S. 180–183, Zitate S. 180 und 182.

Nr. 648 Überlieferung: Reimbrief, 2 S., im Nachlaß, wegen etlicher Streichungen und Korrekturen vermutlich ein Entwurf. Von Margareta M mit dem Vermerk »An Frisch« versehen und auf einer Maschinenabschrift mit »96?« datiert (vermutlich wegen der Wendung *das erste Mal so richtig in den Bergen*; sie bezog das auf die Alpenreise mit Körner, vgl. Nr. 396). Das Gedicht zeigt jedoch verschiedentlich Ähnlichkeiten mit den Aufzeichnungen von der Reise durch Norwegen im Sommer 1899 (z.B. Abt. Episches Nr. 45, S. 201), außerdem ist im N 1899 ein *Reimbrief an Frisch*, an dem er schreibe, erwähnt (25.7.). Deshalb darf man wohl vermuten, daß der Brief im Sommer 1899 in Norwegen geschrieben wurde.
492,9 *ein Tag – Nachtwache*: vgl. Psalm 50,4.

Nr. 649 Überlieferung: Brief, 2 S., HLB Wiesbaden. Datierung: Vielleicht (es ist nicht sicher erkennbar) wurde die Datierung in *24.* geändert. Druck: Auftakt Nr. 199, S. 192.

492,17 *zuletzt gebrachte Gedicht*: SO SAGT DER ORT (»Die Gesellschaft« 15 (1899) Bd. 3, S. 174). — 492,19 *Nansens Buch*: wahrscheinlich »Die Feuerprobe«. — 492,21 *ein paar – über N*.: nicht ermittelt. — 492,23 *grösseres Gedicht*: nach dem Eintrag vom 24.9. im N 1899 handelt es sich um das Gedicht MEERSPUK, wobei es verwundert, daß dieses einmal für EIN SOMMER vorgesehen gewesen sein sollte. Vielleicht wollte M auch nur ein bißchen Druck machen. Ein Plan für ein weiteres *Gedichtbuch* ist aus dieser Zeit nicht bekannt. Es gibt aber in diesen Jahren andere Pläne, eine gemischte Sammlung oder ein reines Parodienbuch herauszubringen, vgl. Abt. Episches S. 605–612. In der »Gesellschaft« erschien im Oktober kein Gedicht Ms.

Nr. 650 Überlieferung: Brief, 2 S., im Nachlaß.
493,4 *gern etwas schreiben*: Am 25.9 notierte M: *An Aufsatz für Zeit gearbeitet*. Auch am 26. 27. und 28. (N 1899) finden sich entsprechende Vermerke, danach ist nicht mehr davon die Rede.

Nr. 651 Überlieferung: Brief, 3 S., LBI New York, mit Umschlag. Datierung: nach der Angabe *Mittwoch* und dem Poststempel 12.10., der ein Donnerstag war.
493,11 *Besuch*: E.S., die vom 5.–11.10. im N 1899 fast täglich genannt ist. Am 11. fuhr sie nach Frankfurt a. M. ab. Sie wohnte im evangelischen Hospiz in Berlin, vgl. N 1899, Eintragungen vom 5.–11.10.1899. — 493,13 *Verzweiflung – versinken wollte*: vielleicht ein nicht ermitteltes Zitat. — 493,15 *Karl Moor*: M denkt vermutlich vor allem an den ersten Auftritt Karl Moors, der mit den Worten beginnt: »Mir ekelt vor diesem tintenklecksenden Säkulum, wenn ich in meinem Plutarch lese von großen Menschen.« Schiller: Die Räuber I, 2, Beginn. — 493,16 *hinter mir – Scheine*: vgl. »Und hinter ihm, in wesenlosem Scheine, / lag, was uns alle bändigt, das Gemeine.« Goethe: Epilog zu Schillers »Glocke«, V. 31 f., Cotta-Ausgabe Bd. 1, S. 779–782, Zitat S. 780. — 493,23 *Ring der Ringe*: Nietzsche; Also sprach Zarathustra, III: Die sieben Siegel. Werke Bd. 2, S. 473–476, mehrfach. — 493,25 *den 15.*: Nietzsches Geburtstag, zu dem M auch meist eine Karte schrieb, vgl. S. 1032.

Nr. 652 Überlieferung: Briefdurchschrift, 1 S., DLA Marbach, Pan-Kopierbuch VIII, S. 976.
494,9 *»Bußtage«*: In Preußen und anderen evangelischen Landeskirchen war vor ab 1893 der vorletzte Mittwoch vor dem 1. Advent der Bußtag, von 1934 an in der ganzen evangelischen Kirche Deutschlands und bis 1994 gesetzlicher Feiertag. 1899 war es der 22.11.

Nr. 653 Überlieferung: Brief, 8 S., im Nachlaß.
495,18 *die Ehre*: Zumindest in diesem Punkt dürfte M irren; Elias' Name erschien nicht bei den Übersetzungen, die er bearbeitete, son-

dern nur der des ursprünglichen Übersetzers, teilweise auch gar kein Übersetzername. — **496,31** *a limine*: von der Schwelle (lat.), von vornherein. — **496,38** *ansvar*: Verantwortung, Haftung (norwegisch). — **497,6** *Stellung*: Elias war immerhin mit Schlenther und Brandes (der nur einige Vorworte schrieb) Leiter der Ausgabe. Im N 1899 verzeichnete M: 9.11.: *Brief an Schlenther. / Ab. Brief v. Elias.* 14.11.: *Brief u. Corr. von Elias. Brief an El. Corr. zurück.* 16.11.: *Bei Fischer weg. Elias etc.* 17.11.: *Brief v. Elias. 2 Bogen Borkmann-Korrekturen / Borkm. zurück* [...]. Schlenther wollte offenbar mit der Sache nichts zu tun haben und überließ es M, mit Fischer zu verhandeln. Inhaltliche Details werden nicht klar, insgesamt aber drang M mit seinen Forderungen nicht durch, es blieb alles, wie es vorher war.

Nr. 654 Überlieferung: Briefschluß, vermutlich ein Postskriptum, im Nachlaß. Datierung: Vielleicht gehört das Fragment zu dem von Elias zurückerbetenen Brief (vgl. Nr. 655). Die Erwähnung des »John Gabriel Borkmann«, von dem Nr. 655 schon 2 Bogen erledigt sind, läßt jedenfalls vermuten, daß es Nr. 655 voranging. Allerdings hat M seinem Notizbuch zufolge die beiden »Borkmann«-Bogen erst am 17. erhalten. Vermutlich ist entweder Elias' Absendedatum von Nr. 655 oder Ms Eintrag nicht korrekt.

497,9 *Sumus irritabile genus*: Wir sind ein reizbares Geschlecht, nach Horaz, Epistulae II, 2,102 − dort sind die Sänger/Dichter das »genus irritabile«, das es zu versöhnen gilt. — **497,11** *Alten*: Ibsen.

Nr. 655 Überlieferung: Brief, 2 S., im Nachlaß.

498,4 *mit dem alten Fuchs*: Vermutlich ist Ibsen gemeint, dessen neuestes Werk »Wenn wir Toten erwachen« plötzlich von Langen angekündigt wurde, vgl. hierzu Ms Notiz vom 16.11.: *Ibsens Anzeige bei Langen* (N 1899) und Mendelssohns Darstellung: »[...] Möglicherweise hatte Ibsen es Langen versprochen; jedenfalls erhob Langen Anspruch darauf, und es wurden heftige Briefe gewechselt. [...]« a.a.O. S. 246. Bereits 1897 hatte Fischer von Langen das Stück »John Gabriel Borkmann«, das Ibsen ihm für 5000 Mark verkauft hatte, für die Gesamtausgabe zurückkaufen müssen. »Der alte Ibsen stellt sich jetzt, wo der Vertrag ausgefertigt werden soll, etwas dumm. [...] Die 9000 Mrk. [für die Gesamtausgabe] will er gleich in bar haben, aber den ›Borkmann‹ soll ich selbst erwerben. Es wird noch einige Schwierigkeiten mit dem alten Fuchs geben...« Samuel Fischer an Hedwig Fischer, 21.7.1897, zitiert nach de Mendelssohn, a.a.O. S. 246.

Nr. 656 Überlieferung: Briefkopie, 2 S., im Nachlaß. Druck: Bauer, Chr. M. 1(1933) S. 136, (1985) S. 139, Ausschnitt.

498,14 *ein Brief − verloren gegangen*: vgl. Nr. 658. — **498,24** *tak for alt*: Dank für alles (norwegisch).

Nr. 657 Überlieferung: Brief, 2 S., im Nachlaß. Datierung: Da der Brief sich auf Nr. 656 bezieht, ist vermutlich die Monatsangabe falsch.
Übersetzung:
Lieber Herr Morgenstern! 5–11–99–
Einmal habe ich über Sie gehört, seit Sie abgereist sind, es war, als ich Herrn Halling fragte – und da erfuhr ich, daß Sie krank gewesen sind. – Ich wurde traurig, und so schickte ich den Brief, danach bedauerte ich das natürlich und war froh, als ich ihn auf dem Bahnhof wiedersah. Jetzt, da Sie das wissen, schicke ich ihn und bitte Sie noch einmal, vorsichtig zu sein – sich an jemanden zu erinnern, der an Sie denken und traurig sein würde, wenn Sie krank wären.
Aber ich will Sie damit nicht länger quälen.
»Das kleine Buch« freue ich mich zu lesen, und ich werde versuchen, wie Sie mich im letzten Brief baten, es so zu lesen, als ginge es mich genauso wenig an wie jedes andere liebe Buch – denn das würde Sie ja freuen –
Wollen Sie es direkt an mich schicken, ich pflege meine Post selbst zu holen, und selbst wenn ich das nicht täte, würde es auch nichts ausmachen. Mit Gruß von
Führt [Sie] der Weg nie mehr hier herauf – Dagny Fett.

Nr. 658 Überlieferung: Brief, 2 S., im Nachlaß. Da der Brief erst mit Nr. 657 zusammen (endgültig) abgeschickt wurde, wird er auch hier eingeordnet.
Übersetzung:
Lieber Herr Morgenstern! 19–Sept. 99 –
Ich erfuhr heute von Herrn Halling, daß Sie krank gewesen sind. – Ich wurde so traurig, als ich das hörte, und deshalb schreibe ich nun – ich kann nicht anders – um Sie an das zu erinnern, was Sie mir versprochen haben: daß Sie auf sich aufpassen wollten, das müssen Sie – und versprechen Sie noch etwas: daß Sie, wenn Sie fühlen, daß Berlin Ihnen nicht guttut, dann draußen auf dem Land wohnen wollen, denn erinnern Sie sich, was der Doktor hier sagte, daß Sie dort zwei Jahre lang leben sollten, wo es frische Luft gibt, und sich pflegen. – Sie müssen an die Freunde denken, die Sie haben, und nicht zuletzt an die, die Sie weit oben in Norwegen haben, die sich auch Sorgen machen können. –
Nun können Sie gern ungeduldig werden – reißen Sie den Brief in Stücke. Sie erhalten nicht einmal die Erlaubnis, sich daran zu erinnern, daß ich etwas geschrieben habe, nur daran zu denken, die zwei Versprechen zu halten. Einen Gruß von Ihrem besten
Freund oben in Norwegen. –

Nr. 659 Überlieferung: Brief, 3 S., HLB Wiesbaden. Druck: Auftakt Nr. 201, S. 193.

500,4 *des neuen Ibsen-Dramas*: »Wenn wir Toten erwachen«. — 500,20 *Parodieen – (Schluss)*: Nr. 1–4 erschienen mit dem Obertitel LITTERATURGESCHICHTE IN BEISPIELEN (»Die Gesellschaft« 16 (1900) Bd. 1 S. 208–211), Nr. 5 wurde nicht gedruckt. Sie wurden in folgender Reihenfolge veröffentlicht: DER GRÜNE LEUCHTER (= 4), DER APFELSCHIMMEL (= 3), DER HUNDESCHWANZ (= 1), AUS NEUERER DEUTSCHER LYRIK (= 2); die Namen der »Verfasser« wurden jeweils leicht verändert: *Adolf* statt Alfred Kerr; *Adam* statt Alfred Biese (so daß sich ein Anklang an den sprichwörtlichen Rechenmeister Adam Riese ergibt) und *Schnurrbart* statt Scheerbart. — 500,22 *Biese (Kiel)*: Im Druck stattdessen *Neuwied* (a.a.O. S. 211): M hatte wohl zunächst in einem älteren Exemplar von Kürschners Literaturkalender nachgeschlagen; in Kiel lebte Biese bis 1895, dann in Schleswig und Koblenz, inzwischen war er nach Neuwied verzogen. — 500,25 *Meyers – (Schluss)*: Gemeint ist offenbar die 1897 im Bibliographischen Institut (Meyer) erschienene »Geschichte der Deutschen Literatur von den ältesten Zeiten bis zur Gegenwart« von Friedrich Vogt und Max Koch. Ms Parodie ist verschollen.

Nr. 660 Überlieferung: Briefkopie, 4 S., im Nachlaß.

500,29 *von Ibsens neuem Stück*: »Wenn wir Toten erwachen«. — 500,33 *an der – Anteil hat*: Diesen Satz fügte Margareta M in der Briefausgabe von 1952 der Nr. 662 hinzu. — 500,34 *Unwohlsein in Bergen*: Bereits am 2. Tag in Bergen notierte M: *Nachts Schweiss und Fieber* (12.7.), dann folgen etliche Arztbesuche: 12., 13., 14. 7. (hier: *Dr. K. Hansen untersucht mich. Resultat wie immer: Emphysem* [Luftansammlung in Geweben, z.B. in der Lunge]). *Ausserdem Halskatarrh. Sputum*. 15. und 31.7., hier: *Endlich kapierte Diagnose: Empyema* [Eiteransammlung in Körperhöhlen, z.B. in der Brustfellhöhle]), 15. und 28.8. (hier: *Enduntersuchung. Rechter Flügel sehr, linker beinahe befriedigend verbessert. Weiter: gute, stets zugeführte Luft, regelmäss. starke Ernährung, moderate Bewegung jeder Art. Friluftsliv* [Freiluftleben, norwegisch]. *Sommer womögl. Gebirge.*). N 1899. — 501,9 *Frauenstimmrecht*: Das allgemeine Wahlrecht für Frauen wurde in Norwegen 1913 eingeführt. — 501,10 *Friedenssache*: Im 19. Jahrhundert wurden in Europa zahlreiche Friedensvereine gegründet, deren Hauptziel es war, Kriege durch internationale Schiedsgerichte zu vermeiden. Die norwegische Friedensgesellschaft wurde 1883, die deutsche 1892 gegründet. Da M sich hier vielleicht (auch) auf zurückliegende Gespräche oder Diskussionen über dieses Thema bezieht, kann die 1. Friedenskonferenz in Den Haag (sie wurde am 12./24. August 1898 von Zar Nikolaus II. von

Rußland gefordert und fand vom 15.5. bis 29.6. 1899 statt) Ms Bemerkung mitveranlaßt haben. — 501,12 *das Buch*: EIN SOMMER.

Nr. 661 Überlieferung: Briefdurchschrift, 1 S., DLA Marbach, Pan-Kopierbuch IX, S. 149.

501,16 *»Jamben«*: nicht ermittelt, geschrieben und ausdrücklich als solche bezeichnet hat M *Jamben* am 8.6.1899 (N 1899). — 501,18 *Fleischel*[?]: Sicher zu lesen ist eigentlich nur das F, aber Flaischlen schrieb am 13.3.1905 an M: *So weit ich mich erinnere – habe ich mit Kayssler's Skizzen* [...] *einmal einen Versuch bei Fleischel gemacht.* Wortlänge und Buchstabenfragmente können die Lesung als *Fleischel* bestätigen. — 501,19 *Klavierspieler. Märchen von einem Hause*: Beides erschien nicht im »Pan«, wurde aber später von Kayssler in die Sammlung »Der Pan im Salon« aufgenommen. — 501,20 *Ihren neuen – Buch*: »Wenn wir Toten erwachen« und EIN SOMMER.

Nr. 662 Überlieferung: Brief, 5 S., im Nachlaß. Druck: BRIEFE. Auswahl (1952) S. 112 f., gekürzt und – nach 502,17 *Geschichte* – um einen Halbsatz aus Nr. 660 ergänzt (s.d.).

502,37 *»Probekandidaten«*: s. Dreyer. — 503,1 *Secessionsbühne*: gab am 10.12. in einer Mittagsvorstellung im »Neuen Theater« ihre 1. Aufführung mit »Der Besiegte« von Wilhelm von Scholz und »Der Kammersänger« von Frank Wedekind. Weiteres wurde nicht ermittelt. Ob Kayssler an der Secessionsbühne gespielt hat, war nicht zu ermitteln, aber Liese Kayssler war dort engagiert. Kaysslers und Ms Stücke – beide nicht ermittelt – wurden offenbar nicht aufgeführt. — 503,3 *Bühne – bringen will*: der »Akademische Verein für Kunst und Litteratur« brachte in der Spielzeit 1899/1900 Sophokles' »König Ödipus« und »Antigone« heraus. Kayssler spielte in »König Ödipus« den Kreon und in »Antigone« den Haimon.

Nr. 663 Überlieferung: Brief, 4 S., im Nachlaß, mit Umschlag.

Nr. 664 Überlieferung: Postkarte im Nachlaß.

504,4 *sommerlichen Weihnachtsgruß*: EIN SOMMER.

Nr. 665 Überlieferung: Ansichtskarte (Prag, Statue der hl. Luitgarda auf der Karlsbrücke im Abendrot, Künstlerpostkarte).

504,12 *Buch*: EIN SOMMER.

Nr. 666 Druck: BRIEFE. Auswahl (1952) S. 113 f., Übersetzung aus dem Norwegischen; das Original ist verschollen.

505,5 *meines neuen Stückes*: »Wenn wir Toten erwachen«. — 505,19 *Sommergedichte*: EIN SOMMER.

Nr. 667 Überlieferung: Postkarte im Nachlaß. Datierung: Poststempel.

Nr. 668 Überlieferung: Maschinenschriftliche Abschrift, 1 S., SBPK Berlin. Vgl. Nr. 537 und 552.

Nr. 669 Überlieferung: Briefdurchschrift, 1 S., DLA Marbach, Pan-Kopierbuch IX, S. 338.
506,28 *Ihre Gedichte*: nicht ermittelt.
Nr. 670 Überlieferung: Briefkopie, 1 S., im Nachlaß.
Nr. 671 Überlieferung: Photo im Nachlaß, Ibsen, stehend, die rechte Hand auf einer Stuhllehne, in der linken den Schirm, beleuchtet von einem links liegenden Fenster, 118 x 162mm, feste Pappe, auf der Rückseite der Text, mit Umschlag. Es handelt sich offenbar um den Dank für Geburtstagsgrüße Ms. – Übersetzung:
Lieber Herr Christian Morgenstern.
Herzlichsten Dank und viele gute, warme Grüße
von Ihrem ergebenen Freund   Henrik Ibsen.
Nr. 672 Überlieferung: Brief, 2 S., im Nachlaß, mit Umschlag.
507,11 *for at – Akkord*: damit wir darüber sprechen und nähere Abmachungen treffen können (dänisch). — 507,15 *»Die Zeit«*: Wied verweist auf den Druck seines Satyrspiels »Ein Erinnerungsfest« in der »Zeit« (1897/98), Bd. 15, Nr. 194, 18.6., S. 190–192, Nr. 195, 25.6., S. 207 f. und Bd. 16, Nr. 196, 2.7. S. 14–16 (Übersetzung von Adolf Gottschewski).
Nr. 673 Überlieferung: Postkarte, HLB Wiesbaden. Druck: Auftakt Nr. 202, S. 194.
507,23 *Parodieen*: vgl. Nr. 659.
Nr. 674 Überlieferung: Brief, 1 S. und 1 S. Gedicht, im Nachlaß.
Nr. 675 Überlieferung: Briefdurchschrift, 1 S., DLA Marbach, Pan-Kopierbuch IX, S. 491.
508,15 zwei Stücken von Kayssler: vgl. Nr. 661.
Nr. 676 Überlieferung: Briefabschrift, 1 S. Maschinenschrift, im Nachlaß, vermutlich von oder im Auftrag von Margareta M.
508,22 *solchen Versen*: Der Bezug war nicht zu ermitteln. — 508,22 *»Fröhlicher Wissenschaft«*: s. Nietzsche. — 508,24 *Ahasvers – Brand«*: bezieht sich auf eine Stelle in Brands Monolog im 5. Akt, a.a.O. Bd. 4, S. 93.
Nr. 677 Überlieferung: Postkarte im Nachlaß, mit einer Tuschzeichnung Orliks in japanischem Stil (Fluß mit Boot, Ufern, Brücke im Hinter- und 2 Bambuszweigen im Vordergrund) und mit der Aufschrift »Tokio«, von Hand mit untereinander gesetzten Buchstaben. Absendeort: Poststempel. Die Karte ist am 4.5. in Yokohama abgestempelt und kam am 31.5. in Charlottenburg an.
Nr. 678 Überlieferung: Ansichtskarte (Karlskirche Wien) im Nachlaß. Datierung: Poststempel.
509,3 *Tournee*: Gesamtgastspiel des »Deutschen Theaters« am »Deutschen Volkstheater« in Wien, 9.5.–8.6.1900. Umgekehrt spielten in dieser Zeit die Wiener in Berlin.

Nr. 679 Überlieferung: Briefabschrift, 3 S., Maschinenschrift, im Nachlaß. Lese- oder Schreibfehler wurden korrigiert und die entsprechenden Stellen durch eckige Klammern gekennzeichnet. Textvariante: 509,25 [*Gioconda*]] *Gibronde* Abschrift S. 2. Ein Werk dieses Titels gibt es nicht, es kann sich nur um einen Lesefehler handeln.
509,18 *Szene – Wieds*: vgl. Nr. 672. — 509,22 *im Herbst bereits – in Buchform*: Es kann sich um einen Plan in der Folge von DAS LUSTIGE BUCH und im Zusammenhang von ORAKEL UND ANDRES DERGLEICHEN handeln, vgl. dazu Abt. Episches S. 605–612. — 509,25 *Vielleicht ist – zu bringen*: Trotz der Korrektur (s.o.) konnte die Stelle nicht befriedigend kommentiert werden. Ermittelt werden konnte ein abermaliges Gastspiel der Duse mit »La Gioconda« am 11.4.1900 im Wiener Burgtheater (natürlich nicht auf Deutsch), vgl. den Abdruck des Programmzettels in: Doris Maurer: Eleonora Duse, Reinbek 1988 (rowohlts monographien, 388), S. 99, außerdem Paul Wertheimer: Wiener Theater. »Die Gesellschaft« 16 (1900) Bd. 4, S. 48–54, über das Gastspiel S. 54. Die »Komödie der Liebe« hingegen wurde am 15.9. im Berliner Sezessionstheater gespielt. Ms Angaben können sich auf unrealisierte Pläne beziehen, ein Irrtum sein, vielleicht auch schlecht dokumentierte Theaterereignisse betreffen. So konnte z.B. von Theaterinszenierungen der »Wiener Sezession« nichts ermittelt werden, allerdings gab es eine »freie Bühne«, die »ein paar Vorstellungen zu stande brachte«, dann wieder »versank« und von Wertheimer insgesamt vernichtend beurteilt wird: »Sie hat jedes ernste Streben in dieser Richtung für lange bei uns lächerlich gemacht« (a.a.O. S. 54). Nicht ganz auszuschließen sind auch weitere Fehler in der Abschrift.
Nr. 680 Überlieferung: Brief, 1 S., HLB Wiesbaden. Druck: Auftakt Nr. 203, S. 194.
510,5 *neuen Buchs – dramatischer Form*: vgl. Nr. 679.
Nr. 681 Überlieferung: Brief, 1 S. Maschinenschrift mit handschriftlicher Unterschrift, im Nachlaß, mit Umschlag. Briefkopf der Zeitschrift »Die Gesellschaft«. Druck: Chr. M. Gedenkausgabe, Faksimile o.S. und Abschrift S. 171 f.
510,29 *Donnerstags-Klub*: »Die Kommenden«.
Nr. 682 Überlieferung: Postkarte, StB München.
511,3 *Komposition der Komödie der Liebe*: vielleicht für die Aufführung der Berliner Secessionsbühne am 15.9.; ob dabei eine Bühnenmusik Landshoffs verwendet wurde, konnte nicht ermittelt werden. In den entsprechenden Registern des »Neuen Theater-Almanachs« steht sein Name nicht. — 511,7 *R. E.*: wahrscheinlich Rose Enzinger.
Nr. 683 Überlieferung: Postkarte, DLA Marbach (85.455).

511,11 *Postauftrag*: eine Mahnung, Vorstufe des Zahlungsbefehls. Vgl. Nr. 686.

Nr. 684 Überlieferung: Brief, 4 S., im Nachlaß, mit Umschlag (Absenderadresse [...] *bei Anwand*).

512,16 *Oskar*: Oskar Anwand; Kayssler wohnte während der Gastspiele des Deutschen Theaters in Leipzig (10.–30.6.) dort.

Nr. 685 Überlieferung: Postkarte im Nachlaß. Datierung: Poststempel.

Nr. 686 Überlieferung: Postkarte, Auktionskatalog Stargardt 644 (1989) Nr. 585, 2 Z. Zitat.

Nr. 687 Überlieferung: Postkarte, fremde Schrift, also diktiert, mit eigenhändiger Unterschrift Ms, HLB Wiesbaden. Druck: Auftakt Nr. 204, S. 194.

Nr. 688 Überlieferung: Postkarte im Nachlaß, mit aufgedrucktem Photo von Mitgliedern der Gastspielreise, sehr dunkel braun. Datierung: Poststempel.

513,15 *Mein Gehirn ist gespalten*: In Kaysslers Gesicht hängt eine Hutkordel, Feder o.ä., der Dunkelheit des Photos wegen nicht genau zu erkennen, jedenfalls erscheint das Gesicht dadurch geteilt.

Nr. 689 Überlieferung: Postkarte im Nachlaß. Datierung: Poststempel.

Nr. 690 Überlieferung: Postkarte im Nachlaß. Datierung: Poststempel.

Nr. 691 Überlieferung: Telegramm, GSA Weimar.

Nr. 692 Überlieferung: Postkarte im Nachlaß, mit Photo der Absender: Emmy Loewenfeld im Strandkorb, lesend, ihr zu Füßen Max Reinhardt, daneben die beiden anderen und sehr dicht dahinter das Meer, alle städtisch gekleidet (offenbar arrangiertes Photographenphoto).

Nr. 693 Überlieferung: Telegramm im Nachlaß. Das Telegramm wurde zusätzlich zu den beiden Anzeigen (s.u.) geschickt, um eine Beteiligung an Trauerfeier und/oder Begräbnis zu ermöglichen – der 27. war ein Montag.

Nr. 694 Überlieferung: Brief, 1 S., im Nachlaß, mit Umschlag. Datierung: Poststempel.

Nr. 695 Überlieferung: Brief, 1 S., im Nachlaß, mit Umschlag. Datierung: Poststempel.

Nr. 696 Überlieferung: Brief, 2 S., GSA Weimar.

Nr. 697 Überlieferung: Brief, 1 S., im Nachlaß, mit Umschlag, aber herausgeschnittener Marke. Datierung: Weil nicht bekannt ist, wann die Danksagung abgeschickt wurde, wurde sie den anderen Texten zu Nietzsches Tod unmittelbar nachgeordnet.

Nr. 698 Überlieferung: Brief, 2 S., im Nachlaß.
516,6 *d'Annunzio-Parodie*: DAS MITTAGSMAHL (Il Pranzo). — 516,10 *Zeitungen – meine Pläne*: So brachte das »Litterarische Echo« als Übernahme aus der »Vossischen Zeitung« Wolzogens Darstellung seiner Pläne: Nach einer Übersicht über die Tendenz der Zeit, auch die Massen an den Errungenschaften von Wissenschaft und Kultur teilhaben zu lassen, und einer Darstellung der französischen Cabarets sowie einem deutlichen Interesse in Deutschland an diesen Darbietungen folgert er: »[...] ist in den Kreisen unserer jüngeren Künstlergeneration der Wunsch immer lebhafter zum Ausdruck gekommen, das Experiment des künstlerischen Variété auch bei uns zu versuchen. Ich selbst bin schon vor Jahren nicht durch die pariser Vorbilder, sondern durch die phantastischen Pläne des prachtvollen skandinavischen Poeten Holger Drachmann [besonders ›Forskrevet‹ (›Verschrieben‹)] und durch Bierbaums Roman ›Stilpe‹ zum Nachdenken über diese Frage und zum Schmieden eigener Pläne angeregt worden [...].« Die öffentliche Meinung scheine dem Vorhaben günstig und die zu erwartenden Schwierigkeiten – geringes Interesse des deutschen Publikums an der künstlerischen Bohème, Mangel an feinem Kunstinstinkt und bei den Künstlern an Talent, ihre Werke selbst wirkungsvoll vorzutragen, Eingriffe der Zensur – hält er für überwindbar. Abschließend heißt es: »Sollte irgendwo die Befürchtung bestanden haben, daß mein Ueberbrettl nur für Uebermenschen und für rasende Jünglinge bestimmt sei, so dürften solche durch meine Ausführungen wohl zerstreut worden sein. Die Muse des Ueberbrettls wird zwar in langem Gewande erscheinen und sich nicht scheuen, bisweilen gar die tragische Maske vorzunehmen: aber lieber noch wird sie den Saum lüpfen und ihr zierliches Füßchen sehen lassen, und durch die Musik unserer Ueberbrettl-Kompositionen wird das häufigst wiederkehrende Leitmotiv das Kling-Klang der Weingläser und das kecke Tralala sein.« »Das Litterarische Echo« 3 (1900/01) Sp. 542–548. Auch in: Literarische Manifeste der Jahrhundertwende 1890–1910. Hrsg. von Erich Ruprecht und Dieter Bänsch. Stuttgart 1970, Nr. 27, S. 120–127, hiernach Zusammenfassung und Zitate (S. 123, 124, 126). — 516,23 *»Rasenden Jüngling«*: offenbar zunächst geplanter Name des »Bunten Theaters«. — 516,17 *Kunstausstellung – Theaterchen*: die Ausstellung »Ein Dokument deutscher Kunst« (1901), die unter der Leitung von Joseph Maria Olbrich neu bebaute und gestaltete Mathildenhöhe in Darmstadt und das nur für die Ausstellung errichtete »Spielhaus«.

Nr. 699 Überlieferung: Postkarte, StB München. Der Zusammenhang der Anspielungen ist nicht zu entschlüsseln. Einzelheiten: *Post Tenebrae* [dann eigentlich Akkusativ: tenebras] *Lux*: Nach der

Finsternis das Licht (lat.). – *Fenris-Wolf*: wolfsgestaltiger Dämon der nordischen Mythologie, Sohn Lokis und der Riesin Angurboda. – *Was ihr wollt*: Drama von Shakespeare.
517,11 *Braut*: wahrscheinlich Rose Enzinger.
Nr. 700 Überlieferung: Brief, 4 S., im Nachlaß.
517,15 *T.*: Turban. — **517,24** *Hirschfelds Gedicht – Parodie*: »Nietzsche's Tod«, 7 unterschiedlich lange Strophen, formal an die Engelschöre in Goethes »Faust«, 2. Teil, 5. Akt, »Grablegung«, angelehnt; nach der Nennung von Böcklin und Klinger schließt es mit den Versen: »Und aus den Tönen / Ringt sich ein Sehnen – / Ewigkeit! Ewigkeit! / Himmlisch gekröntes Leid! / Beethovens Töne – / Wagnerbefreit.« »Neue Deutsche Rundschau« 11 (1900) S. 1115. – Ein »Künstlerlexikon« hat Joseph Kürschner nicht herausgegeben; die Angabe ist nicht wörtlich zu nehmen. — **517,26** *Lou Andreas-Salomés – Liebesproblem«*: a.a.O. S. 1009–1027. — **517,28** *D'Annunzio – Novelle*: »Siesta«, a.a.O. S. 1091–1102.
Nr. 701 Überlieferung: Briefabschrift im Nachlaß, 1 S. Maschinenschrift und 4 S. handschriftliches Original (ab *unzerstörbare Jugendlichkeit*), über eine halbe Maschinenschriftseite Überschneidung.
518,2 *Orest*: Orestie (Aischylos); Aufführung im »Akademischen Verein für Kunst und Literatur«, vgl. auch Nr. 703. — **518,8** *»Pan im Salon«*: Groteske von Kayssler. — **518,17** *Renate Fuchs*: s. Wassermann. — **518,28** *Macht – früheren Aufführung*: vgl. Nr. 544.
Nr. 702 Überlieferung: Brief, 2 S., im Nachlaß.
519,8 *Parodien*: DAS MITTAGSMAHL (Il pranzo) (d'Annunzio), DIE KRANKENSTUBE (Maeterlinck), LA DAME DE CHEZ MINIME (Feydeau), Abt. Dramatisches. — **519,11** *Krankenstube – verunglückt*: Es existiert ein geänderter Schluß. — **519,12** *»Es ist erreicht«*: Zeitgenössischen Inseraten nach war dies der Name eines Schnurrbartmittels des Hoffriseurs Haby, das den Bart beliebig formen können sollte; d.h. schön rechtwinklig nach oben; außerdem war es ein verbreiteter Ausspruch. Hierfür konnten mehrere Belege ermittelt werden, die hier nicht aufgeführt werden können. Inserate: Faksimile-Querschnitt durch den Kladderadatsch. Hrsg. von Liesel Hartenstein. S. 157. sowie »Zeit und Geist. Allgemeine litterarische Rundschau« 2 (1898), S. 173. – Nicht geklärt wurde, ob der für ein Bartmittel merkwürdige Name selbst schon auf einen entsprechenden Ausspruch zurückgeht. Vgl. auch Abt. Dramatisches S. 994. — **519,17** *Darmstadt*: Im Rahmen der nachfolgend erwähnten Tournee durch verschiedene Städte kam er mit dem »Überbrettl« dann doch nach Darmstadt. — **519,30** *Albert Langen – gefallen*: Langen lehnte die Sachen auf das Urteil Ludwig Thomas hin ab; Thoma schrieb: »Morgenstern Parodien habe ich gelesen. Gefallen

mir nicht. Ich bin überhaupt kein enragierter Freund von Parodien, welche nicht eine ganze Richtung, sondern nur einen bestimmten Autor verulksen; solche P. setzen eine genaue Kenntnis und ein Interesse an dem Verspotteten voraus, welches vielleicht nur der betr. Verfasser hat. Morgenstern finde ich zudem nicht lustig; wer spricht heute noch von Schluck und Jau? Ich habe von dem Zeug kaum 20 Seiten gelesen, obwohl ich Hauptmann nicht gering achte. Aber es ist eine verunglückte Sache. Morgenstern will einen Toten totschlagen. Peter Altenberg ist ein D. [auf gut bayerisch vermutlich ein Depp]; wer kann ihn persiflieren? Die Dame vom Maxim ist von der Kritik als seichte Schweinerei erkannt; literarisch hat sie wohl nie eine Rolle gespielt. [...] Für ein Buch ist es zu seichte Arbeit.« Thoma an Langen, 7.12.1900. In: Ludwig Thoma: Ein Leben in Briefen. München 1963, S. 65. Thoma bezieht sich auf die Parodien DES WIDERSPENSTIGEN ZÄHMUNG?, DER GRÜNE LEUCHTER, LA DAME DE CHEZ MINIME.

Nr. 703 Überlieferung: Brief, 16 S., im Nachlaß.
520,3 *Orestieproben*: vgl. Nr. 701. — 520,6 *Das mit Wolzogen*: vgl. Nr. 701 und 702. — 520,10 *seine »Spiele«. Einakter*: nicht ermittelt; der Einakter kann vielleicht »Hausrecht« sein. — 520,13 *Lieses Schillertheaterplänen*: nicht ermittelt. — 520,3 *Martin*: Paul Martin. — 520,16 *Thomasse*: Der Zusammenhang konnte, da Ms Brief als Bezug fehlt, nicht ermittelt werden. Ein »ungläubiger Thomas« ist ein ewiger Zweifler (ausgehend von Johannes 13,24–29). — 520,21 *Flesch*: ohne den Zusammenhang nicht zu ermitteln. — 520,24 *Lokalanzeigerausschnitt*: nicht ermittelt. — 520,28 *Björnson – in Berlin war*: zum 1. Teil, der am 25.11. in der Regie von Paul Lindau im »Berliner Theater« aufgeführt wurde und Bjørnsons Theaterruhm im deutschsprachigen Raum begründete. In einem vom »Berliner Tageblatt« veröffentlichten Interview (26.11.) gab er der Hoffnung Ausdruck, daß auch der 2. Teil bald von der preußischen Zensur freigegeben werde. Dies geschah, und der 2. Teil wurde ab 23.1.1901 ebenfalls in Lindaus Regie ein großer Erfolg. Vgl. Abret, Albert Langen, S. 291–294.— 520,31 *Dehmelbuch – Nietzschebuch*: »Fitzebutze« von Paula und Richard Dehmel, »Rosenmontag« von Hartleben; das Nietzschebuch wurde nicht ermittelt. — 521,6 *aus Göttingen eine Sendung*: nicht ermittelt.

Nr. 704 Überlieferung: Postkarte im Nachlaß. Datierung: Poststempel: 11.12.1900 4–5 N. Ob die Angabe 7.12. ebenso fiktiv ist wie der Absendeort *Damascus*, oder ob die Karte einige Tage vor Absendung geschrieben wurde, war nicht zu ermitteln.

Nr. 705 Überlieferung: Brief, 3 S., im Nachlaß, mit Umschlag. Maschinenschriftliche Abschrift vermutlich von Margareta M, 1 S., im Nachlaß. Druck: Bauer, Chr. M.(1985) S. 147, 8 weitere, hier nicht zitierte Zeilen. Margareta M schenkte den Pelzmantel – einen innen mit Kaninchenfell in Sealoptik gefütterten Tuchmantel – zu Weihnachten 1944 Reinhard Piper, damit er ihn im ungeheizten Büro oder im kalten Luftschutzkeller tragen könne. Vgl. den Briefwechsel aus dieser Zeit im Nachlaß.

Nr. 706 Überlieferung: Brief, 4 S., im Nachlaß, die beiden Mädchen haben ihren Text selbst geschrieben, Ilse vermutlich auch den Satz des kleinen Fritz.

522,20 *Comitémitglied*: bezieht sich auf die Planung des Weihnachtsfests. — 522,23 *Christbäume aus Zollstäben*: Anspielung auf Ms jahrelang verfolgte Idee, mit Zollstäben Silhouetten zu bilden, vgl. auch Abt. Episches S. 252 f. — 522,28 *meinem Pan*: »Der Pan im Salon«, er wurde offenbar in Wolzogens »Buntem Theater« nicht gespielt. — 522,29 *jr. Levetta*: Verballhornung von DER GRÜNE LEUCHTER. — 522,30 *Bist wohl verrückt? – werden?*: Vermutlich wollte M die Parodien, wenn sie von Langen nicht gedruckt würden, wie die von Bondi seinerzeit abgelehnten BRIEFE AN EINEN BOTOKUDEN vernichten. Wenn Kayssler hier M selbst einen (möglichen) *Bothokuden* nennt, so will er vielleicht zugleich die geplante Vernichtungsaktion als Akt der Barbarei kennzeichnen. Die Botokuden, ein Indianerstamm im Osten Brasiliens, lebten damals noch als Jäger und Sammler, die zwar Lippen- und Ohrenpflöcke, aber keine Kleider trugen und deren »Hauptcharakterzug« – so jedenfalls Meyers Großes Konversationslexikon – »unbändige Leidenschaftlichkeit« sei, »die sie öfters zu den unerhörtesten Grausamkeiten fortreißt« (a.a.O, ⁶1906. Bd. 3, S. 268).

Nr. 707 Überlieferung: Brief, 4 S., im Nachlaß.

523,6 *im Leibalten*: s. Lothar Schmidt. — 523,7 *unsere gute Bühne*: die Sezessionsbühne. — 523,14 *Fritz gedruckt*: nicht ermittelt. — 523,15 *Weihnachtsmann*: vgl. Nr. 705. — 523,18 *nach Rußland*: eine Tournee, sonst nichts ermittelt. — 523,28 *deutsch geschriebenen Brief*: in deutscher Schrift, die M normalerweise ab 1894 nicht mehr benutzte.

Nr. 708 Überlieferung: Brief, 4 S., angezeigt Auktionskatalog Stargardt 577 (1966) Nr. 275, Zitate.

524,12 *Prolog – Einiges*: Das Gedicht DER GEIST DER BERGE SPRICHT und das Märchen DIE SCHALLMÜHLE, beides in der Weihnachtszeitung des Sanatoriums; das *Kasperltheater* sowie mögliche weitere Beiträge sind verschollen; von der Weihnachtszeitung ist im Nachlaß nur noch 1 Blatt mit dem Prolog und dem Beginn der SCHALLMÜHLE erhalten.

Nr. 709 Überlieferung: Brief, 4 S., im Nachlaß.

524,19 *Kellers – Hölderlin*: nicht sicher zu ermitteln, bei Keller kann es sich um die Biographie Jacob Baechtolds, vermutlich in der kleinen

Ausgabe, handeln: Gottfried Kellers Leben ohne die Briefe und Tagebücher des Dichters. Hrsg. von Rosalie Baechtold. Berlin 1898. Für Hölderlin, vermutlich ist ebenfalls eine Biographie gemeint, kommt neben der Ausgabe von K. Litzmann (Friedrich Hölderlins Leben. In Briefen von und an Hölderlin. Berlin 1890) u.a. auch das zeitlich näher stehende Buch von Carl Müller-Rastatt »In die Nacht. Ein Dichterleben«, Florenz, Leipzig 1898, in Frage. — 524,20 *kl. Reinhardt*: Edmund Reinhardt. — 524,21 *denselben Ranke, den du hast*: nicht ermittelt; erst ein Jahr später nennt M ein Werk von Ranke, vgl. Nr. 781. — 524,25 »*Sechs Fuß – Erde*«: aus dem Gedicht ÜBERMUT, Z. 2. — 524,32 »*Blinden*«: DIE KRANKENSTUBE, Abt. Dramatisches.

Nr. 710 Überlieferung: Brief, 3 S., im Nachlaß.

525,19 *Kritik – Kerr*: Die gewünschte Kritik schrieb M nicht, wahrscheinlich aus Abneigung gegen Arbeiten auf Bestellung. Er schickte stattdessen die schon zu Beginn des Jahres veröffentlichte Parodie DER HUNDESCHWANZ, mit der Wolzogen offenbar auch zufrieden war. — 525,20 *Kerr – Panegyricus sein*: In einer damals rund ein Jahr alten Kritik von d'Annunzios »Gioconda« schreibt Kerr allerdings zwar fasziniert, aber auch voll Distanz über ihn, z.B.: »Das Wappen dieses Dichters ist ein Kochlöffel. Ein Kochlöffel aus dem Cinquecento, mit einem Zypressenzweig umwunden; am Stiel eine Gemme: der tobsüchtige Eros.« »Er ist ein Virtuos eher als ein Dichter. Doch feindselig kann man ihm nicht gegenüberstehen. Diesem schönen, farbigen, klagenden und tobenden Ungeheuer. Er wird früh lächerlich werden: doch zuvor wird er viele der heut Lebenden, wenn nicht im Innersten berührt, so doch im Äußersten ergötzt haben.« »Die Nation« 17 (1900), 27.1.1900. Nachdruck u.a. in: »Ich sage, was zu sagen ist«, Frankfurt 1998, S. 89–93, hiernach die Zitate (S. 92 und 93 f.). — 525,24 *Liedchen von der Nachtigall*: ANMUTIGER VERTRAG. — 527,3 »*Überbrettl*«-*Vortrag*: vgl. Nr. 698, Kommentar.

Nr. 711 Überlieferung: Postkarte im Nachlaß, von M nach Kiel adressiert, dann von der Post zweimal umadressiert, so daß sie erst am 4.1. ankam. Druck: BRIEFE. Auswahl (1952) S. 122 f., dort mit 5.2.1901 datiert und gekürzt. Textvariante: 527,25 *ex inertibus*] *ex itineribus* BRIEFE S. 123, Lese- bzw. Interpretationsfehler: von unterwegs (wörtlich: von den Wegen, richtig wäre dann »ex itineris«) statt: aus der Ruhe oder Muße heraus (lat.).

527,6 *bewussten Oktobertage*: 15.10., Nietzsches Geburtstag. — 527,19 *Deussen-Stadt*: Kiel, wo Deussen Professor war. — 527,20 *Briefe – an D.*: enthalten in Bd. 1 der Gesammelten Briefe Nietzsches, Berlin, Leipzig 1900. — 527,20 »*Siehe – Mensch*«: nach Johannes 19,5; in der lateinischen Version »Ecce homo« auch Titel eines Werks Nietzsches.

Nr. 712 Überlieferung: Brief, 3 S., SUB Hamburg.
527,31 *Postkarte*: nicht mehr vorhanden, vielleicht eine Nachfrage, ob das Kinderbuch »Fitzebutze« angekommen sei. — 528,5 *nolenti volenti*: dem unwillig Wollenden, wohl oder übel Mitmachenden (lat.).
Nr. 713 Überlieferung: Postkarte im Nachlaß. Datierung: Poststempel.
Nr. 714 Überlieferung: 2 Postkarten im Nachlaß.
529,18 *Pan – Salon*: Fehler Kayßlers. Zum Stück selbst vgl. Nr. 706.
— 529,22 *Deinem d'Annunzio*: DAS MITTAGSMAHL.
Nr. 715 Überlieferung: Postkarte im Nachlaß. Datierung: Poststempel. Druck: BRIEFE. Auswahl (1952) S. 116, falsch mit 10.1. datiert. Textvarianten: 530,8 *Er] I...* BRIEFE ebd. — 530,9 *von ihm] Kerr* ebd., beide Varianten Lese- oder Deutungsfehler.
530,5 *Kritik*: nicht ermittelt.
Nr. 716 Druck: BRIEFE. Auswahl (1952) S. 116 f.
530,28 *Kerr – nicht reagiert*: Direkte Reaktionen Kerrs auf den HUNDESCHWANZ konnten nicht gefunden werden, nur zwei Äußerungen über das Gesamtprogramm, in denen er sich insgesamt enttäuscht zeigt, vgl. Abt. Dramatisches S. 946 f. und den folgenden kurzen Text: »Auch neue Gründungen wie das Ueberbrettl hatten den kleinbürgerlichen Zug. Das Ueberbrettl dachten wir uns überlegener, kämpferischer. Ist Herr von Wolzogen ein Europäer? Freilich. Er hat, obschon von Adel, in der Kunst die Witterung des Mittelstands. Er schuf eine Anstalt für diesen.« Rückblick, VI. »Neue Deutsche Rundschau« 12 (1901) S. 436. Über Kerrs Stellung zu Ms Parodie, die ihm übrigens bereits bekannt sein konnte, da sie schon seit etwa einem Jahr gedruckt war, läßt sich aus solchen Verallgemeinerungen nichts entnehmen, eher ist da schon an Kerrs Äußerung in Nr. 881 zu denken. — 531,2 *Ärgernis an dem Bett*: Ort der Handlung ist das Schlafzimmer der Minims mit zwei riesigen Betten. — 531,6 *Galgenlieder in der Hirschfeldschen Vertonung*: Sie gingen dort verloren. Ob Wolzogen sie benutzt hat, ist unbekannt, nach Nr. 759 wahrscheinlich nicht.
Nr. 717 Überlieferung: Postkarte, DLA Marbach (96.133.7).
531,23 *Hauptmann zum Mittelpunkt*: DES WIDERSPENSTIGEN ZÄHMUNG?, erschien nicht in der »Zeit«.
Nr. 718 Überlieferung: Brief, 20 S., im Nachlaß. Maschinenschriftliche Abschrift, 1 S., im Nachlaß, gekürzt, aufgefunden werden konnte nur noch der 2. Teil (ab 533,24 nach der Orestie). Druck: BRIEFE. Auswahl (1952) S. 117–119, gekürzt.
532,12 *Szene vom Gesellschafter. Schluck und Jau*: Das erste Stück ist verschollen, *Schluck und Jau* ist DES WIDERSPENSTIGEN ZÄHMUNG?.
— 532,15 *Karlos*: »Don Carlos an der Jahrhundertwende«. Parodiente-

tralogie für »Schall und Rauch« von Max Reinhardt unter Mitarbeit von Friedrich Kayssler und Martin Zickel. — 532,17: *Maeterlincksache*: außer der erwähnten KRANKENSTUBE. Eine weitere – verschollene – Maeterlinckparodie ist ARKEL UND CEROIDE, in Nr. 727 zuerst erwähnt. Vielleicht wies M in einem Antwortbrief darauf hin, und Kayssler antwortete mit der Auskunft in Nr. 727. Da Ms Briefe fehlen, muß es bei der Vermutung bleiben. — 532,31 *Keller – Hölderlin*: vgl. Nr. 709.— 533,19 *von Tänzerfüßen und unauslöschlichen Gelächter*: vgl. die Gedichte DER STERN, Z. 25 und Ἄσβεστος γέλως. — 533,26 *Björnsons »Sigurd«*: vermutlich »Sigurd Jorsalfar«, das damals noch nicht ins Deutsche übersetzt war, vgl. Nr. 723. — 533,31 *praktisch*: mit Aussicht auf finanziellen Gewinn. — 534,36 *gr. Lev.*: DER GRÜNE LEUCHTER (in der verballhornten Form Levetta). — 535,7 *quatsch nicht, Krause*: bekannter Ausspruch des Komikers Martin Bendix. — 535,8 *»Pan«*: Kaysslers »Der Pan im Salon«. — 535,32 *»Kramer«*: »Michael Kramer«, s. Hauptmann. — 535,35 *Prolog Schall u. Rauch*: verschollen. — 535,36 *Bild*: Ein wahrscheinlich späteres Photo (22.5.1901) ist veröffentlicht in Sprengel: Schall und Rauch, S. 29. — 536,5 *Weihn.-Manuskript*: nicht ermittelt.

Nr. 719 Überlieferung: Postkarte im Nachlaß. Datierung: Poststempel.

536,18 *Burggraf v. L.*: Joseph Lauff: Der Burggraf, vgl. die Parodie DER LAUFFGRAF. — 536,19 *»Flachsm. a. Erz.«*: s. Otto Ernst. — 536,21 *kein Mensch – gesehen hat*: Kerr schreibt in einem seiner ersten »Berliner Briefe« über das Berliner Publikum, daß jedes Theater »seinen besonderen Hörerkreis« habe (abgesehen vom speziellen, überall anzutreffenden Premierenpublikum). »Wo liegt Berlin«, S. 13 (ff.), 20.1.1895. In Berlin hatte der »Burggraf« am 26.1.1898 im Königlichen Schauspielhaus Premiere. — 536,22 *Oedipus*: vgl. Nr. 662, Kommentar. — 536,24 *Sardanapal*: s. Byron. — 536,24 *Hier – français*: Gestern die 5. Lektion bei Berlitz. Liesing spricht Französisch (franz.).

Nr. 720 Überlieferung: Postkarte im Nachlaß.

536,27 *Scholzdrama*: vermutlich »Der Besiegte« von Wilhelm von Scholz. — 536,30 *Levetter*: DER GRÜNE LEUCHTER. — 536,31 *Widerspänstige. Hauptmannsache*: DES WIDERSPENSTIGEN ZÄHMUNG?

Nr. 721 Überlieferung: Brief, 4 S., im Nachlaß.

537,8 *Premiere*: »Der Sieger« von Max Dreyer. — 537,12 *Ritterstück*: kann nicht der LAUFFGRAF, allenfalls ein Entwurf sein, da Kayssler ihn in Nr. 745 erst zu schicken auffordert.

Nr. 722 Überlieferung: Brief, 8 S., im Nachlaß, mit Umschlag.

Nr. 723 Überlieferung: Brief, 3 S., UB Oslo.

538,30 *Wenn es – möchte*: vgl. Nr. 718.

Nr. 724 Überlieferung: Postkarte im Nachlaß.

Nr. 725 Überlieferung: Brief, 8 S., im Nachlaß. Druck: BRIEFE. Auswahl (1952) S. 123, gekürzt.

539,23 *Souffleuse*: vermutlich die Souffleuse des Deutschen Theaters, Luise Weinholz. — 539,25 *Gott erhalte – Zitl*: angelehnt an die ehemalige österreichische Nationalhymne: »Gott erhalte Franz, den Kaiser« (Text Leopold Haschka, Musik Joseph Haydn) – Zitelmann hatte offenbar die Photos gemacht. — 539,26 *Robert W.*: Robert Wernicke. — 539,29 *Duse-Monolog*: nicht ermittelt und anscheinend auch später nicht aufgeführt. — 539,30 *O. Bie – Programm stand*: Bie steht auch – ohne nähere Angaben – auf dem Programm des 3. Schall-und-Rauch-Abends, 3.3.1901, vgl. Huesmann Nr. xxxv. — 540,7 *Münchener – Überbrettl*: das Kabarett »Die 11 Scharfrichter«. Daß Kayssler oder M selbst das Stück wirklich hinschickte, war nicht nachzuweisen. Später, bei den Szenen ARKEL UND CEROIDE und DIE DAME VON MINIM, bat M jedenfalls Hanns von Gumppenberg um Vermittlung (Nr. 834). — 540,5 *beil. Brief von Alfred Gold*: vermutlich die Antwort der »Zeit« auf die Sendung von DES WIDERSPENSTIGEN ZÄHMUNG? — 541,20 *Fischersche Vertrag*: nicht ermittelt. — 542,1 *Sieger*: vermutlich in Dreyers gleichnamigem Stück. — 542,1 *Herr Mauthner – erwähnt*: Mauthners Rezension wurde nicht ermittelt.

Nr. 726 Überlieferung: Brief, 2 S., im Nachlaß.

542,14 *liebevollen Absicht*: Dies war vielleicht der Anlaß, sich wieder mit M in Verbindung zu setzen.

Nr. 727 Überlieferung: Postkarte im Nachlaß. Datierung: Poststempel.

542,27 *Rodin – Kürbis*: nicht ermittelt. — 542,29 *Japanerin*: vermutlich eine kleine Tuschzeichnung im Nachlaß, die auf ein Blatt aufgeklebt ist und also gut verschenkt worden sein kann. — 542,30 *denk mal, Hedda*: vgl. Nr. 244, Kommentar. — 542,31 *Kerrparodie*: DER HUNDESCHWANZ.

Nr. 728 Überlieferung: Postkarte im Nachlaß.

543,6 *Tournee – Kramer*: Gastspiele des »Deutschen Theaters« im Lustspieltheater Budapest, 20.–29.4.1901, mit Hauptmanns »Fuhrmann Henschel«, »Versunkener Glocke«, »Michael Kramer«; Halbes »Jugend«; Dreyers »Probekandidat«; Ibsens »Gespenstern«.

Nr. 729 Überlieferung: Brief, 4 S., im Nachlaß.

Nr. 730 Überlieferung: Brief, 1 S., im Nachlaß, Maschinenschrift mit handschriftlicher Unterschrift.

Nr. 731 Überlieferung: Briefkarte, 1 S., SUB Hamburg.

Nr. 732 Überlieferung: Postkarte im Nachlaß. Datierung: Poststempel.

Nr. 733 Überlieferung: Ansichtskarte (»Davoser See«) im Nachlaß. Der verspätete und offenbar in Eile geschriebene Glückwunsch läßt vermuten, daß M die Hochzeit, die nach Nr. 725 für den 18.3. errechnet werden kann, vergessen hatte.

Nr. 734 Überlieferung: Ansichtskarte (»Uetliberg (Zürich)«) im Nachlaß, von Davos nach Seewis nachgeschickt. Datierung: Poststempel.

Nr. 735 Überlieferung: Brief, 4 S., im Nachlaß.

545,4 *Nächsten 1. – Graz*: Gastspielreise des Deutschen Theaters: 1.–5. 6. Deutsches Landestheater Prag, 7.–9. 6. Neues Stadttheater Graz, 10.–30. 6. Karltheater Wien.

Nr. 736 Überlieferung: Brief, 1 S., im Nachlaß, Maschinenschrift mit handschriftlicher Unterschrift.

545,16 *»Maria – Jorsalfar«*: s. Bjørnson.

Nr. 737 Überlieferung: Postkarte im Nachlaß, Adresse: *Luzern, postlagernd.*

Nr. 738 Überlieferung: Briefkarte, BSB München. Adressat: Vermerk über die Beantwortung in offenbar derselben Schrift wie bei gesichert an Scheid gerichteten Briefen.

546,3 *lyrischen Anthologie*: »Avalun«.

Nr. 739 Überlieferung: Brief, 1 S., StB München, mit einem handschriftlichen Vermerk von Scheid: »Kein Honorar«.

546,11 *Unternehmen*: »Avalun«.

Nr. 740 Überlieferung: Brief, 3 S., im Nachlaß. Datierung: *Samstag*. Pfingsten war am 26./27.5.

546,28 *»Deckenfelder«*: M plante damals eine Sammlung mit diesem Titel: *Als ich zu meinem Einstand in D. [Davos] das Zimmer hüten musste, kam ich eines Tages auf den Gedanken, die 33 Felder meiner Zimmerdecke im Geiste mit ebensovielen übermütigen Märchen auszufüllen, die ganze Sammlung dann seiner Zeit »Deckenfelder« zu taufen und in einem kurzen Vorwort ihre Entstehungsart zu erzählen. [...]* Anmerkung Ms zum Druck der SCHALLMÜHLE in der Weihnachtszeitung von Dr. Turbans Sanatorium in Davos, 1900.

Nr. 741 Überlieferung: Postkarte im Nachlaß. Datierung: Poststempel.

547,8 *Freund aus Berlin*: Efraim Frisch.

Nr. 742 Überlieferung: Postkarte im Nachlaß.

Nr. 743 Überlieferung: Brief, 3 S., im Nachlaß, mit Umschlag. Datierung: nach dem Ankunftstempel (da die Marke herausgerissen ist, fehlt der Abgangsstempel).

547,28 *Prag. Graz*: vgl. Nr. 735. — 548,3 *Quapieelll*: wahrscheinlich Verballhornung von Kvapil. — 548,3 *Bondi*: höchstwahrscheinlich Josef Adolf Bondy. — **548,4** *Schierke und Elend*: Die beiden Orte nennt Kayssler zusammen, weil in Goethes »Faust«, 1. Teil, die »Walpurgisnacht« in der »Gegend von Schierke und Elend« spielt. — Nr. 744 Überlieferung: Ansichtskarte (»Kastanienbaum bei Luzern« – Viehweide, im Hintergrund 2 Häuser) im Nachlaß. — Nr. 745 Überlieferung: Brief, 19 S., im Nachlaß. Druck: BRIEFE. Auswahl (1952) S. 123, gekürzt, letzter Abschnitt: Nr. 748, der ganze Brief mit 25.7. datiert.

549,10 *Wedekind – für Musenstall gewonnen zu sein*: Wedekind verhandelte von April bis September mit Zickel über dieses Projekt. Zunächst schrieb er: »Ich bin mit Freuden, mit Leib und Seele bei Ihrem neuen Unternehmen; nur wünschte ich, daß Sie sich nicht über das täuschten, was ich zu bieten habe. [...] Augenblicklich trage ich die Sachen Abend für Abend hier in München bei den Scharfrichtern vor (zur Guitarre). [...]« (27.4.1901, Frank Wedekind: Gesammelte Briefe, Bd. 2, Nr. 187, S. 67.). Es kam aber schon bald zu Komplikationen, und der Vertrag wurde rückgängig gemacht. – Zickel hatte schon Ende 1899 Verbindung zu Wedekind aufgenommen, vgl. Wedekinds Brief an Beate Heine, 28.12.1899, a.a.O. Nr. 169, S. 34– 36. Da in diesem Zusammenhang, als an dem »Berliner Unternehmen« (S. 36) Beteiligte auch Hartleben und Wolzogen genannt werden (die mit »Schall und Rauch« nichts zu tun hatten), kann es sein, daß Zickel bereits damals Pläne hatte, sich von »Schall und Rauch« zu lösen. — **549,24** *»Unbelauschte Momente«*: vom 15.11.–21.12. 29x gespielt, Verfasser: Richard Vallentin, Regie: Gustav Beaurepaire. Es spielten: Alfred Kühne, Ferdinand Kurth (der Erbe) und Richard Leopold, Bruno Peschel (die Versuchung) (Huesmann Nr. 64). Es handelt sich um eine Nummer, die im Rahmen von »Serenissimus. Zwischenspiel« gespielt wurde. Vgl. hierzu: Sprengel: Schall und Rauch, S. 150. — **549,32** *al fresco*: eigentlich Maltechnik auf den frischen Putz, nur möglich, solange der Putz feucht ist, übertragen: in deutlichen, charakteristischen Strichen, ohne viel Feinarbeit. — **549,35** *im Karltheater*: in Wien, 1.–7.7.1901. Das Programm: Prolog (Kayssler); Komisches Quartett für Blasinstrumente; Aus der Gemäldegalerie (Kayssler und Zickel); Don Carlos. Eine Tetralogie der Stilarten (Reinhardt, Kayssler, Zickel); Diarrhoesteia des Persiflegeles (Reinhardt); Kasperletheater (Vallentin); Zehn Gerechte (Die Parkettreihe)(Reinhardt); Musikalisches Intermezzo; Galgenlieder (M; an 5 Tagen, 3.– 7. 7.); Das Regiekollegium. (Reinhardt); Die Weber (Kayssler); Ein böhmischer Fremdenführer (Reinhardt); L'Interieur (Reinhardt)(nach Huesmann Nr. 19–31). — **550,1** *Wolzogen. unter den Linden*: Wolzogens neues Theater lag in der Köpenicker Str. 67/68. Ein Plan, Unter den Linden 40 zu spielen, war schon im Jahr zuvor gescheitert (vgl. König, a.a.O. S. 83). Ob es einen weiteren nicht verwirklichten Plan gab, konnte nicht ermittelt werden. — 551,6 *Schall- und Rauchbücher*: Eine Reihe des Verlags Schuster und Loeffler, von der nur der 1. Band (von Max Reinhardt) realisiert wurde. — 551,18 *Galgenlieder vorgelesen*: Belegt ist der Vortrag von Galgenliedern für das Gastspiel in Wien, s.o. — 551,24 *Langen – Hund*: bezieht sich vermutlich auf das angebotene Honorar für die Übersetzung von »Sigurd Jorsalfar«, vgl. Nr. 736. — 551,35 *Wedekind – mitmachen will*: nicht realisiert; am 17.12.1902 wurde aber Wedekinds »Erdgeist« uraufgeführt.

Nr. 746 Überlieferung: Postkarte im Nachlaß.

Nr. 747 Überlieferung: Postkarte, StB München. Datierung: Poststempel.

552,11 *Peer-Gynt-Arbeiten*: vgl. Nr. 749.

Nr. 748 Überlieferung: Fragment, 2 S. (½ Bl., Vorder- und Rückseite) im Nachlaß (ab 552,25 *das Programm*). Datierung: handschriftlicher Zusatz von Margareta M. Druck: BRIEFE. Auswahl (1952) S. 124, als Schluß des dort ebenfalls 25.7. datierten Briefs Nr. 745. Aus Gründen des inhaltlichen Zusammenhangs gehört der gedruckte Abschnitt vermutlich zu dem Fragment.

552,26 *Schule-Idee*: wahrscheinlich nicht ausgeführt. — 552,27 *Souffleurkasten-Hinterkopf – erfunden*: »Der Souffleurkasten soll einen Hinterkopf darstellen, die beiden Soufflierlampen die Hände«. Max Reinhardt an Berthold Held, 4.8.1901, Reinhardt, Schriften, S. 71.

Nr. 749 Überlieferung: Brief, 3 S., im Nachlaß. Druck: BRIEFE. Auswahl (1952) S. 125, gekürzt.

553,7 *Erfreulicheres – Textes*: Nach Angabe Margareta Ms hatte Landshoff M um ein Libretto für eine komische Oper gebeten (BRIEFE. Auswahl (1952) S. 507. — 553,17 *elf Scharfrichtern – durchgebrannt bist*: Über eine Mitarbeit Landshoffs bei den »Elf Scharfrichtern« konnte nicht ermittelt werden. — 553,18 *Drama in 1 Satz*: s. Gumppenberg. — 553,19 *Drämchen etc.*: vermutlich die Sammlung DER GRÜNE LEUCHTER. — 553,29 *Wolf*: Es könnte sich um Heinrich Wolff handeln, der zum Freundes- oder Bekanntenkreis Landshoffs gehörte, den M aber sonst richtig *Wolff* schreibt. Deshalb und des herablassenden Tons wegen kann analog zu Nr. 892 aber evtl. auch der Haushund gemeint sein.

Nr. 750 Überlieferung: Postkarte im Nachlaß.

553,34 *Schuster*: vielleicht Richard Schuster vom Verlag Schuster & Loeffler. Der Zusammenhang ist unbekannt. — 554,7 *Hauptmanniade – Café*: DES WIDERSPENSTIGEN ZÄHMUNG?, DER LAUFFGRAF, MEIN GASTGESCHENK AN BERLIN (Abt. Lyrik 1887–1905). *Der Blaue* ist verschollen, *Schauspieler u. Gesellsch.* ebenfalls; *Litteratentisch im Café* ist wahrscheinlich die Szene IM LITERATURCAFÉ.

Nr. 751 Überlieferung: Brief, 2 S., im Nachlaß.

554,33 *Bogen 18*: von Band 4 (Brand, Peer Gynt) der Ibsenausgabe. — 554,38 *Brandes – gentlemanlike*: Der Zusammenhang wurde nicht ermittelt; vielleicht ging es um die Einleitung zu Band 4 der Ibsenausgabe. Peter de Mendelssohn erwähnt, daß es gleich zu Anfang schwer gewesen sei, Brandes für diese Einleitungen zu gewinnen – und sie dann auch rechtzeitig zu erhalten (S. Fischer und sein Verlag, S. 243 f.) — 555,7 *Einleitung*: von Brandes zu Band 4 der Ibsenausgabe (dort S. IX–XXI).

Nr. 752 Druck: Bauer, Chr. M., ³1941 S. 184 f. Datierung: nach Bauer ebd. – Textvariante: 555,16 *Arnims*] *Armins* a.a.O. 1933 S. 178, 1985 S. 172. Da es sich offenkundig um einen Druck- oder Lesefehler handelt, wurde die korrigierte Form übernommen.

Nr. 753 Überlieferung: Postkarte mit aufgeklebtem Photo, 87x62 mm, 2. von links wahrscheinlich M, umgeben von den 4 Damen, die die Karte unterschrieben haben; Herr Ponfick fehlt, er dürfte photographiert haben.

Nr. 754 Überlieferung: Brief, 1 S., im Nachlaß.

Nr. 755 Überlieferung: Brief, 1 S., StB München.

Nr. 756 Überlieferung: Postkarte im Nachlaß.

556,12 »*Rest – zurückbehalten*: Eine Liste zurückgeschickter Sachen in Nr. 775.

Nr. 757 Überlieferung: Brief, 2 S., im Nachlaß. Hauptthema des Briefs ist offenbar eine Aktion, um für die Fortführung der Übersetzungsaufgabe über den geplanten Zeitraum hinaus Geld für M zu besorgen, vgl. Nr. 778. 780, 789.

557,7 *Aushängebogen*: dem laufenden Druck entnommene Bogen, die früher zur Ankündigung von Neuerscheinungen ausgehängt worden sein sollen. Es gibt weitere, leicht differierende Definitionen. — 557,10 *Ein in Trauer – Trauer«*: Peer Gynt, 5. Akt; M folgte dem Vorschlag. — 557,11 *Lessing – Trauer«*: in »Minna von Barnhelm«.

Nr. 758 Überlieferung: Brief, 8. S., angezeigt Auktionskatalog Stargardt 620 (1980) Nr. 257, Zitate. Vorher: Auktionskatalog Rosen 7 (1948) Nr. 620 und 621, mit dem Gedicht DU WARST EIN REINES LICHT AN MEINEM WEGE statt der Überschrift die Widmung: *Seiner lieben Marie Goettling* und 4 Photos.

557,19 *Zeilen – findest*: wohl das Gedicht, s.o. — 557,26 *Nihilisten*: Wortbildung, abgeleitet von nihil, nichts (lat.), eigentlich philosophische Anschauung von der Nichtigkeit des Seins oder auch die grundsätzliche Verneinung aller Normen etc. (im vorliegenden Brief also sogar der gemeinsamen Mahlzeiten). Oder (im Brief) auch ironisch für Leute, die »nichts« mit den andern gemein haben wollen. — 557,28 *Bändchen dramatischer Satiren*: Die Sammlung DER GRÜNE LEUCHTER. — 557,30 *p.t.*: vermutlich Pleno titulo, mit vollem Titel (lat.), hier also etwa: mit den selbstverständlichen Ergänzungen. — 557,31 *Epigramme*: Es ist damals anscheinend noch zu keiner Sammlung gekommen, die für ein separates Epigrammbuch ausreichend gewesen wäre. Eine größere Gruppe von Epigrammen erschien erst 1906 in MELANCHOLIE. – Im Nachlaß vorhanden ist noch ein thematisch gegliedertes Heft mit (nur) 10 Epigrammen, vgl. Abt. Lyrik 1906–1914, S. 885 f.

Nr. 759 Überlieferung: Brief, 4 S., im Nachlaß. Datierung: nach der Angabe am Schluß des Briefs.

558,5 *Fischerangelegenheit*: evtl. die in Nr. 757 angedeutete. — 558,8 *Kulturkarrikaturen* – *Dekadenten*: »Die Dekadenten« nach G.K. Hardenberg und »Die Dichterschule« von Victor Ottmann wurden vom 9.10.1901 bis 26.2.1902 41mal gespielt. Ein drittes Stück, »Der deutsche Jüngling« (von Robert Eysler, vorgetragen von Constanze Zinner) bis zum 14.11. 37mal (Huesmann Nr. 35–37). In der »Jugend« konnten diese Titel nicht aufgefunden werden. — 558,16 *Carleas und Elisande*: Maeterlinckparodie von Max Reinhardt. — 558,26 *Studentensache*: vermutlich STUDENTEN IN DER STADTBAHN.

Nr. 760 Überlieferung: Brief, 1 S., im Nachlaß. Originalgröße 228 x 294 mm.

560,4 *eröffnen*: Eröffnet wurde am 9.10.

Nr. 761 Überlieferung: Postkarte im Nachlaß. Datierung: Poststempel.

560,17 *E.*: Ägypten. Das ägyptische Klima galt als wirksam in der Tuberkulosetherapie.

Nr. 762 Überlieferung: Brief, 4 S., im Nachlaß.

560,30 *Band*: Bd. 4 der Ibsenausgabe. — 560,32 *Angelegenheit*: vgl. Nr. 757.

Nr. 763 Überlieferung: Briefkarte mit Umschlag, LBI New York. Druck: BRIEFE. Auswahl (1952) S. 125 f., gekürzt. Textvariante: 561,21 *Wallenstöcke*] *Wallerstöcke* BRIEFE S. 126. Aus der Handschrift können beide Versionen herausgelesen werden.

561,33 *F.*: Frisch. — 561,34 *Sch. u. R.* – *Garde*: Die Hauptinitiatoren, Reinhardt und Kayssler, waren noch Mitglieder des Deutschen Theaters und konnten deshalb bei »Schall und Rauch« nicht selbst auftreten, es mußten also Darsteller engagiert werden. Das Problem, das M hier anschneidet, war Max Reinhardt schon vor der Eröffnung klar, und er versuchte wenigstens für die Anfangsvorstellungen namhafte

Künstler zu gewinnen: »Wenn wir selbst genug Optimismus haben, unserem Programm an sich eine durchwegs unfehlbare Schlagkraft zuzusprechen, so wird uns jetzt, wo wir in die Öffentlichkeit treten, und wo man doch augenscheinlich der ganzen Überbrettelei momentan nicht mehr grün ist, ganz unausweichlich der Vorwurf gemacht werden: Ja, im Vorjahre, da war das etwas Anderes, da spielten die Mitglieder des Deutschen Theaters selbst die Rollen. So verliert die Sache an Reiz und Wirkung. Das ist unmöglich, wenn Reicher und Bertens, u. wenn nur für einen Monat, für den ersten Monat, dabei sind. Die können nicht als minderwertig angesehen werden. Im Gegenteil.« Max Reinhardt an Berthold Held, 4.8.1901, Reinhardt, Schriften S. 69. Emanuel Reicher und Rosa Bertens traten im Eröffnungsprogramm nicht auf.

Nr. 764 Überlieferung: Postkarte im Nachlaß. Datierung: Poststempel.

562,13 *Stadtbahnszene*: nicht realisiert, jedenfalls nicht überliefert. — 562,20 *die Sängerin*: bei Huesmann (Nr. 41) nicht verzeichnet.

Nr. 765 Überlieferung: Postkarte im Nachlaß. Datierung: Poststempel.

562,29 *Madame – Minime*: LA DAME DE CHEZ MINIME.

Nr. 766 Überlieferung: Brief, 4 S., im Nachlaß.

563,3 *Brief*: wahrscheinlich schon im Mai oder früher geschrieben – M erwähnt eine Grußkarte vom Stanser Horn am Vierwaldstättersee (wo er Mai – Anfang Juni lebte) als erste Reaktion (verschollen). — 563,6 *Schmuckfrage*: vgl. Nr. 726. — 563,10 *Manuskripten*: nicht ermittelt. Es könnte sich vielleicht um Geschenke Ms an die Eltern handeln, etwa das Gedichtheft *Meinen geliebten Eltern Weihenacht 1892*. — 563,13 *kleinen Liedes*: vermutlich MEINER GELIEBTEN PFLEGEMUTTER. M bittet hier auch nur um eine Abschrift und betont, daß er den Wortlaut (d.h. nicht den Inhalt) vergessen habe.

Nr. 767 Überlieferung: Postkarte im Nachlaß. Datierung: Poststempel.

563,25 *Marni-Kinderszene*: »Das Album« von Jeanne Marni, Huesmann Nr. 56. — 563,27 *die Prophezeiung*: vermutlich der hohenzollernkritisch aufzufassende Verweis auf Bismarck am Schluß des 5. Auftritts. — 563,30 *Gefangene*: von Kayssler.

Nr. 768 Überlieferung: Brief, 11 S., im Nachlaß. Druck: BRIEFE. Auswahl (1952) S. 126–128, gekürzt und mit 20.10. datiert. Datierung: Vom Schriftbild her ist es kaum zu entscheiden, ob es 20. oder 26. heißt, vom Inhalt und den Briefen Nr. 763 und 766 her ist 26. wahrscheinlicher – der vor dem Brief liegende *Donnerstag* (564,9) wäre beim Datum 20. der 17., aber am 18. war M noch nicht ganz fer-

tig. **Textvariante**: *Versagen*] *Verzagen* BRIEFE S. 126. Auch hier ist die Handschrift nicht eindeutig; *Versagen* erscheint als Gegensatz zu *Gewinnen* aber wahrscheinlicher.
564,13 *Elias – behülflich sein*: vgl. Nr. 762. — **564,16** *Hintertreppen-Roman Woerner*: wahrscheinlich der 1. Band von Roman Woerners Ibsenbuch (1900). In seinem Wortspiel versteckt M wohl ein negatives Urteil darüber. — **564,17** *der Maler R.*: Paul Gustave Robinet. — **564,35** *Von allem – Blute malt*: nach »Von allem geschriebenen liebe ich nur das, was einer mit seinem Blute schreibt.« Nietzsche: Also sprach Zarathustra 1. Teil, Vom Lesen und Schreiben. Werke, Bd. 2, S. 305. — **565,9** *Theodor*: Sohn und Erbe der Hotelbesitzer Christen. — **565,13** *Rabe Ralf*: aus den GALGENLIEDERN. — **565,14** *Mm. L.*: nach 565,26 wohl nicht Loups. Weiteres wurde nicht ermittelt. — **565,18** *George. Hatty. Gaston*: vermutlich weitere Mitglieder der Familie Christen. Hinzu kommt der oben erwähnte neugeborene Sohn. — **566,10** *Garborgs »Bei Mama« – verantwortlich macht*: Garborg geht aus vom Leben einer geschiedenen Frau, die nur ihre jüngste Tochter mehr schlecht als recht selbst durchbringen kann, während sie die beiden älteren Kinder den jeweiligen Geliebten des Mannes überlassen muß. Diese jüngste Tochter Fanny steht mit ihren Träumen, Erfahrungen, Hoffnungen, Enttäuschungen etc. im Mittelpunkt des Romans. In der jungmädchenhaften Hoffnung auf baldige Heirat getäuscht, muß sie verschiedene schlechtbezahlte und -angesehene Stellungen annehmen; sie gerät zeitweilig in eine religiöse Erweckungsbewegung, macht Bekanntschaft mit dem Arbeiterverein, wo sie sich mit der Frauenfrage auseinanderzusetzen lernt und freigeistiges Gedankengut kennenlernt, erhält zwar eine Ausbildung zur Lehrerin, aber keine feste Stelle, ist Verleumdungen ausgesetzt, weil sie ohne Rücksicht auf gesellschaftliche Normen zu leben versucht und beschließt zuletzt, einen langjährigen Verehrer, den sie nie leiden mochte, um der Versorgung willen zu heiraten. – In einem Gespräch mit einem Freund wirft dieser den sich emanzipierenden Frauen humorlose Einseitigkeit vor: »All ihr modernen Moralisten seid so ganz ohne Humor! Das ist dieser schottische Pfaffe, der immer noch umgeht und spukt, dieser Satansbursche, der eher seinen Rücken opferte, als sich ergab ... na, der da droben zwischen den Gletschern endete und unter einer Lawine einen so dramatischen Tod fand ... ›Brand‹, ja! Keine Spur von Ironie; pu-h! blos Gaustadt-Heroismus; sehr großartig, ohne Zweifel, aber höllisch schwachköpfig ...« [zu »Gaustadt« die Anmerkung: »Irrenanstalt bei Kristiania«] (Bei Mama, Deutsch von Marie Herzfeld, Berlin 1891, S. 345). Oder sie verteidigt eine Freundin, eine Lehrerin, gegen den Vorwurf der Undamenhaftigkeit, als der Freund

meint: »Uebrigens... sie sind niemals recht Damen, diese Berufsweiber; die Gouvernante, oder was sie sonst sein mag, sticht doch immer hervor, und das verträgt man bei der Frau noch viel weniger als beim Mann. Ueberdies, der Frau thut's nicht gut, unter Kommando zu stehen; sie bekommt sogleich etwas Dienstbotenhaftes, sie wird entweder übertrieben unterthänig oder trotzig; hat etwas Angestrengtes; verliert die ruhige Sicherheit der Dame« (a.a.O. S. 374 f.) — 566,38 *Dein Buch*: »Das Verlöbnis«.

Nr. 769 Überlieferung: Ansichtskarte (»Gruss aus Chur«), LBI New York, 6 Zeilen Text unter der Abbildung, nicht in allen Einzelheiten lesbar, da offenbar naß geworden.

Nr. 770 Überlieferung: Ansichtskarte im Nachlaß (mit »Arosa« rechts oben und »Sanatorium« links unten beschriftet, außerdem unterhalb des Sanatoriums Hotel/Pension Bellevue mit zwei winzigen Kreuzchen von M in 2 Fenstern der Giebel- und der Vorderseite). Eine andere Abbildung in Kretschmer, Wanderleben, S. 101.

Nr. 771 Überlieferung: Ansichtskarte (»Brücke in Inner-Arosa«), LBI New York. Druck: BRIEFE. Auswahl (1952) S. 128, gekürzt.

Nr. 772 Überlieferung: Ansichtskarte (die gleiche Karte wie Nr. 770), LBI New York.

Nr. 773 Überlieferung: Brief, 1 S., im Nachlaß, Maschinenschrift, Unterschrift und Postskriptum handschriftlich.
568,9 *neue Gedichtsammlung*: UND ABER RÜNDET SICH EIN KRANZ.

Nr. 774 Überlieferung: Brief, 12 S., im Nachlaß, mit Umschlag.
568,23 *»Hochzeit«-Szene*: vermutlich VOR DER HOCHZEIT, vgl. Nr. 775.
— 569,22 *Geschichten*: Die beigelegte, 2 S. lang, handelt vom Teppich, unter dem, wenn man die Farben abnimmt, Wasser ist, in das alle hineinfallen, aus dem ein Hund kommt und das Kind beißt; schließlich werden die Farben wieder eingesetzt, und alles ist wie vorher.

Nr. 775 Überlieferung: 1 Bl., Vorder- und Rückseite, im Nachlaß, Liste mit Briefnachschrift. Datierung: Die Vermutung beruht auf den auch in Nr. 774 genannten Auseinandersetzungen bei »Schall und Rauch«.

Nr. 776 Überlieferung: Ansichtskarte im Nachlaß, oben rechts: »Arosa«, unten links »Schwellisee« (mit Kühen), von M nach Gersau adressiert, nach San Remo nachgeschickt.

Nr. 777 Überlieferung: Brief, 3 S., im Nachlaß, mit Umschlag; der Brief wurde mehrfach umadressiert und nachgesandt, landete am 3.12. abends bei Kayssler, der ihn mit einem Gruß versah und in einem weiteren (nicht vorhandenen) Umschlag (auf dem ersten keine weitere Adresse) oder zusammen mit anderen Sachen, an unbekanntem

Datum M nach Arosa schickte. M beantwortete ihn am 31.12. (Nr. 791 und Vermerk auf dem Umschlag).

571,5 *Kinderbuch*: »Der Buntscheck«. In dem Sammelband erschien kein Beitrag Ms, vgl. hierzu den weiteren Briefwechsel mit Dehmel.

Nr. 778 Überlieferung: Vorderer Deckel von H. 3 der »Wegwarten«, gestaltet von Johann Vincenz Cissarz.

571,33 *og Friedrich*: vielleicht eine Anspielung auf das Pseudonym O. G. Friedrich, unter dem Kayssler Szenen bei »Schall und Rauch« ankündigen ließ (Huesmann Nr. 40, 47 »Die Gefangene« und »Der moderne Schauspieler«). — 571,30 *ohne Fehler lesen konnte*: bei Ms Handschrift eine bemerkenswerte Leistung, die Kayssler auch in Verse brachte, s. Abt. Dramatisches S. 986. — 572,11 *lieben Augustin*: das »Jung-Wiener Theater zum Lieben Augustin«.

Nr. 779 Überlieferung: Ansichtskarte (Hotel/Pension Bellevue in Arosa), StB München. Datierung: Poststempel.

572,19 *Ersatzmänner*: vgl. Nr. 785.

Nr. 780 Überlieferung: Brief, 6 S., im Nachlaß.

572,23 *Band 8*: der Ibsenausgabe. — 572,27 *Lungensanatorium*: die »Neue Heilstätte« (vgl. Nr. 784), offenbar für weniger bemittelte Gäste. — 573,2 *Ibsenband*: Band 4 mit »Brand« und »Peer Gynt«. — 573,6 *leidliche Erfolge*: vgl. Nr. 757.

Nr. 781 Überlieferung: Brief, 5 S., im Nachlaß, mit Umschlag. Datierung: Poststempel. Druck: BRIEFE. Auswahl (1952) S. 128–130, mit »Arosa, Ende 1901« datiert und gekürzt – es fehlt hauptsächlich 574,23 *Heute – Methode ist*, und es ist nur 574,32 »Die Gottheit« statt des ganzen Abschnitts in Anführungszeichen gesetzt.

574,23 *»Vorträge Rankes – ansehen. – !!! –«*: Über die Epochen der neueren Geschichte. 19 Vorträge vor König Maximilian von Bayern. München u. Leipzig ^{8}1921. 1. Vortrag, S. 17. Es handelt sich bei dem Zitat um eine Ausführung des im Abschnitt zuvor gegebenen Satzes »jede Epoche ist unmittelbar zu Gott«. Damit stellt Ranke eine zielgerichtete allgemeine Höherentwicklung der Menschheit, wie sie etwa Maximilians Lehrer Schelling vertrat, in Frage. Dies war es vielleicht, was M – neben dem Stil – an dem Text so empörte. – Margareta M hat diese Empörung offenbar nicht nachvollziehen können, so daß sie die abfälligen Äußerungen über Ranke wegließ und das Zitat gar als Ms eigene Meinung wiedergab (falsch gesetzte Anführungszeichen, s.o.). – Der Stil der Vorträge ergibt sich aus ihrer Mündlichkeit – sie wurden von Ranke improvisiert, haben privaten Charakter, und ihre Veröffentlichung geschah ohne seine Autorisation postum nach einer verschollenen Reinschrift der Stenogramme – deren Originale wurden erst 1964 wieder entdeckt. Zu Rankes Vorträgen vgl. den Artikel von Günter Johannes Henz in Kindlers Literaturlexikon 13, S. 945 f. — 575,3 *des Adligen Soundso*: des Grafen Keßler, vgl. Nr. 797.

Nr. 782 Überlieferung: Postkarte, StB München.

Nr. 783 Überlieferung: Ansichtskarte im Nachlaß (2 Abbildungen: Hotel/Pension Bellevue und Inner-Arosa).

575,20 *D.*: vielleicht Davos. — 575,23 *den Ibsen*: Bd. 4 mit »Brand« und »Peer Gynt«.

Nr. 784 Überlieferung: Ansichtskarte (»Arosa − Chalets«), LBI New York.

Nr. 785 Überlieferung: Brief, 3 S., StB München.

Nr. 786 Überlieferung: Ansichtskarte (Arosa, Hotel/Pension Bellevue) im Nachlaß, auf dem Adressenteil das Gedicht, vermutlich in einem verlorengegangenen Umschlag verschickt oder einem Päckchen beigelegt und an einen der nächsten Freunde (Unterschrift *Christian*) gesandt. Datierung: anhand des Photos vom »Bellevue«.

Nr. 787 Überlieferung: Postkarte, LBI New York. Datierung: Poststempel.

577,7 *ihr Kommen*: Er hatte ihr selbst davon abgeraten, vgl. Nr. 784.

Nr. 788 Überlieferung: Ansichtskarte (»Arosa im Winterkleid«) im Nachlaß.

577,16 *Ibsenband*: Band 4. — 577,19 *neues Buch:* UND ABER RÜNDET SICH EIN KRANZ.

Nr. 789 Überlieferung: Brief, 4 S., im Nachlaß.

577,26 *Überdies − Ihren Namen*: vgl. Nr. 757. — 578,15 »*Catilina*«: die Übersetzung von Paul Her(r)mann. — 578,23 *Ludwig*: der Sohn.

Nr. 790 Überlieferung: Brief, 4 S., im Nachlaß. Druck: BRIEFE. Auswahl (1952) S. 130, gekürzt.

579,1 *Sendung*: vermutlich des Schmucks, vgl. Nr. 726.

Nr. 791 Überlieferung: Brief, 5 S., SUB Hamburg.

580,4 *Kinder-Buche*: »Der Buntscheck«. — 580,34 *historische Komödie*: Gemeint ist wohl das Geschichtsdrama in der europäischen Literatur seit Shakespeares Königsdramen, soweit es nicht tragisch, sondern komisch, d.h. versöhnlich endet, z.B. Lessings »Nathan der Weise« oder Kleists »Prinz von Homburg«. — 581,1 *das »bürgerliche Drama«*: Als bürgerliches Trauerspiel wird eine Dramenform bezeichnet, die im 18. Jahrhundert mit dem Aufstieg des Bürgertums entstand (z.B. George Lillo: The London Merchant (1731), Lessing: Miss Sara Sampson (1755) und Emilia Galotti (1772)). Es durchbrach zunächst die traditionell auf Aristoteles zurückgeführte »Ständeklausel«, wonach nur höchste Standespersonen tragödienfähig seien, während dem Bürgertum die Komödie vorbehalten sei. In der weiteren Entwicklung entstanden einzelne Dramen, in denen die tragischen Momente gemildert oder aufgehoben waren, so daß man von einem »bürgerlichen Drama« (statt Trauerspiel) sprechen kann – gesetzt, M hätte die germanistische Terminologie wirklich so genau angewandt. Der Naturalismus setzte diese Richtung fort bis zur Darstellung des Alltäglichen und Banalen. — **581,5** *Ernst von Bilderbuch*: Wildenbruch. — **581,7** *Jupiter – Kleist zu sein*: eine Anspielung auf Kleists Drama »Amphitryon«, in dem Jupiter die Gestalt des Amphitryon annimmt.

Nr. 792 Überlieferung: Briefkarte, LBI New York, mit Abbildungen vom Hotel, vom »Ritterhaus« und von der »Wolfsschlucht«. Auf der Rückseite Nr. 793.

Nr. 793 Überlieferung: Briefkarte, LBI New York, mit Umschlag, Rückseite von Nr. 792, auf der Grußseite außerdem Ms Vermerk: *Man staune!.*

581,27 *arrangiert*: mit den Kosten, vgl. Nr. 789. — **581,29** *Ihr Kommen*: In Nr. 784 hatte er ihr davon abgeraten, vgl. auch Nr. 787. — **581,32** *Musikalie*: Chopins Valse a moll.

Nr. 794 Überlieferung: Brief, 1 S., im Nachlaß.

583,7 *»der Spielgeist« – bald nach*: M schickte ihn am 1.1. und erhielt ihn am 7. zurück (N 1902).

Nr. 795 Überlieferung: Brief, 3 S., StB München. Mit diesem Brief, einer Antwort und dem Zurückerhalten der Gedichte am 14.1. (N 1902) ist der Briefwechsel zwischen Scheid und M anscheinend abgeschlossen. Scheid war danach wohl die Freude an seinem Unternehmen vergangen, es erschien kein »Avalun«-Heft mehr, weder mit Gedichten Ms noch Kayßlers oder Frischs.

Nr. 796 Überlieferung: Brief, 8 S., im Nachlaß. Druck: BRIEFE. Auswahl (1952) S. 133 f., gekürzt.

584,35 *Abreisskalender*: vgl. auch Abt. Episches Nr. 50, 70 und 71. Fischers Antwort auf diesen Brief wird für den 20.1. vermerkt mit dem Zusatz (*Schultze-Naumburg*)(N 1902), vgl. Nr. 866. — **586,5** *einige Noten-Zeilen*: aus Chopins Valse a moll, ob noch aus weiteren Musikstücken, ist unbekannt. In UND ABER RÜNDET SICH EIN KRANZ wurden keine Noten aufgenommen.

Nr. 797 Überlieferung: Brief, 4 S., im Nachlaß, mit Umschlag. Druck: BRIEFE. Auswahl (1952) S. 131–133, gekürzt, mit Lesefehlern.

587,13 *der Kaiser – Consistorien*: Anläßlich der Feier des 300. Geburtstag von Herzog Ernst I., dem Frommen, am 25.12.1901 betonte der damalige Regent des Herzogtums Gotha die Bestrebungen Ernsts des Frommen, einen Bund der evangelischen Landeskirchen zu erreichen, der sie bei voller Freiheit im Innern nach außen einen und stärken sollte. Mit diesem Rückgriff unterstützte er die aktuellen kirchlichen Einheitsbestrebungen, und Kaiser Wilhelm II. stimmte dem in seiner nachfolgenden Rede bei. — **587,21** *Nietzsche – zur Macht gelangen*: »Das tiefe, eisige Mißtrauen, das der Deutsche erregt, sobald er zur Macht kommt, [...] «Zur Genealogie der Moral, I: »Gut und böse«, »Gut und schlecht«, 11, Werke Bd. 2, S. 786. — **588,14**: *Ibsen-Band*: Bd. 4 mit »Brand« und »Peer Gynt«.

Nr. 798 Überlieferung: Brief, 2 S., im Nachlaß. Datierung: nach der Angabe im N 1902 vom 22.1., daß er den Brief erhalten habe.
589,3 *unbrauchbarer »Catilina«-Übersetzung*: vgl. Nr. 780.

Nr. 799 Überlieferung: Brief, 12 S., im Nachlaß. Druck: BRIEFE. Auswahl (1952) S. 119–121, irrtümlich mit 30.1.1901 datiert, gekürzt.

590,6 *Brahm – Vertrag abläuft*: Kayssler hatte Recht mit seiner Vermutung; Brahms Vertrag wurde nicht verlängert, und er war auch noch unschlüssig, ob er ein anderes Theater übernehmen oder »die Schreiberei wieder aufnehmen« sollte (an Georg Hirschfeld, 10.8.1902; Brahm, Briefe und Erinnerungen, S. 216). — **591,15** *»Serenissimus«*: Serenissimus und sein Begleiter, der Freiherr von Kindermann, bekannt schon als Witzfiguren aus »Jugend« und »Simplizissimus«, gehörten zu den Hauptattraktionen bei »Schall und Rauch« – auch das Plakat von Edmund Edel bildete das Paar ab. Zuerst tauchen sie auf in Kaysslers »Weber«-Parodie – »Auf Befehl Sr. Durchlaucht von Serenissimus für eine Sondervorstellung bearbeitet von Herrn Frhn von Kindermann« (Huesmann Nr. XXXVII) –, in der alle Zeichen von Armut und Protest eliminiert sind. Schon für die 1. öffentliche Aufführung am 22.1.1901 wurden Zwischenbemerkungen und Erklärungen sowie eine Schlußszene hinzugefügt, in der sich Serenissimus höchst angetan zeigt, so daß er äußert, der Dichter (»Hauptmann«) könnte »doch längst Major sein, [...] Dieser – äh – andere – äh – vaterländische Dichter, habe den Namen vergessen, der ist doch auch Major, was, Kindermann?« (Sprengel, S. 62). Durch die Anspielung auf den von Kaiser Wilhelm II. protegierten Major a.D. Josef Lauff gerät die Serenissimusfigur in die Nähe des Kaisers und die Serenissimus-Szenen in die der politischer Satire, vgl. auch »Quassel-Wilhelm tritt jeden Abend als Serenissimus [...] in Schall und Rauch auf und erheitert das Publikum mit seinen ›geistreichen‹ Reden nach berühmten Mustern, [...]« (anonymes Schreiben an den persönlichen Dienst der Kaiserin vom November 1901, zitiert nach Sprengel, Schall und Rauch, S. 32). – Nach dem ersten großen Erfolg wurden auch andere Schall-und-Rauch-Darbietungen mit solchen Kommentaren und Zwischenspielen bereichert. – Ab Februar 1902 wurden noch gespielt: Theater Paré. Hofball bei Serenissimus (11.2.1902), Serenissimus und der Dichter. Zwischenspiel (213x, 21.2.1902 – 24.4.1905), Serenissimus und die Schauspieler. Zwischenspiel (146x, 21.2.1902 –2.3.1903) sowie Variationen davon; am 11.6.1902 die Pantomime in 1 Akt Das Attentat auf Serenissimus und die 4aktige Komödie Serenissimus (11x 25.9. – 8.10.1902), vgl. Huesmann Nr. 106, 111, 112, 141/1, 141/2, 152, 162. — 592,3 *2 Märchen angenommen*: »Der Hausgeist« (Illustration: Ernst Kreidolf) und »Vom Reichtum der Erde« (Illustration E.R. Weiß). In: Der Buntscheck, S. 6 und 37. — 592,28 *Alkohol-Buch*: wahrscheinlich: Die Thatsachen über den Alkohol. Mit zahlreichen statistischen Tabellen. Dargestellt von Dr. med. Hugo Hoppe. 2. wesentlich vermehrte und verbesserte Aufl. Berlin: Calvary 1901. Im N 1902, 12.1., notierte M: *Karte an Calv. (Hoppe).* [...] *Hoppe zu Ende gelesen*. Anscheinend hat er hier das Buch für Kayssler bei Calvary bestellt.

Nr. 800 Überlieferung: Brief, 6 S., im Nachlaß. Druck: BRIEFE. Auswahl (1952) S. 134 f., irrtümlich mit 30.1. datiert, gekürzt.

592,33 *Manuskripte*: vgl. Nr. 766. — 592,34 *Schmuck*: M notierte den Erhalt am 25.1. (N 1902). — 593,24 *deren neuste*: UND ABER RÜNDET SICH EIN KRANZ. — 593,25 *Satiren, meist dramatischer Form*: die Sammlung DER GRÜNE LEUCHTER. — 593,27 *Buch Epigramme – still verhalten*: Wie weit eine Planung gediehen war, geht aus dieser Formulierung nicht hervor. Vgl. Nr. 758.

Nr. 801 Überlieferung: Postkarte, LBI New York. Datierung: Poststempel.

594,22 *L.*: Fega Lifschitz. Bereits am Vortag hatte M *Brief an Frisch* notiert (N 1902), diesen aber vermutlich nicht beendet, jedenfalls nicht abgeschickt, so daß er sich wenigstens zu einer kurzen Karte verpflichtet fühlte, vgl. Nr. 802.

Nr. 802 Überlieferung: Brief, 16 S., im Nachlaß. Druck: BRIEFE. Auswahl (1952) S. 135–140, mit ein paar Textänderungen und leicht gekürzt. – Der Brief wurde evtl. schon am 21.2. begonnen, s.o. 594,24 *Schlittel-Fahrens*: Im N 1902 notiert: 24.1.: *Zum 1. Mal geschlittelt*; 29.1.: *Schlitten gemietet u. probirt*; 31.1.: *Geschlittelt*. Weiteres Schlittenfahren wurde nicht mehr vermerkt. — 594,31 *in medias – gratias*: etwa: direkt zur Sache, direkt zum Dank (lat.). — 595,1 *Sprung – ungoethisch*: Mit dem Satz »Die Natur macht keinen Sprung« (sondern schreitet kontinuierlich fort) setzte sich M auch in späteren Jahren mehrfach auseinander (vgl. Abt. Lyrik 1906–1914 S. 812 f.). Er geht auf Aristoteles zurück und ist in der Geschichte der Philosophie immer wieder bezeugt, u.a. bei Goethe (Cottaausgabe Bd. 22, S. 1023; dort heißt es »keine Sprünge«). — 595,2 *liebes Geschenk. Dein Buch*: »Das Verlöbnis«. — 595,5 *Schmuckgegenstände aus Draht*: Im N 1902 für den 18.2. vermerkt: *Draht-Schmucksachen (als Vorlagen für Silberschmuck)*, zu Drahtkompositionen als Buchschmuck vgl. Abt. Episches Nr. 50, 58.

— **595, 6** *langwierige Buchkorrektur*: vermutlich von UND ABER RÜNDET SICH EIN KRANZ. — **595,29** *Fischers Entgegenkommen*: vgl. Nr. 789. — **595,37** *»Grauenvollen« – stösst ab*: Ausdrücklich geht es darum im Drama »Die Frau vom Meere«, an das auch Ms Formulierung anklingt: »Ellida: Das ist das Grauenvolle, – was abschreckt und anzieht.« 4. Akt, Werke Bd. 8, S. 199. — **595,38** *Wie aber spricht – festzuhalten weiss*: »Also sprach das Eisen zum Magneten: ›Ich hasse dich am meisten, weil du anziehst, aber nicht stark genug bist, an dich zu ziehen.‹« Nietzsche, Zarathustra, »Von alten und jungen Weiblein«. Werke Bd. 2, S. 329. — **596,2** *Wort N.es – hinaus greift*: nicht ermittelt. Im Nachlaßband »Der Wille zur Macht«, Leipzig 1901, hat M eine Stelle angestrichen und *Brand* an den Rand geschrieben, in der es um die »moralistische Liberalität«, also »Immoralität«, geht, deren Fehlen, z.B. bei Ibsen, »wie Krankheit« anmute. a.a.O. S. 446. Auch Werke Bd. 3, S. 572. — **596,6** *Tolstoi – Mitteln*: anscheinend auch von Nietzsche beeinflußt, der das christliche Mitleid – als lebensfeindliches Ideal – für eine verkappte Form von Nihilismus (in negativer Bedeutungsvariante) hält, vgl. u.a.: »Vom Instinkte des Lebens aus müßte man in der Tat nach einem Mittel suchen, einer solchen krankhaften und gefährlichen Häufung des Mitleids, wie sie der Fall Schopenhauers (und leider auch unsre gesamte literarische und artistische décadence von St. Petersburg bis Paris, von Tolstoi bis Wagner) darstellt, einen Stich zu versetzen: damit sie platzt ...« Der Antichrist, 7, Werke Bd. 2, S. 1169. — **596,10** *Gedichtes – Arche*: »Til min venn revolusjons-taleren!«: »I sørger for vannflom til verdesmarken. / Jeg legger med lyst torpédo unter arken.« Samlede Verker, Bd. 6, S. 401. M übersetzte dann so: »Ihr sorgt für der Wasserflut Nimmerversiegen. / Ich lasse mit Wollust die Arche auffliegen.« Sämtliche Werke Bd. 1, S. 110. — **596,14** *Und was – füsilieren lassen*: nicht ermittelt. — **596,17** *Was übrigens – Ibsen*: Ibsen selbst sieht es ähnlich: Nachdem er sich zunächst höchst ironisch über das Schicksals des Erstlings ausläßt, schreibt er in der »Vorrede zur zweiten Ausgabe«: »So gar manches, was meine spätere Dichtung zum Gegenstand hatte, – der Widerspruch zwischen Kraft und Streben, zwischen Wille und Möglichkeit, die Tragödie und zugleich Komödie der Menschheit und des Individuums – tritt schon hier in schattenhaften Andeutungen hervor, und ich faßte daher den Entschluß, eine neue Ausgabe zu veranstalten – [...]«. Er habe dafür das Stück, das ja eigentlich ein »Konzept« gewesen sei, durchgearbeitet, aber die »Ideen, die Vorstellungen und die Entwicklung des Ganzen habe ich nicht angetastet«. A.a.O. Bd. 1, S. 471–476, Zitat S. 475 f. — **596,22** *Einfall in Scenenform*: DAS GLOCKENSPIEL. — **596,24** *einige Hefte – zuviel stände*: Die Hefte und auch die Tagebücher aus dieser

Zeit sind verschollen (vgl. Abt. Aphorismen S. 425 f.), im N 1902 vermerkt er aber vom 3. bis 19.1. fast täglich, Aphorismen geschrieben zu haben. — 597,1 *Seine Schwester – gethan haben mag*: Sie war schon damals umstritten. — 597,24 *zerknittertes Papier*: vgl. auch DER SPIELGEIST und Kommentar. — 597,28 *Papierschnitzelkompositionen*: Von solchen, sicher auch aus späteren Jahren, sind im Nachlaß noch etliche (mit Vorbehalt: 16) vorhanden. Einige davon wurden veröffentlicht: »Die Frau mit den drei Gesichtern«, Bauer, Chr. M. 1933, nach S. 192, ohne Titel; »Napoleon auf der Brücke« und »Untergehender Dampfer«, a.a.O. 1985, Abb. 31/32, vor S. 129; »Drache überm Eisberg«, »Professor Sittich«, »Zwei Kletterer«, DIE VERSAMMLUNG DER NÄGEL, München 1969, nach S. 16, 96, 112. Frisch berichtet – aus der Zeit der gemeinsamen Arbeit für die Zeitschrift »Das Theater« – über solche und ähnliche Kompositionen Ms: »Kleckspiele, farbige Schattenrisse, aus den seltsamsten Bestandteilen zusammengesetzte Gestalten kamen im heiteren Spiel aus seiner Hand und illustrierten sinnfällig unsere Gespräche. Es war immer der kürzeste Weg zum Ausdruck, den er auf diese Weise suchte und der den tiefen Sinn jedes Spiels enthüllte.« Erinnerung an Christian Morgenstern, in: Zum Verständnis des Geistigen S. 113. Auch Bruno Cassirer erinnerte sich, daß M die Wände seines Büros im Verlag »mit allerhand Figuren beklebt hatte, die er aus bunten Papieren ausgeschnitten hatte« bzw. an »geklebte Fabeltiere«, die an den Wänden hingen (an Margareta M, 20.4.1914 und 15.10.1932). — 597,31 *»Die Fische«*: Nach Margareta Ms Angabe soll es sich – wie oben – um »eine Reihe grotesker Scherenschnitte« handeln (BRIEFE. Auswahl (1952, S. 508). — 597,32 *einsam, auf hohen Bergen*: wahrscheinlich auch Nietzsche-Anklang, etwa an das Gedicht »Aus hohen Bergen« (Werke, Bd. 2 S. 757 ff. oder »Zwischen Raubvögeln«, S. 1249 ff.) — 597,34 *»grossen Chinesen von Königsberg«*: Kant; Nietzsche gebraucht diese Formulierung in »Jenseits von Gut und Böse«, 210, Werke Bd. 2, S. 675. — 597,37 *B. Tageblatt*: »Berliner Tageblatt«. — 598,7 *Rousseaus – gelesen*: vgl. N 1902, 26.1.–21.2. — 598,8 *Venediger Affäre*: Rousseau lebte 1743/44 als Sekretär des französischen Botschafters in Venedig. Aus dieser Zeit berichtet er über zwei Begegnungen mit venezianischen Kurtisanen, im ersten Fall genügt er einer Pflicht, die er gegen besseres Wissen und Wollen erledigt, im zweiten Fall bleibt er ohne Erfolg und stellt ausführliche Überlegungen über die Gründe etc. an. Die Dame empfiehlt ihm, sich lieber mit der Mathematik als mit den Frauen zu befassen. Als die Gelegenheit endgültig verpaßt ist, begehrt er sie um so mehr. Vgl. Rousseau, Bekenntnisse, Kap. 7, etwa 2. Hälfte, u.a. in: Die Bekenntnisse. Die Träumereien des einsamen Spaziergängers, Übersetzt von Alfred Semerau und Dietrich

Leube, München 1978, S. 311–318. — **598,8** *L.* und **598,37** *F.L.*: Fega Lifschitz. — **598,36** *Oper.*: eine Operation ihrer Mutter. — **598,38** *H.*[?]: vielleicht Moritz Heimann. — **599,2** *K.*: Kayssler.

Nr. 803 Druck: BRIEFE. Auswahl (1952) S. 140. Datierung: nach N 1902, 24.2.: *2 Briefe an Frisch ab.*

599,22 *Plan – »Von und an«*: Notiz Ms am 29.1.: *»Briefe« an u. von versch.(n) Personen*; am 30.1.: *Ad Von u. an.* (N 1902).

Nr. 804 Überlieferung: Postkarte, SUB Hamburg. Das Postskriptum steht in kleinerer Schrift links vom Unterschriftteil zwischen Haupttext und Datum/Adresse.

600,5 *»Schallmühle« – privaten Festzeitung*: der Weihnachtszeitung des Davoser Sanatoriums. Die 1. Seite des Textes ist im Nachlaß – mit den Bemerkungen Dehmels (vgl. Nr. 797) – noch vorhanden.

Nr. 805 Überlieferung: Postkarte im Nachlaß.

600,9 *erste Schülerin*: Kayssler war zu dieser Zeit auch Lehrer an der »Modernen Bühnenschule« von Alwine Wiecke in der Köthener Str. 39 (Inserat im »Neuen Theateralmanach« 1903); vgl. auch Nr. 819 und 940. Selbstverständlich kann es sich auch um einen Privatunterricht handeln. — **600,10** *»Fähnlein«*: Das Gedicht KLEINE GESCHICHTE.

Nr. 806 Druck: BRIEFE. Auswahl (1952) S. 140 f.

600,19 *Gedichtsammlung*: UND ABER RÜNDET SICH EIN KRANZ.

Nr. 807 Überlieferung: Brief, 1 S., im Nachlaß.

602,32 *»liebevollen Aufsatz – Monatsheften«*: RICHARD DEHMEL in »Monatsschrift für Neue Litteratur und Kunst«, vgl. auch Nr. 425.

Nr. 808 Überlieferung: Ansichtskarte im Nachlaß (»Arosa« »Post«, mit 4 Pferden bespannte Postkutsche auf Gebirgsweg).

603,4 *kl. Buch*: UND ABER RÜNDET SICH EIN KRANZ. — **603,8** *Hörte heute – gut verlaufen*: Von wem er den Verlauf der Operationen erfahren hat, geht auch aus dem N 1902 nicht hervor; Fega Lifschitz' Mutter war, wenn die Angabe in ihrem Lebenslauf von 1959 richtig ist, schon Ende Februar gestorben.

Nr. 809 Überlieferung: Brief 2 S., im Nachlaß. Briefkopf: »Hôtel Eden & Pension Germania« in Rapallo.

603,22 *wunderschön*: M wollte ja doch Moos überreden, auch dorthin zu kommen.

Nr. 810 Überlieferung: Brief, 2 S., im Nachlaß, Rückseite 1 S. Werbetext des Grand Hotel Splendide, Besitzer R. Valentini. M hat das große Blatt gefaltet und die Rückseite wie 2 Seiten eines Bogens beschrieben. – Im gedruckten Text, der von Sprach- und Druckfehlern strotzt, hat er etliches unterstrichen, offenbar um teils auf wirkliche Vorzüge hinzuweisen (Heizung, Omnibusverkehr zum Bahnhof Santa Margherita), teils aber auch aus Vergnügen an den Fehlern (»Küche

Keller und Bedienung wird ganz besondere Aufsicht Zugewandt werden.« Die Sperrungen sind Ms Unterstreichungen.) — 603,29 *Porto fino*: etwa: der ausgezeichnete Hafen (italienisch). — 604,5 *Rechtsanwalt. sein Frauchen*: Evtl. kommt eine gemeinsame Bekanntschaft aus Davos in Frage, ein Rechtsanwalt Knoll, der nach einer Angabe Ms aus Innsbruck war (an Kayssler, [18.7.1912]). — 604,6 *italienische Lehrerin*: Italienischlehrerin.

Nr. 811 Überlieferung: Brief, 1 S., Theaterwissenschaftliche Sammlung der Universität Köln.

604,10 *Verein*: die von Stümcke mitbegründete »Gesellschaft für Theatergeschichte«. Der Jahresbeitrag sollte 12 Mark betragen; dafür erhielten die Mitglieder die geplanten Veröffentlichungen. — 604,12 *dem seinen – bekommen hat*: M schrieb am 24.5. an Orlik (N 1902), vermutlich wegen der Exlibris, und erhielt sie am 23.6. (ebd.). Abb. S. 430.

Nr. 812 Überlieferung: Postkarte, SUB Hamburg.

604,16 *M.*: Märchen, im N 1902 verzeichnet: *Märchen angef. f. Dehmel* (20.3.); *Märchen*. (21.3.). Es ist wahrscheinlich nicht beendet worden, jedenfalls hat Dehmel es nicht bekommen. — 604,17 *der Aufsatz*: vgl. Nr. 807.

Nr. 813 Überlieferung: Ansichtskarte im Nachlaß (»Portofino – Hôtel Splendid da [bei] Villa Brown«, außerdem ist u.a. das Piccolo-Hotel abgebildet. Auf beide Hotels hat M mit Strich und Namensabkürzung hingewiesen.) Datierung: nach N 1902; Poststempel: 28.3.1902.

604,23 *Gastfreundschaft und die Mitteilungen*: M fuhr am 24.3. nach Sestri zu Moos und kehrte am 25. nachmittags zurück. Am 26. erhielt er von ihm eine Karte (N 1902).

Nr. 814 Überlieferung: Brief, 4 S., im Nachlaß. M war, wie angekündigt, Ostern (30./31.3.) bei Moos.

Nr. 815 Überlieferung: Brief, 2 S., und Maschinenabschrift, 1 S., im Nachlaß. Druck: BRIEFE. Auswahl (1952) S. 141 f., gekürzt.

605,19 *»Nihilisten«*: Die Anführungszeichen weisen wahrscheinlich darauf hin, daß sich M hier auf Nietzsche bezieht, vermutlich auf das Nachlaßwerk »Der Wille zur Macht«, das er im Dezember 1901 gelesen hatte, in dem Nietzsche die Bedeutungsvarianten, die der Begriff für ihn hat, abhandelt. Im vorliegenden Zusammenhang etwa: »Nihilismus: es fehlt das Ziel; es fehlt die Antwort auf das ›Warum?‹ – Was bedeutet Nihilismus? – Dass die obersten Werte sich entwerthen.« A.a.O. S. 11; revidierte Fassung: Werke Bd. 3, S. 557. – Vgl. auch den entsprechenden Artikel in: Nietzsche-Handbuch, hrsg. von Henning Ottmann. Stuttgart, Weimar 2000, S. 293–298. — 605,20 *»Ring der*

Wiederkunft«: vgl. u. a. Nietzsche, Also sprach Zarathustra III, Die sieben Siegel. Werke Bd. 2, S. 473 ff.

Nr. 816 Überlieferung: Brief, 4 S., im Nachlaß.

605,27 *Unglück – betroffen hat*: der Tod ihrer Mutter. — **606,4** *Reisegefährten*: unbekannt, keine Notiz im N 1902. — **606,9** *sein Buch*: UND ABER RÜNDET SICH EIN KRANZ.

Nr. 817 Überlieferung: Postkarte im Nachlaß. Datierung: Poststempel. Am 10. kam die Karte an (N 1902).

606,14 *Stelle von Genua*: s. Nr. 819. — **606,15**. *»Fröhliche Wissenschaft«. »Zarathustra«*: s. Nietzsche. — **606,19** *E. l. d. L.*: »Es lebe das Leben!« von Sudermann.

Nr. 818 Überlieferung: Postkarte im Nachlaß. Datierung: *Giovedi* (Donnerstag, italienisch). Poststempel 11.4.(ein Freitag), also 10.4., Vermerk auch N 1902, 10.4.

606,26 *jungen poln. Litteraten*: Ignaz Ježover. — **606,28** *Was haben – hübsche Dänin*: Der Bezug ist unklar, in Nervi gab es zwar ein Eden-Hotel, aber M hat erst am 22.4. einen Aufenthalt in Nervi vermerkt; Moos wohnte dort im Grand Hotel. Es ist möglich, aber nicht nachweisbar, daß es sich bei der Dänin um Eva Petersen handeln könnte.

Nr. 819 Überlieferung: Brief, 6 S., im Nachlaß, davon 2 S. Nietzscheabschrift. Maschinenabschrift, 1 S., unvollständig, ebd. Druck: »Das Theater«, Faksimileausgabe, S. XII (607,20 *Ich kämpfe – soll es kommen.*)

607,3 *Nietzschesatz*: Die fröhliche Wissenschaft, 4. Buch: Sanctus Januarius, 291. Werke Bd. 2 S. 170 f. Hieraus: »Die ganze Gegend ist mit dieser prachtvollen unersättlichen Selbstsucht der Besitz- und Beutelust überwachsen; und wie diese Menschen in der Ferne keine Grenze anerkannten und in ihrem Durste nach Neuem eine neue Welt neben die alte hinstellten, so empörte sich auch in der Heimat noch jeder gegen jeden und erfand eine Weise, seine Überlegenheit auszudrücken und zwischen sich und seinen Nachbar seine persönliche Unendlichkeit dazwischen zu legen. Jeder eroberte sich seine Heimat noch einmal für sich, indem er sie mit seinen architektonischen Gedanken überwältigte und gleichsam zur Augenweide seines Hauses umschuf.« A.a.O. S. 170. — **607,7** *»Zeitung«. »Briefe aus Italien«*: Nachweisbar fertiggestellt wurde nur der Aufsatz DREI DOME. Zu weiteren Versuchen vgl. Abt. Episches Nr. 44. — **607,21** *Besprechung mit Brahm*: der ihn offenbar nicht freigeben wollte. Kayssler brach den Vertrag und erhielt deshalb Spielverbot, vgl. auch Nr. 940. — **607,25** *neue Unternehmen*: die Umwandlung von »Schall und Rauch« in das »Kleine Theater«. — **607,32** *Trennungsidee*: vgl. [...] *Spaltung in Intimes und Repräsentatives / oder Historisches Theater / Chöre. / Hier Psychologie* *von Mensch zu Mensch, dort gewaltige Schauspiele in grossen Zügen, mehr episch als lyrisch. Charakter von Festen.* [...] T 1897/98, Bl. 30. Datierbar Mai/Juni 1897. — **607,35** *Drama*: nicht ermittelt. — **608,11** *Artikel*: vielleicht: Der Fall Dührssen im Licht der sozialen Medizin. »Medizinische Reform. Wochenschrift für soziale Medizin«, S. 75.

Nr. 820 Überlieferung: Brief, 2 S., im Nachlaß, mit Umschlag.

Nr. 821 Überlieferung: Ansichtskarte im Nachlaß (Portofino, Piccolo-Hotel). Datierung: Poststempel.

608,27 *in reizend. Gesellsch. – Ruta*: Am 21. war M mit Eva Petersen, Johanna Kielland und Ignaz Ježover in Zoagli und Chiavari (*Wagentour, zuerst zu Fuss bis Z.*), am 25. in wahrscheinlich ähnlicher Gesellschaft, vermutlich mit noch einer weiteren Dame, in Ruta (*Ruta. Abends d. 3 Damen zu Fuss nach Sa Margherita begleitet.*). N 1902.

Nr. 822 Überlieferung: Brief, 4 S., im Nachlaß.

609,5 *»Pranzo« – »Mahl«*: DAS MITTAGSMAHL. — **609,5** *Entsch. Vertrag*: Da Entsch ein Bühnenverlag war, kann es sich um den Vertrieb von Ms Parodien handeln. M hatte den Vertrag am 30.4. abgeschickt (N 1902), so daß er wohl inzwischen angekommen war. — **609,9** *Hlldr.-Winke*: Ms Antwort auf Kaysslers Anfrage wegen Felix Hollaender (Nr. 774). — **609,10** *Th. Trucko*: »Der Weg des Thomas Truck«, s. Hollaender. — **609,15** *»Hoffnung« – »Probekand*[idat]*«*: Dramen von Heijermans, Schnitzler, Ibsen (»Wildente« und »Nora«), Dreyer.

Nr. 823 Überlieferung: Brief, 2 S., im Nachlaß. Datierung: Der Brief dürfte zwischen dem erwähnten Schall-und-Rauch-Gastspiel (1.–7.7.1901), mit erheblichem Abstand (610,4 *damals*), und dem Gastspiel des Deutschen Theaters am Wiener Carltheater, 6.5.–5.6., das hier noch nicht erwähnt wird (aber in Nr. 832), entstanden sein. Wahrscheinlich ist er eine Antwort auf einen im N 1902 nicht verzeichneten Brief Ms nach Nr. 820. Da die Exlibris nicht eintrafen, könnte M die Bitte am 24.5. (N 1902) wiederholt haben, worauf sie dann mit Nr. 832 geschickt wurden (23.6. *Exlibris von Orlik* ebd.). — **609,23** *mea culpa! – absolve!*: meine Schuld! meine Schuld! vergib! (lat.), aus dem Bereich der Kirche stammende Formeln. — **609,29** *J. J. Rousseau – schrieb*: nicht ermittelt. — **610,3** *Keyssler*: Kayssler. — **610,22** *Haus Strauss – 1825 weilte*: Orlik meint wohl den Aufenthalt Goethes in Karlsbad August/September 1823 (Angelika Reimann: Goethes Leben von Tag zu Tag. Bd. VII, 1821–1827, Zürich 1995, S. 291–295).

Nr. 824 Überlieferung: Brief, 2 S., im Nachlaß, im oberen Drittel eine farbige Zeichnung (See mit Zypressen im Vordergrund, im Hintergrund ein sehr tief stehender Mond, links oben ein Gesicht oder eine Maske).

610,31 *Sendung von Schuster-Löffler*: wahrscheinlich die dort erschienenen Gedichtbücher HORATIUS TRAVESTITUS, AUF VIELEN WEGEN und ICH UND DIE WELT oder ein Teil davon. — 611,1 *Villa Piuma*: in Sestri, am 24.3. im N 1902 genannt.

Nr. 825 Überlieferung: Brief, 4 S., im Nachlaß, bis 612,1*fragte an, ob* ordentlich mit Tinte geschrieben, danach mit Bleistift und etwas krakelig im Zug.

611,35 *Psiakrew*: wörtlich: Hundeblut (polnisch). — **612,27** *Eviva vita*: Es lebe das Leben (italienisch). — **612,35** *der 19jährige*: vgl. 612,25.

Nr. 826 Überlieferung: Brief, 4 S., im Nachlaß.

613,5 *»Catilina«*: Arbeit an der Übersetzung wird im N 1902 erst ab 23.5. genannt, dann aber bis Mitte Juli fast täglich; am 22.7 war die Fahnenkorrektur beendet. Die nächste namentliche Erwähnung ist am 5.11., und am 14.11. schickte M die letzte Korrektur ab.

Nr. 827 Überlieferung: Brief, 4 S., im Nachlaß, dänisch. Übersetzt werden kann der Brief etwa:

München 6 Juni 1902

Lieber Herr Morgenstern,

Ihren langen Brief mit all den guten Ratschlägen habe ich erhalten – und danke Ihnen aufs herzlichste für Ihre Hilfe. Die kleine Broschüre über Max Klingers »Beethoven«, die Sie mir empfohlen hatten, habe ich mir besorgt; aber ich warte mit dem Lesen, bis ich morgen aufs Dachauer Schloß umziehe, wo wir 3 gute, luftige Zimmer bekommen haben, meins besonders hat zwei Fenster hinaus zum Park und eins zur Terrasse, von der ich die schönste Aussicht habe über grüne Wiesen mit München und den Bergen im Hintergrund –

Monna Vanna habe ich noch nicht bekommen, weil ich es mir erst aus Paris bestellen mußte, aber ich erwarte es heute und freue mich sehr darauf, es zu lesen, und darauf, mich das erste Mal als Übersetzer zu versuchen.

Darüber, daß mein Federhalter in einem so traurigen Zustand ankam, bin ich schrecklich betrübt, sicher bin ich mit der Verpackung nicht sorgfältig genug gewesen. Jetzt, wo er defekt ist, sollen Sie alles damit schreiben dürfen – sonst hatte ich mir gedacht, daß Sie ihn in Ihren höchsten Augenblicken, wenn »das heilige Feuer« über Sie kommt, benutzen sollten.

Gestern reiste meine Schwester heim nach Kopenhagen, aber sie wird schon Ende September oder Oktober auf der Durchreise nach Rom wieder zurückkommen, vielleicht treffen Sie sie, wenn Sie dann, wie Sie sagten, auch in Rom sein wollen.

Um die kleinen Verse in Ihrem Notizbuch, die Sie mir auf dem Weg von Bologna nach Modena versprochen haben zu senden, dürfen Sie mich nicht betrügen, ich habe immer gewartet, daß sie kommen wür-

den – warum glauben Sie, daß sie mich »langweilen« würden? Es gefällt mir gerade, Verse zu lesen, wenn es nicht so tiefsinnig sind wie einzelne in »Und aber ründet sich ein Kranz«, übrigens verstehe ich nun viele von ihnen viel besser als an dem Tag, als Sie unten im Salon in Portofino saßen und sie mir erklärten, aber es gibt noch zwei, von denen ich gern ein bessere Bedeutung haben möchte, als ich sie selbst herausgefunden habe – wenn Sie das nicht »langweilen« würde? – – – Hier ist es Gott sei Dank nicht mehr so schrecklich heiß, gestern reinigte ein mächtiges Gewitter die schwere, drückende Luft, und heute hat es die ganze Zeit geregnet, so hoffe ich, daß die Sonne bis morgen rücksichtsvoll genug ist, mich im Dachauer Schloß willkommen zu heißen – welches italienische Erinnerungen weckt, weil es zum Teil an Fiesole erinnert –
Die besten Grüße (Dank für lon-ta-na)   Ihre Ihnen stets ergebene
Eva Petersen.

613,14 *lille Brochure*: vielleicht die Schrift von Paul Mongré über Klingers »Beethoven«, die M im N 1902 am 6.6. vermerkt und auf die auch in Meyers Großem Konversationslexikon ^{6}1908, Bd. 11, S. 143 hingewiesen wird. — **613,23** *Penneskaft*: M notiert den Erhalt des Federhalters am 31.5. — **613,33** *smaa Vers – Modena*: Am 18.5. fuhr M mit Eva Petersen von Florenz ab und über Bologna, Modena, Verona, Milano, dann mit dem Nachtzug nach Luzern, wo er am 19. ankam und nach Wolfenschießen weiterfuhr (N 1902). Eva Petersen fuhr vermutlich nach München. Das Notiz- bzw. Tagebuch, in dem die Verse stehen könnten, ist nicht mehr vorhanden. Wenn sie, wie es gut möglich ist, mit Eva Petersen zusammenhängen, können etwa PORTO FINO, KLEINER HAFEN (datiert 5.5.1902) gemeint sein oder evtl. auch die undatierten Gedichte ZUM ABSCHIED oder AN EVA P., Abt. Lyrik 1906–1914. — **614,5** *i Salonen i Portofino*: vgl.: *Nach Tisch m. Buch mit F. E. P. zusamm. durchgenommen.* 23.4.1902, N 1902. — **614,15** *lon-ta-na*: Die Bedeutung konnte nicht ermittelt werden. Vielleicht hat es irgend etwas mit italienisch lontano, fern, zu tun.

Nr. 828 Überlieferung: Brief, 4 S. im Nachlaß, ohne Anrede, d.h. vermutlich fehlt der Anfang. Datierung: Der Schrift nach (z ohne Unterlänge). Die Vermutung »am oder nach dem 11.6.« beruht auf dem Notizbucheintrag vom 11.6.: *Br. v. Fritz m.* [...] *Zettel zu P. Gynt*, d.h., Ms Brief könnte die Antwort auf Kayßlers Fragen sein. Druck: BRIEFE. Auswahl (1952) S. 465, gekürzt, mit 9.9.1913 datiert, dem Brief vom 8.9.1913 (in dem es auch um »Peer Gynt« geht) angehängt.
614,23 *Begriffenfeld-Scene*: Gemeint sind die letzten Szenen des 4. Akts von Peer Gynt. – Im Personenverzeichnis: »Begriffenfeld, Professor, Dr. phil., Vorsteher des Tollhauses zu Kairo«. – *Michel – Fuchs:*

»Wärter der Tollhäusler«, im Personenverzeichnis nicht namentlich aufgeführt. v. Eberkopf, Cotton, Ballon und Trumpeterstråle sind Reisende und werden im Gespräch mit Peer Gynt vorgestellt; alle vier (Allegorien der Deutschen, Engländer, Franzosen, Schweden) besetzen Peer Gynts Jacht und fahren mit ihr davon; sie geht aber kurz darauf unter (S. 300). – Begriffenfeld, seinen Klienten nicht unähnlich, aber mit Distanz und Kommentierfähigkeit, spielt zunächst das Echo der Sphinx von Gizeh, vernimmt dann von Peer Gynt, daß er, Peer, immer nur danach getrachtet habe, er selbst zu sein, nimmt ihn ins Irrenhaus – vorgeblich ein Gelehrtenclub – mit und sperrt alle ein, erklärt Peer zu ihrem Kaiser und führt ihm dann drei der Insassen vor, die ebenfalls sie selbst – und völlig verrückt – sind: Huhu, »ein Sprachreformer von der malebarischen Küste« (Personenverzeichnis), der den primitiven Lauten der malebarischen Sprache (Oran-Utan-Sprache) zu ihrem Recht verhelfen will, Fellah, der eine Mumie mit sich herumschleppt und sich für König Apis hält und den Minister Hussein, der sich für eine Schreibfeder hält. Zum Schluß des Akts krönt Begriffenfeld den ohnmächtig gewordenen Peer mit einem Strohkranz zum Kaiser der Selbstsucht (a.a.O. Bd. 4, S. 328–340, Personenverzeichnis S. 207 f.). — *614,30 Eroberer Schleswig-Holsteins*: Um die staatliche Zugehörigkeit Schleswig-Holsteins wurden zwischen Dänemark und dem Deutschen Bund bzw. Preußen und Österreich 1850–52 und 1864 Kriege geführt; in letzerem kam es zu Preußen/Österreich und nach dem Krieg zwischen Preußen und Österreich 1866 zu Preußen. — *614,32 alte Ursprache Norwegens*: Im Zuge der Besiedlung Islands im 9. Jahrhundert übernommen, woraus sich das Isländische entwickelte. In Norwegen selbst erhielt sich die Sprache nur in den verschiedenen dialektalen Abwandlungen, während die Amtssprache Dänisch wurde. Im 19. Jahrhundert, nach der Trennung von Dänemark, wurden Versuche unternommen, eine eigene norwegische Sprache zu entwickeln. Hierbei gab es zwei Richtungen; die einen wollten das Dänische als Grundlage beibehalten, bereicherten es aber durch Entlehnungen aus den norwegischen Dialekten und änderten die Rechtschreibung zu einer besseren Wiedergabe der norwegischen Aussprache (Riksmål, ab 1929 Bokmål genannt; z.B. Ibsen und Bjørnson dichteten in dieser Sprache); die andere Richtung entwickelte auf der Basis der Dialekte eine neue norwegische Sprache (Landmål, ab 1929 Nynorsk; sie wurde z.B. von Arne Garborg benutzt). Heute ist Nynorsk die zweite offizielle Landessprache. — *615,6 schwedischer Minister*: Nach den Angaben von Otto Oberholzer und Clara Raspels im Nachwort zur einbändigen Auswahlausgabe, München 1957, soll es sich um den Außenminister Manderström handeln. Vgl. hierzu auch: »Hussein [...] zielt auf das zwecklose Adressen- und Notenwesen des schwedisch-norwegischen Staates während des Krieges von 1870, besonders aber auf einen hervorragenden schwedischen Staaatsmann, der seinen schriftlichen Leistungen damals wirklichen Einfluß auf den Gang der Ereignisse zutraute« (Roman Woerner, Henrik Ibsen, Bd. 1 S. 249). Im Fellah soll der Schwedenkönig Karl XII. verspottet werden (Woerner S. 248 f., Oberholzer/Raspels S. 706). — **615,15** *Druckfehler – schwer statt schon*: Brand, 2. Akt: »Wer sich in stumpfem Tagwerk töten, / Winkt' ihm ein Weltkreis aufgetan?« – Brand, 1. Akt: »Das Knechtsgespenst, / Der Sklavengott der Sklavenherde.« – Brand, 5. Akt: »Seit damals trug er schwer an seinem Bann.« — **615,20** *beiden Stücke*: Brand und Peer Gynt. — **615,30** *Schiller-Theater – plant*: Zu einer Aufführung kam es jedenfalls nicht. — **615,33** *Quatsch – Tratsch*: Peer Gynt, 1. Akt: »Schweig doch, Alte, mit dem Tratsch!«. — **616,3** *Schweigst – Geschwätz*: im Druck: »Halt den Rand / Bist ja völlig von Verstand.« Peer Gynt, 1. Akt. – Der Brief bezieht sich anscheinend auf eine geplante Peer-Gynt-Aufführung, die nicht zustande kam. Vgl. auch Nr. 873 und 882.

Nr. 829 Überlieferung: Brief, 2 S., im Nachlaß.
616,10 *Beethoven*: vielleicht ein Photo des Klingerschen Werks in der Wiener Sezession oder auch ein Aufsatz oder eine Besprechung, vgl. N 1902, 11.6.: *Br. v. Fritz m. Beethov.* [...] — **616,13** *im »Cäsar«*: die Antoniusrede in Shakespeares »Julius Cäsar«. — **616,17** *Osborn*: Briefe an: Osborn 26.5., 23.6., 7.7.: *Zür. Br. [Zürcher Brief*, vgl. Abt. Episches Nr. 43]*Ende. ab an Osborn samt Brief.* 21.7.: *3 Dome u. Br. v. Osborn*; an Osborn: 1.8.(hier sind auch Briefe an Redakteure des »Hannoverschen Couriers«, der »Magdeburger Zeitung« und der »Breslauer Zeitung« vermerkt), von Osborn: 6.8. Es geht wahrscheinlich um die erhoffte Veröffentlichung von Aufsätzen in der »Nationalzeitung«, deren Feuilletonredakteur Osborn war.

Nr. 830 Überlieferung: Postkarte im Nachlaß. Die Karte erreichte M nicht, sie ist nach Portofino adressiert, vermutlich von dort an eine postlagernde Adresse (Ort überklebt) weitergeschickt, aber nicht abgeholt worden, so daß sie zurückging und vermutlich (Poststempel schwer lesbar) am 26.9. wieder in Blankenese ankam. Wahrscheinlich diese Karte legte Dehmel Brief Nr. 865 wieder bei.
616,20 *Kinderbuch*: vgl. Nr. 777.

Nr. 831 Überlieferung: Ansichtskarte im Nachlaß (Dachau), dänisch. Die Karte ist nicht nur auf dem freien Streifen unter der Abbildung, sondern auch auf dem blauen Himmel über dem Ort und der grünen Wiese im Vordergrund beschrieben und nicht in allen

Teilen entzifferbar. Ca. ⅔ stammen von Eva Petersen, etwa ⅓ ist von Johanna Kielland.
616,29 *Zelle – Savonarolas*: M besichtigte sie frühestens am 11.12.1902 (N 1902: *Fl. San Marco*), vielleicht auch erst im April 1903, vgl. T 1902/03 II B, Bl. 38/37, 20.4.1903, s. Abt. Dramatisches S. 1086. — **617,3** *til Zürich og Wolfenschiessen*: bis nach Zürich und Wolfenschießen (dänisch); die Übertreibung spielt auf Ms Aufenthaltsorte an.

Nr. 832 Überlieferung: Brief, 2 S., im Nachlaß. Datierung: Wenn Orlik die Exlibris mitgeschickt hat (617,31), deren Erhalt M am 23.6. notierte (N 1902), ist der Brief kurz vorher geschrieben worden. Vgl auch Nr. 823.

617,22 *Oblomowerei*: nach der Antriebslosigkeit der Titelfigur, ein Begriff aus dem Roman. — **617,24** *Herbart – Bewußtseins*: Herbart führt den Begriff im 2. Kapitel seines »Lehrbuchs zur Psychologie« ein. Vorher erläutert er, wie die Vorstellungen einander hemmen, dabei aber nicht zerstört werden, sondern danach streben, wieder bewußt zu werden. Dann heißt es: »Hier muss der Ausdruck ›Schwelle des Bewusstseins‹ erklärt werden, dessen wir manchmal bedürfen werden. Eine Vorstellung ist im Bewußtsein, in wiefern sie nicht gehemmt, sondern ein wirkliches Vorstellen ist. Sie tritt ins Bewusstsein, wenn sie aus einem Zustande völliger Hemmung so eben sich erhebt. Hier also ist sie an der Schwelle des Bewusstseins.« Johann Friedrich Herbarts Sämmtliche Werke, hrsg. von G. Hartenstein, Bd. 5: Schriften zur Psychologie, 1. Teil. Leipzig 1850, S. 18. — **617,32** *mit Briefen belästigt*: bezieht sich vielleicht auf Bitten um das Exlibris, vgl. Nr. 823. Notizen im N 1902 zufolge hat M das Exlibris außerdem an Heinrich Jacobowski (2.8.) und Viktor Blüthgen (17.8.) gesandt. Ob diese darum gebeten hatten, geht daraus nicht hervor. M legte es auch seinem Brief an Adolph Goldschmidt (Nr. 853) bei.

Nr. 833 Überlieferung: Brief, 1 S., angezeigt Auktionskatalog Bassenge 14 II (1969) Nr. 4548, Grußformel und Unterschrift als Faksimile. Vermutlich identisch mit dem Angebot Galerie Hassfurther, Wien, 28 (1993) Nr. 211, dort ohne Angabe der Adressatin, nur Absendeort (s.u.), Datum und Briefumfang.

618,13 *Wolfenschießen*: in der Zusammenfassung als Absendeort angegeben, was ungenau ist, denn M war am 23.6. noch in Zürich. Vermutlich ist es eine Adressenangabe für die nächste Zeit – wie in Nr. 834.

Nr. 834 Überlieferung: Brief, 2 S., StB München.

618,23 *kürzlich – »Nachbar«*: Weniger positiv urteilte M auf einem losen Blatt: *31. Mai* [...] *Münchener Original-Überbrettl* [der Name des Kabaretts] über *»D. Schrippe«* [Jon Lehmann] und *»Der Nachbar«* [Gumppenberg]: *Im Allgemeinen Schund. Salzlos.* [...], vgl. auch Abt.

Episches S. 730. Vielleicht (wenn es nicht zweckvolle Höflichkeit ist) hat M bei einem nochmaligen Besuch seine Meinung geändert.
Nr. 835 Druck: BRIEFE. Auswahl (1952) S. 142 f.
619,3 »*Beethoven*« – *zu veranstalten*: M könnte davon in einer Zeitschrift gelesen haben; Genaueres wurde dazu nicht ermittelt. Klingers »Beethoven« wurde im Juli 1902 durch ein eigens zu dem Zweck gegründetes Komitee für 250000 Goldmark für das Leipziger Museum erworben. Daß es in diesem Zusammenhang zu Kontroversen kam, ist naheliegend; da der Ankauf erfolgte, blieben sie marginal, und insofern erübrigten sich wohl auch weitere Unterstützungen. – Otto Ernst schrieb 1902 die Komödie »Die Gerechtigkeit«, in der ein junger Komponist durch die Machenschaften der Redakteure eines »Revolverblattes« zugrunde gerichtet werden soll. Darauf, daß eine vorausgegangene Klingerdiskussion zur Konzeption beigetragen hat, gibt der Text keine Hinweise. Auch eine Klingernummer der »Jugend« erschien nicht. — 619,5 *Kaiser – Ziele*«: nicht ermittelt; eine Rede mit ähnlichem Titel (»Die wahre Kunst«) hielt Wilhelm II. anläßlich des Festmahls für die Künstler, die die Statuen der Siegesallee geschaffen hatten, am 18.12.1901. Es ist die Rede, in der der Satz steht: »Eine Kunst, die sich über die von Mir bezeichneten Gesetze und Schranken hinwegsetzt, ist keine Kunst mehr, [...]« (Reden des Kaisers, hrsg. von Ernst Johann, München 1966, S. 102 (dtv dokumente). — 619,24 *Zürcher Brief*: Vorarbeiten hierzu vgl. Abt. Episches Nr. 43. — 619,24 *mit Ibsen – habe*: Übersetzungen und Korrekturen von Gedichten und von »Catilina« sind noch bis zum 14.11. nachweisbar (N 1902).
Nr. 836 Überlieferung: Schluß eines Briefs, 2 S., im Nachlaß. Datierung: vgl. 620,15 *Morgen ziehe ich um* [...]. Ein Umzug zum Monatsende/-anfang ist wahrscheinlich; dann kann der Brief gut der Schluß von Nr. 835 sein; für den 30. ist auch ein Brief an Frisch im N 1902 notiert. M ist aber erst am 3. umgezogen (ebd.), aber für den 2. ist kein Brief an Frisch vermerkt.
620,3 *Burkhards Aufsatz*: Max Burkhardts Kritik des »Peer Gynt« im Wiener Deutschen Volkstheater in Ms Übersetzung. Dieser hatte (in einer Anmerkung) geschrieben, Passarges Übersetzung sei »viel stimmungsvoller« als die Ms. »Die Zeit«, 17.5.1902. Auch in: Max Burkhardt: Theater. Kritiken, Vorträge und Aufsätze. 2 Bd. e. Wien 1905, Bd. 2, S. 37–48. M las die Rezension am 28.5.: *Burkhard (Wien) stellt Passarge über mich* (N 1902). – *Kleistsünde*: Burkhardt spricht von Kleists »widerlichem, nach Cäsarismus stinkendem Kommißknopfstück ›Prinz Friedrich von Homburg‹« (»Antrittsrollen Nissens im Burgtheater«, a.a.O. Bd. 1, S. 276 f.), was heftige Reaktionen in deutschen Zeitungen auslöste, vgl. auch Burkhardts Begründung der »etwas drastischen«

Worte, a.a.O. S. 277–280 (»Kleists Friedrich von Homburg«; zuerst »Frankfurter Zeitung«, 14.7.1901.). Vgl. auch Abt. Lyrik 1906–1914 S. 927 f. und Brief Nr. 844. — **620,7** *Deine Karte – Portofino*: Den Erhalt einer Karte von Frisch aus Wien notierte M am 23.6 (N 1902).

Nr. 837 Überlieferung: Brief, 2 S., StB München.
621,4 *Ihres Gedichtes*:

Im Reifen

Der Sommer reift; die Luft weht schwül –
Nimm Dich in Acht; verschwende Dich nicht!
All' Reifes neigt sein Haupt dem Tod:
Du aber sei reif und lebe!

Verschütte nicht den jungen Wein·
In hundert Becher mit trunkener Hast –
Halte zurück die goldene Last·
In dunkler Hut
Kläre die Flut·
Bis die Blume von Deinem Blut
Leuchtet und würziger duftet:
Wurde der Wein
Hell und rein
Schenk ihn ein·
Deinem würdigsten Gast!

Der Wind trägt Rosensehnsucht her·
Die Aehrenfelder wogen berauscht·
Wirr schwanken die Rebenranken –
Nimm Dich in Acht; vergeude Dich nicht!
All' Reifes neigt sein Haupt dem Tod:
Du aber sei reif und lebe!

»Jugend« 7 (1902), S. 444 (Nr. 27, 1. Juliheft), graphisch gestaltet von Paul Haustein (Stuttgart).

Nr. 838 Überlieferung: Brief, 3 S., im Nachlaß.
621,26 *gewaltiges Schütteln des Kopfes*: nach der »Jobsiade« von Carl Anton Kortum. (Der Kandidat Hieronymus Jobs erregt in der Prüfung dieses »Schütteln des Kopfes«, da er den Antworten nach seine Theologie hauptsächlich in der Kneipe gelernt hat.) — **621,31** *jetzigen »Besitzer« – »Scharfrichter«*: nicht ermittelt. — **622,2** *einen – Direktoren*: nicht ermittelt. — **622,6** *Lang, lang ist's her*: (englisch: Long, long

ago), vielzitierter Refrain des Lieds »Sag mir das Wort, dem so gern ich gelauscht« von Thomas Haynes Bayly nach einem irischen Volkslied, übersetzt 1855 von Wilhelm Weidling.

Nr. 839 Überlieferung: Brief, 4 S., im Nachlaß, fremde Handschrift, eigenhändige Unterschrift von Elias.

622,11 *Hellmann – mitzudrucken*: bezieht sich auf die Veröffentlichung von Ibsens Gedicht »Eine Vogelweise« in Ms Übersetzung vor der Buchausgabe, weshalb eine Anmerkung nötig wurde: »Aus dem Manuskript für die deutsche ›Gesamtausgabe‹ (S. Fischer, Berlin) mitgeteilt von Christian Morgenstern«, »Janus« 1 (1902/03) H.2, Ibsenheft, S. 56. Für die Buchausgabe hat M das Gedicht noch einmal leicht überarbeitet (a.a.O. Bd. 1, S. 6 f.).

Nr. 840 Überlieferung: Brief, 3 S., im Nachlaß.

622,26 *Buch*: UND ABER RÜNDET SICH EIN KRANZ. — 622,27 *dramatischen – Arbeitsplänen*: SAVONAROLA. — 622,29 *Nationalzeitung – erscheinen dürfte*: M sandte den Aufsatz am 7.7. an Osborn ab (N 1902), er erschien aber nicht, vgl. auch Nr. 829 und Abt. Episches Nr. 43.

Nr. 841 Druck: Bauer, Chr. M. (1933) S. 154 f. (1985) S. 158 f.

Nr. 842 Überlieferung: Ansichtskarte im Nachlaß (»Stansstad mit Pilatus«).

Nr. 843 Druck: BRIEFE. Auswahl (1952) S. 143 f.

624,2 *Römerzug*: Anspielung auf die Heereszüge der deutschen Könige nach Rom zur Kaiserkrönung.

Nr. 844 Überlieferung: Brief, 2 S., LBI New York.

624,33 *»heimischen« – Unterwaldens*: zurück nach Wolfenschießen (Kanton Unterwalden). — 625,6 *Voss*: Die gebräuchliche Bezeichnung für die »Vossische Zeitung«. — 625,13 *p. Feder*: vermutlich die Abkürzung einer Höflichkeitsformel, etwa: Ihrer geschätzten Feder o.ä. — 625,21 *Burckhards – Peer Gynt*: vgl. Nr. 836.

Nr. 845 Überlieferung: Postkarte im Nachlaß.

Nr. 846 Überlieferung: Brief, 2 S., im Nachlaß.

626,6 *Brief*: vom 30.8. (nach N 1902). — 626,9 *»Höifjeldsliv«. »Hochgebirgsleben«*: s. Ibsen, »Hochlandsleben«.

Nr. 847 Überlieferung: Brief, 2 S., im Nachlaß. Druck: BRIEFE. Auswahl (1952) S. 144, gekürzt.

626,20 *auf die See*: vgl. evtl. Nr. 761. — 626,22 *Ibsenarbeit*: vgl. Nr. 835, Kommentar. — 626,31 *Grüßen Sie – Turban etc.*: die Bekannten in Davos; vermutlich wollte Moos dort auf seiner Reise Station machen.

Nr. 848 Überlieferung: Postkarte im Nachlaß. Datierung: Poststempel. Druck: BRIEFE. Auswahl (1952) S. 145, mit einem zusätzlichen Satz: ...*Zwei Lungenuntersuchungen von zwei verschiedenen Ärzten, beide:* »*Nix mehr zu hören*« *Dreimal*..., der nicht dazu gehören kann,

da es sich um eine Postkarte handelt. Er muß also aus einem andern Brief stammen, es wäre möglich, daß er zu Nr. 847 gehört, wo er als Postskriptum auf einem beigelegten, verloren gegangenen Blatt gestanden haben müßte. Im N 1902 sind keine Untersuchungen verzeichnet.
627,13 *Ibsenarbeit*: vgl. Nr. 835, Kommentar. — 627,18 *alle 3*: M, Fega Lifschitz, Efraim Frisch.

Nr. 849 Überlieferung: Brief, 2 S., im Nachlaß.
627,31 *in Worms*: am 7.9. Vom diesem Zusammentreffen stammt offenbar ein Gedicht, das im Autographenhandel angeboten wurde: *Dies Fahren hinaus / in den blühenden Morgen! / Not und Sorgen / bleiben zuhaus. / Hoffnung spannt ihre Flügel aus! / Dies Fahren hinaus! / in den blühenden Morgen! / Worms-? 8.IX.02.* ½ Blatt, kariert, Auktionskatalog Hartung & Karl 20 (1977) Nr. 1987. — 628,3 *letzte Band Ibsen*: Bd. 1, der zuletzt erschien. — 628,6 *Baukasten*: Die Idee eines gemeinsamen Baukastens beschäftigte M auch noch im folgenden Jahr, vgl. Abt. Episches Nr. 50,83.

Nr. 850 Überlieferung: Brief, 8 S., im Nachlaß. Druck: »Das Theater«, Faksimileausgabe, S. XIII f., gekürzt.
628,14 *Manuskript*: nicht ermittelt; es kann von Frisch oder womöglich sogar Fega Lifschitz sein oder von ihr vermittelt. — 628,14 *Lefschitz*: Lifschitz, derselbe Fehler (wahrscheinlich) auch bei den Grüßen. — 628,20 *neue Oper von Strauß*: Feuersnot. — 628,23 *»Rausch«*: s. Strindberg. — 629,23 *Reicher*: in der Titelrolle. — 629,30 *»Oedipus« – »Ibsen«*: nicht realisiert. — 630,10 *Brief von Dehmel*: ein Brief an Kayssler (18.9.1902), in dem es um die Aufnahme zweier Erzählungen Kaysslers in das Kinderbuch »Der Buntscheck« geht (»Der Hausgeist«, »Vom Reichtum der Erde«). Als Postskriptum steht, von Kayssler angestrichen: »NB! Wie geht's Herrn Chr. Morgenstern?? Er hat mir leider, trotz mehrmaliger Mahnung, nichts für den Buntscheck geschickt.« Vgl. auch Nr. 830, 862 und 865.

Nr. 851 Überlieferung: Brief, 1 S., im Nachlaß, in einem Umschlag mit der Aufschrift *Herrn E. Frisch*. Datierung: Aus der Zeit des gemeinsamen Aufenthalts in Wolfenschießen zwischen 5.10. und 8.12.1902, vor oder nach der Hochzeit von Efraim Frisch und Fega Lifschitz (aus ästhetischen Gründen wurde die Namensangabe vereinfacht). Zu diesem Brief vgl.: »Freu[n]de, die damals mit ihm in der Schweiz zusammenwaren [also Efraim und Fega Frisch] erzählten, dass er, wenn ihm z.B. eine Unannehmlichkeit zu schaffen machte – und deren gab es damals während der umfangreichen Ibsen-Arbeiten genug – ihnen einen Zettel hinterliess des Inhalts, dass er für einige Stunden fortgefahren sei« (Margareta M an Gottfried Büttner, 23.7.1951, Briefdurchschlag im Nachlaß).

Nr. 852 Überlieferung: Postkarte im Nachlaß. Datierung: Poststempel.
630,21 *unbie'isches Reisewetter*: Vielleicht klagte Oscar Bie häufig über schlechtes Wetter auf Reisen. — 630,25 *Duda*. *Michas*: vermutlich Verwandte oder Freunde Efraim Frischs aus Stryi. — 630,25 *Frl. K*.: vielleicht Olga Knischewski. — 630,25 *Herr L*.: vermutlich Lifschitz, Fega Frischs Bruder, der mit M Trauzeuge war (N 1902, 8.11.). — 630,25 *Stry*: wahrscheinlich Stryi, der Geburtsort Frischs.
Nr. 853 Überlieferung: Brief, 2 S., UB Basel, mit Umschlag. Beigelegt ist Ms Exlibris von Emil Orlik, s. S. 430.
Nr. 854 Überlieferung: Brief, 10. S., im Nachlaß, mit Umschlag. Druck: BRIEFE. Auswahl (1952) S. 145 f., gekürzt. Textvariante: 633,2 *Dir*] ⟨*Euch*⟩ Brief S. 5.
633,4 *K*.: vermutlich Kahane. Er hatte anscheinend Strindbergs »Rausch« vorgeschlagen. — 633,21 *Drama*: nicht erschienen. — 634,9 *Verlag*: anscheinend ein nicht realisiertes Projekt, Näheres wurde nicht ermittelt.
Nr. 855 Überlieferung: Postkarte im Nachlaß.
Nr. 856 Überlieferung: Ansichtskarte im Nachlaß (von der Via de' Peccori aus Blick auf Campanile und Dom).
635,1 *Uffizio – posta*: Hauptpostlagernd (italienisch).
Nr. 857 Überlieferung: Ansichtskarte im Nachlaß (Dom, von der Kirche Or San Michele aus gesehen, erhöhter Standpunkt).
Nr. 858 Überlieferung: Brief, 4 S., im Nachlaß. Druck: BRIEFE. Auswahl (1952) S. 147 f., gekürzt und mit kleineren Textabweichungen (Lese- oder Verständnisfehler u.ä.).
635,14 »*ein erstes Grüssen*«: Hauptmann, Hanneles Himmelfahrt, Ende d. 1. Akts, erster Engel: »Wir bringen ein erstes Grüßen / Durch Finsternisse getragen / Wir haben auf unseren Federn / ein erstes Hauchen von Glück.« Auch in Ms Zitatenheft S. 105. — 635,18 *Avanti Savoia*: Avanti Savoia, Vorwärts Savoyen, bezogen auf das italienische Königshaus (das von der Linie Savoyen-Corignano gestellt wurde), z.T. noch heute populär im Zusammenhang mit der Frage, ob der letzte Thronerbe nach Italien zurückkehren dürfe. Im Briefzusammenhang natürlich allgemeinere Bedeutung. — 635,19 *Die Fahrt – Dänemark zu*: vgl. Abt. Episches Nr. 43,11. — 635,27 *Brera*: Palazzo di Brera, seit 1776 Sitz der Kunstakademie mit Gemäldegalerie. — 635,33 »*Rex Florentiae*«: König von Florenz (lat.), vgl. auch SAVONAROLA, Abt. Dramatisches 77,20 und Kommentar. — 636,3 »*Sposalizio*«: s. Raffael. — 636,8 *Castell*: vermutlich die Fortezza del Belvedere, eine für Großherzog Ferdinando I. angelegte und von Bernardo Buontalenti ausgeführte sternförmige Befestigungsanlage mit Blick auf Florenz. — 636,20 *pranzo*:

(Mittag)essen (italienisch). — **636,23** *ma – stufa*: aber leider ohne Ofen (italienisch und deutsch). — **636,25** *bei Mattern*: bei der Familie Christen-von Matt in Wolfenschießen. — **636,26** *1 l*: eine Lira. In Baedekers »Ober-Italien« von 1902 wird der Wert der Lira mit ca. 81 Pf. angegeben (Tabelle vorn vor dem Titel). — **636,29** *San Marco*: das Kloster, in dem Savonarola Prior war und wo sich zwei Bildnisse von ihm befinden, vgl. Abt. Dramatisches S. 1085 f. — **636,33** *Alles Glück zur Vollendung*: bezieht sich vielleicht auf das Nr. 854 erwähnte Drama.

Nr. 859 Druck: BRIEFE. Auswahl (1952) S. 148–150. Zu den römischen Bauten etc. s. »Rom«.

637,5 *»fliegender Hund«*: in Anlehnung an das gleichnamige Säugetier (Pteropus), das zu den Federhunden gehört, diese wie die kleineren Fledermäuse zu den Fledertieren. — **637,6** *Pension S. Silvestro*: die Pension der Signora Ossani, Piazza S. Silvestro 8, vgl. auch Abt. Episches S. 750. — **637,23** *Nietzsches Wort – Ordnung schaffen*: Der Wortwahl nach knüpft der Satz an eine Stelle aus der »Geburt der Tragödie« an, wo es über Euripides heißt: »Ihm muß im Hinblick auf sein kritisch-produktives Schaffen zumute gewesen sein, als sollte er den Anfang der Schrift des Anaxagoras für das Drama lebendig machen, deren erste Worte lauten: ›im Anfang war alles beisammen: da kam der Verstand und schuf Ordnung‹.« Werke Bd. 1, S. 74. Insbesondere im Zusammenhang mit den darauf folgenden Formulierungen scheint M aber auch von anderen Nietzschestellen, z.B. im »Willen zur Macht« angeregt worden zu sein. — **637,34** *Fora*: Plural von Forum, Markplatz (lat.). — **637,37** *Brera-Urteil*: vgl. Nr. 858. — **638,9** *virtù*: das männliche Ideal der Renaissance: Tapferkeit, Entschlossenheit, Kraft, Macht (italienisch) etc.; Nietzsche nennt sie »moralinfreie Tugend« (z.B. Werke, Bd. 3, S. 619). — **638,11** *Palazzo Strozzi*: im Auftrag von Filippo di Matteo Strozzi 1489–1536 nach einem Modell von Giuliano da Sangallo von Benedetto da Maiano und nach seinem Tod von Cronaca ausgeführt. — **638,12** *Der Medicäische*: Der Palazzo Medici-Riccardi, erbaut vermutlich 1444–1460 von Michelozzo, Auftraggeber: Cosimo de' Medici »il Vecchio« (der Alte, 1389–1464). Später wurden Änderungen vorgenommen, vor allem nach dem Verkauf an Francesco Riccardi 1669.

Nr. 860 Überlieferung: Ansichtskarte im Nachlaß, eine Glückwunschzeichnung (Zwerg, Pilze, Farnkraut), in die ein Photo von M mit Efraim und Fega Frisch (von der Hochzeit) eingeblendet ist. M gefiel sich darauf nicht, vgl. Nr. 864.

Nr. 861 Überlieferung: Brief, 21 S., im Nachlaß. Ein längeres Zitat aus dem Brief befindet sich in Nr. 871. Die Stelle wurde hier nur knapp zusammengefaßt, um Wiederholungen zu vermeiden.

638,30 *seine Frau*: Den ganzen Brief hindurch vermeidet Kayssler den Vornamen und nennt Liese seine Frau, was sie nur formal noch war. — 639,4 *Christian Friedrich.* 639,11 *der Junge*: Christian Friedrich Kayssler. — 639,34 Ms Buch: UND ABER RÜNDET SICH EIN KRANZ.

 Nr. 862 Überlieferung: Brief, 3 S., SUB Hamburg, Entwurf im Nachlaß, s.u.

640,5 *meine Gedichtsammlung*: UND ABER RÜNDET SICH EIN KRANZ. — 640,7 *trockene Pedanten – können*: M meint vermutlich die Juroren des Augsburger Schillerpreises, um den er sich mit dem Buch beworben hatte. Notizen im N 1902 hierzu: 19.1. *Brief an L. Bauer (Schillerpreis)* – 10.4. *An [...] Herzfelder (Augsburg)* – 16.4. *Schillerpreis, Justizrat Herzfelder Augsburg Brief u. Buch* – 4.8. *An Justizrat Herzfelder, Augsburg* – 17.11.: *Brief v. Schillerstiftung Augsburg zurück u. an R. Dehmel.* — 640,11 *Sache*: vermutlich die Bewerbung um den Augsburger Schillerpreis. — 640,12 *pechösen*: etwa: vom Pech verfolgten. — 640,14 *Hellenischen oder Hesperischen*: etwa: in Griechenland oder Italien (Hesperien sind in der griechischen Antike die Länder im Westen (von Griechenland aus), also Italien und auch Spanien). Eine Italien- und Griechenlandreise unternahm Dehmel 1900, wovon M vielleicht wußte. — 640,22 *Arbeit am »Ibsen«*: vgl. Nr. 835, Kommentar. — 640,26 *Amicus – veritas*: Platon ist mir Freund, aber noch mehr ist es die Wahrheit (lat.), auf Platon und Aristoteles zurückgehende Redensart. Der Entwurf des Briefs lautet:

L.H. Ich habe Ihnen vor einiger Zeit m. Buch übersandt u. ⟨muss aus⟩ glaube Ihrem Schweigen ⟨schliessen⟩ entnehmen zu müssen, dass ⟨es⟩ Ihnen diese Sendung aus irgend welch. Grunde nicht willkommen ⟨war⟩ gewesen s. dürfte. Ist ⟨dem so⟩ dies der Fall, so werfen Sie es um Gotteswillen ins Feuer u. damit sei's abgethan. Es war e. höchst natürliches Gefühl, ei. Buch, aus dem trockene Pedanten 8 [geändert in: *6*] *Monate lang nichts Erfreuliches herauslesen* [geändert in: *herauszulesen*] *⟨konnten⟩ vermocht hatten ⟨in⟩ einem verehrten Manne in die Hände zu legen, es gleichsam damit zu reinigen u. wieder zu Ehren zu bringen. Nun hat es aber vielleicht auch bei Ihnen ⟨keinen⟩ nicht das Gehoffte gefunden. Wohl verbrennen Sie denn das unschuldige Exemplar u. schicken sie mir* [bricht ab] T 1902/03 I, Bl. 99.

 Nr. 863 Überlieferung: Brief, 2 S., im Nachlaß.
 Nr. 864 Überlieferung: Postkarte im Nachlaß.
 Nr. 865 Überlieferung: Brief, 3 S., im Nachlaß, mit Umschlag.

641,15 *postalischen Dokument*: vermutlich die an den Absender zurückgegangene Postkarte Nr. 830. — 641,18 *Augsburger Professoren*: die Juroren des Augsburger Schillerpreises, vgl. auch Nr. 862, Kommentar. — 641,21 *»blaue Lappen«*: Hundertmarkscheine.

Nr. 866 Überlieferung: Entwurf, T 1902/03 I, Bl. 98, 97. Datierung: nach der Stellung des Entwurfs im T (vor dem Entwurf zu Nr. 862) Ende Dezember 1902 (er kann auch später auf freie Seiten geschrieben worden sein), nach dem Bezug auf Nr. 796 (641,32 *im vorigen Jahr*) Anfang 1903. Ob ein auf diesem Entwurf basierender Brief abgeschickt wurde, ist nicht bekannt. Druck: Überarbeitet und gekürzt Abt. Episches S. 766 f. Es fehlen einige Abschnitte, deren Stellung im Brief nicht zu fixieren ist (642,8 *Erwähnt – geglaubt hätte*).
641,32 *S. Fischer – kam*: die Antwort Fischers auf Nr. 796 erhielt M am 20.1.1902 (N 1902). — **642,9** *Muscheln und Fischgräten. Blumenbinderei*: Vgl. hierzu vor allem Abt. Episches Nr. 45 (S. 196 f.) und Nr. 50, 74; 85 –87; 90, auch Briefe Nr. 802 und 906.

Nr. 867 Überlieferung: Brief, 4 S., im Nachlaß.
642,27 *Cultur-Correspondenz*: vgl. Nr. 844.

Nr. 868 Überlieferung: 2 Maschinenabschriften, je 1 S., im Nachlaß. Der großen Förmlichkeit wegen kann es sich bei der Adressatin evtl. um eine ältere Freundin handeln.

Nr. 869 Überlieferung: Fragment, 1 S., im Nachlaß. Datierung: nach der Schrift: lateinisch, aber mit z ohne Unterlänge. Am Rand steht der Vermerk: *Ad Kritisches (Hauptmann)*. Das deutet darauf hin, daß die Bemerkung zwar ursprünglich zu einem Brief gehörte (Anrede *Du*), aber später andere Verwendung finden sollte. Vielleicht ist es eine spätere Abschrift aus einem frühen Brief(entwurf).

Nr. 870 Überlieferung: Entwurf, 1 S,. im Nachlaß, undatiert. Druck: BRIEFE. Auswahl (1952) S. 150, mit 2.1.1903 datiert. Wenn die Datierung richtig ist, dann hat M den Brief geschrieben, bevor er am 3. feststellen konnte, in der »Neuen deutschen Rundschau« sei *ein wertvoller Kerr*. – Ob die einzige Abweichung im Druck (s.u.) darauf hindeutet, daß Margareta M das Original vorlag, ist nicht zu entscheiden, jedenfalls trägt der Entwurf ihren Vermerk »abg.« [abgeschrieben]. Textvarianten: **644,9** *wie*] ⟨als⟩ *Entwurf*. — **644,9** *Spielzeug*] *Spielzeug.* ⟨*Geben Sie mir* ⟨*die*⟩ *Ihre Hand dafür.*⟩ ebd. — **644,9** *dieselbe Strasse ziehen*] ⟨*demselben Licht zu gehen*⟩ ebd. — **644,11** *Rückhalten*] *Rückhalten tun* BRIEFE ebd. — **644,12** *mehr ganz*] *ganz* ⟨*mehr*⟩ Entwurf. — **644,13** *wenn Sie wollen*] nachträglich eingefügt ebd. — **644,13** *guten Sinn gegeneinander*] *gute*⟨*s*⟩ [wahrscheinlich unter dem direkt darübergeschriebenen *n*] ⟨*Aneinander*⟩ [bricht ab] ebd.
644,7 *Gegnern oder Verspottern*: vgl. DER HUNDESCHWANZ.

Nr. 871 Überlieferung: Brief, 8 S., im Nachlaß. Druck: BRIEFE. Auswahl (1952) S. 150 f., gekürzt. »Das Theater« Faksimileausgabe, S. XV f., 646,10 *Was nun – einzuleben*, ohne das Zitat und etwas ungenau.

646,20 *2 Theater*: Max Reinhardt übernahm im Februar 1903 zum »Kleinen Theater« auch das »Neue Theater«, Schiffbauerdamm 5. — 646,13 *»Was Frisch – Schauspieler werden.«*: aus Nr. 861. — 646,38 *B.*: Berlin. — 647,14 *»Aventin – 647,32 Venus«*: s. Rom. — 648,14 *Ibsen*: Bd. 1. — 648,17 *W.er*: Wolfenschießener. — *Mein Gepäck – Hände*: Auch im »Baedeker« wird gewarnt, daß das Gepäck »ganz unberechenbare Zeit unterwegs« sein könne (Oberitalien, 1902, S. XIII). — 648,26 *Aufsatz von Bie*: »Ästhetische Kultur«.»Neue Deutsche Rundschau« 14 (1903) S. 1–10, vgl. auch Abt. Episches Nr. 44, S. 171, Kommentar.

Nr. 872 Überlieferung: Brief, 4 S., im Nachlaß.

649,5 *zweiten Theater*: s. Nr. 871. — 649,5 *Buber – Projekt*: Vermutlich ist Bubers Plan einer Zeitschrift »Der Jude« gemeint, der damals nicht realisiert werden konnte. Es wurde aber ein Prospekt gedruckt, in dem bekannte Schriftsteller zur Mitarbeit aufgefordert wurden (vgl. Brief Theodor Herzls an Buber, 14.5.1903, Martin Buber, Briefwechsel aus sieben Jahrzehnten. In 3 Bänden. Hrsg. von Grete Schaeder, Heidelberg 1972. Bd. 1: 1897–1918, Nr. 55, S. 192, Text und Anm. 1). — 649,12 *Meine Arbeit. Stück*: vielleicht das schon erwähnte Drama, vgl. Nr. 854. — 649,19 *Aufsatz*: Außer diesen Bemerkungen ist nichts darüber bekannt. — 649,20 *Karamasow-Lektüre*: s. Dostojewski.

Nr. 873 Überlieferung: Postkarte im Nachlaß.

650,2 *ans D. Th.*: ans »Deutsche Theater«. — 650,10 *Peer-G.-Aussichten*: »Peer Gynt« wurde von der Lessinggesellschaft am 19.11.1903 im Berliner Theater des Westens gegeben. — 650,17 *Sch. Th.*: das Schiller-Theater in Berlin.

Nr. 874 Druck: BRIEFE. Auswahl (1952) S. 152 f.

650,23 *römisches Tagebuch*: vgl. Abt. Episches Nr. 44. — 650,32 *Uns ist – ruhen…*: Hölderlin, »Hyperions Schicksalslied«, Z. 16 f. — 651,1 *italienische Contessa – Gesprächs willen…*: offenbar die Gräfin Pianciani, die – vermutlich – in Ms T ihre Adresse und Zeit der Einladung selbst eintrug; M nahm die Einladung am 8.1. wahr, vgl. auch Abt. Episches Nr. 44, S. 178 und 811 f., und das Epigramm ITALIENISCHE GESELLIGKEIT. —651,13 *Künstlerverein – besucht habe*: Der Künstlerverein hatte seinen Sitz im Palazzo Serlupi, Via della Stamperia 113, weitere Einzelheiten s. Abt. Episches Nr. 44. — 651,20 *bei den Antiken – besucht habe*: s. Ms T-Aufzeichnungen, Abt. Episches Nr. 44, außerdem im Register »Rom« und für die Stanzen »Raffael«.

Nr. 875 Überlieferung: Ansichtskarte im Nachlaß (Vestatempel Rom).

651,26 *Cakes – Sieger zu werden*: Hermann Ubell berichtet über ein Preisausschreiben, bei dem es um eine deutsche Bezeichnung für »Cakes« geht (cakes (Plural), eigentlich Kuchen, süßes Gebäck, englisch, im Deutschen speziell Kleingebäck). Es bürgerte sich aber die Schreibung »Keks« (Singular, früher auch »Keeks«, vgl. Enno Littmann: Morgenländische Wörter im Deutschen, Tübingen 1924, S. 112) für die Backwaren ein, die englisch bisquits oder cookies heißen.

Nr. 876 Überlieferung: Postkarte im Nachlaß.

Nr. 877 Überlieferung: Brief, 4 S., im Nachlaß.

Nr. 878 Überlieferung: Postkarte im Nachlaß. Datierung: Poststempel. Der letzte Satz und die Unterstreichungen (Sperrungen) mit Bleistift, *für geraten hieltest* doppelt, *dass ich käme* dreifach unterstrichen.

652,21 *dass R. – übernommen hat*: daß Max Reinhardt die Direktion des »Neuen Theaters« übernommen hat. Der »Neue Theateralmanach« von 1904 verzeichnet das Ereignis für den 18.2.1903 (S. 120). — 652,30 *gehst Du – Wien*: vielleicht im Zusammenhang mit der vom »Neuen Theateralmanach« 1904 genannten Gastspielreise des Deutschen Theaters nach Budapest (22.4.–4.5.) (a.a.O. S. 239). Kayßlers Antwort auf Ms Karte wird vermutlich bald darauf eingetroffen sein, ist aber nicht erhalten. Da M nicht plötzlich abreiste, dürfte Kayßler ihm klargemacht haben, daß sein Kommen nicht notwendig sei.

Nr. 879 Überlieferung: Ansichtskarte im Nachlaß (Fontana di Trevi, Rom). Datierung: Poststempel.

Nr. 880 Überlieferung: Postkarte im Nachlaß, mit Photo Emil Ludwigs. Darunter sein Name und der Vermerk: »Deutsches Schauspielhaus Hamburg«, letzteres fast unlesbar zugestrichelt.

Nr. 881 Druck: BRIEFE. Auswahl (1952) S. 154.

653,24 *Sommer-Verses*: SOMMER-Verses.

Nr. 882 Überlieferung: Postkarte im Nachlaß. Druck: BRIEFE. Auswahl (1952) S. 153, irrtümlich mit 12.2.1903 datiert, gekürzt.

654,9 *Malern und Schriftstellern*: vermutlich Hermann Ubell und Leute, die er durch ihn kennengelernt hat, vgl. Nr. 949. — 654,10 *Hamsun*: Aftenrøde (Abendröte). — 654,12 *Hann. Courier kl. Feuilleton*: AROSA. — 654,19 *Cakes-Fabrik geschickt*: vgl. Nr. 875, gemeint sind entweder Ms Vorschläge zur Weiterleitung oder Kayßlers eigene Einfälle dazu.

Nr. 883 Überlieferung: Brief, 4 S., im Nachlaß, mit Umschlag. Briefkopf »Caffè Nazionale / Peroni & Aragno«, auch Ort und Datum z.T. vorgedruckt, handschriftlich von M nur *16.III.* und *903* ergänzt. Druck: BRIEFE. Auswahl (1952) S. 154–156, etwas gekürzt. Textvarianten: 655,16 *finstern Mönch*] Gestern-Mönch BRIEFE S. 155, Lesefehler, allerdings hat Margareta M im Original schon über die schwer lesbare 1. Silbe »fin« geschrieben. – 655,18 *ein geradezu christlicher*] fehlt BRIEFE ebd., durch 3 Pünktchen ersetzt.

654,30 *grossen Drama*: SAVONAROLA. — 655,28 *Dritte Reich*: eine Vorstellung, die auf Joachim von Fiore (1132–1202) zurückgeht, der die Menschheitsgeschichte analog zur Trinität als Zeitalter des Vaters (Gesetz), des Sohnes (Evangelium) und des Heiligen Geistes (der Endzustand der Erlösung in Liebe und Freiheit) einteilt. Die Drei-Reiche-Lehre wurde im Lauf der Jahrhunderte immer wieder aufgegriffen und variiert. M kann sie aus Ibsens »Kaiser und Galiläer« gekannt haben, wo es um die Synthese von paradiesischer Sinnlichkeit und christlicher, sinnenfeindlicher Vergeistigung bzw. Antike und Christentum geht (Maximos im 3. Akt vom 1. Drama: »Cäsars Abfall«, a.a.O. Bd. 5, S. 74). (Der Begriff »Drittes Reich« für die Herrschaft des Nationalsozialismus wurde später einem Buchtitel Moeller van den Brucks entlehnt, der damit die Nachfolge des (1.) Heiligen Römischen Reichs und des (2.) deutschen Kaiserreichs von 1871 meinte.). — 655,29 *lebendigen Schlachtfelder*: vgl. die beiden aus derselben Zeit stammenden Texte Aphorismus Nr. 1016 und das Epigramm SCHLACHTFELDER SIND WIR ALLESAMT. — 655,31 *Christus und Dionysos*: In dem von M benutzten Nietzsche-Nachlaßband »Der Wille zur Macht« heißt es am Schluß: »Dionysos gegen den ›Gekreuzigten‹: da habt ihr den Gegensatz. Es ist nicht eine Differenz hinsichtlich des Martyriums, – nur hat dasselbe einen anderen Sinn. [...] Im ersten Falle soll es der Weg sein zu einem heiligen Sein; im letzteren Fall gilt das Sein als heilig genug, um ein Ungeheures von Leid noch zu rechtfertigen. Der tragische Mensch bejaht noch das herbste Leiden: er ist stark, voll, vergöttlichend genug dazu; [...] Der Gott am Kreuz ist ein Fluch auf das Leben, ein Fingerzeig, sich von ihm zu erlösen; – der in Stücke geschnittene Dionysos ist eine Verheissung des Lebens: es wird ewig wiedergeboren und aus der Zerstörung heimkommen.« A.a.O. S. 490; die Sätze »Im ersten« – »genug dazu« sind von M am Rand angestrichen. Auch Werke Bd. 3, S. 773. — 655,33 *unser Grösster*: Nietzsche. — 656,2 *Epigramme widmen*: Das Epigrammkapitel in MELANCHOLIE ist Ibsen gewidmet. — 656,9 *im Grunewald*: Kayssler suchte nach der Trennung von seiner Frau eine Wohnung *möglichst im Grunewald* (Nr. 861); er zog nach Halensee in die Ringbahnstr.119, die am Rand des Grunewalds entlang führte (heute: Stadtring). Diese Adresse ist belegt ab 19.2. (Nr. 878). Auch vorher hatte er schon einige Monate, getrennt von seiner Familie, eine Adresse im Grunewald; es ist nicht bekannt, ob er das M begründet hat. — 656,16 *Kerr – originell*: vgl. Nr. 870 und 881. — 656,19 *unglückselige Thema*: vermutlich die Scheidung.

Nr. 884 Überlieferung: Brief, 1 S., im Nachlaß, mit Umschlag. Der Brief kann etwa folgendermaßen übersetzt werden:

Herr Morgenstern. Kristiania, 20. März.

Sie haben freie Hand, den Verleger für »Abendröte« zu wählen, den Sie wollen; ich habe auch keine besonderen Wünsche hinsichtlich der Ausgabe. Es ist aber nur so, daß ich dankbar wäre für das Honorar, das der Verleger und ein eventuelles Theater angemessen fänden, mir zu geben, und ich will es Ihnen überlassen, auch diese Fragen für mich zu regeln. Dafür wäre ich Ihnen dankbar. Ihr ergebener
Meine Adresse ist immer Kristiania. Knut Hamsun

Nr. 885 Überlieferung: Brief, 2 S., im Nachlaß.
657,7 *Stück*: SAVONAROLA, Abt. Dramatisches.

Nr. 886 Druck: BRIEFE. Auswahl (1952) S. 156 f.

Nr. 887 Überlieferung: Brief, 7 S., im Nachlaß.
658,20 *Unerschütterlichkeit der Einsamkeit*: vgl. DER FREUND SCHREIBT in MELANCHOLIE. — 658,35 *ungenießbar*: Es heißt, Kayssler habe im Theater den Spitznamen »Der bitterböse Friederich« (nach Hoffmanns »Struwwelpeter«) getragen, vgl. etwa Günther, Drehbühne der Zeit, S. 345. — 659,12 *Frohes Osterfest*: allein stehend und sehr groß auf der letzten Seite.

Nr. 888 Überlieferung: Brief, 4 S., im Nachlaß. Druck: BRIEFE. Auswahl (1952) S. 157 f., gekürzt.
659,17 *den Versen – hinzubrachte*: s.o., Nr. 887, Kommentar. — 660,8 *Euerm neuen Theater*: dem »Neuen Theater«. — 660,21 *Machtfrage – lösen zu helfen*: Anscheinend bezieht sich der Satz aufs Geld, das M zur Abreise fehlte. Lutz Landshoff und Philippine Wiesengrund wollten ihn vielleicht noch dabehalten und liehen ihm womöglich deshalb nichts; die *alte treue Freundin* ist wahrscheinlich Emmy Loewenfeld, von der M einen Zuschuß erhoffte.

Nr. 889 Druck: BRIEFE. Auswahl (1952) S. 158 f.
661,30 *Rom – nicht mehr hat*: vgl. Abt. Episches Nr. 44, S. 180 f. — 661,37 *Vatikan*: s. Rom.

Nr. 890 Überlieferung: Brief, 4 S., im Nachlaß. Druck: »Das Theater«, Faksimileausgabe S. XVII (662,27 *Das Capitel – zusammenkommen*).
662,7 *Gh 1*: Gartenhaus 1. Stock, d.i. das Hinterhaus in besseren Berliner Mietshäusern, wo es auf einen Garten und nicht nur den Hinterhof gerichtet war. — 662,27 *»Das Capitel – Theater«*: vgl. Nr. 854 und 871. — 662,29 *Autopsie u. Autophemie*: Autopsie: hier: die eigene Anschauung; Autophemie: wörtlich Selbstrede, d.h., M soll sich selbst ein Urteil bilden und die Sache selbst besprechen. — 663,1 *»wider den Stachel zu löcken«*: eine in der Antike verbreitete Redensart, hergeleitet vom Ochsen, der gegen den mit einer scharfen Spitze versehenen Stab, der ihn antreibt, ausschlägt und damit nur sich selbst schadet; in der

zitierten Form nach Apostelgeschichte 26,14. – Frisch spielt hier wohl auf die Widerstände seiner Familie gegen die eigene Lebensplanung an. — **663,18** *vor 5–6*: vermutlich Wochen.

Nr. 891 Druck: BRIEFE. Auswahl (1952) S. 159 f.

663,32 *ein acht Tage*: eine Flüchtigkeit Ms oder ein Lese- oder Druckfehler; evtl. ist auch *ein* im Sinn von »ungefähr« gebraucht.

Nr. 892 Überlieferung: Brief, 4 S., im Nachlaß. Druck: BRIEFE. Auswahl (1952) S. 160 f., wenig gekürzt.

664,8 *Chek-Affaire*: nicht ermittelt. — **664,8** *Vö.*: Völkerling. — **664,15** *Hofgarten*: wurde im Zusammenhang mit dem Ausbau der königlichen Residenz 1613–1617 angelegt. — **664,17** *»Kreis«*: Münchens »Kreise« (Georgekreis, Kosmikerkreis, Reventlowkreis etc.) waren damals offenbar sprichwörtlich. Rudolf Alexander Schröder z.b. nannte München »zwar nicht eine Kreisstadt, aber eine Stadt der ›Kreise‹« (Angabe nach: Richard Faber, Franziska zu Reventlow und die Schwabinger Gegenkultur, Köln, Weimar, Wien 1993, S. 5; dort auch weitere Beispiele). M schrieb am 20.8.1907 an Landshoff: *(bei Euch Münchnern muss man ja immer gewärtig sein, dass sich »Kreise« kreuzen u.s.w.).* — **664,30** *»Goethesche Zeile – im Norden«*: »O wie fühl ich in Rom mich so froh, gedenk ich der Zeiten, / Da mich ein graulicher Tag hinten im Norden umfing,« Römische Elegien, VII, V. 1 f. Dem Zitat nach (»graulicher Tag« bei Goethe) würde man bei M wenigstens »gräulicher Tag« erwarten, aber dafür ist eindeutig ein Häkchen zuviel da, so daß wohl *grämlicher* gelesen werden muß. — **664,33** *Berliner neuen Stadtteile*: vgl. hierzu auch Nr. 662, Abt. Aphorismen Nr. 709, Abt. Episches Nr. 44,2 sowie DIE BIERKIRCHE und DAS HERRSCHAFTLICHE HAUS. — **665,13** *Allora – notti*: Nun denn – auf Wiedersehen! Und glücklichste Tage und Nächte (italienisch).

Nr. 893 Überlieferung: Postkarte, LBI New York.

Nr. 894 Überlieferung: Brief, 3 S., StB München.

665,30 *Sache mit Beni*: vielleicht eine Geldangelegenheit.

Nr. 895 Überlieferung: Postkarte, LBI New York. Datierung: *Samstag*, präzisiert durch den Poststempel.

666,8 *Mietvertrag*: vgl. Nr. 893; M entschied sich schließlich dagegen, oder die Wohnung war nicht mehr verfügbar.

Nr. 896 Überlieferung: Entwurf, 3 S., im Nachlaß, vom 2. Bl. des Bogens ist die untere Hälfte in der Knickfalte abgerissen; der Entwurf scheint aber vollständig zu sein, da Fragmente der Unterschrift erhalten geblieben sind. Er ist auf Briefpapier geschrieben, enthält aber zu viele Korrekturen, als daß er abgeschickt worden sein könnte.

Nr. 897 Überlieferung: Postkarte, LBI New York. Datierung: Poststempel.

666,22 *»Hamlet«*: bezieht sich auf eine Matinee der »Neuen Shakespeare-Bühne« unter der Direktion von Erich Paetel im Neuen Theater, am Samstag, 13.6.1903 (Huesmann Nr. 194).

Nr. 898 Überlieferung: Entwurf, 2 S., im Nachlaß, etwa 165×119 mm, liniert, vermutlich aus T 1903 herausgerissen, blasse Bleistiftschrift mit vielen Korrekturen und nicht vollständig lesbar. Datierung: Nach der Schreibung des z: überwiegend, aber nicht ausschließlich (soweit lesbar 12:1) mit Unterlänge; das weist auf Winter/Frühjahr 1903. Er kann noch in Italien geschrieben worden sein, wurde aber an der spätest wahrscheinlichen Stelle eingeordnet. Bisher konnten keine Hinweise auf den möglichen Adressaten gefunden werden.

667,1 *skandinv. Leserin*: Eva Petersen. — **667,4** *seicht*: Das 2. Gedicht von Und aber rundet sich ein Kranz beginnt mit den Zeilen: *Wir wußten uns nichts mehr zu sagen, / und was wir sagten, wurde seicht.*

Nr. 899 Überlieferung: Postkarte, LBI New York. Datierung: Poststempel.

Nr. 900 Überlieferung: Briefabschrift (fremde Schrift) im Nachlaß, 2 S., auf einem Bogen mit Nr. 951; zur Adressatin s.d.

667,21 *Bruder. Schwägerin. Herrn Doktor*: nicht ermittelt. Der Herr Doktor dürfte der Ehemann der Adressatin sein.

Nr. 901 Überlieferung: Brief, 3 S., im Nachlaß.

668,5 *Breslauer Reise*: Kayssler Frage läßt vermuten, daß M schon damals Pläne hatte, seinen Vater zu besuchen. — **668,7** *Wir 3*: Außer Kayssler und seinem Sohn wahrscheinlich Frida von Holtzendorff.

Nr. 902 Überlieferung: Brief, 6 S., im Nachlaß, mit Umschlag. **Druck:** Briefe. Auswahl (1952) S. 161 f., gekürzt.

668,22 *kein unberührtes Nest*: gemeint ist wohl im Kleinen Theater, wenn ein anderer dort vorübergehend seinen Platz einnähme. Kaysslers Hauptproblem, die Lösung von Brahm, wird von M nicht berücksichtigt. — **668,27** *Brand – bis dahin*: Von einer Überarbeitung sind im Nachlaß die Seiten 17–32 (letzter Teil des 1. und Beginn des 2. Akts.) vorhanden. Anscheinend war eine Aufführung geplant, die aber nicht zustande kam. — **668,29** *Eselei – Passarge*: vgl. Nr. 844. — **669,4** *Neumann-Hofer – nächste Saison*: Ob Otto Neumann-Hofer, der Direktor des Lessingtheaters, »Peer Gynt« damals geplant hat, konnte nicht ermittelt werden. Aufgeführt wurde das Drama aber am 19.11.1903 im Theater des Westens von der Lessing-Gesellschaft. Es kann also auch eine Verwechslung vorliegen. Gespielt wurde damals aber nicht Ms Übersetzung, sondern die von Ludwig Passarge, was, jedenfalls in den drei im Nachlaß vorhandenen Rezensionen, von der Kritik negativ vermerkt wurde: In der »Vossischen Zeitung«, 20.11.1903, schrieb A. E. (vermutlich Arthur Eloesser): »Das Unternehmen war schon verloren, da man statt der Morgensternschen Übersetzung der großen Ibsenausgabe, die ältere von Passarge nahm, die das an sich schwer zugängliche Werk mit ihren vielfachen Mißverständnissen und sprachlichen Unzulänglichkeiten, teils verdunkelt, teils herunterzieht.« Fritz Mauthner schrieb im »Berliner Tageblatt«, 20.11. über Ibsens Verskunst: »Die gestern benützte Uebersetzung von Passarge [...] soll nicht entscheiden. Die Meisterübersetzung von Christian Morgenstern gibt aber ein richtiges Bild, soweit ich [...] aus Stichproben urteilen kann.« Und Siegfried Jacobsohn stellte fest, »Die Welt am Montag«, 23.11.: »[...] von den beiden Uebersetzungen hatte man die schlechtere gewählt.« Ganz anders sah es Eduard von Winterstein, der die Titelrolle spielte, in seinen Erinnerungen. Er zog die Übersetzung Passarges (trotz aller Verehrung für M) bei weitem vor. Er schrieb, M habe ihm erzählt, «er halte sich bei der Übersetzung sklavisch an den Rhythmus der Verse Ibsens, sogar was die männlichen und weiblichen Reime anbelange« und kommentierte: »Nun, Deutsch und Norwegisch sind zwei verschiedene Sprachen, und ich kann mir nicht denken, daß es der Übertragung günstig ist, wenn man sie in eine solche Zwangsjacke steckt.« Zur damaligen Aufführung heißt es: »Man hatte [...] den ganzen Irrenhausakt mit dem Doktor Begriffenfeld einfach gestrichen, was natürlich eine grobe Vergewaltigung ist. Aber hiervon abgesehen war viel Liebe und Verständnis, viel Eifer, Arbeit und Schweiß an das Zustandekommen der Aufführung gewandt worden. Und in den vier Aufführungen [...], welche die Lessing-Gesellschaft statt der geplanten einmaligen Matinee veranstaltete, fanden wir begeisterte Zuhörer.« Eduard von Winterstein: Mein Leben und meine Zeit. Ein halbes Jahrhundert deutscher Theatergeschichte. [Bd. 2], Berlin 1963, S. 331–333, Zitate S. 332 f. — 670,19 »*Kultur und Disciplin*«: Dies hatte Ibsen den Müttern nahegelegt, bei ihren Kindern zu entwickeln (Rede beim Fest des norwegischen »Vereins für die Sache der Frau«, 26.5.1898; a.a.O. Bd. 1, S. 467 f.). — 670,24 *Ecco*: etwa: Da hast du's (italienisch).

Nr. 903 Überlieferung: Brief, 7 S., im Nachlaß.
671,2 »*Die Brücke*«: wahrscheinlich von Klausen, vgl. die Erwähnung *Dank für Klausen. Lese morgen.* (Nr. 901, nicht zitiert); es geht anscheinend um den Einsturz einer Brücke aus unbekannten Ursachen und um die Empfindungen ihres Erbauers. Vermutlich hat sich der Verfasser direkt an M gewandt.

Nr. 904 Überlieferung: Brief, 1 S., LBI New York, mit Umschlag. Datierung: Wochentagsangabe und Poststempel. Druck: Frisch, Zum Verständnis ... S. 264.
671,16 *Zeitschrift*: »Das Theater«.

Nr. 905 Überlieferung: Brief, 1 S., im Nachlaß. Adressat: Der einzige (im vorhandenen Briefmaterial), den M mit der Anrede *Dr.* bedenkt, ohne Namen, aber auch ohne »Herr«, ist Julius Elias (Brief vom 16.3.1906). Er kann auch von der sich im Brief ausdrückenden ambivalenten Haltung Ms her in Frage kommen. Es könnte dann auf die Übersetzung der Bjørnson-Gedichte angespielt werden. Beweisbar ist das allerdings nicht. Druck: BRIEFE. Auswahl (1952) S. 163, mit der Überschrift »An einen Schriftsteller« – ein Hinweis, daß Margareta M den Brief wahrscheinlich im Nachlaß vorgefunden und nicht vom Adressaten zurückerhalten hat, d.h. daß er von M wohl nicht abgeschickt wurde.

671,27 *Whistler – Studien*: Whistler gab diese Antwort in seinem Prozeß gegen John Ruskin im November 1878, vgl. The Dictionary of Art, hrsg. von Jane Turner, Bd. 33, 1996, S. 140.

Nr. 906 Überlieferung: Brief, 2 S., im Nachlaß, mit Umschlag. Druck: BRIEFE Auswahl (1952) S. 162 f., gekürzt. Textvariante: 672,11 *Gewissensbisse*] Gewissensbissen BRIEFE S. 162, Ergänzung Margareta Ms; die Handschrift ist eindeutig, und M meint den Genitiv (»voll der Gewissensbisse«).

672,16 *Dramaturg*: Anscheinend war das Projekt der Theaterzeitschrift (vgl. Nr. 904 und »Das Theater«) noch nicht gesichert, so daß M zunächst eine andere Stelle annahm, vgl. Nr. 907.

Nr. 907 Überlieferung: Vertragsentwurf, 1 S., im Nachlaß.

Nr. 908 Überlieferung: Kartenbrief im Nachlaß.

673,8 *Durch Prof. Doepler – auszubilden*: Im T 1903, Bl. 106 f. findet sich hierzu unter der Überschrift *Von Döppler empfohlen* eine Reihe von Notizen, Adressen von Terrakotta- und Majolikaherstellern, auch von zwei Gärtnern, vom Direktor der Porzellanmanufaktur u.a. sowie der Name einer Zollstockfabrik (*Kerkow*). — 673,32 *Brand*: Überarbeitung seiner Übersetzung, vgl. Nr. 902. — 673,32 *Frl. v. H.*: Frida von Holtzendorff.

Nr. 909 Überlieferung: Postkarte, LBI New York. Datierung: Poststempel.

Nr. 910 Überlieferung: Postkarte, LBI New York. Datierung: Poststempel.

Nr. 911 Überlieferung: Brief, 2 S., im Nachlaß, vermutlich Entwurf.

674,17 *Reinhardt – interessiert*: nicht realisiert.

Nr. 912 Überlieferung: Ansichtskarte im Nachlaß (Eibsee, Ufer mit Gebirgshintergrund); Adresse unbekannte Schrift; der Text auf dem Rand rechts von der Abbildung.

674,25 *FH.* [?]: Vermutung, die durch die Kenntnis von Kaysslers Begleitung (F. v. Holtzendorff) wahrscheinlich wird; *Prost – F.* ist höchstwahrscheinlich Kayßlers Schrift. — 674,26 *unserer Mondfahrt*: 1893, vgl. Nr. 177.

Nr. 913 Überlieferung: Brief, 1 S., im Nachlaß. Druck: BRIEFE. Auswahl (1952) S. 163.

675,6 *Sendung*: offenbar eine Geldsendung. — 675,9 *andern Anerbieten*: Vermutlich am 1. September wechselte M als Herausgeber der Zeitschrift »Das Theater« zum Verlag Bruno Cassirer. — 675,16 *pardon*: M hat den Brief gefaltet, bevor die Tinte trocken war, die Unterschrift ist dadurch verschmiert und die letzte Zeile hat sich oben über dem Briefanfang abgedrückt; dafür entschuldigt sich M.

Nr. 914 Überlieferung: Brief, 1 S., LBI New York. Datierung: Vor allem nach den im vorigen Brief erwähnten *Umzugsplackereien*; außerdem war Kayßler noch verreist, und am 9.9. erscheint eine neue Adresse Ms: Albrechtstr. 23.

Nr. 915 Überlieferung: Brief, 11 S., im Nachlaß.

676,26 *Mit der Gräfin – Chiemsee gehen*: Sie scheint, ihren Briefen und Tagebucheintragungen nach, mit diesem Arrangement insgesamt nicht so glücklich gewesen zu sein, sie schrieb darüber: »Wie ich das Gefühl kenne, in einer Atmosphäre zu leben, die mir nicht paßt, wie ein Kleid, das schlecht sitzt« ([10.6.1903]). Dann: »Solln naht sich dem Ende. Bin die letzte Zeit doch gern dagewesen, jetzt ist mir leid, fortzugehen, gerade wo das Fädchen [Philippine Wiesengrund] sich der schweren Stunde naht. Kann aber nicht dabei bleiben, weil mich vor solchen Sachen furchtbar fürchte« ([zwischen dem 10.8. und 1.9.1903] Franziska Gräfin zu Reventlow, Tagebücher 1895–1910, hrsg. von Else Reventlow, München, Wien 1971, S. 258 und 262. — 677,15 *Aufsatz von Kretzschmar*: In Frage kommen kann Hermann Kretzschmars Aufsatz »Anregungen zur Förderung musikalischer Hermeneutik«. In: Jahrbuch der Musikbibliothek Peters 9 (1902). Leipzig 1903, S. 45–66. Auch in: H.K., Gesammelte Aufsätze aus den Jahrbüchern der Musikbibliothek Peters. Leipzig 1911, S. 168–192. Kretzschmar untersucht darin die Möglichkeit und Methode, für den Hörer ein Verständnis der musikalischen Werke zu erschließen: »Ob wir durch Kunst eigenes Leben ausleben, uns also schaffend an ihr beteiligen, oder nur fremdes nachleben wollen, das macht für das Verhältnis zu den Meisterwerken keinen wesentlichen Unterschied« (a.a.O. S. 47 bzw. S. 169).

Nr. 916 Überlieferung: Postkarte, LBI New York. Frisch sollte Ms Stelle bei Bloch übernehmen. Der Hinweis auf Elias zeigt, daß dieser wohl auch für M vermittelt hat, vgl. Nr. 789.

Nr. 917 Überlieferung: Postkarte, LBI New York. Datierung: Angabe *Montag* und Poststempel.

678,14 *Doppelselbstmord:* s. Anzengruber.

Nr. 918 Überlieferung: Brief, 2 S. Maschinenschrift, Ergänzungen und Unterschrift handschriftlich.

Nr. 919 Druck: BRIEFE. Auswahl (1952) S. 164.

680,10 *Shakespeare-Bühnenweise*: Mit Shakespearebühne wird die Bühnenform der volkstümlichen städtischen Theater des 16./17. Jahrhunderts bezeichnet, die aus einer in den offenen Hof hineinragenden Vorderbühne, einer durch einen Vorhang abgetrennten Hinterbühne und einer Oberbühne (für Balkonszenen etc.) bestanden und keine Kulissen hatten.

Nr. 920 Überlieferung: Brief, 1 S., im Nachlaß, bis *warten zu lassen* Maschinenschrift (offenbar Ms erste Versuche). Briefkopf des Verlags Bruno Cassirer. Datierung: Das Jahr ergibt sich aus dem Bezug auf Heft 1 von »Das Theater«. Druck: BRIEFE. Auswahl (1952) S. 167 f., etwas gekürzt und fälschlich mit 8.9.1904 datiert. Textvariante: **680,35** *Speifrid*] *Siegfried* BRIEFE S. 168.

680,22 *Hofmannsthal − Kayssler*: Hofmannsthals »Die Bühne als Traumbild« erschien H.1, S. 4−9; von Julius Hart erschien erst in Heft 14 (1.8.1904) ein Aufsatz »Die Bühne im Freien«, der am Schluß eine von ihm und seinem Bruder Heinrich errichtete dreiteilige Shakespearebühne erwähnt. Dieser Aufsatz hätte in seiner nicht veröffentlichten Fortsetzung dazu sicher Weiteres gebracht. Vgl. auch Nr. 938. Auch Holzamers (»Eine Rede Antoines«) und Kaysslers (»Kritik«) Beiträge erschienen erst in H. 2 (S. 21 f. und 17−20). Ins 1. Heft kamen noch: »Friedrich Ludwig Schröder« 1 von Felix Hollaender (S. 1 f.), »Naturtheater« von Louise Dumont (S. 10 u.12; hier wird auch der Gedanke des Freilichttheaters angesprochen, wozu der geplante Aufsatz Julius Harts sicher gut gepaßt hätte), »Berliner Originale« von Emil Thomas (S. 12 f.) und schließlich »Aus Berliner Theatern« von Efraim Frisch (S. 14−16). Weil der Erscheinungstermin verschoben wurde, änderte sich auch der ursprüngliche Plan, und schließlich wurden nur »Eine Frau ohne Bedeutung« von Oscar Wilde und »Das Trugbild« von Georges Rodenbach besprochen, Schnitzlers »Puppenspieler« mit 2 Sätzen gestreift. − Auf Wilde folgt nach einer Leerzeile die Besprechung von Rodenbachs »Das Trugbild«. Frisch stellt fest, daß das Publikum das Stück abgelehnt habe und nennt mögliche Gründe, er meint, auch die »wunderbaren, aufs feinste abgestimmten Bühnenbilder« hätten das Drama nicht unterstützen können. Die Bühnenbilder wurden offenbar nach Entwürfen von Fernand Khnopff angefertigt, vgl.: »Um die gleiche Zeit etwa erlebt Ferdinand Khnopff ein Fiasko mit Skizzen zu einem Stück von Georges Rodenbach [...]«. Ernst Leopold Stahl: »Karl Walser als Bühnenmaler«, Zeitungsausschnitt im Nachlaß, eine »Unterhaltungsbeilage« von 1913 (mehr geht aus dem Ausschnitt nicht hervor). – Abschließend rät Frisch, den zugrunde liegenden Roman zu lesen, um den »Theatereindruck zu korrigieren«. »Das Theater« 1, H.1 (1.10.1903) S. 14–16. Julius Hart etwa äußerte sich wesentlich schärfer, er nennt die Dramatisierung »eine barbarische Geschmacklosigkeit« und meint, noch nie sei »ein Werk der Erzählung durch dramatische Bearbeitung so entstellt« worden. »Der Tag«, Nr. 433, 16.9.1903, zitiert nach: Gerhart Hauptmann: Tagebücher 1897–1905. Hrsg. von Martin Machatzke. Frankfurt, Berlin 1987; S. 625 (Kommentar). — **680,35** *Speifrid – Kopfschmerzen«*: Das Zitat wurde nicht ermittelt.

Nr. 921 Überlieferung: Postkarte, LBI New York. Datierung: Wochentagsangabe und Poststempel.

681,10 *Petit*: Schriftgrad von 8 typographischen Punkten.

Nr. 922 Überlieferung: Postkarte im Nachlaß.

Nr. 923 Überlieferung: Postkarte, LBI New York, Briefkopf des Verlags Bruno Cassirer. Druck: Frisch, Zum Verständnis... S. 260, ohne PS.

681,28 *eine Kleinigkeit – Erlebnis*: Das Ergebnis war »Das Evebärble und das Tetterhorn«, »Das Theater« 1, H. 4, S. 57–60. Weiteres wurde nicht ermittelt. Frisch gibt kurz das Schema, nach dem solche Stücke ablaufen (Zuerst widersetzt sich der Bauer/Vater, gibt aber, erweicht durch die Musik des »Tetterhorns« (der Trompete), nach, und die Liebenden kriegen sich.), dann geht er auf aktuelle Tendenzen der sogenannten Volksschauspiele ein, wie sie etwa vom »Verein zur Förderung evangelischer Volksschauspiele« veranstaltet wurden, und in denen das deutsche Gemüt offenbar die Hauptrolle spielt. – Vgl. auch Abt. Dramatisches S. 1199 f. — **682,7** *Kunowski u. Hart*: von Kunowski erschien nichts, von Julius Hart erst in H. 14 »Die Bühne im Freien«. — **682,9** *Wilde u. Was ihr wollt*: vgl. Nr. 920. Die Besprechung von Shakespeares »Was ihr wollt« erschien nicht.

Nr. 924 Überlieferung: Brief, 2 S., LBI New York. Datierung: vor der Premiere von Rodenbachs »Trugbild« am 12.9. Druck: »Das Theater«, Faksimileausgabe, S. »3«, Ausschnitt.

683,2 *Gelt, Paap*: Der Zusammenhang konnte nicht ermittelt werden. Das Drama »Königsrecht« von Willem Anthony Paap hatte am 19.3.1904 im Neuen Theater Premiere. — **683,9** *Knoof[?]*: vielleicht ist Khnopff gemeint, der die Bühnenbilder zum »Trugbild« entworfen hatte, die Frisch in seiner Rezension auch erwähnt, s.o.

Nr. 925 Überlieferung: Vertragstext, 1 S. Maschinenschrift, im Nachlaß.

Nr. 926 Überlieferung: Brief, 4 S., im Nachlaß.

684,21 *von mir besprochenen – Sommer«*: Ubell bemerkt zunächst allgemein die Beeinflussung moderner Lyrik von der zeitgenössischen Malerei und geht dann auf M ein: »Morgenstern sieht die Natur in den meisten seiner Gedichte direct mit Maleraugen an; und charakteristisch genug bezeichnet er einzelne Cyclen seiner Verse mit Titeln wie ›Vormittag-Skizzenbuch‹ oder ›Abend-Skizzenbuch‹.« Er zitiert das Gedicht WIE SICH DER WEG HIER und bemerkt: »Das könnte Max Liebermann radirt oder Hans v. Volkmann lithographirt haben. Die Energie und die Innigkeit des anthropomorphisirenden Sich-Einfühlens in das lineare Element der Landschaft und die Kunst, mit der die bewegte Linie des Rhythmus geschildert ist, verdient allen Respect.« Dieselbe Einfühlung sieht er im Gedicht VORMITTAG AM STRAND; er schreibt: »Gewiß, diese singenden Fische stehen hart an der Grenze des Möglichen, und diese Verse werden nur dem zugänglich sein, der selbst einmal das leise, geheimnisvolle Erklingen einer großen Stille belauscht hat… Die Schönheit des Schweigens und der tiefen Stille hat in Morgenstern einen Verkünder gefunden; wie eigen und reizvoll giebt er z.B. im »Schweigen im Walde« mit den Mitteln seiner Kunst wieder, was Meister Arnold [Böcklin] gemalt hat: [...]«. Doch auch die »volleren Töne« kämen vor, z.B. in LIED (*Wenn so der erste*). Er bringt nun auch Einwände: In WANDERNDE STILLE stören ihn technische Künsteleien, und Gedichte wie UNIO MYSTICA sind ihm »ein bißchen zu dünn und dürftig«. »Solche Scherze hätte Morgenstern, der ein ernst zu nehmender Künstler ist, lieber vermeiden sollen, zumal in einer Sammlung, die ich unbedenklich seinen früheren Versbüchern [...] den Vorzug gebe. Seine neuen Gedichte sind reiner und musikalischer in der Form, mit einem Worte lyrischer als die früheren, und sie haben den aparten Duft der unmittelbaren Niederschrift des flüchtigen Erlebnisses, einen tagebuchartigen Reiz.« Er schließt mit der Anführung des Gedichts LEICHTER VORSATZ. »Neue Lyrik« [Sammelrezension: Münchhausen, M, Schaukal]. »Die Gegenwart. Wochenschrift für Literatur, Kunst und öffentliches Leben«. Bd. 60 (1901) S. 38–41, über M S. 39 f.

Nr. 927 Überlieferung: Ansichtskarte im Nachlaß (Hotel/ Restaurant Terminus, Berlin NW, Außen- und Innenansicht; wahrscheinlich dort geschrieben).

685,28 *Ich zu – kommen?* und **685,29** *P.*: nicht ermittelt; P. könnte der Intendant des Stuttgarter Hoftheaters von Putlitz sein, aber »Peer Gynt« wurde in Stuttgart den Angaben des »Neuen Theateralmanachs« zufolge nicht gegeben.

Nr. 928 Überlieferung: Postkarte im Nachlaß. Datierung: Poststempel. Druck: Abt. Humoristische Lyrik S. 354, *Am Freitag also*; der Prosaschluß (2 ½ Z.) ist natürlich unabhängig von der Zeilenlänge des Gedichts und füllt die Breite der Karte ganz aus.

Nr. 929 Überlieferung: Brief, 2 S., LBI New York. Briefkopf des Verlags Bruno Cassirer. Druck: »Das Theater«, Faksimileausgabe S. »4« f., Auszüge.

686,8 *Lessing-Theater. heute abend*: Sudermanns »Der Sturmgeselle Sokrates«. — **686,13** *im N. Theater*: im Neuen Theater. — **686,29** *Wilde – Saharet)*: Frischs Besprechungen von Wildes »Salome«, Mirbeaus »Geschäft ist Geschäft« und Sudermanns »Der Sturmgeselle Sokrates« kamen wie geplant ins 2. Heft; Becques »Raben« und Hauptmanns »Rose Bernd« folgten im 3., »Saharet« (von M, Pseudonym P. Quer, aufgelöst im Jahresinhaltsverzeichnis) im 5. Heft. — **687,3** *Dichtercharakterköpfen*: Frisch hatte insbesondere bei der Besprechung von Wildes »Eine Frau ohne Bedeutung«, aber (weniger eindeutig) auch bei der von Rodenbachs »Trugbild«, den Dichter in den Mittelpunkt gestellt. Vgl. auch Ms Bevorzugung dieser Form, Nr. 400 und 402. — **687,10** *Frauenliebe und -Leben*: Wortwahl nach Chamissos Gedichtzyklus (1829/30), u.a. von Schumann vertont (1840, op. 42). — **687,13** *Macedonier*: Dem Zusammenhang nach könnte man einen edlen Wein vermuten, jedoch konnte Weinbau für keine Gegend Mazedoniens damals nachgewiesen werden, hingegen gab es im Herbst 1903 dort massive Probleme.– Es gibt auch einen italienischen Obstsalat namens Macedonia; dieser könnte, wenn M und Frisch ihn kannten und wenn Frisch ihn besonders schätzte, bei sehr eigenwilliger Pluralbildung auch gemeint sein.

Nr. 930 Überlieferung: Brief, 1 S., LBI New York. Briefkopf des Verlags Bruno Cassirer. Druck: »Das Theater«, Faksimileausgabe S. »5«, wenig gekürzt.

687,25 *Mirbeau – leisten könnte*: Ein derartiger Satz wurde nicht eingefügt. — **687,36** *Asa foetida*: auch Stink-Asant oder Teufelsdreck genannt, als Heildroge oder in Gewürzmischungen verwendeter getrockneter, übelriechender Saft u.a. von Ferula assa foetida (foetida: stinkend, lat.). Frisch schreibt über Wildes »Salome« u.a.: »Wie ein aus den schärfsten Essenzen zusammengebrauter Trank ist diese Dichtung. Mit einem starken Einschlag von Asa foetida.« A.a.O. S. 29 f.

Nr. 931 Überlieferung: Postkarte, LBI New York. Briefkopf des Verlags Bruno Cassirer. Datierung: Poststempel.

688,2 *Karte*: konnte nicht eindeutig ermittelt werden. Da die Karte an der Kasse des Neuen Theaters liegen sollte, könnte eine Vorstellung von Wedekinds »Kammersänger« gemeint sein. Andererseits war am 16. im Kleinen Theater die Premiere von Becques »Raben«, die Frisch doch eher besucht haben dürfte. (Für M und Kayssler war nur noch in der Direktionsloge Platz.)

Nr. 932 Überlieferung: Brief, 1 S., DLA Marbach (91.28.11). Briefkopf des Verlags Bruno Cassirer. Druck: BRIEFE. Auswahl (1952) S. 164 f. M schickte den Brief an die Adresse des S. Fischer-Verlags, wo Heimann Lektor war.

688,12 *»die Früchte der Bildung«*: s. Tolstoi. — **688**,16 *ehe Sie – angreifen*: Heimanns Glosse »Eine Anmerkung« geht von Hofmannsthals Aufsatz »Die Bühne als Traumbild« in Heft 1 aus und folgt im »Theater« unmittelbar auf die von M erwähnten Elektra-Vorschriften. — **688**,18 *Hauptmann – zu schreiben*: Hauptmann war Heimanns Schwager, ihre Frauen, Gertrud und Margarete Marschalk, waren Schwestern. Eine Einführung in »Rose Bernd« erschien nicht.

Nr. 933 Überlieferung: Brief, 1 S., im Nachlaß. Briefkopf des Verlags Bruno Cassirer. Datierung: Nur der Wochentag (Donnerstag) ist sicher; wenn das Residenztheater Karten für die Premiere geschickt hat, müßte es der 15.10. sein, dann ist die Mahnung wegen der »Raben« im Voraus, sonst, nimmt man den 22. an, 6 Tage nach der Premiere ausgesprochen worden.

688,28 *Hebbel – Premiere. Reinhardt plant – auch*: Gemeint ist vermutlich Hebbels »Maria Magdalene«. Das Stück ist im »Neuen Theateralmanach« 1903, S. 251 für das Deutsche Theater Berlin als Neueinstudierung verzeichnet. Für das »Kleine Theater« Max Reinhardts wurde »Maria Magdalene« am 6.8.1903 angekündigt, aber damals nicht realisiert (erst 1912, vgl. Huesmann Nr. 200 und 638). — **688**,29 *2 Billets – Residenztheater*: für »Das große Geheimnis« von Pierre Wolff, Premiere 17.10. (s.o.). — **688**,31 *bei Butti*: wegen Karten beim »Berliner Theater« für Buttis »Lucifer«, Premiere 22.10. Eine Rezension erschien nicht.

Nr. 934 Überlieferung: Brief, 1 S., SUB Hamburg. Briefkopf des Verlags Bruno Cassirer. Datierung: in fremder Handschrift.

689,10 *beifolgende Einladung*: Druck, 1 S., mit dem Brief in der SUB Hamburg vorhanden. Bruno Cassirer teilt mit, daß er seinem Verlag »einen Vertrieb dramatischer Werke angegliedert« habe; diese Werke würde er auch in seinem Buchverlag veröffentlichen, bei anderen Verpflichtungen der Autoren aber auch nur in den Bühnenvertrieb aufnehmen. »Da ich mich nur auf dramatische Arbeiten litterarischen Charakters beschränke, so liegt es mir fern, mit den bestehenden Bühnenagenturen in Wettbewerb zu treten.« Es folgt ein Hinweis auf die Zeitschrift »Das Theater«, durch die er die Interessen der Autoren besonders fördern könne. — **689**,12 *seinerzeit*: in Nr. 794.

Nr. 935 Überlieferung: Brief, 1 S., LBI New York. Briefkopf des

Verlags Bruno Cassirer. Datierung: Die Premiere von Hofmannsthals »Elektra« war am 30.10., die Generalprobe also kurz vorher.
689,32 *gestrige Abend*: wahrscheinlich die Komödie »Im stillen Gäßchen« von Barrie, die am 17.10. im Königlichen Schauspielhaus Premiere hatte.

Nr. 936 Überlieferung: Brief, 1 S., angezeigt Auktionskatalog Stargardt 565 (1963) Nr. 51, Zitate.
690,11 *dramaturgischen Essay zur Lebensmesse. Schauspielhaus der von Behrens entworfenen Art*: vgl. »Die Lebensmesse von Richard Dehmel als festliches Spiel dargelegt von Peter Behrens«. »Die Rheinlande« 1 (1900/01) H. 4, S. 28 ff. Dort wurde auch der Grundriß des von Behrens projektierten Theaterbaus gedruckt. Es handelt sich um einen Rundbau »mit einer mächtigen lichtdurchbrochenen Kuppel; dessen Bühne am Tag durch das hereinfallende Sonnenlicht erleuchtet werden konnte. Die eine Hälfte dieses Rundbaus nimmt der amphitheatralisch gebaute Zuschauerraum ohne Logen und Ränge ein, die andere der Bühnenraum. Der im Zentrum liegende Orchesterraum ist an beiden Seiten durch monumentale Marmorstufen mit dem Proszenium verbunden. Das Halbrund der Bühne wird begrenzt durch einen Säulengang. Dekorationsmalerei mit illusionistischer oder perspektivischer Wirkung ist somit ausgeschlossen. Die einzige Variation in der Bühnendekoration kann durch zwischen die Säulen gehängte Teppiche oder verschiedenfarbige Vorhänge erreicht werden.« Elisabeth Motz, Pathos und Pose. Peter Behrens' Theaterreform. In: Peter Behrens. »Wer aber will sagen, was Schönheit sei?«, Katalog zur gleichnamigen Ausstellung der Fachhochschule Düsseldorf. Hrsg. von Hans-Georg Pfeifer, Düsseldorf 1990, S. 40. Programmatisch hatte Behrens seine Vorstellungen auch schon in seiner Schrift »Feste des Lebens und der Kunst« (Leipzig 1900) dargelegt, vgl. u.a.: »Der Geniessende schafft sich ein herrlicheres Bild durch seine teilnehmende Phantasie, als es Leinwand oder Bretterverschläge auch nur von ferne erreichen können. Die Sonne, die aus Versen strahlt, muß ihre Glut verlieren, wenn man wagt, sie plump auf die Wand zu malen.« a.a.O. S. 20 f., zitiert nach Motz, a.a.O. S. 41.

Nr. 937 Überlieferung: Rohrpostkarte, LBI New York. Datierung: Poststempel. Druck: »Das Theater«, Faksimileausgabe, S. »6«.
690,22 *E.*: »Elektra«.

Nr. 938 Überlieferung: Brief, 2 S., StLB Dortmund. Briefkopf der Zeitschrift »Kunst und Künstler«, überstempelt mit »Das Theater [...]«.
690,29 *Die Bühne – Kürzung*: Der Aufsatz war schon für Nr. 1 geplant, erschien aber erst in Nr. 14, und auch nur der 1., allgemeine Teil,

S. 194–196. — **691,1** *Hollaenders Schröder-Serie*: in H. 1, 2 und 6, S. 1 f., 23–26, 86–89.

Nr. 939 Überlieferung: Postkarte, SUB Hamburg.
691,7 *Behrens'schen Heftes – zwei Seiten*: Ein solcher Auszug erschien nicht.

Nr. 940 Überlieferung: Brief, 2 S., Auktionskatalog Stargardt 585 (1968) Nr. 221, Zitate. Briefkopf des Verlags Bruno Cassirer.

691,18 *Tadel – Beiträge*: Heft 1 enthielt an Textbeiträgen: Felix Hollaender: Friedrich Ludwig Schröder I, Hofmannsthal: Die Bühne als Traumbild, Louise Dumont: Naturtheater. Emil Thomas: Berliner Originale [über die Schauspieler Rudolf Haase und Theodor Döring], Frisch: Aus Berliner Theatern [Wilde: Eine Frau ohne Bedeutung, Rodenbach: Das Trugbild, Schnitzler: Der Puppenspieler], an Abbildungen ein Bildnis Schröders, Aubrey Beardsley: John and Salome, 2 pompejanische Masken, einen japanischen Schauspieler in seiner Rolle, Lovis Corinth: Salome. Die Titelzeichnung war von Constantin Somoff. — **691,23** *Fritzens Berufung – spielen können*: Es handelt sich offenbar um die Folgen von Kaysslers Bruch des Vertrags mit dem Deutschen Theater, vgl. auch Nr. 819 und 902. Herbert Günther (S. 339) schreibt, Kayssler habe die Konventionalstrafe (anstelle des Spielverbots) nicht zahlen können; deren Höhe nennt er nicht; bei Max Reinhardt, der sich ebenfalls gewaltsam von Brahm gelöst hatte, betrug sie 14000 Mark (nach Brauneck, Die Welt als Bühne. Bd. 3, S. 688). Alfred Kerr spricht bei Kayssler von 1000 Mark für den Wachtmeister in Lessings »Minna von Barnhelm« (Premiere 14.1.1904, Neues Theater, Berlin), was im dortigen Kommentar als Gesamtsumme verstanden wird, sich aber wohl eher auf die konkrete Rolle bezieht, andernfalls, so kann man vermuten, hätte Kayssler sie wahrscheinlich schon zahlen können – es sei denn, er hätte es nicht gewollt. Kerr, Werke VII,1, S. 184, Kommentar S. 848.

Nr. 941 Überlieferung: Brief, 4 S., im Nachlaß, mit Umschlag (Eilbrief, Poststempel Wilmersdorf bei Berlin, 4.50 N). Briefkopf des »Neuen Theaters«. Druck: »Das Theater«, Faksimileausgabe, S. »6«.
692,6 *Bild von Hofmannsthal*: Der Briefwechsel zwischen Gertrud Eysoldt und Hugo von Hofmannsthal ist separat veröffentlicht: Der Sturm Elektra. Gertrud Eysoldt/Hugo von Hofmannsthal: Briefe. Hrsg. und mit einem Nachwort versehen von Leonhard M. Fiedler. Salzburg 1996. — **692,9** *als Electra*: Ein Photo erschien in H. 4 (S. 56), ein weiteres im Elektra-Kostüm in Jahrgang 2, H. 7 (S. [74]), beide von Aura Hertwig.

Nr. 942 Überlieferung: Brief, 1 S., Zentralbibliothek Zürich. Briefkopf des Verlags Bruno Cassirer. Den Adressaten nennt M in ei-

nem Vermerk am Schluß des Blatts, wahrscheinlich bestimmt für diejenigen, die im Verlag für die Post zuständig waren.
693,2 *Zeit der Kunst für Kinder*: vgl. etwa die Ausstellung »Die Kunst im Leben des Kindes«, die im Frühjahr 1901 in den Räumen der Berliner Sezession gezeigt wurde, und den zugehörigen Katalog, Leipzig 1901. — 693,4 *Marionettentheater des Papa Schmidt*: Joseph Schmids 1848 gegründetes berühmtes Puppentheater in München. — 693,8 *Handschrift*: Die Tinte ist oft etwas breit ausgelaufen. M veröffentlichte statt eines Beitrags von Blei in H.7 (30.1.1904) den Aufsatz »Kindertheater« von Max Osborn.
Nr. 943 Überlieferung: Postkarte, DLA Marbach (73.400).
Nr. 944 Überlieferung: Postkarte, LBI New York. Datierung: Poststempel. Druck: »Das Theater« S. »6« f.
693,19 *kleinen Aufsatz*: »Das Evebärble und das Tetterhorn«, H.4, S. 57, 59, 60. — 693,21 *Borgis oder Petit*: Schriftgrad von 9 bzw. 8 typographischen Punkten. — 693,29 *Stoessl – u. ich*: Otto Stoeßl: Die Rejane; Bierbaum: Bühnenfestspielperspektiven; Walter-Horst: Akustische Täuschungen als Mittel der Bühne; von M nur 6 ½ Zeilen »Notizen« (Druckfehler und Bücher). Außerdem aber: W. Fred: Aus dem Tagebuch eines Wiener Schauspielers. — 693,30 *Fega bene vertat*: Fega möge es zum Guten wenden, Abwandlung von »Dii bene vertant / vortant«, die Götter..., u.a. bei Plautus, Trinummus 502. – Fega Frisch half öfter, Frischs Schreibunlust zu beheben, vgl. auch *Du hast mich schon oft unterstützt, wenn ich Frisching zu etwas bringen wollte, z.B. zur Abfassung einer Kritik*, M an Fega Frisch, 19.11.1906.
Nr. 945 Überlieferung: Briefkarte, LBI New York. Briefkopf des Verlags Bruno Cassirer, links ein Streifen abgerissen. Datierung: Mit der *Première* wird die von Wedekinds »Es lebe das Leben« am 27.11.1903 gemeint sein; Ms *Gerede* war vermutlich kurz nach Fertigstellung des Aufsatzes, auf die M am 20. drängte, und der dann wohl auch geschrieben wurde, denn von der Terminverschiebung erfährt Frisch erst hier.
694,9 »*Anekdote*«: nicht ermittelt; jedoch wurde in H. 6, 12.1.1904 eine Anekdote veröffentlicht (s.u., Kommentar zu Nr. 953).
Nr. 946 Überlieferung: Brief, 3 S., im Nachlaß. Einzelheiten konnten nicht ermittelt werden; es handelt sich aber wohl um eine Illustration für die Zeitschrift »Das Theater«.
Nr. 947 Überlieferung: Brief, 1 S., LBI New York. Briefkopf des Verlags Bruno Cassirer. Datierung: Erschlossen aus den Angaben des Briefs (Wochentage, Premieren, Autoren).
694,20 *zur nächsten Première (Dienstag)*: Wenn das Heft bei der Premiere von Tolstois »Früchte der Bildung« am Mittwoch, 9.12. ausgege-

ben werden sollte, war es wohl einen Tag vorher fertigzustellen. — **694,22** *über Wedekind*: über »So ist das Leben«, »Das Theater«, H. 5, S. 78–80. — **694,22** *Strindbergsache – lassen kannst*: die Premiere von Strindbergs »Gustav Adolf« am Berliner Theater, 4.12.1903. — **694,28** *Cassirer lo vult*: Cassirer will es (italienisch) – mit dem Ruf »Gott will es« beantwortete die begeisterte Menge den Aufruf Papst Urbans II. zum 1. Kreuzzug (27.11.1095, beim Konzil von Clermont).

Nr. 948 Überlieferung: Rohrpostkarte, LBI New York. Datierung: Poststempel.

695,4 *Umbruch:* von H. 5 mit Frischs Besprechung von Wedekinds »So ist das Leben«.

Nr. 949 Überlieferung: Briefkopie, 2 S., im Nachlaß. Briefkopf des Verlags Bruno Cassirer.

695,18 *langen Brief nach Graz*: vermutlich Antwort auf Nr. 949. — **695,30** *zwei jungen Theater*: Das Kleine und das Neue Theater. — **695,32** *Direktor*: Max Reinhardt. — **696,1** *Bahrs Dialog – Frisch vergeben*: »Dialog vom Tragischen«; es erschien aber nichts darüber. — **696,26** *mächtige Korbflasche – abladen*: vielleicht Bezug auf eine Abbildung (ähnlich Nr. 594), aber nicht ermittelbar.

Nr. 950 Druck: BRIEFE. Auswahl (1952) S. 165.

697,4 *drei Übersetzungen*: Hamsun: »Abendröte« und »Spiel des Lebens« sowie Gedichte von Bjørnson. — **697,10** *zur Miete*: möbliert als Untermieter.

Nr. 951 Überlieferung: Briefabschrift, 2 S., im Nachlaß, fremde Schrift, auf einem Bogen mit Nr. 900, also an dieselbe Adressatin. Eine offenbar von 1903 stammende Liste mit Geschenken ist im Nachlaß vorhanden, 10 Hefte »Das Theater« sind dort nur für Cathérine Runge vorgesehen, die in Berlin wohnte und wegen Anrede (*Frau Doktor*) und Gruß an den Ehemann (von dem sonst nie die Rede ist) wohl nicht in Frage kommt. Wahrscheinlicher ist *Frau Dr. Margarethe Cronheim, Glatz, Grafschaft Glatz* (vgl. Nr. 900), die allerdings *1 Lichtwark, Blumenpflege* bekommen sollte. M hat also seinem Plan geändert, oder es handelt sich um eine nicht in der Liste stehende Dame.

Nr. 952 Überlieferung: Brief, 2 S., im Nachlaß; das Gedicht (ohne weitere Zusätze) hat offenbar der *Divan-Decke* beigelegen. Druck: Abt. Humoristische Lyrik S. 354.

Nr. 953 Überlieferung: Brief, 2 S., LBI New York. Briefkopf des Verlags Bruno Cassirer. Druck: »Das Theater«, Faksimileausgabe S. »8«. Textvarianten: **697,27** *vorausgesehen*] vorauszusehen »Das Theater« ebd., Lesefehler. — **698,3** *Pariserin*] Parvenu ebd., Lesefehler.

698,1 *Der Meister – Strom*: Hermann Bahr: Der Meister; Anatole France: Crainquebille; Henry Becque: Die Pariserin; Lew Tolstoi: Früchte der Bildung; Max Halbe: Der Strom. Ms Vorschläge wurden nicht verwirklicht, statt dessen erschien unter dem Titel: »Nicht – aus Berliner Theatern« die Anekdote »Wie ein Kaiser den Kürzeren zog« von J. C. – in Inhaltsverzeichnis des Hefts J. Cassirer, im Jahresinhaltsverzeichnis J. C. (nach Abt. Kritische Schriften S. 634 handelt es sich dabei um einen Übersetzer, während im Kommentar zur Faksimileausgabe des »Theaters« M selbst als Verfasser vermutet wird (S. »32« und »42«, vgl. evtl. Nr. 945). In der Anekdote wird berichtet, wie Studenten sich anläßlich eines von Napoleon III. favorisierten, aber schlechten Stücks bei einer Anwesenheit des Kaisers, als offener Protest nicht ratsam war, allesamt mit Schlafmützen und vor Langeweile eingeschlafen im Theater präsentierten, was dann auch den Kaiser zum Lachen brachte. – Anschließend folgt nur noch eine Notiz, daß die Vielzahl der angefallenen Premieren eine Übersicht unmöglich mache, *dafern nicht nur ein flüchtiger Überblick gegeben werden sollte.* a.a.O. S. 96.

Nr. 954 Überlieferung: Brief, 1 S., LBI New York. Briefkopf: »Neues Theater zu Berlin« und Adresse.

699,3 »*Mutter Landstraße*«: s. Schmidt-Bonn.

Nr. 955 Überlieferung: Maschinenabschrift mit dem Titel HOCHZEITSGESCHENK. Druck: BRIEFE. Auswahl (1952) S. 161, mit der Adressatenangabe »An Ludwig und Philippine Landshoff« und dem Zusatz »(mit Skizze [des Pferdes offenbar])«. Abt. Humoristische Lyrik S. 353. Datierung: Margareta M ordnet das Gedicht mit Diskretion im Frühjahr/Sommer 1903 ein, also vor der Geburt von Ruth Landshoff. Dies ist zwar nicht korrekt, aber besser als die Vermutungen, die im Band Humoristische Lyrik S. 836 f. geäußert werden. Der Termin um das Jahresende 1903 herum ergibt sich aus Landshoffs Bemerkung in Nr. 915: *Vor December werden wir kaum heiraten können.* Aber auch ein noch späterer Zeitpunkt wäre denkbar, falls Kayßlers Bemerkung: *Sehr erfreulich ist es auch, daß sonst alles geregelt ist* sich auf die Heirat bezieht (Kayßler und M an Landshoff, 6.3.1905, zur Geburt des 2. Kindes).

Nr. 956 Überlieferung: Brief, 2 S., im Nachlaß. Datierung: Einziger Anhaltspunkt ist die Nennung Savonarolas. Im Jahr 1903 war vermutlich die Hauptphase der Arbeit am SAVONAROLA abgeschlossen, die allerdings im Herbst 1905 noch einmal aufgenommen wurde. Wenn Schäffer sich auf Treffen mit M freut, so ist wohl Berlin als Ort dieser Zusammenkünfte gemeint. Eine Notiz im Heft SAVONAROLA (Bl. 57, frühestens vom Sommer 1903 stammend, da die Zeitschrift »Das Theater« genannt wird) zeigt bei anderen Namen gewisse Ähnlichkeiten: *Ad 1. Akt. Was ist bis 1495 alles geschehen? (Einen (jungen)*

Historiker suchen, der mir ein Privatkolleg über Savonarolas Zeit liest) Ich schreibe nach. – Einziges Mittel, die Zeit völlig in den Kopf zubekommen. Goldschmidt besuchen, ev. Erich Schmidt um Auskunft fragen. Zeitung? »Theater«. Annonce? Nichts in der Universität? Vorlesung. Sommer? Es ist durchaus möglich, daß M im Zusammenhang dieser Überlegungen auch an Schäffer gedacht hat, der überdies im Juniheft der »Neuen Deutschen Rundschau« (14 (1903) S. 617–632) einen Artikel »Das Bildnis [Inhaltsverzeichnis: »Porträt«] im florentiner Kirchen-Fresko« veröffentlichte, in dem sich auch eine gute halbe Seite über Savonarola findet (S. 631). Einschränkend muß gesagt werden, daß Schäffer auch vor und nach 1903 gelegentlich in der »Neuen Deutschen Rundschau« publizierte, so »Im Palazzo Pitti« a.a.O. 12 (1901) S. 849–867 und 1184–1203; »Das moderne Renaissance-Empfinden« a.a.O. 16(1905) S. 769–784). Der Brief wurde deshalb mit Vorbehalt bei 1903 eingeordnet.

699,16 *mein Büchlein*: Bei Bruckmann erschienen von Schäffer die Bände »Die Frau in der venezianischen Malerei«, München 1899, 188 S. und »Das Florentiner Bildnis«, München 1904, 237 S. Beides sind wohl eher ausgewachsene Bücher als *Büchlein*. Wenn Schäffer, wie es M beim Verlag Cassirer auch tat, durch seinen Verleger auch Bücher aus anderen Verlagen bestellte und versenden ließ, so könnte am ehesten »Botticelli« – Berlin 1903 (Die Kunst, 16) – in Frage kommen, das mit 69 S. eher als *Büchlein* zu bezeichnen wäre. Oscar Bie rühmte an ihm die »leichte Hand«, mit der Schäffer das Problem, Botticelli auf so begrenztem Raum beizukommen, gelöst habe und schrieb: »Der Autor [...] gibt Einblicke, Durchblicke, Proben der geologischen Forschung in der Kunst. Die Gelehrsamkeit wurde ihm zum Mittel des Genusses.« A.a.O. S. 1116. Seine Lektüre konnte also *Spaß* machen. – Im Umfang ähnlich sind: »Antonis van Dyk«, Berlin, Leipzig 1902, 43 S. (Kunstgeschichte in Einzeldarstellungen, 1) und »Andrea del Sarto«, Berlin 1904, 62 S. (Die Kunst, 35). — 699,19 *letztem Gedichtbande*: UND ABER RÜNDET SICH EIN KRANZ.

Nr. 957 Überlieferung: Blatt, 1 S., im Nachlaß, ohne Anrede, aber von Cassirer abgezeichnet. Datierung: Die Satire ist 1903 entstanden.

Wohnorte und Reisen

1871 6.5. geboren in München, Theresienstr. 12.
1873 etwa 27.4. Umzug in die Äußere Nymphenburger Str. 23 in Neuhausen. Sommeraufenthalte in bayerischen Dörfern (Kochel, Murnau, Seefeld, Herrsching, Weßling), eine große Reise durch Südtirol, die Schweiz, das Elsaß bis nach Straßburg.
1880 Nach dem Tod der Mutter (19.4.1880) Umzug mit dem Vater nach Starnberg.
1881 Ende April/Anfang Mai Übersiedlung (allein) nach Hamburg zur Familie des Taufpaten Arnold Otto Meyer.
1882 Sommer, Rückkehr nach Starnberg; im Oktober wird er im Königlichen Studienseminar in Landshut untergebracht und besucht das dortige Gymnasium. Ferienaufenthalte wie vorher.
1884 April, Übersiedlung mit Vater und Stiefmutter nach Breslau, Breite Str. 24/III. In den folgenden Jahren vermutlich Sommerferien in schlesischen Dörfern sowie in München und Starnberg, nur z.T. bekannt.
1885 Sommerferien in Ullersdorf/Grafschaft Glatz.
1887 Sommerferien in Ströbel und Starnberg. Vermutlich nach den Sommerferien die Nachmittage über in Pension bei Oberlehrer Bertram. Umzug innerhalb des Hauses in den 1. Stock.
1888 Juni – Oktober in Pension bei Oberlehrer Welzel, vielleicht wieder nur an den Nachmittagen, da er im selben Haus wohnte. Sommerferien in München und Starnberg.
1889 Mai bis September bei Oberdieck. Dann Offiziersschule v. Walther.
1890 Ab April Sorau/Niederlausitz bei Ilgen. In den Ferien in Breslau oder bei den Eltern in schlesischen Dörfern. Sommerferien in Rudelstadt. Herbstferien in Breslau.
1891 Pfingstferien in Ströbel. 6./7.6. Ausflug mit einer Schülergruppe nach Friedland etc. Sommerferien in Breslau und Ströbel.
1892 Anfang April Rückkehr nach Breslau. Sommeraufenthalt in Wolfshau. Anfang Oktober ca. 2 Wochen in Sorau bei Goettling. 2 Tage in Neumittelwalde.
1893 Über Dresden (dort 2./3.4.) nach München, wohnt ab 11.4. Gabelsberger Str. 9/III. Ende April Besuch bei Schulrat Bauer in Augsburg. Mitte Mai Ausflug nach Weßling und Andechs. 20.–24.5. Pfingstpartie ins Gebirge, u.a. Mittenwald und Eibsee. 12.7. Abfahrt von München über Dresden nach Breslau, von dort am 15. nach Reinerz, Landhaus Dinter. 14.8. Übersiedlung nach

Nieder-Adelsbach zu seinem Vater. 1.9. Rückkehr nach Breslau; 22.9.–11.10 Sorau. Während dieser Zeit Umzug des Vaters nach Paulstr. 4/II.

1894 Anfang April Übersiedlung nach Berlin in die Artilleriestraße 31/II. Mitte August Ferien in Bad Grund im Harz, Klausthaler Str. 254, bis 5.9. Macht vielleicht Station in Halberstadt; 7.9. wieder in Berlin, wohnt in Charlottenburg, Krumme Gasse 77/I. Anfang Oktober Umzug nach Berlin C, Klosterstr. 25/IV. Weihnachten in Berlin, Silvester und Neujahr Sorau.

1895 1.4. Ausflug nach Friedrichsruh. Anfang April Umzug nach Berlin C, An der Fischerbrücke 10/II. Mitte August Fahrt über Helgoland, Amrum, Föhr nach Sylt, Kurhaus Kampen. Etwa 9. oder 10.9. Rückreise, evtl. mit zweitägiger Unterbrechung auf Helgoland. 1.10. Umzug nach Berlin C, Grünstr. 3/IV. Am 21./22.12. Dresden.

1896 Mitte Mai – Ende Oktober Friedrichshagen, Seestr. 44/II, mit Unterbrechungen: Über Pfingsten Freiberg/Sachsen, August Alpenreise: Prag, Salzburg, Fusch, von da am 24.8. nach Innsbruck, am 26. weiter über den Brenner und Bozen, Trient, Mori zum Gardasee (Arco, Riva und Sermione, Ausflüge), bis etwa Anfang September. Ende Oktober Umzug nach Berlin NW, Luisenstr. 64/III. Über Weihnachten bei Kayssler in Görlitz, Blumenstr. 1/I; über Silvester/Neujahr Freiberg/Sachsen.

1897 bis 5.1. vermutlich Freiberg; Juli /August Friedrichshagen; 10.– 14.8. Halle und Leipzig. Anfang September Rückkehr nach Berlin. Über Weihnachten in Breslau bei Kayssler.

1898 8.5. Abreise nach Norwegen – zunächst nach Stettin, dort mit dem Schiff »Melchior« über Kopenhagen (9.5.) nach Christiania, dort Ankunft am 10., 1 Uhr Mittag, Übernachtung im Britanniahotel; am 12. mietet M in Nordstrand in Fru Hanstens Pension ein Zimmer. Regelmäßig Fahrten in die Stadt (Christiania). 23.–27.7. Ausflug nach Eidsvold, dem Mjøsen, Hammer [=Hamar?], Toten, Henbader[?], Lillehammer, Skejkampen. 4.–7.11. Tour nach Vallø.

1899 6.5. Ausflug nach Bygdø. 7.5. Rudertour nach Malmø (mit anderen). 12.5. morgens von Nordstrand nach Christiania, Abfahrt von Christiania 1.45 Uhr über Hamar am Mjøsen entlang über Elverum, Røros nach Trondhjem, Ankunft 13.5., 7 Uhr, weiter nach Kristiansund (5 Uhr nachmittags), dann Battenfjordsøren und Hjelset, von dort per Dampfboot nach Molde (14.5., 2 Uhr nachts). Unterkunft Hotel Alexandra, 16.5. Grand Hotel. Ausflüge: 18.5. und 5.6. Fuglset, 25.5. , 13.6. , 23.6. auf den Berg

»Varden« hinter Molde, 27.5. Bootsfahrt nach Hjerterø, 2.6.
Rekneshaugen, 18.6. nach Nøste, Øveraas, Eikisvand, Übernachtung in Reitans Hotel, 19.6. in der Umgebung: Finsæt, Utigaard, am 20. Ausflug zum Mardalsfoss, zurück nach Osen und Nøste, 21.6. Ausflug zu umliegenden Höfen, Rückkehr nach Molde. 8.7. abends Abfahrt von Molde. 9.7. Aalesund. Von dort 7 Uhr Fahrt in den Hjørundfjord, dann durch Norrangsdalen nach Hellesylt, von da mit dem Dampfschiff »Romsdal« nach Merok, Übernachtung im Hotel Union. 10.7. Von Merok nach Aalesund. 11.7. mit dem Dampfer »Capella« nach Bergen, Ankunft 11.7., 6 Uhr abends, Übernachtung in Fru Beyers Pension. 12.7. vormittags Sandviken und Hop. 15.7. abends in Hop, Nojsomheden, im Gartenhaus parterre Unterkunft gemietet. 18.7. Ruderausflug zu einer der Inseln. 20.7. ein anderes Zimmer bezogen. 23.7. In der Folge häufige Fahrten nach Bergen, auch von dort aus weiter. Wagentour in die Umgebung. 28.7. nach Laxevaag und zurück, um die »Hohenzollern« zu sehen. 5. 8. Sandviken. 6.8. Laxevaag, Solheimsviken, Hop, 9.8. Bergen, Nordnæs. 16.8. Besuch bei Edvard Grieg in Troldhaugen. 23.8. Solheimsviken, von da zum Løvstaken und zurück. 28.8. letzter Notizbucheintrag aus Bergen und Hop. – 19.9. Einzug Charlottenburg, Stuttgarter Platz 4/III. Häufige Fahrten nach Berlin. 29.10. Umzug in ein anderes Zimmer.

1900 April Umzug in Charlottenburg nach Schloßstr. 68/III. Ende Juni Privatklinik Dr. Zepler, Berlin N, Chausseestr. 81; August Sanatorium Dr. Weil und Unger, Schlachtensee, Viktoriastraße. Ab Oktober Davos-Platz, Sanatorium Dr. Turban.

1901 Ende April (etwa 28.) Abreise, zunächst nach Seewis, Kurhaus, dann Luzern und Pension Kastanienbaum bei Luzern. 9.6. Umzug nach Wolfenschießen, Hotel/Kurhaus Eintracht. 25.8. Ausflug nach Schöneck. Vermutlich 27.10. Abfahrt von Wolfenschießen, zunächst Zürich und Chur, dann ab etwa 4.11. Arosa, Hotel/Pension Bellevue.

1902 4.3. Abfahrt von Arosa nach Chur und Zürich, dort Hotel Gotthard, 4.3. via Gotthard nach Lugano (Hotel Viktoria). 7.3. nach Mailand (Zwischenaufenthalt) und Genua (Centralhotel), 9.3. nach Rapallo (Pension Eden), 10.3 Ausflug nach Portofino, 11.3. Ausflug nach St. Margherita, ebenso 12., am 13. und/oder 14. Portofino, 14. zurück, 15. übergesiedelt, Piccolo-Hotel. 16. Rapallo und St. Margherita, 24.3. Ausflug nach Sestri, 25. zurück; 31.3. Sestri und zurück. 19.4. Ausflug nach S. Fruttuoso. 21. Ausflug nach Zoagli und Chiavari. 25.4. nach Ruta und S.

Margherita. 28.4. nach Nervi und Genua, 29. Nervi, Corsika (unsicher), Genua und zurück, dann Portofino. 2.5. Ausflug nach Sestri. 5.5. Abfahrt von Portofino nach Pisa, 6.5. nach Florenz (Unterkunft bei Rossetti, Via Taddea), 18.5. über Bologna, Modena, Verona, Mailand, Luzern nach Wolfenschießen, Ankunft 19.5. – 21. Fahrt nach Zürich, 22. zurück, 27. nach Zürich, Zimmer im »Goldenen Stern«. 28. Pension Beau Site, Dufourstr. 40. Am 3.7. Umzug nach Feldeggstr. 32/II. – 24.7. nach Luzern und Wolfenschießen, 25. von dort Ausflug nach Engelberg, 26. zur Oberen Matt, nach Zürich, 28.7. Luzern, Flüelen, Altdorf. 29. wieder Wolfenschießen, 30. Luzern und zurück. 5.8. eingezogen Hotel/Kurhaus Eintracht, Wolfenschießen. 11.8. vielleicht Zürich bis 20.8., dann über Luzern und Basel nach Heidelberg, Hotel Heidelberger Hof. 22.8. Umzug nach Pension Silvaner, Anlage 53a, Umzug nach Plöck 3/II. 3.9. Mannheim, 7.9 Worms, 8.9. über Mannheim, Basel nach Zürich, Universitätsstr. 10. Am 4.10. Übersiedlung nach Wolfenschießen, Wohnung sofort oder später Casa Niederberger-Zumbühl. 8.11. Fahrt nach Zürich, 8. oder 9. zurück, 9. Luzern (und vermutlich zurück). 25.11. Fahrt nach Zürich (und vermutlich zurück). 8.12. Abfahrt von Wolfenschießen über Luzern und Lugano nach Mailand (Hotel Schmid(t), Via Marco Polo 16): am 10.12. von Mailand über Bologna nach Florenz (Palazzo Granacci, Via della Stufa). 12.12. Weiterreise nach Rom, Ankunft 13.12., 7 Uhr morgens. Pension Ossani, Piazza S. Silvestro 8. Am 22.12. Umzug nach Via Cavour 266/I bei D. Schroeder.

1903 Februar Umzug nach Via Cavour 221. Am 15.2. Ausflug zum Albaner- und Nemisee. Marino, Frascati, Castel Gandolfo. Am 31.3. abends 11.10 Uhr Abfahrt aus Rom, Ankunft in Florenz 1.4. am frühen Morgen, weiter nach Fiesole, Villa Sisti (zu Landshoffs). Von dort aus Besuche in Florenz. Vermutlich 8.5. Abfahrt von Fiesole, 9./10. München, 11.5. nachts 12 Uhr (12., 0 Uhr) Ankunft in Berlin, Wohnung bei Kayssler, Halensee, Ringbahnstr. 119/I. September (belegt 9.9.) Berlin NW, Albrechtstr. 23, bei Steller. Vermutlich ab Oktober (belegt ab 9.10.) wieder Halensee, Ringbahnstr. 119.

Verzeichnis der Briefwechsel

Name	Brief(e) an, Nr.	Brief(e) von, Nr.
Abels, Ludwig	520	525, 549
Adler, Friedrich		566, 570
Apolant, Edgar, Emmy		692
Bauer, Ludwig	152, [?]153	
Beblo, Friedrich	170, 174, 189, 194, 207, 227, 397, 472, 475, 476, 518, 530, 849	358, 421
Bie, Oscar	238, 267, 333, 367, 400, 405, 449	242, 254, 273, 274, 318, 322, 329
Bierbaum, Otto Julius	516	269, 276, 319, 326
Bjørnson, Bjørnstjerne	723	
Blei, Franz	942	
Bloch, Felix Erben	907	
Bondi, Georg	374	478, 481, 496
Bondy, Josef Adolf	560, 586, 608	570, 571, 611
Bornstein, Paul	402, 404	
Brahm, Otto		308
Brandes, Georg		612
Brinchmann, Christoffer	634	
Cassirer, Bruno	957	
Cepëstca		753
Christen-von Matt		792
Dahn, Felix	178, [?]184, 210, 295	
Dall'Armi, Amélie von, s. Amélie Morgenstern		
Dall'Armi, August von	18	
Dehmel, Richard	428, 429, 502, 506, 569, 615, 712, 731, 791, 804, 812, 862, 934, 939	427, 430, 503, 664, 713, 732, 777, 794, 807, 830, 865, 936
Deppe, Philipp	353	
Diederichs, Eugen	618	
Elias, Julius	551, 552, 554, 555, [?]593	474, 627, 630, 632, 635, 654, 655, 751, 757, 762, 780, 789, 798, 826, 839

Ernst, Otto	378, 453	375, 454, 510
Eveleth		25
Evers, Franz		315, 366
Eysoldt, Gertrud		941
Faktor, Emil		570
Falke, Gustav		385, 416
Fett, Dagny	589, 598, 600, 601, 636, 656, 657, 660, 670	599, 637, 658
Fischer, Adalbert von		12
Fischer, Samuel, S. Fischer-Verlag	483, 796	537, 622, 773
Flaischlen, Cäsar	338, 572, 642	314, 339, 354, 384, 401, 406, 437, 451, 452, 462, 492, 497, 527, 573, 576, 609, 641, 643, 652, 661, 669, 675
Förster-Nietzsche, Elisabeth	691, 696	693, 694, 697
Fontane, Theodor		312
Fanzos, Karl Emil	252, 265	266
Frey, Ulrich		15
Frisch, Efraim	648, 651, 674, 676, 711, 768, 771, 781, 802, 803, 815, 835, 836, 842, 843, 844, 851, 852, 856, 858, 859, 864, 871, 889, 893, 895, 897, 899, 904, 909, 910, 914, 916, 917, 920, 921, 923, 924, 929, 930, 933, 935, 937, 945, 947, 948, 952–954	610, 690, 734, 740, 797, 860, 872, 876, 890
Frisch, Fega (Fega Lifschitz)	763, 769, 770, 772, 784, 787, 793, 808, 816, 851, 874, 931, 937, 952	734, 740, 860, 890
Gast, Peter		695
Gaus, Friedrich	410, 442	441
Gelber, Adolf	160	

Gerdes, Marie	459	327
Gildemeister, Otto		486, 563
Goettling, Marie	129–133, 135–139, 141, 146, 149, 151, 159, 161, 177, 183, 199, 203, 208, 214, 221, 228, 229, 235, 241, 249, 262, 278, [?]287, 296, 341, 344, 352, 396, 426, 432, 464, 473, 485, 489, 491, 507, 513, 539, 561, 604, 614, 620, 621, 639, 645, 662, 758	181, 219, 271, 305, 364, 434, 629
Goettling, Richard	251	217, 224, 577
Goldschmidt, Adolph	277, 853	
Gregori, Ferdinand		685, 688
Grieg, Edvard		646
Gumppenberg, Hanns von	834, 837	838
Guttmann, Alfred	373, 407	[?]320, 371
Guttmann, Eugenie, s. Eugenie Leroi		
Haberfeld, Hugo		447, 455, 461, 867
Halbe, Max	310	308, 309
Halling, Sigurd	638	
Hamsun, Knut		884
Harden, Maximilian	165	157, 166, 172, 268
Hart, Heinrich		231, 237, 245, 343 493, 562
Hart, Julius	325, 938	324
Hartleben, Otto Erich	360	433, 440, 468, 511
Hauptmann, Gerhart	365	
Heims, Else		678, 685, 688
Heimann, Moritz	932	
Hendrich, Hermann		542, 557
Herrmann, Louis	628	
Hertz, John		613
Hirschfeld, Georg	297, 321, 351, 359, 392, 460, 508, 606, 896	275, 308, 350, 394
Hirschfeld, Julius	395, 582	389
Hollaender, Alexis		820

Hollaender, Felix	[?]398	
Horneffer, August, Ernst		695
Holtzendorff, Frida von		[?]912
Ibsen, Henrik	585, 647	603, 666, 671
Ilgen, Paul	127	
J.A.		343
Jacobowski, Ludwig	626, 649, 659, 673, 680, 687	517, 556, 616, 625, 681
Ježower, Ignaz		824, 825
Jordan, Max	[?]280, 301	
Juncker, Axel	683, 686	
Kahn, Robert		531[1], 533, 595
Kayssler, Friedrich	22, 23, 27, 28, 30, 35, 37, 38, 43–46, 48, 49, 51, 53, 55, 56, 60, 61, 64, 66, 69, 72, [?]73, 74, 78, 80, 83, 84, 87, 88, 91, 93, 98, [?]101–103, 112, 114, 116, 119, 121, 142, 144, 145, 147, 148, 150, 155, 164, 168, 186, 193, 201, 202, 211, 222, 223, 225, 234, 240, 244, 248, 255, 272, 288, 289, 323, 334, 335, 346, 370, 386, 393, 424, 591	26, 29, 31–34, 40–42, 47, 50, 52, 54, 57, 58, 62, 65, 67, 68, 71, 75–77, 79, 81, 85, 86, 89, 90, 92, 94, 97, 99, 100, 104–106, 108, 110, 111, 113, 117, 118, 120, 134, 143, 154, 156, 162, 167, 175, 176, 191, 192, 200, 206, 212, 216, 220, 233, 239, 243, 246, 264, 284, 317, 399, 403, 408, 410, 413, 415, 431, 435, 438, 446, 448, 482, 487, 490, 498, 504, 522, 535, 538, 541, 544, 546, 548, 550, 558, 559, 579, 583, 587, 588, 590, 592, 602, 605, 607, 617, 619, 623, 631, 633, 640, 644, 678, 684, 685, 688, 689, 700, 701, 703–706, 709, 714, 715, 718–722, 724, 725, 728, 735, 737, 743, 745, 748,

Verzeichnis der Briefwechsel

		750, 752, 754, 756, 759, 760, 764, 765, 767, 774, 775, 778,
	[?]828, 854, 857,	799, 805, 817, 819,
	873, 878, 882, 883,	822, 829, 850, 861,
	885, 891, 902, 908	887, 901, 903,
		[?]912, 922,
Kayssler, Luise (Luise		523, 548, 678, 685,
Sandvos)		688, 705, 707, 729,
		735
Kerckhoffs, Auguste	21	
Kerr, Alfred	870	380, 881
Kielland, Johanna		831
Klaar, Alfred[?]		570
Klein, Emil		613
Klingenfeld, Emma		846
Klinger, Max	298	
Kluge, Alois Philipp	209	
Knollchen		753
Koch, Max	299	
Krüger, Therese	624	
Kuhnert, Hans		613
Kvapil, Jaroslav, Hana		663, 665
Landshoff, Ludwig	356, 361, 379, 436, 469, 494, 499, 514, 534, 543, 567, 568, 578, 580, 594, 682, 699, 733, 749, 892, 894, 955	308, 372, 915
Landshoff, Philippine	955	
Langen, Albert, Verlag	911	730, 736, 918, 925
Leistikow, Walter		946
Leixner, Otto von	253	
Leroi, Eugenie	247, 256, 257, 281, 282, 286, 349, 362	363, 382, 388, 456
Lifschitz, Fega, s. Fega Frisch		
Liliencron, Detlev von	377	383, 387
Loewenfeld, Emmy		692
Ludwig, Emil	[?]940	880
Lutze, Heinrich	126	
Mackay, John Henry		140, 345, 411, 450
»Magazin für Literatur«	[?]337	

Martin, Paul		685
Meyer, Meta		2, 3
Moos, Julius	741, 744, 746, 761, 776, 783, 788, 809, 810, 813, 814, 818, 821, 845, 847, 848, 855, 875, 877, 879, 886, 906, 927	
Morgenstern, Amélie	1, 190, 213, 726, 766, 790, 800, 840, 863, 913, 950	841
Morgenstern, Carl Ernst	196, 293	6–10, 16, 17, 63, 70, 82, 95, 96, 115, 123, 169, 171, 173, 182, 185, 197, 230, 250, 291, 292, 294
Münster, Fritz		215, 258
Nietzsche, Franziska	302	303
Orlik, Emil		488, 495, 500, 511, 515, 519, 529, 536, 547, 565, 570, 574, 581, 596, 597, 677, 823, 832
Osborn, Max	331	330, 332, 564
Ostler, Clara	179, 180, 187, 188, 198, 204, 232, 236, 261, 270, 347, 457, 477	263, 348
P., Cläre		753
Petersen, Eva		827, 831
Piper, Karl Anton		667
»Politiken«	545	
Ponfick, Herr und Frau		753
Poppenberg, Felix		943
Reche, Elisabeth	195	
Reinhardt, Max		417, 418, 444, 505, 678, 685, 688, 692, 705
Reinthaler, Paul	[?]128	
Rilke, Rainer Maria		368, 369, 399, 420, 532
Runge, Cathérine	528	[?]575

Verzeichnis der Briefwechsel 959

Runge, Woldemar		443
S., Elly		753
Sage, Gotthard		158
Salomon, Toni	833	
Salus, Hugo		524, 570
Sandvos, Ilse und Frieda		706
Sandvos, Luise, s. Luise Kayssler		
Schäfer, Wilhelm		425
Schäffer, Emil		956
Schanderl, Josef	806	
Scharwenka, Philipp		307
Scheerbart, Paul		279, 439
Scheid, Richard	[?]738, 739, 742, 747, 755, 779, 782, 785, 795	
Schertel, Anton		509, 526
Schertel, Cécile		526
Schertel, Emma	11, 36	107
Schlenther, Paul	[?]336, [?]470, [?]501, 653, 668	391, 484
Schleyer, Johann Martin	39	
Scholz, Wilhelm von		414, 463, 465, 466
Schubert, Wilhelm		328
Schultze-Naumburg, Paul	866	
Schuster&Loeffler, Verlag	467	422, 423, 479, 480
Seidl, Arthur		695
Siebenlist, August		419
Servaes, Franz	316	304
Skowronnek, Fritz		376, 381
Stadtbahnverwaltung Berlin	409	
Strauss, Richard	300, 311	306, 521
Stümcke, Heinrich	811	
Sudermann, Hermann	123	
Taendler, Richard, Verlag		290
Teweles, Heinrich		570
Trojan, Johannes		355
Tschörtner, Paul		14
Ubell, Hermann	949	926
Vallentin, Richard, Elise		688
Wagner, Oskar, Wagner-Werner, Agnes		685

Wassmann, Hans		613
Wied, Gustav		672
Wille, Bruno	458	283, 340, 342
Willomitzer, Josef		570
Wolff, Heinrich	919	
Wolzogen, Ernst von		698, 702, 710, 716
»Zeit«	650, 679, 717	
Zeitler, Charlotte	11, 36, [?]205	107
Zervas-Domi	19	
Zitelmann, Franz Carl		24, 109, 259, 260, 512, 540

Personen mit nicht bekanntem oder nicht entziffertem Namen

20, 59, 124, 163, 218, 226, 313, 357, 471, 708, 786, 868, 869, 898, 900, 905, 951	13, 553, 570, 685

Verzeichnis der Archive und Bibliotheken

Basel	Öffentliche Bibliothek der Universität Basel – UB Basel.
Berlin	Landesarchiv Berlin.
	Staatsbibliothek zu Berlin – Preußischer Kulturbesitz – SBPK Berlin.
Dortmund	Stadt- und Landesbibliothek Dortmund. Handschriftenabteilung – StLB Dortmund.
Dresden	Sächsische Landesbibliothek – Staats- und Universitätsbibliothek Dresden, Abt. Sondersammlungen. Handschriftensammlung – SLUB Dresden.
Erlangen/ Nürnberg	Universitätsbibliothek Erlangen-Nürnberg – Handschriftenabteilung – UB Erlangen-Nürnberg.
Garmisch	Richard-Strauss-Archiv Garmisch.
Hamburg	Staats- und Universitätsbibliothek Hamburg – Carl von Ossietzky Handschriftenabteilung – SUB Hamburg.
Koblenz	Bundesarchiv Koblenz.
Köln	Theaterwissenschaftliche Sammlung, Universität zu Köln.
Marbach	Schiller-Nationalmuseum/Deutsches Literaturarchiv Marbach am Neckar, Handschriftenabteilung – DLA Marbach.
München	Bayerische Staatsbibliothek München (Abteilung für Handschriften und Seltene Drucke) – BSB München.
	Stadtbibliothek München. Monacensia. Literaturarchiv – StB München.
New York	Leo Baeck Institute New York, Archive – LBI New York.
Oslo	Universitetsbiblioteket i Oslo, Håndskriftsamlingen – UB Oslo.

Verzeichnis der Archive und Bibliotheken

Rom	Istituto Italiano di Studi Germanici, Roma.
Weimar	Stiftung Weimarer Klassik. Goethe- und Schiller-Archiv, Weimar – GSA Weimar.
Wien	Österreichische Nationalbibliothek. Handschriften-, Autographen- und Nachlaß-Sammlung – ÖNB Wien.
	Wiener Stadt- und Landesbibliothek, Handschriftensammlung – StLB Wien.
Wiesbaden	Hessische Landesbibliothek Wiesbaden – HLB Wiesbaden.
Wyk auf Föhr	Dr. Carl-Häberlin-Friesen-Museum Wyk auf Föhr
Zürich	Zentralbibliothek Zürich. Handschriftenabteilung.

Kommentiertes Register

Hier sind alle Personen- und Ortsnamen aus Textteil und Einzelstellenkommentar aufgenommen sowie die dort genannten Theater, Zeitschriften, Künstlergruppen etc., außerdem mehrfach gebrauchte Begriffe (z.B. Naturalismus). Die geographischen Namen und Erläuterungen geben den Stand vom Beginn des 20. Jahrhunderts wieder, vgl. S. 706. Vgl. auch S. 737.

Aachen, Hauptstadt des gleichnamigen Regierungsbezirks in der preußischen Rheinprovinz. 553, 676, 822

Aalesund, Ort im norwegischen Amt Romsdal, im weiteren Umkreis des vor Molde liegenden Fjord- und Inselgebiets. 951

Abels, Ludwig (1867, Wien – 1937, Paris), Redakteur von H. 1–3 der Zeitschrift »Das Narrenschiff«. Er ist in Kürschners Literaturkalender mit einer Berliner Adresse 1898 als Dr. phil., 1899 als Dr. med. verzeichnet; die Dissertation selbst war anhand von Bibliographien nicht zu ermitteln. Im Anhang 1899 werden die Angaben korrigiert, es wird eine neue Adresse in Österreich angegeben und der Vermerk »zu streichen« hinzugefügt. Abels war dann (wenn's derselbe ist) 1900–1902 Redakteur von »Interieur. Wiener Monatsschrift für angewandte Kunst«. Als Einzelveröffentlichungen waren ein Volksstück (1893) und eine Novellensammlung (1897) zu ermitteln. Ms Karte an Abels befindet sich in der Wiener Stadt- und Landesbibliothek. 399, 401, 403, 409, 417, 953

Abret, Helga. 733, 843, 891

Adamberger, Antonie (1790–1867), Schauspielerin, die Braut Theodor Körners. 56

Adelsbach s. Nieder-Adelsbach.

Adler, Friedrich (1857–1938), Rechtsanwalt, Schriftsteller und Übersetzer, Freund des tschechischen Dichters Jaroslav Vrchlický. 424, 425, 450, 953

Adolph, im Landshuter Studienseminar untergebrachter Schüler; der Nachname wurde nicht ermittelt. 15

Agathander, Agathanda, Spitzname Alfred Guttmanns, Übersetzung des Namens ins Griechische (agathos, gut und aner, Mann).

Agu, Alfred Reche (nicht, obwohl das naheläge, Alfred Guttmann). Daß Agu und Isaak Alfred und Fritz Reche sein müssen, geht vor allem aus Nr. 34 hervor, wo im selben Zusammenhang einmal von Agu und Isaak, dann wieder von Alfred und Fritz gesprochen wird.

– Im Januar 1894 lebte »Agu« in Koblenz und war anscheinend beim Militär (Nr. 220), während Guttmann zu dieser Zeit gerade Abitur machte.

Ahasver, Sagengestalt, der zu ruhelosem Umherwandern verurteilte »Ewige Jude«, nach einem Druck von 1602 ein Schuhmacher in Jerusalem, der Jesus auf dem Weg nach Golgatha von seinem Haus vertrieben und zur Eile angehalten haben soll. In italienischen Legenden trägt er den Beinamen Buttadeus (etwa Schlagegott). In der Literatur wurde die Gestalt mehrfach aufgegriffen und unterschiedlich gedeutet. 508, 886

Airolo, Ort im Schweizer Kanton Tessin, am Südende des Gotthardtunnels. 322, 740

Aischylos (525/24–456/55 v. Chr.), griechischer Tragödiendichter. Von seinen etwa 90 Werken sind noch 7 sowie einige Fragmente erhalten. — Die Schutzflehenden, um 463, v. Chr. 476 — Orestie, Trilogie, bestehend aus den Tragödien »Agamemnon«, »Choephoroi« (u.a. als »Das Opfer am Grabe« übersetzt) und »Die Eumeniden« (458 v. Chr.) 518, 520, 533, 890, 891, 894, 897

Ajaccio, Hauptstadt der französischen Insel Korsika, an der Westküste am Golf von Ajaccio, Geburtsort Napoleons. 620

Akademisch-literarischer Verein Berlin, bestand 1873–1930 oder 33; die wöchentlichen Zusammenkünfte bestanden aus einem literarischen Teil mit literarischen oder literaturgeschichtlichen Themen oder Vortrag literarischer Texte sowie einem geselligen Teil, wobei die Regeln und Bräuche studentischer Verbindungen eingehalten wurden. An Theateraufführungen ist aus heutiger Sicht die Aufführung von Maeterlincks »Pelleas und Melisande« (12.2.1899) am bedeutendsten. – M trug dort am 4.3.1898 eigene Gedichte vor. 434, 855

Akademisch-dramatischer Verein an der Ludwig-Maximilians-Universität zu München, 27.11.1891 gegründet und am 28.11.1903 wegen einer Aufführung von Schnitzlers »Reigen« durch den Senat der Universität verboten. Pro Semester sollte mindestens ein modernes Drama aufgeführt werden (Ibsen, Hauptmann, Halbe u.a.); bei einigen führte Ernst von Wolzogen als Ehrenmitglied Regie. – Abgesehen von der Iphigenie-Aufführung am Ende seiner Schulzeit sammelte Kayssler hier seine ersten Theatererfahrungen, ermittelt wurden: Hanschen in Halbes »Jugend« (Ende 1893), Ludwig in Hirschfelds »Zu Hause«, letzteres in einem Einakterabend am (wahrscheinlich) 1.3.1894, an dem auch Maupassants »Musotte« und Maeterlincks »Der ungebetene Gast« gespielt wurden, vgl. auch Nr. 212, 216, 220. 794

Akademischer Verein für Kunst und Litteratur in Berlin, wurde im Dezember 1899 von Hans Oberländer gegründet und hatte in erster Linie die Wiederbelebung der antiken Schauspielkunst zum Ziel, um damit ein Gegengewicht zum einseitigen naturalistischen Stil des Deutschen Theaters zu schaffen (vgl. hierzu Nr. 662 und 701). Von Februar 1900 – April 1901 wurden dort Sophokles' »König Ödipus« und »Antigone«, Aischylos' Orestie und Byrons »Sardanapal« gegeben. 533, 885, 890

d'Albert, Eugen (1864–1932), Pianist und Komponist, einer der gefeiertsten Klaviervirtuosen seiner Zeit und besonders als Beethoveninterpret berühmt. M hat ihn in Berlin gehört, Genaueres konnte nicht festgestellt werden. 251, 647

Alberti, Leon Battista (1404–1472), allseitig gebildeter und interessierter Humanist, Architektur- und Kunsttheoretiker, eine der bedeutendsten Gestalten der italienischen Frührenaissance. 581

Albisetti, James C. 756

Alexander, Richard (1852–1923), Schauspieler. 777

Alexander der Große (356–323 v. Chr.), Sohn und Nachfolger König Philipps II. von Makedonien, eroberte, anfänglich in griechischem Auftrag als Rachefeldzug gegen die Perser, ein bis nach Indien gehendes Weltreich, das nach seinem Tod bald zerfiel, aber den Grund legte für die Ausbreitung der griechischen Sprache und Kultur des Hellenismus. 101, 797–801

Alinari, Florentiner Photographen, die die Kunst Italiens photographisch dokumentierten, Leopoldo (1832–1865), Giuseppe (1836–1890) und Romualdo Alinari (?–1890) und ihre Nachfolger. In Ms Nachlaß ist noch eine Reihe dieser Kunstreproduktionen vorhanden. 665

Allgemeine Deutsche Biographie (ADB), wurde herausgegeben von der »historischen Commission bei der kgl. Akademie der Wissenschaften« in München und erschien in Leipzig 1875–1912 in 56 Bänden; das Konzept sah vor, »alle bedeutenderen Persönlichkeiten, in deren Thaten und Werken sich die Entwickelung Deutschlands in Geschichte, Wissenschaft, Kunst, Handel und Gewerbe, kurz in jedem Zweige des politischen und des Culturlebens darstellt« (Vorrede, Bd. 1, S. v f.), aufzunehmen, ausgenommen noch lebende. Das Folgeunternehmen ist die Neue Deutsche Biographie (NDB), die seit 1953 erscheint. 252

Altdorf, Ort im Schweizer Kanton Uri, auf der Strecke Luzern–Chiasso. 952

Altenberg, Peter, eigentlich Richard Engländer (1859–1919), österreichischer Schriftsteller, führte ein Bohemeleben und wurde als

Verfasser kleiner Prosaformen, impressionistischer literarischer Skizzen, Aphorismen u.ä. berühmt. Seine Werke erschienen ab 1896 im Verlag S. Fischer. – Von M liegen 2 Altenberg-Parodien, DER GRÜNE LEUCHTER und DIE TORTE, vor. 500, 556, 570, 585, 891

Altlach, Ort am Walchensee, Poststempel Walchensee. 667, 668, 671, 673

Altona, Stadt im preußischen Regierungsbezirk Schleswig-Holstein, am rechten Elbufer, im Osten an den Hamburger Vorort St. Pauli anschließend. 315, 316, 318

Altvatergebirge, auch Hohes Gesenke genannt, Teil der Ostsudeten. 147, 223

Ambrosius, Johanna (Voigt geb. Ambrosius, 1854–1938), Lyrikerin, von ärmlicher Herkunft, Dienstmagd, dann Bäuerin, wurde entdeckt und gefördert von Karl Weiß-Schrattenthal, der 2 Gedichtbände von ihr veröffentlichte, von denen es der 1. in den Jahren 1895 bis 1904 auf 41 Auflagen (à 1000 Exemplare) brachte, der 2. immerhin auf 10 Auflagen. Das Interesse an ihrer Lyrik beruhte nicht auf der künstlerischen Qualität, sondern auf der Herkunft der Verfasserin aus einfachsten bäuerlichen Verhältnissen. – M rezensierte ihre Lyrik in der »Neuen Deutschen Rundschau« (Abt. Kritische Schriften S. 87f.). 296

Amira, Karl von (1848–1930), Rechtshistoriker, ab 1892 oder 93 Professor in München, ab 1885 auch Direktor des Bayerischen Nationalmuseums. 144, 152

Ammerland, Dorf am Starnberger See, Regierungsbezirk Oberbayern. 626

Amphitrite s. Klinger.

Amrum, nordfriesische Insel, Kreis Tondern, im preußischen Regierungsbezirk Schleswig-Holstein. 284, 306, 950

Amsler und Ruthardt, Kunsthandlung und -verlag in Berlin, Behrenstr. 29a. Inhaber waren Louis Gerhard Meder und Albert Meder. 247, 320, 585, 808

Amsler und Ruthardt's Wochen-Berichte. Illustrirte Zeitschrift für Kunst, Kunsthandel und Kunstgewerbe (so Jg. 3, vorher: Wochen-Berichte für Kunst, Kunsthandel und Kunstgewerbe), erschienen 1892–1895. 251, 810

Amsterdam. 438, 439, 731, 890

Anaxagoras (500–428 v. Chr.), griechischer Philosoph. 926

Andechs, oberbayerischer Ausflugs- und Wallfahrtsort, am Ammersee. 949

Andersen, Hans Christian (1805–1875), dänischer Dichter. 118, 240. Der Improvisator, Künstlerroman mit autobiographischen Zügen,

1834, deutsch 1836. 114 — Märchen. Von 1835–1848 erschienen, zunächst in 11 Heften, 1849 in Buchform und auf deutsch. Später folgten weitere Sammlungen. 114. — Die Galoschen des Glücks. Märchen mit Rahmenhandlung, in die die einzelnen Episoden eingebettet sind. 518

Andrea del Sarto (1486–1530), Florentiner Maler. 948

Andreas-Salomé, Lou (1861–1937), Schriftstellerin, verheiratet mit dem Orientalisten Friedrich Karl Andreas, Freundin Nietzsches und Rilkes, später auch Freuds. — Gedanken über das Liebesproblem. 517

Angurboda. 890

Anna, Haushaltshilfe bei Carl Ernst M. 142

d'Annunzio, Gabriele (1863–1938), italienischer Schriftsteller, in Ablehnung und Verehrung gleich einflußreicher Vertreter einer dekadent-symbolistischen Literatur, einige Jahre Lebensgefährte der Schauspielerin Eleonora Duse. – M äußerte sich überwiegend ablehnend zu d'Annunzio (vgl. das Epigramm ANNUNZIO) und parodierte ihn in DAS MITTAGSMAHL. 509, 516 f., 519, 525, 529, 566, 889, 893, 894. — La Gioconda, Uraufführung 14.4.1899, Palermo, Teatro Bellini. 509, 887, 893 — Siesta. 890

Antigone s. Sophokles.

Antwerpen, Hauptstadt der gleichnamigen belgischen Provinz. 102, 772

Anwand, Oskar (16.7.1872–15.5.1946), Mitschüler und Freund Kayßlers. M kannte ihn schon von seiner Breslauer Gymnasialzeit her, stand ihm aber zunächst etwas distanziert gegenüber. Da er Ms Cousine Clara Ostler heiratete (6.11.1897), wurden sie sozusagen Vettern, und so blieb die Verbindung bestehen. Oskar Anwand machte im Herbst 1892 am Breslauer Magdalenengymnasium Abitur und studierte zunächst 3 Semester Jura, dann Literatur- und Kunstgeschichte und Philosophie. Er promovierte 1897 in München bei Franz Muncker über J.M.R. Lenz. Er war Kunstkritiker, 1907–1915 Chefredakteur der Zeitschrift »Moderne Kunst«, später literarischer Beirat des Verlags Bong. Als Schriftsteller verfaßte er u.a. eine Reihe biographischer Romane. Oskar und Clara Anwand wohnten ab etwa Herbst 1902 in Friedenau bei Berlin, so daß in Zeiten, in denen M in Berlin lebte, ein persönlicher Verkehr möglich war. 1904 schrieb M mit Anwand zusammen die Komödie OSWALD HAHNENKAMM. 1906 wurde er durch die Beschäftigung mit den beiden kleinen Töchtern der Anwands, Irmgard, s.u. und Waltraud, geb. 1905, zu einer Reihe von Kindergedichten angeregt, von denen das Gedicht *Spann dein kleines Schirmchen auf* bei der Erstveröffent-

lichung 1906 in MELANCHOLIE den beiden Kindern gewidmet ist.–
Anwands Spitznamen waren Amandus (wahrscheinlich) und Plus.
– Im Nachlaß konnten einige Schreibmaschinenseiten mit Erinnerungen Anwands an M aufgefunden werden, der Text ist allerdings nicht vollständig, eine Fortsetzung (mit Textüberschneidung) steht bei Bauer, Chr. M. (1985) S. 253 f. (über die Gedichte für seine Kinder). Außerdem sind im Nachlaß 2 Rückblicke auf M vorhanden: »Lose Blätter. Beilage zum Eisenbahnfachmann« 7, 1.5.1931, S. 33–36 und: »Welt und Wissen. Unterhaltungs-Beilage zur Westfälischen Zeitung«, 31.3.1939. Zuerst, so schreibt Anwand, sei er durch den Bericht eines gemeinsamen Mitschülers über die Ausgestaltung einer Laube (vermutlich bei Oberdiecks) »im Stile Lederstrumpfs und Robinsons [...] voll von Überraschungen und Heimlichkeiten« auf M aufmerksam geworden: »Ich spürte hier einen Spieltrieb, welcher mit Phantasie, einen seltenen, eingehenden Ernst und zugleich einen freischaltenden Humor, in eigener Weise verband« (Erinnerungen, S. 1, ähnlich Bauer, Chr. M. (1985) S. 25 und »Lose Blätter«, S. 33). »Einen zweiten starken Eindruck von Morgenstern empfing ich, als wir in der Sekunda einen [...] Ruderverein begründet hatten. Eine Regatta [...] stand bevor. Während unser aller Erwartung [...] einzig der grossen Frage: Sieg oder Niederlage, galt, bildete Morgenstern hiervon eine Ausnahme. Er wurde von ihr so gut wie gar nicht berührt. Er ruderte gern; aber was ihn dabei fesselte, war die Sache selbst, eben das Rudern: der Rhythmus von Körperbewegung, Ruderschlag und Dollengeräusch, die Strudel und Wasserringe, die dem Ruderschlage folgten, der am Boote vorübergleitende Strom, die ziehenden Ufer und die reine Wasserluft. Kurz, das Wesen, der Geist des Ruderns, samt dem frischen Frohsinn, den es mit sich bringt. [...] Er nahm gern an Geselligkeiten, auch an Kneiptafeln teil; aber immer stand er ungewollt auf einer besonderen Warte; immer galt es ihm, den geistigen Kern des Erlebens zu erfassen, zu klären, zu erheben, entweder selbst ins Wort oder in den Vers zu fassen, oder andere dazu anzuregen. Etwas Freies, Beschwingtes, von der Materie Nicht-Bedrücktes ging von ihm aus. Dem entsprach sein Äusseres: der lange, feine, schmale Kopf mit dem ungewöhnlich hellleuchtenden Blick der blauen Augen, der hohen, breiten Stirn, dem dunkelblonden Haarschopf und der großen, leichtflatternden, meist [schwarzen Krawatte.]« Erinnerungen, S. 1 f., ähnlich »Lose Blätter« S. 1, hier auch die Ergänzung. Beide genannten Quellen gehen dann besonders auf Ms Wunsch, sich weiterzuentwickeln und zu vervollkommnen, ein, der Druck auch auf Ms weiteres Leben und Werk. Zur Zeremonie der Galgenabende, an denen er selbst

nicht teilnahm, bemerkt Anwand: »Man verdunkelte dazu die Fenster, stellte einen kleinen Galgen mit einem daran baumelnden Gerippe aus Pappmaché auf den Tisch, trug selber ähnliche Abzeichen vom Knopfloch herab und befestigte an den Pedalen des Klaviers Messingringe, die zum Spiele unheimlich klapperten. [...]« »Lose Blätter«, S. 34.

Albert Anwand, Mühlenbesitzer in Breslau, Oskar Anwands Vater. 294 — Clara Anwand. 476, vorher s. Clara Ostler — Clara und Oskar Anwand. 387, 629, 665, 668 — Curt Anwand, wohl Oskar Anwands jüngerer Bruder. 769 — Irmgard Anwand (2.4.1903–?), auch Irma, Irmi, Irmchen genannt, ältere Tochter von Clara und Oskar Anwand, hatte aus der ersten Ehe mit einem Maler zwei Töchter, war in 2. Ehe mit einem Herrn Dyckhoff verheiratet und korrespondierte später noch mit Margareta M. Sie lebte um 1989 in Wohlen bei Bern (vgl. Kretschmer, Wanderleben S. 8, dort auf S. 138 ein Kleinkinderbild von ihr). 665 — Oskar Anwand. 89, 100, 105, 109, 127, 129, 146, 147, 168, 185, 195, 198, 203, 204, 218 f., 221, 223, 294, 297, 321, 360, 385, 425, 474, 512, 629, 639, 646, 769, 795, 833, 888

Anzengruber, Ludwig (1839–1889), österreichischer Dramatiker. — Doppelselbstmord, Komödie (1874). 678, 938

Apis, ägyptisch Hapi, im alten Ägypten in Memphis als Erscheinungsform des Gottes Ptah verehrter heiliger Stier. 615, 796, 918

Apolant, Emmy, Edgar, nicht ermittelt. 514 , 888, 953

Apollon, in der griechischen Mythologie Sohn des Zeus und der Leto, Zwillingsbruder der Artemis, Gott des Lichts, der Heilkunst und der Weissagungen, der Künste und der Musik (Musenführer), sollte Harmonie. Ordnung, Klarheit gewährleisten, seine Attribute waren Leier und Bogen. 203, 772, 869

Apollon vom Belvedere, berühmte Marmorstatue in den Vatikanischen Sammlungen (in einem Belvedere genannten Flügel des Palastes mit einem Teil der Skulpturen) in Rom; römische Kopie, die vermutlich auf ein griechisches Original des späten 4. Jahrhunderts vor Christus zurückgeht. 47, 752 — Apollontempel in Delphi. 869

Apostata, Pseudonym Maximilian Hardens.

Apulien (Puglia), Region im Südosten Italiens. 195

Ararat, doppelgipfliger Berg (großer und kleiner Ararat) im türkischen Teil des Ararathochlandes. Nach 1. Mose 8,4 soll die Arche Noah in einem Land dieses Namens wieder auf festen Boden gekommen sein – wenn M diesen Bezug meint. 527

Archimedes (um 285–212 v. Chr.), griechischer Mathematiker. 795

Arco, Ort in Südtirol, an der Eisenbahnlinie Mori–Riva, nördlich des Gardasees. 950

Arent, Wilhelm (1864–?), Lyriker, Schriftsteller. — Lebensphasen (1890). 858
Aristoteles (384–322 v. Chr.), griechischer Philosoph. 748, 864, 906, 909, 927
Arkadien, Landschaft auf der griechischen Halbinsel Peloponnes, in der Literatur auch Symbol eines glückseligen Landlebens. 684
Arndt, Fritz, Schulfreund Ms aus Breslau, zuerst erwähnt am 24.9.1888: *Aber etwas ist eingetreten, wofür ich Gott von Herzen danke, heiß danke. Es hat sich ein Freund gefunden der mich zu verstehen oder doch meine Art zu achten scheint. Es ist dies Fritz Arndt, ein ganz vorzüglicher Mensch mit manchmal etwas über- oder unterspannten Ansichten gegen Staat und Regierung, gegen Kunst und Poesie auch mit einer kleinen Vorliebe für die Juden, da er sich von der Jüdischen Morgenzeitung nährt, aber diese kleinen Fehler treten vor seinen guten Eigenschaften ganz zurück. [...] ich nenne ihn ehrgeizig und strebsam, was ich froh wäre von mir in gleichem Maße sagen zu können. Ich hoffe zuversichtlich, daß diese Freundschaft recht schöne Früchte bringen wird.* T 1887/90, Bl. 9 f. Wenn er in Nr. 61 Kayssler grüßen läßt, dann ist er vielleicht auch nach Sorau gekommen; er wird aber später für Sorau nicht mehr erwähnt. 29, 30, 35, 55, 185, 198
Arnim, Bettine von. 750
Arnims Hotel, Hotel Imperial, vormals Arnim, Berlin, Unter den Linden 44, wurde als Theater für »Schall und Rauch« umgebaut. 549, 555, 900
Arno, einer der Hauptflüsse Italiens, entspringt auf dem Apennin, durchfließt Florenz und mündet unterhalb Pisas ins Ligurische Meer. 661
Arnold, Fritz. 730
Arosa, damals noch recht junger Luftkurort im Schweizer Kanton Graubünden, oberhalb von Chur; M lebte dort von Dezember 1901 bis Anfang März 1902 und (mit Unterbrechungen) von April 1911 bis März 1913. Abbildung in Kretschmer, Wanderleben, S. 104. 556, 558, 560, 561, 567, 570, 572, 573, 575–581, 583, 584, 592, 594, 599, 600, 603, 606, 622, 904–906, 912, 951
Athen, wurde zum Zentrum der antiken griechischen Kultur (Blütezeit insbesondere im 5. vorchristlichen Jahrhundert), sank in späteren Zeiten, vor allem während der Türkenherrschaft, in Bedeutungslosigkeit und erlebte im 19. Jahrhundert ab 1834 als Haupt- und Residenzstadt (Planung durch den Architekten Leo von Klenze) des neugegründeten griechischen Königreichs wieder einen bedeutenden wirtschaftlichen und kulturellen Aufschwung. 70, 696
Auberg, Dorf in der Gemeinde München, Bezirksamt Passau. 15

Augier, Guillaume Victor Émile (1820–1889), französischer Dramatiker. — Der Schierling (1844). – Kayssler sah das Stück im Breslauer Lobetheater. 96

Augsburg, Hauptstadt des bayerischen Regierungsbezirks Schwaben. 102, 132, 237, 238, 785, 927, 949

Augsburger Schillerpreis, eine mit 200 Mark dotierte Auszeichnung der Augsburger Schillerstiftung, über die auf lexikalischem Weg nichts Näheres zu erfahren war. Jedenfalls gehörte Schulrat Bauer zu den Juroren. Otto Ernst wurde damit ausgezeichnet, M mit seinem Gedichtband UND ABER RÜNDET SICH EIN KRANZ abgelehnt. Frühere Pläne, sich zu bewerben, hat er offenbar nicht verwirklicht. 222, 224, 236, 358, 359, 641, 785, 803, 927

Aulestad, Bjørnsons Gut im Gudbrandsdal, Norwegen. 358

Avalun, Untertitel: »Ein Jahrbuch neuer deutscher lyrischer Wortkunst, herausgegeben von Richard Scheid zu München im Jahre Neunzehnhundertundeins«. Das Jahrbuch – genannt nach dem Feenland der keltischen Sage, ähnlich der Insel der Seligen – ist die neu arrangierte Zusammenfassung von 9 Einzelheften, die ursprünglich fortgesetzt werden sollten. – Scheid verhandelte 1901 mit M über Beiträge für ein Heft, das nicht mehr zustande kam. Die bibliophil gestalteten, großformatigen Hefte enthalten Gedichte von Wilhelm von Scholz, Leo Greiner (1876–1928) (H. 1), Rainer Maria Rilke, Otto Falckenberg, Heinrich Lautensack (1881–1919) (H. 2); Richard Scheid (H. 3); Emanuel von Bodmann (1874–1967, Lyriker, Erzähler, Dramatiker), Hermann Esswein (1877–?; Veröffentlichungen bis 1927), Schriftsteller, Kunsthistoriker), Wilhelm Michel (1877–1942) (H. 4); Kurt Aram (eigentlich Hans Fischer, 1869–1934), Reinhard Piper, Ernst Schur (H. 5); Peter Baum (1869–1916, Erzähler und Lyriker), Hans Benzmann, Wilhelm Holzamer (H. 6); Leonhard Schrickel (1876–1931, Lyriker, Erzähler, Dramatiker), Margarete Susman (1872–1966, Lyrikerin und später bedeutende Schriftstellerin und Essayistin), Emil Rudolf Weiss (H. 7); St. Guy (es wird nur Österreich als Wohnort mitgeteilt), Richard Schaukal (H. 8); Franz Hessel, Oscar A. H. Schmitz (1873–1931, Schriftsteller, Nähe zum George-Kreis, von ihm eine Burleske in Versen) (H. 9). Bei der Mehrzahl der Beiträge handelt es sich um Erstdrucke. Zu jedem Dichter wurden knappe Angaben zur Biographie und zu bisherigen oder geplanten Veröffentlichungen gegeben. – Der Buchschmuck bestand aus überwiegend ganzseitigen, für »Avalun« geschaffenen Originalgraphiken (Holzschnitte und Steindruckzeichnungen) von Georg Braumüller, Hans Heise und Ernst Neumann.– »Avalun« erschien im Verlag Avalun, München, d.h. offenbar, er wurde von

Scheid vornehmlich für dieses Unternehmen gegründet. Ein Einzelheft kostete 1,20 Mark, das Jahrbuch (300 numerierte Exemplare) 10 Mark. Ein Faksimile-Nachdruck erschien in der Reihe Kraus Reprint, Nendeln/Liechtenstein 1979. 546, 547, 552, 556, 572, 575, 576, 583, 584, 897, 907

Avanza, richtig Avenza, Bahnhof an der Eisenbahnlinie Genua–Pisa, in der italienischen Provinz Massa e Carrara. 612

Avenarius, Ferdinand (1856–1923), Schriftsteller, Herausgeber von bekannten Anthologien, Gründer und Herausgeber der Zeitschrift »Der Kunstwart«. 230, 248

BAC, vermutlich eine Schülerverbindung, eine christliche Vereinigung o.ä. in Sorau. 113

Bach, Ewald (1871–1920), Schauspieler, damals am Berliner Schillertheater. 460

Bach, Johann Sebastian (1685–1750), Komponist und Organist, schuf ein Werk, das außer Oper und Ballett alle musikalischen Formen des Hochbarock umfaßt. Im 19. Jahrhundert wurde er, ausgelöst durch die Wiederaufführung der Matthäuspassion durch Felix Mendelssohn-Bartholdy, weiten Kreisen wieder bekannt. 209, 676, 796

Baden-Baden, Stadt und berühmter Badeort im nördlichen Schwarzwald. 438

Badenweiler, Dorf in Baden, Landkreis Lörrach. 625, 626, 627, 672

Bad Kreuznach, Stadt im preußischen Regierungsbezirk Koblenz, Kurort. 622

Bad Fusch s. St. Wolfgang-Fusch.

Bad Salzbrunn s. Salzbrunn.

Baechtold, Jacob. 892 — Rosalie Baechtold. 893

Baedeker, Karl (1801–1859), Verfasser und Verleger von Reisehandbüchern (ab 1839), die nach ihm »Baedeker« genannt wurden, von seinem Sohn und den Nachfolgern fortgesetzt. Der Band Ober-Italien, [16]1902, ist im Nachlaß vorhanden. 597, 603, 733, 926, 929

Baensch, Dieter. 736, 889

Bagdad, orientalische Stadt, bei M poetischer Ursprung phantastischer Unmöglichkeiten. 699

Bahr, Hermann (1863–1934), österreichischer Schriftsteller und Kritiker. — Der Meister, Uraufführung 12.12.1903, Berlin, Deutsches Theater. 696, 946 — Dialog vom Tragischen (»Neue Deutsche Rundschau« 14 (1903) S. 716–736). 696, 946

Bamberg, Stadt im bayerischen Regierungsbezirk Oberfranken. 241

Barelli, Agostino (etwa 1624–1687), Architekt, bayerischer Hofbaumeister. 785

Barma, russischer Baumeister, mit Poßnik Erbauer der Moskauer Ba-

silius-Kirche, vermutlich auch weiterer Kirchen in der Umgebung von Moskau. Nach anderen Angaben soll es sich um eine Person namens Barma-Postnik handeln. 837
Barnay, Ludwig (1842–1924), Schauspieler und Theaterleiter. 134, 221, 856
Barnowsky, Viktor (1875–1952), Schauspieler, Regisseur und Theaterleiter, u.a. langjähriger Direktor des Berliner Lessingtheaters, emigrierte in die USA. 681
Barrie, James Matthew (1860–1937), englischer Erzähler, Verfasser bühnenwirksamer Gesellschafts- und Phantasiestücke, weltbekannt durch sein Märchenspiel »Peter Pan oder Der Junge der nicht erwachsen werden wollte« (1904). — Quality Street (1902), deutsche Erstaufführung unter dem Titel »Im stillen Gäßchen« in der Übersetzung von B. Pogson am Berliner Königlichen Schauspielhaus, 27.10.1903. 943
Barth, Paul. 792
Basel, Hauptstadt des gleichnamigen Schweizer Kantons, beidseitig des Rheins. 620, 628, 813, 842, 844, 952 — Universitätsbibliothek Basel. 809, 925, 961
Bassenge, Auktionshaus in Berlin. 745, 746, 749, 752, 773, 920
Bassermann, Albert (1867–1952), Schauspieler, einer der bedeutendsten Charakterdarsteller seiner Zeit (Philipp, Lear, Nathan, Ibsenrollen), von 1895–1914 an Berliner Theatern, hauptsächlich bei Brahm und Reinhardt, zahlreiche Gastspielreisen, später auch Filmrollen. 1934 Emigration in die USA. 517, 518, 521, 568, 668
Bassermann, August (1847–1931), studierte Jura (Dr. jur.), wurde dann aber Schauspieler, war auch Regisseur; u.a. 1895–1905 Intendant in Mannheim, ab 1905 Direktor und 1913–1916 Generalintendant des Karlsruher Hoftheaters. 244, 245, 807
Bassermann, Friedrich Daniel. 808
Battenfjordsøren, im Battenfjord in der Nähe von Kristiansund. 950
Bauer, Café, 1877 in Berlin gegründet, Unter den Linden 26, mit Wandbildern von Anton von Werner. 385
Bauer, Constantin Ludwig (28.8.1852–26.3.1924), Sohn von Ludwig Bauer und Maria Bauer, geb. Zeitler, Bruder von Emma Lindl, geb. Bauer. Er war verheiratet mit Fanny Bauer, geb. Kellerer. M kannte ihn aus seiner frühen Kinderzeit, wo Bauer gemeinsam mit Ms Vater »gern an den phantasiereichen Spielen des munteren Kindes« teilnahm (Bauer, Chr. M.(1985) S. 14). Er ließ sich 1878 in Obermais bei Meran nieder und war 1910 Trauzeuge bei Ms Hochzeit. Er war besonders als Aquarellmaler geschätzt.
Bauer, Ludwig, gest. 1.8.1888, Stadt- und Landrichter, lebte in

Landsberg/Lech, zuletzt in München, war verheiratet mit Maria Zeitler (Familienbogen seines Sohnes Constantin Bauer). M vermerkt seinen Tod im T 1887–1890, Bl. 11: *Der alte Onkel Ludwig Bauer folgte seiner entschlafenen Gattin nach, ich war bei seinem Begräbnis, ihm ist wohl. Er war in den letzten Lebensjahren, besonders nach dem Tode seiner von ihm mit seltener Treue und Anhänglichkeit geliebten und gepflegten Frau sehr vergrämt u. mürrisch geworden.* Ludwig Bauer wurde Ms Vormund hinsichtlich des Erbes seiner Mutter Charlotte M. 787

Bauer, Ludwig Coelestin (1832–1910), Lehrer und 1872–1901 Stadtschulrat in Augsburg, daneben verfaßte er (konventionelle) Gedichte, Erzählungen und Opernlibretti. Er war mit einer Tochter des Komponisten Hugo Pierson verheiratet. Ihr Sohn wurde Geiger, die Tochter Schauspielerin. Ludwig Bauer war ein Freund des Pfarrers Goettling, und durch seine Vermittlung schickte M ihm Jugendwerke zur Beurteilung; im Nachlaß sind noch einige Gedichte mit Bauers Randbemerkungen erhalten. Bauer war auch im Komitee zur Verleihung des Augsburger Schillerpreises, um den sich M 1902 bewarb.. M besuchte ihn von München aus *Ende April* [1893] *a. e. Sonntag* in Augsburg (*Hochinteressanter Tag. Höchst liebe, geistvolle Menschen ... Lobte m. Prosa, Gedichte kritischer.* T 1892/93, Bl. 43). Vgl. auch A. Geyer, Biographisches Jahrbuch und Deutscher Nekrolog 15 (1910) Berlin 1913, S. 180–183. Wegen des Schillerpreises ist im N 1902 für den 19.1. noch ein Brief an Bauer verzeichnet. 131, 132, 136, 137, 148, 154, 158, 204, 224, 228, 236, 250, 358, 787, 795, 927, 949, 953

Bauer, Michael (1871–1929), Freund Ms aus seiner letzten Lebenszeit, dann Lebensgefährte Margareta Ms und u.a. Verfasser der ersten großen M-Biographie, die von Margareta M und Rudolf Meyer fertiggestellt wurde. Vgl. auch die 5-bändige Michael-Bauer-Ausgabe, Stuttgart 1985–1997. 725, 726, 728, 730, 733, 737–739, 746, 747, 751, 753, 759, 767, 771, 775, 778, 785, 787, 788, 792, 794, 796, 802, 803, 805–807, 815, 821, 845, 847, 848, 859, 861, 864, 871, 882, 891, 900, 911, 923

Baumann, Alexander (1814–1857), österreichischer Archivbeamter und Dialektdichter, Komponist. — Das Versprechen hinterm Herd. Eine Scene aus den österreichischen Alpen mit Nationalgesängen. Wien [1848 u.ö.]. 10, 738

Baumann, Volapükist in München. 744

Baumbach, Rudolf (1840–1905), seinerzeit beliebter Lyriker, Vertreter der sogenannten »Butzenscheibenlyrik«, Verfasser von Studentenliedern. 277

Baumert und Ronge, Verlag. 241, 245
Baumgartner, verbreiteter Name, evtl. der Maler Peter Baumgartner (1834 [oder 35]–1911), der in München lebte. 172
Bayly, Thomas Haynes (1797–1839), englischer Schriftsteller. 923
Beardsley, Aubrey (1872–1898), englischer Zeichner und Illustrator (u.a. von Wildes »Salome«), auch Lyriker. 944
Beau, Otto (1855–?, letzte Veröffentlichung 1908), Gymnasiallehrer, später -professor in Sorau, Ms Mathematik- und Physiklehrer. 84, 775
Beaurepaire, Gustav, Schauspieler und Regisseur, spielte u.a. bei »Schall und Rauch« den Freiherrn von Kindermann. 898
Beblo, Friedrich (Fritz) Karl Ewald (10.11.1872–11.4.1947), Architekt und Maler, ein Freund Ms, den er vielleicht schon aus seiner Schulzeit in Breslau kannte, vielleicht aber auch erst durch Kayssler kennenlernte. Die Freundschaft blieb Ms ganzes Leben durch bestehen; auch Margareta M war später mit der Familie in Verbindung. – Beblo studierte Architektur an der TH Charlottenburg und in Karlsruhe und war später (ab 1903) Stadtbaurat in Straßburg und von 1919–1936 Leiter des Hochbauamts in München. Als Architekt vertrat er eine nicht historisierende, aber doch traditionelle Bauweise. 1902 heiratete er die Photographin Melanie Luise Knoch aus Karlsruhe (4.9.1896–11.8.1953); das Ehepaar hatte drei Kinder, Anne Luise (31.1.1903–15.5.1965), Hans Karl (geb. 5.9.1904, Architekt) und Richard (11.9.1905–11.6.1994, Architekt).– Neben seiner Berufsarbeit entwarf Fritz Beblo für Ms Versbücher IN PHANTAS SCHLOSS (beim Übergang in den Verlag Schuster & Loeffler), AUF VIELEN WEGEN und ICH UND DIE WELT die Deckelzeichnungen. Außerdem schuf er im Herbst 1908 die Bilder zu Ms Kinderbuch KLAUS BURRMANN, DER TIERWELTPHOTOGRAPH, das erst 1941 im Verlag Stalling in Oldenburg erschien. Beblo gehörte in Berlin sowohl zu den Mitgliedern des »Ordens« (s. ORDENS-EPOS) als auch zu den Galgenbrüdern, wo er den Namen »Stummer Hannes« führte. Weitere Spitznamen: Bembo, Belbo. — Fritz Beblos Vater, Emil Beblo (Gymnasiallehrer, 17.7.1841–12.7.1886) lebte zur Zeit, als er und M sich kennenlernten, nicht mehr, die Mutter, Emma Clara Beblo, geb. Becker (21.5.1844–26.2.1924) nahm sich Ms fürsorglich an. – In Fritz Beblos Schwester Magda (4.4.1877–Mai 1966, später verheiratet mit dem Oberstudiendirektor Robert Fox, 6.1.1875–16.9.1957) waren M und Kayssler gleichermaßen verliebt. M berichtet seiner Braut Margareta Gosebruch am 27.10.1808: *Augenblicklich ist nur noch seine Mutter bei ihnen* [bei Beblos], *eine jugendliche ältere Frau, die einmal (vor ca. 15 Jahren in Breslau) sehr gut zu mir war, und deren Töchter-*

chen Magda, inzwischen lange verheiratet, so etwas wie meine (und Fritze Kayßlers) (wir haben öfters kollidiert) Schülerliebe war. Vielleicht auf sein Anraten hin kam Magda Beblo im Frühjahr 1893 nach Sorau zu Goettlings in Pension. (Ich danke Herrn Dr. Martin Beblo für die genauen Auskünfte. K.B.)
Familie Beblo. 147, 182, 220, 223, 232, 297, 306, 330, 375 — Emma Clara Beblo. 142, 145,146, 154, 165, 177, 186, 187, 188, 193, 198, 296, 324, 423 — Fritz Beblo. 37, 53, 66, 89, 96, 141, 143, 146, 147, 154, 165, 168, 170, 177, 185, 186, 198, 208, 214, 215, 218, 222, 223, 229, 240, 241, 256, 269, 274, 277, 297, 300, 301, 320, 324, 332, 338, 343, 369, 372, 374, 375, 376, 381, 382, 400, 405, 460, 475, 502, 627, 628, 723, 749, 792, 803, 807, 823, 853, 860, 924, 953 — Magda Beblo. 142, 145, 146, 154, 160,165, 170, 177, 198, 324, 423, 784, 786, 787, 803 — Melanie Beblo. 628
Bechly, nicht ermittelt. 517
Becker-Kamzelak, Silke. 734
Becque, Henry (1837–1899), französischer Schriftsteller, naturalistischer Dramatiker, wurde auch in Belgien und Italien viel gespielt, während sich in Deutschland Albert Langen ziemlich erfolglos für ihn einsetzte (vgl. Abret S. 331–334). — Die Raben (1876), deutsche Erstaufführung 15.2.1891 Berlin, Freie Bühne, im Residenztheater. Im Berliner Kleinen Theater wurden sie vom 16.–20.10.1903 3x gespielt. 689, 690, 941, 942 — Die Pariserin (1885). Übersetzung von Albert Langen. München 1895. Deutsche Erstaufführung 13.2.1897, Frankfurt, in Berlin Ende 1903 gespielt. 686, 690, 947
Beethoven, Ludwig van (1770–1827), Komponist. 247, 251, 275, 343, 448, 750, 809, 844, 890
Briefe. 38 — Fidelio (3 Fassungen, 1804–1814), Beethovens einzige Oper. Für M war »Fidelio« die 2. Oper, die er am 21.1.1888 (nach Wagners »Tannhäuser« am 13.1.) besuchte. Er urteilte damals, noch am selben Abend: *Sehr gut gefallen. Die ersten Scenen besonders von überaus anmutiger lieblicher Musik überhaupt sehr schön und melodisch, obschon eine feste Melodie fast nie zustande kommt. Auch die Handlung sehr spannend. Man ist so geteilt zwischen zu hören suchen der Worte, zu sehen und die Musik zu hören, daß das letztere sehr zu kurz kommt. Wagner ist ungleich gewaltiger, malender und bestimmter, jedoch verstehe ich zu verdammt wenig, um etwas aussprechen zu können.* T 1887/90, Bl. 5. 112 — Klavierkonzert G-Dur, op. 58 (1805/06). 835 — Klaviersonate Nr. 12, As-Dur, op.26 (1800/01), enthält einen berühmtem Trauermarsch. 41[?] — Klaviersonate Nr. 21, op. 53 (1803/04), nach der Widmung an den Grafen Ferdinand von Waldstein »Waldsteinsonate« genannt, Sätze: Allegro con brio

Kommentiertes Register 977

— Introduzione: Adagio molto — Rondo: Allegro moderato. 343 —
Symphonie Nr. 5 c-Moll, op. 67 (1808, die sogenannte Schicksalssymphonie). Sätze: Allegro con brio — Andante con moto — Allegro — Allegro. 247, 380 — Symphonie Nr. 9 d Moll, op. 125 (1824), Sätze: Allegro, ma non troppo, un poco maestoso — Molto vivace (Scherzo) — Adagio molto e cantabile — Presto (mit Schlußchor nach Schillers Gedicht »An die Freude«). 380 — Zu Klingers Statue s.d.
Begas, Reinhold (1831–1911), von Kaiser Wilhelm II. bevorzugter Bildhauer, schuf u.a. in Berlin das Nationaldenkmal für Kaiser Wilhelm I., Schiller-, Bismarckdenkmal, Skulpturen der Siegesallee, Neptunsbrunnen, Porträtbüsten. 871
Beheim-Schwarzbach, Martin. 733
Behn, Hermann. 835
Behrend s. Berend.
Behrens, Peter (1868–1940), Architekt, Designer, einer der bedeutendsten Architekten für die Architekturgeschichte des 20. Jahrhunderts. Behrens begann als Maler, wandte sich dann der Stilkunst zu und schuf kunstgewerbliche Entwürfe u.a. für Gebrauchsgegenstände und Buchkunst (z.B. das Signet für den Inselverlag), wurde 1899 an die Darmstädter Künstlerkolonie berufen, wo auf der Ausstellung »Ein Dokument deutscher Kunst« (1901) sein als Gesamtkunstwerk durchgestaltetes Wohnhaus allgemeines Interesse erregte und wo er seine Vorstellungen von einem Theater der Zukunft (vgl. hierzu Kommentar zu Nr. 936) bei der Eröffnungsveranstaltung zumindest ansatzweise vorstellen konnte. — Für die Architekturgeschichte des 20. Jahrhunderts wurden vor allem seine Bauten für die AEG, für die er seit 1907 tätig war, richtungsweisend; u.a. in der berühmten Turbinenhalle in Berlin schuf er die Grundlagen moderner Industriearchitektur. — Im Jahr 1901 realisierte er die Vorstellungen Max Reinhardts und Friedrich Kayßlers für die Gestaltung des Schall-und-Rauch-Theaters. — Die Lebensmesse von Richard Dehmel ... 690, 691, 943, 944
Beinling, Theodor (1825 – ?, letztes ermitteltes Jahr 1900), Professor und Prorektor am Breslauer Magdalenengymnasium (vermutlich u.a. Biologie). 106
Belbo s. Fritz Beblo.
Bellealliancetheater Berlin, Bellealliancestr. 7/8, 1869 eröffnet, zeitweise hauptsächlich von gastierenden Gesellschaften genutzt. 535
Bellevue, Hotel und Pension in Arosa, wo M Herbst/Winter 1901/02 wohnte, Abbildung Kretschmer, Wanderleben S. 101. 567, 576, 578, 581, 583, 600, 904–906, 951
Bembo s. Fritz Beblo.

Bendix, Martin (etwa 1842–1915), Berliner Komiker, Schauspieler und Liedermacher. Neben der Redensart »Quatsch nich, Krause« (Nr. 718) stammen von ihm z. B. auch: »Uns kann keener« sowie die Schlager »Im Grunewald ist Holzauktion« und »Mutter, der Mann mit dem Koks ist da«. 895

Benedix, Roderich (1811–1873), Schauspieler, Theaterleiter, Schriftsteller, schrieb eine Unmenge von Lustspielen. — Die zärtlichen Verwandten (um 1850). 330

Benedetto da Maiano (1442–1497), italienischer Bildhauer und Architekt. 926

Beni, nicht ermittelt. 665

Bentsen, Tyra (1871– ?), norwegische Musikpädagogin und Übersetzerin. Sie lebte lange Zeit in Berlin, und dort hat M sie wahrscheinlich 1894 oder 1895 kennengelernt. In Nr. 456 bestellt Eugenie Leroi höchstwahrscheinlich an sie (sie schreibt »Bentzen«) Grüße. Sie stand eine Zeitlang Georg Hirschfeld sehr nahe, der sie in seiner Novelle »Freundschaft« (1901) porträtierte. Gemeinsame Freunde oder Bekannte waren auch Friedrich Kayssler, Robert Kahn, Luise Dernburg.– Im Jahr 1904 empfahl M Cassirer den von ihr übersetzten Roman Hulda Garborgs »Kvinden, skabt af manden« (»Die Frau, vom Mann erschaffen«), den Cassirer auch annahm. Aus dieser Zeit stammen drei Briefe, die von ihr an M erhalten sind. — M empfiehlt sie später gelegentlich als Übersetzerin; sie erhielt auch eine Hochzeitsanzeige und steht auf einer Neujahrsgrußliste 1911/12 (die Karte oder der Brief kam zurück, anscheinend stimmte die Adresse nicht mehr); die Verbindung scheint sich im Lauf der Jahre gelockert zu haben – von Ms Tod erfuhr sie durch Fega Frisch, der sie am 3.4.1914 einen längeren Brief schrieb. 520, 360, 438, 840

Benzmann, Hans (1869–1926), Lyriker, Kritiker, Herausgeber. Er hat Ms Werke mehrfach äußerst positiv rezensiert. 325, 326, 331, 417, 450, 547, 556

Berdyczewski, Micha Josef (später Bin Gorion, 1865–1921), Schriftsteller, Sammler und Herausgeber jüdischer Sagen und Legenden. – Ein Roman erschien um die Jahrhundertwende nicht. 449, 855
»Daneben«, Erzählung, »Neue Deutsche Rundschau« 9 (1898) S. 826–847. 448

Berend, Julius (1820–1904), Schauspieler. 226

Berg, Christa. 756

Bergen, häufiger Ortsname; wenn man annimmt, daß die Adressatin des Briefs Nr. 205 Ms Großtante Charlotte Zeitler ist, die ihres Alters wegen wohl nur noch kleinere Reisen unternahm, kommt am ehesten ein Dorf in Oberbayern, in der Nähe von Traunstein, in Frage. 184

Bergen, Hauptstadt des gleichnamigen norwegischen Stifts, am Vaagen- und Puddefjord auf einem Vorgebirge gelegen, von Wasser und bis zu etwa 650 m hohen Bergen umgeben. 490, 491, 501, 897, 884, 951

Berlin, Haupt- und Residenzstadt des Deutschen Reiches, damals die drittgrößte Stadt Europas. 11, 13, 45, 48, 84, 89, 105, 107, 113, 133 f., 138, 140, 142, 186, 188, 194, 198, 204, 208–210, 212–219, 221, 223, 228, 229, 231–235, 240 f., 243, 244, 246 f., 249–254, 256–258, 260–262, 264, 266, 271– 280, 282–284, 286–302, 306, 307, 310–320, 322 f., 327, 330–334, 336 f., 339, 340–345, 347–352, 354, 356–358, 360–364, 367, 370, 373, 376–380, 383–389, 392 f., 397, 399, 400, 401, 403–405, 407, 409–411, 413, 415–430, 433, 435–438, 443–446, 452–454, 457 f., 462, 466, 468–473, 476, 479 f., 487–489, 492–494, 497, 499–502, 505–508, 510–513, 516–525, 529–531, 533–540, 547, 550 f., 554, 556, 559 f., 562, 568, 572, 575, 577 f., 584, 588, 603 f., 608, 610, 613, 617, 622 f., 633, 639, 641 f., 644, 646, 648, 651, 653, 660–662, 664–668, 671 f., 674 f., 678–682, 685–697, 699 f., 716, 724–726, 732–736, 738, 739, 750, 754, 755, 768, 776, 777, 780–782, 784, 786, 789, 795, 801, 803, 805, 806, 808, 810, 813, 814, 817, 820, 821, 827, 829, 830, 832, 834, 836, 837, 844, 849, 854, 856, 861, 863, 867, 868, 871, 875, 876, 881, 883, 886, 887, 893, 895, 897, 898, 903, 909, 923, 929, 932, 933, 938–940, 942, 944–952, 959, 961 — Landesarchiv Berlin. 842 — SBPK Berlin. 823, 856, 857, 885, 961

Berliner Börsencourier, von George Davidsohn gegründete liberale Tageszeitung, bestand 1868–1933, erschien zuerst 1x, ab 1869 2x täglich; die Abendausgabe blieb der Wirtschaft vorbehalten, die Morgenausgabe brachte Politik, Kultur und Unterhaltung. Die Sonntagsbeilage »Die Station« enthielt u.a. Wochenrückblicke auf das Berliner Theater- und Musikleben. 283

Berliner Fremdenblatt, 1872 von Rudolf Decker gegründete Zeitung. 332, 832

Berliner Gewerbeausstellung. Die Ausstellung fand im Treptower Park (im südöstlich von Berlin gelegenen Vorort Treptow) statt und dauerte vom 1.5.–31.10.1896. Alfred Kerr berichtete in seinen Berliner Briefen mehrfach mit Vergnügen und Ironie darüber; die Zusammenfassung folgt seinen Darstellungen und den zugehörigen Kommentaren: Es sollte eine »Darstellung der Industrie und des Handwerks« werden, »verbunden mit der Erwartung ›eines neuen gewaltigen Aufschwungs der Industrie und des Handels und des Verkehrs‹« (Wo liegt Berlin, S. 685). Sie bestand aus mehreren Einzelausstellungen, umfaßte auch eine Kolonialausstellung (Dörfer der damaligen deutschen Kolonien mit echten Eingeborenen, Ausstel-

lung der Kultur der Kolonisierten) und einen großen Vergnügungspark, ein nachgebautes altes, dörfliches Berlin (»Ein Meisterwerk moderner Bau- und Imitationskunst«, a.a.O. S. 152), ein eigens für diesen Anlaß erbautes Theater (»Alt-Berlin«, von Bernhard Sehring (1855–1932), wo patriotische Stücke gespielt werden sollten), einen künstlichen See, eine Anlage mit Nachbildungen deutscher Kriegsschiffe vor dem Hintergrund einer Seefestung und einer Küstenlandschaft , »aus Pappe –, aber sehr täuschend«, a.a.O. S. 155) zur Darstellung von Marineschauspielen und andere Attraktionen. Viel beachtet war auch die Separatausstellung »Kairo« (wo M und seine Freunde einen Galgenabend abhielten bzw. dies planten), mit Pyramide, Moscheen und Palästen (»in welchen Bier getrunken und Kasseler Rippenspeer verzehrt wird«, a.a.O. S. 163), Palmenwald, Geschäften, Spelunken, türkischen Cafés, alles mit der zugehörigen Bewohnerschaft, Kamelen, Eseln, Pferden, Beduinen, Derwischen, Bauchtänzerinnen, Handwerkern, Kaffee anbietenden Türken etc.: »alle [...] sind vom Orient unmittelbar nach Berlin transportiert worden« – ein »starker Mumpitz«, aber sehr anregend (a.a.O. S. 152).
Die Gewerbeausstellung wurde auch im Ausland viel beachtet und verbesserte Berlins Handelsbeziehungen, war aber insgesamt ein weniger großer Erfolg als erwartet; sie hatte – wie es hieß, des schlechten Wetters im Sommer wegen – nur 10 Millionen Besucher und schloß mit 1,5 Millionen Mark Defizit (a.a.O. S. 693). Kerr meinte allerdings: »[...] was ist eine lumpige Million. Sie ist anderweitig eingebracht worden, und wir haben was zu sehen gekriegt« (a.a.O. S. 215). Vgl. Nr. 319 und 328. 829, 831
Berliner Illustrierte Zeitung, erschien 1891–1945 im Verlag Ullstein. Es gibt einen Faksimile-Querschnitt der Zeitung, hrsg. von Friedrich Luft, Bern und München o.J. 535
Berliner Lokalanzeiger, 1883 gegründete, politisch neutrale Tageszeitung im Verlag A. Scherl. 518, 520, 891
Berliner Secession s. Secession.
Berliner Tageblatt, von Rudolf Mosse gegründete liberale Tageszeitung, bestand 1882–1939, erschien mit mehreren Beilagen, u.a. »Ulk« und »Der Zeitgeist«. 435, 436, 597, 863, 891, 911, 935
Berliner Theater, Berlin SW, Charlottenstr. 90–92, 1888 neu ausgebaut, pflegte klassisches und modernes Programm. 221, 891, 942, 946
Berlioz, Hector (1803–1869), französischer Komponist und Musikschriftsteller. 316, 535
Grande messe des morts (Große Totenmesse, Requiem), Urauffüh-

rung 5.12.1837, Paris, Invalidendom. Während Ms Berliner Zeit wurde sie am Freitag, 11.1.1895 vom philharmonischen Orchester und philharmonischen Chor unter der Leitung von Siegfried Ochs gebracht. Die Aufführung erhielt eine außerordentliche gute Presse und galt als das Ereignis der Saison. Vgl. hierzu die Rückschau »Die musikalische Saison« von Ernst Otto Nodnagel, »Das Magazin für Litteratur« 64 (1895) Sp. 616. M notierte: *Freitag, 11. Januar. Philharmonie. Das grosse Requiem von Berlioz. Das hat ein grosser Heide geschrieben.* Blatt mit wohl von Margareta M stammenden maschinenschriftlichen T-Abschriften, mit »44« numeriert. – Über 1 Jahr später versuchte M sich an einem Text für eine moderne (»heidnische«) Totenmesse (EINE MODERNE TOTENMESSE), die Philipp Scharwenka vertonen sollte (s. Nr. 307). 249, 251

Berlitz, Maximilian David (1852–1921), entwickelte eine weit verbreitete Methode des Fremdsprachenerwerbs durch den praktischen Gebrauch der jeweiligen Umgangssprache, in der auch der Unterricht gehalten wurde. 536, 895

Bern, Hauptstadt des gleichnamigen Schweizer Kantons, auch Bundeshauptstadt. 446, 448

Berner Oberland. 563 — Berner Übereinkunft. 843

Bernried, Dorf am Starnberger See. 11

Bernstadt, Stadt im Kreis Öls, Regierungsbezirk Breslau. 769

Bernstein, Elsa (1866– 949), Schriftstellerin, schrieb unter dem Pseudonym Ernst Rosmer. 369[?], 842, 855

Bernstein, Max (1854–1925), Rechtsanwalt und Schriftsteller, viele Jahre Theaterkritiker der »Münchener Neuesten Nachrichten«. 855

Lotti (Geschichte von einem kleinen Mädchen, um dessentwillen der Vater auf den Selbstmord verzichtet), in »Kleine Geschichten«, München 1889, S. 18–21. (Für Hilfe und Auskünfte danke ich Herrn Dr. Karl-Ferdinand Beßelmann, Universitäts- und Stadtbibliothek Köln. K.B.) 176 — Mädchentraum, Uraufführung 8.12.1897, Berlin, Deutsches Theater, parodiert in »Das Narrenschiff« 1 (1898) S. 12. 204, 850

Bertens, Rosa (1860–1934), Schauspielerin, 1887–1995 am Deutschen Theater in Berlin, ab 1902/03 viele Jahre im Ensemble Max Reinhardts, spielte u.a. 1903 die Vasilisa in Gorkis »Nachtasyl« und die Klytämnestra in Hofmannsthals »Elektra«. 539, 902

Berti, höchstwahrscheinlich Adalbert von Fischer.

Bertram, Wilhelm, Oberlehrer am Realgymnasium Zum Heiligen Geist in Breslau (vermutlich Englisch und Französisch). M war dort im Sommer 1887 in Pension. 16, 17, 743, 949

Bessos, Satrap (Statthalter) von Baktrien und Befehlshaber im persischen Heer. Ließ Dareios III., der vor Alexander dem Großen floh, ermorden und machte sich selbst zum Großkönig (Artaxerxes IV.), wollte so das Perserreich besser verteidigen, wurde aber 329 v. Chr. als Usurpator hingerichtet. Bessos ist der Spitzname Ms in seiner Sorauer Schulzeit und noch einige Zeit danach. In diesem Zusammenhang kommt es weniger auf Einzelheiten an als auf den Feldherrn und Befehlshaber, dem ein Gefolge zugeordnet wird (etwa Kayssler, der »Dulos« genannt wurde).   39, 51, 138, 175, 203, 209, 229, 235, 267, 274, 338

Bettmann, Professor. Da M Bettmann am 22. und 23.8.1902 in Heidelberg besuchte (N 1902), ist mit großer Wahrscheinlichkeit der Dermatologe Siegfried Bettmann (1869–?, bis 1931 in Kürschners Gelehrtenkalender verzeichnet) gemeint, der anscheinend ein Bekannter Ms und/oder Kayßlers war. Außerdem werden 2 Briefe wahrscheinlich an ihn notiert (6.9. und 18.11., N 1902).   630

Beuthner, vermutlich ein Schüler Carl Ernst Ms in Breslau, zumindest jemand, der seine *Mappe* an ihn sandte. Erst später ist ein Maler Gerhard Beuthner (1887 – ?) in Breslau nachweisbar.   17

Beyer, Frau, Pension.   951

Beyrich und Greve, Auskunftei.   462

Bibel, Bibelstellen.   58, 134, 163, 200, 247, 383, 492, 574, 588, 744, 748, 769, 779, 780, 788, 791, 794, 812, 823, 828, 845, 848, 859, 873, 874, 880, 891, 893, 933

Biberfeld, Carl (1856–1924), Bankbeamter, Schriftführer der »Breslauer Dichterschule«, Schriftsteller, besonders Werke zu festlichen Anlässen.   410

Bie, Margarete, geb. Guttmann, die Frau Oscar Bies. Deren Mutter, Oskar Bies Schwiegermutter.   274

Bie, Moritz, Fabrikant, Vater Oscar Bies.   276, 283

Bie, Oscar (1864–1938), Kunst- und Musikschriftsteller, Professor, Kunst- und Opernreferent am »Berliner Börsencourier«, wo er »der modernen Richtung zur Geltung« verhelfen wollte; von 1894 bis 1921 Redakteur der »Neuen Deutschen Rundschau« (»Neuen Rundschau«), Mitarbeiter am »Kunstwart«. Bie bescheinigt M eine *ermunternswerte Begabung* (Nr. 237) und bot ihm Mitarbeit an der »Neuen Deutschen Rundschau« sowie an der Berliner Beilage des »Kunstwart« (s. Abt Kritische Schriften) an. – Allerdings kam es schon bald zu Meinungsverschiedenheiten über die Art der zu schreibenden Artikel, so daß M sich (verärgert oder beleidigt) zurückzog. – Einige Jahre später veröffentlichte Bie wieder Beiträge, Gedichte und Aphorismen von M, außerdem das Marionettenspiel

DAS GLOCKENSPIEL, jedoch keine Kritiken, in der »Neuen Rundschau«. – In der Musik suchte Bie u.a. die Literatur für das Harmonium, das er als »Orchester zu Hause« ansah, zu fördern (Zitate aus: Deutsches Zeitgenossenlexikon. Biographisches Jahrbuch deutscher Männer und Frauen der Gegenwart. Leipzig 1905, Stichwort »Bie«). – Zu Ms Stellung zu Oscar Bie vgl. außer den vorliegenden Briefen besonders das Gedicht VIELEN HAB ICH ABZUBITTEN und die beiden Epigramme AN OSCAR BIE. (Kommentare in den früher erschienenen Bänden müssen z.T. wegen seither neu gefundener Briefe in Kleinigkeiten korrigiert werden.)
Bie wollte die »Neue Deutsche Rundschau« zu einem seriösen, inhaltlich und ästhetisch anspruchsvollen Organ machen, in der Autoren aus aller Welt veröffentlicht werden sollten. An Bjørnson schrieb er: »Den Ton der alten freien Bühne mit ihren Unreifen, ihrem Schimpfen, ihrer Parteiblindheit mag ich ebenso wenig wie Sie. Mir ist alles Grüne und Kindische in der Seele verhaßt. Als ich die Redaction antrat, sagte ich mir: das alles muß aufhören, die Zeitschrift muß das Organ einer erwachsenen Moderne werden. Dahin gehen alle meine Anstrengungen, aber die Aufräumung des Augiasstalles ist nur sehr langsam möglich. Es waren noch alte Manuskripte da. Sie werden Heft für Heft Besserung merken ...« (zitiert nach de Mendelssohn, S. Fischer, S. 182 und 183. 216f., 220, 230, 241, 247, 248, 251, 273f., 276, 279, 283, 295, 307, 325, 329, 331, 356f., 539, 562f., 568f., 648, 810, 830, 831, 896, 925, 929, 948, 953

Bielefeld, Stadt und Stadtkreis im preußischen Regierungsbezirk Minden. 200

Bielitz, Stadt in Österreichisch-Schlesien, drittgrößte Industriestadt Österreichs. 699

Biensfeld, Paul (1869–1933), Schauspieler, debütierte als Amandus in der Uraufführung von Halbes »Jugend« in Berlin, Kollege Kaysslers und Reinhardts am Deutschen Theater, später viele Jahre im Ensemble Max Reinhardts, beliebter Charakterdarsteller, Mitglied der »Brille«. 387, 460

Bierbaum, Otto Julius (1865–1910), Lyriker und Erzähler, lebte 1887–1891 in der Nähe von München, gab 1891 ein »Sammelbuch der Münchner Modernen«: »Modernes Leben« heraus und 1893–94 einen »Modernen Musenalmanach«, ging 1893 nach Berlin und war von Jahrgang 4 (1893) H. 12 bis 5 (1894) H.4 Redakteur der »Freien Bühne«, er schied aus, weil der Verleger Samuel Fischer zuviel Konzessionen an den Publikumsgeschmack von ihm forderte. Das führte zum Plan einer neuen Zeitschrift, dem »Pan« (s.d.). Bierbaum war 1899 Mitbegründer der Zeitschrift »Die Insel«. Sein Roman »Stilpe«

(1897) soll (neben anderen Vorbildern) Ernst von Wolzogen zur Gründung seines »Überbrettls«, genannt »Buntes Theater«, angeregt haben. 196, 214, 242 f., 248 f., 275, 278, 289, 328, 399, 796, 807, 827, 855, 889, 945, 953
Bühnenfestspielperspektiven. »Das Theater« 1 (1903/04) S. 60 u. 62. 693, 945 — Die Freiersfahrten und Freiersmeinungen des weiberfeindlichen Herrn Pankrazius Graunzer. Roman (1895). 249 — Die Herberge, Gedicht aus der Sammlung »Erlebte Gedichte« (1892). 177 — Erlebte Gedichte (1892), Gedichtsammlung. 185, 198, 208, 796, 889
Bierskat, Sorauer Familie. Bierskat kann auch ein Spitzname sein (Bier + Skat). Falls es sich um einen Buchhändler handelt, wäre das wahrscheinlich, da er in Nr. 296 unter den Buchhändlern nicht genannt wird. 181
Biese, Alfred (1856–1930), Gymnasiallehrer und später -direktor, Literarhistoriker, von M parodiert, vgl. auch die Bemerkung: *(Biese= Wegweiser von deutscher Lyrik)*, Abt. Kritische Schriften, S. 202. Vgl. auch a.a.O. Nr. 121 und Abt. Episches Nr. 10. 318, 326, 828, 833, 884 Lyrische Dichtung und neuere deutsche Lyrik (1896). 316–318, 336, 828. — Ms Biese-Parodie. 500, 833, 884
Bingen, Kreisstadt in der hessischen Provinz Rheinhessen, auf der linken Rheinseite, an der Mündung der Nahe. 316, 827
Birch-Pfeiffer, Charlotte (1800–1868), Schauspielerin, Theaterleiterin, Dramatikerin, verfaßte effektvolle und damals viel gespielte Stücke meist nach Romanvorlagen. — Dorf und Stadt (1847), Drama nach Berthold Auerbachs Erzählung »Die Frau Professorin«, noch 50 Jahre später eins der beliebtesten Schauspiele. 336
Bischofswerda. 735
Bismarck, Otto von (1815–1898), von 1871–1890 deutscher Reichskanzler. M teilte die Bismarckverehrung der Zeit, stand aber Auswüchsen kritisch gegenüber, vgl. etwa die Zeilen *Wir haben Grund, den alten Herrn zu loben / der eignen Denkens längst uns überhoben* aus dem Epigramm PATRIOTEN. Später, im Gedicht v,11 *O du heimlicher Berg* in der Neuausgabe des HORATIUS TRAVESTITUS von 1911 verspottet er den überreichlichen Bau von Bismarckdenkmälern. 23, 31, 36, 38, 41, 46, 50, 72, 88, 248, 435 f., 460, 749, 809, 812, 819, 863, 902
Bjørnson, Bjørn (1859–1942), Sohn Bjørnstjerne und Karolin Bjørnsons, Schauspieler und Theaterleiter, Schriftsteller, 1899–1900 und 1923–1927 Intendant des norwegischen Nationaltheaters. 480
Bjørnson, Bjørnstjerne (1832–1910), norwegischer Dichter, verheiratet mit Karolin geb. Reimers (1835–1934), Schwiegervater Albert Lan-

gens; erhielt 1903 den Nobelpreis. M übersetzte von Bjørnson für den Verlag Albert Langen einen Teil der Gedichte und mit Julius Elias das Drama »Die Neuvermählten« München 1899; »Deutsche, vom Dichter autorisierte Ausgabe besorgt von Julius Elias«; ohne Nennung der Übersetzer. 276, 520, 538, 891, 918, 953
Das neue System (1879, deutsch 1880). 218. — Die Neuvermählten 470, 732, 875 — Ein Fallissement (oder: Ein Bankrott, 1874, deutsch 1875). 218. — Gedichte. In der Übertragung von Max Bamberger, Ludwig Fulda, Cläre Mjöen, Christian Morgenstern und Roman Woerner, hrsg. von Julius Elias. München 1908. 663, 679, 712, 713, 918, 936, 946 — Leonarda (1879). 218. — Maria von Schottland (1864, deutsch zuerst 1876). 415, 545, 899 — Sigurd Jorsalfar (1872, deutsch 1901). 533[?], 538, 543, 545, 895 — Über die (auch: unsere) Kraft I und II (1883 und 1895). I erlebte am 24.3.1900 am Berliner Theater in der Regie von Paul Lindau seine 1. öffentliche Aufführung in Deutschland (nichtöffentlich schon: München, Akademischdramatischer Verein, 1896, dann 1897 zugunsten der Liliencronstiftung im Münchner Deutschen Theater); II: erste öffentlich Aufführung in Deutschland am Stuttgarter Hoftheater, 3.11.1900. In Berlin wurde das Stück, da es von der Zensur verboten war, erst am 22.1.1901 gebracht, wiederum vom Berliner Theater in der Regie von Paul Lindau. Nichtöffentliche Aufführungen: 30.5.1897, Berlin, »Neue freie Volksbühne« (II), (Angabe nach: Neuer Theateralmanach 1898) und Herbst 1900, Freie Volksbühne Berlin (I und II). Vgl. besonders Abret, Albert Langen, S. 290—294. 218, 520, 891
Blätter für die Kunst, von Stefan George gegründete Zeitschrift, erschien mit größeren Pausen von Oktober 1892 bis Dezember 1919 (nicht 1905—07, 1911—13, 1915—18). Sie war, wie es in den Heften hieß, »für einen geschlossenen von den mitgliedern geladenen leserkreis« bestimmt, lag aber auch in ganz wenigen Buchhandlungen aus. Der Druck folgt der Georgeschen Kleinschreibung und dem weitgehenden Verzicht auf Interpunktion. 362, 570, 840 f.
Blankenese, Dorf an der Elbe in der Umgebung von Hamburg. 571, 580, 583, 599, 601, 604, 616, 640, 641, 689—691, 919
Blei, Franz (1871—1942), österreichischer Schriftsteller, Übersetzer, Herausgeber von Zeitschriften, lebte damals in München, später in Berlin, emigrierte in die USA. 692, 945, 953
Bleibtreu, Karl. 794
Bloch, Felix Bloch Erben, Bühnenverlag, Berlin NW, Dorotheenstr. 61. M arbeitete dort den August 1903 über, bis er im September zu Bruno Cassirer wechselte; seine Stelle bei Bloch übernahm Efraim Frisch. 672, 673, 675, 676, 678, 857, 937, 953

Blücher, Gebhard Leberecht (1742–1819), seit 1814 Blücher von Wahlstatt, Generalfeldmarschall, einer der bekanntesten Feldherren der Befreiungskriege. 134
Blüthgen, Victor (1844–1920), Schriftsteller. 920
Blum, Ernest, verfaßte mit R. Toché den Schwank »Madame Mongodin«, am Berliner Residenztheater ab 1.12.1891 gespielt, in derselben Spielzeit am Breslauer Lobetheater. 112, 777
Blume, Hermann. 779
Blumenstock, Konrad. 748
Blumenthal, Lieselotte. 736
Bode, Dietrich. 735
Bodenstedt, Friedrich (1819–1892), Schriftsteller. 134
Böcking, Eduard. 779 f.
Böcklin, Arnold (1827–1901), Schweizer Maler, wurde nach schwierigen Anfängen im letzten Jahrzehnt seines Lebens als berühmtester Künstler seiner Zeit angesehen; auch M verehrte ihn und schickte ihm (wahrscheinlich, vgl. Nr. 506) sein Buch IN PHANTAS SCHLOSS. Äußerungen zu Böcklin lassen sich bis etwa 1907/08 belegen; vgl. die Gedichte BÖCKLIN-AUSSTELLUNG und BÖCKLINS »SOMMERTAG«, Abt. Aphorismen Nr. 344 und 357 sowie in den Bänden Kritische Schriften und Episches und Dramatisches die durch die Register erschließbaren Stellen. 214, 247, 263, 275, 393, 420, 808, 814, 822, 848, 859, 890, 940
Das Schweigen des Waldes (im Ausstellungskatalog Düsseldorf 1974 als weiterer Titel: Schauer der Einsamkeit, Nr. 53), 1885, Muzeum Narodowe w Poznaniu, Poznán; außerdem 2 Kopien von Böcklins Sohn Carlo aus den Jahren 1898–1900. Ein etwas zerrupftes, glotzäugiges, zähnefletschendes Tier, auf dem Rücken eine rätselhaft blickende Frau, tritt mit großem Schritt aus tiefem, dunklem Tannenwald. Während der Düsseldorfer Katalog von der »suggestive[n] Kraft des Einhorns« spricht, »das aus dem Dunkel des Waldes hervorschreitet« (ebd.), bemerkt Bernd Wolfgang Lindemann: »Seine nächsten Verwandten sind Esel und Maultier, nicht Araber und Lipizzaner. Es steht beispielhaft für Böcklins Vermögen, seine Fähigkeit zur Verfremdung und Brechung gerade an hehren Überlieferungen künstlerischer Thematik phantasievoll zu erproben.« Ausstellungskatalog Basel/Paris/München 2001 und 2002, Basel 2001, Nr. 69. Über Ms und seiner Freunde Bildrezeption ist nichts bekannt. 300, 822 — Die Tochter der Herodias (1891). 808 — Die Fischpredigt des hl. Franciscus (1892). 808 — Die Toteninsel, in 5 Fassungen überliefertes Gemälde (1880–1886; Kunstmuseum Basel, Metropolitan Museum New York, Nationalgalerie Berlin, Museum der

Bildenden Künste Leipzig, ein Bild ist verschollen) gehört zu den bekanntesten Bildern Böcklins überhaupt. 808 — Herbstgedanken (1886). 808 — Selbstporträt (1873). 808 — Sommer (wenn Sommertag gemeint ist, 1881). 808 — Teutonenkampf (vielleicht Kampf der Cimbern und Teutonen mit den Römern, 1889). 808 — Triton und Nereide (1873/74 und 1875). 808
Böhmisches Streichquartett. 476, 876
Boelicke, Paul (1862—?; amtierte 1926 noch, vgl. Deutsches Kirchliches Adreßbuch 1927), Pfarrer in Schönewalde bei Brenitz, heiratete 1892 Martha Goettling. Aus dem Paar wurde eine kinderreiche Pfarrersfamilie, vgl. Marie Goettling an M, 19.2.1908. 188, 777
Bök, Böksches Ensemble, nicht ermittelt. 569
Bologna, Hauptstadt der Region Emilia-Romagna und der Provinz Bologna, Italien. 613, 634, 635, 816, 817, 952, 916, 917, 952
Bomhard, Konstanze, geb. Dahn (1846—1933), die Schwester Felix Dahns. 152
Bondi, Georg (1865—1935), Verleger, bekannt vor allem als Verleger Stefan Georges; sein Verlag ist 1896 in Dresden, ab 1897 in Berlin nachgewiesen. Da er auch Georg Hirschfelds »Bergsee« herausbrachte, kam es zu einem gemeinsamen Besuch der Freunde in Dresden (Nr. 352), bei dem anscheinend auch eine Zusammenarbeit mit M besprochen wurde. Realisiert wurde davon nur die Übersetzung von Strindbergs »Inferno«, die bei Bondi herauskam. 297, 313, 314, 335, 369, 376, 378, 379, 382, 384, 386, 434[?], 443, 460, 522, 821, 826, 892, 897, 953
Bondy, Josef Adolf (1876—1946), Lyriker, Journalist, Mitarbeiter an Prager, Wiener und Berliner Zeitungen und Zeitschriften, 1907—1909 Herausgeber der »Neuen Revue« und des »Morgen«, emigrierte 1933 nach Genf und 1939 nach London. M und Bondy haben sich vermutlich etwa 1897 in Berlin kennengelernt; nachgewiesen werden konnte, daß M ihm MELANCHOLIE und die 3. Auflage der GALGENLIEDER (an Cassirer, 10.9.1906; 12.7.1908) als Rezensionsexemplare schicken ließ oder lassen wollte. — Briefe Ms an Bondy tauchten ab 1956 im Autographenhandel auf. 422, 424—426, 433, 434[?], 446, 450, 548[?]; der Prager Zusammenhang weist auf Bondy], 859, 898, 953
Die Lehre des Aristoteles von der dichterischen Ausdrucksweise. Dissertation Prag 1899/1900. Wie Bondy das Thema mit dem in Nr. 611 genannten Brentanodrama »Die Gründung Prags« zusammenbrachte, oder ob es einen nochmaligen Wechsel gab, konnte nicht ermittelt werden; die Dissertation ist anscheinend verschollen. 451 f.
Bonn, Stadt am linken Rheinufer, im preußischen Regierungsbezirk Köln. 331, 731

Borch, Marie von (1853–1895), Übersetzerin, von Ibsen z.B. übersetzte sie, beginnend 1884 mit »Gespenster«, insgesamt 11 Dramen. Es gibt einen Nachruf in der »Neuen Deutschen Rundschau« (6, 1895, S. 627 f., zitiert von de Mendelssohn, S. Fischer, S. 159), sonst ist wenig von ihr bekannt. Zur Geringschätzung der Übersetzer vgl. Alken Bruns: Übersetzung als Rezeption, Neumünster 1977, S. 14–16. 842, 844

Borgia, aus Spanien stammendes, ab Anfang des 15. Jahrhunderts in Italien lebendes, der Skrupellosigkeit ihres Vorgehens wegen berühmt-berüchtigtes Adelsgeschlecht (spanisch Borja). M plante ein Drama über Cesare Borgia (1475[?]–1507), den Sohn des Renaissancepapstes Alexander VI. (Rodrigo de Borgia, um 1431–1513) und der Römerin Vannozza de' Cataneis (1442–1518). Vgl. Abt. Dramatisches Nr. 78 sowie das Gedicht VOR DEN FRESKEN DER APPARTAMENTI BORGIA. 581, 619, 666

Boor, Helmut de. 736

Bornholm, dänische Ostseeinsel. 375, 405

Bornstein, Paul (1868–1939), Schriftsteller, Redakteur, Übersetzer, war ab 1894/95 Redakteur und zuletzt Herausgeber der »Neuen litterarischen Blätter«, 1896–98 Herausgeber und Redakteur der »Monatsschrift für neue Litteratur und Kunst«. 1896 veröffentlichte er auch ein Bändchen mit Lyrik und Prosa (Aus Dämmerung und Nacht. Gedichte und Prosadichtungen. Braunschweig 1896), das M in seinem Artikel über Gustav Renner, Abt. Kritische Schriften Nr. 26, mit einem Seitenhieb bedachte. – Von M veröffentlichte Bornstein einige Besprechungen (Abt. Kritische Schriften Nr. 72, 74, 75) sowie das Gedicht DIE NACHT. 326 f., 330, 831, 835, 953

Borowski, Franz, Haushälter, Portier, Breslau, Breite Str. 23/24. 740

Boston, Hauptstadt des Bundesstaats Massachusetts, USA. 22, 745

Botticelli, Sandro (um 1445–1510), Florentiner Maler. 948

Bozen, Hauptstadt des gleichnamigen Bezirks in Tirol. 950

Bracco, Roberto (1861 oder 62–1943), italienischer Dramatiker, Schriftsteller und Kritiker. 654

Come le foglie s. Giacosa.

Brahm, Otto (1856–1912), Schriftsteller, Theaterkritiker, Theaterleiter, Mitbegründer (1889) und Leiter (1889–1893) des Vereins »Freie Bühne« und 1890/91 Herausgeber der gleichnamigen Zeitschrift, von 1894 bis 1904 Leiter des Deutschen Theaters in Berlin, danach, weil sein Vertrag vom Besitzer Adolf L'Arronge nicht verlängert wurde (Brahm wollte dessen Sohn Hans nicht als Regisseur anstellen) des Lessingtheaters. Brahm gilt als der Förderer des realistischen bzw. naturalistischen Theaters in Berlin (erste öffentliche Aufführung der »Weber«); die Hauptstützen seinen Repertoires waren Ibsen und Hauptmann; weiterführende Entwicklungen lehnte er ab. Daraus ergab sich eine stilistische Erstarrung, die Mitanlaß wurde, daß Reinhardt und Kayssler das Deutsche Theater verließen. 213, 214, 232, 249, 270, 295, 322, 332, 378, 384, 387, 417, 443, 445, 517, 542, 543, 545, 568, 590, 668, 682, 733, 805, 814, 845, 908, 914, 934, 944, 953

Brahms, Johannes (1833–1897), Komponist, s. Klinger, Brahmsphantasie.

Bramante, eigentlich Donato d'Angelo (1444–1514), italienischer Architekt und Maler der Hochrenaissance. 785

Brand s. Ibsen.

Brandes, Georg, eigentlich Morris Cohen (1842–1927), einflußreicher und umstrittener dänischer Literaturhistoriker und Schriftsteller; seine Vorlesungen über die »Hauptströmungen der europäischen Literatur im 19. Jahrhundert«, die er als Privatdozent hielt, förderten u.a. Realismus und Naturalismus in Europa, überhaupt konnten sich alle »Neuerer« auf ihn berufen. Die erwartete Professur für Ästhetik als Nachfolger Johannes Carsten Hauchs in Kopenhagen erhielt er jedoch nicht; erst 1902 wurde er vom dänischen Staat zum Professor (ohne Vorlesungsverpflichtung) ernannt. Nach etlichen Hindernissen gelang es 1897 Samuel Fischer, Brandes für seine Ibsenausgabe zu gewinnen; er schrieb die Einleitungen zu den Bänden 2–4 (von M übersetzt). 411, 412, 420, 452, 554, 555, 734, 857, 870, 871, 880, 882, 900, 953

Brandhuber, Berta, schrieb einige Manuskripte Ms mit Schreibmaschine ab, in den (eingesehenen) Berliner Adreßbüchern nicht verzeichnet, nur eine Auskunftei Joseph Brandhuber, Leipziger Str. 63 a. 537, 568, 571

Brandt, Theodor (1855–1939), Schauspieler, Regisseur, Theaterleiter, u.a. am Berliner Residenztheater. 383

Brauer, ein Student, den M in München nicht traf. 152

Braun, nicht ermittelt. 568

Braune, Fräulein, nicht ermittelt 467

Braunschweig, Herzogtum im nördlichen Deutschland oder die gleichnamige Haupt- und Residenzstadt. 467

Braunschweigische Landeszeitung. 758, 775

Brauneck, Manfred. 733, 944

Brautlecht, der amtliche Name der Familie Deppe in Wyk/Föhr.

Die Braut von Messina s. Schiller.

Bredermann, Malschüler von Carl Ernst M. 74

Bremen, Hauptstadt des gleichnamigen Freistaates, eine der bedeutendsten Handelsstädte des Deutschen Reiches. 382, 423, 806, 840

Bremer litterarische Blätter s. Neue litterarische Blätter.
Brenner, schon zu Römerzeiten benutzter Alpenpaß. Die Brennerstraße wurde 1772 neu angelegt, die Brennerbahn 1867 eröffnet. 322, 950
Brentano, Clemens (1778–1842), einer der bedeutendsten Dichter der Romantik, mit Achim von Arnim Herausgeber der Volksliedsammlung »Der Knaben Wunderhorn«. — Die Gründung Prags. Historisch-romantisches Drama (1814). 451 f.
Brentano, Lujo von (1844–1931), Volkswirtschaftler und Sozialpolitiker, Professor u.a. in München, setzte sich u.a. für die Gewerkschaftsbewegung ein. M hörte in München bei ihm eine Vorlesung »Über Nationalökonomie als Wissenschaft«. 152, 785
Breslau, Hauptstadt der ehemals preußischen Provinz Schlesien, damals eine der größten Städte des deutschen Reichs (1880: 272.912, 1890: 335.186 Einwohner). Die Familie M übersiedelte im Frühjahr 1884, als Carl Ernst M einen Ruf an die dortige Kunst- und Kunstgewerbeschule erhielt, nach Breslau, und M besuchte dort bis zum Herbst 1889 das Gymnasium St. Maria Magdalena und einige Monate eine Militärvorbereitungsanstalt (s. von Walther); danach kann man noch bis zur Übersiedlung nach Berlin 1894, längstens bis zum Bruch mit seinem Vater 1895, Breslau als seinen Hauptwohnsitz ansehen, unterbrochen durch die beiden Schuljahre in Sorau und das Semester in München sowie durch die üblichen Ferienaufenthalte. 14, 20, 23–27, 29 f., 35–37, 41, 43–46, 48 f., 51 f., 55–58, 60–66, 68, 72–74, 78, 81–91, 95–109, 111 f., 114–118, 120 f., 124 f., 127, 128, 130–134, 137, 140–143, 146 f., 150, 152, 154 f., 157, 160, 170, 172, 174, 177, 179 f., 182, 184, 186, 190 f., 195, 197–199, 201 f., 204– 210, 212–214, 218, 220 f., 223, 225, 230 f., 233, 240 f., 246, 255, 257, 261, 264, 269, 294, 297, 322, 332, 355, 383 f., 386, 389, 393, 401, 409, 413, 415–418, 420 f., 428, 431, 433 f., 436, 443, 445, 454, 463, 467, 471, 476, 523, 525, 569, 668, 723, 738–740, 743, 745, 749, 752, 762, 766, 767, 769, 770, 773, 775, 789, 795, 796, 801, 821, 830, 832, 871, 875, 934, 949, 950
Breslau-Schweidnitz, südliche Breslauer Vorstadt. 189
Breslauer Generalanzeiger, Tageszeitung, erschien 7x in der Woche im Verlag F. A. Werle und kostete wöchentlich 15 Pf., mit Witzblatt 18 Pf. 410, 431
Breslauer Künstlerverein, 1827 gegründet mit dem Ziel, die Künste zu fördern und die Interessen der Künstler zu vertreten. Im Adreßbuch von 1891 ist Carl Ernst M als 2. Vorsitzender verzeichnet. 137
Breslauer Zeitung, Tageszeitung mit wöchentlich 18 Nummern, erschien im Verlag Trewendt und kostete im Vierteljahr 6 Mark. 410, 625, 919

Die Brille, 1898 gegründeter Zusammenschluß befreundeter Schauspieler vornehmlich des Deutschen Theaters in Berlin, mit wöchentlichen Zusammenkünften im Café Monopol und kleinen künstlerischen Darbietungen. »Das Emblem der Gruppe bildete eine im Versammlungslokal angebrachte überdimensionale Brillenimitation. Unter karikiert-würdigem Zeremoniell vollziehen die Mitglieder der Vereinigung die wechselseitige Freisprechung als Sehende. Zu Silvester 1900 tritt man mit einem Programm aus Kurzparodien und literarisch-musikalischen Scherzen im Künstlerhaus vor ein geladenes Publikum« (Huesmann, Welttheater Reinhardt, S. 11). Im übrigen bieten Kayßlers aus unmittelbarer zeitlicher Nähe geschriebene Berichte sicherlich zuverlässigere Informationen als Erinnerungen, die Jahrzehnte später verfaßt wurden. Aus der »Brille« entwickelte sich das Kabarett »Schall und Rauch«, wo eine Brille noch auf dem von Edmund Edel gezeichneten Programm der Eröffnungsvorstellung gezeigt wird – auf der Nase eines nur zu ⅔ gezeigten Männerkopfs und mit lachenden Spitzbubengesichtern statt der Augen darin. 460, 462, 467, 474, 475, 876

Brinchmann, Christoffer (1864–1940), Historiker und Schriftsteller, 1895–1934 Archivar am Reichsarchiv in Christiania/Oslo, verheiratet mit Synnøve Marie Nicolaysen (1867–1922). M hat Brinchmanns während seiner Zeit in Norwegen einige Male besucht (im N 1899 sind von März bis Mai 4 Besuche verzeichnet), vgl. etwa: *Ab. bei Brinchmanns.* [...] *Brachte Br. Kom. d. L.* [seine Übersetzung von Ibsens »Komödie der Liebe«]. *Sprach nur norw. u. mit Glück. Reizender Abend* (N 1899, 11.3.). Es sind außer dem vorhandenen Brief noch 2 Karten an Brinchmann sowie 2 Briefe von ihm verzeichnet, die alle verschollen sind. 480, 953

Bromberg, Stadt in der preußischen Provinz Posen. 391, 848

Brocken, höchster Berg des Harzes, Mittelpunkt des Brockengebirges, sagenumwoben (Blocksberg, Walpurgisnacht). 228

Bruck, vermutlich der Ort in Oberbayern beim ehemaligen Zisterzienserkloster Fürstenfeld, dessen Name erst seit 1908 offiziell Fürstenfeldbruck lautet. 184

Bruckmann, F. (Friedrich oder Ferdinand; 1814–1898), gründete 1858 den »Verlag für Kunst und Wissenschaft«, seit 1863 in München, der 1883 in eine Aktiengesellschaft umgewandelt wurde; sein Sohn Hugo (1853–1941) trat 1886 in den Verlag ein, war bis 1908 im Vorstand und 1917 im Aufsichtsrat des Verlags. 699, 948

Brunnen, Dorf im Schweizer Kanton Schwyz, am Vierwaldstättersee. 547

Bruns, J.C.C., Verlag in Minden/Westfalen. 458

Bruns, Karin. 734
Brückenberg, Gebirgsbaudenkolonie bei Krummhübel, Kreis Hirschberg/Schlesien. 39
Brückner, ein Gymnasiast in Sorau; im Adreßbuch von 1905 war ein Kaufmann dieses Namens Inhaber der Firma Friedrich Blau Nachfolger. 71
Bub., wahrscheinlich Namensabkürzung eines Prager Freundes von Carl Ernst M, der auch in den Tagebuchblättern von 1891, Bl. 2 als »mein Freund B.« erwähnt wird. 142
Buber, Martin (1878–1965), Schriftsteller, jüdischer Religions- und Sozialphilosoph, seit 1898 engagiert im Zionismus, Einsatz für eine jüdisch-arabische Verständigung, u.a. 1923–1933 Honorarprofessor in Frankfurt, danach bis 1938 Leiter des Freien jüdischen Lehrhauses und nach der Emigration bis zur Emeritierung 1951 Professor in Jerusalem. – Eine Verbindung Ms zu Buber ist für 1908 und 1909 belegt; eine Karte Bubers an M von März 1908 (nicht mehr vorhanden, Notiz N 1908) und ein Briefentwurf Ms von April 1909; ein Original ist im Martin-Buber-Archiv in Jerusalem nicht vorhanden (Margot Cohn, Handschriften- und Archivabteilung der Universität Jerusalem, an Reinhardt Habel, 16.3.1997). 649, 929
Buchner, C.C., Buchnersche Verlagshandlung, Bamberg und Leipzig. 241
Budapest, Hauptstadt Ungarns, entstand 1872 vor allem aus der Vereinigung der Städte Buda (Ofen, nach den dortigen Kalkbrennereien) und Pest, rechts (Buda) und links (Pest) der Donau. 490, 509, 512, 535, 543, 616, 873, 896, 930
Buddha, der Erwachte, Erleuchtete (Sanskrit), eigentlich Siddhatha Gautama oder Siddhattha Gotama (etwa 560–480 v. Chr.), der Begründer des Buddhismus. – Eine intensive Beschäftigung Ms mit Buddha ist erst für Sommer 1908 nachweisbar (an Kayssler, 14.7.1908).
Gotamo Buddho's Reden aus der mittleren Sammlung ... Übersetzt von Karl Eugen Neumann, 3 Bde., Leipzig 1896–1902. Ob M sich alle 3 Bände besorgt und dann nicht gelesen hat, ist nicht bekannt; jedenfalls war ihr Umfang (568, 689, 588 S., Lexikonformat) Anlaß, sich handliche Bücher zu wünschen. 597
Budzinski, Klaus. 734
Bühring, Wirtsleute Kaysslers in Frankfurt/Oder. 435
Bülow, Hans von (1830–1894), Pianist, Dirigent, Musikschriftsteller.
— Briefe an Richard Pohl. 227, 804
Büttner, Gottfried, bat Margareta M für seine Dissertation um Auskunft (Über die Wechselwirkung zwischen tuberkulöser Erkrankung und Persönlichkeit. Tübingen 1953). 924

Büttner, Margarethe (Grete), eine Freundin Marie Goettlings in Sorau, ab 1908 Mitinhaberin der bis ins Jahr 1773 zurückgehenden Wachswarenfabrik Rudolph Büttner. 111, 121, 160, 189[?], 777, 779, 792
Der Bund, Berner liberale Tageszeitung, gegründet 1850. 317, 828
Bundefjord 443, 873
Buntes Theater, der Name des von Ernst von Wolzogen (s.d.) 1901 gegründeten Kabaretts, sollte zuerst »Der rasende Jüngling« heißen. Es wurde bekannt als »Überbrettl«, was aber der übergeordnete Begriff ist (davon gab es in der Folge viele) und soviel wie Kabarett bedeutet. In der Rückschau im »Neuen Theater-Almanach« 1902 heißt es zum 17.1.1901: »Ernst von Wolzogen's ›Überbrettl‹ tritt auf einem Goethefest des Goethebundes in der Philharmonie zuerst an die Öffentlichkeit. Vom nächsten Tage an spielt es in der Berliner Secessionsbühne unter dem Namen ›Buntes Theater‹ und entwickelt eine ungeahnte Anziehungskraft. Dieser Erfolg ruft eine wahre Überbrettl-Epidemie in ganz Deutschland hervor; in Berlin allein werden nicht weniger als 42 Konzessionsgesuche eingereicht und allerorten tauchen Unternehmungen ähnlicher Gattung auf, in denen zumeist die ursprüngliche Idee des literarischen Variété gründlich verzerrt wird« (a.a.O. S. 102). 516, 522, 525, 527, 529, 531, 532, 536, 540, 558, 888, 889, 892
Buontalenti, Bernardo (1536–1608), Florentiner Architekt des Manierismus. 925
Burchard, ein Konsul. 572
Burckhard, Max (1854–1912), Jurist und Schriftsteller, 1890 bis Anfang 1898 Leiter des Wiener Burgtheaters, bei den Jahrgängen 1899/1900–1901/02 Mitherausgeber der Zeitschrift »Die Zeit« in Wien. – M nahm ihm eine kleine abfällige Bemerkung über seine Peer-Gynt-Übersetzung sehr übel. Später besprach er Burckhards Rezensionensammlung (Theater. Kritiken, Vorträge und Aufsätze, 2 Bde., Wien 1905) recht positiv (Abt. Kritische Schriften Nr. 99). 620, 625, 921, 923
Burckhardt, Albert. 837
Burckhardt, Jacob, (1818–1897) Schweizer Kultur- und Kunsthistoriker, Professor in Zürich und Basel. M benutzte in Italien Burckhardts Werk »Der Cicerone. Eine Anleitung zum Genuß der Kunstwerke Italiens«, erschienen 1855 u.ö. Vermutlich kannte er auch »Die Kultur der Renaissance in Italien«, 1860 u.ö., jedenfalls plante er – wahrscheinlich –, das Werk Eduard Schilksky zu schenken, vgl. T 1903, Bl. 136 (da er nur *Renaissance* schreibt, ist das nicht ganz eindeutig).
— Griechische Kulturgeschichte, 4 Bde., aus dem Nachlaß herausgegeben von J. Oeri, 1898–1902. 574

Burgtheater Wien. Das berühmte Theater entstand aus dem Umbau (1748–56, geplant 1741) des nahe der Hofburg gelegenen Ballhauses zu einem Theater für den Hof, wurde unter Joseph II. zum Nationaltheater bestimmt, erhielt 1888 den prachtvollen Neubau am Franzensring nach Plänen von Gottfried Semper und Karl von Hasenauer. Der Sprechstil der sehr gepflegten Schauspielaufführungen wurde als Burgtheaterstil berühmt. 478, 609, 613, 887, 921

Burkhard s. Burckhard.

Burkhardt s. Burckhardt.

Bursian, Heinrich, praktischer Arzt, München, Akademiestr. 9. 166

Burtscheid, Stadt in der Nähe von Aachen, ab 1897 zu Aachen gehörend. 822

Busch, Moritz. 749

Busch, von Paul Busch (1850–1927) im Oktober 1895 gegründetes Zirkusunternehmen. 314, 826

Busse, Carl (1872–1918), Schriftsteller. Zu M und Busse vgl. Abt. Kritische Schriften Nr. 24, 68 und 71. 275, 283, 307, 316, 326, 330, 331, 818, 824, 828, 832, 846

Gedichte, 1892 u.ö. 224, 241 — Drei Wandrer, Gedicht. 818 — Vor dem Tode, Gedicht. 232, 805 — Über Lyrik und Lyriker. 306, 124

Butti, Enrico Annibale (1868–1912), italienischer Dramatiker und Romancier. — Lucifero. Uraufführung 11.12.1900, Mailand, Deutsche Erstaufführung 22.10.1903, Berlin, Berliner Theater. »Luzifer« wird zu den bedeutendsten Dramen des Verismus gezählt. 688, 942

Butze, Nuscha (1860–1913) Schauspielerin, leitete 1898–1902 mit Paul Martin das Neue Theater in Berlin. 520, 523

Bygdø, Halbinsel in der Umgebung Christianias, mit großem Park und dem Lustschloß Oskarshall. 484, 950

Byron, George Gordon Noel, 6th Baron Byron (Lord Byron) (1788–1824). — Don Juan. Satirisches Epos in 17 Gesängen, 1818–1823, unvollendet. 84, 85 — Sardanapal (1821), in einer Bearbeitung von Josef Kainz aufgeführt vom Akademischen Verein für Kunst und Literatur in Berlin am 27.4.1901. 536, 766, 767, 895

Cadore, Pieve di Cadore, Stadt in der italienischen Provinz Belluno, Geburtsort Tizians. 102

Caesar, Gaius Julius (100–44 v. Chr.), römischer Staatsmann und Schriftsteller, wurde von einer um die republikanische Verfassung fürchtenden Verschwörergruppe (M. Brutus, C. Cassius u.a.) ermordet. Sein De bello Gallico (Über den Gallischen Krieg) war damaligen Gymnasiasten als Schullektüre bekannt. – Literarische Gestalt wurde er u.a. bei Shakespeare, s.d. 62, 596, 758, 766, 780

Callwey, Georg D. W., Münchner Verleger, bei ihm erschien u.a. die Zeitschrift »Der Kunstwart«. 248, 251, 283

Calm, Hans (1858–?), Schauspieler, u.a. 1898/99 in Breslau, nach Kaysslers Angabe ein Verehrer von Ms Gedichten. 421

Calvary, S., & Co., Verlagsbuchhandlung in Berlin NW, Luisenstr. 31, später Neue Wilhelmstr.1. 460, 473, 597, 609, 639, 875, 909

Cambridge, Stadt im Bundesstaat Massachusetts, USA, am Charles River, gegenüber von Boston. 22

Campagna, Campagna di Roma, die ländliche Umgebung Roms mit zahlreichen Überresten der antiken Kultur, die Gegend zwischen Küste, Albaner Bergen und Sabatiner Bergen. 661

Capri, Insel am Golf von Neapel. 313, 651–653

Careño (richtig: Carreño), Teresa (1853 –1917), berühmte venezolanische Pianistin; sie war auch Sängerin, Dirigentin, Komponistin, Herausgeberin. – M hörte sie vielleicht am 9.10.1899: *Abends 1. philharm. Konzert* (N 1899); das Programm wurde nicht ermittelt, ihr Mitwirken in dieser Saison wird in »Bühne und Welt« 2 (1899/ 1900), S. 339 erwähnt. 494

Carlsbad s. Karlsbad.

Carlyle, Thomas (1795–1881), englischer Schriftsteller und Literaturwissenschaftler. — Geschichte Friedrichs II. von Preußen genannt Friedrich der Große. 6 Bände, 1858–65, deutsch 1858–69. Es gab auch eine vierbändige Volksausgabe. 85 — Sartor Resartus (1836), deutsch: Der geflickte Flickschneider (1882). 565

Carriere, Philipp Moriz von (1817–1895), Professor für Ästhetik in München. M hörte bei ihm die Vorlesung: Menschliche Freiheit und sittliche Weltordnung (Eintragung in seinem Studienbuch, im Nachlaß). 152, 185, 785

Casparés[?], ein Bekannter Ms in Arosa. 567

Cassel s. Kassel.

Cassirer, Bruno (1872–1941), Verleger, zunächst zusammen mit seinem Vetter Paul Cassirer, ab 1901 mit eigenem Verlag; er gab auch die Zeitschrift »Das Theater« heraus, deren Redakteur M war. Nachdem die Zeitschrift eingestellt worden war und gelegentlich schon früher arbeitete M für ihn als Lektor; in Krankheitszeiten bekam er die Bücher zugeschickt und gab schriftliche Gutachten ab. – Cassirer emigrierte 1938 nach London und versuchte dort als Verleger wieder Fuß zu fassen. Er war neben Reinhard Piper der wichtigste Verleger von Ms Werken, bei ihm kamen die GALGENLIEDER (ab 1905) und PALMSTRÖM (ab 1910) heraus, 1908 das HASENBUCH / OSTERBUCH außerdem MELANCHOLIE (1906) und nach Ms Tod PALMA KUNKEL (1916), DER GINGGANZ (1919), ÜBER DIE GALGENLIEDER (1921),

KLEIN IRMCHEN (1921) und die Sammelausgabe der humoristischen Gedichte mit dem Titel ALLE GALGENLIEDER (1932). – M erhielt bei Cassirer zunächst 125, bald darauf 150 Mark monatlich (M an Walter Lindenthal, 18.–20.10.1913). 679, 682, 694, 700, 713, 714, 717, 718, 723, 728, 729, 732, 911, 937–939, 941–948, 953

Cassirer, Paul (1871–1926), Kunstverleger und Kunsthändler, Vetter Bruno Cassirers. 694

Catilina, Lucius Sergius (um 108–62 v. Chr.), römischer Politiker, suchte mit Gewalt das Konsulamt zu erringen (Catilinarische Verschwörung); damaligen Gymnasiasten war er bekannt durch Ciceros Reden gegen ihn, die Schullektüre waren. 805 — Drama von Ibsen, von M übersetzt, s.d.

Centa. Fräulein Centa könnte zur Familie der Frau Oberförsterin in Auberg gehören. 15

Cepëstca[?], eine Bekannte Ms. 555

Cepl-Kaufmann, Gertrude. 734, 817

Chamberlain, Houston Stewart (1855 – 1927), Schriftsteller englischer Herkunft, entwickelte in seinem Werk: Die Grundlagen des 19. Jahrhunderts, 2 Bde., 1899, eine arische Rassenideologie, die den Nationalsozialismus stark beeinflußte. 587

Chamisso, Adalbert von (1781–1838), Lyriker und Erzähler, Naturforscher. 941

Charlottenburg, Stadt in Brandenburg, Regierungsbezirk Potsdam, westlich von Berlin, mit Bahnverbindung nach Berlin. 217, 220, 228–230, 234, 241, 243, 248, 254, 256, 270, 276, 283, 291, 307, 325, 331, 335, 356, 370, 384, 423, 476, 492–494, 498, 500, 501, 506–511, 527, 539, 542, 543, 545, 555, 556, 558, 562–564, 567–569, 571, 573, 575, 586, 589, 594, 599, 600, 605–607, 609, 614, 630, 693, 805, 842, 950, 951

Chef, in den frühen Briefen der jeweilige Schuldirektor, in Breslau also Dr. Moller, in Sorau Dr. Hedicke.

Chiarini, Paolo. 814

Chiavari, Stadt nahe Rapallo, in der italienischen Provinz Genua. 604, 605, 608, 915, 951

Chiavenna, Stadt in der Lombardei, in der italienischen Provinz Sondrio. 595

Chiemsee, größter See Bayerns. 676, 937

Chlodwig II. (etwa 633/34–657), Sohn Dagoberts I., König von Neustrien und Burgund. 201

Chopin, Frédéric (Fryderyk), polnisch-französischer Komponist (hauptsächlich Werke für oder mit Klavier) und Pianist. — Nocturne Es-Dur. 747 — Valse a-Moll, ohne Opuszahl (1843?). 576, 577, 581, 586

Christen. Der Familie Christen-von Matt oder Vonmatt gehörte die Pension Eintracht in Wolfenschießen, in der M Juni–Oktober 1901 wohnte. Der Zusatz dient zur Unterscheidung von anderen Familien mit dem Namen Christen, wie etwa von Christen-Reinhard, den Besitzern von Hotel /Pension Einhorn. – M nennt die Familie auch nur (im Dativ Plural) *Mattern.* Beschreibung der Pension, Preise etc. s. Wolfenschießen. 565 (*Vater* Christen, die Kinder Theodor, George, Hatty, Gaston und ein neugeborener Sohn), 581, 636, 903, 926, 953

Die Christengemeinschaft. 730, 783

Christiania, nach einer Rechtschreibreform 1877 auch Kristiania, 1524–1924 Name der norwegischen Hauptstadt Oslo. 279, 425, 429–431, 433, 438, 444, 450, 458, 464, 467, 479, 480, 490, 491, 505, 507, 656, 725, 861, 866, 868, 872, 878, 903, 932, 950

Christianiafjord, größter Fjord im südlichen Norwegen, ca. 100 km vom Skagerrak bis Christiania, biegt dann nach Südosten ab und bildet den Bundefjord. 463, 635, 861

Christians, Rudolph (1869–1921), Schauspieler, damals am Königlichen Schauspielhaus in Berlin. 460

Chur, Hauptstadt des Schweizer Kantons Graubünden. 567, 579, 904, 951

Cicero, Marcus Tullius (106–43 v. Chr.), römischer Staatsmann, Schriftsteller und Redner. 442, 867
Catilinarische Reden, 4 Reden gegen Catilina (63 v. Chr.). 804 — Philippische Reden (genannt nach den Reden des Demosthenes gegen den Makedonenkönig Philipp II.), 14 Reden gegen Antonius (44 und 43 v. Chr.). Nach Cäsars Tod suchte er auf der Seite der republikanischen Partei den Staat vor einer erneuten Alleinherrschaft zu bewahren und hielt zu diesem Zweck die Reden, bei denen es mehr auf propagandistische Wirkung als auf Korrektheit der Einzelheiten ankam. 70 — De officiis, Von den Pflichten, 3 Bücher (44 v. Chr.) 96 — De oratore, Über den Redner, Dialog in 3 Büchern (55 v. Chr.). 78 — Tusculanae disputationes (45 v. Chr.) 763, 787

Cippico, Antonio (1877–1935), Schriftsteller und Politiker, zeitweise Mitarbeiter der Wiener Zeitschriften »Neue Freie Presse«, »Die Zeit« und »Wiener Rundschau«. 642

Cissarz, Johann Vincenz (1873–1942), Maler, Graphiker, Buch- und Plakatkünstler, Innenarchitekt, bedeutend für die Kunst des Jugendstils. 905

Claar, Maximilian (1873–1938), Publizist, Übersetzer, 1903–1907 auch Professor in Rom. 642

Clam Gallas s. Friedland.

Clara, Clärchen, Cläre s. Clara Ostler, Clara Anwand.
Clarens, zu Montreux (im Schweizer Kanton Waadt) gehörendes Dorf am Genfer See. 598
Clasing s. Velhagen und Klasing.
Claudel, Paul. 719
Clermont. 946
Clowns, Sorauer Schülergruppe, vielleicht identisch mit dem S. C. 74, 84
Coebner, Paul Körner.
Cohn, wahrscheinlich der Breslauer Blumenhändler Cohn, Schweidnitzer Str.8. 226
Comer See, Lago di Como, italienischer Voralpensee. 102
Conrad, Michael Georg (1846–1927), frühnaturalistischer Erzähler und Kritiker, Gründer und (bis 1894) Herausgeber der Zeitschrift »Die Gesellschaft«. 185, 198, 203, 276, 856
Conrad-Ramlo, Marie (1850–1921), Schauspielerin, auch Schriftstellerin, Frau Michael Georg Conrads. 198
Corinth, Lovis (1858–1925), Maler und Graphiker, auch Bühnenbildner bei Max Reinhardt. 679, 944
Corsica, Korsika, war für M wohl vor allem wegen Napoleon interessant, vgl. Ajaccio. 598, 914, 952
Cotta'scher Musenalmanach für das Jahr 1894. Hrsg. von Otto Braun. Stuttgart (Cotta Nachf.). 241
Cottbus, Stadt in der Niederlausitz, am Südostrand des Spreewalds. 53
Courtefontaine, Ort im Arrondissement Dôle, Département Jura, Frankreich. 565
Cranach, Lucas, der Ältere (1472–1553), Maler, Kupferstecher, Zeichner für den Holzschnitt. 102
Crebert, von, ein Amtsrichter und seine Familie in Augsburg. 238
Crelinger, Ludwig (1836–1904), Schauspieler, Regisseur, Theaterdirektor, gründete 1875 in Berlin eine Theateragentur. 668
Cromwell, Oliver (1599–1658), englischer Staatsmann. 111, 190, 754, 777
Cronaca, eigentlich Simone del Pollaiuolo (1457–1508), Florentiner Baumeister. 926
Cronach (Kronach), Stadt in Bayern, Geburtsort Lucas Cranachs d.Ä. 102
Cronheim, Margarethe. 946
Crusius, Franz (1835–?), Pastor in Schönwalde, Kreis Sorau, der älteste »Amtsbruder« von Pastor Goettling, M soll in dessen Haus »öfter und gern« gewesen sein (Marie Goettling an Margareta M, 4.5.1914).

– Über die in Nr. 182 erwähnte Enkelin wurde nichts ermittelt. 154, 160, 787
Cudowa, Ort im preußischen Regierungsbezirk Breslau, Kreis Glatz. 324
Cureau, Maurice. 709, 732, 822
Curtius Rufus, Quintus Curtius Rufus, ein Geschichtsschreiber der römischen Kaiserzeit, verfaßte eine Biographie Alexanders des Großen; 6,7 ff. handelt von der Verschwörung des Philotas. Der in Nr. 57 erwähnte Aufsatz konnte nicht ermittelt werden. 49, 800
Dachau, Ort im Regierungsbezirk Oberbayern. Vom hochgelegenen Schloß (1546–73) war nur noch der Südostflügel erhalten. 613, 614, 616, 916, 917, 919
Dagobert I. (um 608–638 oder 639), letzter regierender Merowingerkönig. 201
Dahn, Felix (1834–1912), Jurist und Lyriker, Dramatiker, Romanautor, Professor für deutsche Rechtsgeschichte in München, Würzburg, Königsberg und von 1888–1910 in Breslau. Als Schriftsteller war Dahn vor allem durch seine die germanische Vergangenheit verherrlichenden historischen Romane erfolgreich; »Ein Kampf um Rom« wird heute noch nachgedruckt. Dahn war mit Ms Vater bekannt und nahm Anteil am Werdegang des Sohnes; um ihm die Fortsetzung des Studiums zu ermöglichen, bot er ihm 1893 *das juristische Studium bis zum Referendar als persönliches Geschenk* an (Nr. 210, Kommentar). Seinen Roman »Julian der Abtrünnige« widmete er M mit den Worten: »Seinem lieben jungen Freund und Schüler und Mit-Dichter Morgenstern mit warmen Wünschen Felix Dahn. Breslau Weihnachten 93«. M schätzte Dahn als Menschen, stand seinen Romanen teils bewundernd, überwiegend aber distanziert gegenüber. 57, 61, 72, 104[?] 106, 113, 115, 116, 138, 145, 151, 152, 160[?], 172, 176, 185[?],187, 188, 190, 193, 194, 196, 203, 236, 306, 393, 772, 778, 785, 792, 793, 953
Die Finnin, Erzählung (1892). 187 — Die vier Elemente Luft, Erde, Wasser, Feuer im altgermanischen Götterglauben. Vortrag, 1890. 57 f., 762 — Frigga's Ja, Erzählung (1888). 84 — Macte senex consiliator, Heil dir, alter Ratschlagfinder, Gedicht, lateinisch und deutsch, 24.1.1894, Einzeldruck Leipzig 1894 (»Preis 80 Pfennige. Der Reinertrag fließt dem Bismarck-Denkmal zu«). 248, 809 — Odhin's Trost, Roman (1880). 84, 167, 176 — Skirnir, Erzählung (1889). 84, 767 — Was ist Liebe, Erzählung (1887). 84
Dahn, Therese, geb. Freiin von Droste-Hülshoff (1845–1929), heiratete 1873 Felix Dahn und war Mitherausgeberin seiner Gedichte u.a., verfaßte im Ersten Weltkrieg Kriegslieder. 191

Dall'Armi, Georg August(in) von (1823–1903), Gutsbesitzer aus Bernried, war in erster Ehe mit Viktoria geb. Poelt (1828–1854) verheiratet, in zweiter Ehe mit Franziska, geb. Kammerer (1830–1899). Er kaufte 1864 in Starnberg, wohin er also um diese Zeit übersiedelte, ein Haus (heute Jägerhuberstr.10), wobei nicht sicher ist, ob das damalige Haus noch besteht (vgl. Nr. 800). Aus der Ehe mit Viktoria Poelt hatte er 3 Kinder: (1)Aloisia Susanna (1851–1891), verheiratet mit August Greinwald (?–1887). Carl Ernst M erwähnt in Tagebuchaufzeichnungen 2 Neffen, 15 und 17 Jahre alt, die »dem Großvater in Starnberg quasi ausgerissen waren«. Es sind die »Söhne der jüngst verstorbenen Schwägerin, elternlose Kinder [...]« (Aufzeichnung vom 11.8.1891, im Nachlaß). (2)Amalia Petronilla (2.12.1852–14.12.1922), Ms erste Stiefmutter. (3) Elisabetha Maria (Elise, 1854 – ?); sie heiratete 1879 den Kaufmann Joseph Wild (gest. vor 1910) in München. Ein Sohn des Ehepaars starb im Kindesalter 1890 (Nr. 63). In Nr. 790 fragt M Amélie M nach ihrem *Neffe*[n] *Wild* – vermutlich ist dies ein weiterer Sohn der Familie Wild.

Aus der Ehe mit Franziska Kammerer stammen (1) Joseph Andreas (1856–?), er wird in den Briefen namentlich nicht erwähnt. (2) Helene Rosalie Walburga (1858–1942). Sie heiratete 1880 den Arzt Georg von Dall'Armi (1852–1921). Dieser wird im Brief Ms an Margareta M vom 13.3.1913 einmal erwähnt: *A. hat einen praktischen und sehr resoluten Arzt zum Schwager* [...]. Helene von Dall'Armi muß die in Nr. 1 erwähnte *Tante Helene* sein. (3) Oscar (1859–?), Jagdmaler und Administrator in Starnberg. (4) Franz Seraph, Ökonomieadjunkt (1862–1888).

Amalia von Dall'Armi s. Amélie Morgenstern. — August(in) von Dall'Armi   9, 13, 16, 17, 563, 579, 622, 640, 739, 740, 953 — Franz von Dall'Armi   13, 739 — Franziska von Dall'Armi   9, 13, 17, 739, 743 — Helene von Dall'Armi   9, 737 — Oscar von Dall'Armi   13, 739

(Ich danke Frau Dr. Walburga Scherbaum und Herrn Helmut Scherbaum für ihre Recherchen in Bernried und München. K.B.) Weiteres zur Familie von Dall'Armi: Gothaisches genealogisches Taschenbuch der Briefadeligen Häuser 4 (1910).

Dallwyl, Dallenwil, auch Thalwyl, in der Umgebung von Wolfenschießen (s. d.); Photo bei Kretschmer, Wanderleben, S. 97.   561

Damascus. Die uralte syrische Stadt, der märchenhafte Schönheit nachgesagt wurde, erschien Kayssler als der passende Aufenthaltsort für den *Weltpostkobold*.   521, 891

Daniel, Hermann Adalbert (1812–1871), Theologe und Verfasser weitverbreiteter geographischer Werke. — Handbuch der Geographie.   3

Teile. Stuttgart 1859/60 u.ö., ab der 2. Auflage 4 Bände. Illustriertes kleineres Handbuch der Geographie. Auszug aus dem 4.-bändigen Werk. Stuttgart 1881/82 u.ö. In Ms Nachlaß befindet sich eine zweibändige Ausgabe, Leipzig 1887. »Lehrbuch der Geographie für höhere Unterrichtsanstalten«, Halle 1845, 1891 in 73. Auflage erschienen. 120, 122

Dannecker, Johann Heinrich (1758–1841), klassizistischer Bildhauer. 101

Dante Alighieri (1265–1321), italienischer Dichter. 80, 765

Danton, Georges Jacques (1759–1794), gehörte zu den bedeutendsten Gestalten der Französischen Revolution, wurde unter seinem Gegner Robespierre mit seinen Anhängern hingerichtet. – »Danton« ist einmal als Spitzname Ms belegt, Max Reinhardt ist dabei Robespierre. Ob es sich um Anlehnung an Büchners Charakterisierungen in »Dantons Tod« handelt oder nur allgemein um revolutionären Impetus, ist unbekannt. 352, 837

Darmstadt, Haupt- und Residenzstadt des Großherzogtums Hessen, wurde durch die 1898 durch Großherzog Ernst Ludwig gegründete Künstlerkolonie auf der Mathildenhöhe zu einem Zentrum des Jugendstils in Deutschland. 102, 519 , 733, 734, 748, 889, 890

Darwin, Charles (1809–1882), Naturforscher, Begründer der modernen Evolutionstheorie. — Reise eines Naturforschers um die Welt (1845), Übersetzung von J.V. Carus. Stuttgart 1875 u.ö. 115

Dauthendey, Max (1867–1918), Lyriker, Schriftsteller. Zur Zeit seiner Erwähnung sind keine Beiträge in der »Neuen Deutschen Rundschau« von ihm erschienen. 283

David, König von Juda und Israel, regierte etwa 1004/03–965/64 vor Christus. Aufgrund seiner Klagelieder um Saul und Jonathan und um Abner (2. Samuel 1,19–27. und 3,33 f.) wurde ihm später die Mehrzahl der alttestamentlichen Psalmen zugeschrieben. 201

Davos, Davos Platz und Davos Dörfli, im Schweizer Kanton Graubünden, ehemals bedeutendster alpiner Kurort für Lungenkranke in Europa. Abbildung von Dr. Turbas Sanatorium s. Kretschmer, Wanderleben S. 95, von der Liegekur S. 96. 517, 524, 527, 531, 538– 540, 542, 544, 560, 561, 567, 572, 575, 578, 579, 605, 793, 897, 906, 912, 913, 923, 951

Dehmel, Ida, gesch. Auerbach, geb. Coblenz (1870–1942), die zweite Frau Richard Dehmels (Heirat 22.10.1901). 602

Dehmel, Paula, geb. Oppenheimer (1862–1918), erste Frau Richard Dehmels (1889–1899), Verfasserin von Kindergedichten und -geschichten, z.T. zusammen mit Richard Dehmel. 366

Dehmel, Richard (1863–1920), Schriftsteller, gehörte zu den berühmtesten Lyrikern seiner Zeit, wurde aber nach seinem Tod bald vergessen. Nach Anfängen, die dem Naturalismus nahestanden, wurde sein Hauptthema die überwältigende Macht des Eros und eine oft ins Kosmische überhöhte Feier menschlicher Sinnlichkeit. Die Verwirklichung seines Schönheitsideals sollte zugleich eine bessere Welt herbeiführen. Er stilisierte sich zum literarischen Gewissen seiner Zeit und wurde zum Förderer und Anreger zahlreicher jüngerer Talente; gehörte auch zu den ersten, die die Bedeutung des Kinderbuchs erkannten, und verfaßte Kindergedichte und -geschichten, die er zusammen mit denen seiner ersten Frau Paula 1900 unter dem Titel »Fitzebutze« (s.u.) herausgab. Ab November 1901 arbeitete er an einem Sammelband »Der Buntscheck« (s.u.), für den er auch M zu gewinnen suchte, aber seine Neigung, nicht nur die eigenen Schöpfungen, sondern auch anderer zu verbessern, führte zumindest bei M zu erheblicher Verstimmung, so daß es zu keiner Beteiligung kam. Im übrigen erweist er sich als schnell antwortender Briefpartner von programmatisch wirkender Spontaneität. – Ms Verhältnis zu Dehmel wechselte von distanzierter Ablehnung zu begeisterter Zustimmung, die in späteren Jahren wieder stark zurückgenommen wurde, vgl. auch Abt. Kritische Schriften Nr. 24, 66 und 74, und EINE THRENODIE ..., sowie Abt. Episches und Dramatisches (Register). Dehmel behandelte M nach anfänglicher Vorsicht ausgesprochen freundschaftlich. An Wilhelm Schäfer schrieb er zunächst: »Morgensterns Aufsatz [RICHARD DEHMEL] habe ich noch nicht gesehen. Vielleicht hast Du recht, daß der Mann nur zu grün war, als er seinerzeit das blecherne Zeug über mich schrieb [in VON NEUER LYRIK]. Aber ich fürchte sehr, daß er nur Einer ist, der gut zu horchen versteht; Du kennst Berlin noch nicht. Man fängt im goldenen Westen [d.h. im reichen Berliner Westen] an, mich für die neuste Mode zu halten, und nun möchte er nicht im Nachtrab bleiben. Geistreich sind ja diese Leute alle miteinander, aber ihr Gefühl erwärmt sich meistens nur, wenn es sie gut kleiden wird. Es soll mich freuen, wenn Morgenstern anders ist. Jedenfalls habe ich keinen Grund, nicht ›gut zu ihm‹ zu sein, wenn er mich besuchen kommt. Ich bin doch kein Menschenfresser.« Richard Dehmel: Dichtungen, Briefe, Dokumente. Hrsg. und mit einem Nachwort versehen von Paul Johannes Schindler. Hamburg 1963, S. 178. 275, 307, 328, 338, 341¹, 342, 344–346, 363, 366, 389, 393, 425, 457, 504, 524, 527, 529, 544, 571, 580, 583, 592, 599, 601, 604, 616, 630, 640, 641, 689–691, 860

Aber die Liebe. München 1893; darin der Zyklus »Die Verwandlungen der Venus«. In den Gesammelten Werken 1905–1909 erschien dieser Zyklus mit anderen erotischen Gedichten (als eigener Band (4)). 341 — Der Buntscheck. Ein Sammelbuch herzhafter Kunst für Ohr und Auge deutscher Kinder. Hrsg. von Richard Dehmel. Cöln a. Rh. Schafstein & Co. 1904. Vgl. auch den Ausstellungskatalog »Fitzebutze«, Marbach 2000, bes. S. 185–210.   571, 580, 583, 601, 602, 616, 640, 905, 906, 909, 924 — Der Mitmensch. Drama (1895). 342, 349, 580, 691 — Eine Lebensmesse, »Pan« 3 (1897/98) S. 89–94. Die Texte sind den Greisen, den Vätern, Müttern, Kindern, einer Jungfrau, einer Waise, zwei Sonderlingen, einem Helden zugeordnet. Die Dichtung wurde später um einen Text des »Helden« erweitert und erschien als Teil von »Weib und Welt«. Ein Aufführungsplan von Peter Behrens und Richard Dehmel erschien 1900 in Behrens' Schrift »Feste des Lebens und der Kunst. Eine Betrachtung des Theaters als höchsten Kultursymbols«, Leipzig 1900. Vgl. auch: »[...] einen Theaterplan, wie er Ihnen vorschwebt, habe ich schon im Jahr 1900 mit Peter Behrens zusammen ausgearbeitet und veröffentlicht, bei Gelegenheit der Darmstädter Ausstellung, wo wir meine ›Lebensmesse‹ aufzuführen hofften, was sich dann aber an den Quertreibereien der Herren Kunstgewerbler zerschlug.[...].« Dehmel an Hans Brandenburg, 18.12.1918. Ausgewählte Briefe aus den Jahren 1902 bis 1920. Berlin 1923, Nr. 879, S. 445. 342, 345 (M zitiert aus: Chor der Greise, Ein Held, Eine Waise, Chor der Kinder), 690 — Erlösungen. Eine Seelenwandlung in Gedichten und Sprüchen. Stuttgart 1891. 341, 425, 641 — Fitzebutze, Gedicht, s.u. 400 — [Mit Paula Dehmel] Fitzebutze. Allerhand Schnickschnack für Kinder. Berlin und Leipzig 1900 u. ö. Bilder von Ernst Kreidolf. Zum Titel: Das erste Gedicht mit diesem Titel (von Richard Dehmel) erschien 1894 in der »Neuen Deutschen Rundschau«; es gefiel M so gut, daß er es in sein Heft mit Literaturzitaten (S. 83 und 82) aufnahm. Es wurde später geändert und ergänzt durch andere Gedichte um den Hampelmann Fitzebutze (Verballhornung von Vitzliputzli, dem aztekischen Kriegsgott). Vgl. auch den Ausstellungskatalog Fitzebutze, a.a.O. S. 93–146. 520, 528 — Lebensblätter. Gedichte und Novellen. Verlag der Genossenschaft PAN (1895). 341 — Weib und Welt. Gedichte [und 2 Prosastücke]. Berlin 1896. In diesem Band stehen die Gedichte, um derentwegen Dehmel (aufgrund einer Rezension Börries von Münchhausens) wegen Unsittlichkeit angeklagt wurde: Jesus bettelt (S. 57), Mit heiligem Geist (S. 110 f.) und Venus Consolatrix (S. 119–121), dessentwegen er verurteilt wurde. Dehmel schrieb hierzu an Ida Auerbach: »Außerdem hat gestern ein ›hoher‹ Gerichtshof die VENUS CONSOLATRIX für unzüchtig und gotteslästerlich erklärt und die Vernichtung (Ausschneidung) der Seiten 119–121 ›W. u. W‹. [Weib und Welt] verfügt. Mit andern Worten: eins meiner schönsten Gedichte wird mir gestohlen, nein gemordet, und wenn nicht zufällig ein halbes Jahr zwischen der Denunziation und der Veröffentlichung des Buches läge, wodurch die ›Strafverfolgung des Verfassers verjährt‹ ist, dann hätte ich noch obendrein ein paar Monate Gefängnis gekrigt« (31.8.1897, Ausgewählte Briefe 1833–1902, Nr. 193). Dehmel bedichtete in den fraglichen Zeilen nicht nur den schönen Bauch seiner Doppelfigur Maria von Nazareth/Maria Magdalena, sondern auch dessen Schwangerschaftsstreifen, um, wie er schrieb, »dem gemeinen Wollustreiz der bloßen Leibesschönheit vorzubeugen« und um auf das Verehrungswürdige der Geburt hinzuweisen. Offener Brief Dehmels an das Königliche Amtsgericht II, Berlin, zitiert nach Jacobowski, Auftakt, Bd. 2, S. 163; eine ausführliche Dokumentation auch a.a.O. Nr. 297–317 und in den zugehörigen Kommentaren. Vgl. auch Nr. 463, 465, 466 und Abt. Kritische Schriften S. 601 f. M beteiligte sich an der Auseinandersetzung mit dem Epigramm *Hab manches Streichlein angericht'*. 1913 wurde wieder der vollständige Text von Dehmels Gedicht gebracht. 341 f. — Geheimnis, Verklärte Nacht, Der Schlangenkäfig, Mittag (Gedichte). 366 — Zwei Menschen. Roman in Romanzen, entstanden 1895–1902, zuerst Teil 1 und 2 in der Zeitschrift »Die Insel« (2 (1900/01) Bd. 1–3), danach 23 Gedichte des 3. Teils noch vor Erscheinen der Buchausgabe in der »Neuen Deutschen Rundschau« 14 (1903) S. 54–76 gedruckt. Buchausgabe 1903. 342, 583

Dekorative Kunst, ab Herbst 1897 erscheinende Monatsschrift im Verlag F. Bruckmann in München, kostete pro Quartal 3.75 Mark. 410

Delfin. Frau Delfin betrieb, vielleicht mit ihrer Tochter, ein Hotel o.ä. in Portofino, vgl. auch die Notiz vom 10.2 1902 (N 1902), daß er an den *Albergo del Delphino* [...] geschrieben habe. 603, 604

Delphi, Ort in Phokis, Mittelgriechenland, in der Antike berühmt durch sein Apollonheiligtum und das Delphische Orakel, das noch bis ins 4. Jahrhundert in Betrieb war und danach verfiel. Die Anlage wurde ab 1893 von französischen Archäologen wieder ausgegraben, 1903 auch ein Museum errichtet. 684, 772

Demetrios, nach Apostelgeschichte 19,24 ein »Silberschmied« [Luther: »Goldschmied«] in Ephesos, »der silberne Artemistempel herstellte und den Künstlern viel zu verdienen gab« (Jerusalemer Bibel). 201

Den Haag, Stadt in der niederländischen Provinz Südholland, königliche Residenz. 884 (Haager Friedenskonferenz)

Deppe, Philipp, amtlich Brautlecht. M lernte den damals siebenjährigen Philipp Deppe (28.8.1888–28.12.1946) im Sommer 1895 am Strand kennen und schickte ihm zu Weihnachten einen Brief und ein kleines Spielzeugschiff. Sein Vater, Friedrich Adolph Brautlecht, war Schauspieler und Leiter einer Wandertruppe; er nahm der zu erwartenden Verballhornungen des Namens Brautlecht (zu Brathecht etc.) wegen den Mädchennamen seiner Mutter, Deppe, an; dabei blieb es auch, als er in Wyk auf Föhr ein Hotel, Deppe's Hotel, am Sandwall, eröffnete. Er heiratete Rose Christine Dagmar Lind, mit der er 5 Kinder hatte, außer Philipp, dem ältesten, noch 2 Söhne, Friedrich und Christian (die beide im 1. Weltkrieg fielen), und 2 Töchter. Philipp mußte das Hotel übernehmen und absolvierte deshalb eine Ausbildung zum Koch; einige Jahre verbrachte er zur Erweiterung seines Horizont als Schiffskoch. Ein Photo von ihm ist veröffentlicht bei Kretschmer, Wanderleben, S. 53; es stammt aus dem Atelier von Philipps Onkel Waldemar Lind, der der erste Photograph auf der Insel war. (Die biographischen Angaben wurden mit Dank dem Brief Barbara Brautlechts an Ernst Kretschmer, 5.11.1987, entnommen.) 297f., 710, 953

Déry (eigentlich Deutsch), Juliane (1864–1899), aus Ungarn stammende deutsch-jüdische Schriftstellerin. Aufführung oder Druck ihres Dramas »Puszta-Stürme« konnte nicht ermittelt werden. 476

Dessoir, Max (1867–1947), studierte Medizin und Philosophie und war ab 1892 Dozent, später Professor für Philosophie in Berlin; Hrsg. der »Zeitschrift für Ästhetik und allgemeine Kunstwissenschaft«. – M besuchte im Wintersemester 1894/95 seine Psychologievorlesung. 246

Detmold, Haupt- und Residenzstadt des Fürstentums Lippe. 201

Deussen, Paul (1845–1919), Philosoph, Freund Nietzsches, ab 1889 Professor in Kiel. 527, 893

Deutsch-Wilmersdorf, Dorf nahe Berlin, im Kreis Teltow, wurde 1907 Stadt (Wilmersdorf bei Berlin) und 1920 zu Berlin eingemeindet. 266, 273, 407, 692

Deutsche Dichtung, halbmonatlich erscheinende Zeitschrift (1886–1903/04), gegründet und herausgegeben von Karl Emil Franzos. Ms erste Gedichte wurden von Franzos abgelehnt, und zwar wurde den Verfassern eingesandter Gedichte nicht persönlich die Annahme oder Ablehnung mitgeteilt, sondern auf den Umschlagblättern der Zeitschrift veröffentlicht, mit den Anfangsbuchstaben des Verfassernamens und dem Wohnort. Die Bemerkung über Ms Gedichte steht im Heft vom 15.2.1891 (9, 1890/91, H. 10). Später, ab 1894, hat Franzos die folgenden Gedichte Ms veröffentlicht: SOMMERNACHT,

STURMNACHT AUF DEM EIBSEE, AUF DEM STROME, MEIN GRAB, DER BERGSEE, ICH GING IM PARK ..., LEISE LIEDER ..., AN − .WINTERNACHT), GUTER RAT, AM GARDASEE, WINTER-IDYLL I–III, DAS KÖNIGSKIND, VOR EINEM KINDE, LIED (*Gieb auf alle Rosen acht*), GLÜCK, LIEBESBRIEF, WIDMUNG (*An Cathérine R.*), SEI BEREIT, ABEND IM PARK, HERBSTNACHT, ICH MÖCHTE DICH NOCH EINMAL SEH'N, AN *** (*Wie könnt' ich deine Seele trösten*), GESPRÄCH (*Wir wußten uns nichts mehr zu sagen*). Außerdem wurden einige von M übersetzte Gedichte Ibsens gebracht: »Der Bergmann«, »Dank. An meine Frau«, »Verbrannte Schiffe«, »Spielleute«, »An die Überlebenden«, »Der Eidervogel« (»Deutsche Dichtung« 24 1898/99 S. 6 f.; für die Buchausgabe (Bd. 1) hat M die Übersetzungen z.T. stark umgearbeitet). Schließlich findet sich eine Übersetzung Ms aus dem Schwedischen, ein Gedicht von Jakob Tegengren (1875–1956): »Wenn die Finsternis über das Meer fällt« (a.a.O. 29, 1900/01, S. 154.); Ms Übersetzung ist handschriftlich im Nachlaß vorhanden. – Zur Zeitschrift »Deutsche Dichtung« vgl. auch: Wolfgang Martens, Deutsche Dichtung. Eine Literarische Zeitschrift 1886–1904. Archiv für die Geschichte des Buchwesens. Hrsg. von der Historischen Kommission des Börsenvereins des Deutschen Buchhandels e.V., Bd. 1, Frankfurt/M 1958, S. 590–607. Hier wird auch erwähnt, »daß lyrische Beiträge [...] im allgemeinen nicht honoriert« wurden (S. 470). 63–65 , 67, 76, 84, 230, 234, 240, 424 , 434, 733, 761, 763, 794, 870

Deutsche Kolonialzeitung, Wochenschrift, Organ der Deutschen Kolonialgesellschaft, Sitz Berlin, hatte das Ziel, den deutschen Kolonialismus (vornehmlich in Ostafrika) und damit die deutsch-nationalen Interessen zu fördern. 18

Deutsche Romanzeitung (1863–1911/12 und 1914/15–1944), wöchentlich erscheinende Roman- und Novellenzeitschrift. Als Beilage gab es ein Feuilleton, das sich laut Selbstanzeige der Pflege des deutschen Gemüts widmen sollte. Ganz vereinzelt wurden auch Gedichte veröffentlicht. Ms Verbindung zu der Zeitschrift wurde wohl durch Otto von Leixner (s. Nr. 253) hergestellt, der von 1882–1907 dort Redakteur war. – Es konnte die Veröffentlichung der Gedichte WORTE DES TROSTES und DIE ERSTEN MAIGLÖCKCHEN IM KRANKENZIMMER ermittelt werden. 230, 234

Deutsche Rundschau (1874–1942, 1949–1963), liberale Kulturzeitschrift, monatlich erscheinend, gegründet von Julius Rodenberg. 809

Deutscher Geist, Schülerzeitschrift, von Friedrich Kayssler und seinen Freunden vom Breslauer Magdalenengymnasium gegen Ende des

Jahres 1891 gegründet. Eine erste Andeutung hierüber macht Kayssler in Nr. 105. Er will die Zeitschrift M gewissermaßen als Weihnachtsgeschenk präsentieren und hofft auf seine Mitarbeit nach dem Abitur. Bis dahin müssen fünf Nummern zustande gekommen sein, denn die erste, die erhalten geblieben ist (bei der M schon die Redaktion übernommen hatte), ist Nr. VI und stammt vom Juni 1892. Daraus läßt sich schließen, daß das erste Heft im Dezember 1891 fertig geworden sein muß. Gedanke und Plan stammen also nicht von M, der auch nicht an der Gründung beteiligt war, hingegen war er schnell begeistert, sich für deren Ausweitung und Verbesserung einzusetzen. Als er nach dem Abitur nach Breslau zurückgekehrt war, wurde er mit der Redaktion betraut und die folgenden drei Nummern VI, VII und VIII, an denen er maßgeblich beteiligt war, sind erhalten geblieben. Aber schon bald kam es zu einer *Krisis*, er müsse wohl seine Beteiligung einstellen oder sich neue Mitarbeiter suchen, schreibt er am 23.8.1892 an Marie Goettling und stellt fest, er habe durch seinen *unglücklichen Versuch, die Sache auf ein höheres Niveau zu lenken, den armen Jungens die Freude daran verdorben.* Heft Nr. VIII ist aber noch erschienen, wenn auch erst im Dezember. Anfang 1893, am 1.2., wird die Zeitschrift noch einmal, im vorhandenen Material zum letzten Mal, erwähnt: *D.G. in Aussicht.* Ob damals noch ein Heft, sei es mit oder ohne Ms Mitarbeit, zustande gekommen ist, ist nicht bekannt. – Weiteres s. Abt. Kritische Schriften Nr. 1–3, Text und Kommentar. 102, 104, 106, 111, 115, 117–121, 125, 129, 770, 772, 773, 776, 777, 779

Deutscher Jugendfreund, in Einzelheften und gebunden als Jahrbücher erscheinende Sammlungen von Erzählungen u.a.; für Kinder und Jugendliche. 23

Deutscher Reichs- und kgl. Preußischer Staatsanzeiger. 818

Deutsches Abendblatt, Prag. 850

Deutsches Dichterheim/Das deutsche Dichterheim, Halbmonatsschrift, erschien von 1880–1898, zuerst in Dresden, ab 1893/94 in Wien. Herausgeber waren nacheinander Paul Heinze, Max Geßler und Adalbert von Majersky, Redakteur ab 1893/94 August Siebenlist. – Die Zeitschrift veröffentlichte von M die Gedichte FRÜHLINGSREGEN, MICHELANGELO I–III (DER ABEND, DIE MORGENRÖTHE, EIN SCLAVE), ODYSSEUS AN SEINE FREUNDE, SONNENAUFGÄNGE (*Hörst du...*), MENSCHEN UND GÖTTER, ZUM ANDANTE CON MOTO, SÜSSE ÜBERREDUNG, AUS EINEM CYKLUS »SYLT«, DIE WINDMÜHLE, SEHNSUCHT (*Hier in Bergeseinsamkeiten*). 833

Deutsches Theater, Berlin NW, Schumannstr. 13a; 1849 erbaut und

1850 als Friedrich-Wilhelmstädtisches Theater eröffnet, Neubau 1872, Umbau und Renovierung 1883 und Eröffnung als »Deutsches Theater« durch die »Sozietät deutsches Theater zu Berlin«, ab 1892 im alleinigen Besitz von Adolf L'Arronge, der es 1894–1904 an Otto Brahm, dann an Paul Lindau verpachtete, von dem Max Reinhardt es nach einem Jahr übernahm, in dessen Besitz es 1906 überging und der es abermals umbauen und modernisieren ließ. 213, 221, 246, 324, 473, 476, 480, 517, 533, 555, 568, 590, 650, 682, 683, 688, 816, 888, 896, 897, 901, 902, 915, 929, 930, 942, 944

Devrient, Otto (1838–1894), Schauspieler und Regisseur, u.a. in Stuttgart, Berlin, Karlsruhe, Weimar, zuletzt Direktor des Königlichen Schauspielhauses in Berlin; auch Verfasser von Schauspielen. 245, 807

D.G. s. Deutscher Geist.

Dickens, Charles (1811–1870), englischer Romanschriftsteller. — Bleakhaus (1851–53, deutsch 1852–54), Roman. 180, 182, 791

Diederichs, Eugen (1867–1930), Verleger. 461, 570, 594, 953

Diefenbach, Karl Wilhelm (1851–1913), Maler und Silhouettist, Lebensreformer, lebte viele Jahre in München, danach in der Umgebung, u.a. im ehemaligen Steinbruch Höllriegelskreuth, später u.a. in Wien und Kairo, zuletzt auf Capri. 144

Dieterich, Verlag in Göttingen. 574

Dietrich von Bern (Verona), Held der germanischen Sage, nach der historischen Gestalt Theoderichs des Großen (um 453–536). 380, 844

Dinter, Landhaus. 788

Diogenes von Sinope (um 400 – vermutlich zwischen 328 und 323 v. Chr.), bedeutendster Vertreter des Kynismus, bekannt vor allem durch Anekdoten über seine Bedürfnislosigkeit und seinen Witz. 799–801

Diogenes Laertius, griechischer Schriftsteller des 3. Jahrhunderts. 801

Dionysios d. Ä. von Syrakus (etwa 430–367 v. Chr.). 762

Dionysos, griechischer Gott der Fruchtbarkeit, des Weins und der Ekstase, Sohn des Zeus und der Semele. Er wurde von Nymphen, Satyrn und Silenen begleitet und war Anführer der Mänaden. 655, 869, 931

Dippel, Heinrich. 778

Direktor, in den Briefen der Landshuter Zeit (Nr. 2–10) der Direktor des Studienseminars, J. B. Pusl.

Doepler, Emil (1855–1922), Maler, Kunstgewerbler, Gebrauchsgraphiker, 1881 Lehrer, 1889–1920 Professor am Berliner Kunstgewerbemuseum (Musterzeichnen), zunächst vom zeittypischen Historismus geprägt, später modernere Formen, einflußreich für die Gebrauchsgraphik des frühen 20. Jahrhunderts. 673, 936

Døren, Ort in Norwegen am Nordfjord, mit eigenem Poststempel. 279

Döring, Theodor. 944

Dörmann, Felix, eigentlich Biedermann (1870–1928), Lyriker und Erzähler. M besprach 1895 dessen Gedichtsammlung »Gelächter« (1895), vgl. Abt. Kritische Schriften Nr. 24. 275

Donatello, eigentlich Donato di Niccolò di Betto Bardi, (um 1386–1466), Florentiner Bildhauer der Frührenaissance. 101

Donath, vielleicht ein Mitschüler Ms. 113

Donop, Lionel von (1844–1912), Kunsthistoriker, Professor, Mitarbeiter an der Berliner Nationalgalerie, veröffentlichte hauptsächlich Ausstellungskataloge der Nationalgalerie; verfaßte auch eine kleine Biographie Max Jordans (1907). 211, 251, 252

Dortmund, Stadt- und Landesbibliothek. 817, 868, 943, 961, s. auch Woldemar Runge.

Doss, Frau von, anscheinend eine Bekannte Amélie Ms, wohnte in Partenkirchen, Villa Christina (T 1902/03 1, Einbandinnenseite hinten). 640

Dostojewski, Fjodor Michailowitsch (1821–1881), russischer Schriftsteller. 1903 dachte M an eine *Aufsatz-Serie für e. grosse Zeitung* mit dem Titel GROSSE BÜCHER, in der auch Dostojewskis »Raskolnikow« besprochen werden sollte (T 1903, Bl. 73, datierbar Mai/Juni 1903). – Vgl. auch die Gedichte AN DOSTOJEWSKI, AN DOSTOJEWSKI ZUM 90. GEBURTSTAG, Abt. Aphorismen Nr. 457, 476, 477, 543, 1524–1526 sowie die über die Register erschließbaren Stellen Abt. Episches und Abt. Kritische Schriften. — Die Brüder Karamasow (1878/80, deutsch 1884 u. ö.), Roman. 649, 929 — Raskolnikow (auch: Schuld und Sühne, 1866, 1877, deutsch 1882 u.ö.). 286

Drachmann, Holger (1846–1908), dänischer Lyriker, Prosaist, Übersetzer. — Forskrevet (Verschrieben), Roman (1890). 889

Dramatische Gesellschaft, vermutlich identisch mit der im Neuen Theateralmanach 1897 S. 281 unter »Freie Bühnen« für Oktober 1896 vermerkten Gründung »Dramaturgische Gesellschaft«, Berlin (wohl ein Namensirrtum), die ähnliche Ziele verfolgte wie der Verein »Freie Bühne«. 1. und 2. Vorsitzende waren Ludwig Fulda und Bruno Wille (ebd.). Eine Zusammenstellung der gespielten Stücke in: Fulda, Briefwechsel, S. 703. 445, 836

Die Drei. 730

Dresden, Haupt- und Residenzstadt des Königreichs Sachsen. 102, 122, 150, 209, 235, 297, 410, 561, 786, 787, 821, 949, 950, 961

Dreßling, von, wahrscheinlich der Seefelder Pfarrer. 11

Drews, Arthur (1865–1935), philosophischer Schriftsteller. Im Jahr 1892 lagen folgende Veröffentlichungen vor: Die Lehre von Raum und Zeit in der Kantischen Philosophie. Diss. Halle 1889; Judas Ischariot. Eine Dichtung. Hamburg 1889; Eduard von Hartmannns Philosophie und der Materialismus in der modernen Kultur. Leipzig 1890. 115[?]

Drews, Paul Gottfried (1858–1912), Theologe, veröffentlichte bis 1892: Willibald Pirckheimers Stellung zur Reformation, 1887; Humanismus und Reformation, 1887. 115[?]

Dreyer, Max (1862–1946), Dramatiker und Erzähler, war bis 1888 Lehrer, bis 1898 Redakteur der »Täglichen Rundschau« und Teilnehmer von deren Freitagstischrunde in Berlin. Dort kann M ihn persönlich kennengelernt haben. Vgl. auch Abt. Episches Nr. 43 und Abt. Kritische Schriften Nr. 9. — Der Probekandidat, Uraufführung 18.11.1899, Berlin, Deutsches Theater. (Der zur Probe eingestellte Lehrer Hermann Heitmann kann in einer für die feste Gymnasialanstellung notwendigen Probestunde seine ihm vertrauenden Schüler nicht enttäuschen und ihnen statt seiner ehrlichen, freigeistigen Überzeugung die geforderte orthodoxe Religionsmeinung vorsetzen, so daß er die Stelle nicht erhält, auch die Eltern ruiniert, Braut und Freundin verliert und einsam in die Welt zieht.) 502, 543, 609, 896, 915 — Der Sieger. 895, 896 — In Behandlung, Uraufführung 13.11.1897, Berlin, Berliner Theater (Ein Lustspiel um ein eigensiniger- und modischerweise praktizierenwollendes »Fräulein Doktor«). Vgl. auch Abt. Episches S. 144 und 733. 476

Drontheim, Eindeutschung von Trondhjem; M schreibt auch Dronthjem, norwegische Stadt im gleichnamigen Stift und am gleichnamigen Fjord. Näheres Abt. Episches Nr. 45. 279, 490, 950

Duda. 630, 925

Dührssen. 915

Dürer, Albrecht (1471–1528), Maler, Zeichner, Graphiker, Kunsttheoretiker. 185

Himmelfahrt Mariä: Mitteltafel des Heller-Altars, 1508/09, in Kopie erhalten, Frankfurt/M, Historisches Museum. — Selbstbildnis: Gemeint ist wahrscheinlich das von 1500, München, Alte Pinakothek.— Portraits.— Die große Passion Holzschnittfolge, 1498–1510, 1511 in Buchform veröffentlicht.— Altarbilder. 102

Düsseldorf, Hauptstadt des gleichnamigen Regierungsbezirks in der preußischen Provinz Rheinland. 617, 715, 943

Dulos, Spitzname Kayßlers vor allem in seiner Schul- und Studentenzeit, gelegentlich auch noch später. Der Name bedeutet Sklave, Diener, Vasall (griech.) und bezieht sich auf Kayßlers unbedingte Gefolgschaft gegenüber M, Bessos, dem Feldherrn. 138, 143, 322, 360, 374, 677

Dumont (eigentlich Heynen), Louise (1862–1932), Schauspielerin und Theaterleiterin, beteiligt am Kabarett »Schall und Rauch«, gründete 1905 mit ihrem Mann Gustav Lindemann das Düsseldorfer Schauspielhaus. 549, 568, 569, 589, 938, 944

Dunkelmännerbriefe, Epistolae obscurorum virorum ...(lat.), anonym erschienen 1515 (1. Teil), 1516 (Anhang zum 1. Teil) und 1517 (2. Teil), fiktive Briefe, angeblich von Schülern des Ortvin Gratius an den ehemaligen Lehrer. Verfasser sind vor allem Crotus Rubeanus (hauptsächlich 1.Teil) und Ulrich von Hutten (hauptsächlich 2.Teil). Es handelt sich um Briefe in bewußt absonderlichem und fehlerhaftem Latein, mit denen sich die angeblichen Verfasser in ihrer dünkelhaften Unbildung und groben Sinnlichkeit selbst bloßstellen; Satire der Humanisten auf die erstarrte spätmittelalterliche Wissenschaft und Theologie. – Eine Übersetzung (von Wilhelm Binder) erschien 1876. 599

»Durch«, Wahlspruch des jungen Kayßler, nach Theodor Körners Gedicht »Durch«, das den Vermerk trägt: »Ein Petschaft [Siegel] mit einem Pfeil, der auf eine Wolke zufliegt, und mit der Unterschrift ›Durch‹ gab Gelegenheit zu diesem Gedichte.« Die letzte Strophe davon lautet: »Durch, Brüder, durch! – Dies werde / Das Wort in Kampf und Schmerz. / Gemeines will zur Erde, / Edles will himmelwärts! / Soll uns der Sumpf vermodern? – / Was gilt der Weltenbrand? – / Drum lass't den Blitz nur lodern. / Durch! – Dort ist's Vaterland!« Theodor Körner's Werke. Vollständigste Ausgabe mit mehreren bisher ungedruckten Gedichten und Briefen. Erster Theil: Gedichte. Erste Abtheilung. Leyer und Schwert. Berlin [1879] S. 120 f. 55, 56, 106, 512, 551

Duroy, A., eigentlich August Mordtmann (1839–1912), Schriftsteller und Redakteur, u.a. viele Jahre Chefredakteur der »Münchner Neuesten Nachrichten«. — Leopold von Dessau, auch unter dem Titel »Annalise« nachgewiesen. Die Görlitzer Aufführung, in der Kayßler den Leopold von Dessau spielen sollte (Nr. 415, nicht zitiert), wurde nicht nachgewiesen. 336

Duse, Eleonora (1858–1924), italienische Schauspielerin, eine der berühmtesten Charakterdarstellerinnen ihrer Zeit. Bei ihrem Berliner Gastspiel im Lessingtheater September/Oktober 1899 sah M die Schlußvorstellung am 5.10. (N 1899), es war eine Festvorstellung mit

Ausschnitten aus verschiedenen Werken: Gespielt wurden der 2. Akt aus Shakespeares »Antonius und Kleopatra«, der letzte Akt aus »Adrienne Lecouvreur« von Eugène Scribe und Ernest Legouvé und Schlußzenen aus Goethes »Egmont« mit der Duse als Klärchen (nach Luigi Rasi: Die Duse. Autorisierte Übertragung von M. Gagliardi, Berlin 1904, S. 60 ff.) – Vgl. auch Abt. Episches, Dramatisches und Kritische Schriften. 494 , 539 (vielleicht eine Parodie), 887, 896

Dyk, Dyck, Anthonis van (1599–1641), flämischer Maler und Radierer. 102, 948

E. S., nicht ermittelt, s.a. Elly S. 727, 881

Eberlein, Gustav (1847–1926), ursprünglich Goldschmied, auch Maler und Schriftsteller, aber hauptsächlich Bildhauer, Mitglied der Berliner Akademie seit 1887, wurde berühmt durch repräsentative Denkmäler im gründerzeitlichen Geschmack und gehörte zu den von Kaiser Wilhelm II. besonders geschätzten Künstlern. Er schuf u.a. für die Siegesallee (s.d.) die Statuen König Friedrichs I. mit den Büsten Eberhard von Danckelmanns und Andreas Schlüters sowie Friedrich Wilhelms III. mit den Büsten des Freiherrn von Stein und Blüchers, außerdem das Wagnerdenkmal in Berlin (1903) und das Goethedenkmal in Rom (1904). Insgesamt gab es von ihm etwa 520 bildhauerische Werke, von denen die meisten nicht mehr existieren und allenfalls als Modelle erhalten oder photographisch dokumentiert sind. 619

Ebers, Georg Moritz (1837–1898), Ägyptologe, zunächst Professor, dann freier Schriftsteller, Entdecker und Herausgeber des nach ihm benannten Papyrus Ebers, schrieb damals weit verbreitete Romane, in denen er seine kulturhistorischen Kenntnisse und die auf seinen Reisen gemachten Erfahrungen verarbeitete (»Professorenroman«). 151, 152, 177, 855

Eckermann, Johann Peter (1792–1854), ab 1823 Goethes Sekretär, wurde bekannt durch seine Aufzeichnung der »Gespräche mit Goethe in den letzten Jahren seines Lebens«, 3 Bde., 1836–1848. 354

Eckmann, Otto (1865–1902), einer der Hauptvertreter des Jugendstils, Maler, Graphiker, Kunstgewerbler, gestaltete auch Inneneinrichtungen und entwarf 1899 die Eckmannschrift, die die meistgebrauchte des Jugendstils wurde. Mit dem S. Fischer-Verlag war er seit 1893 verbunden; neben der Mehrzahl der dort mit Buchschmuck versehenen Ausgaben, z.B. der 10bändigen Ibsenausgabe, schuf er das Verlagssignet, den Fischer mit dem Netz. 585

Edel, Edmund (1863–1934), Maler, Illustrator, Plakatkünstler, Schriftsteller. U.a. sind Plakate für »Schall und Rauch« von Edel, z.B.: »Kindermann! Zu Schall und Rauch«, Abbildung u.a. in Sprengel, Schall und Rauch, S. 24. Auch das Programm für die Eröffnungsvorstellung ist von ihm (s. die »Brille«). Gerade als Plakatkünstler war Edel, der durch sein Studium in Paris den modernen französischen Plakatstil kennengelernt hatte, von großer Bedeutung. Später schrieb er hauptsächlich Romane. 548, 908

Eden, Hotel in Rapallo. 603, 912, 951 — Hotel in Nervi. 606, 914

Edinburgh, die Hauptstadt Schottlands, am Firth of Forth, Ostküste Schottlands. 438

Egon, ein Breslauer Jugendfreund Ms, vielleicht ein Mitschüler Georg Freys. Vgl. das Gedicht AN EINEN GEWISSEN PRIMANER. 15

E. H., ein zudringlicher Bekannter Clara Ostlers. 238

Ehrlich, H., Mitschüler Ms in Sorau. Ob er unter einem Spitznamen noch öfter erwähnt wird, war nicht zu ermitteln. 58, 747

Ehrlich, Moriz (1841–1923), zuerst Militärarzt, ab 1883 Dramaturg am Deutschen Theater in Berlin, zuletzt am Lessingtheater. 384

Eibsee, Bergsee am Nordfuß der Zugspitze, 973 m hoch in den Bayerischen Alpen. 149, 173, 674, 785, 806, 949

Eidsvold, Ort im norwegischen Amt Akershus, mit Bahnverbindung nach Christiania und nach Trondhjem sowie Dampferfahrten auf dem Vormen zum Mjøsen. 950

Eikisvant, Eikisdalsvant, ein 18 km langer wassergefüllter und von Gletschern umgebener Felsspalt im Eikisdal (im norwegischen Amt Romsdal), »einer der romantischsten und grossartigsten Punkte Norwegens« (Ritters geographisch-statistisches Lexikon). 951

Eimsbüttel, seit 1894 Stadtteil von Hamburg. 359

Eintracht, Hotel/Pension in Wolfenschießen, im Besitz der Familie Christen, s.d. und Wolfenschießen. 548, 553, 951, 952

Ekesparre. Ein Baron Ekesparre aus St. Petersburg war gleichzeitig mit M in Dr. Turbans Sanatorium in Davos (nach der Gästeliste des Sanatoriums, wiedergegeben in Kretschmer, Wanderleben S. 95). Nach einem Vermerk im N 1902 hat er – wahrscheinlich gemeinsam mit Julius Moos, den er dann in Badenweiler getroffen haben dürfte – M eine Karte geschrieben (26.9.1902: *K. v. Moos u. Ekesparre*), woraufhin M ihn durch Moos grüßen ließ. 627

Elberfeld, Stadt im Wuppertal, im preußischen Regierungsbezirk Düsseldorf. 341

Elend, Dorf im Kreis Ilfeld, in der Nähe von Wernigerode. 548, 898

Die Elf Scharfrichter, Münchner Kabarett, entstanden aus dem Protest – ein Protestzug im Fasching 1900 – von Künstlern und Schriftstellern gegen die Kunst- und Theaterparagraphen der sogenannten Lex Heinze, die, seit Jahren verhandelt, die Veröffentlichung von Darstellungen, die das Schamgefühl verletzen konnten, unter Strafe stellen sollte und also die künstlerische Freiheit noch stärker einzuschränken drohte. Dank vielfältiger Proteste, u.a. der zu diesem Zweck in zahlreichen Städten gegründeten Goethebünde, wurde das Gesetz nur in abgeschwächter Form verabschiedet. – Die Scharfrichter starteten eine Sammelaktion, um das nötige Startkapital zusammenzubekommen, und verfaßten dafür folgenden Text: »Der Verein ›Die Elf Scharfrichter‹ (E.V.) hat sich zum Ziele gesetzt, [...] alle Kunstgattungen zugleich in den Dienst der leichten Unterhaltung zu stellen, wie sie bis jetzt ausschließlich durch die auf sehr tiefer Stufe stehenden Varietétheater und das geistlose Dekorationsstück geboten wurde. Es gilt, für diese Art der theatralischen Unterhaltung einen eigenen, der Gegenwart organisch entwachsenden Stil zu schaffen, ähnlich dem der Pariser ›cabarets‹ und dennoch unabhängig in deutschem Boden wurzelnd. Diese Aufgabe [...] gedenken wie durch Gründung einer diesen Zwecken angepaßten intimen Bühne zu lösen, auf welcher u.a. das künstlerische Schattenspiel, die literarische und politische Parodie, die moderne Pantomime, das psychologische Couplet (chanson rosse), die Revue, die plastische Karikatur, der Farbentanz, der Volksgesang gepflegt werde soll.« Zitat nach: Schmitz [Hrsg.], Die Münchner Moderne, S. 523. – Dann ließen sie den ehemaligen Fechtboden hinter der Gaststätte »Zum Hirschen« durch den Architekten Max Langheinrich (1869–1923) zu einem kleinen Theater ausbauen; am 12. oder 13.4.1901 (die Angaben divergieren; jedenfalls war der 13. nicht Freitag, sondern Samstag) gaben sie ihre 1. Vorstellung (die sie »Exekution« nannten). – An die Begrüßung und das einleitende Scharfrichterlied (von Leo Greiner, Druck u.a. in Volker Kühn, Donnerwetter – tadellos. Kabarett zur Kaiserzeit 1900–1918, Weinheim, Berlin 1987, S. 44) schloß das Programm an, dessen Schwerpunkt auf Chansons, Volks- und Kunstliedern lag, aber auch satirische Szenen wie etwa Hanns von Gumppenbergs »Überdramen« brachte. Wedekind trug eigene Lieder vor, und Ms späterer Verleger Reinhard Piper betätigte sich als Marionettenspieler. – Da das Theater nur etwa 100 Plätze hatte, 3 x wöchentlich spielte und monatlich das Programm wechselte, waren die Unkosten hoch, es gab auch Probleme unter den Mitarbeitern, einige verließen das Ensemble, und im Herbst 1904 löste das Kabarett sich auf. Vgl. auch Kühn, Das Kabarett der frühen Jahre, S. 88–109, dort auch eine Reihe von Schwarzweißabbildungen; eine farbige, in Rot und Schwarz, von Ernst Stern in Brauneck, Die Welt als Bühne Bd. 3, S. 714. 540, 553, 618, 621, 664, 693, 896, 898, 899, 922

Elias, Julius (1861–1927), Literatur- und Kunstwissenschaftler, Kritiker, Übersetzer, Gründer und Herausgeber der »Monatsberichte für neuere deutsche Literaturwissenschaft«, gehörte zu den ersten, die den französischen Impressionismus in Deutschland bekannt machten. Er war Mitherausgeber der Ibsen-Gesamtausgabe, für die M die Versdramen übersetzte; als Überarbeiter der Übersetzungen leistete er vermutlich die Hauptarbeit (während Brandes und Schlenther für die Einleitungen zuständig waren); in dieser Eigenschaft war er auch gewissermaßen Ms Vorgesetzter, was immer wieder zu Reibereien führte. Ansonsten war Elias bekannt für seine Hilfsbereitschaft und seine Förderung junger Talente. — Da Elias' Witwe vor ihrer Emigration den Nachlaß ihres Mannes vernichtete, sind Briefe an ihn nur durch Zufall erhalten geblieben. 368, 369, 373, 418–420, 431, 436, 453, 470, 472, 475, 476, 480, 494–497, 500, 506, 517, 554, 556, 560, 564, 573, 577, 584, 588, 613, 622, 626, 650, 663, 669, 678, 679, 734, 735, 842, 843, 855, 857, 863, 870, 875–877, 881, 882, 903, 923, 936, 937, 953

Elias, Julie geb. Levi (1866–1945), die Frau von Julius Elias, schrieb über Mode, Anstand und ähnliche Themen, emigrierte nach Norwegen, starb im Frühjahr 1945 (vor der Befreiung Norwegens) in Lillehammer. 470, 481, 555, 573, 622

Elias, Ludwig, der Sohn von Julie und Julius Elias, geb. 1891, wurde Rechtsanwalt, emigrierte mit seiner Mutter und wurde 1942 von Oslo nach Auschwitz deportiert (anders Fega Frisch, s.d.). 470, 572, 578, 906

Eligius (um 588 bis 658 oder 659), unter Dagobert I. Goldschmied und Münzmeister am Pariser Hof, nach dessen Tod wurde er 641 Bischof von Noyon. Schutzpatron der Goldarbeiter, Schmiede und Bauern. 201

Elisabeth I. (1533–1603), ab 1558 englische Königin. 758

Elster, Ludwig (1856–1935), Volkswirtschaftler und Staatswissenschaftler, 1887–1897 Professor in Breslau, bis 1916 Mitglied des preußischen Kultusministeriums. 112, 115, 116

Elverum, Ort im norwegischen Amt Hedemarken, am Glommen und an der Eisenbahnlinie Eidsvold–Trondhjem. 950

Eloesser, Arthur. 934

Emsdetten. 732

Emerson, Ralph Waldo (1803–1882), amerikanischer Dichter und Essayist. 700

Emma, Köchin in der Familie M. 61 — Haushaltshilfe bei Kayssler. 639

Ems, Stadt und Badeort im Regierungsbezirk Wiesbaden, Unterlahnkreis. Das aus den Emser Quellen gewonnene Salz wird vor allem bei Erkrankungen des Atemapparats verwendet, früher auch bei Unterleibserkrankungen, Leber/Gallebeschwerden etc. und »bei bronchopneumonischem und pleuritischem Exsudat« (Meyers Großes Kon-

versationslexikon Bd. 5, ⁶1907, S. 765. 157 (Emser Salz), 224, 226, 232, 233, 277, 278, 294, 302, 305, 318, 359
Encke, Photograph in Görlitz. 387
Engadin, Hochtal im Schweizer Kanton Graubünden. 563
Engelberg, Ort im Schweizer Kanton Unterwalden, mit Stans seit 1898 durch einen elektrische Bahn verbunden. Auf der Strecke liegt Wolfenschießen. 547, 548, 552, 564, 952
Ensdorf (Saar), Dorf im Kreis Saarlouis. 195, 199, 202, 203
Entsch, August Entsch, Bühnenverlag, Inhaber Theodor Entsch. 609, 915
Enzinger, Rose, Sängerin und Schauspielerin, spielte im Münchner Akademisch-dramatischen Verein und war 1898 Mitglied des Regensburger Stadttheaters, in späteren Jahren im Theateralmanach bzw. Bühnenjahrbuch nicht mehr nachzuweisen; sie war vermutlich die erste Frau Ludwig Landshoffs. Er hat ihr sein opus 1 (6 Gedichtvertonungen, Berlin 1898, in Ms Nachlaß) gewidmet. 887, 890
Eppelsheimer, Rudolf. 732
Erasmushaus Basel. 804
Erlangen-Nürnberg, Universitätsbibliothek. 740, 868, 961
Ernestine, Haushaltshilfe bei Kayssler. 669
Ernst I., der Fromme (1661–1675), Herzog von Sachsen-Gotha-Altenburg. 907
Ernst, Otto, eigentlich Otto Ernst Schmidt (1862–1926), Lehrer und später freier Schriftsteller, Kritiker. 232, 314, 315, 358, 359, 395, 619, 805, 954
Die Gerechtigkeit, Komödie, Uraufführung 1.11.1902, Dresden, Königliches Schauspielhaus. 921 — Flachsmann als Erzieher. Komödie, Uraufführung 25.12.1900 Berlin, Lessingtheater. 536 — Rezension von IN PHANTAS SCHLOSS, »Das Magazin für Litteratur« 66 (1897) Sp. 192 und 198. 826
Ernst(s), nicht ermittelt; es sollten Grüße bestellt werden. 274
Eschstruth, Nataly von (1860–1939), Schriftstellerin. 855
Essex, Robert Deveneux, Earl of Essex (1567–1601), Günstling der englischen Königin Elisabeth I.; literarische Gestalt. 62, 758
Ettinger, Max (1874–1951), Komponist, Jugendfreund Efraim Frischs. 544
Eulenburg, Uradelsgeschlecht, 1170 zuerst erwähnt. 11, 738
Eulengebirge, Gebirgskamm zwischen Waldenburger Bergland und Reichensteiner Gebirge, Schlesien. Hauptmanns Drama »Die Weber« spielt im Eulengebirge. 245
Euripides (etwa 480 oder 485–406 v. Chr.), griechischer Tragödiendichter. 926 — Medea (431 v. Chr.) 745

Eveleth, F.W., ein Volapükist aus Cambridge, Massachusetts. 22
Evers, Franz (1871–1947), hauptsächlich Lyriker. Redakteur, Begründer und Mitinhaber des Verlags »Kreisende Ringe« in Leipzig. 216, 272, 306, 326, 331, 470, 558[?], 824, 832, 875, 924
Königslieder. Leipzig 1894, ²1895. 272 f., 307 — Deutsche Lieder. Berlin 1895 272 — Ein Gedichtbuch, das 1895 bei Langen erscheinen sollte, konnte nicht ermittelt werden. — Frühere Veröffentlichungen: Fundamente. Gedichte Leipzig, 1893. — Sprüche aus der Höhe. 1893. – Die Psalmen. Gedichte. 1893. – Eva. Eine Überwindung. Leipzig 1893. 273
Ewers. Da weder für Hanns Heinz Ewers (1871–1943) noch für Ludwig Ewers (1870–1946) für die in Frage kommenden Jahre (insbesondere 1894–1998, mit Einschränkung bis 1901) Aufenthalte in Berlin nachgewiesen werden konnten, kann man annehmen, daß Franz Evers gemeint ist, der in Wilmersdorf bei Berlin lebte, s.o. 558
Exner, ein Restaurant o.ä. in Wolfshau. 127
Eysler, Robert (1874–?). 901
Eysoldt, Gertrud (1870–1955), Schauspielerin, seit der »Schall-und-Rauch«-Zeit bei Max Reinhardt, gehört zu den bekanntesten Schauspielerinnen ihrer Zeit. M veröffentlichte im »Theater« 2 Photos von ihr als Elektra (Hofmannsthal), a.a.O. 1 (1903/04) S. 56 und 2 (1904/05) S. 74 sowie S. 90 eins als Puck in Shakespeares »Sommernachtstraum«. 692, 944, 954
Faber, Richard. 933
Fabian, Wilhelm (1857–1927 oder 1928), Redakteur und Mitherausgeber der von Julius Elias gegründeten »Jahresberichte für neuere deutsche Literaturgeschichte«, ab 1917 Dramaturg des Berliner Schillertheaters. 472
Faesulae, antiker Name von Fiesole.
Fahne, Druckfahne, erster Druck zur Korrektur, noch ohne Gliederung durch Seitenzahlen. 477, 557
Faktor, Emil (1876–1942, Ghetto Lodz), Prager Schriftsteller, Lyriker, Kritiker, u.a. an der Zeitschrift »Bohemia« und am »Berliner Börsencourier«. 425
Falck, Georg von (1848–?; in Kürschners Literaturkalender bis 1917 verzeichnet, nicht im Nekrolog), 1889–1898 Chefredakteur der »Schlesischen Zeitung«, von Kayssler als Beispiel angeführt für einen Redakteur, der Nationalökonomie studiert hat. 204
Falk, vielleicht Heinrich Falk, »Ordner« bei der »Neuen Freien Volksbühne« (nach Siegfried Nestriepke: Geschichte der Volksbühne Berlin, I: 1890–1914, Berlin 1930, S. 194). 255

Falke, Gustav (1853–1916), Lyriker und Erzähler. 275, 317, 318, 330, 336
Wer sagt es ihr (Gedicht). 232 — Lyrische Dichtung und neuere deutsche Lyrik. 317, 805, 827, 828, 833, 954
Falkenberge, 2 Granitfelsen, 645 m hoch, nahe dem Dorf Fischbach im Kreis Hirschberg/Schlesien. 40
Faust s. Goethe.
Fedor, ein Breslauer Jugendfreund Ms. 15
Fega, Fega Lifschitz s. Fega Frisch.
Fekete, A[lfred?]. 718
Feldafing, Dorf in der Nähe von Starnberg. 373
Felix, Willy, eigentlich Willy Dans (um 1854–1900), Schauspieler und Theaterleiter, 1897–1900 Direktor des Stadttheaters Posen. 467, 874
Feodora, Prinzessin von Sachsen-Meiningen (1879–1945), Tochter des Erbprinzen Bernhard von Sachsen-Meiningen (1851–1928) und der Prinzessin Charlotte von Preußen (1860–1919), der ältesten Schwester Kaiser Wilhelms II. Sie heiratete 1898 Heinrich XXX., einen Prinzen Reuß der jüngeren Linie. 415
Ferdinando I. s. de' Medici.
Fett, Fabrikantenfamilie in Nordstrand bei Christiania. Eduard Fett (1849–1911) wurde in Hamburg geboren; seine Frau Ester geb. Fischer (1852–?) kam aus Schweden. Der Sohn Harry Fett (1875–?) war Kunsthistoriker und leitete zusätzlich nach dem Tod des Vaters die Fabrik (Norsk Biografik Leksikon, begründet von Edvard Bull, Anders Krogvig, Gerhard Gran, Bd. 4, Oslo 1929, S. 117–121; Svensk Uppslagsbok, Malmö 1964 (1. Aufl. 1947–1955) Bd. 9, Sp. 437 f., mit Bild, noch kein Todesdatum). Harry Fett lernte M erst später kennen, aber die Tochter Dagny (9.3.1877–1927) sah er beim 1. Besuch (11.5.1898) und wurde bald mit ihr vertraut; schon am 21.5. half er ihr beim Aufhängen von Vorhängen (T 1898/99 I, Bl. 8). Zwischen beiden entwickelte sich eine Liebesbeziehung, die jedoch nicht zu der von der Familie gewünschten Verbindung führte, aber den Band EIN SOMMER beförderte, der mit den Worten *Der's gehört* ihr gewidmet ist. M fühlte sich noch nicht reif für eine dauernde Bindung (vgl. etwa Abt. Aphorismen Nr. 66 oder den Vierzeiler *Geliebtes Kind, grad weil ich dich liebe*); hinzu kam, daß er den in der Familie herrschenden Geist als spießig empfand (wenn es auch keineswegs eine kleinbürgerliche Familie war). Mehrere Epigramme aus dieser Zeit zum Thema Ehe gehen offenkundig auf Ms damalige Erfahrungen, vor allem wohl mit Dagnys Mutter, zurück. Dagny war anscheinend auch manchmal mißtrauisch und eifersüchtig, oft wohl auch nur

unsicher, und sie trug Hüte, die M mißfielen. Vgl. hierzu einen Dialog, der vielleicht auf ein reales Gespräch zwischen M und einem Ungenannten zurückgeht; dort heißt es: *Das versteh ich offengestanden nicht recht. Sie müssen sie doch aber geliebt haben oder Sie müssen sie nicht geliebt haben.*
[...] Ja, wenn ich mir darin selbst je ganz klar geworden wäre! [vermutlich hierzu eine Variante oder Ergänzung auf dem vorangegangenen Bl.] *Aber ich hatte nicht eine Person vor mir, sondern zwei. Die eine, die mich sicherlich oft in sich verliebt machte, war das Mädchen zu hause, in der Wohnstube, in einem bestimmten wundervoll einfachen und geschmackvollen Kleid, ohne Hut, das ein wenig widerspenstige Haar von einer gewissen Wärme und Weiche, die dunkelbraunen Augen eine süsse Wärme ausstrahlend, das Oval des Gesichtes weich, anmutig, warm – ja warm war da alles an ihr, wenn sie so in der Veranda mir gegenüber sass und in ihrem ungelenken Deutsch redete. Und die andere war ein kalter, karger, eckiger gedanken- und – so schien es – gefühlsarmer Mensch, oft in jeder Bewegung beleidigend, in manchmal geradezu entstellenden Kleidern und Hüten, das fremde Idiom hart und mühsam brauchend, ganz Armut, Unbedeutendheit, Verkrochenheit, Starrheit. Das so anmutige Gesicht konnte vom Wind buchstäblich ausgeblasen werden, es verlor Farbe und Form, wurde fahl und knochig. Und so der ganze Mensch. Wie ausgeblasen manchmal alle Wärme, alles Liebliche, Weibliche. Zwischen diesen zwei Menschen ging ich nun hin und her, angezogen, abgestossen bis zur Ermüdung.* [...] Außerdem definiert er seine Zurückhaltung (wie auch seinen zu schwachen Magen) als Erbteil seines Großvaters Schertel, der ebenfalls von übertriebener Gewissenhaftigkeit gewesen sei. Auch der Onkel sei so. Abschließend erläutert er seine Vorbehalte gegen die Ehe: [...] *ist es für einen Mann, der seine Freiheit und ihre unerschöpfliche*[n?] *Gabe*[n?] *liebt, nicht schrecklich, in der wichtigsten Frage des Lebens zum blinden Glücksspieler werden zu sollen?* T 1898/99 I, Bl. 115–117, die zahlreichen Streichungen und Korrekturen wurden nicht gekennzeichnet. – Dagny war ein wohlbehütetes junges Mädchen, das, wie M argwöhnte, die Eltern aus reinem Egoismus nicht selbständig werden lassen wollten, vgl. T 1898/99 I, Bl. 33–35; Zitate daraus im Kommentar zum Epigramm EINER TOCHTER. Das war in Norwegen, einem armen Land, nicht mehr selbstverständlich. Damals war schon die Mehrzahl der jungen Frauen auch in anspruchsvollen Berufen tätig, die »Familienmädchen«, die dies nicht nötig hatten, waren nicht besser angesehen als die arbeitenden. Mit der finanziellen Unabhängigkeit ging eine größere Freiheit im Verkehr der Geschlechter untereinander einher; sie wa-

ren es von klein auf gewohnt, selbst auf sich aufzupassen. Junge Frauen konnten sich allein in der Öffentlichkeit zeigen und etwa mit Freunden spazierengehen oder von Besuchen allein nach Hause gehen. Um im Zimmer mit einem Mann allein zu bleiben, bedurfte es allerdings immer noch der Verlobung (aber nicht der Heirat, wie M meinte, vgl. T 1998/99 I, Bl. 33, Abt. Lyrik 1906–1914, S. 902 f., die anderen Angaben nach: Anna Hvoslef: Das Weib in Skandinavien, übersetzt von Clara Theumann. »Das Magazin für Litteratur« 67 (1898) Sp. 101–106). In Dagnys Familie waren die Sitten offenbar noch traditionell streng, und angeblich lauerte sogar der ganze Ort auf eine Verlobung (vgl. das Gedicht SO SAGT DER ORT). Die wohlhabenden jungen Frauen, die nicht arbeiteten, so schreibt Anna Hvoslef weiter, strebten aber meist danach, ihre Bildung zu verbessern, und das tat auch Dagny. So arbeitete sie – zu Ms Mißfallen – Schweglers Philosophiegeschichte durch (Nr. 636) und erhielt einen nicht genauer definierten Unterricht in Ljan (ebd.). Ms Rat, einen Auslandsaufenthalt durchzusetzen (ebd.), befolgte sie später auch: 1900, bei der Volkszählung in Norwegen, hielt sie sich in Paris auf. 1905 traf sie, wohl schon verlobt, bei einem Berlinaufenthalt mit M zusammen, der ihr eine Anstecknadel aus dem Besitz seiner Mutter schenkte. 1906 heiratete sie den Schauspieler Axel Lunde (Lebensdaten nicht ermittelt; Dagny ist aber dem Adreßbuch von Christiania zufolge 1920 Witwe). – Im Mai 1909 besuchte M sie noch einmal in Christiania, als er dort Vorträge Rudolf Steiners hörte (vgl. Abt. Aphorismen S. 464). – Auf die Nachricht von Ms Tod schrieb sie am 5.4.1914 an Margareta M: »[...] Die Gedanken daß er fort ist – ihn nie wiederzusehen, kommt wieder und wieder in diesen Tagen zurück, und alle alten Erinnerungen an den Sommer, die wir einander kennen lernten, steht wieder so klar. Es war der Sommer meiner Jugend und ich werde ihn und den Sommer nie vergessen. [...]« Wenig später traf sie sich mit Margareta M, die einer Erkrankung Michael Bauers wegen Anfang Mai 1914 zu ihm nach Christiania gereist war (vgl. hierzu: Christoph Rau, Michael Bauer. Sein Leben und seine Begegnung mit Friedrich Rittelmeyer, Dornach 1995, S. 65). Nach offenbar anregenden Gesprächen versprach sie, ihr die von M erhaltenen Briefe zu schicken; sie schrieb: »Kjaere kjaere fru Morgenstern! Jeg har laest igjennem mine breve og levet op igjen den gamle tid. Der er ikke mange breve og jeg tror, der intet er, der vil interessere den store almenhet, kun de der holdt av ham vil jo laese alt fra ham med interesse – defor sender jeg nogle med. – De kan gjöre med Dem, hvad De selv synes – og sende dem tilbake til mig enten adresseret – Lillehammer [...] eller til Bogstadv. 52.«–

(»Liebe liebe Frau Morgenstern! Ich habe meine Briefe durchgelesen und die alte Zeit wiedererlebt. Es sind nicht viele Briefe, und ich glaube, daß nichts dabei ist, was die Allgemeinheit interessieren wird. Nur die, die ihn liebten, werden ja alles von ihm mit Interesse lesen – darum schicke ich einige mit. – Sie können mit ihnen machen, was Sie wollen – und sie mir zurückschicken entweder an die Adresse Lillehammer [...] oder nach Bogsstadv[eien] 52.« (Für ihre ausdauernde und umfassende Unterstützung bei der Übersetzung der norwegischen und dänischen Briefe danke ich Gunilla Rising Hintz, Marburg. K.B.) – Auch von den Gedichten, die sie von M hat, will sie einige noch ungedruckte schicken. Anschließend dankt sie für das Treffen, das nur zu kurz gewesen sei, fragt, wann die Briefe, die sie sich dann besorgen will, erscheinen werden und endet mit Grüßen und der Hoffnung auf ein Wiedersehen. – Margareta M und Michael Bauer nutzten die Briefe für die Biographie (Bauer, Chr. M.), brachten eine Reihe von Zitaten sowie das Gedicht UND WERDEN WIR UNS NIE BESITZEN aus Nr. 598; in die Briefausgabe von 1952 nahm Margareta M ebenfalls das Gedicht sowie (gekürzt) Nr. 601 und 636 auf. – Ein Porträtphoto von Dagny Fett in Kretschmer, Wanderleben S. 72 (dasselbe u.a. auch Bauer, Chr. M.(1985) Abb. 29), weitere Bilder mit Familie oder mit Freunden: Kretschmer S. 72, 73, 81 und 86.

Dagny Fett. 434, 436, 440, 442, 443, 481, 485, 486, 498–500, 506, 724, 725, 832, 865, 867, 877, 878, 883, 954 — Ester Fett. 436, 440, 484, 862, 863 — Familie Fett. 435, 482, 861, 867 — Harry Fett. 483 — Schwedische Verwandtschaft, also wohl von seiten Ester Fetts. 482

Fetting, Hugo. 735

Feuchtersleben, Ernst von (1806–1849), Arzt, Schriftsteller. 779

Feydeau, Georges (1862–1921), französischer Dramatiker, Verfasser von virtuos konstruierten Unterhaltungsstücken. M parodierte seine Komödie »La dame de chez Maxim's« (1899, deutsche Erstaufführung 10.1.1900 Berlin, Residenztheater) als LA DAME DE CHEZ MINIME. 890, 891

Fichte, Johann Gottlieb (1762–1814). 55, 59

Reden an die deutsche Nation (1897/08). 754, 756 — Versuch einer Kritik aller Offenbarung (1791). 756

Fichte, Immanuel Hermann. 754, 756

Fidus, eigentlich Hugo Hoeppener (1868–1958), Maler und Zeichner, typischer Vertreter des Jugendstils und der Lebensreform. 219

Fiedler, eine Firma, bei der der Sohn des Malers Schobelt als Ingenieur angestellt werden sollte, nicht ermittelt. 147

Fiedler, Leonhard M. 732, 734, 944

Fiesole, Stadt in der Toskana, Provinz Florenz, auf einer steilen Anhöhe nordöstlich von Florenz, eine etruskische Gründung und schon damals eine der bedeutendsten Städte der Toskana, später römische Militärkolonie (Faesulae). Ihre Bedeutung verlor die Stadt nach ihrer Zerstörung durch Florenz 1125. Photo in Kretschmer, Wanderleben, S. 114. 614, 657, 659, 661, 664, 665, 676, 917, 952

Fieweger, Julius, Rektor einer Breslauer Volksschule und bekannter Volapükist, erfand 1893 das Dil, eine eigene Sprache auf der Grundlage des Volapük. 778

Finsæt, Ort im Eikisdal. 951

Firenze, Florenz.

Fisaak, vermutlich Isaak, s. Fritz Reche.

Fischbach, Dorf im Kreis Hirschberg, Riesengebirge. 40, 224

Fischer, Adalbert (Berti) von (1869–?), ein Freund Ms aus Starnberg und Landshut. Er trat vermutlich ein Jahr nach M ins Landshuter Studienseminar ein und war im Schuljahr 1883/84 mit M in derselben Klasse. Sein Vater war Oberförster in Starnberg. – Im Jahr 1928 berichtete Adolf Hammelmann von seinen Recherchen in Starnberg, Ms Freunde »H. Hartmann« und »B. Fischer« betreffend. Er schrieb über sie an Margareta M: »[...] zu meiner eigenen Überraschung ists gar nicht so leicht festzustellen, wohin die beiden Schulkameraden Christian Morgensterns gekommen sind. Beide sind nämlich Beamtensöhne, deren Väter vor 25 und mehr Jahren hier lebten – Hartmanns Vater als Bahnvorstand, der des B. Fischer als Forstmeister.« Weil die Familien nicht dauerhaft in Starnberg lebten, seien genauere Auskünfte über den Verbleib der Söhne nicht zu erhalten. Fischer solle eine »etwas leichte Haut[?]« gewesen und Hartmann Zollbeamter geworden sein. Über diesen wolle er in einem Zollamt in den Verzeichnissen nachforschen, »wobei ich Chr. M. über diesen Weg zur Ausforschung eines Jugendgenossen lächeln sehe« (Brief vom 26.11.1928, Nachlaß). Über weitere Ergebnisse dieser Recherchen ist nichts bekannt. 13, 15, 739, 954 — Frau von Fischer, Berti Fischers Mutter. 15 — Oberförster von Fischer. 10[?], 738

Fischer, Samuel (1859–1934), gründete 1886 seinen später berühmt gewordenen Verlag, in dem Ms Gedichtbücher EIN SOMMER und UND ABER RÜNDET SICH EIN KRANZ erschienen. In Fischers Verlag erschien auch die »Freie Bühne«/»Neue Deutsche Rundschau« (die spätere »Neue Rundschau«), für die M 1894–1896 als Kritiker arbeitete und in der er auch Gedichte, Aphorismen u.a. veröffentlichte. Für die große Ibsen-Gesamtausgabe des Verlags übersetzte M die Versdramen und einen Teil der Gedichte, in der Bjørnsonausgabe ebenfalls einen Teil der Gedichte. Samuel Fischers Frau Hedwig

(1871–1952) war eine Schwester von Ms Freund Ludwig Landshoff. – Während Fischer seinen Vornamen so gut wie immer abkürzte, hieß er »sein Leben lang bei allen, die ihm nahestanden«, Sami (de Mendelssohn S. Fischer, S. 13); ebenso hielten es – wohl ironisch – Fernerstehende. Literatur u.a.: Peter de Mendelssohn: S. Fischer und sein Verlag; Friedrich Pfäfflin und Ingrid Kussmaul [Hrsg.]: S. Fischer, Verlag.

Hedwig Fischer. 302, 315[?], 397, 586, 823, 827, 849, 882 — Samuel Fischer, S. Fischer-Verlag. 220, 242, 243, 246, 251, 264, 274, 276, 290, 295, 302, 357, 368, 369, 373, 379, 380, 411, 427, 456, 460, 466, 473, 474, 478–480, 496, 500, 501, 506, 534, 536, 540, 541, 547, 554, 556, 558, 561, 563, 564, 568, 569, 573, 577, 578, 584, 588, 595, 598, 603, 625, 633, 641, 648, 650, 732, 735, 736, 803, 809, 822, 842–844, 873, 876, 882, 896, 900, 901, 907, 910, 923, 928, 942, 954

Fischer, Herr. 562, 565

Fischer, ein Impresario. 480

Fischer und Franke, Kunst- und Literaturverlag in Berlin. 534

Fitger, Arthur (1840–1909), Maler und Schriftsteller. — Die Hexe, Tragödie (1875). 38, 750 — Jean Meslier. Eine Dichtung. Leipzig 1894. 241 — Requiem aeternam dona ei. Gedichte. Leipzig 1894. 241

Flaischlen, Cäsar (1864–1920), Lyriker, Erzähler, Dramatiker, 1895–1900 Schriftleiter der Zeitschrift »Pan«. Der Briefwechsel zwischen M und Flaischlen befindet in Ms Nachlaß und, zum größeren Teil, im DLA Marbach. 213, 214, 216, 272, 273, 277, 289, 299, 317, 327, 330, 331, 350, 357, 358, 363, 384, 386, 404, 410, 426, 427, 446, 488, 489, 494, 501, 506, 508, 591, 840, 854, 879, 885, 954

Nachtschatten, Gedichte (1884). 272 — Von Alltag und Sonne (1898), Gedichte und Prosa. 410 — 1895 oder 96 erschienen keine Verse von Flaischlen. 278

Flaum, Franz (Frantizek) (1866 oder 1867–1917), deutsch-polnischer Bildhauer, beeinflußt von Rodin, studierte in Berlin und Paris, lebte zeitweilig in Berlin. – Für 1904 ist eine Sonderausstellung in der Galerie Amelang in Berlin belegt. 554, 687

Fleischel, Egon & Co., Verlag in Berlin, brachte besonders Belletristik und Salonfeuillletons heraus, auch die Zeitschrift »Das litterarische Echo« erschien dort. 501

Flemming, Fräulein, nicht ermittelt, wohl eine Bekannte der Familie Oberdieck. 23

Fliegende Blätter, 1844 in München gegründete, weitverbreitete humoristische, illustrierte Wochenschrift, bestand bis 1944, karikierte insbesondere zeittypische bürgerliche Verhaltensweisen. Von M erschien in den »Fliegenden Blättern« das Gedicht GROSSSTADT-MORGEN. 185, 234, 296, 821

Florenz, Firenze, Hauptstadt der gleichnamigen italienischen Provinz, im Arnotal. 102, 579, 611, 612, 616, 619, 620, 626, 631, 634, 635, 638, 641, 647, 656, 657, 659, 661, 663, 920, 925, 926

Florian Geyer s. Hauptmann.

Flössel, Auguste (1859–1926), Schauspielerin. 336

Flüelen, Dorf im Schweizer Kanton Uri, am Südufer des Vierwaldstättersees. 547, 952

Föhr, nordfriesische Insel, auf der M 1895 und 1905 einige Wochen verbrachte. 284, 821, 950, 962

Förster-Nietzsche, Elisabeth (1846–1935), Schwester Friedrich Nietzsches, war mit dem antisemitischen Politiker Bernhard Förster verheiratet, nach dessen Tod betreute sie das Werk ihres Bruders und war Leiterin des Nietzsche-Archivs in Weimar. Ins Zwielicht geriet sie besonders durch die Herausgabe des Nachlaßwerks »Der Wille zur Macht«, dessen vorhandene Fragmente sie im Sinne eines das Germanische heroisierenden Nationalismus manipulierte. 347, 449, 514, 515, 597, 911, 954

Das Leben Friedrich Nietzsches. 3 Bde. (I, II,1 u. 2). Leipzig 1895–1904. 273

Fontane, Theodor (1819–1898), wird von M gelegentlich genannt; im Herbst 1904 notierte er: *Fontanes Werke alle kennen lernen. Ein mir sehr zusagender Mensch.* T 1904 II, Bl. 72. Ob M diesen Vorsatz wahrgemacht hat, ist nicht bekannt. Er schickte ihm ein Exemplar von IN PHANTAS SCHLOSS, ob auch noch von AUF VIELEN WEGEN, ist unbekannt; der Name ist auf einer Liste hierfür eingeklammert. – Vgl. auch Abt. Kritische Schriften Nr. 96. 272, 273, 815, 954

Fontane & Co., Berliner Verlag (Belletristik, Memoiren), Lützowstr. 84. 276

Forel, Auguste (1848–1906) Schweizer Psychiater, Professor in Zürich, Vorkämpfer der Abstinenzbewegung, setzte sich auch ein für Strafrechtsreform, Volksbildung und Friedensbewegung, war außerdem Insektenforscher. — Die Alkoholfrage. »Die Zukunft« 1, Bd. 1, 29.10.1898, S. 185–204. 457

Forst (Lausitz), Stadt an der Neiße im Regierungsbezirk Frankfurt/Oder. 129, 228

France, Anatole, eigentlich Jacques-Anatole Thibault (1844–1924), französischer Schriftsteller, 1921 Nobelpreis. — Crainquebille (1902), Erzählung, von France auch in ein Drama umgearbeitet. Erstaufführung in Übersetzung, Wien, 24.11.1903. Die von M angesprochene

Berliner Aufführung ist im »Neuen Theater-Almanach« nicht verzeichnet. 698, 946 f.

François, Louise von (1817–1893), Schriftstellerin. — Die letzte Rekkenburgerin, Roman (1871). 134

Frank, ein im Frühjahr 1884 neuer Schüler im Landshuter Studienseminar. 15

Franke, Hermann (so im Sorauer Adreßbuch 1905 und im Brief an M, 9.1.1912: Unterschrift *H. Franke*) oder August Hermann, wie M ihn nennt, vermutlich der Musik-, genauer Gesangslehrer des Sorauer Gymnasiums (das Unterrichtsfach hieß »Singen« oder »Gesang«, vgl. Ms Abiturzeugnis S. 774 und Nr. 22, 78 und 93 die *Singstunde*). Er kann seiner botanischen Neigungen wegen evtl. auch Biologie unterrichtet haben. Im Sorauer Adreßbuch wird er als »Königlicher Musikdirektor« bezeichnet. Auf jeden Fall war er nicht der Turnlehrer (s.u.). Hans Petri berichtete, Franke sei »sicherlich ein feiner Musiker« gewesen, der viele Motetten und ein Oratorium komponiert habe (an Margareta M, 26.4.1934). Anscheinend plante er auch eine Oper, denn M begann ein Libretto »Idalma« für ihn zu schreiben (T 1892/93, Bl. 25, 1.2.1892), das er nicht fertigstellte (Nr. 183), aber er schickte ihm IN PHANTAS SCHLOSS (T 1894/95, Bl. 96) und plante, ihn mit einem Epigramm zu ehren – vgl. das Fragment *So lebst auch du, mein stiller ernster Franke* T 1895, Bl. 90. AUF VIELEN WEGEN kaufte Franke sich selbst (Nr. 539). – M ist ihm dann in Meran wiederbegegnet, späteren Eintragungen nach hat er ihm die Neuausgabe von AUF VIELEN WEGEN (1911), wo M ihm das Gedicht LEISE LIEDER widmete, PALMSTRÖM und den Piperalmanach mit seiner AUTOBIOGRAPHISCHEN NOTIZ geschickt (T 1911/12 Bl. 51, Bl. 62 und 63, T 1913/14, Bl. 25). – Margareta M schrieb an Hans Petri: »Dass ich den Fehler übersehen konnte: A.H. Francke = Turnlehrer – ist mir heute ganz unverständlich, denn ich kannte den guten Francke ja noch selbst – er hat uns in Meran besucht mit seiner Tochter – und auf meine Bitte hin schrieb er noch kurz vor seinem Tode seine Erinnerungen an Christian Morgenstern auf, denen ich die abgedruckten Sätze entnehmen konnte. Schwer zugänglich ist er mir damals nicht erschienen – weder persönlich noch brieflich – denn wir wechselten mehrmals Briefe mit einander. Zu Christian Morgenstern hat er jedenfalls eine echte und tiefe Sympathie und väterliche Freundschaft empfunden – und Christian hatte ihm manches Gute zu danken. Soviel ich mich erinnere, war er zuletzt fast erblindet. Seine Tochter sorgte für ihn.« (Brief vom 20.4.1934). Die erwähnten Erinnerungen Frankes sind in Bauer, Chr. M. (1985) S. 42 veröffentlicht. 160, 263, 272, 414, 754

Frankfurt am Main, Stadt im preußischen Regierungsbezirk Wiesbaden. 102, 278, 535[?], 734, 735, 808, 825, 881, 893, 939

Frankfurter Zeitung, 1856 mit dem Titel Frankfurter Geschäftsberichte von Ludwig Sonnemann (1831–1929) in Frankfurt am Main gegründete Tageszeitung, hieß ab 1866 Frankfurter Zeitung und erschien bis 1943. Von M erschien dort SCHIMPFF UND SCHANDE und DAS VERMÄCHTNIS. 234, 275, 313, 807, 922

Frankfurt an der Oder, Hauptstadt des gleichnamigen Regierungsbezirks Brandenburg, Preußen. 435, 436, 535[?], 863

Franz, nicht ermittelt, evtl. aus der Verwandtschaft Amélie Ms. 167

Franz Carl s. Zitelmann.

Franzos, Karl Emil (1848–1904), Journalist und Schriftsteller, 1883–1886 Herausgeber und Redakteur der »Neuen illustrierten Zeitung« in Wien, Gründer und Herausgeber der Zeitschrift »Deutsche Dichtung« in Berlin (ab 1886). 64, 67, 197, 229, 240, 855

Frascati, Stadt in der italienischen Provinz Rom, am Abhang des Albanergebirges, Ferienort mit schöner Aussicht und Überresten antiker Bauwerke. 952

Frau Doktor s. Emmy Löwenfeld.

Frechen. 750

Fred, W., ursprünglich Alfred Wechsler (1879–1922), Kunstkritiker und Feuilletonist. — Aus dem Tagebuch eines wiener Schauspielers. »Das Theater« 1(1903/04) H. 4, S. 63 f. 945

Fredrikshavn, Hafenstadt in der dänischen Provinz Jütland, am Kattegat. 861

Freiberg, sächsische Bergstadt; an der dortigen Bergakademie, der ältesten der Welt, war Ms Großonkel Arnulf Schertel Professor. 219, 318, 340, 360

Freie Bühne. Der Verein »Freie Bühne« wurde 1889 gegründet, um, wie es im ersten Rundbrief zur Werbung von Mitgliedern hieß, »unabhängig vom Betriebe der bestehenden Theater und ohne mit diesen in einen Wettkampf einzutreten, eine Bühne zu begründen, welche frei ist von den Rücksichten auf Theatercensur und Gelderwerb« (S. Fischer, Verlag, S. 19). Konkret hieß das vor allem, die staatliche Zensur zu umgehen, denn nichtöffentliche Vorstellungen von Stücken, die die Zensur nicht passiert hatten, waren erlaubt. Es wurden vor allem Stücke naturalistischer Autoren geboten, z.B. wurden Hauptmanns »Weber« zuerst von der »Freien Bühne« gegeben. — Der Aufruf war unterzeichnet: »Otto Brahm, Vorsitzender«, »Paul Jonas, Rechtsbeistand«, »S. Fischer, Schatzmeister. Verlagsbuchhändler«. — Gründungsmitglieder waren: Otto Brahm, Maximilian Harden, Theodor Wolff, Heinrich und Julius Hart, Paul Schlenther, der Theateragent George Stockhausen, Julius Stettenheim, Paul Jonas, Samuel Fischer. Dies waren die persönlich haftbaren »ordentlichen Mitglieder«, während die anderen nur die Jahresbeiträge zu zahlen hatten und dafür die Vorstellungen besuchen konnten. Unter den 10 »ordentlichen« Mitgliedern gab es schon bald Meinungsverschiedenheiten, so daß bereits im Oktober 1889 anstelle von Harden, Wolff und Stockhausen Fulda, Hauptmann, Mauthner genannt werden. Literatur: S. Fischer, Verlag. de Mendelssohn: S. Fischer und sein Verlag. 476, 813, 814

Die Zeitschrift »Freie Bühne« war ursprünglich eine Folge der Gründung des Vereins »Freie Bühne«, da die neuen Bestrebungen eine weitere Verbreitung brauchten, als es bei reinen Theateraufführungen möglich war. Sie war aber kein Vereinsorgan, sondern von Anfang an eine unabhängige Zeitschrift. Im ersten Heft von Januar 1890 hieß es: »Eine freie Bühne für das moderne Leben schlagen wir auf. Im Mittelpunkt unserer Bestrebungen soll die Kunst stehen; die neue Kunst, die die Wirklichkeit anschaut und das gegenwärtige Dasein. Einst gab es eine Kunst, die vor dem Tage auswich, die nur im Dämmerschein der Vergangenheit Poesie suchte und mit scheuer Wirklichkeitsflucht zu jenen idealen Fernen strebte, wo in ewiger Jugend blüht, was sich nie und nirgends hat begeben. Die Kunst der Heutigen umfaßt mit klammernden Organen alles, was lebt. Natur und Gesellschaft; darum knüpfen die engsten und die feinsten Wechselwirkungen moderne Kunst und modernes Leben an einander, und wer jene ergreifen will, muß streben, auch dieses zu durchdringen in seinen tausend verfließenden Linien, seinen sich kreuzenden und bekämpfenden Daseinstrieben. [...] Wo das Neue mit freudigem Zuruf begrüßt wird, muß dem Alten Fehde angesagt werden, mit allen Waffen des Geistes. Nicht das Alte, welches lebt, nicht die großen Führer der Menschheit sind unsere Feinde, aber das todte Alte, die erstarrte Regel und die abgelebte Kritik, die mit angelernter Buchstabenweisheit dem Werdenden sich entgegenstemmt – sie sind es, denen unser Kampfruf gilt. [...] Dem Naturalismus Freund, wollen wir eine gute Strecke Weges mit ihm schreiten, allein es soll uns nicht erstaunen, wenn im Verlauf der Wanderschaft [...] die Straße plötzlich sich biegt und überraschende neue Blicke in Kunst und Leben sich aufthun. [...] im Glauben an das ewig Werdende haben wir eine freie Bühne aufgeschlagen, für das moderne Leben« (S. Fischer, Verlag, S. 22 f.). – Die Zeitschrift, die zunächst als Wochenschrift, dann monatlich erschien, hieß entsprechend mit vollständigem Titel zunächst »Freie Bühne für modernes Leben« (1890, 1891), dann »Freie Bühne für den Entwicklungskampf der

Zeit« (1892, 93), Anfang 1894 erfolgte die Umbenennung in »Neue Deutsche Rundschau«. Die Redakteure wechselten in den ersten Jahren mehrfach (Otto Brahm, Arno Holz, Wilhelm Bölsche, Julius Hart, Bruno Wille, Otto Julius Bierbaum), bis schließlich 1894 durch Oscar Bie eine Kontinuität und größere Unabhängigkeit von den ursprünglichen Absichten erreicht wurde. – 1904 erhielt die Zeitschrift den Titel »Die Neue Rundschau«; der ursprüngliche Titel blieb im Untertitel bis 1944 erhalten, danach hieß die nun vierteljährlich erscheinende Zeitschrift nur noch »Neue Rundschau«; hinzu kam der Hinweis auf die Gründung im Jahr 1890. Ab 1904 wurde auch die äußere Aufmachung anspruchsvoller, es wurden nun namhafte Buchkünstler zur Gestaltung herangezogen. – Bie verpflichtete M schon bald zunächst für kritische Beiträge (Abt. Kritische Schriften Nr. 19–26), und er veröffentlichte das Gedicht FRÜHLING, dann, offenbar als Ersatz für eine nicht zustande gekommene Rezension (vgl. Nr. 333) die Gedichtgruppe WOLKENSPIELE aus IN PHANTAS SCHLOSS. Nach Differenzen mit Bie gab es zunächst einige Jahre Pause, dann erschien 1902 die Szene DAS GLOCKENSPIEL; 1906 mit der Überschrift BERLINER GEDICHTE: DER UNZUREICHENDE BRAND, IM BAYRISCHEN VIERTEL, BERLINER MÄGDE AM SONNABEND, DIE WIEDERHERGESTELLTE RUHE, STEINE STATT BROT, TROST, QUARTIER LATIN und 1916 aus dem Nachlaß O MEINE ZEIT, SIEH, DARUM WAR DER TOD, AUF DEN EISBEDECKTEN SCHEIBEN, JA, GROSS IST BUDDHA, NOTWENDIGKEIT IST WIE EIN RIESENMANTEL, IM AUGE WINTERLICHES HOCHGEBIRG, WIE VIELES MUSS ZUGRUNDE GEHN, ES GREIFT DER GOTT IN UNS. Ab 1907 wurden mit der Überschrift »Gelegentliches« mehrfach Aphorismen Ms veröffentlicht (Nummernangabe nach Abt. Aphorismen); 1907: Nr. 131, 729, 1555, 1559, 1031, 1544, 261, 930, 1225, 1231, 486, 1560, 918, 1590, 1553,1564, 1525, 897, 1232. – 1909: 1650, 1281, 765, 756, 519,1598, 1649, 754, 387, 1275, 290, 285, 286, 287, 291, 1066, 1250, 1251, 1222, 1613, 1605, 1606, 764, 765, 1419, 1420, 950, 300. – 1910: Nr. 1412, 1642, 1644, 655, 520, 1289, 1662,1663, 1664, 952, 521, 1290, 953, 670, 671, 672, 1660, 1126, 1288, 833, 834. – 1911: Nr. 970, 1060, 971, 1131, 1430, 966, 1428, 1062, 838, 1065, 968, 964, 775, 969, 776, 1683. – 1912: Nr. 778, 779, 981, 980, 1702. – 1913: Nr. 1706, 1708, 1309, 1134, 979. – 1916 aus dem Nachlaß: Nr. 492, 533, 1271, 137, 269, 1064, 1703, 827, 828, 938, 1502, 979, 397, 398, 956, 770, 1668, 1669. Außerdem wurden 1906 nach Ibsens Tod im Rahmen einer Anzahl von Ibsengedichten auch einige in Ms Übersetzung gebracht: Flüchtiger Sonnenstrahl (O, wie stürmt mir die Brust), Es ist vorbei (Stirb, mein Hoffen! Stirb, erlisch auf immer. (Dieses Gedicht ist aus Versehen – es ist im T nicht als Übersetzung gekennzeichnet – in der T-Fassung unter Ms eigene Gedichte geraten: Abt. Lyrik 1906–1914, S. 281.), Zu einer militärischen Feier in Christiania, am Krönungstag des Königs (Nun tat sich um des Königs Stirn), Prolog. Gesprochen am 5. Oktober 1853 (Der Wald belaubte sich, der Vogel sang), Judas (Im Jüngerkreis war er ein fremder Ton). »Die Neue Rundschau« 17 (1906) S. 1485–1490. Dann in: Henrik Ibsen: Nachgelassene Schriften, hrsg. von Julius Elias und Halvdan Koht, Bd. 1, Berlin 1909, S. 3, 10, 112, 74, 7, 142 (dort 7 weitere Gedichtübersetzungen Ms). 196, 216, 219, 220, 222, 227, 234–236, 243, 244, 251, 273, 276, 284, 294, 313, 322, 323, 325, 331, 342, 346, 356, 364, 366, 466, 517, 562, 592, 596, 696, 719, 720, 802–804, 807, 809, 818, 828, 830–832, 836, 839, 841, 890, 894, 928, 929, 948

Freie Litterarische Gesellschaft, Büro Berlin NW, Dorotheenstr. 67, als Ergänzung (für Lyrik und Epik) der »Freien Bühne« 1890 gegründet, veranstaltete Dichterlesungen und Vortragsabende, besaß eine Bibliothek und gab moderne Dichtungen heraus. Gründungsmitglieder waren Hermann Bahr, Heinrich Hart, Otto Erich Hartleben, Arno Holz, Otto von Leixner, Heinz Tovote, Ernst von Wolzogen. – Das »Magazin für Litteratur« berichtete in der Regel über die Aktivitäten der literarischen Gesellschaften in Berlin und anderen Städten. 294, 314, 315, 820, 827

Freie Volksbühne, Neue Freie Volksbühne, im Zusammenhang mit der Arbeiterbewegung stehende Gruppierungen, die preiswerten Theater- oder Konzertbesuch für Arbeiter ermöglichten; die Plätze wurden ausgelost. Die »Freie Volksbühne« wurde 1890 von Bruno Wille organisiert und mitbegründet, der sich aber mit seinen Freunden nach Differenzen mit der SPD wieder davon löste und eine »Neue Freie Volksbühne« gründete, die 1914 ein eigenes Theater am Bülowplatz eröffnete; 1919 schlossen sich beide Volksbühnen zu einer »Volksbühne e.V.« zusammen. Die Programme wurden im »Neuen Theateralmanach« jeweils unter Überschriften wie »Die freien Bühnen Berlins« veröffentlicht. Die Vereinszeitschrift der 1. »Freien Volksbühne« hieß gleichfalls »Freie Volksbühne«; nach der Trennung Willes von dieser und der Gründung der »Neuen Freien Volksbühne« wurde deren Zeitschrift zunächst, bis 1906, »Die Kunst dem Volke« genannt, 1906/07–1913/14 »Neue Freie Volksbühne«, während die »alte« zunächst »Die Volksbühne« und ab 1897 wieder »Freie Volksbühne« hieß. 1913/14 wurden beide Volksbühnenzeitschriften unter dem Titel »Die Volksbühne« wieder vereinigt. 255, 414, 445, 473

Freitag-Club, Freitagsgesellschaft u.ä., der Stammtisch der »Täglichen Rundschau«, in den die Brüder Hart M eingeführt hatten. Die Teilnehmer, nicht nur Schriftsteller, trafen sich jeden Freitag im Architektenhaus, Wilhelmstr. 92/93. 214, 216, 219, 236, 249, 289, 622

Frenssen, Gustav (1863–1945), zu Beginn des 20. Jahrhunderts äußerst erfolgreicher Schriftsteller im Rahmen der Heimatkunstbewegung. — Jörn Uhl (1901), Roman. 649

Freudenthal, Berthold (1872–1929) (nach Bauer, Chr. M.(1985) S. 50). Freudenthal wurde in Breslau geboren und besuchte dort das Gymnasium St. Elisabeth, studierte in Breslau, Tübingen, Berlin und Halle und war ab 1901 Professor für öffentliches Recht und Strafrecht in Frankfurt/M. M hat ihn vielleicht während seiner Breslauer Studienzeit kennengelernt; wenn die Angabe, daß er Mitarbeiter am »Deutschen Geist« gewesen sei (Bauer, a.a.O.), richtig ist, könnte er der Verfasser des mit »F.« gezeichneten Beitrags »Über die Notwendigkeit von Excursionen für den angehenden Nationalökonomen« sein (»Deutscher Geist« 8, Dezember 1892). Der Name wird auch später gelegentlich genannt, so in einer Liste für die Versendung von AUF VIELEN WEGEN (1897); am 17.1.1912 wird Post von Freudenthal vermerkt (N 1912); im T 1913/14, Bl. 22 steht der Name in einer Liste *Unerledigtes*. Der Kürze der Vermerke wegen ist aber nicht sicher, daß es sich immer um Berthold Freudenthal handelt. 177

Frey, Breslauer Familie: Das Haus Edelstein, Breite Straße 23/24, in dem die Familie M ab April 1884 zuerst im 3., dann im 1. Stock wohnte, gehörte »Carl Frey und Söhne[n]«, wobei die »Söhne« vermutlich die im Haus wohnenden Carl (1. Stock) und Julius (2. Stock) waren. Carl und Julius Frey waren Hofjuweliere und Inhaber der Schmuckfabrik Breite Straße 23/24; Carl hatte ein Juwelengeschäft in der Schweidnitzer Straße, Julius war außerdem Stadtrat und Handelsrichter. Deren Söhne wiederum waren Georg und Ulrich Frey (wie sie zuzuordnen sind, ist nicht ganz klar; Ulrich zumindest dürfte der Sohn von Julius Frey gewesen sein). Mit diesen war M befreundet; Ulrich war etwa gleichaltrig mit M; er machte 1892 in Breslau Abitur (nach Nr. 120). Georg war wohl ein paar Jahre älter (machte vermutlich 1886 Abitur). Mit Ulrich verband M das Interesse an Volapük.

Familie Frey. 16, 17, 51, 86, 97, 106 (3 männliche Mitglieder der Familie) — Georg Frey. 15, 16 — Ulrich Frey. 16, 19, 20, 29[?], 43, 51

Freytag, Gustav (1816–1895), Kulturhistoriker, Dramentheoretiker, seinerzeit vielgelesener Schriftsteller. — Bilder aus der deutschen

Vergangenheit, 5 Bände, 1859–1867. Bd. 4: Aus neuerer Zeit, Kap. 5: Aus dem Staat Friedrich's des Großen. 85 — Ingo und Ingraban (1842), 1. Band des Romanzyklus »Die Ahnen« (1872–80). 56, 755 — Die Journalisten (1852), Drama. 221, 803 — Soll und Haben, Roman (1855). 198

Fricke, Heinrich (1860–1917) Architekt und Maler, Freund Ms, den er 1907 in Meran kennenlernte. 832

Fri(e)da s. Frieda Sandvos.

Friedenau, Dorf in der Umgebung von Berlin, Kreis Teltow, Regierungsbezirk Potsdam. 629, 665, 666

Friedland, Stadt im nördlichen Böhmen mit einem auf einem 60 m hohen Basaltfelsen über der Stadt liegenden Schloß. Die Burg Friedland stammt aus dem 13. Jahrhundert, wurde im 16. Jahrhundert zum Schloß umgebaut und im 19. Jahrhundert restauriert. Sie gehörte ab 1620 Wallenstein und kam nach dessen Tod 1634 an die Grafen Gallas, dann Clam-Gallas, die später im Ort ein neues Schloß erbauten. 82, 749

Friedrich II., der Große (1712–1786), ab 1772 König von Preußen. 31, 84, 85

Friedrich, Wilhelm, Leipziger Verleger. 241

Friedrichshagen, Dorf am Müggelsee, im Kreis Niederbarnim, mit der Stadtbahn von Berlin aus gut erreichbar. M verbrachte die Sommer 1896 und 1897 in Friedrichshagen, 1897 zusammen mit Friedrich Kayssler. – Bekannt geworden ist Friedrichshagen durch den sogenannten Friedrichshagener Kreis oder Dichterkreis (etwa 1890–1904), der sich um die dort wohnenden Städter, vor allem Heinrich und Julius Hart, Wilhelm Bölsche und Bruno Wille, gebildet hatte, eine feier- und diskutierfreudige Gesellschaft mit vielen mehr oder weniger regelmäßig erscheinenden Gästen aus Berlin. – Von M ist nicht bekannt, ob er sich dieser Vereinigung zugehörig fühlte, er erwähnt sie jedenfalls nicht, anders als den Literaten- und Künstlertreffpunkt an den Freitagen in Berlin. – Der Zusammenschluß der Vereinigung war jedenfalls so lose und informell, daß es möglich wurde, alle Literaten oder Künstler, die einmal ein paar Tage oder Wochen in Friedrichshagen verbrachten, zum Friedrichshagener Dichterkreis zu zählen – und die Gäste ebenfalls. Literatur: Gertrude Cepl-Kaufmann und Rolf Kauffeld: Friedrichshagener Dichterkreis. In: Wülfing, Bruns, Parr [Hrsg.], Handbuch literarisch-kultureller Vereine, Gruppen und Bünde, S. 113–126 (sehr umfassende Literaturangaben). Dieselben, Berlin-Friedrichshagen. München 1994 (hier wird die Rolle der einzelnen Mitglieder stärker gewichtet). Eine Auswahl aus den Erinnerungen der Mitglieder auch in: Günter de Bruyn [Hrsg.], Friedrichshagen und seine Dichter. Berlin 1992. — Friedrichshagen als Ort. 211, 212, 216, 220, 223, 255, 277, 290, 291, 320–322, 325, 327, 330–333, 354, 360, 367–369, 372, 374–378, 381, 422, 476, 491, 493, 642

Friedrichsruh, Dorf im Kreis Lauenburg/Schleswig-Holstein und der dort gelegene Besitz Bismarcks, das Jagdschloß Friedrichsruh, das er mit dem Sachsenwald 1871 als Schenkung Kaiser Wilhelms I. erhalten hatte. 257

Friedrichsthal, nahe dem Dorf Spindelmühl oder Spindlermühle im böhmischen Teil des Riesengebirges, Bezirk Hohenelbe. 228, 229

Frisch, Efraim (1.3.1873, Stryi – 26.11.1942, Ascona), Sohn des Kaufmanns Manasse Frisch und von Amalia Frisch, geb. Mager, österreichischer Schriftsteller, Dramaturg, Kritiker, Übersetzer; für die Frühzeit sind auch Gedichte belegt. Frisch studierte gegen den Willen seines Vaters, der ihn zum Rabbiner bestimmt hatte und ihm mit »Enterbung und Familienausschluß« drohte (vgl. Frisch, Zum Verständnis, S. 18), nach Abitur und kurzer Zeit auf dem Wiener Rabbinerseminar (beides 1894), Ende des Jahres zunächst in Wien Jura, dann, 1895–1900, in Berlin Kunstgeschichte, Literaturgeschichte und Philosophie, 1900 in Kiel Nationalökonomie. Er beendete sein Studium ohne offiziellen Abschluß und Doktortitel. M und Frisch lernten sich am 16.12.1895 bei Georg Hirschfeld kennen (Nr. 350). Frisch veröffentlichte seine Erinnerungen an dieses 1. Treffen und die nachfolgende Freundschaft zuerst in der »Frankfurter Zeitung«, 6.5.1931; daraus wurde ein großer Teil in die M-Biographie von Michael Bauer übernommen (Chr. M. (1985) S. 144–146 und 174 f., ausgelassen ist ca. eine Druckseite aus dem Mittelteil). Vollständig wiedergegeben in: Frisch, Zum Verständnis, S. 109–113. – Wahrscheinlich sind beide sich über ihr gemeinsames Interesse an Nietzsche nahegekommen, Frisch arbeitete später (1899, a.a.O. S. 111) an einer Arbeit über Nietzsches Ästhetik, und M schickte (mehr oder weniger regelmäßig) zu Nietzsches Geburtstag eine Karte (Frisch erwähnt diese »jährliche Nietzsche-Karte (15.Oktober)« ebd.; M. schreibt vom *bewussten Oktobertage* (Nr. 711). Nur im Druck erhalten geblieben ist ein Text, datiert Oktober 1907 (Briefe. Auswahl (1952) S. 261, mit der Angabe: »An einen Freund«, die als einziges oder jedenfalls wohl hauptsächlichen Text ein Nietzsche-Zitat enthält – nur dieses ist gedruckt. Hierbei kann es sich gut um einen dieser Nietzsche-Grüße an Efraim Frisch handeln. – In den Jahren 1901 und 1902 verbrachten M und Frisch einige Zeit gemeinsam in Wolfenschießen, 1902 war auch Fega Lifschitz dabei, die Frisch am 8.11.1902 in Zürich heiratete, wobei M neben Fega Lifschitz' Bruder Trauzeuge war (N 1902).

Margareta M erlebte später die Freunde M und Frisch als Gegensätze, die sich anzogen: »[...] plötzlich entwickelte sich ein blitzendes Wortgefecht, die Degen kreuzten, Nietzsche wurde Gegenstand des Zweikampfs, Standpunkte wurden klargelegt, Weltanschauungen entwickelt. Beide waren vollkommen konträrer Meinung, aber die Debatte blieb trotz allem Feuer völlig sachlich.« (von Guy Stern zitiert in Frisch, Zum Verständnis, S. 265).
Efraim und Fega Frisch kehrten im Winter 1903 nach Berlin zurück, wo Frisch sich eine Existenz als freier Schriftsteller zu schaffen suchte. Nach Ms einmonatiger Episode beim Bühnenverlag Felix Bloch Erben übernahm er im September 1903 dessen Stelle und verfaßte gleichzeitig einen großen Teil der Theaterberichte der Zeitschrift »Das Theater«. 1904–1908 war er Dramaturg bei Max Reinhardt und in dieser Zeit auch Dozent an der Max-Reinhardt-Schule, 1912 ging er nach München und war Lektor beim Georg-Müller-Verlag, 1914–1916 und 1919–1925 Leiter der Zeitschrift »Der neue Merkur« (während des 1. Weltkriegs, an dem er als Sanitäter teilnahm, von seiner Frau vertreten), 1925–30, wieder in Berlin, Feuilletonredakteur der »Frankfurter Zeitung«. Anfang 1933 emigrierte das Ehepaar Frisch nach Ascona. Während der gesamten Zeit war Frisch auch Mitarbeiter zahlreicher anderer renommierter Zeitschriften und Zeitungen; er schrieb z.T., insbesondere im Schweizer Exil, unter Pseudonymen. Literatur u.a.: Archiv Bibliographia Judaica, Lexikon deutsch-jüdischer Autoren Bd. 8, S. 177–182 (wie auch bei Fega Frisch leider nicht immer ganz fehlerfrei).
— Efraim Frisch, Zum Verständnis des Geistigen, darin zur Einleitung S. 13–40 ein Lebensabriß des Herausgebers Guy Stern. 295, 362, 437, 446, 491, 493, 508, 513, 527, 544, 546, 547, 551, 552, 557, 561, 564, 567, 573, 575, 582, 584, 586, 594, 599, 603, 605, 606, 619, 620, 623, 624, 626, 628, 630, 632–635, 637, 638, 641, 644, 648, 651, 661, 662, 665, 667, 668, 671, 674–676, 678, 680–682, 685–691, 693–697, 699
Aus Berliner Theatern (Rezensionen in »Das Theater«). 938, 944,
— Das Evebärble und das Tetterhorn. 939, 945 — Ein Aufsatz (Plan). 649 — ein Drama (vermutlich nicht vollendet). 633, 649
— Das Verlöbnis. Geschichte eines Knaben (1901). Der von den väterlichen Erwartungen und Forderungen überlastete Knabe glaubt sich mit seiner schönen Cousine verlobt, weil diese ihn im Überschwang und im Gedanken an ihren (wirklichen) Geliebten geküßt hat. Rückzug in diese Traumwelt, immer stärkere Vereinsamung, Verrat und andere unglückliche Umstände führen zu Krankheit und frühem Tod des Jungen. Vgl. auch Arthur Eloesser, »Neue Deutsche

Rundschau« 12 (1901) S. 1290, Felix Hollaender, »Das Litterarische Echo« 5 1902/03, S. 963. 566, 575, 582, 595
Frisch, Fega (Feigel [=Sophia] in amtlichen Dokumenten, Feiga im Abschlußzeugnis des Gymnasiums und in den universitären Unterlagen, sonst auch Fedscha, Fetscha, Feitscha), geb. Lifschitz (8.11.1878, Grodno – 30.5.1964, Ascona), Übersetzerin aus dem Russischen, auch aus dem Jiddischen. Sie gehörte wie Efraim Frisch zu Ms engstem Freundeskreis, nicht nur in ihrer Rolle als Frau des Freundes. M notierte später über sie: *Ad Fega. Sie war sicherlich so tief, wie einem Weibe gegeben sein konnte, ohne abzustossen.* T 1905, Bl. 44. [...] *eine wahrhaft tiefe Frau: Fega Frisch* [...] T 1907 I, Bl. 76.

In einem Lebenslauf vom Oktober 1959 schrieb sie: »Ich bin im November 1878 in Grodno geboren als Tochter des Kaufmanns Josua Lifschitz und seiner Frau Rachel, geborene Schwarz. Nach Absolvierung des Gymnasiums in meiner Vaterstadt bin ich im Herbst 1897 nach Berlin gegangen, um an der dortigen Universität zu studieren. Meine Gebiete in den ersten zwei Jahren waren Geschichte, Philosophie, Kunstgeschichte und Literatur. Dann wandte ich mich hauptsächlich den Naturwissenschaften zu und hatte bei Geheimrat Prof. Dr. Simon Schwendener [(1829–1919), Schweizer Botaniker, ab 1878 Professor in Berlin, erkannte die Flechten als Symbiose von Moosen und Pilzen] meine Doktorarbeit über ›Extraflorale Nektarien‹ [nicht »Nektarinen«; vielmehr handelt es sich um Drüsen, die Nektar absondern, aber außerhalb des Blütenbereichs einer Pflanze liegen] fertiggestellt. Da aber damals in Berlin Frauen zum Doktorexamen noch nicht zugelassen wurden, begab ich mich nach Zürich, arbeitete an der dortigen Universität bei Professor Dodel 2 Semester [Dodel, Arnold (1843–1908), Schweizer Botaniker und naturwissenschaftlicher Schriftsteller, Dozent und Professor in Zürich 1870–1903], hörte auch Vorlesungen bei den Professoren Lang, Kollwitz, Schinz und andern und vollendete gleichzeitig meine Doktorarbeit. Ende Januar 1902 wurde ich plötzlich nach Berlin gerufen, da meine Mutter schwer erkrankt war und sich in Berlin einer Operation unterziehen musste, an der sie Ende Februar starb. Diese neue Lage zwang mich, mit meinem Vater nach Hause nach Grodno zu fahren und zunächst bei ihm zu bleiben. Am 8. November desselben Jahres heiratete ich in Zürich meinen Verlobten Efraim Frisch.« Anschließend berichtet sie knapp über ihre Aufenthalte und über ihre Tätigkeit als Übersetzerin. Maschinenschriftlicher Lebenslauf in zweifacher Ausführung, textgleich auf 1 bzw. 2 S. Ergänzend dazu folgende Angaben: Fega Lifschitz besuchte in Grodno das Mädchengymnasium und erhielt in

Religion, Französisch, Deutsch, Geschichte, Geographie, Naturgeschichte, Mathematik und Pädagogik die Note »vorzüglich«, in »Russische Sprache und Literatur« »recht gut«; für diese Leistungen bekam sie eine goldene Medaille (Abschlußzeugnis vom 11.7.1894, beglaubigte Übersetzung Berlin, 31.10.1897). Damit bewarb sie sich um die Aufnahme an der Berliner Universität und erhielt die Zulassung »vorbehaltlich der Erlaubniß des Herrn Rektors und des Einverständnisses der betreffenden Lehrer«. Diese Erlaubnis mußte in jedem Semester bestätigt werden. Fega Lifschitz ging dann in die Schweiz, weil dort die Gesetze frauenfreundlicher waren. In Zürich hieß es im Gegensatz zu Berlin: »[...] Feiga Liftschitz [!], stud. phil., von Grodno, Russland ist mit heutigem Tage an hiesiger Hochschule immatrikuliert und in alle den akademischen Bürgern zustehenden Rechte eingesetzt worden, nachdem sie unter Handschlag feierlich versprochen hat, dass sie sich den Statuten unserer Hochschule und den Gesetzen unseres Landes in allem unterziehen, den Studien mit Ernst und Eifer obliegen und alles meiden wolle, was unserer Hochschule zum Schaden oder zur Unehre gereichen könnte. [...]« Aber offenbar kam sie mit ihrem Doktorvater, Arnold Dodel, nicht zurecht und wäre gern nach Berlin zurückgekehrt, wovon ihr ihr Berliner Lehrer, Simon Schwendener, sehr dringend abriet und ihr empfahl, »Ihre Verstimmung zu überwinden und sich mit Ihrem Lehrer zu verständigen, d.h. das mögliche zu thun, um seinen Wünschen zu entsprechen« (Schwendener an Fega Lifschitz, 6.1.1902). Nach der Unterbrechung durch Krankheit und Tod ihrer Mutter nahm sie ihr Studium nicht wieder auf, sondern begnügte sich mit einem einfachen Abgangszeugnis der Universität. Ab etwa 1909 arbeitete sie als Übersetzerin. Alle vorstehend genutzten Unterlagen zu Fega Frisch befinden sich im LBI New York.
Die freundschaftliche Verbindung des Ehepaars Frisch zu Margareta M blieb auch nach Ms Tod bestehen und wurde auf Michael Bauer ausgedehnt; nach dem Ende des 2. Weltkriegs wurde sie zwischen beiden Frauen (etwas krisenanfällig) wieder aufgenommen.
− Am 1.6.1946 schrieb Fega Frisch: »Meine liebe Margareta, wie oft habe ich gedacht, ob du mir bald schreiben wirst, und nun kam dein lieber Brief. Ich muss mit dem schwersten beginnen. Seit dem 26. Nov. 1942 ist mein Geliebter, Einziger nicht mehr. Er ruht auf dem Friedhof in Ascona nach einer langen, mit grosser Geduld ertragenen Krankheit − Muskelschwund oder langsame Lähmung. Bis zuletzt wach und geistig auf der Höhe eines reifen, tiefen Lebens war er körperlich schwer behindert [...] Bettlägerig war er nur einen Tag. Die Ereignisse haben ihm, wie er oft sagte, die letzte Lebens-

kraft aufgezehrt, und doch ist ihm das Grausamste erspart geblieben – Es ist ja das Schreckliche an dieser Zeit, dass man so oft bei der Nachricht von einem natürlichen Tod ausrufen musste: Gott sei Dank!« Sie berichtet nun von ihrer Verwandtschaft, von den vielen, die ermordet wurden und den wenigen, die überlebten. »Es gibt dort [in Grodno] niemand mehr. Und wenn ich in den Nächten still liege und über das Geschehene nachdenke und mich an alle Menschen, die ich kannte und auch nicht kannte, erinnere, so weiss ich, dass ich es nie realisieren und begreifen kann, wie das möglich war.« Auch von Efraim Frischs Verwandten ist kaum jemand übriggeblieben, nur eine Schwägerin (von ihr) und ihre Kinder. »Nach allem, was ich dir hier mitteile, kannst du dir denken, dass ich in einer gewissen Beziehung hart geworden bin.« Sie und ihr Mann haben in der Emigration keine Not gelitten, haben auch von Freunden in der Schweiz Hilfe erhalten; jetzt arbeitet sie wieder an ihren Übersetzungen und verdient selbst. Dann berichtet sie über das Schicksal von gemeinsamen Bekannten: »[...] Else Cassirer ist ihrem Mann nachgefolgt. Wie die Kinder leben, weiss ich nicht. Unser lieber Landshoff ist in New-York plötzlich gestorben, das kümmerliche Leben in Paris und die neue[r]liche Flucht nach USA haben ihn erschöpft. Mädi und Bubi sind verheiratet. Frau Landshoff ist bei ihnen in New-York. Frau Elias ist nach Norwegen emigriert, wurde aber von dort deportiert, ihr Sohn vorher erschlagen [...].« Abschließend gibt sie urheberrechtliche Hinweise für Ms Werke. Maschinenschriftlicher Brief im Nachlaß.

Der Nachlaß von Efraim und Fega Frisch, darunter die Mehrzahl der Briefe Ms, befindet sich größtenteils im LBI New York. Ein Teil ist in Ms Nachlaß vorhanden; Margareta M hatte sie wohl verlegt und glaubte sie gestohlen, denn Fega Frisch schrieb: »[...] ich habe die Briefe von Chr. erhalten. [...] Was die Briefe betrifft, so bin ich etwas erschrocken, wie das Packet zusammengeschrumpft ist – du hast mich ja schon [...] darauf vorbereitet, dass viele Briefe gestohlen wurden – nun, da kann man wohl nichts machen« (an Margareta M, 24.11.1954, im Nachlaß). Einige Originale sind wirklich verschollen und nur im Druck (Briefe. Auswahl, 1952) erhalten geblieben; von den Briefen Efraim und Fega Frischs an M sind nur noch relativ wenige (ca. 27) in Ms Nachlaß vorhanden. Nach Fega Frischs Tod berichtete ihre Nichte, Bella Schlesinger: »Einen Teil der Korrespondenz von Efraim und Fega (eigentlich fast alles) werde ich [...] dem Leo Baeck Institut nach New-York schicken. Ich weiss nicht, ob Ihnen bekannt ist, dass Fegachen bei Lebzeiten, schon vor einigen Jahren, die gesamte Korrespondenz des ›Neuen Merkurs‹ dorthin

gesandt hat. Das Material ist dort besonders schön aufbewahrt. [...]«
(an Margareta M, 11.9.1964, im Nachlaß). Sie wollte auch den Briefwechsel zwischen M und Efraim und Fega Frisch als Einzelveröffentlichung herausgeben. Obwohl Margareta M sich einverstanden zeigte (Bella Schlesinger an Margareta M, 11.9.1964 und 21.1.1965, im Nachlaß), wurde der Plan nicht verwirklicht; wahrscheinlich war schon damals der Hauptteil von Frischs Briefen nicht mehr vorhanden. 514, 544, 546, 561, 567, 575, 577, 581, 598, 603, 605, 620, 627, 628, 630, 638, 646–650, 652, 658, 661, 662, 665, 667, 671, 686–688, 690, 693–695, 697

Frisch, Manasse, Efraim Frischs Vater, s.o. 624

Fritz, Fritzing, selten Fritze, in der Regel Friedrich Kayssler; zur Endung -ing vgl. Schäning.

Fritze, Fritzl, selten Fritz s. Christian Friedrich Kayssler.

Fuchs, Renate s. Wassermann.

Fuhrmann Henschel s. Hauptmann.

Fulda, Ludwig (1862–1939), damals vielgespielter Lustspieldichter, Übersetzer. M lernte ihn erst im März 1907 in Meran kennen, aus demselben Jahr ist je ein Brief an und von Fulda (18. und 27.8. 1907) vorhanden. 663

Fürstenstein, die alte Burg Fürstenstein (Kreis Waldenburg), durch eine enge Schlucht vom Schloß Fürstenstein getrennte, Ende des 18. Jahrhunderts in mittelalterlichem Stil erbaute Ritterburg. 122

Gabelsberger, Franz Xaver (1789–1849), schuf eine kursive Kurzschrift in Anlehnung an die deutsche Schreibschrift; sein System wurde später eine Voraussetzung für die deutsche Einheitskurzschrift. 18, 744

Gajek, Bernhard. 734

Gallas, Matthias Graf von Gallas (1584–1647), kaiserlicher General im Dreißigjährigen Krieg, aus dem Umkreis Wallensteins – oder ein anderes Mitglied dieser Familie. 84, 766

Galgenberg, Galgenbrüder, der berühmte, im Frühjahr 1895 von M und seinen Freunden gegründete und bis etwa November 1897 bestehende gesellige Verein bzw. seine Mitglieder, für den/die die ersten Galgenlieder gedichtet wurden. Zu den Galgenbrüdern gehörten außer M (Rabenaas) Friedrich Beblo (stummer Hannes, Büchner) Georg Hirschfeld (Verreckerle), Julius Hirschfeld (Schuhu), Friedrich Kayssler (Gurgeljochem), Paul Körner (Gespenst, Spinna), Franz Schäfer (Veitstanz, Glöckner) und Robert Wernicke (Faherrügghh). Zu Beschreibungen der Galgenabende vgl. besonders die entsprechenden Stellen bei Oskar Anwand, Georg Hirschfeld, Franz Schäfer, außerdem Text und Kommentar zu den GALGENLIEDERN. 277, 319, 322, 301, 330, 343, 400, 822, 823, 834

Ganghofer, Ludwig (1855–1920), Schriftsteller. — Der Herrgott(s)-schnitzer von Ammergau, Volksstück, 1880, mit Hans Neuert. 173, 789

Garborg, Arne (1851–1924), norwegischer Schriftsteller, selbst aus einer Bauernfamilie stammend, machte er das auf den norwegischen Dialekten beruhende Landsmål literaturfähig. Er war verheiratet mit der Schriftstellerin Hulda Garborg, s. Tyra Bentsen. 903, 918 Bei Mama (1890, deutsch 1891), Roman. 566 — Müde Seelen (1891, deutsch 1893), Roman. 431

Gardasee, Lago di Garda, Alpenrandsee, größter See Italiens. Vgl. auch Abt. Episches Nr. 41. 381, 830, 950

Gärtner, Adolf, Schauspieler. 329

Gast, Peter, eigentlich Heinrich Köselitz (1854–1918), mit Nietzsche befreundeter Komponist, 1900–1908 Kustos des Weimarer Nietzsche-Archivs. 515

Gaus, Friedrich, ein Sorauer Gymnasiast, einige Jahre jünger als M, hielt ein Referat über IN PHANTAS SCHLOSS, machte 1897 Abitur und studierte Medizin. 334, 351, 729, 954

Gaustadt. In Nr. 591 meint M das 950 m hoch gelegene Gausdal–Sanatorium am Skejufer, während Gaustad die Irrenanstalt (sindsygge Asyl) nördlich von Christiania ist. — Gausdal–Sanatorium. 435 — Irrenanstalt. 903

Gautier, Théophile (1811–1872), französischer Dichter und Kritiker. 870
Émaux et Camées (Emaillen und Kameen). Gedichtsammlung, erschienen zuerst 1852, danach erweiterte Ausgaben. Das Schlußgedicht »L'art« (»Die Kunst«) wurde zuerst in der Zeitschrift »L'Artiste« (1831–1858) gedruckt und 1858 in den Gedichtband aufgenommen. 452 f.

Die Gegenwart. 940

Gehrhard, Geheimrat, vermutlich der Mediziner Carl Gerhardt.

Geibel, Emanuel (1815–1884), sprachlich und inhaltlich konventioneller, seinerzeit hochgeschätzter Lyriker, begründete seinen Erfolg mit volkstümlichen Liedern wie »Der Mai ist gekommen«; verdienstvoller Übersetzer spanischer und französischer Lyrik. 62, 151 Brunhild (1857), Drama. 76, 763 — Der Tod des Tiberius (1853), Gedicht. 57

Geijerstam, Gustaf af (1858–1909), schwedischer Schriftsteller, Journalist, Theaterleiter. 685

Gelber, Adolf (1856–1923), Publizist und Erzähler. 137, 138, 783, 954

Gelling, Hans (1858–1912), Schauspieler und Bühnenschriftsteller. 768 f.

Gemmel, Ludwig. 875
Genf, Hauptstadt des gleichnamigen Schweizer Kantons. 620
Genfer See, liegt zwischen den Schweizer Kantonen Wallis, Waadt, Genf und dem französischen Departement Obersavoyen. 567, 595, 598
Genua, Genova, Hauptstadt der gleichnamigen italienischen Provinz. 595, 603, 606, 914, 951, 952
Georg II., Herzog von Sachsen-Meiningen (1826–1914). 415, 855
George, Stefan (1868–1933), Dichter, kultivierte ein ästhetizistisches, exklusives und fern aller Zweckbezogenheit stehendes Kunstideal, stilisierte den Dichter als Seher, der eine ebenfalls exklusive Gefolgschaft um sich hatte. – Über Ms Georgerezeption ist wenig bekannt, erwähnt werden die »Blätter für die Kunst«, aus diesen aber die Sachen von Hofmannsthal, von der Kleinschreibung und Interpunktionslosigkeit, die George favorisierte, war er aber vorübergehend angetan (Nr. 462); bekannt ist ferner, daß er George parodiert hat, vgl. AUS LAMETTA VOM CHRISTBAUM DER SIEBENTEN ERLEUCHTUNG, außerdem gibt eine flüchtige Erwähnung im T 1908 I, Bl. 36 und eine weitere im Zusammenhang mit seinem Parodiebegriff (Brief an Siegfried Jacobsohn, undatiert, etwa August 1913, BRIEFE. Auswahl (1952) S. 400). Hermann Ubell, selbst ein Georgeverehrer, vermutete, es sei »der absolute Mangel des ›Sinnes für Feierlichkeit‹« gewesen, der M gehindert habe, George gerecht zu werden (Römische Erinnerung an Christian Morgenstern, Tagesbote, Brünn, 8.1.1933). 362, 933
Geppert, Alfred, ein Mitschüler Ms in Sorau, kam wie M von einem Breslauer Gymnasium. Er trug die Spitznamen »Kyros« (nach dem Perserprinzen in Xenophons »Anabasis«) und (vermutlich) »Gellert«; beides kommt aber in den Briefen nicht vor. Geppert nahm kurz nach dem Abitur oder Schulabgang eine Anstellung an einem Gut bei Glogau an. 22, 114, 117, 118 —— Gepperts Vater. 114
Gerda s. Marie Gerdes.
Gerdes, Marie (1872–?), Pianistin und Publizistin aus Bremen, auch Übersetzerin. M lernte sie bei einem Besuch bei Heinrich Hart in Friedrichshagen (ORDENS-EPOS, Z. 26 f.) kennen und vermittelte ihre Bekanntschaft mit Eugenie Leroi. Sie wurde deren Freundin und war Mitglied des »Ordens«. Sie spielte u.a. bei Konzerten der Neuen Freien Volksbühne (hierzu Abt. Kritische Schriften Nr. 17 und 53) und verdiente sich ihren Lebensunterhalt mit Klavierstunden. Weil ihr Verlobter, Robert Reibenstein, kurz vor der Geburt des gemeinsamen Kindes die Verlobung löste, suchte sie ihn wenig später auf und bedrohte ihn in ihrer Verzweiflung mit einer Pistole, gab

auch einen (niemanden treffenden) Schuß ab und wurde von Reibenstein zusammengeschlagen. Hierzu und zum darauffolgenden Prozeß (in dem M Entlastungszeuge war) vgl. die ausführlichen Darstellungen in den anderen Bänden: Abt. Lyrik 1905–1914, S. 911–914; Abt. Episches, S. 689–691; Abt. Kritische Schriften, S. 453–455. – Marie Gerdes veröffentlichte im »Magazin für Literatur« einige Beiträge zu Frauenthemen und Tagebuchaufzeichnungen, »Liebe« betitelt, über eine (vor der Reibensteingeschichte liegende) Liebesbeziehung, bei der sie ebenfalls (obwohl schwanger) verlassen wurde (a.a.O. 71 (1903) S. 157–160; 165–168; 173–176, auch Einzelveröffentlichung mit dem Titel »Weil ich ihm alles gab«, Berlin 1902). – Später ging sie wieder nach Bremen und wurde Lehrerin am Liszt-Konservatorium (vgl. Ms Brief an Cassirer, 5.3.1910) sowie Mitarbeiterin an der linksorientierten »Bremer Bürger-Zeitung« (Beiträge bis 1910 nachweisbar), hier veröffentlichte sie z. B. zu Heinrich Harts Tod persönliche Erinnerungen an die Brüder Hart und den Friedrichshagener Kreis sowie die von ihnen gegründete »Neue Gemeinschaft« (Wie ich ihn kannte, a.a.O., 16.6.1906). Marie Gerdes ist noch im Adreßbuch von 1911 verzeichnet, danach nicht mehr. Darüber, ob sie dann verzogen oder gestorben ist, konnte das Bremer Einwohnermeldeamt keine Auskunft geben. – Marie Gerdes wurde von ihren Freunden anscheinend auch Gerda, Tante Fuchs oder Tante Fuchs Gerda genannt. Eugenie Leroi nannte sie Mia. 278, 300, 316, 319, 320, 330, 332, 355, 359–361, 365, 383, 384, 397, 806, 810, 817, 831, 832, 838, 840, 841, 845, 846, 955

Gerdes, Lina, Modistin, Marie Gerdes' Schwester. M ging mit ihr *e. Zeit lang spazieren* (T 1897/98, Bl. 67). 365

Gerhard s. Gerhard Goettling.

Gerhardt, Carl (1833–1902), Geheimer Medizinalrat, Professor, ab 1885 in Berlin, von bedeutendem Einfluß auf die Medizin seiner Zeit. In der Tuberkulosetherapie war er ein Befürworter der Freiluftbehandlung und schrieb u.a. ein »Lehrbuch der Auskultation und Perkussion« (⁵1890); er entdeckte den nach ihm benannten Gerhardtschen Schallwechsel, die Veränderung des Perkussionsschalls über Lungenkavernen. 222, 476[?]

Gerhardt, Paul (1607–1776), protestantischer Kirchenliederdichter. — Ist Gott für mich, so trete, Kirchenlied nach Römer 8,91–99. 201, 794

Gernandt, C. & E., Stockholmer Verleger. 386

Gersau, Kurort im Schweizer Kanton Schwyz, am Vierwaldstätter See. 547, 548, 560, 608, 652, 904

Die Gesellschaft, 1885–1902, von Michael Georg Conrad gegründete

Kommentiertes Register 1041

und bis 1894 auch herausgegebene Zeitschrift. Spätere Herausgeber bzw. Redakteure waren Karl Bleibtreu, Hans Merian, Ludwig Jacobowski, Arthur Seidl, Alfred N. Gotendorf. Die Zeitschrift erschien zunächst wöchentlich (Jahrgang 1), dann monatlich (bis Jahrgang 13), zuletzt als Halbmonatsschrift, und zwar in München, dann in Leipzig, Minden und Leipzig, Dresden u. Leipzig, in wechselnden Verlagen; zur Zeit von Ms Mitarbeit – 1897–1902 – waren es die von Hermann Haacke (1897/98), C.C. Bruns, E. Pierson (ab 1900). Von M wurden gedruckt: die Gedichte SONETTE I und II (CARITAS, CARITATUM CARITAS, JÜNGLINGS ABSAGE), RONDELLE I und II, (*Eine bitterböse Unke, Durch die Beine der Heroen*), NÄCHTLICHE BAHNFAHRT IM WINTER, DAS ECHO, WEISSE TAUBEN, ÜBERSCHLAG (*Was wissen wir*), WINDGLÜCK, TOTENZUG, VOM EWIGEN LEBEN, BERLINER GESELLSCHAFTSESSEN, LIED (*Da waren zwei Kinder*), SO SAGT DER ORT, MAIMORGEN, VON DEN HEIMLICHEN ROSEN, AUF LEICHTEN FÜSSEN, GENÜGSAMKEIT (*Ich hab mein Sach*), die Epigramme BISMARCK, DER FREIHERR HIERONYMUS KARL FRIEDRICH VON MÜNCHHAUSEN, GLADSTONE, DIE SCHLECHTEN AUTOREN, die Parodien LITERATURGESCHICHTE IN BEISPIELEN (DER HUNDESCHWANZ, DER APFELSCHIMMEL, DER GRÜNE LEUCHTER, AUS NEUERER DEUTSCHER LYRIK), ZWEI KAPITEL AUS DER SATANISCHEN GESCHICHTE DES MARQUIS VON ESSENZ, das Prosastück DER ERSTE KUSS, BILDHAUERISCHE PHANTASIEN, die Faschingsglosse BERLINER AUSSTELLUNGSWESEN, die Rezensionen PETER NANSEN. JUDITHS EHE und TAMPETE, schließlich die Übersetzung des Ibsengedichts »Der Eidervogel«(a.a.O. 14 (1898) Bd. 3, S. 124) und die wahrscheinlich von M stammende Parodie LAUTLOSE LYRIK. – Vgl. auch Abt. Kritische Schriften S. 610–613. 185, 196, 379, 400, 409, 421, 458, 462, 500, 562, 808, 818, 849, 850, 857–859, 870, 872, 881, 884, 887
Gesellschaft für Theatergeschichte. 913
Gespenst s. Paul Körner.
Geßner, Teresina (1865–etwa 1921), Schauspielerin, spielte u.a. Emilia Galotti, Gretchen (ihre Darstellung wurde von Otto Brahm besonders gelobt), Julia, Käthchen von Heilbronn, Klärchen, Iphigenie, Desdemona. 221
Ghiberti, Lorenzo (1378–1455), Florentiner Maler, Bildhauer, Architekt, Goldschmied der Frührenaissance. 101
Giacosa, Giuseppe (1857–1906), italienischer Schriftsteller, gilt als bedeutendster Dramatiker der 2. Hälfte des 19. Jahrhunderts in Italien, schrieb auch (zusammen mit L. Illica) die Libretti zu Puccinis »La Bohème«, »Tosca« und »Madame Butterfly«. — Come le foglie (Wie die Blätter) (1900). 654

Gilbert, William Schwenck, englischer Schriftsteller, s. Sullivan.
Gildemeister, Otto (1823–1902), Politiker, Schriftsteller und Übersetzer, ab 1857 Senator und viele Jahre Bürgermeister in Bremen. 382, 423
Giraud, Albert (eigentlich Albert Kayenbergh, 1860–1929), belgischer Dichter. 281, 348
Pierrot lunaire. Gedichte, Brüssel 1884. – Eine deutsche Ausgabe erschien 1892 in der Übersetzung bzw. Nachdichtung von Otto Erich Hartleben. M wurde von der Kritik mehrfach vorgeworfen, er habe sich bei einigen Gedichten aus IN PHANTAS SCHLOSS zu sehr an diese Gedichte angelehnt. 280–282, 325, 374, 818, 830
Glatz, Kreisstadt in der gleichnamigen Grafschaft, im Regierungsbezirk Breslau. Die Grafschaft Glatz umfaßte die Kreise Glatz, Habelschwerdt und Neurode. Hauptfluß ist die Glatzer Neiße. – Kayssler, der aus Neurode stammte, hatte dort Verwandtschaft. 23, 86, 89, 167, 667 (Ort) — 72, 118, 173, 762, 946, 949 (Grafschaft)
Glogau, Stadt in Schlesien, Regierungsbezirk Liegnitz. 493
Gluck, Christoph Willibald (1714–1787), Komponist, überwiegend von Opern. — Iphigenie in Aulis (1774). 146, 785
Glücksmann, Georg, Arzt aus Kaysslers Bekanntenkreis, Theaterarzt bei »Schall und Rauch«, wohnte Berlin NW, Cuxhavener Str.17. Im N 1902 sind, nach einem einwöchigen Besuch bei M gemeinsam mit Kayssler, einige Briefe an ihn und von ihm verzeichnet (6. und 9.8., 3. und 4. 9. 1902). 551, 608, 665, 668, 915
Gneisenau, August Graf Neidhardt von (1760–1831), preußischer Heerführer, Verfechter der Heeresreform und wichtigster Gegner Napoleons. 134
Gobineau, Joseph-Arthur, Comte de (1816–1882), französischer Schriftsteller und Diplomat. — Versuch über die Ungleichheit der Menschenracen, später: -rassen (1853–1855, deutsch 1898–1902). Gobineau behauptet darin die auch geistigen Verschiedenheiten der Rassen, den Kulturverfall als Folge der Rassenmischung und die Überlegenheit der arischen Rasse. Vgl. auch Abt. Episches. 648
Goebel, anscheinend ein Sorauer Mitschüler Ms. 125
Goerbersdorf, Dorf im Kreis Waldenburg. 168
Görlitz, Stadt im Regierungsbezirk Liegnitz, an der Lausitzer oder Görlitzer Neiße. 82, 324, 329, 332, 334–336, 341, 343, 346, 349, 350, 353, 356, 384, 387, 833, 834, 950
Goethe, Johann Wolfgang (1749–1832). 31, 46, 51, 79, 104, 134, 182, 190, 275, 318, 321, 364, 390, 451, 465, 534, 610, 629, 661, 734, 742, 748, 752, 764, 772, 869, 879, 915, 962
Eine Goetheausgabe. 320, 466, 829 — An den Mond. Gedicht, 2. Fassung (Erstdruck 1789). 835 — Briefe aus der Schweiz (1779).

321 f. — Briefe an Charlotte von Stein; genannt ist die Auswahlausgabe, hrsg. von Hermann Camillo Kellner, Leipzig 1898 (Reclams Universalbibliothek 3801–3806). 436 — Der Fischer, Gedicht (1778). 76 — Dichtung und Wahrheit, vollständiger Titel: Aus meinem Leben. Dichtung und Wahrheit, Autobiographie bis zum Jahr 1755, geschrieben 1809–14 und 1824–31. 76, 82, 534, 764 — Die Leiden des jungen Werthers, Briefroman, 1. Fassung 1774, 2. Fassung 1787. 76, 81, 82, 101, 103, 766, 777, 837 — Die Mitschuldigen, Lustspiel (1769). 476 — Die Wahlverwandtschaften, Roman (1808/1809). 86 — Egmont, Trauerspiel (1775–87). 64, 764 — Epilog zu Schillers »Glocke«, Gedicht, aufgeführt vom Weimarer Hoftheater bei Schillers Totenfeier in Bad Lauchstädt am 10.8.1805. Erweiterte Fassungen 1810 und 1815. 881 — Faust, Tragödie in 2 Teilen (I: 1772–1806, II: 1800, 1824–1832). 32, 33, 51, 115, 162, 164, 188, 379, 471, 472, 748, 790, 869, 873, 890, 898 — Gesang der Geister über den Wassern, Gedicht (1779). 128 — Iphigenie auf Tauris, Schauspiel (1779–1786). 85, 146, 147, 785 — Maximen und Reflexionen. 752 — Prometheus, Gedicht (1779). 128, 826, 864 — Schneider-Courage, Gedicht (um 1776). 522 — Römische Elegien (entstanden 1788–90). 933 — Torquato Tasso, Schauspiel (1780–89). 55, 61, 65, 85, 86, 629, 764, 767 — Über allen Gipfeln, Gedicht (1815). 806, 822 — Wilhelm Meisters Lehrjahre, Roman, Erstausgabe 1795/96. Wilhelm Meisters Wanderjahre oder Die Entsagenden, Erstausgabe 1821, 2. Fassung 1829. 51, 53, 55, 329, 518, 754, 805, 831 — Xenien (entstanden 1794). 756

Das Goetheanum. 730, 871

Göttingen, Stadt im Regierungsbezirk Hildesheim. 521, 586, 587, 891

Goettling, Pfarrersfamilie in Sorau: der Vater, Archidiakonus Richard Goettling, die Töchter Marie und Martha und der Sohn Gerhard; die Mutter lebte zu Ms Zeit nicht mehr. – Besonders eng war Ms Freundschaft mit Marie, die lebenslang bestehen blieb; M schildert den Beginn in Nr. 100. Die Familie trug, mit den entsprechenden Abwandlungen, den Spitznamen Moor: Onkel Moor (Richard Goettling), Moor (Gerhard Goettling, manchmal Richard Goettling), Moorin I (Marie Goettling) und Moorin II (Martha Goettling). Photos von Marie und ihrem Vater bei Bauer, Chr. M. (1985) Nr. 16 und 17, Gerhard Goettling auf einem Klassenphoto, a.a.O. Nr. 19.

Familie Goettling 94, 112, 114, 148, 170, 173, 184, 201, 206, 208, 222, 228, 267, 269, 290, 323, 778, 793, 796, 810, 834, 861, 949; weitere Verwandtschaft: ein etwa 1873 verstorbener Sohn/Bruder. 201 — eine Großmutter (der Geschwister). 306 — eine Cousine. 110[?]

Gerhard Goettling war vermutlich etwa 2 Jahre jünger als M, machte aber gleichzeitig mit ihm Abitur, studierte Elektrotechnik und ging später nach Amerika, wo er »in einem großen Unternehmen angestellt war« (Hans Petri: »Es war einmal...«, Leonberg 1974, S. 17), er kehrte vermutlich zu einem nicht bekannten Zeitpunkt nach Deutschland zurück. 93, 109, 113, 117, 118, 120, 134–136, 138, 154, 180, 186, 189, 200, 208, 209, 236, 296, 297, 380, 423, 453, 502, 503, 768, 792

Marie Goettling (25.1.1862–18.1.1921) führte ihrem Vater nach dem Tod der Mutter den Haushalt, war anscheinend Lehrerin und nahm junge Mädchen in Pension. Sie war künstlerisch interessiert und begabt, malte und zeichnete, war »als Malerin ausgebildet« (Petri, ebd.). Auch im Berliner Adreßbuch von 1912 nennt sie sich Malerin. Es gibt aber nur 2 Stellen, die darauf Bezug nehmen: »Haben Sie wieder viel Aufträge« (Margareta M an Marie Goettling, 3.10.1911) und: [...] *male wieder, aber nicht so, dass es Dich drückt und hemmt und wieder mit Hinz und Kunz in Berührung bringt* [...]. (M an Marie Goettling, 4.1.1912.) – Sie ging 1901, vermutlich nach dem Tod des Vaters, nach Amerika, wo sie nun ihren Bruder Gerhard versorgte und wiederum Schülerinnen hatte. Nach einigen z.T. längeren Besuchen in Deutschland (belegt sind für 1906 einige Monate und für 1909 etwa 1 Jahr) kehrte sie Ende 1911 oder Anfang 1912 endgültig zurück und betrieb in Berlin eine Pension. – Der anfangs sehr lebhafte Gedankenaustausch zwischen Marie Goettling und M ging zwar mit den Jahren zurück, hörte aber nie ganz auf, obwohl sie neben vielen Gemeinsamkeiten auch in manchem, vor allem, was den christlichen Glauben betraf, verschiedener Meinung waren. Margareta M und Marie Goettling blieben nach Ms Tod in lockerer Briefverbindung; von den Briefen mochte Marie Goettling sich aber nicht trennen, und so erhielt Margareta M sie nach deren Tod auf dem Umweg über Kayssler – »Leider nur sehr unvollständig und mit Lücken. Aber darüber musste Marie natürlich selbst bestimmen«, monierte sie später (an Hans Petri, 20.4.1934). Allerdings ist diese Unvollständigkeit wohl auch der vorherigen Sichtung Gerhard Goettlings zuzuschreiben: »Marie Goettlings Bruder Gerhard, mit dem ich die Sache besprach, erklärte sich bereit, aus den Briefen das herauszuziehen, was irgend welches Interesse für Andre haben kann. Er hofft sie mir im Mai mitgeben zu können. Schneller ist das wohl kaum möglich bei der Anzahl der Briefe« (Kayssler an Michael Bauer, 5.3.1921). Einige Briefe, die gedruckt, aber im Nachlaß nicht mehr vorhanden sind, verschwanden auch bei Margareta M, 2 weitere tauchten im Autographenhandel auf. 93, 94, 99, 100, 109, 111,

112, 114, 115, 117, 118, 121, 128, 131, 132, 134, 137, 148, 153, 157, 174, 180, 183, 186, 198, 200, 201, 202, 204, 206–209, 214, 219, 224, 228, 235, 244, 250, 257, 261, 267, 291, 296, 305, 323, 342, 347, 348, 364, 372, 380, 383, 384, 393, 397, 400, 413, 422, 444, 453, 463, 465, 471, 487, 490, 501, 557, 723, 725, 771, 777, 782, 783, 787, 791, 792, 795, 796, 804, 807, 808, 812, 832, 849, 871, 873, 878, 900, 955
Martha Goettling, die jüngere der Schwestern, heiratete im Mai 1892 den Pastor Paul Boelicke; sie wird gelegentlich im Briefwechsel mit Marie Goettling erwähnt. 110, 117, 136, 201, 777, 778
Richard Goettling (15.4.1833 – vermutlich etwa 1899, s.u.), Pfarrer (Archidiakonus), in Sorau auch als Heimatdichter bekannt, z.B. verfaßte er ein Lied (eine gereimte Stadtchronik) über Sorau: »Mein Sorau, du vieltreue, du liebe, alte Stadt«, Verfasserangabe: R.A. Göttling (gedruckt in: Festschrift zur Standarten-Weihe des Vereins ehemaliger Kavalleristen von Sorau und Umgegend, [Sorau 1924], S. 32). Goettling als Heimatdichter wird erwähnt bei Emil Engelmann, Geschichte der Stadt Sorau im Jahrhundert ihrer Selbstverwaltung 1832–1932, Sorau 1936, S. 35). Hans Petri nennt ihn »für alles Schöne aufgeschlossen und besonders musikalisch sehr begabt« (ebd.). – Pastor Goettling begegnete M mit viel väterlichem Wohlwollen, schrieb auch gelegentlich an ihn, überließ das aber meist Marie, ebenso wie M im allgemeinen nur Grüße ausrichten ließ. Im Brief vom 22.12.1899 wird er nicht mehr namentlich erwähnt; Marie Goettling wohnte aber noch im Pfarrhaus. 109, 110, 112, 113, 115, 117[?], 118, 121, 124, 130, 131, 135, 136, 138, 151, 154, 158, 160, 174, 182, 183, 189, 199, 200, 204, 207, 208, 229, 235, 236, 245, 251, 269, 290–292, 297, 306, 323, 324, 342, 344, 364, 365, 382, 383, 414, 423, 428, 456, 472, 789, 791, 794, 808, 955
Gogol, Nikolai Wassiljowitsch (1809–1852), russischer Schriftsteller.
— Die toten Seelen. Roman, 2 Teile, 1842 und 1855. M las die Reclamausgabe, RUB Nr. 413/4 und 1466/67. 347 — Phantasien und Geschichten (deutsch 1883/84), RUB Nr. 1716, 1744, 1767, 1836. 347
Gohlis, ehemaliges Dorf, seit 1890 Vorort von Leipzig und das entsprechende von M und seinen Freunden umbenannte Dorf in der Umgebung von Sorau. 77, 120, 779
Gold, Alfred (1874–1958), Schriftsteller, Redakteur u.a. an der Wiener Zeitschrift »Die Zeit«, in Berlin Mitarbeiter im Kunstsalon und -verlag von Paul Cassirer, ab 1923 Korrespondent in Paris, emigrierte 1940 in die USA. 540, 561, 896
Goldenes Horn, die etwa 6 km lange Bucht am Südwestende des Bosporus, mit den historischen Hafenanlagen von Istanbul. 696

Goldschmidt, Adolph (1863–1944), Kunsthistoriker. Als M in Berlin studierte, war Goldschmidt dort Privatdozent, später Professor in Halle (1904–1912) und als Nachfolger von Heinrich Wölfflin wieder in Berlin (1912–1928). Er emigrierte 1939 in die Schweiz. M belegte bei ihm »Geschichte der italienischen Renaissancemalerei« (Sommersemester 1894), »Skulptur und Malerei in Deutschl. 15./16. Jht.« (Wintersemester 1894/95) sowie in beiden Semestern »Kunsthistorische Übungen«. – Z.T. längere Italienaufenthalte Goldschmidts – u.a. arbeitete er im Winter 1893 in der Vatikanischen Bibliothek in Rom – veranlaßten M wohl, ihn um ein Empfehlungsschreiben zu bitten, mit dem er den Permesso, die Erlaubnis zum (kostenlosen) Besuch der Vatikanischen Sammlungen, erhalten wollte. – In seinen Erinnerungen nennt Goldschmidt mit anderen seiner damaligen Studenten auch M und berichtet, daß dieser ihm wegen Fehlens im Kolleg einmal ein Alibigedicht [WINTERS IM TIERGARTEN] schickte. Lebenserinnerungen. Hrsg. von Marie Roosen-Runge-Mollno. Berlin 1989, S. 100–103. 250, 630, 631, 801, 920, 948, 955

Gontscharow, Iwan Alexandrowitsch (1812–1891), russischer Romancier. — Oblomow. Roman (1859), deutsch 1868 u.ö. 617, 920

Gordion, antike Stadt in Inneranatolien, 334 v. Chr. von Alexander dem Großen erobert. 799, 800

Gorki, Maxim (eigentlich Alexei Maximowitsch Peschkow, 1868–1936), russischer Schriftsteller. 628

Gosebruch, Margareta s. Margareta Morgenstern.

Goslar, Stadt im preußischen Regierungsbezirk Hildesheim. 273

Gossensaß, Dorf und Kurort in Tirol, südlich des Brenners, am Oberlauf des Eisacks, Ibsens Sommeraufenthaltsort 1876–1878. 322

Gotha, Hauptstadt des Herzogtums Sachsen-Gotha. 1878 wurde hier das erste Krematorium in Deutschland eröffnet. 587, 829, 907 (Herzogtum)

Gottschewski, Adolf. 886

Grand Hotel, Christiania, Karl Johans Gate 31, war kultureller Treffpunkt der Stadt und wurde von Ibsen regelmäßig aufgesucht. Vgl. auch Abt. Episches S. 713 f., Abbildung in Kretschmer, Wanderleben, S. 70 f. 444, 450, 868

Graubünden, der größte Kanton der Schweiz, Hauptstadt Chur. 567, 578, 581, 600

Graul, Richard (1862–1944), Kunsthistoriker, 1892–1896 in Berlin, 1892 Volontär am Königlichen Museum, 1894 Assistent an der Nationalgalerie, 1895 am Kunstgewerbemuseum, später Direktor des Kunstgewerbemuseums in Leipzig, Mitbegründer der Zeitschrift »Pan«. 252

Graz, Hauptstadt der Steiermark, Österreich. 545, 548, 684, 695, 897, 946

Gregor, Hans (1866–1945), Schauspieler, Regisseur, Theaterleiter, Schriftsteller, war 1896–1898 Direktor des Görlitzer Stadttheaters, später u.a. Direktor der Wiener Hofoper (1911–1918) sowie 1905 Gründer der Berliner Komischen Oper und ihr erster Direktor; setzte sich besonders für die Erneuerung der Opernregie und die Aufführung moderner Werke ein. Er soll mit der Opernsängerin Della Rogers (?–1930) verheiratet gewesen sein (NDB). In »Wer ist's« (Wer ist's. Unsere Zeitgenossen, hrsg. v. Herrmann A. L. Degener, Leipzig, ab 1905; Gregor 1911–1918 dort verzeichnet) heißt es nur »verheiratet mit Miss Rogers«. Es scheint nicht ganz unmöglich, daß Della Rogers die im Brief ebenfalls genannte Schwägerin ist. Dies wurde nicht überprüft. 329, 330, 831

Gregori, Ferdinand (1870–1928), Schauspieler, Schriftsteller, Theaterleiter und -pädagoge in Wien und Berlin. 460, 512, 513

Greinz, Hugo (1873–1946), Jurist, bis 1899 im österreichischen Staatsdienst, dann Schriftsteller, Redakteur, Übersetzer, u.a. von Ibsens »Catilina«. 589

Grieg, Edvard (1843–1907), norwegischer Komponist und Dirigent, brachte durch seine von der Volksmusik geprägten Kompositionen und Bearbeitungen die norwegische Musik zur Weltgeltung. Nach Aufenthalten u.a. in Deutschland und Italien lebte er, von Gastspielreisen abgesehen, seit 1880 wieder in seiner Geburtsstadt Bergen und bezog 1885 ein eigenes Landhaus »Troldhaugen« in der Umgebung. Dort machte M ihm am 16.8.1898 einen einstündigen Besuch (N 1899). Ob Ms erwähnter Brief, der ja keine inhaltliche Bedeutung haben kann, in Griegs Nachlaß noch vorhanden ist, konnte nicht ermittelt werden, da eine Anfrage bei der Öffentlichen Bibliothek Bergen, die Griegs Nachlaß verwahrt, nicht beantwortet wurde. 491, 879, 951, 955

Musik zu Ibsens »Peer Gynt«, op. 23 (1876), 23 Stücke, daraus 2 Orchestersuiten: op. 46 (1888) und op. 55 (1891). 615

Grillparzer, Franz (1791–1872), österreichischer Schriftsteller. 451, 772
König Ottokars Glück und Ende, Trauerspiel (1819–1823). 57, 59, 66 — Sappho, Trauerspiel (1817). 97[?], 771 — Selbstbiographie. 869

Grillparzerpreis, von 1875–1971 alle 3 Jahre von der Akademie der Wissenschaften in Wien verliehener Literaturpreis für das bedeutendste deutschsprachige Bühnenwerk der letzten 3 Jahre. 306, 824

Grimm, Jacob (1785–1863) und Wilhelm (1786–1859), Begründer der

modernen Germanistik, Märchen- und Sagenforschung sowie des Deutschen Wörterbuchs (Grimmsches Wörterbuch). 450
Kinder- und Hausmärchen, Sammlung, entstanden ab 1807. Genannt wird eine von Hermann Vogel illustrierte Ausgabe mit Holzschnitten, 7 farbigen Tafeln und farbigem Titel, München 1894. 522 — Deutsches Wörterbuch (1854–1960). 787, 869 — Jacob Grimm: Deutsche Mythologie, zuerst 1835. 755 — Deutsche Sagen (1816–18). 524

Grimm, Herman (1828–1901), Schriftsteller, Professor für Kunstgeschichte in Berlin. — Das Leben Michelangelos, 1860–63, 5. vermehrte Aufl. 1894. 524, 532

Grindelwald, Ort im Schweizer Kanton Bern, 1040 m hoch am Fuß des Wetterhorns und des Eigers. 561

Grodno, damals zu Rußland gehörende, an der Memel liegende Stadt, Geburtsort Fega Lifschitz'. 605

Grosch, F., ein Freund Ms in Sorau. 53, 54, 725, 747

Groß Lichterfelde, Ort bei Berlin, Kreis Teltow, Regierungsbezirk Potsdam. 230

Großenhain. 818

Growald, Ernst, im Berliner Adreßbuch 1900 als Spezialist für Kunstplakate verzeichnet, 1904 als Herausgeber von »Moderne Reklame«; evtl. war er auch Mitarbeiter in leitender Position bei der Kunstanstalt Hollerbaum und Schmidt, die die Plakate für »Schall und Rauch« druckte. 548

Grube, Max (1854–1934), Schauspieler, Regisseur, Theaterleiter und Schriftsteller, kam nach Engagements in verschiedenen Städten, u.a. am Hoftheater Meiningen, 1888 als Erster Charakterdarsteller ans Königliche Schauspielhaus in Berlin. 85, 431

Grund, Bergstadt (d.h. mittelalterlicher Bergbauort) und Luftkurort im westlichen Oberharz. M verbrachte dort einige Wochen im Sommer 1894 und lernte Eugenie Leroi kennen. 224, 225, 228, 229, 234, 254, 262, 334, 950

Grunewald, Forstgebiet im Südwesten von Berlin, beliebtes Ausflugsziel, mit Berlin durch mehrere Bahnen verbunden; zwischen dem Bahnhof Grunewald, Halensee und Schmargendorf entstand seit 1889 die Villenkolonie Grunewald. 459, 476, 614, 628, 630, 631, 635, 638, 639, 646, 649, 656, 931

Grübler, Erwin, Kaufmann im Breslauer Auskunftsbüro »Vorsicht«. 190

Grüttner, nicht ermittelt; der Name kommt über 30x im Breslauer Adreßbuch vor; Kluge sollte Grüttners Rat einholen. 207

Guben, Stadt im Regierungsbezirk Frankfurt/Oder. 117

Gudbrandsdal, enges Talgebiet, vom Laagen (Lågen) durchflossen, über 200 km lang. Im Gudbrandsdal befand sich Bjørnsons Gut Aulestad. 538

Gückelsberg, Gickelsberg (566 m), Nordböhmen, zwischen Friedland und Kratzau, etwa 1 Fußstunde von Hohenwald. 84

Günther, Herbert. 734, 786, 845, 932, 944

Güttler, Karl (1848–vermutlich 1922 oder 1923), Professor in München, Religionsphilosophie und -psychologie. 185

Guhl, Ernst (1819–1862), Kunstschriftsteller, verfaßte gemeinsam mit Wilhelm Koner: Das Leben der Griechen und Römer nach antiken Bildwerken dargestellt. 2 Bde. Berlin 1860/61 u.ö. 101

Guilbert, Yvette (1867–1944), französische Diseuse. 474

Gumtau, Helmut. 732, 734, 801, 822

Gumppenberg, Hanns von (1866–1928), Schriftsteller und Übersetzer, Kritiker, Mitarbeiter beim Kabarett »Die elf Scharfrichter« (»Überdramen« unter dem Pseudonym »Jodok«), schrieb auch Gedankenlyrik, Weltanschauungsdramen u.a., wurde bekannt durch seine Parodien. 216, 618, 620, 621, 896

Alles und nichts. Dichtung in 3 Abtheilungen und 12 Bildern. Großenhain (Baumert u. Ronge) 1894. 241 — Der Nachbar. Monodrama in 1 Satz (1901). 553, 618, 920 — Im Reifen. Gedicht (1902). 621, 922

Guradze oder Goradze, ein Dorf im Kreis Großstrehlitz (im Regierungsbezirk Oppeln), offenbar in der Nähe des Dorfs Kot(t)lischowitz, Kreis Tost-Gleiwitz (Regierungsbezirk Oppeln). 233

Gurgeljochem s. Friedrich Kayssler.

Gurlitt, Kunsthandlung in Berlin, Leipziger Str.131, Begründer: Fritz Gurlitt. 248

Gustav, Nachname unbekannt, ein Schulfreund Ms aus Breslau. 29, 37

Gustav Adolf, König von Schweden (1594–1632), griff, besorgt wegen der Ausdehnung der kaiserlichen Macht an der Ostsee und wegen der Niederlage der Protestanten, in den Dreißigjährigen Krieg ein, wurde von den deutschen Protestanten als Retter verehrt; literarische Gestalt. 245

Guth, Alfred (1875–?, bis 1937/38 in Kürschners Literaturkalender verzeichnet), Prager Schriftsteller und Publizist, lebte ab etwa 1917 in Wien. — [Rezension:] Christian Morgenstern [AUF VIELEN WEGEN], Deutsches Abendblatt, Prag, 11.12.1897. 402, 850

Guttmann, Alfred (1873–1951), Arzt und Musiker (Sänger), Musikpädagoge, Freund Ms. Er machte im Frühjahr 1894 am Breslauer Magdalenengymnasium Abitur und studierte Medizin in Berlin,

Kiel, Bonn und München (Promotion 1898 in Berlin), beschäftigte sich gleichzeitig mit Musik, wurde später ein nachhaltiger Förderer des Chorgesangs. Wann M ihn kennengelernt hat, ist nicht mehr eindeutig festzustellen, zuerst namentlich erwähnt wird er am 23.2.1894 in einer Notiz zum Gedicht GRUSS DES MULUS AN DIE FREIHEIT. Aus seinem Besitz stammen Abschriften von Fragmenten eines »Fuchsulks«, die M zu Kaysslers Abitur verfaßt haben soll, vgl. aber S. 796. Er war Mitglied des »Ordens« und verlobte sich vermutlich 1895 mit Gena Leroi. Auf Wunsch der beiderseitigen Eltern (»da ich ja erst Student im dritten Semester war«, an Margareta M, 27.11.1922), hatte das geheim zu bleiben; es wußten es »nur Marie Gerdes und Franz Schäfer, Genas Vertraute und mein Intimus« (ebd.). Daraus ergaben sich später Spannungen mit den Freunden, die sich durch die Heimlichkeit verletzt fühlten. Von diesen waren nach Guttmanns Aussage nicht nur M, sondern auch Kayssler und Georg Hirschfeld in Gena Leroi verliebt (an Margareta M 27.11.1922). – Das Paar heiratete 1898 oder 1899, hatte zwei Kinder, Herta (1900–?), verheiratete Poleman (ursprünglich Pohlmann?), Musiklehrerin, emigrierte nach England), und Werner (1901–?, Kaufmann, emigrierte nach Chile). – Guttmann emigrierte 1939 mit seiner 2. Frau nach Norwegen, wo er ein Ferienhaus besaß, wurde dort aber nach der deutsche Okkupation 1940 mehrfach verhaftet; während eines achtmonatigen Gefängnisaufenthalts konnte er als Gefängnisarzt Gegnern des vor den deutschen Okkupanten abhängigen Quislingregimes (Vidkun Quisling, 1887–1945, mit dem Nationalsozialismus paktierender Politiker) durch Atteste zur Freiheit verhelfen, einer davon, ein Arzt, bewahrte ihn vor der Deportation. Guttmann erhielt später als Anerkennung seiner Verdienste in der Zeit der Okkupation die norwegische Staatsbürgerschaft und lebte bis zu seinem Tod in Sykkylven. – Der Spitzname Guttmanns war Agathander (ungefähr die griechische Übersetzung des Namens); auch mit Bonhomme (d.i. ungefähr die französische Übersetzung; Ordensepos Z. 195 und 205) dürfte er gemeint sein. – Die Freundschaft mit M blieb, wenn auch wohl in loser Form, bestehen. Später versuchte Guttmann, allerdings erfolglos, einen Verleger für Ms und Beblos Kinderbuch KLAUS BURRMANN, DER TIERWELTPHOTOGRAPH zu finden. – Im Nachlaß vorhanden ist ein maschinenschriftlicher Lebensabriß Alfred Guttmanns, in unbekannter Handschrift ergänzt mit dem Vermerk »Hertha Pohlmann 1984«, auf dem die obige Zusammenfassung großenteils beruht, über dessen Herkunft aber nichts ermittelt wurde. 212, 246, 256, 275, 311, 312, 319, 332, 718, 796, 800, 822, 955

Gutzkow, Karl Ferdinand (1811–1878), Publizist, Erzähler, Dramatiker.
— Uriel Akosta, Trauerspiel (1846) 25, 746
Gyges, sagenumwobener König von Lydien, gestorben 652 v. Chr. – M bereitete sich Anfang 1894 mit Wilhelm Lübkes »Grundriß der Kunstgeschichte« (bezeugt in seinem Zitateheft) auf das Studium in Berlin vor; dort wird im Zusammenhang mit überlieferten kleinasiatischen Grabmonumenten auch das des Gyges aufgeführt (a.a.O. Bd. 1, ¹¹1892, S. 68). 208
Gyldendal, Verlag in Kopenhagen, gegründet von Søren Jensen Gyldendal (1742–1822). 843
Haacke, Fritz, ein Gymnasiast, mit dem sich M im Sommer 1890 befreundete, der aber anscheinend bald wieder aus seinem Gesichtskreis verschwand. 38–41, 53, 750, 751
Haarmann, Hermann. 735
Haase, Friedrich (1825–1911), Schauspieler und Theaterleiter, berühmter Charakterdarsteller, spielte bis 1896. 410
Haase, Rudolf (1849–?), Schauspieler. 944
Habel, Reinhardt. 722, 731, 732
Haberfeld, Hugo, (1875–?; 1928 zuletzt in »Wer ist's?« verzeichnet, jedoch nicht in den Nekrologen), Freund Ms aus seiner ersten Berliner Zeit. Er studierte zunächst Jura in Berlin und Wien, später Kunstgeschichte, Archäologie, Geschichte, Philosophie in Breslau und promovierte 1900 über den Florentiner Maler Piero di Cosimo. Er war dann Redakteur der Wiener Wochenschrift »Die Zeit« (1901/02–1903/04) und bis 3 (1906/07) bei der Nachfolgezeitschrift »Österreichische Rundschau«. Ab 1909 war er Direktor und später – vielleicht nach dem Tod Othmar Miethkes (1834–1918) – Inhaber der Galerie Miethke in Wien, Dorotheergasse (traditionalistische und progressive Kunst). – M und Haberfeld dürften sich im Wintersemester 1895/96 kennengelernt haben. Neben einigen sehr freundschaftlichen Privatbriefen Haberfelds an M aus dem Jahr 1897 ist noch ein geschäftlicher im Nachlaß vorhanden, in dem er Ms Vorschlag einer Kulturkorrespondenz aus Rom ablehnt (Nr. 867). Haberfelds Gründe wirken allerdings etwas vorgeschoben, und es ist nicht unmöglich, daß er, der Ms Ambivalenz dem Journalismus gegenüber offenbar kannte (vgl. Nr. 440), Schwierigkeiten befürchtete. 2 Rezensionen Haberfelds, von IN PHANTAS SCHLOSS und HORATIUS TRAVESTITUS, erschienen in der »Wiener Rundschau« (undatierte Zeitungsausschnitte im Nachlaß). 1911 widmete M ihm das Gedicht ODI PROFANUM ... – In den vorhandenen Listen, etwa zur Versendung von Ms Büchern taucht Haberfeld noch einmal unter den Empfängern der 5. Auflage GALGENLIEDER auf (an Bruno Cassirer,

5.3.1910). 320, 353, 359, 362, 387, 417, 418, 467, 625, 642, 738, 837, 838, 840, 841, 955 — Haberfelds Frau. 642

Haberfield s. Haberfeld.

Haby, François. 890

Häfker, Hermann. 808

Hänselt, Haenselt, Sorauer Gymnasiast. 747 — Seine Schwester Margarete berichtete über das Schülerbergfest, s.d.

Häusser, Ludwig (1818–1867), Historiker. — Geschichte des Zeitalters der Reformation, hrsg. von Wilhelm Oncken. Berlin 1868. 85, 115, 116

Hägele, Hotel in Zürich. 663

Halbe, Max (1865–1944), Schriftsteller. 180, 270–273, 791, 846, 856, 955

Der Strom. Uraufführung 19.10.1903 Wien, Hoftheater; am Berliner Neuen Theater ab 19.12.1903 (39 Vorstellungen bis 26.9.1904). 698, 947 — Jugend. Uraufführung 23.4.1893, Berlin, Residenztheater. Dieses Stück machte Halbe berühmt; am 8.8.1894 wurde es dort bereits zum 200. Mal aufgeführt. 176, 185, 197, 202, 213, 324, 480, 512, 543, 791, 792, 801, 837, 896 — Mutter Erde. Uraufführung 18.9.1897, Berlin, Deutsches Theater. 386, 387

Halberstadt, Stadt im Regierungsbezirk Magdeburg, im nördlichen Harzvorland. 277, 425, 950

Halensee, Vorort von Berlin, am Rand des Grunewalds. 652, 654, 657–659, 663–668, 671–675, 681, 683, 686, 697, 699, 700, 831, 952

Halle (Saale), Stadt im preußischen Regierungsbezirk Merseburg. 201, 206, 378, 379, 382–384, 462, 845, 950

Halling, Sigurd, offenbar Lehrer o.ä. in Nordstrand bei Christiania oder in Christiania selbst, 1910 von M als *Direktor* bezeichnet (5.3.1910, an Bruno Cassirer). M traf sich während seines Aufenthalts in Nordstrand ziemlich regelmäßig jeden Mittwoch mit ihm, er scheint M Norwegischunterricht gegeben zu haben, vgl. einen offenbar von Halling korrigierten norwegischen Text Ms, aus dem weiterhin hervorgeht, daß sie gemeinsam Ibsens »Komödie der Liebe« läsen (T 1898/99 I, Bl. 6). Daraus entwickelte sich auch privat ein freundschaftliches Verhältnis mit ihm und seiner Frau. M hat Halling, als er im Mai 1909 Vorträge Rudolf Steiners in Christiania hörte (vgl. Abt. Aphorismen S. 464), wahrscheinlich besucht, jedenfalls hatte er das vor (an Margareta Gosebruch, 15.5.1909). M versuchte mehrmals, ihm auf Verlagskosten seine Bücher zugehen zu lassen und beschwerte sich, daß Cassirer dies nicht ausführen ließ (*Ich bitte den Verlag herzlich und dringend, meine bescheidenen Ersuchen in dieser Hinsicht nicht einfach ad acta zu legen, umsomehr als in manchen Fällen wie z.b. im Falle Sigurd Halling, Nordstrand bei Christiania, der trotz jedesmaliger Angabe nie ein Buch von mir zu sehen bekommen hat, der Verlag sich selbst mitschädigt. Halling liest fortwährend Kurse über moderne deutsche Litteratur* (an Enno Quehl, 15.4.1910). Hallings erhielten auch eine Vermählungsanzeige, vgl. T 1910 I, Bl. 100.   440, 476, 486, 498, 499, 864, 883, 955 — Frau Halling. 487

Halm, Alfred (1861–1951), Schauspieler, Regisseur, Theaterleiter und Bühnenschriftsteller, u.a. mit Max Loewe Direktor des Breslauer Neuen Sommertheaters. 462

Hals, Frans (um 1580–1666) niederländischer Maler. — Portraits. 102

Hamacher, Willy (1865–1909), Landschaftsmaler, häufig Rivieradarstellungen in gedämpfter Beleuchtung oder bei Nacht. 604

Hamar, Hauptort des gleichnamigen norwegischen Stifts, am Ostufer des Mjøsen. 950

Hamburg. M lebte vom Frühjahr 1881 bis wahrscheinlich zu den Sommerferien 1882 in Hamburg bei seinem Taufpaten Arnold Otto Meyer, weiteres s.d.   9, 11, 188, 314, 315, 317, 336, 358, 359, 395, 410, 517, 653, 691, 723, 734, 745, 840, 876, 930, 949 — Universitätsbibliothek Hamburg.   726, 735, 840, 847, 848, 860, 872, 894, 896, 906, 912, 913, 927, 942, 944, 961

Hamerling, Robert (1830–1889), Schriftsteller. 84

Ich darf dich nicht lieben und kann dich nicht hassen, Gedicht aus dem Zyklus *Sinnen und Minnen* (1859).   63, 759 — *Ja, Vaterland, geliebtes*, Gedicht aus dem Zyklus *Ein Schwanenlied der Romantik* (1860).   80, 765 — *Eros*, 1. Gesang aus *Venus im Exil* (1858).   38, 750

Hamlet s. Shakespeare.

Hammelmann, Adolf (1875–1959), von 1909–1926 Teilhaber von Ms späterem Verleger Reinhard Piper, s. Berti Fischer.

Hammer s. Hamar.

Hampton, John, vermutlich der englische Staatsmann John Hampden (1594–1643), ein Cousin Oliver Cromwells, oder Sir John Somerset Pakington, Lord Hampton (1799–1880), britischer Staatsmann. 754

Hamsun, Knut, eigentlich Knut Pedersen (1859–1952), norwegischer Schriftsteller. M übersetzte Hamsuns Dramen Livets spil und Aftenrøde (die Teile II und III der Kareno-Trilogie; I (An des Reiches Pforten) wurde 1895 von Marie Herzfeld übersetzt); in diesem Zusammenhang stehen ein Brief Hamsuns an M (Nr. 884) und ein Dankkärtchen von 1910. In einem weiteren Brief lehnt Hamsun einen von M vorgeschlagenen Verlagswechsel zu Cassirer ab (2.12.1904). – Im

Aust-Agder-Arkiv in Arendal, dem Marie Hamsun nach dem Tod ihres Mannes sein Privatarchiv (ganz oder teilweise) übergab (Hinweis von Ulf Amran, Næs Jernverksmuseum, Tvedestrand, 13.3.1998), finden sich keine Briefe Ms an Hamsun oder weitere Briefe Hamsuns an M (Brief von Kjell-Olav Masdalen, 29.5.1998). 354, 492, 654, 656, 674
Aftenrøde (Abendröte). M besuchte die Uraufführung am 17.10.1898 im Christiania-Theater (T 1998/99 II, Bl. 5). Seine Übersetzung erschien 1904. 654, 656, 674, 678, 683, 697 — Livets spil (Das Spiel des Lebens), Uraufführung 4.12.1896, Christianiatheater. Ms Übersetzung erschien erst 1910. 674, 678, 697
Hango, Hermann (1861–1934), Archivar, Mitherausgeber von Quellenwerken. — Faust und Prometheus. Eine Dichtung. Wien (Hartleben) 1895. 241
Hankø, Badeort im norwegischen Amt Smaalenene, am Christianiafjord. 435
Hannover, Hauptstadt der gleichnamigen preußischen Provinz. 226, 380, 556
Hannoverscher Courier, unter diesem Namen ab 1854 erscheinende Tageszeitung, Genaueres Abt. Kritische Schriften S. 623. Nach Eintragungen im N 1902 hat M am 1.8. an die Zeitung geschrieben, am 17.8. eine Antwort bekommen, am 23.8. vermutlich ebenfalls Post; am 24.9. schickte er *An Hann. Courier Blinde* [DER BLINDE], *Mutter* [nicht ermittelt; die Vermutung, es handle sich um DIE MUTTER, DIE DEM KINDE ZÄHLEN LEHRT, ist möglich], *Kl. Junge* [vermutlich SO EIN KLEINER JUNGE]. Ermittelt wurde der Druck von AROSA und DER BLINDE. 654, 919, 930
Hanns, Malschüler von Carl Ernst M. 74
Hansen, Dr. Klaus. 884
Hansen, Peter. 880
Hansten, Hanstén. In Frau Hanstens Pension (auch Sanatorium genannt, wohl weil zur Erholung geeignet) lebte M während seines Aufenthalts in Nordstrand bei Christiania. 444, 453, 762, 950
Hantelmann, Breslauer Gymnasiast, der bei der Schüleraufführung von Goethes »Iphigenie« im Frühjahr 1893 die Titelrolle spielte. 146, 148
Harald, Haushund von Landshoffs. 665, 678
Harden, Maximilian, eigentlich Maximilian Felix Ernst Witkowski, Pseudonym auch Apostata (1861–1927), Publizist, Essayist, Kritiker, gründete 1892 die Zeitschrift »Die Zukunft«. Vgl. auch Abt. Kritische Schriften, »Morgenstern und Harden«. Nach einer Notiz im N 1906/07 lernte M Harden erst im Zusammenhang der Aufführung

von Gorkis »Nachtasyl« am 3.3.06 kennen. Ein Besuchsplan im Juni 1894 wurde also anscheinend nicht realisiert. 133, 136, 137, 140, 142, 177, 243, 385, 475, 782, 789, 856, 955
Revolver-Mieze. 385, 846
Hardenberg, G. K. 901
Hart, Cäcilie (Cilli), geb. Kulpa (1866–?; 1918 durch den Verkauf von Heinrich Harts Nachlaß zuletzt nachgewiesen), Lehrerin, eine Freundin von Elisabeth Reche, ab 1885 mit Heinrich Hart verheiratet. 41, 44, 48, 89, 105, 212, 746, 751
Hart, Heinrich (1855–1906), Dichter und Kritiker. Mit seinem Bruder Julius gehört er zu den bedeutendsten Wegbereitern des Naturalismus. Wegen ihrer engen Zusammenarbeit werden die »Brüder Hart« meist zusammen genannt und abgehandelt. Beide waren Mitglieder des literarischen Vereins »Durch« und gehörten zu den zentralen Persönlichkeiten des Friedrichshagener Kreises, setzten sich für die skandinavische und russische Literatur ein und waren u.a. an der Gründung der »Freien Bühne« beteiligt. Seit 1887 arbeiteten sie als Kritiker an der »Täglichen Rundschau«, ab 1900 (Julius Hart) bzw. 1901 (Heinrich Hart) am »Tag«. 1902 gründeten sie die sozialreligiöse »Neue Gemeinschaft« mit gleichnamiger Zeitschrift. Als M nach Berlin kam, wohnten beide Brüder noch in Friedrichshagen (damals noch ein Dorf am Müggelsee, im Vergleich zur Großstadt Berlin die reine Natur), wo sie gemeinsam mit den schon früher dorthin gezogenen Wilhelm Bölsche und Bruno Wille das Zentrum des sogenannten Friedrichshagener Kreises bildeten. – Ms Bekanntschaft mit den Brüdern Hart wurde offenbar durch die Freundschaft zwischen Elisabeth M und Cäcilie Hart eingeleitet – Carl Ernst M hatte sich an Heinrich Hart gewandt und wahrscheinlich um Einschätzung von Ms literarischen Fähigkeiten und/oder um Unterstützung bei der Suche nach schriftstellerischen Verdienstmöglichkeiten etc. gebeten. 209, 211, 212, 214–216, 220, 223, 256, 278, 291, 384, 423, 475, 802, 820, 846, 859, 955
Hart, Julius (1859–1930), Dichter und Kritiker, s. Heinrich Hart. Julius Hart war seit dem 2.11.1893 verheiratet mit der Zeichenlehrerin Martha Hart, geb. Mangelsdorff (1870–1910); die insgesamt 4 Töchter werden in den Briefen nicht erwähnt. 277, 306, 475, 521, 682, 690
Die Bühne im Freien. 680, 690 — Gesamtausgabe der Gedichte [nicht erschienen]. 277, 278 — Homo sum! Ein neues Gedichtbuch. Nebst einer Einleitung: Die Lyrik der Zukunft. Großenhain 1890. 277, 802, 811, 813, 817, 823, 938, 939, 955 — Martha Hart. 278
Hartenstein, G. 920

Hartenstein, Liesel. 890

Hartleben, A., Wiener Verlag (populärwissenschaftliche Werke, Handel, Touristik, Belletristik u.a.). 241

Hartleben, Otto Erich (1864–1905), Schriftsteller, Übersetzer, Herausgeber, dem Friedrichshagener Kreis nahestehender Bohemien, hauptsächlich humoristischer, satirischer, anfangs auch gesellschaftskritischer Erzähler und Dramatiker, in seiner Lyrik die Strenge traditioneller Formen (z.B. des Sonetts) bevorzugend. 202, 214, 216, 275, 280, 301, 308, 328, 348, 350, 367, 396, 398, 734, 802, 824, 827, 836, 848, 898, 955
Die Lore (eine Dramatisierung der »Geschichte vom abgerissenen Knopf«), erschien in Buchform 1899 als erstes Stück des Einakterzyklus »Die Befreiten« (die anderen: »Die sittliche Forderung«, »Abschied vom Regiment«, »Der Fremde«). 202 — Die sittliche Forderung. 804, s.o. — [Hrsg.] Goethebrevier. Goethes Leben in seinen Gedichten, München 1895. 275 — Meine Verse (1895), daraus: Rückkehr zur Natur. 301, 823 — Rosenmontag. Uraufführungen 3.11.1900, Berlin, Deutsches Theater, München, Königliches Schauspielhaus. 518, 520, 891 — [Hrsg.] Verbrecheralbum [Plan]. 348, 350, 367 — [Übersetzung] Pierrot lunaire, s. Giraud.

Hartlebens Frau, Selma geb. Hesse (1868–1930). 734, 848

Hartmann, Hermann (1869–?), Freund Ms aus seiner Starnberger und Landshuter Zeit, mit dem er einer Bemerkung in Nr. 116 zufolge auch gegen Ende seiner Schulzeit noch in Verbindung war. Sein Vater war Post- und Bahnverw. [-verwalter, -verweser] in Starnberg. Er war im Landshuter Gymnasium eine Klasse über M und wohnte wie er im Studienseminar. Weiteres unter Adalbert von Fischer. 11, 13, 15, 102 — Frau Hartmann. 11, 15 — Herr Hartmann. 10 — Anna Hartmann, vermutlich eine Schwester von Hermann Hartmann. 10

Hartung&Karl, Auktionshaus. 924

Harz, nördlichstes deutsches Mittelgebirge. 223, 234, 549, 550

Haschka, Leopold. 896

Hassfurter, Galerie. 920

Hauche [?], ein Sorauer Gymnasiast. 48

Hauptmann, Gerhart (1862–1946), Schriftsteller, bedeutendster Dramatiker des Naturalismus, suchte später dessen Ausweitung in den Bereich von Sage, Mythos, Märchen. Er war in 2. Ehe mit Margarete Marschalk (1875–1957) verheiratet. M schrieb ihm unter dem Eindruck von »Florian Geyer« einen verehrungsvollen Brief (Nr. 365); persönlich kennengelernt hat er ihn am 12.5.1895 nach der Premiere von Georg Hirschfelds Drama »Die Mütter«: *Hinterher bei Hansen*

Gerhart Hauptmann kennen gelernt. Die Liebe in den Augen und im Händedruck! Blatt mit wahrscheinlich von Margareta M stammenden T-Abschriften. Das Tagebuch selbst ist verschollen. – Die genannte Begegnung scheint die einzige geblieben zu sein. In der Folgezeit stand M Hauptmann wechselnd gegenüber, vgl. hierzu außer den Briefstellen auch einige auf ihn bezogenen Epigramme, Abt. Lyrik 1905–1914 sowie die Parodie DES WIDERSPENSTIGEN ZÄHMUNG? Vgl. auch die Notiz: *Gerhart Hauptmann. An die Spitze gerissen. Dann stehen gelassen. Und vielleicht jetzt erst in Ruhe ⟨und⟩ zu betrachten, zu ⟨l⟩ entdecken, zu lieben. (Vielleicht.)* T 1908/09 I, Bl. 92, datierbar um den 13.10.1908. Die meisten Dramen Hauptmanns wurden in der »Freien Bühne« und auch schon vor der Direktion Otto Brahms im Deutschen Theater uraufgeführt. Unter Otto Brahm war Hauptmann fest an das Deutsche Theater gebunden. Vgl. auch Abt. Kritische Schriften Nr. 107. Zu zahlreichen Uraufführungen Hauptmannscher Dramen findet sich in Jaron u.a.: Berlin – Theater der Jahrhundertwende Besprechung und Rezensionszusammenstellung. 235, 245, 246, 263, 303, 304, 306, 352, 480, 521, 525, 531, 688, 824, 850, 854, 891, 894, 908, 928, 939, 942, 955
Das Friedensfest. Eine Familienkatastrophe in 3 Akten. Uraufführung 1.6.1890, »Freie Bühne« Berlin, im Ostendtheater. 197, 320, 322, 324, 487 — Der Biberpelz. Eine Diebskomödie. Uraufführung 21.9.1893, Berlin, Deutsches Theater. 379, 569 — Der rote Hahn, Uraufführung 27.11.1901, Berlin, Deutsches Theater. 569 — Die versunkene Glocke, Uraufführung 2.12.1896, Berlin, Deutsches Theater. 336, 337, 346, 379, 387, 401, 428, 431, 521, 543, 833, 836, 846, 847, 850 (Parodie), 861, 896 — Die Weber. Die schlesische Dialektfassung »De Waber« entstand 1891, erschien Anfang 1892, wenig später die dem Hochdeutschen angenäherte Fassung »Die Weber«. Uraufführung 26.2.1893 »Freie Bühne« (im Neuen Theater). Die erste öffentliche Aufführung fand am 25.9.1894 im Deutschen Theater statt, nachdem etwa ein Jahr zuvor das Verbot des Stücks aufgehoben worden war (mit der Begründung, diejenigen Kreise, die womöglich durch das Stück zum Aufruhr angeregt würden, könnten sich die teuren Karten doch nicht leisten). Die Aufführung wurde ein einheiliger, überragender Erfolg beim ganzen Publikum. Vereinzelt sollen politisch motivierte Beifallskundgebungen einer zahlenmäßig kleinen Gruppe bei den Aufruhrszenen von anderen mit Zischen beantwortet worden sein. – Die »Weber« wurden in der Spielzeit 1894/95 am Deutschen Theater 94x gegeben. Als Kaiser Wilhelm II. ein erneutes Verbot nicht durchsetzen konnte, kündigte er seine Loge im Deutschen Theater. (Die Angaben folgen der Dar-

stellung in: Jaron, a.a.O. S. 298–309.   158, 176, 232, 235, 245, 246, 324, 352, 386, 789, 805, 806, 837, (898, 908, Parodie) — Einsame Menschen. Uraufführung 11.1.1891, Berlin »Freie Bühne« (im Residenztheater), am 21.3. folgte die Premiere im Deutschen Theater. 177, 643 — Florian Geyer. Die Tragödie des Bauernkrieges, Uraufführung 4.1.1896 Berlin, Deutsches Theater. Das Stück wurde überwiegend (aber nicht ausschließlich) negativ beurteilt. Im 5. Akt kam es zu einem Tumult, bei dem sich Gegner und Anhänger Hauptmanns gegenseitig niederzuschreien suchten. Zum Publikum schrieb Eduard Engel: »Wer im Deutschen Theater ein Schauspiel im Schauspiel genießen will, dem ist zu rathen, an den großen Premierenabenden sich nicht in den langweiligen ersten Rang, auch nicht in das bürgerliche Parkett zu setzen, sondern mitten unter diese jungen Hauptmannianer und Hauptmannianerinnen, die an solchen Abenden hier zu Hunderten zusammenströmen. [...] es war ein Vergnügen beim Florian Geyer mitten unter diesen Leuten zu sitzen und ihren hanebüchenen Enthusiasmus frisch vom Faß zu genießen.« Hamburger Fremden-Blatt vom 4.12.1896, Rezension der »Versunkenen Glocke«. Zitiert nach: Jaron, a.a.O. S. 337. Auch Edgar Steiger, der zu den Befürworter des Stücks gehört, berichtet vom »tosenden Beifall der Hauptmanngemeinde« und dem Tumult im 5. Akt. »Die Gesellschaft« 12 (1896) Bd. 1, S. 231–235. – Julius Hart vermißte Religion, Philosophie, Weltanschauung, Wissenschaft. »Eine Künstlerpotenz hat uns G.H. geoffenbart, keine geistige. Er konnte uns nichts Positives sagen.« Und: »Das neue H'sche Drama ist im Kern, im Grundwesen verkehrt. Für den großen Stoff war die Kunst zu klein.« »Tägliche Rundschau« vom 7.1.1896. Wiedergegeben nach: Walter Requardt: Gerhart Hauptmann Bibliographie, Berlin 1931, Bd. 3, S. 457. – Erst 1904 wurde »Florian Geyer« – mit Rudolf Rittner in der Titelrolle – ein Erfolg.   302, 306, 823 — Fuhrmann Henschel, Uraufführung 5.11.1898, Berlin, Deutsches Theater. 459, 462, 543, 896 — Hannele Matterns Himmelfahrt, endgültiger Titel: Hanneles Himmelfahrt, Uraufführung 14.11.1893, Berlin, Königliches Schauspielhaus, mit dem Titel »Hannele« (um dem Gotteslästerungsvorwurf zu entgehen), das einzige Hauptmann-Stück, das damals im Königlichen Theater gespielt wurde.   197, 245, 413, 824, 854, 925, — Michael Kramer. Uraufführung 21.12.1900 Berlin, Deutsches Theater. Die Titelrolle spielte Max Reinhardt, Kayssler den Sohn Arnold Kramer.   521, 522, 524, 525, 535, 543, 895, 896 — Prolog zur Eröffnung des Deutschen Theaters in der Direktion Otto Brahms (1894).   805 — Rose Bernd, Uraufführung 31.10.1903, Berlin, Deutsches Theater.   686–688, 690, 941 — Schluck und Jau,

Uraufführung 3.2.1900, Berlin, Deutsches Theater. 891, 894 — Vor Sonnenaufgang. Uraufführung 20.10.1889, Berlin, Verein »Freie Bühne«, im Lessingtheater. 197, 814

Hauser, Otto (1876–1944), Schriftsteller, Übersetzer, s. Franz Servaes.

Haushofer, Max (1840–1907), Professor für Nationalökonomie an der TH München, Kulturhistoriker, Lyriker, Erzähler. M machte im Sommersemester 1893 bei Haushofer einen Besuch, vermutlich mit einer Empfehlung Felix Dahns versehen. Er notierte darüber: *Reizend freundliche Aufnahme. Kannte m. Großvater s. gut. Versprach mich im Winter einzuführen. Sehr gemütlich u. liebevoll.* T 1893, Bl. 43. (Da beide Großväter in München lebten, ist nicht klar, welcher gemeint ist.) Ms Literaturangaben sind vermutlich ungenau; ermittelt werden konnten die Titel: Alpenlandschaft und Alpensage in den bayerischen Bergen. und: Arbeitergestalten aus den bayerischen Alpen. Beide in der Reihe Bayerische Bibliothek, Bamberg 1890/91 (Nr. 21 und 4). 151, 152

Hausigk, nicht ermittelt. 378

Haustein, Paul. 922

Haydn, Joseph (1732–1809), österreichischer Komponist. 896

Hebbel, Friedrich (1813–1843). 194, 206, 210, 256, 801

Agnes Bernauer (1852). 634 — Briefwechsel mit Freunden und berühmten Zeitgenossen. Hrsg. von Felix Bamberg. 2 Bände, Berlin 1890 und 1892. 186, 188, 193, 194 — Ein Bild aus Reichenau. Gedicht (1848). 204 — Ich und du. Gedicht (1843). 204 — Maria Magdalene (1844). 194, 572, 688[?], 589[?], 942 — Sämmtliche Werke. Hrsg. von Hermann Krumm. 12 Bände. Hamburg 1892. 194 — Tagebücher. Hrsg. von Felix Bamberg. 2 Bände, Berlin 1885 und 1887. 186, 188, 193, 194 — unbestimmt: vermutlich Tagebücher oder/und Briefe. 202 — »Zu mir hat Welt und Leben nur durch die Kunst ein Organ.« In der von M benutzten Ausgabe der Tagebücher a.a.O. Bd. 1, S. 34. Der Satz findet sich auch abgeschrieben in Ms Zitateheft und ist am Rand mit einem Ausrufezeichen besonders markiert. In anderen Ausgaben, nach der Historisch-Kritischen Ausgabe, hrsg. von Richard Maria Werner (Berlin 1901–1907), Nr. 417. 191, 194

Hebel, Johann Peter (1760–1826), Theologe, Mundartdichter und Erzähler (Kalendergeschichten, Anekdoten etc.) mit volkserzieherischer Tendenz. 256

Heckscher, Julius, Anleitung zur Erlernung der dänischen Sprache nach Ollendorff's Methode. Nach einem erweiterten Plane und mit Berücksichtigung der verwandten Sprachen für den Schul- und Privatunterricht eingerichtet. 4. verbesserte Auflage Frankfurt/Main

1892. – Zuerst 1862 erschienen mit dem Obertitel: H.G. Ollendorff's neue Methode, in sechs Monaten eine Sprache lesen, schreiben und sprechen zu lernen. – Frucht von Ms Beschäftigung mit diesem Werk waren nicht nur Sprachkenntnisse, sondern auch der Text Aus einer Ollendorfschen Grammatik. 368

Hedicke, Edmund (1840–?; nach Isolani, s.u., lebte er um 1919 noch), Direktor des Sorauer Gymnasiums, Lateinlehrer mit besonderem Interesse für Cicero, über den auch Veröffentlichungen von ihm nachweisbar sind. Er erinnerte sich später, daß M ein oft sehr lebendiger Schüler gewesen sei, dem man ein »reiches Innenleben« anmerkte, der sprachgewandt ins Deutsche übersetzen konnte, wobei ihm aber Grammatik und Satzkonstruktion oft dunkel blieben (nach: Gertrud Isolani: Die Geschichte des Melderbaums, S. 11). 22, 27, 43, 56, 70, 77, 95, 110, 174, 178, 760, 764, 774

Heese, Clara (1851–1921), Schauspielerin. Sie spielte 1893 am Münchner Hoftheater die Magda in Sudermanns »Heimat«. 185

Hegel, Frederik. 879, 880

Hegel, Georg Wilhelm Friedrich (1777–1831). Gründlicher mit Hegel beschäftigt hat M sich erst ab 1907, vgl. Abt. Aphorismen Nr. 1381. 614

Hegeler, Wilhelm (1870–1943), Schriftsteller, verkehrte im Friedrichshagener Dichterkreis und lebte 1894 wahrscheinlich in Berlin. 214, 216

Heger, Hedwig. 799

Heiberg, Gunnar (1857–1929), norwegischer Schriftsteller. 855

Heidelberg, Stadt im gleichnamigen badischen Kreis, am Neckar. 527, 529, 544, 624, 625, 628, 733, 734, 929, 952

Heigel, Karl August von (1835–1905), Schriftsteller. — Karl Stieler. Ein Beitrag zu seiner Lebensgeschichte. Nebst 12 bisher ungedruckten Jugendgedichten und 15 Briefen Stielers an seine Mutter, Zeichnungen v. K. Th. Meyer-Basel. Bamberg 1890 (Bayerische Bibliothek). 795

Heijermans, Herman (1864–1924), niederländischer Dramatiker und Erzähler des Naturalismus. Zumindest dem Epigramm An Herman Heijermans nach hielt M gar nichts von ihm. — Die Hoffnung (auf Segen), hatte in der Übersetzung von Franziska de Graaf am 29.8.1901 am Deutschen Theater Berlin Premiere. 915

Heilmann, Anton Paul (1830–1912), österreichischer Landschafts- und Dekorationsmaler, malte u.a. alpine Motive für Zeitschriften und vier große Bilder aus Schlesien. Er kann also mit Carl Ernst M bekannt gewesen sein. 16[?], 172[?], 210[?]

Heilmann, Hans. 848

Heimann, Moritz (1868–1925), Schriftsteller, lebte im Dorf Kagel,

Kreis Niederbarnim und war ab 1896 Lektor des S. Fischer-Verlags und Berater Samuel Fischers, Freund des Ehepaars Frisch, heiratete Gertrud Marschalk und wurde damit Schwager Gerhart Hauptmanns. Außer in der »Neuen Deutschen Rundschau« veröffentlichte Heimann in zahlreichen weiteren Zeitschriften, teilweise unter Pseudonym (Hans Pauli, Julius, Tobias Fischer), u.a. im »Theater«. — Eine Verstimmung Ms über ihn erwies sich als Mißverständnis (vgl. Nr. 449 und Kommentar) und hatte offenbar keine weiteren Folgen. — Otto Brahm beschrieb den jungen Moritz Heimann so: »Ein interessanter, netter Kerl. Sitzt auf seinem Dorfe und kann Berlin nicht ausstehen, aber mit brennenden Augen verschlingt er Freie Bühne und vieles Andere. [...] Vegetarier, Apostel, jüdischer Tolstoi. Etwas verdreht. Vielleicht mehr Verstand als Poesie. [...]« An Georg Hirschfeld, 19.7.1894, Brahm, Briefe und Erinnerungen, S. 80. 356, 357, 575, 588, 598[?], 688, 838, 839, 847, 912, 942, 955
Das Haus, Erzählung. »Neue Deutsche Rundschau« 12 (1901) S. 1291–1296. 575 — Ein litterarischer Streifzug. 839 — Eine Anmerkung. 942 — Kritik der Kritik, Berlin 1903. 652
Heimasy, ein Geistlicher, Bekannter von Clara Ostler. 239
Heims, Else (1878–1958), Schauspielerin, erste Frau Max Reinhardts. 509, 512, 513
Heine, Heinrich (1797–1856). 47, 80, 81, 85, 128, 182, 190, 262, 274, 281, 282, 286, 287, 819, 829
Eine Heine-Ausgabe. 321 — Buch der Lieder, entstanden 1816–1826, enthält die Teile: »Junge Leiden«, »Lyrisches Intermezzo«, »Die Heimkehr«, »Aus der Harzreise« und »Die Nordsee«. 47, 765, 816, 819 — An meine Mutter, Betty Heine ... 2 Sonette aus dem Abschnitt »Junge Leiden«, s. o. 80 — Die Nordsee, s.o. 286, 287 — Romanzero, Gedichtsammlung (1851). 47, 752 f.
Heise, Johannes (Hans) (1871–1902), hauptsächlich Landschaftsmaler und Buchillustrator. 875
Heitmüller, Franz Ferdinand (1864–1919), Schriftsteller. M besprach von ihm die Novellensammlung Tampete, Abt. Kritische Schriften. 466, 734, 872
Hekscher s. Heckscher.
Held, Berthold (1868–1931), Schauspieler in Salzburg und Berlin, Regisseur und technischer Leiter bei Max Reinhardt und Leiter von Reinhardts Schauspielschule in Berlin, Jugendfeund und Anhänger Max Reinhardts. 548, 549, 899, 902
Helgoland, Insel in der Nordsee, seit 1890 zum Deutschen Reich gehörend und 1891 Preußen zugeordnet, Seebad seit 1826, galt zu Ms Zeit als bedeutendstes deutsches Seebad überhaupt. 284, 286, 950

Heldburg, Helene Freifrau von, Schauspielerin, ab 1868 Frau des Herzogs von Sachsen-Meiningen. Die Bühneneinrichtungen am Meininger Hoftheaster gingen auf sie zurück. 415

Hellerup, Ort in Dänemark, Amt Svendborg. 468, 874

Hellesylt, Ort im norwegischen Amt Romsdal, am Sunelvsfjord. 951

Hellmann, Friedrich (1840–1916), Juraprofessor in München. M belegte bei ihm im Sommersemester 1893 die Vorlesung »Pandekten, 1. Teil (allgem. Teil, Sachen und Obligationenrecht)«. 152, 785, 923

Hellmann, Oskar (1869–?; 1938 letzte Veröffentlichung und letzter Eintrag in Kürschners Literaturkalender), Schriftsteller, Herausgeber der Zeitschrift »Janus«. 622, 923

Helms, Svenn Henrik, Neues vollständiges Wörterbuch der dänisch-norwegischen und deutschen Sprache. Nebst einem kurzen Abrisse der Formenlehre beider Sprachen. 6. verbesserte und vermehrte Aufl. 2 Teile: 1. Dänisch-norwegisch-Deutsch, 2. Deutsch-Dänisch-Norwegisch. Leipzig 1895. 368

Helmstedt, Stadt im Herzogtum Braunschweig. 467, 476, 487

Helzle, M., Stuttgarter Verleger. 241

Hemmstein, offenbar in der Nähe des Schlesiertals. 16

Henbader[?]. 950

Hendrich, Hermann (1856–1931), Maler und Lithograph, u.a. Bilder aus dem Harz und dem Riesengebirge sowie mythologische Motive in der Nachfolge Böcklins. Ms Gedicht SINGENDE FLAMMEN bezieht sich auf ein Bild Hendrichs. 216, 415, 420

Henel, Julius, Leinen-, Wäsche- und Bettwarenfabrik in Breslau. 190

Henkell, Karl (1864–1929), sozialkritischer Lyriker. 275, 299, 827

Henriette, Haushaltshilfe in Ms Elternhaus. 74

Henry, Marc, eigentlich Achille Georges d'Ailly-Vaucheret, geb. 1872, französischer Journalist, Schriftsteller, Kabarettist; Mitbegründer, Organisator und Conférencier der »Elf Scharfrichter« in München, danach Kabarettist in Wien, ging vor dem 1. Weltkrieg nach Frankreich zurück und soll 1915 gefallen sein. 664

Henz, Günter Johannes. 955 f.

Herbart, Johann Friedrich (1776–1841), Philosoph und Pädagoge, Professor in Göttingen und Königsberg. 617, 920

Herder, Johann Gottfried (1744–1803), Theologe, Philosoph, Schriftsteller, war insbesondere auf den Gebieten der Sprach- und Geschichtsphilosophie, Kulturgeschichte und Anthropologie von weitreichendem Einfluß. 77, 84, 85, 182, 764, 770
  Briefe zur Beförderung der Humanität (1793–1797). 126

Herder. Baronin Herder, Villa Herder. Ermittelt werden konnten eine Gutsbesitzerswitwe Anna von Herder (Münchner Adreßbuch 1890) und eine Hauptmannswitwe Maria von Herder (Adreßbuch 1899). 144

Hermann, Georg (1871–1943), Schriftsteller. 855

Hermann, Hans (1870–1931), Komponist, besonders von Liedern. 818

Hermsdorf am Kynast, Dorf im Kreis Hirschberg, hatte ein Amtsgericht. 312

Herodias, im Neuen Testament die Mutter der Salome, stiftet ihre Tochter an, sich das Haupt Johannes des Täufers zu erbitten. 306

Herrmann, Louis (1836–1915), Buchhändler, Redakteur, Dramaturg in Berlin, Verfasser von zahlreichen Volksstücken und Schwänken. 471, 955

Herrmann oder Hermann, Paul (1866–1930), Lehrer und Schriftsteller, Übersetzer aus den skandinavischen Sprachen. 472, 477, 479, 573, 906

Herrsching, Gemeinde in Oberbayern, Amtsgericht Starnberg. 949

Hertwig, Aura, Photographin in Berlin. 692

Hertz, John, nur ein Bericht von ihm über die »Brille« in »Svenska Dagbladet«, Stockholm, 3.10.1902, konnte ermittelt werden (nach Huesmann, Welttheater Reinhardt, S. 11 (Zitate) und 83, Beleg, Anm. 21). 453, 460, 871

Herzfeld, Marie (1855–1940), Schriftstellerin, Übersetzerin, vor allem aus den skandinavischen Sprachen. 903

Herzfelder, Justizrat, gehörte zur Jury des Augsburger Schillerpreises. 927

Herzl, Theodor (1860–1904), aus Ungarn stammender jüdischer Schriftsteller und Redakteur, Begründer des Zionismus. 929

Herzogstand, Aussichtspunkt in den bayerischen Alpen, an der Nordwestseite des Walchensees. 149

Hessel, Franz (1880–1941), Lyriker und Erzähler, Lektor, auch Übersetzer, gehörte um die Wende zum 20. Jahrhundert zur Schwabinger Bohème und war eng mit Franziska zu Reventlow befreundet; später ging er für einige Jahre nach Paris und war dann in Berlin Lektor bei Rowohlt. Er floh 1938 nach Paris, wurde nach dem Einmarsch der deutschen Truppen interniert und starb kurz nach seiner Freilassung an den Folgen des Lagerlebens. 664

Heyse, Paul (1830–1914), in klassisch-romantischer Bildungstradition stehender Dichter und Schriftsteller, huldigte einem inhaltsleer gewordenen Formkult und kämpfte gegen Realismus und Naturalismus; am bedeutendsten sind seine Novellen, mit deren Form er sich auch theoretisch auseinandersetzte (»Falkentheorie«). Seiner großen Sprachbegabung wegen war er als Übersetzer aus dem Italienischen geschätzt. Er erhielt 1910 als erster Deutscher den Literaturnobelpreis. 151

Hans Lange (1866), Drama. 334 — Eine Novelle in Versen. (Ein Band Gesammelte Novellen in Versen erschien 1864.) 176
Hieronymus, Kirchenvater. 777
Hill, Wilhelm. 778
Hille, Peter (1854–1904), Schriftsteller, Lyriker und Aphoristiker, lebte nach unruhigem Wanderleben und vielen Reisen ab 1891 in Berlin. Auf eine Bekanntschaft Ms mit Hille weist außer der Briefstelle die Notiz Abt. Dramatisches Nr. 90,49, vgl. auch den Kommentar dazu. 558
Hippen, Reinhard. 734
Hirschfeld, Elly, geb. Lesser (1874–1965), die Frau Julius, nach dessen Tod Georg Hirschfelds, s.d., sie heiratete dann den Maler Petersen und machte sich (ab 1915) einen Namen als Verfasserin von viel aufgelegten Koch-, Tier-, Pflanzen- und Gartenbüchern. 320, 322, 330, 421, 444, 666
Hirschfeld, Emil, s.u. Georg Hirschfeld. 277
Hirschfeld, Georg (11.2.1873–17.1942), Schriftsteller, Sohn des Silberwarenfabrikanten Emil Hirschfeld (?–1902) und von Johanna Hirschfeld, geb. Cohen (1842–?), Bruder Julius Hirschfelds. Zunächst zu einer kaufmännische Lehre in der väterlichen Fabrik gezwungen, konnte er 1893, unterstützt durch seinen Cousin Paul Jonas, Otto Brahm, Gerhart Hauptmann und andere, davon freikommen und zu literarischen und philosophischen Studien nach München gehen. 1894 kehrte er nach Berlin zurück, wo er M kennenlernte. Er war in diesen Jahren viel auf Reisen, lebte in Wien (wo er u.a. mit Schnitzler und Hofmannsthal verkehrte) und München-Großhadern, auch in Schlesien, z.T. zu Besuch bei Gerhart Hauptmann, war in den Sommern oft mit Otto Brahm unterwegs, kam aber immer wieder nach Berlin zurück. Nach dem Tod seines Bruders heiratete er 1899 seine Schwägerin Elly (aus jüdischer Tradition (Leviratsehe) und offenbar aus eigener Neigung). Die Ehe wurde 1911 wieder getrennt, nachdem beide eine neue Beziehung eingegangen waren. Georg Hirschfeld heiratete 1912 Hedwig Hassel (1884–?), von der 1 Roman erschien, Elly 1913 den in Deutschland lebenden schwedischen Maler und Graphiker Carl Olof Petersen (1880–1939). 1905 siedelte Hirschfeld in die Künstlerkolonie Dachau über, ab 1916 wohnte er in München. Er hatte nach anfänglichen Erfolgen, vor allem nach dem Tod seines Freunds und Förderers Otto Brahm mit Geldschwierigkeiten zu kämpfen und mußte um des Erwerbs willen Unterhaltungsliteratur produzieren. Dies erklärt vermutlich auch, warum Briefe Ms an Hirschfeld schon früh in den Handel kamen. Über die erste Begegnung mit M schrieb Georg Hirschfeld: »[...]

den Dichter ›an sich‹ habe ich im Herbst 1894 in Berlin C getroffen. [...] Zwischen Christian Morgenstern und mir bestand schon lange die beste Verbindung. Aus München kam ich, aus der ersten schönen Studentenzeit mit den Schlesiern Friedrich Kayssler und Oskar Anwand. Sie hatten mir in der südlichen Freiheit immer wieder von ›Christian‹ erzählt, von dem vornehmsten, tapfersten Dichtermenschen, den sie in diesem Leben wußten, ein genialer Sucher, wie sie sagten, sehnsüchtig von den Vorfahren, die der Malerei ergeben, zu Friedrich Nietzsches Phänomen und zu einer schamhaft geahnten Eigenkunst schweifend. Er wurde nicht mit dem Dasein der Menschen fertig und war viel besser als dieses Dasein — solcher Glaube herrschte, einem heiligen Kult verwandt, in seinen jungen Freunden.« Georg Hirschfeld: Galgenberg. »Vossische Zeitung«, 4.5.1928, Zeitungsausschnitt im Nachlaß, Ausschnitte auch in Bauer, Chr. M. (1985) S. 78 f. — So vorbereitet entwickelte sich eine herzliche Freundschaft, auch mit dem Bruder Julius Hirschfeld, die durch eine Reihe noch vorhandener Briefe belegt ist. Beide gehörten zu den Galgenbrüdern, Georg als »Verreckerle«, Julius als »Schuhu«. Georg war auch Mitglied des »Ordens«, s.u. — Später mied M den Kontakt zu Hirschfeld aus Solidarität mit Kayssler, bei dem es zu Differenzen mit Hirschfeld gekommen war. Das hinderte ihn nicht, im Jahr 1909 auch Hirschfeld, den er offenbar für vermögend hielt, Kaysslers wegen um Geld anzugehen (Entwurf T 1909 II, Bl. 152). Georg Hirschfelds frühe Werke haben meist autobiographischen Hintergrund. In seinem 1905 erschienen Roman »Das grüne Band« verarbeitete er die Geselligkeiten des »Ordens« und portraitierte seine Mitglieder, wobei z.B. er selbst als der berühmte Schriftsteller Walter Schirmer, aus dessen Sicht erzählt wird, und M als Dichter Helmut Baumbach erscheint. Dieser Baumbach ist von ausufernder Begeisterungsfähigkeit, verliebt in Herta Lisko, die ihn aber auf Distanz hält; er hat einen Gang, der an einen Hahn oder Storch erinnert (z.B. S. 50 und 134, weniger freundliche Umsetzungen des *geflügelten* Schritts seines Vorbilds, vgl. S. 737 f.), und er würde gern einen künstlichen Schneefall erfinden, der einen Weihnachtsbaum im Zimmer nach und nach mit Schnee bedeckte (S. 50). Er ist krank und stirbt am Ende des Romans. Außerdem sind (u.a.) Fanny Birk als Marie Gerdes und Herta Lisko als Eugenie Leroi zu erkennen, im Bildhauer Hans-Georg (der viel das Wörtchen »nu« verwendet) verbirgt sich Friedrich Kayssler. M selbst wies Margareta Gosebruch auf dieses Buch hin (undatierter Brief, Oktober 1908). Alfred Guttmann hingegen betonte die Abweichungen von der Wirklichkeit (an Margareta M, 27.11.1922). Bei dieser Kritik ging es ihm offenbar nicht

um das dargestellte gesellige Treiben der Freunde und das sie verbindende »grüne Band«, sondern um die Gestalt der Herta Lisko, einer liebreizenden und liebenswerten, aber auch überaus launischen jungen Dame mit »Melusinenblick« (S. 98), und vor allem um die Auffassung Hirschfelds von der geheimgehaltenen Verlobung zwischen ihr und Hermann Arndt (in der Realität Guttmann, s.d.). Hirschfelds Veröffentlichung der Briefe Otto Brahms an ihn (s. S. 733) enthält erläuternde (auto)biographische Ergänzungen zu den Briefen. 213, 232, 246, 247, 249, 251, 256, 263, 270, 275, 276, 284, 285, 291, 295, 297, 300, 320, 322, 338, 362, 393, 418, 436, 444, 445, 460, 519, 666, 733, 810, 813, 814, 817, 818, 820, 840, 845, 848, 856, 872, 908, 955
Agnes Jordan. Schauspiel, begonnen und vorläufig fertiggestellt 1896, umgearbeitet, dann auf 5 Akte erweitert und am 9.10.1897 am Berliner Deutschen Theater uraufgeführt. 330, 322, 393, 814, 829, 830, 840, 848 — Bei Beiden, Novelle (1894). 232. — Dämon Kleist, Novelle (1894), zusammen mit »Bei Beiden« unter dem Buchtitel »Dämon Kleist« veröffentlicht (vordatiert 1895). 246 f., 349 — Der Bergsee, Novelle (1896). 251, 810, 821 — Die Mütter. Uraufführung »Verein Freie Bühne«, 12.5.1895 im Deutschen Theater. 1. öffentliche Aufführung 17.9.1895, Berlin, Deutsches Theater, jetzt mit verändertem, d.h. gekürztem Schluß. Vgl. etwa Kerr, Wo liegt Berlin, S. 83 f. und Warum fließt der Rhein, S. 12–18 (auch über andere Werke Hirschfelds). Hirschfeld erhielt für das Drama 1896 den Bauernfeldpreis (gemeinsam mit 3 anderen). 294, 320, 321, 332, 349, 813, 814, 829, 832 — Nietzsche's Tod, Gedicht (1900) 517, 890 — Pauline, Komödie, 1898, Uraufführung 18.2.1899, Berlin, Deutsches Theater. Die Entwicklung Hirschfelds zur Komödie, die dieses Stück hätte einleiten können, wurde durch Julius Hirschfelds Tod abgebrochen, von dem sich Georg Hirschfeld, wie er schrieb, nie wirklich erholt habe, vgl. Brahm, Briefe und Erinnerungen, S. 142 und 152. 395, 474, 848 — Zu Hause. Einakter, uraufgeführt am 1.3.1894 vom Akademisch-dramatischen Verein in München. 202
Hirschfeld, Johanna, Mutter von Georg und Julius Hirschfeld, s.o. 277, 322, 444, 666
Hirschfeld, Julius (25.12.1867–6.10.1898), Kaufmann, seit 17.12.1897 mit Elly geb. Lesser verheiratet, Mitglied der Galgenbrüder (Schuhu), improvisierte an den Galgenabenden die Musik zu den Liedern. Einige dieser spontanen Kompositionen wurden von Ludwig Landshoff aufgeschrieben; sie wurden dem »Bunten Theater« Wolzogens zur Benutzung übergeben und gingen dort verloren. Von zweien fand Landshoff später noch Notizen, die er für M abschrieb. Auch sie

Kommentiertes Register 1067

waren nicht aufzufinden. Vgl. Landshoff an M, nach dem 6.3.1905, und Georg Hirschfeld an M, 5.3.1905. – Georg Hirschfeld schrieb über seinen Bruder: »Am 6. Oktober starb Julius Hirschfeld, mein Bruder. Ein Leidender [er war Asthmatiker], der nicht mehr leiden konnte, fand den einzigen Ausweg. [...]«. Er war ein Kaufmann, »der den Künstler so weit in sich walten ließ, daß er sein Leben beständig bereicherte [...], der bis an sein Ende innig bestrebt war, alles Dunkle zu belichten, durch sein schweres Geschick niemals zu beschweren, lachen zu machen, wo Tränen lauerten. Ein Lazarus und ein echter Humorist, ein gesellschaftlich glänzender Geschäftsmann und ein tiefer Musiker. [...]«. Brahm, Briefe und Erinnerungen, S. 151. 274, 277, 285, 300, 319, 320, 330, 379, 417, 418, 421, 433–445, 531, 816, 818, 834, 862, 894, 955

Hirschfelds. 434 (Julius und Elly Hirschfeld?), 666 (Georg und Elly Hirschfeld?)

Hirschfeld, Liste, eine Aufreihung von Jugendbriefen Ms an Kayssler aus dem Besitz eines »Autographen- und Literaturarchivs (vormals Dr. M. Hirschfeld) Curt und Hans Hirschfeld, Berlin W 30, Nollendorfstr. 28«. 20 Briefe aus den Jahren 1890–92 werden mit Datum, Briefanfang und Angabe des Umfangs aufgezählt. Es handelt sich offenbar um Briefe, die aus Kayßlers Besitz entwendet wurden (s. Friedrich Kayssler); über die Hälfte davon ist inzwischen im Handel aufgetaucht. Außer den Briefen an Kayssler werden noch (pauschal) Gedichte sowie Briefe an Oscar Bie und an Oskar Anwand als im Besitz dieses Archivs erwähnt, von denen vermutlich inzwischen auch einiges im Autographenhandel angeboten wurde (Antwortbrief Curt Hirschfelds an Moritz Hauptmann/Insel-Verlag, 10.3.1952; die Nachfrage steht offenbar im Zusammenhang mit der im selben Jahr erschienenen Briefauswahl (BRIEFE. Auswahl (1952)). Unsere Ausgabe verzeichnet auch die bisher verschollenen Briefe mit den vorhandenen Angaben. 745, 746, 749, 752, 753, 755, 771–773, 780, 784

Hirzel, Hermann (1864–1939), Graphiker, bevorzugte florale Ornamentik, war mit Jacobowski befreundet. 469, 875

Hjelset, liegt auf der Strecke Battenfjordsøren–Molde kurz vor Molde am Fanefjord. 950

Hjerterø oder Hjærtø, vor Molde liegende Insel. 951

Hjørundfjord, in der weiteren Umgebung des vor Molde liegenden Fjordgebiets. 951

Hölderlin, Friedrich (1770–1843), Dichter. 96, 318, 524, 532, 770, 892, 893, 895

Hyperions Schicksalslied, aus dem Briefroman Hyperion oder der Eremit in Griechenland, entstanden 1792 – um 1798. 525, 929

Hof, Stadt im bayrischen Regierungsbezirk Oberfranken, Eisenbahnknotenpunkt, für Kayssler Station auf der Fahrt nach München. 417
Hoffmann, Karl (1872–1936), Primgeiger des Böhmischen Streichquartetts. 876
Hoffmann, Max (1858–1899), Schriftsteller und Kritiker. — Hochzeitsnacht, Erzählung. 232, 805
Hoffmann, Wilhelm. 932
Hofmann, Jean (1853–1919), Schauspieler, u.a. am Breslauer Stadttheater. 176
Hofmannsthal, Hugo von (1874–1929), österreichischer Dichter und Schriftsteller. Zu Ms wechselnder Stellung zu Hofmannsthal vgl. Abt Kritische Schriften Nr. 85, die Epigramme HOFMANNSTHAL, HOGU VON HOFMANNSTHAL und ANCH' IO ⟨SONO⟩. Eine persönliche Begegnung ist bei der Generalprobe zu Hofmannsthals Drama »Ödipus und die Sphinx« am 1.2.1906 zustande gekommen (N 1906/07 A: *v. Hofmannsthal. Ihn selbst gesprochen*). – Von Hofmannsthal konnte ein Vorschlag ermittelt werden, M zum Mitglied des Komitees des »Kartells lyrischer Autoren« zu machen (Wolfgang Martens, Lyrik kommerziell, München 1975 S. 118), außerdem ließ er die »Verse zum Gedächtnis des Schauspielers Friedrich Mitterwurzer« für das »Theater« (1, 1903/04, S. 114, 115, 117) an M schicken (Hofmannsthal, Briefchronik. Regestausgabe, hrsg. von Martin E. Schmid, Heidelberg 2003, Bd. 1, Sp. 833). Ein vermuteter und erhoffter Briefwechsel zwischen M und Hofmannsthal konnte schon von Margareta M und dem Inselverlag sowie dem Hofmannsthal-Herausgeber George Steiner nicht aufgefunden werden (Zur Suche vgl. Heinrich Michael an Margareta M, 9.4. und 16.6.1951). 362, 474, 692, 944
Der Abenteurer und die Sängerin. Dramatisches Gedicht, Uraufführung 18.3.1899, Berlin, Deutsches Theater und Wien, Hofburgtheater. 474 — Der Tod des Tizian, dramatisches Bruchstück 362 — Der Tor und der Tod, Uraufführung 13.11.1898, München, Literarische Gesellschaft. Der von Kayssler erwähnte Berliner Plan wurde anscheinend nicht verwirklicht. 474 — Die Bühne als Traumbild. »Das Theater« 1(1903/04) S. 4, 5, 7–9. 680, 681, 691, 938, 942, 944 — Die Hochzeit der Sobeide, Uraufführung 18.3.1899, Berlin, Deutsches Theater und Wien, Hofburgtheater. 474 — Elektra, Uraufführung 30.10.1903, Berlin, Kleines Theater. 688, 690, 692, 943 — Gedichte. 362 — Idylle (Verse). 362 — Szenische Vorschriften zu »Elektra«. A.a.O. S. 35–39. 688, 942
Hohenwald, Dorf (1910), zumindest Gasthaus, Gerichtsbezirk und Bezirkshauptmannschaft Friedberg/Böhmen. 84

Holbein, Hans, der Jüngere (1497–1543), deutscher Maler und Zeichner für Holzschnitte. — 4 Tafeln eines Flügelaltars mit 8 Szenen aus der Passion, um 1525, Basel, Kunstmuseum. — Madonna des Basler Bürgermeisters Jacob Meyer zum Hasen, um 1528, Darmstadt, Schloß, Vorzeichnungen in Basel, Kopie aus dem 17. Jahrhundert in Dresden. — (Vermutlich) die Darstellung vom Ungehorsam Sauls und der Strafrede Samuels im Rathaussaal in Basel, 1530. — Totentanz, Holzschnittfolge; die 1. Ausgabe mit 41 Bildern erschien 1538, die 2. mit 58 Bildern 1562. 102

Hollaender, Alexis (1840–1924), Pianist, Dirigent und Komponist, Musikpädagoge in Berlin, Leiter des Cäcilienvereins und seiner Vorgänger (1863–1902), Gesangslehrer und Professor an der Viktoriaschule, ab 1903 auch Dozent an der Humboldt-Akademie, maßgeblich beteiligt an der Reform des schulischen Musikunterrichts. Als Komponist war er von Schumann beeinflußt, als Dirigent und Chorleiter setzte er sich neben der Traditionspflege auch für die zeitgenössischen Werke ein. — Den Erhalt des im Nachlaß vorhandenen Briefs Hollaenders vermerkte M in seinem Notizbuch (14.4.1902), er hat, jedenfalls diesen Notizen zufolge, erst am 2.7. geantwortet. Der Name Alexis Hollaender taucht noch einmal – im Zusammenhang mit der Suche nach einem Gesangslehrer für Clara Anwand – im T 1904 II, Bl. 7 auf. 608

Hollaender, Felix (1867–1931) Schriftsteller und Kritiker, Redakteur der »Welt am Montag«, ab 1904 Dramaturg und während der Wiener und Salzburger Zeit Max Reinhardts Direktor der Reinhardt-Bühnen. 1923 zog er sich vom Theater zurück, schrieb aber weiter Theaterkritiken. 325, 569, 818, 915
(mit Lothar Schmidt): Ackermann, tragische Komödie, Uraufführung 29.10.1902, Berlin, Kleines Theater (Schall und Rauch), 27 Vorstellungen bis 28.12. 629 — Der Weg des Thomas Truck, Roman, 2 Bde (1902). 609, 915 — Friedrich Ludwig Schroeder. »Das Theater« 1 (1903/04), S. 1f., 23–26, 86–89. 691, 944 — Kritik von IN PHANTAS SCHLOSS, »Welt am Montag«, 13.8.1896. 325 — Von neuer Kunst. 804

Holm, Korfiz (1872–1942), Schriftsteller und Übersetzer, Stellvertreter Albert Langens während dessen Pariser Exils. 684

Holm, Mia (1845–1912), Lyrikerin und Erzählerin. 330

Holmenkollen, im Norden von Christiania gelegene bewaldete Höhe, Skigebiet, seit 1883 mit jährlichen Skiwettkämpfen. 464

Holsteinische Schweiz, seenreiche Landschaft im östlichen Schleswig-Holstein. 284

Holtei, Karl von (1798–1880), hauptsächlich Dramatiker, auch Romancier und Mundartdichter, kam aus Breslau und lebte viele Jahre bis zu seinem Tod dort. 410, 744 (Holteihöhe in Breslau) Das wär' der Henker! In: Erzählende Schriften. Kriminalgeschichten IV, Breslau 1861, S. 207–253. 176 — Lorbeerbaum und Bettelstab, Drama, 1833 uraufgeführt, seinerzeit sehr populäres Stück. (Der pekuniär erfolglose Dichter erhält von der ihn verehrenden Agnes ein Lorbeerbäumchen, wird nach einigen wechselvollen Ereignissen schließlich wahnsinnig, irrt an dem aus dem Baum geschnittenen Bettelstab durch die Welt und stirbt, als er nach 20 Jahren zurückkehrt, nachdem er noch einmal kurz seine Erinnerungsfähigkeit zurück erlangt hat.) – Friedrich Kayssler spielte den Dichter Heinrich vermutlich am 24.1.1898 in Breslau im Rahmen einer Feier zum 100. Geburtstag des Dichters. 410, 414, 415, 855

Holthaus, Friedrich (1847–1928), Schauspieler, Sänger, Regisseur. 226

Holtzendorff, Frida von, Freundin Kaysslers und/oder Betreuerin seines Sohnes nach der Trennung von Luise Kayssler. 668, 670, 673, 674[?], 834, 836, 837, 856

Holz, Anita. 839

Holz, Arno (1863–1929), Schriftsteller, Dichter und Theoretiker eines konsequenten Naturalismus in der Nachfolge Zolas. – Holz und M haben voneinander Kenntnis genommen; Holz parodierte eine Zeile aus Ms Gedicht SO MÖCHT ICH STERBEN in der »Blechschmiede«, vgl. den Kommentar Abt. Lyrik 1887–1905, S. 854. M schrieb sich Holz' Selbstanzeige des 2. Hefts von »Phantasus« aus der »Zukunft« ab (T 1898/99 I, Bl. 124). Vgl. auch: *Arno Holz / zu seinem 50. Geburtstag / Schlusszeile zu seinem Gedicht im Mistral: / Stimme von irgendwoher: / Getrost! Du wirst es.* Blatt im Nachlaß. (Gemeint ist vermutlich der Band »Mistral. Eine lyrische Anthologie«, hrsg. von Alfred Richard Meyer, Bd. 4 und 5 der »Bücherei Maiandros«. Das wurde nicht überprüft.) Vgl. auch: »Die erste damals noch ganz kleine ›Blechschmiede‹ sandte ich Ihnen nach Italien. Sie saßen in Portofino – ich glaube, es war anno 1902 – zusammen mit Christian Morgenstern. Das Buch entzückte Sie, aber geradezu ›wie besoffen‹ von ihm war Christian Morgenstern. Sie erzählten mir später: Die Lektüre hätte auf ihn ›einfach revolutionierend‹ gewirkt, und es sei Ihre absolute Überzeugung, daß auf diese Weise die Wiege Palmströms, Korfs & Cie. gewissermaßen an der Riviera gestanden hätte. Schade, daß dieser prachtvolle ›Christian‹, den ich leider nur einmal in meinem Leben gesehen, und zwar in einer Zwischenpause bei der ›Traumulus‹-Uraufführung im Lessing-Theater, [23.9.]1904, wo er mir in liebenswürdigsten Worten, unter erfreutestem Händegedrück aufs herzlichste gratulierte, diese neue Fassung nicht mehr genießen kann! [...]« Holz an Ježower, 20.12.1920, Holz, Briefe. Eine Auswahl. Hrsg. von Anita Holz und Max Wagner, München o.J. Nr. 207, S. 251 f. Holz verfaßte ein Spottgedicht »›Impromptu‹ nach einer ›Christian-Morgenstern-Lektüre‹«: »[...] Ein winzigstes Spezialitätchen, / gespießt auf ein spitzestes Drähtchen, / ist dieses ›Dichters‹ Buch.« Es fordere zur Nachahmung heraus, die nach einigen Versuchen überreichlich gelinge: »das ist – des Sängers Fluch!« Er ergänzte: »Umstehendes als kleinen Scherz, trotzdem mir aber namentlich aus dem ›Palmström‹ vieles ›wirklich gefallen‹. Am schwächsten fand ich die ›Galgenlieder‹« (an Adolf B. Ballmüller, 1920, a.a.O. Nr. 208, S. 252 f.). 824, 838, 839, 855

Holzamer, Wilhelm (1870–1907), Schriftsteller. Eine Rezension von AUF VIELEN WEGEN (»Das Deutsche Dichterheim« 18, Nr. 10,) ist als Zeitschriftenausschnitt im Nachlaß vorhanden. M widmete seinem Andenken 1911 das Gedicht DER EINSAME TURM, aus dem er in seiner Rezension zitiert hatte. 547, 556

Eine Rede Antoines. »Das Theater« 1 (1903/04) S. 21 und 23. 680, 938

Homer(os), griechischer Epiker, lebte vermutlich im 8. Jahrhundert v. Chr. — Ilias. Odyssee. Die beiden Homerischen Epen entstanden im 8. Jahrhundert v. Chr.; in der Ilias geht es um den Krieg der Griechen gegen Troja, die Odyssee berichtet die Irrfahrten des Odysseus nach dessen Ende und seine schließliche Heimkehr nach Ithaka. 43, 70, 78, 457, 475 — Ilias. 254, 263, 796, 813, 872 — Odyssee. 792, 796, 860, 872

Hop, kleiner Ort bei Bergen, Norwegen, wo M Juli/August 1899 lebte. Abbildung der Station Hop bei Kretschmer, Wanderleben, S. 88. 490, 491, 501, 539, 951

Hoppe, Hugo. 909

Horaz, Quintus Horatius Flaccus (25–8 v. Chr.), römischer Lyriker. 774, 840

Ars poetica (veröffentlicht 14 v. Chr.). 794 — Epistulae (23–13 v. Chr.). 754, 882 — Oden (Carmina), 4 Bücher, 31–23 v. Chr. (I–III) und 17–13 v. Chr. (IV). Vgl. auch Ms HORATIUS TRAVESTITUS. Schon 1892 verfaßte er für das Abiturzeugnis eine lateinische PAUKERODE, frei nach Horaz, Carmina I,1. Vielleicht gab es damals auch noch weitere Horaz-Umdichtungen – Gertrud Isolani berichtet, M habe bereits damals Horazische Oden dichterisch zu verwerten gesucht, »ohne freilich schon an eine Travestie dieses Dichters zu denken [...]« (Die Geschichte des Melderbaums, S. 11). Auch Hans Petri (s.d.) erinnerte sich offenbar an derartiges. 35, 43, 77, 78, 241, 299

Horneffer, August (1875–?; Veröffentlichungen bis 1957), Schriftsteller, Übersetzer, Mitherausgeber von Nietzsches Nachlaß. 515

Horneffer, Ernst (1871–1945), Schriftsteller, wie sein Bruder August Mitherausgeber von Nietzsches Nachlaß, Philosophieprofessor. 515

Houx, Henry des. 863

H.S. M zeichnete seinen BRESLAUER BRIEF mit *H.S.*, benutzt die Initialen aber auch als Titel; die Bedeutung ist in beiden Fällen unbekannt. 136, 137

Huch, Ricarda (1864–1947), Schriftstellerin., wird vor allem in späteren Jahren gelegentlich erwähnt. Ms Verehrung für sie wird (nur) deutlich in einer T-Notiz, geschrieben in griechischen Buchstaben; *Rosen nach meinem Tode: Ricarda Huch, Rosa Mayreder,*[bricht wohl ab]. T 1911, Bl. 188, datierbar Herbst 1911. 685

Huesmann, Heinrich. 734, 896, 898, 901, 903, 905, 908, 909, 934, 942

Hundsfeld, Stadt im Kreis Öls, Regierungsbezirk Breslau. 100

Hus, Jan (1371–1415), tschechischer Theologe und Reformator, lehnte die Autorität der Kirche ab, soweit sie den Aussagen der Bibel widersprach, wurde deshalb zum Tod auf dem Scheiterhaufen verurteilt. Die tschechische Schriftsprache und die nationale tschechische Literatur werden auf ihn zurückgeführt. 304, 769

Hutschenreiter, E., offenbar ein gemeinsamer Bekannter von M und Kayssler. 219

Hutten, Ulrich von (1488–1523), Dichter des deutschen Humanismus, Mitverfasser der Dunkelmännerbriefe, s.d. 123, 303

Hvan, Fräulein, eine Freundin Louise Dumonts. 568

Ibsen, Henrik (20.3.1828–23.5. 1906), norwegischer Schriftsteller, besonders Dramatiker. Ms anscheinend früheste Bekanntschaft mit Ibsens Dramen stammt vom Dezember 1889 (Nr. 23), und im Laufe der Zeit hat er unterschiedliche Urteile über ihn gefällt, etliche davon in Briefen. Ab 1898 hat er Ibsens Versdramen, sein letztes Drama »Wenn wir Toten erwachen« sowie einen Teil der Gedichte und die Einleitungen von Georg Brandes übersetzt und sich deshalb intensiv mit Ibsen auseinandergesetzt: Sämtliche Werke in deutscher Sprache. Vom Dichter autorisiert. Hrsg. von Georg Brandes, Julius Elias, Paul Schlenther. Berlin. S. Fischer, 1898–1904: »Das Fest auf Solhaug«: Bd. 2, 1898 (in diesem Band außerdem, übersetzt von Emma Klingenfeld: »Das Hünengrab«, »Die Herrin von Oestrot«, »Olaf Liljekrans«); »Komödie der Liebe«: Bd. 3, [1898] (hierin außerdem: »Die Helden auf Helgeland« (Nordische Heerfahrt, übersetzt von Emma Klingenfeld) und »Die Kronprätendenten« in der Übersetzung von Adolf Strodtmann); »Brand«, »Peer Gynt«: Bd. 4,

[1901];»Gedichte«: Bd. 1, [1903] Weitere Übersetzer: Emma Klingenfeld, Max Bamberger, Ludwig Fulda.);»Catilina«, ebenfalls in Band 1, der, ohne Übersetzernamen, auch Prosaschriften und Reden enthält. Die anderen Werke Ibsens und die Übersetzer: Bd. 5:»Kaiser und Galiläer« (Paul Hermann), Bd. 6:»Der Bund der Jugend« (Adolf Strodtmann),»Die Stützen der Gesellschaft« (Emma Klingenfeld),»Ein Puppenheim« (Marie von Borch); Bd. 7:»Gespenster«,»Ein Volksfeind«,»Die Wildente« (alle ohne Übersetzernamen); Bd. 8:»Rosmersholm«,»Die Frau vom Meere«,»Hedda Gabler«,»Baumeister Solneß« (ungenannt: Sigurd Ibsen); Bd. 9:»Klein Eyolf«,»John Gabriel Borkman« (beide ungenannt, Sigurd Ibsen), »Wenn wir Toten erwachen« (ungenannt: M), Bd. 10 Briefe (1904) (Übersetzernamen im Vorwort: Ida Jacob-Anders, Gertrud Klett, Ludwig Fulda, Max Bamberger). 1909 erschienen noch 4 Bände mit Nachgelassenen Schriften. – Außerdem unterstützte M Julius Elias bei der Überarbeitung schon vorhandener Übersetzungen Ibsenscher Dramen.

Am 1.6.1898 lernte M Ibsen im Grand Hotel in Christiania persönlich kennen und war von ihm sehr beeindruckt. Auch Ibsen schätzte ihn und seine Übersetzungskunst (vgl. hierzu den Brief an Julius Elias, Kommentar zu Nr. 635). Leider ist ein längerer Originalbrief Ibsens (Nr. 667) verschollen und nur in Übersetzung gedruckt erhalten geblieben. Vorhanden sind noch 2 Entwürfe Ms sowie von Ibsen eine beschriebene Visitenkarte und ein Photo mit Widmung. – Nachfragen des Inselverlags hatten bereits 1951 ergeben, daß weder in der UB Oslo noch im Besitz der Familie Ibsen Briefe Ms an Ibsen vorhanden seien (Friedrich Michael an Margareta M, 9.4. und 16.6.1951). Umgekehrt erging 1965 eine Anfrage der UB Oslo an Margareta M, ob sie Briefe Ibsens an M oder andere »Ibseniana« besitze und zur Verfügung stellen würde. Margareta M dürfte diese Anfrage ablehnend oder gar nicht beantwortet haben; jedenfalls besitzt die UB Oslo auch jetzt weder Briefe Ms an Ibsen noch Ibsens an M (Brief vom 1.4.1997). Hingegen sind dort einige Szenen aus dem 1. Akt von »Brand« als Abschrift Ms in seiner Übersetzung vorhanden, die M Ibsen zu Weihnachten übersandte (Widmung: *Herrn Dr. Henrik Ibsen / in tiefster Ehrerbietung. Nordstrand-Christiania, Weihnachten 1898.*) sowie Ms Gedichtbücher IN PHANTAS SCHLOSS, AUF VIELEN WEGEN, ICH UND DIE WELT, EIN SOMMER, UND ABER RÜNDET SICH EIN KRANZ, jeweils mit handschriftlicher Widmung. – Vgl. auch die Stellen über Ibsen in den anderen Bänden unserer Ausgabe.

Nachdem der Verlag S. Fischer in der Reihe Nordische Bibliothek bereits eine Reihe von Ibsen-Dramen veröffentlicht hatte (hrsg. von

Julius Hoffory), ließ Fischer sich von Paul Schlenther und Julius Elias überzeugen, Ibsen fest an den Verlag zu binden und eine autorisierte Ausgabe neuer oder wenigsten überarbeiteter Übersetzungen herauszubringen. Der erste Band sollte zu Ibsens 70. Geburtstag erscheinen. Julius Elias erinnerte sich: »Es war bei Gelfort, in der Brüderstraße, nachts um die dreizehnte Stunde. Schlenther hatte bereits als üblichen Abschluß seinen doppelten Danziger Kurfürsten bestellt — da schlug ich, anknüpfend an ein vorangegangenen Gespräch, vor, den ganzen Ibsen zu ›retten‹. Ihn zu retten vor der Ausnutzung durch allerlei dubiose Verlagskapitäne, ihn zu retten vor dem papiernen Deutsch der Lange und Brausewetter durch eine wirkliche Gesamtausgabe. Schlenther meinte, man würde uns für zwei Verrückte halten. Immerhin könne man mit unserem Fischer darüber reden. Und Fischer hielt diesen Sammlungsgedanken gar nicht für so verrückt. Es reizte ihn, origineller und schneller zu sein als die Skandinavier selbst: denn Gyldendal dachte nicht im entferntesten an dergleichen [...] Also unser Fischer bekam zunächst das lockende Grauen: er glaubte und zweifelte zu gleicher Zeit, legte die berühmte Maske der Unentschlossenheit vor, um hinter ihr Atem zu holen. Aber innerlich war er gestärkt und machte wirklich unser Credo zu seinem Credo.« Zitiert nach de Mendelssohn, S. Fischer, S. 236.

Ankündigung: »Bei dieser Ausgabe ist das Hauptaugenmerk darauf gerichtet, dass dem nordischen Originaltext ein ebenso formvollendeter, sprachlich reiner, alles Charakteristische treu und doch frei wiedergebender deutscher Text entspreche, an den der Anspruch gestellt werden darf, als deutsche Originaldichtung zu gelten. Vor allen Dingen aber will die Ausgabe auch den Bühnenaufführungen den massgebenden Text darbieten. Die Versdramen und lyrischen Gedichte Henrik Ibsens werden völlig neu übertragen. Neben der schon als Übersetzerin bewährten Emma Klingenfeld wird zum ersten Male ein junger deutscher Dichter, der sich in der Literatur bereits einen Namen gemacht hat, als Nachschöpfer Ibsenscher Poesie erscheinen: Christian Morgenstern.« Zitiert nach: S. Fischer, Verlag, S. 61. Vgl. das Kapitel »Ibsen in Deutschland«, S. Fischer, Verlag, S. 48–68 und den Abschnitt »Der ganze Ibsen«, de Mendelssohn, S. 236–252. Ibsens Werke wurden mehrfach übersetzt, vgl. hierzu auch Kommentar zu Nr. 473. 20, 322, 369, 372, 379, 411, 412, 416, 422, 424, 426–428, 434, 437, 444, 450, 451, 464, 470, 472, 477–480, 494, 495, 505–507, 533, 566, 591, 593, 595, 596, 614, 617, 629, 630, 653, 656, 680, 718, 719, 724, 732, 734, 735, 836, 842–844, 847, 853–857, 859, 868, 869, 874–877, 879, 880, 882, 886, 903, 910, 918, 919, 923, 924, 931, 935, 956

An Emma Klingenfeld. Gedicht, Sämtliche Werke, Bd. 1, S. 252, Übersetzung: Klingenfeld. 622 — An meinen Freund, den revolutionären Redner, Gedicht, a.a.O., Bd. 1, S. 110, Übersetzung: M. 596, 910 — Baumeister Solneß, Bygmester Solness, Uraufführung 7.12.1892, London, Haymarket Theater, deutsche Erstaufführung 19.1.1893 Berlin, Lessingtheater. 478, 596, 876 — Brand, entstanden 1865, Uraufführung 24.3.1885, Stockholm, Nya Teatern, deutsche Erstaufführung 19.3.1898, Berlin, Schillertheater. 373, 379, 411, 412, 416, 456, 464–466, 450, 471, 490, 491, 508, 539, 554, 555, 557, 566, 568, 615, 668, 673, 733, 857, 879, 886, 900, 903, 905, 906, 908, 910, 919, 934, 936 — Catilina, entstanden 1848/49, erschien zuerst 1850 im Selbstverlag unter dem Pseudonym Brynjolf Bjarme. Uraufführung: 3.12.1881, Stockholm, Nya Teatern; deutschsprachige Erstaufführung: 12.10.1906, Zürich. Übersetzungen von Hugo Greinz (München, Langen, 1896) und M (1903). Elias lag zunächst eine Übersetzung von Paul Hermann vor, die anscheinend nicht gedruckt war und sich als unbrauchbar erwies, so daß M mit der Neuübertragung beauftragt wurde. 573, 578, 584, 588, 589, 593, 595, 596, 613, 617, 619, 622, 634, 733, 856, 906, 908, 910, 916, 921, 923, 927 — Das Fest auf Solhaug (Gildet på Solhaug), entstanden 1855, Uraufführung 2.1.1856, Bergen, Det norske teater; Erstaufführung in deutscher Übersetzung 21./22.11.1891 Wien, Carl- und Hofburgtheater; in Berlin zum erstenmal am 26.9.1899 im Rahmen der Eröffnung des neugegründeten Vereins »Deutsche Volksbühne«. 373, 379, 407, 411, 412, 416, 419, 428, 539, 733, 848, 856, 857; daraus das Lied »Der Bergkönig« oder »Frau Margits Lied« in Ms Übersetzung. 407 — Das Hünengrab, Uraufführung Christiania, 26.9.1850. Alfred Kerr berichtete über eine Lesung des Dramas im Verein Berliner Presse im Februar 1898 (Wo liegt Berlin, S. 360). 373, 379 — Der Bund der Jugend. Uraufführung 18.10.1869 Christiania-Theater, Christiania. Deutsche Erstaufführung 18.10.1891, Berlin, Freie Volksbühne, im Belle-Alliance-Theater. 477 — Der Eidervogel, Gedicht, a.a.O. Bd. 1, S. 11, andere Fassung: Nachgelassene Schriften, Bd. 1, S. 19 f. 420, 859, 870 — Die Frau vom Meere, Fruen fra havet, Uraufführung 12.2.1889, Christiania-Theater, Christiania. Deutsche Erstaufführung 12.2.1889, Hoftheater Weimar. 434, 480, 910 — Die Herrin von Oestrot, Fru Inger til Østråt, Uraufführung 2.1.1855, Bergen. Für Berlin konnte die Premiere am 13.11.1888 im Ostend-Theater nachgewiesen werden (Titel: Die Burgfrau von Oestrot). s.o. — Die Kronprätendenten, Kongs-Emnerne, Uraufführung 17.1.1864, Det Norske teater, Christiania, deutsche Erstaufführung 30.1.1876, Hoftheater Meiningen. 477, 533, 779 — Die Wildente, Vildanden,

Uraufführung 9.1.1885, Bergen, Den Nationale Scene. Deutsche Erstaufführung 4.3.1888, Berlin, Residenztheater. 480, 609, 856, 857, 915 — Ein Volksfeind, En folkefiende, Uraufführung 13.1.1883, Christiania, Christiania-Theater. Deutsche Erstaufführung 5.3.1887 Berlin, Ostend-Theater. In der Spielzeit 1889/90 stand das Stück auf dem Spielplan des Breslauer Stadttheaters. 20, 823 — Ein Puppenheim, Et dukkehjem, deutsch auch nach der Hauptfigur »Nora« betitelt, Uraufführung 21.12.1879, Kopenhagen, Königliches Theater, deutsche Erstaufführung 3.3.1880, München, Residenztheater. 246, 387, 478, 592, 808, 915 — Eine Vogelweise, Gedicht, a.a.O. Bd. 1, S. 6, Übersetzung: M. 622, 923, 924 — Gedichte. 372, 373, 379, 411, 412, 416, 539, 553, 568, 573, 579, 584, 588, 589, 595, 609, 613, 619, 622, 626, 733, 921, 923 — Gespenster, Gengangere, Uraufführung 20.5.1882 Chicago, Aurora Turner Hall. Deutsche Erstaufführung 14.4.1886, Stadttheater Augsburg. Am 29.9.1889 begann der »Verein Freie Bühne« seine Aufführungen mit dem Drama, das in Berlin für öffentliche Aufführungen von der Zensur verboten war. 434, 480, 543, 886, 896 — Hedda Gabler. Uraufführung 31.1.1891, München, Hoftheater. 480, 803 — Hochlandsleben, Gedicht, Bd. 1, S. 23 f. 626, 923, 924 — John Gabriel Borkman. Uraufführung 10.1.1897, Helsinki, gleichzeitig Schwedisches und Finnisches Theater. Deutsche Erstaufführung 16.1.1897 Stadttheater Frankfurt/M. Das Deutsche Theater Berlin folgte am 29.1. 497, 498, 502, 836, 882 — Kaiser und Galiläer, Kejser og Galilæer, 2 Teile, Caesars Abfall (Cesars frafald) und Kaiser Julian (Kejser Julian), entstanden 1870–73, übersetzt von Paul Herrmann 1888, Uraufführung 5.12.1896 Leipzig, Stadttheater, des norwegischen Originals 20.3.1903, Kristiania. 470, 477–480, 495, 875, 876, 931 — Klein-Eyolf, Lille Eyolf, Uraufführung 3.12.1894, London, Haymarket-Theater, deutsche Erstaufführung 12.1.1895, Berlin, Deutsches Theater. 495 — Komödie der Liebe, Kærlighedens komedie, Uraufführung 23.11.1873, Christianiatheater, Christiania. Deutsche Erstaufführung 18.10.1896, Berlin, Belle-Alliance-Theater. In Ms Übersetzung als 1. öffentliche Aufführung am 1.6.1899 im Breslauer Neuen Sommertheater mit Musik von Edmund Herz. 368, 373, 379, 411, 412, 416, 422, 433, 450, 456, 462, 464, 466, 509, 511, 539, 733, 842, 857, 862, 887 — Nordische Heerfahrt, Die Helden auf Helgeland, Hærmændene på Helgeland, Uraufführung 24.11.1858, Christiania, Det norske teater. Deutsche Erstaufführung 10.4.1876, München, Hoftheater. 477 — Olaf Liljekrans (1857). 857 — Paa Akershus, Auf Akershus, Gedicht, a.a.O. Bd. 1, S. 8 ff., Übersetzung: Klingenfeld; ältere Fassung: Nachgelassene Schriften, Bd. 1, S. 12–14. Übersetzung: M. 433, 862 — Peer

Gynt, Uraufführung 24.2.1876, Christiania-Theater, Christiania, deutschsprachige Erstaufführung 9./10.5.1902, Volkstheater Wien. 373, 379, 411, 412, 416, 466, 477, 539, 552, 553, 556, 558, 560, 564, 566, 614–617, 625, 634, 650, 654, 669, 685, 733, 857, 899, 900, 905, 906, 908, 917–919, 921, 923, 935, 929, 934, 940 — Reden. 869 — Wenn wir Toten erwachen, Når vi døde vågner, deutsche Erstaufführung 26.1.1900, Hoftheater Stuttgart, norwegische Erstaufführung 6.2.1900 Christiania [?]. 478–480, 500–502, 505, 506, 521, 593, 733, 843, 857, 876, 882, 884, 885 — Die deutsche Ibsenausgabe. 494, 538, 842, 860, 870, 900, 901, 935 — Bd. 1. 627, 628, 640, 648, 649, 924, 929 — Bd. 2. 423, 428, 857, 861 — Bd. 4. 560, 568, 573, 577, 588, 900, 901, 905, 906, 908, — Bd. 8. 572, 902 — Die Ibsenübersetzung. 372, 382, 393, 405, 414, 419, 421,423, 424, 428, 439, 450, 456, 466, 494–496, 533, 557, 598, 613, 626, 640, 842, 847, 924

Ibsen, Sigurd (1859–1930), Sohn von Susannah und Henrik Ibsen, Publizist und Staatsmann, übersetzte einige Werke seines Vaters ins Deutsche, s.o. 478, 479, 857, 876

Ibsen, Susannah, geb. Thoresen, (1836–1914), seit 1858 mit Ibsen verheiratet. 505

Ilgen. Während seiner Schulzeit in Sorau wohnte M bei der Familie Ilgen, gemeinsam mit Paul Körner und Franz Carl Zitelmann. Paul Ilgen gab Französisch in den unteren und mittleren Klassen sowie Geschichte in der Oberstufe des Gymnasiums (vgl. Hans Petri, Es war einmal, Leonberg 1974, S. 15); aus der Sicht der Pensionäre war es sein Hauptvorzug, daß er sich nicht viel um sie kümmerte. Veröffentlichungen in den Sorauer Schulprogrammen, ein Katalog der Sorauer Kirchenbibliothek und einige im Zusammenhang der Sorauer Freimaurerloge sind von ihm nachweisbar, nicht aber eindeutig seine Dissertation. – Außer seiner Frau werden noch 2 Töchter genannt, Else und Clara, 1890 zwischen 10 und 13 Jahre alt waren (Nr. 36). Wenn Else (s.u.) den literarischen Gesprächen interessiert zuhörte, war sie wahrscheinlich die ältere. Von Clara sind 2 Briefe an Margareta M erhalten (28.3.1939 und 6.5.1942), die sich beide mit dem Nachlaß Paul Körners befassen. Else Schmidt-Ilgen (sie ist vermutlich mit der im Sorauer Adreßbuch von 1905 verzeichneten Turnlehrerin Elisabeth Ilgen identisch) veröffentlichte in der Braunschweiger Landeszeitung vom 5./6.5.1951 einen Artikel »Fakkeln auf dem Schülerbergfest«, der allerdings, 60 Jahre später, nicht in allen Details zuverlässig ist. Als wahrscheinlich kann folgendes gelten: Der Primaner M, ein pickliger Jüngling mit zahlreichen außerschulischen Interessen (z.B. Englisch, Volapük), besucht an den Samstagabenden die Familie, unterhält sich mit Frau Ilgen über

Literatur oder spielt mit ihr Schach. Paul Ilgen gegenüber vertritt er die Meinung, Geschichtszahlen seien überflüssig, es genüge, über die Siege und Leistungen Friedrichs des Großen Bescheid zu wissen. Else Schmidt-Ilgen geht dann auf die Abschaffung des lateinischen Aufsatzes an den Gymnasien ein und veröffentlicht Ms Gedicht darüber, das bis dahin verschollen war (s. S. 757f.). Wie schon vor ihr Gertrud Isolani (die ihre Informationen vor allem von Ilgens hatte), berichtet sie dann über das »Schülerbergfest«, das Gedicht DER MELDERBAUM, und daß dieses Gedicht den Schulrat (Dr. Pilger) veranlaßt habe, bei Ms Abitur ein Auge zuzudrücken. »Freilich, Morgensterns Interessen liegen in anderer Richtung. Morgenstern ist ja ein vielversprechendes dichterisches Talent«, soll er gesagt haben. Daß M den Lehrer so sehr verehrt und geliebt habe, wie die Familie später meinte, dürfte ein verständlicher Irrtum sein; Ms Vater schrieb an Margareta M, M habe ihm gegenüber »Ilgen stets als fast komische Figur hingestellt« (21.9.1919). Auch Hans Petri schrieb: »Er war unsagbar trocken und langweilig, dazu fehlte es ihm an der Fähigkeit sich in einer Klasse durchsetzen zu können.« Deshalb wurde er, nachdem Reinthaler die Schule verlassen hatte, die bevorzugte »Zielscheibe für die Angriffe übermütiger Schüler« (an Margareta M, 26.4.1934). In seinen Erinnerungen (Es war einmal, a.a.O. S. 15) schreibt er auch, daß Ilgen an Migräne gelitten und selbst dann, käseweiß und mit müder Stimme, Unterricht gehalten habe. Daher habe er den Spitznamen Migro erhalten; dieser wurde wahrscheinlich – mit den nötigen Abwandlungen – auch für die gesamte Familie benutzt.

Familie Ilgen 29, 30, 56, 61, 74, 87, 132, 747, 949 — Clara Ilgen. 29, 30 — Else Ilgen. 29, 30, 758, 775 — Frau Ilgen 28, 30, 108, 174[?, Migra], 747 — Paul Ilgen 20, 22, 30, 54, 101, 108, 154[?, Migro], 745, 747, 774, 956

Illo, Spitzname eines Sorauer Mitschülers von M (nach dem gleichnamigen Feldherrn Wallensteins). Illo und sein Vater. 95

Ilse s. Ilse Sandvos.

Impressionismus, Stilrichtung in der Malerei, entstanden in Frankreich um 1860–1890 (z.B. Manet, Monet), einflußreich für ganz Europa und Nordamerika. Der Impressionismus zielt ab auf den unmittelbaren optischen Eindruck, überwiegend, aber nicht nur, in der Landschaftsmalerei, der sich durch Licht- und Farbeneindrücke darstellt und häufig durch kleinteiliges Nebeneinandersetzen unvermischter Farben realisiert wurde, wobei also die Synthese dem Auge der Betrachter überlassen wurde. In Deutschland blieben die impressionistischen Maler (z.B. Liebermann) jedoch stärker der Realität verhaftet als in Frankreich. – Ähnliche Tendenzen gab es auch in Plastik, Literatur und Musik, die dann ebenfalls als Impressionismus bezeichnet werden. 564

Inferno s. Strindberg.

Ingebret, Restaurant o. ä. in Christiania. M notierte: *Ziemlich niedriger länglicher Raum. Hübsche Holztäfelung in Hüftenhöhe ringsherum. Getäfelte Decke. Fenster u. Spiegel gleicherweise von Holz eingefasst. Schank- u. Zahlpult mit Gläserschrank u. Aufzug dahinter. Kleine länglich viereckige u. ovale Tische mit Marmorplatten. Bequeme Sessel, Sophas u. Ecksophas, alles Plüsch, dunkelroter. Runder eiserner Ofen.* [...] *Boden mit Kachel-gemustertem Linoleum belegt.* [...] *Der Zahlkellner liest, wenn er nichts zu tun hat, in einem riesigen Buch.* [...] *Fast alles liest selbstgekaufte Zeitungen. In vielen norw. Restaurants muss man oft ein Heidenspektakel machen, die Kellner herbeizurufen.* T 1898/99 I, Bl. 106. 457, 872

Ingolstadt, Stadt im bayrischen Regierungsbezirk Oberbayern. 13

Innsbruck, Hauptstadt von Tirol, Österreich, beiderseits des Inns. 324, 380, 913, 950

Insel-Verlag, 1902 in Leipzig gegründet, von 1905–1950 von Anton Kippenberg geleitet. 728–730, 732, 781, 825

Das Inselschiff, 1919/20–1942 Hauszeitschrift des Inselverlags. 730, 753

Interlaken, Stadt im Schweizer Kanton Bern. 16, 561

Iphigenie s. Goethe; Iphigenienouvertüre s. Gluck.

Irgan, vermutlich ein ehemaliger Schüler des Breslauer Magdalenengymnasiums, präsidiert einem Kneipabend in der *alten Magdalenäer Korona* (Nr. 104, nicht zitiert). Im Breslauer Adreßbuch von 1891 ist der Name Irgahn belegt. 96

Irmann, Heinrich Otto (1849–1915), Maler und Lithograph, Lehrer an der Kunst- und Kunstgewerbeschule in Breslau. 17, 74

Isaak s. Fritz Reche.

Iserberge, Gebirgszug in Nordböhmen zwischen Friedland und Reichenberg, grenzen im Südosten ans Riesengebirge, bestehen aus 4 fast parallel von Südost nach Nordwest laufenden Ketten. 84

Isolani, Gertrud (1899–1988), Pseudonym Ger Trud, Journalistin und Schriftstellerin, veröffentlichte schon als junge Journalistin Aufsätze über M., teils in Zeitungen, teils als selbständige Ausgaben, nicht zur Freude Margareta Ms, die teils am einseitigen Inhalt – in »Malererbe« (vgl. S. 724) wird die Musikalität Ms völlig vernachlässigt –, teils auch aus stilistischen Gründen – die junge Frau bemühte sich gelegentlich um den Ton eines bereits etwas angegrauten Gourmets, was recht peinlich wirkt (vgl. etwa: Morgenstern-Reliquien,

»Nationalzeitung«, 1.4.1919, im Nachlaß). Insbesondere Carl Ernst M verübelte es ihr, daß sie auf Ms mäßige schulische Leistungen hinwies (s. auch Ilgen), obwohl sie damit nur auf das Klischee vom Genie als schlechtem Schüler zurückgriff. Hinzu kommt, daß sie mit Veröffentlichungen Mscher Originaltexte gegen das Urheberrrecht verstieß, vgl. hierzu den Briefwechsel Margareta Ms mit Carl Ernst M, Reinhard Piper und Hans Petri im Nachlaß. 724, 725, 735, 768, 775, 776, 822

Iwan IV. Wassiljewitsch, der Schreckliche (russisch Grosnyi, der Gestrenge oder Furchtgebietende, 1530–1584), russischer Großfürst (1533) und Zar (ab 1567). 74, 352

J. A., nicht ermittelt. 291

Jacob, Eugen (1853–?), Pfarrer (2. Diakonus) an der Kirche St. Bernhardin in Breslau. 24, 30, 115, 119

Jacobowski, Heinrich, ein Bruder Ludwig Jacobowskis. 846, 920

Jacobowski, Ludwig (1868–1900), Schriftsteller, Redakteur, ab 1898 Herausgeber der Zeitschrift »Die Gesellschaft«. Dafür sollte er monatlich 150 Mark erhalten, außerdem sollten gegen Abrechnung die Portoauslagen ersetzt sowie für die ersten 3 Monate eine Pauschale von monatlich 200 Mark zur Honorierung der Beiträge (Hermann Haacke an Jacobowski, 12.11.1897, Auftakt Nr. 294) gezahlt werden. Dies wurde bald gekürzt: »[...] muß ich Sie dringend ersuchen, in Bezug auf die Honorare für Beiträge in der ›Gesellschaft‹ sparsamer zu wirtschaften. – Ich sähe mich sonst in die Notwendigkeit versetzt, dieselben zu kürzen oder à Konto Ihres Gehaltes zu belasten. Ich bewillige Ihnen für jedes Heft M 50.– [=100 Mark monatlich], keinesfalls mehr. [...]« Haacke an Jacobowski, 1.4.1898, Auftakt Nr. 296. – Jacobowski rezensierte für die »Gesellschaft« AUF VIELEN WEGEN: Kritische Gänge: Gustav Falke und Christian Morgenstern. »Die Gesellschaft« 14 (1898) Bd. 2, über M S. 392 f. sowie, mit »Lyrik« überschrieben, von EIN SOMMER, a.a.O. 16 (1900), Bd. 3, über M S. 121 f. 326, 400, 409, 420, 457, 468, 469, 492, 500, 507, 510, 512, 711, 733, 872, 956

Loki. Roman eines Gottes. Minden (J.C.C. Bruns) 1898. 458 —

[Hrsg.] Neue Lieder der besten neueren Dichter fürs Volk. Berlin 1899. 874, 875

Jacobsen, Jens Peter (1847–1885), dänischer Dichter, von Darwin beeinflußt, den er in Dänemark bekannt machte, schuf psychologisch genaue, impressionistische Darstellungen von Einzelschicksalen, Vorläufer der Décadenceliteratur, von großem Einfluß auf viele Dichter und Schriftsteller um die Wende zum 20. Jahrhundert. 276

Frau Fönß, Novelle, 1882. 218 — Frau Marie Grubbe. Interieurs aus dem 17. Jahrhundert, Roman, 1876, 1878 erschien eine »frei bearbeitet[e]« deutsche Fassung von Adolph Strodtmann; 1896 eine Übersetzung von J.D. Ziegeler-Glücksburg, später weitere Übersetzungen. 240, 252, 810 — Hier sollten Rosen blühen (oder: stehen, je nach Übersetzung), Novelle, 1882. – Der Satz wird von M und Kayssler auch benutzt, um nicht wirklich ausgeführte Blumengrüße zu verbalisieren. 218 — Novellen. 222 — Niels Lyhne, Roman, 1880, deutsch 1889, danach mehrfach neu übersetzt. – M besaß die bei Reclam erschienene Übersetzung von Marie von Borch (Leipzig o.J. [1889] Nr. 2551/52), die noch im Nachlaß vorhanden ist. 177, 214, 218, 222, 252, 802, 810

Jacobsohn, Siegfried (1881–1926), begann als Journalist, war Theaterkritiker bei der »Welt am Montag«, arbeitete auch für andere Zeitungen und Zeitschriften, gründete 1905 eine eigene Zeitschrift, »Die Schaubühne«, die 1918 in die »Weltbühne« umgewandelt wurde. In seiner Frühzeit waren seine Kritiken polemisch und beißend ironisch, wodurch er sich zahlreiche Feinde machte (vgl. Stefanie Oswalt, Siegfried Jacobsohn. Ein Leben für die Weltbühne. Gerlingen 2000, hier vor allem S. 46–58). Auch M stand ihm damals kritisch gegenüber; er hatte höchstwahrscheinlich noch keinen Kontakt zu ihm (Abt. Kritische Schriften S. 701 beruht auf einem Lesefehler, gemeint ist dort die Übersetzerin *I*[da] *Jacob*, nicht S[iegfried] Jacob[sohn]), aber 1906 wurde er Mitarbeiter der »Schaubühne«, vgl. Abt. Kritische Schriften Nr. 103–111. 680, 718, 724, 725, 730, 935, 939

Jaenicke (Jänicke), Frau des Stadtrats Carl Jänicke in Breslau. 147

Jahn, Friedrich Ludwig (1778–1852), Pädagoge und Politiker, bekannt geworden als »Turnvater Jahn«, befaßte sich auch mit der deutschen Sprache. Sage erwähnt *Jahn* als *Sprachreiniger* (nicht zitiert). 134[?]

Jahn, Max, vermutlich der Leipziger Pädagoge Max Jahn (1853–1926). — Ideale und Skeptizismen. Gedichte. Leipzig (W. Friedrich) 1894. 241

Jakoble, Schüler in Sorau. 67

Janitschek, Maria (1860–1927), österreichische Schriftstellerin. M schrieb 1896 über sie (und wohl ihre »Gesammelten Gedichte«, 1892); die Rezension wurde wegen seiner Differenzen mit Oscar Bie nicht veröffentlicht und ist verschollen. 321, 326, 331

Janus, römischer Gott der – zeitlichen und räumlichen – Durch- und Übergänge, wurde doppelgesichtig, nach vorn und zurück blickend, dargestellt. 138

Janus. Blätter für Litteraturfreunde. Monatsschrift für Litteratur und Kritik, hrsg. von Oskar Hellmann. Es erschienen 8 Hefte (1902/03), die jeweils einem Dichter gewidmet sind, aber auch andere Beiträge enthalten. Im H. 2, dem Ibsen-Heft, wurde Ms Übersetzung des Gedichts »Eine Vogelweise« gebracht. 923

Jarde, Sorauer Familie. 125

Jaron, Norbert. 735

Jean Paul, eigentlich Johann Friedrich Paul Richter (1763–1825), Schriftsteller. Wann M Jean Paul gelesen hat, konnte nicht ermittelt werden, 1905 äußerte er, daß er sich in seine Romane nicht hineinfinden könne (an Luise Dernburg, 11.8.1905), er empfand sie vielmehr als »*Gestrüpp*« (zitiert im Brief von Luise Dernburg vom 12.1.1906). Großen Eindruck hinterließ ihm aber die Rede Börnes auf Jean Paul, die er *einst stellenweise auswendig* konnte, *aber das war doch Börne und nicht Jean Paul* (an Luise Dernburg, a.a.O.). 164, 788

Jehova, aus dem 11. Jahrhundert stammende Vokalisation (mit den Vokalen von Adonai, mein Herr) des im Judentum aus Ehrfurcht nicht benutzten Gottesnamens JHWH (Jahwe), durch Kirchenlieder und Erbauungsschriften populär geworden. 262, 267, 588

Jena, Stadt an der Saale im Herzogtum Sachsen-Weimar. 823

Jensen, Wilhelm (1837–1911), Schriftsteller. 152, 785

Jesaja, einer der großen Propheten der Bibel, wirkte etwa zwischen 736 und 701 v. Chr. Von ihm stammt der erste Teil des Buches Jesaja im Alten Testament. 201

Jesus Christus. 91, 190, 203, 304, 635, 655, 764, 931

Ježower, Ignaz (1878–?; Deportation nach Riga), Schriftsteller. M lernte ihn im April 1902 in Portofino kennen; in den folgenden Monaten entwickelte sich ein reger Briefwechsel, der größtenteils verschollen ist. Dann brach die Verbindung ab, nach Ms Vermutung, weil der Freund *noch weit verwundbarer* als er selber sei (An I. J., Z. 4). Am 18.11. wird er – abgesehen von dem Epigramm – zuletzt erwähnt (N 1902). – Aus einem viel späteren Brief von Arno Holz an Ježower geht hervor, daß dieser Holz über Ms Begeisterung über die »Blechschmiede« berichtet hat, s. Arno Holz. 606, 609, 610, 611, 617, 620, 914, 915, 956

Joachim von Fiore (1130–1202), italienischer Theologe und Ordensgründer. 931

Joachimsthaler, die Schüler des damals in Berlin befindlichen Joachimsthalschen Gymnasiums. 89

Johannes, einer der Jünger Jesu. 190

Johannes, Drama, s. Sudermann.

John, G., Sorauer Gymnasiast. 747
John Gabriel Borkman s. Ibsen.
Jonas, Emil (1824–1912), Schriftsteller und Übersetzer aus den skandinavischen Sprachen. 809
Jonas, Paul (1851 oder 52–1916), Rechtsanwalt, Mitbegründer und Rechtsbeistand des »Vereins Freie Bühne« und später u.a. Syndikus des Deutschen Theaters. Auf seinen Rat hin wurde die »Freie Bühne« als Verein gegründet, weil dadurch bei Aufführungen die Zensur zu umgehen war. Jonas wurde vor allem bekannt durch die erfolgreiche Führung des Prozesses gegen das Verbot von Hauptmanns »Webern« (vgl. den Nachruf im »Deutschen Bühnenjahrbuch« 28 (1917) S. 158). Er war auch einer der Verteidiger im Gerdes-Prozeß. 365, 391, 417, 556, 557, 561, 563, 841
Jones, Henry Arthur (1851–1929), englischer Dramatiker. — Der Silberkönig, Melodram, 1882. 176, 789
Jordan, Max (1837–1906), Kunstschriftsteller und Museumsleiter, 1874–1895 Direktor der Nationalgalerie in Berlin, Geheimrat, 1883–1895 Vortragender Rat für Kunstangelegenheiten im Kultusministerium, war ein Freund Carl Ernst Ms. Dieser wandte sich, um dem Sohn doch noch ein Studium zu ermöglichen, im März 1894 an Jordan und erreichte die Zusage einer Beschäftigung Ms an der Nationalgalerie. Zur Nachricht von Max Jordans Rücktritt vgl. »Magazin für Litteratur« 64 (1895) Sp. 1362 f. 209–211, 231, 236, 251, 265, 289, 294, 801, 810, 814, 956
Jordan, Wilhelm (1819–1904), Schriftsteller. — Durchs Ohr, Lustspiel (1870). 332
Juba. Juba I., König von Numidien, im römischen Bürgerkrieg Verbündeter der Pompejaner; Juba II., dessen Sohn, König von Mauretanien. 74
Jugend, Drama, s. Halbe.
Jugend. Münchner illustrierte Wochenschrift für Kunst und Leben, 1896 von Georg Hirth gegründete Zeitschrift, geprägt vom und weiter einflußreich für den deutschen Jugendstil, vor allem in der floralen Variante. M stand der Zeitschrift schon bald distanziert gegenüber; es scheint auch (nicht mehr ermittelbare) Mißhelligkeiten gegeben zu haben (vgl. das Epigramm *Die Jugend war einst unverschämt zu mir*. Es kann sich um zurückgeschickte Manuskripte handeln, denn Kayssler schreibt in Nr. 631, er habe ein Gedicht *auch* (nicht zitiert) zurückbekommen. – Veröffentlichungen Ms sind für die Jahre 1896 und 1909–1911 nachweisbar, außerdem 1905 (Nr. 26) die Übersetzung eines Bjørnson-Gedichts (»Vaterlandsweise«). 1896: DREI VORREDEN; aus HORATIUS TRAVESTITUS die Gedichte: *Du siehst, wie weiß; Wer*

ein braver, ehrlicher; Warum fliehst du vor mir; Albert, kränke dich nicht; Gambrinus selber sah ich; Als ich Hahn noch im Korbe war; Heut soll der Zweiundsechziger; Vor kurzem noch ein Ritter; 1911: AUS DEM NACHLASS DES HORAZ, alle Gedichte ohne Anmerkungen; außerdem 1909: DIE OSTE; 1910: DER ÄSTHET; DAS EINHORN; DIE GROSSE MINUTE; LIGNA LOQUUNTUR; DIE SCHUHE; REICHSHELDENLEBEN; 1911: DIE STATIONEN. Vgl. auch Abt. Kritische Schriften S. 592 f. 321, 328, 375, 399, 401, 475, 619, 829, 843, 850, 901, 908, 921, 922

Julianus Apostata, Flavius Claudius Julianus (331–363), ab 361 römischer Kaiser, war christlich erzogen, wandte sich aber dem Neuplatonismus zu und suchte das Christentum wieder zurückzudrängen, wurde deshalb Apostata (der Abtrünnige) genannt. Literarische Gestalt, u.a. in Ibsens »Kaiser und Galiläer«. 457

Julius, Nachname unbekannt, ein Schulfreund Ms aus Breslau. 29

Julius s. Julius Hirschfeld.

Juncker, Axel (1870–1952), zunächst Buchhändler, gründete 1902 in Berlin einen Verlag, ging 1922 in seine Geburtsstadt Kopenhagen zurück und eröffnete dort ein Antiquariat. 511, 512

Juncker, Sigmund von (1869–?), in Landshut mit M in derselben Klasse. 15

Jung-Wiener Theater zum Lieben Augustin, 1. literarisches Kabarett Wiens, am 16.11.1901 im dafür ausgebauten Keller des Theaters an der Wien unter der Leitung von Felix Salten eröffnet, existierte nur bis zum Ende des Jahres. 572, 905

Jupiter, der höchste Gott der Römer, entspricht im wesentlichen dem griechischen Zeus. – Jupiter Ammon, Ammon, griechische Form des ägyptischen Gottes Amun (der seit etwa 2000 vor Chr. zum Reichsgott Ägyptens wurde). Bei den Griechen wurde er mit Zeus identifiziert und als Zeus Ammon verehrt. — Jupiter. 581 — Jupiter Ammon. 193

Justfeier. »Unter den verschiedenen Stipendien, welche das Gymnasium zu verteilen hatte, sei zunächst die Stiftung eines Oberstleutnants Just in Zittau zu erwähnen, der irgendwelche verwandtschaftliche Beziehungen zu Sorau gehabt haben muß. Alljährlich sollte am 9. Dezember, dem Geburts- oder Todestag des Stifters, eine musikalisch-deklamatorische Feier in der Schule stattfinden und ein Lehrer hatte dazu eine sein Fachgebiet betreffende Abhandlung zu verfassen. Die drei Besten aus den unteren Klassen erhielten Prämien in Gestalt eines Fünfzigpfennigstückes!« Hans Petri, Es war einmal, Leonberg 1974, S. 13. 59, 61, 756

Juvenal(is), Decimus Junius (zwischen 50 und 70 – nach 127), römischer Satiriker. 758

Kadem Bevüneti[k], Internationale Akademie (Volapük), vermutlich eine Volapükzeitschrift o.ä. 434

Kærlighedens Komedie s. Ibsen.

Kahane, Arthur (1872–1932), Dramaturg, Schriftsteller, ab 1902 Zusammenarbeit mit Max Reinhardt. 432 f., 639, 646, 925

Kahn, Robert (1865–1951), Pianist und Komponist (in der nachromantischen Tradition, besonders Klavierstücke, Chöre, Lieder für den kammer- und hausmusikalischen Bereich), 1898–1930 Professor für Komposition an der Musikhochschule Berlin, emigrierte 1937 nach England. M kannte ihn vielleicht durch die Brüder Hirschfeld: Georg Hirschfeld nennt eine »Mittwochsgesellschaft bei meinem Bruder. Der Komponist Robert Kahn gehörte zu diesem Freundeskreis, ebenso Christian Morgenstern, Friedrich Kayßler, Moritz Heimann, Efraim Frisch.« Brahm, Briefe, S. 121, Anmerkung. 405, 407, 437, 853, 856, 956

Lieder (vielleicht aus den M-Zyklen, s.u.). 554 — Morgenstern-Liederheft, op. 31 (1899). 437 — Sommerabend, op. 28, [1898?]. Zu beiden Zyklen vgl. Abt. Lyrik 1887–1905, S. 935–937. 437 f.

Kahn, Amtsrichter, nicht ermittelt. 572

Kainz, Josef (1858–1910), einer der berühmtesten Schauspieler seiner Zeit, unternahm mit dem Meininger Hoftheater Gastspielreisen, spielte dann u.a. in München, Berlin und ab 1899 am Wiener Burgtheater. 221, 246, 295, 353, 384, 460, 476

Kairo, gab auf der Berliner Gewerbeausstellung (s.d.) der orientalischen Abteilung den Namen (Kunstausstellung und Folklorerummel), vgl. Kerr, Wo liegt Berlin, S. 687. 319

Kaiser, meist Wilhelm II. (nicht S. 637, wo die römischen Kaiser gemeint sind).

Kaiserhof, Hotel mit Restaurant in Berlin, Mohrenstr. 1–5. 316, 353

Kaiserhof, Hotel in München. 176

Kaiserkrone, Café in Berlin, Friedrichstr. 131. 353

Kalkoff, Paul (1858–1928), Historiker, Veröffentlichungen über die Geschichte der Reformation und des Humanismus, 1884–1924 Gymnasiallehrer am Breslauer Magdalenengymnasium, danach Honorarprofessor an der Breslauer Universität. Kayßlers Geschichtslehrer. 105

Kamenz, Dorf im Kreis Frankenstein, Regierungsbezirk Breslau. 81, 96,

Kampen, zur Gemeinde Norddörfer gehörend, bei Westerland/Sylt. 284, 285, 286, 288, 293, 298, 305

Kannewitz. Es gab mehrere Orte dieses Namens, gemeint ist in Nr. 80 aber vermutlich Konnewitz, ein 1891 zu Leipzig eingemeindetes Dorf. 77

Kant, Immanuel (1724–1804), Philosoph, ab 1770 Professor für Logik und Metaphysik in Königsberg. Sowohl M als auch Kayssler beschäftigten sich in ihrer Jugend mit Kants Philosophie, ohne daß einzelne Werke besonders genannt würden. 65, 69, 72, 131, 202, 597, 762, 911

Kapp, Julius. 750

Karersee (Lago di Carezza), See in den Dolomiten, südöstlich von Bozen und westlich des Karerpasses, mit dem Fremdenverkehrsort Karersee. 320

Karl, wahrscheinlich immer Franz Carl Zitelmann. 227

Karl Borromäus, Heiliger. 791 f.

Karl XII. (1682–1718), schwedischer König. 919

Karlsbad, Stadt und Kurort in Westböhmen, ehemals einer der berühmtesten Kurorte Europas, mit heißen alkalischen Glaubersalzquellen, hauptsächlich zu Trinkkuren genutzt und bei zahlreichen Leiden angewandt. 609, 610, 915

Kartenbrief, Doppelkarte aus festem Papier mit Randstreifen zum Zukleben; eine Perforation diente zum Öffnen. Wenn ein Brief über die Perforation hinaus beschrieben wurde, ging dieser Text durch das Zusammenkleben und spätere Abreißen des Randes verloren. 847, 849, 860, 879, 936

Kassel, Hauptstadt der preußischen Provinz Hessen-Nassau. 54, 617

Kastanienbaum, im Schweizer Kanton Luzern. M wohnte in der Pension der Schwestern von Arx (Briefkopf Nr. 739). 546–548, 566, 898, 951

Kastner, Emerich. 750

Katharina II. (die Große, 1729–1796), russische Kaiserin. 227, 804

Kauffeld, Rolf. 734, 817

Kaufmann, über die Briefangaben hinaus nichts Sicheres ermittelt. Es kann sich um ein Mitglied der Industriellenfamilie Kauffmann handeln, die seit 1824 ein Weberei-Verlagsunternehmen besaß, in der Waldenburger Gegend 1852 eine mechanische Weberei errichtete und durch Expansion und Modernisierung zu einem der bedeutendsten Textilunternehmen des Deutschen Reiches wurde (NDB: Salomon Kauffmann). 123, 124

Kaulbach, Joseph, über die Briefangaben hinaus nichts ermittelt. 226

Kaulbach, Wilhelm, ab 1866 von (1805–1874), Porträt- und Historienmaler, Illustrator, einer der berühmtesten Maler seiner Zeit. 226
Hunnenschlacht, 1834–37, Replik: eins der 6 Hauptgemälde im Treppenhaus des Berliner Neuen Museums (1845–1865) — Zerstörung Jerusalems, 1837–1854, Replik Berlin ebd. 134

Kausch, ein *Missionsprediger.* 92

Kayssler, Kayßler. Friedrich Kayssler war der Jugend- und Lebensfreund Ms, s.u. Die unterschiedliche Schreibung des Namens beruht auf der Verwendung lateinischer oder deutscher Schrift. Das ß war damals in der deutschen Schrift üblich, wurde aber in der lateinischen noch nicht regelmäßig gebraucht. Auch M schrieb, seit er die lateinischen Buchstaben benutzte, ss für ß; diese Schreibung wurde in unserer Ausgabe für Kayssler übernommen, soweit nicht ausdrücklich die Handschrift die andere Schreibung hat. Kayssler selbst schrieb deutsche Schrift, aber er unterschrieb Briefe an M nicht mit vollem Namen – in Briefen an andere, die angesehen werden konnten, schrieb er auch die Unterschrift in deutscher Schrift: »Kayßler«, Adressen (als M bei ihm wohnte, Nr. 903) und Absender aber schrieb er lateinisch, also »Kayssler«.

Kayßler, Adalbert Barthelmäus (1769–1821), Priester, dann Gymnasiallehrer und ab 1811 in Breslau Professor für Philosophie, Friedrich Kaysslers Urgroßvater oder dessen Bruder (Günther, Drehbühne der Zeit, S. 334 und 333, nach Mitteilungen Kaysslers). 32, 748

Kayssler, Clara Dorothea Helene Maria, geb. Hoyer (13.10.1842 – 7.2.1889), Friedrich Kaysslers Mutter. 57, 61, 62, 89, 147

Kayssler, Martin Heinrich Adalbert (2.10.1839–30.8.1887), Stabsarzt und später Arzt der königlichen Gefängnisanstalten in Breslau, Friedrich Kaysslers Vater; 1885 wohnte die Familie Hummerei 26 II. 31, 57, 89, 147

Kayssler, Friedrich (7.4.1874, Neurode – 24. oder 30.4. 1945, Klein Machnow bei Berlin), soll durch ein Gastspiel des Meininger Hoftheaters (1890) auf den Gedanken gekommen sein, Schauspieler zu werden. Überlegungen hierzu sind im frühen Briefwechsel mit M gut dokumentiert, der Anlaß selbst nicht. Sein Vormund hielt davon natürlich nichts, Kayssler sollte studieren. Das Sommersemester 1893 verbrachte er gemeinsam mit M in München, danach noch ein Semester, als M schon krank nach Breslau zurückgekehrt war. In dieser Zeit sammelte Kayssler – nach der Schüleraufführung von Goethes Iphigenie, vgl. S. 85, 146 u.a. – bereits erste schauspielerische Erfahrungen bei der Mitarbeit im Akademisch-dramatischen Verein in München; dort wurde er von Otto Brahm »entdeckt« (Kayssler spielte in Georg Hirschfelds Einakter »Zu Hause« den Ludwig) und für das »Deutsche Theater« in Berlin engagiert. Sein Engagement trat er nach Ableistung des Militärdienstes und inzwischen volljährig zur Spielzeit 1895/96 an und erhielt gleichzeitig Unterricht von Emil Lessing. Im Ensemble Otto Brahms lernte er auch Max Reinhardt kennen, mit dem er etliche Jahre zusammenarbeitete. Auf ein Jahr Berlin folgte eine Spielzeit in Görlitz, danach ging er – in Halle nach der ersten Rolle wieder entlassen – nach Breslau und kam dann nach Berlin, wo er – an verschiedenen Theatern – im wesentlichen blieb. Von der Spielzeit 1918/19 – 1922/23 war er Direktor der »Neuen freien Volksbühne«. 1934 wurde er zum Staatsschauspieler ernannt und blieb hoch gerühmt, spielte ab 1930 auch in zahlreichen Filmen und wurde damit auch weiteren Kreisen bekannt. Ende April kam er bei den letzten Kriegshandlungen ums Leben. Nach den Erinnerungen Ernst Lemmers wurde er erschossen in seiner Wohnung in Klein Machnow aufgefunden, gemeinsam mit zwei ermordeten Schauspielerinnen, die er vor den sowjetischen Soldaten hatte schützen wollen (»Die Russen kommen«, »Welt am Sonntag«, 3.12.1967). Kayssler war zweimal verheiratet, beide Frauen waren Schauspielerinnen, Luise Sandvos geb. Wilke und Helene Fehdmer. Mit seiner ersten Frau hatte er einen Sohn, Christian Friedrich, der ebenfalls Schauspieler wurde.

Kayssler und M lernten sich in den Sommerferien 1889 in Breslau bei Prof. Oberdieck kennen, wo M Frühling und Sommer über in Pension war und wo sein Vormund Kayssler nun, wenige Monate nach dem Tod der Mutter, auch unterbrachte. Die beiden schlossen offenbar sofort Freundschaft, eine Freundschaft, die unbedingte Solidarität bedeutete und lebenslang hielt. Erst in späteren Jahren kam es zu einer tiefen weltanschaulich bedingten Krise, wobei sich aber doch ein Weg ergab, weiterhin verbunden zu bleiben. – Anfangs glaubte M anscheinend, den 3 Jahre Jüngeren erziehen zu sollen, seine Briefe wirken oft gestelzt und gelegentlich etwas onkelhaft, und er liebt in diesem Zusammenhang die Aufforderung *Bedenke* (Nr. 56, 69, – anders übrigens als im gleichzeitigen Briefen an Marie Goettling, wo M der Jüngere war). Kayssler ließ sich meist bereitwillig von M führen (gelegentlich allerdings muckte er auf), und die »Jugendbriefe« waren ihm später besonders wert (an Margareta M, 23.12.1919). Aus dieser frühen Zeit stammen die Spitznamen »Bessos« und »Dulos«, deren Bedeutung man wohl am besten mit Feldherr, Führer und Gefolgsmann umschreiben kann und die M später peinlich waren (Briefentwurf an Marie Goettling, datierbar nach dem 7.11.1913). – Neben der Lehrhaftigkeit der Briefe Ms ist in diesen frühen Briefen vor allem ein gewisses Schielen auf die Nachwelt charakteristisch. Die beiden jungen Leute hatten sich vorgenommen, berühmt zu werden, und so schrieben sie gelegentlich Briefe, die in erster Linie Eindruck machen sollten. Vor allem Kayssler hatte als der Jüngere gelegentlich Schwierigkeiten mit den großartigen Themen; er versteigt sich dazu, sogar eine Literaturgeschichte *mit*

Wonne zu lesen, und investiert ein gehöriges Maß an Begeisterung in diese Lektüre (Nr. 65). Aber schon früh – und verstärkt dann in den darauffolgenden Jahren – bemühte er sich auch, M aus seinen häufig deprimierten Stimmungen herauszuhelfen (vgl. hierzu etwa Nr. 718 oder 722). Außerdem unterstützte er ihn jahrelang finanziell, während dieser z.B. nicht zögerte, notfalls andere Freundschaften aufzukündigen, wenn sich zwischen diesem anderen und Kayssler Differenzen ergaben (so im Fall Georg Hirschfeld, vgl. Nr. 896). – Nach Kaysslers Trennung von seiner ersten Frau wohnte M auch bei dem Freund, und es ergaben sich gemeinsame Ferien. Ansonsten wurden auch diese getrennt verbracht und nur brieflich Verbindung gehalten.

Nach Ms Tod wurde die Freundschaft – bei diversen Meinungsverschiedenheiten – mit Margareta M aufrechterhalten, er beriet sie auch bei der Herausgabe von Nachlaßwerken.

Kayssler verfaßte über M den Text »Quellen der Jugend. Erinnerungen an Christian Morgenstern«, 6 einseitig beschriebene Blätter, die sich im Nachlaß befinden. Diese Erinnerungen wurden im August 1928 in den »Schlesischen Monatsheften« (5, H. 8) veröffentlicht und dann in die M-Biographie von Michael Bauer übernommen (1985, S. 29–33). Außerdem gibt es dort einen Nachruf »Von seinem Wesen« (a.a.O. S. 385–394), der auch zu Jubiläumsanlässen in Zeitungen veröffentlicht wurde. Schließlich verfaßte Kayssler auch den Nachruf im »Deutschen biographischen Jahrbuch« (1914–1916, Leipzig 1925, S. 73–79), vgl. auch S. 729f. und 737f. Ansonsten schrieb Kayssler Gedichte, Essays, Erzählungen, Dramen, die, soweit in Briefen genannt, unten dokumentiert werden.

Kayssler erklärte sich selbstverständlich bereit, Ms Briefe an ihn zur Veröffentlichung oder zur Zusammenstellung biographischer Daten zur Verfügung zu stellen. In der Praxis allerdings gab es dabei manche Schwierigkeiten. Kayssler, der die Korrespondenz in einem Koffer auf seinem Dachboden aufbewahrte, betonte zwar immer, wie teuer ihm die Briefe seien, aber er hatte anscheinend eine große Abneigung, sich damit zu beschäftigen, herauszusuchen, was wichtig wäre etc. Dies wird vor allem aus dem Briefwechsel Margareta Ms mit Reinhard Piper deutlich, der mit eingespannt wurde, Kayssler zu überreden. Auch der Sohn Christian Friedrich schrieb an Margareta M auf ihre Frage, ob er die an ihn gerichteten Briefe Ms noch habe, diese hätte der Vater an sich genommen und verwahrt: »Ich will Vater fragen sobald es geht – aber Du weisst ja, Briefkoffer ...« (20.3.1938).

Der Nachlaß Kaysslers und mit ihm die noch dort vorhandenen Briefe Ms, insbesondere aus etwa den Jahren 1898–1902, sind wahrscheinlich beim Verkauf des Hauses Quaststr. 17 verlorengegangen; zumindest ist bis jetzt davon nichts wieder aufgetaucht. Irmgard Dyckhoff berichtete, was sie von ihrer Mutter (Clara Anwand) darüber wußte: »[...] diese Koffer hätten wahrscheinlich den Käufer des Hauses gereizt, nicht der Inhalt, der natürlich mitsamt den Koffern verschwunden wäre« (an Margareta M, 1.11.1952). Anders ist es mit einer Anzahl früher Briefe, die vermutlich bald nach Kayßlers Tod von seiner Haushälterin gestohlen und verkauft wurde (für 1 M. pro Seite, Clara Anwand an Margareta M, 15.6.1952). Von diesen wurden etliche seit ca. Mitte der neunziger Jahre des vergangenen Jahrhunderts im Autographenhandel angeboten und konnten teilweise vom DLA Marbach erworben werden. Diese Briefe bzw. ein Teil davon ist in der »Liste Hirschfeld«(s.d.) aufgeführt. Die anderen, die sich noch im Koffer auf Kayßlers Dachboden befanden, blieben gänzlich unbekannt, da Kayßler sie Margareta M nicht zur Verfügung gestellt hatte. Die Gründe dafür sind gleichfalls unbekannt, vielleicht paßten sie nicht immer in das Bild, das Kayßler von M hatte. Nur aus den Antworten läßt sich einiges über die Inhalte erschließen. Die späteren Briefe waren trotz aller Probleme bei Kriegsende schon im Besitz Margareta Ms und sind großenteils erhalten geblieben. – Der Briefwechsel zwischen M und Kayßler ist trotz der genannten Lücken bei weitem der umfangreichste und die längste Zeit umfassende in Ms Nachlaß; mit den an anderen Orten verwahrten Briefen, die bekannt wurden, sind es insgesamt nahezu 300. 19, 20, 22–27, 30, 35–41, 43, 44, 46–49, 51, 52, 55–58, 61–66, 72–74, 78, 80–91, 95–100, 102–106, 112–117, 120, 125–127, 130, 132, 133, 138, 139, 141–143, 145–147, 149, 151–153, 161, 168, 169, 173, 175–177, 179, 181, 185, 191, 195, 199, 202, 204–207, 211, 213, 214, 218, 220, 221, 223, 225, 231, 240, 246, 255, 257, 274, 276, 284, 286, 292, 294, 295, 300, 301, 306, 310, 318, 320–324, 329, 332, 334–336, 341, 346, 349, 350, 353, 356, 360, 367, 369, 370, 372, 374, 376, 378, 381–384, 386, 389, 393, 401, 409, 413–418, 420–423, 428, 431, 433–436, 443–445, 458, 462, 464–466, 472, 473, 480, 487, 490, 501, 502, 505, 508, 509, 511–513, 517–524, 529–531, 536–539, 542, 543, 545, 547, 548, 551, 552, 555, 556, 558, 559, 562, 563, 568, 569, 571, 575, 576, 580, 582–584, 589, 597, 599, 600, 606, 607, 609, 610, 614, 616, 617, 622–624, 628, 631, 635, 638, 644, 646, 648, 649, 652, 654, 657–659, 662–668, 671, 673–675, 677, 680, 681, 683, 686, 688, 691, 699, 705, 748–753, 755, 758, 760–762, 766–773, 778, 780, 781, 784, 786–788, 789, 793, 795, 796, 801–803, 808, 811, 812, 825, 829, 830, 832–834, 842, 845, 854, 856, 858, 863, 867, 873, 876, 878, 885, 886, 888, 890, 892, 894–896, 898, 901, 902,

904, 905, 907–909, 912–915, 917, 924, 927, 930–932, 934, 936–938, 941, 944, 947, 950, 952, 956, 957 Jugendgedichte, -dramen, -prosa (Erzählungen, Reflexionen etc.), 1889–1896. 22, 23, 64, 69, 73, 74, 80, 81, 84, 86, 89, 95–97, 100, 104, 105, 114, 127, 128, 132, 133, 138, 139, 177, 178, 181, 195, 748, 760, 762, 769, 770, 778, 780, 790 — Werke und Pläne 1897–1903 (Überschneidungen von Werken mit und ohne Titel sind möglich): Allein am Feuer, Gedicht, in die Sammlung »Der Pan im Salon« aufgenommen. 876 — Briefe an das kommende Jahrhundert (Jahrhundertbriefe). 421, 434, 443, 460, 475, 562, 876 — Der erste Sieg, Drama. 443, 460, 873 — Der Hausgeist, Erzählung, in Dehmels Sammlung »Der Buntscheck« aufgenommen. 592, 924 — Der Klavierspieler, Erzählung, in Kayßlers Sammlung »Der Pan im Salon« (1907) aufgenommen. 501, 508, 885 f. — Der moderne Schauspieler, für »Schall und Rauch«. 905 — Der Pan im Salon, Groteske (Szene), gab der Sammlung 1907 den Titel. 518, 522, 529, 535, 890, 892, 894, 895 — Sammlung Der Pan im Salon. 854, 885 — Die Gefangene, Szene, bezeichnet als Dialog, dargestellt von einer Schauspielerin, mit Luise Kayßler bei »Schall und Rauch« vom 9.10.–24.11.1901 28x aufgeführt (Huesmann Nr. 40, verzeichnet unter dem Pseudonym O.G. Friedrich). 562, 563, 569, 572, 592, 902, 905 — Die Weber, Hauptmann-Parodie für »Schall und Rauch«. 898, 908 — Don Carlos an der Jahrhundertwende, für »Schall und Rauch«, mit Max Reinhardt und Martin Zickel. 894 f., 898 — Dramatisches: Drama. 425 f. — Einakter. 381, 384, 467, 503, 520 — Spiele. 520 — Stück. 381 — Fahnenlied. 467 — Hausrecht, Einakter. 443, 460, 474, 475, 487, 873, 876, 878, 891 — In der Gemäldegalerie, Szene für »Schall und Rauch«. 898 — Komödiantenlied, handschriftlich im Nachlaß, gedruckt im »Theater«, 1907 aufgenommen in »Der Pan im Salon«. 467, 475 — Kritik, Aufsatz. 938 — Märchen von einem Hause, ebd. 501, 508, 885 f., 895, 898 — Prosasachen/-stücke. 443, 460, 475, 876 — Prolog für »Schall und Rauch«. 535, 898 — Sieben Zeilen, Gedicht. 854 — Simplizius, Drama (1905). 673 — Vom Reichtum der Erde, Erzählung, aufgenommen in Dehmels Sammlung »Der Buntscheck«. 592, 924

Kayßler, Luise (Liese), geb. Wilke, gesch. Sandvos, Lebensdaten unbekannt, geboren etwa 1871, ihr Geburtstag war der 20.11.; erste Frau von Friedrich Kayßler. Sie war vorher mit Emil Sandvos verheiratet und hatte 3 Kinder: die beiden Mädchen Ilse und Frieda (geb. etwa 1894 und 95), die sie Kayßler mit in die Ehe brachte, und ein weiteres Kind, das offenbar dem Vater zugesprochen wurde und nur ein-

mal erwähnt wird, s. Sandvos. Luise Sandvos und Kayssler lernten sich in der Spielzeit 1896/97 in Görlitz kennen, zuerst erwähnt wird sie wahrscheinlich in Nr. 408. Die Hochzeit war am 28.10.1898; Ende 1902 trennte sich das Ehepaar wieder, und »Liese« wurde danach nie mehr genannt (jedenfalls im vorhandenen Material nicht). Der gemeinsame Sohn Christian Friedrich blieb beim Vater. 332[?], 334[?], 346, 349, 353, 356, 378, 379, 383, 384, 387, 390, 392, 401, 410, 415–417, 420–422, 428, 431, 433–436, 443, 445, 459, 462, 465, 467, 474–476, 480, 509, 512, 513, 517, 520, 521, 523–525, 535–537, 540, 541, 543, 545, 548, 568, 569, 572, 592, 608, 609, 616, 636, 638, 832, 836, 859, 876, 885, 891, 895, 927, 931, 957, 959
Luise Kaysslers Mutter. 476, 487, 525 — Luise Kaysslers Schwester (Nanni [Wilke?]). 436, 476, 487 — Die Kinder Ilse und Frieda, s. Sandvos.
Kayssler, Christian Friedrich (14.6.1898 – 18.3.1944.), Sohn Friedrich Kaysslers und seiner ersten Frau Luise, Ms Patenkind (Namenspate, nicht Taufpate, denn getauft wurde das Kind damals nicht). Er wurde Fritz, Fritze oder Fritzl genannt und wurde wie seine Eltern Schauspieler; zur Unterscheidung von seinem Vater nannte er sich Christian Kayssler. – 1910 wurde bei ihm eine Tuberkuloseinfektion festgestellt, und er mußte für einige Monate in ein Sanatorium in Belzig in der Nähe von Berlin, wo die Krankheit vorläufig ausheilte, aber durch den militärischen Drill im 1. Weltkrieg wieder ausbrach und nun nicht mehr ganz verschwand. Er konnte deshalb nur durch äußerste Disziplin seinen Beruf ausüben. Die Krankheit war auch die Ursache seines frühen Todes. – Er heiratete Anne Beblo, von der er sich einige Jahre später wieder trennte, um die Schauspielerin Mila Kopp zu heiraten. Aus der ersten Ehe stammt eine Tochter (Christine), aus der zweiten (wahrscheinlich) eine Tochter und ein Sohn (Maria und Martin). Alle gingen sie zum Theater. – Auch Christian Friedrich Kayssler blieb nach Ms Tod mit Margareta M brieflich verbunden; es sind noch einige Briefe vorhanden, die auf ein vertrauensvolles Verhältnis schließen lassen, auch wenn hauptsächlich zum Geburtstag, zu Weihnachten oder zu Neujahr geschrieben wurde. 433–435, 465, 476, 480, 518, 522, 551, 639, 654, 656, 658, 673, 719, 865, 904, 927, 934,
Kaysslers Verwandtschaft: Onkel Richard, Kaysslers Vormund. 27[?], 37, 41, 168, 198, 200, 749, 769[?] — Der *Gegenvormund*, vermutlich ebenfalls ein Verwandter. 168 — *Tante Toni*, die *einzige richtige* Schwester von Kaysslers Vater, lebte in Wien, unglücklich verheiratet oder getrennt, in pekuniär schwierigen Verhältnissen, ihr Ehename wurde nicht ermittelt. 89, 96, 105 — Frl. Kayssler, Schul-

vorsteherin in Glatz. 86 — Onkel und Tante. In Kayßlers Brief heißt es: *Liese mit Onkel und Tante*. Demnach kann es sein, falls nicht unbekannte Verwandtschaft Liese Reches gemeint ist, daß die Familie Reche mit der Familie Kayßler nicht befreundet, sondern verwandt war. Auch Nenn-Verwandtschaft wäre möglich. 89 — Tanten. 318 — Weiterhin war die Familie Mehner (s.d.) mit Kayßler verwandt, dieser sind wohl die erwähnten Vettern und Cousinen zuzuordnen, auch seine Rheinischen Verwandten.

Keats, John (1795–1821), englischer Dichter. — Endymion: a Poetic Romance, vierteilige Versdichtung, erschienen 1818. 486, 878

Keitel, Walter. 815

Kekulé, Reinhard Kekulé von Stradonitz (1839–1911), Archäologe, Professor, ab 1889 in Berlin, arbeitete vor allem über griechische Plastik. M belegte bei ihm im Sommersemester 1894: Geschichte der griechischen Skulptur und: Archäologische Übungen (Ms Studienbuch im Nachlaß). 801

Keller, Gottfried (1819–1890). 256, 276, 328, 416, 532, 534
Der grüne Heinrich, Roman, erschienen 1854/55 (1. Fassung), 1879/80 (2. Fassung). 534 — Martin Salander, Roman (1886). 84 — Stille der Nacht, Gedicht (»Willkommen, klare Sommernacht«) (1888). 84 — Züricher Novellen, Zyklus, bestehend aus »Hadlaub«, »Der Narr auf Manegg«, »Der Landvogt von Greifensee«, »Das Fähnlein der sieben Aufrechten«, »Ursula« sowie einer Rahmenerzählung. Buchausgabe 1878. 84

Keller und Reiner, Kunsthandlung in Berlin, Potsdamer Str. 122. Kayßler rühmt die Kunsthandlung, nimmt aber das Schaufenster aus — eine Anspielung auf Ms Vorstellungen von Schaufenstergestaltung. 459

Kellner, Hermann Camillo (1839–1916), Übersetzer und Erzähler, u.a. Herausgeber von Goethes Briefen an Frau von Stein (Auswahl), 1898. 436

Kempinski, Weinstuben Kempinski, Restaurant in Berlin, Leipziger Str. 25, gegründet 1889. 453, 457

a Kempis, eine junge Bekannte Ms in Sorau. 113

Kempner, Friederike (1836–1904), Schriftstellerin und Lyrikerin, berühmt durch die unfreiwillige Komik ihrer Gedichte. Davon abgesehen war sie eine tatkräftige, sozial engagierte Dame, die sich u.a. für die Armenfürsorge, die Reform des Gefängniswesens, gegen die Todesstrafe und für längere Fristen zwischen Tod und Begräbnis einsetzte, um das Begraben von Scheintoten zu verhindern. Ihre Gedichte, die zuerst unbeachtet im Selbstverlag erschienen waren, wurden von Paul Lindau »entdeckt« und als Leckerbissen der unfreiwilligen Komik angepriesen, was zu zahlreichen weiteren Gedichten und vermehrten Auflagen führte. – Von M sind einige Parodien aus seiner Schülerzeit überliefert (A LA FRIEDERIKE KEMPNER; von einer weiteren wird bei Bauer (1985, S. 24) der Anfang zitiert: *O Afrika, du Land der Träume, du der Kamele Heimatland*), wobei es mehr als unwahrscheinlich ist, daß der spottlustige Jüngling nun gerade diese Gedichte, die überhaupt erst durch ihre unbeabsichtigte Komik bekannt wurden, ernst genommen und bewundert haben soll. Später verwendete er ein Gedicht Friederike Kempners als Schluß seiner Kerrparodie DER HUNDESCHWANZ (1. Fassung) und spielte damit auf die angebliche Verwandtschaft zwischen Kerr (der eigentlich Kempner hieß) und Friederike Kempner an.   276

Kerckhoffs, Auguste (1835–?), französischer Volapükist, 1889 Gründer der Pariser Volapükakademie und bis 1891 ihr Direktor.   19, 744, 957

Kerkow, Zollstockfabrik.   936

Kerr, Alfred, eigentlich – amtlich bis 1911 – Kempner (1867–1948), Schriftsteller und einer der einflußreichsten und gefürchtetsten Kritiker seiner Zeit, emigrierte 1933 nach Frankreich und 1936 von dort nach England. Er suchte die Kritik als eigene Gattung neben Drama, Lyrik und Epik zu etablieren und schrieb seine Kritiken unter dem Aspekt betonter Subjektivität in Stil und Urteil. Kennzeichnend sind sprachliche Verknappung, hämmernder Rhythmus, bevorzugte Verwendung von Hauptsätzen, Neigung zu Neologismen, außerdem pflegte er die Abschnitte seiner Rezensionen mit Leerzeilen und wie Überschriften in die Mitte gesetzten Nummern zu gliedern. Er verfaßte außerdem Reisefeuilletons und Gedichte. 1997 wurde die Buchausgabe seiner 1895–1900 geschriebenen Berliner Briefe für die »Breslauer Zeitung« ein Erfolg (Wo liegt Berlin und, wegen des Erfolgs nachgeschoben: Warum fließt der Rhein nicht durch Berlin). – Kerr begründete seine Namensänderung damit, daß er jede Assoziation an Friederike Kempner verhindern wollte. Anspielungen hierauf konterte er mit dem Gedicht »Die Leiche« (V. 11 f.: »Wenn dem Esel sonst nichts einfällt / Fällt ihm meine Tante ein.«) und dreht dann die Sache so, daß die »Tante« betrübt ist, gar nicht die Tante zu sein. »Pan« 1 (1910/11) S. 353. Auch in: Alfred Kerr, Werke in Einzelbänden, Bd. 2: Liebes Deutschland. Gedichte, hrsg. von Thomas Koebner, S. 160, mit der Überschrift »Friederike Kempner« und kleinen Textabweichungen. Bei Bedarf griff er in späteren Jahren auf das Gedicht zurück. – Ms Verhältnis zu Kerr war ambivalent, er stimmte zwar inhaltlich oft mit ihm überein, schätzte aber seinen aggressiven Ton nicht und nahm ihm vor allem übel, daß

er Kaysslers Theaterspiel zu verreißen pflegte. – Den Spielen zufolge, die er mit dem Namen Kerr trieb, scheint er ihn für den Prototyp eines Kritikers gehalten zu haben: *Einem Herrn Kritikerr* (T 1894/95, Bl. 7), *Von der Kerritik* (T 1907/08, Bl. 97). Vgl. auch Kommentar zur Parodie DER HUNDESCHWANZ. 314, 315, 346, 356, 357, 500, 525, 530, 542, 644, 653, 656, 735, 826, 827, 838, 871, 872, 884, 893–896, 928, 931, 944, 957
Zwei Glockengießer (1897). 346, 836
Kessler, Harry Graf (1868–1937), Schriftsteller und Diplomat. — Notizen über Mexico, Berlin 1898. 575, 588, 906
Keyßner, Gustav. 780
Khnopff, Fernand (1858–1921), belgischer symbolistischer Maler, Graphiker, Bildhauer. Für die Berliner Aufführung von Rodenbachs »Trugbild« entwarf er die Bühnenbilder. 679, 683[?], 938, 939
Kickhäfer, Ms Wirtsleute oder Wirtin 1894 in Charlottenburg. 229
Kiefersfelde, wahrscheinlich das Dorf Kiefersfelden in Oberbayern, nahe Rosenheim. 154, 161
Kiel, Stadt in der preußischen Provinz Schleswig-Holstein. 275, 311, 508, 513, 527, 735, 816, 884, 893
Kielland, Johanna, eine Freundin Eva Petersens. 611, 616, 915, 920, 957
Kiens, Gemeinde im Pustertal, Tirol, Österreich. 685
Kierkegaard, Søren (1813–1855), dänischer Theologe, Philosoph, Schriftsteller, beeinflußte vor allem die skandinavische Literatur des 19. und die Theologie und Philosophie des 20. Jahrhunderts. 491, 879, 880
Kießig, Martin. 732
Kingsley, Charles (1819–1875), englischer Geistlicher, Schriftsteller und Historiker. — Alton Locke, Schneider und Dichter. Eine Autobiographie, Roman, 1850, deutsch 1891. 119, 256, 779 — Briefe und Gedenkblätter. 2 Bde, Gotha 1879 u.ö. 112, 777 — Hypatia, oder neue Feinde mit altem Gesicht, Roman, 1853, deutsch 1858 u.ö. 115, 118, 779
Kippenberg, Anton (1874–1950), Verleger, Leiter des Inselverlags. 728, 729, 825
Kipling, Rudyard (1865–1936), englischer Schriftsteller. Ein anderes Urteil als hier gibt (aus einem konkreten Anlaß) das Epigramm AN RUDYARD KIPLING. 565
Indische Geschichten (1899). 565
Klaar, Alfred, ursprünglich Aaron Karpeles (1848–1927), Literaturhistoriker, Kritiker, 1885–1899 Dozent an der Prager Technischen Hochschule, wurde in Prag eine Art Literaturpapst, ging Ende 1899

nach Berlin und wurde Feuilletonchef der Berliner Neuesten Nachrichten, 1901 Theaterreferent und 1912 Leiter der Sonntagsbeilage der Vossischen Zeitung. 425

Kladderadatsch, humoristisch satirische Wochenzeitung, begründet von David Kalisch, Ernst Dohm, Rudolf Löwenstein, erschien von 1848–1944. 248, 299, 890

Kläre, Klärchen s. Clara Ostler, Clara Anwand.

Klasing s. Velhagen und Klasing.

Klausen. Es gab einen Dramatiker Ernst Clausen (1861–1912), aber es ist unsicher, ob er gemeint ist. 668, 935

Klee, vermutlich ein Mitarbeiter der Berliner Nationalgalerie. 211

Klein, Vorname unbekannt, nicht ermittelt, vielleicht Emil Klein (s.u.), war zu Besuch bei Kaysslers, M kannte ihn offenbar. 525

Klein, Emil, nicht ermittelt; es gab einen Dramatiker (1867–?) und einen Opernsänger dieses Namens (?–1921), beide nicht in Berlin. 453

Kleines Theater Berlin, Unter den Linden 44, wurde mit dem Namen »Schall und Rauch« am 9.10.1901 eröffnet, erhielt schon Ende Januar 1902 den Beinamen »Kleines Theater«, der im Lauf des Jahres zum Hauptnamen wurde. Direktor war nominell Hans Oberländer; nach der Trennung von Brahm übernahm Max Reinhardt auch offiziell die Direktion, die er bis zur Übernahme des Deutschen Theaters behielt. 662, 668, 690, 695, 914, 929, 934, 941, 942, 946

Kleinholz, nicht ermittelt, vielleicht auch eine Verballhornung oder ein Spitzname. 668

Kleist, Heinrich von (1777–1811), Schriftsteller. 56, 246 f. (s. Hirschfeld), 581, 755, 907 — Amphitryon, Drama, entstanden 1895/06. 907 — Der zerbrochene Krug, Lustspiel, entstanden 1802–1806. 53, 754 — Prinz Friedrich von Homburg, Drama, entstanden 1809–1811. 56 f., 755, 221 f. — Über das Marionettentheater (1810). 693

Klenze, Leo von (1784–1864), einer der bedeutendsten Baumeister des Klassizismus. 785

Klingenfeld, Emma (1846–1935), Übersetzerin aus dem Dänischen Norwegischen, Englischen, Französischen; übersetzte schon ab 1876 Ibsen und setzte sich sehr für ihn ein. 410 (Klingerfeld), 420, 622, 626, 854, 857, 862, 957

Klinger, Max (1857–1920), Maler, Radierer, Bildhauer, 1897 Professor an der Akademie der graphischen Künste Leipzig und Mitglied der Wiener Sezession. Seine Ausdrucksmittel reichten vom Klassizismus über die Romantik bis zu Symbolismus und Jugendstil. Als Bildhauer verwendete er verschiedenfarbige und -artige Materialien (auch

Bemalungen), um der Farbigkeit antiker Statuen nahezukommen. Zu seiner Zeit hochberühmt, wurde Klinger schon bald nach seinem Tod vergessen und erst im Zuge eines neuerwachten Interesses an der Kunst des 19. Jahrhunderts etwa ab der Mitte der 60er Jahre des 20. Jahrhunderts wiederentdeckt. 214, 247, 263, 264, 275, 305, 382, 393, 808, 814, 835, 844, 890, 921, 957
Die Angaben zu Klingers Werken beruhen großenteils auf dem Katalog zu den Ausstellungen in Frankfurt und Wuppertal: Max Klinger. 1857–1920, Leipzig 1992.
Amphitrite (nach Hesiod Tochter des Nereus und der Okeanide Doris, Gemahlin des Poseidon; Königin der Meere. Verehrt wurde sie immer zusammen mit Poseidon, vor allem auf den Kykladen), Marmorstatue (1898), Höhe 178 cm, Nationalgalerie Berlin. – Einer zeitgenössischen Beschreibung zufolge sieht Klinger auf der Kykladeninsel Syros »im Hafen eine Treppenstufe liegen, deren fleischfarbig schimmernder Marmor ihn reizt. Er erwirbt sie für wenige Drachmen und tritt mit ihr die Heimfahrt an. In Leipzig aber entstand daraus der Rumpf der Amphitrite; (Besitzer: Königs – Berlin [Felix Königs (?–1900), Bankier, einer der haftenden Gesellschafter des Bankhauses Leo Delbrück & Co., wohnte Berlin W, Wilhelmstr. 41]). Die Schulterblätter und Arme gab die schmale Treppenstufe nicht mehr her; an beiden Armstümpfen sieht man sogar noch ein Stück der ursprünglichen, goldgelb oxydierten Oberfläche des Blokkes. Für eine nachträgliche Anstückung der fehlenden Teile durch Dübel hatte der Stein leider nicht Tragfähigkeit genug [...]«. Georg Treu: Max Klinger als Bildhauer. »Pan« v, 1899/1900, S. 27–35, Zitate S. 30 f. – M sah die »Amphitrite« wahrscheinlich in einer Berliner Ausstellung, vgl. N 1899, 5. und 8.11. 502 — An die Schönheit. Blatt 12 (Schlußblatt) aus dem Zyklus »Vom Tode«, 2. Teil, op. XIII, 1890, Radierung, Stich. Das Blatt zeigt einen Jüngling, der, ergriffen von der Schönheit der Natur, im Anblick des Meeres, seine Kleider abgelegt und sich anbetend auf die Knie geworfen hat. – Eine Veröffentlichung von 6 Blättern dieses Zyklus erschien 1898; Einzelblätter wurden schon vorher bekannt; M plante, das Blatt für seine SYMPHONIE zu verwenden (s. Abt. Aphorismen Nr. 1735). 305 — Aphrodite, s.u. 808 — Beethoven, bereits 1885 entworfenes und in der Folgezeit, verstärkt ab 1894, ausgeführtes Denkmal, das im März 1902 vollendet wurde und nach wenigen Tagen Besichtigungsmöglichkeit in Klingers Atelier in Leipzig auf der Wiener Sezessionsausstellung 1902 zuerst öffentlich gezeigt wurde. Die Wiener Sezessionisten hatten eigens für das Denkmal einen Ausstellungsraum geschaffen, an dessen Ausgestaltung ca. 20 Künstler beteiligt waren –

berühmt wurde davon der Beethoven-Fries Gustav Klimts. Die Gesamthöhe des Werks beträgt 310 cm, 150 cm die vorgebeugt sitzende Gestalt mit nacktem Oberkörper, konzentriertem Blick und geballten Fäusten, die nicht nur den großen Komponisten, sondern den Künstlerheros bzw. das heroisch überhöhte Individuum überhaupt darstellen soll. Ein detailliert durchgeplantes Programm allegorischer Gestalten ergänzt diese Aussage. Klinger verwendete unterschiedliche Marmorsorten, Alabaster, Elfenbein, Bronze (für den Thron) sowie weitere Materialien für die detaillierte Ausgestaltung. Das Monument wurde von einem eigens für diesen Zweck gegründeten Komitee für das Leipziger Museum angekauft (Juli 1902); seit 1981 befindet es sich im Konzertfoyer des Neuen Gewandhauses in Leipzig. Der »Beethoven«, vielfach als Klingers bedeutendstes Werk angesehen, wurde triumphal gefeiert, aber auch kritisiert, und selbstverständlich nahmen sich auch die Karikaturisten des Denkmals an, etwa indem sie ihm einen Regenschirm über den Kopf oder Boxhandschuhe an die Fäuste gaben (vgl. Ausstellungskatalog a.a.O. S. 45). Literatur: Georg Bussmann: Der Zeit ihre Kunst. Max Klingers »Beethoven« in der 14. Ausstellung der Wiener Sezession. A.a.O. S. 38–49. Abbildungen: a.a.O. Nr. 186–190, S. 199–203 und dazu Katalog der Werke, Nr. 190: Beethoven, S. 330 f. – M sah das vollendete Beethoven-Denkmal damals nicht. 609, 613, 616[?], 619, 814, 916, 917, 919, 921 — Brahmsphantasie. Einundvierzig Stiche, Radierungen und Steinzeichnungen zu Compositionen von Johannes Brahms. Leipzig 1894, op. XII, entstanden 1885–1994. Vielleicht hat M 1894 die Darstellung der Schönheit (Aphrodite), Bl. 30 des Zyklus, entstanden 1893, als Christbaumschmuck verwendet 808, 845 — Christus im Olymp, monumentales, als Triptychon gegliedertes Ölbild, 362 x 722 cm, die Flügel jeweils 362 x 86 cm, begonnen 1889, fertiggestellt 1897. Wenn man das Werk als Utopie der Versöhnung kultureller Gegensätze und nicht als Konfrontation von Antike und Christentum betrachtet, steht es im Zusammenhang mit den damals zeitgemäßen Vorstellungen von einem »Dritten Reich«, vgl. S. 655 und Kommentar. – M sah das Bild auf der Sächsisch-Thüringischen Industrie- und Gewerbe-Ausstellung in Leipzig im Sommer 1897. 382 — Kassandra, Halbfigur, Museum der bilden Künste, Leipzig, begonnen 1886, vollendet 1895, aus verschiedenen Marmoren und Alabaster, die Augen Bernstein, 93,5 cm hoch (ohne Sockel etc.), farbig bemalt. (Kassandra, Priesterin des Apoll, wurde von diesem mit Sehergabe beschenkt, aber gleichzeitig, da sie ihn abwies, verurteilt, niemals Glauben zu finden, so daß ihre Warnungen den Untergang Trojas nicht verhindern konnten.) Klinger stellt sie dar als tragische Seherin

Kommentiertes Register 1099

und Priesterin und schafft damit einen Gegenpol zur etwa gleichzeitig entstandenen Neuen Salome; die Figur kam 1895 als Geschenk an das Leipziger Museum. 845 — Die neue Salome, Marmorhalbstatue, 88 cm hoch ohne Sockel etc., Museum der bildenden Künste, Leipzig. Die Figur wurde ab 1891 konzipiert und 1893 fertiggestellt, Klinger verwendete verschiedenfarbigen Marmor, den er zudem farbig bemalte. Beigegeben sind der Figur die (abgeschlagenen?) Köpfe eines alten und eines jungen Mannes (dieser wird auch als der traditionell zugehörige Johannes gesehen); die Darstellung folgt damit dem in der 2. Hälfte des 19. Jahrhunderts und um die Wende zum 20. Jahrhundert äußerst beliebten Vorstellung der männermordenden femme fatale und war auch sogleich äußerst erfolgreich. Sie wurde 1894 für das Leipziger Museum gekauft. 305, 382 — Radierungen. 343, 835 — Zeit und Ruhm. Blatt 11 aus dem Zyklus »Vom Tode«, 2. Teil, 1892, Stich. Die kräftige, mannweiblich gestaltete Göttin der Zeit schreitet gleichgültig geradeaus, ihr Opfer, die sich am Boden windende zierliche Gestalt des Ruhms, offenbar nicht bemerkend. Vgl. auch D[ieter] G[leisberg], Katalog a.a.O. S. 311, Text zum Blatt (Nr. 123, Abb. S. 158). 445, 868 — eine Figur, nicht ermittelt, vgl. dazu: »Klingers Statue eines nackten jungen Weibes ist von frappierender technischer Vollendung und wirkt wie eine Offenbarung der Sinnenkunst.« »Neue Deutsche Rundschau« 9 (1898) S. 1214 (»Bildende Kunst«, gezeichnet C. K.). 460
Klinkmüller, Oscar, Sorauer Buchhändler. 263
Klitus, Kleitos, Feldherr Alexanders des Großen, von diesem bei einem Gelage 328 v. Chr. ermordet. 797
Klose und Seidel, Zeitungsausschnittbüro. 776
Klosters, Dorf im Schweizer Kanton Graubünden; Luftkurort. 560
Kluge, Alois Philipp, ein Freund Ms in Breslau. Er kam aus einfachen Verhältnissen und war offenbar Autodidakt, hatte eine Rückenmarkskrankheit, war bucklig und starb sehr früh. Er versuchte ein Adressenbüro einzurichten und ein »Schlesisches Universalhandbuch« zu verfassen; M warb bei seinen Freunden um finanzielle Unterstützung dafür. Das geplante Nachschlagewerk kam vermutlich nicht zustande, vielleicht durch den Tod Kluges, es war jedenfalls nicht zu ermitteln. – M veröffentlichte in der Zeitschrift »Deutscher Geist« 8 (Dezember 1892) einen Artikel Kluges: »Deutsches Arbeiterheim« und versah ihn mit einem Nachwort (vgl. Abt. Kritische Schriften S. 423 f.). Vgl. auch Bauer, Chr. M. (1985) S. 51. – Erwähnt werden ferner eine Schwester Kluges sowie seine Eltern. 132, 138, 145, 181, 189, 193, 204, 207, 208 — die Eltern. 190, 208 — der Vater. 204 — die Schwester. 208

Knak, Gustav. 794

Knauer, ein Spediteur. 466

Kneipp, Sebastian (1821–1897) Priester und Naturheilkundiger, erweiterte schon bekannte Wasserheilkuren (Tautreten, Kalt- und Warmwassergüsse u.a.) und gab Anweisungen für ein naturgemäßes Leben. 161

Knischewsky, Olga, eine Freundin von Fega Lifschitz. 544, 562, 567, 576, 577, 582, 606, 620, 630[?]

Knollchen. Es besteht vermutlich ein Zusammenhang mit einem Rechtsanwalt Knoll, der im Brief an Kayssler vom 18.7.1912 als alte Bekanntschaft erwähnt wird. 555, 913, 957

Knoof, Knooph, vermutlich Khnopff.

Koblenz, Stadt in der preußischen Rheinprovinz, am Zusammenfluß von Rhein und Mosel. 203, 884 — Bundesarchiv Koblenz. 784, 961

Koch, Max (1855–1913), ab 1890 Literaturprofessor in Breslau. – Eine Ehefrau, an die M die obligaten Grüße bestellt, konnte nicht ermittelt werden; nach Angabe der NDB war Koch nicht verheiratet. 187, 193, 196, 264, 569, 794, 814, 884, 957

Geschichte der deutschen Litteratur. Stuttgart 1893. Sammlung Göschen, 31. 187, 193

Kochel, Dorf und Kurort in Oberbayern, nahe des Kochelsees, Bezirksamt Tölz. 173, 949

Köbenhavn s. Kopenhagen.

Koebner s. Paul Körner.

Köhler, Bruno (1855–1925), Schauspieler, Regisseur, Kostümzeichner, Bühnenschriftsteller. 520

Köln, Hauptstadt des gleichnamigen Regierungsbezirks und größte Stadt der preußischen Rheinprovinz, beidseitig des Rheins. 571

König, Eberhard (1871–1949), Schriftsteller. 435[?], 436[?]

Königliche Bibliothek, am Opernplatz im Zentrum Berlins, 1770–80 erbaut. 252, 665

Königliches Schauspielhaus Berlin, Schillerplatz, 1819–21 nach einem Brand von Schinkel neu errichtet, war in Spielplan und Spielweise konservativ bis rückständig, von Kulturpolitik und Geschmack Wilhelms II. geprägt. 533, 895, 934

König, Ernst. 735, 899

Königsberg, Hauptstadt der preußischen Provinz Ostpreußen, beidseitig des Pregels. 679, 911

Königssee, See in den Berchtesgadener Alpen. 490

Körner, Künstlerlexikon, nicht ermittelt. 252, 810

Körner, Paul, Schul- und Jugendfreund Ms. Er war mit M und Zitel-

mann in Sorau bei Ilgens in Pension und machte im Frühjahr 1893 Abitur. Im Sommersemester 1893 studierte er wie M in München und gehörte dann in Berlin zu den Galgenbrüdern. In der Schulzeit trug er die Spitznamen Spinna, Zöbner, Köbner und wurde manchmal auch »Paulus« genannt (meist ist »Paulus« aber jemand anderes). Als Galgenbruder war er »das Gespenst« oder »Spinna, das Gespenst« – wohl als Anspielung auf seine Größe (»unbändig groß« heißt es über ihn in Ms Abiturzeitung) und – vermutlich auch – Magerkeit. – Im September 1896 machten M und er eine Reise nach Tirol und zum Gardasee. Hieran anknüpfend widmete M ihm 1911 das Gedicht NEBEL IM GEBIRGE; im T 1904 II, Bl. 76 ist ihm (*Paul dem Letzten*) DAS GROSSE LALULA gewidmet. Gestorben ist Körner vor 1939 oder zu Beginn des Jahres: »Paul Körner starb in Bad Landeck, u. vor Jahren zeigte er mir allerhand, was in Kayßlers Hände kommen sollte.« (Clara Ilgen an Margareta M, 28.3.1939). Später schrieb sie: »Als ich vor Jahren dort war, zeigte Körner mir allerhand interessante Sachen, z.b. ein Kartenspiel mit Bildern zu den Galgenlieder[n] (das an Kayßler fallen sollte) u. verschiedene Galgenlieder, die unveröffentlicht sind.« (an Margareta M, 6.5.1942). Was aus den Sachen geworden ist, ist unbekannt. (Das Kartenspiel übrigens ist vermutlich von Körner selbst gezeichnet worden, da er zeichnerisches Talent besaß und auch für die Bierzeitungen in der Schulzeit u. a. treffende Karikaturen der Lehrer lieferte.) – Ms Verbindung zu Paul Körner, die zunächst recht gespannt gewesen zu sein scheint, hat sich offenbar im Lauf der Jahre gelockert, zuletzt 1902 sind im Notizbuch noch mehrfach Briefe an und von Körner notiert; der Name taucht dann 1910 noch einmal auf einer Liste für die Versendung der Hochzeitsanzeigen auf (T 1910 I, Bl. 100). 25, 29, 35, 48, 55 [?], 58, 62, 64[?], 68, 74, 75, 77, 78, 85, 101, 106, 118, 136 [?], 146–149, 162, 168, 188, 193, 198, 204, 240, 252, 274, 321–324, 379–381, 758, 760, 766, 782, 830, 844, 880
Körners Vater. 26, 746 — Körners Eltern. 48
Körner, Theodor (23.9.1791–26.8.1813), Dichter der Befreiungskriege, in patriotischen Kreisen des 19. Jahrhunderts hochverehrt und wegen seines frühen Todes besonders verklärt. Entsprechend enthusiastisch wurde sein 100. Geburtstag gefeiert. Nach Angabe von Gertrud Isolani soll M zur Schulfeier eine Rede gehalten haben (Die Geschichte des Melderbaums, S. 11 f.); an die Rede erinnerte sich anscheinend auch Hans Petri (nach Margareta Ms Antwort vom 20.4.1934). Die Sorauer Schulklasse soll eine Körnerbüste gestiftet haben (nach Isolani, a.a.O. S. 12). 53, 88, 89, 104, 750, 768, 772
Briefe. Es gab in der in Frage kommenden Zeit keine reine Briefaus-

gabe, sondern in den Gesamtausgaben waren meist auch Briefe enthalten. 56, 57, 755 — Lützows wilde Jagd, Gedicht (1813). 38, 750 — Vgl. auch oben: »Durch«.

Christian Gottfried Körner, sein Vater. 772

Köstler, Eberhard. 745 f.

Kohlfurt, Dorf im Landkreis Görlitz. 82, 147

Koht, Halvdan (1873–?), Historiker, Herausgeber. 734, 735

Kolberg, Ort im Regierungsbezirk Köslin/Pommern. 15

Die Kommenden. Der Verein wurde im Mai 1900 von Ludwig Jacobowski gegründet, nach seinem Tod von Rudolf Steiner geleitet, ist dokumentiert bis Frühjahr 1903, bestand vielleicht aber noch länger. »Der Verein veranstaltete zwanglose Zusammenkünfte in Cafés (häufig im Anschluß an Veranstaltungen), Diskussions- und Rezitationsabende in größerem Rahmen, Musikdarbietungen und Vortragsreihen zu literarischen, kultur- und gesellschaftspolitischen, philosophischen und religionspolitischen Themen.« Handbuch literarisch-kultureller Vereine, S. 241. – Eine Beteiligung Ms wurde nicht nachgewiesen. 887

Komödie der Liebe s. Ibsen.

Koner, Wilhelm (1817–1887), geographischer und archäologischer Schriftsteller, s. Ernst Guhl.

Konrad, Gustav. 750

Konstanz, Hauptstadt des gleichnamigen badischen Kreises, am Ausfluß des Rheins aus dem Bodensee. 35

Kopenhagen, dänisch København, Haupt- und Residenzstadt des Königreichs Dänemark. 102, 373, 416, 429, 452, 507, 613, 870

Kopisch, vermutlich Verwandtschaft der Familie Reche. 40, 751

Koppel, Susanne. 45 f.

Korinth, im 10. vorchristlichen Jahrhundert gegründete und im Altertum nach Athen die bedeutendste Handelsstadt in Griechenland, am Golf von Korinth zwischen Mittelgriechenland und der Peloponnes. 801

Korn, Heinrich von: Mitinhaber der Breslauer Firmen Wilh. Gottl. Korn (Verlagsbuchhandlung und Buchdruckerei) und Korn und Bock (Papierfabrik). 190

Kortum, Carl Arnold (1745–1824). 922

Kospuden, Rittergut (und anscheinend Ausflugsziel) in der Nähe von Leipzig. – M und seine Sorauer Freunde gaben einem Dorf in der Umgebung von Sorau diesen Namen. 120

Kotlischowitz s. Guradze.

Kotsch, Theodor (1818–1884), Landschaftsmaler, lebte seit 1870 in München. 172

Kommentiertes Register 1103

Kotzebue, August von (1761–1819), Dramatiker, Theaterleiter, Journalist. — Der gerade Weg der beste, Lustspiel in 1 Akt. In: Sämmtliche dramatische Werke, Leipzig 1828, Bd. 38, S.277–306. 520
Kranz, Amtsvorsteher, außer den Briefangaben nichts ermittelt. 124
Kraszewski, Józef Ignacy (1812–1887), polnischer Schriftsteller. — Morituri, Roman (1874 f., deutsch 1878). 416
Kratzau, Stadt in Böhmen, nahe der sächsischen Grenze. 82
Kraus, vielleicht Hans Krauss (1865–1938), Bildnismaler, lebte u.a. in Rom. 696
Kreidolf, Ernst (1863–1956), Schweizer Maler und Illustrator, u.a. von Bilderbüchern (z.B. Fitzebutze von Paula und Richard Dehmel), teilweise auch mit eigenen Texten. 528, 909
Kreischa, Ort in der Nähe von Dippoldiswalde, nicht weit von Dresden. 148
Kreta, zu Ms Zeit – seit Ende 1898 – autonome osmanische Provinz, 1913 mit Griechenland vereinigt. 684
Kretschmer, Ernst. 731, 732, 735, 788, 811, 873, 904
Kretzschmar, Hermann (1848–1924), Musikwissenschaftler und -pädagoge. 677, 937
Kreuzzeitung, die »Neue Preußische Zeitung«, nach dem Eisernen Kreuz am Kopf des Blattes »Kreuzzeitung« genannt (1848–1939), von Ludwig von Gerlach und Hermann Wegener gegründete ultrakonservative Tageszeitung mit der Devise »Vorwärts mit Gott für König und Vaterland«. 273, 816
Kriebel, Gotthelf [?], Schneidermeister in Sorau. 113, 209
Kriehle, Gymnasiast auf dem Breslauer Friedrichsgymnasium. 66
Kristiania s. Christiania.
Kristiansund, Hafenstadt im norwegischen Amt Romsdal, auf 3 kleinen Inseln und einer Landzungen gelegen. 950
Die Kritik, 1894–1901/02, Wochen-, ab Oktober 1897 Monatsschrift »für öffentliches Leben« (Untertitel), hrsg. von Karl Schneidt und ab Bd. 3 (1896) von Richard Wrede. Vorbild der Zeitschrift war Hardens »Zukunft«. 363, 364, 366, 841
Krokodile. Die »Gesellschaft der Krokodile« war ein vom Münchner Dichterkreis gegründete Vereinigung, die für eine unpolitische, epigonal romantische Dichtweise und einen reinen Schönheitskult eintrat und sich gegen moderne Bestrebungen in der Kunst richtete. Der Name stammt von Hermann von Linggs Gedicht »Das Krokodil zu Singapur«. Im Zentrum des Vereins, der seine Blüte zwischen 1856 und 1864 erlebte und bis zum Winter 1873/74 bestand, standen Heyse und Geibel. Außer den von M aufgeführten Dichtern werden Friedrich von Bodenstedt (1819–1892), Felix Dahn (s.d.), Franz von

Dingelstedt (1814–1881), Julius Grosse (1828–1902), Wilhelm Hertz (1835–1902), Carl von Lemcke (1831–1913) Heinrich Leuthold (1827–1879), Hermann von Lingg (1820–1905), Franz von Löher (1818–1893), Melchior Meyr (1810–1871), Wilhelm Heinrich Riehl (s.d.) und Victor von Scheffel (s.d.) als Mitglieder oder nahestehend genannt. 151

Kronprätendenten s. Ibsen.

Krügel, Paul, Malschüler von Carl Ernst M. 74

Krüger, Franz (1797–1857), Porträt- und Tiermaler (»Pferde-Krüger«), Lithograph, u.a. Bildnisse der preußischen Königsfamilie, der Hofgesellschaft und Persönlichkeiten des gehobenen Bürgertums. 252

Krüger, ein Pastor aus Noßdorf bei Forst/Lausitz, war vermutlich bis 1895 im Amt (1895 wurde ein neuer Pfarrer eingeführt). M lernte ihn und seine damals etwa 20- und 16jährigen Töchter Martha und Frieda im Sommer 1892 in Krummhübel kennen. Weitere Familienmitglieder, die Mutter, eine weitere Tochter und ein (vermutlich) 25jähriger Sohn, werden genannt. Mit Martha Krüger, der älteren der Schwestern, wechselte M gelegentlich Briefe. Von diesem frühen Briefwechsel ist nur noch ein von ihr adressierter leerer Briefumschlag im Nachlaß vorhanden. Jedoch tauchten 1963 drei frühe Gedichte und 2 Briefe Ms an sie (13.10.1907, 3.2.1909) im Autographenhandel auf. Der 2. dieser Briefe ist als maschinenschriftliche Abschrift im Nachlaß vorhanden. Bei den Gedichten handelt es sich um ODE (*O Sonne, Sonne*), IN ROSEN BEGRABEN (*Am Strande liegt*) sowie das folgende direkt an sie gerichtete Gedicht:

> *Wer ist, der nicht für dich erglühte,*
> *Dem lächelnd du ins Auge siehst,*
> *Vor dem in tiefer Herzensgüte*
> *Dein holdes Antlitz überfließt.*
>
> *Dich schmückt des Weibes schönste Zierde:*
> *Ein heit'res, inniges Gemüt.*
> *Vor seinem Zauber schweigt Begierde,*
> *Und jede hohe Regung blüht.*

Faksimile (deutsche Schrift) Auktion Stargardt 563, 27.5.1963, Nr. 198. Weiterhin konnten noch eine Tagebuchnotiz, wahrscheinlich ein Telegrammentwurf vom Sommer 1908 sowie einige Notizbuchvermerke (8.8.1899 an M. Krüger; 26.5.1902, 6.2.1907, 5.3.1908 von M. Krüger) aufgefunden werden, bei denen es sich ebenfalls um Martha Krüger handeln kann. Auch ein Photo von ihr ist vorhanden.

Pastor Krüger. 127, 129 — seine Frau, eine Tochter, ein Sohn. 127 — Frieda Krüger. 126, 127, 129 — Martha Krüger. 126, 127, 129, 181

Krüger, Therese, vermutlich die Übersetzerin Therese Krüger, über die Otto Erich Hartleben schrieb, sie sei »entschieden die geistreichste Frau, die ich bisher kennen gelernt habe« (30.6.1893, Briefe an seine Frau, S. 163). 468, 874, 957

Krummhübel, Dorf im Landkreis Hirschberg, am Fuß der Schneekoppe. 26, 37, 39 –41, 125 – 127, 749, 751

Krupp, Besitzer der Kruppschen Gußstahlfabrik war 1901 Friedrich Alfred Krupp (1854–1902), Industrieller, zeitweise Mitglied des Reichstags. 573

Krusch, vermutlich eine Berliner Familie. 429

Kühn, Hermann (1849–1902), Kunstgewerbler, Professor, ab 1881 Direktor der Kunst- und Kunstgewerbeschule in Breslau. 143

Kühn, Volker. 735

Kündig, A. (?–vor 1906), Mitpatient und offenbar Schachpartner Ms im Davoser Sanatorium. M widmete seinem Andenken das Gedicht SCHACH, DAS KÖNIGLICHE SPIEL. 626, 898

Künstlerhaus, Berlin, Bellevuestr. 3. Hier fand die Eröffnungsvorstellung von »Schall und Rauch« statt. 529

Kürschner, Joseph (1853–1902), vor allem Herausgeber zahlreicher Lexika und Handbücher, u.a. des »Deutschen Literaturkalenders« (ab 1879, in der Regel jährlich, verzeichnet lebende Schriftsteller mit knappen biographischen Angaben) und der Reihe »Deutsche Nationalliteratur«. 336, 517, 884 (Literaturkalender), 890

Küssnacht, Küsnacht, Ort im Kanton Zürich, am Zürichsee. 635

Kufstein, Stadt in Tirol, nahe der bayerischen Grenze, Ausgangsort für Touren ins Kaisergebirge. 380

Kuhnert, Hans (1874–?), Schauspieler und Theaterleiter, spielte u.a. ab 1898/99 am Berliner Neuen Theater, dann am Schillertheater, war 1901 Mitbegründer des Deutschen Bühnenklubs. 453

Kunowski, Lothar von (1866–?; letzte (Einzel)veröffentlichung 1929, letzte Nennung in Kürschners Literaturkalender 1934.), Maler und Graphiker, kunstpädagogischer Schriftsteller, lebte lange in Rom und Berlin, war dann in Düsseldorf Direktor des Staatlichen Zeichenlehrerseminars und später Professor an der Kunstakademie. – In Ms Nachlaß ist Bd. 6 der auf 7 Bände konzipierten Reihe »Durch Kunst zum Leben« (Leipzig, Diederichs) vorhanden, von der in den Jahren 1901–1906 nur die Bände 1, 2 und 5–7 erschienen. Bd. 6 erschien schon 1901 mit dem Titel »Gesetz, Freiheit und Sittlichkeit des künstlerischen Schaffens«. 682, 939

Die Kunst dem Volke s. Freie Volksbühne.

Kunst und Künstler, 1902–1933 im Verlag Bruno Cassirer erschienene Monatsschrift, in der M später auch veröffentlichte. 943

Der Kunstwart, Halbmonatsschrift, gegründet von Ferdinand Avenarius, erschien mit mehrfach abgewandeltem Titel bis 1937. – Von Januar bis Juni 1895 erschien eine »Berliner örtliche Beilage«, deren Leiter Oscar Bie war. Für diese Beilage (die als Umschlag fungierte) verfaßte M (offenbar durch Bies Vermittlung) zahlreiche meist kleine Beiträge (Abt. Kritische Schriften Nr. 27–65). 248, 251, 255, 256, 274, 811, 819

Kurth, Adolf, Schauspieler am Breslauer Stadttheater (1890). 66, 70

Kurth, Ferdinand (1879–1937) Schauspieler und Theaterleiter. 898

Kussmaul, Ingrid. 736

Kvapil, Jaroslav (1868–1950), tschechischer Lyriker und Dramatiker, war auch Regisseur, Übersetzer, Kritiker und viele Jahre Direktor des Prager Nationaltheaters. – Er übersetzte von M einige Gedichte für die Zeitschrift »Lumír«. 503, 504, 548[?], 897, 957

Kvapilová, Hana (1860–1907), tschechische Schauspielerin, verheiratet mit Jaroslav Kvapil. 503, 504, 957

Kwehl s. Quehl.

Der Kynast, Zeitschrift, erschien 1898–1906, zunächst 1x, dann 2x im Monat; Herausgeber und Redakteure waren Ernst Wachler und Max von Münchhausen. 445

Kynau, Dorf im Kreis Waldenburg. 16

Kynsburg, vermutlich die Burgruine Kynast im Riesengebirge, romantisch auf einem bewaldeten, 657 m hohen Granitkegel gelegen. 16

L., Liese; im Briefwechsel mit Frisch Fega Lifschitz, weitere Stellen erklären sich aus dem Zusammenhang.

L., Madame, nicht ermittelt. 565

Lachmann, Karl. 765

Lagarde, Paul Anton de (1827–1891), Orientalist und Kulturphilosoph, Professor in Göttingen, verheiratet mit Anna geb. Berger (?–1918), die seine Gedichte und Erinnerungen an ihn herausgab. – M las Lagarde zuerst im Herbst 1901, war sogleich begeistert und würdigte den nicht unproblematischen Schriftsteller noch 1913 in der AUTOBIOGRAPHISCHEN NOTIZ. – Eine Aufarbeitung von Ms Lagarderezeption gibt der Exkurs »Morgenstern und Lagarde«, Abt. Kritische Schriften S. 809–816. Im Nachlaß vorhanden sind: 1 Ausgabe der Deutschen Schriften von 1891 aus dem Besitz Efraim Frischs (sein Name steht vorn drin), mit einigen Anstreichungen; 1 Ausgabe der Deutschen Schriften, 4. Aufl. 1903, mit zahlreichen Anstreichun-

gen; eine Auswahlausgabe mit dem Titel »Deutscher Glaube, Deutsches Vaterland, Deutsche Bildung«, 1914. 573, 574, 586–588, 596, 598, 711
Aus dem deutschen Gelehrtenleben. 587 — Deutsche Schriften. 2 Bde., erschienen 1878–1881 u. ö. 572, 573, 586, 587, 608, 711 — Die graue Internationale, Kapitel im 2. Band der Deutschen Schriften. Mit dem Begriff ist der Liberalismus gemeint, und es geht u.a. um die Judenfrage. In der Ausgabe letzter Hand, Göttingen 1892, S. 311–322. 608 — Gedichte, Gesamtausgabe, hrsg. von Anna de Lagarde. 586 — Materialien zur Kritik und Geschichte des Pentateuchs (1867). 588 — Mittheilungen. 587 — Symmicta. 574, 587
Anna de Lagarde. 586
Lahmann, Heinrich (1860–1905), Naturheilkundiger, Gründer und Leiter von Dr. Lahmanns Sanatorium, Weißer Hirsch bei Dresden. M erwähnt Heinrich Lahmann in einem Brief an Amélie M vom 18.12.1905. 428[?]
Lahr. 778
Landshoff, Ludwig, genannt meist Lutz (3.6.1874, Stettin – 20.9.1941, New York), Musikwissenschaftler und Dirigent (Schwerpunkt: Musik des 17. und 18. Jahrhunderts). Über seinen Ausbildungsgang schreibt er in dem seiner Dissertation beigegeben Lebenslauf: »[...] Nach Absolvierung des Gymnasiums (Ostern 1893), beschloss er, sich dem Studium der Musik und der Musikwissenschaft zu widmen. Er erhielt seine musikalische Ausbildung auf der K. Akademie der Tonkunst zu München und setzte seine Studien im Kontrapunkt und in der Kompositionslehre privatim bei den Herren Prof. Heinrich Urban (Berlin) und Prof. Ludw. Thuille (München) fort. Gleichzeitig besuchte er die Universitäten zu München, Zürich und Berlin, und beschäftigte sich namentlich mit Musikwissenschaft und Psychologie, sowie mit Litteraturgeschichte und Kunstgeschichte. [...]« (Johann Rudolph Zumsteeg (1760–1802). Ein Beitrag zur Geschichte des Liedes und der Ballade, Diss. Berlin 1900, ohne Seitenangabe vor dem Text). Er lebte in Solln bei München, dann in München, Ludwighöhe, war aber auch zeitweise Kapellmeister in verschiedenen Städten (1902 in Aachen, später in Kiel, Breslau, Würzburg, Hamburg) oder studienhalber in Rom. 1818–1928 leitete er den Münchener Bachverein, übersiedelte 1928 nach Berlin und arbeitete u.a. beim Rundfunk und als Dozent an der Lessing-Hochschule. 1933 emigrierte er über Italien und Frankreich nach New York. Eine kurze 1. Ehe schloß er vermutlich mit Rose Enzinger (März 1901). Spätestens gegen Ende des Jahres 1902 muß er Philippine Wiesengrund (Konzertsängerin, Sopran, 1880–1948) kennengelernt haben; mit ihr

verbrachte er im Frühjahr 1903 ca. 3 Monate in Fiesole, wo M einige Wochen ihr Gast war. Sie heirateten vermutlich im Dezember 1903 und hatten 2 Kinder, Mädi (Ruth) und Bubi (Name nicht ermittelt). – Auch später, als Landshoffs in bzw. bei München lebten, machte M auf seinen Reisen Richtung Süden mehrfach dort Station. – Landshoff gehört zu den Leuten, die M bei Bedarf Geld zur Verfügung stellten. Zu den Galgenbrüdern gehörte er nicht, stand ihnen aber nahe und nahm an ihren Geselligkeiten teil; er notierte einige der Vertonungen von Julius Hirschfeld, s.d. und bei Franz Schäfer. – Erhalten geblieben sind Briefe Ms an Landshoff von Ende 1895 bis August 1912. Sie befinden sich größtenteils in der Handschriftenabteilung der Stadtbibliothek München.
Landshoff und M können sich schon im Sommersemester 1893 in München kennengelernt haben, es gibt dafür aber keine Belege. Da Landshoff wie Kayssler Mitglied des Akademisch-dramatischen Vereins war, kann die Bekanntschaft – wie im Fall Georg Hirschfelds – auch durch Kayssler vermittelt worden sein. Genannt wird er zuerst im Juni 1895. 270, 276, 299, 302, 312, 315, 349, 367, 385, 387, 397, 409, 416, 424, 425, 428, 429, 437, 505, 511, 517, 541, 544, 552, 553, 584, 657–661, 663–665, 675, 699, 723, 823, 854, 860, 861, 864, 887, 899, 932, 933, 947, 952, 957
Vertonung von Ms Gedicht LEISE LIEDER. 312, 315
Landshoff, Else (1877– nach 1935), Sängerin und Schauspielerin, Schwester Ludwig Landshoffs, später verheiratet mit Edmund Levy. 276 — Hedwig, die andere Schwester, war schon mit Samuel Fischer verheiratet, s. Hedwig Fischer.
Landshoff, Hermann (1842–1900), Kaufmann, und Julie Landshoff, geb. Lesser (1848–1902), Ludwig Landshoffs Eltern. 276, 277
Landshoff, Philippine, genannt Phili, Philchen, Fädchen. 657, 659, 660, 665, 666, 676–678, 699, 932, 937, 947, 952, 957
Landshoff, Ruth (vermutlich September 1903–?); nach Fega Frischs Bericht emigrierte sie nach New York. (Die lexikalisch ermittelbare Schriftstellerin Ruth Landshoff ist ihre Cousine.) 947
Landshut, Stadt in Niederbayern. – Da Starnberg kein Gymnasium hatte, brachte Carl Ernst M den Sohn nach dessen Rückkehr aus Hamburg in Landshut unter, im Königlichen Studienseminar bzw. dem »Königlichen Erziehungs-Institut für Studierende«, einem Internat also, von wo aus er die »Königliche Studienanstalt« besuchte. (Diese Studienanstalten bestanden in Bayern bis 1891 aus der fünfklassigen Lateinschule und dem vierklassigen Gymnasium.) Er trat zum 1.10.1882 in die 3. Klasse der Lateinschule ein und blieb auf der Schule bis zur Übersiedlung der Familie nach Breslau im März 1884.

Auch einige seiner Freunde aus Starnberg (Hermann Hartmann, Berti Fischer, Erwin Schab) gingen dort zur Schule. M kam (wahrscheinlich) nach nur ca. 1 ½ Jahren Gymnasialunterricht sogleich in die 3. Klasse, so daß er einer der jüngsten Schüler war und – auch bei unterschiedlichen Lehrplänen – sicherlich einiges nachzuholen hatte. Vielleicht wurden die überlangen Sommerferien (die in Norddeutschland etwa im Juli/August, im Süden ca. August/September lagen) mit Privatunterricht zum Ausfüllen der Lücken genutzt; hierzu gibt es aber keine Belege. Immerhin weist dieser Übergang darauf, daß er bis dahin keine Schulprobleme gehabt haben dürfte; diese begannen aber nun bald. Im Zeugnis von 1882/83 wird ihm Mangel an Fleiß und Beharrlichkeit bescheinigt; deshalb seien seine Zensuren (»gut« nur in Deutsch und Arithmetik, sonst – Religion, Latein, Geschichte, Geographie, Turnen – »kaum mehr gut« oder »mittelmäßig«) kein Maßstab für seine Begabung. Nur in den deutschen Aufsätzen übertrafen seine Leistungen »mehrmals« die »aller seiner Mitschüler«. – »In seinem Verhalten trat außer einem sehr reizbaren Ehrgeiz hin u. wieder bübische Ausgelassenheit hervor. Leider hat sein Ehrgeiz, der sich in nicht angemessenen Äußerungen des Unwillens über selbstverschuldete mangelhafte Leistungen kundgab, wenig zur Hebung seiner Thätigkeit beigetragen.« – Sein Abgangszeugnis im März 1884 ist noch schlechter: »mittelmäßig« herrscht vor, in Latein ist er jetzt »kaum mehr mittelmäßig«, in Deutsch »kaum mehr gut«, nur das »gut« in Arithmetik ist geblieben, hinzu kam Griechisch mit »kaum mehr gut«. Insgesamt heißt es: »Morgenstern zeigte bei den nötigen Anlagen wenig Fleiß u. Neigung zum Studium; er bedurfte fortwährend des Mahnens und Schiebens. Gegen sein Betragen liegt zwar nichts Besonderes vor, doch machte sein finsteres Äußere u. sein Benehmen keinen günstigen Eindruck.« Angaben und Zitate aus den Zeugnisprotokollen der Schuljahre 1882/83 und 1883/84 der Studienanstalt in Landshut, Archiv des Hans-Carossa-Gymnasiums Landshut. Im Internat, dem »Königlichen Studienseminar« ging es ihm anscheinend nicht besser, Hinweise gibt Nr. 12. Entsprechende Stellen in Nr. 8 können sowohl auf das Internat als auch auf die Schule bezogen werden. (Ich danke dem Leiter des Gymnasiums, Dr. Friedrich Bruckner, für seine Auskünfte über Ms Landshuter Schulleben. K.B.) 10, 14, 15, 732, 738, 739, 949

Langbehn, Julius (1851–1907), Schriftsteller. — Rembrandt als Erzieher, konservativ-kulturkritisches Werk, 1890 anonym, mit der Angabe »von einem Deutschen«, erschienen, ein damals überaus populäres Werk, das noch im Erscheinungsjahr 25 Auflagen erreichte. 38, 49, 50, 55, 750, 753, 754, 777

Lange, Friedrich (1852–1917), zunächst Gymnasiallehrer, dann Journalist, Schriftsteller mit stark ausgeprägter deutschtümelnder, antisemitischer Tendenz, 1881 Mitarbeiter und von 1890 bis 1895 Leiter der »Täglichen Rundschau«, die er in seinem Sinn zu politisieren suchte. Nachdem es deswegen zu Differenzen mit dem Verleger gekommen war, schied Lange zum Ende des Jahres 1895 aus. Bereits im September 1894 hatte er die Herausgabe der neugegründeten »Volksrundschau« übernommen, die aber nur etwa ein Jahr bestand. 1896 gründete er die »Deutsche Zeitung«, die er bis 1912 leitete. Nach Bauer hat M Friedrich Lange auf die Empfehlung Heinrich und Julius Harts hin im April 1894 besucht; seinen Eindruck gibt er im Tagebuch wieder: *Schnell fertig ist Herr Lange mit dem Wort ... »Ich habe keine Zeit, junge Dichter zu fördern, mag das Herr Hart tun. – Was wollen Sie eigentlich von mir?« Tut einen flüchtigen Blick in meine Sachen. »Oh, ungebundene Rhythmen«* (bei Himmel, Erde und Meer), *»da überläuft mich schon jedesmal ein Schauder; solch ein Unfug wird heute allgemein damit getrieben.« Fliegt es mühsam zuende; der Humor der Sache fällt natürlich ins Wasser. »Magerer Gedanke!« Blättert hastig in den 94er Gedichten. Liest kopfschüttelnd Sonett über Nietzsche: »Ach – Nietzsche!«, sieht mich dabei halb mitleidig, halb tadelnd an. »Oh, Sie stecken noch im allerersten Stadium der Gärung. – Auf diesem Wege werden Sie nichts erreichen.« Entwickelt darauf seine Ansichten über Literatur. »Sie hat den Zusammenhang mit der Volksseele verloren. Lesen Sie mein Buch:* ›*Reines Deutschtum*‹ [Reines Deutschtum. Grundzüge einer nationalen Weltanschauung. Berlin 1893].*« – Teilweise hat Herr Lange ja mit dieser Behauptung recht; aber – eine einheitliche Volksseele gibt es nicht mehr. Auch die Volksseele ist heute von Zersetzung ergriffen, und ein Gesamtboden, in den der Dichter den Samen seiner Werke streuen könnte, existiert nicht mehr ... Nein, nein! mag die Volksseele über sich selbst ins Klare kommen. Mag sie kraftvoll in die Zukunft und weniger rückwärts blicken, dann wird auch der Zusammenhang wirklicher Dichter mit ihr von selbst wieder eintreten.* Bauer, Chr. M. (1985) S. 72. Das Tagebuch selbst ist verschollen. 214–218

Langen, Albert (1869–1909), Verleger, gründete 1893 einen Literatur- und Kunstverlag, Paris und Köln, der ab 1895 in München ansässig war. 1896 gründete Langen den »Simplicissimus«, später die Zeitschrift »März« (1907–1917). Im Herbst 1898 wurde er als der Verantwortliche mit Wedekind und Thomas Theodor Heine, die die Palästinareise Wilhelms II. satirisch aufs Korn genommen hatten (»Simplicissimus« 3 (1898) Nr. 31) wegen Majestätsbeleidigung angeklagt. Er floh nach Paris und leitete von dort aus den Verlag; sein Stellvertreter in München wurde Korfiz Holm, Redakteur des »Simplicissimus« im März 1900 Ludwig Thoma. Langen wurde 1903 gegen Zahlung von 20000 Mark begnadigt und kehrte nach München zurück. Vgl. Helga Abret, Albert Langen, besonders S. 76–94. – Zu den literarischen Schwerpunkten des Verlags gehörte die skandinavische und französische Literatur; M übersetzte für den Verlag Gedichte von Bjørnson und, mit Julius Elias, das Drama »Die Neuvermählten«, von Hamsun »Abendröte« und »Spiel des Lebens«. 470, 507, 519, 522, 538, 543, 545, 551, 589, 674, 677, 678, 683, 697, 712, 733, 824, 843, 882, 890–892, 899, 957

Langenscheidt, 1856 von Gustav Langenscheidt (1832–1895) gegründeter Verlag (Wörterbücher etc.). 740

Lanius, Frieda (1865–1929), Schauspielerin, u.a. in Breslau, wo sie die Magda in Sudermanns »Heimat« spielte, war später hauptsächlich an Wiener Theatern engagiert. 185

Larkollen, Hafenort am Christianiafjord, Norwegen. 434, 864, 866

L'Arronge, Adolf (1838–1908), Kapellmeister, Redakteur, Theaterdirektor, Bühnenschriftsteller (Schwänke, Volksstücke), kaufte 1881 das Berliner Friedrich-Wilhelmstädtische Theater, das er (mit einigen Sozietären) 1893 als Deutsches Theater wiedereröffnete und bis 1893/94 selbst leitete, dann an Brahm (1894–1904), danach an Paul Lindau (1904/05) und schließlich 1905 an Max Reinhardt verpachtete, dem er es noch im selben Jahr verkaufte. — Pastor Brose, Uraufführung 30.3.1895, Berlin, Deutsches Theater. 332, 334, 855

L'Art Ancien S. A., Zürich und Haus der Bücher, Basel. 842

Latt, ein Teilnehmer des Schriftstellerclubs, der sich an den Freitagabenden im Berliner Architektenhaus traf. Ein 1894 in Berlin lebender Schriftsteller dieses Namens war aber nicht nachzuweisen. Es kann sich um eine interessierte Persönlichkeit aus einem anderen Beruf handeln, etwa um den Bildhauer Hans Latt (1859–?) oder um einen Verstehensfehler Ms. In Frage kommt dann vor allem der Schriftsteller Hans Land (eigentlich Hugo Landsberger (geb.1861, nach 1935 oder 1938 verschollen), Schriftsteller mit sozialkritischer Thematik, gehörte zu den Gründungsmitgliedern der Neuen Freien Volksbühne, später u.a. Redakteur von Reclams Universum), vielleicht auch der Kaufmann und humoristische Schriftsteller Georg Latz (1858–um 1932). 214

Laube, Heinrich (1806–1884), Dramatiker, Erzähler, Journalist, Theaterleiter. — Prinz Friedrich. Schauspiel (1848). 353

Lauff, Josef (1855–1933), zunächst Offizier (Oberst), Dramaturg am Wiesbadener Hoftheater, Schriftsteller, hochgeschätzt und protegiert von Wilhelm II., sonst aber wenig ernst genommen (»Lauff der Festliche hat neue Zeilen fertiggestellt, die nach der übereinstimmenden Meinung aller Kenner hinten gereimt sind.« Kerr, Wo liegt Berlin, S. 307, 12.9.1897). Lauff schrieb 8 Dramen, darunter 5 Hohenzollerndramen, 30 Romane, 9 Epen, außerdem Kriegsgedichte. 908 Der Burggraf, Uraufführung 16.5.1897, Hoftheater Wiesbaden. 536, 895 (Das Stück wurde von M parodiert: DER LAUFFGRAF. Die Schreibung LAUFFGRAF folgt der von Margareta M veröffentlichten Form, während Sprengel, Schall und Rauch, S. 119 ff. »Laufgraf« mit einfachem f schreibt, nach der Vorlage des Zensurexemplars. Von M ist keine handschriftliche Version der Parodie erhalten, aber in einer Liste (nicht zitierte Fortsetzung der Liste Abt. Episches S. 611) schreibt er ebenfalls *Der Laufgraf*, so wie es auch Kayssler macht, wenn er den Titel der Parodie meint. Wenn er das doppelte f verwendet, meint er die Parodie des Stücks von Joseph Lauff. Auch der Inhalt der Parodie weist auf das einfache f: Angeregt durch den Namen des parodierten Verfassers schuf M mit seinem Grafen eine Figur, bei der die Beine ganz offenkundig die Hauptsache sind. Er wird *Laufgraf* genannt, heißt aber *Kunz von Posen*, er posiert, wie die Figuren der Siegesallee, *mit dem vorgestreckten Bein* (Abt. Dramatisches S. 229,17 f.), und gelaufen kommt er besonders gern, wenn eine Prügelei ansteht (so wie Joseph Lauff bereitwillig herbeieilt, um des Kaisers Dramenwünsche zu erfüllen). Der Einheitlichkeit unserer Ausgabe wegen wird in den Kommentaren trotzdem die Schreibung LAUFFGRAF benutzt.)

Lausanne, Hauptstadt des Schweizer Kantons Waadt. 620

Lautenburg, Sigmund (1851–1918), Schauspieler, Regisseur, Theaterleiter, u.a. viele Jahre Direktor des Berliner Residenztheater und des Neuen Theaters, wo er vor allem französische sowie internationale moderne Dramen aufführte, so z. B. Ibsen, Strindberg, Tolstoi, Halbe. 419, 467, 856

Lawise, Schüler am Breslauer Magdalenengymnasium. 89

Laxevaag, am Puddefjord, gegenüber von Bergen (Norwegen). 878, 951

Lazal. 804

Lazarus, Hermann, »Spezialbuchhandlung für moderne Litteratur« (Inserat 1895), auch Kunsthandel und Antiquariat, Berlin, Friedrichstr. 66. 273

Leberbrünnl s. St. Wolfgang-Fusch.

Lee, Heinrich, eigentlich Landsberger (1862–1919), Erzähler und Bühnenschriftsteller, vgl. auch Abt. Kritische Schriften Nr. 120. 330

Lehmann, Else (1866–1949), Schauspielerin, ab 1888 an Berliner Theatern, u.a. bei Otto Brahm am Deutschen und am Lessingthea-

ter, besonders als naturalistische und Ibsen-Darstellerin bekannt. 431, 460, 474
Lehmann, Felix. 827
Lehmann, Jon (1865–1913), Zeitschriftenherausgeber und Bühnenschriftsteller. 920
Leibl, Wilhelm (1844–1900), Maler, einer der Hauptvertreter des deutschen Realismus, in seinen späteren Jahren Annäherung an eine impressionistische Malweise. 565
Leibniz, Gottfried Wilhelm (1646–1716), Mathematiker und Philosoph. 190
Leipzig, Hauptstadt der gleichnamigen Kreishauptmannschaft und größte Stadt des Königreichs Sachsen. 77, 158, 188, 194, 277, 382, 383, 461, 511, 619, 706, 733, 735, 736, 746, 750, 752, 755, 763, 767, 770, 772, 780, 794, 814, 818, 825, 840, 875, 888, 893, 905, 910, 920, 921, 937, 943, 945, 948, 950
Leistikow, Walter (1865–1908), Maler und Graphiker, Mitinitiator und -gründer der »Vereinigung der XI« und der daraus hervorgehenden Berliner Secession, Mitbegründer des Deutschen Künstlerbundes; entdeckte die märkische Wald- und Seenlandschaft für die Malerei, seine Bilder neigen zum Ornamental-Dekorativen des Jugendstils. Er schuf auch kunstgewerbliche Entwürfe und schrieb einen Roman (»Auf der Schwelle«, 1896). – M besprach 1895 eine Ausstellung von Leistikowschen Aquarellen, Abt. Kritische Schriften Nr. 51, vgl. auch a.a.O. Nr. 64, S. 13 f. 585, 694
Leixner, Otto Leixner von Grünberg (1847–1907), Schriftsteller, 1882–1907 Herausgeber der »Deutschen Romanzeitung«. 230
Lenau, Nikolaus, eigentlich Nikolaus Franz Niembsch, Edler von Strehlenau (1802–1850), österreichischer Lyriker und Versepiker. — Am Grabe Höltys. — An der Bahre der Geliebten (vermutlich 1822/23). — Schilflieder, Zyklus von fünf Gedichten (1832). — Fantasieen (die Gedichte Die Zweifler (vermutlich zwischen 1727 und Anfang 1831), Glauben. Wissen. Handeln (vermutlich vor Oktober 1829), Die Waldkapelle I–III (etwa 1828), Der Raubschütz (vermutlich 1831/32)). — Himmelstrauer (etwa 1831). 76
Leonardo da Vinci (1452–1519), italienischer Maler, Bildhauer, Architekt, Ingenieur, Naturforscher, Erfinder, Kunsttheoretiker, Prototyp des allseitig fähigen und interessierten Menschen der Renaissance (uomo universale). Als solcher gehörte er für M zu den großen Menschen, die er sich als Dramenhelden wünschte. Auch in seinem eigenen Drama SAVONAROLA zeigt er ihn nicht nur als Künstler, sondern auch als Beobachter und Experimentator, vgl. Abt. Dramatisches S. 500 f. und 517. 581

Abendmahl (1496/97) Wandbild im Refektorium des Klosters Santa
Maria delle Grazie in Mailand. 102, 354

Leoncavallo, Ruggiero (1858–1919), Librettist und Komponist des italienischen Verismo, berühmt durch seine Oper »Pagliacci« (Die Bajazzi), deutsch unter dem Titel »Der Bajazzo«, Uraufführung 21.5.1892, Mailand, Teatro dal Verme. – M hat die Oper (mindestens) auch im November 1910 in Palermo wieder gehört (Notizbucheintrag, nach Bauer, Chr. M. (1985) S. 335 f.); er hat Margareta M im Brief vom 19.8.1911 stichwortartig daran erinnert. 150

Leopold, Richard (1874–1929), Komiker (mit hoher Fistelstimme), u.a. in Berlin bei Max Reinhardt. 898

Lermontoff, Lermontow, Michail Jurjewitsch (1814–1841), russischer Schriftsteller.— Ein Held unserer Zeit, Roman (1840), deutsch 1852 u.ö. M las die französische Übersetzung von Xavier Marmier (1856). 199

Leroi, Eugenie (Gena) (4.11.1871 – 12.7.1912), Sängerin (Mezzosopran) aus Ems, die M im Sommer 1894 in Grund im Harz kennenlernte und in die er sich sogleich verliebte. Sie kam im November des Jahres nach Berlin, wo sie wohl ihre Stimme weiter ausbildete und bald danach zum Mittelpunkt eines Freundeskreises wurde, der sich, von M initiiert, förmlich zu einem »Orden« zusammenschloß, der gemeinsam feierte, Ausflüge machte, Konzerte und Theater besuchte usw. M brachte die Pianistin Marie Gerdes mit Gena Leroi zusammen; die beiden jungen Frauen befreundeten sich und arbeiteten auch zusammen; beim Konzert am 20.11.1894 übernahm Marie Gerdes die Klavierbegleitung (ORDENS-EPOS und Abt. Kritische Schriften Nr. 17.). Im Frühjahr 1895 mußte Gena Leroi Berlin verlassen, kehrte aber im Oktober 1895 für kurze Zeit zurück. Das ORDENS-EPOS schildert aus dieser Zeit noch ein fröhliches Beisammensein. In den Winter 1894/1895 fällt wahrscheinlich bereits ihre (geheime) Verlobung mit Alfred Guttmann (s.d.). – Gena Guttmann war später jahrelang schwer krank, ertrug ihr Leiden »mit Heldenmut« (Alfred Guttmann: Die Wirklichkeit und ihr künstlerisches Abbild, Berlin 1912, S. 16), deshalb widmete M ihr in der Neuauflage von AUF VIELEN WEGEN das Gedicht *Ich bin eine Harfe mit goldenen Saiten* mit den Worten *Einer Heldin*. – Aus dem ersten Jahr ihrer Bekanntschaft existieren noch Tagebuchabschriften, in denen sich auch einige Abschnitte über sie finden: *24. Februar. Nach dem Konzert der Neuen freien Volksbühne – G. wiedergefunden* [gemeint: innerlich] ... *Sonntag Abend Künstler-Piknik bei M. Gerdes. Bowle, Tischkarten, Menu. Pudorlieder. G, wie wir alle, von Herzen vergnügt. Herrlich schöne Stunden. 6. März. Nachmittag von 5–8 bei G. Hat meine »Phanta«* [im Manuskript] *gelesen! War glücklich und machte mich's damit. Unterhielten uns innig verstehend und schön über viele, viele, meist innerliche Dinge. Sprachen von uns selbst, von unsern Eltern, unsern Freundschaften, unsern Erlebnissen ... Endlich schieden wir, tieferhoben durch die reichen reinen Stunden unsres ersten so langen und so intim verplauderten Beisammenseins ... G versteht meinen Humor. Sie hielt mich bisher für eine mehr schwermütige Natur. Das Sonnige, Kindlich-Heitere in meinen Sachen grüsst sie wie ein Sonnenstrahl. Und auch der mehr satirische »Nachtwandler« hatte ihr Verständnis. »Zwischen Lachen und Weinen«, was wohl auch das reifste der Gedichte ist, hat sie auch stark ergriffen ... Da macht es Freude, Schaffender zu sein, wenn solche Seelen lauschen* (maschinenschriftliche Abschrift Margareta Ms aus einem verschollenen T). – Brieforiginale Ms an Gena Leroi sind in Ms Nachlaß nicht vorhanden, nur einige Abschriften und im Druck überlieferte. Außerdem fand sich im Autographenhandel ein Brief an sie sowie ein ihr gewidmetes Gedicht *(Seiner lieben herrlichen Freundin Gena Leroi)* vom August 1894:

> *Dreimal im Leben hab' ich geküsst:*
> *Das erste Mal in Herzensqual,*
> *Aus Schwärmerei das and're Mal,*
> *Ein drittes Mal aus Kuss-Gelüst.*

> *Dreimal im Leben hab' ich geküsst..*
> *Aber lieben im höchsten Sinn*
> *Hab' ich erst seit der Stunde gemüsst,*
> *Da ich mit Dir zusammen bin.*

Auktionskatalog Stargardt 567 (1964), Nr. 315.
Weiteres s. unter Alfred Guttmann. 224, 226, 232, 233, 252, 253, 256, 294, 300, 302, 305, 316, 318, 359, 724, 806, 810, 811, 817, 827, 840, 955, 957
Wilhelm Leroi, Kaufmann, und Johanna Leroi, Genas Lerois Eltern. 305, 811, 817,
Lesser, Elly s. Elly Hirschfeld.
Lesser, Grete, wahrscheinlich eine junge Frau aus der Verwandtschaft Ludwig Landshoffs. 276
Lessing, Gotthold Ephraim (1729–1781), Schriftsteller und Kritiker. 71, 79, 85
Emilia Galotti, Schauspiel (1757–72). 352, 752, 765 — Fabeln, Versfabeln und vereinzelt auch solche in Prosa erschienen zuerst gesammelt 1753, die etwa 1757–1759 entstandenen Prosafabeln 1759. 79
— Hamburgische Dramaturgie (1767–69). 765— Minna von Barn-

helm, Schauspiel (1760–63). 352, 557, 900, 944 — Miß Sara Sampson (1755). 906 — Nathan der Weise, Schauspiel (1778/79). 352, 765, 837, 864, 906 — Philotas, Schauspiel (1758). 48, 49

Lessinggesellschaft für Kunst und Wissenschaft, 1891 gegründet, besaß auch eine dramatische Abteilung. 634, 650, 929, 934, 935

Lessingtheater, Berlin NW, Friedrich-Karl-Ufer, wurde im September 1888 unter der Leitung von Oskar Blumenthal eröffnet, war spezialisiert auf moderne Schau- und Lustspiele. 522, 592, 681, 683, 686, 934, 935, 941

Lessing, Emil (1857–1921), Schauspieler, dann Regisseur, u.a. am Deutschen Theater in Berlin. 378, 383

Leube, Dietrich. 911 f.

Levante s. Riviera di Levante.

Lichtenberg, Theodor, Kunsthandlung in Breslau, Zwingerplatz 2. 421

Lichtenstädt, Verwandte Kayßlers, ein Rittergutspächter mit Familie; die Frau geb. Mehner, s.d., 3 Kinder. 40, 81, 177

Lichtwark, Alfred (1886–1914), Kunsthistoriker und -pädagoge, ab 1886 Direktor der Hamburger Kunsthalle, deren Gemäldesammlung er innerhalb weniger Jahre von einem provinziellen Zufallsbestand zu einer der führenden Galerien in Deutschland erweiterte. Auf kunstpädagogischen Gebiet war er von bedeutendem Einfluß auf die damalige Kunsterziehungsbewegung. – Was M von ihm kannte, ist nicht mehr ermittelbar; jedenfalls plante er, das Buch »Blumenpflege« [gemeint sein dürfte entweder »Blumenkultus. Wilde Blumen«, 1897 u.ö. oder »Makartbouquet und Blumenstrauß«, 1894 u.ö.] zu Weihnachten 1903 zu verschenken (loses Blatt im Nachlaß, Geschenkeliste). 410, 594, 946

Lie, Jonas (1833–1908), norwegischer Schriftsteller. — Lindelin, Märchendrama; M sah es höchstwahrscheinlich am 14.1.1899 im Christianiatheater (T 1898/99 II, Bl. 34, Abt. Episches Nr. 42,8.), vgl. auch Abt. Kritische Schriften Nr. 80. 467, 874

Liebermann, Max (1847–1935), Maler und Graphiker, Porträtist, auch Kunstschriftsteller, wandte sich nach naturalistischen Anfängen dem Impressionismus zu und wurde dessen bedeutendster Vertreter in Deutschland. Nach Jahren in Paris und München ließ er sich 1884 in Berlin nieder, wurde 1898 Professor und Mitglied der Kunstakademie, war im selben Jahr Mitbegründer der Berliner Sezession. 940

Frau mit Ziegen in den Dünen (1890), 127 x 172 cm, München, Neue Pinakothek. 767, 768,

Liebesitz, Dorf im Landkreis Guben. 121, 122

Lienhardt, Friedrich (1865–1929), Schriftsteller und Journalist, Vorkämpfer der Heimatkunst, Kritiker des Naturalismus und der modernen Industriewelt. 318, 817
Liese. In den Jahren bis 1895 und ab 1908 ist Elisabeth Reche, später Morgenstern, Ms 2. Stiefmutter, gemeint, von 1897 (ohne Namen vermutlich schon ab Herbst 1896) bis 1903 Kayßlers erste Frau, Luise Kayßler.
Lifschitz, Fega s. Fega Frisch.
Lifschitz, Josua (Lebensdaten nicht ermittelt; im Briefwechsel Fega Frischs mit M wird er 1912 erwähnt) und Rachel, geb. Schwar(t)z (gest. 1902), die Eltern von Fega Lifschitz. Ein Bruder Fegas, vermutlich der ältere, war mit M in Zürich ihr Trauzeuge; er starb im Ghetto von Lodz, »rechtzeitig«, d.h. kurz bevor er nach Auschwitz deportiert worden wäre (Fega Frisch an Margareta M, 1.6.1946).
Josua Lifschitz. 630 — Rachel Lifschitz. 603, 605 — ein Sohn (der älteste?). 630[?], 925
Liliencron, Detlev von, eigentlich Friedrich Adolf Axel von (1844–1909), Lyriker, Erzähler, auch Dramatiker, war zunächst preußischer Offizier, dann einige Jahre in Amerika in verschiedenen Berufen tätig, nach der Rückkehr Verwaltungsbeamter (1877–1888), dann freier Schriftsteller in Geldnöten, Freund Dehmels, der seinen Nachlaß verwaltete, von großem Einfluß auf die Lyrik der Wende zum 20. Jahrhundert. Vgl. auch das Gedicht DEM DEUTSCHEN VOLKE; 1911 widmete M Liliencrons Andenken das Gedicht FRÜHLINGSREGEN. Vgl. auch Abt. Kritische Schriften (Register). 315–318, 328, 338, 341, 824, 827, 828, 831, 834, 957
Nach dem Ball, Gedicht. 849 — Poggfred. Kunterbuntes Epos in zwölf Cantussen (1879–1896). 317 — Sämtliche Werke, 9 Bde. (1896–1900). 278 — Schlittenkomtesse. 400, 849
Lilienthal, Otto (1848–1896, Tod durch Absturz), Ingenieur, konstruierte auf dem Studium des Vogelflugs basierende Flugmaschinen, mit denen er ab 1891 von erhöhten Plätzen aus Gleitflüge bis zu 300 m Länge durchführte, die das erste gesicherte Wissen über das Fliegen vermittelten. 816
Lille. Stadt in Belgien. Das Mädchen von Lille. 872
Lillehammer, Stadt im norwegischen Christiansamt, an der Mündung des Laagen in den Mjøsen, Anfang des Gudbrandsdals, an der Bahnlinie Hamar–Tretten–Otta; Dampfschiffsverkehr nach Eidsvold. 950
Lillo, George (1693–1739), englischer Dramatiker. 906
Lina, Lining, Linning. Freundin Zitelmanns. 170, 220, 223, 227, 247 — Freundin Kayßlers. 168, 170 — Kindermädchen oder Haushaltshilfe bei Kayßlers. 518

Lindau, Paul (1839–1919), Essayist, Erzähler, Dramatiker, Regisseur. 891
Der Andere, Uraufführung 20.4.1893, Dresden. 176
Lindenthal, Walter (1886–?; zuletzt erwähnt im Brief von Bella Schlesinger an Margareta M, 3.10.1962), Jurist, ein Freund von Efraim und Fega Frisch und auch mit M gut bekannt; Briefe Ms (1913/14) an ihn sind im Nachlaß vorhanden, außerdem aus späteren Jahren einige von und an Margareta M. 727, 728.
Lindl, Emma (? – nach 1933, aus diesem Jahr ist ein Brief von ihr an Reinhard Piper vorhanden), Tochter von Ludwig Bauer und Maria geb. Zeitler, Schwester von Constantin Bauer und wahrscheinlich Nichte von Emma Schertel und Charlotte Zeitler. Sie war 1880 noch nicht verheiratet, heiratete dann einen (späteren) Reichsmilitärgerichtsrat Lindl. Das ist vielleicht der Regimentsauditeur (Auditeur: Jurist an einem Militärgericht) Peter Lindl aus Ingolstadt, von dem ein 1877 (in einer früheren Ehe) geborener Sohn Franz, später Arzt in Berlin, nachweisbar ist. Anscheinend lebten Lindls später in München. Der Arzt Peter Lindl, der 1896 promovierte, von dem aber sonst keine Daten ermittelt wurden, der auch ein Sohn des Juristen Lindl sein kann, lebte jedenfalls in München. – 1893 bekam Emma Lindl eine Tochter, über die nichts ermittelt wurde.
Emma Lindl. 13 (mit kleiner Tochter), 563 — Peter Lindl[?]. 101[?], 542[?], 772 — Familie Lindl. 184, 792
Lindner, Amanda (1868–1951), Schauspielerin, kam über Leipzig, Cottbus, Meiningen 1890 nach Berlin. 85, 767
Lingen, Thekla (1866–1931), veröffentlichte in den Jahren 1898–1902 zwei Gedichtsammlungen und einen Novellenband; das Gedichtbuch »Am Scheideweg« (1898) wurde vom Verlag Schuster & Loeffler zusammen mit Ms AUF VIELEN WEGEN angekündigt. 450
Lining, Linning s. Lina.
Linke, Oskar (1854–1928), Schriftsteller, Redakteur, lebte 1894 in Berlin. 214
Linz, Hauptstadt von Oberösterreich, an der Donau. 490, 685, 695, 873
Lionardo, von M bevorzugte florentinische Namensform von Leonardo, s. Leonardo da Vinci.
Liste Hirschfeld s. Hirschfeld, Liste.
Das litterarische Echo, 1898/99–1922/23 halbmonatlich erscheinende Literaturzeitschrift. Heraugeber waren nacheinander Josef Ettlinger, Ernst Heilborn, Wilhelm Emanuel Süskind. 889
Liszt, Franz (1811–1888), ungarischer Komponist und Pianist. 779
Littmann, Enno. 930

Litzmann, Berthold. 768
Litzmann, Karl. 893
Livorno, Hauptstadt der gleichnamigen italienischen Provinz, südlich der Arnomündung, Region Toskana. 611
Ljan, Ort in Norwegen, 7 km von Christiania entfernt. 482
Lobetheater, 1869 von dem Schauspieler Theodor Eduard Lobe (1833–1905) gegründetes Schauspiel- und Operettentheater in Breslau. 73, 110
Løvstaken, Berg bei Bergen, Norwegen. 951
Loewe, Max (1855–1899), Schauspieler in Berlin und Breslau, Mit Alfred Halm Direktor des Neuen Sommertheaters in Breslau. 462
Loewe, Theodor (1855–1936), Theaterdirektor am Breslauer Stadttheater, Thaliatheater und Lobetheater, die zeitweilig miteinander verbunden waren; Schriftsteller. 386, 387
Loewenfeld, Emmy. Zu Emmy Loewenfeld gibt es unterschiedliche Angaben; am wahrscheinlichsten ist die Max Epsteins: »Die Geldgeberin [für ›Schall und Rauch‹] war Frau Emmy Loewenfeld, die etwa sechzigjährige Witwe eines Arztes, die schwärmerisch an Max Reinhardt hing und ihre Begeisterung nach und nach durch Hergabe von einigen hunderttausend Mark bewies, bis sie wegen Verschwendung entmündigt wurde.« Zitiert in: Max Reinhardt in Berlin. Hrsg. von Knut Boeser und Renata Vatková, Berlin 1984, S. 56–63, Zitat S. 57. Es handelt um einen nicht näher gekennzeichneten Ausschnitt aus Epsteins Buch: Max Reinhardt. Berlin 1918, das aus Zeitgründen nicht angesehen werden konnte. Ähnlich Huesmann S. 12, Beleg S. 83 (Epstein, a.a.O. S. 79 f.). Vgl. auch die Angabe im Kommentar der Briefe Arthur Schnitzlers (Bd. 1, 1875–1912. Frankfurt/M 1981, S. 948): »geb. Wolff, Arztwitwe [...]«. – Auch M profitierte von Emmy Loewenfelds Großzügigkeit. So schrieb er am 7.10.1908 an Margareta Gosebruch: *Mir hat einmal solch eine Dame namens Emmy [...] einen grossen Dienst erwiesen: ich verdanke ihr eigentlich den Davoser Winter.* Sie starb vermutlich im April 1912 (*Warst Du bei unserer guten Tante Emmy Begräbnis?* M an Kayssler, 30.4.1912); M ließ Blumen schicken (ebd.). In den Briefen kommt sie meist als »Frau Dr.« vor. 514, 523, 532, 535, 551, 589, 639, 650, 660[?], 668, 677, 888, 932, 957
Loewenfeld, Raphael (1854–1910), Theaterleiter, Schriftsteller, Redakteur, Gründer und Leiter des Berliner Schillertheaters, Übersetzer von Tolstois Werken. 521, 668, 669
Lohmann, vielleicht auch Lehmann; beide Namen konnten für Görlitz nicht ermittelt werden. 332
Lohmeyer, Julius (1834–1903), Erzähler, Lyriker, Dramatiker, zeitwei-

se Redakteur des »Kladderadatsch« und Gründer der Zeitschriften »Deutsche Jugend« und »Deutsche Monatsschrift«. — Gedichte eines Optimisten (1885). 236, 767

Loki, germanischer Gott, oft Begleiter Thors, half, dessen Hammer zurückzuholen. 68, 890

Lolli, vermutlich Charlotte Ostler. 294

London. 102, 714, 733, 906

Lorentz, Paul, Deutschlehrer am Sorauer Gymnasium, Nachfolger von Paul Reinthaler. 335, 351, 833

Lot, Gestalt des Alten Testaments; seine Frau wurde beim Untergang Sodoms, weil sie zurückblickte, in eine Salzsäule verwandelt, vgl. 1. Mose 11, 27 und 1. Mose 19. 421

Loti, Pierre, eigentlich Julien Viaud (1850–1923), französischer Erzähler. — Mein Bruder Yves, Roman (1883, deutsch 1901). — In der »Romanwelt« H. 1 von 1893 las Kayssler bereits einen Ausschnitt in Übersetzung. 198

Lotz, Walther (1865–1941), Volkswirtschaftler, Professor in München. 146, 152

Louise, Köchin bei Carl Ernst und Elisabeth M. 211

Loups, vielleicht auch Loup (dieser Name konnte nachgewiesen werden), Gast (oder Gäste) in der Pension in Wolfenschießen, nichts Näheres ermittelt. 565, 903

Löwenthal, Dr. med., leistete gleichzeitig mit Kayssler seinen Wehrdienst. 214

Lübeck, Hansestadt, Hauptstadt des gleichnamigen Freistaats. 395, 403

Lübke, Wilhelm (1826–1893), Kunsthistoriker. Grundriß der Kunstgeschichte. 2 Bde. Stuttgart 1. Aufl. 1855, s. Gyges.

Ludwig II. (1845–1886), ab 1864 König von Bayern, ließ prachtvolle Schlösser bauen (Neuschwanstein, Linderhof, Herrenchiemsee), war ein Verehrer und Förderer Richard Wagners. 246

Ludwig XIV. (1638–1715), König von Frankreich, der »Sonnenkönig«. 54

Ludwig, Emil, Schauspieler in Berlin, später in Hamburg. 517, 653, 691, 930, 957

Ludwig, Otto (1813–1865), Schriftsteller. — Der Erbförster, Tragödie (1845–1849). 193, 476 — Shakespeare-Studien, entstanden ab etwa 1847, erschienen postum 1871. 193

Lüneschloß, Louise von s. Louise M, geb. von Lüneschloß, Ms Großmutter.

Luitgarda, Heilige. 885

Lugano, Stadt im Schweizer Kanton Tessin, am Luganer See. 603, 606, 800, 951, 952

Lukian(os) (um 120–180), griechischer Schriftsteller. 869

Lumír, tschechische Literaturzeitschrift, benannt nach einem Sänger und Dichter der böhmischen Sage, wurde nach 2 vorangegangenen Zeitschriften gleichen Namens (1851–1863 und 1865–1866) 1873 von Jan Neruda (1984–1891) und Vítězslav Hálek (1835–1874) gegründet und erschien bis 1940 mit wechselnden Untertiteln. Die Zeitschrift wurde insbesondere in den beiden letzten Jahrzehnten des 19. Jahrhnderts zum Organ der Lumíristen, einem Dichterkreis, dem die Hinwendung zum Kosmopolitismus (im Gegensatz zum Nationalismus z.b. des Kreises um die Zeitschrift »Ruch« (etwa: Bewegung, tschechisch)) gemeinsam war, außerdem das Streben nach formaler Perfektion und die Ablehnung außerliterarischer Ansprüche an die Dichtung. – Von M erschienen die Gedichte DER NACHTWANDLER, MEERESBRANDUNG, DIE WEIDE AM BACHE und CARITAS, CARITATUM CARITAS in der tschechischen Übersetzung von Jaroslav Kvapil (»Lumír« 27 (1899) H. 9, S. 104 f.). 503

Lundgren, Peter. 756

Luther, Martin (1483–1546), Reformator. 134, 655, 792, 795, 823, 825 f.

Lutze, Heinrich, Oberlehrer am Sorauer Gymnasium (Griechisch und Französisch). – Auch 2 Töchter werden erwähnt. 22, 28, 77, 82, 108, 110, 774, 957 —— Die Töchter. 28 f.

Luzern, Hauptstadt des gleichnamigen Schweizer Kantons, am Abfluß der Reuß aus dem Vierwaldstättersee. 547, 560, 630, 844, 897, 898, 917, 951, 952

Lynx, ein Pseudonym, unter dem 1896 ein Gedichtband »Aissa und Anderes«, hrsg. von der literarischen Vereinigung Wien, in Dresden im Pierson-Verlag erschien. Eine positive Besprechung von Anton Lindner brachte die »Gesellschaft« 12 (1896) Bd. 2, S. 966. Hiernach handelt es sich um Liebes- und Vagantenlyrik, teils erotisch und von Lebenslust geprägt, teils kritischen oder satirischen Charakters. 326

Lysias (um 445–nach 380 vor Christus), Athener Schriftsteller, verfaßte als Logograph Gerichtsreden für andere, im Fall der Rede XII, gegen Eratosthenes, einen der 30 Tyrannen von Athen (403 v. Chr.), auch in eigener Sache. Seines vorbildlichen Stils wegen Schullektüre. 22

Lysipp(os), griechischer Bronzebildner des 4. vorchristlichen Jahrhunderts. 781

Machatzke, Martin. 939

Machiavelli, Niccolò (1469–1527), italienischer Staatsmann und Schriftsteller. In seinem Werk »Il Principe« (Der Fürst, 1513, er-

schienen 1532) gibt er Anleitungen für die Herrscher, deren politische Aktionen ausschließlich von der Zweckmäßigkeit und nicht von religiösen oder moralischen Bedenken bestimmt sein sollen. 598
Die Macht der Finsternis s. Tolstoi.
Mackay, John Henry (1864–1933), sozialkritischer Schriftsteller, setzte sich u.a. für Max Stirner ein und schrieb eine Biographie über ihn. – M lernte ihn in seiner ersten Berliner Zeit kennen. In der »Vossischen Zeitung« besprach er Lyrik von Mackay; später fühlte er seine eigenen Gedichte von Mackay vernachlässigt, weil dieser nichts daraus in die Sammlung »Freunde und Gefährten« (1902) aufgenommen hatte. Den Grund vermutete er darin, daß er Mackay nicht (oder nicht ausreichend) rezensiert habe. Vgl. auch das Epigramm JOHN HENRY MACKAY und Abt. Kritische Schriften Nr. 67. 121, 213, 214, 216, 219, 275, 292, 295, 334, 356, 357, 779, 820, 827, 838, 839, 957
März, von Albert Langen gegründete, 1907–1917 erscheinende Kulturzeitschrift, zunächst Halbmonats-, ab 1911 Wochenschrift. 719
Maeterlinck, Maurice (1862–1949), belgischer Schriftsteller, Lyriker und Dramatiker des Symbolismus, philosophischer Essayist. – M verfaßte (mindestens) 2 Maeterlinckparodien: DIE KRANKENSTUBE und ARKEL UND CEROIDE, auch Max Reinhardt hatte unter seinen Schillerparodien eine in der Art Maeterlincks: »Carleas und Elisande« (s.u.), außerdem die Szene »L'intérieur oder Das intime Theater«. 719, Parodien 890, 895, 901
L'intruse, Uraufführung 21.5.1891, Paris. Der akademisch-dramatische Verein in München spielte im Frühjahr 1994 den Einakter in der Übersetzung von Rudolf Lothar unter dem Titel »Der ungebetene Gast«, die nur in der »Gesellschaft« gedruckt wurde (a.a.O. 8 (1892) Bd. 1, S. 310–325). Ab 1892 erschienen mehrfach weitere Übersetzungen: Der Ungebetene oder Der Eindringling o.ä. 202, 474, 519, 532 — Die Blinden, Les Aveugles, Einakter, 1890, ab 1897 mehrfach ins Deutsche übersetzt, von M parodiert als DIE KRANKENSTUBE. — Hinter den Scheiben (offenbar L'Intérieur (1894), deutsch auch: Im Innern, Zu Hause, Daheim (Einakter)). 476 — Monna Vanna, Drama (1902, deutsch 1903). 613, 617, 916 — Pelléas et Mélisande (1893). Deutsche Erstaufführung 12.2.1899, Akademisch-litterarischer Verein Berlin, im Neuen Theater. Der schon ältere Golaud hat das rätselhafte Mädchen Melisande im Wald an einem Brunnen gefunden, auf das Schloß seines Vaters Arkel mitgenommen und zu seiner Frau gemacht. Dort lebt auch sein jüngerer Bruder Pelléas, und die beiden jungen Leute fühlen sich in starker, unbestimmter Liebe zueinander gezogen. Voll Eifersucht tötet Golaud den Bruder, und Mélisande stirbt bei der Geburt ihres

Kindes. Die Ähnlichkeit des Konflikts mit Don Carlos, der seine Stiefmutter Elisabeth liebt, war die Grundlage für Reinhardts »Carleas und Elisande«. Ms verschollene Parodie ARKEL UND CEROIDE bezog sich (u.a.) wahrscheinlich ebenfalls auf dieses Drama, vielleicht zusätzlich auf Hofmannsthals »Die Hochzeit der Sobeide«.

Das Magazin für Litteratur, 1832–1914/15 erscheinende Zeitschrift, zunächst mit dem Titel »Magazin für die Litteratur des Auslandes«, 1884–1890 »Magazin für die Litteratur des In- und Auslandes«, 1890–1903 »Das Magazin für Litteratur«, später »Das neue Magazin für Literatur, Kunst und soziales Leben« (1904/05) und »Magazin für Literatur des In- und Auslandes (1906/08–1914/15). Von M erschienen der Aufsatz BELEUCHTUNG, DOCH AUCH ERLEUCHTUNG? und die Gedichte DER NACHTWANDLER, Der Zyklus TRÄUME (HERRLICH LEBT ES SICH IM TRAUM, HIRT AHASVER, DIE IRRLICHTER, MENSCH UND MÖVE, DIE FLIEGENDEN HYÄNEN, IM HIMMEL, DER HÄSSLICHE ZWERG, DER SCHUSS, DER GLÄSERNE SARG, DAS ÄPFELCHEN, ROSEN IM ZIMMER, DER STERN, KINDERGLAUBE, NACHSPRUCH) sowie DER SÄEMANN und DER NACHTFALTER. 234, 241, 288, 306, 314, 317, 807, 808, 824, 826–828, 831, 835, 957

Magdalena, evtl. Hilfe von Ludwig Landshoff und Philippine Wiesengrund in Fiesole. 665

Magdeburg, Hauptstadt der preußischen Provinz Sachsen, an der Elbe, am Nordende der Magdeburger Börde. 279

Magdeburger Zeitung, Magdeburgische Zeitung, eine der ältesten Zeitungen Deutschlands, soll seit 1662 bestanden haben und erschien bis 1945, zunächst unter anderen Namen; in der 1. Hälfte des 18. Jahrhunderts erhielt sie den Namen Magdeburgische Zeitung. Zu Ms Zeit war sie eine nationalliberale politische Zeitung, die 13x wöchentlich erschien. 625, 919

Mahlmann, Siegfried August. 838

Mailand, Milano, Hauptstadt der gleichnamigen italienischen Provinz, in der Lombardei. 102, 595, 603, 631, 634, 635, 712, 917, 951, 952

Malmø, Insel im Christianiafjord. 950

Manderström. 919

Mann, Mathilde, geb. Scheven (1859–1925), Übersetzerin aus den skandinavischen und später auch anderen Sprachen, zuletzt Lektorin für dänische Literatur an der Universität Rostock. Mathilde Mann gehörte zu den produktivsten Übersetzerinnen ihrer Zeit – notgedrungen, denn sie mußte sich und 2 Töchter mit ihrer Arbeit allein durchbringen (vgl. ihren Brief an Bjørnson, 20.8.1894, nach Abret, Albert Langen, S. 165). 507

Mann, Thomas (1875–1955), Schriftsteller. Die vorliegende Briefstelle ist der einzige Hinweis auf Ms Kenntnis Mannscher Werke, der für diese Zeit ermittelt werden konnte. Später setzte er sich mit Thomas Manns Drama »Fiorenza« auseinander, das den Savonarolastoff behandelt, vgl. T 1905, Bl. 54, als Brief an Efraim Frisch, BRIEFE. Auswahl (1952) S. 190. Vgl. auch Abt. Aphorismen Nr. 115. 685
Mannheim, größte Stadt des Herzogtums Baden. 425, 628, 807, 952
Marbach am Neckar. Das Deutsche Literaturarchiv in Marbach wird Ms Nachlaß nach Abschluß der Ausgabe übernehmen. Ein Teil davon wurde bereits übergeben. Außerdem wird dort versucht, den Nachlaß durch Ankäufe zu erweitern. 734, 736, 822 — Deutsches Literaturarchiv. 734, 736, 746, 750, 753, 775, 802, 805, 816–819, 822, 824, 830, 832, 836, 840, 841, 843, 845, 881, 885–887, 894, 942, 945, 961
Mardalsfoss, Wasserfall (655 m) im Eikisdal, Norwegen. 951
Marholm, Anna, gemeint ist vermutlich Laura Marholm (1854–1905), geb. Mohr, verheiratet mit Ola Hansson, Schriftstellerin, schrieb Dramen, Erzählungen, Essays, aber wohl keine Lyrik. 330, 831
Marie. Bis Ende 1890 ist Marie Oberdieck, danach Marie Goettling gemeint.
Marino, Ort in Italien, an der Bahnlinie Rom–Neapel. 952
Marmier, Xavier (1809–1892), französischer Schriftsteller und Übersetzer. 199
Marni, Jeanne, eigentlich Jeanne Françoise Marnière (1854–1910), französische Schriftstellerin, schilderte in dialogischen Erzählungen die Verirrungen und Laster der Gesellschaft. — Das Album, eine von der Zensur verbotene Szene bei »Schall und Rauch«, geplant für den 22.10.1901, gedruckt »Jugend« 1899, Bd. 1, S. 40–43. (2 kleine Mädchen, eins reich, eins arm, unterhalten sich über ihr Zuhause: harmlos-fröhlich ist das des armen Kinds, während das reiche ein Album vorzeigt, das seine »Papas« versammelt, die alle »gestorben« sind oder bald »sterben« werden. Einer davon versucht vergeblich, mit der Mutter des armen Mädchens anzubändeln.) 563, 902
Marschalk. Gertrud Marschalk (1872–1951) war mit Moritz Heimann verheiratet, Margarete (1875–1957) mit Hauptmann verbunden (Heirat 1904). 942
Martens, Wolfgang. 794, 812
Martin, Paul, Schauspieler und mit Martin Zickel Gründer der Berliner Sezessionsbühne, dann Mitdirektor des Neuen Theaters vor der Übername durch Max Reinhardt. 512[?], 520, 523, 543, 891, 958
Marx, Karl (1818–1881), Philosoph und Nationalökonom, mit Friedrich Engels Begründer des Marxismus. Was M von Marx gelesen hat, ist nicht bekannt. 129

Kommentiertes Register 1125

Maska, nicht ermittelt. 208, 796

Massalien, Peter, Sorauer Gymnasiast, wahrscheinlich Sohn eines Sorauer Superintendenten Massalien, des Vorgängers von Leopold Petri.– Peter Massaliens Spitzname war Uffo. Seine Schwester Dora hieß entsprechend Uffa. Es gab noch eine Anzahl älterer Geschwister. 1905 lebte noch die Witwe Berta Massalien (Sorauer Adreßbuch), vermutlich also die Mutter von Peter und Dora Massalien. Peter Massalien. 77, 84, 93, 134, 143 — Dora Massalien. 92, 93 — Familie Massalien. 98

Masselwitz, Ausflugsort in der Umgebung von Breslau, am Unterwasser der Oder, mit dem Dampfer über Oswitz und Schwedenschanze für (sonntags) 60 Pf. erreichbar. 211

Matkowsky, eigentlich Matzkowsky, Adalbert (1858–1909), Schauspieler, auch Schriftsteller, einer der berühmtesten Schauspieler seiner Zeit, ab 1889 in Berlin am Königlichen Schauspielhaus. 521

Matz, Hermann (1840–?), Pastor primarius an der Kirche St. Maria Magdalena in Breslau. 117

Maupassant, Guy de (1850–1893), französischer Schriftsteller. 410

Maurer, Doris. 887

Mauthner, Fritz (1849–1923), österreichischer Schriftsteller und Sprachphilosoph, 1876–1905 Feuilletonist und Theaterkritiker in Berlin, u.a. am »Berliner Tageblatt«, gehörte schon wenige Monate nach der Gründung zu den 10 ordentlichen Mitgliedern des Vereins »Freie Bühne«. Er wurde vor allem bekannt durch seine Parodiensammlung »Nach berühmten Mustern« (1878–80), die M nicht erwähnt, und durch sein 3bändiges Werk »Beiträge zu einer Kritik der Sprache« (1901 f.) Er schrieb auch Romane und Erzählungen. — Eine intensive Beschäftigung Ms mit Mauthner ist erst ab Ende 1906 belegt; vorher wird er ihm nur als Kritiker und Feuilletonist ein Begriff gewesen sein, vgl. die Belege Abt. Episches S. 929. 542, 855, 896, 935

Max s. Max Reinhardt.

Max, Gabriel (1840–1915), Prager Maler. 809

Max von Bayern, Max(imilian) II. Joseph (1811–1864), ab 1848 König von Bayern. 574, 905

Maximilian I., Kaiser (1459–1519). 844

Medea, Griechische Sagengestalt, verhalf Jason zum goldenen Vlies, rächte sich für seine Untreue dadurch, daß sie ihrer beider Kinder umbrachte. Literarische Gestalt. 20

Medem, A., eine Bekannte der Familie Goettling. Im Dresdener Adreßbuch von 1891 ist eine Freiin Antonie von Medem, Königlich Preußische Stiftsdame, verzeichnet. 180, 297

Medici, Cosimo de' (1519–1574), Florentiner Großherzog. 926 — Ferdinando I. de' Medici (1549–1609), Florentiner Großherzog. 925

Mehden, vermutlich jemand aus der Bekanntschaft der Familie Goettling (vielleicht identisch mit Medem). 150

Mehner, Verwandte Kaysslers, eine Bergratsfamilie und eine Tante, die damals offenbar Witwe war und im November 1893 starb. Bei den Anfang März erwähnten *Bergrat Mehners* (vgl. S. 793) könnte es sich um dieselben Leute handeln, wenn der Mann der Tante kurz zuvor gestorben wäre. Als Kinder zugeordnet werden wahrscheinlich eine verheiratete Tochter (Lichtenstädt) mit 3 kleinen Kindern, die ebenfalls schon 1893 starb, evtl. eine weitere verheiratete Tochter, sodann eine unverheiratete Tochter, die zu ihrem Bruder nach Ens zog, dieser Bruder ist dann der Sohn, der in der Kohleindustrie tätig war und wahrscheinlich mit dem im Brief Kaysslers an M vom 6.2.1914 genannten Rheinischen Vetter Heinrich Mehner identisch ist, dessen älteste Tochter – also wohl das Baby in Nr. 220 – damals heiratete. Außerdem wird ein Vetter erwähnt, der 1893 gerade sein 2. juristisches Examen machte.

Verwandtschaftsbezeichnungen von Kayssler aus: Bergrat Mehners, vermutlich die Tante mit Familie. 793 — Tante Mehner. 168, 177, 191 — der Mehnersche Haushalt (Tante und Cousine). 198 — eine verheiratete Cousine. 168 — eine Cousine Lichtenstädt. 168 [?; vielleicht ist sie mit der vorgenannten identisch]. 177 — deren 3 kleine Kinder. 177— eine (unverheiratete) Cousine. 57, 97, 191, 195 — Heinrich Mehner[?]. 195, 202 (hier auch Frau und kleine Tochter). 324 (die Rheinischen Verwandten). — ein Vetter. 168

Meiningen, Haupt- und Residenzstadt des Herzogtums Sachsen-Meiningen. 204, 414, 760

Meininger, Mitglieder des Hoftheaters Meiningen, das unter der Leitung des Herzogs von Sachsen-Meiningen (1826–1914) durch historische Genauigkeit bei Bühnenbild, Kostümen und Text sowie durch einheitlich durchgestaltete Inszenierungen berühmt wurde und zahlreiche Gastspielreisen durch Europa und nach Amerika machte. 680, 855

Meißner, Franz Hermann. 835

Meissonier, Ernest (1815–1891), französischer Maler und Graphiker, malte Historienbilder von akribischer Genauigkeit und war seinerzeit vor allem beliebt wegen seiner ebenso genauen kleinformatigen Genrebilder. 564

Melanchthon, Philipp (1597–1560), Humanist, Theologe der Reformation, Freund und Mitarbeiter Luthers. 134

Menandros, griechischer Komödiendichter (etwa 342–290 v. Chr.). 739

Mendelssohn, Peter de. 735, 842, 843, 857, 873, 876, 882, 900
Mendelssohn-Bartholdy, Felix (1809–1847), Komponist. 747
Mendès, Catulle (1841–1909), französischer Schriftsteller. — Pierrot l'assassin (Pierrot der Mörder). 476
Menzel, Adolph (1815–1905), Maler und Graphiker, wurde durch seine Lithographienreihen zu Themen aus der preußischen Geschichte bekannt. Als Maler wandte er sich unprätentiösen Sujets zu wie Hinterhöfen, Innenräumen, aber auch Industriedarstellungen. Durch die Wiedergabe des unmittelbaren Eindrucks sowie das Interesse an Farb- und Lichtwirkungen gilt er als Wegbereiter des Impressionismus. Seine repräsentativen Gesellschaftsbilder sind ebenfalls ohne Pathos dargestellt. – M hat Menzel vielleicht in der Nationalgalerie kennengelernt. – Vgl. auch Abt. Aphorismen Nr. 99. 247, 252, 275
Meran, Stadt und berühmter Kurort – vor allem Frühjahrs- und Herbstkuren – in Südtirol. Im Sommer 1894 plante M zunächst einen Aufenthalt *in der Nähe von Meran*, fuhr aber dann nur in den Harz. In den Jahren 1906–1910 hielt er sich mehrfach in oder bei Meran auf, in Untermais bei Meran ist er auch gestorben. 222, 223
Mercier, Louis-Sébastien (1740–1814), französischer Schriftsteller. 748, 752
Merok, Marok, Ort am Geirangerfjord, einem Arm des Nordfjord in der Fjord- und Insellandschaft der Umgebung von Molde. 878, 951
Merzdorf, bei Ruhbank, Kreis Bolkenhagen, Bahn- und Poststation von Rudelstadt/Schlesien. 39
Mesching, Edgar, nicht ermittelt. 692
Messenien, Landschaft auf der Peloponnes. 684
Meyer, Hamburger Kaufmannsfamilie. Arnold Otto Meyer (1825–1913), Ms Taufpate, ging als junger Mann nach Ostasien und lebte mehrere Jahre in Singapur, gründete 1857 die Firma Arnold Otto Meyer Im- und Export in Hamburg, deren Seniorchef er bis 1899 blieb; er bekleidete außerdem öffentliche Ämter. Kunsthändler war er nicht direkt, aber er erweiterte eine ererbte Sammlung von Handzeichnungen, wodurch er vielleicht die Bekanntschaft Carl Ernst Ms machte. – Er war mit Luise Caroline geb. Ferber (1833–1907) verheiratet; das Ehepaar hatte 5 Kinder, Eduard Lorenz (später Eduard Lorenz Lorenz-Meyer, 1856–1926), Magdalena (1857–1940), Helene Emilie (1860–1943), Luise Emerentia (1861–1944), Meta Sophie Emerentia (1866–1928). Ein Jahr nach dem Tod von Ms Mutter nahmen die Meyers M in ihre Familie auf. Zu diesem Zeitpunkt waren der Sohn und die älteren Töchter Meyer bereits verheiratet, außer Meta dürfte nur Luise Emerentia noch im Elternhaus gelebt haben. In Hamburg besuchte M die »Höhere Knabenschule, Vorbereitungs-

anstalt für die mittleren Classen der Gymnasien« von Ernst August Gottlieb Diercks in der Großen Theaterstraße 31. M ging in die Sexta und die Quinta, d.h. er besuchte die Quinta wahrscheinlich nur bis zu den Sommerferien (Nr. 2, 23.8.1882, läßt vermuten, daß M schon wieder nach Bayern übergesiedelt war). – Die Schule von Diercks hatte im Februar 1881 66 Schüler und 5 Klassen, ein Jahr später 51 Schüler und 3 Klassen. Vermutlich hatte sie also 3 Klassen (Sexta bis Quarta), die z.T. doppelzügig geführt wurden. Das Schulgeld betrug je nach Klassenstufe 48–66 Mark im Vierteljahr. Die Stundenverteilung laut Stand vom 31.3.1876 lautete: wöchentlich 2 Stunden jeweils Religion, Weltgeschichte, Geographie, Rechnen, Geometrie, Algebra. – 2 Stunden insgesamt Lesen und Deutsch. – 3 Stunden Englisch. – 4 Stunden Französisch. – 6 Stunden Latein. Dies bezieht sich offenbar auf das ganze Dreijahresprogramm, so daß nicht feststellbar ist, welche Unterrichtsfächer M nun genau hatte. Wenn in jedem Jahr eine Fremdsprache hinzukam, so war es wohl zuerst Latein (Sexta), es folgte vermutlich Englisch (Quinta) und dann Französisch (Quarta, wie in den preußischen Gymnasien üblich). Für M würde das heißen, daß er damals schon kurze Zeit Englischunterricht hatte, an den er später anknüpfte (vgl. Nr. 16) – Englisch war eine Hamburger Besonderheit, es wurde auch in den Volksschulen gegeben. (Die Angaben zu Diercks und seiner Schule beruhen auf den Akten im Staatsarchiv Hamburg, Bestandsnummer 361 2 II, Signatur B 142 Nr. 3 und 5; ich danke Anthony Wilson für seine Recherchen. K.B.) – Über die Gründe von Ms Rückkehr nach Bayern nach nur gut einem Jahr Aufenthalt in Hamburg ist nichts Genaues bekannt; Carl Ernst M berichtete später: »Ein Hauptgrund, weshalb A.O. Meyer den Gedanken, Christians Erziehung weiter zu fördern, aufgab, mag wohl in Einflüssen der übrigen Familie Meyer gelegen haben, die die Befürchtung hegte, die alten M. möchten Chr. in ihrem Testamente irgendwie bedenken; denn als ich Chr. wieder zurücknahm, ersuchte mich A.O. M. um eine Erklärung, daß ich niemals Erbansprüche an ihn oder s. Familie für Chr. machen würde, was ich selbstverständlich sofort tat. Mir wäre das überhaupt nie im Schlafe eingefallen, an mir doch eigentlich ganz fremde Menschen derartige Ansprüche zu stellen.« Über den Aufenthalt in Hamburg schreibt er weiter, daß er für M »eine bedeutende Verfeinung in Sitten und Maniren« mit sich brachte, die »leider sehr rasch« in Landshut »wieder verwischt wurden.« Die Übersiedlung nach Breslau habe dann die »bajuwarische Rauheit wieder etwas abgeschliffen« (an Margareta M, 28.7.1922). In Meta Meyer hat der kleine Christian sich damals offenbar verliebt, während sie ihn offenbar nicht so

ernst nahm, wie er sich das wünschte. Vgl. hierzu auch die deutlich autobiographische Erzählung SO EIN KLEINER JUNGE, in der der Junge allerdings ein bis zwei Jahre älter ist, als M es damals war. Mit Meta Meyer hat M nach seiner Rückkehr nach Bayern noch Briefe gewechselt.
Familie Meyer. 10, 11 — Arnold Otto Meyer. 11, 949 — Meta Meyer. 9, 958
Meyer, Conrad Ferdinand (1825–1898), Schweizer Erzähler und Lyriker. M nennt ihn gern zusammen mit Gottfried Keller und Theodor Storm, vgl. auch Abt. Aphorismen Nr. 1777. 276, 328
Meyer, Joseph (1796–1856), gründete mit seiner Frau Minna (1804–1874) das Bibliographische Institut, in dem u.a. preiswerte Literaturausgaben und zahlreiche geographische Werke herausgegeben wurden sowie 1839–55 die 1. Auflage von Meyers Großem Conversations-Lexikon. Der sogenannte Kleine Meyer erschien ab 1870–72 zuerst 1bändig, später 3bändig, 1898/99 die 6. erweiterte Auflage. 252, 460, 500, 706, 714, 735, 884, 892, 917
Meyer, Rudolf. 733
Meyer-Camberg, Sammlung. 840, 868
Meyer-Förster, Elsbeth (1868–1902), Schriftstellerin. 521
Mia s. Marie Gerdes.
Micha(s), zur Verwandtschaft oder Freundschaft von Efraim oder Fega Frisch gehörend. 630
Michael, Friedrich. 729, 781
Michelangelo Buonarroti (1475–1564), italienischer Architekt, Bildhauer, Maler, auch Dichter. 820, 833
Ausmalung der Decke der Sixtinischen Kapelle in Rom, 1508–12. 101 — Fresco des Jüngsten Gerichts an der Stirnwand der Sixtinischen Kapelle, 1535–41. 101 — Grabmal Julius II.: Michelangelo erhielt 1505 von Julius II. den Auftrag für den Entwurf, er entwarf ein freistehendes Grabmal, das über 40 Figuren umfassen sollte. Es kam aber bald zu Mißhelligkeiten mit dem Papst, so daß Michelangelo aus Rom floh und erst 1508 zur Ausmalung der Sixtinischen Kapelle zurückkehrte. Nach dem Tod Julius II. nahm er die Arbeit am Grabmalprojekt wieder auf; es wurde schließlich in mehrfach reduzierter Form als Wandgrab verwirklicht und statt im Petersdom in der Kirche San Pietro in Vincoli aufgestellt. Die zentrale Gestalt ist die Sitzfigur des Moses (um 1513–16), außerdem sind die Figuren rechts und links von ihm, Lea und Rahel, von Michelangelo, weiteres stammt von anderen Bildhauern; andere von Michelangelo für das Grabmal geschaffene Figuren – 2 Sklaven (Paris, Louvre); Siegergruppe (Palazzo Vecchio, Florenz), die Boboli-Sklaven (Accademia,

Florenz) – wurden in die Endfassung nicht aufgenommen. 647
(Moses), 305 (Sterbender Sklave, Louvre) — Grabmal des Lorenzo
de' Medici, vgl. STIMMUNGEN VOR WERKEN MICHELANGELOS, Text
und Kommentar. Außerdem gehört zu der Gruppe eine Madonna mit
Kind. 294 f. — Pietà, 1498–1500, in der Peterskirche in Rom. 647
Michelozzo di Bartolommeo (1396–1472), italienischer Baumeister
und Bildhauer. 926
Migro, Migra, Spitzname der Familie Ilgen.
Milano s. Mailand.
Mimi, Frl., wohl eine Bekannte der Familie M. 16
Minden, Hauptstadt des gleichnamigen Regierungsbezirks der preußischen Provinz Westfalen. 458
Miodowski, Felix, Sorauer Gymnasiast, machte 1891 Abitur und studierte Medizin. 68
Mirabeau, Honoré Gabriel Riqueti, Graf von Mirabeau (1749–1791), französischer Schriftsteller und Politiker, führte in seiner Jugend ein bewegtes, »zügelloses« Leben. 32
Mirbeau, Octave (1850–1917), französischer Dramatiker und Romancier. — Geschäft ist Geschäft, Uraufführung 20.4. 1903, Paris, deutsche Erstaufführung (Übersetzung: von Max Schönau) 2.10.1903 Berlin, Deutsches Theater und Wien, Hofburgtheater. – Efraim Frisch schrieb für »Das Theater« eine Kritik der Berliner Aufführung a.a.O. Bd. 1, S. 30 f. Der von M vorgeschlagene Zusatz wurde nicht eingefügt. (Inhalt in Kindlers Literaturlexikon.) 686, 687, 941
Mittenwald, Ort in Oberbayern, an der Isar, Amtsgericht Garmisch. 949
Der Misanthrop s. Moliere.
Misch, Robert (1860–1929), Schauspieler, Kunstkritiker, Lustspieldichter, Erzähler, verfaßte u.a. mit Gustav von Moser (s.d.) den Schwank »Der sechste Sinn«.
Misdroy, Seebad auf der Ostseeinsel Wollin. 15
Mittelsteine, Dorf in Kreis Neurode, Grafschaft Glatz. 22, 23, 38, 39, 81, 85, 86,
Mitterwurzer, Friedrich (1844–1897), Schauspieler, hauptsächlich in Wien, 1886–1894 Gastspielreisen. – Im Herbst 1893 gastierte er am Münchner Gärtnerplatztheater mit Lindaus »Der Andere« und Jones' »Der Silberkönig«. 176
Mjøsen, größter See Norwegens (in den Ämtern Akershus, Hedemarken, Kristians). 950
M. M. A. s. Moderner Musenalmanach.
Mock, Heinrich. 874

Modena, Hauptstadt der gleichnamigen italienischen Provinz. 613, 916, 917, 952

Moderne. Die Diskussion um den Vorrang des Antiken oder des Modernen wird in der europäischen Ästhetik seit dem Ende des 17. Jahrhunderts geführt; zentrales Moment ist die programmatische Abgrenzung gegen vorangegangene Kulturströmungen; damit kann auch der Inhalt des jeweils Modernen wechseln. Der Begriff »die Moderne« wurde in Anlehnung an »die Antike« gebildet und gewann im Programm der Naturalisten neue Aktualität. So lautet etwa die 6. These des Berliner literarischen Vereins »Durch«: »Unser höchstes Kunstideal ist nicht mehr die Antike, sondern die Moderne« (»Allgemeine Deutsche Universitätszeitung« 1 (1887) S. 10, zitiert nach: Die literarische Moderne. Dokumente zum Selbstverständnis der Literatur um die Jahrhundertwende. Hrsg. von Gotthard Wunberg. Frankfurt/Main 1971, S. 2). Von Hermann Bahr wird der Begriff auch auf die nichtnaturalistischen neuen Strömungen wie Neuromantik, Symbolismus oder Décadence übertragen; in der Diskussion Ms und Kaysslers über dieses Thema steht offenbar die Auseinandersetzung mit dem Naturalismus im Mittelpunkt. 175, 176, 178–180

Moderner Musenalmanach, hrsg. von Otto Julius Bierbaum, erschien 1893 und 1894, ein für 1895 geplanter Almanach kam nicht zustande. 242–244, 249, 275

Möckern: Landgemeinde im Kreis Leipzig, Bahnstation Gohlis-Möckern. 77

Möhrke, Otto, »frische Blumen und Kunsthandlung, W Schillerstr. 15« (Berliner Adreßbuch 1901 und 1904, 1904 noch mit dem Zusatz: »Kgl. rumänischer Hoflieferant«. 669 f.

Moeller van den Bruck, Arthur (1876–1925), Schriftsteller. 931

Möhrmann, Renate. 735

Mörike, Eduard (1804–1875), Lyriker, Erzähler, Übersetzer. 318, 330[?; Möricke, Zuordnung unsicher], 831.

Mok, vielleicht ein Spitzname oder eine Abkürzung, evtl. für ein Mitglied der Familie Oberdieck. 23, 745

Molde, Seestadt im norwegischen Amt Romsdal, am Moldefjord. 279, 280, 487, 488, 490, 491, 501, 878, 950, 951

Molière, eigentlich Jean Baptiste Poquelin (1622–1673), französischer Komödiendichter. — L'avare (Der Geizige) (1668). 71, 176 — La malade imaginaire (Der eingebildete Kranke) (1673). 71, 295, 332, 834 — Le Misanthrope (Der Misanthrop oder Menschenfeind) (1666). 295, 332

Moller, Adolf, Direktor des Magdalenengymnasiums in Breslau. 16, 178, 789

Molot, nicht ermittelt. 565

Moltke, Helmuth Graf von (1800–1891), preußischer Generalfeldmarschall, damals sehr populär, wurde »der große Schweiger« genannt (NDB). 72

Mommsen, Theodor (1817–1903), Historiker. 782

Monatsschrift für Neue Litteratur und Kunst, Nachfolgezeitschrift der »Neuen litterarischen Blätter«, bestand von Oktober 1896 bis September 1898, ging dann im »Magazin für Litteratur« auf. Herausgeber und Redakteur war Paul Bornstein. Er veröffentlichte von M das Gedicht DIE NACHT (*Aus den Toren*) sowie die Texte RICHARD DEHMEL und ZUR NEUEN ÄRA. 344, 366, 602, 831, 834, 912

Mongré, Paul, eigentlich Felix Hausdorff (1868–1942), Mathematiker, berühmt durch seine Veröffentlichungen zur Mengenlehre, schrieb unter dem Pseudonym Paul Mongré auch über Literatur, Kunst, Philosophie und verfaßte eine Komödie. Eine Schrift über Max Klingers »Beethoven« erschien 1902 in Leipzig. 917

Monna Vanna s. Maeterlinck.

Monopol, Hotel und Café, Berlin NW, Friedrichstr. 100. 330, 353, 424, 513

Montaigne, Michel Eyquem de (1533–1592), französischer Philosoph und Schriftsteller. Les essais, entstanden ab 1572, Erstausgabe 1580, stark erweitert und verändert 1888, letzte Fassung 1895, Übersetzungen ab 1753/54; M besaß die Ausgabe »Essays« in der Übersetzung von Waldemar Dyhrenfurth, Breslau 1896, die im Nachlaß vorhanden ist und Anstreichungen und Randbemerkungen aufweist. – Den ersten Band einer Ausgabe der »Essais« (welche, konnte nicht ermittelt werden) schenkte er Dagny Fett zum Geburtstag (N 1899, 9.3.). – Die Essais, mit denen Montaigne die Gattung Essay begründete, entwerfen kein geschlossenes Lehrgebäude, sondern bringen eine Fülle von nur assoziativ verbundenen Gedanken, Reflexionen, Notizen und Zitaten zu den verschiedensten Themen, wobei es um die Erforschung des Menschen in seiner Widersprüchlichkeit, um menschliche Selbsterkenntnis und Selbstfindung etc. geht; Montaigne beschreibt und analysiert – auch immer wieder sich selbst –, aber er gibt keine Urteile ab, vielmehr regen seine Überlegungen zum eigenen Denken an. 481

Montreuil, Montreuil-sous-Bois, in der Nähe von Paris oder Montreuil-sur-mer im französischen Departement Pas-de-Calais. 330

Moor, Spitzname der Familie Goettling.

Moos, Julius. Über Julius Moos konnte trotz ausgedehnter Recherchen (für die ich allen Beteiligten danke. K.B.) nichts Genaues ermittelt werden. Margareta M, die offenbar Verbindung zu Moos hatte und in ihrer Briefausgabe 1952 bereits einige Briefe Ms an ihn veröffentlichte, vermerkte folgendes: »schwäbischer Industrieller [...]. Er war erholungshalber viel auf Reisen und traf mit Morgenstern gelegentlich wieder zusammen, den er um etwa zwanzig Jahre überlebte. Zuletzt hatte er sich am Bodensee angesiedelt.« BRIEFE. Auswahl (1952) S. 531. Ergänzt werden kann, daß es sich bei Julius Moos offenbar um ein Mitglied der Familie Elias Moos handelt, denn die letzten Briefe (21.9.1903, 8.3.1904, 29.8.1905) sind nach Stuttgart, Keplerstr. 20 adressiert, wo die Firma Elias Moos, Import von überseeischen Häuten, ihren Sitz hatte. Teilhaber waren damals Albert, Hermann und Siegfried Moos (Julius Moos wird nicht genannt, ist auch in den damaligen Stuttgarter Adreßbüchern nicht verzeichnet, aber da er dort wohnte, ist Verwandtschaft anzunehmen). Ein Julius Moos aus Ulm (27.1.1883, Ulm – 15.2.1944, Theresienstadt) konnte ermittelt werden, hierbei muß es sich um einen anderen Julius Moos handeln als um Ms Bekannten.

M und Moos lernten sich in Dr. Turbans Sanatorium in Davos kennen, er ist in der Gästeliste (Abb. Kretschmer, Wanderleben, S. 95) als »Herr Julius Moos, Stuttgart« verzeichnet. Aus den Jahren 1901–1905 sind 25 Briefe und Karten Ms an ihn überliefert (davon 1 nur als Druck), seine Briefe an M sind nicht erhalten. Moos gehört zu den Leuten, die M bei Bedarf mit Geld aushalfen (Nr. 877). Die Verbindung zu Moos scheint danach eingeschlafen zu sein, nur 1908 findet sich eine Notiz Ms, daß er Moos schreiben wolle (T 1908/09 I, Bl. 150), ob er das ausgeführt hat, ist nicht bekannt. In den Listen zur Versendung von Büchern, der Heiratsanzeige etc. taucht sein Name nicht auf. Ms Briefe an Moos kamen über die Industrie-und Handelskammer Stuttgart (die aber auch keine Auskünfte geben konnte) ins M-Archiv. 547, 548, 552, 560, 570, 575, 577, 595, 603, 604, 606, 608, 625–627, 631, 634, 651–653, 657, 672, 685, 912–914, 923, 958

Mora, Gemeinde im schwedischen Län Kopparberg, Wohnort des Malers Anders Zorn. 694

Moreau, Émile (1852–1922) s. Sardou.

Moreau, Jean Victor (1763–1813), französischer General. 84

Morgenstern

Morgenstern, Amalia Petronilla, geb. von Dall'Armi (2.12.1852–14.12.1922), genannt Amélie, zumindest von Carl Ernst M und dann auch von M – diese Namensform wird in unserer Ausgabe durchgehend verwendet –, wurde Ms erste Stiefmutter, s.u. Sie zog vor der Scheidung von Carl Ernst M (s.u.) nach München, Anfang April 1893 fuhr sie zusammen mit M, der sein Studium in München fortsetzen wollte, dorthin und ist für den 10.11.1893 im Münchner Meldebogen verzeichnet. 1899 zog sie wieder nach Starnberg. Obwohl M klagte, daß sie ihn in seiner Jugend nie richtig verstanden habe (Nr. 528), war er ihr doch für ihre Fürsorge, ganz besonders während seiner Rippenfellentzündung im Sommer 1893 in München, zeitlebens dankbar. Deshalb wollte er auch der Forderung des Vaters und vor allem wohl Elisabeth Ms, den Kontakt zu ihr abzubrechen, nicht nachkommen. Trotzdem hörten sie einige Jahre nichts voneinander, erst im März 1901 ist – dem vorhandenen Material nach – die Verbindung wieder aufgenommen worden und blieb bis zu Ms Tod – und mit Margareta M wohl noch länger – bestehen. »Groß und ehrlich war meine Zuneigung zu diesem edlen, feinen und gütigen Menschen«, versicherte sie dieser in ihrem Kondolenzbrief (4.4.1914). Auch sie unterstützte M gelegentlich finanziell. 9–11,13–17, 20, 29, 35, 40, 51, 55, 57, 60, 66, 72–74, 78, 81, 82, 88, 96, 102, 106, 118, 130, 132, 136, 141–143, 146, 148, 150, 155, 162, 166, 168, 179, 184, 195, 198, 204, 205, 404, 542, 563, 578, 592, 622, 623, 640, 675, 696, 737, 788, 790, 791, 830, 851–853, 902, 958, s. auch »Eltern« unter Carl Ernst M.

Morgenstern, Carl Ernst (14.9.1847–7.9.1928), Ms Vater, geboren in München, Landschaftsmaler, ab 1884 Lehrer, später Professor an der Kunst- und Kunstgewerbeschule in Breslau. Er besuchte in München das Gymnasium, war, was die Ausbildung zum Maler betrifft, Schüler seines Vaters Christian Ernst Bernhard M und seines Schwiegervaters Josef Schertel, hauptsächlich aber wohl Autodidakt. Er selbst skizziert seinen Lebensgang so: »Betrieb das Studium der Kunst selbständig. Einfluß von Eduard Schleich [d.Ä., 1812–1874, ein Malerfreund seines Vaters]. Reisen in Oberital., Holland, Belgien; länger in Paris. [...] Ist als Maler sozus. als Entdecker d. maler. Schönheit d. Riesengebirgskamms bekannt u. macht dafür Schule.« Es folgt der Hinweis auf zwei Hefte mit Radierungen und eine Serie von 45 Künstlerkarten aus d. Riesengebirge u. vom Zobten. (Wer ist's. Unsere Zeitgenossen, 1906). – Am 10.8.1870 heiratete er Charlotte Schertel, nach deren Tod Amélie von Dall'Armi (25.4.1881), von der er 1894 scheiden ließ, um Elisabeth Reche zu heiraten (24.4.1894). Da er seiner geschiedenen Frau Unterhalt zahlen mußte, wurde das Geld für Ms Studium knapp, so daß dieser selbst hinzuverdienen mußte. In der Folgezeit kam es offenbar immer wieder zu heftigen Auseinandersetzungen zwischen Carl Ernst M und seiner neuen Frau auf der einen und M auf der anderen Seite, so daß der Vater 1895 – ausgerechnet zu Ms Geburtstag – die Trennung auslöste. Erst 1908 kam es, nachdem M in den vorhergehenden Jahren schon mehrfach eine Wiederannäherung erwogen hatte, zu einer Neuaufnahme der Verbindung, die jedoch krisenanfällig blieb (Genaueres in den folgenden Briefbänden). Nach Ms Tod jedoch schien der Vater alle Probleme vergessen zu haben, er war stolz auf die Leistungen des Sohnes, pries und verteidigte seine Werke (Beispiel: »Christians ›Stufen‹ [Abt. Aphorismen] sollte man wie den Faust immer bei sich führen, um daraus Lebensweisheit zu schöpfen«, an Margareta M, 3.6.1918). Er merkte offenbar nicht, daß Margareta M diskret auf Distanz ging. Am liebsten hätte er es gehabt, wenn sie zu ihm gezogen wäre (und ihm sein Alter versüßt hätte) (vgl. Brief Kaysslers an Margareta M, datierbar um den 29.3.1916). Die unbekümmerte Naivität seines Verhalten irritierte sie so, daß sie anscheinend Rudolf Steiner deswegen zu Rate zog; auf dem Brief Carl Ernst Ms an sie vom 4.4.1924 vermerkte sie »er war nicht ›böse‹ sagte auch Steiner – jedoch ein Egoist u. irgendwie lebensfremd«. – Im Nachlaß sind noch 13 Briefe an Margareta M aus den Jahren 1914–1927 vorhanden.

Während von den Briefen Carl Ernst Ms an den Sohn seit dessen Landshuter Zeit – für das Hamburger Jahr fehlen sie leider – noch eine ganze Reihe vorliegt, ist von Ms Briefen nichts mehr vorhanden: der Vater hat sie entweder gar nicht aufbewahrt oder nach dem Zerwürfnis vernichtet. Erst aus der Zeit nach 1908 gibt es wieder Briefe. – Ein Photo Carl Ernst M ist Abt. Aphorismen veröffentlicht; Kayssler beschreibt sein Äußeres 1891 anläßlich der Aufführung der »Hundewette« so (Nr. 106, dort nicht zitiert): *Ich hatte mir die Haare kurz schneiden und pudern* [wegen der abweichenden Haarfarbe] *lassen u. der österreich. Spitzbart ließ auch nichts zu wünschen übrig. Der Rock, taubenblau, der ausgeschnittene Kragen, die gestreiften Beinkleider – alles war genau kopiert* [...]. 9–17, 22, 29, 31, 35, 40, 48, 55–57, 60, 64, 65, 68, 71–75, 78, 81, 82, 84–89, 95–97, 100–102, 105, 106, 114, 117, 118, 120, 129–131, 136–138, 141, 142, 147, 155, 159, 161, 168, 169, 171, 173, 175, 177, 179, 184, 185, 191, 194, 195, 198, 199, 201, 203, 205, 206, 208–210, 212, 213, 218, 221, 222, 224, 228, 230–232, 240, 247, 259, 260, 282, 318, 325, 421, 712, 718, 722–730, 732, 733, 739, 751, 754, 764, 771, 776, 781, 782, 790, 793, 795, 803, 808–813, 821, 825, 829, 847, 851, 871, 877, 878, 880, 884, 886, 891, 892, 899, 905, 911, 924, 928, 930, 934, 936, 947, 949, 950 –– »Eltern«, d.h. Carl Ernst und Amélie M. 723, 739, 741, 743, 755, 769, 790, 811, 851, 902, 949
Tagebuchaufzeichnungen. 87 — Die Münchner Jahresausstellung. 87, 89

Morgenstern, Charlotte, weitere Vornamen: Magdalena Leopoldine

Karoline Emma Ludowika, geb. Schertel (16.9.1849–9.4.1880), Ms Mutter, Tochter von Emma und Josef Schertel, s.d. Sie war anscheinend eine gute Klavierspielerin, liebte besonders die Musik Mozarts (daher Ms 4. Vorname Wolfgang) und dichtete auch ein bißchen; Emma Schertel schickte am 27.8.1891 8 von ihr abgeschriebene Gedichte Charlotte Ms an M, 3 Strophen eines Gedichts in bayerischer Mundart sind zitiert Abt. Lyrik 1887–1905, S. 975. Wegen ihres frühen Todes ist darüber hinaus nicht viel bekannt; M hat sie selbstverständlich geliebt und verehrt; der Gedichtband EINKEHR (1910) ist ihrem Andenken gewidmet. – Vgl. u.a. auch Abt. Aphorismen Nr. 1 (S. 10) und 174, das Gedicht VOR DEM BILDE MEINER VERSTORBENEN MUTTER und AN DEN ABGESCHIEDENEN GENIUS MEINER MUTTER sowie Bauer, Chr. M. (1985) S. 17f. Ein Photo Abt. Aphorismen. 9, 10, 132, 184, 268, 282, 293, 322, 542, 563, 829, 949

Morgenstern, Christian Ernst Bernhard (29.9.1805–26.2.1867), Landschaftsmaler, Ms Großvater väterlicherseits. Er wurde in Hamburg geboren und mußte bereits nach dem Tod seines Vaters (Carl – oder Johann – Heinrich, 1769–1813) selbst für seinen Lebensunterhalt sorgen, da die Mutter (Anna Maria M geb. Schröder, 1773–1855) noch weitere 4 Kinder durchbringen mußte (ein weiterer Sohn starb einjährig 1804; eine der Töchter, Johanne Katharine, war die Mutter von Wilhelm Xylander, s.d.). Er kam zu den Malern Suhr, 3 Brüdern, die außer ihrer Kunst u.a. eine Spielkartenfabrik betrieben und mit Städte- und anderen Panoramen auf Reisen gingen. Der junge M wurde zu allerlei Hilfsleistungen herangezogen, durfte kaum zur Schule gehen und konnte sich nur in der knapp bemessenen Freizeit oder nachts im Zeichnen üben. Es gelang ihm, in Siegfried Bendixen (1786–1864) einen Förderer zu finden, der ihn in seine Malschule aufnahm und ihm später ein Reisestipendium nach Norwegen vermittelte, wo er 1826 etwa ein halbes Jahr verbrachte. Danach besuchte er bis zum Herbst 1828 die Kopenhagener Akademie, kehrte dann nach Hamburg zurück und übersiedelte im November 1829 nach München, von wo aus er weitere Reisen unternahm, vor allem bis 1840. 1844 heiratete er Louise von Lüneschloß, 1847 wurde der Sohn Carl Ernst geboren. Er berichtet über diese Zeit: »[...] den Sommer brachte er auf dem Lande mit seiner Familie in den schönsten Gegenden unweit Münchens zu, wie Murnau, Starnberg und Brannenburg am Inn, wo er viele Motive zu Bildern fand, es zog ihn aber sein Sinn wieder in die ausgedehnten Ebenen, Elbstrand und Seeküsten hin, aus denen er mit besonderer Vorliebe oft Mondnächte malte, wovon mehrere zu seinen gelungensten Arbeiten gezählt wer-

den«. 1850 folgte ein 5wöchiger Helgolandaufenthalt, der »so ganz für seinen Geschmack war. Rings umher die unendliche See, dann die öde Düne mit den langüberrollenden Wogen, die zerklüftete Westküste der Insel selbst fesselten und begeisterten ihn sehr [...]«. Ab 1853 wählte er 5 Jahre lang Dachau bzw. einen Ort in der Umgebung zum Sommeraufenthalt, da ihm die Gegend »mit ihren grossartigen Fernsichten über die weite Ebene nach den Alpen« besonders zusagte und er auch »die weitausgedehnte Moorfläche« als Malmotiv schätzte. Heft im Nachlaß, 19 S. Text von Christian Ernst Bernhard M in der Abschrift Louise Ms, datiert »München März 1860«, Zitate S. 16, 17, 18 u. 19. Quellen außerdem: »Nachfahrentafel des Carl Traugott Morgenstern [Großvater Christian Ernst Bernhard Ms, 1731–1769], Altona 1764«, »Der Morgenstern« 1 (1938) H. 5, S. 34, im Nachlaß vorhanden), NDB. – Im Nachlaß ist noch weiteres biographisches Material zu Ms Großvater vorhanden, so Ausschnitte aus der Grabrede, anderen Würdigungen, Ausstellungsberichte, eine Liste seiner in Museen vorhandenen Werke. – M widmete seinem Andenken das Gedichtbuch MELANCHOLIE (1906). Ein Photo ist Abt. Aphorismen wiedergegeben.   322, 829
Morgenstern, Elisabeth, geb. Reche s. Elisabeth Reche.
Morgenstern, Louise Gertrude Maximiliane, geb. von Lüneschloß (13.9.1804–8.6.1874), Ms Großmutter väterlicherseits. – M schrieb (höchstwahrscheinlich) über sie: *war sehr aristokratisch, sanft, gütig* (T 1909 I, Bl. 95, nur dieses Satzfragment), er wird aber nur wenig Erinnerung an sie gehabt haben, da er bei ihrem Tod erst 3 Jahre alt war. Sonst stellt er nur noch einige Fakten über sie zusammen: *Louise v. Lüneschloss, ihr Vater, Karl* [vermutlich Lücke] *bad. Hauptmann, nahm Abschied, kaufte Herr. Chiemsee, starb auf der Reise dahin,* [...]. *Hatte 2 Töchter Amalie u. Louise. L. erbte Chiemsee.* [...] *L.s Vormund Hauptmann Diez, der in s. Tasche verwaltete* [...] *hatte d. Gut verwirtschaftet, als L. 21 Jahre alt war. Darauf Prozess zwischen L. u. Diez. 10 Jahre. Abfindung schliesslich 10 000 Guld. Königin Karoline v. Bayern liess sie in adl. Fräuleininstitut v. München erziehen.*[...]. A.a.O. Bl. 96, datierbar Januar/Februar 1909. (Die Angabe bei Bauer, Chr. M. (1985) S. 16 ist vermutlich eine Mischung aus dem oben zitierten Satzfragment und Ms Charakterisierung der anderen Großmutter, Emma Schertel, im Brief an Margareta Gosebruch vom 18.11.1908.). Photo s. Abt. Aphorimen.   435 (als Fiktion Ms), 829, 863 (Fiktion)
Morgenstern, Margareta, geb. Gosebruch (1879–1968). M und sie lernten sich im August 1908 kennen und heirateten im März 1910. Nach Ms Tod lebte sie mit Michael Bauer zusammen.   712, 718,

722–730, 732, 733, 739, 754, 771, 776, 781, 783, 795, 803, 810, 811, 821, 825, 829, 847, 871, 877, 878, 880, 884, 886, 891, 892, 899, 905, 911, 924, 928, 930, 936, 947

Morgenstern, Gustav (1867 – vermutlich nach 1943; bis dahin ist er außer 1937/38 in Kürschners Literaturkalender verzeichnet, aber nicht im Nekrolog), Schriftsteller, Redakteur, Übersetzer aus dem Dänischen, Norwegischen und Schwedischen. Er lebte in den 90er Jahren des vorvergangenen Jahrhunderts zeitweise in München und veröffentlichte Rezensionen und selbständige Artikel in der »Gesellschaft«. Hinter dem ebenfalls relativ häufig vorkommenden Pseudonym »Ballonmütze« (als gegenbürgerlichem Symbol) verbarg sich nach Kaysslers Angabe in Nr. 220 ebenfalls Gustav Morgenstern, vielleicht auch noch hinter anderen Pseudonymen. Später lebte er in Leipzig und war Feuilletonredakteur der »Leipziger Volkszeitung«. – Gustav Morgenstern ist gewissermaßen der Doppelgänger Christian Ms, verursacht vor allem durch beider Übersetzertätigkeit. Schon an Julius Bab mußte M am 21.10.1905 schreiben: *Es freut mich aufrichtig für meinen Namensvetter in Leipzig – denn er ist allerdings der Übersetzer – daß Ihnen Heibergs Stück* [vermutlich »Tragödie der Liebe«] *in seiner Übersetzung solch einen Eindruck gemacht hat.* Auch im Autographenhandel sind vereinzelt Briefe Gustav Morgensterns unter dem Namen Christian Ms aufgetaucht. (Gustav Morgenstern kürzt seinen Vornamen meist mit G ab und hängt den Nachnamen ohne Abstand direkt an, was Verwechslungen, die unter dem Aspekt besserer Verkäuflichkeit auch beabsichtigt sein können, erleichtert.) 203

Mori, Ort in Südtirol, am rechten Ufer der Etsch, an der Bahnlinie nach Arco und Riva. 950

Moser, Gustav von (1825–1903), Offizier, später Lustspieldichter. — Mit Robert Misch: Der sechste Sinn, Schwank, Uraufführung 6.2.1892 Berlin, Lessingtheater. In Breslau in derselben Spielzeit im Lobetheater gegeben. 112 — mit Franz von Schönthan: Krieg im Frieden (1881). 336 — Der Veilchenfresser (1874). 332[?; Kaysslers Hinweis, er spiele einen *Köchinnenschatz* (nicht zitiert), läßt dieses Stück wahrscheinlich werden, obwohl es im »Neuen Theateralmanach« für Görlitz nicht verzeichnet ist.]

Moser, Kolo(man) (1868–1918), österreichischer Maler, Graphiker, Kunstgewerbler, Mitbegründer der Wiener Sezession und der Wiener Werkstätten, Professor an der Wiener Kunstgewerbeschule. 679

Moskau (russisch Moskwa), im 12. Jahrhundert gegründet, bis 1712 Hauptstadt des Russischen Reichs; zu Ms Zeit war St. Petersburg die offizielle Hauptstadt, Moskau blieb Krönungsstadt und galt weiterhin als 2. Hauptstadt. 352, 679

Kreml (meist auf einer Anhöhe gelegener befestigter Kern russischer Städte im Mittelalter), der Moskauer Kreml erhielt im wesentlichen in den Jahren 1485–95 die heutige Gestalt; er ist von einer mit Wehr- und Tortürmen besetzten roten Backsteinmauer in Form eines unregelmäßigen Dreiecks umgeben. Er war die Residenz der Großfürsten, Zaren und Metropoliten und enthält vor allem Kirchen, Klöster, Paläste (heute großenteils anders genutzt). — Der Rote Platz an der östlichen Kremlmauer war Zentrum des Handels und des politischen Lebens, Schauplatz von Prozessionen, Aufständen und Hinrichtungen. Im Süden des Platzes befindet sich die sogenannte Basiliuskathedrale, benannt nach der volkstümlichen Gestalt des Wassilij Blashennij (Wassili der Törichte, der »Narr in Christo Wassili«), eigentlich Pokrow-Kathedrale (= Mariä Schutz und Fürbitte). Die Kirche wurde unter Zar Iwan dem Schrecklichen zur Erinnerung an die Eroberung von Kasan in den Jahren 1555–60 erbaut. Der Überlieferung zufolge ließ er den oder die Baumeister danach blenden, damit nie wieder etwas so Schönes geschaffen werden könnte. — Erlöserkirche, Kathedrale in Moskau, von Konstantin Andrejewitsch Thon in den Jahren 1837–81 zur Erinnerung an den Krieg 1812–14 in einem historisierenden, pseudoaltrussischen Stil erbaut, Höhe 102 Meter. Der Bilderschmuck der Kirche stammt u.a. von den Malern Wereschtschagin und Siemiradski. 352, 837 (Basiliuskathedrale)

Moskwá, der Moskau durchfließende Fluß, entspringt in den Smolensk-Moskauer Höhen und mündet bei Kolomna in die Oka. 352

Motz, Elisabeth. 943

Mozart, Wolfgang Amadeus (1756–1791), österreichischer Komponist, galt insbesondere dem 19. Jahrhundert als Inbegriff von Klassizität, Heiterkeit und Harmonie. 247, 134

Müggelsee, von der Spree durchflossener, ca. 7,5 km^2 großer und bis 8 m tiefer See südöstlich von Berlin, an dem auch Friedrichshagen liegt. Einen Fluß mit Namen Müggel gibt es nicht. 323, 381, 414, 837

Müller, Hotelier. 608

Müller, Schauspieler, spielte 1890/91 am Breslauer Stadttheater den König Ottokar in Grillparzers Drama. Im Neuen Theateralmanach ist kein Schauspieler dieses Namens für das Stadttheater verzeichnet, weder fest engagiert noch als Gast. Kayssler beschrieb ihn als *eine mächtige Gestalt, fast zu groß* (Nr. 67, nicht zitiert). 57

Müller, Ernst (1861–1900), wissenschaftlicher Schriftsteller, Übersetzer, Redakteur der Zeitschrift »Der Zuschauer«. 161

Müller, Hedwig. 735

Müller, Hermann (1860–1899), Schauspieler in Lübeck, Halle, Breslau (Lobetheater), Wien, Berlin, ab 1894 am Deutschen Theater, spielte in der 1. öffentlichen Aufführung von Hauptmanns »Webern« den alten Ansorge. Welchen Schauspieler Müller M nach Nr. 255 kennengelernt hat, Hermann oder Theodor Müller (s.u.) bleibt offen, Richard Müller war der bekanntere. Er war verheiratet mit der Schauspielerin Minna Müller (1865–1930). 232 [?], 463 475
— Minna Müller. 476
Müller, Peter. 746
Müller, Theodor (1832–1896), Schauspieler (Komiker) u.a. in Berlin, spielte bei der 1. öffentlichen Aufführung von Hauptmanns »Webern« den Lumpensammler Hornig. 232[?], s.o.
Müller-Rastatt, Carl. 893
Mukl, Muckel, Mukel s. Erich Thiele. Muklina, Mucklima s. Hedwig Thiele.
Mulus (Plural: Muli): studentensprachliche Bezeichnung für die jungen Männer, die nicht mehr Schüler und noch nicht Studenten waren (mulus = Maulesel, lat.). 109
München, Haupt- und Residenzstadt des Königreichs Bayern, Ms Geburtsstadt. 11, 13–16, 29, 56, 88, 89, 97, 120, 125, 141–143, 146, 148, 152–154, 157, 160–162, 166, 168, 169, 172, 173, 175, 177, 179, 182, 185, 191, 195, 198, 199, 202, 204–207, 212, 216, 221, 223, 234, 236, 244, 251, 269–272, 281, 293, 294, 322, 324, 335, 337, 363, 366, 401, 416, 417, 431, 507, 511, 517, 540, 543, 546, 547, 552, 553, 556, 568, 572, 575, 576, 583, 600, 613, 618, 620, 621, 652, 660, 664, 666, 674, 675, 678, 683, 692, 699, 713, 716, 732–736, 741, 743, 744, 756, 767, 773, 777, 784–786, 792, 793, 795, 796, 806, 815, 817, 818, 829, 835, 839, 855, 880, 891, 896, 898, 905, 911, 916, 917, 920, 921, 933, 937, 945, 948, 949, 952 — Staatsbibliothek München. 897, 961 — Stadtbibliothek München. 815, 821, 826, 830, 836, 842, 846, 847, 849, 854, 855, 860, 861, 864, 887, 889, 897, 899, 900, 905–907, 920, 922, 923, 961
Münchener Neueste Nachrichten, von 1848–1945 erschienene Zeitung, erschien zu Ms Zeit 2x täglich. 178, 182, 790
Münchener Original-Überbrettl, ein Berliner Kabarett. Am 26.6.1902 schickte M 6 Stücke hin, welche, ist nicht bekannt (N 1902). 920
Münchhausen, Börries von (1874–1945), Schriftsteller, vor allem als Balladendichter bekannt. — Richard Dehmel. »Die Kritik« 4 (1897) Bd. 11, Nr. 132, 10.4.1897, S. 708 ff. Die Rezension war der Anlaß, daß Dehmel wegen Unsittlichkeit angeklagt wurde, weiteres s. Dehmel und Abt. Kritische Schriften S. 601 f. 366
Münster, Fritz (etwa 1872 – Februar 1896), Freund Ms, 1893 zuerst erwähnt, Mitglied des Vereins »Sic«. Zum Wintersemester 1894/95

kam er nach Berlin, wo die Freundschaft noch kurze Zeit fortgesetzt wurde. Münster regte M zu seinen Horaztravestien an, und seinem Andenken hat M die Gedichte später gewidmet. Allerdings ist es wenig wahrscheinlich, daß er tatsächlich Mitverfasser der Gedichte gewesen sein soll. Sein Beitrag wird sich bestenfalls auf die Auswahl der Oden und evtl. auf unter Freunden übliche Diskussion von Einzelfragen beschränkt haben. — Es kam dann bald zu Spannungen zwischen den Freunden. Alfred Guttmann berichtet in seinem Buch »Musik in Goethes Wirken und Werken« in einer Anmerkung: »Als der — 1894 — noch ganz unbekannte Dichter [...] mit dem Verfasser und einem andern seiner Freunde zusammensaß und Probleme der Dichtung mit ihm erörterte, kam die Rede auf dies Thema [Travestie]. Da regte jener Dritte den Dichter an, den alten Horaz zu travestieren und ihn in die Gegenwart zu versetzen. Gleich beim nächsten Picknick, zu dem der Freundeskreis alle zwei bis drei Wochen auf meiner Studentenbude zusammenkam, las Morgenstern uns die ersten Travestien vor. Wir waren begeistert: ›Das mußt du drucken lassen!‹ — Aber kurz darauf entstand zwischen dem Anreger und dem Dichter in meiner Gegenwart ein schwerer Konflikt, der zum Ende der bisherigen Freundschaft führte. So schien das Schicksal des Manuskripts besiegelt. Doch einige Jahre später starb jener Freund. Da ließ der Dichter die Travestie anonym erscheinen mit der Notiz ›Dem Andenken an F. M.‹ Erst in der dritten Auflage wurde es unter Morgensterns Namen gedruckt und trug nun die Widmung ›Dem Andenken an Fritz Münster.‹« a.a.O. S. 124.   193, 197, 199, 213, 233, 242, 247, 248, 792, 806, 807, 958

Muncker, Franz (1855–1926), Professor für Literaturgeschichte in München.   185, 765

Murillo, Bartolomé Esteban Perez (1618–1682), spanischer Maler, malte neben religiösen Bildern (bekannte Madonnenbildnisse) vor allem Szenen aus dem Leben des einfachen Volks. Seine Darstellungen von zerlumpten, aber hübschen und fröhlichen Betteljungen waren in Reproduktionen weit verbreitet. Bei den von M in Nr. 177 genannten 4 Kinderszenen handelt es sich um die in der Münchener Alten Pinakothek befindlichen Bilder: Bettelbuben beim Würfelspiel (etwa 1670–75), Melonen- und Traubenesser (1645/46), Pastetenesser (etwa 1670–75), Kleine Obsthändlerin (etwa 1670–75) (oder »Melonenesser«, eine Kopie nach Murillo).   150 — Madonnen.   343, 413

Murnau, Kurort in Oberbayern, Bezirksamt Weilheim, nahe dem Staffelsee. Während M vor der Gymnasialzeit meist Privatunterricht hatte, ging er in Murnau auch einmal »ein paar Wochen« in die »Dorfschule« (Bauer, Chr. M. (1985) S. 14).   949

Musenstall, ein von Kayssler mehrfach erwähntes Kabarett in Berlin. In Zusammenhang damit werden die Namen Steinert, Edel, Zickel genannt. Der »Musenstall« taucht 1901 in einer Karikatur (von Lucian Bernhard (eigentlich Emil Kahn, 1883–1972), Maler, Plakatkünstler, Werbegraphiker) auf, einer Litfaßsäule, die ganz und gar mit Kabarettanzeigen beklebt ist; dort steht oben: »Musenstall«, dann u.a. eine halbmondförmig gebogene Gestalt in Frack und Zylinder, dann unten: »E. Edel's Überbrettl«. In einer Anzeige, in der der »Tod« des Trianontheaters angezeigt wird, findet sich unter den »Hinterbliebenen« auch »Im Musenstall: Der hungrige Pegasus« (Abbildung in: Volker Kühn: Das Kabarett der frühen Jahre, S. 43). Der »Musenstall« sollte in den Räumen des alten königlichen Marstalls eingerichtet werden (aus den »Berliner Briefen« Eugen von Jagows für die Münchner Allgemeine Zeitung übernommene Zitate in die Rubrik »Kritische Ecke« der »Gesellschaft« 17 (1901), Bd. 3, S. 367). Sonst konnte darüber nichts Konkretes ermittelt werden (mit dem Kabarett »Der hungrige Pegasus« ist es offenbar nicht identisch), es ist auch nicht sicher, ob der Plan verwirklicht wurde. Unter den 43 Kabaretts, die von Ernst König (Überbrettl, S. 147–149) aufgelistet werden, findet es sich nicht. Nach Kaysslers Angabe in Nr. 745 sollte er auch Unter den Linden spielen. Dort soll es nach König, a.a.O., S. 147, Anm. 3, ein »Cabaret unter den Linden« gegeben haben, gegründet von Eugen von Enzberg, auf das er nicht weiter eingeht, das aber wohl auch nicht der »Musenstall« ist. Ein anderer Hinweis findet sich in den Briefen Wedekinds, er schloß auf Initiative Zickels einen Vertrag mit José Ferenczy, der 1899–1907 Direktor des Centraltheaters Berlin war, vgl. auch Nr. 745, Kommentar. Der Name »Musenstall« taucht aber auch in diesem Zusammenhang nicht auf.   548–550, 898

Musset, Alfred de (1810–1857), französischer Schriftsteller, einer der bedeutendsten Vertreter der französischen Romantik. Seine Komödien zeichnen sich durch die Verbindung von geistreicher Leichtigkeit und Frivolität mit Melancholie, Skepsis und Tragik aus. 534

N, bei Poststempeln: Nachmittag, d.h. 13–24 Uhr.

Nanni (Wilke?), wohl eine Schwester von Luise Kayssler, s.d.

Nansen, Peter (1861–1918), dänischer Schriftsteller, 1896–1916 auch Leiter des Verlags Gyldendal in Kopenhagen. Nansens Werke erschienen auf deutsch, vermutlich in der Übersetzung von Mathilde Mann (angegeben nur in den Ausgewählten Werken von 1912) im Verlag S. Fischer. Vgl. Abt. Kritische Schriften Nr. 78   458, 466, 492

Judiths Ehe. Ein Roman in Gesprächen (1899); Ms Rezension: Abt.

Kritische Schriften Nr. 78. 462, 872 — Die Feuerprobe. Novellen (1899). 492, 881

Napoleon, Napoléon Bonaparte (1769, Ajaccio/Korsika–1821, St. Helena), als Kaiser der Franzosen (1804–1814/15) Napoleon I. Ms Napoleonverehrung steht im Zusammenhang mit seiner Bevorzugung der sogenannten »großen Menschen«, vgl. u.a. auch Abt. Aphorismen Nr. 756. 31, 50, 448, 596 — Die Mutter Napoleons, Maria Letizia Bonaparte geb. Ramolino (1750–1836), soll sich »durch seltene Schönheit und natürlichen Verstand« ausgezeichnet haben, »obwohl sie ganz ungebildet war« (Meyers Großes Konversationslexikon Bd. 3. Leipzig und Wien 1906, S. 193). 611

Napoleon III. (1808–1873), von 1852–1870 Kaiser der Franzosen. 947

Napoléon Louis, Herzog von Talleyrand-Perigord (1811–1898), ab 1862 Herzog von Sagan, damaliger Besitzer des Saganer Schlosses. 62

Das Narrenschiff, von Januar 1898 bis März 1899 bestehende Wochenschrift, Untertitel: Blätter für fröhliche Kunst (H. 1–59), danach: Berliner illustrierte Wochenschrift. Redakteure waren: Ludwig Abels (H. 1–3), Edmund Edel (H. 1–23), Max Osborn (H. 4–11), Max Sklarek (H. 12–23), Hans Hyan (H. 38–52). Von M erschien AUS EINER OLLENDORFSCHEN GRAMMATIK, das Gedicht DEM DEUTSCHEN VOLKE, die Epigramme SPRICH TAUSEND SCHÖPFERISCHE WERDE, DU DENKST, NUN SEI ES und WIR LYRIKER, das HORATIUS-TRAVESTITUS-Gedicht BEATUS ILLE/ EIN GOTT, SAG ICH und die Erzählung DIE VERSAMMLUNG DER NÄGEL. 399, 413, 423, 434, 849, 850, 854, 856

Narrenschlitten, endgültiger Name: Schall und Rauch.

Nather, Ernst (1846–?), Oberlehrer am Breslauer Magdalenengymnasium (Deutsch[?], Französisch[?], Kunstgeschichte[?]). Nather schrieb auch Theaterkritiken für die »Schlesische Zeitung«; er war mit der Familie Kayssler bekannt oder befreundet; Kayssler verteidigt den Lehrer deshalb gelegentlich gegen M, der unter den Breslauer Lehrern gelitten hatte und deshalb offenbar kein gutes Haar an ihnen lassen wollte. 55, 62, 64, 74, 85, 100, 104, 147, 277

Nationalgalerie. Die Berliner Nationalgalerie entstand aufgrund einer Schenkung des Berliner Bankiers Joachim Heinrich Wilhelm Wagener (1782–1861), dessen Privatsammlung den Grundstock der Galerie bildete. Sie wurde 1861 in den Räumen der Kunstakademie eröffnet und erhielt später einen eigenen Bau, der in den Jahren 1866–76 nach Entwürfen Friedrich August Stülers (1800–1865) von Johann Heinrich Strack (1805–1880) errichtet wurde; sie sollte der damals modernen bzw. zeitgenössischen »vaterländischen« Kunst dienen.

1874 wurde der sehr konservative Max Jordan Direktor der Galerie; von seinem Nachfolger erhofften sich viele eine fortschrittlichere Ankaufspolitik; Hugo von Tschudi (1851–1911), Schweizer Kunsthistoriker und 1896–1909 Direktor, gelangen zwar interessante Erwerbungen, trotzdem konnte er diese Hoffnungen nur zum Teil erfüllen, da ihr die konservative Kulturpolitik Wilhelms II. entgegenstand. – Ms Tätigkeit an der Nationalgalerie dauerte gut 1 ½ Jahre, von Mitte April 1894 bis zu Max Jordans Rücktritt Ende 1895. Es waren Katalogisierungsarbeiten u.ä., von denen er nur wenig und widersprüchlich berichtet (Nr. 230, 253, 278); in einem Epigramm heißt es: *Ich habe die Summen nicht verdient / durch mein träges Zettelschmieren.* Vermutlich hat er (auf die Dauer) weniger *Eifer und Freude* (Nr. 278) als Langeweile und Überdruß empfunden. – Ein Blatt im Nachlaß zeigt die Art seiner Tätigkeit: So mußte er etwa Vornamen, Beruf und Lebensdaten der Leute ermitteln, die *von dem Maler Franz Krüger für sein Gemälde »Die grosse Huldigung 1840« porträtirt worden sind.* Blatt im Nachlaß, eine Liste, die M weitergab und mit einigen Ergänzungen (fremde Schrift) zurückerhielt, datiert *Berlin, Januar 1895.* 206, 208–210, 212, 213, 231, 236, 247, 251, 289, 294, 795, 805, 825

Die Nation, 1883–1907 in Berlin erscheinende Wochenschrift, pflegte Wirtschaft, Politik, Literatur, Theater und wissenschaftliche Tagesfragen. Herausgeber war Theodor Barth. 893

Nationalzeitung, nationalliberale Tageszeitung, erschien 1848–1930. Unter der Redaktion Max Osborns hoffte M, dort Berichte aus der Schweiz und aus Italien veröffentlichen zu können, es erschien aber nur DREI DOME. – Später wurden noch 2 Gedichte in der Nationalzeitung veröffentlicht: MONDNACHT ÜBER MERAN und DIE SCHUHE. 619, 622, 625, 776, 813, 919, 923

Naturalismus, literarische Richtung, etwa von 1870–1900, die sich konsequent auf die Darstellung der Realität beschränkte, vornehmlich die Probleme der sozial Schwachen darstellte (z.B. Hauptmanns »Weber«), deren Sprache, Alltagsjargon und z.T. Dialekt, benutzte und die bürgerliche Doppelmoral kritisierte. Da die naturalistischen Dramen meist (zunächst) von der Zensur verboten wurden (»De janze Richtung paßt uns nich«, Bernhard von Richthofen zum Verbot von Sudermanns »Sodoms Ende«, oft zitiert und in Büchmanns »Geflügelte Worte« aufgenommen), wurde etwa der »Verein Freie Bühne« gegründet, um sie wenigstens nichtöffentlich spielen zu können. In Berlin war das Deutsche Theater während der Direktion Otto Brahms eine Hochburg des naturalistischen Theaters. Vgl. Erich Ruprecht [Hrsg.]. Literarische Manifeste des Naturalismus

1880–1892. Stuttgart 1962. – M stand dem Naturalismus seiner künstlerischen Einseitigkeit wegen kritisch gegenüber, vgl. hierzu u.a. MIT EUREM NATURALISMUS und KNOCHENFRASS. 462, 533, 629, 639, 907
Naumburg, Kreisstadt im preußischen Regierungsbezirk Merseburg, an der Saale. 265, 266
Neapel, Hauptstadt der gleichnamigen italienischen Provinz, am Golf von Neapel, Region Kampanien. 19, 204, 652
Nedbal, Oskar (1874–1930), tschechischer Komponist und Dirigent, bis 1906 Bratschist des Böhmischen Streichquartetts. 876
Neisch, Wirtin oder Wirtsleute Ms in Charlottenburg. 507
Nemisee, Kratersee in den Albanerbergen, Provinz und Kreis Rom. 952
Nervi, Ort in der italienischen Provinz Genua. 603, 606, 652, 914, 952
Neuburg s. Schwaben und Neuburg.
Neue Deutsche Rundschau s. Freie Bühne.
Neue Freie Presse, liberale Wiener Tageszeitung (1864–1939), gegründet von Michael Etienne, Max Friedländer, Adolf Werthner, legte besonderes Gewicht auf das Feuilleton und war auch außerhalb Österreichs weit verbreitet, vgl. Servaes, Rudolf Strauß u.a.
Neue freie Volksbühne s. Freie Volksbühne.
Neue litterarische Blätter, Monatsschrift, bestand von 1892/93–1895/96, fortgeführt als Monatsschrift für neue Litteratur und Kunst, Herausgeber waren (nacheinander): Franziskus Hähnel, Heinrich Stümcke, Willy Rath, Paul Bornstein; Redakteure: Hähnel (Jahrgang 1–3,1), Stümcke (3,2–7), Hans von Basedow (3,8), Bornstein (3,8; 4,1–2 und 6–12). Erscheinungsort war zunächst Bremen, dann Berlin, zuletzt Braunschweig. Von M wurden veröffentlicht: Die Gedichte WIE EINST; DER TEMPEL DER NACHT; FORT; EIN WUNSCH; ES PFEIFT DER WIND; O–RAISON D'ESCLAVE; SOMMERNACHTSTRÄUME; MONDAUFGANG (*Aus schwarzen*); außerdem die Rezension: GEORG HIRSCHFELD: DER BERGSEE. 234, 335, 806
Der Neue Merkur, 1914–1925 mit Unterbrechung im 1. Weltkrieg erscheinende Monatsschrift im Verlag Georg Müller, mit Efraim Frisch als Herausgeber (Jg. 3 und 4 zusätzlich Wilhelm Hausenstein) und Redakteur (Jg. 2 zusätzlich Arthur Kauffmann). 730, 748, 750, 753, 756, 761, 763, 765, 767, 771
Neue Schweizer Rundschau. 800
Neue Shakespeare-Bühne, 1903 von Erich Paetel gegründet. 934
Neues Theater, Berlin, Schiffbauerdamm 5, 1892 eröffnet, Direktoren waren (nacheinander) Max Loewenfeld, Siegmund Lautenburg,

Nuscha Butze, Nuscha Butze und Paul Martin, Paul Martin und Max Pütz; ab Februar 1903 Max Reinhardt, der bis 1906 Direktor blieb. 652, 686, 688, 695, 698, 854, 885, 929, 930, 932, 934, 939, 941, 944, 946, 947

Neuer Theater-Almanach, Jahrbuch, erschien ab 1890, hrsg. von der Genossenschaft Deutscher Bühnen-Angehöriger, später mit dem Titel Deutsches Bühnenjahrbuch. 735, 768, 769, 807, 836, 845, 857, 887, 912, 930, 940, 942

Neuert, Hans (1838–1912), Schauspieler, s. Ganghofer.

Neuhausen, damals noch selbständiger Ort zwischen München und Nymphenburg, ab 1890 zu München gehörend. Am 26.4.1873 war die Familie M dorthin gezogen, sie wohnte bis zum Tod Charlotte Ms in der Äußeren Nymphenburger Straße 23, vgl. auch Abt. Aphorismen S. 461. Allerdings kann der dort erwähnte Aktenvermerk »Wohnt in Starnberg« nicht schon vom Tag der Einbürgerung Carl Ernst Ms (1.3.1878) stammen, sondern muß eine spätere Zutat sein. Der »Familienbogen« wurde auch sonst im Lauf der Jahre durch neue Angaben ergänzt. 9, 949

Neuland. Monatsschrift für Politik, Wissenschaft, Litteratur und Kunst, erschien von Oktober 1896–März 1898. Redakteur und Verleger: Johann Sassenbach. 342, 834

Neumann, Ernst (1871–1954), Maler und Graphiker, Mitglied der »Elf Scharfrichter«. 541

Neumann, Karl Eugen (1865–1915), österreichischer Indologe, Übersetzer buddhistischer Texte. 597

Neumann-Hofer, Otto (1857–1941), Theaterdirektor, Redakteur, Schriftsteller, war u.a. 1890–96 Feuilletonredakteur und Theaterkritiker am »Berliner Tageblatt«, 1890/01 Herausgeber und Redakteur des »Magazins für Litteratur«, 1897–1905 Direktor des Berliner Lesssingtheaters, 1912 Gründer und bis 1919 Leiter des Deutschen Operntheaters in Charlottenburg, dann Leiter eines Schweizer Theaterkonzerns und ab 1925 freier Schriftsteller in Detmold. 387, 417, 669, 855, 934

Neumittelwalde, Stadt im Regierungsbezirk Breslau, Kreis Großwartenberg, hatte ein Amtsgericht. 131, 949

Neurode, Kreistadt im preußischen Regierungsbezirk Breslau, in der Grafschaft Glatz, Schlesien, Geburtsort Kayßlers. 89

Neuwied, Kreisstadt im preußischen Regierungsbezirk Koblenz. 884

Newald, Richard. 736

Nibelungen, Gestalten der germanischen Heldensage, im Nibelungenlied, entstanden um 1200, zunächst die Besitzer des Nibelungenhorts; nach dessen Eroberung durch Siegfried ging der Name auf ihn

und seine Leute, die Burgunden, über. Im 19. Jahrhundert wurde die Sage mehrfach Dramenstoff, vgl. u.a. Richard Wagners vierteiliges Bühnenfestspiel »Der Ring des Nibelungen« (1848–56 und 1864–74) und Hebbels Dramentrilogie »Die Nibelungen« (1855–60). 80, 81, 133 — Nibelungenlied, Nibelungenstrophe. 765
Nicklas-Kempner, Nicklass-Kempner, Selma (1849–1928), Sängerin (Koloratursopran) und Gesangspädagogin, u.a. in Rotterdam und Wien; ab 1895 lehrte sie am Sternschen Konservatorium in Berlin. 384
Nieder-Adelsbach, Dorf im Kreis Waldenburg, nahe Bad Salzbrunn. 161, 169–171, 173, 175, 178, 191, 950
Niederberger-Zumbühl. 952
Niedner, Alexander, Jurist, heiratete Hilde Zitelmann. Das N 1899 vermerkt für den 22.7. eine Karte an ihn. M notierte später: *Ich kenne zwei Leute, die ich als Staatsmänner auf unsere alleröffentlichsten Posten wünschte: Werner Sombart und Alexander Niedner.* T 1905, Bl. 44. Datierbar Herbst 1905. 781, 855
Niehaus, Wolfgang. 731
Niels Lyhne s. Jacobsen.
Niese, Hansi (1875–1934), später berühmte Wiener Charakterkomikerin, aber auch Darstellerin tragischer Rollen, verheiratet mit dem Schauspieler Josef Jarno. 572
Nietzsche, Franziska, geb. Oehler (1826–1897), die Mutter Friedrich Nietzsches. 263, 265, 266, 272, 813–815, 958
Nietzsche, Friedrich (1844–1900), einflußreicher Philosoph und Kulturkritiker der Wende zum 20. Jahrhundert, Essayist, Lyriker, Aphoristiker. M beschäftigte sich ab Oktober 1893 nachweislich mit Nietzsche (erste Nennung in Nr. 203, 30.10.1893) und blieb ihm, später relativiert, zeitlebens verbunden. Was er zuerst gelesen hat, ist nicht mehr zu ermitteln. – Vgl. auch Abt. Aphorismen Nr. 1 (AUTOBIOGRAPHISCHE NOTIZ) und Nr. 544–566 sowie Abt. Kritische Schriften »Morgenstern und Nietzsche«.– M hat sein erstes Buch, IN PHANTAS SCHLOSS, Nietzsche gewidmet; er hat auch einige Briefe mit Nietzsches Schwester, Elisabeth Förster-Nietzsche, gewechselt. 182, 189, 193, 199, 202, 225, 246, 247, 263, 265, 266, 268, 273, 275, 287, 304, 320, 322, 323, 329, 335, 347, 348, 349, 353, 358, 380, 399, 436, 460, 465, 514, 515, 517, 520 (ein Nietzschebuch), 573, 582, 587, 596, 607, 608, 637, 655, 700, 735, 808, 816, 830, 844, 863, 868, 869, 881, 888, 890, 891, 913, 926, 931
Also sprach Zarathustra. Ein Buch für Alle und Keinen (1883–1885). 348, 606, 608, 804, 817, 826, 836, 838, 881, 903, 910, 913 f.; daraus auch: Zarathustras Vorrede, 4, Werke, Bd. 2, S. 282, 1–12: »Ich liebe

die, welche nicht zu leben wissen« – »Übermenschen werde«. 341; »Aber die Dichter lügen zu viel.« Mehrfach abgewandelt. Teil II, Kapitel »Von den Dichtern«, S. 382–385. 225, 329; »Nur Narr! Nur Dichter!«, 4. Teil, a.a.O., S. 533–536. Außerdem 1. Gedicht der Dionysos-Dithyramben, a.a.O., S. 1239–1242. 225, 329, 804 — Aus hohen Bergen, Gedicht. 911 — Briefe an Deussen. 527, 893 — Der Antichrist (1888). 832, 876, 910 — Der Wille zur Macht. Versuch einer Umwertung aller Werthe. Nachgelassene Werke Bd. 7, Leipzig 1901 [hrsg. von Elisabeth Förster-Nietzsche und Peter Gast]. Vgl. hierzu u.a.: Katrin Meyer: Geschichte der Nietzsche-Editionen, In: Nietzsche-Handbuch, hrsg. von Henning Ottmann, Stuttgart, Weimar 2000, S. 437–440.– M besaß die 1. Ausgabe von 1901, die im Nachlaß vorhanden ist. 596, 931 — Die Geburt der Tragödie aus dem Geiste der Musik (1873). 869, 926 — Die fröhliche Wissenschaft (1882). 508, 606, 607, 886, 914 — Dionysos-Dithyramben (1888). S.o. — Ecce homo (1888/89, veröffentlicht 1908). 893 — Gedichte. 875 — Gedichte und Sprüche (Ausgabe Leipzig 1898). 470 — Jenseits von Gut und Böse (1886). 911 — Nietzsche contra Wagner (1888). 808 — Unzeitgemäße Betrachtungen (1873–1876), daraus: Vom Nutzen und Nachteil der Historie für das Leben. 332, 353, 832, 876 — Zur Genealogie der Moral (1887). 908 — Zwischen Raubvögeln, Gedicht. 911

Nietzsche-Archiv Weimar, 1893 oder 94 von Elisabeth Förster-Nietzsche in Naumburg gegründet, ab 1896 in Weimar, 1945 geschlossen; die Bestände gingen ins GSA Weimar über. Genaueres darüber: David Marc Hoffmann: Geschichte des Nietzsche-Archivs, in: Nietzsche-Handbuch, a.a.O. S. 440–443. 449, 515

Nikisch, Arthur (1855–1922), österreichischer Dirigent, zuerst Geiger. Er ging u.a. 1895 als Kapellmeister des Gewandhausorchesters nach Leipzig und wurde gleichzeitig Chefdirigent des Berliner Philharmonischen Orchesters. 1897 wurde er Dirigent der Philharmonischen Konzerte in Hamburg und war 1902–1907 Leiter der Dirigierklasse am Leipziger Konservatorium. Er unternahm außerdem zahlreiche Konzertreisen durch Europa und die USA. 494, 834

Nikolaus II. (1868–1918), letzter russischer Zar. 884

Niklasdorf bei Grottkau/Strehlen, vermutlich Niklasdorf, Dorf im Kreis Grottkau, Post Giersdorf (Grottkau: Regierungsbezirk Oppeln, Landgericht Brieg, Bezirkskommando Neiße) oder Niclasdorf, Dorf im Kreis Strehlen/Schlesien, Post Strehlen, Landgericht Brieg, Bezirkskommando Münsterberg. 224

Nissen, Hermann (1853–1914), Schauspieler. 921

Noa, Gestalt des Alten Testaments, vgl. 1. Mose 6–9. 596

Noa(h), Hermann, wohl ein Bekannter Max Reinhardts, im N 1899 genannt; 16.3.: *Karte v. Noah,* 5.8.: *Karte an Hermann Noa.* 337

Nøjsomheden (»Genügsamkeit«, norwegisch), Hofgut in Hop bei Bergen/Norwegen. 539

Nøste (oder Nauste, auch Eirisfjordsøren), am Eirisfjord, Eingang des Eikisdals, Norwegen. 951

Nöther, Ernst (1864– ?; 1931 zuletzt lexikalisch nachweisbar, ohne Todesdatum und mit letztem Datum 1915), Bildnis- und Landschaftsmaler, lebte 1899–1915 in Rom. 696

Norrangsdalen. 951

Nordalsfjord, einer der Fjorde vor Molde. 878

Norden, Berliner Hoteldirektor und der Anlaß für die Scheidung von Friedrich und Luise Kayssler. 638, 639

Nordenskjöld, Adolf Erik (1831–1902), schwedischer Polarforscher. 190

Norderney, ostfriesische Insel, im preußischen Regierungsbezirk Aurich, Kreis Norden. 228, 274, 276

Nordfjord, an der Westküste Norwegens, von Bergen umgeben und mit teils schroffen Felsen, teils sanft abfallenden Küsten. 279

Nordkap, Vorgebirge auf der norwegischen Insel Magerøy, galt lange Zeit als der nördlichste Punkt Europas. 467

Nordnæs, Halbinsel bei Bergen, Norwegen. 951

Nordstrand bei Christiania, damals etwa 15 Minuten Eisenbahnfahrt von dort entfernt. 431, 434–437, 440, 442–444, 446, 453, 457, 461, 463, 465, 468, 469, 471, 480, 481, 485, 486, 498, 499, 500, 506, 861, 868, 873, 950

Noßdorf, Dorf im Kreis Sorau, in der Nähe von Forst (Lausitz). 127, 129, 181

Nürnberg. 731, 844; s.a. Erlangen-Nürnberg.

Nürnberger, Helmuth. 815

Oberdieck. Im Frühjahr und Sommer 1889 war M bei Prof. H. Oberdieck vom Magdalenengymnasium untergebracht, bei dem mehrere Pensionäre wohnten. Hier lernte er Kayssler kennen. – Mit Oberdiecks Tochter Marie (1867–1954) verband ihn (und Kayssler) einige Zeit eine herzliche Freundschaft. Sie war Lehrerin und Schriftstellerin (schlesische Heimatdichterin). Vgl. auch Ms Gedichte WANN I'S ZUWOANA KUNNT' und NACH KÜHN ERSCHAFFNEN IDEALGESTALTEN. – Die Neigung zu Marie Oberdieck befreite M von den düsteren Stimmungen der vorhergehenden Zeit; kurz nach seinem 18. Geburtstag schreibt er: [...] *ich fühle mich freier, mutiger, hoffnungsfreudiger – ich lebe. Ja, jetzt erst beginnt mein Leben! Jetzt erst ist es mir klar geworden, daß in mir verborgene Kräfte schlummern, die*

wert sind vom goldigen Sonnenstrahl geweckt zu werden, jetzt erst habe ich erkannt, daß es meine schwerste Sünde war, meine Geist bisher verkümmern und verderben zu lassen – frägst du mich, Hauch der Frühlingsluft, woher mir diese Erkenntnis gekommen! ... Von dir und von der – Liebe! [...] Was sind erbärmliche Worte [hier eine höchstwahrscheinlich nicht von M stammende Bleistiftkorrektur] neben dem gewaltigen Wogen der Gefühle – und doch lieb' ich euch so heiß, Worte, ihr seid ja die Dolmetscher der stürmenden Empfindung. Es ist keine stürmische, wilde Leidenschaft, die mich erfaßt hat, wie Blütenduft ist die Liebe über mein Herz kommen, mild, rein – engelrein, aber sie hat mein Herz veredelt, gesunden lassen, sie hat es, das da abirrte auf sündiger Bahn sanft zurückgelenkt – ich bin so glücklich, so heiter und – was mich mit Stolz erfüllt – ich kann schaffen. Und das, was mich mit freudiger Hoffnung durchflammt, ist, daß ich so warm u. tief für Edles und Schönes empfinde, daß mich die Geisteswerke der Dichter so feurig begeistern – das giebt mir den Beweis, daß mein Geist nicht unwert ist der Gnade, die über ihn ausgegossen, daß er vielmehr berufen ist Großes zu wirken. T 1887/90, Bl. 15, Überschrift: *1889 im Mai.* Am 10.6. schreibt er im selben Ton weiter, im Oktober dann stellt er fest: [...] *Die schwärmerische Neigung hat sich in eine innige, reine Herzensfreundschaft verwandelt.* [...] a.a.O. Bl. 16. Es folgen noch weitere Eintragungen (10.1. und 7.3.1890, a.a.O. Bl. 16 f.). – Außer Marie wird eine weitere Tochter, Anna Oberdieck, genannt.
Anna Oberdieck. 23[?], 57, 745 — Marie Oberdieck. 20, 23–27, 29, 35, 37, 40, 41, 44, 57, 745, 747, 749 — Frau Oberdieck. 20, 29, 41, 745 — Herr Oberdieck. 31, 748 — Familie Oberdieck. 23, 24, 740, 949.
Obere Matt, in der Umgebung von Engelberg. 952
Oberholzer, Otto. 918, 919
Oberländer, Hans, Schauspieler und Regisseur, bis 1905 Regisseur bei Max Reinhardt, lehrte auch am Konservatorium Klindworth-Scharwenka in Berlin. 329, 336, 518, 533, 536, 540, 591, 608
Oberländer, Heinrich (1834–1911), Schauspieler, Bühnenschriftsteller, Theaterpädagoge. 334
Obermais, bei Meran. 714
Oberweistritz, Dorf im Kreis Schweidnitz. 16, 124
Oder, entspringt in Mähren im Odergebirge, bildet streckenweise die Grenze zwischen Mähren und Schlesien und zwischen preußisch und österreichisch Schlesien, durchfließt Schlesien, Brandenburg, Pommern, mündet in die Ostsee. U.a. liegt Breslau an der Oder. 118
Odin, auch Wotan, oberster Gott des germanischen Kulturkreises, Herrscher über Himmel und Erde, Sturm-, Toten- und Krieggott,

Schöpfer der Weissagung, Wissenschaften und Dichtkunst. 72, 819
Oetztal, Ötztal, rechtes Seitental des Inn in Tirol, landschaftlich reizvoll, von der Ötztaler Ache durchflossen, eins der größten Quertäler der Alpen. 381
Øveraas, liegt nahe dem Nordende des Eikisdalsvand im norwegischen Amt Romsdal. 951
Olbrich, Joseph Maria (1867–1908), Architekt, Maler, Schriftsteller, einer der Hauptvertreter der Jugendstilarchitektur. Wie bei den Jugendstilkünstlern üblich, entwarf er auch Einrichtungsgegenstände etc. Er war Mitbegründer der Wiener Sezession, für die er 1897/98 das Ausstellungsgebäude baute; 1899 wurde ihm die Gesamtgestaltung der Darmstädter Mathildenhöhe übertragen, für die er einen großen Teil der Bauten entwarf, darunter das »Spielhaus« für die Ausstellung »Ein Dokument deutscher Kunst« (1901) das nach der Ausstellung wieder abgerissen wurde. Ab 1907 hatte er sein Atelier teilweise in Düsseldorf; mit dem Kaufhaus Tietz (1907) trug er durch größere Funktionalität zur Überwindung des Jugendstils bei. 516
Oldenburg. 750
Ollendorff, Heinrich Gottfried, erarbeitete eine seit der Mitte des 19. Jahrhunderts weitverbreitete Methode zum Erlernen moderner Fremdsprachen. Hierbei wird die Sprache bei einem Minimum an Regeln hauptsächlich durch Frage-Antwort-Übungen (in der Fremdsprache) gelernt, s. auch Heckscher. 403, 410
Öls, Oels, Garnisonsstadt im Regierungsbezirk Breslau (nordöstlich von Breslau), hatte u.a. ein Jägerbataillon. 82
Olympia, antike Kultstätte des olympischen Zeus und der Hera, in der griechischen Landschaft Elis, Nordwestpeloponnes, Austragungsort der antiken Olympischen Spiele. Die zerstörte und verschüttete Anlage wurde 1776 wiederentdeckt; 1875–81 fand die erste Ausgrabungsphase, veranlaßt vom Deutschen Reich und geleitet von Ernst Curtius (1814–1896, Archäologe, Professor in Berlin) und Friedrich Adler (1827–1908, Architekt und Kunstschriftsteller) statt, die dabei gefundenen Skulpturen, darunter der berühmte Hermes mit dem Dionysosknaben (Hermes des Praxiteles) kamen in das neugegründete Museum von Olympia. Vgl. auch Ubell. 685
Opel, Rudolf (1868–?), Schauspieler an verschiedenen Bühnen, u.a. am Münchner Gärtnerplatztheater und am Deutschen Theater in Berlin, betätigte sich als Hochstapler. M lernte ihn in Norwegen als *Leutnant (zur See)* (T 1898/99 II, Bl. 6) kennen. Näheres Abt. Episches Nr. 42,8, Text und Kommentar. 462, 463, 467
Opitz, Schüler am Breslauer Magdalenengymnasium. 89

Oppeln-Bronikowski, Friedrich von (1873–1936), Schriftsteller, Herausgeber, Übersetzer, u.a. von Werken Maeterlincks. 1913 vermittelte er M den Auftrag, Gedichte Friedrichs des Großen zu übersetzen. 720

Opposition, anscheinend eine Art Schülerverbindung oder ein privater Freundeskreis, ähnlich Ms »Sic« in Breslau. 170, 185, 198, 213, 232, 248, 805

Orden, von M veranlaßte gesellige Vereinigung der Jahre 1894–1896, für die er das ORDENS-EPOS schrieb. 256, 300

Orlik, Emil (21.7.1870–28.9.1932), Maler und Graphiker, Buchkünstler. Orlik studierte 1889–94 Malerei und Graphik in München, hatte 1897–1904 ein Atelier in Prag, lebte zeitweilig auch in Berlin oder Wien, war Mitglied der Wiener und später der Berliner Sezession, machte immer wieder große Reisen, so 1900/01 nach Japan. Ab 1904 hatte er seine Werkstatt in Berlin (»Ein Atelier hat mein Bruder Hugo in Prag, ich habe eine Werkstatt« soll er gesagt haben, vgl. Friedrich Torberg: Die Tante Jolesch, München ¹⁵1991, S. 93 (dtv, 1266). 1905 wurde er Professor an der Staatlichen Lehranstalt des Berliner Kunstgewerbemuseums. Ab 1906 arbeitete er auch als Bühnenbildner bei Max Reinhardt. Er war bekannt dafür, daß er immer und überall zeichnete, und war ein gesuchter Porträtist. M und er lernten sich wahrscheinlich in Berlin kennen, Genaueres war dazu nicht zu ermitteln; ihr Briefwechsel währte von 1897–1902, später wird Orlik noch einige Male im Zusammenhang mit geplanten Projekten Ms erwähnt (japanisches Theater, Schattentheater, T 1909 I, Bl. 33 f., T 1911/12, Bl. 76, vgl. Abt. Episches), aber es ist unbekannt, ob es noch zu persönlichen Begegnungen gekommen ist. Nur in einer der vorhandenen Namenslisten (Hochzeitsanzeige, Sendung von Büchern Ms etc.) ist Orlik zu finden: im Brief an Enno Quehl (vermutlich 1.5.1908) als Adressat der 3. Auflage der GALGENLIEDER. – Orlik schrieb in seinem Beileidsbrief an Margareta M: »Erlauben Sie mir, obwol ich nicht die Ehre habe Sie persönlich zu kennen, dass ich Ihnen sage, wie sehr ich mit Ihnen trauere. Der liebe und verehrte Christian war mir ein Freund gewesen, dem ich eine besondere Verehrung immer im Herzen bewahrt hatte, trotzdem die Entfernung uns selten in den letzten Jahren zusammen kommen lies[s]. Ein Dichter und wahrer Mensch ist dahingegangen dem wir alle die ihn kannten ein Andenken bewahren werden, das stark sein wird für unser ganzes Leben« (4.4.1914, im Nachlaß). – Außer Orliks Briefen sind im Nachlaß noch einige kleine Graphiken sowie das für M geschaffene Exlibris vorhanden. Ms Briefe sind verschollen. Auf eine Anfrage Margareta Ms antwortete Orlik am 12.4.1931, sie seien noch nicht gefunden, und dabei ist es geblieben. Ein undatiertes Brieffragment eines unbekannten Absenders verweist noch auf den Bruder Orliks, Kommerzialrat Hugo Orlik.   383, 386, 387, 396, 398, 401, 405, 410, 417, 424, 425, 427–429, 438, 452, 508, 548, 585, 604, 609, 617, 848, 854, 864, 886, 913, 915, 920, 925, 958

Exlibris Christian Morgenstern.   430, 438, 439, 610, 617, 862, 913, 915, 920, 925 — Plakat zu Hauptmanns »Webern« (oft abgebildet); nach Brauneck, Die Welt als Bühne Bd. 3, S. 660 war es für eine Lesung des Stücks im Deutschen Theater, Berlin 1897.   386

Orlik, Moritz (30.11.1832–9.12.1897), Schneidermeister in Prag (Inhaber einer sehr vornehmen Herrenschneiderei, die später Hugo Orlik übernahm), der Vater Emil Orliks – die Mutter, Anna geb. Stein (1833–1913), wird in den Briefen nicht erwähnt.   386, 398

Osborn, Max (1870–1946), Kritiker, Mitarbeiter an verschiedenen Zeitschriften; Mitherausgeber der »Jahresberichte für neuere deutsche Literaturgeschichte« (1894–1914), Redakteur des »Narrenschiffs« (1898, H. 4–11), Feuilletonredakteur der »Nationalzeitung« (1900–1909), dann Kunstkritiker der »BZ am Mittag« (ab 1910) und der »Vossischen Zeitung« (1914–1933), emigrierte über Paris nach New York. – Im Jahr 1895 gab es eine kurze Korrespondenz zwischen M und Osborn über IN PHANTAS SCHLOSS; als Osborn einen Brief Ms an ihn (vermutlich) an Margareta M zurücksandte, schrieb er dazu: »Dieser Brief, den ich unter meinen liebsten Schätzen aufbewahre, stammt aus dem Sommer 1895. Morgenstern hatte mir seine erste Gedichtsammlung ›In Phanta's Schloß‹ zugeschickt und ich hatte in meiner Antwort etwas darüber gesagt, daß manche Verse des Buches sich mir mit Albert Girauds ›Pierrot lunaire‹ zu berühren schienen, der kurz zuvor durch Otto Erich Hartlebens Übertragung bei uns bekannt geworden war. Sonst bedarf es kaum eines Wortes der Erläuterung zu diesem Briefe, der so freien Einblick in die dichterische Arbeit des Vierundzwanzigjährigen gewährt. Die erwähnte Zeitschrift ›Der Zuschauer‹ ist längst dahingegangen. Wohl auch diese Art der Korrespondenz zwischen zwei jungen Menschen, die sich den Künsten verschrieben hatten – und die in der gleichen Stadt wohnten ...« BRIEFE. Auswahl (1952) S. 68 f. – Ein weiterer Briefwechsel ist für 1902 durch Vermerke im N 1902 belegt. Da ging es um Ms Mitarbeit an der »Nationalzeitung«. Osborn veröffentlichte Ms Aufsatz DREI DOME, lehnte aber anscheinend den *Zürcher Brief* (oder VOM UTO-KAI) ab. Vgl. Abt. Kritische Schriften Nr. 81 und Abt. Episches Nr. 43. M druckte von ihm einen Aufsatz im »Theater«, aber später scheint das Interesse aneinander eingeschlafen zu sein; vermutlich am 1.5.1908 schrieb M an Enno Quehl, es sei zwecklos,

(u.a.) Osborn Rezensionsbände zu senden, er beschäftige sich nicht mit M. Allerdings fügte er 1910 Osborns Namen der Rezensentenliste für PALMSTRÖM, mit einem *ev.* versehen, wieder hinzu (21.5.1910 an Enno Quehl) und schrieb, um einen jungen Mann, Herbert Meyer, zu fördern, 1913 an ihn (erwähnt im Brief vom 19.10.1913 an Oskar Anwand). 280, 282, 416, 423, 616, 630, 818, 848, 919, 923, 945, 958
Kinder-Theater, »Das Theater« 1 (1903/04) H. 7, 30.1.1904, S. 98– 103. 945
Osen, Ort im norwegischen Amt Hedemarken. 951
Oslo. 734 — Universitätsbibliothek Oslo. 855, 876, 895, 961 — Weiteres s. Christiana.
Oskar s. Oskar Anwand.
Ossani. Signora Ossani unterhielt eine Pension in Rom, Piazza S. Silvestro 8, vgl. auch Abt. Episches S. 760. 637, 926, 952
Ostler. Die Familie Ostler war über die Familie von Peter mit der Familie M verwandt. Ostler, Karl Borromäus, Franz, Johann von Gott (30.1.1825–7.6.1908), Bergrat, später Oberbergdirektor in München, wurde 1902 zum Ritter des Königlichen Verdienst-Ordens der Bayerischen Krone und 1907 zu Königlichen Geheimen Rat ernannt. Verheiratet war er mit Caroline Sophie von Peter (28.1.1853 – 29.5.1908), die Kinder waren: Elsa (1872–1878); Klara (Clara) Mathilde Anna (26.11.1873–1956), Charlotte (1879–1906); Margaretha Anna Sophie, genannt Margot (9.9.1890–?).
Familie Ostler. 144, 161, 168, 170, 173, 177, 204, 224, 792 — Clara Ostler. Während seines Münchner Semesters verkehrte M bei den Verwandten und freundete sich mit der Tochter Clara (Clärchen, Cläre) sehr an. Einige Wochen lang bestand ein geheimer Briefwechsel zwischen beiden, wobei Kayssler den Vermittler spielte, dann konnten sie offen miteinander korrespondieren. Clara heiratete am 6.11.1897 Oskar Anwand, weiteres s.d. 152, 153, 161, 162, 168, 172, 177, 182, 185, 196, 204, 212, 216, 219, 234, 236, 240, 244, 256, 293, 294, 297, 322, 360, 376 (387, 476, 629, 665, 668 Anwand), 726, 786, 788, 795, 958 — Charlotte Ostler, genannt Lotte und (wahrscheinlich) Lolli (1879–1906). Wenn das Gedicht AN LOTTE O. an sie gerichtet ist, wie es trotz dem etwa dreivierteljährigen Abstand zwischen Ereignis und Gedicht nicht unmöglich, aber auch nicht beweisbar ist, so starb sie vermutlich durch Freitod. In jedem Fall beschäftigte M der frühe Tod der Verwandten, und er meinte in den darauffolgenden Zeit mehrmals ihr ähnliche Gesichter gesehen zu haben (T 1906/07, Bl. 36). 237, 294[?], 820 — Caroline Sophie von Ostler. 177, 237, 239, 244 — Karl von Ostler. 237, 244, 294 — Mar-

got Ostler. Nach dem Tod der Eltern übernahm ihre Tante, Anna Schertel in Freiberg, die Vormundschaft, vermutlich übersiedelte Margot dorthin. – 1904 plante M, ihr die »Memoiren einer Idealistin« von Malvida von Meysenburg zu schenken (T 1904 II, Bl. 78). 237

O'Swald, Hamburger Kaufmannsfamilie. Die Firma »Wm O'Swald & Co« wurde 1831 von Wilhelm Oswald (1798–1859, nannte sich William O'Swald) in Hamburg gegründet und wurde führend im Ostafrikahandel. Sie wurde fortgeführt von den Söhnen Albrecht Percy (1831–1899) und William Henry (1832–1923) O'Swald (und dann von deren Nachkommen). Um die Mitte des 20. Jahrhunderts ging die Firma in andere Hände über. 10

Othello s. Shakespeare.

Ottmann, Henning. 913

Ottmann, Victor (1869–1944), Redakteur und Reiseschriftsteller, Übersetzer. 901

Otto, Internatsschüler in Landshut, der Nachname wurde nicht ermittelt. 15

Otto Erich, Pseudonym Hartlebens während seiner Zeit im Staatsdienst.

Ottwitz, Dorf und Gutsbezirk im Landkreis Breslau. 190

Oybin, Dorf, gut 10 km von Zittau entfernt, östlich des Berges Oybin (514 m, mit Burgruine und Friedhof) im Lausitzer Bergland. 82, 83

P., Cläre, nicht ermittelt. 555

Paap, Willem Anthony (1856–1923), niederländischer Jurist und Schriftsteller, gab seine Werke auf holländisch und auf deutsch heraus. — Königsrecht (1900). Im Neuen Theater wurde das Stück am 19.3.1904 in der Regie Friedrich Kayßlers aufgeführt (3 Aufführungen, bis 23.3.). M schrieb ein paar Sätze darüber im »Theater« (Abt. Kritische Schriften Nr. 91). Es geht um den »Müller von Sancoussi«, der sein Recht gegenüber den Ansprüchen Friedrichs des Großen unter Hinweis auf die Berliner Richter verteidigt. 939

Paetel, Erich (1875–1949), Schriftsteller, gründete 1903 die »Neue Shakespeare-Bühne« und war Herausgeber ihrer Veröffentlichungen. 934

Palermo, Hauptstadt der gleichnamigen italienischen Provinz, auf Sizilien, bedeutende Handels- und Hafenstadt, wegen ihres milden Klimas als Winteraufenthalt für Lungenkranke geeignet. 652

Pan, griechischer Natur- und Fruchtbarkeitsgott, galt meist als Sohn des Hermes und einer Nymphe und wurde als Mischwesen aus Mensch und Bock, mit Bockhörnern, -ohren und -beinen dargestellt, gehörte zum Gefolge des Dionysos und war Anführer der Satyrn und Silenen. 426, 849

Pan, 1894 gegründete und von April/Mai 1895–Juli 1900 erschienene Literatur- und Kunstzeitschrift, 5 Hefte im 1., je 4 in den folgenden Jahrgängen. Der Titel – Titelzeichnung Kopf des Gottes Pan von Stuck – ist mehrdeutig und soll »sowohl den lockeren Frohsinn des Griechengottes, wie die Summe der Künste [pan = alles, griech.], deren man sich zu widmen gedachte, andeuten ...« (Meier-Graefe, nach Salzmann (s.u.), S. 213). »Pan« gilt als die 1. bibliophil ausgestattete Zeitschrift in Deutschland und enthielt zudem zahlreiche Kunstbeilagen. Es sollten 1500 Exemplare in allgemeiner Ausstattung, 70 in einer Vorzugsausgabe auf Kupferdruckpapier und 30 in einer Künstlerausgabe auf Kaiserlichem Japanpapier gedruckt werden, wobei die Normalausgabe schon 40 Mark pro Heft (für Nichtmitglieder) kostete. – Der Plan zur der Zeitschrift soll auf den Kreis um das »Schwarze Ferkel« zurückgehen und durch die Trennung Bierbaums von S. Fischer [s. »Freie Bühne«] mitausgelöst worden sein. Es wurde eine Genossenschaft gegründet, die als Herausgeber fungieren und die nötigen Gelder auftreiben sollte – zu Anfang 100 000 Mark. Um diese Summe zusammenzubringen und auch um Abonnenten zu gewinnen, wurden namhafte Schriftsteller, Kunsthistoriker, Museumsdirektoren etc., aber auch recht großzügig andere kapitalkräftige Männer (die dann vielgeschmähten »Geheimräte«) zur Mitgliedschaft aufgefordert und zum Lohn für ihre Beteiligung zu Aufsichtsräten gemacht. Die Redakteure, anfänglich Bierbaum und Meier-Graefe, waren nur angestellt und hatten einen Redaktionsausschuß (zunächst Dehmel und Eberhard von Bodenhausen) neben sich und waren zusätzlich dem Aufsichtsrat verantwortlich, der ihre Entscheidungen bestätigen mußte. Dies schränkte die beabsichtigte Unabhängigkeit stark ein, konservative Einstellungen und Interessenkonflikte zwischen der Literaturpartei und den Befürwortern der Kunst lähmten den anfänglichen Enthusiasmus. Schon im September 1895 wurden Bierbaum und Meier-Graefe durch Flaischlen für die Literatur und Graul für die Kunst ersetzt – Flaischlen übernahm bald beide Ressorts. Die Zusammenfassung folgt der Darstellung von Karl H. Salzmann: Pan. Geschichte einer Zeitschrift. Archiv für die Geschichte des Buchwesens 1 (1956/58) S. 212–225. – Obwohl M der Zeitschrift zahlreiche Gedichte einsandte, wurden nur LIEBESLIED, ABENDSTIMMUNG I und II, und MEERESBRANDUNG veröffentlicht.

Im Jahr 1910 wurde wiederum eine Zeitschrift mit dem Namen »Pan« gegründet, sie erschien bis 1915. Herausgeber waren nachein-

ander Paul Cassirer, Wilhelm Herzog und Alfred Kerr. M hatte zu diesem »Pan« keine Verbindung. 214, 249, 275, 278, 289, 290, 299, 313, 327, 331, 335, 350, 426, 427, 488, 489, 501, 506, 508, 807, 809, 816, 817, 819, 828, 831, 832, 834–836, 840, 841, 845, 846, 860, 861, 868, 878, 879, 881, 885, 886
Der Pan im Salon s. Kayssler.
Pankok, Bernhard (1872–1943), Architekt, Maler, Graphiker, Kunstgewerbler des Jugendstils, ab 1902 Lehrer an der Kunstgewerbeschule Stuttgart und 1913–1937 ihr Direktor. 850
Pankow, Ort an der Panke, nördlich von Berlin, im Kreis Niederbarnim. 341, 344–346, 389, 393, 425, 457, 504, 544
Pantenia, nicht eindeutig zu ermitteln, es besteht jedenfalls ein Zusammenhang mit dem Verlag Velhagen und Klasing und dessen Mitarbeitern; vielleicht ist die Frau von Theodor Hermann Pantenius gemeint. 204
Pantenius, Theodor Hermann (1843–1900), Schriftsteller, 1876–1889 Redakteur der im Verlag Velhagen und Klasing erscheinenden Wochenschrift »Daheim«. 206
Paris, Hauptstadt und Regierungssitz der Republik Frankreich, damals zweitgrößte Stadt Europas. 19, 64, 89, 397, 480, 483, 519, 543, 545
Parmenion (um 400–330 v. Chr.), Feldherr Alexanders des Großen, auf dessen Befehl ermordet. 789, 790
Parr, Rolf. 734
Partenkirchen, Ort im Regierungsbezirk Oberbayern, Bezirksamt Garmisch, am Fuß der Zugspitze. 674
Passarge, Ludwig (Louis) (1825–1912), Jurist und Übersetzer, Schriftsteller. Von Ibsen übersetzte er »Brand« (1882) und »Peer Gynt« (1881). 424, 450, 668, 921, 934, 935
Pasteur, Louis (1822–1895), französischer Chemiker, Mikrobiologe, u.a. erkannte er Mikroorganismen als Ursache von Krankheiten und arbeitete an der Entwicklung von Impfstoffen (1885 Tollwutimpfstoff). Das von ihm entwickelte Verfahren, durch schonende Erhitzung unter 100 Grad Lebensmittel länger haltbar zu machen, wurde nach ihm »Pasteurisieren« genannt. 448
Pastor, Willy (1867–1933), Erzähler und Essayist, Redakteur der »Täglichen Rundschau«, später Herausgeber des »Jahrbuchs der bildenden Kunst«. – Daß er zu Ms engerem Freundeskreis gehörte und Mitglied des »Ordens« war, muß aber bezweifelt werden; dieser »Pastor« ist Franz Schäfer. 214, 216, 217, 802, 822
Patschkey, Dorf im Kreis Öls, nahe Bernstadt. 89, 96, 769
Pauli, Hans, Pseudonym Moritz Heimanns.

Pauline, Haushaltshilfe in der Familie Goettling, danach vielleicht bei Boelickes. 115

Paulus, Apostel. 201

Paulus, Paul, Ms Freunde mit Vornamen Paul wurden häufig »Paulus« genannt, so Paul Willmann oder Paul Körner, s.d.

Peer Gynt s. Ibsen.

Peintner, ein Bekannter oder Freund Carl Ernst Ms in München. 155, 156

Peizner[?], Gertrud, nicht ermittelt. 654

Pelocke, Hermann. 735

Penaten, 1893–1895 bestehende Halbmonatsschrift, Literaturzeitschrift, hrsg. (nacheinander) von Max Geißer, Arno Zschuppe und Carl Minde. Von M wurden dort die Gedichte WAHRE KUNST und DIE MUTTER veröffentlicht. 234

Penzler, Johannes. 752

Percha, Dorf in der Umgebung von Starnberg. 11, 15

Pergamon. 782

Permesso, Erlaubnisschein (italienisch), hier für den kostenlosen Besuch der Kunstsammlungen in Rom. M erhielt ihn am 5.1.1903 (T 1902/03 II, Bl. 50), vgl. auch Abt. Episches S. 164 f., 169, 172, 782. 631, 647, 651

Perthes, Friedrich Christoph (1772–1843), eröffnete 1796 in Hamburg die erste reine Sortimentsbuchhandlung Deutschlands, die bald zu den geachtetsten in Deutschland gehörte. 201

Peschel, Bruno, Schauspieler. 889

Pest s. Budapest.

Peter. Die Familie von Peter gehört in die weitere Verwandtschaft Ms von der Seite der Mutter: Die 2. Frau von Ms Urgroßvater war Maria von Peter, deren Bruder Alois Stanislaus Martin von Peter (1817–1884), Oberzollrat, war verheiratet mit Caroline Ecker von Eckhofen (1827–1890). Beider Kinder: Oscar Karl (s.d.); Anna Caroline, heiratete Arnulf Schertel, s. Anna Caroline Schertel; Caroline Sophie, heiratete Karl Ostler, s. Caroline Sophie Ostler; Hans Julius Franz (1856–1925), Landwirtschaftsrat.

Peter, Oskar Karl von (1849–1930), ältester Sohn von Alois Stanislaus und Caroline von Peter, also ein Onkel Clara Ostlers, Zollobersekretär in Hamburg, verheiratet mit Maria Brandstätter (1865–1905); Kinder: Maria Therese (geb. 1888), Käthchen (geb. 1892), Charlotte (geb. 1895) und Oskar Ernst (geb. 1898). – Oskar von Peter und Maria Therese oder Käthchen von Peter. 237, 806

Peterhof, eine Vorstadt von St. Petersburg. 860

Petersburg s. Sankt Petersburg.

Petersen, Eva, eine Dänin, die M im Frühjahr 1902 in Italien kennenlernte. Am 16.4., als er in Portofino lebte, wird sie zuerst ohne Namen erwähnt: *D. beiden dän. Damen angek.* (N 1902), er kannte sie also schon. 611, 613, 616 , 667[?], 914, 915, 917, 920, 934, 958
Petersen, Julius. 736
Petőfi, eigentlich Petrovics, Sándor (1823–1849), ungarischer Dichter, wurde durch seine ab 1842 erscheinenden, in Themenwahl und Sprache volksnahen Dichtungen schnell bekannt und zum berühmtesten ungarischen Dichter des 19. Jahrhunderts. Als Patriot und Revolutionär nahm er am ungarischen Befreiungskrieg teil und fiel wahrscheinlich in der Schlacht bei Segesvár. Übersetzungen ins Deutsche erschienen ab 1846. M bekam zum Geburtstag 1892 von Gotthard Sage eine Ausgabe von Petőfis Gedichten. 114, 134
Petri, Leopold (1838–1913), Superintendent in Sorau. In seinem Haus lernte M wahrscheinlich Marie Goettling kennen (Nr. 102). Er war verheiratet mit Anna Christine geb. Donandt; das Ehepaar hatte 5 Kinder, Leopold, Elisabeth (Lisbeth), Hans (1880–?, s.u.), Heinrich, Marianne. Der Sohn Hans wurde Pfarrer und betreute später eine Gemeinde in Bukarest. Im Jahr 1933 schrieb er nach der Lektüre von Bauers »Christian Morgensterns Leben und Werk« an Margareta M. Dieser Brief ist verschollen, aber ein Durchschlag ihrer Antwort ist vorhanden (20.4.1934); daraus geht hervor, daß er sie u.a. auf »einige Irrtümer oder Ungenauigkeiten« aufmerksam machte, die sie bei späteren Auflagen zu berücksichtigen versprach, was aber nicht oder nur teilweise geschah. Es handelt sich 1. um die Gleichsetzung von Schülerbergfest (1.9.) und Justfeier (9.12.) (nicht korrigiert); 2. um die Angabe, August Hermann Francke sei Turnlehrer gewesen – dieser Irrtum war ihr »ganz unverständlich«; trotzdem änderte sie nur »Turnlehrer« (1933 S. 40) in »Musik- und Turnlehrer« (³1941 S. 42). Ihr Problem dabei war, daß sich das nachfolgende Zitat tatsächlich auf den Turnlehrer bezieht, dessen Name nicht bekannt ist. (Der Nachdruck der 1. Auflage, 1985, enthält von Herausgeber- oder Verlagsseite die Änderung in »Lehrer«). Margareta Ms Entsetzen über ihren Fehler macht aber deutlich, daß es sich um verschiedene Personen gehandelt haben muß. 3. Offenbar hatte Petri bezweifelt, daß die Anregung zu HORATIUS TRAVESTITUS von Fritz Münster ausgegangen sei. Er erinnerte sich vielleicht an parodistische Versuche Ms aus der Schulzeit. Margareta M gab zu bedenken: »Mit dem, was Sie über die Entstehung des Horatius travestitus sagen mögen Sie gewiss Recht haben. Aber vielleicht ist es auch kein Widerspruch hierzu, dass die erste Anregung dazu von Fritz Münster ausging?« Sie änderte aber »erste Anregung« (1933 S. 93) in »Anregung« (1941 S. 55).

Fernerhin registrierte sie den Namen »Hans Sachs«, der ihr bisher nicht begegnet sei und meinte, die Rede zur Körnerfeier werde in einen Brief an Kayssler erwähnt. Wenn das stimmt, ist dieser Brief verschollen. Zwei spätere Briefe Hans Petris sind vorhanden (26.4.1934 und 8.3.1965), wobei der erste auf Margareta Ms oben erwähnten eingeht und Weiteres über die Lehrer Franke, Reinthaler und Ilgen berichtet. – Hans Petri veröffentlichte Erinnerungen unter dem Titel »Es war einmal«, Leonberg 1974, aus denen mehrere Einzelheiten im Kommentar verwendet werden konnten.

Familie Petri. 92 — L. Petri (Leopold oder Lisbeth). 267

Petschnikoff, Alexander (1873–1949), russischer Geiger, lebte meist in Berlin, emigrierte nach Buenos Aires. Über Ms Bekanntschaft mit dem Geiger ist außer der Briefstelle nichts bekannt. 332

Petzold. 706, 735

Pfäfflin, Friedrich. 736

Pfeifer, Hans Georg. 943

Pflaum s. Flaum.

Phidias, griechischer Bildhauer des 5. Jh. v. Chr., etwa 490 – nach 430, gehörte zu den Schöpfern der hochklassischen attischen Kunst (Athena Parthenos auf der Athener Akropolis, Zeusstatue in Olympia). Seine Werke sind vor allem durch Beschreibungen bei Pausanias überliefert, Einzelnes auch in römischen Kopien. 48

Philharmonie Berlin. Der Bau in der Bernburger Straße wurde wegen seiner hervorragenden Akustik gerühmt. 247, 384, 453, 525

Phili, Philchen s. Philippine Wiesengrund.

Philippi, Felix (1851–1921), Dramatiker und Erzähler. 521, 855

Pianciani, Gräfin. 929

Piccolo, Hotel in Portofino. 913, 915, 951

Pichler, nicht ermittelt. 535

Pierrot lunaire s. Giraud.

Pierson, E., Verlag in Dresden, vgl. Abt. Kritische Schriften S. 477 f. 812

Pilatus, Gebirgsstock am unteren Ende des Vierwaldstättersees. 923

Pilger, Schulrat, Königlicher Kommissar. 774

Piora, sprachlich als Ort behandelt, war anscheinend hauptsächlich ein Hotel mit wenig drumherum. »Also Piora. Hauptvorzug, ungeheure Stille. Ein Haus am See, dazu eine Fischerhütte – und fertig ist es.« Otto Brahm an Georg Hirschfeld, 22.6.1896, Briefe und Erinnerungen, S. 103. Erreichbar war es zu Fuß von Airolo aus. 320, 322

Piper, Karl Anton (1874–?), u.a. Redakteur der »Woche« und 1903/04–1908/09 von »Über Land und Meer«, 1920 Mitglied des Reichstags. Ob M ihn getroffen hat, ist nicht bekannt. 505, 958

Piper, Reinhard (1879–1953); Ms späterer Verleger schrieb in seiner Jugend auch Gedichte und veröffentlichte 1899 unter dem Pseudonym Ludwig Reinhard einen Band mit dem Titel »Meine Jugend«. (Hieraus wurden mit weiteren unveröffentlichten einige Gedichte in Richard Scheids Sammlung »Avalun« übernommen.) Bei den »Elf Scharfrichtern« bewegte Piper die Marionetten. Später verfaßte er Erinnerungen, »Vormittag« (1947) und »Nachmittag« (1950), 1964 zusammengefaßt unter dem Titel »Mein Leben als Verleger«. Hiervon ist der M betreffende Teil im Nachlaß auch als maschinenschriftliches Konzept mit handschriftlichen Zusätzen Pipers (in Kopie) vorhanden. — Reinhard Piper; Piper-Verlag. 723, 726–730, 732, 782, 825, 839, 892

Pirckheimer, Willibald (1470–1530), Humanist. 779

Pisa, Hauptstadt der gleichnamigen italienischen Provinz. 611, 612, 952

Pittius, eine Sorauer Schreibwarenhandlung, später Rauert & Pittius, Buchdruckerei, Buchbinderei, Papier- und Schreibwaren. 269

Platon (427–347 v. Chr.) griechischer Philosoph. 640, 927

Protagoras (etwa 399–393 v. Chr.). Fiktiver Gesprächspartner des Sokrates ist hier der berühmte Sophist Protagoras (um 485–um 415 v. Chr.). Daher heißt das Werk in einer Übersetzung auch: »Platon's Protagoras oder die Sophisteneinkehr« (übersetzt von Friedrich Schleiermacher. Neu hrsg. von Otto Güthling. Leipzig o.J. (RUB 1708)). Das Bändchen ist noch in Ms Nachlaß vorhanden. 70, 772,

Plättner, Petra. 734

Platen, August von (1796–1835), Lyriker, schrieb aber auch Dramen und Versepen. 794

Plautus, Titus Maccius (250–etwa 184 v. Chr.), römischer Komödiendichter. 945

Pleß, schlesisches Fürstengeschlecht. Hans Heinrich XI., Fürst von Hochberg zu Fürstenstein (1833–1907) war der damalige Besitzer der von M genannten *Fürstl. Pleßschen Güter*. 122

Ploke, ein Sorauer Weber; 1905 wird im Adreßbuch noch ein Weber Hermann Ploke verzeichnet. 245

Plus s. Oskar Anwand.

Plutarch(os) (um 46–um 125), griechischer Schriftsteller, berühmt vor allem durch seine Doppelbiographien »Große Griechen und Römer« (bioi paralleloi), entstanden etwa zwischen 100 und 115. 780, 800, 801, 881

Pöppelmann, Matthäus Daniel (1662–1736), Baumeister. 786

Pohl, Richard (1826–1896), Musikschriftsteller und Komponist. 804

Polenz, Wilhelm von. 827

Politiken (Die Politik, dänisch), 1884 gegründete, in Kopenhagen erscheinende Tageszeitung. 416, 855

Pompejus, römisches plebeisches Geschlecht mit mehreren bekannten Feldherren und Politikern. – Gnaeus Pompeius Magnus (106–48 v. Chr.) war 49 v. Chr. beim Ausbruch des römischen Bürgerkriegs Oberbefehlshaber der republikanischen Truppen gegen Caesar. – In seiner Schulzeit plante Kayssler ein Drama dieses Titels. 73

Ponfick. Es konnte nichts Eindeutiges ermittelt werden. Der Name taucht später wieder auf, wobei es nicht ganz sicher ist, ob es sich um dieselben Personen handelt: *Mathilde Ponfick*, N 1908: 2. und 3.3. (Post von und an), 21.3. von *Frau Ponf.* Später will sich M bei seiner *alten Freundin Frau Dr. Elly Schultz geb. Ponfick* wegen einer Schule erkundigen (an Kayssler, 29.10.1909). – Lexikalisch ermittelbar waren ein Medizinprofessor Emil Ponfick (1844–1914) und seine Frau Anna. 555, 900, 958

Ponta Delgada, größte Stadt der Azoren, auf der Insel São Miguel, Hauptstadt der portugiesischen Azoren. 18, 743

Poppek, J., der Hausmeister (»Schuldiener«, Adreßbücher 1885 und 1891) der Breslauer Kunst- und Kunstgewerbeschule. 17

Poppenberg, Felix (1869–1915), Essayist. 693

Poritzky, Jakob Elias (1876–1935), Erzähler und Dramatiker. 855

Portier, Pariser Freunde von Julius Elias. 578

Porto Alegre, Hauptstadt des brasilianischen Bundesstaates Rio Grande do Sul. 64

Portofino, Hafenstadt in der italienischen Provinz Genua, Distrikt Chiavari. Ein Photo des Orts, auf dem auch das Piccolohotel zu sehen ist, in dem M im Frühjahr 1902 wohnte, in Kretschmer, Wanderleben, S. 104. 577, 603–606, 608, 611, 614, 620, 622, 913, 915, 917, 919, 922, 951, 952

Posen, Hauptstadt der gleichnamigen preußischen Provinz. 154, 467

Possart, Ernst (ab 1897 Ritter von) (1841–1921), Schauspieler, Regisseur, Theaterleiter, einer der bedeutendsten Charakterdarsteller seiner Zeit (z.B. Jago, Shylock, Richard III., Mephisto). Ab 1893 war er Direktor, dann (1895–1905) Intendant der königlichen Hoftheater in München. Danach unternahm er ausgedehnte Gastspielreisen. – M machte ihm – mit einer Empfehlung Felix Dahns versehen – gemeinsam mit Kayssler einen Besuch. Er nahm M freundlich auf und fragte ihn nach seinen dramatischen Versuchen, war zu ihm *vornehm aber liebenswürdig*, zu Kayssler (s.d.) weniger, als er hörte, daß er Schauspieler werden wollte (T 1892/93, Bl. 43). Possart war mit der Schauspielerin Anna Deinet verheiratet. 81, 150, 152 (Herr und Frau Possart), 153, 176, 766, 786, 856

Poßnik s. Barma.
Prag, Hauptstadt von Böhmen, drittgrößte Stadt des Kaiserreichs Österreich-Ungarn. M kam auf seiner Alpenreise 1896 durch Prag, fand es *herrlich, herrlich* und nieste nun *Hradschi,* Nr. 305, im Textteil nicht zitiert. 142, 308, 309, 320–322, 324, 325, 386, 387, 396, 398, 401, 402, 405, 410, 414, 417, 424–427, 429, 433, 434, 438, 446, 451, 452, 503, 504, 525, 545, 547, 610, 617, 767, 829, 848–850, 854, 856, 860, 869, 876, 885, 897, 950
Praxiteles, griechischer Bildhauer des 4. vorchristlichen Jahrhunderts, arbeitete etwa 370–320 v. Chr., gehörte zu den bedeutendsten Künstlern der spätklassischen Epoche. Von seinen Werken sind etwa 20 Kopien aus der römischen Kaiserzeit erhalten (Apollon Sauroktonos, um 340, Aphrodite von Knidos, um 330); die Statue des Hermes mit dem Dionysosknaben (»Hermes des Praxiteles«, 330–340 v. Chr.) gilt im allgemeinen als Original. Vgl. Ubell. 48, 685
Predeek, im Verlag Carl Predeek & Co. erschien die Zeitschrift »Das Narrenschiff«. 423
Preibisz, Cornelia, ein junges Mädchen aus Breslau, das M in Reinerz verehrte, vgl. auch T 1892/93, Bl. 43. – Im Breslauer Adreßbuch von 1892 ist eine Witwe Preibiss verzeichnet. 170, 788, 791
Preiser, Buchhandlung in Breslau, Albrechtstr. 44. 20
Preuss, Fräulein, Malschülerin Carl Ernst Ms. 74
Prinz, nicht ermittelt, evtl. ein Spitzname. 110
Probst, Malschüler von Carl Ernst M, wahrscheinlich Otto Probst (1865–?), der an der Breslauer Kunstschule und an der Münchner Akademie studierte und als Radierer arbeitete. 74
Probstheida, Dorf in der Umgebung von Leipzig und ein danach von M und seinen Freunden umbenanntes Dorf in der Umgebung von Sorau. 77, 120, 779
Proebst, über die Briefangaben hinaus nichts ermittelt. 206
Prometheus, in der griechischen Mythologie Sohn des Titanen Iapetos und der Okeanide Klymene, stiehlt den Göttern das Feuer, um es den Menschen zu bringen. Zur Strafe wird er an einen Felsen geschmiedet, wo ihm ein Adler jeden Tag die immer wieder nachwachsende Leber herausfrißt. 192
Przybyszewski, Stanislaw (1868–1927), polnischer Schriftsteller, schrieb bis 1900 deutsch, danach polnisch, gehörte zu den Mitgliedern des »Schwarzen Ferkels«. 838, 839
Puccini, Giacomo (1858–1924), italienischer Komponist, in erster Linie von Opern. — La Bohème, Text nach Henry Murger von Giuseppe Giacosa und Luigi Illica, Puccinis 4. Oper, die seinen Weltruhm begründete. Uraufführung 1.12.1896, Turin, Teatro Regio, deutsche

Erstaufführung 22.6.1897, Berlin. M besuchte eine Aufführung im Teatro dal Verme in Mailand am 9.12.1902 (T 1902/03 1 Bl. 18). 636

Pudor, Heinrich, eigentlich Scham (latinisiert) (1865–1941), Musiker, Maler, Schriftsteller, vgl. Abt. Kritische Schriften Nr. 22. Lieder von Pudor wurden bei den Festlichkeiten des »Ordens« gesungen, vgl. ORDENS-EPOS, Z. 139–141. 247, 810

Puschkin, Alexander Sergejewitsch (1799–1837), russischer Dichter. Es gab u.a. eine dreibändige Ausgabe in der Übersetzung von Friedrich Bodenstedt, Berlin 1854. 134

Pusl, J. B. (Johann Baptist?), Professor, Direktor und Fondsverwalter des Königlichen Studienseminars in Landshut. Carl Ernst M läßt in seinen Briefen an M gelegentlich Grüße an ihn und seine Frau ausrichten. 10–12, 14, 15

Pustertal, Talgebiet in Ost- und Südtirol. 685

Putlitz, Joachim von, 1892–1918 Hoftheaterintendant in Stuttgart. 940

Quaglio, aus Italien stammende, dort seit Anfang des 17. Jahrhunderts nachgewiesene, ab dem Ende des 18. Jahrhunderts in München ansässige Malerfamilie, von der etwa 20 bekanntere und unbekanntere Künstler lexikalisch erfaßt wurden (Landschafts-, Architektur-, Genre-, Fresko-, die meisten gleichzeitig Theatermaler). 47

Quehl, Enno, Prokurist im Verlag Bruno Cassirer und selbst Verleger, z.B. von Kunstpostkarten. In späteren Jahren korrespondierte M häufig mit Quehl, vor allem bei Abwesenheit Bruno Cassirers. 695

Quickborn, Zeitschrift. Es erschienen 4 Hefte 1898/99, Herausgeber war William Wauer, Redakteur Emil Schering. Jedes Heft sollte einem Schriftsteller gewidmet sein und von einem ihm geistesverwandten Künstler illustriert werden. 648

R., Frau, nicht ermittelt, vielleicht Rüttger(s). 676

R., Fräulein R. war in der ersten Hälfte 1903 vermutlich Haushälterin o.ä. bei Kayssler. 668, 669

Raabe, Wilhelm (1831–1910), Schriftsteller. 256

Rabelais, François (1494–1553), Dichter der französischen Frührenaissance, Theologe, Arzt, Humanist. In seinem literarischen Hauptwerk »Gargantua und Pantagruel« (1532–etwa 1553), verbindet er überströmende Phantastik, Ironie, Satire und hintergründige Zeitkritik. Dazu verwendet er u.a. Neologismen, Wortspiele, Übertreibungen und eine Mischung aller Stilebenen. M nennt Rabelais auch später noch (in ENGLISCH ODER DEUTSCH), aber wann (oder ob) M Rabelais gelesen hat, konnte nicht ermittelt werden. 308

Die Raben s. Becque.

Rabenlechner, Michael Maria. 750
Raedisch, Rädisch, Georg, ein Freund Weeses und Bekannter Kayßlers in München. In der Zeitschrift »Die Gesellschaft« wurde ein Gedicht von ihm veröffentlicht: »Die drei Freunde«, a.a.O. (1892) Bd. 2 S. 1581. 177 , 185, 198
Raff, Joseph Joachim (1822–1882), Komponist. 747
Raffael, Raffaello Santi (1483–1520), italienischer Maler und Architekt der Hochrenaissance. 752
Madonnenbildnisse. 101 — Sposalizio (Vermählung Mariä), 1504, Mailand, Brera. 101, 636, 925 — Sixtinische Madonna, Altarbild, nach Vasari ursprünglich für die Klosterkirche San Sisto in Piacenza gemalt, 1513/14, 1516 fertiggestellt. Dresden, Staatliche Kunstsammlungen. 102, 150, 785 — Die Stanzen im Vatikan, 1508–17. 651 Stanza della Segnatura (1509–1511): Darstellung der 4 Fakultäten: Die Schule von Athen (Philosophie) – Disputa (Theologie) – Parnaß (Dichtkunst) – Jurisprudenz. 101 f., 929
Raffaeli, Jean-François (1850–1924), französischer Maler und Graphiker. – Der vorgeschlagene Artikel erschien nicht. 274
Ranke, Leopold (seit 1865 von) (1795–1886), Historiker. 905
Ein unbestimmtes Werk. 524, 532, 893 — Über die Epochen der neueren Geschichte. Vortragszyklus vor König Maximilian II. von Bayern, gehalten vom 25.9. bis 14.10.1854, Erstdruck, hrsg. von Alfred Dove, 1888. 574, 905
Rapallo, Ort in der italienischen Provinz Genua. 603, 604, 912, 951
Rapperswyl, Gemeinde im Schweizer Kanton St. Gallen, am Zürichsee. 620
Raspels, Clara. 918, 919
Rath, Willy (1872–1940), Schriftsteller, Theaterleiter, Regisseur, Kritiker, Mitglied der »Elf Scharfrichter« bis zum Sommer 1901. 284, 826
Rau, Christoph. 728, 733
Rauert, Robert, Leiter des Verlags J. D. Rauert, in dem das »Sorauer Wochenblatt« erschien. 136, 782
Rausch, Mechthild. 736
Rebajoli, Gino (1870–?; in Kürschners Literaturkalender zuletzt 1915 verzeichnet), Schriftsteller, verfaßte Bücher zum Erlernen des Französischen und Italienischen, eine italienische Grammatik, auch ein Drama und eine Biographie wurden nachgewiesen, war Lehrer für Italienisch an einem Berliner Gymnasium. Die Bekanntschaft (oder Freundschaft) mit M ist indirekt seit 1896 belegt; Kayßler nennt ihn, und es werden Bücher ausgetauscht (T 1897/98, Bl. 51,66, 70; Bl. 125 die Adresse); im November 1897 schrieb M: *Hat Rebaj. mein*

Kommersbuch? Was hat er überhaupt alles? A.a.O., Bl. 79. Für den 15.6.1899 ist ein Brief an ihn vermerkt, für den 4.11. eine gemeinsame Unternehmung (N 1899). Weitere Erwähnungen: T 1904 II Bl. 82 (Adresse), T 1907 I, Bl. 79 und 124., T 1910 I, Bl. 100 (Liste zur Versendung der Hochzeitsanzeigen). 330, 386, 421, 443, 474, 867, 868
— Frau Rebajoli (?–Mai 1899, M erhielt die Anzeige am 31.5., N 1899). 474, 487

Reche. Der Kaufmann Heinrich Reche (?– 1910) wohnte in Breslau mit seiner Familie im selben Haus wie die Familie M, vermutlich in der Wohnung im 3. Stock, die diese gegen eine kleinere im selben Haus vertauscht hatte. Es werden 1 Tochter, Elisabeth (Liese), und 2 Söhne, Alfred (Agu) und Fritz (Isaak) genannt. Anscheinend war er 2x verheiratet, denn die Mutter Elisabeths war Klara geb. Zeuner (Wer ist's . Unsere Zeitgenossen, hrsg. von Herrmann A. L. Degener, 1906–1911 verzeichnet unter Carl Ernst M.), die Fritz Reches war Clara geb. Kopisch (Angabe im Lebenslauf im Druck seiner Dissertation). Ob die Bemerkung *die drei männlichen Mitglieder* der Familie (Nr. 34) sich auf einen weiteren Bruder oder auf den Vater bezieht, konnte nicht ermittelt werden. – Über Alfred Reche ist nichts Genaueres bekannt, Fritz Reche (1874 –?) war an der Schülerzeitung »Deutscher Geist« beteiligt, machte Ostern 1894 Abitur und wurde Arzt. Die Brüder Reche (insbesondere Fritz) waren mit Kayssler befreundet; Kaysslers Vormund war ein Bekannter oder Freund der Familie, evtl. bestand sogar Verwandtschaft. Ms Verhältnis zu ihnen ist etwa freundlich-distanziert zu nennen.

Am bedeutsamsten für Ms Leben wurde Liese (etwa 1870 oder früher bis vermutlich 23.12.1913), da sie Carl Ernst Ms 3. Frau und somit Ms 2. Stiefmutter wurde. Sie war zudem Vertraute und Freundin Friedrich Kaysslers und wußte daher über M vielleicht mehr, als gut war. Sie hatte den Wunsch gehabt, zu Bühne zu gehen (Nr. 54, S. 45; dies wurde offenkundig nicht erlaubt) und wurde Malschülerin Carl Ernst Ms. Die Beziehung wurde bald persönlicher (falls nicht umgekehrt die Malerei ein Deckmantel für private Treffen war), und schon bald gab es einen geheimen Briefwechsel, bei dem Kayssler – ahnungslos, im Glauben, es handle sich um eine reine Seelenfreundschaft – den Postillon d'amour machte. Jedenfalls übersiedelte Amélie M im Frühjahr 1893 nach München, war aber lange nicht zu bewegen, der Scheidung zuzustimmen, die erst im Februar 1894 ausgesprochen wurde. Die Ehe Carl Ernst Ms mit Elisabeth Reche wurde am 24.4.1894 geschlossen. M war dabei nicht anwesend. Schon als er im Sommer 1893 zu seinem Vater nach Nieder-Adelsbach gegangen war, hatte sich gezeigt, daß Liese und er nicht miteinander harmonierten (vgl. Nr. 195–197). Sonstige Einzelheiten sind hierzu nicht überliefert, auf jeden Fall wurde es M verübelt, daß er sich bei den Scheidungsauseinandersetzungen nicht eindeutig auf die Seite des Vaters gestellt hatte. Im Mai 1895 kam es dann zu Bruch mit dem Vater für viele Jahre. Allerdings ist hieran nicht so eindeutig nur Liese schuld, wie M das glauben wollte (Nr. 272 und 291). Dies geht auch aus späteren Briefen hervor, die ab 1908, nach der Wiederannäherung, geschrieben wurden.

Familie Reche. 23, 24, 26, 40, 198, 208 — Alfred Reche. 26, 27, 35[?], 37[?], 48, 62, 81, 95, 96, 106, 203, 747, 750, 753 — Clara Reche. 751 — Elisabeth Reche. 23–26, 37, 40, 41, 43–46, 48, 49, 51, 60–62, 64–66, 68, 72, 73, 76, 78, 80–82, 84–89, 95–98, 100, 101, 103, 161, 171, 198, 211–213, 218, 224, 228, 259–261, 716, 751, 769–772, 781, 790, 809, 816, 830, 958 — Fritz Reche. 26, 27, 35[?], 37[?], 39[?], 62, 81, 86, 89, 95–97, 100, 103, 106, 112, 129, 130, 146, 168, 170, 185, 198, 223, 248, 256 , 750, 753, 767, 796 — Heinrich Reche. 168, 211, 801

Reclam, der von Anton Philipp Reclam (1807–1896) 1828 gegründete Verlag, der bekannt wurde durch seine Reihe »Reclams Universalbibliothek«, mit der er Werke der Literatur und aus anderen Wissensgebieten in preiswerten Ausgaben (Reclamhefte) verbreitete. 170, 347, 368, 471, 574, 735, 736, 842, 875

Reger, Max (1873–1916), Komponist, Dirigent, Interpret eigener Werke, nimmt eine Schlüsselstellung ein für die Zeit zwischen Brahms und Schönberg, lebte 1901–1907 in München, ging 1907–1911 nach Leipzig, dann nach Meiningen und Jena. Außer Bühnenwerken umfassen seine Kompositionen alle musikalischen Gattungen, u.a. vertonte er zahlreiche Gedichte oft zeitgenössischer Autoren, auch eine Reihe von M-Gedichten; gedruckt wurden: LEISE LIEDER (op. 48, 2), MÄDCHENLIED (op. 51,5), GLEICH EINER VERSUNKENEN MELODIE (op. 51,8), FRÜHLINGSREGEN (op. 51,9), WEISSE TAUBEN (op. 51, 12), HYMNUS DES HASSES (op. 55,1); M schrieb hierüber:*(phänomenal)*, an Kayssler, 7.11.1907, PFLÜGERIN SORGE (op. 62,15), ANMUTIGER VERTRAG (op. 62,16), alle komponiert in den Jahren 1900 und 1901. 677

Reibenstein, Robert, der Verlobte von Marie Gerdes, Mitglied des »Ordens«. 300, 330, 332, 397, 832 — Familie Reibenstein. 278

Reiche, A., über die Briefangaben hinaus nichts ermittelt. 460

Reichenhall, Stadt und Kurort in Oberbayern. 154, 490, 873

Reichenstein, Bergstadt im Kreis Frankenstein, 13 km von Kamenz, am Fuß des Reichensteiner Gebirges, in der Umgebung die Ruine Reichenstein. 96, 97

Reicher, Emanuel (1849–1924), Schauspieler, u.a. am Berliner Deutschen Theater, einer der Bahnbrecher des naturalistischen Bühnenstils. 384, 549, 629, 777, 902, 924

Reimann, Angelica. 915

Reimsbach, Dorf im Kreis Waldenburg, in der Nähe von Niederwüstegiersdorf. 124

Reinbek bei Hamburg. 733, 887

Reinecke, nicht ermittelt. 747

Reinerz, Stadt und 1 km entfernt liegender Kurort im Kreis Glatz. An Mineralquellen gab es u.a. die »Ulrikenquelle«, die »kalte« und die »laue« Quelle, diese benutzte M, es war ein Eisensäuerling mit hohem Jodnatriumgehalt. Die Quellen wurden zu Trinkkuren und Bädern verwendet. Die Molkekur galt in Verbindung mit den Brunnen als besonders wertvoll und wurde bei der »lauen Quelle« verabreicht. Auch Ziegen-, Schafs-, Esels- und Kuhmilch sowie Joghurt und Kefir wurden zu Kurzwecken verwendet. Vgl. auch Abt. Episches Nr. 40, Text und Kommentar. Eine Abbildung von Bad Reinerz mit dem Landhaus Dinter, in dem M wohnte, in Kretschmer, Wanderleben S. 28. 161, 162, 165, 166, 168–170, 172, 174, 175, 178, 184, 191, 209, 221, 949

Reinhardt, Max (1873–1943), bis 1890 Goldmann; 1904 wurde die Namensänderung für die ganze Familie amtlich. Vater: Wilhelm Goldmann (1846–1911), Kaufmann, Mutter: Rosa geb. Wengraf (1851–1924), Geschwister: Edmund (1875–1929), ab 1901 Geschäftsführer der Reinhardt-Bühnen, Jenny (1877–?), Adele (1878–?) Irene (1880–?), Siegfried (1883–?). Leo (1885–?).

Edmund Reinhardt. 524, 668 , 893

Max Reinhardt, Schauspieler, Regisseur und Theaterleiter, begann mit Engagements an kleineren österreichischen Theatern, wurde 1894 von Otto Brahm entdeckt und sogleich an das Deutsche Theater verpflichtet (1994–1902); er war Mitbegründer von »Brille« und »Schall und Rauch«, Leiter des Kleinen Theaters und des Neuen Theaters (1903–1906), ab 1905 des Deutschen Theaters, dem 1906 die Kammerspiele angegliedert wurden. Außerdem in Berlin: Zirkus Schumann/Großes Schauspielhaus, Volksbühne, Komödie. 1920 war Reinhardt Mitgründer und Leiter der Salzburger Festspiele; spielte u.a. in Wien und Salzburg und unternahm mit seinen Ensembles zahlreiche Gastspielreisen, 1933 emigrierte er nach Österreich und 1938 in die USA. – 1900–1902 war er Lehrer am Berliner Sternschen Konservatorium und gründete 1905, gleichzeitig mit der Übernahme des Deutschen Theaters, die Schauspielschule des Deutschen Theaters, die bis 1933 bestand. – Max Reinhardt prägte maßgeblich das Theater seiner Zeit und überwand die Nüchternheit

des naturalistischen Theaterstils durch stimmungsbetonte illusionistische Aufführungen mit Hilfe moderner Technik (z.B. der Drehbühne) und gilt als »Begründer und fruchtbarster Vertreter moderner Regiekunst: Regie und Inszenierung wurden von ihm nicht mehr als überwiegend technisch-organisatorische Funktion verstanden, sondern als subjektiv gestaltende Zusammenführung sinnlichästhetischer Komponenten auf der Basis einer schöpferischen Analyse des Dramas«. Leonhard M. Fiedler, NDB Bd. 21, S. 358. Vgl. auch den gesamten Artikel, auch die weiterführenden Literaturangaben. – M lernte ihn als Freund und Kollegen Kaysslers am Deutschen Theater gegen Ende 1895 in Berlin kennen, hierzu 2 Tagebuchauszüge Max Reinhardts: »Scheint nicht oberflächlich zu sein, u. spricht klug und echt. Er gehört zur neuesten Reaktion u. ist für das Naive, Gesunde, während er eigentlich Probleme der Großstadt perhorresziert ...« (Der Liebhaber. Erinnerungen seines Sohnes Gottfried Reinhardt an Max Reinhardt, 1973, S. 180 f., nach Abt. Kritische Schriften S. 629). 4.12.1895: »Morgenstern ist augenscheinlich Nietzscheaner u. hat sich wohl deshalb für unsere Idee (betr. Gründung einer Vorführbühne für Schauspieler) so begeistert [...]«. Auktionskatalog Hartung und Karl 34, 12.–14.5.1981, Nr. 1689. – M blieb mit Max Reinhardt lebenslang, wenn auch später nur locker und häufig über Kayssler, in Verbindung; er gehört zu den wenigen Menschen, mit denen M sich duzte; seine aufwendige Inszenierungskunst mißbilligte er allerdings, vgl. z.B. Abt. Aphorismen Nr. 592), denn er bevorzugte andeutende Dekorationen und als Mittelpunkt einer Aufführung den Dichtertext, vgl. etwa Abt. Kritische Schriften Nr. 97. 330, 336, 337, 352, 392, 431[?], 434, 443, 453, 459, 460, 462, 467, 475, 509, 512–514, 518, 521–525, 530, 533, 536, 543, 548, 549, 551, 554, 562, 568, 569, 589–592, 607, 628, 632, 634, 639, 646, 652, 667, 668, 671, 674, 677, 689, 695, 699, 734–736, 837, 842, 873, 874, 888, 895, 898, 899, 901, 902, 929, 930, 936, 942, 944, 946, 958
Das Regiekollegium. 898 — Diarrhoesteia des Persiflegeles. 898 — Don Carlos (Parodien, mit Kayssler und Zickel). 532, 894, 895, 898, 558, 901 (Carleas und Elisande) — Ein böhmischer Fremdenführer. 898 — L'interieur. 898 — 10 Gerechte. 898 — Schall und Rauch (Sammlung), Bd. 1, Berlin 1901. 554
Rosa Reinhardt 536 — Rosa und Wilhelm Reinhardt. 523, 525— Eine Schwester Max Reinhardts. 536
Reinthaler, Paul, Gymnasialprofessor, Ms Deutsch- und Religionslehrer am Sorauer Gymnasium. Geboren vielleicht 1839 (nach der Angabe in der Dissertation von Paul Martin Adolph Reinthaler: Über

Chr. F. Gellert, Diss. Halle/Wittenberg 1869). Von Reinthaler ist außerdem nachweisbar: Zur Darstellung der paulinischen Heilslehre auf der oberen Stufe des Gymnasialunterrichts. Sorau 1882. – Auch Hans Petri (s.d.) berichtet, daß die Schüler in Reinthaler »nur den Angriffspunkt für ihre Rüpeleien sahen. Wenn ich gelegentlich nach Sorau komme und dort mit alten Schulkameraden zusammentreffe, so ist bald die Rede von den Streichen, deren Objekt Trippel (das war R. Spitzname) war.« Aber: »Rheintaler konnte, wenn er nüchtern war, hinreißend schöne Stunden erteilen, denn er war ein sehr begabter Mann« (an Margareta M, 26.4.1934). – Eine chaotische »Trippelstunde« wird auch in der Bierzeitung zu Ms Abitur bedichtet. Er verfaßte auch einen Bericht über das Schülerbergfest, s.d. 71, 76, 82, 83, 109, 351, 764, 774, 958

Reisner, Schauspielerin, nicht ermittelt. 329

Réjane, Gabrielle, eigentlich Gabrielle-Charlotte Réju (1856–1920), französische Schauspielerin. Sie gastierte mit ihrer Gesellschaft im Herbst 1899 im Berliner Theater in Berlin; M notierte für den 6.10. einen Besuch von »Zaza« (Schauspiel von Pierre Berton und Charles Simon; die Titelheldin war eine der Glanzrollen Réjanes) N 1899. 494, 945

Reklam s. Reclam.

Rekneshaugen, Berg in der Umgebung von Molde/Norwegen. 951

Rembrandt, Rembrandt Harmensz van Rijn (1606–1669), niederländischer Maler und Graphiker. – In der Kunst Rembrandts sah Julius Langbehn den Maßstab für seine Kulturkritik; diese Nennungen Rembrandts sind unter Langbehn, Rembrandt als Erzieher, verzeichnet.

Der Schützenkönig. Ein Werk dieses Titels war nicht nachzuweisen, vermutlich meint Carl Ernst M in Nr. 115 die »Nachtwache«, obwohl er diese zusätzlich verzeichnet. 102 — Die Anatomie des Dr. Tulp, 1632, Den Haag, Mauritshuis. 102 — Die Nachtwache, 1642, Amsterdam, Rijksmuseum. Das Bild zeigt die Mitglieder der Amsterdamer Bürgerwehr (die Schützen) mit ihrem Hauptmann, es wurde im 19. Jahrhundert romantisierend die »Nachtwache« genannt, wird sonst auch als »Schützenstück« bezeichnet. 102 — Greis. 666 — Selbstporträts. 102

Remer, Paul (1867–1943), Schriftsteller, lebte meist in oder in der Nähe von Berlin.– Aus dem Jahr 1904 ist ein Brief Ms an Remer überliefert. 214

Renner, Gustav (1866–1945), Bibliothekar in Berlin, Schriftsteller. M rezensierte 1896 eine Gedichtausgabe Renners, Abt. Kritische Schriften Nr. 26. 326, 331, 831, 832

Resemann, Leon (1844–1924), Schauspieler, Hauptrollen: Othello, Mephisto, Egmont, Posa, Wallenstein, Hamlet, Uriel Akosta. 66
Residenztheater Berlin, Blumenstr. 9, erbaut 1871, bevorzugte leichte französische Dramen. 383, 686, 857, 942
Retz, de, Kardinal. 777
Reußendorf, Ort im Kreis Waldenburg/Schlesien, östlich von Waldenburg. 16, 17, 740
Reuter, Fritz (1810–1874), Schriftsteller in plattdeutschem Dialekt. – Als Gymnasiast äußerte M sich begeistert über Reuter, [...] *Welch' gemüt- und humorvoller, anheimelnder Ton zieht durch alles, was er geschrieben hat, hier zu herzlichem Lachen reizend, dort so einfach, rührend und ergreifend* ... [...],T 1887/90, Bl. 3), später war er distanzierter. 276
Reventlow, Franziska (Fanny) Gräfin zu (1871–1918), Schriftstellerin und Übersetzerin, lebte 1897–1910 in Schwabinger Künstlerkreisen ein freies, erlebnisreiches, aber oft dürftiges Leben, übersetzte in dieser Zeit für den Verlag Langen 40 Werke aus dem Französischen (nach Abret, Albert Langen, S. 324), übernahm sonstige Verlagsarbeiten und suchte auf verschiedene andere Weise zu Geld zu kommen, lebte später in Ascona. Ihren Sohn Rolf (1897– nach 1979) liebte sie abgöttisch. Er arbeitete nach ihrem Tod u.a. als Kopierer beim Film, nahm auf republikanischer Seite am spanischen Bürgerkrieg teil, lebte 15 Jahre in Algerien, kehrte dann nach München zurück und arbeitete als Gewerkschaftssekretär, vgl. Helmut Fritz: Die erotische Rebellion. Das Leben der Franziska Gräfin zu Reventlow, Frankfurt/M 1980, S. 117 f. 676, 677, 933
Ellen Olestjerne, (autobiographischer) Roman, München 1903. 676
Rolf Reventlow. 676, 677
Rhône, die Schweiz und Frankreich durchfließender Fluß, entspringt in 3 Quellen am Rhônegletscher, mündet am Golf du Lion ins Mittelmeer. 595
Riccardi, Francesco. 926
Richards, Max (1852 oder 59 – ?, bis 1928 nachgewiesen), Schauspieler, Regisseur, Theaterleiter, 1897–1914 Direktor des Stadttheaters Halle. 393, 845, 848
Richter, D. (d.i. vermutlich die bei Theologen ehemals verbreitete Abkürzung des Doktortitels), Militärgeistlicher, Konsistorialrat, zunächst wahrscheinlich an der Kirche St. Barbara in Breslau, die zugleich Garnisonskirche war. M wurde dort am 18.1.1887 von Richter konfirmiert. Er war vermutlich ein Bekannter der Familie M, der vielleicht die Konfirmation aus Gefälligkeit vornahm, um M den

regulären Konfirmationsunterricht zu ersparen, denn eigentlich wäre der Pastor der Kirche St. Maria Magdalena zuständig gewesen. (Der Konfirmationsschein ist im Nachlaß vorhanden.) M versuchte im T eine Würdigung *Zwei Geistliche*, wobei der 2. Richard Goettling sein sollte (T 1907/08, Bl. 98, nicht ausgeführt). 259

Riehl, Berthold (1858–1911), Sohn von Wilhelm Heinrich Riehl, Kunsthistoriker, Professor in München. 185

Riehl, Wilhelm Heinrich (1823–1897), Schriftsteller, ab 1854 Professor in München, zunächst für Staatswirtschaftslehre, ab 1859 für Kulturgeschichte. – Als Musikschriftsteller veröffentlichte er u.a. »Musikalische Charakterköpfe«, 1853–78 u.ö. 144. 150, 152, 185

Riesenfeld, Berth[old?], praktischer Arzt und Spezialist für Hals-, Nasen-, Ohrenkrankheiten in Breslau, guter Bekannter und Hausarzt der Familie M. – An ihn wandte sich M Herbst 1905, um etwas über seinen Vater zu erfahren. 143, 155, 168, 180, 184, 204, 209

Riesengebirge, höchster Gebirgszug der Sudeten, etwa 37 km lang und bis 25 km breit, vom Jacobstaler Paß bis zur Landeshuter Pforte; über die Kuppe verlief die schlesisch-böhmische Grenze. Der höchste Berg des Riesengebirges ist die (Schnee)koppe (etwa 1602 m). Das Riesengebirge wurde gegen Ende des 19. Jahrhunderts durch den Bau von Wegen und Unterkünften (Bauden) für den Fremdenverkehr erschlossen, z.B. Prinz-Heinrich-Baude, die Grenzbauden, Hampelbaude (am Kleinen Teich). 27, 35, 36 , 129, 130, 780

Rietschel, Ernst Friedrich August (1804–1861), Bildhauer. — Denkmal Carl Maria von Webers (1860). 786

Rilke, René (ab Herbst 1897 Rainer) Maria (1875–1926), aus Prag stammender Schriftsteller, hauptsächlich Lyriker, auch Übersetzer. Rilke bemühte sich in den Jahren 1896–1898 z.T. intensiv um Ms (des Menschen oder Redakteurs) Aufmerksamkeit; er und M hatten gemeinsame Freunde, etwa Emil Orlik und Georg Hirschfeld, was eine Annäherung hätte begünstigen können. M schickte Rilke zwar sein Gedichtbuch IN PHANTAS SCHLOSS (für das Rilke mit einem Gedicht dankte) und stellte für die »Wegwarten« einige Gedichte zur Verfügung, war aber anscheinend insgesamt wenig an dem jüngeren Dichter interessiert, so daß die Verbindung bald abriß. – Auch über Rilkes Stellung zu M in späteren Jahren konnte nichts ermittelt werden; die überaus distanzierte Zustimmung zur Veröffentlichung seines Gedichts an M (Nr. 369) muß keine Ablehnung Ms ausdrükken, sondern kann auch an der grundsätzlichen Distanz Rilkes zu seinen eigenen Jugendgedichten liegen. 308, 309, 325, 335, 337, 366, 407, 825, 873, 958

Advent. Leipzig 1897 (Gedichte von 1896 und 1897). 407 — Traumgekrönt. Leipzig 1896 (Gedichte aus den Jahren 1894–1896). – Im Nachlaß vorhanden ist eine Kopie der Widmung: »Christian Morgenstern / dem hochverehrten Dichter / René Maria Rilke / München, im Dec. 96«. 337

Ritter, Lexikon. 706, 736

Rittner, Rudolf (1869–1943), Schauspieler, auch Bühnenschriftsteller, spielte u.a. am Deutschen Theater in Berlin, so bei der Uraufführung von Halbes »Jugend« den Hans Hartwig (Hanschen) und bei der 1. öffentlichen Aufführung von Hauptmanns »Webern« den Moritz Jäger. 213, 232, 246, 295, 460, 476, 517, 521, 855

Wiederfinden. In den Hauptrollen spielten Kayssler als Wolfgang Hartmann und Else Lehmann als Else Doldner. (Eine Kinderliebe zwischen beiden wird durch eine spätere Wiederbegegnung aufgefrischt, führt aber auch hier zu keiner Bindung, weil die Frau aus einer früheren Affäre ein Kind hat). 537, 539

Riva, Gemeinde am Nordwestende des Gardasees 324, 343, 830, 950

Riviera, die Mittelmeerküste zwischen Nizza und Spezia; die italienische Riviera wird durch Genua geteilt in Riviera di Ponente und Riviera di Levante (westliche und östliche Riviera); in der Riviera di Levante liegen u.a. die Orte Nervi, Rapallo, Santa Margherita Ligure, Portofino. — Riviera. 561, 595 — Riviera di Levante. 603, 605

Robertson. William Robertson (1721–1793), englischer Geistlicher und Geschichtsschreiber, wurde im 19. Jahrhundert viel gelesen und gilt wegen seiner unparteiischen Darstellungen als Begründer der modernen Historiographie. — Frederick William Robertson (1816–1853), Theologe; seine Predigten waren sehr verbreitet und wurden auch ins Deutsche übersetzt; seine Biographie ebenfalls: F. W. R. Brooke: Robertson, Life and Letters, 2 Bände, deutsch: Frederic William Robertson, sein Lebensbild in Briefen, frei bearbeitet von Charlotte Broicher. Gotha ²1894. 118, 186, 348, 836, 837

Robespierre, Maximilien de (1758–1797), französischer Revolutionär, galt als tugendhaft und unbestechlich, etablierte den Terror zur Aufrechterhaltung der neuen Ordnung, wird vor allem in der Literatur oft als Gegenfigur zu Danton gesehen. Spitzname Max Reinhardts, vgl. »Danton«. 353

Robinet, Paul Gustave (1845–1932), französischer Landschafts- und Genremaler, arbeitete hauptsächlich in der Schweiz, war Schüler u.a. von Meissonier. 564, 903 — Frau Robinet. 562

Rodenbach, Julius (1855–1898), belgischer symbolistischer Schriftsteller. — Bruges-la-morte (Das tote Brügge), Roman, 1892, deutsch 1902 (mit der Angabe 1903). Hauptfigur ist ein Mann, der einen Kult

mit Erinnerungsstücken an seine verstorbene Frau treibt; er begegnet einer Tänzerin, die ihr äußerlich gleicht und die er deshalb in seine Verehrung mit einbezieht, die er dann aber, da sie den Kult verspottet, mit einer Haarsträhne der Toten erwürgt. Das Geschehen ist eingebettet in die melancholische Atmosphäre (eine Spiegelung der Melancholie der Hauptfigur) der »toten Stadt« Brügge (deren Blütezeit im Mittelalter lag, die danach bedeutungslos wurde und erst im 20. Jahrhundert einen neuen Aufschwung erlebte). Le mirage (Die Täuschung, Der Wahn, franz., auch s.u.), Dramatisierung des Romans »Bruges-la-morte«, aus dem Nachlaß herausgegeben 1901, übersetzt von Siegfried Trebitsch, Wien 1902, unter dem Titel »Die stille Stadt«. Premiere am Deutschen Theater in Berlin am 12.9.1903 mit dem Titel »Das Trugbild«. 682, 938, 939, 944
Rodenberg, Julius ((1831–1914), Schriftsteller und Journalist, Gründer der Zeitschrift »Deutsche Rundschau«. 855
Rodin, Auguste (1840–1917), französischer Bildhauer, auch Maler, Zeichner, Radierer, Kunstschriftsteller, anfänglich umstritten, beeindruckte durch die psychische Kraft seiner Menschendarstellung und wurde richtungsweisend für die moderne Bildhauerkunst. 542, 896
Röcken, Dorf bei Lützen, im preußischen Regierungsbezirk Merseburg, Geburts- und Begräbnisort Nietzsches. 514, 515
Röhl, Otto, Schauspieler, 379
Røros, Ort im norwegischen Amt Søndre Trondhjem, an der Bahnlinie Eidsvold–Trondhjem. 950
Rohrpost, Anlage zur Beförderung von in gleitende Dosen verpackten Briefen etc. in unterirdischen Rohrleitungen, angetrieben durch Druck- und Saugluftsysteme. Erste Rohrpostsysteme wurden in Frankreich und England 1854 patentiert. In Berlin existierte ab 1863 ein postinternes System; später wurde ein Netz für die öffentliche Postbeförderung errichtet, das 1876 26 km, 1905 123,5 km Länge hatte. Die Rohrpost hatte eigene Briefkästen und eigene Zusteller, die Abfertigung der Sendungen erfolgte in großer zeitlicher Dichte, bis zum 3-Minuten-Rhythmus; das Porto war höher als bei normalen Sendungen. 496, 671, 847, 943, 946
Roller, nach Nr. 103 und 104 Paul Willmann, vielleicht ein Spitzname nach der Gestalt in Schillers »Räubern«.
Rom. Ms Romaufenthalt vom Dezember 1902 bis Ende März 1903 hatte das Ziel, von dort Aufsätze für Zeitschriften zu schreiben; er kam aber über Pläne und Entwürfe nicht hinaus. Aber er führte ein detailliertes Tagebuch, das Abt. Episches Nr. 44 veröffentlicht ist. 102, 204, 223, 313, 579, 609, 613, 619, 620, 623– 626, 630, 631, 634,

637, 640–644, 647, 649–654, 660, 661, 685, 712, 814, 916, 923, 926, 929, 930, 932, 933, 952
Aventin, der südlichste der 7 Hügel Roms, in der Antike von den Plebejern bewohnt; zu Ms Zeit gab es dort noch einige Kirchen und Klöster. 647 — Caffè Nazionale Peroni & Aragno. 930 — Capitol, der kleinste der 7 Hügel Roms, in der Geschichte der Römischen Republik der bedeutendste, mit 2 Gipfeln, beide mit Tempeln bebaut – und dem dazwischen liegenden Kapitolsplatz. Zu Ms Zeit befand sich auf der nördlichen Kuppe die Kirche Aracoeli, auf der südlichen der Palazzo Caffarelli. 647 — Forum, das Forum Romanum, in einer Talsenke zwischen Palatin, Kapitol, Quirinal und Esqilin gelegener Platz, der im 5. Jahrhundert v. Chr. angelegt wurde und sich – mit den entsprechenden Bauten – zum religiösen, wirtschaftlichen und politischen Zentrum Roms entwickelte, verfiel im Mittelalter und wurde ab der Mitte des 19. Jahrhunderts wieder freigelegt. 647 — Capitolinische Venus, römische Kopie eines Originals vom Typus der Aphrodite von Knidos (Praxiteles) im Capitolinischen Museum, Gabinetto della Venere. Außerdem sah M eine Kopie der Knidischen Venus in den Antikensammlungen des Vatikans. 647 — Cestiuspyramide, das aus frühaugustäischer Zeit stammende , an der Straße nach Ostia gelegene 37 m hohe Grabmal des Volkstribuns und Prätors Gaius C. Cestius. 647 — Colosseum, größtes Amphitheater Roms und der antiken Welt, erbaut zwischen 70 und 80, es faßte 40–50 000 Personen oder noch mehr, hieß ursprünglich Amphitheatrum Flavium und erhielt den heutigen Namen von einer Kolossalstatue Neros, die im 2. Jahrhundert unter Kaiser Hadrian dort aufgestellt wurde. Das Theater blieb bis ins 8. Jahrhundert unversehrt, verfiel später; erst im 19. Jahrhundert wurde mit Erhaltungs- und Restaurierungsmaßnahmen begonnen. 637, 647 — Istituto Italiano di Studi Germanici. 814, 962 — Palatin, 51 Meter hoher, südöstlich des Kapitols gelegener Hügel Roms; dort befand sich die erste nachgewiesene, der Sage nach von Romulus gegründete Stadtsiedlung (10. Jahrhundert v. Chr.), später wurde dort von Kaiser Augustus und seinen Nachfolgern eine Reihe von Palästen als kaiserliche Residenz errichtet; die Anlage verfiel, nachdem Kaiser Konstantin 330 die Hauptstadt des römischen Reichs nach Konstantinopel verlegt hatte. 647 — Pincio, der nördlichste Hügel Roms, wurde in der Antike »collis hortorum« (Hügel der Gärten, lat.) genannt, dort befanden sich die Villenanlagen vornehmer Römer; zu Ms Zeit beliebteste Promenade Roms mit schönem Panoramablick. 647 — Porta Pia, 1564 nach einem Entwurf Michelangelos gebaut, am linken Tiberufer. 651 — Quirinal, einer der 7 Hügel Roms, mit Resten der antiken Bebauung (Diokle-

tiansthermen), der ehemaligen päpstlichen Sommerresidenz, die zu Ms Zeit Königspalast war. 637 — St. Peter, S. Pietro in Vaticano, unter Papst Julius II. 1506 begonnener Neubau, der die alte Konstantinsbasilika über dem vermuteten Grab des Apostels Petrus ersetzte. Julius II. wählte unter den vorgelegten Plänen denjenigen Bramantes aus, der einen Zentralbau mit dem Grundriß eines griechischen Kreuzes und mit Kuppel vorsah. Bramante blieb bis zu seinem Tod Bauleiter, dann folgten Raffael, Antonio da Sangallo, Peruzzi und ab 1546 Michelangelo, nach dessen Tod 1564 Maderna. Die von Michelangelo entworfene Riesenkuppel wurde von Giacomo della Porta in wiederum veränderter Form vollendet. 637, 647 — Vatikan, der Palast des Papstes auf dem Monte Vaticano rechts von der Peterskirche, auf eine Anlage des 6. Jahrhunderts zurückgehend und seit der Rückkehr der Päpste aus dem Exil in Avignon 1378 von ihnen zur Residenz ausgebaut und bis ins 16. Jahrhundert immer wieder erweitert und vermehrt. – Die vatikanischen Sammlungen wurden von Papst Julius II. initiiert, der 1503 im Belvedere-Palazetto eine Apollostatue (Apoll vom Belvedere) und 1506 die damals gefundene Laokoongruppe aufstellen ließ. Zu eigentlichen Museumseinrichtungen kam es erst unter den Päpsten des 18. Jahrhunderts. 647, 651 — Sistina, die sixtinische Kapelle im Vatikan, unter Papst Sixtus IV. von Giovanni de' Dolci u.a. etwa 1475–1480 erbaut. Vgl. hierzu auch Michelangelo und das Gedicht IN DER SISTINA. 647, 651 — Der »Sterbende Fechter«, im 16. Jahrhundert in Rom gefundene Statue eines Galliers, die im Zusammenhang mit den Weihegeschenken des König Attalos I. von Pergamon zu sehen ist, die er nach seinem Sieg über die Gallier 239 v. Chr. stiftete; im Capitolinischen Museum. 647

Romanwelt, wöchentlich erscheinende Roman- und Novellenzeitschrift, erschien 1894–1900; gelegentlich wurden auch Gedichte gebracht. 177, 195

Ronacher, Café in Berlin, Potsdamer Str. 28. 213

Roquette, Otto (1824–1896), Literaturprofessor, Lyriker, Erzähler. 838

Rosalienthal, Gasthaus im Gutsbezirk Gorkau, in der Nähe von Ströbel. 82

Rosegger, Peter (31.7.1843–26.6.1918); bis 1894 nannte er sich zur Unterscheidung von anderen Roseggers Petri Kettenfeier oder P. K. Rosegger, nach dem Kirchenfest am 1.8., von dem er seinen Vornamen erhielt. Spaziergänge in der Heimat (1894). 250, 809

Rosel[?], nicht ermittelt. 49

Rosen, Auktionshaus. 859, 862, 868, 900

Rosenbaum, Dr., nicht ermittelt. 667

Rosenmontag s. Hartleben.

Rosetti, Rossetti. Frau Rossetti betrieb in der Via Taddea in Florenz eine Pension. 636, 952

Roskilde oder Roeskilde, Stadt in Dänemark, am Südostende des Roskildefjords. 507

Rossbach, ein Münchner Professor, an den M eine Empfehlung Felix Dahns hatte. Er war lexikalisch nicht zu ermitteln. Es kann sich auch um einen Gymnasialprofessor gehandelt haben. 152, 785

Rossi, Alexandrine (1862–1953), Schauspielerin, begann ihre Bühnenlaufbahn am Breslauer Stadttheater (1890/91), war später in Düsseldorf und seit 1896 in Stuttgart. 66

Rostand, Edmond (1868–1918), französischer Dramatiker. — Cyrano de Bergerac (1897, deutsch 1898). 459, 872

Rotenburg, Arthur, für die Spielzeit 1896/97 als Mitglied des Deutschen Theaters ermittelt. 529[?]

Rousseau, Jean-Jaques (1712–778), französisch-schweizerischer Philosoph und Schriftsteller, auch Komponist. 598, 911, 915
Les confessions (Die Bekenntnisse), Autobiographie in 2 Teilen, entstanden 1765–1770, Erstausgabe Genf 1782 und 1788, deutsch 1782 und 1790 u.ö. 598, 609, 911 — Julie oder Die neue Heloise. Briefe zweier Liebender aus einer kleinen Stadt am Fuße der Alpen, Erstausgabe Amsterdam 1761, deutsch Leipzig 1761; Briefroman, spielt großenteils in Clarens am Genfer See. 598

Rubens, Peter Paul (1577–1640), flämischer Maler. — Das Jüngste Gericht (Das »große« Jüngste Gericht, 1615/16, und/oder Das »kleine« Jüngste Gericht, 1618–20), München, Alte Pinakothek. 102 — Der bethlehemitische Kindermord, um 1635–1639 ebd. 150 — Kreuzaufrichtung, 1610/11, Antwerpen, Kathedrale. 102 — Kreuzabnahme, 1611–14, ebd. 102 — Silen-Zug, unter diesem Titel nicht ermittelt, evtl. Der betrunkene Silen (1618), München, Alte Pinakothek, oder Der Triumph des Silen (um 1625), London, National Gallery. 381

Rubinstein, Anton Grigorjewitsch (1829–1994), russischer Pianist, Komponist und Dirigent. 38

Rudelstadt, Dorf im Kreis Bolkenhain, bei Merzdorf, Schlesien. 27, 37–40, 56, 749, 755, 949

Rückert, Friedrich (1788–1866), Schriftsteller, vor allem Lyriker, Orientalist und Übersetzer aus den orientalischen Sprachen. 134

Rüdesheim, Stadt am Rhein, Rheingaukreis, Provinz Hessen-Nassau. 278, 812

Rüdiger, germanische Sagengestalt, kommt im 2. Teil des Nibelungenlieds und in Dietrichepen vor. 56

Rügen, größte deutsche Insel, in der Ostsee. Berühmt sind die senkrecht zum Meer hin abfallenden Kreidefelsen der Ostküste. 223, 429[?], 508, 861

Rühle, Günther. 735

Rüttenauer, Benno. 777

Ruisdael, Jacob Isaackszoon van (1628 oder 1629–1682), niederländischer Landschaftsmaler. 102

Rummler (oder Rumler), Mitschüler Ms aus seiner Breslauer Schulzeit, kommt auch im Gedicht EINE KRIMINALGESCHICHTE vor. 213

Runge, Cathérine, Woldemar Runges Mutter, die auch M offenbar etwas bemuttert hat, vgl. etwa das Gedicht VOR EINER SENDUNG BIRNEN. Sie war Russin, kam vielleicht aus St. Petersburg (jedenfalls wurde ein *Augenglas*, das M von ihr erhielt, von einem St. Petersburger Goldschmied gemacht, vgl. DAS SINTHO-BUCH). Es scheint, Ms Notizen zufolge, einen teils regen, teils immerhin gelegentlichen Austausch von Briefen gegeben zu haben; zuletzt wird sie am 24.5.1912 erwähnt (N 1912). Auch Geschenke hat es (außer den Birnen) gegeben: M erhielt von ihr Gobineaus »Renaissance« (4.5.1899, N 1899); er sandte ihr (wahrscheinlich) UND ABER RÜNDET SICH EIN KRANZ (6.9.1902, N 1902) und notierte für sie ein Abonnement vom »Theater« zu Weihnachten 1903 (Einzelblatt im Nachlaß, datierbar 1903). Weiteres wird angedeutet. – Im T 1897/98 notierte M den Gedanken, er könne mit ihr russische Lyrik übersetzen (von einer Verwirklichung ist nichts bekannt). Außerdem widmete M ihr 1911 das Gedicht AUFFORDERUNG. Vgl. auch das Epigramm AN CATHÉRINE R. 382, 404, 427, 821, 822, 860, 861, 946, 958

Runge, Woldemar (1868–?, im Deutschen Bühnenjahrbuch 1941 zuletzt genannt), Schauspieler, Regisseur, Theaterdirektor, u.a. in Berlin, München, Frankfurt/M, Breslau, Wien. M lernte ihn 1896 in Berlin kennen, er nahm an Galgenabenden teil, vgl. den Vermerk auf einer der Handschriften vom MONDSCHAF: *Rezitativ-Ballade für den Galgengast Wol de Mar*. Und er erhielt ein Blatt mit Galgenliedern, das ihm *zur Erheiterung und Erweiterung von seinem getreuen Galgendichter Christian* gewidmet ist (heute im Besitz der StLB Dortmund). Es ist mit November 1897 datiert und markiert offenbar das Ende der Galgenabende, denn das letzte Gedicht lautet:

SEUFZERSTOSS.
Ach lieben Freunde, ich werd stumm:
der Galgenberg ist ausido,
verhohlen sein Gebrausido:
der Narr ist ohne Publikum.

Das Blatt enthält weiterhin die unveröffentlichten Gedichte SCHNADAHUPF (*Die Eule hat Eile*), SCHICKSALSLIED (*Es geht der grosse Wendekreis*), GOLDENE LEBENSREGELN (*Bist du krank, so werd gesund*) sowie die in die GALGENLIEDER aufgenomenen Gedichte DAS PROBLEM (letzte Zeile abweichend: *von da ab nurmehr Dreiundzwanzig*); TANZ-SCHNADERHÜPFL DER GIEBELWINDE (hier mit der Überschrift TANZLIED DER WINDLEUTE und der 1. Zeile: *Kókstoren kong kánkio*); DAS KNIE (in der Fassung Abt. Humoristische Lyrik S. 640, außerdem Z. 5: *Im Kriege nämlich ward sein Mann*). – Runge schenkte M ein Photo von sich mit der Widmung: »Meinem lieben Christl in treuer Anhänglichkeit und Freundschaft. Berlin, am 6. Mai 1897« (im Nachlaß). – Nach den ersten Freundschaftsjahren kam anscheinend keine dauerhaft herzliche Verbindung mehr zustande. M und Runge haben sich auch nach 1903 in Berlin wieder getroffen, aber dies scheint konventionell verlaufen zu sein: Am 19.3.1907 berichtete M Kayssler von einem erfreulichen Treffen mit Runge in Meran, da sei *er endlich einmal wieder ganz der alte* gewesen. Auch 3 nachfolgende gemeinsame Tage in San Vigilio (29.–31.3.1907, N 1906/07) scheinen in alter Freundschaft verlaufen zu sein; von diesem Treffen stammt ein Photo, auf dem M Runge als einen seiner *ältesten Freunde* bezeichnet (im Nachlaß). Kurz darauf schickte M ihm MELANCHOLIE (a.a.O., 2.5.1907) – Auf den verschiedenen Listen zur Versendung von Büchern etc. ist Runges nur für die 3. Auflage der GALGENLIEDER verzeichnet (an Cassirer, 12.7.1908). 1911 widmete M ihm das Gedicht MONDSTIMMUNG. 332, 336, 343, 352, 382, 467, 475, 487, 521, 650, 725, 959

Ruprecht, Erich. 736, 889

Ruskin, John, englischer Maler, Schriftsteller, Sozialphilosoph; die Frage nach förderlichen Schaffensbedingungen für Kunst und Kunsthandwerk führte ihn zur Verurteilung von Kapitalismus und industrieller Massenproduktion und zur Hinwendung zu moralisch und künstlerisch gebundenen Strukturen des Mittelalters. 936

Ruta, Ort in der italienischen Provinz Genua. 608, 915, 951

Rüter, Heinrich (1853–1941), vermutlich Gymnasiallehrer (Brief an Margareta M, s.u.). Rüter wird ein paarmal in Briefen erwähnt, findet sich in den Tagebüchern nur in einer Liste für die Versendung von IN PHANTAS SCHLOSS, nicht mehr in späteren Aufstellungen, auch nicht in der Liste für die Hochzeitsanzeigen. Auch Briefe oder Briefabschriften sind nicht erhalten geblieben. – Rüter schrieb am 27.2.1934 an Margareta M: »Verehrte Frau Morgenstern, beifolgende Briefe fand ich im ersten Werk Ihres Gatten, ›In Phanta's Schloss‹ und sende sie Ihnen gern zur Abschrift. Christian war im Jahre 1894 längere Zeit unser lieber Gast. ›Kosmogonie‹ und ›das Hohelied‹ entstanden bei uns. Mit dem Studentenscherz des zweiten Briefes ist ›Horatius travestitus‹ gemeint. – So oft ich in Berlin war, sah ich Ihren Gatten; von 1900–1909 war ich krank und selten dort; das letzte Mal sah ich ihn mit Friedrich Kayßler, unserem gemeinsamen Freunde [1905], mit dem ich heute noch in Verbindung stehe; Christians ganze Persönlichkeit ist mir nie abhanden gekommen; er gehört für mich zu den Menschen, die kennen gelernt zu haben ein Glück bedeutet; von seinen Schöpfungen will ich nicht reden. Wie oft greife ich nach den ›Stufen‹? Mich hat als Lehrer immer gefreut, daß reifere Schüler ihn meist kannten und liebten.« – [...]. Für einen Besuch bei der Familie Rüter kommen nur die Tage zwischen dem 5. und 8.9. 1894 in Frage: Am 4. *Abends* notiert M: *Letzte Nacht in Grund* (von Margareta M zusammengestellte Abschriften aus einem verschollenen T), am 8.9. meldet er sich bei Goettlings aus Charlottenburg zurück. 227, 382, 425, 548, 631

Ruthardt s. Amsler und Ruthardt.

Rüttger(s), nicht ermittelt. 676

S., Elly, nicht ermittelt. An *E. S.*, nach Michael Bauer Else Schulze, ist ein Gedicht mit dieser Überschrift gerichtet. Ob ein Zusammenhang besteht, ist unsicher. Diese oder eine andere *E. S.* wird auch in den Notizbüchern von 1899 und 1902 mehrfach genannt: Etwa 5. bis 11.10.1899 war sie in Berlin und wohnte im evangelischen Hospiz; in dieser Zeit ging M mehrfach mit ihr aus, bei der Abreise schenkte er ihr Maiglöckchen. Danach sind Briefe notiert: 13.10, an, 15.10. von, 23.10. von, 24.10. an, 25., 27.28.10. vermutlich ein Brief an, 16. und 17.11. von, 25.12. Paket von, 27.12. vermutlich an. – 1902 sind 9 Briefe an sie und 3 von ihr (5.2. mit Bild) vermerkt. 555

Saarbrücken, Stadt und Kreis in der Rheinprovinz, Regierungsbezirk Trier. 121, 198

Sack(s), Breslauer Familie. 89

Sagan, Stadt im Regierungsbezirk Liegnitz, etwa 10–15 km von Sorau entfernt. Das Schloß, ab 1629 von italienischen Baumeistern erbaut, war zeitweise Wohnsitz Wallensteins. 62

Sage, Gotthard, Mitschüler Ms in Sorau (im Adreßbuch von 1905 ist noch eine »Rentiere« Elisabeth Sage verzeichnet), machte wie M im Frühjahr 1892 Abitur, studierte Theologie, hieß wegen seiner Kurzsichtigkeit Myops. Weiteres war nicht zu ermitteln; er hatte offenbar keine Pfarrstelle, auch eine Dissertation oder sonstige Veröffentlichung war nicht zu ermitteln. Wenn er nicht tatsächlich in die Mission gegangen ist, wie es einige auf ihn gedichtete Verse in der Abiturzeitung von 1892 nahelegen, kann er evtl. auch das Studienfach

gewechselt haben oder früh gestorben sein. 88, 102, 106, 111, 114, 133, 137
Saharet, eigentlich Clarisse Campbell-Rosé (1880–1940), australische Ausdruckstänzerin. 686, 941
Salome, Gestalt des Neuen Testaments, vgl. Markus 6, 14–29, s. Böcklin, Klinger, Sudermann, Wilde.
Salomon, Toni, konnte nicht ermittelt werden; nach einer Angabe im Auktionskatalog Bassenge war sie Malerin. Die Angabe stammt vermutlich aus der Adresse. 618
Salus, Hugo (1866–1929), Arzt in Prag, Lyriker und Erzähler. 402, 425, 548
Salzburg, Hauptstadt des gleichnamigen österreichischen Herzogtums. M notierte über seine Reise: *Salzburg, 8.8.96. Abends 11 Uhr Ankunft. In zwei Kneipen geführt von einem Ingenieur. Volksgesang Zither, Guitarre, Violinerei. Italienischer Eindruck. Enge Gassen oft, hochstöckige Häuser mit vielverstellbaren Fensterläden. Weite Plätze. Mozartdenkmal von Schwanthaler. Brunnen mit vier speienden Pferden. Petri-Friedhof: Christenbehausungen und Kapellen im Fels (Nagelfluh). Die Salzburger Bischofszimmer. Kapuzinerberg (Mozarthäuschen). Gaisberg abends Auffahrt. Zahnrad-Bahn.*
Die Alpen steigen vor mir auf!
Oben an Helgoland erinnert. Sonnenuntergang. »Die Sonne sinkt« in ein unendliches Meer von bläulichem Dunst. Seen rotgolden glänzend. Höhenluft.
Morgen früh Sonnenfinsternis und Aufgang.
Oh Herz geh mir auf! Wie kalt und offiziell uns doch der Norden macht!
Ich möchte mit einem geliebten Mädchen hier sein. – Gut Nacht ihr lieben grossen kühlen einsamen Gipfel der Erde! Oh Herz, werde hier gross – es ist so viel Kleinheit in dir. Meinen grossen, grösseren Freunde, ich grüss Euch durch die hohe weite Nacht. – Maschinenabschrift von oder im Auftrag von Margareta M aus einen verschollenen T. 322, 324, 490, 873, 879, 944, 950
Salzbrunn, Gemeinde und Badeort im Kreis Waldenburg, bestehend aus Ober-, Neu- und Niedersalzbrunn, besitzt salinische Heilquellen – alkalische Säuerlinge –, die u.a. bei Erkrankungen der Luftwege geschätzt wurden. 122, 159, 161, 169, 173, 322
Salzer, Marcel (1873–1930), Schauspieler und Rezitator. 549
Sami, Samy s. Samuel Fischer.
San Miguel, São Miguel, größte Insel der Azoren, Portugal. 18, 743
San Remo, Hauptstadt des gleichnamigen Distrikts in der italienischen Provinz Porto Maurizio. in einer Bucht des Golfs von Genua,

besonders Winterkurort. 570, 575, 577, 579, 593, 595, 597, 603, 904

Sandviken, an der Westküste Norwegens, in der Umgebung von Bergen. 951

Sandvos, Emil (1858–1901), erster Ehemann von Luise Kayssler. Schauspieler und Inspizient, meist in Görlitz, ging der Scheidung wegen für 1 Spielzeit nach Bromberg. Die Kinder Ilse und Fri(e)da blieben nach der Scheidung bei der Mutter, ein weiteres Kind, vermutlich Nanni (eine Nanni Sandvos spielte im Sommer 1896 in Görlitz Kinderrollen), wahrscheinlich beim Vater – sie war wohl die Älteste. Emil Sandvos. 422, 465, 848 — Fri(e)da Sandvos. 431 — Ilse Sandvos. 629 — Ilse und Frieda Sandvos. 401, 409, 421, 422, 434, 443, 445, 460, 467, 480, 487, 517, 522, 525, 536, 537, 543, 545, 551, 569, 592, 609, 639, 892, 959, — Luise Sandvos s. Luise Kayssler. — Nanni Sandvos. 465[?]

Sangallo, Giuliano da (1445–1516). 926

Sankt Gotthard, Paß in der Gotthardgruppe der Schweizer Zentralalpen, in 2108 m Höhe. – 1882 wurde der erste Tunnel für die Gotthardbahn zwischen Göschenen und Airolo eröffnet. 16, 322, 951

Sankt Petersburg, 1712–1918 Hauptstadt des russischen Reiches, an der Mündung der Newa, 1703 von Zar Peter dem Großen gegründet. – Auf der linken Newaseite befindet sich u.a. die Peterhofer Vorstadt. 424, 427, 569, 860, 910

Santa Margherita Ligure, Gemeinde in der italienischen Provinz Genua, Distrikt Chiavari. 603, 912, 915, 951, 952

Sardou, Victorien (1831–1908), französischer Dramatiker. — Madame sans Gêne (1893) Komödie, deutsche Erstaufführung 13.1.1894 Berlin, Lessingtheater, wurde dort am 12.6. bereits zum 100. Mal gespielt und war auch in anderen Städten sehr erfolgreich. 213, 701

Sascha, ein junges Mädchen, das zeitweilig bei der Familie Goettling lebte, heiratete vermutlich einen Herrn Wa(h)lich. M widmete ihr das Gedicht EINER JUNGEN FREUNDIN INS STAMMBUCH. 132, 150, 154, 306, 382, 456, 780, 871

Saßnitz, Dorf auf Rügen. 165, 170

Sauer, August. 869

Sauer, Oscar (1856–1918), Schauspieler, ab 1890 in Berlin, am Deutschen und am Lessingtheater, wurde hauptsächlich durch naturalistische Stücke bekannt. 502

Savonarola, Girolamo (1452–1491), Dominikaner, Prior von San Marco in Florenz, Bußprediger, theokratischer Politiker. M plante ein Drama SAVONAROLA und schrieb zahlreiche Entwürfe. 581, 616, 617, 619, 648, 655, 699, 920, 926, 947, 948

S. C., SC. M und seine Freunde hatten in Sorau eine Art Schülerverbindung, den S. C. (oder SC), gegründet (oder waren ihr beigetreten), die aber nicht als solche gelten durfte, weil diese verboten waren und die Mitgliedschaft mit dem Verweis vom Gymnasium bestraft werden konnte. Wofür die Abkürzung steht, konnte nicht entschlüsselt werden; die mehrfache Nennung der »Clowns« (s.d.) könnte etwa »Sorauer Clowns« nahelegen, dann dürfte man aber eigentlich nicht von »dem« SC reden. Vielleicht bedeutet es auch nur Schüler-Club. – Nach der Angabe von Gertrud Isolani wurde ein Verein von Franz Carl Zitelmann gegründet und die Mitglieder auch die »Zitelmänner« genannt (Die Geschichte des Melderbaums, S. 10). Ob es sich um verschiedene Vereine oder nur Bezeichnungen handelt, konnte nicht ermittelt werden. 82, 95, 96, 837

Schab, Erwin von, aus Starnberg, war wie M im Landshuter Studienseminar untergebracht und besuchte das Gymnasium eine Klasse unter M. 15 — Familie Schab. 11

Schack, Adolf Friedrich (seit 1876 Graf von) Schack (1815–1894), Schriftsteller, Übersetzer, Kunstsammler (Schackgalerie in München). 151

Schaeder, Grete. 929

Schäfer, Franz, Freund und Vertrauter Alfred Guttmanns, Schauspieler am Friedrich-Wilhelmstädtischen Theater in Berlin (im »Neuen Theateralmanach« von 1896 verzeichnet), mußte den Beruf aus gesundheitlichen Gründen aufgeben und ging später nach Spanien (Angabe auf einem Blatt mit fragmentarischen Abschriften aus Briefen Schäfers an Guttmann). Schäfer gehörte sowohl zum »Orden«, wo er als Spitznamen die lateinische Übersetzung seines Namens, Pastor, trug (was im Band Humoristische Lyrik zur Verwechslung mit Willy Pastor führte), als auch zu den Galgenbrüdern. In Briefen an Guttmann berichtete er über das Treiben der Galgenbrüder. »[...] In Werder ist ein Berg, der den Namen Galgenberg führt. Unterwegs wurde nun beschlossen, eine Vereinigung zu gründen, die den Namen führen soll: ›Die vom Galgenberge‹. Wir kommen alle Woche einmal abends in einem bestimmten Lokal zusammen. Galgenbrüder sind Morgenstern, beide Hirschfelds, Beblo, Kayssler und ich. Die Begrüßung ist der letzte Hauch eines Sterbenden, die Kneipe heißt ›die Stätte‹, statt Prost sagt man ›gehängt‹ usw. Der Kellner heißt ›Abdecker‹ [...] ... Nun will ich Dir den letzten ›Galgenberg‹ beschreiben. Erst unsere Namen: Julius Hirschfeld = Schuhu; Georg = Verreckerle; Morgenstern = Rabenaas, Kayssler = Gurgeljochen; Beblo = Stummer Hannes; ich / Veitstanz. Die Stätte war auf Kayßlers Bude, die ganz großartig ist. Als ich hereintrat, bot sich mir folgender Anblick: die Lampe war tief heruntergeschraubt und mit einem schwarzen Schleier verhangen. Auf einem Tisch, der mit schwarzem Tuch bedeckt war, stand vorn die Henkersmahlzeit, ein Brot und ein Becher mit Wasser, dahinter zwei brennende Kerzen, daneben der Lebensfaden (rote Wolle), dahinter die Bibel, auf ihr ein Schwert (Seitengewehr), eine Armesünderglocke und eine Sanduhr. Über dem Tisch schwebte durch Faden befestigt, das Gerippe eines Kindes (aus München von einem Fastnachtsulk). Es begann die heilige Handlung: Die Glocke wurde geläutet, die Henkersmahlzeit herumgereicht, ein Gebet gesprochen, der Lebensfaden durchgeschnitten, ein Gesang beschloß die Handlung. Dann wurde es erst fidel ... [...] Donnerstag war der ›Galgenberg‹ bei Julius Hirschfeld eingeladen. Körner und Wernicke neue Mitglieder. Es war famos, der Blödsinn nahm gefährliche Dimensionen an. (folgt genaue Beschreibung des Festes)... Nach Tisch trug Julius eine neue Komposition einiger Galgenlieder vor. Einfach zum Heulen! [...] ...wieder ein Galgenberg. Statt im Lokal traf ich die andern auf der Straße, wohin sie vom Wirt gesetzt worden waren. Das geht uns öfters so, mehr als einmal duldet uns nämlich keiner. Mit unsern Galgenutensilien, die teils in einer Reisetasche, teils garnicht verpackt waren, fuhren wir mit zwei Taxametern in ein anderes Lokal, das uns unwissend aufnahm ...« Maschinenabschriften, 4 Bl., im Nachlaß: 3 unterschiedlich gekürzte und nur unvollständig erhalten gebliebene fragmentarische Abschriften; auch die Datierungen differieren und wurden deshalb weggelassen. – Der nachfolgende Text ist ein ergänzender Kommentar zu den Brieffragmenten und befindet sich auf einer der Abschriften: »Die Geheimsprache der Galgenbrüder war ja im Grunde nur den Eingeweihten verständlich. Zudem waren die Galgenlieder eigentlich auf Vortragsmimik und Gesang mit Klavierbegleitung eingestellt. Die Musik lieferte Julius Hirschfeld, der humorvolle ältere Bruder von Georg [...]. Er trug die Kompositionen der neuentstandenen Gedichte selber am Klavier vor. Die Korona sang dann den Kehrreim mit oder betätigte sich während des Klaviernachspiels musikalisch. So sang z.B. der Chor das schöne Lied ›Sofie mein Henkersmädel, komm küsse mir den Schädel‹ unisono und ein Solosänger quickte dann eine in die Schlußworte ›und schiefe Scheitel kämmt der Wind‹ hineinschneidende, chromatisch heruntersausende Klavierphrase auf den Text ›Tüterütütü‹ mit. Anderes wurde nicht gesungen, sondern nur mit rhythmischem Bewegen des Kopfes dargestellt: ›Fisches Nachtgesang‹; oder Julius traktierte solo das ›Knochenklavier‹; mit der linken Hand spielte er auf den Tasten einen Trauermarsch, mit der rechten trommelte er unterhalb der Klaviatur das ›Klappern der Knochen‹. Kurz der wesentliche Reiz der Galgenlieder bestand in dieser Art der Vorführung, bestand aber auch darin, daß man alle Anspielungen verstand, und sie in diesem ›Gesamt-Kunstwerk‹ im Wagnerschen Sinne zum Ausdruck bringen konnte. Jedenfalls glaubte keiner von uns, daß die kommentarlos gedruckten Lieder ohne Musik und Regiebemerkungen bei Uneingeweihten irgendwelchen Erfolg haben könnten. Es ist sehr bedauerlich, daß diese Originale, die sozusagen Morgensterns Sanktion hatten, nicht vervielfältigt wurden. Nach dem Tod von Julius gab ich die in meinen Händen befindlichen Abschriften leihweise an Georg Hirschfeld; ich konnte sie nie zurückerhalten und weiß nicht, was aus ihnen geworden ist.« [Die Fortsetzung ist abgeschnitten] 2 Bl. s.o., eins mit »20« bezeichnet, das andere setzt den hier begonnenen Satz fort. – Es gab unter Kayßlers Mitabiturienten in Breslau einen »Schäfer« (Vorname unbekannt; er wurde in der Abiturzeitung bedichtet); es muß bei der Häufigkeit des Namens aber offen bleiben, ob es sich hierbei um Franz Schäfer handelt. 274, 277, 300, 301, 313, 330, 822

Schäfer, Wilhelm (1868–1952), Schriftsteller und Redakteur, 1900–1922 Herausgeber der Zeitschrift »Die Rheinlande«, Freund Dehmels. 341, 344, 345, 834, 959

Schäffer, Schaeffer, Emil (1874–?, letzte Veröffentlichungen 1935), Kunsthistoriker (Privatgelehrter), promovierte 1898 in Breslau mit dem Thema »Das Weib in der venezianischen Malerei«; es folgten zahlreiche Veröffentlichungen vor allem zur Kunst der Renaissance. M nahm im Zusammenhang mit seinem Savonaroladrama Verbindung mit ihm auf. Weiteres ist darüber nicht bekannt. 355, 417[?], 418[?], 676, 699, 856, 947, 948, 959

Schäning, Koseform von Christian bzw. plattdeutsch Chrischan, wie M in seiner Jugend oft genannt wurde. -ing ist eine in niederdeutschen Mundarten verbreitete Verkleinerungssilbe und kommt auch bei anderen Namen vor, u.a. Liesing (Luise Kayßler), Lening (Helene Kayßler), Fritzing (Friedrich Kayßler). Carl Ernst M nannte seinen Sohn oft Schäning, auch in nicht vollständig wiedergegebenen Briefen. 12

Schafstein, später Schaffstein, Hermann, Verleger vor allem von Kinderbüchern. 571

Schall und Rauch, Kabarett, hervorgegangen aus der »Brille«; Im »Neuen Theater-Almanach« von 1902, S. 103 hieß es zum 23.1.1901: »heitere Künstlerabende, Mitternachtsvorstellungen parodistischen Charakters im Künstlerhause nehmen ihren Anfang und bilden sich zu einer ständigen Unternehmung aus«. Diese noch weitgehend informellen Abende im Künstlerhaus hatten großen Erfolg: »›Es gab Ovationen‹, erinnert sich Reinhardts Dramaturg und Biograph Heinz Herald, ›alles wurde bejubelt. Der Abend zog sich bis in die Morgenstunden hin.‹ Ein anderer Augenzeuge weiß zu berichten, daß sich die Zuhörer vor Lachen bogen und die Darsteller minutenlang nicht zu Wort kamen.« Klaus Budzinski: Die Muse mit der scharfen Zunge, S. 76. – Im Juli 1901 wurde eine Kapitalgesellschaft gegründet, an der Reinhardt, Kayssler, Held mit je 500 M und Louise Dumont mit 50 000 M beteiligt waren, »abgesichert durch die Unterstützung der Reinhardt schwärmerisch verehrenden Emmy Loewenfeld mit einigen hunderttausend Mark«, zitiert nach Huesmann S. 12 (dort aus: Max Epstein, Max Reinhardt, Berlin 1918, S. 79 f.). Es sollte nun ein eigenes Theater für »Schall und Rauch« geben; hierfür wurden die Festsäle des ehemaligen Hotels Arnim von Peter Behrens umgebaut. Max Reinhardt schrieb darüber u.a.: »Große Einfachheit in der Ausgestaltung ist immer ein Vorzug, wenn sie nur geschmackvoll und nicht armselig wirkt. Kayßler weiß genau, was wir wollen. Das wird nicht düster wirken, im Gegenteil, hell, freudig und vornehm. Ich wünschte, wir würden durchwegs daran festhalten. In seiner jetzigen Form ist der Saal für uns unmöglich. Unser Änderungsvorschlag ist billig, äußerst charakteristisch und wird einen ganz neuen, höchst eigenartigen und sehr stimmungsvollen Rahmen schaffen. Rauchgrau zu hellstem und heiterstem Weiß übergehend, in stilisierten Rauchwolken nach oben. Dazwischen unregelmäßig einzelne Glühlampen als Funken angebracht, die, wenn möglich, während der Vorstellung ausgeschaltet werden können. Der Bühnenrahmen einfach in geraden Linien, nach Kayßlers ausgezeichnetem Vorschlag in der Form der griechischen Tempel zu halten. Das Pathos desselben wird aufgehoben durch die beiden Säulen, welche als Rauchsäulen den Rahmen bilden u. das Dach tragen.« Es folgen weitere Details, vor allem legt er Wert auf Stufen von der Bühne in den Zuschauerraum und eine gute Beleuchtungsanlage. »Die Beleuchtung muß uns die Dekoration ersetzen, auf die wir zunächst völlig verzichten wollen.« Max Reinhardt an Berthold Held, 4.8.1901, Reinhardt, Schriften S. 68–73, Zitate S. 71 und 72.

Plakat (Abb. u.a. Brauneck, Die Welt als Bühne, Bd. 3, S. 715) und Kopf des Schall-und-Rauch-Briefpapiers (vgl. Nr. 760) waren von Emil Orlik. – Die Eröffnung am 9.10. wurde trotzdem ein Verlustgeschäft, und die abnehmenden Besucherzahlen führten zur Umorientierung zum »Kleinen Theater«. Zum mangelnden Erfolg vgl. auch auch: »[…] Dem [vorher behandelten] ›Bunten Brettl‹ wird kein ernster Mensch eine Thräne nachweinen, wenn es seinem Schicksal verfällt, um ›Schall und Rauch‹ wäre es schade. Mitglieder des deutschen Theaters hatten unter diesem Namen im letzten Winter kleine Aufführungen vor geladenem Publikum veranstaltet, in denen ernste Stücke mutwillig parodiert, Kulissen-Geheimnisse enthüllt wurden, Serenissimus mit seinen treffenden Bemerkungen die Zwerchfelle erschütterte. Da war wirklich Cabaret-Stimmung darin. Ähnliches, so hofften wir, würde nun dem großen Publikum geboten werden. Allein gleich im Anfang wurden einige Mißgriffe gethan. Auch hier fehlt die Intimität. Ein düsterer, großer Raum mit einer klassischen Szene; die Schauspieler im Bajazzokostüm in gequälter Lustigkeit. Viel falsche Sentimentalität und viel von dem Genre, das bekanntlich das schlimmste ist, dem genre ennuyeux. Ein Traumstück, ›Brettl-Leiters Höllenfahrt‹, dessen hübsche Pointen sich im Grenzenlosen verlieren, eine Schauerszene ›Die Gefangene‹ und wieder eine Gerichtsszene mit einem einzigen, obendrein verbrauchten Witz (heiliger Courteline!), – was ist damit anzufangen? Das Beste sind die aus der ›Jugend‹ übernommenen Dialoge ›Die Dekadenten‹ und ›Die Dichterschule‹ und die Parodie auf Maeterlinck. Treffliche Nummern für eine Bierzeitung, aber nicht dazu angethan, in einem großen Raum gegen 3–10 Mark Eintrittsgeld gespielt zu werden.« Walther Gensel: Berliner Brettlseuche. »Die Gesellschaft« 17 1901 Bd. 4, S. 214–220, Zitat S. 219 f. Hinzu kommt, daß sich die »Überbrettl«-Mode bereits überlebt hatte; im Januar 1902 erhielt das Theater den Beinamen Kleines Theater, der im Lauf des Jahres zur Hauptbezeichnung wurde, s.d.   529, 530, 535–537, 539, 540, 545, 547–549, 551–555, 558, 559, 561, 568, 570, 572, 590, 591, 607–610, 724, 736, 895, 896, 898, 899, 901, 904, 905, 908, 914, 915

Schanderl, Josef (1874–1959), Schriftsteller, Rechtsanwalt in München. Ms Brief läßt eine persönliche Bekanntschaft mit ihm vermuten, es konnte darüber aber nichts ausfindig gemacht werden. Eine briefliche Verbindung bestand noch einige Jahre: Es gibt einen weiteren Brief Ms an Schanderl (21.10.1905, BRIEFE. Auswahl (1952) S. 190), und M ließ ihm MELANCHOLIE vom Verlag aus zugehen (an Bruno Cassirer, 10.9.1906); 1909 wird der Name in unklarem Zusammenhang noch einmal genannt (T 1909 V, Bl. 58). 600

Wurzeln. Eine Jugend in Gedichten, Berlin (Schuster & Loeffler) 1900. 600

Scharfensteine, vermutlich in der Nähe des Töpfer(berg)s im Lausitzer Bergland gelegene Berge, M nennt sie *wundervolle, weitaufragende Felsgipfel.* – Baedeker, Handbuch für Reisende, Sachsen, Leipzig

1920, S. 143 nennt nur einen Berg dieses Namens, einen »einzeln stehenden Sandsteinkegel«, 573 m hoch. 84

Scharnhorst, Gerhard Johann David von (1755–1813), General und Heeresreformer, Militärschriftsteller, ab 1801 in preußischen Diensten. – Figur eines Kaysslerschen Festgedichts. 100, 105, 106, 773

Scharwenka, Philipp (1847–1917), Komponist (z.B. ein Chorwerk »Herbstfeier«, eine dramatische Legende »Sakuntala«, auch Kammermusik) und Professor am Konservatorium seines Bruders Xaver Scharwenka. 270

Die Schaubühne, von Siegried Jacobsohn gegründete und herausgegebene Wochenschrift, wurde 1918 mit stärker politischem Programm in »Die Weltbühne« umbenannt und 1933 verboten. Ab 1906 veröffentlichte Jacobsohn gelegentlich Gedichte von M und warb ihn 1907 als regelmäßigen Mitarbeiter der Sparte »Kasperletheater«, vgl. Abt. Kritische Schriften, S. 701–705. 718, 724, 730

Schauer, ein Freund Ms und Kayßlers, vermutlich aus Breslau. 185, 198, 257

Schaukal, Richard, österreichischer Schriftsteller. Vgl. auch das Epigramm »*Er schreibt dasselbe, wie so viele schreiben*«, Text und Kommentar. 326, 338, 470, 875, 940

Schaumberger, Julius (1858–1924), Dramatiker. — Ein pietätloser Mensch. Uraufführung 20.6.1893, München, Hoftheater. 177

Schech, Arzt in München, Spezialist für *Sänger etc.*, der Kayßler von Ostlers empfohlen worden war. 168, 176

Scheerbart, Paul (1863–1915)Schriftsteller, lebte ab 1887 in Berlin, gründete 1892 den »Verlag deutscher Phantasten«. M lernte ihn in Berlin kennen und verfaßte einige Parodien, von denen DER APFELSCHIMMEL erhalten geblieben ist. 214, 216, 251, 350, 417, 500, 556, 558, 736, 810, 884, 959

Scheffel, Victor von (1826–1886), damals außerordentlich beliebter Lyriker, Erzähler, Versepiker, Verfasser von bekannten Studentenliedern. 15

Scheffel(s), nicht ermittelt. 167

Scheffer, vermutlich Emil Schäffer.

Scheid, Richard (1879–1962), arbeitete 6 Jahre als Apotheker, ging dann nach München, studierte Kunst- und Literaturgeschichte, war 1911–1920 Gemeindebevollmächtigter im Münchner Rathaus, wurde unter Hitler mehrmals verhaftet und verbrachte 4 Jahre im Konzentrationslager Dachau. Er gehörte zum Freundes- oder Bekanntenkreis Ludwig Landshoffs. 1901 gab er eine Lyrikanthologie in Einzelheften, »Avalun«, heraus, für die er auch M zu gewinnen suchte. Zu diesen Verhandlungen, die letztlich scheiterten, gibt es in der

Stadtbibliothek und in der Staatsbibliothek München eine Anzahl Briefe Ms an Scheid. Scheid war auch selbst Lyriker. 546, 547, 552, 556, 572, 575, 576, 583, 584, 664

Scheitnig, Vorort von Breslau. 61, 96,

Schelling, Friedrich (1775–1854), Philosoph. 905

Schellwien, Robert (1821–1901), Jurist und philosophischer Schriftsteller. 763
Die Wahrheit in der Dichtung. »Deutsche Dichtung« 10 (1891) S. 50–56 und 73–78. 76

Schenk, Bruno, Wäsche-, Ausstattungsgeschäft, Mantelfabrik, Bekleidungslager etc. in Breslau. 190

Scherer, Wilhelm (1841–1886), Germanist. — Geschichte der deutschen Literatur, 1883 und öfter. 56, 57, 59, 61, 755, 758

Scherl, August (1849–1921), Verleger, ab 1880 in Berlin. Bei Scherl erschienen u.a. der »Berliner Lokalanzeiger«, »Die Woche«, »Der Tag«, »Vom Fels zum Meer«. 561

Scherr, Johannes (1817–1886), Literaturwissenschaftler und Schriftsteller. Allgemeine Geschichte der Literatur (1851). Geschichte der englischen Literatur (1854). Dichterkönige (1855). M bezieht sich auf (mindestens) eins der genannten Werke. 84, 767

Schertel, die Familie von Ms Mutter. Verwandtschaft besteht über die Familie von Peter zur Familie Ostler und über die Familie Zeitler zu den Familien Bauer und Lindl. (Die Familienangaben konnten nur mit professioneller Unterstützung zusammengestellt werden, hierfür danke ich der Genealogin Eva Fintelmann, München. K.B.)– Ms Urgroßvater Ludwig Wenzeslaus Schertel (1780–1859) studierte Logik und Mathematik in Amberg, war Oberleutnant und nach Dienstunfähigkeit im Zolldienst tätig; in den Heiratsakten seiner Söhne Josef und Ludwig wird er als königlich bayerischer Hallamt-Controlleur bzw. als königlich bayrischer Maut- und Halloberbeamter bezeichnet. Er war ab 1808 in 1. Ehe mit Wilhelmine Amalie Pündt(n)er (auch als Maria Amalia Binder angegeben) verheiratet, sie starb vermutlich Ende 1837 oder Anfang 1838. Von den 22 Kindern dieser Ehe gelangten 5 ins Erwachsenenalter: Josef (s.d.), Ludwig (s.d.), Max (etwa 1818–?), Mechanikus, Jacob (etwa 1819–?), war 1840 Kadett, und Mathilde (etwa 1826–?). – Die 2. Ehe, geschlossen am 29.1.1839 mit Maria von Peter (1809–1885), brachte weitere 5 Kinder, von denen 2 am Leben blieben: Arnulf (s.u.) und Edmund (1843–1921).

Schertel, Anton (25.3.1857–13.3.1913), Bruder von Ms Mutter, Sohn von Josef und Emma Schertel, zuerst Commis (Handelsgehilfe), dann Opernsänger und später Opernregisseur. Er war in wechseln-

den Städten engagiert, zunächst für je eine Spielzeit, danach mehrere Jahre in Lübeck und Bremen. 1907 ging er nach New York als Regisseur der deutschen Oper an der Metropolitan Opera. Er war ab 1886 mit Cäcilie Auguste Luisa (Cécile) von Stempel geb. Dufeau verheiratet; das Ehepaar hatte 2 Kinder: Toni (etwa 1888–?) und Josef Rudolf (30.1.1889–?).
Anton Schertel. 11, 16, 101, 132, 395, 403, 740, 959 — Cécile Schertel (1862 –?). 403, 959 — Toni Schertel. Ab 1910 ist eine Sängerin Toni Schertel im Neuen Theateralmanach /Deutschen Bühnenjahrbuch verzeichnet. Vielleicht handelt es sich hierbei um die Tochter von Anton und Cécile Schertel. Eindeutig geklärt werden konnte das nicht, da trotz einiger Nachfragen keine biographischen Daten ermittelt werden konnten. 542, 593
Schertel, Arnulf (24.2.1841–11.3.1902), Bergrat, Professor an der Bergakademie in Freiberg/Sachsen, »Autorität auf dem Gebiete der Hüttenrauch-Schädenverhütung« Biographisches Jahrbuch 7 (1902) Sp. 99*, Sohn aus der 2. Ehe von Ms Urgroßvater Ludwig Wenzeslaus Schertel mit Maria von Peter. Er war verheiratet mit seiner Cousine Anna Caroline von Peter (1850–1939), Tochter von Alois von Peter (1817–1884) und Caroline Ecker von Eckhofen (1827–1890). Sie hatten 2 Kinder: Elisabeth (Elsbeth) (13.3.1881–?; 1921 in Freiberg als Klavier- und Musiklehrerin belegt) und Ludwig Edmund, genannt Lutz (8..6.1884–?); er absolvierte in Freiberg ein Ingenieurstudium in der Fachrichtung Hüttenkunde, zog 1909 nach Dresden, wo er 1910 promovierte. Die beiden Kinder sind dieselben wie im Gedicht *Bitte, bitte, liebes Bäschen*.
Arnulf Schertel. 17, 318, 347, 836, 840 — Familie Arnulf und Anna Caroline Schertel. 318, 341, 360, 795
Schertel, Josef (Xaver Joseph Ludwig Kaspar Georg, 10.1.1810–8.3.1869), Landschaftsmaler, Ms Großvater, Sohn von Ludwig Wenzeslaus Schertel und Wilhelmine Amalie geb Pündter (s.d.). Er heiratete am 22.7.1848 Emerentia Magdalena Zeitler (s.u.); sie hatten 4 Kinder, von denen 2 erwachsen wurden: Charlotte (s. Charlotte Morgenstern) und Anton Maria Leopold (s.o.). Josef Schertel wurde in die Allgemeine Deutsche Biographie aufgenommen, und dort heißt es: »Im J. 1830 ging S. nach München und begann unter nicht allzugünstigen persönlichen Verhältnissen die Landschaftsmalerei. Bei einem Ausfluge nach dem Chiemsee wurde S. mit Daniel Fohr bekannt, welcher ihn an Christian Morgenstern [Ms Großvater] empfahl, der weiteren Einfluß auf S. übte und sich in innigster Weise als wahrer Freund bewährte, ohne dessen künstlerische Individualität zu beherrschen. S. war kein Bahnbrecher, arbeitete auch nicht leicht

und mühelos, dem entsprechend bewegte sich sein gleichmäßiges Leben fern von hervortretenden Ereignissen, in engen Grenzen; aber was er schuf, trug den Stempel innigster Tüchtigkeit und Gediegenheit.[...]« a.a.O. Bd. 31, S. 130. – Ab 1857 machten sich Anzeichen einer Lungenkrankheit bemerkbar. Sein Nachlaß wurde schon am 20.5.1869 versteigert (a.a.O. S. 131). – Vgl. auch Ms Äußerung über diesen Großvater (s.o. bei Dagny Fett). 3 Bilder Josef Schertels (*Fernpass, Hinter... u. (ich glaube) Chiemsee mit Alpen im Hintergrund*, An Constantin Bauer, s.u.) gehörten M und hingen in Ms Elternhaus. M bekam sie im Frühjahr 1912 nach Arosa geschickt, plante aber, den *Fernpass* zu verschenken. Empört war er darüber, daß er 47 fr. Zoll für die Bilder zahlen sollte, vgl. u.a. die Briefentwürfe an die Zollbehörde, T 1912 I, Bl. 60 f., und an Constantin Bauer, T 1912 I, Bl. 62, datierbar Ende April 1912. – Zum Verbleib von Josef Schertels Bildern insgesamt wurde nichts ermittelt; in deutschen Museen konnte nichts nachgewiesen werden.
Josef Schertel. 282, 325, 593 —— Emerentia Magdalena Schertel, geb. Zeitler (23.1.1814–Februar (vor dem 11.) 1892), Ms Großmutter, die Frau von Josef Schertel und die Schwester von Charlotte Zeitler und vermutlich Maria Bauer geb. Zeitler. Sie wurde – privat und oft auch in offiziellen Dokumenten – Emma genannt; dieser Name wurde in unserer Ausgabe übernommen. 11, 13, 14, 16, 29, 97, 101, 739, 741[?; M nennt alte Münchner Verwandte, damit sind wahrscheinlich Emma Schertel und Charlotte Zeitler gemeint], 753, 772, 959
Schertel, Ludwig Alois Joseph Adolph (25.12.1811–1888) Ms (Groß)onkel Louis, Sohn von Ludwig Wenzeslaus und Wilhelmine Amalie Schertel und Bruder von Josef Schertel. Er war zuletzt Oberstleutnant im Leibregiment in München und starb in Starnberg im Sommer 1888. Er war ab 23.11.1839 verheiratet mit Antonia Theresia Josepha von Ehrne (11.10.1821–1888), Ms (Groß)tante Therese. – Carl Ernst M schrieb über Ludwig Schertel: »der mir äußerst liebenswerte Onkel Louis« (Brief an Margareta M vom 28.7.1922); M vermerkt den Tod des Ehepaars im T 1888/90, Bl. 11, Rückschau auf den Sommer, datiert 24.9.1888 (*Das gute Onkelchen, an dem ich mit großer Liebe hing, ist dahingegangen und bald darauf auch die gute Tante Therese* [...]). 13, 16, 17 (Louis und Therese), 739, 743 (Louis und Therese)
Schertl s. Schertel.
Schierke, Gutsbezirk im Kreis Wernigerode. 548, 549, 552, 898
Schildhorn, Ort in der Umgebung Berlins, an der Havel, unterhalb von Spandau. 460

Schiller, Friedrich (1759–1805). 57, 66, 72, 79, 84, 134, 182, 186, 190, 329, 428, 532, 736, 742, 764, 792
An die Freude, Gedicht (1785). 66, 77, 761, 764 — Das Lied von der Glocke (Erstdruck 1899). 764, 802 — Der Gang nach dem Eisenhammer, Ballade (1797). 750 — Der Graf von Habsburg, Gedicht (1803). Der Stoff stammt aus Aegidius Tschudis »Chronicon helveticum«. 86 — Die Braut von Messina, Trauerspiel (1802/03) 59, 60, 71, 741, 756 — Die Freundschaft, Gedicht (vermutlich 1781). 69, 86, 96, 97, 754, 762 — Die Huldigung der Künste (1804). 40, 751 — Die Ideale, Gedicht (1795). 76, 103, 763, 772 — Die Künstler, Gedicht (1788/89). 86 — Die Räuber, Drama (1777–80). 332, 881 — Don Carlos (Dom Karlos) (1783–1787). 751, 758, 759, 789, 819 — Fiesco (Die Verschwörung des Fiesko zu Genua), Drama (1782). 329, 332, 336, 831 — Kabale und Liebe, Drama (1782/83). 85 — Philosophische Briefe (1786). Als Kernstück gilt die »Theosophie des Julius«. 69 f. — Wallenstein, Dramentrilogie: Wallensteins Lager, Die Piccolomini und Wallensteins Tod (1793–99). 47, 49, 85, 128, 753, 764, 775 — Was heißt und zu welchem Ende studiert man Universalgeschichte: Schillers Antrittsvorlesung in Jena, 26.5.1789. 65, 69, 762 — Wilhelm Tell, Drama (1803/04) 387, 410, 846, 87 — Xenien, zusammen mit Goethe. 756

Schillerpreis s. Augsburger Schillerpreis. – Der staatliche Schillerpreis hingegen, der in erster Linie für dramatische Werke verliehen wurde, wurde 1859 vom späteren Kaiser Wilhelm I. gestiftet und betrug ursprünglich 1000 Goldtaler (3400 Mark); er wurde alle 3 Jahre verliehen, sofern die hierfür eingesetzte Kommission ein preiswürdiges Werk ermittelt hatte, ab 1901 nur noch alle 6 Jahre, aber in doppelter Höhe. Die Auszeichnungen waren oft durch das Eingreifen Kaiser Wilhelms II. geprägt, der seine konservativen Vorstellungen durchzusetzen suchte. Gerhart Hauptmann hatte da keine Chance. 824

Schillertheater Berlin (vorher Wallnertheater, 1864 gegründet), wurde 1894 eröffnet, faßt 1330 Personen und war vor allem für die »weniger bemittelten Stände« (Neuer Theateralmanach, mehrfach), hatte ein klassisches und modernes Schauspielrepertoire. 520, 615, 650, 654, 667, 668, 891, 919, 929

Schilling, Johannes. 812

Schilsky, Eduard, über Ms Angaben hinaus nichts ermittelt, vgl. auch Abt. Lyrik 1906–1914, S. 590 f. M widmete ihm das Gedicht VOR DEN FRESKEN DER APPARTAMENTI BORGIA. 661 (Eduard Schilsky), 665, 666 (Schilskys)

Schinagl, Fr. K., Präfekt (Aufseher) im Landshuter Studienseminar. 15

Schindler, Emil Jacob (1842–1892), österreichischer Landschaftsmaler. Auf der Jahresausstellung der »Münchener Künstlergenossenschaft« im Glaspalast wurden 1893 als eine Art Retrospektive 40 seiner Bilder gezeigt, »eins schöner als das andere. Eine Auszeichnung, die leider zehn Jahre wenigstens zu spät kommt. Schindler war ein Märtyrer seiner Kunst, es ist ihm gottserbärmlich gegangen. Jetzt behängt man die Büste des toten Kämpfers mit dicken Lorbeerkränzen.« Michael Georg Conrad: Aus dem Münchener Kunstleben. »Die Gesellschaft« 9 (1893) 4. Quartal. S. 1347. 168

Schlachtensee, Ort im Kreis Teltow, Regierungsbezirk Potsdam, durch die Wannseebahn mit Berlin verbunden. 514, 515, 951

Schlechta, Karl. 735

Schleißheim, Dorf im Regierungsbezirk Oberbayern, Bezirksamt München, an der Staatsbahnlinie München-Regensburg. 14, 541, 544

Schlenther, Paul (1854–1916), Schriftsteller und Kritiker, 1886–1898 Theaterkritiker der »Vossischen Zeitung«, 1898–1910 Direktor des Wiener Burgtheaters, danach wieder in Berlin und Theaterkritiker am »Berliner Tageblatt«. Er war Mitgründer der »Freien Bühne« und mit Julius Elias Hauptinitiator der deutschen Ibsenausgabe. 275, 288, 294, 300, 320, 368, 373, 379, 380, 388, 443, 460, 467, 478, 479, 494, 498, 506, 561, 613, 622

Schlesiertal, an das Weistritztal anschließend oder ein (besonders schöner) Teil davon, mit schönen Ausblicken auf die Kynsburg. 16, 124

Schlesische Zeitung (1742–1945), im Verlag Korn, erschien dreimal täglich. 248, 264

Schlesisches Universalhandbuch, von Alois Philipp Kluge geplantes Unternehmen, war nicht zu ermitteln und kam wahrscheinlich durch den frühen Tod Kluges nicht zustande. 207

Schleswig, Stadt in der preußischen Provinz Schleswig-Holstein. 884

Schley, Gernot. 814

Schleyer, Johann Martin (1831–1912), Prälat, Erfinder der Welthilfssprache Volapük, lebte ab 1885 in Konstanz, wo er sein »Zentralbüro der Weltsprache« mit zugehörigem Verlag betrieb. 35, 744, 749, 959

Schliepmann, Hans (1855–1929), Berliner Architekt. 291

Schloss, nicht ermittelt. 517

Schmid, Joseph Leonhard (1822–1912), Puppenspieler, genannt »Papa Schmid«, gründete 1858 in München mit Franz von Pocci (1807–1876) ein Marionettentheater, das – nach bedeutenden Vorläufern unter den Wanderbühnen – die erste stehende Marionettenbühne Europas war und die Anlaß zu weiteren ähnlichen Gründungen gab. Die Stücke dafür schrieb Pocci. 693, 945

Schmid(t), Hotel in Mailand. 952

Schmidt, Erich (1853–1913), Literaturhistoriker, Professor, ab 1887 in Berlin. 232, 855, 948

Schmidt, Malschüler von Carl Ernst M. 74

Schmidt (eigentlich Goldschmidt), Lothar (1862–1931), Schriftsteller.
— Der Leibalte. Komödie, in der Spielzeit 1900/01 vom Berliner Sezessionstheater gegeben. 521, 523, 892 — Ackermann, mit Felix Hollaender, s.d. 629

Schmidt-Bonn, Wilhelm (1876–1952), Schriftsteller. — Mutter Landstraße – Das Ende einer Jugend, wurde von 7.2.–10.3 1904 7x im Kleinen Theater in Berlin gespielt. Regie führte Kayssler. 699, 947

Schmiedeberg, Name mehrerer Orte, in Nr. 14 vermutlich Schmiedeberg im Kreis Hirschberg. 15

Schmitz, Walter. 736

Schmolke, Schüler in Sorau. 68

Schneekoppe, auch Riesenkoppe oder nur Koppe genannt, der höchste Berg des Riesengebirges, Schlesien, an der böhmischen Grenze. 40, 128

Schneider, Sascha (1870-1927), Maler und Radierer, vgl. Abt. Kritische Schriften Nr. 29. 809

Schneider, Wilhelm (1847–1903), Schauspieler und Regisseur, ab 1878 in München. 168, 176, 199

Schnitzler, Arthur (1862–1931), österreichischer Mediziner und Schriftsteller. 855
Die Frau mit dem Dolche (1901), Einakter, 2. Stück des Zyklus Lebendige Stunden, der am 4.2.1902 im Deutschen Theater in Berlin uraufgeführt wurde. Ein Teil des Stücks, eine phantasierte Erinnerung der Frau, ist in Versen geschrieben. In der Premiere spielte Kayssler nicht. 609 — Der Puppenspieler, Einakter, Uraufführung 12.9.1903 Berlin, Deutsches Theater. 938, 944 — Sterben (1892), Novelle. 427, 915

Schobelt, Paul (1838–1893), Historien- und Bildnismaler, Professor an der Kunstschule Breslau. Schobelt war ein guter Freund Carl Ernst Ms und wurde von diesem während seiner letzten Krankheit betreut. – Es werden außerdem (wahrscheinlich) eine Tochter (Giustina oder Justina) und ein Sohn (Massimow[?]) erwähnt. 142, 143, 146, 147, 155, 785

Giustina Schobelt. 142, 143, 146, 147 — Massimow[?] Schobelt. 146, 147, 785

Schönaich-Carolath, Emil von (1852–1908), schrieb neuromantische Gedichte und Erzählungen, Förderer Rilkes. 337
Die schöne Literatur. 825
Schöneberg, Stadt bei Berlin, Regierungsbezirk Potsdam, in der preußischen Provinz Brandenburg. 251, 350
Schöneck, Ort im Schweizer Kanton Unterwalden. 555, 951
Schoener, Reinhold, Mitarbeiter an verschiedenen Zeitungen und Zeitschriften, lebte in Rom. Eine Mitarbeit an der »Zeit« konnte für die überprüften Jahre 1901–1903 nicht nachgewiesen werden. 642
Schönfeld, Gesanglehrer am Breslauer Magdalenengymnasium. 66
Schönherr, Weinstube in Stettin. 429
Schönhoff, Leopold. 813
Schönthan, Franz von (1849–1913), österreichischer Schauspieler und Lustspieldichter, s. Moser. 336
Scholander, Sven (1860–1936); schwedischer Lautensänger, Bildhauer u.a., gründete und leitete eine Gesellschaft für photographische Bedarfsartikel (1890–1905), trat ab 1893 als Lautensänger auf, 1895 zuerst in Berlin, gab später sein Programm, volkstümliche Lieder eigener Komposition oder Bearbeitung, auch in Buchform heraus (»Scholander-Programme«, 1909–1913). Das »Magazin für Litteratur« berichtete: »Sven Scholander heißt der schwedische Volkssänger, von dem schon vor seinem ersten Auftreten soviel Wunderdinge erzählt und geschrieben wurden, daß es das größte Wunder bleibt, daß dies Auftreten keine Enttäuschung gebracht hat. [...]« »Das Magazin für Litteratur« 65 (1896) Sp. 373. 474, 550
Scholz, Wilhelm von (1874–1969), Lyriker, Dramatiker, Essayist, Herausgeber, begann mit Gedichten in der Nachfolge Liliencrons und solchen, die denen Rilkes nahestehen, wandte sich dann Themen mit mystischen oder okkulten Grenzerfahrungen zu und blieb an den konservativen Werten der wilhelminischen Gesellschaft orientiert. – Scholz besprach (teils zustimmend, teils ablehnend) Ms Gedichtbände AUF VIELEN WEGEN (unter dem Pseudonym »Steen« (in fremder Handschrift auf dem Ausschnitt im Nachlaß vermerkt), »Frühling« 1 (1897) H. 2) und ICH UND DIE WELT. Er sieht in M den Gedankendichter, dem die Kraft des Unbewußten fehle. »Zwei einander fast fremde Begabungen machen seine künstlerische Persönlichkeit aus. Er ist einerseits tiefsinniger Gedankendichter, ein prachtvoller, mit herber Phantasie ausgerüsteter Schilderer anderseits. Seine Phantasie findet auch das Wort. Indessen, es ist oft nicht das zwingende Wort; bewußte Mitarbeit des Lesers ist zum vollen Genuß nötig, der dann allerdings groß ist.« Er geht auch auf den

Einfluß Nietzsches und Goethes auf Ms Lyrik ein und betont abschließend, er schätze Ms »hohes Können« und halte den Dichter für bekannt genug, um ihn nicht anpreisen zu müssen, sondern zu charakterisieren. (»Die Gesellschaft« 15 (1899) Bd. 1, S. 85–87, Zitate S. 86). – 1904, als M schon als Lektor bei Bruno Cassirer arbeitete, gab es wieder eine kurze, freundschaftliche Annäherung, wobei Scholz sich sehr über Cassirers mangelnde Entschlußfähigkeit beklagte. – Mit den GALGENLIEDERN konnte er anscheinend nicht viel anfangen; seine Besprechung (der 3. Auflage) ist nicht grundsätzlich ablehnend, aber doch sehr zwiespältig (»Einen Jux will er sich machen ...« »Der Tag«, Berlin, 31.7.1908, Zeitungsausschnitt im Nachlaß). Als er Jahrzehnte später eine Anthologie herausgab, in der auch M vertreten sein sollte, paßten Margareta M die von ihm vorgesehenen Gedichte auch nach Änderungen nicht (es waren PALMSTRÖM, DER WÜRFEL, DER GLÄSERNE SARG und O MEINE ZEIT), sie glaubte, Scholz wolle Ms Ansehen schädigen, und es kam zu einer Kontroverse mit dem Ergebnis, daß M überhaupt weggelassen wurde. Hierauf wurde im Nachwort ausdrücklich hingewiesen. Wilhelm von Scholz: Das deutsche Gedicht. Ein Jahrtausend deutscher Lyrik. Berlin 1941, Vermerk S. 606. Vgl. dazu den Briefwechsel zwischen dem Verlag Th. Knaur Nachf. und Margareta M bzw. dem Piperverlag, im Nachlaß. – M wollte (oder sollte) anscheinend Scholz parodieren, vgl. Nr. 720. Vielleicht handelt es sich dabei um den Einakter »Der Besiegte«, der allerdings über ein Jahr nach der Uraufführung wohl kaum mehr aktuell war, sich aber zur Parodie eignen konnte. (Ein geheimnisvoller Ritter und Mönch bringt allen Frauen Verderben, indem er sie liebt und durch seinen Blick tötet. Rudolf Steiner lobte den Grundgedanken, Leben und Vergehen, bemängelte aber Scholz' Realisation. »Das Magazin für Litteratur« 69 (1900) Sp. 1–3.). 335, 363, 366, 462, 841, 873, 959

Frühlingsfahrt. Gedichte (1896). 335, 366, 841 — Der Besiegte (1899). 536[?], 885, 895

Schopenhauer, Arthur (1788–1860), sein Hauptwerk »Die Welt als Wille und Vorstellung« (1819, auf 2 Bände erweitert 1844) wurde erst durch die »Parerga und Paralipomena« (1851), eine das Hauptwerk kommentierende Aufsatzsammlung (Hauptstück: »Aphorismen zur Lebensweisheit«), berühmt; damit begann die Rezeption Schopenhauers und sein Einfluß auf Philosophie und Kunst. – Erste Belege für Ms Schopenhauer-Lektüre finden sich im Herbst 1893. Es ist aber nicht bekannt, was er gelesen hat. Das Interesse an ihm wurde bald durch die Begeisterung für Nietzsche überlagert. 182, 193, 197, 199, 202, 233, 268, 349, 794, 910

Schott, Hermann (1842–1894), Juraprofessor in Breslau. 113

Schrebler, ein *Hegemeister*, d.h. Forstbeamter in Sorau oder Umgebung. 200

Schreibebrief, in den vorliegenden Zusammenhängen ein besonders ausführlicher Brief. 127, 670, 673

Schreiber, A., nicht ermittelt. 359

Schreiberhau, verstreutes Dorf (Nieder-, Mittel-, Oberschreiberhau) im Kreis Hirschberg, zwischen Iser- und Riesengebirge, Luftkurort. 259, 260, 410, 413, 812, 813, 854

Schroeder, D., Pension o.ä., Rom, Via Cavour 266, wo M vom 22.12 1902 bis etwa Ende Januar 1903 wohnte. 641, 952

Schroeder, Schröder, Friedrich Ludwig (1744–1816), Schauspieler. 938, 944

Schröder, Rudolf Alexander (1878–1962), Schriftsteller. 933

Schröter, Elisabeth, eine Bekannte der Familie Goettling und auch der Buchhändlerfamilie Klasing, wollte sich dort für M einsetzen. 201, 204

Schröter, Frau Justizamtmann, offenbar verwandt mit Elisabeth Schröter, lebte in Detmold. 201

Schubert, Sorauer Schüler. Es gab in Sorau ein Baugeschäft (Maurerei und Zimmerei) von Friedrich Schubert, und Hans Petri erinnert sich an einen — wohl etwa gleichaltrigen, also um 1880 geborenen — Schulfreund Willi Schubert, der Offizier geworden sei und den er nach 75 Jahren wiedergesehen habe. Dieser kann, dem Alter nach, gemeint sein. 68

Schubert, Franz (1797–1828) österreichischer Komponist. — Symphonie C-Dur, Deutschverzeichnis 944, entstand 1825 oder 26 und wurde evtl. im März 1828 überarbeitet; sie wurde am 21.3.1839 im Leipziger Gewandhaus von Felix Mendelssohn uraufgeführt. Robert Schumann prägte das viel (und in der Regel ohne Quellennachweis) zitierte Wort von der »himmlischen Länge der Symphonie«, sie sei »wie ein dicker Roman in vier Bänden etwa von Jean Paul« (auch ein höchstes Lob, da Schumann Jean Paul ungemein verehrte). Zitat nach Rudolf Kloiber: Handbuch der klassischen und romantischen Symphonie, Wiesbaden 1976, S. 189. 343, 834

Schubert, Wilhelm, 1859–1895 in Magdeburger Adreßbüchern belegt, war zuletzt Kanzleirat (vorher Gerichts-Sekretär bzw. -Aktuarius), Schriftsteller (u.a. »Aus der Mappe eines Gerichtsvollziehers«, 1890); als Lyriker nannte er sich Peter Merwin. M rezensierte seine »Pessimistischen Gedichte« in der »Neuen Deutschen Rundschau«, Abt. Kritische Schriften Nr. 21. 279, 818, 959

Schüler, Karl, Inhaber der Firma »A. Ackermann's Nachf. Karl Schüler«, Buch- und Kunsthandlung, königlich bayerischer Hoflieferant, großherzoglich luxemburgische Hofbuchhandlung, Maximilianstr. 2, München, privat Hildegardstr. 16. 196, 197, 204, 214, 218, 219

Schülerbergfest, ein in Sorau am 28.8. gefeiertes Schul- und Stadtfest. Hierüber berichtet Else Schmidt-Ilgen: »[...] Vor 300 Jahren entstand ein großer Waldbrand, bei dessen Löschen sich die Sorauer Gymnasiasten hervorragend beteiligt hatten. Zum Dank stiftete der damalige Oberförster die schönste Tanne, die sich die Gymnasiasten jedes Jahr selbst aussuchen durften. Sie wurde mit Stroh und Werg umwickelt, mit Teer und Pech beschmiert und in einem Teerfaß auf einer Anhöhe nahe der Stadt aufgestellt und abends abgebrannt.« Braunschweiger Landeszeitung, Niedersachsenausgabe, 5./6.5.1951, S. 9. Die Schüler veranstalteten einen Fackelzug zu der Anhöhe und setzten den Baum in Brand, indem sie ihre Fackeln hineinwarfen. Unter dem Eindruck des brennenden Baums schrieb M das Gedicht DER MELDERBAUM (meldern (schlesisch) bedeutet: »qualmen«, »rauchen«, wohl auch »brennen«). Denselben Ursprung des Festes nennt auch Paul Reinthaler (»Schülerbergfest – Krone aller Sorauer Feste«, veröffentlicht postum im »Sorauer Heimatblatt«), und auch M wird es damals so gehört haben. Eine andere Herleitung bringt Margarete Haenselt in derselben Zeitung im Juni 1965. Demnach bestand ehemals eine Pflicht der Gymnasiasten, einmal im Jahr Ruten zu sammeln, »um den Lehrern ›Erziehungsmaterial‹ in die Hand zu geben.« In der ersten Hälfte des 18. Jahrhunderts lehnten sie sich dagegen auf und verbrannten die gesammelten Ruten. Hieraus entwickelte sich das Fest, wie M es in seinem Gedicht beschreibt; zu seiner Zeit wurde es nicht mehr am »Schülerberg«, sondern am »Eichenwäldchen« gefeiert (Zitate Haenselt a.a.O.). Für die Textausschnitte aus dem »Sorauer Heimatblatt« (Sorauer Vertriebenen-Zeitschrift, hrsg. von Günther Krause, Dortmund, erschien bis 2001) danke ich Hans-Joachim Döring, Marbach/Neckar, und Albert Burckhardt, Berlin. K.B. 43, 48, 758, 768, 775

Schuhu s. Julius Hirschfeld.

Schuhmann s. Schumann.

Schul(l)ze, ein Berliner Gymnasiallehrer, von dem M hoffte, er würde ihm Nachhilfeschüler vermitteln. Ob daraus etwas geworden ist, ist nicht bekannt – vermutlich nicht. 209, 211

Schulte, Eduard, Kunsthandlung in Berlin, Unter den Linden 1. Inhaber waren Hermann und Max Schulte. 247, 248, 808

Schultze-Naumburg, Paul (1869–1949), Maler und Architekt, Mitarbeiter des »Kunstwart«, kunstpädagogischer Schriftsteller im Sinn der damaligen Lebensreform und Heimatkunst, später unterstützte

er die Kunstauffassung der Nationalsozialisten. – M wurde von S. Fischer auf Schultze-Naumburg hingewiesen, er kannte ihn aber vermutlich schon aus dem »Kunstwart«. Am 29.1.1902 erhielt er von Calvary Bücher von ihm (was, ist nicht notiert); für den 30. ist Lektüre darin notiert und für den 6./7.2. dann die von »Die Kultur des weiblichen Körpers als Grundlage der Frauenkleidung« (1901) und »Häusliche Kunstpflege« (1900) für den 8.2. (N 1902). Die Bücher erschienen bei Diederichs in Leipzig, dort außerdem »Das Studium und die Ziele der Malerei« (1900) und »Kunst und Kunstpflege« (1901), weiteres in anderen Verlagen. Vgl. auch das Epigramm HANS SACHSENS GILDE. 594, 595, 597, 641, 907, 959
Schul(t)zes Bierhallen. 354, 837
Schulze-Verden, Heinrich, Arzt, Berlin W, Burggrafenstr. 1. — Frau Schulze-Verden. 669
Schumann, Robert (1810–1856), Komponist. 355, 838
Schur, Ernst (1876–1912), Lyriker und Essayist, von M parodiert. 858
Seht, es sind Schmerzen, an denen wir leiden. Gedichte, 1897. 858
— Weltstimme. Gedichte (1908). 859
Schuster, Bernhard (1870–1934), Dirigent und Komponist, gründete 1901 die Zeitschrift »Die Musik«. Daß er für das »Bunte Theater« Ms Gedicht ANMUTIGER VERTRAG vertont hat, ist nicht nachgewiesen, aber möglich, da er Gedichte zeitgenössischer Dichter vertonte (z.B. Liliencron). 525[?]
Schuster & Loeffler, Richard Schuster und Ludwig Löffler, Verlagsbuchhändler in Berlin. Von M erschienen dort IN PHANTAS SCHLOSS (als Übernahme vom Verlag Taendler), HORATIUS TRAVESTITUS, AUF VIELEN WEGEN und ICH UND DIE WELT. 339, 340, 367, 370, 372, 374, 376–378, 381, 395, 410, 429, 450, 460, 469, 498, 551, 553 (Richard Schuster[?]), 610, 732, 834, 850, 870, 873, 875, 899, 915, 959
Schutte, Jürgen. 736
Schwaben und Neuburg. Das ehemalige Fürstentum Neuburg war bei der neuen Landeseinteilung Bayerns 1837 mit Schwaben zu einem Regierungsbezirk vereinigt worden. 237
Schwarz, J., Kritiker, nicht ermittelt. 275
Schwarzes Ferkel, Bezeichnung für Türckes Weinhandlung und Probierstube in Berlin, Ecke Unter den Linden / Neue Wilhelmstraße, die auf Strindberg zurückgehen soll, der in 3 armenischen Weinschläuchen (= abgedichtete Tierhäute als Weinbehältnisse), die als Schild des Lokals fungierten, ein schwarzes Ferkel gesehen haben soll. Die Bezeichnung übernahm der literarisch-trinkfreudige

Stammtisch um Strindberg, Dehmel, Munch, Przybyszewski u.a. Ihr Tagungsort war ein neben dem Eingang gelegener Extraraum. Die Gruppe konstituierte sich 1892 und hielt sich bis etwa 1894, einzelne Mitglieder trafen sich dort noch bis 1896/97, der Höhepunkt lag aber im 1. Jahr. – Auch M besuchte in seiner Berliner Zeit das Lokal, was aber nicht heißt, daß er zum Kreis der Mitglieder des »Schwarzen Ferkels« gehört hätte. Insgesamt ist das berühmte »Schwarze Ferkel« derart von Mythen überwuchert, daß sich nur wenig gesicherte Aussagen machen lassen, vgl. hierzu den Artikel von Karin Bruns, Handbuch literarisch-kultureller Vereine. 457

Schwegler, Albert (1819–1857), Bibliothekar, Professor in Tübingen, Schriftsteller. — Geschichte der Philosophie im Umriß. Ein Leitfaden zur Übersicht, 1848 u. ö. 481

Schweidnitz, Stadt im schlesischen Regierungsbezirk Breslau, im Tal zwischen Zobten und Eulengebirge. 124

Schweitzer, Philipp. 842

Schwellisee, bei Arosa. 904

Secession, Sezession, programmatische Abspaltung von Künstlergruppen von den traditionellen, offiziellen Künstlervereinigungen und Zusammenschlüsse von Künstlern mit neuen Zielen. Ende des 19. Jahrhunderts entstanden in vielen bedeutenden Kunststädten derartige Secessionen; die Münchner Secession – Verein bildender Künstler Münchens – wurde 1892 gegründet und hatte 1893 ihre erste Ausstellung im Königlichen Kunstausstellungsgebäude am Königsplatz. – In Berlin entstand die Secession 1898 aus der 1892 gegründeten Gruppe der Elf und der 1893 gegründeten Freien Künstlervereinigung. — Nach der 1897 gegründeten Wiener Secession erhielt die österreichische Variante des Jugendstils den Namen Secessionsstil. — Berliner Secession. 945 — Münchner Secession. 788 — Wiener Secession. 509, 887, 919

Secessionsbühne. Der Berliner Verein Secessionsbühne wurde 1899 gegründet und hatte das Ziel, diejenigen dramatischen Richtungen zu pflegen, die über den Naturalismus hinausführen, vgl. auch: »Die Secessionsbühne, welche im Vorjahre mit einzelnen Vorstellungen in Berlin hervorgetreten und während des Sommers in Wien und Pest Gastspiele absolviert hatte, bezieht ein eigenes Heim, das Theater am Alexanderplatz, zuletzt Victoria-Th. genannt, und legt dem Hause den neuen Namen bei. Zur Eröffnung der Bühne, an deren Spitze Dir. Paul Martin und Regisseur Dr. Zickel stehen, wird Ibsen's ›Komödie der Liebe‹ [15.9.1900] gegeben. [... Von den Plänen] konnte nur wenig [...] erreicht und ausgeführt werden und mit dem 18. Januar [1901] machte das anfangs mit Interesse aufgenommene Unternehmen dem Wolzogen'schen ›Ueberbrettl‹ Platz, während die Spielzeit mit dem einzigen erfolgreichen Stücke ›Der Leibalte‹ [von Lothar Schmidt] im Belle-Alliance-Th. zu Ende geführt wurde.« »Neuer Theater-Almanach« 1902, S. 100 f. 503, 520, 523, 525, 885 887, 892

Sedan, Stadt in Frankreich. Bei Sedan kapitulierte am 2.9.1870 die französischen Hauptarmee, was den Wendepunkt im deutsch-französischen Krieg von 1870/71 bedeutete und in Deutschland entsprechend gefeiert wurde. 43, 87, 88, 768

Seebach, Hans, Hans Demel-Seebach (1872–1932), Schriftsteller, Lehrer, Redakteur. — Patricierfrauen (1903). 700

Seefeld, Dorf in der Umgebung von Starnberg. 11, 949

Seelisberg, Dorf im Schweizer Kanton Uri. 555

Seeshaupt, Dorf nahe dem Starnberger See. 11, 88, 768

Seewis, Luftkurort im Prätigau im Schweizer Kanton Graubünden, an der Schmalspurbahnlinie Davos – Landquart. 897, 951

Segantini, Giovanni (1858–1899), italienischer Maler, malte nach naturalistischen Anfängen in einer dem Pointillismus nahen Technik (kleine parallel gesetzte Striche in den Grundfarben) helle Bilder, vornehmlich Alpenlandschaften und ihre Bewohner bei der Arbeit, mit dem Vieh, beim Heumachen etc. Ab etwa 1890 verarbeitete er u.a. die Philosophie Nietzsches und Anregungen Richard Wagners zu symbolistischen Gemälden, die einen persönlich geprägten Pantheismus ausdrücken. – Kurze Zeit nach der Brieferwähnung schrieb M das Gedicht (SEGANTINI); anläßlich der Sommerausstellung der Berliner Sezession 1903 machte er sich eine längere Notiz über ihn, s. Kommentar zum Gedicht (SEGANTINI). Einige Jahre später plante er, eine *Segantini-Mappe* zu verschenken (T 1912/13 II, Bl. 146). 564

Seidl, Arthur (1863–1928), Schriftsteller, Zeitschriftenredakteur, Musikdramaturgy und Dozent am Leipziger Konservatorium, Mitarbeiter am Weimarer Nietzschearchiv. 515

Seidler, Herbert. 779

Seilerhöhe oder Seylerhöhe (516 m), im Waldenburger Gebirge, in der Gegend der Kynsburg, des Schlesiertals und von Oberweistritz. 16

Seip, Didrik Aruf. 734

Sello, Erich (1852–1912), Rechtsanwalt in Berlin, Justizrat, vermutlich einer der Verteidiger im Prozeß um Marie Gerdes. 365, 841

Semerau, Alfred. 911

Senator, Hermann (1834–1911), Professor und Klinikdirektor in Berlin, Schwerpunkt innere Medizin. 222, 803

Senders, Ernestine (1874–1941), österreichische Sängerin und Schauspielerin, zunächst in Wien, 1902 und 1903 in Berlin, danach wieder in Wien, Mitglied des Burgtheaters. 558

Senefelder, Alois. 778

Seni, Giovanni Battista (1600–1656), italienischer Astrologe, ab 1629 Sterndeuter Wallensteins. 84, 766

Sermione, Ort auf der gleichnamigen Halbinsel im Gardasee, vgl. auch das Gedicht AN SIRMIO. 950

Servaes, Franz (1862–1947), Kunst- und Literaturkritiker, Förderer der damals neuen Kunst und Literatur, lebte ab 1887 in bzw. in der Umgebung von Berlin, ging 1899 nach Wien und war dort bis 1919 Feuilletonredakteur der Wiener »Neuen Freien Presse«, danach zeitweise in Berlin und zuletzt wieder in Wien. Nach kurzer, freundschaftlicher Annäherung zwischen Servaes und M ergab sich schon bald eine Entfremdung, an der M anscheinend auch nicht ganz unschuldig war und die später durch Servaes' und Hausers Ablehnung der GALGENLIEDER noch vertieft wurde. (Hausers Kritik s. Abt. Humoristische Lyrik S. 911 f.; Servaes schrieb: »Das Büchlein wirkt wie ein Nachklappern zum seligen Ueberbrettl. Eine grinsende Fröhlichkeit, der jede Wortverdrehung wie ein königlicher Spaß vorkommt, charakterisiert diese poetischen Evolutionen. Und doch war Morgenstern ehemals zweifellos ein Talent, auf das man hoffen durfte. Aber wie singt er doch heute selber so schön? ›mir ist beinah', ich wäre wer, der ich doch nicht mehr bin‹«, »Neue Freie Presse«, 30.7.1905, »Rundschau der Lyrik«. Zeitungsausschnitt im Nachlaß, ohne Verfasserangabe auf dem M betreffenden Fragment.) M trug ihnen das so nach, daß er es bei der 3. Auflage der Galgenlieder Quehl gegenüber als *völlig zwecklos* bezeichnete, ihnen das Buch zu schicken, denn sie hätten ihn bei der 1. Auflage *angepöbelt* (Mai 1908, vermutlich 1.5.). 1913 schickte ihm Servaes aber eine nun positive Kritik des PALMSTRÖM (5. und 6. Aufl.; »Neue Freie Presse«, 7.9.1913), wofür sich M in einem höflichen Antwortbrief bedankte (1.10.1913). – Über den Anlaß der Mißstimmung im Sommer 1895 schrieb M rückblickend: *Ich weiß auch, was mir damals das Genick gebrochen hat. Er zeigte mir Kunstblätter ich glaube Sachen von F. Rops* [Félicien Rops, 1833–1898, meist in Paris lebender belgischer Graphiker und Maler mystisch-erotisch-satanistischer Bilder], *u. ich wußte nicht was suicide* [Selbstmord] *war. Gedankenlosigkeit, wie sie mich so oft besitzt, liess mich nicht auf d. einfach. lat. Ursprung des Wortes kommen, kurz, ich war nicht auf französ. Vokabeln vereidigt u. vertat mich. Es war schlimm, allerdings* [eingefügt: *dass ich nicht wusste, was suicide war*] *aber schlimmer war noch, dass Herr Servaes nicht wusste wer ich war. Auch nach dem Essen nicht, als Phanta durchaus e.*

Berliner Mädel gewesen sein sollte u. d. unangenehme Mensch in mich drang, Gedichte aus Phantas Schloss laut vor zu lesen. Nun ist mir nichts peinlicher, als Verse von mir vorzutragen, ich las also [...] *schliesslich trocken u. ohne Accente u. das machte mich i. s. Augen völlig zum Banausen.* T 1906, Bl. 106, datierbar vermutlich Februar 1906. — Ansonsten zeigt sich Ms Verärgerung besonders in Wortspielen mit dem Namen »Servaes«: *Francisce* [gestrichen und mit Pünktchen wieder gültig gemacht; darüber: *Franz*], *Serva es (vanitatis tuae)* (Franz, du bist der Sklave deiner Nichtigkeit, Eitelkeit o.ä., lat., ebd., vor dem zitierten Text). Das Femininum »serva« (die Sklavin) wurde offenkundig nur wegen des Wortspiels gewählt; eine »Franziska« hat M nicht aus ihm gemacht; die (im T eindeutig lesbare) Endung -e ist Vokativ für Maskulina. Bereits in der 2. Auflage der GALGENLIEDER hatte M *Dem Dichter Franz Servaes* das Gedicht DAS WASSER ironisch gewidmet. Er nahm den Namen auseinander und vertauschte die Silben: Ser-vaes (a, nicht ä gesprochen) wird zu Was-ser. Somit enthält die Widmung die versteckte Aufforderung, doch lieber den Mund zu halten (Z. 8: *daß das Wasser besser schweigt*). 266, 273, 284, 327, 831, 959

Servaes, Martha geb. Haese (1870–1923), Franz Servaes' Frau. 273

— Servaes' Schwester. 273

Sestini, Luigi, deutsch-italienischer Fechtmeister (Herrenfechten), lehrte (auch?) an »Emanuel Reichers Hochschule für dramatische Kunst« in Berlin. 460

Sestri, Sestri Levante, Stadt in der italienischen Provinz Genua. 603, 604, 610–612, 617, 627, 652, 913, 916, 951, 952

Settignano, Ort in der italienischen Provinz Florenz. 657

Seydel, Max von (1846–1901), Jurist und Lyriker (dies unter dem Namen Max Schlierbach), Professor in München. 152

Shakespeare, William (1564–1616). 180, 185, 193, 464, 680, Das Wintermärchen (um 1610/11) 383, 845 — Der Kaufmann von Venedig (vermutlich zwischen 1594 und 97). 81, 539, 766 — Die Komödie der Irrungen (um 1592/93). 96 — Hamlet (um 1600). 51, 141, 177, 246, 363, 387, 666, 784, 791, 831, 876 — Julius Caesar (vermutlich 1509). Mehrfach zitiert wird die Antoniusrede daraus, vgl. unten »Sic« und S. 766. 83, 616, 766, 826, 919 — König Heinrich IV. (2 Teile, I um 1597, II um 1597/98). 204 — König Lear (1604/05). 97, 387, 771, 846, 847 — König Richard III. (um 1592/93). 134, 349 — Othello (um 1603). 65, 70, 85, 761, 767 — Romeo und Julia (1591 oder um 1594/95). 144, 221 — Was ihr wollt (um 1600/01). 682, 890, 239

Shakespearebühne. 934, 938

Sibyllenort, Dorf im Kreis Öls. 100, 115

Sic (So, lat.), Vereinigung von Freunden Ms, die sich im Winter 1892/93 regelmäßig bei M trafen (Körner, Münster, Stahl, Zitelmann). Der Verein löste sich vermutlich mit Ms Übersiedlung nach Berlin auf. M verfaßte aus diesem Anlaß ein Gedicht, das die Art und die Ziele des Vereins rekapituliert und das im Anklang an die Antoniusrede in Shakespeares »Julius Cäsar« beginnt: *Mitbürger, Freunde, Siccer! Hört mich an! / Begraben will den Sic ich und ihn preisen.* Wie auch bei den späteren Vereinigungen (Orden, Galgenbrüder) gehörten auch zu diesen Abenden gewisse Rituale: *Man denke an das Sic-Lied, an die Cassa, / An die Statuten, an den Emil, und/ die ⟨Stempel⟩ Petschaft, von den Versen ganz zu schweigen/ Durch die ein jeder – wenn auch nicht die andern – /So doch sich selbst in hohem Mass entzückte.* Das Vermächtnis des Sic formuliert er abschließend so:

> *Dass unser harter stolzer Manneswille*
> *Ein Ja und Amen laut zu Allem sage,*
> *Was aus dem Urgrund uns'res Wesens wuchs*
> *Dass einer Welt er kühn in's Antlitz schleud're:*
> *»Thut, was ihr wollt! So wollte ich es! Sic!«*

Gedicht, 2 S., im Nachlaß, Datierbar etwa April 1893 oder, der lateinischen Schrift wegen, etwas später. Das erwähnte Sic-Lied, die Statuten etc. konnten nicht aufgefunden werden, aber ein Photo der 5 Vereinsmitglieder ist im Nachlaß vorhanden (Abbildung: Bauer, Chr. M.(1985), Abb. 15). 188, 193, 197, 198, 256 (Anspielung)

Siebenlist, August (1849–1912), österreichischer Schriftsteller, Herausgeber der Zeitschrift »Das Deutsche Dichterheim« und anderer Zeitschriften. 337

Siegesallee, Prachtstraße durch den Berliner Tiergarten mit 32 Marmorstatuen brandenburgischer und preußischer Herrscher, die ab 1895 geplant und in den Jahren 1898–1901 im Auftrag Kaiser Wilhelms II. errichtet wurde. Jedem Fürsten waren die Büsten zweier seiner kulturell bedeutsamen Zeitgenossen zugeordnet. Die Anlage wurde wegen ihrer geringen künstlerischen Qualität schon von den Zeitgenossen verspottet (z.B. »Puppenallee«); die Überreste werden im Berliner Lapidarium aufbewahrt. Kerr drückt sein Urteil dadurch aus, daß er sich nur beiläufig mit ihnen abgibt und hauptsächlich feststellt, die – an sich belanglosen – Statuen seien vor dem grünen Hintergrund »doch recht dekorativ«, aber am schönsten seien die beigegebenen Marmorbänke. »Jede Bank bildet einen bequemen Halbkreis, und im Sommer wird von dem glatten Gestein eine höchst angenehme Kühle in den ... na, in den Daraufsitzenden übergehen. Zweiunddreißig solcher Sitzgelegenheiten wird es geben, und auf jeder haben fünfzehn Personen Platz, so daß im ganzen vierhundertachtzig ... Daraufsitzende sich kühlen können. [...]« Wo liegt Berlin? S. 372 f. Abbildung von Markgraf Albrecht II. in Kretschmer, Wanderleben S. 122. Vgl. auch STEINE STATT BROT. 328, 831, 844, 921

Siegwart, Eugen, Regisseur, 1896/97 in Görlitz. 330

Siemiradski, Henryk (1843–1902), polnischer Maler, schuf in der Moskauer Erlöserkirche die Wandgemälde Taufe Christi, Einzug in Jerusalem, Abendmahl, Szenen aus dem Leben des heiligen Alexander Newskij (dieses 1936 abgelöst und auf Leinwand übertragen). 352

Sigl, nicht ermittelt, vielleicht ein Erzieher im Landshuter Studienseminar. Unter den »Zöglingen« ist er nicht verzeichnet, s. Landshut. 15

S. Silvestro, Pension, s. Ossani.

Sils-Maria, Ort im Schweizer Kanton Graubünden, Sommeraufenthalt Nietzsches in den Jahren 1881 und 1883–1888. 527

Simmenauer-Größen, Mitglieder des Breslauer Varietétheaters im Simmenauer Garten. 64

Simplicissimus, satirische Wochenschrift, gegründet 1896 von Albert Langen, bestand bis 1944 und 1954–1967, großformatig und farbig, erhielt ihr besonderes Profil gerade auch durch die beteiligten Graphiker, u.a. Thomas Theodor Heine (1867–1948) – von ihm stammt der berühmte zähnefletschende Simplicissimushund –, Bruno Paul (1874–1968), Ferdinand von Reznicek (1868 –1909), Eduard Thöny (1866–1950), Olaf Gulbransson (1873–1958). Zunächst unpolitisch geplant, wurde schon im 1. Jahrgang die politische Tendenz, insbesondere durch die Zeichnungen Heines und Bruno Pauls sowie Gedichte Wedekinds, immer mehr betont, und in der Folge kam es zu Konfiskationen, Verboten, Hausdurchsuchungen, Verbot des Verkaufs an Bahnhöfen, Haftstrafen, dem Pariser Exil Albert Langens, was alles die Bekanntheit des »Simplicissimus« nur steigerte. Seine wichtigste Zeit hatte er vor dem 1. Weltkrieg. – Von M konnte der Druck des Gedichts STILLER VORMITTAG (VORMITTAG AM STRAND) nachgewiesen werden (3 (1898/99) S. 322). 308, 328

Simplon, Hochgebirgspaß in den Walliser Alpen. 595

Singer, Breslauer Schüler, spielte in der Iphigenieaufführung des Magdalenengymnasiums im Frühjahr 1893 den Thoas. 147

Sisikon, Gemeinde im Schweizer Kanton Uri, am Ostufer des Urnersees. 547

Sitterer, wohl eine Münchner Familie, die etwas mit dem geheimen

Briefwechsel Ms mit Clara Ostler im Sommer 1893 zu tun hatte. Ermittelt werden konnten Alois Sitterer, Briefträger, und Eugen Sitterer, Post- und Bahnexpeditor. 162, 168

Sizilien. 627, 652, 653

Skej-Kampen (kampen, die Kuppe, norwegisch), von Gausdal in 1–1 ½ Stunde zu ersteigen. 435, 950

Skowronnek, Fritz (1858–1939), Erzähler und Dramatiker. 314, 316

Smetana, Bedřich (1824-1884), tschechischer Komponist. 834

Smith, Adam (1723–1790), englischer Volkswirtschaftler und Sozialphilosoph. 115

Sölden, Ort in Tirol, im Bezirk Imst, Österreich. 623

Sokrates (um 470–399 vor Christus), griechischer Philosoph, wurde wegen Verführung der Jugend und der angeblichen Einführung neuer Götter angeklagt und zum Tode durch den Schierlingsbecher verurteilt. Er hat keine schriftliche Lehre hinterlassen, sondern wurde durch die Zeugnisse seiner Schüler, vor allem die Platonischen Dialoge und die Berichte Xenophons, überliefert. Er suchte durch das philosophische Gespräch und überlegtes Nachfragen Irrtümer und Vorurteile aufzulösen und der Wahrheit nahezukommen. 190, 233

Solheimsviken, in der Umgebung von Bergen/Norwegen an der Küste. 951

Solln, Ort im Bezirksamt München. 675, 699, 937

Solon (etwa 640–560 v. Chr.), griechischer Politiker und Lyriker. Von seinem Werk sind nur Bruchstücke erhalten geblieben. »In großen Dingen allen zu gefallen ist schwer«. Fragment Nr. 5, in: Anthologia lyrica graeca. Hrsg. von Ernst Diehl. Leipzig ³1949, Bd. 1, S. 32, in anderen Ausgaben auch Nr. 6 oder 7; in Nr. 77 zitiert. 66, 190

Sombart, Werner (1863–1941), Volkswirtschaftler und Soziologe, war 1888–90 Syndikus der Bremer Handelskammer, 1890–1906 Professor in Breslau und dann in Berlin an der Handelshochschule, danach an der Universität. 116, 117, 119, 122, 124, 779

Sommé, Malschüler Carl Ernst Ms. 61, 74

Somow oder Somoff, Constantin Andrejewitsch (1869–1939), russischer Maler und Graphiker, malte impressionistische Landschaften, Porträts und ab etwa 1900 Szenen im Rokoko- und Biedermeierstil. Das Titelblatt des 1. Jahrgangs der Zeitschrift »Das Theater« war von ihm, außerdem eine mehrfach eingefügte kleine Maske. M versuchte später, ihn als Bühnenbildner zu gewinnen, was er im März 1906 ablehnte. 679, 944

Sontag, Ernst (1873–1955), Jurist und Publizist, veröffentlichte Ausschnitte aus einem Bierdrama Ms (s. Kommentar zu Nr. 228) und im einführenden Text einige Verse Ms aus der gemeinsamen Schulzeit: »Er war bald unter uns sehr geliebt, denn er machte Spottverse auf unsere Lehrer und auf das, was uns in der Mathematik gelehrt wurde.« So parodierte M ein damals verbreitetes Couplet mit dem Beginn »Margarete. Mädchen ohnegleichen, / Margaret, wer könnte dich erreichen.« [von Karl Lindau (1853–1934)] (Sontags biographische Angaben über M sind überwiegend falsch, die nachfolgenden Verse können aber durchaus echt sein, und das »Bierdrama« ist auch an anderer Stelle als von M verfaßt belegt.)

Ein rechter Narr, der täte
besingen Margarete.
Was gibt es Schönres hie
als die Quadratzahl [π?]*?*

a + b, du Formel ohnegleichen,
a + b, wer könnte dich erreichen,
a + b mir wenig Freude schafft;
Denn wenn ich es begriffen hab',
So doch nur mangelhaft.

»Neue Schweizer Rundschau« N. F. 21 (1953) S. 562.

[π?]: Auch wenn π (pi) natürlich keine Quadratzahl ist (dies beweist nur Ms großzügigen Umgang mit der Mathematik), ist die Ergänzung wahrscheinlich, 1. des Reimes wegen und 2. weil hier im Druck eine Lücke ist, die darauf hindeutet, daß der griechische Buchstabe noch eingesetzt werden sollte. – Zu Ms Schülergedichten vgl. u.a. auch die Notiz: *Ich habe in der letzten Zeit etwa vom 15 September an mehrere Gedichte geschmiedet wovon einige patriotische, einige allgemeine, endlich 2 humoristische die an Originalität, nenne man es besser Verrücktheit, nichts zu wünschen übrig lassen. Indessen mache ich mit letztern bei meinen Klassenfreunden Furore, die nur leichtes Futter vertragen. Ich werfe manchmal absichtlich ein Paar Gedichte in die Klasse, damit sie mich, der ich doch in den Fächern bisher wenig gutes leistete, nicht für dumm sondern nur für faul halten. Schande über mich!* T 1887/90, Bl. 10., 24.9.1888.   796, 797, 800

Sophiechen, Besuch in der Familie Goettling.   117[?], 120, 121, 130, 778

Sophokles (um 497–um 406 v. Chr.), griechischer Trägödiendichter.
— Aias (latinisiert Ajax) (vermutlich zwischen 450 und 440 v. Chr.). 77 — Antigone (um 442 v. Chr.)   65, 70, 761, 885 — König Ödipus (um 430 v. Chr.)   503, 536, 539, 629, 885, 895, 924

Sorau, Kreisstadt in der Niederlausitz, Regierungsbezirk Frankfurt/
Oder. M besuchte dort von Ostern 1890 bis zum Abitur im Frühjahr
1892 das Gymnasium. Sorau war eine Industriestadt, hatte vor allem
Textilindustrie, insbesondere Leinenherstellung und -handel sowie
der Weberei nahe Gewerbezweige, außerdem Eisengießereien, eine
Porzellanfabrik u.a.; in der Umgebung gab es Braunkohle- und Ton-
lager. Im Jahr 1890, als M dort aufs Gymnasium kam, hatte die Stadt
14454 Einwohner. Das »Königliche Gymnasium« war ein Neubau,
der erst 1888 fertig geworden war. Die evangelische Stadt- oder
Hauptkirche, an der Richard Goettling Pfarrer war, ist ein spätgoti-
scher Bau, begonnen vor 1309, endgültig fertiggestellt (Turm) 1550.
Außer der eigentlichen Stadt gab es den Schloßbezirk, damals bereits von Behörden genutzt, der von M nicht erwähnt wird. In der
Umgebung lagen die Dörfer, in die M und seine Freunde an den
Wochenenden zum Feiern zogen. Der Sorauer Wald liegt südlich der
Stadt. – Literatur (Auswahl): Johannes Schwela [Text] und Heinrich
Hornig [Photos]: Sorau N./L. und Umgebung in Wort und Bild. Sorau 1908. Klaus-Henning Rauert und Friedrich Wendig: Siebenhun-
dert Jahre Sorau. Die Geschichte einer ostdeutschen Stadt 1260–
1960. Dortmund (Sorauer Heimatverlag) 1960. 22, 24, 25, 27–30,
35, 37, 41, 43, 46, 49, 51, 52, 56–58, 62, 63, 66, 67, 72–74, 78, 82, 86,
88, 90, 91, 95, 99, 100, 102, 105–109, 111–115, 117–120, 128, 131, 134,
137, 142, 145, 147, 148, 153, 157, 160, 170, 173, 174, 180, 183, 184, 186,
192, 198, 200, 202, 204, 207–209, 214, 215, 219, 228, 229, 235, 244,
250, 255, 257, 261, 263, 267, 290, 291, 296, 297, 305, 323, 334, 342,
347, 348, 351, 364, 372, 380, 383, 384, 393, 397, 413, 422, 428, 444,
454, 463, 465, 471, 487, 490, 501, 557, 723, 725, 746, 748, 749, 754,
760, 766, 768, 770, 773–776, 779, 780, 786, 793, 795, 796, 800, 837,
949, 950

Sorauer Wochenblatt, Tageszeitung, erschien 1811–1945 im Verlag J.
D. Rauert in Sorau. Vgl. auch Abt. Kritische Schriften S. 425 f.   194,
754, 782, 801

Sorgau, Dorf im Kreis Waldenburg.   122

Sorma (eigentlich Zaremba), Agnes (1862–1827), verheiratet mit dem
Venezianer Demetrius Mito, Graf von Minotto, gehörte zu den berühmtesten Schauspielerinnen ihrer Zeit, spielte ab 1883 vor allem
an Berliner Theatern, 1904–1907 bei Max Reinhardt, war im ersten
Weltkrieg Krankenschwester und ging später nach Amerika.   246,
387, 475, 592, 855

Sparri, vermutlich Mitschüler Ms im Landshuter Gymnasium.   15

Speer, vermutlich der »königliche Studienlehrer« an der Landshuter
Studienanstalt, Johann B[aptist?] Sperr, der im Schuljahr 1883/84 in

Kommentiertes Register 1209

der 4. Lateinklasse unterrichtete. Da die Lesung *Speer* sicher ist, kann es sich um den Spitznamen handeln. 13[?], 15

Spezgart, Ort in der Nähe von Überlingen am Bodensee. 504

Spielhagen, Friedrich (1829–1911), Schriftsteller, Roman- und Dramentheoretiker, schrieb seinerzeit weithin bekannte Romane. — Problematische Naturen (1861/62). 198

Spinna, Paul Körner.

Spinoza, Baruch oder latinisiert Benedictus de (1632–1677), niederländischer Philosoph. – Dramengestalt. 25, 746 (Dramengestalt) — Ethik (erschienen postum 1677). 33, 748

Spitteler, Carl (1845–1924), Schweizer Schriftsteller. 1897 erschien die Essaysammlung »Lachende Wahrheiten«, die eine Auswahl aus umfangreichen Vorarbeiten zu einem Werk »Buchdrama und Bühnendrama« enthält. In der 2. Auflage (1905) wurde dieses Kapitel wieder weggelassen. Die Vorarbeiten sind in die Ausgabe von Spittelers Gesammelten Werken, hrsg. im Auftrag der Schweizerischen Eidgenossenschaft von Gottfried Bohnenblust, Wilhelm Altwegg und Robert Faesi, aufgenommen (Bd. 9. Aus der Werkstatt, Dramaturgie, Zürich 1950; in Bd. 10, Geleitband II, Zürich 1958, die zugehörigen Erläuterungen). – Von M ist für 1909 eine Beschäftigung mit Spitteler belegt, vgl. Abt. Aphorismen Nr. 521. 428, 431

Spitz, offenbar ein Freund Carl Ernst Ms, nahm in Breslau an den »Bayernabenden« teil und lebte später anscheinend (wieder?) in München. 74

Splendid, Grand Hôtel Splendide, Besitzer R. Valentini, Portofino. 603

Splügen, Hochgebirgspaß in den Graubündener Alpen. 595

Sprengel, Peter. 733, 736, 895, 898, 908

Stabelwitz, Dorf im Landkreis Breslau. 224

Stadler, Theodor (1867–?), in Landshut mit M in derselben Klasse. 15

Stadtbahn-Verwaltung Berlin. 333

Staël, Germaine de (1766–1817). 762

Stahl, ein Freund Ms in Breslau, mit M, Körner, Münster und Zitelmann Mitglied des Vereins »Sic«. 193, 213, 248, 792

Stahl, Ernst Leopold (1882–1949), Schriftsteller, Kritiker, Dramaturg. 938

Stammler, Wolfgang. 763

Stans, Ort im Schweizer Kanton Unterwalden, am Stanserhorn. 563, 630, 902,

Stansstad, in der Nähe von Stans, Dampfschiffahrtshafen am Vierwaldstättersee. 923

Stargardt, Auktionshaus in Berlin. 745, 746, 784, 803, 812, 813, 816, 818, 820, 840, 863, 873, 888, 892, 900, 943, 944

Stark, Roland. 734, 805

Starnberg, Ort am Nordende des Starnberger Sees, Bezirk Oberbayern. Nach dem Tod seiner ersten Frau, Charlotte M, zog Carl Ernst M nach Starnberg, er bewohnte das Haus Nr. 13. Zur Betreuung des Sohnes engagierte er eine junge Frau, »die Tochter des Malers Geiser« (Bauer, Chr. M (1985) S. 18), vgl. auch das Gedicht DER MÄRCHENERZÄHLERIN. Der Vater heiratete dort nach Ablauf des Trauerjahrs Amélie von Dall'Armi. 9–18, 51, 88, 89, 146, 166, 198, 542, 563, 578, 579, 592, 622, 623, 640, 675, 696, 737, 740, 743, 949

Stauffer-Bern, Karl (1837–1891), Schweizer Maler, Zeichner, Radierer, auch Dichter, lebte 1881–1884 in Berlin und war dort ein gefragter Porträtist. 252

Stechern, Detlef. 745 f.

Steglitz, Ort südwestlich von Berlin, Regierungsbezirk Potsdam, Kreis Teltow. 690

Steiermark, Herzogtum und österreichisches Kronland zwischen Ober- und Niederösterreich. 685

Stein, nicht eindeutig ermittelt, vielleicht Philipp Stein (1855–1909), Schriftsteller, Kritiker, Herausgeber. 419, 856

Steiner, Rudolf (1861–1925). M hörte im Januar 1909 zum erstenmal einen Vortrag Steiners. Vgl. Abt. Aphorismen Nr. 1, Text und Kommentar. 715, 716, 792

Steinert, Adolf (1864–1913), Schauspieler, Regisseur, Theaterleiter, u.a. 1898/99–1899/1900 Regisseur am Lessing- und 1902/03 am Trianontheater in Berlin. 417, 431, 547, 548

Steller. 952

Stern, Fred B. 733

Stern, Guy. 734

Stern, Jacob (1843–1911), Schriftsteller und Publizist. — Morgenroth. Sozialdemokratische Fest- und Zeitgedichte. Mit einem Anhang: Prologe und Festspiele. Stuttgart Calwerstr. (M. Helzle) 1894. 241

Stern, Paul (1869–?; folgende Angaben wurden gefunden: 1933 Freitod, um der nationalsozialistischen Verfolgung zu entgehen (Karl und Hanna Wolfskehl: Briefwechsel mit Friedrich Gundolf 1899–1931, hrsg. von Karlhans Kluncker, Amsterdam 1977, Bd. 1, S. 300 (im Kommentar) und als Vermutung (mit Fragezeichen): 1942 (Karl Wolfskehls Briefwechsel aus Neuseeland, Hrsg. von Cornelia Blasberg, Darmstadt 1988, Bd 2, S. 1212, Kommentar)). Er wird als Philosoph und Privatgelehrter bezeichnet, gehörte zum Bekannten- oder Freundeskreis Ludwig und Philippine Landshoffs und zum Kreis

um Franziska zu Reventlow; er wurde von ihr im Roman »Herrn
Dames Aufzeichnungen« (1913) als Dr. Sendt porträtiert. Dieser
Philosoph Dr. Sendt ist dort ein kritischer Beobachter und Kommen-
tator der Schwabinger Bohème (»Wahnmoching«) und des Kosmi-
kerkreises. 664, 676
Grundprobleme der Philosophie, Bd. 1: Das Problem der Gegeben-
heit, zugleich eine Kritik des Psychologismus in der heutigen Philo-
sophie. Berlin 1903. 676
Sterne, Laurence (1713–1768), englischer Pfarrer, humoristischer
Schriftsteller. — Das Leben und die Meinungen des Tristram Shan-
dy, Roman (1759–1766). 165, 167, 170, 184, 186, 308, 788
Stettin, Hauptstadt der preußischen Provinz Pommern. Von dort gab
es u.a. eine Schiffahrtslinie nach Skandinavien. 245, 279, 429, 807,
861, 950
Stieler, Karl (1842–1885), oberbayerischer Dialektdichter, Lyriker,
Reiseschriftsteller. 204, 795
Ein Winter-Idyll, Gedichtzyklus, 1885. 61, 62
Stirner, Max, eigentlich Johann Kaspar Schmidt (1806–1856), philosophischer Schriftsteller, vertrat einen programmatischen Egoismus,
der jede Autorität ablehnt und das zum Maßstab erhobene Individuum ins Zentrum stellt. Ms Reclamausgabe von »Der Einzige und
sein Eigentum«(1844, 1892 als Reclamheft) ist im Nachlaß vorhanden; Anstreichungen, Randbemerkungen und eingelegte Zettel mit
Bemerkungen zum Text weisen auf eine intensive Auseinandersetzung. Vgl. auch Abt. Kritische Schriften und Episches und Dramatisches (Register). 121, 193, 779
Stock, nicht ermittelt; der Name ist zu häufig. 517, 654
Stockheim. Es gibt mehrere Orte dieses Namens. 823
Stockholm, Haupt- und Residenzstadt des Königreichs Schweden.
507, 732, 869
Stöcker, Adolf (1835–1909), Theologe und Politiker, extrem konservativ und antisemitisch, war 1874–1880 Hofprediger, versuchte durch
die Gründung einer christlich-sozialen Partei und die Anerkennung
gewisser sozialer Forderungen die Arbeiterschaft für christliche und
patriotische Werte zurückzugewinnen. 137
Stoeßl, Otto (1875–1936), österreichischer Staatsbeamter und Schriftsteller. 693, 945
Storm, Theodor (1817–1888). M erwähnt ihn auch in den Notizen zur
SYMPHONIE (Abt. Aphorismen Nr. 1777), geht jedoch nicht auf einzelne Werke ein. 276, 318
Strachwitz, in Nr. 119 vermutlich Dorf im Landkreis Breslau. 105
Strachwitz, Moritz von (1822–1847), Lyriker und Balladendichter,

heroische und patriotische Themen. – M hat Strachwitz' Gedichte im Juni 1892 im »Deutschen Geist« kurz vorgestellt (Abt. Kritische Schriften Nr. 1) und im selben Jahr ein Gedicht auf ihn verfaßt:

> An Strachwitz
>
> Ich spüre mich von deinem Geiste
> Durchschauert und durchzittert,
> Der alles, was nicht edel heißt,
> In Staub und Asche splittert.
>
> Ob mich das Schicksal auch so bald
> Wie dich zum Grabe sendet,
> Eh' ich im deutschen Dichterwald
> Den Wuchs zum Baum vollendet?...
> 10.XI.92.

EINE HUMORISTISCHE STUDIE, Bl. 29. AUS HEISSEM HERZEN, Bl. 29.

Straßburg, Hauptstadt des deutschen Reichslandes Elsaß-Lothringen. 949

Strauch[?], Hotel in Feldafing. 373

Strauss, Hotel in Karlsbad. 610, 915

Strauss, Richard, Komponist und Dirigent in Meiningen, Weimar, München, Berlin (1908–1924 Generalmusikdirektor), dirigierte 1894/95 neben seiner Münchner Kapellmeistertätigkeit die Konzerte des Philharmonischen Orchesters in Berlin. Während dieser Zeit hat M ihn kennengelernt. Er war verheiratet mit der Sängerin Pauline de Ahna (1862–1950). – Richard Strauss vertonte von M das Gedicht LEISE LIEDER (5 Lieder op. 41, Nr. 5, 1899). Während M zu Beginn der Bekanntschaft Vertonungen seiner Gedichte von Strauss erhoffte (der sich aber bereits der großen Form zugewandt hatte) und an eine *Totenmesse für Strauss* dachte (N 1899, 4.6.), äußerte er sich später distanziert: *Von wenigen möchte wohl das Wort –»u. hätte der Liebe nicht; so wäre ich ein tönendes Erz u. eine klingende Schelle«* [1. Korinther 13,1] *wörtlicher gelten als von Richard Strauss, dem aller Verstand das bischen Liebe nicht ersetzen kann, womit man die Herzen – u. nicht nur die Nerven (gewinnt) erschüttert.* T 1907 I, Bl. 35, datierbar vermutlich März 1907). Vgl. auch Abt. Aphorismen Nr. 506, Kommentar. 263, 264, 269, 271, 272, 273, 393, 401, 628, 690 — Pauline Strauss geb. de Ahna. 269, 815, 850, 872, 959, 961

Feuersnot, Einakter, Text von Ernst von Wolzogen, Uraufführung 21.11.1901, Dresden, Hofoper, 1902/03 u.a. auch im Königlichen Opernhaus Berlin. 628, 924

Strauß, Rudolf (1874–?), Erzähler und Bühnenautor, Redakteur, u.a.

gründete er 1896 die »Wiener Rundschau« und gehörte zur Redaktion der »Neuen Freien Presse« in Wien. 354, 363

Stribolt, Fernanda, eine Freundin oder gute Bekannte Ms in Nordstrand bei Christiania, im N 1899 oft und häufig nur mit dem Vornamen erwähnt. Nach Ms Abreise gab es 1899 noch einige Briefe. 483, 484, 485

Strich, Fritz. 736

Strindberg, August (1849–1912), schwedischer Schriftsteller. Vgl. auch Abt. Kritische Schriften S. 671f. 382, 591, 609, 632, 694

Gustav Adolf, entstanden 1899/1900, Uraufführung 4.12.1903 Berlin, Berliner Theater. 694, 946 — Inferno, autobiographische Aufzeichnungen, aus dem Französischen übersetzt von M, Berlin (Bondi), Stockholm (C.& E. Gernandt) 1898. 376, 378, 380, 382, 383, 385–387, 397, 398, 732, 845 — Margarete Bengt (Herr Bengts hustru, 1882). 533 — Rausch (Brott och Brott, Verbrechen und Verbrechen (schwedisch); es handelt sich um die Auseinandersetzung mit Gedankenverbrechen), Uraufführung 26.2.1900 Stockholm, Dramatiska teatern, deutsche Erstaufführung 19.8.1900 Breslau, Neues Sommertheater. Im Schall und Rauch / Kleinen Theater wurde das Stück zwischen 13.10.1902 und 15.1.1903 40x gespielt. Übersetzung: Emil Schering. Regie: Woldemar Runge. 632, 628, 924

Strobschütz. 64, 760

Ströbel, Dorf im Landkreis Schweidnitz, in der Nähe von Zobten. 74, 78, 81, 82, 85, 89, 766, 949

Strozzi, Filippo di Matteo. 926

Stryi, Stadt im österreichischen Kronland Galizien, im Vorland der Karpathen, mit überwiegend polnischer Bevölkerung und bedeutendem jüdischen Anteil, Geburtsort Efraim Frischs. 630[?]

Stuck, Franz (1863–1928), Maler Graphiker, Bildhauer, Architekt, bedeutender Vertreter des Jugendstils in München, Mitbegründer der Münchner Sezession, die 1893 ihre erste Ausstellung veranstaltete. Literatur: Heinrich Voss: Franz von Stuck 1863–1928. Werkkatalog der Gemälde mit einer Einführung in seinen Symbolismus. München [1973] (Materialien zur Kunst des 19. Jahrhunderts, 1). 197, 198

Abend am Weiher (1891). 767— Der Mörder (1891). Voss, a.a.O. Nr. 54/279, S. 109 (Abbildung) und 265 (Text). Der Mörder, eine kleine Gestalt im hinteren Mittelgrund, flieht vom Ermordeten weg mit großen Schritten auf den Betrachter zu, bildbeherrschend sind aber die vorn links vor (vom Betrachter aus; vom Mörder hinter) einem Mauerstück lauernden übergroßen Gestalten dreier Rachegöttinnen, denen er nicht wird entkommen können. Das Werk muß, da es von Kayssler genannt wird, auf der Münchner Secessionsausstellung 1893 ausgestellt gewesen sein. Voss (s.o.) gibt es erst für die Berliner Frühjahrsausstellung 1894 an. In einigen daraufhin überprüften Zeitschriftenbesprechungen wird es nicht erwähnt. 197 — Die Sünde, Gemälde, mehrfach variiert, Fassungen sind ab 1891 überliefert, eine bekannte von 1893 in der Neuen Pinakothek München. 168 — Sonnenuntergang (1891) 767— Verfolgung (1890). 767

Stümcke, Heinrich (1871–1923), Schriftsteller, Theaterhistoriker, Gründer der Theaterzeitschrift »Bühne und Welt« (1898) sowie 1902 Mitbegründer der »Gesellschaft für Theatergeschichte«, deren Generalsekretär er war. 604, 913, 959

Stummer Hannes s. Friedrich Beblo.

Stuhmer, offenbar Lesefehler Michael Bauers oder Margareta Ms für »Stühmer«: Das Hamburger Adreßbuch von 1892 verzeichnet einen Schuhmachermeister K. H. R. Stühmer, Bäckergang 44. 9

Stummesaas s. Friedrich Beblo.

Stumpf, Karl (1848–1936), Professor, Schriftsteller, u.a. in München (1889–1894), danach in Berlin. 185

Stuttgart, Haupt- und Residenzstadt des Königreichs Württemberg. 206, 617, 685, 731–736, 767, 780, 889, 913, 922, 940

St. Wolfgang-Fusch, auch St. Wolfgang oder Bad Fusch, beliebter Badeort in einem Seitental der Fuscher Ache, im Herzogtum Salzburg. Eine Abbildung von Bad Fusch in Kretschmer, Wanderleben S. 58, von »Leberbrünnl nächst Bad ›Fusch‹« (Ansichtskarte) S. 57. – M schrieb dort 1896 die Versgruppe ZWISCHENSTÜCK. FUSCH-LEBERBRÜNNL. 323

St. Wolfgang bei Davos, Ort in Graubünden, an der Bahnlinie Landquart–Davos. 605

Sudermann, Hermann (1857–1928), naturalistischer Dramatiker und Erzähler, seinerzeit sehr erfolgreich. 154, 157 f., 959

Das Sterbelied, Novelle, »Vom Fels zum Meer«[Familienzeitschrift, hrsg. von Wilhelm Spemann, erschien von 1881 bis 1905 als selbständige Zeitschrift, dann mit der »Gartenlaube« vereinigt] 11 (1891/92) Bd. 1, S. 1–8., später in der Novellensammlung »Die indische Lilie« (1911). – Maria, eine junge, ihrer Natur nach lebenszugewandte Pastorentochter und auch -frau, pflegt in vorbildlicher Pflichterfüllung ihren schwer lungenkranken Mann, mit dem sie zu einem Kuraufenthalt in Italien weilt und dem sie immer die »Sterbelieder« aus dem Gesangbuch vorlesen muß. Angesichts eines Liebesverhältnisses zwischen zwei Mitbewohnern, das sich im Nebenzimmer abspielt und das sie zunächst befremdet, dann aber mit Sympathie verfolgt, empfindet sie die Leere ihres eigenen, nur von der Pflicht erfüllten

Lebens und merkt, daß »die süße, sündige Welt« »so gar nicht dem Jammerthale gleichen wollte, von welchem die Lieder verächtlich sprachen« (a.a.O. S. 5). Sie fühlt in sich die Fähigkeit zu ebensolcher Gefühlsstärke, jedoch ihr Mann, der einzige, auf den sie ihre Liebe richten könnte, stirbt, während sie dem Liebesgeflüster im Nachbarzimmer lauscht. Dieses wird also für sie beide zum »Sterbelied«, für sie auch, da ihr nun nur noch bleibt, im Kreis ihrer älteren Schwestern wie diese zu vertrocknen. – M kannte, wie aus Nr. 183 hervorgeht, die Erzählung nicht. 154, 157 — Der Katzensteg, Roman (1890). 525 — Der Sturmgeselle Sokrates, Uraufführung 3.10.1903, Berlin, Lessingtheater. 686, 941 — Die drei Reiherfedern, Uraufführung 21.1.1899, Berlin, Deutsches Theater, außerdem in Dresden und Stuttgart. 467 — Es lebe das Leben, Uraufführung 1.2.1902, Berlin, Deutsches Theater. (Demnach hat Kayssler am Brief Nr. 799 zwei Tage geschrieben.) 592, 606, 914 — Es war, Roman, 1894. 198 — Heimat, Uraufführung 7.1.1893, Berlin, Lessingtheater, Sudermanns erfolgreichstes Drama. 185 — Johannes, Uraufführung 15.1.1898, Berlin, Deutsches Theater. Das Stück behandelt den Herodias-Salome-Johannes-der-Täufer-Stoff. 416, 417, 421 — Morituri, 3 Einakter: Teja, Fritzchen und Das Ewig-Männliche. Uraufführungen: 3.10.1896, Berlin, Berliner Theater, und Wien, Hofburgtheater. Der Titel Morituri (Die Todgeweihten, lat.) bezieht sich auf die Inhalte der Einzelstücke. 349 — Romane: Bis 1893 lagen die Romane »Frau Sorge« (1887) und »Der Katzensteg« (1890) vor. 183 — Sodoms Ende, Uraufführung 5.11.1890, Berlin, Lessingtheater. Im Breslauer Lobetheater stand das Stück ebenfalls auf dem Spielplan; M sah es am 12.4.1892. 107, 110, 112

Sudermann, Clara, verw. Lauckner, geb. Schulz (1861–1924), Schriftstellerin, heiratete 1891 Hermann Sudermann. »Da die beiden Gatten als Schriftsteller nach individuellem Leben strebten, ihre Ehe auch sonst nicht wenige Krisen zu überstehen hatte, haben sie immer wieder längere Zeit voneinander getrennt gelebt, dann aber intensiv korrespondiert.« Dorothea Kuhn: Zum Nachlaß von Hermann Sudermann. In: Jahrbuch der deutschen Schillergesellschaft 24 (1980) Stuttgart 1980. S. 458–470, Zitat S. 463. So wohnte das Ehepaar Sudermann von Mitte Juli 1892 bis 1894 getrennt, sie in Dresden, er hauptsächlich in Berlin, vgl. hierzu: »Seit einigen Tagen sitz ich warm und reuig in meinem eigenen Heim [in Berlin] und arbeite drauflos, ohne mich um die Welt zu kümmern, die sich inzwischen auf's Angeregteste mit mir und meiner Ehe beschäftigt. Unbekümmert um all den Klatsch hat sich meine Frau in Dresden ein reizendes Nestchen hergerichtet [...]« Hermann Sudermann an Ludwig

Fulda, 18.10.1892. In: Bernhardt Gajek / Wolfgang v. Ungern-Sternberg: Ludwig Fulda. Briefwechsel, Brief Nr. 89, Teil I, S. 118 f. und Kommentar Teil II S. 665. 158

Sueton, Gaius Suetonius Tranquillus (um 70– ?), römischer Schriftsteller. 780

Suk, Josef (1874–1935), Geiger und Komponist, 2. Geiger des Böhmischen Streichquartetts. 876

Sullivan, Arthur Seymour (1842–1900), englischer Komponist, wurde vor allem bekannt durch seine Operetten in Zusammenarbeit mit William Schwenck Gilbert. — Der Mikado, Operette (1885). 75, 763

Suttner, Bertha von (1843–1914), Schriftstellerin, berühmt durch ihren Roman »Die Waffen nieder« (1889). 855

Swift, Jonathan (1667–1745), irischer satirischer Schriftsteller. — Das Märchen von einer Tonne, Satire, entstanden 1696/97. 276

Sydow, Frau von, eine Bekannte der Familie Goettling, die anscheinend Verlagsbeziehungen hatte. 138

Sylt, nordfriesische Insel, Kreis Tondern, in der preußischen Provinz Schleswig-Holstein. 286, 293, 298, 306, 819, 950

Sylvan, Fräulein, ein Mitglied des »Ordens«, vgl. Abt Humoristische Lyrik S. 346. 300

Symbolismus, um 1860 in Frankreich entstandene Stilrichtung, die durch die Abwendung von der sozialen und politischen Realität (und damit besonders auch vom gerade diese darstellenden Naturalismus) eine zweckfreie Welt der reinen Schönheit propagierte. Im Gegensatz zum Impressionismus geht es nicht um die farbig flimmernde Außenseite der Dinge, sondern um einen ihnen innewohnenden oder in sie hineingelegten geheimen Bedeutungsgehalt, der z.B. durch Laut- und Klangmalerei, Assonanzen, Synästhesien evoziert werden soll. – Im symbolistischen Bühnenbild überwiegen Abstraktionen und Lichteffekte u.ä. zur Herstellung der gewünschten Stimmung. Als Beispiel einer symbolistischen Inszenierung in Deutschland kann Max Reinhardts Inszenierung von Maeterlincks »Pelleas und Melisande« von 1903 (Huesmann Nr. 187) gesehen werden. Auch Adolphe Appia kann dieser Richtung zugerechnet werden, s.u. »Das Theater«. 680

Tacitus, Publius Cornelius (etwa 55–120), römischer Geschichtsschreiber. — Historien: Geschichtswerk, entstanden etwa 104–110. Von den vermutlich 13 Büchern sind nur 1–4 und der Anfang von Buch 5 erhalten. Eine Übersetzung von W. Bötticher gab es in Reclams Universalbibliothek (Nr. 2721–2723). 24, 43

Der Tag, ab 1901 in Berlin im Verlag Scherl erscheinende Tageszeitung, bestand bis 1934. 691, 939

Tägliche Rundschau, nationalkonservative Tageszeitung, bestand 1881–1933, zuerst Unterhaltungsblatt, schon bald durch Friedrich Lange politisiert, was nach dessen Ausscheiden teilweise zurückgenommen wurde. In Meyers großem Konversationslexikon von 1906 wird sie als »unparteiische, aber durchaus national gesinnte« Zeitung bezeichnet (Bd. 2, S. 699). In den letzten Jahren ihres Bestehens vertrat sie zunehmend antidemokratische Ziele. – M nahm, eingeführt durch die Brüder Hart, an den freitäglichen Treffen teil, während eine Mitarbeit an der Zeitung Langes wegen nicht zustande kam. 212, 215, 385, 622, 802, 814, 817, 846

Taendler, Richard (1868–1909), Verleger, gründete 1894 einen eigenen Verlag, in dem auch – auf Ms Kosten – IN PHANTAS SCHLOSS erschien. 258, 262, 263, 378, 732, 811, 812, 959

Talleyrand, Charles Maurice, Herzog von, französischer Politiker. 789

Tantalus, Tantalos, Gestalt der griechischen Mythologie, wurde seines (unterschiedlich bezeichneten) Frevels wegen von den Göttern in den Hades gestürzt und mit ewigem Hunger und Durst bestraft: Wasser und Fruchtzweige waren ihm zwar nah, wichen aber zurück, wenn er sie erreichen wollte (»Tantalusqualen«). 132, 133, 781

Tante Fuchs, Tante Fuchs Gerda s. Marie Gerdes.

Tardy, Rudolf, Oberlehrer am Breslauer Magdalenengymnasium. 106

Teatro dal Verme, Mailand. 636

Teceasten, anscheinend die Mitglieder einer Art Schülerverbindung, des T.C.A. oder TCA, der auch 1908 im Zusammenhang der Wiederannäherung von Liese und Carl Ernst M an M wieder genannt wird (M an Kayssler, 28.1.1908 und von Kayssler, 30.1.1908). 105

Tegel, Dorf im Kreis Niederbarnim, Regierungsbezirk Potsdam, 11 km nordwestlich von Berlin. 243, 249, 399

Tegengren, Jacob (1875–1956), schwedischer Schriftsteller. 733

Telmann, eigentlich Zitelmann, Konrad (1854–1897), Schriftsteller. 337

Aus der Fremde. Gedichte. Minden 1889. 241

Teniers, David, der Jüngere (1610–1690), niederländischer Maler, berühmt durch seine Genrebilder. 102

Terenz, Publius Terentius Afer (um 195–159 vor Christus), römischer Komödiendichter, schrieb nach griechischen Vorbildern. — Heautontimorumenos (Der Selbstquäler, 163 v. Chr.). 770

Terrachoff. 804

Tessin, südlichster Kanton der Schweiz. 635

Teweles, Heinrich (1856–1927), Schriftsteller, Redakteur am »Tages-

boten aus Böhmen« und am »Prager Tageblatt«, 1887–1900 Dramaturg und 1911–18 Direktor des Deutschen Landestheaters Prag.
425
Das Theater, Halbmonatsschrift, erschien unter Ms Redaktion von Oktober 1903–Juni 1905, geplant war sie von Max Reinhardt. Am 5.8.1903 schrieb er darüber an Felix Hollaender: »Die Zeitschrift muß gemacht werden. Ich habe in Berlin mit Cassirer ausführlich gesprochen. [...] Er schrieb mir, daß er die Sache gut berechnet hätte und viel davon hielt. [...] Ich möchte Christian Morgenstern gern in irgendeiner Form hineinbringen. Ich sprach sowohl mit ihm, als auch mit Cassirer darüber. Es wäre doch besser, wenn keiner der Unseren die Sache nominell leitete, wenngleich ein Zusammenhang keineswegs verleugnet, sondern, im Gegenteil, stark und im vornherein betont werden sollte. Aber es soll ein künstlerischer Zusammenhang sein, keine materielle Abhängigkeit. Die Interessen des Programms sind gemeinsam, nicht die des Geschäftes. Ich könnte mir sehr wohl denken, daß die Schrift eines Tages Stellung gegen uns nähme. Nur dann hat die Sache Wert für alle, ich meine, auch für uns.« Er fordert Hollaender nun auf, die Sache weiter zu betreiben, und führt Personen an, die für eine Mitarbeit in Frage kämen [Liste]: »Hartwig [offenbar Lesefehler, es dürfte die Photographin Aura Hertwig gemeint sein], Reproduktionen!? / Orlik wäre aufzufordern. / Corinth, Kruse selbstverständlich. / Briefe an Bahr, Hofmannsthal, Professor Roller, Prof. Moser[,] Oberbaurat Wagner (!Reform!) / Appia (unübersetztes frz. Buch über Theaterreformen [Adolphe Appia (1862–1928), Schweizer Bühnenbildner, gemeint ist wahrscheinlich: La mise en scène du drame Wagnèrien, Paris 1895. Vgl. auch Heinz Kindermann, Theatergeschichte Europas Bd. 8, Salzburg 1968, S. 767–780]) / vielleicht Hauptmann? / Strindberg, Shaw, Maeterlinck, L. v. Hofmann, Rich. Strauss etc. etc. etc. / Vor allem müssen Sie aber eine Fanfare schmettern, u. wahrlich, das können Sie ja! / Man müßte auch Pariser und Londoner Fotografen etc. etc. Aufnahmen von bedeutsamen Aufführungen machen lassen.« Max Reinhardt, Schriften S. 79 f. Auch »Das Theater«, Faksimileausgabe, S. XVII f.
Ankündigung für mögliche Mitarbeiter: »Vom 15. September ab wird im Verlag von Bruno Cassirer unter Leitung von CHRISTIAN MORGENSTERN eine Theaterzeitschrift (Halbmonatsschrift) des Titels Das Theater im Umfang von etwa einem Bogen erscheinen. Aus bescheidenen Anfängen hoffen wir binnen Kurzem ein Organ zu entwickeln, das dem Geschmack eines feinsinnigen Publikums entgegenkommen, wie den Interessen aller derer dienen soll, die mit

der Bühne in einem engeren oder weiteren Zusammenhange stehen. Es ist Ihnen bekannt, dass gerade jetzt von allen Seiten eine Verjüngung der modernen Bühne angestrebt wird. Künstler jeder Art haben sich bereits in den Dienst dieser Reformideen gestellt, um gemäss den Ansprüchen eines gesteigerten Stilgefühls Bild und Einrichtung der Bühne neu zu gestalten. Unsere Zeitschrift möchte nun jeden zu Gehör kommen lassen, der zur Weiterentwicklung des Theaters irgend etwas zu sagen weiss. Befruchtenden Anregungen soll ebenso wie Polemik und Kritik der weiteste Spielraum gewährt werden. In den Text sollen Illustrationen eingeschaltet werden, die – im Gegensatz zu dem sonst üblichen Bilderschmuck – den litterarischen Teil der Zeitschrift in ihrer Weise zum Ausdruck zu bringen und zu ergänzen bestimmt sind. Da unser Blatt auf Grund eines Vertrages mit der Direktion des KLEINEN und des NEUEN THEATERS zu Berlin an seinem jeweiligen Erscheinungstage gemeinsam mit dem eingelegten Theaterzettel dieser Bühnen verkauft werden wird, so ist ihm von vornherein eine breitere Öffentlichkeit gesichert. Bereits mit anderen Theatern eingeleitete Verhandlungen lassen die Hoffnung begründet erscheinen, dass wir in nicht allzuferner Zeit einen grossen Leserkreis gewinnen werden.« Es folgt nun die Aufforderung zur Mitarbeit und die Bedingung, daß die Artikel nur 1 ½ Seiten der Zeitschrift umfassen dürften, »eine Form, die indessen vielleicht gerade um ihres in weiterem Sinne aphoristischen Charakters willen für den Schreiber wie für den Leser von besonderem Reize sein könnte«. Es folgt die Bitte um Einsendungen (Blatt im Nachlaß). Ähnlich lautet eine Anzeige in der Zeitschrift »Kunst und Künstler« (2, H. 1, S. 42, zitiert von Leonhard M. Fiedler in der Einleitung zur Faksimileausgabe, S. XVIII f., s.u.), weiter gibt es einen Prospekt, der an mögliche Inserenten verschickt wurde (a.a.O., S. XIX f.), aus dem hervorgeht, daß eine »Minimalauflage von 8.000 Exemplaren« (a.a.O. S. XX) geplant war.
1981 erschien im Lechte-Verlag Emsdetten eine Faksimileausgabe der Zeitschrift, hrsg. von Leonhard M. Fiedler und Edwin Froböse. Außer dem Nachdruck enthält sie eine Einleitung, die in römischen Zahlen numeriert ist, und für jedes Heft einen ausführlichen Kommentar, dessen Numerierung aus in Anführungszeichen gesetzten arabischen Zahlen besteht. 671, 679–682, 684, 685, 688, 689, 693, 694, 696–698, 724, 732, 848, 911, 914, 924, 928, 932, 935–939, 941–948

Theater des Westens, in Charlottenburg bei Berlin, ab September 1895 nach dem Entwurf von Bernhard Sehring (1855–1932, Architekt des Historismus) und am 1.10.1896 eröffnetes großes (anfangs 1700 Plätze) und prunkvolles Theater, Näheres Abt. Kritische Schriften, Kommentar zu Nr. 120. 831, 929, 934

Thekla, bei Schiller die Tochter Wallensteins aus seiner Ehe mit Isabella Katharina von Harrach; in Wirklichkeit hieß sie Maria Elisabeth. 84

Theoderich der Große (um 453–526), König der Ostgoten. 844

Thersites, Pseudonym. 850

Thiele, Sorauer Fabrikantenfamilie. — Erich Thiele, Schulfreund Ms, Spitzname Mukl u. ä., wird im ORDENS-EPOS noch erwähnt. Thiele studierte in Berlin Medizin und promovierte 1897. 54, 63,64, 68, 84, 93, 106, 136[?], 181, 209, 210, 228, 269, 782 — Hedwig Thiele, Schwester Erich Thieles und Muklina u.ä. genannt. M war einige Zeit in sie verliebt. 56[?], 63, 93, 154, 199, 751, 755, 759

Tholuck, August (1799–1877), Theologe, Sohn eines Goldschmieds. 201

Thoma, Ludwig (1867–1921), Schriftsteller, ab 1898 Mitarbeiter und Redakteur am »Simplicissimus«. 890, 891

Thomas, Emil (1836–1904), Schauspieler und Theaterleiter. 938

Thon, Konstantin Andrejewitsch (1794–1881), russischer Architekt, Erbauer der Moskauer Erlöserkirche, entwickelte einen Baustil, wie ihn sich die Zeit als typisch russisch vorstellte. 352

Thorwaldsen, Bertel (1768–1838), dänischer klassizistischer Bildhauer. Alexanderzug, »Alexanders des Großen Einzug in Babylon «. Das Werk wurde 1811 für den geplanten Rombesuch Napoleons in Auftrag gegeben, Thorwaldsen schuf einen vom Parthenonfries inspirierten ca. 35 Meter langen Gipsentwurf für den Quirinalpalast in Rom. Da der Besuch Napoleons nicht stattfand, gab Napoleon eine Marmorausführung für die Pariser Madeleine in Auftrag; dieses Relief gelangte nach dem Sturz Napoleons in den Besitz des Grafen Sommariva, der einen Saal seiner Villa am Comer See (Villa Carlotta) damit ausstattete. Der Gipsentwurf blieb in Rom, eine weitere, kleinere Marmorausführung befindet sich in Kopenhagen im Schloß Christiansborg. 101

Thurm, Sorauer Fabrikantenfamilie. 68, 747

Thusis, Ort im Schweizer Kanton Graubünden, Übergangsstation für Besucher von Davos und des Engadins. 595

Tiergarten, die bedeutendste Berliner Parkanlage, zurückgehend auf ein Wildgehege und Jagdrevier des 16. und 17. Jahrhunderts, wurde im 19. Jahrhundert zu einem englischen Landschaftsgarten ausgestaltet. Er war weniger von Tieren bevölkert als von zahlreichen Denkmälern, u.a. in der Siegesallee, außerdem gab es Einrichtungen zur Freizeitgestaltung u.ä. Der eigentliche Zoologische Garten grenzt an den Tiergarten. 215, 223, 227, 475, 687, 817

Kommentiertes Register 1221

Tille, Alexander (1866–1912), Sozialpolitiker und Geschichtsschreiber, Mitherausgeber und -übersetzer der englischen Nietzscheausgabe 1896–1909, Syndikus der Handelskammer Saarbrücken. — Von Darwin bis Nietzsche. Ein Buch Entwicklungsethik. Leipzig 1895. 273

Tillier, Claude (1801–1840), französischer Romanschriftsteller. — Mein Onkel Benjamin, 1843, deutsch 1866 u.ö.). Der humoristisch-satirische Roman um einen unkonventionellen, gegen alle Konventionen kämpfenden, eulenspiegelhaften Bonvivant steht stilistisch in der Nähe der englischen Humoristen und wurde in Deutschland früher berühmt als in Frankreich. 276

Tilskueren (Der Zuschauer, Beobachter dänisch), politisch-kulturelle dänische Monatsschrift, erschien 1884–1939. 569

Tischbein, Johann Heinrich Wilhelm (1751–1829), Maler, Freund Goethes, den er auf seinen Wegen durch Rom, die Campagna und bis nach Neapel begleitete. 647

Tischer, Sorauer Pfarrersfamilie, vielleicht identisch mit Tischler. Gustav Adolf Tischer (1846–?) war damals Diakonus, später als Nachfolger Richard Goettlings Archidiakonus in Sorau.
Käthe Tischer. Aus Ms erstaunlich deutlich geäußerter Abneigung kann (vielleicht!) geschlossen werden, daß es sich um das kleine Mädchen handelt, das Ms Meinung nach so ganz falsch erzogen wurde: [...] *Ich verkehrte viel in einer Familie, wo mehrere Kinder waren, welche sämtlich meiner Ansicht nach schlecht erzogen wurden. Besonders aber war es das Jüngste, ein 2–3 Jahr altes Mädchen, welches oft durch ihre Unart mich reizte u. mir zuletzt eine Art Widerwillen gegen sich einflößte. Das Kind, überaus klug, wurde nämlich nur mit d. sanftesten Bitten statt mit bestimmten Befehlen erzogen, u. jede Unart fand bei d. Mutter e. entschuldigendes, zärtliches Lächeln.* Es folgen Überlegungen, welche Schwierigkeiten das Kind später durch seinen Eigensinn bekommen werde. M schließt daraus auf die Schwierigkeiten bei der Vervollkommnung der Menschheit. T 1891, Bl. 14 f. Zitat Bl. 14. Datiert *April* 1891. 154, 160, 787

Tischler, Sorauer Familie, vielleicht identisch mit Tischer. 174

Tizian (Tiziano Veccellio) (vermutlich um 1488–1576), italienischer Maler der Hochrenaissance. — Venus mit Amor, 40er Jahre des 16. Jahrhunderts, Florenz, Uffizien; es existieren mehrere Variationen des Motivs, u.a. in Berlin, Madrid, New York. 102 — Der Zinsgroschen, um 1518, Dresden, Staatliche Kunstsammlungen. 102

Toché, R., s. Blum.

Tölz, Ort in Oberbayern, nahe dem nördlichen Alpenrand, mit dem am linken Isarufer liegenden Bad Krankenheil (u.a. jodhaltige Quellen). 172, 177

Töpfer, Berg im Lausitzer Bergland, nordöstlich von Oybin. 84
Tokio, seit 1868 Hauptstadt des Kaiserreichs Japan, an der Tokiobucht. 508
Tolstoi, Graf Alexei Konstantinowitsch, (1817–1875), russischer Schriftsteller. — Fürst Serebräny, Roman, 1862, deutsch 1882 u.ö. (auch Übersetzungen mit anderen Titeln). 74
Tolstoi, Graf Lew Nikolajewitsch (1828–1910), russischer Schriftsteller. Außer weltberühmten Romanen und Dramen verfaßte er zahlreiche Schriften, die sich mit sozialen und religiösen Fragen auseinandersetzen. Auf der Suche nach dem wahrem Christentum gelangte er zu einer außerkirchlichen, an der Bergpredigt orientierten Moral, die von tiefem Mißtrauen gegen Wissenschaft, Fortschritt, Kunst, Musik, überhaupt Kultur sowie kirchliche und staatliche Ordnungen geprägt war. M beschäftigte sich immer wieder kritisch mit Tolstoi, wobei einmal die Zustimmung, dann wieder die Ablehnung dominierte. 582, 596, 910
Die Früchte der Bildung, auch »der Aufklärung«, Uraufführung 1889. – Die Aufführung am Neuen Theater in Berlin, 9.12.1903 legte die im Verlag Bruno Cassirer erschienene Übersetzung von August Scholz zugrunde. Das Stück wurde bis zum 17.12. 5 x gespielt. 688, 698, 942, 945, 947 — Die Kreutzersonate, Erzählung, entstanden 1887–1889, Erstausgabe Berlin 1890 (zuerst in Übersetzung). Der Erzähler schildert die Trostlosigkeit und Verlogenheit seiner Ehe, die ihn zum Mord an der vermeintlich untreuen Ehefrau geführt hat, außerdem verallgemeinernd den verderbten Zustand der Welt, alles aber in moralischer Absicht: das Ideal ist die Rückkehr zu Enthaltsamkeit und christlicher Askese. 111, 128, 777 — Die Macht der Finsternis, 1886. Uraufführung 1890, Carskoe Selo, Liebhabertheater. Deutsche Erstaufführung: 8.2.1898, München, Literarische Gesellschaft, Regie Ernst von Wolzogen. Erste öffentliche Aufführung in Deutschland: 3.11.1900, Berlin, Deutsches Theater. Hierbei spielten Albert Bassermann den Nikita und Max Reinhardt den Akim. 416, 480, 487, 517, 518, 856 — Gesamtausgabe, Sämtliche Werke. Vom Verfasser genehmigte Ausgabe von Raphael Loewenfeld, 35 Bde. in 3 Abteilungen, I: Sozialethische Schriften, II: Theologische Schriften, III: Dichterische Schriften, Jena, Leipzig (Diederichs) 1901 ff. 570 — Krieg und Frieden, Roman, entstanden 1863–1869, deutsch 1885 u.ö. 517 — Was ist Kunst. Studie, deutsch 1898 u.ö. 572, 573
Torino, Turin, Hauptstadt der gleichnamigen italienischen Provinz. 18
Torquato Tasso s. Goethe.

Toten, Landschaft am Ostufer des Mjøsen. 950

Tourné, Schüler am Breslauer Magdalenengymnasium. 89

Trarbach, Stadt im Regierungsbezirk Koblenz, am rechten Moselufer. 627

Trasimener See, Lago di Trasimeno oder Lago di Perugia, in der italienischen Provinz Perugia. 637

Treptow, bei Berlin, s.a. Berliner Gewerbeausstellung. 328, 831

Treitschke, Heinrich von (1834–1896), Historiker, ab 1874 Professor in Berlin. 1871–1888 nationalliberales Mitglied des Reichstags. 134, 782

Tri(e)bschen, Ort bei Luzern, in dem Richard Wagner 1866–1872 eine Villa bewohnte und viele Male von Nietzsche besucht wurde. 380, 844

Trient, Trento, Stadt in Südtirol, Hauptstadt des italienischen Landesteils Trentino. 950

Tröger, Julius, Lehrer am Breslauer Magdalenengymnasium (vermutlich u.a. Religion). 100, 104

Trojan, Johannes (1837–1915), Schriftsteller, politischer Satiriker, von 1862–1909 Chefredakteur der Zeitschrift Kladderadatsch. 299

Troldhaugen, die Villa Edvard Griegs bei Bergen. 491, 951

Trondhjem s. Drontheim.

Troppau, Hauptstadt von Österreichisch-Schlesien, nahe der preußischen Grenze. 320

Trud, Ger, s. Gertrud Isolani.

Trübner, Wilhelm (1851–1917), Maler, gehört zu den bedeutendsten Vertretern des Realismus in Deutschland, seine Porträts und Landschaften ab 1891 stehen dem Impressionismus nahe. – M hat wahrscheinlich anläßlich der großen Berliner Kunstausstellung 1895 einen Artikel über Trübner verfaßt, der nicht mehr erschien, da die »Berliner örtliche Beilage« im »Kunstwart« um diese Zeit eingestellt wurde. Weiteres, auch Notizen Ms, dazu vgl. Abt. Kritische Schriften S. 503 f. und 552 f. 274

Tschudi, Ägidius (1505–1572), Schweizer Geschichtsschreiber. — Chronicon Helveticum, 2 Bde., erschienen 1734–36, Quelle u.a. für Schillers Gedicht »Der Graf von Habsburg«. 86

Tschörtner, Otto, ein Breslauer Jugendfreund Ms. Der Name ist nicht eindeutig lesbar; es könnte auch Pschörtner heißen. Der Name Tschörtner kommt aber im Breslauer Adreßbuch vor und ist deshalb wahrscheinlicher. 15

Tucholsky, Kurt (1890–1935), Schriftsteller. 718, 719

Tübingen. 733, 735, 930

Turban, Karl (1856–1935), Arzt, Geheimrat, gründete 1889 in Davos-

Platz, Oberwiesstr. 3, ein Lungensanatorium, das für die strenge Einhaltung der Disziplin- und Hygieneregeln bekannt war; er soll als erster die Freiluftliegekuren verwendet haben. M mußte die Zeit von Oktober 1900 bis Ende April 1901 in Davos in Turbans Sanatorium verbringen; 1912 ging er nochmals für 3 Monate (August–Oktober) dorthin. Belegt ist, daß M ihm seine Hochzeitsanzeige schickte ((T 1910 I, Bl. 100) und die Neuausgabe von HORATIUS TRAVESTITUS (T 1911/12, 62). Turban hat aber auch die anderen Gedichte Ms (s.u.) und die GALGENLIEDER gekannt, denn er versuchte sich in einem Gedicht »Die Bekehrung des neunten Galgenbruders« selbst in dieser Art Dichtkunst (veröffentlicht »Davoser Revue« 2 (1926) S. 10). – Turban veröffentlichte schon früher in den »Davoser Blättern«, 11.3.1916 kurze Erinnerungen an M: »Der Dichter Christian Morgenstern verbrachte den Winter 1900 auf 1901 in Davos in einem Sanatorium. Er war in elendem Zustande angekommen und fieberte einige Wochen, erholte sich aber dann in ausgezeichneter Weise, und seine schönsten und tiefsten Gedichte entstammen den Jahren nach der Davoser Kur. Die Fieberzeit mit der strengen Bettruhe wurde ihm lang, und eines Tages überreichte er seinem Arzte mit einem schelmischen Blicke seiner klaren leuchtenden Augen das folgende Gedicht [...]« Es folgt das Gedicht IMMER WIEDER SPRINGT DES SILBERS WELLE. Zitert nach der Neuveröffentlichung in der »Davoser Revue« 14 (1939) S. 155, »Christian Morgenstern in Davos« von J. F. (Jules Ferdmann). 517, 520, 531, 543, 560, 573, 626, 890, 897, 923, 951

Turgenjew, Ivan Sergejewitsch (1818–1883), russischer Erzähler. Außer den »Aufzeichnungen eines Jägers« (s.u.), die M im T 1898/99 I, Bl. 52 in einer Liste aufführt und wohl schon kannte, sind im T 1897/98, Bl. 21 die »Gedichte in Prosa. Senilia« (1882, deutsch 1883) genannt. Für 1902 ist die Lektüre von »Väter und Söhne« (1862, deutsch 1869 u.ö.) belegt (N 1902, 18.–22.3.). 832

Aufzeichnungen (auch Memoiren oder Tagebuch) eines Jägers, Sammlung von skizzenartigen Erzählungen um das Leben der ländlichen Bevölkerung Rußlands, der leibeigenen Bauern und des meist heruntergekommenen Kleinadels, eingebettet in ausführliche Natur- und Landschaftsdarstellungen und zusammengehalten durch den fiktiven Ich-Erzähler, den Jäger. Das Original erschien in Moskau 1852, deutsche Übersetzungen ab 1854. M und Kayssler lasen vermutlich die 1886 erschienene Reclamausgabe. 334

Turner, Jane. 936

Tutzing. 745, 750

Twain, Mark, eigentlich Samuel Langhorne Clemens (1835–1910), amerikanischer Schriftsteller. 791, 792

Leben auf dem Mississippi, autobiographischer Bericht, 1874–83, deutsch 1890. 180, 189, 791

Type, Photographie. 145, 186, 535, 541, 543

Ubell, Hermann (1876–1947), Kunsthistoriker, Lyriker (als solcher dem George-Kreis nahestehend), Essayist; Konservator und Kustos, ab etwa 1909 Direktor des oberösterreichischen Landesmuseums Linz. M wurde von Hugo Haberfeld an Ubell verwiesen, und er lernte ihn im Haus des Malers Ernst Nöther kennen, der damals in Rom lebte. Nach 30 Jahren schrieb Ubell über M: »Die Erscheinung Morgensterns hatte etwas unmittelbar Gewinnendes, etwas Christusmäßiges möchte ich fast sagen, wenn ich an die zartweiße Farbe seines von rötlich-blondem Bart und Haar umrahmten Gesichts und an den grundgütigen Blick seiner hinter goldgeränderten Gläsern hervorstrahlenden blauen Augen denke.« Er trug immer winterliche Kleidung und wurde vom Autor noch am späten Vormittag im »tiefsten Morgen-Negligé« ertappt, worauf er sogleich auf seine Arbeit, die Übersetzung der Ibsen-Gedichte, hinwies. Angesichts der GALGENLIEDER, berichtet er weiter unten, habe er sich an Ms Begeisterung erinnert, mit der er für ein Preisausschreiben Verdeutschungen für »Kakes« ersonnen habe. »Er las mir eine kein Ende nehmen wollende Liste solcher von ihm geprägten Verdeutschungsversuche vor, einer zierlicher und drolliger als der andere. [...]« [Über dieses Preisausschreiben konnte nichts ermittelt werde, auch die Anfrage bei den Fabriken Bahlsen und Sprengel brachte kein Ergebnis.] Weiter heißt es: »[...] eine still in sich hineinlächelnde, schalkhafte Heiterkeit war schon damals der Grundzug seines Wesens, regenbogenfarbig über einem zartgrauen Grund von Melancholie [...] ausgespannt. Sie war nicht ganz ohne Bosheit, diese ›Schalkheit‹, und die kleinen Schwächen der Mitmenschen blieben ihrem Scharfsinn nicht verborgen«. Als Beispiel nennt er Ms »mit maliziöser Sammlerfreude« vorgetragenen Bericht über einen mit stereotypem Überschwang immer wiederholten Ausruf eines Novellisten. Es folgen weitere gemeinsame Erlebnisse in Rom und der Umgebung, und abschließend weist er auf die dauernde Verbundenheit trotz allmählich nachlassendem äußerem Kontakt hin. Römische Erinnerung an Christian Morgenstern. Tagesbote, Brünn, Nr. 12. 8.1.1933, Morgenausgabe. Zeitungsausschnitt im Nachlaß. M ließ Ubell durch den Verlag Cassirer Rezensionsexemplare seiner Bücher schicken; belegt sind die GALGENLIEDER, MELANCHOLIE (an Cassirer, 10.9.1906, 5.3.1910). Im Nachlaß vorhanden ist Ubells Lyrikbändchen »Stundenreigen«, Wien 1903, mit der Widmung: »Herrn Christian Morgenstern /zur freundlichen Erinnerung / an/ den[?] Verf. / Rom,

10/2. 03.« – Außer der Kopie eines Briefs von M an Ubell ist im Nachlaß auch 1 Brief Ubells an M vorhanden. Es soll von M noch weitere Briefe an Ubell geben; sie wurden vor Jahrzehnten einmal dem Verlag Urachhaus angeboten. Anscheinend kam es aber zu Mißhelligkeiten, und von diesen Briefen fehlt jede Spur. Mehrere erneute Anfragen in der Vorbereitungsphase unserer Ausgabe beim mutmaßlichen Briefbesitzer blieben unbeantwortet, obwohl sie ihn vermutlich erreichten – sie kamen jedenfalls nicht zurück. 642, 684, 695, 929, 930, 939, 940, 959
Neue Lyrik. »Die Gegenwart« Bd. 60, Jg. 30 (1901), S. 38–41 (Münchhausen, M, Schaukal), über EIN SOMMER S. 39f. 939f. —
Praxiteles. Mit 2 Photogravüren und 10 Vollbildern. Berlin 1903. (Die Kunst. Sammlung illustrierter Monographien, hrsg. von Richard Muther, Bd. 14). 685
Frau Ubell. In Rom lernte M auch Ubells Frau kennen. Da keine Auskunft zu erlangen war, sind Vorname und Lebensdaten nicht bekannt. (M widmete das Gedicht BEI DER PYRAMIDE DES CESTIUS *L. U.*, von Michael Bauer als »Uebel« entschlüsselt. Falls es sich hierbei um eine Ungenauigkeit handelt, könnte evtl. Ubells Frau gemeint sein. Da nähere Angaben fehlen (s.o.), muß das eine Vermutung bleiben.) 642, 685, 696
Überbrettl s. Buntes Theater.
Überlingen, Stadt im badischen Kreis Konstanz, am Bodensee. 504
Ueberweg, Friedrich (1826–1871), ab 1862 Philosophieprofessor in Königsberg. — Schiller als Historiker und Philosoph, hrsg. von Moriz Brasch (1884). 79, 80, 765
Uffo, Uffa s. Peter Massalien, Dora Massalien.
Uhde, Fritz von (1848–1911), Maler, wandte sich unter dem Einfluß Liebermanns dem Impressionismus zu, benutzte das Licht als Stimmungsfaktor, wurde bekannt vor allem durch seine Bilder mit religiöser Thematik. Während M ihn zunächst offenbar ablehnte – *Uhdesche waschblaue Nebelstimmung* eines Kaysslerschen Gedichts (Nr. 206, nicht zitierte Übernahme von Kayssler) –, wird er später zwar nur sehr selten, aber mit positiver Wertung genannt, vgl. Abt. Kritische Schriften. 185, 214
Uhland, Ludwig (1787–1862), Jurist, Dichter, Germanist. — Des Sängers Fluch, Gedicht (1814.) 747 — Die Bärenritter (1809–13), Posse, zusammen mit Justinus Kerner. 671 — Ernst, Herzog von Schwaben, Drama (1819) 671
Ulk, 1872 gegründete Wochenzeitung für Humor und Satire, im Verlag Mosse in Berlin, erschien ab 1899 als Beilage zum »Berliner Tageblatt«. 177

Ullersdorf, Dorf im Kreis Glatz oder Dorf im Kreis Striegau, beide im Regierungsbezirk Breslau. 949

Unger s. Weil.

Ungern-Sternberg, Wolfgang von. 734

Unterbrunn, Dorf nördlich von Starnberg. 11

Urania, 1880 in Berlin gegründete Gesellschaft zur Verbreitung wissenschaftlicher Bildung, verfügte über eine Sternwarte und ein Theater für Vorträge, naturwissenschaftliche Demonstrationen etc. 466

Urban II. (1035–1099), ab 1088 Papst. 946

Urbino, Stadt in der italienischen Provinz Pesaro e Urbino, Geburtsort Raffaels. 102

Utigaard, am Eikisdalsvant, nahe Reitan. 951

V. bei Poststempeln, Vormittag, d.h. bis 12 Uhr.

Valentini, R. 912

Vallentin, Elise, Elise Zachow-Vallentin (etwa 1880–1923), von der »Schall-und-Rauch«-Zeit an Schauspielerin in Berlin bei Max Reinhardt, verheiratet mit Richard Vallentin. 513, 959

Vallentin, Richard (1874–1908), Schauspieler, Regisseur, Bühnenautor, ab 1896 in Berlin, zunächst am Deutschen Theater, von Anfang an Mitarbeiter bei »Schall und Rauch«, 1901/02 am Lessing-Theater, ab 1902/03 am Kleinen und dann am Neuen Theater als Regisseur und Schauspieler, 1905–1908 Regisseur am Wiener Volkstheater, danach Leiter des Berliner Hebbeltheaters. 460, 513, 959

Unbelauschte Momente, verfaßt für »Schall und Rauch« und dort vom 15.11.–21.12.1901 29x gegeben. 549, 898

Vallis, vermutlich ein Ausflugslokal in der Umgebung von Sorau, in dem M und seine Freunde verkehrten, ist auch in der Sorauer Abiturzeitung von 1893 genannt und gezeichnet. 120

Vallø, Ort am Christianiafjord, bei Tønsberg. 460, 950

Vallotton, Benjamin (1877–1962) humoristischer Erzähler der französischen Schweiz. – M erwähnt ihn in Zusammenhang mit seinem HORATIUS TRAVESTITUS, der Kürze wegen wird aber der Bezug nicht klar. 367

Varden, Berg bei Molde, vgl. auch Abt. Episches S. 197f. und 857. 851

Varzin, Dorf und Rittergut (Bismarcks) in Pommern im Regierungsbezirk Köslin. 863

Vasari, Giorgio (1511–1574), italienischer Maler, Architekt, Kunstschriftsteller, blieb vor allem berühmt durch seine Künstlerviten, die trotz einer gewissen Unzuverlässigkeit und hinzuerfundenen Ausschmückungen zu den wichtigsten Quellen für die Kunstgeschichte

gehören: Le vite de' piu eccelenti architette, pittori et scultori, da Cimabue insino a' tempi nostri. 2 Bde. 1550, 1568 auf 3 Bde. erweitert, Übersetzung 1832–1849 (Leben der ausgezeichnetsten Maler, Bildhauer und Baumeister von Cimabue bis zum Jahre 1507). – M besaß eine italienische Auswahlausgabe mit dem Titel »Capricci e aneddoti di artisti« (etwa: Künstlereinfälle und -anekdoten), erschienen im Verlag Barbera in Florenz (im Nachlaß vorhanden). 611
Veitstanz s. Franz Schäfer.
Velhagen und Klasing, Buchhändlerfirma und Verlag mit konservativ-christlicher Ausrichtung, begründet in Bielefeld 1835 von August Velhagen (1801–1891) und August Klasing (1809–1897), Schwerpunkte Schul- und Jugendbücher, religiöse Schriften, Monographien zur Kunst-, Welt- und Kulturgeschichte u.a., seit Gründung einer Niederlassung in Leipzig (1864) auch Kartenwerke und Zeitschriften (die Familienzeitschrift »Daheim«, »Velhagen und Klasings Monatshefte«). Inhaber zu Ms Zeit waren die Söhne der Gründer, Wilhelm Velhagen (1850–?), ab 1878, und Johannes Klasing (1846–1927), ab 1874. — Clasing. 200, 201 — Clasings. 204— Velhagen und Klasing. 204
Venedig, Venezia, Hauptstadt der gleichnamigen italienischen Provinz. 102, 195, 272, 617, 657, 684, 696
Venus, die römische Entsprechung der griechischen Liebesgöttin Aphrodite; bei Kunstwerken wird häufig die lateinische Form Venus verwendet. — Die mediceische Venus, früher im Besitz der Medici, Marmorstatue der römischen Kaiserzeit, vielleicht nach hellenistischen Vorbild, befindet sich seit 1677 in der Uffizien in Florenz. 185[?] — Venus von Milo, auf der Kykladeninsel Milos gefundene späthellenistische Aphroditestatue, im Louvre in Paris. 195, 753, 794
Verbrecheralbum, ein geplantes »Faschings-Brevier« der »Verbrecher« oder des »Verbrecher(stamm)tischs«, einer Vereinigung Otto Erich Hartlebens und seiner Freunde und Bekannten. Die Versammlung traf sich an den Samstagabenden. M gehörte wahrscheinlich nicht zu den Mitgliedern. Vgl. die Briefe Hartlebens an Carl Henkell, [12.10.1896], an Hans Heilmann, 13.12.1896 (Briefe an Freunde S. 234 und 235). Vgl. auch den Artikel in: Handbuch literarisch-kultureller Vereine Nr. 117. 348, 350, 367
Verein Berliner Presse, 1862 gegründet, gesellige Vereinigung, auch zur Wahrung gemeinsamer Interessen und zur Unterstützung bedürftiger Mitglieder oder deren Hinterbliebenen, Wilhelmstr. 92/93, Architektenhaus, ab 1898 Bellevuestr. 3. 471
Vergil, Publius Vergilius Maro (70–19 v. Chr.), römischer Dichter; sein

berühmtes Epos »Aeneis« (30–19 v. Chr.) wurde bestimmt, vielleicht auch andere Werke von ihm, in den Gymnasien gelesen. 65, 760, 761, 796

Verona, Hauptstadt der gleichnamigen italienischen Provinz. 322, 664, 844, 917, 952

Verreckele oder, schlesisch, Verreckerla s. Georg Hirschfeld.

Ver sacrum, Kunst und Literaturzeitschrift, herausgegeben von der Vereinigung Bildender Künstler Österreichs, erschien 1898–1903 zuerst (Jg. 1 und 2) als Monatsschrift, dann als Halbmonatsschrift. – Einer Notiz im T 1912 I, Bl. 90 nach hat M 1898 die Skizze DER SPIELGEIST eingeschickt und sogar 3 Mark dafür erhalten. Sie wurde aber nicht veröffentlicht, vgl. auch Abt. Episches. 428, 434

Versuchsbühne. Der Verein Versuchsbühne mit zugehöriger Vereinszeitschrift wurde 1895 von Bruno Wille gegründet, vgl. auch Abt. Kritische Schriften Nr. 58. 255

Die versunkene Glocke s. Hauptmann.

Victoria, Berliner Hotel und Café, Unter den Linden 46. 638, 681 — Hotel in Christiania. 279

Vierwaldstättersee, von den 4 Kantonen Uri, Schwyz, Unterwalden und Luzern umgebener Schweizer See. 544, 563, 564, 902

Villari, Pasquale (1827–1917), italienischer Geschichtsschreiber und Politiker. M benutzte sein Werk über Savonarola – Geschichte Girolamo Savonarola's und seiner Zeit, 2 Bde., Übersetzung von Moritz Berduschek, Leipzig 1868 – als Informationsquelle für sein Drama. 619

Vischer, Friedrich Theodor (1807–1887), Schriftsteller und Literaturhistoriker. 84, 276

An die Empfindsamen, Gedicht, erschienen in »Lyrische Gänge« (1882). 128, 780 — Auch Einer. Eine Reisebekanntschaft, erschienen 1879, zunächst in 2 Bänden, der 1. enthält die Bekanntschaft des Erzählers mit dem skurrilen A.E. (Auch Einer) sowie eine eingeschobene Novelle, der 2. bringt Teile der Lebensgeschichte des nun als Albert Einhart – A.E.– identifizierten Helden sowie sein Tagebuch. Der Roman war damals sehr verbreitet. 308, 824

Vischer, Peter, d.Ä. (1460–1529), Nürnberger Erzgießer, schuf u.a. für das Maximiliansgrab in Innsbruck die Statue Theoderichs des Großen, vielleicht nach einem Entwurf von Dürer. 844

Vita, Deutsches Verlagshaus Vita G.m.b.H., von 1899–1928 in Kürschners Literaturkalender verzeichnet, gab vor allem Belletristik heraus. 545

Völkerling, Hermann (1875–1924), Maler, gehörte offenbar zum Bekanntenkreis Landshoffs in München. Auf einer späteren Durchreise im Jahr 1908 ließ M sich von ihm porträtieren; das Bild befindet sich in der Berliner Nationalgalerie (Leinwand, 37 x 29 cm, NHG 44., Abb. BRIEFE. Auswahl(1952) nach S. 336 und Kretschmer, Wanderleben S. 167 (hier mit ungenauem Malernamen). 664, 666, 676, 933

Vogel(-Plauen), Hermann (1854–1921), Illustrator; genannt werden Bilder zu Grimms Märchen. 522

Vogt, Friedrich Hermann Traugott (1851–1923), Germanistikprofessor, 1889–1902 in Breslau. 62, 874

Voigt, nicht ermittelt. 37, 61

Voit, August von (1801–1870), Architekt. 785

Volapük. Die von dem Prälaten Johann Martin Schleyer (1831–1912) im Jahr 1878 erfundene Welthilfssprache Volapük gilt als erste künstlich geschaffene Sprache, die in der Praxis einigermaßen verwendbar war. Ihr Anspruch war auf Völkerverständigung und -versöhnung gerichtet: Menadè bal püki bal (einer Menschheit eine Sprache) lautete ihr Wahlspruch. Volapük wurde durch eine Vielzahl von örtlichen Vereinen und Zeitschriften verbreitet.– Die Wörter dieser Sprache werden durch Zusammensetzung gebildet: dem Wortstamm werden Vor- und Nachsilben hinzugefügt, die die Grundbedeutung auf vielfältigste Weise abwandeln und die Flexion etc. regeln. Der Name der Sprache Volapük besteht aus pük, vgl. speak, sprechen bzw. speech, Sprache und Vol (vgl. world), Welt; -a ist Genitivendung – also: Sprache der Welt. Genaueres im Kommentar zum Gedicht VOLAPÜKANS! KOTLIDOLSÖD!

Nach einer Blütezeit um 1890 verlor Volapük schnell an Bedeutung. Dazu werden die Meinungsverschiedenheiten zwischen den verschiedenen Volapükvertretern beigetragen haben. Schleyer, der »datuvel« (Erfinder), betrachtete die Sprache als sein Eigentum und wollte alles sie Betreffende allein regeln. Während es ihm darauf ankam, die Möglichkeit für vielfältigste Nuancen zu schaffen, ging es anderen, wie dem Pariser Volapükisten Auguste Kerckhoffs, mehr um die Verständigung im Alltag. Diese Differenzen führten auf dem Volapükkongreß 1889 in Paris zum Bruch. (Ms Briefentwurf an Schleyer bezieht sich vermutlich auf diese Auseinandersetzungen.) – Zunächst war M offenbar hell begeistert von der Weltsprache. Neben dem erwähnten völkerverbindenden Anspruch wird ihm die Möglichkeit, selbst Sprache zu erfinden, gefallen haben. Im Nachlaß befinden sich außer den Briefen bzw. Briefentwürfen Ms, einer Karte an ihn (Nr. 25), dem Gedicht in Volapük (s.o.) auch die Übersetzungsversuche dreier Lieder, die wohl für den Gebrauch bei geselligem Beisammensein gedacht waren. Es handelt sich um das Studentenlied »Gaudeamus igitur«, das M bis auf die zweite Strophe übersetzte, je knapp zwei Strophen von Eichendorffs »Wer hat dich, du schöner Wald« (in der aus Studentenliederbüchern stammenden Fassung) und des Studentenlieds »Stimmt an mit hellem, hohem Klang«, das mehrere Verse von Matthias Claudius' »Mein Neujahrslied« verwendet. Außerdem ist noch ein Heft vorhanden, in dem M von Januar 1888 bis Anfang Mai 1889 seine Volapükkorrespondenz notiert hat, zunächst sehr ordentlich, später nachlässiger. Das Heft ist in zwei Teile gegliedert, *Peneds pepotöl* und *Peneds pegetöl* (abgesandte und empfangene Briefe) und enthält jeweils das Datum sowie Ort und Namen des Adressaten oder Absenders; außerdem sind die Briefe numeriert, und zwar unterschiedlich nach Briefen, umsonst erhaltenen Drucksachen und abonnierten Zeitschriften. Obwohl noch genügend Platz in beiden Teilen frei ist, wurde nach Mai 1889 nichts mehr notiert, vermutlich verlor M die Lust. — M hat sich schon im Sommer 1887 mit Volapük beschäftigt, denn sein Freund Ulrich Frey verspricht ihm am 20.7.1887 einen Brief in Volapük (vgl. Nr. 15). Außerdem erwähnt M im Heft, daß er 1887 schon 8 Briefe geschrieben und 4 erhalten habe, weshalb er die Zählung mit Nr. 9 bzw. 5 beginnt. Er hat in dieser Zeit an rund 80 Personen in über 20 Ländern Briefe geschickt, insgesamt 222. Allerdings erhielt er nur von etwa 60 % der Angeschriebenen eine Antwort, mit weiteren rund 30 % wurden nur 1 oder 2 Briefe gewechselt, und unter den restlichen 30 % sind nur 3 Personen, an die er öfter als zehnmal geschrieben hat. Auch dreht es sich in vielen Fällen um die Anforderung von Probenummern der verschiedenen Zeitschriften, Geldzahlungen u.ä. Eine auffallend intensive Korrespondenz bestand aber zwischen M und einem Herrn Tegner in Wenersborg in Schweden, dem er 15mal schrieb, auch ein Bild von sich schickte, und von dem er 11 Briefe und 1 Drucksache erhielt. — Unter seinen Freunden war es vor allem Ulrich Frey, mit dem er in Volapük korrespondierte (7 Briefe an Frey und 9 von ihm, vor allem von dessen Italienreise im Frühjahr 1889). Auch mit Franz Carl Zitelmann und einem der Brüder Reche hat M gelegentlich in Volapük korrespondiert. Auch ein Chinese, Kwok Lo-Kwai aus Amoy, ist unter seinen Briefpartnern (an ihn 1.1.1889, von ihm 1.4.).

Ms Bemühungen um die Weltsprache wurden mit einem Diplom belohnt, das nach Kayßlers Bericht in Ms Schülerzimmer hing (vgl. Bauer, Chr.M. (1985) S. 30). Genauer gesagt: Er hat sich um dieses Diplom beworben, zunächst bei Schleyer (20.5. und 1.9.1889), der aber anscheinend nicht reagierte — weil die Briefe nicht vorhanden sind, läßt sich darüber nichts Eindeutiges sagen —, dann bei Kerckhoffs in

Paris (1.10.1888). Am 10.10. verzeichnete er mit roter Tinte und mit Wellenlinien untermalt, daß er vom *Klub flentik* (dem französischen Klub) das *dipled spodala* (Diplom eines Korrespondenten) erhalten habe (Heft, S. 26). Auguste Kerckhoffs war es auch, der M das Amt eines Inspektors anbot, was M aber wohl ablehnte (vgl. Nr. 21). Wieweit M sich in späterer Zeit noch mit Volapük beschäftigt hat, kann nicht genau festgestellt werden; nach dem Abitur 1892 plante M, die Beschäftigung damit wieder aufzunehmen (Nr. 136), auch ein Jahr darauf wird Volapük erwähnt (Nr. 203). Am 14.6.1898 berichtete Kayssler über angekommene Post von der Volapük-Akademie (Nr. 588). Außerdem spricht der Floh im INTERVIEW BEI EINEM* Volapük. Im Rückblick erinnerte sich M, daß er *seinerzeit einer der eifrigsten Volapükisten* gewesen sei (Briefentwurf T 1911/12, Bl. 137, datierbar Februar 1912). 16, 18, 19, 22, 35, 36, 115, 180, 190, 434, 743–745, 749, 778

Volkmann, Hans von (1860–1927), Landschaftsmaler, Graphiker. 940

Volkmann, Walther (1857[?]–?), Lehrer am Magdalenengymnasium in Breslau (vermutlich u.a. Latein). 55, 57, 62, 65, 66, 100, 168 (hier auch seine Frau)

Volksrundschau, ab 1894 erscheinende, bis 1898 nachgewiesene Tageszeitung, deutschnational, antisemitisch, konservativ–sozialreformerisch. 802

Volkszeitung. 802

Volney, Constantin François Chasseboeuf, Graf von (1757–1820), Reisender und Schriftsteller. — La Loi naturelle, deutsch Das natürliche Gesetz (1794). 36, 37

Voss, Johann Heinrich (1751–1826), Dichter und Übersetzer (Homer). — Der siebzigste Geburtstag, Gedicht (1781). 94, 769 f.

Voss, Abraham. 770

Vossische Zeitung, die 1617–1934 erscheinende, älteste Zeitung Berlins, erhielt ihren Namen nach den ehemaligen Besitzern, dem Buchhändler Christian Friedrich Voss und seinem Sohn, er bürgerte sich anstelle der wechselnden Titel ein, wurde auch zu »Voss« oder »Tante Voss« verkürzt; er erschien zuerst im Untertitel und wurde ab 1911 zum Haupttitel. Zu Ms Zeit erschien sie 2x täglich; die Sonntagsbeilage, in der Ms Beiträge (s. Abt. Kritische Schriften Nr. 66–70) veröffentlicht wurden, erschien ab 1858 und ab 1866 selbständig. 294, 296, 299, 344, 380, 527, 532, 625, 813, 815, 817, 819–824, 831, 889, 923, 934

Vrchlický, Jaroslaw, eigentlich Emil Frida (1853–1912), tschechischer Dichter, Literaturprofessor in Prag. 424

Vyse, wohl eine in Berlin lebende Frau; eine Frau Vyse aus Boston (Massachusetts) war auch gleichzeitig mit M im Davoser Sanatori-

Kommentiertes Register 1233

um, s. die Gästeliste, Kretschmer, Wanderleben S. 95. Ob es dieselbe ist, wurde nicht ermittelt. 535, 646, 648
W., nicht ermittelt, möglich wäre Paul Willmann. 118, 120
W., Frau, nicht ermittelt. 665
Wachau, Dorf in der Umgebung von Leipzig. 80.
Wagner, Max. 839
Wagner, Oscar (1872–?; bis 1923 im Deutschen Bühnenjahrbuch, zuletzt nur im Register), Schauspieler und Theaterleiter. 512, 959
Wagner-Werner, Agnes (1856–?; bis 1918 nachgewiesen), geb. Deutler, verw. Werner, Schauspielerin, in 2. Ehe mit Oscar Wagner verheiratet. 512, 959
Wagner, Richard (1813–1883), Komponist und Schriftsteller, verfaßte u.a. seine Libretti selbst. – Ms Verhältnis zu Wagner war zunächst ganz naiv positiv: *13. Januar* [1888] . *Zum ersten Male in einer Oper, nämlich in »Tannhäuser«. Prachtvoll, wunderbar schön. Musik großartig, Handlung spannend, Hauptrollen [...] ganz vortrefflich. [...]* (T 1887–1890, Bl. 5). Es wandelte sich aber unter dem Einfluß Nietzsches zu kritischer Distanzierung; in späteren Jahren bemühte er sich um eine wieder positivere Einstellung, vgl.: *Gewiss ist Wagner ganz anders als Mozart, Beethoven – aber (wiederum) mit welchem Recht nagelt man ein Zeitalter auf einem andern fest? Ist nicht Wagner Geist unserer Zeit? Wäre dies etwa Mozart? Unser Geschmack mag Mozart sein – aber die Wahrheit unserer Zeit ist Wagner.* T 1913/14, Bl. 7. Der Abschnitt gehört zu den Entwürfen eines Briefs an Julius Bab vom Dezember 1913. Vgl. auch Abt. Aphorismen Nr. 402 und 538. 134, 247, 270, 347, 380, 808, 844, 890, 910
Parsifal. Ein Bühnenweihfestspiel, entstanden 1877–1882, Uraufführung 16.7.1882, Bayreuther Festspielhaus. 247, 808 — Siegfried-Idyll, Stück für kleines Orchester, Uraufführung 15.12.1870, Tribschen, privat. 380
Wahlich, ein Herr, vielleicht aus Sorau (dort konnte ein Baugeschäft »Baentsch und Wahlich« ermittelt werden), heiratete das junge Mädchen Sascha. 456, 871
Walich, vermutlich = Wahlich. 413
Walchensee, größter deutscher Alpensee, in Oberbayern. 52
Waldenburg, Kreisstadt im schlesischen Regierungsbezirk Breslau, Mittelpunkt des Waldenburger Gebirges. 122
Waldenburger Gebiet, Waldenburger Gebirge (Niederschlesisches Steinkohlegebirge), das Bergland zwischen Riesen-, Katzbach-, Eulengebirge und der Heuscheuer, vom Riesengebirge durch das Landeshuter Tal getrennt. 16, 122
Wallenstein, Albrecht Wenzel Eusebius von (1538–1634), Fürst von

Friedland (ab 1625), Fürst von Sagan (ab 1627/28), Herzog von Mecklenburg (ab 1628), Feldherr des Dreißigjährigen Kriegs. Schillerscher Dramenheld. 62, 82

Wallenstöcke, Berggruppe (2595 m) in den Schweizer Alpen. 561

Wallot, Paul (1841–1912), Architekt; sein Hauptwerk ist der Berliner Reichstagsbau in den Formen der deutschen und italienischen Renaissance (1884–94). 831

Walser, Karl (1877–1943), Maler, Graphiker, Buchillustrator, Bühnenbildner. 938

Walter, A., Alfred Walter-Horst, Regisseur und Schriftsteller, London, 1906 als gastierender Schauspieler und Regisseur und 1909–1915 als Regisseur am Berliner Schillertheater, 1919 in Nürnberg nachgewiesen. M veröffentlichte von ihm »Akustische Täuschungen als Mittel der Bühne« (»Das Theater« 1 (1903/04) S. 55 u. 57), »Englische Inszenierungskunst« (a.a.O. S. 137–142, mit 2 ganzseitigen Abbildungen). Außerdem konnte er als Mitarbeiter der »Schaubühne« ermittelt werden, und es wurden ein Märchenspiel (Dresden 1907) und ein Schauspiel (Berlin 1914) sowie ein Aufsatz o.ä. »Das Bühnenkunstwerk« (Berlin 1911) gefunden, schließlich vielleicht 2 weitere Schauspiele von 1900 und 1902 unter dem Namen Alfred Walter. 681, 693, 945

Walther von der Vogelweide (um 1170–um 1230), bedeutendster deutscher Lyriker der mittelalterlichen Klassik. 873

Walther, Oswald von, Oberst, Leiter der Militär-Vorbereitungsanstalt »Minerva«, Breslau, Fürstenstr. 43, die M zwischen Schulabbruch im Herbst 1889 und dem Besuch des Gymnasiums in Sorau besuchte, vgl. die Briefe dieser Zeit und Abt. Aphorismen S. 484. 949

Wassermann, Jakob (1873–1934), Erzähler. 873

Der Moloch, Roman (1902). 649 — Die Geschichte der jungen Renate Fuchs, Roman (1900). 518

Wassmann, Hans (1873–1932), Schauspieler, seit der »Schall-und-Rauch«-Zeit bei Max Reinhardt. Arthur Kahane rühmte in einem Nachruf Waßmanns »bezaubernde Dümmlingsgestalten« und die »behäbig nervöse Art [seiner] Komik« (Deutsches Bühnenjahrbuch 44 (1933) S. 106). 453, 460, 463

Weber, Carl Maria von (1788–1826), Komponist. 150, 750, 786

Weber, Emil (1877–1944), Lehrer in Hamburg, Schriftsteller und Herausgeber, u.a. von Kinderliedern und -gedichten. 534, 562

Neue Kinderlieder, gesammelt von Emil Weber, Hamburg 1902. Von M wurden die Gedichte BEIM MAUSBARBIER und DAS HÄSLEIN aufgenommen (S. 36–40). 562, 876

Die Weber s. Hauptmann.

Websky, Geheimrat, nicht ermittelt. 124
Wedekind, Frank (1864–1818), Schriftsteller, Mitarbeiter am »Simplicissimus« und bei den »Elf Scharfrichtern«, stand in bewußtem Gegensatz zum Naturalismus; seine Stilmittel verweisen auf den Expressionismus, er stellte die menschliche Triebhaftigkeit auf der Bühne dar und beleuchtete u.a. durch groteske Übertreibungen die Fragwürdigkeit der bürgerlichen Moralvorstellungen.   549, 551, 736, 898, 899
Der Kammersänger, Uraufführung: 1012.1899, Berlin, Sezessionsbühne im Neuen Theater. Sammlung von Rezensionen in: Jaron/Möhrmann, Berlin, S. 383–391.   885 — Erdgeist. Entstanden 1892–1894, Uraufführung 25.2.1898 Leipzig, Literarische Gesellschaft, Kristallpalast. Großen Erfolg hatte erst die Aufführung im Kleinen Theater in Berlin, 17.12.1902; bis 18.3.1903 gab es im Kleinen und dann im Neuen Theater 44 Aufführungen (Huesmann Nr. 171 und 179), S. 484–496.   629, 639, 899 — So ist das Leben (König Niccolo), Uraufführung 22.2.1902, München, Schauspielhaus. Im Neuen Theater Berlin wurde das Stück vom 27.11.–4.12.1903 6x gegeben (Huesmann Nr. 210).   694, 946

Wedel. Die Berliner Adreßbücher der Zeit verzeichnen: Wedl, J., Gastwirt, Unter den Linden 13.   349, 410

Weese, Schüler am Breslauer Magdalenengymnasium, wahrscheinlich auch gleichzeitig mit Kayssler in München.   89, 106, 168, 177

Wegwarten, von Rilke gegründete Zeitschrift, im Selbstverlag in Prag erschienen, gratis, um dem Volk die Dichtung zugänglich zu machen, 3 Hefte: H.1, Dezember 1895, enthielt 21 Gedichte Rilkes: »Lieder dem Volke geschenkt«. H.2 enthielt Rilkes Szene »Jetzt und in der Stunde unseres Absterbens« und erschien im April 1896. H. 3, erschienen Oktober 1896, hrsg. von Rilke und Bodo Wildberg (eigentlich Heino (Harry) L. B. von Dickingson (1862–1942), Schriftsteller), enthielt unter dem Titel »Deutsch-moderne Dichtungen« Gedichte von mehreren Verfassern; von M wurden veröffentlicht: EINE EINSAME ROSE, KRIEGER-SPRUCH, DANK (S. 9 f.).   308 , 325, 335, 337, 366, 825, 905

Wehlau, Julian, Rechtsanwalt in Breslau (Adreßbuch 1892).   142

Weidling, Wilhelm.   923

Weigand, Wilhelm (1862–1949), Schriftsteller, lebte seit 1889 in München, Mitbegründer der »Süddeutschen Monatshefte«.   273
Der Vater. Drama in 1 Akt. München 1894.   241

Weil, Julius, Arzt am Sanatorium Schlachtensee (Sanatorium Weil und Unger), zeitweise Theaterarzt am Neuen Theater in Berlin. 444, 951

Weilheim, Stadt am Ammersee. 11
Weimann, Paul (1867–?), Malschüler Carl Ernst Ms, studierte an der Breslauer Kunstschule und wurde Landschaftsmaler. 74, 86, 204
Weimar, Hauptstadt des Großherzogtums Sachsen-Weimar. 449, 514, 515, 733, 734, 736, 788, 913 — GSA Weimar. 729, 814, 888, 962 — Weimarer Klassik. 764
Weinheim. 735
Weinholz, Luise. 896
Weise, Theodor, Lehrer (Deutsch) am Realgymnasium zum Heiligen Geist in Breslau. Familie Weise. 57, 64, 68, 72 — Herr Weise. 64, 66, 74 — Frau Weise. 64 — 2 Söhne. 81
Weiß, Emil Rudolf (1875–1942), Maler und einer der bedeutendsten Buchkünstler seiner Zeit. M scheint, 2 späteren Äußerungen zufolge, nicht viel von ihm gehalten zu haben, vgl. das Epigramm EIN ZIERSTÜCK BIN ICH VON HERRN WEISS (E. R.) und die Notiz: *Für das lustige Buch: Diese Seite ist mit Buchschmuck verziert von Herrn E. R. Weiss. (Lauter Klekse mitten durch den Text mit seiner Signatur).* T 1907/08, Bl. 38. – Bis 1900 veröffentlichte Weiß auch Gedichte. 909
Weiss, ein Bekannter der Familie Goettling, wohl zur Hausgemeinschaft gehörend. 154
Weistritz, Weistritzwasser, die Glatzer oder Reinerzer Weistritz entspringt im Kreis Glatz an der Hohen Mense, fließt durchs Grunwalder Tal, an Reinerz vorbei, durchs Hölletal und mündet bei Glatz in die Neiße. 162, 167
Weldler-Steinberg, A. 772
Wellhausen, Julius (1844–1918), Theologe und Orientalist. — Israelitische und jüdische Geschichte, 1894 u.ö. — Prolegomena zu einer Geschichte Israels, 1883 u.ö. — Die Composition des Hexateuch und der historischen Bücher des Alten Testaments, 1885 u.ö. 588
Die Welt am Montag, 1895 gegründete, politisch der Sozialdemokratie nahestehende Wochenzeitung, bestand bis 1933. M las sie zumindest zeitweise. Von ihm wurden dort 2 Gedichte veröffentlicht, vgl. Nr. 617 (nicht überprüft), außerdem der Text KEIN REISEBRIEF AUS CHRISTIANIA. 325, 410, 428[?], 460, 487, 830, 861, 878, 935
Welzel, Paul (1852–?), Lehrer am Matthias-Gymnasium in Breslau. Welzel wohnte im selben Haus wie die Familie M und betreute M im Sommer 1888 an den Nachmittagen. Hierüber klagte M im T: [...] *vielmehr will ich heute ein Capitelchen über Herrn Welzel schreiben, bei dem ich bedauernswerter Jüngling vom Juni bis Oktober in Pension gelegt bin. Herr W. ist klassischer Philologe, aber noch klassischer ist seine »Gewissenhaftigkeit« die sich auf alle Teile des mensch-*

…ebiets außer seiner eignen Person erstreckt. Diese schöne Ei-schaft besteht meiner Ansicht nach aus einer treuen Pflichterfüllung gegen Gott und die Menschen; wie Herr W. die Sache auffaßt nenne ich Pedanterie. Derselbe glaubt nämlich in seiner »Gewissenhaftigkeit« mich, den wegen Abwesenheit der Eltern ihm anvertrauten Jüngling, nicht besser verwalten zu können, als wenn er unter der Maske des väterlichen, besorgten Freundes im Geheimen jedem Schritte seines Zöglings folgt, Betrug witternd, wo Ehrlichkeit, Heuchelei ahnend, wo Freimut ihm entgegentritt. Unbekümmert um seine eigne Pflicht nämlich mich für meiner Eltern schweres Geld etwas lateinische Grammatik zu lehren argwöhnt er eine Verletzung meiner Pflicht, wo nie eine vorhanden und verfolgt mich mit gehässigem Mißtrauen in geradezu ehrenrühriger Weise, denn was ist es anders, wenn man den Arbeitsrock eines jungen Mannes nach Klatschen durchsucht u. sich nicht scheut ein Exemplar dieser Gattung aus der fremden Tasche zu ziehen, wenn man Nachmittags persönlich in eine wenig anständige Kneipe geht ihm nachzuspüren, wenn man einen Verdacht, wie den des steten Rauchens ohne Beweis hartnäckig aufrecht erhält? Und gar, wenn man einem ehrenhaften jungen Menschen Ausschweifungen u. unanständige lichtscheuende Vorkommnisse ohne Grund zuschiebt? T 1887/ 90, Bl. 8, 4.9.1888. *Klatsche*, unerlaubte Übersetzung der im Unterricht durchgenommenen Werke, oft auf die Bedürfnisse der Schüler zugeschnitten (Wörtlichkeit statt stilistischer Eleganz), vgl. auch S. 24,11. 740, 949

Wenningstedt, Dorf auf der Insel Sylt, zur Gemeinde Norddörfer gehörend, Kreis Tondern. 285, 818

Wer(c)kmeister, Karl, erscheint als Mitregisseur von Ernst von Wolzogen bei der Regie der 3 Einakter »Zu Hause« von Georg Hirschfeld, »Musotte« von Maupassant und »Der ungebetene Gast« von Maeterlinck, die im Münchner »Akademisch-dramatischen Verein« Anfang 1894 aufgeführt wurden (Michael Georg Conrad: Aus dem Münchener Kunstleben. »Die Gesellschaft« 10, Bd. 1, S. 539). In der Spielzeit 1893/94 war er aber auch als Schauspieler am Deutschen Theater in Berlin engagiert. Später war er Kunsthändler in Berlin (vgl. Brief an Bruno Cassirer, datierbar um den 8.6.1904). 175, 178, 204

Wereschtschagin, Wassili Petrowitsch (1835–1909), russischer Maler, schuf in der Moskauer Erlöserkirche die Fresken Ecce homo, Grablegung, Salbung Davids und Abt Ssergij segnet den Dmitrij Donskoj. 352

Wereschtschagin, Wassili Wassiljewitsch (1842–1904), russischer Maler; malte die Greuel des Kriegs in krasser Realistik, um damit für den Frieden zu werben. Sein Zyklus »Napoleon in Rußland« ent-

stand ab 1892 und wurde in den Jahren 1896–1898 in de[n deutsch]ischen Hauptstädten gezeigt; in Berlin wurde die viel beac[htete] Ausstellung am 31.1.1897 eröffnet. 349
Wernicke, Robert (1873–?), ein Freund Ms, einer der Galgenbrüder (Faherügghh, Unselm). Er studierte Medizin; M, Kayssler und Woldemar Runge spielten die Opponenten bei der Verteidigung der zu seiner Promotion aufgestellten Thesen (13.8.1898). 1902 wird er im vorliegenden Material zuletzt direkt genannt (am 23.3. erhält M eine Karte von ihm, schrieb selbst vielleicht am 2.9. (*An* [...] *Wern*). N 1902, Bl. 82 und 233. Er hatte wahrscheinlich 5 Brüder (Nr. 485), einer, Rudolf, wird in den Briefen gelegentlich genannt. – Kayssler schrieb am 30.3.1899 über Robert Wernicke, die geplante Heirat *wäre meiner Ansicht nach das einzige Mittel, ihn von dem vertrackten Grübeln u. Sondiren zu heilen, u. wenn nun die wirkliche persönliche Freiheit ihn umgiebt, wird er auch nicht auf Schritt und Tritt zur Opposition getrieben wie früher u. alles geht einen ruhigen Gang.* Außerdem betont er Wernickes ungewöhnliches Sprachtalent. Nr. 631, dort nicht zitiert. 274, 277, 310, 320, 330, 352, 418, 474, 474 , 539[?], 725, 817, 844, 876 — Rudolf Wernicke, Leutnant. 330, 476, 844— ein Bruder. 351 — die Mutter. 465, 896
Wernigerode, Kreisstadt im Regierungsbezirk Magdeburg. 277, 817
Wernitzky s. Wernicke.
Wertheim, in Berlin in der Leipziger Straße 1896/97 von Alfred Messel (1853–1909, Architekt, Regierungsbaumeister, Professor, Mitglied der Akademie der Künste) erbautes Kaufhaus, erweitert 1901 (Voßstr.) und 1904 (Leipziger Platz). Der Kaufmann Arthur Wertheim hatte schon 1876 ein kleines Warenhaus in Stralsund gegründet, 1883 übersiedelte er nach Berlin; seine Söhne vergrößerten das Geschäft zu einem der führenden Warenhäuser der Zeit. 423
Werther s. Goethe.
Wertheimer, Paul. 887
Weßling, Dorf in der Umgebung von Starnberg 10, 11, 949
Westerland, Ort auf der Westseite von Sylt, Kreis Tondern. 285, 514
Wetterstein, Wettersteingebirge, Gruppe der Tiroler und bayerischen Kalkalpen, die 3 Hauptkämme vereinigen sich in der Zugspitze; weitere Gipfel, u.a. die Wettersteinwand. 149
Whistler, James (1834–1903), amerikanischer Maler und Graphiker, lebte ab 1855 meist in Paris und London. 671, 936
Whitmann, Walt (1819–1892), amerikanischer Dichter und Schriftsteller; sein Hauptwerk, die Lyriksammlung Leaves of Grass (Grashalme), erschien ab 1855 in immer wieder erweiterten Auflagen. M las Whitman vermutlich zuerst Winter/Frühjahr 1898. Für diese

Zeit konnte nur eine 1889 in Zürich erschienene Auswahlübersetzung ermittelt werden, so daß M ihn auch – wie Kayssler es annimmt – im Original gelesen haben kann. – Vgl. die Parodien EIN GESANG WALT WHITMANS und NOCH EIN GESANG WALT WHITMANS und das Gedicht *Ich lieg' auf nackten grauen Urfelsen.* 428, 464, 472, 475, 861

Wicar, Jean Baptist Joseph, Maler. 872

Widmann, Josef Viktor (1842–1911), Schweizer Pädagoge und Schriftsteller, ab 1880 Feuilletonredakteur der Berner Tageszeitung »Der Bund«, förderte u.a. Robert Walser. 317, 828

Wiecke, Alwine, Schauspielerin und Schauspielpädagogin (1870–?). 912

Wied, Gustav (1858–1914), dänischer Schriftsteller. 886, 887, 960 Fire satyrspil (Adel, Geistlighed, Borger, Bonde) deutsch: Vier Satyrspiele, Adel, Geistlichkeit, Bürger, Bauer (1897). Wied nennt die Aufführung von I und IV im Kopenhagener Dagmartheater, deren Titel er mit En Mindefest (Ein Erinnerungsfest) und Doden (Der Tod) angibt. Eine Übersetzung (außer der von I in der »Zeit«, s. S. 507) von Mathilde Mann erschien 1901 bei Langen, ging 1902 in den Verlag von Axel Juncker über. Eine Aufführung der »Vier Satyrspiele« oder von Teilen davon kam damals in Berlin nicht zustande, obwohl das »Erinnerungsfest« geplant war – es wurde am 26.9.1901 für »Schall und Rauch« von der Zensurbehörde genehmigt (Landesarchiv Berlin, Pr. Br. Rep. 30 C, 1854 a, nach Sprengel, Schall und Rauch, S. 192). 507, 509, 886, 887,

Wien, Haupt- und Residenzstadt des österreichischen Kaiserstaats, damals viertgrößte Stadt Europas. 89, 96, 105, 137, 138, 224, 337, 353, 359, 362, 424, 476, 480, 493, 494, 506, 509, 513, 531, 545, 548, 551, 572, 609, 617, 619, 620, 642, 652, 685, 824, 860, 869, 873, 886 (Deutsches Volkstheater), 887, 897–899, 905, 915, 919–922, 930, 933, 937, 945, 962 — Freie Bühne Wien. 887 — ÖNB Wien. 816, 962 — StLB Wien. 805, 806, 849, 962

Wiener Rundschau, 1896–1901 erschienene Halbmonatsschrift für Kultur und Kunst, gegründet von Rudolf Strauß. 838, 841

Wiener Tageblatt. 363, 841

Wiertz, Antoine (1806–1865), belgischer Maler, vor allem von Kolossalgemälden mit moralisch-philosophischen Inhalten und belehrender Absicht (z.B. »Der Kampf des Guten mit dem Bösen«, 1842), suchte die Kunst Michelangelos und Rubens' fortzuführen, war seinerzeit berühmt, wie auch aus den ausführlichen Artikeln in älteren Lexika hervorgeht, die in der Folge dann immer kürzer und kritischer werden. – Was M gelesen hat, ist unsicher; es kann sich u.a. um die Biographie von L. Labarre: Antoine Wiertz, Brüssel 1867 gehandelt haben. 199

Wiesbaden. 732, 738 — HLB Wiesbaden. 874, 880, 884, 886–888, 962

Wiesengrund, Philippine s. Philippine Landshoff.

Wihan, Hanuš (1855–1920), tschechischer Cellist, Komponist, Professor am Prager Konservatorium, Gründer und ab 1895 Cellist des Böhmischen Streichquartetts. 876

Wild, Elise und Joseph, Schwester und Schwager Amélie Ms, s. Dall'Armi, wohnten in München. 56, 788 — Elise Wild. 167, 788 — Ein Sohn, gestorben Herbst 1890. 56 — Ein Sohn, *Zeichner*, wobei unklar ist, ob es sich um eine Berufsbezeichnung oder nur um eine zeichnerische Begabung handelt. 579

Wilde, Oskar (1856–1900), anglo-irischer Schriftsteller. 629 Bunbury (Der unerläßliche Ernst), The Importance of being Earnest, Komödie (1894), in Berlin am 15.11.1902, Schall-und-Rauch/ Kleines Theater, Regie: Kayssler, wahrscheinlich deutsche Erstaufführung. 629 — Eine Frau ohne Bedeutung (1893), deutsche Erstaufführung 4.9.03, Berlin, Neues Theater, wurde bis zum 15.10. 24x gespielt, Huesmann Nr. 202. 682, 938, 939, 941, 944 — Salome. Tragödie (1891), Uraufführung 11.2.1896, Paris, deutsche Erstaufführung 4.3.1901, München, Akademisch-dramatischer Verein; in Berlin vom 29.9.1903 bis 29.9.1904 102x im Neuen Theater, Huesmann Nr. 204. 629, 682, 686, 687, 941

Wildenbruch, Ernst von (1845–1909), Diplomat und Schriftsteller, Verfasser von seinerzeit viel gespielten pathetischen historischen und patriotischen Dramen; auch realistischer Erzähler. 88, 581, 768, 824, 907

Der neue Herr, Schauspiel, Uraufführung 9.2.1891, Berlin, Königliches Schauspielhaus. 73 — Kaiser Heinrich, Uraufführung 1.12.1896 Berlin, Berliner Theater, der 2. Abend des Zyklus Heinrich und Heinrichs Geschlecht (1. Abend: Kind Heinrich (Vorspiel) und König Heinrich Uraufführung 22.1.1896, Berlin, Berliner Theater.) Die Stücke hatten großen Erfolg, weil, wie einige Rezensenten meinten, immer so viel los war auf der Bühne, vgl. zu »König Heinrich« Kerr, Warum fließt der Rhein S. 60 f., zu »Kaiser Heinrich« Schikowski, Aus dem Berliner Kunstleben, »Die Gesellschaft« 13 (1897) Bd. 1, S. 110 f. 349, 836 — Kranzspende auf Theodor Körners Grab, Gedicht (1891). 768 — eine Novelle. 431

Wilder Kaiser (2344 m), südlicher Teil des Kaisergebirges in den Nordtiroler Kalkalpen, zwischen Inn und Tiroler Ache. 380

Wilhelm I. (1797–1888), deutscher Kaiser ab 1871, König von Preußen ab 1861, Großvater von Wilhelm II. Ähnlich wie über Wilhelm II. äußerte sich M auch über Wilhelm I. mit etwas hohl klingendem Pathos: *Heute ist der 13 März.* [...]*Unser lieber alter Kaiser Wilhelm ist tot. Am 9 März um die 8te Morgenstunde schied er auf immer aus seiner Familie, aus seinem Volke, aus der ganzen Welt. Er ist verschieden, nachdem er Deutschland zu ungeahnter Größe erhoben, es staatlich sowohl als kulturell an die Spitze der europäischen Mächte gestellt hat. Er hat......Hier bin ich unterbrochen worden und habe auf die Fortsetzung vergessen* [...]. T 1887/90, Bl. 6, 13.3.1888. 871

Wilhelm II. (1859–1941), deutscher Kaiser und König von Preußen 1888–1918, verheiratet mit Auguste Victoria (1858–1921) – Als Siebzehnjähriger setzte M große Hoffnungen auf ihn, erwartete, er werde *der größte Herrscher aller Zeiten* werden. *Was ich für ihn empfinde ist Liebe, Begeisterung, Treue bis in's Grab. Er ist mein Fürst, meine Generation, mein Ideal.* [...] T 1887/90, Bl. 10, 24.9.1888. Die jugendliche Begeisterung wurde noch durch die Schulreform, die die Befreiung vom lateinischen Aufsatz brachte (s. S. 757 f.), genährt, aber bald begann M, ihn kritischer zu sehen, das hohle Pathos der zahlreichen Reden, die konventionelle Kunstauffassung des Kaisers u.ä. wurden ihm zunehmend peinlicher (vgl. zuerst Nr. 272). M hätte aber gern in Wilhelm II. eine der von ihm besonders verehrten großen Persönlichkeiten (vgl. Nr. 402, in der Kunst, politisch auch Abt. Aphorismen Nr. 764, 765) gesehen, später schrieb er: *Du glaubst nicht, wie lieb ich manchmal den Kaiser habe. Und wie ich glaube, dass er* [...] *nur nie einen wahren Freund gehabt hat* – *oder auch gewollt hat.* M an Margareta Gosebruch, 17.11.1908. 46, 48, 50, 60, 61, 63, 65, 87, 246, 587, 619, 707, 752, 756, 772, 808, 809, 824, 837, 871, 878, 907, 908, 921 — Kaiserin Auguste Victoria. 752, 908

Wilhelmsbad, in Friedrichshagen. 837

Wille, Bruno (1860–1928), Lyriker und Erzähler, Verfasser philosophisch- freireligiöser Abhandlungen, u.a. Mitglied des literarischen Vereins »Durch« und des Friedrichshagener Dichterkreises, Mitbegründer der »Freien Volksbühne«. Nach Differenzen mit der SPD auf dem Erfurter Parteitag 1891 schied er aus und gründete mit Freunden die »Neue freie Volksbühne«; vgl. auch Abt. Kritische Schriften Nr. 17. – Wille erhielt IN PHANTAS SCHLOSS mit der Widmung: *Herrn Dr. Bruno Wille, dem Freunde der Natur, mit freundlichem Grusse der Verfasser, auch ein Naturfreund Berlin Oktober 95.* Auktionskatalog Hartung und Karl 46, Nr. 5392. (Das handschriftliche Original der Widmung war sicher in Zeilen gegliedert und damit grammatisch eindeutig.) 216, 255, 280, 291, 360, 802, 838, 839, 960

Einsiedelkunst aus der Kiefernhaide (1897) 290 — Einsiedler und
Genosse. Soziale Gedichte nebst einem Vorspiel (1891). 290, 291 —
Moralpfaffentum. 792
Willmann, Paul, ein Schulfreund Ms aus Breslau, der später auch nach
Sorau kam, oft auch »Paulus« oder »Roller« genannt. 26, 27, 29[?],
34[?], 37[?], 55, 73, 74, 77[?], 78[?], 81[?], 84, 85, 87, 88[?] 95, 96, 100,
107, 114, 198, 747, 749, 766, 768, 769, 775 — Willmanns Großmutter.
96
Willomitzer, Josef (1849–1900), humoristischer Schriftsteller und Publizist, Redakteur und ab 1889 Leiter der Prager Tageszeitung »Bohemia«, außerdem lieferte er Beiträge für andere Zeitschriften, u.a.
die »Jugend«, z.T. unter Pseudonymen. 425, 860
Wilmersdorf s. Deutsch-Wilmersdorf.
Winterstein, Eduard von (von Wangenheim, Linie Winterstein,
1871–1961), Schauspieler. 460, 935
Wioker, nicht ermittelt. 357
Wircker, Erdmann. 820
Wisser, Kayßlers Wirtsleute 1895 auf Norderney. 274
Die Woche, 1899 gegründete, illustrierte Zeitschrift im Verlag Scherl,
widmete sich hauptsächlich dem Zeitgeschehen. 505
Wöbbelin, Dorf im Kreis Mecklenburg, in der Nähe von Ludwigslust,
Begräbnisort Theodor Körners. 89, 768
Wölfl, Josef (1868–?), mit M im Studienseminar in Landshut und in
der Schule in derselben Klasse. 15
Woerner, Roman (1863–1945), Literaturhistoriker, auch Dramatiker.
— Henrik Ibsen, 2 Bde. 1900 und 1910. 564, 880, 903[?], 919
Wolf, Hugo (1860–1903), Komponist und Musikkritiker, vor allem
bekannt geworden durch seine Liedkompositionen. 661
Wolfenschießen, Dorf im Engelberger Tal im Schweizer Kanton Unterwalden, an der elektrischen Bahn von Stans nach Engelberg. In
einem Prospekt vermutlich von der Jahrhundertwende (nach der
Errichtung der Bahnstrecke Stans–Engelberg 1898 und vor der
Rechtschreibreform 1901, die th in deutschen Wörtern abschaffte)
heißt es u.a. »sehr beliebter und heimeliger Sommeraufenthalt in
romantischem Thale, umgeben von hohen Bergen und daher geschützt vor rauhen Nordwinden. Reine, heilbringende Alpenluft.
Ausgezeichnetes Quellwasser zur Trinkkur und zu Bädern. Genussreiche und bequeme Ausflüge: Nach der Wolfsschlucht 20 Min.;
nach dem ›hohen Haus‹, einem altertümlichen Rittersitze 10 Min.;
nach dem prachtvollen Wasserfall 30 Min.; auf die eremitische Stiftung Kell 30 Min.; nach dem schöngelegenen Thalwyl 30 Min. [...]«.
Es folgen nun Ausflüge und Wanderungen von 1–5 Stunden. – Zur

Pension Eintracht, in der M wohnte, heißt es : »[...] Freundliche, helle Zimmer, sowie ein schöner Speise- und Lesesaal und zwei grosse gedeckte Terrassen stehen den werten Gästen zur Verfügung. Man ist stetsfort bestrebt, durch gefälliges Entgegenkommen bei der ländlich-einfachen Einrichtung den Aufenthalt jedem Besucher so angenehm als möglich zu gestalten. Raum für 30 Personen im Hotel und mit Privathäusern für 70 Personen. [...]«. Für ein Zimmer mit Vollpension mußte man 4 Fr. bezahlen, mit Balkon 4.50. Hinzu kam Kurtaxe mit 50 Cts. Dafür gab es morgens: »Kaffe oder Thee komplett«, zu Mittag »Suppe, zwei Fleisch, zwei Gemüse, Dessert und Früchte«; nachmittags: »Kaffe oder frische Milch mit Brot und Lekkerli«; abends »Suppe, ein Fleisch, zwei Gemüse mit süsser Platte«. Erreichbar war Wolfenschießen von Luzern aus zunächst »per Dampfboot nach Stansstad«, dann (immer mit Anschluß!) mit der elektrischen Eisenbahn nach Wolfenschießen. Als Fahrzeit von Luzern aus werden 1 ½ Stunden angegeben. Für M war es also leicht, nach Stans zu entfliehen, wenn er *verschnaufen* wollte (Nr. 851). – Wolfenschießen gefiel ihm so gut, daß er 2 Jahre nacheinander, 1901 und 1902, einige Zeit dort verbrachte, im Herbst 1902 dann zusammen mit Frischs nicht mehr im Hotel, sondern in der Casa Niederberger-Zumbühl (Adresse in Nr. 864), einem *Bauernhaus* (Nr. 863), wo es billiger war und anscheinend auch Küchenbenutzung gab (Nr. 873, Stelle nicht zitiert). Juli/Juli 1907 war er noch einmal in Wolfenschießen. – Vgl. auch Abt. Episches Nr. 43, 9–11, außerdem das Gedicht ERINNERUNG AN WOLFENSCHIESSEN. 547, 548, 552, 553, 556, 557, 560, 561, 563, 564, 581, 598, 605, 606, 614, 617, 618, 623, 626–628, 630, 631, 634, 635, 637, 638, 640, 641, 644, 648, 650, 651, 662, 682, 917, 920, 923, 924, 926, 929, 951, 952

Wolff, Heinrich (1875–1940), Graphiker, studierte 1891–1893 an der Breslauer Kunstakademie, bis 1896 in München und bis 1900 in Berlin, gründete 1900 mit Ernst Neumann die erste graphische Privatschule in München, wurde 1902 Professor an der staatlichen Meisteratelierschule für die bildenden Künste in Königsberg und verbrachte seine letzten Lebensjahre, vermutlich ab etwa 1937, in München. – Aus späteren Jahren sind von M an ihn noch weitere 2 Briefe als Drucke in der Briefausgabe von 1952 überliefert, außerdem sind im Nachlaß von Wolff eine Reihe von Briefen an M und 2 kleine Graphiken vorhanden. Wolff erhielt auch eine Hochzeitsanzeige und ein Exemplar des Piperalmanachs mit Ms AUTOBIOGRAPHISCHER NOTIZ. Vermutlich hat er die Briefe Ms Margareta M leihweise zur Verfügung gestellt; was aus den Originalen geworden ist, ist nicht bekannt. – Wolff schrieb nach Ms Tod, weil er Margareta M nicht kenne, an Reinhard Piper (dessen Frau eine Schülerin Wolffs war): »[...] Im Wunsch, irgend jemandem zu sagen, wie nah mir der Verlust geht, finde ich keine Adresse für solche Briefe. [...] So lesen Sie jetzt, als sein Verleger, noch die folgenden paar Zeilen. Wenn Sie's für gut halten, seiner Frau gelegentlich zu sagen, wie auch ich ihn vermisse, so dank ich Ihnen. Ich stehe der ganzen Literatur und im speziellen der Lyrik nicht nahe genug, daß ich auf diesem Wege zuerst zu Morgenstern gelangt wäre. Dafür mochte ich den Menschen sehr gern, schon von den frühesten Zeiten, als ich ihn als Schüler in Breslau kennen lernte. Viele Jahre später lernte ich ihn in München von neuem kennen, fand ihn außerordentlich sympathisch und freute mich, ihm, wie zuvor, auch meinerseits recht zu sein. [Anläßlich einer (eigenen) ironischen Äußerung über Hans Waßmann merkt er,] wie ernsthaft er [M] es ablehnte, überhaupt jemals boshaft sein zu wollen. Seine ersten Galgenlieder brachten mich [...] zuerst in einige Verlegenheit. Erst später kam ich, abgesehen von einfachem Vergnügen am Ulk, auf das Goldschmiedhafte darin. Dazu mochte mir auch die Erinnerung geholfen haben, wie ich ihn ›bastelnd‹ in seiner Berliner Bude getroffen hatte, damit beschäftigt, aus abgebrauchten Gegenständen seiner Wirtschaft urkomisches Kinderspielzeug zu bauen. [...] Es hat mir herzliche Freude bereitet, in den letzten Jahren, gerade auch in Königsberg, zu verfolgen, wieviel Freunde sich seine Galgenlieder schließlich erwarben, sodaß man schließlich ›sogar‹ zu Morgensterns ernster Lyrik auf diesem Wege vordrang. [...]« 6.6.1914, im Nachlaß vorhanden.   517, 546, 552, 679, 899, 960

Wolff, Julius (1834–1910), seinerzeit sehr erfolgreicher Lyriker, Erzähler, Dramatiker, Versepiker.   85[?], 236, 767

Wolff, Pierre (1865–1944), französischer Bühnenautor. — Das große Geheimnis, (1903); Residenztheater Berlin 17.10.1903.   242

Wolfram von Eschenbach (um 1170–nach 1220), Epiker und Lyriker. 61, 758

Wolfshau, Gebirgsbaudenkolonie bei Krummhübel, Riesengebirge. 125–130, 949

Wolter, Charlotte (1834–1897), eine der bekanntesten Schauspielerinnen ihrer Zeit, ab 1861/62 am Wiener Burgtheater, in der Spielzeit 1891/92 Gast am Breslauer Stadttheater. Die Leidenschaftlichkeit ihrer Darstellung führte zum Begriff »Wolterschrei«.   73, 74, 762

Wolzogen Ernst von (1855–1934), Schriftsteller, lebte seit 1882 in Berlin, ab 1893 in München, wo er bei Aufführungen des Akademischdramatischen Vereins Regie führte und die Gründung einer freien literarischen Gesellschaft plante, die erst im November 1897 zustande kam (»Literarische Gesellschaft«, mit Ludwig Ganghofer, bestand bis 1900). 1901 gründete Wolzogen in Berlin ein »Buntes Theater«, das unter der Bezeichnung »Überbrettl« bekannt wurde und wo von M Galgenlieder und die Parodien DAS MITTAGSMAHL und DER HUNDESCHWANZ vorgetragen bzw. aufgeführt wurden. – Er heiratete um die Jahreswende 1901/02 Elsa Laura Seemann und hatte aus früheren Ehen 6 Kinder. 176, 203, 243, 416, 417, 516, 518–522, 524, 525, 530, 535, 537, 540, 542, 545, 550, 558, 569, 735, 889, 891–894, 898, 960 — seine Frau (1900, nicht ermittelt). 518 — ein Sohn. 521

Worms, Kreisstadt in der Provinz Rheinhessen, am Rhein. 627

Wotan s. Odin.

Wreschen, Freistadt im Bezirk Posen, wurde in weiten Kreisen bekannt durch den Wreschener Schulstreik 1901/02, bei dem sich die polnischen Eltern und Kinder gegen die Einführung der deutschen Sprache im Religionsunterricht wehrten. Die Kinder verweigerten auf Anweisung ihrer Eltern die Antworten oder blieben der Schule fern; es gab Prügelstrafen für sie und für die Eltern Haftstrafen bis zu zweieinhalb Jahren. Die Angelegenheit wurde in der Presse heftig und kontrovers diskutiert. 587

Wüest, Curt (1887–1973), Schweizer Schriftsteller und Publizist; Ms Briefe an ihn konnten bisher nicht aufgefunden werden. 726

Wülfing, Wulf. 734

Wüstegiersdorf, Bahnstation des Dorfs Niederwüstegiersdorf, Kreis Waldenburg. 123, 124

Wüstewaltersdorf, Dorf im Kreis Waldenburg. 124

Wyk, Hauptort der Insel Föhr, Kreis Tondern. 284, 297, 821, 962 — Dr. Carl Häberlin-Museum, Wyk. 821

Wyzewa, Teodor de, eigentlich Wyzewski (1863–1917), französischer Schriftsteller polnischer Herkunft. 808, 826

Chez les Allemands. L'art et les Moeurs (Bei den Deutschen. Die Kunst und die Sitten, franz.). Paris 1895. – Zu Ms Rezensionen vgl. Abt. Kritische Schriften Nr. 34 und 23. 247, 343

Xenophon, (etwa 430–345 vor Christus), griechischer Schriftsteller, Schüler des Sokrates. Nahm u.a. am Feldzug des Perserprinzen Kyros (um 423 – Herbst 401) gegen dessen Bruder Artaxerxes II. teil und führte nach Kyros' Tod das griechische Söldnerheer zurück bis nach Trapezunt. Über diesen Feldzug berichtet Xenophon in seinem Werk »Kyrou Anabasis« (Der Hinaufzug des Kyros, verfaßt vermutlich vor 370 v. Chr.), kurz »Anabasis«, das eine verbreitete Schullektüre wurde. 16, 819

Xylander, Wilhelm Ferdinand (1840–1913), ein Cousin Carl Ernst Ms;

seine Mutter war Johanna Katharine M (1812–1870), eine Schwester Christian Ernst Bernhard Ms, die 1839 den Kopenhagener Schneidermeister Friedrich Wilhelm Xylander (1801–1875) heiratete. Geboren in Kopenhagen, besuchte Wilhelm Xylander die dortige Akademie und war Schüler seines Onkels (Christian Ernst Bernhard M) in München, lebte in London, München, Schleißheim (1874–1885; in dieser Zeit lernte M ihn kennen), Hamburg und ab 1891 wieder in Kopenhagen. Er war verheiratet mit Emma Sophie, geb. Andersen (1836–1914), einer Jugendfreundin, deren Vater ebenfalls Schneidermeister war (Hans Andersen (1796–1878), die Mutter: Helene Margrete geb. Hoyer (1796–1880). Wilhelm Xylander war hauptsächlich Marinemaler, schuf aber auch Landschaften; bemerkenswert sind seine stimmungsvollen Mondscheinbilder. – Aus dem Jahr 1911 ist ein Briefentwurf Ms an Wilhelm Xylander vorhanden. 11 (Wilhelm und Emma Xylander), 14
Yokohama, japanische Hafenstadt, an der Westküste der Tokiobucht. 508, 886
Zacconi, Ermete (1857–1948), italienischer Schauspieler, war vor allem berühmt als Darsteller seelischer Krankheitszustände, reiste ab 1894 mit eigener Truppe. Auf einer Tournee durch Europa gastierte er vom 29.1.–11.11.1897 im Berliner Neuen Theater. Nachgewiesen werden konnten hierbei Shakespeares »König Lear« (wo Zacconi die Titelpartie spielte), Ibsens »Gespenster« (Osvald) und Hauptmanns »Einsame Menschen« (Johannes Vockerat), alle Stücke natürlich auf italienisch. M erwähnt außer »König Lear« auch »Gespenster« (T 1897, 98, Bl. 76 f., Abt. Aphorismen S. 554). 387, 847
Zantvoort, Seebad in der niederländischen Provinz Nordholland. 437
Zapf, Heinrich (1871–?), mit M im Studienseminar in Landshut und in der Schule in derselben Klasse. 15
Zarathustra s. Nietzsche.
Zehe, Carl, Sorauer Alkoholbrennerei und Weinhandlung. 113
Zeidler, Emil, Sorauer Buchhändler. 201, 263
Die Zeit. Wiener Wochenschrift für Politik, Volkswirtschaft, Wissenschaft und Kunst. Die Zeitschrift erschien Oktober 1894–Oktober 1904. Herausgeber waren Isidor Singer und Heinrich Kanner, zusätzlich nacheinander Hermann Bahr, Max Burckhard, Otto Julius Bierbaum, Richard Muther; Redakteure: Richard Muther, Emil Bremer, Alfred Gold, Hugo Haberfeld; Mitarbeiter war auch Felix Salten, mit dem M (außer mit Haberfeld) korrespondierte. Außer den vorhandenen Briefen Ms an die »Zeit« ist im N 1902 eine Korrespondenz belegt: 13.8. *(Br. von Felix Salten (Zeit)*, 14.8.: *Br. an »Zeit«*, 22.8.: von

oder an die »Zeit«, evtl. ist nur der Erhalt eines Exemplars der Zeitschrift vermerkt (»Zeit« Wien); 16.9. an, 17.9. an Haberfeld und Salten, 27.11. an, evtl. hat M 3 Texte, vermutlich Gedichte (KINDER I–III) hingeschickt.
Von M erschien die Parodie DAS MITTAGSMAHL; DES WIDERSPENSTIGEN ZÄHMUNG? hingegen bot M zwar an, es wurde aber nicht gedruckt. 493, 507, 509, 516, 531, 536, 541, 562, 609, 625, 641, 642, 652, 881, 886, 894, 896, 921, 960

Zeit und Geist. 890

Zeitler, Charlotte, Ms Großtante Lotte, die – vermutlich jüngere – Schwester Emma Schertels, geboren etwa 1816 (nach Tagebuchaufzeichnungen Carl Ernst Ms); am 23.11.1894 (Nr. 270) als *sehr krank* zuletzt erwähnt. Sie leitete in München »ein Institut« (Bauer, Chr.M. ³1941, S. 17 – nach den damaligen Arbeitsmöglichkeiten für Frauen war das vermutlich ein Mädchenpensionat). Sie lebte mit ihrer Schwester zusammen in München und, wenn Nr. 205 an sie gerichtet ist, nach deren Tod bei der Familie Lindl. 14, 29, 739, 792, 807, 960

Zeller, Bernhard. 736

Zepler, Bogumil (1858–1919), Dr. med., Komponist und Pianist, komponierte Opern und Operetten, Buffoszenen und viele Lieder, arbeitete für mehrere der damaligen Berliner Kabaretts, auch ein paarmal für »Schall und Rauch«, u.a. vertonte er Ms verschollene JONGLEUSE (vgl. Huesmann Nr. 41). 555 (ohne Namen, *beim Komponisten*)

Zepler, Dr., betrieb eine Klinik in Berlin. 512, 951

Zervas-Domi, ein Volapükist in Ponta Delgada/ São Miguel/Azoren. 18, 743, 960

Zeuch, Marie-Luise. 731

Zeus, höchster Gott der griechischen Mythologie, entspricht dem Jupiter der Römer. 267

Zickel, Martin (1876–1932), Regisseur und Theaterleiter, gehörte zum engsten Kreis der Schall-und-Rauch-Mitarbeiter, war aber auch an anderen Kabarettprojekten beteiligt, so an einem »Musenstall«, über dessen Verwirklichung nichts ermittelt werden konnte. – 1899 errang er als Initiator und Regisseur der deutschen Erstaufführung von Maeterlincks Drama »Pelleas und Melisande« im Akademisch-literarischen Verein Berlin einen bedeutenden Erfolg; dieser wurde Auslöser wurde für die Gründung des Vereins Sezessionsbühne und des Sezessionstheaters, das jedoch keinen Bestand hatte. Zickel war danach u.a. kurze Zeit Regisseur am Berliner Residenztheater und ab 1904 Direktor der neu gegründeten Berliner Lustspielhauses und widmete sich ganz dem Unterhaltungstheater, wobei er, wie es in einem Nachruf heißt, solide Arbeit leistete; er sei einer von denen gewesen, »die das Bedürfnis der Menge nach Anspruchslosigkeiten mit gutem Geschmack zu befriedigen wußte« (»Deutsches Bühnenjahrbuch« 44 (1933) S. 116). 530, 548, 549, 855, 895, 898

Ziegler, Konrat. 800

Ziethen, von, ein Infanteriegeneral aus Ottwitz bei Breslau. 190

Zinner, Constanze, Schauspielerin bei »Schall und Rauch«. 901

Zipperer, Wilhelm (1847–1911), Gymnasiallehrer und Schriftsteller.
— Gedichte in oberbairischer Mundart. Bamberg (C.C. Buchner) 1894. 241

Zitel, Zitl s. Zitelmann.

Zitelleute, Zitels, vermutlich der Freundeskreis um Zitelmann oder die Mitglieder der von Zitelmann gegründeten Schülerverbindung, deren Mitglieder »Zitelmänner« genannt wurden, vgl. Isolani, Die Geschichte des Melderbaums, S. 10, vgl. auch S.C. 78, 93, 151

Zitelmann, Franz Carl (1872–1947), Jugendfreund Ms, wohnte in Sorau bei Ilgens mit M im selben Zimmer; er war vorher wie M auf dem Magdalenengymnasium in Breslau. Sein Vater, Waldemar Zitelmann, Jurist, war schon 1874 gestorben, seine Mutter, Franziska Zitelmann, lebte 1899 in Meiningen und 1910 in Berlin. Er wurde Jurist (Studium in Berlin, Rom, München und Breslau), arbeitete zunächst an Gerichten in Hermsdorf, Hirschberg und Meiningen und war ab 1902 im Auswärtigen Dienst, u.a. als Konsul und Gesandter in Berlin, London, Chicago, Amsterdam, Manila, Kristiania, Bergen, Havanna; er wurde im Juli 1933 in den Ruhestand versetzt. 1905 heiratete er in Chicago Edith von Klein. – Bis etwa 1902 ist eine relativ regelmäßige Verbindung zwischen ihm und M nachweisbar, danach brach sie wohl ab, wurde aber 1910 durch Ms Hochzeitsanzeige (die ihn in Manila erreichte) und Zitelmanns darauf folgenden Brief wieder aufgenommen, jedenfalls erhielt er jetzt Ms Bücher oder einige davon geschickt; zuletzt erwähnt wird er im etwa im Dezember 1913 (T 1913/14, Bl. 27). – Er wird meist mit Vornamen, oft nur Carl, Karl, oft auch einfach Zitel genannt. (Die biographischen Angaben beruhen auf Zitelmanns Brief an M vom 6.5.1910, seiner Promotionsakte im Archiv der Universität Erlangen-Nürnberg sowie auf Auskünften des Auswärtigen Amtes (10.11.1986 an Ernst Kretschmer).) – Für Zitelmanns Schwester Hilde schrieb M das Gedicht FÜR ZITELMANNS SCHWESTER, das anscheinend das Geschenk einer Küchenschürze begleitete, und ein Gedicht zu ihrer Hochzeit mit Alexander Niedner (Beginn: *Und kann ich selbst nicht Blumen streuen*, Abschrift im Nachlaß). 22, 30, 35, 48, 60, 62, 78, 85, 97, 101, 103, 106, 109, 110, 114, 117, 132, 136, 138, 141, 144, 146–148,

162, 168, 180, 181, 185, 188, 189, 193, 195, 198, 201, 204, 213, 220, 223, 224, 227, 233, 247, 306, 312, 330, 365, 397, 414, 460, 537, 539, 543, 650, 725, 726, 747, 756, 758, 760, 764, 766, 768, 771, 777, 787, 830, 896, 960

Zittau, Stadt im Südosten der Oberlausitz (Sachsen), nahe der Grenze zu Böhmen. 82

Zittel, Emil (1831–1899), Theologe, Schriftsteller. 587
Die Entstehung der Bibel (1872–1875), Reclams Universalbibliothek Nr. 2236/36, 1887,⁵1891. 574 — Die Schriften des Neuen Testaments. Dem deutschen Volke übersetzt und erklärt. Karlsruhe 1894. Es gab von Zittel auch Einzelübersetzungen von Büchern des Neuen Testaments. 574

Zoagli, Gemeinde in der italienischen Provinz Genua. 608, 915, 951

Zobten, Gebirge nordöstlich des Eulengebirges. Die höchste Erhebung, der Zobten(berg), ist 718 m hoch; an seiner Nordflanke liegt die Stadt Zobten. 81, 82,

Zoebner, Zöbner s. Paul Körner.

Zola, Emile (1840–1902), französischer Schriftsteller und naturalistischer Literaturtheoretiker, von maßgebendem Einfluß auf den gesamten europäischen Naturalismus. – Da M dem Naturalismus insgesamt recht kritisch gegenüberstand (vgl. etwa MIT EUREM NATURALISMUS), wird auch Zola von ihm nur selten genannt. 328, 691

Zorn, Anders (1860–1920), schwedischer Maler, Radierer, Bildhauer, verheiratet mit Emma Lamm (?–1941), seit 1896 ständiger Wohnsitz in Mora, zahlreiche Reisen. 694

Zucalli, Enrico (1642–1724), Architekt, bayerischer Hofbaumeister. 785

Zürich , Hauptstadt des gleichnamigen Schweizer Kantons. 312, 315, 546, 561, 564, 567, 575, 577–579, 581, 606, 614, 617–620, 622, 623, 625–627, 630, 663, 712, 714, 800, 823, 842, 897, 915, 920, 951, 952 — Zentralbibliothek Zürich. 944, 962

Zürcher Zeitung, 1780 gegründet, erschien zunächst 2x, dann 3x wöchentlich, erhielt 1821 den Titel Neue Zürcher Zeitung und erschien ab 1843 als Tageszeitung (1906: 3x täglich). 625

Zugspitze, höchster Berg Deutschlands, in Bayern, am Westrand des Wettersteingebirges; am Fuß der Zugspitze auf der Nordseite liegt der Eibsee. 149

Die Zukunft, im Oktober 1892 von Maximilian Harden gegründete und von ihm maßgeblich geprägte, vorwiegend politisch-kritische Zeitschrift. Sie erschien wöchentlich bis 1921/22 (Lücken im 1. Weltkrieg). Gelegentlich erschienen literarische Beiträge (Gedichte, später auch Prosa) z.T. namhafter Autoren; es gab auch eine Serie literarischer »Selbstrezensionen«, in denen die Autoren ihre Werke selbst vorstellten. – M hat die Zeitschrift anscheinend von Anfang an gelesen, später vielleicht nicht mehr regelmäßig. 137, 140, 189, 255, 457, 460, 781, 783, 784, 789, 794, 811, 846, 848

Der Zuschauer, erschien von Februar 1893 bis Dezember 1894 in Hamburg, im 1. Jahr als Monats-, im 2. als Halbmonatsschrift. Herausgeber waren Constantin Brunner, Leo Berg (Jg. 1) und Otto Ernst (Jg. 2). Redakteur war bis H. 11 (1894) Ernst Müller. Es gab 2 Beilagen, »Das Bühnenblatt« und »Pasquino«. Die Zeitschrift brachte 1894 von M eine Anzahl Rezensionen (Abt. Kritische Schriften Nr. 5–18), die Gedichte EINE PHILOSOPHISCHE BALLADE und TRAUMHAFTER WUNSCH und im »Pasquino« EIN INTERVIEW BEI EINEM*. 219, 222, 228, 234, 244, 281, 313, 787, 803, 805

Personengruppen. 11, 18, 24, 27, 30, 40, 48, 55, 56, 60, 66, 67, 68, 71, 73, 74, 81, 84, 86, 87, 93, 95, 100, 103, 105, 106, 120–123, 134, 150, 152, 164, 166, 176, 179, 181, 185, 187, 199, 200, 207, 252, 295, 330, 349, 351, 352, 359, 363, 384, 415, 435, 451, 452, 463, 480, 501, 503, 510, 538, 556, 562, 566, 569, 570, 636, 641, 660, 664, 668, 678, 713, 724–729, 743, 752, 756, 762, 768, 772, 779, 784, 788, 792, 795, 808, 888

Nicht namentlich genannte und nicht ermittelte Personen. 15, 41, 51–53, 55, 64, 89, 92–96, 115, 117, 134, 154–156, 163, 168, 174, 200, 203, 204, 207, 209, 224, 248, 255, 256, 283, 287, 293, 295, 349, 352, 372, 379, 384, 425, 441, 443, 460, 476, 480, 485, 524, 525, 562, 565, 606, 643, 663, 666, 667, 669, 671, 675, 697, 726, 751, 754, 768–770, 775, 784, 791, 795, 796, 849, 852, 861, 864, 871, 915, 916

Unleserliche Namen. 276, 419, 425, 512, 684

Dein Silberbecher. 865 [I]
Dem deutschen Volke. 403, 850 [I]
Der Abend (Auf braunen Sammetschuhen). 405 [I]
Der Abend. Grabmal des Lorenzo v. M. 459 [I]
Der Ankömmling. Drama von Maeterlinck. In einer Liste mit Gedichten und Parodien von M. Deshalb ist es nicht klar, ob eine weitere verschollene Parodie oder Maeterlincks Drama L'intruse (Der Ungebetene, Der Eindringling) gemeint ist. 570
Der Apfelschimmel. 500, 507, 570, 884 [IV]
Der Bergkönig /Frau Margits Lied. 407 ff. [Ibsen-Übersetzung mit Melodie von M]
Der Bergsee. 219, 226, 242 [I]
Der Bergstrom. 126, 152 [IV]
Der Blaue. 554, 899 [verschollen]
Der einsame Christus. 428, 458, 559 [I]
Der einsame Turm. 391, 392, 402, 847, 848, 850 [I]
Der erste Kuß. 458 [IV]
Der Falkenstein. 66, 759
Der freie Geist. 459 [I]
Der Freiherr Hieronymus Karl Friedrich von Münchhausen. 874 [II]
Der fremde Bauer. 398, 849 [I]
Der Freund schreibt. [II]
Der Geist der Berge spricht. 524, 892 [I]
Der Graf von Aix. 169 [verschollen]
Der grüne Leuchter, Altenberg-Parodie. 500, 507, 522[?], 534, 536, 551, 554, 570, 884, 892[?], 895[?] [IV]
Der grüne Leuchter (Parodiensammlung). 522[?], 541, 555–557, 593[?], 892[?], 895[?], 901, 909 [IV; Parodien in Gedichtform: III]
Der Hundeschwanz. 506, 507, 530, 542, 884, 893, 896 [IV]
Der lateinische Aufsatz. 83, 100, 757 f.
Der Lauffgraf. 554, 562, 563, 569, 895, 899 [IV]
Der Melderbaum. 96, 735, 756, 775 [I]
Der moderne Christ. 570 [verschollen]
Der Nachtwandler. 267, 300, 811, 828 [I]
Der Philosoph s. Ein Philosoph
Der Rabe Ralf. 601 [III]
Der Rollenteufel. 565 [verschollen]
Der Säemann (Durch die Nächte). 305, 823 [I]
Der Schlaf. 159 [I]
Der Spieler. 459 [I]
Der Spielgeist. 580, 583, 911 [IV]

Der Stern. 390, 533, 847, 895 [I]
Der Tod in der Granate. 390 [I]
Der Tod und das Kind. 390 [I]
Der Tod und der einsame Trinker. 554 [I]
Der Tag und die Nacht. 390 [I]
Der Urton 391, 404, 851. [I]
Der Weltkobold 819 [I]
Der Wissende. 459 [I]
Der zeitunglesende Faun. 390 [I]
Der zertrümmerte Spiegel 267, 316 [I]
Des Widerspenstigen Zähmung? 531, 532, 536, 540, 541, 554, 894, 895, 899 [IV]
Diakonie. 251, 809 [VI]
Die beiden Trichter, Zeichnung von Beblo. 338, 849 [Gedichttext: III]
Die Bierkirche. 933 [IV]
Die Blinden s. Die Krankenstube
Die Brücke. 390 [I]
Die Cigarette. 849 [verschollen]
Die Dame von Minim s. La dame de chez Minime
Die deutsche Tiefe. 135, 137, 138, 782 f.
Die Eisenacher Zusammenkunft ... 792 [VI]
Die Feigenblätter. 169, 178, 182, 188, 190, 201 f., 228 [VI]
Die Flamme. 357, 390 [I]
Die Heilige Jungfrau. 337 [verschollen]
Die Heimkehr. 190 [I]
Die Irrlichter. 371 [I]
Die Jongleuse. 555, 562 [Couplet, vertont von Bogumil Zepler im Programm von »Schall und Rauch« vom 9.–11.10.1901 (Huesmann Nr. 41), verschollen]
Die Kinder des Glücks. 335 [I]
Die Krankenstube. 519, 524, 530, 532, 537, 540, 545, 890, 893, 895 [IV]
»Die Kunst dem Volke«. 810 [VI]
Die Lampe. 568, 592, 601 [verschollen]
Die Luft ward rein. 459 [I]
Die Rülpse. 185 [verschollen]
Die Schallmühle. 546, 568, 592, 599, 601, 892, 897 [IV]
Die schlechten Autoren. 874 [II]
Die Sorgen. 190 [verschollen oder nicht ermittelt]
Die Stimme. 865 [I]
Die Tage der Gläubigen/ der Könige. 456, 871 [I]

Die Versammlung der Nägel. 414[?], 418, 855 , 856 [IV]
Die Versuchung. 256, 262, 267, 300 [I]
Die Weide am Bache. 291 [I]
Die Zahnpatientin. 185 [verschollen]
Die zehn Gebote des Verismus. 169, 182 [verschollen]
Die zwei Musiker. 570 [verschollen]
Diem perdidi. 779 [IV]
Dies Fahren hinaus. 924
Drei Dome. 914 [VI]
Drei Vorreden. 313, 829 [VI]
Dreimal im Leben s. Eugenie Leroi
Dunkelmännerbriefe. 599 [Plan]
Du siehst, wie weiß. 242 [III]
Du warst ein reines Licht. 900 [II]
Ein Abend I–III. 866 [I]
Ein ganz kleines Idyll. 217 [IV]
Ein Interview bei einem *. 178, 182, 188 f., 202 f., 228, 313 [IV]
Ein Philosoph. 601 [IV]
Ein rechter Narr s. Ernst Sontag
Ein Sklave. 459 [I]
Einakter. 845 [nicht ermittelt]
Ein Gesang Walt Whitmans. 861 [III]
Ein Gespräch. 866 [I]
Ein Ross auf einer. 866 [I, hier: Ein Pferd]
Eine Großstadt-Wanderung. 390, 410 [I]
Eine humoristische Studie. 160, 181, 188, 196, 767, 784, 791, 792 [IV]
Eine Legende: Von der Menschwerdung des Affen s. Das Vermächtnis
Eine moderne Totenmesse. 270, 815 [IV]
Einer jungen Lehrerin. 865 [II]
Eine Vormittagswanderung = Vormittag-Skizzenbuch. 866 [I]
Eins und alles. 459 [I]
Epigo und Decadentia. 244, 472, 807 [IV]
Epigramme. 45, 403, 456, 457, 468, 554, 557, 593, 654, 656, 661, 673, 901 [soweit vorhanden, I, II]
Epilog 254, 256, 280, 309, 825 [I]
Epos, vermutlich In Phantas Schloß. 459, 460 [I]
Erinnerung = Gleich einer versunkenen Melodie. 437 [I]
Erinnerung an den Gutshof... 192, 793, 795 [I]
Ersehnte Verwandlung. 459 [I]
Erste Droschke. 570 [verschollen oder nicht ermittelt]

Erster Schnee. 256, 280, 811 [I]
Eterno par'lamento. 403, 850 [verschollen]
Stück für die Sezessionsbühne. 503 [verschollen oder nicht ermittelt]
Ewige Frühlingsbotschaft. 417, 437, 458, 856 [I]
Exegi monumentum s. Wenn die Bürger
Fähnlein s. Kleine Geschichte
Fastnacht-Impromptus. 469 [verschollen oder nicht ermittelt]
Feierabend. 417 [I]
Festspiel zur Jahrhundertwende. 844 [Plan]
Flasche und Bleistifte. 570 [verschollen]
Französische Journalisten-Weisheit. 808, 826 [VI]
Frau Venus. 315
Fronleichnam. 109 [verschollen]
Frühling. 219, 224, 227 [I]
Frühlingsregen. 231, 459, 828 [I]
Galgenlieder. 343, 400, 462, 518, 519, 522, 525, 529, 531, 551, 554, 558, 876, 894, 899 [soweit schon vorhanden und bekannt, III]
Gebt mir ein Roß... 460 [I]
Gedichtbuch. 492 [Plan]
Gedichte (nicht sicher oder gar nicht ermittelt). 84, 89, 160, 161, 169, 178, 185, 212, 217, 220, 228, 240, 250, 254, 330, 331, 350, 423, 469, 506, 661, 677, 748
Gedichte 320, 323 [Plan einer Sammlung, vgl. auch Auf vielen Wegen und Ich und die Welt, I]
Gedichte vermischten Inhalts. 371, 404 [Zwischentitel in Auf vielen Wegen, I]
Gedichtheft Weihenacht. 760, vgl. I, S. 975 f.
Geheime Verabredung. 459 [I]
Geier Nord. 580 [I]
Geschichte vom Elefanten. 570 [verschollen]
Gladstone. 874 [II]
Glaube mir, ich bin nicht der. 865 [I]
Glück (Nun bebt in banger). 459 [I]
Glühend zwischen dir und mir. 853 [I]
Görlitzer Brief. 459, 794 [I]
Goldfuchs, Schürz und Flasche. 404, 437 [I]
Gott der Träume. 760 [I]
»Gross wie Dante«. 719 [VI]
Großstadt-Morgen. 296, 820 f. [auch III]
Großstadt-Wanderung s. Eine Großstadt-Wanderung
Gute Nacht. 879 [I]

gutsherrliche Geistersippe. 347 [unsicher, ob ein Werk gemeint ist]
Ha fühl's. 403 [I]
Hefte mit Gedanken, Urteilen etc. 596 [vermutlich Aphorismen u.ä., s. V]
Heilig der Schlaf. 865 [I]
Herrlich schäumende Salzflut. 866 [I]
Herbst. 879
Himmel, Erde und Meer… 281 [I]
Hirt Ahasver. 371, 402 [I]
Hochzeit s. Vor der Hochzeit
Hochzeitsgeschenk. 947 [III]
Hörst du das Rauschen. 278, 817 [verschollen oder nicht ermittelt]
Hörst du…/hörst du es. 817 [I]
Homo imperator. 267, 300 [I]
Humoristisches Werkchen. 179, 790 [Plan]
Hymnen. 321, 324 [s. auch Symphonie]
Hymnen und Oden. 829
Ich bin eine Harfe s. Wenn du nur wolltest
Ich gehe tausend Jahre. 322 [III]
Ich hebe dir mein Herz empor. 781 [II]
Ich schritt zur Nachtzeit. 206f., [auch I]
Im Bad. 570 [IV]
Im Fieber. 847 [I]
Im litt. Café = Im Literatur-Café. 570, 900 [IV]
Im Nebel ging. 879
Im Tann. 267 [I]
Im Tiergarten. 250 [I]
Im Traum. 815 [I]
In Bagdad. 699 [III]
Integer vitae / Wer ein braver. 398 [III]
Ist nicht dies das höchste. 865 [I]
Jamben. 885 [nicht ermittelt]
Jünglings Absage. 459 [I]
Julius II. 619 [Plan, IV]
Kasperltheater. 524, 892 [verschollen]
Kein Reisebrief. 878 [VI]
Kind und Säufer. 570 [verschollen]
Kindergedichte für Klaus Burrmann, der Tierweltphotograph. 714 [III]
Kinderglaube. 402 [I]
Kleine Geschichte. 390, 600, 912 [I]
kleiner Meer-Zyklus. 287

Kosmogonie. 256, 267, 300 [I]
Krähen bei Sonnenaufgang. 391 [I]
Kriegerspruch. 459 [I]
Kritiken für den »Zuschauer«. [VI]
Künstler-Gespräche. 525 [verschollen oder nicht ermittelt]
[Kunstbrief aus Christiania]. 872 [VI]
La dame de chez Minime. 519, 525, 531, 556, 562, 563, 568, 569, 890, 894, 896 [IV]
Landregen. 267 [I]
Lateinisches Gedicht, Dahn-Parodie. 809 [verschollen]
Lautlose Lyrik. 857 f.
Lebensbild. 856 [I]
Lebensluft. 455, 459 [I]
Legende. 402 [I]
Leichter Vorsatz. 940 [I]
Leise Lieder. 312, 315 [I]
Liebe Großmama. 14 [auch III]
Liebeslied s. Wenn du nur wolltest
Liebespaar im Mondschein. 570 [IV]
Lied (Wenn so der erste). 940 [I]
Lied der Nacht. 217 [verschollen oder nicht ermittelt]
Lied der Veteranen. 407
Lieder! 386 [I]
Lieder von Kahn, von Robert Kahn vertonte Gedichte, aus Sommerabend oder dem Morgenstern-Liederheft. 554
Liederspiel s. Sommerabend
Litteratentisch im Café. 554, 900 [vermutlich = Im Literatur-Café, IV]
Litteraturgeschichte in Beispielen. 884 [IV]
Lustspiel. 175 [Plan]
Lyrik. Gustav Renner. 831 [VI]
Lyrikbesprechungen s. Neue Lyrik
Lyrischer Zeitspiegel. 844 [Plan]
Macht-Rausch. 459 [I]
Maiwetter. 865 [I]
Märchen. 129 [vermutlich Pläne und Entwürfe; vorhanden ist Der Bergstrom, IV]
Märchen. 604, 913 [für Dehmels Kinderbuch »Der Buntscheck«, vermutlich nicht vollendet]
März = Vorfrühling. 422 [I]
Mäuslein s. Beim Mausbarbier
Mahl s. Das Mittagsmahl

Malererbe. 390, 402 [I]
Manuskripte aus der Jugend. 563
Meeresbrandung. 357 f., 819, 840 , 841 [I]
Meerspuk. 488, 489, 492, 819, 881 [I]
Mein Freund Wutfleck. 169 [verschollen]
Mein Gastgeschenk an Berlin. 844, 899 [I]
Mein Leben ist der Woge gleich. 135 [I]
Mein philosophisches System. 169 [verschollen]
Meine Uhr. 313 [verschollen]
Meinem geliebten Vater zum 14. September 91 (Mappe mit Gedichten). 760 [z.T. I]
Meinem kleinen Christian Friedrich Kayssler. 865 [I]
Meinen geliebten Eltern Weihenacht 1892 (Gedichte). 902 [z.T. I]
Meiner geliebten Pflegemutter. 563, 902 [II]
Meister der Baukunst. 278, 289, 817 [verschollen]
Mensch Enkel. 459 [I]
Meyers Litteraturgeschichte. 500, 884 [Parodie, verschollen]
Michelangelo s. Stimmungen vor Werken Michelangelos
Mit einer Divan-Decke. 697 [III]
Mitbürger, Freunde, Siccer s. Sic
Mittag-Stille. 391 [I]
Mondaufgang (In den Wipfeln). 374, 309 [I]
Mondbilder. 256, 281, 282 [I]
Mondbilder III (Groß über schweigenden). 254, 263, 811, 813 [I]
Mondbilder IV (Durch Abendwolken). 267, 580 [I]
Mondgeschichten [?]. 282 [verschollen oder nicht ermittelt]
Mulus-Lied. 351 [III]
Nach einem rechten Läuterungsbade. 869 [I]
Nachtwächterlied. 437 [I]
nächtliche Straßenbilder s. Eine Großstadt-Wanderung
Name schützt vor Torheit nicht. 620 [auch II]
Narr, Dichter und Philosoph. 570 [IV]
Natis in usum s. Beim Weine gegenständlich zu werden
Neue Lyrik/Von neuer Lyrik (Besprechungen für die »Neue Deutsche Rundschau«. 235, 248, 284, 313, 806, 818 [VI]
Neueste deutsche Lyrik [»Vossische Zeitung«]. 275, 288, 294, 296, 299, 307, 815, 817, 819, 820 , 824 [VI]
Neujahrsphantasie [Planskizze]. 710
Nietzsche, der Erzieher. 320, 322, 323, 829, 830 [VI]
Nun hast auch du... 459 [I]
Nun laßt die Glocken. 302
Nun kommt die Nacht. 866 [I]

O du glückselig. 866 [I]
O Friede! 405, 409, 853 [I]
O–raison. 459 [I]
O Schicksal, Schicksal. 623 [I]
O Seele, Seele. 623 [I]
O wär' ich König. 145 [auch I]
O, wer sie halten könnte. 623 [I]
Odi profanum... 459 [I]
Orakel und andres. 887 [vgl. IV]
Ordens-Epos. 806, 810, 822, 826 [III]
Parodien. 509, 510 [Plan]
Parodien (Drämchen). 553 [soweit vorhanden, IV]
Parodien. 915 [soweit vorhanden, IV]
Per exemplum. 459 [I]
Peter Nansen: Judiths Ehe. 872 [VI]
Pfingstsonntagereignis = Ein ganz kleines Idyll. 217 [IV]
Pfingstvers = Pfingststimmung. 275, 817 [I]
Pflügerin Sorge. 391, 404, 850 [I]
Phantasie (Lied der Nacht). 217, 219[?] [verschollen oder nicht ermittelt]
Pillen. 169 [Sammlung, großenteils verschollen]
Plauderei über Hebbel. 206, 210 [verschollen]
Porto fino, kleiner Hafen. 917 [II]
Poseidon und Selene. 376, 819 [I]
Prolog s. Der Geist der Berge spricht
Prolog (Es blüht der Mai). 27–30, 747
Prolog (Längst Gesagtes wieder sagen). 254, 815, 833 [I]
Prosa. 209, 212, 216, 220 [soweit vorhanden, IV]
Prosa-Phantasien s. Die Feigenblätter und Ein Interview bei einem *
Puppentaufgedicht. 30 [verschollen]
Rapunzelsellerie. 570 [Rapunzelsellerie ist einer der vielen weiteren Namen der Nachtkerze (Oenothera biennis L.), verschollen]
Revuen über Lyrik s. Neue Lyrik/Von neuer Lyrik
Richard Dehmel. 602, 604, 834, 912 [VI]
Ritterstück. 537 [verschollen oder nicht ermittelt]
Römisches Tagebuch. 650 [Aus dem Italienischen Tagebuch, IV]
Romanpläne. 187f., 192, 196, 199, 518, 723, 792, 793 [hierzu IV]
Rosen im Zimmer. 402 [I]
Russentaumel. 190 [verschollen]
Saharet. 941 [VI]
Sahst du die Sonne. 866 [I]
Satiren. 593 [vermutlich Der grüne Leuchter, IV]

Satirisches Märchen s. Epigo und Decadentia
Savonarola. 619, 654 f., 923, 947 [IV]
Schauspieler-Gespräche. 525 [evtl. = Schauspieler unter sich, verschollen]
Schauspieler und Gesellsch. 554, 900 [Es kann sich um 2 Stücke handeln, evtl. Schauspieler unter sich und die Szene vom Gesellschafter, verschollen].
Schauspieler unter sich. 570 [evtl. = Schauspieler-Gespräche, verschollen]
Scheerbart-Geschichten. 556 [Parodien, außer Der Apfelschimmel, IV verschollen oder nicht ermittelt]
Schiffsmusik. 859
Schimpff und Schande. 234, 243, 807 [IV; ergänzend zum Kommentar (S. 622 f., zu 29,14) konnte doch noch ein Verbot von Sudermanns »Heimat« nachgewiesen werden: »Eine hübsche Note zur Miserabilität der deutschen Theaterverhältnisse liefert es, daß man der Duse in Dresden verboten hat, die einzige deutsche Rolle, die sie giebt, [...] zu spielen. Das königliche Hoftheater in Dresden wünscht Sudermanns ›Heimat‹ nicht aufgeführt zu sehen. [...] Darum spielte sie in Dresden nur zweimal.« O[tto] N[eumann]-H[ofer]: »Litterarische Chronik«.»Das Magazin für Litteratur« 1894, S. 28.]
Schwalben, durch den Abend. 865 [I]
Sehnsucht (Dort unten). 402 [I]
Seufzerstoß s. Woldemar Runge
Singende Flammen. 415, 855 [I]
Singspiel s. Sommerabend
Skizzen. 654 [verschollen oder nicht ermittelt]
So ein kleiner Junge. 738 [IV]
So jedem Tag. 865, [I]
So möcht ich sterben... 317, 459 [I]
So sagt der Ort. 881 [I]
So tritt man abends. 866 [I]
Sommerabend. 405, 417, 437, 438, 853, 856 [I]
Sommernacht. 229 f., 807 [I]
Sommersonnwendträumerei, s. Nietzsche, der Erzieher
Sonnenaufgang. 270, 271, 374, 815 [I]
Sonnenaufgänge. 817 f. [hierzu auch: I]
Sonnenuntergang. 267 [I]
Souvenir Larkollen. 864–867
Stachelreime auf Zeitschriften. 468 [verschollen]
Stilles Reifen. 459 [I]
Stimmungen vor Werken Michelangelos. 294 f., 337, 820 [I]

Studenten in der Stadtbahn. 558, 562, 569, 901 [IV]
Studien zur neuesten deutschen Lyrik. 828, 831, 833 [VI]
Sturmnacht auf dem Eibsee. 240, 806 [I]
Symphonie. 271, 275, 278, 285, 292, 296, 305, 313, 320, 324, 335[?], 460, 815, 816, 819, 829, 833 [Entwürfe; Versuch einer Rekonstruktion: V]
Szene vom Gesellschafter. 532, 554[?] [verschollen]
Tagebuch-Fragment Fusch-Leberbrünnl. 404, 864 [I]
Tampete. 872 [VI]
Tief im Walde hör ich. 508 [I]
Träume. 371 [I]
Trost bei meiner National-Galerie-Arbeit. 810 [II]
Unaufhaltsam / sinkt die Sonne. 866 [I]
Übermut. 459, 893 [I]
Und bedenk ich. 456
Und mit ihn spielen Wolken und Winde. 750, 754 [IV]
Und ob du deinen Finger. 394 f. [I]
Und um den Abend wird es Licht sein. 809 [I]
Und werden wir uns nie. 441 f., 867 [auch I: Und soll ich dich]
Unggesang. 865 f.
Ur-Ur. 391, 580 [I]
Verismus = Die zehn Gebote des Verismus. [verschollen]
Veteranenlied (Lied der Veteranen). 853
Vides ut alta s. Du siehst.
Vier Elementarphantasien. 371 [I]
Vierteljahrsrevuen s. Neue Lyrik
Vögel im Wald. 866, 879 [I]
Vöglein Schwermut. 390, 402, 608 [I]
Volkslied. 879
Volksweise. 879 [I]
Vom Fluchen. 313 [verschollen]
vom Monde und dem Wesen der Dinge. 185 [unklar, wohl nicht der Titel, vielleicht 2 Stücke, verschollen]
Vom Uto-Kai s. [Aus dem Schweizer Tagebuch]
Vom neuen Weibe. 570 [III]
Vom Tagwerk des Todes. 371 [I]
Von der Menschwerdung des Affen s. Das Vermächtnis
Von neuer Lyrik s. Neue Lyrik
Vor alle meine Gedichte. 458, 821 [I]
Vor deinem Fenster singt [Liebesbrief]. 437 [I]
Vor dem Deutschen Wörterbuch. 450, 868, 869 [I]
Vor den Entwürfen zum Bismarckdenkmal. 288 [II]

Vor der Hochzeit. 568, 569, 570, 589, 591, 904 [verschollen]
Vorfrühling. 422, 459 , 859 [I]
Vormittag-Skizzenbuch. 940 [I]
Vorspiel zu einem Lustspiel-Einakter. 178 f., 790 [verschollen oder nicht ermittelt]
Vortrag über Lyrik. 294, 354, 827, 837 [kein Konzept erhalten, vielleicht auch nicht ausgearbeitet]
Waldluft. 371, 393, 402 [I]
ein Waldgesang. 185 [verschollen oder nicht ermittelt]
Waldkonzerte! 865 [I]
Waldmärchen. 343 [=Aufforderung oder verschollen]
Walter Leistikow. 818 [VI]
Wandernde Stille. 940 [I]
Was für gewöhnlich in der Zeitung steht. 570 [verschollen]
Was spricht die Nacht. 430 [III]
Was stumm im Mutterschooss. 271 [auch I]
Was wissen wir von euch. 468, 469, 874 [I]
Weihnachtslied. 577 [I]
ein Weihnachtsmanuskript. 536 [verschollen oder nicht ermittelt]
Beiträge für die Weihnachtszeitung s. Der Geist der Berge und Die Schallmühle. 524 [evtl. Weiteres verschollen oder nicht ermittelt]
Weisse Tauben. 409, 854 [I]
Wenn die Bürger 398 [III]
Wenn du nur wolltest. 313, 316, 317, 404, 459, 840 [I]
»Wenn Ibsen wiederkäme –«. 718, 719 [VI]
Wer ist, der nicht für dich erglühte s. Martha Krüger
Widmung (Wär' der Begriff des Echten verloren). 391 [I, S. 118]
Wie ein Kaiser den Kürzeren zog. 947
Wie mir der Abend. 865 [I]
Wie sich der Weg hier. 866 [I]
Wie sich der kleine Lutz. 855 [III]
Wie wundersam ist doch. 865 [I]
[Wiederverkörperung], Auseinandersetzung mit Maeterlincks »Über das Leben nach dem Tode«, Druck (überarbeitet): »Die Christengemeinschaft« 18 (1941) S. 81–21. 719
Wilde Jagd. 865 [I]
Wind und Geige. 879 [I]
Windglück. 458 [I]
Wir grüßen dich in deine, s. Der Stern, Z. 17
Wir wußten uns nichts mehr zu sagen. 934 [I]
Winters im Tiergarten. 809 [auch I]
Wohl kreist verdunkelt. 459 [I]

Wolkenspiele. 374, 816, 816 f. [I]
Zarathustralied. 185 [verschollen]
Zigeunerlied s. Der einsame Turm
Zürcher Brief s. [Aus dem Schweizer Tagebuch]
Zu Golde ward die Welt. 879 [I]
Zum Abschied. 917 [II]
Zum Commerse der Sorauer Studenten. 761
Zum Kapitel der Erfindungen. 169 [verschollen oder nicht ermittelt]
Zum II. Satz von Beethovens. 459 [I]
Zur neuen Aera. 421 [VI]
[Zuschrift]. 792 [VI]
Zwei Gedichte aus den Blättern für die Kunst. 570 [Aus lametta vom christbaum der siebenten erleuchtung ist als George-Parodie sicher, Und meine Seele stand vor steilen Bergen als Hofmannsthal-Parodie vielleicht gemeint. Hofmannsthal veröffentlichte in seiner Frühzeit auch in den »Blättern für die Kunst«, III]
Zwei humoristisch-satirische Skizzen. 219 [verschollen]
Zwei Legenden s. Das Vermächtnis; Schimpff und Schande
Zwei Idyllen s. I: Erinnerung an den Gutshof zu Lutröda — II: Auf dem Ammerseer Dampfer. [I]
Zwei Welten. 224, 227, 804 [VI]
Zwiegesang (Glühend zwischen). 405 [I]
Zwischen Lachen und Weinen, im Druck: Zwischen Weinen und Lachen 296, 811 [I]

Erfindungen, Projekte, Zeichnungen, Klebebilder, Basteleien etc. 200, 305, 333, 400, 474, 522, 542, 584, 585, 595, 597, 628, 642, 669, 670, 672, 673, 832, 892, 909, 911, 928, 930, 936. Vgl. auch Georg Hirschfeld (Das grüne Band) und Heinrich Wolff.